ACCESO GRATIS *a la Lectura en la Nube + Actualizaciones*

Para visualizar el libro electrónico en la nube de lectura envíe junto a su nombre y apellidos una fotografía del código de barras situado en la contraportada del libro y otra del ticket de compra a la dirección:

ebooktirant@tirant.com

En un máximo de 72 horas laborables le enviaremos el código de acceso con sus instrucciones.

AF276738

Impuesto sobre Transmisiones Patrimoniales y Actos Jurídicos Documentados

Normativa estatal y autonómica 2025

TIRANT TRIBUTARIO

Impuesto sobre Transmisiones Patrimoniales y Actos Jurídicos Documentados

Normativa estatal y autonómica 2025

(13ª Edición concordada y anotada)
Edición actualizada a 16 de julio de 2025

JOSÉ MANUEL PÉREZ LARA
Profesor Titular de Derecho Financiero y Tributario
Universidad de Granada

tirant lo blanch
Valencia, 2025

©   José Manuel Pérez Lara

©   TIRANT LO BLANCH
     EDITA: TIRANT LO BLANCH
     C/ Artes Gráficas, 14 - 46010 - Valencia
     TELFS.: 96/361 00 48 - 50
     FAX: 96/369 41 51
     Email:tlb@tirant.com
     www.tirant.com
     Librería virtual: www.tirant.es
     DEPÓSITO LEGAL: V-3105-2025
     ISBN: 979-13-7021-000-7

Si tiene alguna queja o sugerencia, envíenos un mail a: *atencioncliente@tirant.com*.
En caso de no ser atendida su sugerencia, por favor, lea en *www.tirant.net/index.php/
empresa/politicas-de-empresa* nuestro Procedimiento de quejas.

Responsabilidad Social Corporativa: http://www.tirant.net/Docs/RSCTirant.pdf

Sumario

IMPUESTO SOBRE TRANSMISIONES PATRIMONIALES Y ACTOS JURÍDICOS DOCUMENTADOS
NORMATIVA ESTATAL
2025

IMPUESTO SOBRE TRANSMISIONES PATRIMONIALES Y ACTOS JURÍDICOS DOCUMENTADOS
NORMATIVA DE LAS COMUNIDADES AUTÓNOMAS DE RÉGIMEN COMÚN
2025

COMUNIDAD AUTÓNOMA DE ANDALUCÍA

COMUNIDAD AUTÓNOMA DE ARAGÓN

COMUNIDAD AUTÓNOMA DE CANARIAS

COMUNIDAD AUTÓNOMA VALENCIANA

COMUNIDAD AUTÓNOMA DE EXTREMADURA

COMUNIDAD AUTÓNOMA DE GALICIA

COMUNIDAD AUTÓNOMA DE ILLES BALEARS

COMUNIDAD AUTÓNOMA DE LA RIOJA

COMUNIDAD AUTÓNOMA DEL PRINCIPADO DE ASTURIAS

COMUNIDAD AUTÓNOMA DE LA REGIÓN DE MURCIA

Índice

**IMPUESTO SOBRE TRANSMISIONES PATRIMONIALES Y ACTOS JURÍDICOS DOCUMENTADOS
NORMATIVA ESTATAL
2025**

**1. Real Decreto Legislativo 1/1993, de 24 de septiembre, por el
que se aprueba el Texto Refundido de la LEY DEL IMPUESTO SOBRE
TRANSMISIONES PATRIMONIALES Y ACTOS JURÍDICOS DOCUMENTADOS**

2. Real Decreto 828/1995, de 29 de mayo, por el que se aprueba el REGLAMENTO DEL IMPUESTO SOBRE TRANSMISIONES PATRIMONIALES Y ACTOS JURÍDICOS DOCUMENTADOS

ANEXO. REGLAMENTO DEL IMPUESTO SOBRE TRANSMISIONES PATRIMONIALES Y ACTOS JURÍDICOS DOCUMENTADOS

3. Ley Orgánica 8/1980, de 22 de septiembre, de FINANCIACIÓN DE LAS COMUNIDADES AUTÓNOMAS

4. Ley 22/2009, de 18 de diciembre, por la que se regula el SISTEMA DE FINANCIACIÓN DE LAS COMUNIDADES AUTÓNOMAS DE RÉGIMEN COMÚN Y CIUDADES CON ESTATUTO DE AUTONOMÍA y se modifican determinadas normas tributarias

IMPUESTO SOBRE TRANSMISIONES PATRIMONIALES Y ACTOS JURÍDICOS DOCUMENTADOS
NORMATIVA DE LAS COMUNIDADES AUTÓNOMAS DE RÉGIMEN COMÚN
2025

COMUNIDAD AUTÓNOMA DE ANDALUCÍA

COMUNIDAD AUTÓNOMA DE ARAGÓN

COMUNIDAD AUTÓNOMA DE CANARIAS

8. Decreto Legislativo 1/2009, de 21 de abril, por el que se aprueba el Texto Refundido de las disposiciones legales vigentes dictadas por la Comunidad Autónoma de Canarias en materia de tributos cedidos

COMUNIDAD AUTÓNOMA DE CASTILLA-LA MANCHA

COMUNIDAD AUTÓNOMA DE CASTILLA Y LEÓN

COMUNIDAD AUTÓNOMA DE CATALUÑA

COMUNIDAD AUTÓNOMA DE MADRID

COMUNIDAD AUTÓNOMA DE EXTREMADURA

COMUNIDAD AUTÓNOMA DE GALICIA

COMUNIDAD AUTÓNOMA DE LA RIOJA

COMUNIDAD AUTÓNOMA DEL PRINCIPADO DE ASTURIAS

COMUNIDAD AUTÓNOMA DE LA REGIÓN DE MURCIA

IMPUESTO SOBRE TRANSMISIONES PATRIMONIALES Y ACTOS JURÍDICOS DOCUMENTADOS

NORMATIVA ESTATAL
2025

1. Real Decreto Legislativo 1/1993, de 24 de septiembre, por el que se aprueba el Texto Refundido de la LEY DEL IMPUESTO SOBRE TRANSMISIONES PATRIMONIALES Y ACTOS JURÍDICOS DOCUMENTADOS

(BOE núm. 251, de 20 de octubre de 1993)

La autorización concedida al Gobierno por la disposición adicional novena de la Ley 29/1991, de 16 de diciembre, de adecuación de determinados conceptos impositivos a las Directivas y Reglamentos de las Comunidades Europeas, para elaborar y aprobar, durante el año 1992, un nuevo Texto refundido del Impuesto sobre Transmisiones Patrimoniales y Actos Jurídicos Documentados, ha sido prorrogada para el año 1993 por la disposición adicional tercera de la Ley 37/1992, de 28 de diciembre, del Impuesto sobre el Valor Añadido que, al mismo tiempo, extiende la autorización a regularizar, aclarar y armonizar las disposiciones legales relativas al impuesto.

En cumplimiento de este mandato se ha redactado el presente Texto refundido, en el que se recogen los preceptos del aprobado por el Real Decreto legislativo 3050/1980, de 30 de diciembre, con las modificaciones que en el mismo se han ido introduciendo por las distintas Leyes de Presupuestos Generales del Estado, por la Ley 14/1985, de 29 de mayo, de Régimen Fiscal de Determinados Activos Financieros, por la Ley 30/1985, de 2 de agosto, del Impuesto sobre el Valor Añadido, por la Ley 25/1986, de 24 de diciembre, de Supresión de Tasas Judiciales, por el Real Decreto-ley 1/1986, de 14 de marzo, de medidas urgentes administrativas, financieras, fiscales y laborales, por la Ley 29/1987, de 18 de diciembre del Impuesto sobre Sucesiones y Donaciones y por la citada Ley 29/1991. Del mismo modo, el nuevo texto incorpora otras disposiciones que, especialmente en materia de beneficios fiscales, afectaban a la regulación del Texto refundido hasta ahora vigente, armonizando su contenido.

En su virtud, a propuesta del Ministro de Economía y Hacienda, de acuerdo con el Consejo de Estado, y previa deliberación del Consejo de Ministros en su reunión del día 24 de septiembre de 1993,

DISPONGO:

Artículo único.

Se aprueba el presente Texto refundido de la Ley del Impuesto sobre Transmisiones Patrimoniales y Actos Jurídicos Documentados.

TEXTO REFUNDIDO DE LA LEY DEL IMPUESTO SOBRE TRANSMISIONES PATRIMONIALES Y ACTOS JURÍDICOS DOCUMENTADOS

TÍTULO PRELIMINAR

Naturaleza y contenido

Artículo 1[1].

1. El Impuesto sobre Transmisiones Patrimoniales y Actos Jurídicos Documentados es un tributo de naturaleza indirecta, que, en los términos establecidos en los artículos siguientes, gravará:

1.º Las transmisiones patrimoniales onerosas.

2.º Las operaciones societarias.

3.º Los actos jurídicos documentados.

2. En ningún caso, un mismo acto podrá ser liquidado por el concepto de transmisiones patrimoniales onerosas y por el de operaciones societarias.

Artículo 2[2].

1. El impuesto se exigirá con arreglo a la verdadera naturaleza jurídica del acto o contrato liquidable, cualquiera que sea la denominación que las partes le hayan dado, prescindiendo de los defectos, tanto de forma como intrínsecos, que puedan afectar a su validez y eficacia.

2. En los actos o contratos en que medie alguna condición, su calificación se hará con arreglo a las prescripciones contenidas en el Código Civil. Si fuere suspensiva no se liquidará el impuesto hasta que ésta se cumpla, haciéndose constar el aplazamiento de la liquidación en la inscripción de bienes en el registro público correspondiente. Si la condición fuere resolutoria, se exigirá el impuesto, desde luego, a reserva, cuando la condición se cumpla, de hacer la oportuna devolución según las reglas del artículo 57.

Artículo 3[3].

Para la calificación jurídica de los bienes sujetos al impuesto por razón de su distinta naturaleza, destino, uso o aplicación, se estará a lo que respecto al particular dispone el Código Civil o, en su defecto, el Derecho Administrativo.

Se considerarán bienes inmuebles, a efectos del impuesto, las instalaciones de cualquier clase establecidas con carácter permanente, siquiera por la forma de su construcción sean transportables, y aun cuando el terreno sobre el que se hallen situadas no pertenezca al dueño de los mismos.

---

[1]   Art. 1 (Modalidades del impuesto) del RITPyAJD.
[2]   Art. 2 (Calificación del acto o contrato) del RITPyAJD.
[3]   Art. 3 (Calificación de bienes) del RITPyAJD.

Artículo 4[4].

A una sola convención no puede exigírsele más que el pago de un solo derecho, pero cuando un mismo documento o contrato comprenda varias convenciones sujetas al impuesto separadamente, se exigirá el derecho señalado a cada una de aquéllas, salvo en los casos en que se determine expresamente otra cosa.

Artículo 5[5].

1. Los bienes y derechos transmitidos quedarán afectos, cualquiera que sea su poseedor, a la responsabilidad del pago de los impuestos que graven tales transmisiones, salvo que aquél resulte ser un tercero protegido por la fe pública registral o se justifique la adquisición de los bienes con buena fe y justo título en establecimiento mercantil o industrial en el caso de bienes muebles no inscribibles. La afección la harán constar los notarios por medio de la oportuna advertencia en los documentos que autoricen. No se considerará protegido por la fe pública registral el tercero cuando en el Registro conste expresamente la afección.

2. Siempre que la Ley conceda una exención o reducción cuya definitiva efectividad dependa del ulterior cumplimiento por el contribuyente de cualquier requisito por aquélla exigido, la oficina liquidadora hará figurar en la nota en que el beneficio fiscal se haga constar el total importe de la liquidación que hubiere debido girarse de no mediar la exención o reducción concedida.

Los Registradores de la Propiedad o Mercantiles harán constar por nota marginal la afección de los bienes transmitidos, cualquiera que fuese su titular, al pago del expresado importe, para el caso de no cumplirse en los plazos señalados por la Ley que concedió los beneficios, los requisitos en ella exigidos para la definitiva efectividad de los mismos.

3. Igualmente harán constar, por nota marginal, en los casos de desmembración del dominio, la afección de los bienes al pago de la liquidación que proceda por la extinción del usufructo, a cuyo efecto las oficinas liquidadoras consignarán las que provisionalmente, y sin perjuicio de la rectificación, procediere, según las bases y tipos aplicables en el momento de la constitución del usufructo.

ÁMBITO DE APLICACIÓN TERRITORIAL DEL IMPUESTO[6]

Artículo 6.

1. El impuesto se exigirá:

A) Por las transmisiones patrimoniales onerosas de bienes y derechos, cualquiera que sea su naturaleza, que estuvieran situados, pudieran ejercitarse o hubieran de cumplirse en

---

[4]   Art. 4 (Concurrencia de convenciones) del RITPyAJD.
[5]   Art. 5 (Afección de los bienes transmitidos) del RITPyAJD.
[6]   Art. 6 (Exigibilidad del impuesto), Art. 7 (Residentes), Art. 8 (Bienes en territorio español) y Art. 9 (Efectos jurídicos o económicos) del RITPyAJD.

territorio español o en territorio extranjero, cuando, en este último supuesto, el obligado al pago del impuesto tenga su residencia en España. No se exigirá el impuesto por las transmisiones patrimoniales de bienes y derechos de naturaleza inmobiliaria, sitos en territorio extranjero, ni por las transmisiones patrimoniales de bienes y derechos, cualquiera que sea su naturaleza que, efectuadas en territorio extranjero, hubieren de surtir efecto fuera del territorio español.

B) Por las operaciones societarias realizadas por entidades en las que concurra cualquiera de las siguientes circunstancias:

a) Que tengan en España la sede de dirección efectiva, entendiéndose como tal el lugar donde esté centralizada de hecho la gestión administrativa y la dirección de los negocios.

b) Que tengan en España su domicilio social, siempre que la sede de dirección efectiva no se encuentre situada en un Estado miembro de la Comunidad Económica Europea o, estándolo, dicho Estado no grave la operación societaria con un impuesto similar.

c) Que realicen en España operaciones de su tráfico, cuando su sede de dirección efectiva y su domicilio social no se encuentren situados en un Estado miembro de la Comunidad Económica Europea o, estándolo, estos Estados no graven la operación societaria con un impuesto similar.

C) Por los actos jurídicos documentados que se formalicen en territorio nacional y por los que habiéndose formalizado en el extranjero surtan cualquier efecto, jurídico o económico, en España.

2. Lo dispuesto en este artículo se entenderá sin perjuicio de los regímenes forales de Concierto y Convenio Económico vigentes en los Territorios históricos del País Vasco[7] y en la Comunidad Foral de Navarra[8], respectivamente, y de lo dispuesto en los Tratados o Convenios Internacionales que hayan pasado a formar parte del ordenamiento interno.

3[9]. La cesión del impuesto a las Comunidades Autónomas se regirá por lo dispuesto en las normas reguladoras de la Cesión de Tributos del Estado a las Comunidades Autónomas[10],

---

[7] Art. 30 (Normativa aplicable) y Art. 31 (Exacción del Impuesto) de la Ley 12/2002, de 23 de mayo, por la que se aprueba el Concierto Económico con la Comunidad Autónoma del País Vasco.

[8] Art. 38 (Exacción por la Comunidad Foral de Navarra) y Art. 39 (Elusión fiscal mediante sociedades) de la Ley 28/1990, de 26 de diciembre, que aprueba el Convenio con Navarra.

[9] Nuevo apartado 3 incorporado por el art. 30 de la Ley 14/1996, de 30 de diciembre, de Cesión de Tributos a las Comunidades Autónomas y de Medidas Fiscales Complementarias (BOE número 315, de 31 de diciembre de 1996), con efectos desde el 1/1/1997.

[10] Artículos 10 al 12, 19 y 20 de la Ley Orgánica 8/1980, de 22 de septiembre, de Financiación de las Comunidades Autónomas y los artículos 1, 25 al 28, 33, 45, 49 y 53 al 63 de la Ley 22/2009, de 18 de diciembre, por la que se regula el sistema de financiación de las Comunidades Autónomas de régimen común y Ciudades con estatuto de autonomía y se modifican determinadas normas tributarias (núm. 305, de 19 de diciembre de 2009).
Con anterioridad a dicha norma y para las Comunidades Autónomas que no hayan aceptado el sistema regulado en la Ley 22/2009, los artículos 1, 17 al 21, 25, 37, 41, 45 al 55 y 60 de la Ley 21/2001, de 27 de

y tendrá el alcance y condiciones que para cada una de ellas establezca su específica Ley de Cesión.

TÍTULO I. TRANSMISIONES PATRIMONIALES

Hecho imponible[11]

Artículo 7.

1. Son transmisiones patrimoniales sujetas:

A)[12] Las transmisiones onerosas por actos «inter vivos» de toda clase de bienes y derechos que integren el patrimonio de las personas físicas o jurídicas.

B)[13] La constitución de derechos reales, préstamos, fianzas, arrendamientos, pensiones y concesiones administrativas, salvo cuando estas últimas tengan por objeto la cesión del derecho a utilizar infraestructuras ferroviarias o inmuebles o instalaciones en puertos y en aeropuertos.

Se liquidará como constitución de derechos la ampliación posterior de su contenido que implique para su titular un incremento patrimonial, el cual servirá de base para la exigencia del tributo.

2. Se considerarán transmisiones patrimoniales a efectos de liquidación y pago del impuesto:

A)[14] Las adjudicaciones en pago y para pago de deudas, así como las adjudicaciones expresas en pago de asunción de deudas. Los adjudicatarios para pago de deudas que acrediten

---

diciembre, por la que se regulan las Medidas Fiscales y Administrativas del Nuevo Sistema de Financiación de las Comunidades Autónomas de Régimen Común y Ciudades con Estatuto de Autonomía (BOE núm. 313, de 31 diciembre de 2001).

[11]   Art. 10 (Transmisiones sujetas), Art. 11 (Actos equiparados a transmisiones), Art. 12 (Actos equiparados a hipotecas), Art. 13 (Actos equiparados a transmisiones de derechos), Art. 14 (Actos equiparados a arrendamientos), Art. 15 (Actos equiparados a concesiones), Art. 16 (Transmisión de créditos y derechos), Art. 17 (Transmisión de valores), Art. 8 (Principio de accesión), Art. 19 (Reconocimientos de dominio), Art. 20 (Subastas a condición de ceder), Art. 21 (Comprobación y diferencias de valor), Art. 22 (Cesión de bienes a cambio de pensión), Art. 23 (Permutas), Art. 24 (Promesas de venta), Art. 25 (Tributación del préstamo con garantía), Art. 26 (Cuentas de crédito), Art. 27 (Censos enfitéuticos y reservativos), Art. 28 (Transacciones), Art. 29 (Adjudicaciones en pago de asunción de deudas), Art. 30 (Adjudicaciones para pago de deudas), Art. 31 (Supuestos generales), Art. 32 (Supuestos especiales) y Art. 33 (Transmisiones de bienes inmuebles) del RITPyAJD.

[12]   Sobre transmisión de valores véanse los artículos 17.2 y 45.I.B.9 de este Texto refundido.

[13]   Nueva redacción de la letra B) del apartado 1 dada por el art. 6 de la Ley 14/2000, de 29 de diciembre, de Medidas Fiscales, Administrativas y del Orden Social, con efectos de 1/1/2001 (BOE núm. 313, de 30 de diciembre de 2000) y corrección de errores en BOE núm. 155, de 29 de junio de 2001), en vigor desde el 1/1/2001.

[14]   Nueva redacción de la letra A) del apartado 2 dada por el artículo 7 de la Ley 55/1999, de 29 de diciembre, de Medidas Fiscales, Administrativas y del Orden Social (BOE núm. 312, de 30 de diciembre de 1999), con

haber transmitido al acreedor en solvencia de su crédito, dentro del plazo de dos años, los mismos bienes o derechos que les fueron adjudicados y los que justifiquen haberlos transmitido a un tercero para este objeto, dentro del mismo plazo, podrán exigir la devolución del impuesto satisfecho por tales adjudicaciones.

B) Los excesos de adjudicación declarados, salvo los que surjan de dar cumplimiento a lo dispuesto en los artículos 821, 829, 1.056 (segundo) y 1.062 (primero) del Código Civil y disposiciones de Derecho Foral, basadas en el mismo fundamento.

En las sucesiones por causa de muerte se liquidarán como transmisiones patrimoniales onerosas los excesos de adjudicación cuando el valor comprobado de lo adjudicado a uno de los herederos o legatarios exceda del 50 por 100 del valor que les correspondería en virtud de su título, salvo en el supuesto de que los valores declarados sean iguales o superiores a los que resultarían de la aplicación de las reglas del Impuesto sobre el Patrimonio[15].

C) Los expedientes de dominio, las actas de notoriedad, las actas complementarias de documentos públicos a que se refiere el Título VI de la Ley Hipotecaria y las certificaciones expedidas a los efectos del artículo 206 de la misma Ley[16], a menos que se acredite haber satisfecho el impuesto o la exención o no sujeción por la transmisión, cuyo título se supla con ellos y por los mismos bienes que sean objeto de unos u otras, salvo en cuanto a la prescripción cuyo plazo se computará desde la fecha del expediente, acta o certificación.

D) Los reconocimientos de dominio en favor de persona determinada, con la misma salvedad hecha en el apartado anterior.

3. Las condiciones resolutorias explícitas de las compraventas a que se refiere el artículo 11 de la Ley Hipotecaria[17] se equipararán a las hipotecas que garanticen el pago del precio aplazado con la misma finca vendida. Las condiciones resolutorias explícitas que garanticen el pago del precio aplazado en las transmisiones empresariales de bienes inmuebles sujetas y no exentas al Impuesto sobre el Valor Añadido no tributarán ni en este impuesto ni en el de Transmisiones Patrimoniales. El mismo régimen se aplicará a las hipotecas que garanticen el precio aplazado en las transmisiones empresariales de bienes inmuebles constituidas sobre los mismos bienes transmitidos.

4[18]. A los efectos de este impuesto, los contratos de aparcería y los de subarriendo se equipararán a los de arrendamiento.

---

efectos desde 1/1/2000.

[15] Artículo 56 (Principio de igualdad en la partición y excesos de adjudicación) del RISD.

[16] Decreto de 8 de febrero de 1946, por el que se aprueba el Texto Refundido de la Ley Hipotecaria (BOE de 27 de febrero).

[17] Decreto de 8 de febrero de 1946, por el que se aprueba el Texto Refundido de la Ley Hipotecaria (BOE de 27 de febrero).

[18] Art. 23 (Cesión y subarriendo) y Art. 28 (Contrato de aparcería) de la Ley 49/2003, de 26 de noviembre, de arrendamientos rústicos (BOE núm. 284, de 27 de noviembre de 2003).

5[19]. No estarán sujetas al concepto «transmisiones patrimoniales onerosas» regulado en el presente Título las operaciones enumeradas anteriormente cuando, con independencia de la condición del adquirente, los transmitentes sean empresarios o profesionales en el ejercicio de su actividad económica y, en cualquier caso, cuando constituyan entregas de bienes o prestaciones de servicios sujetas al Impuesto sobre el Valor Añadido. No obstante, quedarán sujetos a dicho concepto impositivo las entregas o arrendamientos de bienes inmuebles, así como la constitución y transmisión de derechos reales de uso y disfrute que recaigan sobre los mismos, cuando gocen de exención en el Impuesto sobre el Valor Añadido. También quedarán sujetas las entregas de aquellos inmuebles que estén incluidos en la transmisión de un patrimonio empresarial o profesional, cuando por las circunstancias concurrentes la transmisión de este patrimonio no quede sujeta al Impuesto sobre el Valor Añadido.

Sujeto pasivo

Artículo 8[20].

Estará obligado al pago del impuesto a título de contribuyente, y cualesquiera que sean las estipulaciones establecidas por las partes en contrario:

a) En las transmisiones de bienes y derechos de toda clase, el que los adquiere.

b) En los expedientes de dominio, las actas de notoriedad, las actas complementarias de documentos públicos y las certificaciones a que se refiere el artículo 206 de la Ley Hipotecaria[21], la persona que los promueva, y en los reconocimientos de dominio hechos a favor de persona determinada, esta última.

c) En la constitución de derechos reales, aquél a cuyo favor se realice este acto.

d) En la constitución de préstamos de cualquier naturaleza, el prestatario.

e) En la constitución de fianzas, el acreedor afianzado.

---

[19]   Nueva redacción del art. 7.5 dada por el art. sexto Uno de la Ley 11/2021, de 9 de julio, de medidas de prevención y lucha contra el fraude fiscal, de transposición de la Directiva (UE) 2016/1164, del Consejo, de 12 de julio de 2016, por la que se establecen normas contra las prácticas de elusión fiscal que inciden directamente en el funcionamiento del mercado interior, de modificación de diversas normas tributarias y en materia de regulación del juego (BOE núm. 164, de 10 de julio de 2021), con efectos desde el 11 de julio de 2021.

[20]   Art. 34 (Contribuyente) y Art. 35 (Diversidad de sujetos pasivos) del RITPyAJD.

[21]   Decreto de 8 de febrero de 1946, por el que se aprueba el Texto Refundido de la Ley Hipotecaria (BOE de 27 de febrero), Artículo 206. «El Estado, la provincia, el municipio y las Corporaciones de derecho público o servicios organizados que forman parte de la estructura política de aquél y las de la Iglesia Católica, cuando carezcan del título escrito de dominio, podrán inscribir el de los bienes inmuebles que les pertenezcan mediante la oportuna certificación librada por el funcionario a: cuyo cargo esté la administración de los mismos en la que se expresará el título de adquisición o el modo en que fueron adquiridos.

Mediante certificación administrativa, librada en los términos indicados en el párrafo anterior y con los demás requisitos en cada caso establecidos, podrán inscribirse la declaración de obra nueva, mejoras y división horizontal de fincas urbanas, y, siempre que no afecten a terceros, las operaciones de agrupación, división, agregación y segregación de fincas del Estado y de los demás entes públicos estatales certificantes».

f) En la constitución de arrendamientos, el arrendatario.

g) En la constitución de pensiones, el pensionista.

h) En la concesión administrativa, el concesionario; en los actos y contratos administrativos equiparados a la concesión, el beneficiario.

Artículo 9[22].

1. Serán subsidiariamente responsables del pago del impuesto:

a) En la constitución de préstamos, el prestamista si percibiera total o parcialmente los intereses o el capital o la cosa prestada, sin haber exigido al prestatario justificación de haber satisfecho este impuesto.

b) En la constitución de arrendamientos, el arrendador, si hubiera percibido el primer plazo de renta sin exigir al arrendatario igual justificación.

2. Asimismo, responderá del pago del impuesto de forma subsidiaria el funcionario que autorizase el cambio de sujeto pasivo de cualquier tributo estatal, autonómico o local, cuando tal cambio suponga directa o indirectamente una transmisión gravada por el presente impuesto y no hubiera exigido previamente la justificación del pago del mismo.

BASE IMPONIBLE[23]

Artículo 10.

1[24]**.** La base imponible está constituida por el valor del bien transmitido o del derecho que se constituya o ceda[25]. Únicamente serán deducibles las cargas que disminuyan el valor de los bienes, pero no las deudas aunque estén garantizadas con prenda o hipoteca.

A efectos de este impuesto, salvo que resulte de aplicación alguna de las reglas contenidas en los apartados siguientes de este artículo o en los artículos siguientes, se considerará valor de los bienes y derechos su valor de mercado. No obstante, si el valor declarado por los interesados, el precio o contraprestación pactada o ambos son superiores al valor de mercado, la mayor de esas magnitudes se tomará como base imponible.

---

[22] Art. 36 (Responsables subsidiarios) del RITPyAJD

[23] Art. 37 (Regla general), Art. 38 (Presunción de deducción de cargas), Art. 39 (Transmisiones en subasta pública), Art. 40 (Valor en moneda o divisa extranjera), Art. 41 (Usufructo, uso y habitación), Art. 42 (Consolidación del dominio), Art. 43 (Concesiones administrativas), Art. 44 (Hipotecas, prendas y anticresis), Art. 45 (Otros derechos reales), Art. 46 (Venta con pacto de retro), Art. 47 (Transmisión de créditos o derechos), Art. 48 (Arrendamientos), Art. 49 (Pensiones) y Art. 50 (Otras normas sobre base imponible) del RITPyAJD.

[24] Nueva redacción del art. 10.1 dada por el art. sexto Dos de la Ley 11/2021, de 9 de julio, de medidas de prevención y lucha contra el fraude fiscal, de transposición de la Directiva (UE) 2016/1164, del Consejo, de 12 de julio de 2016, por la que se establecen normas contra las prácticas de elusión fiscal que inciden directamente en el funcionamiento del mercado interior, de modificación de diversas normas tributarias y en materia de regulación del juego (BOE núm. 164, de 10 de julio de 2021), con efectos desde el 11 de julio de 2021.

[25] Art. 34 (Derechos y garantías de los obligados tributarios), letra n) y Art. 90 (Información con carácter previo a la adquisición o transmisión de bienes inmuebles) de la Ley 58/2003, de 17 de diciembre, General Tributaria.

Se entenderá por valor de mercado el precio más probable por el cual podría venderse, entre partes independientes, un bien libre de cargas.

2[26]**.** En el caso de los bienes inmuebles, su valor será el valor de referencia previsto en la normativa reguladora del catastro inmobiliario, a la fecha de devengo del impuesto.

No obstante, si el valor del bien inmueble declarado por los interesados, el precio o contraprestación pactada, o ambos son superiores a su valor de referencia, se tomará como base imponible la mayor de estas magnitudes.

Cuando no exista valor de referencia o este no pueda ser certificado por la Dirección General del Catastro, la base imponible, sin perjuicio de la comprobación administrativa, será la mayor de las siguientes magnitudes: el valor declarado por los interesados, el precio o contraprestación pactada o el valor de mercado

3[27]**.** El valor de referencia solo se podrá impugnar cuando se recurra la liquidación que en su caso realice la Administración Tributaria o con ocasión de la solicitud de rectificación de la autoliquidación, conforme a los procedimientos regulados en la Ley 58/2003, de 17 de diciembre, General Tributaria.

Cuando los obligados tributarios consideren que la determinación del valor de referencia ha perjudicado sus intereses legítimos, podrán solicitar la rectificación de la autoliquidación impugnando dicho valor de referencia

4[28]**.** Cuando los obligados tributarios soliciten una rectificación de autoliquidación por estimar que la determinación del valor de referencia perjudica a sus intereses legítimos o cuando interpongan un recurso de reposición contra la liquidación que en su caso se le prac-

---

[26] Apartado 2 incorporado por el art. sexto Dos de la Ley 11/2021, de 9 de julio, de medidas de prevención y lucha contra el fraude fiscal, de transposición de la Directiva (UE) 2016/1164, del Consejo, de 12 de julio de 2016, por la que se establecen normas contra las prácticas de elusión fiscal que inciden directamente en el funcionamiento del mercado interior, de modificación de diversas normas tributarias y en materia de regulación del juego (BOE núm. 164, de 10 de julio de 2021) , con efectos desde el 11 de julio de 2021. Cuestión de inconstitucionalidad n.º 3631-2025, en relación con el art. 10.2, 3 y 4, y art. 46.1 del Texto Refundido de la Ley del Impuesto sobre Transmisiones Patrimoniales y Actos Jurídicos Documentados, aprobado por Real Decreto Legislativo 1/1993, de 24 de septiembre, y disposición final tercera del Texto Refundido de la Ley del Catastro Inmobiliario, aprobado por Real Decreto Legislativo 1/2004, de 5 de marzo (BOE núm. 168, de 14 de julio de 2025).

[27] Apartado 3 incorporado por el art. sexto Dos de la Ley 11/2021, de 9 de julio, de medidas de prevención y lucha contra el fraude fiscal, de transposición de la Directiva (UE) 2016/1164, del Consejo, de 12 de julio de 2016, por la que se establecen normas contra las prácticas de elusión fiscal que inciden directamente en el funcionamiento del mercado interior, de modificación de diversas normas tributarias y en materia de regulación del juego (BOE núm. 164, de 10 de julio de 2021), con efectos desde el 11 de julio de 2021.

[28] Apartado 4 incorporado por el art. sexto Dos de la Ley 11/2021, de 9 de julio, de medidas de prevención y lucha contra el fraude fiscal, de transposición de la Directiva (UE) 2016/1164, del Consejo, de 12 de julio de 2016, por la que se establecen normas contra las prácticas de elusión fiscal que inciden directamente en el funcionamiento del mercado interior, de modificación de diversas normas tributarias y en materia de regulación del juego (BOE núm. 164, de 10 de julio de 2021), con efectos desde el 11 de julio de 2021.

tique, impugnando dicho valor de referencia, la Administración Tributaria resolverá previo informe preceptivo y vinculante de la Dirección General del Catastro, que ratifique o corrija el citado valor, a la vista de la documentación aportada.

La Dirección General del Catastro emitirá informe vinculante en el que ratifique o corrija el valor de referencia cuando lo solicite la Administración Tributaria encargada de la aplicación de los tributos como consecuencia de las alegaciones y pruebas aportadas por los obligados tributarios.

Asimismo, emitirá informe preceptivo, corrigiendo o ratificando el valor de referencia, cuando lo solicite la Administración Tributaria encargada de la aplicación de los tributos, como consecuencia de la interposición de reclamaciones económico-administrativas.

En los informes que emita la Dirección General del Catastro, el valor de referencia ratificado o corregido será motivado mediante la expresión de la resolución de la que traiga causa, así como de los módulos de valor medio, factores de minoración y demás elementos precisos para su determinación aprobados en dicha resolución.

5[29]. En particular, serán de aplicación las normas contenidas en los apartados siguientes:

---

[29] Apartado original núm. 2 que pasa a numerarse como 5 en virtud del art. sexto Dos de la Ley 11/2021, de 9 de julio, de medidas de prevención y lucha contra el fraude fiscal, de transposición de la Directiva (UE) 2016/1164, del Consejo, de 12 de julio de 2016, por la que se establecen normas contra las prácticas de elusión fiscal que inciden directamente en el funcionamiento del mercado interior, de modificación de diversas normas tributarias y en materia de regulación del juego (BOE núm. 164, de 10 de julio de 2021). Para vehículos de turismo, todo terreno, motocicletas y embarcaciones usados, los precios medios de venta utilizables como medio de comprobación de la Orden de 30 de enero de 1987 (BOE de 10 de febrero y 7 de marzo) actualizados para 2025 por la Orden HAC/1484/2024, de 26 de diciembre, por la que se aprueban los precios medios de venta aplicables en la gestión del Impuesto sobre Transmisiones Patrimoniales y Actos Jurídicos Documentados, Impuesto sobre Sucesiones y Donaciones e Impuesto Especial sobre Determinados Medios de Transporte (BOE núm. 313, de 28 de diciembre de 2024). Para 2024, por la Orden HFP/1396/2023, de 26 de diciembre, por la que se aprueban los precios medios de venta aplicables en la gestión del Impuesto sobre Transmisiones Patrimoniales y Actos Jurídicos Documentados, Impuesto sobre Sucesiones y Donaciones e Impuesto Especial sobre Determinados Medios de Transporte (BOE núm. 311, de 29 de diciembre de 2023). Para 2023 por Orden HFP/1259/2022, de 14 de diciembre, por la que se aprueban los precios medios de venta aplicables en la gestión del Impuesto sobre Transmisiones Patrimoniales y Actos Jurídicos Documentados, Impuesto sobre Sucesiones y Donaciones e Impuesto Especial sobre Determinados Medios de Transporte (BOE núm. 304, de 20 de diciembre de 2022); para 2022 por la Orden HFP/1442/2021, de 20 de diciembre, por la que se aprueban los precios medios de venta aplicables en la gestión del Impuesto sobre Transmisiones Patrimoniales y Actos Jurídicos Documentados, Impuesto sobre Sucesiones y Donaciones e Impuesto Especial sobre Determinados Medios de Transporte (BOE» núm. 308, de 24 de diciembre de 2021). Para 2021 por la Orden HAC/1275/2020, de 28 de diciembre, por la que se aprueban los precios medios de venta aplicables en la gestión del Impuesto sobre Transmisiones Patrimoniales y Actos Jurídicos Documentados, Impuesto sobre Sucesiones y Donaciones e Impuesto Especial sobre Determinados Medios de Transporte (BOEnúm. 340, de 30 de diciembre de 2020). Para 2020 por la Orden HAC/1273/2019, de 16 de diciembre, por la que se aprueban los precios medios de venta aplicables en la gestión del Impuesto sobre Transmisiones Patrimoniales y Actos Jurídicos Documentados, Impuesto

a) El valor del usufructo temporal se reputará proporcional al valor total de los bienes, en razón del 2 por 100 por cada período de un año, sin exceder del 70 por 100.

En los usufructos vitalicios se estimará que el valor es igual al 70 por 100 del valor total de los bienes cuando el usufructuario cuente menos de veinte años, minorando, a medida que aumenta la edad, en la proporción de un 1 por 100 menos por cada año más con el límite mínimo del 10 por 100 del valor total.

El usufructo constituido a favor de una persona jurídica si se estableciera por plazo superior a treinta años o por tiempo indeterminado, se considerará fiscalmente como transmisión de plena propiedad sujeta a condición resolutoria.

El valor del derecho de nuda propiedad se computará por la diferencia entre el valor del usufructo y el valor total de los bienes. En los usufructos vitalicios que, a su vez, sean temporales, la nuda propiedad se valorará aplicando, de las reglas anteriores, aquella que le atribuya menor valor.

b) El valor de los derechos reales de uso y habitación será el que resulte de aplicar al 75 por 100 del valor de los bienes sobre los que fueron impuestos, las reglas correspondientes a la valoración de los usufructos temporales o vitalicios, según los casos.

c) Las hipotecas, prendas y anticresis se valorarán en el importe de la obligación o capital garantizado, comprendiendo las sumas que se aseguren por intereses, indemnizaciones, penas por incumplimiento u otro concepto análogo. Si no constare expresamente el importe de la cantidad garantizada, se tomará por base el capital y tres años de intereses.

d) Los derechos reales no incluidos en apartados anteriores se imputarán por el capital, precio o valor que las partes hubiesen pactado al constituirlos, si fuere igual o mayor que el que resulte de la capitalización al interés básico del Banco de España[30] de la renta o pensión anual, o éste si aquél fuere menor.

---

sobre Sucesiones y Donaciones e Impuesto Especial sobre Determinados Medios de Transporte (BOE núm. 314, de 31 de diciembre de 2019). Para el 2019 por la Orden HAC/1375/2018, de 17 diciembre (BOE núm. 306, de 24 de diciembre de 2018). Para el 2018 por la Orden HFP/1258/2017, de 5 diciembre (BOE núm. 310, de 22 de diciembre 2017, corrección de errata, BOE núm. 12, de 13 de enero de 2018). Para el 2017 por la Orden HFP/1895/2016, de 14 de diciembre (BOE núm. 304, de 17 de diciembre de 2016), corrección de errores BOE núm. 310, de 24 de diciembre de 2016. Para 2016, la Orden HAP/2763/2015, de 17 de diciembre (BOE núm. 304, de 21 de diciembre de 2015); para el ejercicio 2015, la Orden HAP/2374/2014, de 11 de diciembre (BOE núm. 306, de 19 de diciembre de 2014); 2014, Orden HAP/2367/2013, de 11 de diciembre (BOE núm. 302, de 18 de diciembre de 2013); para 2013 por la Orden HAP/2724/2012, de 12 de diciembre (BOE núm. 306, de 21 de diciembre de 2012). Para el ejercicio 2012, Orden HAP/3551/2011, de 13 de diciembre (BOE de 29 de diciembre de 2011); para el 2011 por la Orden EHA/3334/2010, de 16 de diciembre, (BOE núm. 314, de 27 de diciembre de 2010). Para el ejercicio 2010, Orden EHA/3476/2009, de 17 de diciembre (BOE núm. 311, de 26 de diciembre de 2009). Ejercicio 2009: Orden EHA/3697/2008, de 11 de diciembre (BOE núm. 305, de 19 de diciembre de 2008).

[30] En virtud del art. 68 de la Ley 66/1997, de 30 de diciembre, de Medidas Fiscales, Administrativas y del Orden Social (BOE del 31), las referencias al tipo de interés básico del Banco de España hay que entenderlas

hecha al tipo de interés legal del dinero establecido cada año en la Ley de Presupuestos Generales del Estado. Tabla: interés legal del dinero:

Año	Interés Legal del Dinero	Texto Legal
2025	3,25%	*Hasta que se apruebe la nueva Ley de PGE*
2024	3,25%	*Hasta que se apruebe la nueva Ley de PGE*
2023	3,25%	Disp. Adic. 42ª de la Ley 31/2022, de 23 de diciembre, de Presupuestos Generales del Estado para el año 2023
2022	*3%*	*Disp. Adic. 46ª de la Ley 22/2021, de 28 de diciembre, de Presupuestos Generales del Estado para el año 2022*
2021	3%	*Disp. Adic. 49ª de la Ley 11/2020, de 30 de diciembre, de Presupuestos Generales del Estado para el año 2021*
Del 5/7/2018 al 31/12/2020	*3%*	Disp. Adic. 57ª Ley 6/2018, de 3 de julio, de Presupuestos Generales del Estado para el año 2018
Desde el 29-6-2017 hasta el 4-7-2018	*3%*	Disp. Adic. 44ª Ley 3/2017, de 27 de junio, de Presupuestos Generales del Estado para el año 2017
2016 y hasta el 28-6-2017	*3%*	Disp. Adic. 34ª Ley 48/2015, de 29 de octubre, de PGE para el año 2016
2015	3,50%	Disp. Adic. 32ª Ley 36/2014, de 26 de diciembre, de Presupuestos Generales del Estado para el año 2015.
2014	4,00%	Disp. Adic. 32ª Ley 22/2013, de 23 de diciembre, de PGE para el año 2014.
2013	4,00%	Disp. Adic. 39ª Ley 17/2012, de 27 de diciembre, de PGE para el año 2013.
1/7/2012	4,00%	Disp. Adic. 10ª Ley 2/2012, de 29 de junio, de Presupuestos Generales del Estado para el año 2012
2011	4,00%	Disp. Adic. 17ª Ley 39/2010, de 22 de diciembre, de PGE para el año 2011.
2010	4,00%	Disp. Adic. 18ª Ley 26/2009, de 23 de diciembre, de PGE para el año 2010.
2009	4,00%	Artículo 1 del Real Decreto-ley 3/2009, de 27 de marzo, de medidas urgentes en materia tributaria, financiera y concursal ante la evolución de la situación económica, en vigor desde el 1-04-2009.
	5,50%	Disp. Adic. 27ª de la Ley 2/2008, de 23 de diciembre, de PGE para el año 2009, en vigor desde el 1-1-2009 al 31-03-2009.
2008	5,50%	Disp. Adic. 34ª Ley 51/2007, de 26 de diciembre, de PGE para el año 2008.
2007	5,00%	Disp. Adic. 30ª de la Ley 42/2006, de 28-12-2006, de PGE para 2007.

e) En los arrendamientos servirá de base la cantidad total que haya de satisfacerse por todo el período de duración del contrato; cuando no constase aquél, se girará la liquidación computándose seis años, sin perjuicio de las liquidaciones adicionales que deban practicarse, caso de continuar vigente después del expresado período temporal; en los contratos de arrendamiento de fincas urbanas sujetas a prórroga forzosa se computará, como mínimo, un plazo de duración de tres años.

f) La base imponible en las pensiones se obtendrá capitalizándolas al interés básico del Banco de España[31] y tomando del capital resultante aquella parte que, según las reglas establecidas para valorar los usufructos, corresponda a la edad del pensionista, si la pensión es vitalicia, o a la duración de la pensión si es temporal. Cuando el importe de la pensión no se cuantifique en unidades monetarias, la base imponible se obtendrá capitalizando el importe anual del salario mínimo interprofesional[32].

Año	Interés Legal del Dinero	Texto Legal
2006	4,00%	Disp. Adic. 21ª de la Ley 30/2005, de 28-12-2005, de PGE para 2006.
2005	4,00%	Disp. Adic. 5ª de la Ley 2/2004, de 27-12-2004, de PGE para 2005.
2004	3,75%	Disp. Adic. 6ª de la Ley 61/2003, de 30-12-2003, de PGE para 2004.
2003	4,25%	Ley 52/2002, de 30-12-2002, de PGE para 2003.

[31]   Ver nota anterior.

[32]   En virtud del art. 2 del Real Decreto-ley 3/2004, de 25 de junio, para la racionalización de la regulación del salario mínimo interprofesional y para el incremento de su cuantía (BOE de 26 de junio), la referencia debe ser entendida al IPREM (indicador público de renta de efectos múltiples).

Ley 31/2022, de 23 de diciembre, de Presupuestos Generales del Estado para el año 2023 (BOE» núm. 308, de 24/12/2022), en vigorr desde el 1 de enero de 2023:

«Disposición adicional nonagésima. Determinación del indicador público de rentas de efectos múltiples (IPREM) para 2023.

De conformidad con lo establecido en el artículo 2.2 del Real Decreto-ley 3/2004, de 25 de junio, para la racionalización de la regulación del salario mínimo interprofesional y para el incremento de su cuantía, el indicador público de renta de efectos múltiples (IPREM) tendrá las siguientes cuantías durante 2023:

a) El IPREM diario, 20 euros.

b) El IPREM mensual, 600 euros.

c) El IPREM anual, 7.200 euros.

d) En los supuestos en que la referencia al salario mínimo interprofesional ha sido sustituida por la referencia al IPREM en aplicación de lo establecido en el Real Decreto-ley 3/2004, de 25 de junio, la cuantía anual del IPREM será de 8.400 euros cuando las correspondientes normas se refieran al salario mínimo interprofesional en cómputo anual, salvo que expresamente excluyeran las pagas extraordinarias; en este caso, la cuantía será de 7.200 euros».

Ley 22/2021, de 28 de diciembre, de Presupuestos Generales del Estado para el año 2022 (BOE núm. 312, de 29 de diciembre de 2021), con efectos desde el 1 de enero de 2022:

«Disposición adicional centésima primera. Determinación del indicador público de rentas de efectos múltiples (IPREM) para 2022.

De conformidad con lo establecido en el artículo 2.2 del Real Decreto-ley 3/2004, de 25 de junio, para la racionalización de la regulación del salario mínimo interprofesional y para el incremento de su cuantía, el indicador público de renta de efectos múltiples (IPREM) tendrá las siguientes cuantías durante 2022:

a) EL IPREM diario, 19,30 euros.

b) El IPREM mensual, 579,02 euros.

c) El IPREM anual, 6.948,24 euros.

d) En los supuestos en que la referencia al salario mínimo interprofesional ha sido sustituida por la referencia al IPREM en aplicación de lo establecido en el Real Decreto-ley 3/2004, de 25 de junio, la cuantía anual del IPREM será de 8.106,28 euros cuando las correspondientes normas se refieran al salario mínimo interprofesional en cómputo anual, salvo que expresamente excluyeran las pagas extraordinarias; en este caso, la cuantía será de 6.948,24 euros».

Ley 11/2020, de 30 de diciembre, de Presupuestos Generales del Estado para el año 2021 (BOE núm. 341, de 31 de diciembre de 2020), en vigor desde el 1 de enero de 2021.

«Disposición adicional centésima vigésima primera. Determinación del indicador público de rentas de efectos múltiples (IPREM) para 2021.

De conformidad con lo establecido en el artículo 2.2 del Real Decreto-ley 3/2004, de 25 de junio, para la racionalización de la regulación del salario mínimo interprofesional y para el incremento de su cuantía, el indicador público de renta de efectos múltiples (IPREM) tendrá las siguientes cuantías durante 2021:

a) EL IPREM diario, 18,83 euros.

b) El IPREM mensual, 564,90 euros.

c) El IPREM anual, 6.778,80 euros.

d) En los supuestos en que la referencia al salario mínimo interprofesional ha sido sustituida por la referencia al IPREM en aplicación de lo establecido en el Real Decreto-ley 3/2004, de 25 de junio, la cuantía anual del IPREM será de 7.908,60 euros cuando las correspondientes normas se refieran al salario mínimo interprofesional en cómputo anual, salvo que expresamente excluyeran las pagas extraordinarias; en este caso, la cuantía será de 6.778,80 euros».

Ejercicios 2018 a 2020: Disposición adicional centésima décima novena de la Ley 6/2018, de 3 de julio, de Presupuestos Generales del Estado para el año 2018 (BOE núm. 161, de 4 de julio de 2018), en vigor desde el 5 de julio de 2018.

Ejercicio 2017: Disposición adicional centésima séptima de la Ley 3/2017, de 27 de junio, de Presupuestos Generales del Estado para el año 2017 (BOE núm. 153, de 28 de junio de 2017), en vigor desde el 29 de junio de 2017.

Ejercicio 2016: Disposición adicional octogésima cuarta de la Ley 48/2015, de 29 de octubre, de Presupuestos Generales del Estado para el año 2016 (BOE núm. 260, de 30 de octubre de 2015).

Ejercicio 2015: Disposición adicional Octogésima cuarta de la Ley 36/2014, de 26 de diciembre, de Presupuestos Generales del Estado para el año 2015 (BOE núm. 315, de 30 de diciembre de 2014).

Ejercicio 2104: Disposición adicional Octogésima de la Ley 22/2013, de 23 de diciembre, de Presupuestos Generales del Estado para el año 2014 (BOE núm. 309, de 26 de diciembre de 2013).

Ejercicio 2103: Disposición adicional Octogésima segunda de la Ley 17/2012, de 27 de diciembre, de Presupuestos Generales del Estado para el año 2013 (BOE núm. 312, de 28 de diciembre de 2012).

Para el ejercicio 2012: Disposición Adicional Décima cuarta de la Ley 2/2012, de 29 de junio, de Presupuestos Generales del Estado para el año 2012 (BOE núm. 156, de 30 de junio de 2012).

g) En las transmisiones de valores que se negocien en un mercado secundario oficial, el valor de cotización del día en que tenga lugar la adquisición o, en su defecto, la del primer día inmediato anterior en que se hubiesen negociado, dentro del trimestre inmediato precedente[33].

h) En las actas de notoriedad que se autoricen para inscripción de aguas destinadas al riego, tanto en el Registro de la Propiedad como en los Administrativos, servirá de base la capitalización al 16 por 100 de la riqueza imponible asignada a las tierras que con tales aguas se beneficien.

i) En los contratos de aparcería[34] de fincas rústicas, servirá de base el 3 por 100 del valor catastral asignado en el Impuesto sobre Bienes Inmuebles a la finca objeto del contrato, multiplicado por el número de años de duración del contrato.

j) En los préstamos[35] sin otra garantía que la personal del prestatario, en los asegurados con fianza y en los contratos de reconocimiento de deudas y de depósito retribuido, el capital de la obligación o valor de la cosa depositada. En las cuentas de crédito, el que realmente hubiese utilizado el prestatario. En los préstamos garantizados con prenda, hipoteca o anticresis, se observará lo dispuesto en el párrafo *c)* de este artículo.

Cuota tributaria[36]

Artículo 11[37].

1. La cuota tributaria se obtendrá aplicando sobre la base liquidable los siguientes tipos, sin perjuicio de lo establecido en el artículo siguiente:

Ejercicio 2011: Disposición Adicional Decimoctava de la Ley 39/2010, de 22 de diciembre, de Presupuestos Generales del Estado para el año 2011 (BOE núm. 23, de 12 de diciembre de 2010).

Ejercicio 2010: Disposición Adicional Decimonovena de la Ley 26/2009, de 23 de diciembre, de Presupuestos Generales del Estado para el año 2010 (BOE núm. 309, de 24 de diciembre de 2009).

Para el ejercicio 2009: Disposición Adicional Vigésima Octava de la Ley 2/2008, de 23 de diciembre, de Presupuestos Generales del Estado para el año 2009 (BOE, núm. 309, de 24 de diciembre de 2008).

Para el ejercicio 2008: Disposición Adicional Trigésima quinta de la Ley 51/2007, de 26 de diciembre, de Presupuestos Generales del Estado para el año 2008 (BOE núm. 310 de 27 de diciembre de 2007).

Para el ejercicio 2007: Disposición adicional trigésima primera de la Ley 42/2006, de 28 de diciembre, de PGE para 2007 (BOE núm. 311, de 29 de diciembre de 2007).

[33] En relación con la transmisión de valores, arts. 12.3, 17.2 y 45.I.B.9 de este TRLITPyAJD.

[34] Art. 28 (Contrato de aparcería) de la Ley 49/2003, de 26 de noviembre, de arrendamientos rústicos (BOE núm. 284, de 27 de noviembre de 2003).

[35] Exención, art. 45.I.B).15 de este TRLITPyAJD.

[36] Artículos 51 al 53 del RITPyAJD.

Ley 4/2012, de 6 de julio, de contratos de aprovechamiento por turno de bienes de uso turístico, de adquisición de productos vacacionales de larga duración, de reventa y de intercambio y normas tributarias (BOE núm. 162 de 7 de julio de 2012), en vigor desde el 8 de julio de 2012, «Artículo 37. **Impuesto sobre Transmisiones Patrimoniales y Actos Jurídicos Documentados.**

a) Si se trata de la transmisión de bienes muebles o inmuebles, así como la constitución y cesión de derechos reales que recaigan sobre los mismos, excepto los derechos reales de garantía, con el tipo que, conforme a lo previsto en la Ley 21/2001, de 27 de diciembre, por la que se regulan las medidas fiscales y administrativas del nuevo sistema de financiación de las Comunidades Autónomas de régimen común y Ciudades con Estatuto de Autonomía, haya sido aprobado por la Comunidad Autónoma.

Si la Comunidad Autónoma no hubiese aprobado el tipo a que se refiere el párrafo anterior, se aplicará el 6 por 100 a la transmisión de inmuebles, así como la constitución y cesión de derechos reales sobre los mismos, excepto los derechos reales de garantía, y el 4 por 100, si se trata de la transmisión de bienes muebles y semovientes, así como la constitución y cesión de derechos reales sobre los mismos, excepto los derechos reales de garantía. Este último tipo se aplicará igualmente a cualquier otro acto sujeto no comprendido en las demás letras de este apartado.

La transmisión de valores tributará, en todo caso, conforme a lo dispuesto en el apartado 3 del artículo 12 de esta Ley.

b) El 1 por 100, si se trata de la constitución de derechos reales de garantía, pensiones, fianzas o préstamos, incluso los representados por obligaciones, así como la cesión de créditos de cualquier naturaleza.

2. Cuando un mismo acto o contrato comprenda bienes muebles e inmuebles sin especificación de la parte de valor que a cada uno de ellos corresponda, se aplicará el tipo de gravamen de los inmuebles.

Artículo 12[38].

1. La cuota tributaria de los arrendamientos se obtendrá aplicando sobre la base liquidable la tarifa que fije la Comunidad Autónoma.

A las transmisiones entre particulares no sujetas al Impuesto sobre el Valor Añadido o al Impuesto General Indirecto Canario de los derechos contemplados en la presente Ley, cualquiera que sea su naturaleza, les será aplicable el tipo de gravamen del 4 por 100 en el Impuesto sobre Transmisiones Patrimoniales y Actos Jurídicos Documentados, a salvo las competencias de las Comunidades Autónomas en la materia».

Previamente se recogía en el art. 37 del Real Decreto-ley 8/2012, de 16 de marzo, de contratos de aprovechamiento por turno de bienes de uso turístico, de adquisición de productos vacacionales de larga duración, de reventa y de intercambio. (BOE núm. 66, de 17 de marzo de 2012), en vigor desde al día siguiente de su publicación, objeto de derogación.

[37] Nueva redacción del art. 11 dada por el 60.1 de la Ley 21/2001, de 27 de diciembre, por la que se regulan las medidas fiscales y administrativas del nuevo sistema de financiación de las Comunidades Autónomas de régimen común y Ciudades con Estatuto de Autonomía, con efectos desde 1/1/2002.
Art. 51 (Tipos de gravamen) del RITPyAJD.

[38] Nueva redacción del art. 12 dada por el 60.2 de la Ley 21/2001, de 27 de diciembre, por la que se regulan las medidas fiscales y administrativas del nuevo sistema de financiación de las Comunidades Autónomas de régimen común y Ciudades con Estatuto de Autonomía, con efectos desde 1/1/2002.
Art. 52 (Tarifa para arrendamientos) y Art. 53 (Tarifa para transmisión de valores) del RITPyAJD.

Si la Comunidad Autónoma no hubiese aprobado la tarifa a que se refiere el párrafo anterior, se aplicará la siguiente escala:

	Euros
Hasta 30,05 euros	0,09
De 30,06 a 60,10	0,18
De 60,11 a 120,20	0,39
De 120,21 a 240,40	0,78
De 240,41 a 480,81	1,68
De 480,82 a 961,62	3,37
De 961,63 a 1.923,24	7,21
De 1.923,25 a 3.846,48	14,42
De 3.846,49 a 7.692,95	30,77
De 7.692,96 en adelante, 0,024040 euros por cada 6,01 euros o fracción	

Podrá satisfacerse la deuda tributaria mediante la utilización de efectos timbrados en los arrendamientos de fincas urbanas, según la escala anterior[39].

2. El impuesto se liquidará en metálico cuando en la constitución de arrendamientos no se utilicen efectos timbrados para obtener la cuota tributaria.

3. La transmisión de valores tributará según la siguiente escala[40]:

	Euros
Hasta 60,10 euros	0,06
De 60,11 a 180,30	0,18
De 180,31 a 450,76	0,48
De 450,77 a 901,52	0,96
De 901,53 a 1.803,04	1,98
De 1.803,05 a 6.010,12	7,21
De 6.010,13 a 12.020,24	14,42
Exceso: 0,066111 euros por cada 60,10 euros o fracción.	

---

[39] Orden de 11 de octubre de 2001 por la que se aprueban los modelos de Timbres del Estado con sus valores en euros (BOE núm. 254 de 23 de octubre de 2001) entre otros, modelos y especificaciones técnicas del contrato de arrendamiento de fincas urbanas.

[40] En relación a la transmisión de valores, arts. 10.2.g), 17.2 y 45.I.B.9 de este TRLITPyAJD.

Artículo 13[42].

1. Las concesiones administrativas tributarán con el tipo que, conforme a lo previsto en la Ley 21/2001, de 27 de diciembre, por la que se regulan las medidas fiscales y administrativas del nuevo sistema de financiación de las Comunidades Autónomas de régimen común y Ciudades con Estatuto de Autonomía, haya sido aprobado por la Comunidad Autónoma.

Si la Comunidad Autónoma no hubiese aprobado el tipo a que se refiere el párrafo anterior, las concesiones administrativas tributarán como constitución de derechos, al tipo de gravamen establecido en el artículo 11.*a)* para los bienes muebles o semovientes, cualesquiera que sean su naturaleza, duración y los bienes sobre los que recaigan.

2. Se equipararán a las concesiones administrativas, a los efectos del impuesto, los actos y negocios administrativos, cualquiera que sea su modalidad o denominación, por lo que, como consecuencia del otorgamiento de facultades de gestión de servicios públicos o de la atribución del uso privativo o del aprovechamiento especial de bienes de dominio o uso público, se origine un desplazamiento patrimonial en favor de particulares.

3[43]. Como norma general, para determinar la base imponible, el valor del derecho originado por la concesión se fijará por la aplicación de la regla o reglas que, en atención a la naturaleza de las obligaciones impuestas al concesionario, resulten aplicables de las que se indican a continuación:

---

[41]   Art. 41 (Usufructo, uso y habitación), Art. 42 (Consolidación del dominio), Art. 43 (Concesiones administrativas), Art. 44 (Hipotecas, prendas y anticresis), Art. 45 (Otros derechos reales), Art. 46 (Venta con pacto de retro), Art. 47 (Transmisión de créditos o derechos), Art. 48 (Arrendamientos), Art. 49 (Pensiones) y Art. 50 (Otras normas sobre base imponible) del RITPyAJD.

[42]   Nueva redacción del art. 13 dada por el 60.3 de la Ley 21/2001, de 27 de diciembre, por la que se regulan las medidas fiscales y administrativas del nuevo sistema de financiación de las Comunidades Autónomas de régimen común y Ciudades con Estatuto de Autonomía, con efectos desde 1/1/2002.
Art. 43 (Concesiones administrativas), del RITPyAJD. Ver las disposiciones que determinadas Comunidades Autónomas han dictado haciendo uso de la potestad que les otorgan las normas sobre cesión de este impuesto

[43]   Nueva redacción del apartado 3 dada por el art. sexto Tres de la Ley 11/2021, de 9 de julio, de medidas de prevención y lucha contra el fraude fiscal, de transposición de la Directiva (UE) 2016/1164, del Consejo, de 12 de julio de 2016, por la que se establecen normas contra las prácticas de elusión fiscal que inciden directamente en el funcionamiento del mercado interior, de modificación de diversas normas tributarias y en materia de regulación del juego (BOE núm. 164, de 10 de julio de 2021), con efectos desde el 11 de julio de 2021.
Redacción anterior dada por el art. 7.Uno de la Ley 4/2008, de 23 de diciembre, por la que se suprime el gravamen del Impuesto sobre el Patrimonio, se generaliza el sistema de devolución mensual en el Impuesto sobre el Valor Añadido, y se introducen otras modificaciones en la normativa tributaria (BOE de 25 de diciembre de 2008), de aplicación a partir de 26 de diciembre de 2008.

a) Si la Administración señalase una cantidad total en concepto de precio o canon que deba satisfacer el concesionario, por el importe de la misma.

b) Si la Administración señalase un canon, precio, participación o beneficio mínimo que deba satisfacer el concesionario periódicamente y la duración de la concesión no fuese superior a un año, por la suma total de las prestaciones periódicas. Si la duración de la concesión fuese superior al año, capitalizando, según el plazo de la concesión, al 10 por 100 la cantidad anual que satisfaga el concesionario.

Cuando para la aplicación de esta regla hubiese que capitalizar una cantidad anual que fuese variable como consecuencia, exclusivamente, de la aplicación de cláusulas de revisión de precios que tomen como referencia índices objetivos de su evolución, se capitalizará la correspondiente al primer año. Si la variación dependiese de otras circunstancias, cuya razón matemática se conozca en el momento del otorgamiento de la concesión, la cantidad a capitalizar será la media anual de las que el concesionario deba de satisfacer durante la vida de la concesión.

c) Cuando el concesionario esté obligado a revertir a la Administración bienes determinados, se computará el valor neto contable estimado de dichos bienes a la fecha de reversión, más los gastos previstos para la reversión. Para el cálculo del valor neto contable de los bienes se aplicarán las tablas de amortización aprobadas a los efectos del Impuesto sobre Sociedades en el porcentaje medio resultante de las mismas.

4. En los casos especiales en los que, por la naturaleza de la concesión, la base imponible no pueda fijarse por las reglas del apartado anterior, se determinará ajustándose a las siguientes reglas:

a) Aplicando al valor de los activos fijos afectos a la explotación, uso o aprovechamiento de que se trate, un porcentaje del 2 por 100 por cada año de duración de la concesión, con el mínimo del 10 por 100 y sin que el máximo pueda exceder del valor de los activos.

b) A falta de la anterior valoración, se tomará la señalada por la respectiva Administración pública.

c) En defecto de las dos reglas anteriores, por el valor declarado por los interesados, sin perjuicio del derecho de la Administración para proceder a su comprobación por los medios del artículo 52 de la Ley General Tributaria.

Artículo 14[44].

1[45]. Al consolidarse el dominio, el nudo propietario tributará por este impuesto atendiendo al valor del derecho que ingrese en su patrimonio.

---

[44]   Art. 42 (Consolidación del dominio), Art. 46 (Venta con pacto de retro), Art. 47 (Transmisión de créditos o derechos), Art. 48 (Arrendamientos), Art. 49 (Pensiones) y Art. 50 (Otras normas sobre base imponible) del RITPyAJD.

[45]   Art. 42 (Consolidación del dominio) del RITPyAJD.

2[46]. Las promesas y opciones de contratos sujetos al impuesto serán equiparadas a éstos, tomándose como base el precio especial convenido, y a falta de éste, o si fuere menor, el 5 por 100 de la base aplicable a dichos contratos.

3[47]. En las transmisiones de bienes y derechos con cláusula de retro, servirá de base el precio declarado si fuese igual o mayor que los dos tercios del valor comprobado de aquéllos. En la transmisión del derecho de retraer, la tercera parte de dicho valor, salvo que el precio declarado fuese mayor. Cuando se ejercite el derecho de retracto servirá de base las dos terceras partes del valor comprobado de los bienes y derechos retraídos, siempre que sea igual o mayor al precio de la retrocesión.

4. En la constitución de los censos enfitéuticos y reservativos, sin perjuicio de la liquidación por este concepto, se girará la correspondiente a la cesión de los bienes por el valor que tengan, deduciendo el capital de aquéllos.

5. En las transacciones se liquidará el impuesto según el título por el cual se adjudiquen, declaren o reconozcan los bienes o derechos litigiosos, y si aquél no constare, por el concepto de transmisión onerosa.

6[48]. Cuando en las cesiones de bienes a cambio de pensiones vitalicias o temporales, la base imponible a efectos de la cesión sea superior en más del 20 por 100 y en 12.020,24 euros *(2.000.000 de pesetas)* a la de la pensión, la liquidación a cargo del cesionario de los bienes se girará por el valor en que ambas bases coincidan y por la diferencia se le practicará otra por el concepto de donación.

7[49]. *Cuando en las transmisiones onerosas por actos «inter vivos» de bienes y derechos, el valor comprobado a efectos de la modalidad de «transmisiones patrimoniales onerosas» exceda del consignado por las partes en el correspondiente documento en más del 20 por 100 de éste y dicho exceso sea superior a 2.000.000 de pesetas, este último sin perjuicio de la tributación que corresponda por la modalidad expresada, tendrá para el transmitente y para el adquirente las repercusiones tributarias de los incrementos patrimoniales derivados de transmisiones a título lucrativo.*

Artículo 15.

1[50]. La constitución de las fianzas y de los derechos de hipoteca, prenda y anticresis, en garantía de un préstamo, tributarán exclusivamente por el concepto de préstamo.

---

[46]   Art. 24 (Promesas de venta) y Art. 50.5 (Otras normas sobre base imponible) del RITPyAJD.

[47]   Art. 46 (Venta con pacto de retro) del RITPyAJD.

[48]   Art. 22 (Cesión de bienes a cambio de pensión) del RITPyAJD.

[49]   Esta apartado 7 ha sido declarado inconstitucional y nulo por la STC 194/2000, de 19 de julio, del Pleno del Tribunal Constitucional (Suplemento al BOE de 11 de agosto de 2000).

[50]   Art. 25 (Tributación del préstamo con garantía) del RITPyAJD.

2[51]. Se liquidarán como préstamos personales las cuentas de crédito, el reconocimiento de deuda y el depósito retribuido.

Artículo 16[52].

La subrogación en los derechos del acreedor prendario, hipotecario o anticrético se considerará como transmisión de derechos y tributará por el tipo establecido en la letra *b)* del número 1 del artículo 11.

Artículo 17[53].

1[54]. En la transmisión de créditos o derechos mediante cuyo ejercicio hayan de obtenerse bienes determinados y de posible estimación se exigirá el impuesto por iguales conceptos y tipos que las que se efectúen de los mismos bienes y derechos. Sin embargo, en el caso de inmuebles en construcción, la base imponible estará constituida por el valor del bien en el momento de la transmisión del crédito o derecho, sin que pueda ser inferior al importe de la contraprestación satisfecha por la cesión.

2. Las transmisiones de valores, admitidos o no a negociación en un mercado secundario oficial, que queden exentas de tributar como tales, bien en el Impuesto sobre el Valor Añadido o bien en la modalidad de «transmisiones patrimoniales onerosas» del Impuesto sobre Transmisiones Patrimoniales y Actos Jurídicos Documentados, así como su adquisición en los mercados primarios como consecuencia del ejercicio de los derechos de suscripción preferente y de conversión de obligaciones en acciones, tributarán por la citada modalidad,

---

51   Art. 26 (Cuentas de crédito) del RITPyAJD.
52   Nueva redacción del art. 16 dada por el 60.4 de la Ley 21/2001, de 27 de diciembre, por la que se regulan las medidas fiscales y administrativas del nuevo sistema de financiación de las Comunidades Autónomas de régimen común y Ciudades con Estatuto de Autonomía, con efectos desde 1/1/2002.
      Art. 13 (Actos equiparados a transmisiones de derechos) del RITPyAJD.
      las disposiciones que determinadas Comunidades Autónomas han dictado haciendo uso de la potestad que les otorgan las normas sobre cesión de este impuesto.
53   Art. 16 (Transmisión de créditos y derechos) y Art. 17 (Transmisión de valores) del RITPyAJD.
54   Nueva redacción del art. 17.1 dada por el art. sexto Cuatro de la Ley 11/2021, de 9 de julio, de medidas de prevención y lucha contra el fraude fiscal, de transposición de la Directiva (UE) 2016/1164, del Consejo, de 12 de julio de 2016, por la que se establecen normas contra las prácticas de elusión fiscal que inciden directamente en el funcionamiento del mercado interior, de modificación de diversas normas tributarias y en materia de regulación del juego (BOE núm. 164, de 10 de julio de 2021), con efectos desde el 11 de julio de 2021.
      Redacción anterior dada por el art. 7.Dos de la Ley 4/2008, de 23 de diciembre, por la que se suprime el gravamen del Impuesto sobre el Patrimonio, se generaliza el sistema de devolución mensual en el Impuesto sobre el Valor Añadido, y se introducen otras modificaciones en la normativa tributaria (BOE de 25 de diciembre de 2008), de aplicación a partir de 26/12/2008.

como transmisiones onerosas de bienes inmuebles, en los casos y con las condiciones que establece el artículo 108 de la Ley 24/1988, de 28 de julio, del Mercado de Valores[55].

Artículo 18[56].

1. Todas las transmisiones empresariales de bienes inmuebles sujetas y no exentas al Impuesto sobre el Valor Añadido, se liquidarán sin excepción por dicho tributo, sin perjuicio de lo previsto en el artículo 27 respecto al gravamen sobre Actos Jurídicos Documentados.

Lo dispuesto anteriormente será aplicable cuando se renuncie a la aplicación de la exención en el Impuesto sobre el Valor Añadido[57], conforme a lo previsto en este impuesto.

2. Si a pesar de lo dispuesto en el número anterior se efectuara la autoliquidación por la modalidad de «transmisiones patrimoniales onerosas» del Impuesto sobre Transmisiones Patrimoniales y Actos Jurídicos Documentados, ello no eximirá en ningún caso a los sujetos pasivos sometidos al Impuesto sobre el Valor Añadido, de sus obligaciones tributarias por este concepto, sin perjuicio del derecho a la devolución de los ingresos indebidos a que hubiese lugar, en su caso, por la referida modalidad de «transmisiones patrimoniales onerosas».

TÍTULO II. OPERACIONES SOCIETARIAS

HECHO IMPONIBLE[58]

Artículo 19[59].

1. Son operaciones societarias sujetas:

---

[55]   Dicho art. 108 de la Ley 24/1988, se reproduce en la nota del art. 45.I.B.9 de este TRLITPyAJD. Referencia actual se corresponde con el art. 314 del Real Decreto Legislativo 4/2015, de 23 de octubre, por el que se aprueba el texto refundido de la Ley del Mercado de Valores (BOE núm. 255, de 24 de octubre de 2015) que deroga Ley 24/1988, de 28 de julio, del Mercado de Valores.

[56]   Art. 33 (Transmisiones de bienes inmuebles) del RITPyAJD.

[57]   Art. 20.Dos (Exenciones en operaciones interiores) de la Ley 37/1992, de 28 de diciembre, del Impuesto sobre el Valor Añadido.

[58]   Art. 54 (Operaciones sujetas), Art. 55 (Entidades equiparadas a sociedades), Art. 56 (Sociedades extranjeras), Art. 57 (Concepto de fusión y escisión), Art. 58 (Adjudicaciones de bienes a terceros), Art. 59 (Conversión de obligaciones en acciones), Art. 60 (Comunidades de bienes) y Art. 61 (Disolución de comunidades de bienes) del RITPyAJD.

[59]   Nueva redacción del art. 19 dada por el art. 7.Tres de la Ley 4/2008, de 23 de diciembre, por la que se suprime el gravamen del Impuesto sobre el Patrimonio, se generaliza el sistema de devolución mensual en el Impuesto sobre el Valor Añadido, y se introducen otras modificaciones en la normativa tributaria (BOE de 25 de diciembre de 2008), de aplicación a partir de 1/1/2009.
Ley 39/2010, de 22 de diciembre, de Presupuestos Generales del Estado para el año 2011 (BOE núm. 23, de 12 de diciembre de 2010), Disposición Transitoria Séptima. «Incentivos fiscales para las empresas de reducida dimensión en el Impuesto sobre Transmisiones Patrimoniales y Actos Jurídicos Documentados.

1.º La constitución de sociedades, el aumento y disminución de su capital social y la disolución de sociedades[60].

2.º Las aportaciones que efectúen los socios que no supongan un aumento del capital social.

3.º El traslado a España de la sede de dirección efectiva o del domicilio social de una sociedad cuando ni una ni otro estuviesen previamente situados en un Estado miembro de la Unión Europea.

2. No estarán sujetas:

1.º Las operaciones de reestructuración.

2.º Los traslados de la sede de dirección efectiva o del domicilio social de sociedades de un Estado miembro de la Unión Europea a otro.

3.º La modificación de la escritura de constitución o de los estatutos de una sociedad y, en particular, el cambio del objeto social, la transformación o la prórroga del plazo de duración de una sociedad.

4.º La ampliación de capital que se realice con cargo a la reserva constituida exclusivamente por prima de emisión de acciones.

Durante los años 2011 y 2012, se exoneran de la modalidad de operaciones societarias los aumentos de capital social de todas las entidades que cumplan con los requisitos establecidos para la aplicación del régimen de incentivos fiscales para las empresas de reducida dimensión, regulado en el Capítulo XII del Título VII del texto refundido de la Ley del Impuesto sobre Sociedades, aprobado por el Real Decreto Legislativo 4/2004, de 5 de marzo», derogada por Disposición derogatoria única 2 del Decreto-Ley 14/2010, de 23 de diciembre, por el que se establecen medidas urgentes para la corrección del déficit tarifario del sector eléctrico (BOE núm. 312, de 24 de diciembre de 2010).

[60] Ley 2/2007, de 15 de marzo, de sociedades profesionales, Disp. Trans. Tercera: Exenciones fiscales y reducciones arancelarias «Durante el plazo de un año contado desde la entrada en vigor de esta Ley (16 de junio de 2007), los actos y documentos precisos para que las sociedades constituidas con anterioridad se adapten a sus disposiciones estarán exentos del Impuesto sobre Transmisiones Patrimoniales, en sus modalidades de operaciones societarias y de actos jurídicos documentados, y disfrutarán de la reducción que determine el Consejo de Ministros a propuesta del de Justicia en los derechos que los Notarios y los Registradores Mercantiles hayan de percibir como consecuencia de la aplicación de los respectivos aranceles».

Ley 7/2003, de 1 de abril, de la sociedad limitada Nueva Empresa por la que se modifica la Ley 2/1995, de 23 de marzo, de Sociedades de Responsabilidad Limitada, Disp. Adic. Decimotercera: Medidas fiscales aplicables a la sociedad limitada Nueva Empresa «Uno. La Administración tributaria concederá, previa solicitud de una sociedad limitada Nueva Empresa y sin aportación de garantías, el aplazamiento de la deuda tributaria del Impuesto sobre Transmisiones Patrimoniales y Actos Jurídicos Documentados, por la modalidad de operaciones societarias, derivada de la constitución de la sociedad durante el plazo de un año desde su constitución».

Ley 13/1985, de 25 de mayo, de Coeficientes de Inversión, Recursos Propios y Obligaciones de Información de los Intermediarios Financieros, declara en su Disp. Adic. Segunda.2.e) «Las operaciones derivadas de la emisión de participaciones preferentes estarán exentas de la modalidad de operaciones societarias del Impuesto sobre Transmisiones Patrimoniales y Actos Jurídicos Documentados».

Artículo 20[61].

1. Las entidades que realicen, a través de sucursales o establecimientos permanentes, operaciones de su tráfico en territorio español y cuyo domicilio social y sede de dirección efectiva se encuentren en países no pertenecientes a la Unión Europea vendrán obligadas a tributar, por los mismos conceptos y en las mismas condiciones que las españolas, por la parte de capital que destinen a dichas operaciones.

2. Las entidades cuyo domicilio social y sede de dirección efectiva se encuentren en un Estado miembro de la Unión Europea distinto de España no estarán sujetas a la modalidad de operaciones societarias cuando realicen, a través de sucursales o establecimientos permanentes, operaciones de su tráfico en territorio español. Tampoco estarán sujetas a dicho gravamen por tales operaciones las entidades cuya sede de dirección efectiva se encuentre en países no pertenecientes a la Unión Europea si su domicilio social está situado en un Estado miembro de la Unión Europea distinto de España.

Artículo 21[62].

A los efectos del gravamen sobre operaciones societarias tendrán la consideración de operaciones de reestructuración las operaciones de fusión, escisión, aportación de activos y canje de valores definidas en el artículo 83, apartados 1, 2, 3 y 5, y en el artículo 94 del Texto Refundido de la Ley del Impuesto sobre Sociedades, aprobado por el Real Decreto Legislativo 4/2004, de 5 de marzo.

Artículo 22[63].

A los efectos de este impuesto se equipararán a sociedades:

1.º Las personas jurídicas no societarias que persigan fines lucrativos.

2.º Los contratos de cuentas en participación.

3.º La copropiedad de buques.

---

[61]   Nueva redacción del art. 20 dada por el art. 7.Cuatro de la Ley 4/2008, de 23 de diciembre, por la que se suprime el gravamen del Impuesto sobre el Patrimonio, se generaliza el sistema de devolución mensual en el Impuesto sobre el Valor Añadido, y se introducen otras modificaciones en la normativa tributaria (BOE de 25 de diciembre de 2008), de aplicación a partir de 1/1/2009.
       Art. 56 (Sociedades extranjeras) del RITPyAJD.

[62]   Nueva redacción del art. 21 dada por el art. 7.Cinco de la Ley 4/2008, de 23 de diciembre, por la que se suprime el gravamen del Impuesto sobre el Patrimonio, se generaliza el sistema de devolución mensual en el Impuesto sobre el Valor Añadido, y se introducen otras modificaciones en la normativa tributaria (BOE de 25 de diciembre de 2008), de aplicación a partir de 1/1/2009.
       Art. 57 (Concepto de fusión y escisión) del RITPyAJD.

[63]   Art. 55 (Entidades equiparadas a sociedades), Art. 60 (Comunidades de bienes) y Art. 61 (Disolución de comunidades de bienes) del RITPyAJD.

4.º La comunidad de bienes, constituida por actos «inter vivos», que realice actividades empresariales, sin perjuicio de lo dispuesto en la Ley del Impuesto sobre la Renta de las Personas Físicas.

5.º La misma comunidad constituida u originada por actos «mortis causa», cuando continúe en régimen de indivisión la explotación del negocio del causante por un plazo superior a tres años. La liquidación se practicará, desde luego, sin perjuicio del derecho a la devolución que proceda si la comunidad se disuelve antes de transcurrir el referido plazo.

Sujeto pasivo

Artículo 23[64].

Estará obligado al pago del impuesto a título de contribuyente y cualesquiera que sean las estipulaciones establecidas por las partes en contrario:

a) En la constitución de sociedades, aumento de capital, traslado de sede de dirección efectiva o domicilio social y aportaciones de los socios que no supongan un aumento del capital social, la sociedad.

b) En la disolución de sociedades y reducción de capital social, los socios, copropietarios, comuneros o partícipes por los bienes y derechos recibidos.

Artículo 24[65].

Serán subsidiariamente responsables del pago del impuesto en la constitución de sociedades, aumento y reducción de capital social, aportaciones de los socios que no supongan un aumento del capital social, disolución y traslado de la sede de dirección efectiva o del domicilio social de sociedades, los promotores, administradores, o liquidadores de las mismas que hayan intervenido en el acto jurídico sujeto al impuesto, siempre que se hubieran hecho cargo del capital aportado o hubiesen entregado los bienes.

---

[64]   Nueva redacción del art. 23 dada por el art. 7.Seis de la Ley 4/2008, de 23 de diciembre, por la que se suprime el gravamen del Impuesto sobre el Patrimonio, se generaliza el sistema de devolución mensual en el Impuesto sobre el Valor Añadido, y se introducen otras modificaciones en la normativa tributaria (BOE de 25 de diciembre de 2008), de aplicación a partir de 1/1/2009.
Art. 62 (Contribuyente) del RITPyAJD.

[65]   Nueva redacción del art. 24 dada por el art. 7.Siete de la Ley 4/2008, de 23 de diciembre, por la que se suprime el gravamen del Impuesto sobre el Patrimonio, se generaliza el sistema de devolución mensual en el Impuesto sobre el Valor Añadido, y se introducen otras modificaciones en la normativa tributaria (BOE de 25 de diciembre de 2008), de aplicación a partir de 1/1/2009.
Art. 63 (Responsables subsidiarios) del RITPyAJD.

Artículo 25.

1. En la constitución y aumento de capital de sociedades que limiten de alguna manera la responsabilidad de los socios, la base imponible coincidirá con el importe nominal en que aquél quede fijado inicialmente o ampliado con adición de las primas de emisión, en su caso, exigidas.

2[66]. Cuando se trate de operaciones realizadas por sociedades distintas de las anteriores y en las aportaciones de los socios que no supongan un aumento del capital social, la base imponible se fijará en el valor neto de la aportación, entendiéndose como tal el valor de los bienes y derechos aportados minorado por las cargas y gastos que fueren deducibles y por el valor de las deudas que queden a cargo de la sociedad con motivo de la aportación, determinado de acuerdo con lo dispuesto en el artículo 10 de este texto refundido.

3. En los traslados de sede de dirección efectiva o de domicilio social, la base imponible coincidirá con el haber líquido que la sociedad, cuya sede de dirección efectiva o domicilio social se traslada, tenga el día en que se adopte el acuerdo.

4[67]. En la disminución de capital y en la disolución, la base imponible coincidirá con el valor de los bienes y derechos entregados a los socios, sin deducción de gastos y deudas, determinado de acuerdo con lo dispuesto en el artículo 10 de este texto refundido.

---

[66]   Nueva redacción del art. 25.2 dada por el art. sexto Cinco de la Ley 11/2021, de 9 de julio, de medidas de prevención y lucha contra el fraude fiscal, de transposición de la Directiva (UE) 2016/1164, del Consejo, de 12 de julio de 2016, por la que se establecen normas contra las prácticas de elusión fiscal que inciden directamente en el funcionamiento del mercado interior, de modificación de diversas normas tributarias y en materia de regulación del juego (BOE núm. 164, de 10 de julio de 2021), con efectos desde el 11 de julio de 2021.
      Redacción anterior dada por dada por el art. 7.Ocho de la Ley 4/2008, de 23 de diciembre, por la que se suprime el gravamen del Impuesto sobre el Patrimonio, se generaliza el sistema de devolución mensual en el Impuesto sobre el Valor Añadido, y se introducen otras modificaciones en la normativa tributaria (BOE de 25 de diciembre de 2008), de aplicación a partir de 1/1/2009.

[67]   Nueva redacción del art. 25.4 dada por el art. sexto Cinco de la Ley 11/2021, de 9 de julio, de medidas de prevención y lucha contra el fraude fiscal, de transposición de la Directiva (UE) 2016/1164, del Consejo, de 12 de julio de 2016, por la que se establecen normas contra las prácticas de elusión fiscal que inciden directamente en el funcionamiento del mercado interior, de modificación de diversas normas tributarias y en materia de regulación del juego (BOE núm. 164, de 10 de julio de 2021), con efectos desde el 11 de julio de 2021.

CUOTA TRIBUTARIA

Artículo 26[68]**.**
La cuota tributaria se obtendrá aplicando a la base liquidable el tipo de gravamen del 1 por 100.

TÍTULO III. ACTOS JURÍDICOS DOCUMENTADOS

PRINCIPIOS GENERALES

Artículo 27[69]**.**
1. Se sujetan a gravamen, en los términos que se previenen en los artículos siguientes:
a) Los documentos notariales.
b) Los documentos mercantiles.
c) Los documentos administrativos.
2. El tributo se satisfará mediante cuotas variables o fijas, atendiendo a que el documento que se formalice, otorgue o expida, tenga o no por objeto cantidad o cosa valuable en algún momento de su vigencia.
3[70]**.** Los documentos notariales se extenderán necesariamente en papel timbrado.

DOCUMENTOS NOTARIALES

HECHO IMPONIBLE

Artículo 28[71]**.**
Están sujetas las escrituras, actas y testimonios notariales[72], en los términos que establece el artículo 31.

---

[68] Art. 65 (Tipo de gravamen) del RITPyAJD.
[69] Art. 66 (Modalidades) del RITPyAJD.
Ley 2/2007, de 15 de marzo, de sociedades profesionales, Disp. Trans. Tercera: Exenciones fiscales y reducciones arancelarias «Durante el plazo de un año contado desde la entrada en vigor de esta Ley (16 de junio de 2007), los actos y documentos precisos para que las sociedades constituidas con anterioridad se adapten a sus disposiciones estarán exentos del Impuesto sobre Transmisiones Patrimoniales, en sus modalidades de operaciones societarias y de actos jurídicos documentados, y disfrutarán de la reducción que determine el Consejo de Ministros a propuesta del de Justicia en los derechos que los Notarios y los Registradores Mercantiles hayan de percibir como consecuencia de la aplicación de los respectivos aranceles».
[70] Orden de 11 de octubre de 2001 por la que se aprueban los modelos de Timbres del Estado con sus valores en euros (BOE núm. 254 de 23 de octubre de 2001).
[71] Art. 67 (Norma general) del RITPyAJD.
[72] Ley de 28 de mayo de 1862, del Notariado (Gaceta de 29 de mayo).

Artículo 29[73].

Será sujeto pasivo el adquirente del bien o derecho y, en su defecto, las personas que insten o soliciten los documentos notariales, o aquellos en cuyo interés se expidan.

Cuando se trate de escrituras de préstamo con garantía hipotecaria, se considerará sujeto pasivo al prestamista.

BASE IMPONIBLE

Artículo 30[74].

1[75]. En las primeras copias de escrituras públicas que tengan por objeto directo cantidad o cosa valuable servirá de base el valor declarado, sin perjuicio de la comprobación administrativa. La base imponible en los derechos reales de garantía y en las escrituras que documenten préstamos con garantía estará constituida por el importe de la obligación o capital garantizado, comprendiendo las sumas que se aseguren por intereses, indemnizaciones, penas por incumplimiento u otros conceptos análogos. Si no constare expresamente el importe de la cantidad garantizada, se tomará como base el capital y tres años de intereses.

En la posposición y mejora de rango de las hipotecas o de cualquier otro derecho de garantía, la base imponible estará constituida por la total responsabilidad asignada al derecho que empeore de rango. En la igualación de rango, la base imponible se determinará por el total importe de la responsabilidad correspondiente al derecho de garantía establecido en primer lugar.

Cuando la base imponible se determine en función del valor de bienes inmuebles, el valor de estos no podrá ser inferior al determinado de acuerdo con lo dispuesto en el artículo 10 de este texto refundido.

---

[73]   Nueva redacción del art. 29, dada por el art. único.uno del Real Decreto-ley 17/2018, de 8 de noviembre, por el que se modifica el Texto refundido de la Ley del Impuesto sobre Transmisiones Patrimoniales y Actos Jurídicos Documentados, aprobado por el Real Decreto Legislativo 1/1993, de 24 de septiembre (BOE núm. 271, de 9 de noviembre de 2018), en vigor desde el día 10 de noviembre de 2018.
         Art. 68 (Contribuyente) del RITPyAJD.

[74]   Nueva redacción del art. 30 dada por el art. 5.1 de la Ley 53/2002, de 30 de diciembre, de Medidas Fiscales, Administrativas y del Orden Social (BOE del 31), en vigor desde 1/1/2003.
         Art. 69 (Norma general) y Art. 70 (Normas especiales) del RITPyAJD.

[75]   Nueva redacción del art. 30.1 dada por el art. sexto Seis de la Ley 11/2021, de 9 de julio, de medidas de prevención y lucha contra el fraude fiscal, de transposición de la Directiva (UE) 2016/1164, del Consejo, de 12 de julio de 2016, por la que se establecen normas contra las prácticas de elusión fiscal que inciden directamente en el funcionamiento del mercado interior, de modificación de diversas normas tributarias y en materia de regulación del juego (BOE núm. 164, de 10 de julio de 2021), con efectos desde el 11 de julio de 2021.

2. En las actas notariales se observará lo dispuesto en el apartado anterior, salvo en las de protesto, en las que la base imponible coincidirá con la tercera parte del valor nominal del efecto protestado o de la cantidad que hubiese dado lugar al protesto.

3. Se entenderá que el acto es de objeto no valuable cuando durante toda su vigencia, incluso en el momento de su extinción, no pueda determinarse la cuantía de la base. Si ésta no pudiese fijarse al celebrarse el acto, se exigirá el impuesto como si se tratara de objeto no valuable, sin perjuicio de que la liquidación se complete cuando la cuantía quede determinada.

Cuota tributaria

Artículo 31[76].

1. Las matrices y las copias de las escrituras y actas notariales, así como los testimonios, se extenderán, en todo caso, en papel timbrado de 0,30 euros por pliego o 0,15 euros por folio, a elección del fedatario. Las copias simples no estarán sujetas al impuesto[77].

2[78]**.** Las primeras copias de escrituras[79] y actas notariales, cuando tengan por objeto cantidad o cosa valuable, contengan actos o contratos inscribibles en los Registros de la Propiedad, Mercantil, de la Propiedad Industrial y de Bienes Muebles no sujetos al Impuesto

---

[76]   Nueva redacción del art. 31 dada por el art. 60.5 de la Ley 21/2001, de 27 de diciembre, por la que se regulan las medidas fiscales y administrativas del nuevo sistema de financiación de las Comunidades Autónomas de régimen común y Ciudades con Estatuto de Autonomía, con efectos desde el 1/1/2002.

      Art. 71.1 (Cuota fija), Art. 72 (Cuota gradual), Art. 73 (Condiciones resolutorias explícitas), Art. 74 (Préstamos y empréstitos) y Art. 75 (Operaciones societarias) del RITPyAJD.

[77]   Real Decreto-ley 2/2008, de 21 de abril, de medidas de impulso a la actividad económica (BOE del 22), en vigor desde 22/4/2008, Disp. Adic. Segunda: «No obstante lo previsto en el apartado 1 del artículo 31 del texto refundido de la Ley del Impuesto sobre Transmisiones Patrimoniales y Actos Jurídicos Documentados, no quedarán sujetas a dicho gravamen y se extenderán en papel común las escrituras públicas que documenten la ampliación del plazo de los préstamos con garantía hipotecaria concedidos para la adquisición, construcción y rehabilitación de la vivienda habitual realizadas en el periodo de dos años a contar desde la entrada en vigor de este Real Decreto-ley».

[78]   Nueva redacción del apartado 2 dada por el art. 5.2 de la Ley 53/2002, de 30 de diciembre, de Medidas Fiscales, Administrativas y del Orden Social (BOE del 31), en vigor desde 1/1/2003.

      Las disposiciones que determinadas Comunidades Autónomas han dictado haciendo uso de la potestad que les otorgan las normas sobre cesión de este impuesto.

[79]   Ley 2/1994, de 30 de marzo, sobre Subrogación y Modificación de Préstamos Hipotecarios: Artículo 7. Beneficios fiscales «Estará exenta la escritura que documente la operación de subrogación en la modalidad gradual de Actos Jurídicos Documentados sobre documentos notariales» y Artículo 9. Beneficios fiscales: «Estarán exentas en la modalidad gradual de Actos Jurídicos Documentados las escrituras públicas de novación modificativa de préstamos hipotecarios pactados de común acuerdo entre acreedor y deudor, siempre que el acreedor sea una de las entidades a que se refiere el artículo 1 de esta Ley y la modificación se refiera a las condiciones del tipo de interés inicialmente pactado o vigente, a la alteración del plazo del préstamo, o a ambas».

sobre Sucesiones y Donaciones o a los conceptos comprendidos en los números 1 y 2 del artículo 1 de esta Ley, tributarán, además, al tipo de gravamen que, conforme a lo previsto en la Ley 21/2001, de 27 de diciembre, por la que se regulan las medidas fiscales y administrativas del nuevo sistema de financiación de las Comunidades Autónomas de régimen común y Ciudades con Estatuto de Autonomía, haya sido aprobado por la Comunidad Autónoma.

Si la Comunidad Autónoma no hubiese aprobado el tipo a que se refiere el párrafo anterior, se aplicará el 0,50 por 100, en cuanto a tales actos o contratos.

3. Por el mismo tipo a que se refiere el apartado anterior y mediante la utilización de efectos timbrados tributarán las copias de las actas de protesto.

Artículo 32[80].

Lo dispuesto en el artículo 31.1, será de aplicación a la segunda y sucesivas copias expedidas a nombre de un mismo otorgante.

Documentos mercantiles

Hecho imponible

Artículo 33[81].

1. Están sujetas las letras de cambio, los documentos que realicen función de giro o suplan a aquéllas, los resguardos o certificados de depósito transmisibles, así como los pagarés, bonos, obligaciones y demás títulos análogos emitidos en serie, por plazo no superior a dieciocho meses, representativos de capitales ajenos por los que se satisfaga una contraprestación establecida por diferencia entre el importe satisfecho por la emisión y el comprometido a reembolsar al vencimiento.

2. Se entenderá que un documento realiza función de giro cuando acredite remisión de fondos o signo equivalente de un lugar a otro, o implique una orden de pago, aun en el mismo en que ésta se haya dado, o en él figure la cláusula «a la orden».

Sujeto pasivo

Artículo 34[82].

1. Estará obligado al pago el librador, salvo que la letra de cambio se hubiere expedido en el extranjero, en cuyo caso lo estará su primer tenedor en España.

---

[80]   Art. 71.2 (Cuota fija) del RITPyAJD.
[81]   Art. 76 (Documentos mercantiles sujetos) del RITPyAJD. Por Orden de 20 de enero de 1993 (BOE de 8 de febrero) se aprueban modelos de papel timbrado.
[82]   Art. 77 (Contribuyente) del RITPyAJD.

2. Serán sujetos pasivos del tributo que grave los documentos de giro o sustitutivos de las letras de cambio, así como los resguardos de depósito y pagarés, bonos, obligaciones y títulos análogos emitidos en serie, las personas o entidades que los expidan.

Artículo 35[83].
Será responsable solidario del pago del impuesto toda persona o entidad que intervenga en la negociación o cobro de los efectos a que se refiere el artículo anterior.

BASE IMPONIBLE

Artículo 36[84].
1. En la letra de cambio servirá de base la cantidad girada, y en los certificados de depósito, su importe nominal.

2. Cuando el vencimiento de las letras de cambio exceda de seis meses, contados a partir de la fecha de su emisión, se exigirá el impuesto que corresponda al duplo de la base.

Si en sustitución de la letra de cambio que correspondiere a un acto o negocio jurídico se expidiesen dos o más letras, originando una disminución del impuesto, procederá la adición de las bases respectivas, a fin de exigir la diferencia. No se considerará producido el expresado fraccionamiento cuando entre las fechas de vencimiento de los efectos exista una diferencia superior a quince días o cuando se hubiere pactado documentalmente el cobro a plazos mediante giros escalonados.

3. Las reglas fijadas anteriormente serán asimismo de aplicación a los documentos que realicen función de giro o suplan a las letras de cambio, con excepción de la recogida en el primer párrafo del apartado 2 de este artículo.

4. En los pagarés, bonos, obligaciones y demás títulos análogos, emitidos en serie, representativos de capitales ajenos, por los que se satisfaga una contraprestación establecida por la diferencia entre el importe satisfecho en la emisión y el comprometido a reembolsar al vencimiento, la base estará constituida por el importe del capital que la emisora se compromete a reembolsar.

---

[83]   Art. 78 (Responsables solidarios) del RITPyAJD.
[84]   Art. 79 (Normas generales) del RITPyAJD.

Artículo 37[85].

1. Las letras de cambio se extenderán necesariamente en el efecto timbrado de la clase que corresponda a su cuantía[86]. La extensión de la letra en efecto timbrado de cuantía inferior privará a estos documentos de la eficacia ejecutiva que les atribuyen las leyes. La tributación se llevará a cabo conforme a la siguiente escala:

	Euros
Hasta 24,04 euros	0,06
De 24,05 a 48,08	0,12
De 48,09 a 90,15	0,24
De 90,16 a 180,30	0,48
De 180,31 a 360,61	0,96
De 360,62 a 751,27	1,98
De 751,28 a 1.502,53	4,21
De 1.502,54 a 3.005,06	8,41
De 3.005,07 a 6.010,12	16,83
De 6.010,13 a 12.020,24	33,66
De 12.020,25 a 24.040,48	67,31
De 24.040,49 a 48.080,97	134,63
De 48.080,98 a 96.161,94	269,25
De 96.161,95 a 192.323,87	538,51

Por lo que exceda de 192.323,87 euros *(32.000.000 de pesetas)*, a 0,018030 euros por cada 6,01 o fracción *(tres pesetas por cada mil o fracción)*, que se liquidará siempre en metálico[87]. La falta de presentación a liquidación dentro del plazo implicará también la pérdida de la fuerza ejecutiva que les atribuyen las leyes.

---

[85] Art. 80 (Efectos timbrados y pago en efectivo) y Art. 81 (Efectos del pago del impuesto) del RITPyAJD. Escala convertida a euros según Resolución 1/2001, de 27 de abril, de la Dirección General de Tributos, por la que se convierten a euros las escalas de gravamen de determinados impuestos (BOE núm. 106 de 3 de mayor de 2001 y corrección de errores, BOE núm. 110, 8 de mayo de 2001).

[86] Orden de 11 de octubre de 2001 por la que se aprueban los modelos de Timbres del Estado con sus valores en euros (BOE núm. 254 de 23 de octubre de 2001), aprueba el modelo y las especificaciones técnicas de la letra de cambio.

[87] El modelo de declaración-liquidación para el exceso es el que contiene la Orden de 27 de junio de 1980 (BOE de 1 de julio). El código de dicho modelo ha sido modificado por Orden de 11 de mayo de 1993 (BOE del 17), y desde entonces se denomina «Modelo 630, Actos Jurídicos Documentados, Exceso de Letras de Cambio».

2[88]. Los documentos que realicen una función de giro o suplan a las letras de cambio y los certificados de depósito tributarán por la anterior escala de gravamen, mediante el empleo de timbre móvil.

3[89]. El Ministerio de Economía y Hacienda podrá autorizar el pago en metálico, en sustitución del empleo de efectos timbrados, cuando las características del tráfico mercantil, o su proceso de mecanización, así lo aconsejen, adoptando las medidas oportunas para la perfecta identificación del documento y del ingreso correspondiente al mismo, sin que ello implique la pérdida de su eficacia ejecutiva.

4. Los pagarés, bonos, obligaciones y demás títulos análogos, emitidos en serie por plazo no superior a dieciocho meses, representativos de capitales ajenos, por los que se satisfaga una contraprestación establecida por la diferencia entre el importe satisfecho en la emisión y el comprometido a reembolsar al vencimiento, tributarán al tipo de 0,018030 euros por cada 6,01 o fracción *(tres pesetas por cada mil o fracción)*, que se liquidará en metálico.

Artículo 38[90].

El Reglamento establecerá la forma, estampación, especie, características y numeración de los efectos timbrados, los casos y el procedimiento de obtener su timbrado directo, las condiciones para el canje de tales efectos, el modo de efectuar la utilización de los mismos y el empleo de máquinas de timbrar.

Artículo 39[91].

1. El pago del impuesto en la expedición de los documentos mercantiles cubre todas las cláusulas en ellos contenidas, en cuanto a su tributación por este concepto.

2. Las letras de cambio expedidas en el extranjero que surtan cualquier efecto jurídico o económico en España se reintegrarán a metálico por su primer tenedor en ella.

DOCUMENTOS ADMINISTRATIVOS

HECHO IMPONIBLE

Artículo 40[92].

Están sujetas:

1. La rehabilitación y transmisión de grandezas y títulos nobiliarios.

---

[88] Orden de 11 de octubre de 2001 por la que se aprueban los modelos de Timbres del Estado con sus valores en euros (BOE núm. 254 de 23 de octubre de 2001).
[89] Orden de 12 de noviembre de 2001 (BOE del 16). Véase nota al artículo 101.1 del Reglamento
[90] Art. 116 (Elaboración) y Art. 117 (Canje) del RITPyAJD.
[91] Art. 81 (Efectos del pago del impuesto) del RITPyAJD.
[92] Art. 82 (Documentos sujetos) del RITPyAJD.

2[93]. Las anotaciones preventivas[94] que se practiquen en los Registros públicos, cuando tengan por objeto un derecho o interés valuable y no vengan ordenadas de oficio por la autoridad judicial o administrativa competente.

Sujeto pasivo

Artículo 41[95].

Estarán obligados al pago, en calidad de contribuyentes:

a) En las grandezas y títulos nobiliarios, sus beneficiarios.

b) En las anotaciones, la persona que las solicite.

Base imponible

Artículo 42[96].

Servirá de base en las anotaciones preventivas, el valor del derecho o interés que se garantice, publique o constituya.

Cuota tributaria

Artículo 43[97].

La rehabilitación y transmisión, sea por vía de sucesión o de cesión, de grandezas y títulos nobiliarios, así como el reconocimiento de uso en España de títulos extranjeros, satisfarán los derechos consignados en la escala adjunta.

Se considerarán transmisiones directas las que tengan lugar entre ascendientes y descendientes o entre hermanos cuando la grandeza o el título haya sido utilizado por alguno de los padres.

Se considerarán transmisiones transversales las que tengan lugar entre personas no comprendidas en el párrafo anterior.

Se gravará la rehabilitación siempre que haya existido interrupción en la posesión de una grandeza o título, cualquiera que sea la forma en que se produzca, pero sin que pueda liquidarse en cada supuesto más que un solo derecho al sujeto pasivo. Por esta misma escala tributará el derecho a usar en España títulos pontificios y los demás extranjeros.

---

[93] Nueva redacción del art. 40.2 dada por el art. 13 de la Ley 16/2012, de 27 de diciembre, por la que se adoptan diversas medidas tributarias dirigidas a la consolidación de las finanzas públicas y al impulso de la actividad económica (BOE núm. 312, de 28 de diciembre de 2012), en vigor desde el día de su publicación en el «BOE».

[94] Arts. 42, 222, 222 bis, 238 y 248 del Ley Hipotecaria, Texto Refundido según Decreto de 8 de febrero de 1946.

[95] Art. 83 (Contribuyente) del RITPyAJD.

[96] Art. 84 (Norma general) y Art. 85 (Anotaciones de embargo) del RITPyAJD.

[97] Art. 86 (Grandezas y títulos) del RITPyAJD.

ESCALA	Transmisiones directas Euros	Transmisiones transversales Euros	Rehabilitaciones y reconocimiento de títulos extranjeros Euros
1.º Por cada título con grandeza	2.922	7.325	17.561
2.º Por cada grandeza sin título	2.089	5.237	12.539
3.º Por cada título sin grandeza	833	2.089	5.027[98]

---

[98] Nueva escala establecida por el art. 83 Ley 31/2022, de 23 de diciembre, de Presupuestos Generales del Estado para el año 2023 (BOE núm. 308, de 24 de diciembre de 2022), en vigor desde el 1 de enero de 2023.
Redacción anterior dada por el art. 65 de la Ley 22/2021, de 28 de diciembre, de Presupuestos Generales del Estado para el año 2022 (BOE núm. 312, de 29 de diciembre 2021), en vigor desde el 1 de enero de 2022:

ESCALA	Transmisiones directas Euros	Transmisiones transversales Euros	Rehabilitaciones y reconocimiento de títulos extranjeros Euros
1º Por cada título con grandeza	2.865	7.181	17.217
2º Por cada grandeza sin título	2.048	5.134	12.293
3º Por cada título sin grandeza	817	2.048	4.928

Escala anterior establecida por el art. 71 de la Ley 11/2020, de 30 de diciembre, de Presupuestos Generales del Estado para el año 2021 (BOE núm. 341, de 31 de diciembre de 2020), en vigor desde el 1 de enero de 2021:

ESCALA	Transmisiones directas Euros	Transmisiones transversales Euros	Rehabilitaciones y reconocimiento de títulos extranjeros Euros
1º Por cada título con grandeza	2.837	7.110	17.047
2º Por cada grandeza sin título	2.028	5.083	12.171
3º Por cada título sin grandeza	809	2.028	4.879

Escala anterior establecida por el art. 80 de la Ley 6/2018, de 3 de julio, de Presupuestos Generales del Estado para el año 2018 (BOE núm. 161, de 4 de julio de 2018), en vigor desde el 5 de julio de 2018:

ESCALA	Transmisiones directas Euros	Transmisiones transversales Euros	Rehabilitaciones y reconocimiento de títulos extranjeros Euros
1º Por cada título con grandeza	2.781	6.971	16.713

ESCALA	Transmisiones directas Euros	Transmisiones transversales Euros	Rehabilitaciones y reconocimiento de títulos extranjeros Euros
2º Por cada grandeza sin título	1.988	4.983	11.932
3º Por cada título sin grandeza	793	1.988	4.783

Escala anterior establecida por el art. 62 de la Ley 3/2017, de 27 de junio, de Presupuestos Generales del Estado para el año 2017 (BOE núm. 153, de 28 de junio de 2017), en vigor desde el 29 de junio de 2017:

ESCALA	Transmisiones directas Euros	Transmisiones transversales Euros	Rehabilitaciones y reconocimiento de títulos extranjeros Euros
1º Por cada título con grandeza	2.753	6.902	16.548
2º Por cada grandeza sin título	1.968	4.934	11.814
3º Por cada título sin grandeza	785	1.968	4.736

Escala anterior establecida por el art. 71 Nueva redacción de la regla 5ª del art. 30.2 dada por el art. 60.Uno de la Ley 48/2015, de 29 de octubre, de Presupuestos Generales del Estado para el año 2016 (BOE núm. 260, de 30 de octubre de 2015), con efectos desde el 1 de enero de 2016:

ESCALA	Transmisiones directas Euros	Transmisiones transversales Euros	Rehabilitaciones y reconocimiento de títulos extranjeros Euros
1º Por cada título con grandeza	2.726	6.834	16.384
2º Por cada grandeza sin título	1.949	4.885	11.697
3º Por cada título sin grandeza	777	1.949	4.689

Escala anterior establecida por el art. 63 de la Ley 36/2014, de 26 de diciembre, de Presupuestos Generales del Estado para el año 2015 (BOE núm. 315, de 30 de diciembre de 2014) y con efectos desde el día 1 de enero de 2015:

ESCALA	Transmisiones directas Euros	Transmisiones transversales Euros	Rehabilitaciones y reconocimiento de títulos extranjeros Euros
1º Por cada título con grandeza	2.699	6.766	16.222
2º Por cada grandeza sin título	1.9130	4.837	11.581
3º Por cada título sin grandeza	769	1.930	4.643

El art. 80 de la Ley 22/2013, de 23 de diciembre, de Presupuestos Generales del Estado para el año 2014 (BOE núm. 309, de 26 de diciembre de 2013), en vigor el 1 de enero de 2014, establecía la siguiente escala:

ESCALA	Transmisiones directas Euros	Transmisiones transversales Euros	Rehabilitaciones y reconocimiento de títulos extranjeros Euros
1º Por cada título con grandeza	2.672	6.699	16.061
2º Por cada grandeza sin título	1.911	4.789	11.466
3º Por cada título sin grandeza	761	1.911	4.567

La escala establecida para el ejercicio 2013 fue establecida por el art. 70 de la Ley 17/2012, de 27 de diciembre, de Presupuestos Generales del Estado para el año 2013 (BOE núm. 312, de 28 de diciembre de 2012), con efectos desde el 1 de enero de 2013:

ESCALA	Transmisiones directas Euros	Transmisiones transversales Euros	Rehabilitaciones y reconocimiento de títulos extranjeros Euros
1º Por cada título con grandeza	2.646	6.633	15.902
2º Por cada grandeza sin título	1.892	4.742	11.352
3º Por cada título sin grandeza	753	1.892	4.551

La escala para el ejercicio 2012 establecida por el art. 70 de la Ley 2/2012, de 29 de junio, de Presupuestos Generales del Estado para el año 2012 (BOE núm. 156, de 30 de junio de 2012), con efectos desde el 1 de julio de 2012.

ESCALA	Transmisiones directas Euros	Transmisiones transversales Euros	Rehabilitaciones y reconocimiento de títulos extranjeros Euros
1º Por cada título con grandeza	2.620	6.567	15.745
2º Por cada grandeza sin título	1.873	4.695	11.240
3º Por cada título sin grandeza	746	1.873	4.506

La escala anterior establecida por el art. 80 de la Ley 39/2010, de 22 de diciembre, de Presupuestos Generales del Estado para el año 2011 (BOE núm. 23, de 12 de diciembre de 2010), con efectos desde el 1/1/2011.

ESCALA	Transmisiones directas Euros	Transmisiones transversales Euros	Rehabilitaciones y reconocimiento de títulos extranjeros Euros
1º Por cada título con grandeza	2.594	6.502	15.589
2º Por cada grandeza sin título	1.854	4.649	11.129
3º Por cada título sin grandeza	739	1.854	4.461

La escala anterior establecida por el art. 80 de la Ley 26/2009, de 23 de diciembre, de Presupuestos Generales del Estado para el año 2010 (BOE del 24), con efectos desde 1/1/2010:

Artículo 44[99].

Las anotaciones preventivas que se practiquen en los Registros públicos tributarán al tipo de gravamen del 0,50 por 100, que se liquidará a metálico.

TÍTULO IV. DISPOSICIONES COMUNES

Beneficios fiscales[100]

Artículo 45.

Los beneficios fiscales aplicables en cada caso a las tres modalidades de gravamen a que se refiere el artículo 1.º de la presente Ley serán los siguientes:

I. A)[101] Estarán exentos del impuesto:

a) El Estado y las Administraciones públicas territoriales e institucionales y sus establecimientos de beneficencia, cultura, Seguridad Social, docentes o de fines científicos.

Esta exención será igualmente aplicable a aquellas entidades cuyo régimen fiscal haya sido equiparado por una Ley al del Estado o al de las Administraciones públicas citadas[102].

Escala	Transmisiones directas - Euros	Transmisiones transversales - Euros	Rehabilitaciones y reconocimiento de títulos extranjeros - Euros
1º Por cada título con grandeza	2.568	6.438	15.435
2º Por cada grandeza sin título	1.836	4.603	11.019
3º Por cada título sin grandeza	732	1.836	4.417

---

[99] Art. 87 (Anotaciones preventivas) del RITPyAJD.

[100] Art. 88 (Beneficios generales), Art. 89 (Acreditación del derecho a la exención) y Artículo 90 (Acreditación del derecho a la exención de las entidades religiosas) del RITPyAJD.

[101] Nueva redacción de letra A) del apartado 1 del art. 45 dada por Disp. Final Tercera de la Ley 26/2013, de 27 de diciembre, de cajas de ahorros y fundaciones bancarias (BOE núm. 311, 29 de diciembre de 2013), con efectos desde el 30 de diciembre de 2013.

Redacción anterior dada por la Disp. Adic. 3.ª de la Ley 49/2002, de 23 de diciembre, de Régimen fiscal de las entidades sin fines lucrativos y de los incentivos fiscales al mecenazgo y la Disp. Adic. 5ª de la Ley Orgánica 8/2007, de 4 de julio, sobre financiación de los partidos políticos (BOE núm. 160, de 5 de julio de 2007), en vigor desde el 6/7/2007, aunque erróneamente pretendía añadir una nueva letra e), que ya existía.

Ver art. 45.I.B) núm. 25 de este TRLITPyAJD.

[102] El Tribunal Supremo, en Sentencia de 15 de diciembre de 2006 (BOE de 24 de septiembre de 2007), declara como doctrina legal que: «*la exención del art. 45.I.A).a) del vigente TR del ITPAJD de 24 de septiembre no puede extenderse a las Comunidades de Regantes, aunque tengan el carácter de Corporaciones de Derecho Público conforme a la Ley de Aguas y realicen inversiones de interés social*».

Ley 55/1999, de 29 de diciembre, de Medidas fiscales, administrativas y del orden social (BOE núm. 313 de 30 de diciembre de 1999), Disp. Adic. Tercera: Régimen de la Organización Internacional de Comisiones

b) Las entidades sin fines lucrativos a que se refiere artículo 2 de la Ley 49/2002, de 23 de diciembre, de régimen fiscal de las entidades sin fines lucrativos y de los incentivos fiscales al mecenazgo, que se acojan al régimen fiscal especial en la forma prevista en el artículo 14 de dicha Ley.

A la autoliquidación en que se aplique la exención se acompañará la documentación que acredite el derecho a la exención[103].

c) Las cajas de ahorro y las fundaciones bancarias, por las adquisiciones directamente destinadas a su obra social.

d) La Iglesia Católica y las iglesias, confesiones y comunidades religiosas que tengan suscritos acuerdos de cooperación con el Estado español[104].

---

de Valores. Tres. El régimen fiscal aplicable a la Organización será el siguiente: «...*b) Gozará de la exención subjetiva prevista en el artículo 45.I.A.a) del Real Decreto legislativo 1/1993, de 24 de septiembre, por el que se aprueba el texto refundido de la Ley del Impuesto sobre Transmisiones Patrimoniales y Actos Jurídicos Documentados, con el alcance y los efectos que en él se establecen».*

Ley 26/2022, de 19 de diciembre, por la que se modifica la Ley 38/2015, de 29 de septiembre, del sector ferroviario (BOE núm. 304, de 20 de diciembre de 2022), en vigor desde el día 21 de diciembre de 2022, incorpora por el art. 1 sesenta y tres la Disposición adicional vigesimotercera. *«Exenciones fiscales respecto del Impuesto sobre Transmisiones Patrimoniales y Actos Jurídicos Documentados.*

El régimen aplicable a los Administradores Generales de Infraestructuras Ferroviarias y a RENFE-Operadora respecto del Impuesto sobre Transmisiones Patrimoniales y Actos Jurídicos Documentados, en cuanto a todas sus modalidades, será el previsto en el artículo 45.I.A).a) del Texto Refundido de la Ley del Impuesto de Transmisiones Patrimoniales y Actos Jurídicos Documentados, aprobado por el Real Decreto Legislativo 1/1993, de 24 de septiembre».

[103]   La Ley 49/2002, de 23 de diciembre, de régimen fiscal de las entidades sin fines lucrativos y de los incentivos fiscales al mecenazgo (BOE núm. 307, de 24 diciembre 2002). Art. 89 (Acreditación del derecho a la exención) y Art. 95.8 (Requisitos), sobre la devolución, en su caso, de cantidades ingresadas en relación con el Impuesto, del RITPyAJD.

[104]   Artículo IV del Acuerdo entre el Estado español y la Santa Sede sobre asuntos económicos, firmado en la Ciudad del Vaticano el 3 de enero de 1979 (BOE núm. 300, de 15 de diciembre de 1979): *«C) Exención total de los Impuestos sobre Sucesiones y Donaciones y Transmisiones Patrimoniales, siempre que los bienes o derechos adquiridos se destinen al culto, a la sustentación del clero, al sagrado apostolado y al ejercicio de la caridad».* Orden de 29 de julio de 1983 por la que se aclaran dudas surgidas en la aplicación de ciertos conceptos tributarios a las Entidades comprendidas en los artículos IV y V del Acuerdo entre el Estado Español y la Santa Sede de 3 de enero de 1979 (BOE número 188 de 8 de agosto de 1983): *«Tercero.- Estarán exentas del concepto de Actos Jurídicos Documentados del Impuesto sobre Transmisiones Patrimoniales las escrituras de declaración de obra nueva de inmuebles destinados al culto, a la sustentación del clero, al sagrado apostolado o al ejercicio de la caridad, cuando el sujeto pasivo obligado al pago del mismo sea cualquiera de las entidades a que se refiere el artículo IV del Acuerdo».* Art. 89 (Acreditación del derecho a la exención) y Art. 95.8 (Requisitos), sobre la devolución, en su caso, de cantidades ingresadas en relación con el Impuesto, del RITPyAJD.

e) El Instituto de España y las Reales Academias integradas en el mismo[105], así como las instituciones de las Comunidades Autónomas que tengan fines análogos a los de la Real Academia Española.

f) Los partidos políticos con representación parlamentaria.

g) La Cruz Roja Española y la Organización Nacional de Ciegos Españoles.

h) La Obra Pía de los Santos Lugares.

B) Estarán exentas:

1[106]. Las transmisiones y demás actos o contratos en que la exención resulte concedida por Tratados o Convenios Internacionales que hayan pasado a formar parte del ordenamiento interno.

2. Las transmisiones que se verifiquen en virtud de retracto legal, cuando el adquirente contra el cual se ejercite aquél hubiere satisfecho ya el impuesto.

3[107]. Las aportaciones de bienes y derechos verificados por los cónyuges a la sociedad conyugal, las adjudicaciones que a su favor y en pago de las mismas se verifiquen a su disolución y las transmisiones que por tal causa se hagan a los cónyuges en pago de su haber de gananciales.

4. Las entregas de dinero que constituyan el precio de bienes o se verifiquen en pago de servicios personales, de créditos o indemnizaciones. Las actas de entrega de cantidades por las entidades financieras, en ejecución de escrituras de préstamo hipotecario, cuyo impuesto haya sido debidamente liquidado o declarada la exención procedente.

5. Los anticipos sin interés concedidos por el Estado y las Administraciones Públicas, Territoriales e Institucionales.

---

[105] Real Decreto 1160/2010, de 17 de septiembre, por el que se regula el Instituto de España (BOE núm. 227, de 18 de septiembre de 2010).

[106] Real Decreto 3485/2000, de 29 de diciembre, sobre franquicias y exenciones en régimen diplomático, consular y de organismos internacionales, y de modificación del Reglamento General de Vehículos, aprobado por el Real Decreto 2822/1998, de 23 de diciembre (BOE núm. 313, de 30 de diciembre de 2000), artículo 1. Objeto y ámbito de aprobación... «*2. Las exenciones en el Impuesto sobre Transmisiones Patrimoniales y Actos Jurídicos Documentados, modalidad de transmisiones patrimoniales onerosas, en régimen diplomático, consular y de los organismos internacionales, se aplicarán de acuerdo con lo establecido en el apartado B.1 del apartado 1 del artículo 45 del texto refundido de la Ley del Impuesto sobre Transmisiones Patrimoniales y Actos Jurídicos Documentados, aprobado por Real Decreto Legislativo 1/1993, de 24 de septiembre*».

[107] El Tribunal Supremo, en Sentencia de 30 de abril de 2010 (BOE núm. 153, de 24 de junio de 2010) declara como doctrina legal que «*En el supuesto de las adjudicaciones y transmisiones originadas por la disolución del matrimonio, y previsto en el artículo 45.I.B) 3 del Real Decreto Legislativo 1/1993, por el cual se aprueba el Texto Refundido de la Ley del Impuesto sobre Transmisiones Patrimoniales y Actos Jurídicos Documentados, la exención de tributos únicamente es aplicable a las disoluciones en que haya efectiva comunidad de bienes (sociedad conyugal); por tanto esta exención no es aplicable a los supuestos en que rija un régimen económico matrimonial de separación de bienes*».

6. Las transmisiones y demás actos y contratos a que dé lugar la concentración parcelaria, las de permuta forzosa de fincas rústicas, las permutas voluntarias autorizadas por el Instituto de Reforma y Desarrollo Agrario, así como las de acceso a la propiedad derivada de la legislación de arrendamientos rústicos y las adjudicaciones del Instituto de Reforma y Desarrollo Agrario a favor de agricultores en régimen de cultivo personal y directo, conforme a su legislación específica[108].

---

[108] Ley 19/1995, de 4 de julio, de Modernización de las Explotaciones Agrarias (BOE núm. 159, de 5 de julio de 1995), Artículo 8. Préstamos. *«Quedarán exentas del gravamen gradual de Actos Jurídicos Documentados, las primeras copias de escrituras públicas que documenten la constitución, modificación o cancelación de préstamos hipotecarios sujetos al Impuesto sobre el Valor Añadido, cuando los mismos se concedan a los titulares de explotaciones prioritarias para la realización de planes de mejora y a los titulares de explotaciones que no siendo prioritarias alcancen dicha consideración mediante adquisiciones financiadas con el préstamo».*
Artículo 9. Transmisión de la explotación. *«1. La transmisión o adquisición por cualquier título, oneroso o lucrativo, inter vivos o mortis causa, del pleno dominio o del usufructo vitalicio de una explotación agraria en su integridad, en favor o por el titular de otra explotación que sea prioritaria o que alcance esta consideración como consecuencia de la adquisición gozará de una reducción del 90 % de la base imponible del impuesto que grave la transmisión o adquisición de la explotación o de sus elementos integrantes, siempre que, como consecuencia de dicha transmisión, no se altere la condición de prioritaria de la explotación del adquirent. La transmisión de la explotación deberá realizarse en escritura pública. La reducción se elevará al 100 % en caso de continuación de la explotación por el cónyuge supérstite.*
A los efectos indicados en el párrafo anterior, se entenderá que hay transmisión de una explotación agraria en su integridad, aun cuando se excluya la vivienda.
2. Para que se proceda a dicha reducción, se hará constar en la escritura pública de adquisición, y en el Registro de la Propiedad, si las fincas transmitidas estuviesen inscritas en el mismo, que si las fincas adquiridas fuesen enajenadas, arrendadas o cedidas durante el plazo de los cinco años siguientes, deberá justificarse previamente el pago del impuesto correspondiente, o de la parte del mismo, que se hubiese dejado de ingresar como consecuencia de la reducción practicada y los intereses de demora, excepción hecha de los supuestos de fuerza mayor».
Artículo 10. Explotación bajo una sola linde. *«1. La transmisión o adquisición por cualquier título, oneroso o lucrativo, inter vivos o mortis causa de terrenos, que se realicen para completar bajo una sola linde la superficie suficiente para constituir una explotación prioritaria, estará exenta del impuesto que grave la transmisión o adquisición, siempre que en el documento público de adquisición se haga constar la indivisibilidad de la finca resultante durante el plazo de cinco años, salvo supuestos de fuerza mayor.*
2. Cuando la transmisión o adquisición de los terrenos se realicen por los titulares de explotaciones agrarias con la pretensión de completar bajo una sola linde el 50 %, al menos, de la superficie de una explotación cuya renta unitaria de trabajo esté dentro de los límites establecidos en la presente Ley a efectos de concesión de beneficios fiscales para las explotaciones prioritarias, se aplicará una reducción del 50 % en la base imponible del impuesto que grave la transmisión o adquisición. La aplicación de la reducción estará sujeta a las mismas exigencias de indivisibilidad y documento público de adquisición señalados en el apartado anterior».
Artículo 11. Transmisión parcial de explotaciones y de fincas rústicas. *«En la transmisión o adquisición por cualquier título, oneroso o lucrativo, inter vivos o mortis causa, del pleno dominio o del usufructo vitalicio de una finca rústica o de parte de una explotación agraria, en favor de un titular de explotación prioritaria que no pierda o que alcance esta condición como consecuencia de la adquisición, se aplicará una reducción del 75 % en la base imponible de los impuestos que graven la transmisión o adquisición. Para la aplicación*

Los beneficios fiscales y exenciones subjetivas concedidos por esta u otras leyes en la modalidad de cuota variable de documentos notariales del impuesto sobre actos jurídicos documentados no serán aplicables en las operaciones en las que el sujeto pasivo se determine en función del párrafo segundo del artículo 29 del Texto Refundido, salvo que se dispusiese expresamente otra cosa[109].

---

del beneficio deberá realizarse la transmisión en escritura pública, y será de aplicación lo establecido en el apartado 2 del artículo 9».

Artículo 12. Permutas de fincas rústicas. «*Estarán exentas en la modalidad de transmisiones patrimoniales onerosas del Impuesto sobre Transmisiones Patrimoniales y Actos Jurídicos Documentados o en el Impuesto sobre el Valor Añadido, las permutas voluntarias de fincas rústicas autorizadas por el Ministerio de Agricultura, Pesca y Alimentación o por los organismos correspondientes de las Comunidades Autónomas con competencias en esta materia, siempre que, al menos, uno de los permutantes sea titular de una explotación agraria prioritaria y la permuta, que deberá realizarse en escritura pública, tenga alguna de las siguientes finalidades:*

a) Eliminar parcelas enclavadas, entendiéndose por tales las así consideradas en la legislación general de reforma y desarrollo agrario.

b) Suprimir servidumbres de paso.

c) Reestructurar las explotaciones agrarias, incluyendo en este supuesto las permutas múltiples que se produzcan para realizar una concentración parcelaria de carácter privado».

Artículo 13. Inscripción registral. «*Los expedientes de dominio, actas de notoriedad y cualquier otro procedimiento para inmatricular o para reanudar el tracto registral interrumpido en el Registro de la Propiedad de fincas integradas en una explotación prioritaria o de las que con su integración permitan constituirla, gozarán de una reducción del 90 % en la base imponible de la modalidad de transmisiones patrimoniales onerosas del Impuesto sobre Transmisiones Patrimoniales y Actos Jurídicos Documentados».*

Artículo 20. Beneficios fiscales especiales. «*1. La transmisión o adquisición por cualquier título, oneroso o lucrativo, inter vivos o mortis causa, del pleno dominio o del usufructo vitalicio de una explotación agraria o de parte de la misma o de una finca rústica, en favor de un agricultor joven o un asalariado agrario para su primera instalación en una explotación prioritaria, estará exenta del impuesto que grave la transmisión o adquisición de que se trate.*

2. Las reducciones en la base imponible establecidas en los artículos 9 y 11 se incrementarán en diez puntos porcentuales, en cada caso, si el adquirente es, además, un agricultor joven o un asalariado agrario y la transmisión o adquisición se realiza durante los cinco años siguientes a su primera instalación.

3. En los supuestos contemplados en los apartados 1 y 2 de este artículo, será de aplicación lo dispuesto en el apartado 2 del artículo 9.

4. Quedarán exentas del gravamen de Actos Jurídicos Documentados, las primeras copias de escrituras públicas que documenten la constitución, modificación o cancelación de préstamos hipotecarios sujetos al Impuesto sobre el Valor Añadido, cuando los mismos se concedan a agricultores jóvenes o asalariados agrarios para facilitar su primera instalación de una explotación prioritaria».

Real Decreto 2484/1996, de 5 de diciembre, por el que se reducen los derechos notariales y honorarios de los Registradores de la Propiedad en aplicación de la Ley 19/1995, de 4 de julio, de modernización de las Explotaciones Agrarias (BOE núm. 18, de 21 de enero de 1997).

Ley 49/2003, de 26 de noviembre, de arrendamientos rústicos (BOE núm. 284, de 27 de noviembre 2003).

[109] Nuevo apartado incorporado por la Disposición final segunda de la Ley 5/2019, de 15 de marzo, reguladora de los contratos de crédito inmobiliario (BOE núm. 65, de 16 de marzo de 2019) en vigor a los tres meses de su publicación en el «Boletín Oficial del Estado»: 16 de junio de 2019.

Estableciendo además, «Artículo 14. Normas de transparencia en la comercialización de préstamos inmobiliarios.

7. Las transmisiones de terrenos que se realicen como consecuencia de la aportación a las Juntas de Compensación por los propietarios de la unidad de ejecución y las adjudicaciones de solares que se efectúen a los propietarios citados, por las propias Juntas, en proporción a los terrenos incorporados.

Los mismos actos y contratos a que dé lugar la reparcelación en las condiciones señaladas en el párrafo anterior.

Esta exención estará condicionada al cumplimiento de todos los requisitos urbanísticos.

8. Los actos relativos a las garantías que presten los tutores en garantía del ejercicio de sus cargos.

9[110]. Las transmisiones de valores, admitidos o no a negociación en un mercado secundario oficial, de conformidad con lo dispuesto en el artículo 108 de la Ley 24/1988, de 28 de julio, del Mercado de Valores.

---

1. El prestamista, intermediario de crédito o su representante designado, en su caso, deberá entregar al prestatario o potencial prestatario, con una antelación mínima de diez días naturales respecto al momento de la firma del contrato, la siguiente documentación: (...)

e) Información clara y veraz de los gastos que corresponden al prestamista y los que corresponden al prestatario. Los siguientes gastos se distribuirán del siguiente modo:

i. Los gastos de tasación del inmueble corresponderán a prestatario y los de gestoría al prestamista.

ii. El prestamista asumirá el coste de los aranceles notariales de la escritura de préstamo hipotecario y los de las copias los asumirá quien las solicite.

iii Los gastos de inscripción de las garantías en el registro de la propiedad corresponderán al prestamista.

iv. El pago del impuesto de transmisiones patrimoniales y actos jurídicos documentados se realizará de conformidad con lo establecido en la normativa tributaria aplicable.

No obstante lo dispuesto en los párrafos anteriores, si durante el periodo de duración del préstamo se produjesen una o varias subrogaciones de acuerdo con la Ley 2/1994, de 30 de marzo, sobre subrogación y modificación de préstamos hipotecarios, el prestamista subrogado deberá ser reintegrado por el prestamista subrogante en la parte proporcional del impuesto y los gastos que le correspondieron en el momento de la constitución del préstamo al subrogado conforme a los apartados anteriores.

Para calcular el importe que corresponde como compensación, se aplicarán las siguientes reglas:

i) En el caso del impuesto pagado por la cuota de actos jurídicos documentados, documentos notariales, se deberá efectuar la liquidación del impuesto que correspondería a una base imponible integrada por la cantidad total garantizada entendiendo por tal la constituida por el importe del préstamo pendiente de amortización en la fecha de la subrogación y los correspondientes intereses, indemnizaciones, penas por incumplimiento y otros conceptos análogos, que se hubieran establecido. La entidad subrogante deberá reintegrar a la subrogada el importe resultante de dicha liquidación.

ii) En el caso del resto de gastos, se deberá prorratear la liquidación de dichos gastos entre la suma del importe del préstamo y los correspondientes intereses, indemnizaciones, penas por incumplimiento y otros conceptos análogos, que se hubieran establecido. La entidad subrogante deberá reintegrar a la subrogada la parte de dicha suma que corresponda al préstamo pendiente de amortización (...)».

[110] Actual art. 314 del Real Decreto Legislativo 4/2015, de 23 de octubre, por el que se aprueba el texto refundido de la Ley del Mercado de Valores (BOE núm. 255, de 24 de octubre de 2015) que deroga Ley 24/1988, de 28 de julio, del Mercado de Valores, en redacción dada por el art. séptimo de la Ley 11/2021, de 9 de julio, de medidas de prevención y lucha contra el fraude fiscal, de transposición de la Directiva

(UE) 2016/1164, del Consejo, de 12 de julio de 2016, por la que se establecen normas contra las prácticas de elusión fiscal que inciden directamente en el funcionamiento del mercado interior, de modificación de diversas normas tributarias y en materia de regulación del juego (BOE núm. 164, de 10 de julio de 2021), con efectos desde el 11 de julio de 2021:

«Artículo 314. Exención del Impuesto sobre el Valor Añadido y del Impuesto sobre Transmisiones Patrimoniales y Actos Jurídicos Documentados.

1. La transmisión de valores, admitidos o no a negociación en un mercado secundario oficial, estará exenta del Impuesto sobre el Valor Añadido y del Impuesto sobre Transmisiones Patrimoniales y Actos Jurídicos Documentados.

2. Quedan exceptuadas de lo dispuesto en el apartado anterior las transmisiones de valores no admitidos a negociación en un mercado secundario oficial realizadas en el mercado secundario, que tributarán en el impuesto al que estén sujetas como transmisiones onerosas de bienes inmuebles, cuando mediante tales transmisiones de valores se hubiera pretendido eludir el pago de los tributos que habrían gravado la transmisión de los inmuebles propiedad de las entidades a las que representen dichos valores.

Sin perjuicio de lo dispuesto en el párrafo anterior, se entenderá, salvo prueba en contrario, que se actúa con ánimo de elusión del pago del impuesto correspondiente a la transmisión de bienes inmuebles en los siguientes supuestos:

a) Cuando se obtenga el control de una entidad cuyo activo esté formado en al menos el 50 por ciento por inmuebles radicados en España que no estén afectos a actividades empresariales o profesionales, o cuando, una vez obtenido dicho control, aumente la cuota de participación en ella.

b) Cuando se obtenga el control de una entidad en cuyo activo se incluyan valores que le permitan ejercer el control en otra entidad cuyo activo esté integrado al menos en un 50 por ciento por inmuebles radicados en España que no estén afectos a actividades empresariales o profesionales, o cuando, una vez obtenido dicho control, aumente la cuota de participación en ella.

c) Cuando los valores transmitidos hayan sido recibidos por las aportaciones de bienes inmuebles realizadas con ocasión de la constitución de sociedades o de la ampliación de su capital social, siempre que tales bienes no se afecten a actividades empresariales o profesionales y que entre la fecha de aportación y la de transmisión no hubiera transcurrido un plazo de tres años.

3. En los supuestos en que la transmisión de valores quede sujeta a los impuestos citados sin exención, según lo previsto en el apartado 2 anterior, se aplicarán las siguientes reglas:

1ª Para realizar el cómputo del activo, los valores netos contables de todos los bienes contabilizados se sustituirán por sus respectivos valores de mercado determinados a la fecha en que tenga lugar la transmisión o adquisición. A estos efectos, el sujeto pasivo estará obligado a formar un inventario del activo en dicha fecha y a facilitarlo a la Administración Tributaria a requerimiento de esta.

En el caso de bienes inmuebles, los valores netos contables se sustituirán por los valores que deban operar como base imponible del impuesto en cada caso, conforme a lo dispuesto en el texto refundido de la Ley del Impuesto sobre Transmisiones Patrimoniales y Actos Jurídicos Documentados, aprobado por el Real Decreto Legislativo 1/1993, de 24 de septiembre.

2ª Tratándose de sociedades mercantiles, se entenderá obtenido dicho control cuando directa o indirectamente se alcance una participación en el capital social superior al 50 por ciento. A estos efectos se computarán también como participación del adquirente los valores de las demás entidades pertenecientes al mismo grupo de sociedades.

3ª En los casos de transmisión de valores a la propia sociedad tenedora de los inmuebles para su posterior amortización por ella, se entenderá a efectos fiscales que tiene lugar el supuesto de elusión definido en las letras a) o b) del apartado anterior. En este caso será sujeto pasivo el accionista que, como consecuencia de dichas operaciones, obtenga el control de la sociedad, en los términos antes indicados.

4ª En las transmisiones de valores que, conforme al apartado 2, estén sujetas al Impuesto sobre el Valor Añadido y no exentas, que tendrán la consideración de entrega de bienes a efectos del mismo, la base imponible se determinará en proporción al valor de mercado de los bienes que deban computarse como inmuebles. A este respecto, en los supuestos recogidos en el apartado 2.c), la base imponible del impuesto será la parte proporcional del valor de mercado de los inmuebles que fueron aportados en su día correspondiente a las acciones o participaciones transmitidas.

5ª En las transmisiones de valores que, de acuerdo a lo expuesto en el apartado 2, deban tributar por la modalidad de transmisiones patrimoniales onerosas del Impuesto sobre Transmisiones Patrimoniales y Actos Jurídicos Documentados, para la práctica de la liquidación, se aplicarán los elementos de dicho impuesto a la parte proporcional del valor de los inmuebles, calculado de acuerdo con las reglas contenidas en su normativa. A tal fin se tomará como base imponible:

– En los supuestos a los que se refiere el apartado 2.a), la parte proporcional sobre el valor de la totalidad de las partidas del activo que, a los efectos de la aplicación de este precepto, deban computarse como inmuebles, que corresponda al porcentaje total de participación que se pase a tener en el momento de la obtención del control o, una vez obtenido, onerosa o lucrativamente, dicho control, al porcentaje en el que aumente la cuota de participación.

– En los supuestos a los que se refiere el apartado 2.b), para determinar la base imponible solo se tendrán en cuenta los inmuebles de aquellas cuyo activo esté integrado al menos en un 50 por ciento por inmuebles no afectos a actividades empresariales o profesionales.

– En los supuestos a que se refiere el apartado 2.c), la parte proporcional del valor de los inmuebles que fueron aportados en su día correspondiente a las acciones o participaciones transmitidas»

Redacción original:

«*Artículo 314. Exención del Impuesto sobre el Valor Añadido y del Impuesto sobre Transmisiones Patrimoniales y Actos Jurídicos Documentados.*

1. La transmisión de valores, admitidos o no a negociación en un mercado secundario oficial, estará exenta del Impuesto sobre el Valor Añadido y del Impuesto sobre Transmisiones Patrimoniales y Actos Jurídicos Documentados.

2. Quedan exceptuadas de lo dispuesto en el apartado anterior las transmisiones de valores no admitidos a negociación en un mercado secundario oficial realizadas en el mercado secundario, que tributarán en el impuesto al que estén sujetas como transmisiones onerosas de bienes inmuebles, cuando mediante tales transmisiones de valores se hubiera pretendido eludir el pago de los tributos que habrían gravado la transmisión de los inmuebles propiedad de las entidades a las que representen dichos valores.

Sin perjuicio de lo dispuesto en el párrafo anterior, se entenderá, salvo prueba en contrario, que se actúa con ánimo de elusión del pago del impuesto correspondiente a la transmisión de bienes inmuebles en los siguientes supuestos:

a) Cuando se obtenga el control de una entidad cuyo activo esté formado en al menos el 50 por ciento por inmuebles radicados en España que no estén afectos a actividades empresariales o profesionales, o cuando, una vez obtenido dicho control, aumente la cuota de participación en ella.

b) Cuando se obtenga el control de una entidad en cuyo activo se incluyan valores que le permitan ejercer el control en otra entidad cuyo activo esté integrado al menos en un 50 por ciento por inmuebles radicados en España que no estén afectos a actividades empresariales o profesionales, o cuando, una vez obtenido dicho control, aumente la cuota de participación en ella.

c) Cuando los valores transmitidos hayan sido recibidos por las aportaciones de bienes inmuebles realizadas con ocasión de la constitución de sociedades o de la ampliación de su capital social, siempre que tales bienes no se afecten a actividades empresariales o profesionales y que entre la fecha de aportación y la de transmisión no hubiera transcurrido un plazo de tres años.

3. En los supuestos en que la transmisión de valores quede sujeta a los impuestos citados sin exención, según lo previsto en el apartado 2 anterior, se aplicarán las siguientes reglas:

1.ª Para realizar el cómputo del activo, los valores netos contables de todos los bienes contabilizados se sustituirán por sus respectivos valores reales determinados a la fecha en que tenga lugar la transmisión o adquisición. A estos efectos, el sujeto pasivo estará obligado a formar un inventario del activo en dicha fecha y a facilitarlo a la Administración tributaria a requerimiento de esta.

2.ª Tratándose de sociedades mercantiles, se entenderá obtenido dicho control cuando directa o indirectamente se alcance una participación en el capital social superior al 50 por ciento. A estos efectos se computarán también como participación del adquirente los valores de las demás entidades pertenecientes al mismo grupo de sociedades.

3.ª En los casos de transmisión de valores a la propia sociedad tenedora de los inmuebles para su posterior amortización por ella, se entenderá a efectos fiscales que tiene lugar el supuesto de elusión definido en las letras a) o b) del apartado anterior. En este caso será sujeto pasivo el accionista que, como consecuencia de dichas operaciones, obtenga el control de la sociedad, en los términos antes indicados.

4.ª En las transmisiones de valores que, conforme al apartado 2, estén sujetas al Impuesto sobre el Valor Añadido y no exentas, que tendrán la consideración de entrega de bienes a efectos del mismo, la base imponible se determinará en proporción al valor de mercado de los bienes que deban computarse como inmuebles. A este respecto, en los supuestos recogidos en el apartado 2.c), la base imponible del impuesto será la parte proporcional del valor de mercado de los inmuebles que fueron aportados en su día correspondiente a las acciones o participaciones transmitidas.

5.ª En las transmisiones de valores que, de acuerdo a lo expuesto en el apartado 2, deban tributar por la modalidad de transmisiones patrimoniales onerosas del Impuesto sobre Transmisiones Patrimoniales y Actos Jurídicos Documentados, para la práctica de la liquidación, se aplicarán los elementos de dicho impuesto a la parte proporcional del valor real de los inmuebles, calculado de acuerdo con las reglas contenidas en su normativa. A tal fin se tomará como base imponible:

– En los supuestos a los que se refiere el apartado 2.a), la parte proporcional sobre el valor real de la totalidad de las partidas del activo que, a los efectos de la aplicación de este precepto, deban computarse como inmuebles, que corresponda al porcentaje total de participación que se pase a tener en el momento de la obtención del control o, una vez obtenido, onerosa o lucrativamente, dicho control, al porcentaje en el que aumente la cuota de participación.

– En los supuestos a los que se refiere el apartado 2.b), para determinar la base imponible solo se tendrán en cuenta los inmuebles de aquellas cuyo activo esté integrado al menos en un 50 por ciento por inmuebles no afectos a actividades empresariales o profesionales.

– En los supuestos a que se refiere el apartado 2.c), la parte proporcional del valor real de los inmuebles que fueron aportados en su día correspondiente a las acciones o participaciones transmitidas».

Ley 9/2012, de 14 de noviembre, de reestructuración y resolución de entidades de crédito (BOE núm. 275, de 15 de noviembre de 2012), con efectos desde el 15 de noviembre de 2012: Disposición adicional cuarta. Beneficios fiscales en el Impuesto sobre Transmisiones Patrimoniales y Actos Jurídicos Documentados para operaciones del FROB.

«No será de aplicación la excepción a la exención prevista en el artículo 108.2 de la Ley 24/1988, de 28 de julio, del Mercado de Valores a las operaciones consecuencia de la intervención del FROB, reguladas en

10[111]. Las operaciones societarias a que se refieren los apartados 1.º, 2.º y 3.º del artículo 19.2 y el artículo 20.2 anteriores, en su caso, en cuanto al gravamen por las modalidades de transmisiones patrimoniales onerosas o de actos jurídicos documentados.

11[112]. La constitución de sociedades, el aumento de capital, las aportaciones que efectúen los socios que no supongan aumento de capital y el traslado a España de la sede de dirección efectiva o del domicilio social de una sociedad cuando ni una ni otro estuviesen previamente situados en un Estado miembro de la Unión Europea.

12[113]. *a)* La transmisión de terrenos y solares y la cesión del derecho de superficie para la construcción de edificios en régimen de viviendas de protección oficial. Los préstamos hipotecarios solicitados para la adquisición de aquellos, en cuanto al gravamen de actos jurídicos documentados.

b) Las escrituras públicas otorgadas para formalizar actos o contratos relacionados con la construcción de edificios en régimen de «viviendas de protección oficial», siempre que se hubiera solicitado dicho régimen a la Administración competente en dicha materia.

c) Las escrituras públicas otorgadas para formalizar la primera transmisión de viviendas de protección oficial, una vez obtenida la calificación definitiva.

d) La constitución de préstamos hipotecarios para la adquisición exclusiva de viviendas de protección oficial y sus anejos inseparables, con el límite máximo del precio de la citada vivienda, y siempre que este último no exceda de los precios máximos establecidos para las referidas viviendas de protección oficial.

e) La constitución de sociedades y la ampliación de capital, cuando tengan por exclusivo objeto la promoción o construcción de edificios en régimen de protección oficial.

Para el reconocimiento de las exenciones previstas en las letras *a)* y *b)* anteriores bastará que se consigne en el documento que el contrato se otorga con la finalidad de construir viviendas de protección oficial y quedará sin efecto si transcurriesen tres años a partir de dicho reconocimiento sin que obtenga la calificación o declaración provisional o cuatro

---

los artículos 26, 27 y 35 de esta Ley, incluidas aquellas en que los obligados tributarios fueran los bancos puentes, las sociedades de gestión de activos o los terceros que adquieran valores derivados de las intervenciones del Fondo».

[111]   Nueva redacción del apartado 10 dada por el art. 7.Nueve de la Ley 4/2008, de 23 de diciembre, por la que se suprime el gravamen del Impuesto sobre el Patrimonio, se generaliza el sistema de devolución mensual en el Impuesto sobre el Valor Añadido, y se introducen otras modificaciones en la normativa tributaria (BOE de 25 de diciembre de 2008), de aplicación a partir de 1/1/2009.

[112]   Nueva redacción del art. 45.I.B).11 dada por el art. 3 del Real Decreto-ley 13/2010, de 3 de diciembre, de actuaciones en el ámbito fiscal, laboral y liberalizadoras para fomentar la inversión y la creación de empleo (BOE núm. 293, 3 de diciembre de 2010), con entrada en vigor el mismo día de su publicación.

[113]   Nueva redacción del apartado 12 dada por el art. 7.Diez de la Ley 4/2008, de 23 de diciembre, por la que se suprime el gravamen del Impuesto sobre el Patrimonio, se generaliza el sistema de devolución mensual en el Impuesto sobre el Valor Añadido, y se introducen otras modificaciones en la normativa tributaria (BOE de 25 de diciembre de 2008), en vigor desde 26/12/2008.

años si se trata de terrenos. La exención se entenderá concedida con carácter provisional y condicionada al cumplimiento que en cada caso exijan las disposiciones vigentes para esta clase de viviendas. En el supuesto de las letras *a)* y *b)* de este apartado, el cómputo del plazo de prescripción previsto en el artículo 67 de la Ley 58/2003, de 17 de diciembre, General Tributaria, comenzará a contarse una vez transcurrido el plazo de tres o cuatro años de exención provisional.

Las exenciones previstas en este número se aplicarán también a aquéllas que, con protección pública, dimanen de la legislación propia de las Comunidades Autónomas, siempre que los parámetros de superficie máxima protegible, precio de la vivienda y límite de ingresos de los adquirentes no excedan de los establecidos en la norma estatal para las viviendas de protección oficial.

13. Las transmisiones y demás actos y contratos cuando tengan por exclusivo objeto salvar la ineficacia de otros actos anteriores por los que se hubiera satisfecho el impuesto y estuvieran afectados de vicio que implique inexistencia o nulidad.

14[114]. En las ciudades de Ceuta y Melilla se mantendrán las bonificaciones tributarias establecidas en la Ley de 22 de diciembre de 1955.

15[115]. Los depósitos en efectivo y los préstamos, cualquiera que sea la forma en que se instrumenten, incluso los representados por pagarés, bonos, obligaciones y títulos análogos. La exención se extenderá a la transmisión posterior de los títulos que documenten el depósito o el préstamo, así como al gravamen sobre actos jurídicos documentados que recae sobre pagarés, bonos, obligaciones y demás títulos análogos emitidos en serie, por plazo no superior a dieciocho meses, representativos de capitales ajenos por los que se satisfaga una contraprestación por diferencia entre el importe satisfecho en la emisión y el comprometido a reembolsar al vencimiento, incluidos los préstamos representados por bonos de caja emitidos por los bancos industriales o de negocios.

16. Las transmisiones de edificaciones a las empresas que realicen habitualmente las operaciones de arrendamiento financiero a que se refiere la disposición adicional séptima de la Ley 26/1988, de 29 de julio[116], para ser objeto de arrendamiento con opción de compra

---

[114] Se entiende derogado tras la incorporación del Art. 57 bis (Bonificación de la cuota en Ceuta y Melilla) en este TRLITPyAJD. Disp. Trans. Séptima de este TRLITPyAJD.

[115] Nueva redacción del apartado 15 dada por la Disp. Adic. 7.ª de la Ley 25/1998, de 13 de julio, de modificación del Régimen Legal de las Tasas Estatales y Locales y de Reordenación de las Prestaciones Patrimoniales de Carácter Público (BOE del 14). Se incorpora el último inciso, como consecuencia del fallo de la STS de 3 de octubre de 1997, «*que debemos estimar... y declaramos nulo el artículo 45.1.B... en cuanto no contiene el apartado 9 del artículo 48.1.B del anterior texto refundido de dicho impuesto*», aprobado por Real Decreto legislativo 3050/1980, de 30 de diciembre, relativo a la exención de los préstamos representados por bonos de caja emitidos por los Bancos industriales y de negocios.

[116] La anterior Ley 43/1995, de 27 de diciembre, del Impuesto sobre Sociedades, recoge en su Disp. Derogatoria única que «*19. Los apartados 2, 3, 4, 5, 6 y 7 de la disposición adicional séptima de la Ley 26/1988, de 29 de julio, sobre Disciplina e Intervención de las Entidades de Crédito*». Norma derogada por Ley 10/2014,

a persona distinta del transmitente, cuando dichas operaciones estén exentas del Impuesto sobre el Valor Añadido.

Será requisito imprescindible para poder disfrutar de este beneficio que no existan relaciones de vinculación directas o indirectas, conforme a lo previsto en el artículo 16 de la Ley 61/1978, de 27 de diciembre, del Impuesto sobre Sociedades, entre transmitente, adquirente o arrendatario.

17. Las transmisiones de vehículos usados con motor mecánico para circular por carretera, cuando el adquirente sea un empresario dedicado habitualmente a la compraventa de los mismos y los adquiera para su reventa.

La exención se entenderá concedida con carácter provisional y para elevarse a definitiva deberá justificarse la venta del vehículo adquirido dentro del año siguiente a la fecha de su adquisición.

18[117]. Las primeras copias de escrituras notariales que documenten la cancelación de hipotecas de cualquier clase, en cuanto al gravamen gradual de la modalidad «Actos Jurídicos Documentados» que grava los documentos notariales.

19[118]. Las ampliaciones de capital realizadas por personas jurídicas declaradas en concurso para atender una conversión de créditos en capital establecida en un convenio aprobado judicialmente conforme a la Ley Concursal.

20[119]. 1. Las operaciones de constitución y aumento de capital de las sociedades de inversión de capital variable reguladas en la Ley de Instituciones de Inversión Colectiva, así

---

de 26 de junio, de ordenación, supervisión y solvencia de entidades de crédito (BOE» núm. 156, de 27 de junio de 2014), regulándose en su Disposición adicional tercera. «Operaciones de arrendamiento financiero».

[117] Nuevo apartado 18 incorporado por art. 6.2 de la Ley 14/2000, de 29 de diciembre, de Medidas Fiscales, Administrativas y del Orden Social (BOE núm. 313 de 30 de diciembre de 2000), con efectos desde 1/1/2001.

[118] Nuevo apartado 19 incorporado por la Disp. Final 12.ª de la Ley 22/2003, de 9 de julio, Concursal (BOE del 10), en vigor desde 1/9/2004, modificada esta norma por la Ley 30/2007, de 30 de octubre, de Contratos del Sector Público (BOE núm. 261, de 31 octubre de 2007) y por el Real Decreto-Ley 3/2009, de 27 de marzo, de medidas urgentes en materia tributaria, financiera y concursal ante la evolución de la situación económica (BOE núm. 78, de 31 de marzo de 2009).

[119] Nueva redacción del apartado 20 dada art. 7.Once de la Ley 4/2008, de 23 de diciembre, por la que se suprime el gravamen del Impuesto sobre el Patrimonio, se generaliza el sistema de devolución mensual en el Impuesto sobre el Valor Añadido, y se introducen otras modificaciones en la normativa tributaria (BOE de 25 de diciembre de 2008), en vigor desde 26/12/2008, recogiendo en su Disp. Trans. Primera: Efectos de la exención en la modalidad de operaciones societarias de los fondos de titulización, «*La exención de la modalidad de operaciones societarias de todas las operaciones que realicen los fondos de titulización hipotecaria y los fondos de titulización de activos financieros, establecida en el artículo 45.I.B.20 del Texto Refundido de la Ley del Impuesto sobre Transmisiones Patrimoniales y Actos Jurídicos Documentados, aprobado por el Real Decreto Legislativo 1/1993, de 24 de septiembre, resultará aplicable a cualesquiera que hayan realizado desde su constitución, incluida esta*».

como las aportaciones no dinerarias a dichas entidades, quedarán exentas en la modalidad de operaciones societarias del Impuesto sobre Transmisiones Patrimoniales y Actos Jurídicos Documentados.

2. Los fondos de inversión de carácter financiero regulados en la ley citada anteriormente gozarán de exención en el Impuesto sobre Transmisiones Patrimoniales y Actos Jurídicos Documentados con el mismo alcance establecido en el apartado anterior.

3[120]. Las instituciones de inversión colectiva inmobiliaria reguladas en la Ley citada anteriormente que, con el carácter de instituciones de inversión colectiva no financieras, tengan por objeto social exclusivo la adquisición y la promoción, incluyendo la compra de terrenos, de cualquier tipo de inmueble de naturaleza urbana para su arrendamiento, tendrán el mismo régimen de tributación que el previsto en los dos apartados anteriores.

Del mismo modo, dichas instituciones gozarán de una bonificación del 95 por ciento de la cuota de este impuesto por la adquisición de viviendas destinadas al arrendamiento y por la adquisición de terrenos para la promoción de viviendas destinadas al arrendamiento, siempre que, en ambos casos, cumplan los requisitos específicos sobre mantenimiento de los inmuebles establecidos en las letras c) y d) del artículo 28.5 del Texto Refundido de la Ley del Impuesto sobre Sociedades, aprobado por el Real Decreto Legislativo 4/2004, de 5 de marzo, salvo que, con carácter excepcional, medie la autorización expresa de la Comisión Nacional del Mercado de Valores.

4[121]. Los fondos de titulización hipotecaria, los fondos de titulización de activos financieros, y los fondos de capital riesgo estarán exentos de todas las operaciones sujetas a la modalidad de operaciones societarias.

21[122]. Las aportaciones a los patrimonios protegidos de las personas con discapacidad regulados en la Ley de protección patrimonial de las personas con discapacidad, de modificación del Código Civil, de la Ley de Enjuiciamiento Civil y de la normativa tributaria con esta finalidad.

22[123]. Las operaciones de constitución y aumento de capital de las Sociedades de Inversión en el Mercado Inmobiliario reguladas en la Ley 11/2009, por la que se regulan las

---

[120]   Nueva redacción del apartado 3 dada por la Disp. Final 2.ª.1 de la Ley 11/2009, de 26 de octubre, por la que se regulan las Sociedades Anónimas Cotizadas de Inversión en el Mercado Inmobiliario (SOCIMI). (BOE núm. 259, de 27 de octubre de 2009), en vigor desde 28/10/2009.

[121]   Nueva redacción dada por el art. 64 de la Ley 36/2014, de 26 de diciembre, de Presupuestos Generales del Estado para el año 2015 (BOE núm. 315, de 30 de diciembre de 2014) y con efectos desde el día 1 de enero de 2015 y con vigencia indefinida.

[122]   Nuevo apartado 21 incorporado por el art. 17 de la Ley 41/2003, de 18 de noviembre, de protección patrimonial de las personas con discapacidad y de modificación del Código Civil, de la Ley de Enjuiciamiento Civil y de la normativa tributaria con esta finalidad (BOE núm. 277, del 19 noviembre 2003), con efectos a partir del 1/1/2004.

[123]   Nuevo apartado 22 incorporado por la Disp. Final 2.ª.2 de la Ley 11/2009, de 26 de octubre, por la que se regulan las Sociedades Anónimas Cotizadas de Inversión en el Mercado Inmobiliario (SOCIMI). (BOE núm.

Sociedades Anónimas Cotizadas de Inversión en el Mercado Inmobiliario, así como las aportaciones no dinerarias a dichas sociedades, quedarán exentas en la modalidad de operaciones societarias del Impuesto sobre Transmisiones Patrimoniales y Actos Jurídicos Documentados.

Asimismo, gozarán de una bonificación del 95 por ciento de la cuota de este impuesto por la adquisición de viviendas destinadas al arrendamiento y por la adquisición de terrenos para la promoción de viviendas destinadas al arrendamiento, siempre que, en ambos casos, cumplan el requisito específico de mantenimiento establecido en el apartado 3 del artículo 3 de la Ley 11/2009.

23[124]. Las escrituras de formalización de las novaciones contractuales de préstamos y créditos hipotecarios que se produzcan al amparo del Real Decreto-ley 6/2012, de 9 de marzo, de medidas urgentes de protección de deudores hipotecarios sin recursos, y del nuevo Código de Buenas Prácticas que se introduce con el Real Decreto-ley 19/2022, de 22 de noviembre, por el que se establece un Código de Buenas Prácticas para aliviar la subida de los tipos de interés en préstamos hipotecarios sobre vivienda habitual, se modifica el Real Decreto-ley 6/2012, de 9 de marzo, de medidas urgentes de protección de deudores hipotecarios sin recursos, y se adoptan otras medidas estructurales para la mejora del mercado de préstamos hipotecarios, quedarán exentas de la cuota gradual de documentos notariales de la modalidad de actos jurídicos documentados de este Impuesto.

24[125]. Las transmisiones de activos y, en su caso, de pasivos, así como la concesión de garantías de cualquier naturaleza, cuando el sujeto pasivo sea la Sociedad de Gestión de Activos Procedentes de la Reestructuración Bancaria, regulada en la Disposición adicional séptima de la Ley 9/2012, de 14 de noviembre, de reestructuración y resolución de Entidades de Crédito, por cualquiera de sus modalidades.

Las transmisiones de activos o, en su caso, pasivos efectuadas por la Sociedad de Gestión de Activos Procedentes de la Reestructuración Bancaria a entidades participadas directa o indirectamente por dicha Sociedad, en al menos el 50 por ciento del capital, fondos pro-

---

[124]   Nueva redacción dada por el art. 9 del Real Decreto-ley 19/2022, de 22 de noviembre, por el que se establece un Código de Buenas Prácticas para aliviar la subida de los tipos de interés en préstamos hipotecarios sobre vivienda habitual, se modifica el Real Decreto-ley 6/2012, de 9 de marzo, de medidas urgentes de protección de deudores hipotecarios sin recursos, y se adoptan otras medidas estructurales para la mejora del mercado de préstamos hipotecarios (BOE núm. 281, de 23 de noviembre de 2022), en vigor desde el 24 de noviembre de 2022).

Redacción anterior por la incorporación realizada por el art. 8 del Real Decreto-ley 6/2012, de 9 de marzo, de medidas urgentes de protección de deudores hipotecarios sin recursos (BOE núm. 60 de 10 de marzo de 2012), en vigor desde el día siguiente al de su publicación.

[125]   Nuevo apartado, núm. 24 incorporado por la disposición final decimoquinta de la Ley 9/2012, de 14 de noviembre, de reestructuración y resolución de entidades de crédito (BOE núm. 275, de 15 de noviembre de 2012), con efectos desde el 15 de noviembre de 2012.

pios, resultados o derechos de voto de la entidad participada en el momento inmediatamente anterior a la transmisión, o como consecuencia de la misma.

Las transmisiones de activos y pasivos realizadas por la Sociedad de Gestión de Activos Procedentes de la Reestructuración Bancaria, o por las entidades constituidas por esta para cumplir con su objeto social, a los Fondos de Activos Bancarios, a que se refiere la disposición adicional décima de la citada Ley 9/2012, de 14 de noviembre.

Las transmisiones de activos y pasivos realizadas por los Fondos de Activos Bancarios, a otros Fondos de Activos Bancarios.

Las operaciones de reducción del capital y de disolución de la Sociedad de Gestión de Activos Procedentes de la Reestructuración Bancaria, de sus sociedades participadas en al menos el 50 por ciento del capital, fondos propios, resultados o derechos de voto de la entidad participada en el momento inmediatamente anterior a la transmisión, o como consecuencia de la misma, y de disminución de su patrimonio o disolución de los Fondos de Activos Bancarios.

El tratamiento fiscal previsto en los párrafos anteriores respecto a las operaciones entre los Fondos de Activos Bancarios resultará de aplicación, solamente, durante el período de tiempo de mantenimiento de la exposición del Fondo de Reestructuración Ordenada Bancaria a los citados fondos, previsto en el apartado 10 de la disposición adicional décima de esta Ley.

25[126]. Las escrituras de préstamo con garantía hipotecaria en las que el prestatario sea alguna de las personas o entidades incluidas en la letra A) anterior.

26[127]. Los arrendamientos de vivienda para uso estable y permanente a los que se refiere el artículo 2 de la Ley 29/1994, de 24 de noviembre, de Arrendamientos Urbanos.

---

[126] Nuevo núm. 25 incorporado por el art. único.dos del Real Decreto-ley 17/2018, de 8 de noviembre, por el que se modifica el Texto refundido de la Ley del Impuesto sobre Transmisiones Patrimoniales y Actos Jurídicos Documentados, aprobado por el Real Decreto Legislativo 1/1993, de 24 de septiembre (BOE núm. 271, de 9 de noviembre de 2018), en vigor desde el día 10 de noviembre de 2018.

[127] Nueva redacción dada por el art. Quinto del Real Decreto-ley 7/2019, de 1 de marzo, de medidas urgentes en materia de vivienda y alquiler (BOE núm. 55, de 5 de marzo de 2019), en vigor desde el 6 de marzo de 2019.
Núm. 26 incorporado por el art. Quinto del Real Decreto-ley 21/2018, de 14 de diciembre, de medidas urgentes en materia de vivienda y alquiler (BOE núm. 304, de 18 de diciembre de 2018), en vigor desde el 19 de diciembre de 2018 en vigor desde el 19 de diciembre de 2018 hasta el 24 de enero de 2019 debido a la Resolución de 22 de enero de 2019, del Congreso de los Diputados, por la que se ordena la publicación del Acuerdo de derogación del Real Decreto-ley 21/2018, de 14 de diciembre, de medidas urgentes en materia de vivienda y alquiler (BOE núm. 21, de 24 de enero de 2019): «*26. Los arrendamientos de vivienda para uso estable y permanente a los que se refiere el artículo 2 de la Ley 29/1994, de 24 de noviembre, de Arrendamientos Urbanos*».

27[128]. La constitución, disolución y las modificaciones consistentes en aumentos y disminuciones de los fondos de pensiones regulados en el texto refundido de la Ley de Regulación de los Planes y Fondos de Pensiones, aprobado por el Real Decreto Legislativo 1/2002, de 29 de noviembre.

28[129]. Las escrituras de formalización de las novaciones contractuales de préstamos y créditos hipotecarios que se produzcan al amparo del Real Decreto-ley 8/2020, de 17 de marzo, de medidas urgentes extraordinarias para hacer frente al impacto económico y social del COVID-19, quedarán exentas de la cuota gradual de documentos notariales de la modalidad de actos jurídicos documentados de este Impuesto, siempre que tengan su fundamento en los supuestos regulados en los artículos 7 a 16 del citado real decreto-ley, referentes a la moratoria de deuda hipotecaria para la adquisición de vivienda habitual.

29[130]. Las escrituras de formalización de las moratorias previstas en artículo 13.3 del Real Decreto-ley 8/2020, de 17 de marzo, de medidas urgentes extraordinarias para hacer frente al impacto económico y social del COVID-19, así como en el artículo 24.2 del Real Decreto-ley 11/2020, de 31 de marzo, por el que se adoptan medidas urgentes complementarias en el ámbito social y económico para hacer frente al COVID-19, y de las moratorias convencionales concedidas al amparo de Acuerdos marco sectoriales adoptados como consecuencia de la crisis sanitaria ocasionada por el COVID-19 previstas en el artículo 7 del Real Decreto-ley 19/2020, de 26 de mayo.

---

[128]   Nuevo apartado incorporado por la Disp. Final Tercera Uno del Real Decreto-ley 3/2020, de 4 de febrero, de medidas urgentes por el que se incorporan al ordenamiento jurídico español diversas directivas de la Unión Europea en el ámbito de la contratación pública en determinados sectores; de seguros privados; de planes y fondos de pensiones; del ámbito tributario y de litigios fiscales (BOE núm. 31 de 5 de febrero de 2020), en vigor desde el 6 de febrero de 2020.

[129]   Nueva redacción dada por la Disp. final primera Diecinueve del Real Decreto-ley 11/2020, de 31 de marzo, por el que se adoptan medidas urgentes complementarias en el ámbito social y económico para hacer frente al COVID-19 (BOE num. 91, de 1 de abril de 2020), con efectos desde el 18 de marzo de 2020.
        Apartado 28° inicialmente incorporado por la Disp. Final Primera del Real Decreto-ley 8/2020, de 17 de marzo, de medidas urgentes extraordinarias para hacer frente al impacto económico y social del COVID-19 (BOE núm. 73, de 18 de marzo de 2020, corrección de errores BOE núm. 82, de 25 de marzo de 2020):
        «Las escrituras de formalización de las novaciones contractuales de préstamos y créditos hipotecarios que se produzcan al amparo del Real Decreto-ley 8/2020, de 17 de marzo, de medidas urgentes extraordinarias para hacer frente al impacto económico y social del COVID-19, quedarán exentas de la cuota gradual de documentos notariales de la modalidad de actos jurídicos documentados de este Impuesto».

[130]   Nuevo apartado incorporado por la Disp. Final Primera del Real Decreto-ley 19/2020, de 26 de mayo, por el que se adoptan medidas complementarias en materia agraria, científica, económica, de empleo y Seguridad Social y tributarias para paliar los efectos del COVID-19 (BOE núm.150, de 27 de mayo de 2020), en vigor desde el 28 de mayo.

30[131]. Las escrituras de formalización de las moratorias de préstamos y créditos hipotecarios y de arrendamientos, préstamos, leasing y renting sin garantía hipotecaria que se produzcan en aplicación de la moratoria hipotecaria para el sector turístico, regulada en los artículos 3 a 9 del Real Decreto-ley 25/2020, de 3 de julio, de medidas urgentes para apoyar la reactivación económica y el empleo, y de la moratoria para el sector del transporte público de mercancías y discrecional de viajeros en autobús, regulada en los artículos 18 al 23 del Real Decreto-ley 26/2020 de 7 de julio, de medidas de reactivación económica para hacer frente al impacto del COVID-19 en los ámbitos de transportes y vivienda.

31[132]. Cuando exista garantía real inscribible, las escrituras de formalización de la extensión de los plazos de vencimiento de las operaciones de financiación que han recibido aval público previstos en el artículo 7 del Real Decreto-ley 5/2021, de 12 de marzo, de medidas extraordinarias de apoyo a la solvencia empresarial en respuesta a la pandemia de la COVID-19, quedarán exentas de la cuota gradual de documentos notariales de la modalidad de actos jurídicos documentados de este impuesto.

32[133]. Las escrituras de formalización de las moratorias de préstamos y créditos hipotecarios o sin garantía hipotecaria que se produzcan en aplicación de la suspensión de las obligaciones de pago de intereses y principal conforme a los artículos 15 a 21 del Real

---

[131]   Nueva redacción dada por la Disp. Final segunda del Real Decreto-ley 30/2020, de 29 de septiembre, de medidas sociales en defensa del empleo (BOE núm. 259, de 30 de septiembre de 2020).

      Se deja sin efecto la modificación del apartado núm. 30 del epígrafe I.B) por Resolución de 10 de septiembre de 2020 que publica el Acuerdo del Congreso de los Diputados por el que deroga el Real Decreto-ley 27/2020, de 4 de agosto. Redacción del núm. 30 dada por la Disp. Final Segunda del Real Decreto-ley 27/2020, de 4 de agosto, de medidas financieras, de carácter extraordinario y urgente, aplicables a las entidades locales (BOE núm. 211, de 5 de agosto de 2020), en vigor desde el 5 de agosto al 11 de septiembre de 2020: «Las escrituras de formalización de las moratorias de préstamos y créditos hipotecarios y de arrendamientos, préstamos, leasing y renting sin garantía hipotecaria que se produzcan en aplicación de la moratoria hipotecaria para el sector turístico, regulada en los artículos 3 a 9 del Real Decreto-ley 25/2020, de 3 de julio, de medidas urgentes para apoyar la reactivación económica y el empleo, y de la moratoria para el sector del transporte público de mercancías y discrecional de viajeros en autobús, regulada en los artículos 18 al 23 del Real Decreto-ley 26/2020 de 7 de julio, de medidas de reactivación económica para hacer frente al impacto del COVID-19 en los ámbitos de transportes y vivienda»

      Redacción anterior del núm. 30 incorporado por la Disposición final primera del Real Decreto-ley 25/2020, de 3 de julio, de medidas urgentes para apoyar la reactivación económica y el empleo (BOE núm. 185, de 6 de julio de 2020), en vigor el día siguiente de su publicación en el BOE.

[132]   Nuevo apartado incorporado por la Disp. Final primera del Real Decreto-ley 5/2021, de 12 de marzo, de medidas extraordinarias de apoyo a la solvencia empresarial en respuesta a la pandemia de la COVID-19 (BOE núm. 62, de 13 de marzo de 2021), en vigor el mismo día de su publicación en el «Boletín Oficial del Estado».

[133]   Nuevo apartado incorporado por la Disposición final primera del Real Decreto-ley 20/2021, de 5 de octubre, por el que se adoptan medidas urgentes de apoyo para la reparación de los daños ocasionados por las erupciones volcánicas y para la reconstrucción económica y social de la isla de La Palma (BOE núm. 239, de 6 de octubre de 2021), en vigor desde el mismo día de publicación en el BOE.

Decreto-ley 20/2021, de 5 de octubre, por el que se adoptan medidas urgentes de apoyo a los afectados para la reparación de los daños ocasionados por las erupciones volcánicas y para la reconstrucción económica y social de la isla de La Palma.

33[134]. 1. La emisión, transmisión y amortización de los bonos garantizados y participaciones hipotecarias y certificados de transmisión de hipoteca regulados en el Real Decreto-ley 24/2021, de 2 de noviembre, de transposición de directivas de la Unión Europea en las materias de bonos garantizados, distribución transfronteriza de organismos de inversión colectiva, datos abiertos y reutilización de la información del sector público, ejercicio de derechos de autor y derechos afines aplicables a determinadas transmisiones en línea y a las retransmisiones de programas de radio y televisión, exenciones temporales a determinadas importaciones y suministros, de personas consumidoras y para la promoción de vehículos de transporte por carretera limpios y energéticamente eficientes, así como su reembolso.

2. Las transmisiones de activos para constituir el patrimonio separado previsto para el caso de concurso de la entidad emisora y la transmisión de préstamos a otra entidad de crédito para la financiación conjunta de las emisiones, de acuerdo con lo previsto en el artículo 14 del Real Decreto-ley 24/2021, de 2 de noviembre, de transposición de directivas de la Unión Europea en las materias de bonos garantizados, distribución transfronteriza de organismos de inversión colectiva, datos abiertos y reutilización de la información del sector público, ejercicio de derechos de autor y derechos afines aplicables a determinadas transmisiones en línea y a las retransmisiones de programas de radio y televisión, exenciones temporales a determinadas importaciones y suministros, de personas consumidoras y para la promoción de vehículos de transporte por carretera limpios y energéticamente eficientes.

34[135]. Las transmisiones por cualquier título de bienes o derechos efectuadas en pago de indemnizaciones, en la cuantía judicialmente reconocida, en beneficio de las hijas, hijos y menores o personas incapacitadas sujetas a tutela o guarda y custodia de mujeres fallecidas como consecuencia de violencia contra la mujer, en los términos en que se defina por la ley o por los instrumentos internacionales ratificados por España.

---

[134] Nuevo apartado incorporado por la disposición final segunda del Real Decreto-ley 24/2021, de 2 de noviembre, de transposición de directivas de la Unión Europea en las materias de bonos garantizados, distribución transfronteriza de organismos de inversión colectiva, datos abiertos y reutilización de la información del sector público, ejercicio de derechos de autor y derechos afines aplicables a determinadas transmisiones en línea y a las retransmisiones de programas de radio y televisión, exenciones temporales a determinadas importaciones y suministros, de personas consumidoras y para la promoción de vehículos de transporte por carretera limpios y energéticamente eficientes (BOE núm. 263, de 03 de noviembre de 2021), en vigor desde el 8 de julio de 2022.

[135] Nuevo apartado incorporado por el art. cuarto de la Ley Orgánica 2/2022, de 21 de marzo, de mejora de la protección de las personas huérfanas víctimas de la violencia de género (BOE, núm. 69, de 22 de marzo de 2022, corrección de errores publicada en BOE núm. 95, de 21 de abril de 2022), en vigor desde el 23 de marzo de 2022.

35[136]. El contrato de aval suscrito con la Sociedad Anónima Estatal de Caución Agraria S.M.E.

36[137]. Las escrituras de formalización de las moratorias de préstamos y créditos hipotecarios o sin garantía hipotecaria que se produzcan en aplicación de la suspensión de las obligaciones de pago de intereses y principal conforme a los artículos 31 a 40 del Real Decreto-ley 6/2024, de 5 de noviembre, por el que se adoptan medidas urgentes de respuesta ante los daños causados por la Depresión Aislada en Niveles Altos (DANA) en diferentes municipios entre el 28 de octubre y el 4 de noviembre de 2024.

C)[138] Con independencia de las exenciones a que se refieren los apartados *A)* y *B)* anteriores, se aplicarán en sus propios términos y con los requisitos y condiciones en cada

---

[136] Nuevo apartado 35 incorporado por la Disp. Adic. Sexta del Real Decreto-ley 4/2023, de 11 de mayo, por el que se adoptan medidas urgentes en materia agraria y de aguas en respuesta a la sequía y al agravamiento de las condiciones del sector primario derivado del conflicto bélico en Ucrania y de las condiciones climatológicas, así como de promoción del uso del transporte público colectivo terrestre por parte de los jóvenes y prevención de riesgos laborales en episodios de elevadas temperaturas (BOE núm. 113, de 12 de mayo de 2023), en vigor desde el 13 de mayo de 2023, añadiendo: «*2. La Sociedad Anónima Estatal de Caución Agraria S.M.E. gozará de los mismos beneficios fiscales que las sociedades de garantía recíproca previstos en la Ley 1/1994, de 11 de marzo, sobre el régimen jurídico de las Sociedades de Garantía Recíproca*».

[137] Nuevo apartado incorporado por la Disp. Final Segunda del Real Decreto-ley 6/2024, de 5 de noviembre, por el que se adoptan medidas urgentes de respuesta ante los daños causados por la Depresión Aislada en Niveles Altos (DANA) en diferentes municipios entre el 28 de octubre y el 4 de noviembre de 2024 (BOE núm. 268, de 06 de noviembre de 2024), en vigor desde el día siguiente de su publicación en el BOE.

[138] Disposiciones Transitorias 1.ª, 2.ª y 3.ª de este TRLITPyAJD.
Otras exenciones:
– Artículos 25, 46, 52, 73, 74 y disposiciones adicionales 3.ª y 12.ª de la Ley 19/1994, de 6 de julio, de modificación del Régimen Económico y Fiscal de Canarias (BOE 161, de 7 de julio de 1994): Operaciones de empresas domiciliadas en Canarias, operaciones de entidades de la Zona Especial Canaria y actos y contratos relativos a buques inscritos en el Registro Especial de Buques y Empresas Navieras, transmisiones de participaciones en Comunidades de Aguas y Heredamientos de Canarias.
– Ley 19/1995, de 4 de julio, de Modernización de las Explotaciones Agrarias (artículos 8.º al 15 y 20, BOE del 5) y Real Decreto 613/2001, de 8 de junio (disposición adicional 6.ª, BOE del 9): exenciones y bonificaciones varias en las actuaciones derivadas de planes de mejora, transmisión o permuta de explotaciones agrarias o fincas rústicas.
– Transmisiones a que se refiere el artículo 27.3.Tercero de la Ley 49/2002, de 23 de diciembre, de Régimen fiscal de las entidades sin fines lucrativos e incentivos fiscales al mecenazgo; adquisiciones para realización de las actividades relacionadas con acontecimientos de excepcional interés público.
– Artículo 168 de la Ley 33/2003, de 3 de noviembre, del Patrimonio de las Administraciones Públicas: Operaciones societarias, cambios de titularidad y otros actos derivados de operaciones de reestructuración del sector público empresarial
– Disposición transitoria 2.ª.2 de la Ley 46/2002, de 18 de diciembre, de reforma parcial del Impuesto sobre la Renta de las Personas Físicas y por la que se modifican las Leyes de los Impuestos sobre Sociedades y sobre la Renta de no Residentes: disolución durante 2003 de sociedades.

caso exigidos, los beneficios fiscales que para este impuesto establecen las siguientes disposiciones:

1.ª La Ley Orgánica 7/1980, de 5 de julio, de Libertad Religiosa[139].

2.ª El Real Decreto-ley 12/1980, de 26 de septiembre, sobre actuaciones del Estado en materia de Viviendas de Protección Oficial[140].

– Artículo 9 de la Ley 2/1994, de 30 de marzo, sobre subrogación y modificación de préstamos hipotecarios: escrituras públicas de novación modificativa de préstamos hipotecarios.

– Disposición adicional 2.ª.2 de la Ley 13/1985, de 25 de mayo: operaciones derivadas de la emisión de participaciones preferentes por entidades de crédito.

– Artículo 6 de la Ley 21/2005, de 17 de noviembre: restitución de documentos incautados en Cataluña con motivo de la Guerra Civil.

– disposición adicional 1.ª de la Ley 41/2007, de 7 de diciembre, por la que se modifica la Ley 2/1981, de 25 de marzo, de Regulación del Mercado Hipotecario y otras normas del sistema hipotecario y financiero, de regulación de las hipotecas inversas y el seguro de dependencia y por la que se establece determinada norma tributaria: Operaciones de constitución, subrogación, novación modificativa y cancelación de hipotecas inversas.

– Artículo 7.3 del Real Decreto-ley 11/2010, de 9 de julio, de órganos de gobierno y otros aspectos del régimen jurídico de las Cajas de Ahorros sistemas institucionales de protección integrados por cajas de ahorros

– Disposición Adicional Cuadragésima. Reordenación de la actividad de Loterías y Apuestas del Estado de la Ley 39/2010, de 22 de diciembre, de Presupuestos Generales del Estado para el año 2011 (BOE núm. 23, de 12 de diciembre de 2010): «... *Todas las transmisiones patrimoniales, operaciones societarias y actos derivados directa o indirectamente de la aplicación de la presente disposición adicional que tengan como sujeto pasivo a la entidad pública empresarial Loterías y Apuestas del Estado o la Sociedad Estatal Loterías y Apuestas del Estado, les será de aplicación el régimen de exenciones tributarias y reducciones arancelarias previsto en los apartados 4 y 5 del artículo 168 de la Ley 33/2003, de 3 noviembre, de Patrimonio de las Administraciones Públicas...*».

[139] Ley Orgánica 7/1980, de 5 de julio, de Libertad Religiosa (BOE núm. 177 de 24 de julio de 1980). Art. 45.I.c) 18ª, 19ª y 20ª de este TRLITPyAJD.

[140] Real Decreto-ley 12/1980, de 26 de septiembre, para impulsar las actuaciones del Estado en materia de viviendas y suelo, BOE número 238 de 3/10/1980, artículo Uno.2 *A efectos de lo dispuesto en el apartado anterior, las exenciones, bonificaciones y demás beneficios fiscales regulados en la legislación vigente para las viviendas de protección oficial se extenderán a las siguientes actuaciones en materia de vivienda:*
Primera. Las transmisiones de terrenos destinados a la construcción de viviendas de protección oficial.
Segunda. Las ejecuciones de obra, con o sin aportación de materiales, en virtud de contratos directamente formalizados entre el promotor y el contratista que tengan por objeto la urbanización de terrenos destinados a la finalidad a que se refiere el párrafo inmediatamente anterior.
Tercera. Las transmisiones de terrenos y las ejecuciones de obras directamente formalizadas entre el promotor y el contratista, para el equipamiento comunitario primario, que consista en:
A) la construcción de edificios destinados al servicio público del estado y sus organismos autónomos, entidades territoriales o corporaciones locales, iglesias y capillas destinadas al culto y centros docentes.
B) la creación de parques y jardines públicos y superficies viales en zonas urbanas.
Cuarta. Las ejecuciones de obra, con o sin aportación de materiales, consecuencia de contratos directamente formalizados entre el titular de la vivienda y el contratista, que tengan por objeto la rehabilitación protegida

3.ª La Ley 55/1980, de 11 de noviembre, de Montes Vecinales en Mano Común[141].

4.ª La Ley 82/1980, de 30 de diciembre, sobre Conservación de la Energía[142].

5.ª La Ley 2/1981, de 26 de marzo, de Regulación del Mercado Hipotecario[143].

---

de viviendas o la realización de mejoras que produzcan en las mismas ahorro en el consumo energético, en la forma y con los requisitos y plazos que reglamentariamente se establezcan.

Tres. Los beneficios establecidos anteriormente se entenderán concedidos con carácter provisional, condicionados al cumplimiento de los requisitos y plazos que en cada caso exijan las disposiciones vigentes de carácter legal o reglamentario».

Artículo cuarto. «*Las transmisiones de viviendas de protección oficial que realice el instituto para la promoción pública de la vivienda estarán exentas del impuesto de transmisiones patrimoniales y actos jurídicos documentados, así como del impuesto general del tráfico de empresas».*

[141]　*Ley 55/1980, de 11 de noviembre, de montes vecinales en mano común*, artículo Trece, «*Tres...Las certificaciones que se expidan para inmatriculación registral, de los montes contendrán los requisitos del artículo 206 de la Ley hipotecaria y concordantes de su reglamento. Dichas certificaciones estarán exentas de los impuestos sobre transmisiones patrimoniales y actos jurídicos documentados y serán gratuitas las primeras inscripciones de tales montes y las cancelaciones a que haya lugar con tal motivo».*

[142]　Art. 11.1 de la Ley 82/1980, de 30 de diciembre, sobre conservación de energía (BOE núm. 23, de 27 enero de 1981) derogada por la Disp. Derog. Única de la Ley 40/1994, de 30 de diciembre, de ordenación del Sistema Eléctrico Nacional (BOE núm. 313, de 31 de diciembre de 1994), pero recogiendo en su Disp. Trans. Sexta. Beneficios de la Ley 82/1980, de 30 de diciembre. «*Las instalaciones de producción eléctrica que, conforme a disposiciones y resoluciones anteriores a la entrada en vigor de la presente Ley, disfruten de alguno de los beneficios regulados por la Ley 82/1980, de 30 de diciembre, mantendrán su derecho a los mismos después de dicha entrada en vigor. Reglamentariamente se establecerán las condiciones y procedimiento de adaptación de tales instalaciones al régimen de producción en régimen especial regulado en la presente Ley».* Dicho norma se reproduce en la Disp. Trans. Décima «Beneficios de la Ley 82/1980, de 30 de diciembre» de la Ley 54/1997, de 27 noviembre, del Sector Eléctrico (BOE núm. 285, de 28 de noviembre de 1997) que deroga la anterior Ley 40/1994.

Art. 11 de la Ley 82/1980, de 30 de diciembre, «*Con sujeción a los requisitos y condiciones previstos en esta disposición y en las normas que dicten en desarrollo de la misma podrán concederse los siguientes beneficios a las personas a que se refieren los artículos segundo y sexto*

Uno. Al amparo de lo dispuesto en el artículo sesenta y seis, tres, del texto refundido de la ley y tarifas de los impuestos generales sobre sucesiones y sobre transmisiones patrimoniales y actos jurídicos documentados, reducción del cincuenta por ciento de la base en los actos y contratos relativos a los empréstitos que emitan las empresas españolas y los prestamos que las mismas concierten con organismos internacionales o con bancos e instituciones financieras, cuando los fondos así obtenidos se destinen a financiar inversiones reales nuevas con fines de ahorro energético o de autogeneración de electricidad».

[143]　Ley 2/1981, de 25 de marzo, de Regulación del Mercado Hipotecario (BOE núm. 90, de 15 de abril de 1981): artículo 19.Dos. «*La emisión, transmisión y cancelación de los títulos hipotecarios regulados en esta Ley, así como su reembolso, gozarán de la exención establecida en la Ley del Impuesto sobre Transmisiones Patrimoniales y Actos Jurídicos Documentados».*

Real Decreto 716/2009, de 24 de abril, por el que se desarrollan determinados aspectos de la Ley 2/1981, de 25 de marzo, de regulación del mercado hipotecario y otras normas del sistema hipotecario y financiero (BOE núm. 107, de 2 de mayo de 2009): Artículo 35. Transmisiones patrimoniales. «*Los actos de emisión, transmisión, reembolso y cancelación de las cédulas, bonos y participaciones hipotecarias gozarán de la exención establecida en la Ley del Impuesto sobre Transmisiones Patrimoniales y Actos Jurídicos Documentados».*

6.ª La Ley 49/1981, de 24 de diciembre, del Estatuto de la Explotación Familiar Agraria y de los Agricultores Jóvenes[144].

7.ª La Ley 45/1984, de 17 de diciembre, de Reordenación del Sector Petrolero[145], con las especificaciones introducidas por la Ley 15/1992, de 5 de junio, sobre Medidas Urgentes para la Progresiva Adaptación del Sector Petrolero al Marco Comunitario.

8.ª[146] (...).

Ley 41/2007, de 7 de diciembre, por la que se modifica la Ley 2/1981, de 25 de marzo, de Regulación del Mercado Hipotecario y otras normas del sistema hipotecario y financiero, de regulación de las hipotecas inversas y el seguro de dependencia y por la que se establece determinada norma tributaria (BOE núm. 294, de 8 de diciembre de 2007): Disp. Adic. Primera. Regulación relativa a la hipoteca inversa, «*7. Estarán exentas de la cuota gradual de documentos notariales de la modalidad de actos jurídicos documentados del Impuesto sobre Transmisiones y Actos Jurídicos Documentados las escrituras públicas que documenten las operaciones de constitución, subrogación, novación modificativa y cancelación*».

[144] En la actualidad la Ley 19/1995, de 4 de julio, de Modernización de las Explotaciones Agrarias (BOE núm. 159, de 5 de julio de 1995), los beneficios fiscales que recogen están reproducidos en la nota a pie de página del art. 45.I.b)6ª de este TRLITPyAJD.

[145] Ley 45/1984, de 17 de diciembre, de reordenación del sector petrolero (BOE núm. 302, de 18 de diciembre de 1984): Artículo tercero. «*1. Todas las transmisiones patrimoniales y operaciones que se realicen para la ejecución de esta Ley, así como las plusvalías que con ellas puedan reflejarse, estarán exentas de cualquier tributo estatal, autonómico o local, sin que el Estado quede obligado a compensación alguna por las referidas exenciones. Dentro de esas exenciones se incluyen también los posibles aumentos de capital social de CAMPSA, la posible disolución y reducción del capital social de la Corporación Española de Hidrocarburos, S. A., los préstamos o créditos concedidos al Instituto Nacional de Hidrocarburos y a CAMPSA incluso los que estén representados por obligaciones convertibles o no, en cuanto tengan por finalidad la financiación de los actos y operaciones regulados en la presente Ley.*
2. Se reducirán al 10 por 100 los honorarios de los Notarios, Registradores y Fedatarios mercantiles que intervengan en las escrituras y operaciones para la ejecución de esta Ley, sin que en ningún caso puedan exceder del 0,0025 por 100 de la base que sea aplicable por cada acto jurídico contenido en una misma escritura o póliza...».
Ley 15/1992, de 5 de junio, sobre medidas urgentes para la progresiva adaptación del sector petrolero al marco comunitario (BOE núm. 140, de 11 de junio de 1992): Artículo 3. «*1. De acuerdo con lo establecido en el artículo 3 de la Ley 45/1984, de 17 de diciembre, de reordenación del sector petrolero, estarán exentas de cualquier tributo estatal las transmisiones patrimoniales, las operaciones y los incrementos de patrimonio derivados de la cesión de acciones representativas del capital social de CAMPSA, a que se refiere el artículo anterior, y de la reducción de capital de la Corporación Española de Hidrocarburos, Sociedad Anónima.*
2. La escisión de CAMPSA, y los actos preparatorios o directamente derivados de la misma disfrutarán en su grado máximo de los beneficios fiscales previstos para las operaciones de esta naturaleza en la Ley 76/1980, de 26 de diciembre, sobre régimen fiscal de las fusiones de empresas, sin perjuicio de lo establecido en el artículo 106.3 de la Ley 39/1988, de 28 de diciembre, reguladora de las Haciendas Locales, declarándose no sujeta al Impuesto sobre el Valor Añadido la transmisión de activos comprendidos en la citada operación, siempre que ésta se realice de acuerdo con lo previsto en el artículo segundo...».

[146] Número 8 de la letra C) del apartado I del art. 45 derogado por la Disp. Derog. única.c) Ley 35/2003, de 4 de noviembre, de Instituciones de Inversión Colectiva (BOE núm. 265, del 5 de noviembre de 2003), en vigor a los tres meses de su publicación.

9.ª La Ley 49/1984, de 26 de diciembre, sobre Explotación Unificada del Sistema Eléctrico Nacional, por lo que se refiere a la cancelación de garantías constituidas al amparo del apartado 2 de su artículo 6[147].

10.ª La Ley Orgánica 5/1985, de 19 de junio, de Régimen General Electoral[148].

11.ª Las operaciones de constitución y aumento de capital de las Entidades de Capital-Riesgo en los términos establecidos en la Ley reguladora de las Entidades de Capital-Riesgo y de sus sociedades gestoras[149].

12.ª La Ley 15/1986, de 26 de abril, de Sociedades Anónimas Laborales, con la modificación introducida por la disposición adicional cuarta de la Ley 29/1991, de 16 de diciembre[150].

---

[147] Ley 49/1984 derogada por Ley 40/1994, de 30 de diciembre, de Ordenación del Sistema Eléctrico Nacional (BOE núm. 313, de 31 de diciembre de 1994), entrada en vigor el 20 de enero de 1995.

[148] Ley orgánica 5/1985, de 19 de junio, del Régimen Electoral General (BOE núm. 147, de 20 de junio de 1985): **Artículo ciento dieciocho.** «1. Tienen carácter gratuito, están exentos del impuesto sobre actos jurídicos documentados y se extienden en papel común:
a) Las solicitudes, certificaciones y diligencias referentes a la formación, revisión e inscripción en el censo electoral.
b) Todas las actuaciones y los documentos en que se materializan, relativos al procedimiento electoral, incluidos los de carácter notarial.
2. Las copias que deban expedirse de documentos electorales podrán realizarse por cualquier medio de reproducción mecánica, pero solo surtirán efecto cuando en ellos se estampen las firmas y sellos exigidos para los originales».

[149] Nueva redacción art. 45.I.C).11.ª dada por la Disp. Adic. 2.ª.3 de la Ley 1/1999, de 5 de enero, reguladora de las Entidades de Capital-Riesgo y de sus sociedades gestoras (BOE núm. 5, de 6 de enero de 1999), recogiendo en su Disp. Trans. Primera: Adaptación de las entidades ya inscritas en el Registro del Ministerio de Economía y Hacienda... «3. Los actos y documentos legalmente necesarios para que las sociedades constituidas con arreglo a la legislación anterior puedan, dentro de los plazos señalados en estas disposiciones transitorias, dar cumplimiento a lo establecido en la presente Ley quedarán exentos del Impuesto sobre Transmisiones Patrimoniales y Actos Jurídicos Documentados...».

[150] Ley 44/2015, de 14 de octubre, de Sociedades Laborales y Participadas (BOE núm. 247, de 15 de octubre de 2015): «**Artículo 17.** *Beneficios fiscales.*
Las sociedades que sean calificadas como laborales gozarán, en el Impuesto sobre Transmisiones Patrimoniales y Actos Jurídicos Documentados, de una bonificación del 99 por 100 de las cuotas que se devenguen por modalidad de transmisiones patrimoniales onerosas, por la adquisición, por cualquier medio admitido en Derecho, de bienes y derechos provenientes de la empresa de la que proceda la mayoría de los socios trabajadores de la sociedad laboral.
Disposición adicional sexta. *Régimen fiscal vasco.*
Los beneficios fiscales previstos en la presente ley, en el ámbito de los Territorios Históricos del País Vasco se regirán por la Ley 12/2002, de 23 de mayo, por la que se aprueba el Concierto Económico con la Comunidad Autónoma del País Vasco».
La Ley 15/1986 fue sustituida por la Ley 4/1997, de 4 de marzo, de Sociedades Laborales (BOE núm. 72 de 25 de marzo de 1997 y corrección de errores en BOE núm. 164, de 10 de julio de 1997) que ha sido derogada por la Ley 44/2015, de 14 de octubre.
La Ley 4/1997, de 24 de marzo, de Sociedades Laborales, en vigor desde el 24 de abril de 1997 hasta 14 de noviembre de 2015, establecía: «*Artículo 19. Beneficios fiscales Las sociedades laborales que reúnan los*

13.ª[151].

---

requisitos establecidos en el artículo 20 gozarán de los siguientes beneficios en el Impuesto sobre Transmisiones Patrimoniales y Actos Jurídicos Documentados:

A) Exención de las cuotas devengadas por las operaciones societarias de constitución y aumento de capital y de las que se originen por la transformación de sociedades anónimas laborales ya existentes en sociedades laborales de responsabilidad limitada, así como por la adaptación de las sociedades anónimas laborales ya existentes a los preceptos de esta Ley.

B) Bonificación del 99 por 100 de las cuotas que se devenguen por modalidad de transmisiones patrimoniales onerosas, por la adquisición, por cualquier medio admitido en Derecho, de bienes y derechos provenientes de la empresa de la que proceda la mayoría de los socios trabajadores de la sociedad laboral.

C) Bonificación del 99 por 100 de la cuota que se devengue por la modalidad gradual de actos jurídicos documentados, por la escritura notarial que documente la transformación bien de otra sociedad en sociedad anónima laboral o sociedad limitada laboral o entre éstas.

D) Bonificación del 90 por 100 de las cuotas que se devenguen por la modalidad gradual de actos jurídicos documentados, por las escrituras notariales que documenten la constitución de préstamos, incluidos los representados por obligaciones o bonos, siempre que el importe se destine a la realización de inversiones en activos fijos necesarios para el desarrollo del objeto social».

Artículo 20. Requisitos. Para poder acogerse a los beneficios tributarios, las sociedades laborales habrán de reunir los siguientes requisitos:

A) Tener la calificación de «Sociedad Laboral».

B) Destinar al Fondo Especial de Reserva, en el ejercicio en que se produzca el hecho imponible, el 25 por 100 de los beneficios líquidos».

La Ley 44/2015, de 14 de octubre, de Sociedades Laborales y Participadas (BOE núm. 247, de 15 de octubre de 2015), en vigor desde el 14 de noviembre de 2015, ha derogado la Disposición Adicional Cuarta de la Ley 29/1991, de 16 de diciembre, de adecuación de determinados conceptos impositivos a las Directivas y Reglamentos de las Comunidades Europeas (BOE núm. 301 de 17 de diciembre de 1991), que establecía que: «*A partir de la entrada en vigor de la presente Ley quedarán exentas en la modalidad de «operaciones societarias» del Impuesto sobre Transmisiones Patrimoniales y Actos Jurídicos Documentados las operaciones de constitución y aumento de capital de Sociedades Anónimas Laborales, Sociedades de Inversión Mobiliaria de Capital Fijo y Sociedades y Fondos de Capital Riesgo, siempre que concurran las condiciones y requisitos establecidos en su normativa reguladora para la aplicación de bonificaciones en la cuota devengada o en la base imponible*».

[151]   Ver art. 45.I.B) núm.27º de este TRLIRPyAJD.

Núm. 13º derogado por la Disp. Final Tercera Dos del Real Decreto-ley 3/2020, de 4 de febrero, de medidas urgentes por el que se incorporan al ordenamiento jurídico español diversas directivas de la Unión Europea en el ámbito de la contratación pública en determinados sectores; de seguros privados; de planes y fondos de pensiones; del ámbito tributario y de litigios fiscales (BOE núm. 31 de 5 de febrero de 2020), en vigor desde el 6 de febrero de 2020.

La Ley 8/1987 ha sido derogada por el Real Decreto legislativo 1/2002, de 29 de noviembre, por el que se aprueba el texto refundido de la Ley de Regulación de los Planes y Fondos de Pensiones (BOE núm. 298, de 13 de diciembre), con entrada en vigor 14 de diciembre de 2002: ***Artículo 30. Tributación de los fondos de pensiones...*** «2. La constitución, disolución y las modificaciones consistentes en aumentos y disminuciones de los fondos de pensiones regulados por esta Ley, gozarán de exención en el Impuesto sobre Transmisiones Patrimoniales y Actos Jurídicos Documentados».

14.ª La Ley 10/1990, de 15 de octubre, del Deporte[152].

15.ª La Ley 20/1990, de 19 de diciembre, sobre Régimen Fiscal de las Cooperativas[153].

---

[152] Ley 10/1990, de 15 de octubre, del Deporte (BOE núm. 249 de 17 de octubre de 1990): **Disp. Adic. Decimotercera.** «... 3. Todos los actos y contratos necesarios para efectuar la asunción de deudas previstas en el apartado primero estarán exentos del Impuesto sobre Transmisiones Patrimoniales y Actos Jurídicos Documentados...», **Disp. Trans. Primera** «...Estarán exentos del Impuesto sobre Transmisiones Patrimoniales y Actos Jurídicos Documentados, todos los actos necesarios para la transformación de los Clubes en Sociedades Anónimas Deportivas, o la constitución de una de estas Sociedades para la gestión del equipo profesional que corresponda...».

[153] Ley 20/1990, de 19 de diciembre, sobre Régimen Fiscal de las Cooperativas (BOE núm. 304, de 20 de diciembre de 1990): **Art. 33.** *Beneficios fiscales reconocidos a las cooperativas protegidas.* «Las cooperativas protegidas disfrutarán de los siguientes beneficios fiscales: 1. En el Impuesto sobre Transmisiones Patrimoniales y Actos Jurídicos Documentados, exención, por cualquiera de los conceptos que puedan ser de aplicación, salvo el gravamen previsto en el artículo 31.1 del texto refundido, aprobado por Real Decreto Legislativo 3050/1980, de 30 de diciembre, respecto de los actos, contratos y operaciones siguientes:
a) Los actos de constitución, ampliación de capital, fusión y escisión.
b) La constitución y cancelación de préstamos, incluso los representados por obligaciones.
c) Las adquisiciones de bienes y derechos que se integren en el Fondo de Educación y Promoción para el cumplimiento de sus fines.
2. En el Impuesto sobre Sociedades se aplicarán los siguientes tipos de gravamen:
a) A la base imponible, positiva o negativa, correspondiente a los resultados cooperativos se le aplicará el tipo del 20 por 100.
b) A la base imponible, positiva o negativa, correspondiente a los resultados extracooperativos se le aplicará el tipo general...».
Art. 34. *Beneficios fiscales reconocidos a las cooperativas especialmente protegidas.* «Las cooperativas especialmente protegidas disfrutarán, además de los beneficios reconocidos en el artículo anterior, de los siguientes:
1. En el Impuesto sobre Transmisiones Patrimoniales y Actos Jurídicos Documentados, exención para las operaciones de adquisición de bienes y derechos destinados directamente al cumplimiento de sus fines sociales y estatutarios...».
Art. 35. *Cooperativas de segundo grado.* «1. Las cooperativas de segundo y ulterior grado que no incurran en ninguna de las circunstancias señaladas en el artículo 13 de esta Ley disfrutarán de los beneficios fiscales previstos en el artículo 33.
2. Las cooperativas de segundo y ulterior grado que no incurran en ninguna de las circunstancias señaladas en el artículo 13 de esta Ley y que asocien, exclusivamente, a cooperativas especialmente protegidas disfrutarán, además, de los beneficios fiscales previstos en el artículo 34.
3. Cuando las cooperativas asociadas sean protegidas y especialmente protegidas, además de los beneficios fiscales previstos en el artículo 33, disfrutarán de la bonificación contemplada en el apartado 2 del artículo 34, que se aplicará, exclusivamente, sobre la cuota íntegra correspondiente a los resultados procedentes de las operaciones realizadas con las cooperativas especialmente protegidas».
Art. 36. *Uniones, Federaciones y Confederaciones de Cooperativas.* «Las Uniones, Federaciones y Confederaciones de Cooperativas constituidas de acuerdo con lo dispuesto en las Leyes cooperativas gozarán de los siguientes beneficios tributarios:
a) Exención en el Impuesto sobre Transmisiones Patrimoniales y Actos Jurídicos Documentados para los mismos actos, contratos y operaciones que las cooperativas especialmente protegidas...».

16.ª La Ley 12/1991, de 29 de abril, de Agrupaciones de Interés Económico[154].

17.ª La Ley 19/1992, de 7 de julio, sobre Régimen de Sociedades y Fondos de Inversión Inmobiliaria y sobre Fondos de Titulización Hipotecaria[155].

18.ª La Ley 24/1992, de 10 de noviembre, por la que se aprueba el Acuerdo de Cooperación del Estado con la Federación de Entidades Religiosas Evangélicas de España[156].

Art. 40. *Beneficios fiscales reconocidos*. «A las Cooperativas de Crédito a que se refiere el artículo anterior les serán de aplicación los siguientes beneficios fiscales:... 2. Los contemplados en el artículo 33 que les sean aplicables por su naturaleza y actividades, con excepción de los regulados en los apartados 2 y 3 de dicho precepto».

Disp. Adic. Primera: «Tres. Las Sociedades Agrarias de Transformación constituidas para el cumplimiento de los fines recogidos en el Real Decreto 1776/1981, de 3 de agosto, e inscritas en el Registro General de Sociedades Agrarias de Transformación del Ministerio de Agricultura, Pesca y Alimentación o, en su caso, de las Comunidades Autónomas, disfrutarán de los siguientes beneficios fiscales:

a) En el Impuesto sobre Transmisiones Patrimoniales y Actos Jurídicos Documentados, exención total para los actos de constitución y ampliación de capital».

Ley 27/1999, de 16 de julio, de Cooperativas (BOE núm. 170, de 17 julio de 1999), **Disp. Adic. Novena**: ***Sociedades cooperativas calificadas como entidades sin ánimo de lucro.*** «El régimen tributario aplicable a las sociedades cooperativas calificadas como entidades sin ánimo de lucro será el establecido en la Ley 20/1990, de 19 de diciembre, de Régimen Fiscal de Cooperativas».

[154] Ley 12/1991, de 29 de abril, de Agrupaciones de Interés Económico (BOE núm. 103, de 30 de abril de 1991): **Art. 25. *Impuesto de Transmisiones Patrimoniales y Actos Jurídicos Documentados.***

1. Las operaciones de constitución, aportación de los socios y su reducción, de disolución y de liquidación de las agrupaciones de interés económico, así como los contratos preparatorios y demás documentos cuya formalización constituya legalmente presupuesto necesario para dicha constitución, gozaran de exención en el Impuesto sobre Transmisiones Patrimoniales y Actos Jurídicos Documentados.

2. La misma exención se aplicara a las operaciones de transformación a que se refiere el artículo 19 de la presente Ley así como a las de transformación de las sociedades de empresas y agrupaciones de empresas, reguladas por la Ley 196/1963, de 28 de diciembre, y Ley 18/1982, de 26 de mayo, respectivamente, en agrupaciones de interés económico».

[155] Ley 19/1992, de 7 de julio, sobre Régimen de Sociedades y Fondos de Inversión Inmobiliaria y sobre Fondos de Titulización Hipotecaria (BOE núm. 168 de 14 de julio de 1992): **Artículo quinto. *Fondos de Titulización Hipotecaria.*** «...10. Los Fondos de Titulización Hipotecaria estarán sujetos al Impuesto sobre Sociedades al tipo general. Su constitución estará exenta del concepto «operaciones societarias» del Impuesto sobre Transmisiones Patrimoniales y Actos Jurídicos Documentados».

[156] Ley 24/1992 por la que se aprueba el Acuerdo de Cooperación del Estado con la Federación de Entidades Religiosas Evangélicas de España (BOE número 272 de 12 de noviembre de 1992): **Art. 11.** «...3. Las Iglesias pertenecientes a la FEREDE estarán exentas... C) Del Impuesto sobre Transmisiones Patrimoniales y Actos Jurídicos Documentados, siempre que los respectivos bienes o derechos adquiridos se destinen al culto o al ejercicio de la caridad, en los términos establecidos en el Texto Refundido de la Ley del Impuesto, aprobado por Real Decreto Legislativo 3050/1980, de 30 de diciembre, y su Reglamento, aprobado por Real Decreto 3494/1981, de 29 de diciembre, en orden a los requisitos y procedimientos para el disfrute de esta exención».

19.ª La Ley 25/1992, de 10 de noviembre, por la que se aprueba el Acuerdo de Cooperación del Estado con la Federación de Comunidades Israelitas de España[157].

20.ª La Ley 26/1992, de 10 de noviembre, por la que se aprueba el Acuerdo de Cooperación con la Comisión Islámica de España[158].

21.ª La Ley 31/1992, de 26 de noviembre, de Incentivos Fiscales aplicables a la realización del Proyecto Cartuja 93[159].

22.ª La Ley 38/1992, de 28 de diciembre, de Impuestos Especiales, para la constitución y ampliaciones de capital de las sociedades que creen las Administraciones y entes públicos para llevar a cabo la enajenación de acciones representativas de su participación en el capital social de sociedades mercantiles[160].

23.ª Los Fondos de Garantía de Depósitos en establecimientos bancarios, en Cajas de Ahorro y en Cooperativas de Crédito continuarán disfrutando en el Impuesto sobre Transmisiones Patrimoniales y Actos Jurídicos Documentados de la exención establecida en el Real Decreto-ley 4/1980, de 28 de marzo, y en el Real Decreto-ley 18/1982, de 24 de septiembre,

---

[157] Ley 25/1992 por la que se aprueba el Acuerdo de Cooperación del Estado con la Federación de Comunidades Israelitas de España (BOE núm. 272 de 12 de noviembre de 1992): **Art. 11.** «... 3. Las Comunidades pertenecientes a la Federación de Comunidades Israelitas estarán exentas:... C) Del Impuesto sobre Transmisiones Patrimoniales y Actos Jurídicos Documentados, siempre que los respectivos bienes o derechos adquiridos se destinen a actividades religiosas y asistenciales, en los términos establecidos en el Texto Refundido de la Ley del Impuesto, aprobado por Real Decreto Legislativo 3050/1980, de 30 de diciembre, y su Reglamento, aprobado por Real Decreto 3494/1981, de 29 de diciembre, en orden a los requisitos y procedimientos para el disfrute de esta exención».

[158] Ley 26/1992 por la que se aprueba el Acuerdo de Cooperación del Estado con la Comisión Islámica de España (BOE núm. 272 de 12 de noviembre de 1992): **Art. 11.** «... 3. La Comisión Islámica de España, así como sus Comunidades miembros, estarán exentas:... C) Del Impuesto sobre Transmisiones Patrimoniales y Actos Jurídicos Documentados, siempre que los respectivos bienes o derechos adquiridos se destinen a actividades religiosas o asistenciales, en los términos establecidos en el Texto Refundido de la Ley del Impuesto, aprobado por Real Decreto Legislativo 3050/1980, de 30 de diciembre, y su Reglamento, aprobado por Real Decreto 3494/1981, de 29 de diciembre, en orden a los requisitos y procedimientos para el disfrute de esta exención».

[159] Ley 31/1992, de 26 de noviembre, de incentivos fiscales aplicables a la realización del proyecto cartuja 93 (BOE núm. 285, 27 de noviembre de 1992): **Art. 7. *Transmisiones patrimoniales onerosas.*** «Las transmisiones patrimoniales onerosas sujetas al Impuesto sobre Transmisiones Patrimoniales y Actos Jurídicos Documentados gozarán de una bonificación del 95 por 100 de la cuota cuando los bienes y derechos adquiridos se destinen por el sujeto pasivo a la realización de las inversiones con derecho a deducción a que se refiere el artículo 2 de esta Ley». Dicha norma ha estado vigente hasta 31 de diciembre de 2001 en virtud de la Disp. Adic. 17ª de la Ley 14/2000, de 29 de diciembre, de medidas fiscales, administrativas y del orden social (BOE número 313 de 30 de diciembre de 2000).

[160] Ley 38/1992, de 28 de diciembre, de Impuestos Especiales (BOE núm. 312 de 29 de diciembre de 1992: **Disposición adicional segunda.** «Se declaran exentas del Impuesto sobre Transmisiones Patrimoniales y Actos Jurídicos Documentados la constitución y ampliaciones de capital de las sociedades que creen las Administraciones y entes públicos para llevar a cabo la enajenación de acciones representativas de su participación en el capital social de sociedades mercantiles».

por razón de su constitución, de su funcionamiento y de los actos y operaciones que realicen en el cumplimiento de sus fines[161].

24.ª[162] La Ley 2/1994, de 30 de marzo, sobre subrogación y modificación de préstamos hipotecarios.

II. Los beneficios fiscales no se aplicarán, en ningún caso, a las letras de cambio, a los documentos que suplan a éstas o realicen función de giro, ni a escrituras, actas o testimonios notariales gravados por el artículo 31, apartado primero.

COMPROBACIÓN DE VALORES[163]

Artículo 46.

1[164]. La Administración podrá comprobar el valor de los bienes y derechos transmitidos o, en su caso, de la operación societaria o del acto jurídico documentado, salvo que, en el

---

[161]   Nueva disposición 23.ª incorporada por Disp. Adic. 27.ª de la Ley 21/1993, de 29 de diciembre, de Presupuestos Generales del Estado para 1994 (BOE núm. 312, de 30 de diciembre de 1993).

[162]   Nueva disposición 24.ª incorporada por la Disp. Adic. Tercera de la Ley 2/1994, de 30 de marzo (BOE núm. 80, de 4 de abril de 1994). Erróneamente se le asignó el número 23.ª.
   Artículo 7. *Beneficios fiscales.* «Estará exenta la escritura que documente la operación de subrogación en la modalidad gradual de "Actos Jurídicos Documentados" sobre documentos notariales».
   Artículo 9. *Beneficios fiscales.* «Estarán exentas en la modalidad gradual de Actos Jurídicos Documentados las escrituras públicas de novación modificativa de préstamos hipotecarios pactados de común acuerdo entre acreedor y deudor, siempre que el acreedor sea una de las entidades a que se refiere el artículo 1 de esta Ley y la modificación se refiera a las condiciones del tipo de interés inicialmente pactado o vigente, a la alteración del plazo del préstamo, o a ambas», en redacción dada por Redacción según el art. 10.2 y la Disp. Derog.b) de la Ley 41/2007, de 7 de diciembre, por la que se modifica la Ley 2/1981, de 25 de marzo, de Regulación del Mercado Hipotecario y otras normas del sistema hipotecario y financiero, de regulación de las hipotecas inversas y el seguro de dependencia y por la que se establece determinada norma tributaria. Redacciones anteriores por el art. decimoséptimo del Real Decreto-ley 2/2003, de 25 de abril, de medidas de reforma económica y por la Disp. Adic. Primera de la Ley 14/2000, de 29 de diciembre, de Medidas fiscales, administrativas y del orden social (BOE núm. 313, de 30 de diciembre de 2000).

[163]   Art. 91 (Comprobación de valores) del RITPyAJD.

[164]   Nueva redacción del art.46.1 dada por el art.sexto Siete de la Ley 11/2021, de 9 de julio, de medidas de prevención y lucha contra el fraude fiscal, de transposición de la Directiva (UE) 2016/1164, del Consejo, de 12 de julio de 2016, por la que se establecen normas contra las prácticas de elusión fiscal que inciden directamente en el funcionamiento del mercado interior, de modificación de diversas normas tributarias y en materia de regulación del juego (BOE núm. 164, de 10 de julio de 2021) , con efectos desde el 11 de julio de 2021.
   Cuestión de inconstitucionalidad n.º 3631-2025, en relación con el art. 10.2, 3 y 4, y art. 46.1 del Texto Refundido de la Ley del Impuesto sobre Transmisiones Patrimoniales y Actos Jurídicos Documentados, aprobado por Real Decreto Legislativo 1/1993, de 24 de septiembre, y disposición final tercera del Texto Refundido de la Ley del Catastro Inmobiliario, aprobado por Real Decreto Legislativo 1/2004, de 5 de marzo (BOE núm. 168, de 14 de julio de 2025).
   Redacción original: «*1. La Administración podrá, en todo caso, comprobar el valor real de los bienes y derechos transmitidos o, en su caso, de la operación societaria o del acto jurídico documentado*».

caso de inmuebles, la base imponible sea su valor de referencia o magnitud superior, de acuerdo con lo dispuesto en el artículo 10 de este texto refundido.

2[165]. La comprobación se llevará a cabo por los medios establecidos en el artículo 57 de la Ley General Tributaria.

---

[165]   Nueva redacción del art. 46.2 dada por el art. sexto Siete de la Ley 11/2021, de 9 de julio, de medidas de prevención y lucha contra el fraude fiscal, de transposición de la Directiva (UE) 2016/1164, del Consejo, de 12 de julio de 2016, por la que se establecen normas contra las prácticas de elusión fiscal que inciden directamente en el funcionamiento del mercado interior, de modificación de diversas normas tributarias y en materia de regulación del juego (BOE núm. 164, de 10 de julio de 2021), con efectos desde el 11 de julio de 2021.

Redacción original: «*1. La comprobación se llevará a cabo por los medios establecidos en el artículo 52 de la Ley General Tributaria.*

Si de la comprobación resultasen valores superiores a los declarados por los interesados, éstos podrán impugnarlos en los plazos de reclamación de las liquidaciones que hayan de tener en cuenta los nuevos valores. Cuando los nuevos valores puedan tener repercusiones tributarias para los transmitentes se notificarán a éstos por separado para que puedan proceder a su impugnación en reposición o en vía económico-administrativa o solicitar su corrección mediante tasación pericial contradictoria y, si la reclamación o la corrección fuesen estimadas en todo o en parte, la resolución dictada beneficiará también a los sujetos pasivos del Impuesto sobre Transmisiones Patrimoniales y Actos Jurídicos Documentados».

Art. 57 (Comprobación de valores), art. 134 (Práctica de la comprobación de valores) y art. 135 (Tasación pericial contradictoria) de la Ley 58/2003, de 17 de diciembre, General Tributaria, (BOE núm. 302, de 18 de diciembre de 2003).

La Orden de 30 de enero de 1987 por la que se aprueba el modelo de declaración-liquidación que debe utilizarse para la autoliquidación de las transmisiones de vehículos usados sujetas al Impuesto sobre Transmisiones Patrimoniales y Actos Jurídicos Documentados, así como las tablas de precios medios de venta, (BOE número 35 de 10 de febrero de 1987), actualmente derogada, ha sido objeto de constantes actualizaciones, Orden HAC/1484/2024, de 26 de diciembre, por la que se aprueban los precios medios de venta aplicables en la gestión del Impuesto sobre Transmisiones Patrimoniales y Actos Jurídicos Documentados, Impuesto sobre Sucesiones y Donaciones e Impuesto Especial sobre Determinados Medios de Transporte (BOE núm. 313, de 28 de diciembre de 2024). Orden HFP/1396/2023, de 26 de diciembre, por la que se aprueban los precios medios de venta aplicables en la gestión del Impuesto sobre Transmisiones Patrimoniales y Actos Jurídicos Documentados, Impuesto sobre Sucesiones y Donaciones e Impuesto Especial sobre Determinados Medios de Transporte (BOE núm. 311, de 29 de diciembre de 2023). Orden HFP/1259/2022, de 14 de diciembre, por la que se aprueban los precios medios de venta aplicables en la gestión del Impuesto sobre Transmisiones Patrimoniales y Actos Jurídicos Documentados, Impuesto sobre Sucesiones y Donaciones e Impuesto Especial sobre Determinados Medios de Transporte (BOE núm. 304, de 20 de diciembre de 2022). Para para 2021 por la Orden HAC/1275/2020, de 28 de diciembre, por la que se aprueban los precios medios de venta aplicables en la gestión del Impuesto sobre Transmisiones Patrimoniales y Actos Jurídicos Documentados, Impuesto sobre Sucesiones y Donaciones e Impuesto Especial sobre Determinados Medios de Transporte. (BOEnúm. 340, de 30 de diciembre de 2020), para el año 2020 por la Orden HAC/1273/2019, de 16 de diciembre, por la que se aprueban los precios medios de venta aplicables en la gestión del Impuesto sobre Transmisiones Patrimoniales y Actos Jurídicos Documentados, Impuesto sobre Sucesiones y Donaciones e Impuesto Especial sobre Determinados Medios de Transporte (BOE núm. 314, de 31 de diciembre de 2019); para el 2019 por la Orden HAC/1375/2018, de 17 de diciembre, por la que se aprueban los precios medios de venta aplicables en la gestión del Impuesto sobre Transmisiones Patrimoniales y Actos Jurídicos Documentados, Impuesto sobre Sucesiones y Donaciones e Impuesto

Si de la comprobación resultasen valores superiores a los declarados por los interesados, éstos podrán impugnarlos en los plazos de reclamación de las liquidaciones que hayan de tener en cuenta los nuevos valores. Cuando los nuevos valores puedan tener repercusiones tributarias para los transmitentes se notificarán a éstos por separado para que puedan proceder a su impugnación en reposición o en vía económico-administrativa o solicitar su corrección mediante tasación pericial contradictoria y, si la reclamación o la corrección fuesen estimadas en todo o en parte, la resolución dictada beneficiará también a los sujetos pasivos del Impuesto sobre Transmisiones Patrimoniales y Actos Jurídicos Documentados.

3[166]. Cuando el valor declarado por los interesados fuese superior al resultante de la comprobación, aquél tendrá la consideración de base imponible. Si el valor resultante de la comprobación resultase inferior al precio o contraprestación pactada, se tomará esta última magnitud como base imponible.

4. Si el valor obtenido de la comprobación fuese superior al que resultase de la aplicación de la correspondiente regla del Impuesto sobre el Patrimonio, surtirá efecto en relación con las liquidaciones a practicar a cargo del adquirente por dicho Impuesto por la anualidad corriente y las siguientes.

Especial sobre Determinados Medios de Transporte (BOE núm. 306, de 24 de diciembre de 2018); para el 2018 por la Orden HFP/1258/2017, de 5 diciembre, por la que se aprueban los precios medios de venta aplicables en la gestión del Impuesto sobre Transmisiones Patrimoniales y Actos Jurídicos Documentados, Impuesto sobre Sucesiones y Donaciones e Impuesto Especial sobre Determinados Medios de Transporte (BOE núm. 310, de 22 de diciembre 2017, corrección de errata, BOE núm. 12, de 13 de enero de 2018), para el 2017 por la Orden HFP/1895/2016, de 14 de diciembre, por la que se aprueban los precios medios de venta aplicables en la gestión del Impuesto sobre Transmisiones Patrimoniales y Actos Jurídicos Documentados, Impuesto sobre Sucesiones y Donaciones e Impuesto Especial sobre Determinados Medios de Transporte (BOE núm. 304, de 17 de diciembre de 2016), corrección de errores BOE núm. 310, de 24 de diciembre de 2016. Para 2016, la Orden HAP/2763/2015, de 17 de diciembre (BOE núm. 304, de 21 de diciembre de 2015); para el ejercicio 2015, la Orden HAP/2374/2014, de 11 de diciembre (BOE núm. 306, de 19 de diciembre de 2014); 2014, Orden HAP/2367/2013, de 11 de diciembre (BOE núm. 302, de 18 de diciembre de 2013); para 2013 por la Orden HAP/2724/2012, de 12 de diciembre (BOE núm. 306, de 21 de diciembre de 2012). Para el ejercicio 2012, Orden HAP/3551/2011, de 13 de diciembre (BOE núm. 29 de diciembre de 2011); para el 2011 por la Orden EHA/3334/2010, de 16 de diciembre, (BOE núm. 314, de 27 de diciembre de 2010). Para el ejercicio 2010, Orden EHA/3476/2009, de 17 de diciembre (BOE núm. 311, de 26 de diciembre de 2009). Ejercicio 2009: Orden EHA/3697/2008, de 11 de diciembre (BOE núm. 305, de 19 de diciembre de 2008). Para otros ejercicios, Orden EHA/3697/2008, de 11 de diciembre, (BOE núm. 305, de 19 de diciembre de 2008). Orden EHA/3745/2007, de 14 de diciembre, (BOE núm. 305, de 21 de diciembre de 2007), Orden EHA/3867/2006, de 13 de diciembre, (BOE núm. 304, de 21 de diciembre de 2006), Orden EHA/4046/2005, de 21 de diciembre, (BOE núm. 309, de 27 de diciembre de 2005), Orden EHA/4286/2004, de 20 de diciembre (BOE núm. 315, de 31 de diciembre de 2004).

[166] Nueva redacción del apartado 3 del art. 46 por el art. 7.Doce de la Ley 4/2008, de 23 de diciembre, por la que se suprime el gravamen del Impuesto sobre el Patrimonio, se generaliza el sistema de devolución mensual en el Impuesto sobre el Valor Añadido, y se introducen otras modificaciones en la normativa tributaria (BOE núm. 310, de 25 de diciembre de 2008), en vigor desde 26/12/2008.

5[167]. Se considerará que el valor fijado en las resoluciones del juez del concurso para los bienes y derechos transmitidos corresponde a su valor, no procediendo en consecuencia comprobación de valores, en las transmisiones de bienes y derechos que se produzcan en un procedimiento concursal, incluyendo las cesiones de créditos previstas en el convenio aprobado judicialmente y las enajenaciones de activos llevadas a cabo en la fase de liquidación.

Artículo 47[168].

1. En corrección del resultado obtenido en la comprobación de valores los interesados podrán promover la práctica de la tasación pericial contradictoria mediante solicitud presentada dentro del plazo de la primera reclamación que proceda contra la liquidación efectuada sobre la base de los valores comprobados administrativamente.

2. En el supuesto de que la tasación pericial fuese promovida por los transmitentes como consecuencia de lo dispuesto en el apartado 2 del artículo anterior, el escrito de solicitud deberá presentarse dentro de los quince días siguientes a la notificación separada de los valores resultantes de la comprobación.

Artículo 48.

La presentación de la solicitud de tasación pericial contradictoria en caso de notificación conjunta de los valores y de las liquidaciones que los hayan tenido en cuenta determinará la suspensión del ingreso de las liquidaciones practicadas y de los plazos de reclamación contra las mismas.

Devengo y prescripción

Artículo 49[169].

1. El impuesto se devengará:

a) En las transmisiones patrimoniales, el día en que se realice el acto o contrato gravado.

---

[167]   Nueva redacción del art. 46.5 dada por el art. sexto Siete de la Ley 11/2021, de 9 de julio, de medidas de prevención y lucha contra el fraude fiscal, de transposición de la Directiva (UE) 2016/1164, del Consejo, de 12 de julio de 2016, por la que se establecen normas contra las prácticas de elusión fiscal que inciden directamente en el funcionamiento del mercado interior, de modificación de diversas normas tributarias y en materia de regulación del juego (BOE núm. 164, de 10 de julio de 2021), con efectos desde el 11 de julio de 2021.
Redacción anterior tras su incorporación por la Disp. Final 12ª.2 de la Ley 22/2003, de 9 de julio, Concursal (BOE núm. 164 de 10 de julio de 2003), en vigor desde 1/9/2004.

[168]   Tasación pericial contradictoria, Art. 120 (Normas generales) y Art. 121 (Procedimiento) del RITPyAJD. Art. 57.2 (Comprobación de valores) y art. 135 (Tasación pericial contradictoria) de la Ley 58/2003, de 17 de diciembre, General Tributaria (BOE núm. 302, de 18 de diciembre de 2003).

[169]   Art. 92 (Devengo) y Art. 93 (Devengo en operaciones societarias) del RITPyAJD.

b) En las operaciones societarias y actos jurídicos documentados, el día en que se formalice el acto sujeto a gravamen.

2. Toda adquisición de bienes cuya efectividad se halle suspendida por la concurrencia de una condición, un término, un fideicomiso o cualquiera otra limitación, se entenderá siempre realizada el día en que dichas limitaciones desaparezcan.

Artículo 50[170].

1[171]**.** La prescripción, salvo lo dispuesto en el apartado siguiente, se regulará por lo previsto en los artículos 64 y siguientes de la Ley General Tributaria.

2[172]**.** A los efectos de prescripción, en los documentos que deban presentarse a liquidación, se presumirá que la fecha de los privados es la de su presentación, a menos que con anterioridad concurra cualquiera de las circunstancias previstas en el artículo 1.227 del Código Civil, en cuyo caso se computará la fecha de la incorporación, inscripción, fallecimiento o entrega, respectivamente. En los contratos no reflejados documentalmente, se presumirá, a iguales efectos, que su fecha es la del día en que los interesados den cumplimiento a lo prevenido en el artículo 51. La fecha del documento privado que prevalezca a efectos de prescripción, conforme a lo dispuesto en este apartado, determinará el régimen jurídico aplicable a la liquidación que proceda por el acto o contrato incorporado al mismo.

3[173]**.** En el supuesto de escrituras autorizadas por funcionarios extranjeros, el plazo de prescripción se computará desde la fecha de su presentación ante cualquier Administración española, salvo que un Tratado, Convenio o Acuerdo Internacional, suscrito por España, fije otra fecha para el inicio de dicho plazo.

---

[170]   Art. 94 (Prescripción) del RITPyAJD.

[171]   Art. 66 (Plazos de prescripción), Art. 67 (Cómputo de los plazos de prescripción), Art. 68 (Interrupción de los plazos de prescripción), Art. 69 (Extensión y efectos de la prescripción) y Art. 70 (Efectos de la prescripción en relación con las obligaciones formales) de la Ley 58/2003, de 17 de diciembre, General Tributaria (BOE núm. 302, de 18 de diciembre de 2003).

[172]   Nueva redacción art. 50.2 dada por el art. 7.Trece Ley 4/2008, de 23 de diciembre, por la que se suprime el gravamen del Impuesto sobre el Patrimonio, se generaliza el sistema de devolución mensual en el Impuesto sobre el Valor Añadido, y se introducen otras modificaciones en la normativa tributaria (BOE núm. 310, de 25 de diciembre de 2008), en vigor desde 26/12/2008.

[173]   Nuevo apartado 3 incorporado por el art. 5.Tres de la Ley 53/2002, de 30 de diciembre, de Medidas Fiscales, Administrativas y del Orden Social (BOE núm. 313, de 31 de diciembre de 2002), en vigor desde 1/1/2003, aunque por error recoge «se añade un párrafo 4».

Artículo 51.

1. Los sujetos pasivos vendrán obligados a presentar los documentos comprensivos de los hechos imponibles a que se refiere la presente Ley, y, caso de no existir aquéllos, una declaración en los plazos y en la forma que reglamentariamente se fijen.

2[174]. La calificación y sanción de las infracciones tributarias de este impuesto se efectuarán con arreglo a la Ley General Tributaria.

Artículo 52.

Los órganos judiciales remitirán a las oficinas liquidadoras de su respectiva jurisdicción relación mensual de los fallos ejecutoriados o que tengan el carácter de sentencia firme por los que se transmitan o adjudiquen bienes o derechos de cualquier clase, excepto cantidades en metálico que constituyan precio de bienes, de servicios personales, de créditos o indemnizaciones.

Los notarios están obligados a remitir a las oficinas liquidadoras del impuesto, dentro de la primera quincena de cada trimestre, relación o índice comprensivo de todos los documentos por ellos autorizados en el trimestre anterior, con excepción de los actos de última voluntad, reconocimiento de hijos y demás que determine el Reglamento. También están obligados a remitir, dentro del mismo plazo, relación de los documentos privados comprensivos de contratos sujetos al pago del impuesto que les hayan sido presentados para conocimiento o legitimación de firmas. Asimismo, consignarán en los documentos sujetos entre las advertencias legales y de forma expresa, el plazo dentro del cual están obligados los interesados a presentarlos a la liquidación, así como la afección de los bienes al pago del impuesto correspondiente a transmisiones que de ellos se hubiera realizado, y las responsabilidades en que incurran en el caso de no efectuar la presentación.

Lo prevenido en este artículo se entiende sin perjuicio del deber general de colaboración establecido en la Ley General Tributaria.

Artículo 53.

Los órganos judiciales, bancos, cajas de ahorro, asociaciones, sociedades, funcionarios, particulares y cualesquiera otras entidades públicas o privadas, no acordarán las entregas de bienes a personas distintas de su titular sin que se acredite previamente el pago del impuesto, su exención o no sujeción, salvo que la Administración lo autorice.

---

[174]   Infracciones y sanciones, los artículos 178 y siguientes de la Ley 58/2003, de 17 de diciembre, General Tributaria (BOE núm. 302, de 18 diciembre de 2003) y el Real Decreto 2063/2004, de 15 de octubre, por el que se aprueba el Reglamento general del Régimen Sancionador Tributario (BOE núm. 260, Jueves 28 octubre 2004).

Artículo 54.

1[175]. Ningún documento que contenga actos o contratos sujetos a este impuesto se admitirá ni surtirá efecto en Oficina o Registro Público sin que se justifique el pago de la deuda tributaria a favor de la Administración Tributaria competente para exigirlo, conste declarada la exención por la misma, o, cuando menos, la presentación en ella del referido documento. De las incidencias que se produzcan se dará cuenta inmediata a la Administración interesada. Los Juzgados y Tribunales remitirán a la Administración tributaria competente para la liquidación del impuesto copia autorizada de los documentos que admitan en los que no conste la nota de haber sido presentados a liquidación en dicha Administración.

La justificación del pago o, en su caso, de la presentación del referido documento se hará mediante la aportación en cualquier soporte del original acreditativo del mismo o de copia de dicho original.

2. No será necesaria la presentación en las oficinas liquidadoras de:

a) Los documentos por los que se formalice la transmisión de efectos públicos, acciones, obligaciones y valores negociables de todas clases, intervenidos por corredores oficiales y por sociedades y agencias de valores.

b) Los contratos de arrendamiento de fincas urbanas cuando se extiendan en efectos timbrados.

c) Las copias de las escrituras y actas notariales que no tengan por objeto cantidad o cosa valuable y los testimonios notariales de todas clases, excepto los de documentos que contengan actos sujetos al impuesto si no aparece en tales documentos la nota de pago, de exención o de no sujeción.

d) Las letras de cambio y actas de protesto.

e) Cualesquiera otros documentos referentes a actos y contratos para los cuales el Ministerio de Economía y Hacienda acuerde el empleo obligatorio de efectos timbrados como forma de exacción del impuesto.

3. En los procedimientos administrativos de apremio seguidos para la efectividad de descubiertos por razón del impuesto podrá autorizarse la inscripción del derecho del deudor en los términos y por los trámites señalados en el Reglamento General de Recaudación.

---

[175]   Nueva redacción del art. 54.1 dada por el art. 7.Catorce de la Ley 4/2008, de 23 de diciembre, por la que se suprime el gravamen del Impuesto sobre el Patrimonio, se generaliza el sistema de devolución mensual en el Impuesto sobre el Valor Añadido, y se introducen otras modificaciones en la normativa tributaria (BOE núm. 310, de 25 de diciembre de 2008), en vigor desde 26/12/2008. Excepcionalmente, el artículo 12.2 del texto refundido de la Ley del Catastro inmobiliario, aprobado por Real Decreto legislativo 1/2004, de 5 de marzo (BOE del 8), dispone que a efectos catastrales no será de aplicación lo establecido en el presente artículo y en el 55 a las escrituras y documentos que contengan hechos, actos o negocios susceptibles de inscripción en el Catastro.

4. Los contratos de ventas de bienes muebles a plazo y los de préstamo, prevenidos en el artículo 22 de la Ley 50/1965, de 17 de julio, tendrán acceso al Registro a que se refiere el artículo 23 de la misma Ley, sin necesidad de que conste en aquéllos nota administrativa sobre su situación fiscal.

Artículo 55.

No podrá efectuarse, sin que se justifique previamente el pago del impuesto correspondiente o su exención, el cambio del sujeto pasivo de cualquier tributo estatal, autonómico o local cuando tal cambio suponga, directa o indirectamente, una transmisión de bienes, derechos o acciones gravada por esta Ley.

Gestión y liquidación del impuesto[176]

Artículo 56[177].

1. La competencia para la gestión y liquidación del impuesto corresponderá a las Delegaciones y Administraciones de la Agencia Estatal de Administración Tributaria y, en su caso, a las oficinas con análogas funciones de las Comunidades Autónomas que tengan cedida la gestión del tributo[178].

2. Las Comunidades Autónomas podrán regular los aspectos sobre la gestión y liquidación de este impuesto, según lo previsto en la Ley 21/2001, de 27 de diciembre, por la que se regulan las medidas fiscales y administrativas del nuevo sistema de financiación de las Comunidades Autónomas de régimen común y Ciudades con Estatuto de Autonomía. Cuando la Comunidad Autónoma no hubiese regulado dichos aspectos, se aplicarán las normas establecidas en esta Ley.

3[179]**.** El pago de los impuestos regulados en esta Ley queda sometido al régimen general sobre plazos de ingreso establecido para las deudas tributarias.

---

[176] TÍTULO V (Gestión del impuesto) del RITPyAJD.
[177] Nueva redacción del art. 56 dada por el art. 60.seis de la Ley 21/2001, de 27 de diciembre, por la que se regulan las medidas fiscales y administrativas del nuevo sistema de financiación de las Comunidades Autónomas de régimen común y Ciudades con Estatuto de Autonomía (BOE núm. 313, de 31 de diciembre de 2001), con efectos desde 1/1/2002.
       Los artículos 37 y 45 al 55 Ley 21/2001, de 27 de diciembre y, actualmente los art. 45 y 49 y arts. 54 a 59 Ley 22/2009, de 18 de diciembre, por la que se regula el sistema de Financiación de las Comunidades Autónomas de Régimen Común y Ciudades con Estatuto De Autonomía y se modifican determinadas normas tributarias (BOE núm. 305, de 19 de diciembre de 2009).
[178] Disposición adicional Segunda y Disposiciones Transitorias quinta y sexta de este TRLITPyAJD.
[179] Disposición adicional Primera de este TRLITPyAJD.
       Real Decreto Legislativo 1/2010, de 2 de julio, por el que se aprueba el Texto Refundido de la Ley de Sociedades de Capital (BOE de 3 de julio de 2010), regula el aplazamiento en relación a la constitución de la Sociedad limitada Nueva Empresa, Disposición Adicional Sexta. Medidas fiscales aplicables a la sociedad limitada nueva empresa. «1. La Administración tributaria concederá, previa solicitud de una sociedad

4[180]. La competencia para la aplicación del impuesto y el ejercicio de la potestad sancionadora corresponderá a la Administración tributaria de la Comunidad Autónoma o del Estado a la que se atribuya su rendimiento de acuerdo con los puntos de conexión aplicables según las normas reguladoras de la cesión de impuestos a las Comunidades Autónomas.

5[181]. En las transmisiones de inmuebles, los contribuyentes no residentes en España tendrán su domicilio fiscal, a efectos del cumplimiento de sus obligaciones tributarias por este impuesto, en el domicilio de su representante, que deben designar según lo previsto en el artículo 9 de la Ley 41/1998, de 9 de diciembre, del Impuesto sobre la Renta de no Residentes y Normas Tributarias[182]. Dicho nombramiento deberá ser comunicado a la Administración tributaria competente en el plazo de dos meses desde la fecha de adquisición del inmueble.

---

limitada nueva empresa y sin aportación de garantías, el aplazamiento de la deuda tributaria del Impuesto sobre Transmisiones Patrimoniales y Actos Jurídicos Documentados, por la modalidad de operaciones societarias, derivada de la constitución de la sociedad durante el plazo de un año desde su constitución. La Administración tributaria también concederá, previa solicitud de una sociedad nueva empresa y sin aportación de garantías, el aplazamiento de las deudas tributarias del Impuesto sobre Sociedades correspondientes a los dos primeros períodos impositivos concluidos desde su constitución. El ingreso de las deudas del primer y segundo períodos deberá realizarse a los 12 y seis meses, respectivamente, desde la finalización de los plazos para presentar la declaración-liquidación correspondiente a cada uno de dichos períodos.

Asimismo, la Administración tributaria podrá conceder, previa solicitud de una sociedad nueva empresa, con aportación de garantías o sin ellas, el aplazamiento o fraccionamiento de las cantidades derivadas de retenciones o ingresos a cuenta del Impuesto sobre la Renta de las Personas Físicas que se devenguen en el primer año desde su constitución.

Las cantidades aplazadas o fraccionadas según lo dispuesto en este apartado devengarán interés de demora.

2. La sociedad nueva empresa no tendrá la obligación de efectuar los pagos fraccionados a que se refiere el artículo 45 del texto refundido de la Ley del Impuesto sobre Sociedades, aprobado por el Real Decreto Legislativo 4/2004, de 5 de marzo, por el que se aprueba el, a cuenta de las liquidaciones correspondientes a los dos primeros períodos impositivos concluidos desde su constitución».

[180]   Nueva redacción del apartado 4 dada por el artículo 7.Quince de la Ley 4/2008, de 23 de diciembre, por la que se suprime el gravamen del Impuesto sobre el Patrimonio, se generaliza el sistema de devolución mensual en el Impuesto sobre el Valor Añadido, y se introducen otras modificaciones en la normativa tributaria (BOE núm. 310, de 25 de diciembre de 2008), en vigor desde 26/12/2008.

[181]   Apartado 5 incorporado por el art. 5.Cuatro de la Ley 53/2002, de 30 de diciembre, de Medidas Fiscales, Administrativas y del Orden Social (BOE núm. 313, de 31 de diciembre de 2002), en vigor desde 1/1/2003.

[182]   Se corresponde con el artículo 10 del texto refundido de la Ley del Impuesto sobre la Renta de No Residentes, aprobado por Real Decreto legislativo 5/2004, de 5 de marzo, en redacción dada por la Ley 36/2006, de 29 de noviembre: «Artículo 10. Representantes.

1. Los contribuyentes por este Impuesto estarán obligados a nombrar, antes del fin del plazo de declaración de la renta obtenida en España, una persona física o jurídica con residencia en España, para que les represente ante la Administración tributaria en relación con sus obligaciones por este Impuesto, cuando operen por mediación de un establecimiento permanente, en los supuestos a que se refieren los artículos 24.2 y

Cuando no se hubiese designado representante o se hubiese incumplido la obligación de comunicar dicha designación, se considerará como domicilio fiscal del contribuyente no residente el inmueble objeto de la transmisión.

DEVOLUCIONES[183]

Artículo 57.

1[184]. Cuando se declare o reconozca judicial o administrativamente, por resolución firme, haber tenido lugar la nulidad, rescisión o resolución de un acto o contrato, el contribuyente tendrá derecho a la devolución de lo que satisfizo por cuota del Tesoro, siempre que no le hubiera producido efectos lucrativos y que reclame la devolución en el plazo de prescripción

---

38 de esta Ley o cuando, debido a la cuantía o características de la renta obtenida en territorio español por el contribuyente, así lo requiera la Administración tributaria.

Esta obligación será, asimismo, exigible a las personas o entidades residentes en países o territorios con los que no exista un efectivo intercambio de información tributaria de acuerdo con lo dispuesto en el apartado 3 de la disposición adicional primera de la Ley de Medidas para la Prevención del Fraude Fiscal, que sean titulares de bienes situados o de derechos que se cumplan o ejerciten en territorio español, excluidos los valores negociados en mercados secundarios oficiales.

El contribuyente, o su representante, estarán obligados a poner en conocimiento de la Administración tributaria el nombramiento, debidamente acreditado, en el plazo de dos meses a partir de la fecha de éste. La designación se comunicará a la Delegación de la Agencia Estatal de Administración Tributaria en la que hayan de presentar la declaración por este Impuesto. A la comunicación acompañará la expresa aceptación del representante.

2. En caso de incumplimiento de la obligación de nombramiento que establece el apartado anterior, la Administración tributaria podrá considerar representante del establecimiento permanente o del contribuyente a que se refiere el artículo 5.c) de esta Ley a quien figure como tal en el Registro Mercantil. Si no hubiese representante nombrado o inscrito, o fuera persona distinta de quien esté facultado para contratar en nombre de aquéllos, la Administración tributaria podrá considerar como tal a este último.

En el caso de incumplimiento de la obligación de nombramiento de representante exigible a las personas o entidades residentes en países o territorios con los que no exista un efectivo intercambio de información tributaria de acuerdo con lo dispuesto en el apartado 3 de la disposición adicional primera de la Ley de Medidas para la Prevención del Fraude Fiscal, la Administración tributaria podrá considerar que su representante es el depositario o gestor de los bienes o derechos de los contribuyentes.

3. El incumplimiento de la obligación a que se refiere el apartado 1 se considerará infracción tributaria grave, y la sanción consistirá en multa pecuniaria fija de 2.000 euros.

Cuando se trate de contribuyentes residentes en países o territorios con los que no exista un efectivo intercambio de información tributaria de acuerdo con lo dispuesto en el apartado 3 de la disposición adicional primera de la Ley de Medidas para la Prevención del Fraude Fiscal, dicha multa ascenderá a 6.000 euros.

La sanción impuesta, de acuerdo con lo previsto en este apartado, se reducirá conforme a lo dispuesto en el artículo 188.3 de la Ley 58/2003, de 17 de diciembre, General Tributaria».

[183]   Art. 95 (Devoluciones. Requisitos), del RITPyAJD.

[184]   Nueva redacción del apartado 1 dada por el art. 6.Tres de la Ley 14/2000, de 29 de diciembre, de Medidas fiscales, administrativas y del orden social (BOE núm. 313, de 30 de diciembre de 2000), en vigor desde el vigor 1/1/2001.

previsto en el artículo 64 de la Ley General Tributaria, a contar desde que la resolución quede firme.

2. Se entenderá que existe efecto lucrativo cuando no se justifique que los interesados deben llevar a cabo las recíprocas devoluciones a que se refiere el artículo 1.295 del Código Civil.

3. Si el acto o contrato hubiere producido efecto lucrativo, se rectificará la liquidación practicada, tomando al efecto por base el valor del usufructo temporal de los bienes o derechos transmitidos.

4. Aunque el acto o contrato no haya producido efectos lucrativos, si la rescisión o resolución se declarase por incumplimiento de las obligaciones del contratante fiscalmente obligado al pago del impuesto no habrá lugar a devolución alguna.

5. Si el contrato queda sin efecto por mutuo acuerdo de las partes contratantes, no procederá la devolución del impuesto satisfecho y se considerará como un acto nuevo sujeto a tributación. Como tal mutuo acuerdo se estimarán la avenencia en acto de conciliación y el simple allanamiento a la demanda.

6. Cuando en la compraventa con pacto de retro se ejercite la retrocesión, no habrá derecho de devolución del impuesto.

7. Reglamentariamente se determinarán los supuestos en los que se permitirá el canje de los documentos timbrados o timbres móviles o la devolución de su importe, siempre que aquéllos no hubiesen surtido efecto.

BONIFICACIÓN DE LA CUOTA EN CEUTA Y MELILLA

Artículo 57 bis[185].

1. La cuota gradual de documentos notariales del gravamen de actos jurídicos documentados se bonificará en un 50 por 100 cuando el Registro en el que se deba proceder a la inscripción o anotación de los bienes o actos radique en Ceuta o Melilla.

2. Se bonificará en un 50 por 100 la cuota que corresponda al gravamen de operaciones societarias cuando concurra cualquiera de las siguientes circunstancias:

a) Que la entidad tenga en Ceuta o Melilla su domicilio fiscal.

b) Que la entidad tenga en dichas Ciudades con Estatuto de Autonomía su domicilio social, siempre que la sede de dirección efectiva no se encuentre situada en el ámbito territorial de otra Administración tributaria de un Estado miembro de la Unión Europea o, estándolo, dicho Estado no grave la operación societaria con un impuesto similar.

c) Que la entidad realice en las mencionadas Ciudades con Estatuto de Autonomía operaciones de su tráfico, cuando su sede de dirección efectiva y su domicilio social no se

---

[185] Nuevo art. 57 bis incorporado por el art. 5.Cuatro de la Ley 53/2002, de 30 de diciembre, de Medidas Fiscales, Administrativas y del Orden Social (BOE núm. 313, de 31 de diciembre de 2002), en vigor desde 1/1/2003.
Art. 45.I.B).14 de este TRLITPyAJD.

encuentren situados en el ámbito territorial de otra Administración tributaria de un Estado miembro de la Unión Europea o, estándolo, estos Estados no graven la operación societaria con un impuesto similar.

3. Las cuotas derivadas de la aplicación de la modalidad de transmisiones patrimoniales onerosas tendrán derecho a la aplicación de una bonificación del 50 por 100 en los siguientes casos:

a) Transmisiones y arrendamiento de inmuebles situados en Ceuta o Melilla y constitución o cesión de derechos reales, incluso de garantía sobre los mismos. Se considerará transmisión de bienes inmuebles los supuestos previstos en el artículo 108 de la Ley 24/1988, de 28 de julio, del Mercado de Valores, pudiéndose aplicar la bonificación cuando los inmuebles integrantes del activo de la entidad cuyos valores se transmitan estén radicados en cualquiera de las dos Ciudades con Estatuto de Autonomía.

b) Constituciones de hipotecas mobiliarias o prendas sin desplazamiento o se refiera a buques y aeronaves, que deban inscribirse en los Registros que radiquen en Ceuta o Melilla.

c) Transmisiones de bienes muebles, semovientes o créditos, constitución y cesión de derechos reales sobre los mismos, cuyos adquirentes tengan su residencia habitual, si es persona física o domicilio fiscal, si es persona jurídica, en las citadas Ciudades con Estatuto de Autonomía.

d) Transmisiones de valores que se formalicen en Ceuta y Melilla.

e) Constitución de préstamos simples, fianzas, arrendamientos no inmobiliarios y pensiones cuyos sujetos pasivos tengan su residencia habitual o domicilio fiscal, según se trate de personas físicas o jurídicas, en Ceuta y Melilla.

f) Concesiones administrativas de bienes, ejecuciones de obras o explotaciones de servicios que radiquen, se ejecuten o se presten en las citadas Ciudades con Estatuto de Autonomía. Asimismo, se aplicará la bonificación a los actos y negocios administrativos que tributen por equiparación a las concesiones y cumplan las condiciones anteriores. En el supuesto de concesiones o de actos o negocios administrativos equiparados a las mismas, que excedan el ámbito territorial de Ceuta o Melilla, se aplicará la bonificación sobre la parte de la cuota que, de acuerdo con las reglas previstas en el artículo 25.2.*C)*.6.ª de la Ley 21/2001, de 27 de diciembre, por la que se regulan las medidas fiscales y administrativas del nuevo sistema de financiación de las Comunidades Autónomas de régimen común y Ciudades con Estatuto de Autonomía, correspondiera atribuir a los territorios de Ceuta y Melilla.

g) Anotaciones preventivas que se produzcan en un órgano registral que tenga su sede en Ceuta o Melilla.

4. Para la aplicación de estas bonificaciones, se tendrán en cuenta las normas establecidas sobre residencia habitual y puntos de conexión en la Ley 21/2001, de 27 de diciembre, por la que se regulan las medidas fiscales y administrativas del nuevo sistema de financiación de las Comunidades Autónomas de régimen común y Ciudades con Estatuto de Autonomía.

DEDUCCIONES Y BONIFICACIONES

Artículo 58[186].

De acuerdo con lo previsto en la Ley 21/2001, de 27 de diciembre, por la que se regulan las medidas fiscales y administrativas del nuevo sistema de financiación de las Comunidades Autónomas de régimen común y Ciudades con Estatuto de Autonomía, las Comunidades Autónomas podrán aprobar las deducciones y bonificaciones que estimen convenientes en este impuesto en aquellas materias sobre las que ostenten capacidad normativa en materia de tipos de gravamen.

En todo caso, resultarán compatibles con las deducciones y bonificaciones establecidas en la normativa estatal reguladora del impuesto sin que puedan suponer una modificación las mismas. Estas deducciones y bonificaciones autonómicas se aplicarán con posterioridad a las reguladas por la normativa del Estado.

DISPOSICIONES ADICIONALES

Disposición adicional primera.

El Ministro de Economía y Hacienda podrá acordar el empleo obligatorio de efectos timbrados como forma de exacción del Impuesto sobre Transmisiones Patrimoniales y Actos Jurídicos Documentados, exigible a los actos y contratos sujetos al mismo, excepto en aquellos casos en que la presente Ley imponga el pago a metálico.

Disposición adicional segunda.

Las Comunidades Autónomas que se hayan hecho cargo por delegación del Estado de la gestión y liquidación del Impuesto sobre Transmisiones Patrimoniales y Actos Jurídicos Documentados podrán, dentro del marco de sus atribuciones, encomendar a las Oficinas de Distrito Hipotecario, a cargo de Registradores de la Propiedad, funciones de gestión y liquidación de este impuesto.

Disposición adicional tercera.

Las referencias que contiene la normativa del Impuesto sobre Transmisiones Patrimoniales y Actos Jurídicos Documentados al Impuesto sobre el Valor Añadido se entenderán hechas al Impuesto General Indirecto Canario, en el ámbito de su aplicación.

---

[186] Artículo 58 incorporado por el art. 60.siete de la Ley 21/2001, de 27 de diciembre, por la que se regulan las medidas fiscales y administrativas del nuevo sistema de financiación de las Comunidades Autónomas de régimen común y Ciudades con Estatuto de Autonomía (BOE núm. 313, de 31 de diciembre de 2001), con efectos desde 1/1/2002.

DISPOSICIONES TRANSITORIAS

Disposición transitoria primera.

Quedan sin efecto cuantas exenciones y bonificaciones no figuren mencionadas en este Texto refundido, sin perjuicio de los derechos adquiridos al amparo de las disposiciones anteriormente en vigor, sin que la mera expectativa pueda reputarse derecho adquirido.

Lo señalado anteriormente no afectará a las sociedades o entidades que tengan reconocidos beneficios fiscales por pactos solemnes con el Estado, mientras que no se alteren las condiciones de los mismos.

Disposición transitoria segunda.

Durante el año 1993 y en relación con el cumplimiento de los planes y programas de actividades establecidos por el Consejo Jacobeo 1993, se aplicará una bonificación del 95 por 100 de la cuota del Impuesto sobre Transmisiones Patrimoniales y Actos Jurídicos Documentados, en las adquisiciones de bienes y derechos que se destinen, directa y exclusivamente por el sujeto pasivo a la realización de las inversiones con derecho a deducción en las cuotas del Impuesto sobre Sociedades o del Impuesto sobre la Renta de las Personas Físicas o cuando los adquieran para donarlos, en un plazo máximo de seis meses, al «Consello Jacobeo 1993».

Disposición transitoria tercera.

La «Sociedad Estatal para la Exposición Universal de Sevilla 92, Sociedad Anónima», mantendrá los beneficios fiscales previstos en las Leyes 12/1988, de 25 de mayo; 5/1990, de 29 de junio, y en el Real Decreto 219/1989, de 3 de marzo, referidos, exclusivamente, a las actividades derivadas de la liquidación de bienes, derechos y obligaciones relacionados directamente con la Exposición Universal de Sevilla.

Disposición transitoria cuarta.

Hasta que por el Gobierno, al hacer uso de las facultades a que se refiere la disposición final tercera, no se disponga otra cosa, seguirán en vigor las normas sobre honorarios de liquidación incorporadas a los artículos 90 y 91 del Reglamento aprobado por Real Decreto 3494/1981, de 29 de diciembre.

Disposición transitoria quinta.

En tanto no se disponga otra cosa por el Ministro de Economía y Hacienda, las Administraciones de la Agencia Estatal de Administración Tributaria limitarán su actuación en la gestión y liquidación del impuesto a la admisión de documentos y declaraciones tributarias, que deberán remitir a la Delegación de la que dependan para su ulterior tramitación.

Disposición transitoria sexta.

Las Oficinas Liquidadoras de Distrito Hipotecario, a cargo de Registradores de la Propiedad, liquidarán en el ámbito de sus competencias los documentos o declaraciones del Impuesto sobre Transmisiones Patrimoniales y Actos Jurídicos Documentados presentados en las mismas hasta el día 31 de diciembre de 1991.

Los documentos o declaraciones referentes a dicho impuesto que deban presentarse con posterioridad lo serán en las Oficinas a que se refiere el artículo 56 de este Texto refundido, sin perjuicio de lo establecido en la disposición adicional segunda del mismo.

Disposición transitoria séptima.

En Ceuta y Melilla, en tanto continúe en vigor el Impuesto General sobre el Tráfico de las Empresas, seguirán aplicándose las normas del Texto refundido del Impuesto sobre Transmisiones Patrimoniales y Actos Jurídicos Documentados, aprobado por Real Decreto legislativo 3050/1980, de 30 de diciembre, que, con relación a aquel impuesto, establecían sus respectivos ámbitos de aplicación o fijaban reglas especiales sobre delimitación del hecho imponible, de la base imponible o, en general, sobre relaciones entre ambos impuestos. En este sentido, seguirán siendo aplicables:

a) El artículo 7.1.*B)*, en cuanto incluía en el hecho imponible el otorgamiento de concesiones administrativas que tuviesen por objeto la cesión del derecho a utilizar inmuebles e instalaciones en puertos y aeropuertos.

b) El artículo 7.3, en cuanto declaraba la no sujeción en el Impuesto General sobre el Tráfico de las Empresas y en el de Transmisiones Patrimoniales de las condiciones resolutorias explícitas de las compraventas que garantizasen el precio aplazado en las transmisiones empresariales de bienes inmuebles.

c) El artículo 7.5, en cuanto declaraba la no sujeción de las entregas de bienes, prestaciones de servicios y operaciones en general que constituyesen actos habituales del tráfico de las empresas o explotaciones que las realizasen.

d) El artículo 10.2 *h)*, en cuanto fijaba la base imponible en la transmisión a título oneroso de los derechos que a favor del adjudicatario de un contrato de obras, servicios o suministros deriven del mismo.

e) El artículo 10.2 *j)*, en cuanto fijaba la base imponible de las aparcerías referentes a establecimientos fabriles e industriales.

f) Cualesquiera otros que respondan a la finalidad expresada, aunque ya no sean aplicables en el resto del territorio como consecuencia de la entrada en vigor en el mismo del Impuesto sobre el Valor Añadido.

DISPOSICIONES DEROGATORIAS

Disposición derogatoria primera.

Quedan derogados los preceptos anteriores que se opongan a lo dispuesto en el presente Texto refundido.

Disposición derogatoria segunda.

En particular quedarán derogados, en razón a su incorporación al mismo:

1.º La Ley 32/1980, de 21 de junio, del Impuesto sobre Transmisiones Patrimoniales y Actos Jurídicos Documentados, así como el Texto refundido aprobado por Real Decreto legislativo 3050/1980, de 30 de diciembre, sin perjuicio de lo que establece la disposición transitoria séptima.

2.º La disposición adicional cuarta de la Ley 8/1989, de 13 de abril, de Tasas y Precios Públicos.

3.º El artículo 25, la disposición adicional octava y las disposiciones transitorias segunda y tercera de la Ley 29/1991, de 16 de diciembre, de adecuación de determinados conceptos impositivos a las Directivas y Reglamentos de las Comunidades Europeas.

DISPOSICIONES FINALES

Disposición final primera.

Las disposiciones contenidas en este Texto refundido se aplicarán desde el día siguiente al de su publicación en el *BOE*.

Disposición final segunda.

Las Leyes que contengan los Presupuestos Generales del Estado, atendidas las razones socioeconómicas concurrentes, podrán modificar las tarifas y las exenciones de este impuesto.

Disposición final tercera.

El Gobierno dictará las disposiciones necesarias para el desarrollo y aplicación del presente Texto refundido. Hasta que ello tenga lugar, se seguirá aplicando lo dispuesto en el Real Decreto 3494/1981, de 29 de diciembre, que aprueba el Reglamento del Impuesto sobre Transmisiones Patrimoniales y Actos Jurídicos Documentados, en lo que no se oponga a lo dispuesto en el presente Texto refundido.

2. Real Decreto 828/1995, de 29 de mayo, por el que se aprueba el REGLAMENTO DEL IMPUESTO SOBRE TRANSMISIONES PATRIMONIALES Y ACTOS JURÍDICOS DOCUMENTADOS
(BOE núm. 148, de 22 de junio de 1995)

La entrada en vigor del nuevo Texto refundido del Impuesto sobre Transmisiones y Actos Jurídicos Documentados, aprobado por el Real Decreto legislativo 1/1993, de 24 de septiembre, ha puesto de manifiesto la conveniencia de actualizar el Reglamento del impuesto, ya que el hasta ahora vigente, desde su aprobación por el Real Decreto 3494/1981, de 29 de diciembre, ha mantenido inalterable su redacción primitiva, pese a reproducir, de manera prácticamente literal, los sesenta artículos del primitivo Texto refundido, artículos que en un gran número habían sido objeto de modificación, a veces reiteradamente, en los más de trece años transcurridos.

Con independencia de ello, el Reglamento que ahora se deroga se ha caracterizado por su parco contenido reglamentario, como lo acredita la circunstancia indicada de que sus noventa y un artículos, sesenta son reproducción del Texto refundido de 1980. Esta insuficiencia del Reglamento quedaba suplida por el mantenimiento de la vigencia, en lo que no se opusiese al mismo, de los viejos Reglamentos de los Impuestos de Derechos Reales y Timbre del Estado, situación que no dejaba de plantear problemas en la gestión del impuesto.

El nuevo Reglamento que ahora se aprueba, además de transcribir el contenido actualizado de los preceptos del nuevo Texto refundido, incorpora los de los dos citados Reglamentos que se ha estimado mantienen su vigencia, procediendo a la derogación de éstos, si bien, por lo que se refiere al de Timbre del Estado, sólo en la parte que afecta a la materia impositiva que se reglamenta. Por lo demás, siguiendo el ejemplo del anterior, se incluyen en el nuevo texto reglamentario las disposiciones aplicativas o interpretativas que se han considerado necesarias para la adecuada efectividad del tributo, manteniendo el desarrollo reglamentario de las materias previstas en el Texto refundido.

En su virtud, a propuesta del Ministro de Economía y Hacienda, de acuerdo con el Consejo de Estado y previa deliberación del Consejo de Ministros en su reunión del día 26 de mayo de 1995,

DISPONGO:

Artículo único.
Se aprueba el Reglamento del Impuesto sobre Transmisiones Patrimoniales y Actos Jurídicos Documentados, que figura como anexo de la presente disposición.

Disposición derogatoria única.

A la entrada en vigor del presente Reglamento quedará derogado el Reglamento de los Impuestos de Derechos Reales y sobre Transmisiones de Bienes, aprobado por Decreto 176/1959, de 15 de enero; el Reglamento del Impuesto sobre Transmisiones Patrimoniales y Actos Jurídicos Documentados, aprobado por Real Decreto 3494/1981, de 29 de diciembre, así como, en su aplicación al Impuesto sobre Transmisiones Patrimoniales y Actos Jurídicos Documentados, las normas del Reglamento para la ejecución de la Ley del Timbre del Estado, aprobado por Decreto de 22 de junio de 1956.

Disposición final única.

El Reglamento entrará en vigor a los veinte días de su publicación en el *BOE*.

ANEXO. REGLAMENTO DEL IMPUESTO SOBRE TRANSMISIONES PATRIMONIALES Y ACTOS JURÍDICOS DOCUMENTADOS

TÍTULO PRELIMINAR. DISPOSICIONES GENERALES

CAPÍTULO I. NATURALEZA, CONTENIDO Y PRINCIPIOS GENERALES

Artículo 1[1]. *Modalidades del impuesto.*

1. El Impuesto sobre Transmisiones Patrimoniales y Actos Jurídicos Documentados es un tributo de naturaleza indirecta que, en los términos establecidos en los artículos siguientes, gravará:

1.º Las transmisiones patrimoniales onerosas.

2.º Las operaciones societarias.

3.º Los actos jurídicos documentados.

2. En ningún caso, un mismo acto podrá ser liquidado por el concepto de transmisiones patrimoniales onerosas y por el de operaciones societarias.

3. El gravamen de un acto o contrato por la modalidad de «transmisiones patrimoniales onerosas» o por la de «operaciones societarias», sólo será incompatible con el de su soporte documental por la de «actos jurídicos documentados» cuando así resulte expresamente de las normas reguladoras del impuesto.

Artículo 2[2]. *Calificación del acto o contrato*

1. El impuesto se exigirá con arreglo a la verdadera naturaleza jurídica del acto o contrato liquidable, cualquiera que sea la denominación que las partes le hayan dado, prescindiendo de los defectos, tanto de forma como intrínsecos, que puedan afectar a su validez y eficacia.

---

[1]   Art. 1 del TRLITPyAJD.
[2]   Art. 2 del TRLITPyAJD.

2. En los actos o contratos en que medie alguna condición, su calificación se hará con arreglo a las prescripciones contenidas en el Código Civil. Si fuere suspensiva no se liquidará el impuesto hasta que ésta se cumpla, haciéndose constar el aplazamiento de la liquidación en la inscripción de bienes en el registro público correspondiente. Si la condición fuere resolutoria, se exigirá el impuesto, desde luego, a reserva, cuando la condición se cumpla, de hacer la oportuna devolución según las reglas del artículo 95.

3. Cuando en el contrato se establezca la reserva del dominio hasta el total pago del precio convenido se entenderá, a efectos de la liquidación y pago del impuesto, que la transmisión se realiza con la condición resolutoria del impago del precio en las condiciones convenidas.

4[3]. *La misma calificación se atribuirá a la condición que subordine la transmisión del dominio de terrenos o solares al otorgamiento de licencias o autorizaciones administrativas cuya denegación no afecte a la licitud de la transmisión.*

Artículo 3[4]. *Calificación de bienes.*

1. Para la calificación jurídica de los bienes sujetos al impuesto por razón de su distinta naturaleza, destino, uso o aplicación, se estará a lo que respecto al particular dispone el Código Civil o, en su defecto, el Derecho Administrativo.

2. Se considerarán bienes inmuebles, a efectos del impuesto, las instalaciones de cualquier clase establecidas con carácter permanente, siquiera por la forma de su construcción sean transportables, y aun cuando el terreno sobre el que se hallen situadas no pertenezca al dueño de los mismos.

3. También se considerarán bienes inmuebles los buques destinados por su objeto y condiciones a permanecer en un punto fijo de un río, lago o costa.

Artículo 4[5]. *Concurrencia de convenciones.*

1. A una sola convención no puede exigírsele más que el pago de un sólo derecho, pero cuando un mismo documento o contrato comprenda varias convenciones sujetas al impuesto separadamente, se exigirá el derecho señalado a cada una de aquéllas, salvo en los casos en que se determine expresamente otra cosa.

2. Lo dispuesto en el número anterior se entiende sin perjuicio del gravamen que pueda corresponder por el soporte documental del contrato o convención, de conformidad con lo que establece el artículo 1.3 de este Reglamento.

---

[3]   Apartado 4 del art. 2 declarado nulo por la Sentencia del Tribunal Supremo (Sala 3.ª, Sección 2.ª) de 5 de diciembre de 1998.
[4]   Art. 3 del TRLITPyAJD.
[5]   Art. 4 del TRLITPyAJD.

Artículo 5[6]. *Afección de los bienes transmitidos*
1. Los bienes y derechos transmitidos quedarán afectos, cualquiera que sea su poseedor, a la responsabilidad del pago de los impuestos que graven tales transmisiones, salvo que aquél resulte ser un tercero protegido por la fe pública registral o se justifique la adquisición de los bienes con buena fe y justo título en establecimiento mercantil o industrial en el caso de bienes muebles no inscribibles. La afección la harán constar los notarios por medio de la oportuna advertencia en los documentos que autoricen. No se considerará protegido por la fe pública registral el tercero cuando en el Registro conste expresamente la afección.

2. Siempre que la Ley conceda una exención o reducción cuya definitiva efectividad dependa del ulterior cumplimiento por el contribuyente de cualquier requisito por aquélla exigido, la oficina liquidadora hará figurar en la nota en que el beneficio fiscal se haga constar el total importe de la liquidación que hubiera debido girarse de no mediar la exención o reducción concedida.

Los registradores de la propiedad o mercantiles harán constar por nota marginal la afección de los bienes transmitidos, cualquiera que fuese su titular, al pago del expresado importe, para el caso de no cumplirse en los plazos señalados por la Ley que concedió los beneficios los requisitos en ella exigidos para la definitiva efectividad de los mismos.

3. Igualmente harán constar, por nota marginal, en los casos de desmembración de dominio, la afección de los bienes al pago de la liquidación que proceda por la extinción del usufructo, a cuyo efecto las oficinas liquidadoras consignarán la que provisionalmente, y sin perjuicio de la rectificación, procediere, según las bases y tipos aplicables en el momento de la constitución del usufructo.

4. Si no constasen las notas de la oficina liquidadora a que se refieren los apartados 2 y 3 precedentes, los registradores de la propiedad o mercantiles practicarán de oficio la nota marginal de afección prevista para aquellos supuestos a la vista de la correspondiente autoliquidación sellada por la oficina que la haya recibido, constando en ella el pago del tributo o la alegación de no sujeción o de la exención correspondiente, conforme a lo previsto en el artículo 122 de este Reglamento.

CAPÍTULO II. ÁMBITO DE APLICACIÓN TERRITORIAL DEL IMPUESTO[7]

Artículo 6[8]. *Exigibilidad del impuesto.*
1. El Impuesto se exigirá:
A) Por las transmisiones patrimoniales onerosas de bienes y derechos, cualquiera que sea su naturaleza, que estuvieran situados, pudieran ejercitarse o hubieran de cumplirse en territorio español o en territorio extranjero, cuando, en este último supuesto, el obligado al

---

[6]   Art. 5 del TRLITPyAJD.
[7]   Art. 6 (Ámbito de aplicación territorial del impuesto) del TRLITPyAJD.
[8]   Afectado por los cambios normativos en el TRLITPyAJD.

pago del impuesto tenga su residencia en España. No se exigirá el impuesto por las transmisiones patrimoniales de bienes y derechos de naturaleza inmobiliaria, sitos en territorio extranjero, ni por las transmisiones patrimoniales de bienes y derechos, cualquiera que sea su naturaleza que, efectuadas en territorio extranjero, hubieren de surtir efectos fuera del territorio español.

B) Por las operaciones societarias realizadas por entidades en las que concurra cualquiera de las siguientes circunstancias:

a) Que tengan en España la sede de dirección efectiva, entendiéndose como tal el lugar donde esté centralizada de hecho la gestión administrativa y la dirección de los negocios.

b) Que tengan en España su domicilio social, siempre que la sede de dirección efectiva no se encuentre situada en un Estado miembro de la Comunidad Europea o, estándolo, dicho Estado no grave la operación societaria con un impuesto similar.

c) Que realicen en España operaciones de su tráfico, cuando su sede de dirección efectiva y su domicilio social no se encuentren situados en un Estado miembro de la Comunidad Europea o, estándolo, estos Estados no graven la operación societaria con un impuesto similar.

C) Por los actos jurídicos documentados que se formalicen en territorio nacional y por los que habiéndose formalizado en el extranjero surtan cualquier efecto, jurídico o económico, en España.

2. Lo dispuesto en este artículo se entenderá sin perjuicio de los regímenes forales de concierto y convenio económico vigentes en los Territorios históricos del País Vasco y en la Comunidad Foral de Navarra, respectivamente, y de lo dispuesto en los Tratados o Convenios internacionales que hayan pasado a formar parte del ordenamiento interno.

Artículo 7. *Residentes.*

A efectos de lo dispuesto en el artículo anterior se entenderá que una persona física o jurídica es residente en España cuando, respectivamente, reúna las condiciones y requisitos establecidos a estos efectos en la normativa del Impuesto sobre la Renta de las Personas Físicas o en la del Impuesto sobre Sociedades.

Artículo 8. *Bienes en territorio español.*

1. Se entenderán situados en territorio español:

1.º Los bienes inmuebles que en él radiquen.

2.º Los bienes muebles que habitualmente se encuentren en este territorio, aunque en el momento del devengo del impuesto estén fuera del mismo por circunstancias coyunturales o transitorias.

2. No se considerarán situados en territorio español los títulos representativos de partes alícuotas de capital social o patrimonio de sociedades y entidades residentes en el extranjero, aunque se encuentren depositados en establecimientos o locales situados en territorio español, salvo cuando representen partes alícuotas de capital social o patrimonio de las sociedades, fondos, asociaciones y demás entidades a que se refieren los apartados 1 y 2 del artículo 17 de este Reglamento.

Por el contrario, los títulos representativos del capital o patrimonio de sociedades y entidades residentes en territorio español, se considerarán siempre situados en este territorio con independencia del lugar donde se encuentren depositados.

Artículo 9. *Efectos jurídicos o económicos*

1. En cualquier caso, se entenderá que un acto o contrato produce efectos jurídicos en territorio español cuando, independientemente de la sumisión expresa o tácita de los litigantes a otro fuero, correspondiera a los Tribunales españoles la competencia para resolver las cuestiones litigiosas surgidas entre las partes que en ellos hayan intervenido.

2. Las letras de cambio, los documentos que las suplan y los documentos de giro expedidos en el extranjero se entenderá que producen efectos jurídicos o económicos en territorio español, cuando sean objeto de negociación o pago en el mismo.

3. Las transmisiones patrimoniales efectuadas en el extranjero de bienes y derechos de naturaleza mobiliaria situados fuera de España, se entenderá que producen efectos en territorio español, entre otros casos, cuando tengan repercusión en la imposición personal del adquirente en España.

TÍTULO PRIMERO. TRANSMISIONES PATRIMONIALES

CAPÍTULO I. HECHO IMPONIBLE[9]

SECCIÓN 1.ª *Normas generales*

Artículo 10. *Transmisiones sujetas*

1. Son transmisiones patrimoniales sujetas:

A) Las transmisiones onerosas por actos «inter vivos» de toda clase de bienes y derechos que integren el patrimonio de las personas físicas o jurídicas.

B) La constitución de derechos reales, préstamos, fianzas, arrendamientos, pensiones y concesiones administrativas, salvo cuando estas últimas tengan por objeto la cesión del derecho a utilizar inmuebles o instalaciones en puertos y aeropuertos.

2. Se liquidará como constitución de derechos la ampliación posterior de su contenido que implique para su titular un incremento patrimonial, el cual servirá de base para la exigencia del tributo.

3. Las concesiones administrativas tributarán, en todo caso, como constitución de derechos, al tipo de gravamen establecido en el párrafo *b)* del apartado 1 del artículo 51, cualesquiera que sean su naturaleza, duración y los bienes sobre los que recaigan.

---

[9]   Art. 7 del TRLITPyAJD.

La transmisión de sus derechos por el concesionario o por el beneficiario de los actos y negocios administrativos que se equiparan fiscalmente a concesiones administrativas, tributará por el tipo de gravamen que corresponda a la naturaleza mueble o inmueble de los derechos que se transmitan.

Artículo 11. *Actos equiparados a transmisiones.*

1. Se considerarán transmisiones patrimoniales a efectos de la liquidación y pago del impuesto:

A)[10] Las adjudicaciones en pago y para pago de deudas. Los adjudicatarios para pago de deudas que acrediten haber transmitido al acreedor en solvencia de su crédito, dentro del plazo de dos años, los mismos bienes o derechos que les fueron adjudicados y los que justifiquen haberlos transmitido a un tercero para este objeto, dentro del mismo plazo, podrán exigir la devolución del impuesto satisfecho por tales adjudicaciones.

B) Los excesos de adjudicación declarados, salvo los que surjan de dar cumplimiento a lo dispuesto en los artículos 821, 829, 1.056 (segundo) y 1.062 (primero) del Código Civil y disposiciones de Derecho foral, basadas en el mismo fundamento.

C) Los expedientes de dominio, las actas de notoriedad, las actas complementarias de documentos públicos a que se refiere el título VI de la Ley Hipotecaria y las certificaciones expedidas a los efectos del artículo 206 de la misma Ley, a menos que se acredite haber satisfecho el impuesto o la exención o no sujeción por la transmisión, cuyo título se supla con ellos y por los mismos bienes que sean objeto de unos u otras, salvo en cuanto a la prescripción cuyo plazo se computará desde la fecha del expediente, acta o certificación.

D) Los reconocimientos de dominio en favor de persona determinada, con la misma salvedad hecha en el apartado anterior.

2. En las sucesiones por causa de muerte se liquidarán como transmisiones patrimoniales onerosas los excesos de adjudicación cuando el valor comprobado de lo adjudicado a uno de los herederos o legatarios exceda del 50 por 100 del valor que les correspondería en virtud de su título, salvo en el supuesto de que los valores declarados sean iguales o superiores a los que resultarían de la aplicación de las reglas del Impuesto sobre el Patrimonio.

Artículo 12. *Actos equiparados a hipotecas.*

1. Las condiciones resolutorias explícitas de las compraventas a que se refiere el artículo 11 de la Ley Hipotecaria se equipararán a las hipotecas que garanticen el pago del precio aplazado con la misma finca vendida.

2. Las condiciones resolutorias explícitas que garanticen el pago del precio aplazado en las transmisiones empresariales de bienes inmuebles sujetas y no exentas al Impuesto sobre el Valor Añadido no tributarán ni en este impuesto ni en el de Transmisiones Patrimo-

---

[10]   Afectado por los cambios normativos en el TRLITPyAJD.

niales. El mismo régimen se aplicará a las hipotecas que garanticen el precio aplazado en las transmisiones empresariales de bienes inmuebles constituidas sobre los mismos bienes transmitidos.

3. Si como consecuencia de quedar exentas en el Impuesto sobre el Valor Añadido las transmisiones empresariales de bienes inmuebles tributasen por la modalidad de «transmisiones patrimoniales onerosas», también tributará por esta modalidad la constitución de la condición resolutoria explícita de la compraventa en garantía del precio aplazado, siempre que el gravamen procediese en función de la naturaleza de la persona o entidad que la constituya.

Artículo 13[11]. *Actos equiparados a transmisiones de derechos.*

La subrogación en los derechos del acreedor prendario, hipotecario o anticrético se considerará como transmisión de derechos y tributará por el tipo establecido en el párrafo *c)* del apartado 1 del artículo 51.

Artículo 14. *Actos equiparados a arrendamientos.*

A los efectos de este impuesto, los contratos de aparcería y los de subarriendo se equipararán a los de arrendamiento.

Artículo 15. *Actos equiparados a concesiones.*

Se equipararán a concesiones administrativas, a los efectos del impuesto, los actos y negocios administrativos, cualquiera que sea su modalidad o denominación, por los que, como consecuencia del otorgamiento de facultades de gestión de servicios públicos o de la atribución del uso privativo o del aprovechamiento especial de bienes de dominio o uso público, se origine un desplazamiento patrimonial en favor de particulares.

Artículo 16[12]. *Transmisión de créditos y derechos.*

En la transmisión de créditos o derechos mediante cuyo ejercicio hayan de obtenerse bienes determinados y de posible estimación se exigirá el impuesto por iguales conceptos y tipos que las que se efectúen de los mismos bienes y derechos.

Artículo 17[13].

---

[11]   Art. 16 del TRITPyAJD.

[12]   Art. 17.1 del TRLITPyAJD.

[13]   Art. 17 suprimido por la Disp. Derogatoria única del Real Decreto 1075/2017, de 29 de diciembre, por el que se modifican ... el Reglamento del Impuesto sobre Transmisiones Patrimoniales y Actos Jurídicos Documentados, aprobado por el Real Decreto 828/1995, de 29 de mayo... (BOE núm. 317, de 30 de diciembre de 2017) en vigor desde el 1 de enero de 2018.
        Art. 17.2 del TRLITPyAJD.

SECCIÓN 2.ª *Normas especiales*

Artículo 18. *Principio de accesión*

Las compraventas y demás transmisiones a título oneroso de terrenos o solares sobre los cuales exista una edificación, se entenderá que comprenden tanto el suelo como el vuelo, salvo que el transmitente se reserve éste o el adquirente acredite que el dominio de la edificación lo adquirió por cualquier otro título.

Artículo 19. *Reconocimientos de dominio*

La declaración o reconocimiento de propiedad u otro derecho, a título de haber obrado en concepto de mandatario o gestor de la persona a cuyo favor se hacen, al verificar la adquisición de los bienes a que dicha declaración o reconocimiento se refieran, se considerará como verdadera transmisión, si en el título o documento acreditativo de la que se supone realizada por poder o encargo, no constaran consignados en legal forma tal carácter y circunstancias y sin perjuicio de que la actuación en concepto de mandatario o gestor pueda acreditarse por otros medios de prueba.

Artículo 20. *Subastas a condición de ceder*

Si la enajenación tuviera lugar en subasta judicial, y el postor a quien se adjudique el remate hubiera hecho uso, en el acto de la subasta, del derecho a cederlo en las condiciones establecidas por la normativa reguladora de la subasta de que se trate, se liquidará una sola transmisión en favor del cesionario. Si la declaración de haber hecho la postura para ceder se formula después de celebrada la subasta, no tendrá aplicación lo dispuesto en este apartado y se liquidarán dos transmisiones distintas: una, al adjudicatario del remate, y otra, al cesionario de aquél.

Artículo 21[14].

Artículo 22[15]. *Cesión de bienes a cambio de pensión*

Cuando en las cesiones de bienes a cambio de pensiones vitalicias o temporales, la base imponible a efectos de la cesión sea superior en más del 20 por 100 y en 12.020,24 euros *(2.000.000 de pesetas)* a la de la pensión, la liquidación a cargo del cesionario de los bienes se girará por el valor en que ambas bases coincidan y por la diferencia se le practicará otra por el concepto de donación.

---

[14]   Art. 21 suprimido por la Disp. Derogatoria única del Real Decreto 1075/2017, de 29 de diciembre, por el que se modifican ... el Reglamento del Impuesto sobre Transmisiones Patrimoniales y Actos Jurídicos Documentados, aprobado por el Real Decreto 828/1995, de 29 de mayo... (BOE núm. 317, de 30 de diciembre de 2017) en vigor desde el 1 de enero de 2018.

[15]   Art. 14.6 del TRLITPyAJD.

Artículo 23. *Permutas*

En las permutas de bienes o derechos, tributará cada permutante por el valor comprobado de los que adquiera, salvo que el declarado sea mayor o resulte de aplicación lo dispuesto en el artículo 21 anterior, y aplicando el tipo de gravamen que corresponda a la naturaleza mueble o inmueble de los bienes o derechos adquiridos.

Artículo 24[16]. *Promesas de venta*

La promesa de venta de bienes de cualquier naturaleza, se entenderá siempre hecha a título oneroso y devengará el impuesto en las condiciones establecidas en el artículo 50.5 de este Reglamento.

Artículo 25[17]. *Tributación del préstamo con garantía*

1. La constitución de las fianzas y de los derechos de hipoteca, prenda y anticresis, en garantía de un préstamo, tributarán exclusivamente por el concepto de préstamo, cuando la constitución de la garantía sea simultánea con la concesión del préstamo o en el otorgamiento de éste estuviese prevista la posterior constitución de la garantía.

2. Se liquidarán como préstamos personales las cuentas de crédito, el reconocimiento de deuda y el depósito retribuido, con aplicación, en su caso, de lo dispuesto en el apartado anterior.

3. A los actos equiparados al préstamo en el número anterior se aplicará, en su caso, lo dispuesto en el artículo 88.I.*B)* 15 de este Reglamento.

Artículo 26[18]. *Cuentas de crédito*

1. Cuando la forma de realizarse la operación de préstamo no permita fijar inicialmente su cuantía, como ocurre en el caso de las cuentas de crédito, la liquidación se girará al liquidarse anualmente el crédito o antes, si terminase la operación, sobre el capital que resulte utilizado por el prestatario, entendiéndose por tal el mayor saldo deudor que hubiese arrojado la cuenta en dicho período de tiempo.

2. En el supuesto de que la duración de la cuenta fuese superior a un año, se tomará como base en los ejercicios siguientes al primero la diferencia positiva, si la hubiere, entre el importe máximo dispuesto en el ejercicio de que se trate y el mayor saldo deudor correspondiente a los ejercicios anteriores.

---

[16]   Art. 14.2 del TRLITPyAJD.
[17]   Art. 15.1 del TRLITPyAJD.
[18]   Art. 15.2 del TRLITPyAJD.

Artículo 27. *Censos enfitéuticos y reservativos*

En la constitución de los censos enfitéuticos y reservativos, sin perjuicio de la liquidación por este concepto, se girará la correspondiente a la cesión de los bienes por el valor que tengan, deduciendo el capital de aquéllos.

Artículo 28. *Transacciones*

1. En las transacciones se liquidará el impuesto según el título por el cual se adjudiquen, declaren o reconozcan los bienes o derechos litigiosos, y si aquél no constare, por el concepto de transmisión onerosa.

2. Para que la transacción se repute tal a los efectos del impuesto, es indispensable que se realice después de entablada la demanda ordinaria correspondiente. Por tanto, si la cuestión no hubiere adquirido verdadero carácter litigioso y el reconocimiento o cesión de derechos se verificase por convenio público o privado entre las partes, que no sea consecuencia de la incoación de procedimientos judiciales anteriores, aquéllos se liquidarán por el concepto jurídico en que dichos actos se realicen, conforme al contrato, independientemente del título que las partes alegaren como fundamento de la transacción.

3. Si en la transacción mediasen prestaciones ajenas al objeto litigioso, tales como constitución de pensiones, reconocimiento de derechos reales, entrega a metálico, cambio o permuta de bienes u otros que alteren respecto a todo o parte de los bienes o derechos reales objeto de la transacción, la naturaleza del acto o título que se haya ostentado al entablar la demanda, se liquidará el impuesto por el concepto respectivo, prescindiendo de dicho acto o título.

4. Cuando a consecuencia de dichas prestaciones resulte alterada la naturaleza del acto o título fundamento de la demanda, respecto a una parte de los bienes, quedando subsistente en cuanto a otra, se liquidará el impuesto de cada una de ellas, según queda expresado en el apartado anterior.

5. Cuando por efecto de la transacción queden los bienes o derechos reales en poder del que los poseía, en virtud del título ostentado en el litigio, aquél no pagará el impuesto, si resulta debidamente justificado que lo satisfizo en la época en que adquirió el dominio o la posesión.

Artículo 29[19]. *Adjudicaciones en pago de asunción de deudas.*

En las adjudicaciones expresas de bienes y derechos que se realicen en pago de la asunción por el adjudicatario de una deuda del adjudicante se exigirá el impuesto por el concepto de adjudicación en pago de deudas.

---

[19]   Art. 29 declarado nulo por la STS de 5 de diciembre de 1998.
      Art. 7.2.A) del TRLITPyAJD, tras su nueva redacción dada por la Ley 55/1999, de 29 de diciembre, con efectos desde 1/1/2000.

Artículo 30. *Adjudicaciones para pago de deudas*
   1. Para que, de conformidad con lo dispuesto en el párrafo A) del artículo 11.1 anterior, proceda la devolución del impuesto satisfecho por el adjudicatario para pago de deudas, éste deberá ser persona distinta del acreedor.
   2. En el caso de que al presentarse el documento acreditativo de la adjudicación para pago de bienes o derechos a la liquidación del impuesto se justificase con documento fehaciente que el adjudicatario los había ya enajenado o adjudicado definitivamente al acreedor dentro del término reglamentario, y se había satisfecho el impuesto correspondiente a estas transmisiones, no se exigirá por la adjudicación para pago de deudas, haciéndolo constar así por nota al pie del documento en la que se consignará la fecha del pago.
   3. Cualquiera que sea la cantidad en que se enajenen, cedan o adjudiquen los bienes o derechos, el encargado de pagar las deudas sólo tendrá derecho a la devolución de la cantidad que hubiera satisfecho por impuesto, en concepto de adjudicación, por los bienes o derechos cedidos o enajenados.

SECCIÓN 3.ª *Supuestos de no sujeción*

Artículo 31. *Supuestos generales*
   1. Se considerarán no sujetos a la modalidad de «transmisiones patrimoniales onerosas» del Impuesto sobre Transmisiones Patrimoniales y Actos Jurídicos Documentados, cualesquiera actos y contratos no consignados expresamente en el Texto refundido o en este Reglamento.
   2. Tampoco estarán sujetas al concepto de «transmisiones patrimoniales onerosas», regulado en el presente Título, las operaciones incluidas en el hecho imponible del impuesto cuando sean realizadas por empresarios o profesionales en el ejercicio de su actividad empresarial o profesional y, en cualquier caso, cuando constituyan entregas de bienes o prestaciones de servicios sujetas al Impuesto sobre el Valor Añadido. No obstante, quedarán sujetas a dicho concepto impositivo las entregas o arrendamientos de bienes inmuebles, así como la constitución y transmisión de derechos reales de uso y disfrute que recaigan sobre los mismos, cuando gocen de exención en el Impuesto sobre el Valor Añadido. También quedarán sujetas las entregas de aquellos inmuebles que estén incluidos en la transmisión de la totalidad de un patrimonio empresarial, cuando por las circunstancias concurrentes la transmisión de este patrimonio no quede sujeta al Impuesto sobre el Valor Añadido.

Artículo 32. *Supuestos especiales*
   1. La recuperación del dominio como consecuencia del cumplimiento de una condición resolutoria expresa de la compraventa no dará lugar a practicar liquidación por la modalidad de «transmisiones patrimoniales onerosas», sin que a estos efectos se precise la existencia de una resolución, judicial o administrativa, que así lo declare.

2. Lo dispuesto en el apartado anterior se aplicará igualmente a las transmisiones que se produzcan con motivo de la reversión del dominio al expropiado a consecuencia del incumplimiento de los fines justificativos de la expropiación.

3. Tampoco motivarán liquidación por la modalidad de «transmisiones patrimoniales onerosas» los excesos de adjudicación declarados que resulten de las adjudicaciones de bienes que sean efecto patrimonial de la disolución del matrimonio o del cambio de su régimen económico, cuando sean consecuencia necesaria de la adjudicación a uno de los cónyuges de la vivienda habitual del matrimonio.

Artículo 33[20]. *Transmisiones de bienes inmuebles*

1. Todas las transmisiones empresariales de bienes inmuebles sujetas y no exentas al Impuesto sobre el Valor Añadido, se liquidarán sin excepción por dicho tributo, sin perjuicio de lo previsto en el artículo 72 respecto al gravamen sobre Actos Jurídicos Documentados.

Lo dispuesto anteriormente será aplicable cuando se renuncie a la aplicación de la exención en el Impuesto sobre el Valor Añadido, conforme a lo previsto en la normativa de este impuesto.

2. Si a pesar de lo dispuesto en el apartado anterior se efectuara la autoliquidación por la modalidad de «transmisiones patrimoniales onerosas» del Impuesto sobre Transmisiones Patrimoniales y Actos Jurídicos Documentados, ello no eximirá en ningún caso a los sujetos pasivos sometidos al Impuesto sobre el Valor Añadido, de sus obligaciones tributarias por este concepto, sin perjuicio del derecho a la devolución de los ingresos indebidos a que hubiese lugar, en su caso, por la referida modalidad de «transmisiones patrimoniales onerosas».

3. Del mismo modo, si procediendo liquidación por la modalidad de «transmisiones patrimoniales onerosas», se efectuara indebidamente la repercusión del Impuesto sobre el Valor Añadido, ello no eximirá en ningún caso a los sujetos pasivos por el Impuesto sobre Transmisiones Patrimoniales y Actos Jurídicos Documentados de sus obligaciones tributarias, sin perjuicio del derecho del vendedor a la devolución de los ingresos indebidos a que hubiere lugar, en su caso, por el citado Impuesto sobre el Valor Añadido.

CAPÍTULO II. SUJETO PASIVO[21]

Artículo 34. *Contribuyente*

Estará obligado al pago del impuesto a título de contribuyente, y cualesquiera que sean las estipulaciones establecidas por las partes en contrario:

a) En las transmisiones de bienes y derechos de toda clase, el que los adquiere.

b) En los expedientes de dominio, la actas de notoriedad, las actas complementarias de documentos públicos y las certificaciones a que se refiere el artículo 206 de la Ley Hipote-

---

[20]   Art. 18 del TRLITPyAJD.
[21]   Arts. 8 y 9 del TRLITPyAJD.

caria, la persona que los promueva, y en los reconocimientos de dominio hechos a favor de persona determinada, ésta última.

c) En la constitución de derechos reales, aquél a cuyo favor se realice este acto.

d) En la constitución de préstamos de cualquier naturaleza, el prestatario.

e) En la constitución de fianzas, el acreedor afianzado.

f) En la constitución de arrendamientos, el arrendatario.

g) En la constitución de pensiones, el pensionista.

h) En la concesión administrativa, el concesionario; en los actos y contratos administrativos equiparados a la concesión, el beneficiario.

Artículo 35. *Diversidad de sujetos pasivos*

Cuando un contrato comprenda varias convenciones sujetas al impuesto, el sujeto pasivo se determinará con independencia para cada una de ellas, salvo que expresamente se establezca otra cosa.

Artículo 36. *Responsables subsidiarios*

1. Serán subsidiariamente responsables del pago del impuesto:

a) En la constitución de préstamos, el prestamista si percibiera total o parcialmente los intereses o el capital o la cosa prestada, sin haber exigido al prestatario justificación de haber satisfecho este impuesto.

b) En la constitución de arrendamientos, el arrendador, si hubiera percibido el primer plazo de renta sin exigir al arrendatario igual justificación.

2. Asimismo, responderá del pago del impuesto de forma subsidiaria el funcionario que autorizase el cambio de sujeto pasivo de cualquier tributo estatal, autonómico o local, cuando tal cambio suponga directa o indirectamente una transmisión gravada por el presente impuesto y no hubiera exigido previamente la justificación del pago del mismo.

CAPÍTULO III. BASE IMPONIBLE[22]

SECCIÓN 1.ª *Normas generales*

Artículo 37. *Regla general*

1. La base imponible está constituida por el valor real del bien transmitido o del derecho que se constituya o ceda. Únicamente serán deducibles las cargas que disminuyan el valor real de los bienes, pero no las deudas aunque estén garantizadas con prenda o hipoteca.

2. A efectos de la fijación del valor real de los bienes y derechos transmitidos serán deducibles del valor comprobado por la Administración las cargas o gravámenes de naturaleza perpetua, temporal o redimible que afecten a los bienes y aparezcan directamente estable-

---

[22]   Art. 10 del TRLITPyAJD.

cidos sobre los mismos. En este sentido, serán deducibles las cargas que, como los censos y las pensiones, disminuyen realmente el capital o valor de los bienes transmitidos sin que merezcan tal consideración las cargas que constituyan obligación personal del adquirente ni aquéllas que puedan suponer una minoración en el precio a satisfacer, pero no una disminución del valor de lo transmitido, aunque se hallen garantizadas con prenda o hipoteca.

3. Cuando en los documentos presentados no constase expresamente la duración de las pensiones, cargas o gravámenes deducibles, se considerará ilimitada.

4. El valor del censo, a efectos de su deducción del de los bienes transmitidos, se estimará en el del capital que deba entregarse para su redención, según las normas del Código Civil o de las legislaciones forales.

5. Al extinguirse la pensión o a la redención del censo, el adquirente de los bienes vendrá obligado a satisfacer el impuesto correspondiente al capital deducido por el tipo de gravamen vigente en el momento de la adquisición.

Artículo 38. *Presunción de deducción de cargas*

Todas las cargas, merezcan o no la calificación de deducibles, se presumirá que han sido rebajadas por los interesados al fijar el precio y, en consecuencia, se aumentará a éste, para determinar el valor declarado, el importe de las cargas que, según el artículo 37 anterior, no tienen la consideración de deducibles, salvo que los contratantes estipulen expresamente la deducción de estas cargas del precio fijado, o el adquirente se reserve parte de éste para satisfacer aquéllas.

Artículo 39[23]. *Transmisiones en subasta pública.*

En las transmisiones realizadas mediante subasta pública, notarial, judicial o administrativa, servirá de base el valor de adquisición, «*siempre que consista en un precio en dinero marcado por la Ley o determinado por autoridades o funcionarios idóneos para ello. En los demás casos, el valor de adquisición servirá de base cuando el derivado de la comprobación no resulte superior*».

Artículo 40. *Valor en moneda o divisa extranjera*

1. Si el valor de los bienes o derechos viniere fijado en moneda o divisa distintas de las españolas, se tomará como valor declarado el que resulte de aplicar el tipo de cambio

---

[23]   Texto en cursiva del art. 39 suprimido por la Sentencia del Tribunal Supremo de 3 de noviembre de 1997 de acuerdo con lo recogido en su Fundamento de Derecho Duodécimo. Resolución de 5 de mayo de 1998, de la Secretaria de Estado de Hacienda, por la que se hace público el acuerdo del Consejo de Ministros de fecha 2 de abril de 1998, sobre ejecución de la Sentencia del Tribunal Supremo de fecha 3 de noviembre de 1997, relativa al recurso contencioso-administrativo número 1/532/1995, interpuesto por la Asociación Española de Banca Privada (AEB), contra determinados artículos del Real Decreto 828/1995, de 29 de mayo, por el que se aprueba el Reglamento General del Impuesto de Transmisiones Patrimoniales y Actos Jurídicos Documentados (BOE núm. 123, de 23 de mayo de 1998).

vendedor, fijado por el Banco de España, que esté vigente en el momento del devengo, salvo que el efectivamente satisfecho fuese superior en cuyo caso se tomará éste último.

2. Si el valor apareciere fijado indistintamente en moneda nacional o en moneda o divisa extranjera, se tomará el mayor valor resultante entre uno y otro, aplicación hecha de la regla a que se refiere el apartado anterior.

3. Si el valor viniere establecido en moneda o divisa extranjera, cuyo tipo de cambio vendedor no estuviese fijado por el Banco de España, se estará a su valor de mercado.

SECCIÓN 2.ª *Normas especiales*

Artículo 41. *Usufructo, uso y habitación*

1. El valor del usufructo temporal se reputará proporcional al valor total de los bienes, en razón del 2 por 100 por cada período de un año, sin exceder del 70 por 100.

Para el cómputo del valor del usufructo temporal no se tendrán en cuenta las fracciones de tiempo inferiores al año, si bien el usufructo por tiempo inferior a un año se computará en el 2 por 100 del valor de los bienes.

2. En los usufructos vitalicios se estimará que el valor es igual al 70 por 100 del valor total de los bienes cuando el usufructuario cuente menos de veinte años, minorando, a medida que aumenta la edad, en la proporción de un 1 por 100 menos por cada año más, con el límite mínimo del 10 por 100 del valor total.

3. Si el usufructo constituido a favor de una persona jurídica se estableciera por plazo superior a treinta años o por tiempo indeterminado se considerará fiscalmente como transmisión de plena propiedad sujeta a condición resolutoria.

4. El valor del derecho de nuda propiedad se computará por la diferencia entre el valor del usufructo y el valor total de los bienes. En los usufructos vitalicios que, a su vez, sean temporales, la nuda propiedad se valorará aplicando, de las reglas anteriores, aquella que le atribuya menor valor.

5. En los usufructos sucesivos el valor de la nuda propiedad se calculará teniendo en cuenta el usufructo de mayor porcentaje y a la extinción de este usufructo pagará el nudo propietario por el aumento de valor que la nuda propiedad experimente y así sucesivamente al extinguirse los demás usufructos. La misma norma se aplicará al usufructo constituido en favor de los dos cónyuges simultáneamente, pero sólo se practicará liquidación por consolidación del dominio cuando fallezca el último.

6. La renuncia de un usufructo ya aceptado, aunque sea pura y simple, se considerará a efectos fiscales como donación del usufructuario al nudo propietario.

7. Si el usufructo se constituye con condición resolutoria distinta de la vida del usufructuario se liquidará por las reglas establecidas para los usufructos vitalicios, a reserva de que, cumplida la condición, se practique nueva liquidación, conforme a las reglas establecidas para el usufructo temporal y se hagan las rectificaciones que procedan en beneficio del Tesoro o del interesado.

8. El valor de los derechos reales de uso y habitación será el que resulte de aplicar al 75 por 100 del valor de los bienes sobre los que fueron impuestos, las reglas correspondientes a la valoración de los usufructos temporales o vitalicios, según los casos.

Artículo 42. *Consolidación del dominio*

1. Al consolidarse el dominio, el nudo propietario tributará por este impuesto atendiendo al valor del derecho que ingrese en su patrimonio.

2. En la consolidación del dominio desmembrado por título oneroso, siempre que la consolidación se produjera por cumplimiento del plazo previsto o por muerte del usufructuario, se exigirá al nudo propietario, por los mismos conceptos y título por los que adquirió, en su día, la nuda propiedad, la liquidación correspondiente a la extinción del usufructo sobre el tanto por ciento por el que no se haya liquidado el impuesto al adquirirse la nuda propiedad, cuyo porcentaje se aplicará sobre el valor que tuvieren los bienes en el momento de la consolidación del dominio y por el tipo de gravamen que estuviese vigente en este momento.

3. Si la consolidación se operara por otro negocio jurídico, se exigirá al nudo propietario la mayor de las liquidaciones entre la prevista en el párrafo anterior y la correspondiente al negocio jurídico en cuya virtud se extingue el usufructo.

4. Si la consolidación se opera en el usufructuario, pagará éste la liquidación correspondiente al negocio jurídico en cuya virtud adquiere la nuda propiedad.

5. Si se operare en un tercero, adquirente simultáneo de los derechos de usufructo y nuda propiedad, se girarán únicamente las liquidaciones correspondientes a tales adquisiciones.

6. Al extinguirse los derechos de uso y habitación se exigirá el impuesto al usufructuario, si lo hubiere, en razón al aumento de valor del usufructo, y si dicho usufructo no existiese se practicará al nudo propietario la liquidación correspondiente a la extinción de los mismos derechos. Si el usufructo se extinguiese antes de los derechos de uso y habitación, el nudo propietario pagará la correspondiente liquidación por la consolidación parcial operada por la extinción de dicho derecho de usufructo en cuanto al aumento que a virtud de la misma experimente el valor de la nuda propiedad.

7. La consolidación del dominio desmembrado por título lucrativo se regirá por las normas del Impuesto sobre Sucesiones y Donaciones.

Artículo 43[24]. *Concesiones administrativas.*

1. Como norma general para determinar la base imponible, el valor real del derecho originado por la concesión se fijará por la aplicación de la regla o reglas que, en atención a la naturaleza de las obligaciones impuestas al concesionario, resulten aplicables de las que se indican a continuación:

---

[24]   Afectado por la nueva redacción del art. 13.1 del TRLIPTyAJD.

a) Si la Administración señalase una cantidad total en concepto de precio o canon que deba satisfacer el concesionario, por el importe de la misma.

b)[25]

c) Cuando el concesionario esté obligado a revertir a la Administración bienes determinados, se computará el valor del Fondo de Reversión que aquél deba constituir en cumplimiento de lo dispuesto en el Real Decreto 1643/1990, de 20 de diciembre, o norma que le sustituya.

2. En los casos especiales en los que, por la naturaleza de la concesión, la base imponible no pueda fijarse por las reglas del apartado anterior, se determinará ajustándose a las siguientes:

a) Aplicando al valor de los activos fijos afectos a la explotación, uso o aprovechamiento de que se trate, un porcentaje del 2 por 100 por cada año de duración de la concesión, con el mínimo del 10 por 100 y sin que el máximo pueda exceder del valor de los activos.

b) A falta de la anterior valoración, se tomará la señalada por la respectiva Administración Pública.

c) En defecto de las dos reglas anteriores, por el valor declarado por los interesados, sin perjuicio del derecho de la Administración para proceder a su comprobación por los medios del artículo 52 de la Ley General Tributaria[26].

Artículo 44. *Hipotecas, prendas y anticresis.*

Las hipotecas, prendas y anticresis se valorarán en el importe de la obligación o capital garantizado, comprendiendo las sumas que se aseguren por intereses, con un máximo de cinco años, indemnizaciones, penas por incumplimiento u otro concepto análogo. Si no constare expresamente el importe de la cantidad garantizada, se tomará por base el capital y tres años de intereses.

Artículo 45. *Otros derechos reales.*

Los derechos reales no incluidos en artículos anteriores se imputarán por el capital, precio o valor que las partes hubiesen pactado al constituirlos, si fuere igual o mayor que el

---

[25]   Art. 43.1.b) suprimido por la Disp. Derogatoria única del Real Decreto 1075/2017, de 29 de diciembre, por el que se modifican ... el Reglamento del Impuesto sobre Transmisiones Patrimoniales y Actos Jurídicos Documentados, aprobado por el Real Decreto 828/1995, de 29 de mayo... (BOE núm. 317, de 30 de diciembre de 2017) en vigor desde el 1 de enero de 2018.

[26]   Art. 57 (Comprobación de valores) de la Ley 58/2003, General Tributaria, de 17 de diciembre (BOE núm. 302, de 18 diciembre de 2003).

que resulte de la capitalización al interés básico del Banco de España de la renta o pensión anual, o éste si aquél fuere menor[27].

---

[27]   La referencia al tipo de interés básico del Banco de España hay que entenderla hecha al tipo de interés legal del dinero determinado en la Ley de Presupuestos Generales del Estado, según dispone el artículo 68 de la Ley 66/1997, de 30 de diciembre, de Medidas Fiscales, Administrativas y del Orden Social (BOE del 31).

Año	Interés Legal del Dinero	Texto Legal
2025	3,25%	Hasta que se apruebe la nueva Ley de PGE
2024	3,25%	Hasta que se apruebe la nueva Ley de PGE
2023	3,25%	Disp. Adic. 42ª de la Ley 31/2022, de 23 de diciembre, de PGE para el año 2023
2022	3,75%	Disp. Adic. 46ª de la Ley 22/2021, de 28 de diciembre, de PGE para el año 2022
2021	3%	Disp. Adic. 49ª de la Ley 11/2020, de 30 de diciembre, de PGE para el año 2021
Del 5/7/2018 al 31/12/2020	3%	Disp. Adic. 57ª Ley 6/2018, de 3 de julio, de Presupuestos Generales del Estado para el año 2018
Desde el 29-6-2017 hasta el 4-7-2018	3%	Disp. Adic. 44ª Ley 3/2017, de 27 de junio, de PGE para el año 2017
2016 y hasta el 28-6-2017	3%	Disp. Adic. 34ª Ley 48/2015, de 29 de octubre, de PGE para el año 2016
2015	3,50%	Disp. Adic. 32ª Ley 36/2014, de 26 de diciembre, de PGE para el año 2015.
2014	4,00%	Disp. Adic. 32ª Ley 22/2013, de 23 de diciembre, de PGE para el año 2014.
2013	4%	Disp. Adic. 39ª Ley 17/2012, de 27 de diciembre, de PGE para el año 2013.
1/7/2012	4%	Disp. Adic. 10ª Ley 2/2012, de 29 de junio, de PGE para el año 2012
2011	4%	Disp. Adic. 17ª Ley 39/2010, de 22 de diciembre, de PGE para el año 2011
2010	4%	Disp. Adic. 18ª de la Ley 26/2009, de 23 de diciembre, de PGE para el año 2010
2009	4%	Artículo 1 del Real Decreto-ley 3/2009, de 27 de marzo, de medidas urgentes en materia tributaria, financiera y concursal ante la evolución de la situación económica, en vigor desde el 1-04-2009.
	5,50%	Disp. Adic. 27ª de la Ley 2/2008, de 23 de diciembre, de PGE para el año 2009, en vigor desde el 1-1-2009 al 31-03-2009.

Artículo 46[28]. *Venta con pacto de retro*

1. En las transmisiones de bienes y derechos con cláusula de retro, servirá de base el precio declarado si fuese igual o mayor que los dos tercios del valor comprobado de aquéllos. En la transmisión del derecho a retraer, la tercera parte de dicho valor, salvo que el precio declarado fuese mayor. Cuando se ejercite el derecho de retracto servirá de base las dos terceras partes del valor comprobado de los bienes y derechos retraídos, siempre que sea igual o mayor al precio de la retrocesión.

2. En la extinción del derecho de retraer, por haber transcurrido el plazo estipulado o el legal, se girará al adquirente de los bienes o derechos o a sus causahabientes la correspondiente liquidación complementaria, sirviendo de base la diferencia, si la hubiere, entre la base de la liquidación anteriormente practicada y el total valor comprobado de los bienes.

3. Si el derecho de retraer se ejercita después de vencido el plazo estipulado y, en todo caso, pasados diez años desde la fecha del contrato, o del término máximo permitido por la legislación civil que sea aplicable al mismo, se estará a lo dispuesto en el párrafo segundo del artículo 1508 del Código Civil, y se liquidará el impuesto en concepto de nueva transmisión.

4. La prórroga del plazo durante el cual el retracto pueda ejercitarse no estará sujeta al impuesto por la modalidad de «transmisiones patrimoniales onerosas», sin perjuicio de su tributación, cuando proceda, por el gravamen gradual de «actos jurídicos documentados».

5. A los solos efectos de que el que adquiera una finca o derecho real a virtud de retracto legal no satisfaga el impuesto, si el comprador de quien lo retrae lo hubiera satisfecho ya, la oficina liquidadora calificará la procedencia o no del retracto, sin necesidad de que el retrayente entable demanda judicial.

6. En todos los casos en que sea necesario valorar el derecho de retracto, se estimará en la tercera parte del valor total de los bienes o derechos a que afecte, salvo que el declarado sea mayor.

Artículo 47. *Transmisión de créditos o derechos*

1. Cuando en la transmisión de créditos, derechos o acciones, mediante cuyo ejercicio hayan de obtenerse bienes determinados y de posible estimación, el valor de aquéllos no conste, se practicará una liquidación con carácter provisional sobre el que, a requerimiento de la Administración, declaren los interesados, en el plazo de diez días, y sin perjuicio de ampliarla al exceso, si lo hubiere, del verdadero valor de los derechos transmitidos, cuando, por hacerse efectivo, sea conocido el de los bienes que mediante aquéllos se obtengan, practicándose entonces la liquidación definitiva.

2. Si en el plazo indicado los interesados no hicieran la declaración del valor, lo fijará la Administración, practicando liquidación sin perjuicio de las reclamaciones que procedan.

---

[28]   Art. 14.3 del TRLITPyAJD

Si no fuere posible a la Administración, por ningún concepto, fijar el valor de los derechos y acciones transmitidos, se aplazará la liquidación, haciéndolo constar así por medio de nota extendida al pie del documento.

Artículo 48. *Arrendamientos*

En los arrendamientos servirá de base la cantidad total que haya de satisfacerse por todo el período de duración del contrato; cuando no constase aquél, se girará la liquidación computándose seis años, sin perjuicio de las liquidaciones adicionales que deban practicarse, caso de continuar vigente después del expresado período temporal; en los contratos de arrendamiento de fincas urbanas sujetas a prórroga forzosa se computará, como mínimo, un plazo de duración de tres años.

Las prórrogas forzosas de los distintos contratos de arrendamiento, conforme a su legislación específica, no quedarán sujetas al impuesto. Las convencionales se regirán por lo establecido en el artículo 10.2 de este Reglamento.

Artículo 49. *Pensiones*

La base imponible de las pensiones se obtendrá capitalizándolas al interés básico del Banco de España[29] y tomando del capital resultante aquella parte que, según las reglas establecidas para valorar los usufructos, corresponda a la edad del pensionista, si la pensión es vitalicia, o a la duración de la pensión si es temporal. Cuando el importe de la pensión no se cuantifique en unidades monetarias, la base imponible se obtendrá capitalizando el importe anual del salario mínimo interprofesional.

A los efectos de lo prevenido en el párrafo anterior se capitalizará la cantidad que corresponda a una anualidad.

Artículo 50. *Otras normas sobre base imponible*

1. En las transmisiones de valores que se negocien en un mercado secundario oficial, servirá de base imponible el valor de cotización del día en que tenga lugar la adquisición o, en su defecto, la del primer día inmediato anterior en que se hubiesen negociado, dentro del trimestre inmediato precedente.

2. En las actas de notoriedad que se autoricen para inscripción de aguas destinadas al riego, tanto en el Registro de la Propiedad como en los Administrativos, servirá de base la capitalización al 16 por 100 de la riqueza imponible asignada a las tierras que con tales aguas se beneficien.

3. En los contratos de aparcería de fincas rústicas, servirá de base el 3 por 100 del valor catastral asignado en el Impuesto sobre Bienes Inmuebles a la finca objeto del contrato, multiplicado por el número de años de duración del contrato.

---

[29]   Ver nota a pie de página del art. 45 de este Reglamento.

4. En los préstamos sin otra garantía que la personal del prestatario, en los asegurados con fianza y en los contratos de reconocimiento de deudas y de depósito retribuido, el capital de la obligación o valor de la cosa depositada. En las cuentas de crédito, el que realmente hubiese utilizado el prestatario. En los préstamos garantizados con prenda, hipoteca o anticresis, se observará lo dispuesto en el artículo 44 de este Reglamento.

5[30]. Las promesas y opciones de contratos sujetos al impuesto serán equiparadas a éstos, tomándose como base el precio especial convenido, y a falta de éste, o si fuere menor, el 5 por 100 de la base aplicable a dichos contratos.

CAPÍTULO IV. CUOTA TRIBUTARIA

Artículo 51[31]. *Tipos de gravamen.*

1. La cuota tributaria se obtendrá aplicando sobre la base liquidable los siguientes tipos, sin perjuicio de lo establecido en el artículo siguiente:

a) El 6 por 100, si se trata de la transmisión de inmuebles, así como la constitución y cesión de derechos reales que recaigan sobre los mismos, excepto los derechos reales de garantía.

b) El 4 por 100, si se trata de la transmisión de bienes muebles y semovientes, así como la constitución y cesión de derechos reales sobre los mismos, salvo los derechos reales de garantía.

Se aplicará este tipo igualmente a cualquier otro acto sujeto no comprendido en las demás letras de este apartado.

La transmisión de valores tributará, en todo caso, conforme a lo dispuesto en el artículo 53 de este Reglamento.

c) El 1 por 100, si se trata de la constitución de derechos reales de garantía, pensiones, fianzas o préstamos, incluso los representados por obligaciones, así como la cesión de créditos de cualquier naturaleza.

2. Cuando un mismo acto o contrato comprenda bienes muebles e inmuebles sin especificación de la parte de valor que a cada uno de ellos corresponda se aplicará el tipo de gravamen de los inmuebles.

Artículo 52[32].

---

[30]   Art. 14.2 del TRLITPyAJD y Art. 24 (Promesas de venta) de este RITPyAJD.
[31]   Afectado por la nueva redacción del art. 11 del TRLIPTyAJD.
[32]   Art. 52 suprimido por la Disp. Derogatoria única del Real Decreto 1075/2017, de 29 de diciembre, por el que se modifican ... el Reglamento del Impuesto sobre Transmisiones Patrimoniales y Actos Jurídicos Documentados, aprobado por el Real Decreto 828/1995, de 29 de mayo... (BOE núm. 317, de 30 de diciembre de 2017), en vigor desde el 1 de enero de 2018.

Artículo 53[33].

TÍTULO SEGUNDO. OPERACIONES SOCIETARIAS

CAPÍTULO I. HECHO IMPONIBLE

Artículo 54. *Operaciones sujetas*

1. Son operaciones societarias sujetas:

1.º La constitución, aumento y disminución de capital, fusión, escisión y disolución de sociedades.

2.º Las aportaciones que efectúen los socios para reponer pérdidas sociales.

3.º El traslado a España de la sede de dirección efectiva o del domicilio social de una sociedad, cuando ni una ni otro estuviesen previamente situados en un Estado miembro de la Comunidad Europea, o en éstos la entidad no hubiese sido gravada por un impuesto similar al regulado en el presente Título.

2. No estará sujeta la ampliación de capital que se realice con cargo a la reserva constituida exclusivamente por prima de emisión de acciones.

3[34]**.** «*La reducción de capital que sea consecuencia de la compra o adquisición por la sociedad de sus propias acciones para amortizarlas, tributará por aquél concepto, sobre la base del valor nominal de las acciones amortizadas*»

Artículo 55[35]**.** *Entidades equiparadas a sociedades.*

1. A los efectos de este impuesto se equipararán a sociedades:

1.º Las personas jurídicas no societarias que persigan fines lucrativos.

2.º Los contratos de cuentas en participación.

3.º La copropiedad de buques.

---

[33]   Art. 53 suprimido por la Disp. Derogatoria única del Real Decreto 1075/2017, de 29 de diciembre, por el que se modifican ... el Reglamento del Impuesto sobre Transmisiones Patrimoniales y Actos Jurídicos Documentados, aprobado por el Real Decreto 828/1995, de 29 de mayo... (BOE núm. 317, de 30 de diciembre de 2017), en vigor desde el 1 de enero de 2018.

[34]   Se anula totalmente el artículo 54.3 por la Sentencia del Tribunal Supremo (Sala 3.ª, Sección 2.ª) de 3 de noviembre de 1997 de acuerdo con lo recogido en su Fundamento de Derecho Duodécimo. Resolución de 5 de mayo de 1998, de la Secretaría de Estado de Hacienda, por la que se hace público el acuerdo del Consejo de Ministros de fecha 2 de abril de 1998, sobre ejecución de la Sentencia del Tribunal Supremo de fecha 3 de noviembre de 1997, relativa al recurso contencioso-administrativo número 1/532/1995, interpuesto por la Asociación Española de Banca Privada (AEB), contra determinados artículos del Real Decreto 828/1995, de 29 de mayo, por el que se aprueba el Reglamento General del Impuesto de Transmisiones Patrimoniales y Actos Jurídicos Documentados (BOE núm. 123, de 23 de mayo de 1998).

[35]   Art. 22 del TRLITPyAJD.

4.º La comunidad de bienes, constituida por actos «inter vivos», que realice actividades empresariales, sin perjuicio de lo dispuesto en la Ley del Impuesto sobre la Renta de las Personas Físicas.

5.º La misma comunidad constituida u originada por actos «mortis causa», cuando continúe en régimen de indivisión la explotación del negocio del causante por un plazo superior a tres años. La liquidación se practicará, desde luego, sin perjuicio del derecho a la devolución que proceda si la comunidad se disuelve antes de transcurrir el referido plazo.

2. Cuando lo permita la peculiaridad propia del régimen jurídico de la entidad de que se trate, la equiparación alcanzará a todos los supuestos contemplados en el apartado 1.1.º del artículo anterior.

Artículo 56[36]. *Sociedades extranjeras.*

1. Las entidades que realicen, a través de sucursales o establecimientos permanentes, operaciones de su tráfico en territorio español y cuyo domicilio social y sede de dirección efectiva se encuentren en países no pertenecientes a la Comunidad Europea, o encontrándose en éstos no estuviesen sometidas a un gravamen análogo al que es objeto del presente Título, vendrán obligadas a tributar, por los mismos conceptos y en las mismas condiciones que las españolas, por la parte de capital que destinen a dichas operaciones.

2. Las entidades a que se refiere el apartado anterior deberán hacer constar expresamente en el documento en que figure el acuerdo social encaminado a la realización de tales operaciones, la dotación patrimonial que destinen a las operaciones a realizar en territorio español y si no lo hicieren así o si la cifra fijada resultare inferior, servirá de base para determinación del capital aportado la correspondiente a la cifra relativa de negocios por comparación de las actividades realizadas en territorio español y fuera de él. Dicho porcentaje así obtenido se aplicará al capital fiscal de la sociedad, determinado conforme a la normativa del Impuesto sobre Sociedades, y la cifra resultante servirá de base para practicar las liquidaciones correspondientes.

Artículo 57[37].

Artículo 58. *Adjudicaciones de bienes a terceros.*

Las adjudicaciones que de los bienes sociales se hagan a personas ajenas a la sociedad, tributarán por la modalidad de «transmisiones patrimoniales onerosas» y por los tipos que correspondan, según la clase de bienes en que consistan.

---

[36]   Art. 20 del TRLITPyAJD.

[37]   Art. 57 suprimido por la Disp. Derogatoria única del Real Decreto 1075/2017, de 29 de diciembre, por el que se modifican ... el Reglamento del Impuesto sobre Transmisiones Patrimoniales y Actos Jurídicos Documentados, aprobado por el Real Decreto 828/1995, de 29 de mayo... (BOE núm. 317, de 30 de diciembre de 2017), en vigor desde el 1 de enero de 2018.

Artículo 59[38].

Artículo 60[39]. *Comunidades de bienes.*
1. Cuando en los documentos o escrituras que documenten la adquisición proindiviso de bienes por dos o más personas se haga constar la finalidad de realizar con los bienes adquiridos actividades empresariales, se entenderá a efectos de la liquidación por el impuesto que, con independencia de la adquisición, existe una convención para constituir una comunidad de bienes sujeta a la modalidad de «operaciones societarias».
2. La venta de participaciones indivisas de un buque, con reserva de otra u otras por el vendedor, se liquidará, con independencia de la liquidación que proceda por la transmisión, por el concepto de constitución de sociedad.

Artículo 61[40]. *Disolución de comunidades de bienes.*
1. La disolución de comunidades que resulten gravadas en su constitución, se considerará a los efectos del impuesto, como disolución de sociedades, girándose la liquidación por el importe de los bienes, derechos o porciones adjudicadas a cada comunero.
2. La disolución de comunidades de bienes que no hayan realizado actividades empresariales, siempre que las adjudicaciones guarden la debida proporción con las cuotas de titularidad, sólo tributarán, en su caso, por Actos Jurídicos Documentados.

CAPÍTULO II. SUJETO PASIVO

Artículo 62[41]. *Contribuyente.*
Estará obligado al pago del impuesto a título de contribuyente y cualesquiera que sean las estipulaciones establecidas por las partes en contrario:
a) En la constitución, aumento de capital, fusión, escisión, traslado de sede de dirección efectiva o domicilio social y aportaciones de los socios para reponer pérdidas, la sociedad.
En la constitución del contrato de cuentas en participación será sujeto pasivo el socio gestor.
b) En la disolución de sociedades y reducción del capital social, los socios, copropietarios, comuneros o partícipes por los bienes y derechos recibidos.

Art. 21 del TRLITPyAJD, en vigor desde el 1 de enero de 2018.
[38]   Art. 59 suprimido por la Disp. Derogatoria única del Real Decreto 1075/2017, de 29 de diciembre, por el que se modifican ... el Reglamento del Impuesto sobre Transmisiones Patrimoniales y Actos Jurídicos Documentados, aprobado por el Real Decreto 828/1995, de 29 de mayo... (BOE núm. 317, de 30 de diciembre de 2017), en vigor desde el 1 de enero de 2018.
[39]   Art. 22 del TRLITPyAJD.
[40]   Art. 22 del TRLITPyAJD.
[41]   Art. 23 del TRLITPyAJD.

«Cuando la sociedad acuerde la reducción de capital para amortizar acciones propias, asumirá la condición de sujeto pasivo»[42].

En la extinción del contrato de cuentas en participación será sujeto pasivo el partícipe en el negocio.

Artículo 63[43]. *Responsables subsidiarios.*

Serán subsidiariamente responsables del pago del impuesto en la constitución, aumento y reducción de capital social, fusión, escisión, aportaciones de los socios para reponer pérdidas, disolución y traslado de la sede de dirección efectiva o del domicilio social de sociedades, los promotores, administradores, o liquidadores de las mismas que hayan intervenido en el acto jurídico sujeto al impuesto, siempre que se hubieran hecho cargo del capital aportado o hubiesen entregado los bienes.

CAPÍTULO III. BASE IMPONIBLE

Artículo 64[44]. *Normas generales.*

1. En la constitución y aumento de capital de sociedades que limiten de alguna manera la responsabilidad de los socios, la base imponible coincidirá con el importe nominal en que aquél quede fijado inicialmente o ampliado con adición de las primas de emisión, en su caso, exigidas.

2. Cuando se trate de operaciones realizadas por sociedades distintas de las anteriores y en las aportaciones de los socios para reponer pérdidas sociales, la base imponible se fijará en el valor neto de la aportación, entendiéndose como tal el valor real de los bienes y derechos aportados minorado por las cargas y gastos que fueren deducibles y por el valor de las deudas que queden a cargo de la sociedad con motivo de la aportación.

3. En los traslados de sede de dirección efectiva o de domicilio social, la base imponible coincidirá con el haber líquido que la sociedad, cuya sede de dirección efectiva o domicilio social se traslada, tenga el día en que se adopte el acuerdo. A estos efectos, se entenderá por haber líquido la diferencia entre el valor del activo real y el del pasivo exigible.

---

[42]   En el 62.b), se suprime la frase, del párrafo segundo por la Sentencia del Tribunal Supremo (Sala 3.ª, Sección 2.ª) de 3 de noviembre de 1997 de acuerdo con lo recogido en su Fundamento de Derecho Duodécimo. Resolución de 5 de mayo de 1998, de la Secretaria de Estado de Hacienda, por la que se hace público el acuerdo del Consejo de Ministros de fecha 2 de abril de 1998, sobre ejecución de la Sentencia del Tribunal Supremo de fecha 3 de noviembre de 1997, relativa al recurso contencioso-administrativo número 1/532/1995, interpuesto por la Asociación Española de Banca Privada (AEB), contra determinados artículos del Real Decreto 828/1995, de 29 de mayo, por el que se aprueba el Reglamento General del Impuesto de Transmisiones Patrimoniales y Actos Jurídicos Documentados (BOE núm. 123, de 23 de mayo de 1998).

[43]   Art. 24 del TRLITPyAJD.

[44]   Art. 25 del TRLITPyAJD.

4. En la escisión y fusión de sociedades, la base imponible se fijará atendiendo a la cifra de capital social del nuevo ente creado o al aumento de capital social de la sociedad absorbente, con adición, en su caso, de las primas de emisión.

5. En la disminución de capital y en la disolución, la base imponible coincidirá con el valor real de los bienes y derechos entregados a los socios, sin deducción de gastos y deudas.

«En la disolución de sociedad, hasta que sean conocidos los bienes y derechos adjudicados a los socios, la liquidación a cargo de éstos se practicará con carácter provisional sobre la base del haber líquido de la sociedad»[45].

6. La constitución del contrato de cuentas en participación tributará sobre la base de la parte de capital en que se hubiera convenido que el comerciante participe de los resultados prósperos o adversos de las operaciones de otros comerciantes.

CAPÍTULO IV. CUOTA TRIBUTARIA

Artículo 65[46]. *Tipo de gravamen.*

La cuota tributaria se obtendrá aplicando a la base liquidable el tipo de gravamen del 1 por 100.

TÍTULO TERCERO. ACTOS JURÍDICOS DOCUMENTADOS

CAPÍTULO I. PRINCIPIOS GENERALES

Artículo 66[47]. *Modalidades.*

1. Se sujetan a gravamen, en los términos que se previenen en los artículos siguientes:

a) Los documentos notariales.

b) Los documentos mercantiles.

c) Los documentos administrativos.

2. El tributo se satisfará mediante cuotas variables o fijas, atendiendo a que el documento que se formalice, otorgue o expida tenga o no por objeto cantidad o cosa valuable en algún momento de su vigencia.

---

[45]   En el artículo 64.5, se suprime el párrafo segundo por la Sentencia del Tribunal Supremo (Sala 3.ª, Sección 2.ª) de 3 de noviembre de 1997 de acuerdo con lo recogido en su Fundamento de Derecho Duodécimo. Resolución de 5 de mayo de 1998, de la Secretaría de Estado de Hacienda, por la que se hace público el acuerdo del Consejo de Ministros de fecha 2 de abril de 1998, sobre ejecución de la Sentencia del Tribunal Supremo de fecha 3 de noviembre de 1997, relativa al recurso contencioso-administrativo número 1/532/1995, interpuesto por la Asociación Española de Banca Privada (AEB), contra determinados artículos del Real Decreto 828/1995, de 29 de mayo, por el que se aprueba el Reglamento General del Impuesto de Transmisiones Patrimoniales y Actos Jurídicos Documentados (BOE núm. 123, de 23 de mayo de 1998).

[46]   Art. 26 del TRLITPyAJD.

[47]   Art. 27 del TRLITPyAJD.

3[48]. Los documentos notariales se extenderán necesariamente en papel timbrado, salvo que se exceptúe su uso por normas especiales de rango legal.

CAPÍTULO II. DOCUMENTOS NOTARIALES

SECCIÓN 1.ª *Hecho imponible*

Artículo 67[49]. *Norma general.*

Están sujetas las escrituras, actas y testimonios notariales, en los términos que establecen los artículos siguientes.

SECCIÓN 2.ª *Sujeto pasivo*

Artículo 68[50]. *Contribuyente.*

Será sujeto pasivo el adquirente del bien o derecho y, en su defecto, las personas que insten o soliciten los documentos notariales, o aquellos en cuyo interés se expidan.

Cuando se trate de escrituras de constitución de préstamo con garantía se considerará adquirente al prestatario[51].

SECCIÓN 3.ª *Base imponible*

Artículo 69[52]. *Norma general.*

1[53]. En las primeras copias de escrituras públicas que tengan por objeto directo cantidad o cosa valuable servirá de base el valor declarado, sin perjuicio de la comprobación administrativa.

2. En las actas notariales se observará lo dispuesto en el apartado anterior, salvo en las de protesto, en las que la base imponible coincidirá con la tercera parte del valor nominal del efecto protestado o de la cantidad que hubiese dado lugar al protesto.

3. Se entenderá que el acto es de objeto no valuable cuando durante toda su vigencia, incluso en el momento de su extinción, no pueda determinarse la cuantía de la base. Si ésta no pudiese fijarse al celebrarse el acto, se exigirá el impuesto como si se tratara de objeto no valuable, sin perjuicio de que la liquidación se complete cuando la cuantía quede determinada.

---

[48]   Art. 27.3 del TRLITPyAJD.

[49]   Art. 28 del TRLITPyAJD.

[50]   Art. 29 del TRLITPyAJD en redacción dada por el art. único.dos del Real Decreto-ley 17/2018, de 8 de noviembre, en vigor desde el día 10 de noviembre de 2018.

[51]   Segundo párrafo anulado por las STS 1505/2018, de 16 de octubre, 1523/2018, de 22 de octubre, y 1531/2018, de 23 de octubre.

[52]   Art. 30 del TRLITPyAJD.

[53]   Afectado por la nueva redacción del art. 30.1 del TRLITPy AJD.

Artículo 70[54]. *Normas especiales.*

1. La base imponible en las escrituras de declaración de obra nueva estará constituida por el valor real de coste de la obra nueva que se declare.

2. En la base imponible de las escrituras de constitución de edificios en régimen de propiedad horizontal se incluirá tanto el valor real de coste de la obra nueva como el valor real del terreno.

3. En las escrituras de agrupación, agregación y segregación de fincas, la base imponible estará constituida, respectivamente, por el valor de las fincas agrupadas, por el de la finca agregada a otra mayor y por el de la finca que se segregue de otra para constituir una nueva independiente.

4[55]. «*En la cancelación de obligaciones, bonos, cédulas y valores análogos, servirá de base el capital prestado, salvo que existan garantías reales, en cuyo supuesto servirá de base el capital garantizado*».

SECCIÓN 4.ª *Cuota tributaria*

Artículo 71[56]. *Cuota fija.*

1. Las matrices y las copias de las escrituras y actas notariales, así como los testimonios, se extenderán en todo caso en papel timbrado de 0,300506 euros *(50 pesetas)* por pliego, o 0,150253 euros *(25 pesetas)* por folio, a elección del fedatario. Las copias simples no estarán sujetas al impuesto.

2. Lo dispuesto en el apartado anterior será de aplicación a la segunda y sucesivas copias expedidas a nombre de un mismo otorgante.

Artículo 72[57]. *Cuota gradual.*

Las primeras copias de escrituras y actas notariales, cuando tengan por objeto cantidad o cosa valuable, contengan actos o contratos inscribibles en los Registros de la Propiedad, Mercantil y de la Propiedad Industrial y no sujetos al Impuesto sobre Sucesiones y Donaciones o a los conceptos comprendidos en los apartados 1.º y 2.º del artículo 1.1 de este Re-

---

[54]   Art. 30 del TRLITPyAJD.

[55]   Se anula totalmente el artículo 70.4 por la Sentencia del Tribunal Supremo (Sala 3.ª, Sección 2.ª) de 3 de noviembre de 1997 de acuerdo con lo recogido en su Fundamento de Derecho Duodécimo. Resolución de 5 de mayo de 1998, de la Secretaría de Estado de Hacienda, por la que se hace público el acuerdo del Consejo de Ministros de fecha 2 de abril de 1998, sobre ejecución de la Sentencia del Tribunal Supremo de fecha 3 de noviembre de 1997, relativa al recurso contencioso-administrativo número 1/532/1995, interpuesto por la Asociación Española de Banca Privada (AEB), contra determinados artículos del Real Decreto 828/1995, de 29 de mayo, por el que se aprueba el Reglamento General del Impuesto de Transmisiones Patrimoniales y Actos Jurídicos Documentados (BOE núm. 123, de 23 de mayo de 1998).

[56]   Los artículos 71 y 72 afectados por la modificación del art. 31 del TRLITPyAJD.

[57]   Los artículos 71 y 72 afectados por la modificación del art. 31 del TRLITPyAJD.

glamento, tributarán, además, al tipo de gravamen del 0,50 por 100, en cuanto a tales actos o contratos. Por el mismo tipo y mediante la utilización de efectos timbrados tributarán las copias de las actas de protesto.

SECCIÓN 5.ª *Casos especiales de cuota gradual*

Artículo 73. *Condiciones resolutorias explícitas*

La no sujeción de la modalidad de «transmisiones patrimoniales onerosas» de las condiciones resolutorias explícitas convenidas en las transmisiones empresariales a que se refiere el artículo 12.2 de este Reglamento, se entenderá sin perjuicio de la tributación que pueda corresponder por la modalidad de «actos jurídicos documentados», con arreglo a lo dispuesto en el artículo inmediato anterior.

Artículo 74[58]. *Préstamos «y empréstitos».*

1. Las primeras copias de escrituras notariales que documenten préstamos sujetos a la modalidad de «transmisiones patrimoniales onerosas», «*incluso los representados por obligaciones, bonos, cédulas, pagarés y otros títulos análogos*», no quedarán sujetas al gravamen gradual de «actos jurídicos documentados» sobre documentos notariales.

2. Las que documenten la constitución de préstamos sujetos al Impuesto sobre el Valor Añadido, «*incluso los representados por obligaciones, bonos, cédulas, pagarés y otros títulos análogos*», tributarán por el referido gravamen gradual cuando sean inscribibles en el Registro de la Propiedad o en el Registro Mercantil.

3. Al mismo gravamen gradual de «actos jurídicos documentados» quedarán sujetas las primeras copias de escrituras notariales que documenten la extinción de préstamos de cualquier clase, «*incluso los representados por obligaciones, bonos, cédulas, pagarés y otros títulos análogos*», siempre que sean inscribibles en el Registro de la Propiedad o en el Registro Mercantil.

---

[58]   En todos los apartados del artículo 74, se suprime la expresión «*incluso los representados por obligaciones, bonos, cédulas, pagarés y otros títulos análogos*», lo que conlleva, asímismo, la supresión de las palabras «*y empréstitos*» del título del artículo, por la Sentencia del Tribunal Supremo (Sala 3.ª, Sección 2.ª) de 3 de noviembre de 1997 de acuerdo con lo recogido en su Fundamento de Derecho Duodécimo. Resolución de 5 de mayo de 1998, de la Secretaria de Estado de Hacienda, por la que se hace público el acuerdo del Consejo de Ministros de fecha 2 de abril de 1998, sobre ejecución de la Sentencia del Tribunal Supremo de fecha 3 de noviembre de 1997, relativa al recurso contencioso-administrativo número 1/532/1995, interpuesto por la Asociación Española de Banca Privada (AEB), contra determinados artículos del Real Decreto 828/1995, de 29 de mayo, por el que se aprueba el Reglamento General del Impuesto de Transmisiones Patrimoniales y Actos Jurídicos Documentados (BOE núm. 123, de 23 de mayo de 1998).

Artículo 75. *Operaciones societarias.*

1. La primera copia de la escritura notarial que documente una ampliación de capital con cargo a reservas constituidas exclusivamente por prima de emisión de acciones, no sujeta a la modalidad de «operaciones societarias», tributará por la cuota gradual de «actos jurídicos documentados», a que se refiere el artículo 72 de este Reglamento.

2. La que documente una modificación de sociedad por cambio total o parcial de objeto social, tenga o no relación con las actividades anteriormente desarrolladas por la sociedad, no sujeta la modificación a la modalidad de «operaciones societarias», tampoco tributará por la expresada modalidad gradual de «actos jurídicos documentados».

3[59]. Las que incorporen las operaciones no sujetas a la modalidad de «operaciones societarias» de prórroga *«o transformación»* de sociedad, tributarán por la cuota gradual de «actos jurídicos documentados» sobre la base del haber líquido de la sociedad en el momento de la adopción del acuerdo. A estos efectos, se entenderá *«por transformación de sociedad el cambio de naturaleza o forma de la misma y»* por haber líquido el definido en el apartado 3 del artículo 64 de este Reglamento.

4. La de disminución de capital que, por no dar lugar a la devolución de bienes o derechos de los socios, no motive liquidación por la modalidad de «operaciones societarias», tampoco tributará por la modalidad gradual de «actos jurídicos documentados».

5[60]**.** *«Las que documenten el acuerdo social de exigir el desembolso de dividendos pasivos, tributarán por la citada cuota gradual de "actos jurídicos documentados", sobre la base del valor nominal del desembolso exigido».*

---

[59]   En el artículo 75.3, se suprimen las palabras «o transformación» y la frase «por transformación de la sociedad, el cambio de naturaleza o forma de la misma y», dejándose reducido el título del artículo al de «prórroga de sociedades», por la Sentencia del Tribunal Supremo (Sala 3.ª, Sección 2.ª) de 3 de noviembre de 1997 de acuerdo con lo recogido en su Fundamento de Derecho Duodécimo. Resolución de 5 de mayo de 1998, de la Secretaria de Estado de Hacienda, por la que se hace público el acuerdo del Consejo de Ministros de fecha 2 de abril de 1998, sobre ejecución de la Sentencia del Tribunal Supremo de fecha 3 de noviembre de 1997, relativa al recurso contencioso-administrativo número 1/532/1995, interpuesto por la Asociación Española de Banca Privada (AEB), contra determinados artículos del Real Decreto 828/1995, de 29 de mayo, por el que se aprueba el Reglamento General del Impuesto de Transmisiones Patrimoniales y Actos Jurídicos Documentados (BOE núm. 123, de 23 de mayo de 1998).

[60]   Se anula totalmente el artículo 75.5 por la Sentencia del Tribunal Supremo (Sala 3.ª, Sección 2.ª) de 3 de noviembre de 1997 de acuerdo con lo recogido en su Fundamento de Derecho Duodécimo. Resolución de 5 de mayo de 1998, de la Secretaria de Estado de Hacienda, por la que se hace público el acuerdo del Consejo de Ministros de fecha 2 de abril de 1998, sobre ejecución de la Sentencia del Tribunal Supremo de fecha 3 de noviembre de 1997, relativa al recurso contencioso-administrativo número 1/532/1995, interpuesto por la Asociación Española de Banca Privada (AEB), contra determinados artículos del Real Decreto 828/1995, de 29 de mayo, por el que se aprueba el Reglamento General del Impuesto de Transmisiones Patrimoniales y Actos Jurídicos Documentados (BOE núm. 123, de 23 de mayo de 1998).

6[61]. (...)

7. Las que documenten la forma de representación de las acciones, pasando de títulos a anotaciones en cuenta o viceversa, no estarán sujetas a la cuota gradual de «actos jurídicos documentados».

CAPÍTULO III. DOCUMENTOS MERCANTILES

SECCIÓN 1.ª *Hecho imponible*

Artículo 76[62]. *Documentos mercantiles sujetos.*

1. Están sujetas las letras de cambio, los documentos que realicen función de giro o suplan a aquéllas, los resguardos o certificados de depósito transmisibles, así como los pagarés, bonos, obligaciones y demás títulos análogos emitidos en serie, por plazo no superior a dieciocho meses, representativos de capitales ajenos, por los que se satisfaga una contraprestación establecida por diferencia entre el importe satisfecho por la emisión y el comprometido a reembolsar al vencimiento.

2. Se entenderá que un documento realiza función de giro cuando acredite remisión de fondos o signo equivalente de un lugar a otro, o implique una orden de pago, aun en el mismo en que ésta se haya dado, o en él figure la cláusula «a la orden».

3. A los efectos del número anterior cumplen función de giro:

a) Los pagarés cambiarios, excepto los expedidos con la cláusula «no a la orden» o cualquiera otra equivalente.

b) Los cheques a la orden o que sean objeto de endoso.

c) Los documentos expedidos en el tráfico mercantil que, por sí mismos, acrediten, literalmente y con carácter autónomo, el derecho económico de su legítimo tenedor para cobrar de la persona que designen y en el lugar y fecha, que, con independencia de los de emisión, el propio documento señale, una cantidad determinada en dinero o signo que lo represente.

A efectos de lo dispuesto anteriormente, se entenderá por documento cualquier soporte escrito, incluidos los informáticos, por los que se pruebe, acredite o se haga constar alguna cosa.

4. Se entenderán que no cumplen función de giro los documentos que se expidan con el exclusivo objeto de probar el pago de una deuda, informar de la cuantía de la misma o con

---

[61] Apartado 6 derogado por la Disp. Derog. Única.b) de la Ley 53/2002, de 30 de diciembre, de Medidas Fiscales, Administrativas y del Orden Social (BOE núm. 313, del 31 de diciembre de 2002). Con anterioridad, la STS de 18 de enero de 2006 anula dicho el apartado 6 del artículo 75 (BOE núm. 270, de 10 de noviembre de 2007), y la Sentencia del Tribunal Supremo (Sala 3.ª, Sección 2.ª) de 3 de noviembre de 1997, de acuerdo con lo recogido en su Fundamento de Derecho Duodécimo, suprimía del art. 75.6, la frase «o de su condición de nominativas al portador».

[62] Art. 33 del TRLITPyAJD.

cualquiera otra finalidad análoga que no quede incluida en la que se indica en el párrafo *c)* del apartado anterior.

SECCIÓN 2.ª Sujeto pasivo

Artículo 77[63]. *Contribuyente.*

1. Estará obligado al pago el librador, salvo que la letra de cambio se hubiese expedido en el extranjero, en cuyo caso lo estará su primer tenedor en España.

2. Serán sujetos pasivos del tributo que grave los documentos de giro o sustitutivos de las letras de cambio, así como los resguardos de depósito y pagarés, bonos, obligaciones y títulos análogos emitidos en serie, las personas o entidades que los expidan, con la misma salvedad del número anterior para los expedidos en el extranjero. Los cheques que sean objeto de endoso se considerarán expedidos por el endosante.

3. Cuando los documentos que cumplan función de giro tengan por objeto el pago a proveedores o el cobro a clientes, se entenderán expedidos por la persona o entidad que los ponga en circulación con estos fines, con independencia de la que en el documento figure.

Artículo 78[64]. *Responsables solidarios.*

Será responsable solidario del pago del impuesto toda persona o entidad que intervenga en la negociación o cobro de los efectos a que se refiere el artículo anterior.

SECCIÓN 3.ª Base imponible

Artículo 79[65]. *Normas generales.*

1. En la letra de cambio servirá de base la cantidad girada, y en los certificados de depósito su importe nominal.

2. Cuando el vencimiento de las letras de cambio exceda de seis meses, contados a partir de la fecha de su emisión, se exigirá el impuesto que corresponda al duplo de la base.

Si en sustitución de la letra de cambio que correspondiere a un acto o negocio jurídico se expidiesen dos o más letras, originando una disminución del impuesto, procederá la adición de las bases respectivas, a fin de exigir la diferencia. No se considerará producido el expresado fraccionamiento cuando entre las fechas de vencimiento de los efectos exista una diferencia superior a quince días o cuando se hubiere pactado documentalmente el cobro a plazos mediante giros escalonados.

---

[63]   Art. 34 del TRLITPyAJD.
[64]   Art. 35 del TRLITPyAJD.
[65]   Art. 36 del TRLITPyAJD.

3. Las reglas fijadas anteriormente serán asimismo de aplicación a los documentos que realicen función de giro o suplan a las letras de cambio, con excepción de la recogida en el primer párrafo del apartado anterior.

4. En los pagarés, bonos, obligaciones y demás títulos análogos, emitidos en serie, representativos de capitales ajenos, por los que se satisfaga una contraprestación establecida por la diferencia entre el importe satisfecho en la emisión y el comprometido a reembolsar al vencimiento, la base estará constituida por el importe del capital que la emisora se compromete a reembolsar.

SECCIÓN 4.ª *Cuota tributaria*

Artículo 80[66].

Artículo 81[67]. *Efectos del pago del impuesto.*
El pago del impuesto en la expedición de los documentos mercantiles cubre todas las cláusulas en ellos contenidas, en cuanto a su tributación por este concepto.

CAPÍTULO IV. DOCUMENTOS ADMINISTRATIVOS

SECCIÓN 1.ª *Hecho imponible*

Artículo 82[68]. *Documentos sujetos.*
Están sujetas:
1. La rehabilitación y transmisión de grandezas y títulos nobiliarios.
2. Las anotaciones preventivas que se practiquen en los Registros públicos, cuando tengan por objeto un derecho o interés valuable y no vengan ordenadas de oficio por la autoridad judicial.

SECCIÓN 2.ª *Sujeto pasivo*

Artículo 83[69]. *Contribuyente.*
Estarán obligados al pago, en calidad de contribuyentes:
a) En las grandezas y títulos nobiliarios, sus beneficiarios.
b) En las anotaciones, la persona que las solicite.

---

[66]   Art. 80 suprimido por la Disp. Derogatoria única del Real Decreto 1075/2017, de 29 de diciembre, por el que se modifican ... el Reglamento del Impuesto sobre Transmisiones Patrimoniales y Actos Jurídicos Documentados, aprobado por el Real Decreto 828/1995, de 29 de mayo... (BOE núm. 317, de 30 de diciembre de 2017), en vigor desde el 1 de enero de 2018.
[67]   Art. 39 del TRLITPyAJD
[68]   Art. 40 del TRLITPyAJD
[69]   Art. 41 del TRLITPyAJD

SECCIÓN 3.ª *Base imponible*

Artículo 84[70]. *Norma general.*

Servirá de base en las anotaciones preventivas, el valor del derecho o interés que se garantice, publique o constituya.

Artículo 85. *Anotaciones de embargo.*

1. La base imponible en las anotaciones de embargo en ningún caso podrá ser superior al valor real de los bienes embargados ni al importe total de la cantidad que haya dado lugar a la anotación del embargo.

2. Si el embargo tuviese que anotarse preventivamente en distintos Registros de la Propiedad y por este motivo se practicasen varias liquidaciones, la suma de las bases imponibles de todas no podrá exceder de los límites establecidos en el apartado anterior.

SECCIÓN 4.ª *Cuota tributaria*

Artículo 86[71].

Artículo 87[72]. *Anotaciones preventivas.*

Las anotaciones preventivas que se practiquen en los Registros públicos tributarán al tipo de gravamen del 0,50 por 100, que se liquidará a metálico.

TÍTULO CUARTO. DISPOSICIONES COMUNES

CAPÍTULO I. BENEFICIOS FISCALES

Artículo 88. *Beneficios generales.*

Los beneficios fiscales aplicables en cada caso a las tres modalidades de gravamen a que se refiere el artículo 1.1 del presente Reglamento serán los siguientes:

I. Aplicación de beneficios fiscales:

A)[73] Gozarán de exención subjetiva:

---

[70]   Art. 42 del TRLITPyAJD
[71]   Art. 86 suprimido por la Disp. Derogatoria única del Real Decreto 1075/2017, de 29 de diciembre, por el que se modifican ... el Reglamento del Impuesto sobre Transmisiones Patrimoniales y Actos Jurídicos Documentados, aprobado por el Real Decreto 828/1995, de 29 de mayo... (BOE núm. 317, de 30 de diciembre de 2017), en vigor desde el 1 de enero de 2018.
    Art. 43 del TRLITPyAJD. Escala afectada por la nueva redacción del Texto Refundido que no ha sido adaptada al mismo.
[72]   Art. 44 del TRLITPyAJD
[73]   Art. 45.I.A) del TRLITPyAJD

a) El Estado y las Administraciones públicas territoriales e institucionales y sus establecimientos de beneficencia, cultura, Seguridad Social, docentes o de fines científicos.

Esta exención será igualmente aplicable a aquellas entidades cuyo régimen fiscal haya sido equiparado por una Ley al del Estado o al de las Administraciones públicas citadas.

b) Los establecimientos o fundaciones benéficos o culturales, de previsión social, docentes o de fines científicos, de carácter particular, debidamente clasificados, siempre que los cargos de patronos o representantes legales de los mismos sean gratuitos y rindan cuentas a la Administración.

El beneficio fiscal se concederá o revocará para cada entidad por el Ministerio de Economía y Hacienda, de acuerdo con el procedimiento establecido en el artículo 89 de este Reglamento. Las Cajas de Ahorro únicamente podrán gozar de esta exención en cuanto a las adquisiciones directamente destinadas a sus obras sociales.

c) Las asociaciones declaradas de utilidad pública dedicadas a la protección, asistencia o integración social de la infancia, de la juventud, de la tercera edad, de personas con minusvalías físicas o psíquicas, marginadas, alcohólicas, toxicómanas o con enfermedades en fase terminal, con los requisitos establecidos en el párrafo *b)* anterior.

d) La Cruz Roja Española.

B)[74] Estarán exentas:

1. Las transmisiones y demás actos y contratos en que la exención resulte concedida por Tratados o Convenios internacionales que hayan pasado a formar parte del ordenamiento interno.

2. Las transmisiones que se verifiquen en virtud de retracto legal, cuando el adquirente contra el cual se ejercite aquél hubiere satisfecho ya el impuesto.

3. Las aportaciones de bienes y derechos verificados por los cónyuges a la sociedad conyugal, las adjudicaciones que en su favor y en pago de las mismas se verifiquen a su disolución y las transmisiones que por tal causa se hagan a los cónyuges en pago de su haber de gananciales.

4. Las entregas de dinero que constituyan el precio de bienes o se verifiquen en pago de servicios personales, de créditos o indemnizaciones. Las actas de entrega de cantidades por las entidades financieras, en ejecución de escrituras de préstamo hipotecario, cuyo impuesto haya sido debidamente liquidado o declarada la exención procedente.

---

[74]   Por Sentencia de 3 de octubre de 1997, de la Sala 3.ª del Tribunal Supremo, se declara parcialmente nulo el presente artículo 88.I.B), en lo relativo a que no contiene la exención referente a los préstamos representados por bonos de caja emitidos por los Bancos industriales y de negocios, como consecuencia de la misma omisión imputada al artículo 45.I.B) del Texto refundido, que ya se ha subsanado en la nueva redacción al punto 15 del artículo 45.I.B) por Ley 25/1998, de 13 de julio (Véase en §VII.1). La Resolución de 5 de mayo de 1998, de la Secretaría de Estado de Hacienda (BOE del 23), publica la orden de ejecución de la sentencia de referencia.

5. Los anticipos sin interés concedidos por el Estado y las Administraciones públicas, territoriales e institucionales.

6. Las transmisiones y demás actos y contratos a que dé lugar la concentración parcelaria, las de permuta forzosa de fincas rústicas, las permutas voluntarias autorizadas por el Instituto de Reforma y Desarrollo Agrario, así como las de acceso a la propiedad derivadas de la legislación de arrendamientos rústicos y las adjudicaciones del Instituto de Reforma y Desarrollo Agrario a favor de agricultores en régimen de cultivo personal y directo, conforme a su legislación específica.

7. Las transmisiones de terrenos que se realicen como consecuencia de la aportación a las Juntas de Compensación por los propietarios de la unidad de ejecución y las adjudicaciones de solares que se efectúen a los propietarios citados, por las propias Juntas, en proporción a los terrenos incorporados.

Los mismos actos y contratos a que dé lugar la reparcelación en las condiciones señaladas en el párrafo anterior.

Esta exención estará condicionada al cumplimiento de todos los requisitos urbanísticos.

8. Los actos relativos a las garantías que presten los tutores en garantía del ejercicio de sus cargos.

9. Las transmisiones de valores, admitidos o no a negociación en un mercado secundario oficial, de conformidad con lo dispuesto en el artículo 108 de la Ley 24/1988, de 28 de julio, del Mercado de Valores.

10. Las operaciones societarias a que se refiere el artículo 57 anterior, a las que sea aplicable el régimen especial establecido en el título I de la Ley 29/1991, de 16 de diciembre, de adecuación de determinados conceptos impositivos a las Directivas y Reglamentos de las Comunidades Europeas.

11. Las operaciones societarias que se produzcan con motivo de las regularizaciones de balances, autorizadas por la Administración.

12. La transmisión de solares y la cesión del derecho de superficie para la construcción de edificios en régimen de viviendas de protección oficial; las escrituras públicas otorgadas para formalizar actos y contratos relacionados con viviendas de protección oficial en cuanto al gravamen sobre actos jurídicos documentados; la primera transmisión «inter vivos» del dominio de las viviendas de protección oficial, siempre que tenga lugar dentro de los seis años siguientes a la fecha de su calificación definitiva; los préstamos hipotecarios o no, solicitados para su construcción antes de la calificación definitiva; la constitución, ampliación de capital, fusión y escisión de sociedades cuando la sociedad resultante de estas operaciones tenga por exclusivo objeto la promoción o construcción de edificios en régimen de protección oficial.

Para el reconocimiento del beneficio en relación con la transmisión de los solares y la cesión del derecho de superficie bastará que se consigne en el documento que el contrato se otorga con la finalidad de construir viviendas de protección oficial y quedará sin efecto si transcurriesen tres años a partir de dicho reconocimiento sin que obtenga la calificación provisional.

La exención se entenderá concedida con carácter provisional y condicionada al cumplimiento de los requisitos que en cada caso exijan las disposiciones vigentes para esta clase de viviendas.

13. Las transmisiones y demás actos y contratos cuando tengan por exclusivo objeto salvar la ineficacia de otros actos anteriores por los que se hubiera satisfecho el impuesto y estuvieran afectados de vicio que implique inexistencia o nulidad.

14[75]. En las ciudades de Ceuta y Melilla se mantendrán las bonificaciones tributarias establecidas en la Ley de 22 de diciembre de 1955.

15[76]. Los depósitos en efectivo y los préstamos, cualquiera que sea la forma en que se instrumenten, incluso los representados por pagarés, bonos, obligaciones y títulos análogos. La exención se extenderá a la transmisión posterior de los títulos que documenten el depósito o el préstamo, así como al gravamen sobre actos jurídicos documentados que recae sobre pagarés, bonos, obligaciones y demás títulos análogos emitidos en serie, por plazo no superior a dieciocho meses, representativos de capitales ajenos por los que se satisfaga una contraprestación por diferencia entre el importe satisfecho en la emisión y el comprometido a reembolsar al vencimiento.

16. Las transmisiones de edificaciones a las empresas que realicen habitualmente las operaciones de arrendamiento financiero a que se refiere la disposición adicional séptima de la Ley 26/1988, de 29 de julio, para ser objeto de arrendamiento con opción de compra a persona distinta del transmitente, cuando dichas operaciones estén exentas del Impuesto sobre el Valor Añadido.

Será requisito imprescindible para poder disfrutar de este beneficio que no existan relaciones de vinculación directas o indirectas, conforme a lo previsto en el artículo 16 de la Ley 61/1978, de 27 de diciembre, del Impuesto sobre Sociedades, entre transmitente, adquirente o arrendatario.

17. Las transmisiones de vehículos usados con motor mecánico para circular por carretera, cuando el adquirente sea un empresario dedicado habitualmente a la compraventa de los mismos y los adquiera para su reventa.

La exención se entenderá concedida con carácter provisional y para elevarse a definitiva deberá justificarse la venta del vehículo adquirido dentro del año siguiente a la fecha de su adquisición.

---

[75]   Art. 57 bis del TRLITPyAJD., incorporado por Ley 53/2002, de 30 de diciembre.
[76]   Art. 45.I.B).15 del TRLITPyAJD.

18[77]. 1. Las operaciones de constitución, aumento de capital, fusión y escisión de las sociedades de inversión de capital variable reguladas en la Ley 35/2003, de 4 de noviembre, de instituciones de inversión colectiva, así como las aportaciones no dinerarias a dichas entidades, quedarán exentas en la modalidad de operaciones societarias del Impuesto sobre Transmisiones Patrimoniales y Actos Jurídicos Documentados.

2. Los fondos de inversión de carácter financiero regulados en la ley citada anteriormente gozarán de exención en el Impuesto sobre Transmisiones Patrimoniales y Actos Jurídicos Documentados con el mismo alcance establecido en el apartado anterior.

3. Las sociedades y fondos de inversión inmobiliaria regulados en la ley citada anteriormente que, con el carácter de instituciones de inversión colectiva no financieras, tengan por objeto social exclusivo la inversión en cualquier tipo de inmueble de naturaleza urbana para su arrendamiento y, además, las viviendas, las residencias estudiantiles y las residencias de la tercera edad, en los términos establecidos en el siguiente apartado 4, representen conjuntamente, al menos, el 50 por ciento del total del patrimonio tendrán el mismo régimen de tributación previsto en los dos apartados anteriores.

Del mismo modo, dichas instituciones gozarán de una bonificación del 95 por ciento en el Impuesto sobre Transmisiones Patrimoniales y Actos Jurídicos Documentados por la adquisición de viviendas destinadas al arrendamiento, sin perjuicio de las condiciones que reglamentariamente puedan establecerse.

La aplicación del régimen fiscal previsto en este apartado requerirá que los bienes inmuebles que integren el activo de las sociedades y fondos de inversión inmobiliaria no se enajenen hasta que no hayan transcurrido tres años desde su adquisición, salvo que, con carácter excepcional, medie una autorización expresa de la Comisión Nacional del Mercado de Valores.

4. A los efectos de computar el coeficiente del 50 por ciento mínimo de inversión en viviendas y en residencias estudiantiles y de la tercera edad que las sociedades y fondos de inversión inmobiliaria deben cumplir para disfrutar de las exenciones y de la bonificación previstas en el anterior apartado 3, se aplicará lo dispuesto en los apartados 1, 2, 3 y 5 de la disposición adicional única del Reglamento del Impuesto sobre Sociedades, aprobado por el Real Decreto 1777/2004, de 30 de julio.

Las exenciones y la bonificación a las que se refiere el párrafo anterior resultarán provisionalmente aplicables a los fondos y sociedades de inversión inmobiliaria de nueva creación y estarán condicionadas a que en el plazo de dos años, contados desde su inscripción en el correspondiente registro de la Comisión Nacional del Mercado de Valores, alcancen el porcen-

---

[77]   Número 18 añadido por la disposición final 4.ª.1 del Real Decreto 1309/2005, de 4 de noviembre, por el que se aprueba el Reglamento de la Ley 35/2003, de 4 de noviembre, de instituciones de inversión colectiva, y se adapta el régimen tributario de las instituciones de inversión colectiva (BOE de 8 de noviembre y 17 de diciembre), en vigor desde 9 de noviembre.

taje de inversión requerido en el anterior apartado 3. Si no llegara a cumplirse tal condición, se efectuará el ingreso de todo el impuesto devengado por las operaciones realizadas, con sus correspondientes intereses de demora.

C) Con independencia de las exenciones a que se refieren los apartados *A)* y *B)* anteriores, se aplicarán en sus propios términos y con los requisitos y condiciones en cada caso exigidos, los beneficios fiscales que para este impuesto establecen las siguientes disposiciones:

1.ª La Ley Orgánica 7/1980, de 5 de julio, de Libertad Religiosa.

2.ª El Real Decreto-ley 12/1980, de 26 de septiembre, sobre Actuaciones del Estado en materia de Viviendas de Protección Oficial.

3.ª La Ley 55/1980, de 11 de noviembre, de Montes Vecinales en Mano Común.

4.ª La Ley 82/1980, de 30 de diciembre, sobre Conservación de la Energía[78].

5.ª La Ley 2/1981, de 25 de marzo, de Regulación del Mercado Hipotecario.

6.ª La Ley 49/1981, de 24 de diciembre, del Estatuto de la Explotación Familiar Agraria y de los Agricultores Jóvenes[79].

7.ª La Ley 45/1984, de 17 de diciembre, de Reordenación del Sector Petrolero, con las especificaciones introducidas por la Ley 15/1992, de 5 de junio, sobre Medidas Urgentes para la Progresiva Adaptación del Sector Petrolero al Marco Comunitario.

8.ª[80] (...)

9.ª La Ley 49/1984, de 26 de diciembre, sobre Explotación Unificada del Sistema Eléctrico Nacional, por lo que se refiere a la cancelación de garantías constituidas al amparo del apartado 2 de su artículo 6.

10. La Ley Orgánica 5/1985, de 19 de junio, de Régimen General Electoral.

11. El Real Decreto-ley 1/1986, de 14 de marzo, de Medidas Urgentes Administrativas, Financieras, Fiscales y Laborales, con la modificación introducida por la disposición adicional cuarta de la Ley 29/1991, de 16 de diciembre.

12[81]. La Ley 15/1986, de 26 de abril, de Sociedades Anónimas Laborales, con la modificación introducida por la disposición adicional cuarta de la Ley 29/1991, de 16 de diciembre.

---

[78]   Norma derogada por la disposición derogatoria de la Ley 40/1994 de 30 de diciembre, de ordenación del Sistema Eléctrico Nacional (BOE núm. 313, de 31 de diciembre de 1994).

[79]   Norma derogada por la disposición derogatoria única de la Ley 19/1995, de 4 de julio, de modernización de las explotaciones agrarias (BOE núm. 159, de 5 de julio de 1995).

[80]   Número 8.º suprimido por la disposición final 4.ª.2 del Real Decreto 1309/2005, de 4 de noviembre, por el que se aprueba el Reglamento de la Ley 35/2003, de 4 de noviembre, de instituciones de inversión colectiva, y se adapta el régimen tributario de las instituciones de inversión colectiva (BOE del 8), en vigor desde 9 de noviembre.

[81]   La Ley 15/1986 ha sido sustituida por Ley 4/1997, de 24 de marzo, de Sociedades Laborales (BOE del 25 de marzo y 10 de julio), incluyendo también en sus artículos 19 y 20 determinados beneficios fiscales y requisitos para acogerse a ellos.

13[82]. La Ley 8/1987, de 8 de junio, de Planes y Fondos de Pensiones.

14. La Ley 10/1990, de 15 de octubre, del Deporte.

15[83]. La Ley 20/1990, de 19 de diciembre, sobre Régimen Fiscal de las Cooperativas.

16. La Ley 12/1991, de 29 de abril, de Agrupaciones de Interés Económico.

17. La Ley 19/1992, de 7 de julio, sobre Régimen de Sociedades y Fondos de Inversión Inmobiliaria y sobre Fondos de Titulización Hipotecaria.

18. La Ley 24/1992, de 10 de noviembre, por la que se aprueba el Acuerdo de Cooperación del Estado con la Federación de Entidades Religiosas Evangélicas de España.

19. La Ley 25/1992, de 10 de noviembre, por la que se aprueba el Acuerdo de Cooperación del Estado con la Federación de Comunidades Israelitas de España.

20. La Ley 26/1992, de 10 de noviembre, por la que se aprueba el Acuerdo de Cooperación del Estado con la Comisión Islámica de España.

21. La Ley 31/1992, de 26 de noviembre, de Incentivos Fiscales aplicables a la realización del Proyecto Cartuja 93.

22. La Ley 38/1992, de 28 de diciembre, de Impuestos Especiales, para la constitución y ampliaciones de capital de las sociedades que creen las Administraciones y entes públicos para llevar a cabo la enajenación de acciones representativas de su participación en el capital social de sociedades mercantiles.

23. Los Fondos de Garantía de Depósitos en Establecimientos Bancarios, en Cajas de Ahorros y en Cooperativas de Crédito continuarán disfrutando en el Impuesto sobre Transmisiones Patrimoniales y Actos Jurídicos Documentados de la exención establecida en el Real Decreto-ley 4/1980, de 28 de marzo, y en el Real Decreto-ley 18/1982, de 24 de septiembre, por razón de su constitución, de su funcionamiento y de los actos y operaciones que realicen en el cumplimiento de sus fines.

24. La Ley 1/1994, de 11 de marzo, sobre el Régimen Jurídico de las Sociedades de Garantía Recíproca.

25. La Ley 2/1994, de 30 de marzo, sobre Subrogación y Modificación de Préstamos Hipotecarios.

26. La Ley 3/1994, de 14 de abril, por la que se adapta la legislación española en materia de entidades de crédito a la Segunda Directiva de Coordinación Bancaria y se introducen otras modificaciones relativas al sistema financiero.

27. La Ley 19/1994, de 6 de julio, de Modificación del Régimen Económico y Fiscal de Canarias.

---

[82]   La Ley 8/1987 ha sido sustituida por el Real Decreto legislativo 1/2002, de 29 de noviembre, que aprueba el texto refundido de la Ley de Regulación de los Planes y Fondos de Pensiones (BOE núm. 298, de 13 de diciembre de 2002), su art. 30.2.

[83]   Artículos 33.1, 34.1 y 36.a) y disposición adicional 1.ª.Tres.a) de la Ley 20/1990, de 19 de diciembre, sobre Régimen Fiscal de las Cooperativas.

II. Los beneficios fiscales no se aplicarán, en ningún caso, a las letras de cambio, a los documentos que suplan a éstas o realicen función de giro ni a escrituras, actas o testimonios notariales gravados por el artículo 71.

Artículo 89[84]. *Acreditación del derecho a la exención.*

1. Para la acreditación del derecho a la exención de las entidades del artículo 45.I.*A).b)* del texto refundido de la Ley del Impuesto sobre Transmisiones Patrimoniales y Actos Jurídicos Documentados, deberá acompañarse a la autoliquidación del impuesto copia del certificado vigente en el momento de la realización del hecho imponible regulado en el artículo 4 del Reglamento para la aplicación del régimen fiscal de las entidades sin fines lucrativos y de los incentivos fiscales al mecenazgo, aprobado por el Real Decreto 1270/2003, de 10 de octubre.

2. La Administración tributaria competente y las Oficinas Liquidadoras de Distrito Hipotecario podrán, mediante comprobación o inspección, solicitar la documentación que justifique el derecho a la exención.

Artículo 90[85]. *Acreditación del derecho a la exención de las entidades religiosas.*

1. Para la acreditación del derecho a la exención de las entidades religiosas, deberá acompañarse a la autoliquidación del impuesto copia del certificado regulado en el apartado 1 de la disposición adicional única del Reglamento para la aplicación del régimen fiscal de las entidades sin fines lucrativos y de los incentivos fiscales al mecenazgo, aprobado por el Real Decreto 1270/2003, de 10 de octubre, cuando se trate de entidades incluidas en el apartado 1 de la disposición adicional novena de la Ley 49/2002, de 23 de diciembre, de régimen fiscal de las entidades sin fines lucrativos y de los incentivos fiscales al mecenazgo, o copia del certificado vigente en el momento de la realización del hecho imponible regulado en el artículo 4 del citado Reglamento, cuando se trate de entidades previstas en la disposición adicional octava y en el apartado 2 de la disposición adicional novena de dicha Ley.

---

[84] Nueva redacción del art. 89 dada por la Disp. Final Primera.Uno del Real Decreto 1270/2003, de 10 de octubre, por el que se aprueba el Reglamento para la aplicación del régimen fiscal de las entidades sin fines lucrativos y de los incentivos fiscales al mecenazgo (BOE núm. 254, del 23 de octubre de 2003), en vigor desde el 24/10/2003.

[85] Nueva redacción del art. 90 dada por la Disp. Final Primera.Dos del Real Decreto 1270/2003, de 10 de octubre, por el que se aprueba el Reglamento para la aplicación del régimen fiscal de las entidades sin fines lucrativos y de los incentivos fiscales al mecenazgo (BOE núm. 254, del 23 de octubre de 2003), en vigor desde el 24/10/2003.
Ley 49/2002, de 23 de diciembre, de régimen fiscal de las entidades sin fines lucrativos y de los incentivos fiscales al mecenazgo (BOE núm. 307, de 24 de diciembre de 2002), desarrollada por el Real Decreto 1270/2003, de 10 de octubre, por el que se aprueba el Reglamento para la aplicación del régimen fiscal de las entidades sin fines lucrativos y de los incentivos fiscales al mecenazgo (BOE núm. 254, del 23 de octubre de 2003),

2. La Administración tributaria competente y las Oficinas Liquidadoras de Distrito Hipotecario podrán, mediante comprobación o inspección, solicitar la documentación que justifique el derecho a la exención.

CAPÍTULO II. COMPROBACIÓN DE VALORES

Artículo 91[86]. *Comprobación de valores.*

1. La Administración podrá, en todo caso, comprobar el valor real de los bienes y derechos transmitidos o, en su caso, de la operación societaria o del acto jurídico documentado.

2[87]**.** La comprobación se llevará a cabo por los medios establecidos en el artículo 52 de la Ley General Tributaria.

Si de la comprobación resultasen valores superiores a los declarados por los interesados, éstos podrán impugnarlos en los plazos de reclamación de las liquidaciones que hayan de tener en cuenta los nuevos valores. Cuando los nuevos valores puedan tener repercusiones tributarias para los transmitentes se notificarán a éstos por separado para que puedan proceder a su impugnación en reposición o en vía económico-administrativa o solicitar su corrección mediante tasación pericial contradictoria y, si la reclamación o la corrección fuesen estimadas en todo o en parte, la resolución dictada beneficiará también a los sujetos pasivos del Impuesto sobre Transmisiones Patrimoniales y Actos Jurídicos Documentados.

3. Cuando el valor declarado por los interesados fuese superior al resultante de la comprobación, aquél tendrá la consideración de base imponible.

4. Si el valor obtenido de la comprobación fuese superior al que resultase de la aplicación de la correspondiente regla del Impuesto sobre el Patrimonio, surtirá efecto en relación con las liquidaciones a practicar a cargo del adquirente por dicho Impuesto por la anualidad corriente y las siguientes.

5[88]**.**

---

[86]   Art. 46 del TRLITPyAJD.

[87]   Art. 57 (Comprobación de valores), art. 134 (Práctica de la comprobación de valores) y art. 135 (Tasación pericial contradictoria) de la Ley 58/2003, de 17 de diciembre, General Tributaria (BOE núm. 302, de 18 de diciembre de 2003) y art. 157 (Comprobación de valores), art. 158 (Medios de comprobación de valores), art. 159 (Actuaciones de comprobación de valores), art. 160 (Procedimiento para la comprobación de valores), art. 161 (Iniciación y tramitación del procedimiento de tasación pericial contradictoria) y art. 162 (Terminación del procedimiento de tasación pericial contradictoria), del Real Decreto 1065/2007, de 27 de julio, por el que se aprueba el Reglamento General de las actuaciones y los procedimientos de gestión e inspección tributaria y de desarrollo de las normas comunes de los procedimientos de aplicación de los tributos (BOE núm. 213, de 5 de septiembre de 2007).

[88]   Art. 91.5 suprimido por la Disp. Derogatoria única del Real Decreto 1075/2017, de 29 de diciembre, por el que se modifican ... el Reglamento del Impuesto sobre Transmisiones Patrimoniales y Actos Jurídicos Documentados, aprobado por el Real Decreto 828/1995, de 29 de mayo... (BOE núm. 317, de 30 de diciembre de 2017), en vigor desde el 1 de enero de 2018.

CAPÍTULO III. DEVENGO Y PRESCRIPCIÓN[89]

Artículo 92. *Devengo.*

1. El impuesto se devengará:

a) En las transmisiones patrimoniales, el día en que se realice el acto o contrato gravado.

b) En las operaciones societarias y actos jurídicos documentados, el día en que se formalice el acto sujeto a gravamen.

2. Toda adquisición de bienes cuya efectividad se halle suspendida por la concurrencia de una condición, un término, un fideicomiso o cualquier otra limitación, se entenderá siempre realizada el día en que dichas limitaciones desaparezcan, atendiéndose a esta fecha, tanto para determinar el valor de los bienes como para aplicar los tipos de tributación.

Artículo 93. *Devengo en operaciones societarias.*

1. A efectos de determinar el devengo en las operaciones societarias se entenderá por formalización del acto sujeto a gravamen el otorgamiento de la escritura pública correspondiente.

2. No obstante lo dispuesto en el párrafo anterior, en aquellos supuestos en los que no sea necesario el otorgamiento de escritura pública por no exigirlo la legislación mercantil y registral, se entenderá devengado el impuesto con el otorgamiento o formalización del acto, contrato o documento que constituyan el hecho imponible gravado por este concepto.

Artículo 94. *Prescripción.*

1[90]. La prescripción, salvo lo dispuesto en el apartado siguiente, se regulará por lo previsto en los artículos 64 y siguientes de la Ley General Tributaria.

2. A los efectos de prescripción, en los documentos que deban presentarse a liquidación, se presumirá que la fecha de los privados es la de su presentación, a menos que con anterioridad concurran cualquiera de las circunstancias previstas en el artículo 1.227 del Código Civil, en cuyo caso se computará la fecha de la incorporación, inscripción, fallecimiento o entrega, respectivamente. En los contratos no reflejados documentalmente, se presumirá, a iguales efectos, que su fecha es la del día en que los interesados den cumplimiento a lo prevenido en el artículo 98.1 de este Reglamento.

3[91]. La fecha del documento privado que prevalezca a efectos de prescripción de conformidad con lo que dispone el número anterior, determinará las condiciones de la liquidación

---

[89] Arts. 49 y 50 del TRLITPyAJD.

[90] Artículos 66 a 70 (La prescripción) de la Ley 58/2003, de 17 de diciembre, General Tributaria (BOE núm. 302, de 18 de diciembre de 2003).

[91] La Sentencia del Tribunal Supremo de 5 de diciembre de 1998 declara la nulidad del texto impugnado del apartado 3 del artículo 94 en el párrafo que comienza en las palabras «en los que se estará a la fecha así

que proceda por el acto o contrato incorporado al mismo, salvo que por los medios de prueba admisibles en Derecho, se acredite su otorgamiento anterior, *«en los que se estará a la fecha así acreditada en todo lo que no se refiera a la prescripción del derecho de la Administración para practicar liquidación».*

CAPÍTULO IV. DEVOLUCIONES

Artículo 95. *Requisitos.*

1. Cuando se declare o reconozca judicial o administrativamente, por resolución firme, haber tenido lugar la nulidad, rescisión o resolución de un acto o contrato, el contribuyente tendrá derecho a la devolución de lo que satisfizo por cuota del Tesoro, siempre que no le hubiere producido efectos lucrativos y que reclame la devolución en el plazo de cinco años, a contar desde que la resolución quede firme.

No será precisa la declaración judicial o administrativa cuando la resolución sea consecuencia del cumplimiento de una condición establecida por las partes.

2. Se entenderá que existe efecto lucrativo cuando no se justifique que los interesados deben llevar a cabo las recíprocas devoluciones a que se refiere el artículo 1.295 del Código Civil.

3. Si el acto o contrato hubiere producido efecto lucrativo, se rectificará la liquidación practicada, tomando al efecto por base el valor del usufructo temporal de los bienes o derechos transmitidos.

4. Aunque el acto o contrato no haya producido efectos lucrativos, si la rescisión o resolución se declarase por incumplimiento de las obligaciones del contratante fiscalmente obligado al pago del impuesto, no habrá lugar a devolución alguna.

5. Si el contrato queda sin efecto por mutuo acuerdo de las partes contratantes, no procederá la devolución del impuesto satisfecho y se considerará como un acto nuevo sujeto a tributación. Como tal mutuo acuerdo se estimarán la avenencia en acto de conciliación y el simple allanamiento a la demanda.

6. Cuando en la compraventa con pacto de retro se ejercite la retrocesión, no habrá derecho de devolución del impuesto.

7. El canje de documentos timbrados o de timbres móviles y la devolución de su importe, así como el procedimiento para obtenerlo, se acomodará a lo dispuesto en el capítulo I del título VI de este Reglamento.

---

acreditada en todo lo que no se refiera a la prescripción del derecho de la Administración para practicar liquidación» FD Tercero: «Dado que el precepto analizado incide directamente en la regulación de la fecha inicial del plazo de prescripción es manifiesto que la potestad reglamentaria no es suficiente para legitimar el precepto impugnado, por lo que, en definitiva, ha de estimarse el recurso».

8[92]. Los sujetos pasivos a que se refieren los párrafos *b)* y *d)* del artículo 45.I.*A)* del texto refundido de la Ley del Impuesto que, teniendo derecho a la aplicación del régimen fiscal especial en relación con este Impuesto, hubieran satisfecho las deudas correspondientes a éste, tendrán derecho a la devolución de las cantidades ingresadas.

CAPÍTULO V. RÉGIMEN SANCIONADOR

Artículo 96. *Normas aplicables.*

1[93]. La calificación y sanción de las infracciones tributarias de este impuesto se efectuarán con arreglo a la Ley General Tributaria.

2. No se aplicará sanción como consecuencia del mayor valor obtenido de la comprobación cuando el sujeto pasivo hubiese declarado como valor de los bienes el que resulte de la aplicación de la regla correspondiente del Impuesto sobre el Patrimonio o uno superior.

TÍTULO V. GESTIÓN DEL IMPUESTO

CAPÍTULO I. NORMAS GENERALES

Artículo 97[94]. *Competencia funcional.*

La titularidad de la competencia para la gestión y liquidación del impuesto corresponderá a las Delegaciones y Administraciones de la Agencia Estatal de Administración Tributaria y, en su caso, a las oficinas con análogas funciones de las Comunidades Autónomas que tengan cedida la gestión del tributo.

---

[92]   Apartado incorporado por la Disp. Final Primera.Tres del Real Decreto 1270/2003, de 10 de octubre, por el que se aprueba el Reglamento para la aplicación del régimen fiscal de las entidades sin fines lucrativos y de los incentivos fiscales al mecenazgo. (BOE núm. 254, del 23 de octubre de 2003), en vigor desde el 24/10/2003.

[93]   Relativo a infracciones y sanciones, los artículos 178 y siguientes de la Ley 58/2003, de 17 de diciembre, General Tributaria (BOE núm. 302, de 18 diciembre de 2003) y el Real Decreto 2063/2004, de 15 de octubre, por el que se aprueba el Reglamento general del Régimen Sancionador Tributario (BOE núm. 260, Jueves 28 octubre 2004).

[94]   Art. 33 (Alcance de la cesión y puntos de conexión en el Impuesto sobre Transmisiones Patrimoniales y Actos Jurídicos Documentados), art. 45 (Titularidad de competencias), art. 49 (Alcance de las competencias normativas en el Impuesto sobre Transmisiones Patrimoniales y Actos Jurídicos Documentados), art. 53 (Supuesto de no uso de las competencias normativas), art. 54 (Delegación de competencias), art. 55 (Alcance de la delegación de competencias en relación con la gestión tributaria), art. 56 (Alcance de la delegación de competencias en relación con la recaudación de los tributos cedidos), art. 57. De la recaudación tributaria de las Comunidades Autónomas), art. 58 (Alcance de la delegación de competencias en relación con la inspección tributaria) y art. 59 (Alcance de la delegación de competencias en relación con la revisión en vía administrativa), de la Ley 22/2009, de 18 de diciembre, por la que se regula el sistema de financiación de las comunidades autónomas de régimen común y ciudades con estatuto de autonomía y se modifican determinadas normas tributarias.

Artículo 98. *Presentación de documentos.*

1. Los sujetos pasivos vendrán obligados a presentar los documentos comprensivos de los hechos imponibles a que se refiere el Reglamento y, caso de no existir aquéllos, una declaración en el plazo y en la oficina competente señalados en los artículos 102 y 103 de este Reglamento.

2. No será necesaria la presentación en las oficinas liquidadoras de:

a) Los documentos por los que se formalice la transmisión de efectos públicos, acciones, obligaciones y valores negociables de todas clases, intervenidos por corredores oficiales de comercio y por sociedades y agencias de valores.

b) Los contratos de arrendamiento de fincas urbanas cuando se extiendan en efectos timbrados.

c) Las copias de las escrituras y actas notariales que no tengan por objeto cantidad o cosa valuable y los testimonios notariales de todas clases, excepto los de documentos que contengan actos sujetos al impuesto si no aparece en tales documentos la nota de pago, de exención o de no sujeción.

d) Las letras de cambio y actas de protesto.

e) Cualesquiera otros documentos referentes a actos y contratos para los cuales el Ministerio de Economía y Hacienda acuerde el empleo obligatorio de efectos timbrados como forma de exacción del impuesto.

f) Los poderes, facturas y demás documentos análogos del tráfico mercantil.

3. En los procedimientos administrativos de apremio seguidos para la efectividad de descubiertos por razón del impuesto podrá autorizarse la inscripción del derecho del deudor en los términos y por los trámites señalados en el Reglamento General de Recaudación.

4. Los contratos de ventas de bienes muebles a plazo y los de préstamo, prevenidos en el artículo 22 de la Ley 50/1965, de 17 de julio, tendrán acceso al Registro a que se refiere el artículo 23 de la misma Ley, sin necesidad de que conste en aquéllos nota administrativa sobre su situación fiscal.

Artículo 99. *Autoliquidación.*

El impuesto será objeto de autoliquidación con carácter general por el sujeto pasivo con excepción de aquellos hechos imponibles que se deriven de las operaciones particionales en las sucesiones hereditarias y se contengan en el mismo documento presentado a la Administración para que proceda a su liquidación por el Impuesto sobre Sucesiones y Donaciones.

Artículo 100[95].

---

[95]   Art. 100 suprimido por la Disp. Derogatoria única del Real Decreto 1075/2017, de 29 de diciembre, por el que se modifican ... el Reglamento del Impuesto sobre Transmisiones Patrimoniales y Actos Jurídicos Documentados, aprobado por el Real Decreto 828/1995, de 29 de mayo... (BOE núm. 317, de 30 de diciembre de 2017), en vigor desde el 1 de enero de 2018.

Artículo 101. *Declaraciones-liquidaciones.*

1. Los sujetos pasivos deberán presentar ante los órganos competentes de la Administración tributaria la autoliquidación del impuesto extendida en el modelo de impreso de declaración-liquidación especialmente aprobado al efecto por el Ministerio de Economía y Hacienda[96] y a la misma se acompañará la copia auténtica del documento notarial, judicial o administrativo en que conste el acto que origine el tributo y una copia simple del mismo. Cuando se trate de documentos privados, éstos se presentarán por duplicado, original y copia, junto con el impreso de declaración-liquidación.

2. Cuando el acto o contrato no esté incorporado a un documento, los sujetos pasivos deberán presentar, acompañando a la declaración-liquidación, la declaración escrita sustitutiva del documento a que se refiere el artículo 98.1 anterior, en la que consten las circunstancias relevantes para la liquidación.

---

[96] Modelos 600 de uso general, y 620 para transmisión de medios de transporte usados. Aprobados por Orden HAC/1927/2002, de 24 de julio (BOE del 30). Las normas relativas a procedimiento, lugar y plazos de presentación, están contenidas en la Orden de 4 de julio de 2001 (BOE núm. 162, de 7 de julio de 2001), modificada por Orden HAC/1927/2002 precitada.

Modelo 610 en euros de declaración mensual a cumplimentar por entidades colaboradoras de las cantidades recaudadas en concepto de pago a metálico del Impuesto, en la modalidad de Actos Jurídicos Documentados, que grava los documentos negociados por ellas. Aprobado por Orden HAC/1927/2002, de 24 de julio (BOE del 30). Las normas relativas a procedimiento, lugar y plazos de presentación están contenidas en la Orden de 12 de noviembre de 2001 (BOE del 16), modificada por Orden HAC/1927/2002 precitada. Dichas entidades han de presentar además el modelo 611 de declaración informativa anual, en soporte directamente legible por ordenador (Orden de 12 de noviembre de 2001) o telemáticamente por teleproceso (siendo aplicable en este último caso el procedimiento establecido en la Orden de 21 de diciembre de 2000, BOE del 28, con determinada modificación incorporada por la disposición adicional 3.ª de la Orden HAC/2895/2002, de 8 de noviembre, BOE del 16).

Modelo 615 de declaración mensual en euros, para pago en metálico del Impuesto, en la modalidad de Actos Jurídicos Documentados, que grava la emisión de documentos que lleven aparejada acción cambiaria o sean endosables a la orden, a utilizar por aquellas Entidades y personas autorizadas a las que resulte de aplicación lo dispuesto en el artículo 17.4 de la Ley 7/1996, de 15 de enero, de Ordenación del Comercio Minorista, en redacción dada por Ley 55/1999, de 29 de diciembre. Aprobado el modelo por Orden HAC/1927/2002, de 24 de julio (BOE del 30). Las normas relativas a procedimiento, lugar y plazos de presentación están contenidas en la Orden de 12 de noviembre de 2001 (BOE del 16), modificada por Orden HAC/1927/2002 precitada. Estarán obligadas a presentar también el modelo 616 de declaración informativa anual, en soporte directamente legible por ordenador (Orden de 12 de noviembre de 2001) o telemáticamente por teleproceso (siendo aplicable en este último caso el procedimiento establecido en la Orden de 21 de diciembre de 2000, BOE del 28, con determinada modificación incorporada por la disposición adicional 3.ª de la Orden HAC/2895/2002, de 8 de noviembre, BOE del 16).

Modelo 630, para pago en metálico de letras de cambio, concepto de Actos Jurídicos Documentados por el exceso de letras de cambio superiores a 192.323,87 euros y por las letras de cambio expedidas en el extranjero que surtan cualquier efecto jurídico o económico en España. Aprobados por Orden HAC/1927/2002, de 24 de julio (BOE del 30). Las normas relativas a procedimiento, lugar y plazos de presentación, están contenidas en la Orden de 4 de julio de 2001 (BOE del 7), modificada por Orden HAC/1927/2002 precitada.

CAPÍTULO II. PLAZOS Y LUGAR DE PRESENTACIÓN

Artículo 102. *Plazo de presentación.*

1. El plazo para la presentación de las declaraciones-liquidaciones, junto con el documento o la declaración escrita sustitutiva del documento, será de treinta días hábiles a contar desde el momento en que se cause el acto o contrato.

Cuando se trate de documentos judiciales se entenderá causado el acto o contrato en la fecha de firmeza de la correspondiente resolución judicial.

2. Cuando acerca de la transmisión de bienes y derechos se promueva litigio, no se interrumpirá el plazo de presentación, pero el sujeto pasivo podrá suspender la práctica de la autoliquidación desde la interposición de la demanda hasta el día siguiente al en que sea firme la resolución definitiva que ponga término a aquél.

3. Si el litigio se promoviere después de terminar el plazo de presentación y no se hubiese presentado el documento con la autoliquidación, la Administración exigirá la presentación de los documentos y el pago del impuesto, con las responsabilidades en que los interesados hubiesen incurrido.

4. Si las partes litigantes dejaren de instar la continuación del litigio durante un plazo de seis meses, la Administración podrá exigir la práctica de las autoliquidaciones con los ingresos que procedan. Si se diere lugar a que los Tribunales declaren la caducidad de la instancia que dio origen al litigio, se exigirá la práctica e ingreso de las autoliquidaciones procedentes con los intereses de demora correspondientes, a partir del día siguiente al en que hubiese presentado la declaración-liquidación sin practicar autoliquidación. El mismo efecto se producirá en el caso de suspensión del curso de los autos, por conformidad de las partes.

5. La suspensión de la autoliquidación en los casos previstos en los números anteriores interrumpirá el plazo de prescripción de la acción de la Administración para liquidar el impuesto.

Artículo 102 bis[97]. *Autoliquidación y pago de las operaciones continuadas de adquisición de cualquier tipo de bienes muebles a particulares por empresarios y profesionales para su incorporación a sus actividades económicas.*

Cuando los adquirentes sean empresarios o profesionales que adquieran regularmente a particulares cualquier tipo de bienes muebles, para desarrollar su actividad económica, en una cantidad superior a 100 adquisiciones mensuales, podrán autoliquidar todas las adquisiciones de cada mes completo, siempre que el importe individual de cada adquisición no supere 1.000 euros, presentando la documentación correspondiente a todas ellas y autoli-

---

[97]   Nuevo artículo 102.bis incorporado por el art. segundo Uno del Real Decreto 1075/2017, de 29 de diciembre, por el que se modifican ... el Reglamento del Impuesto sobre Transmisiones Patrimoniales y Actos Jurídicos Documentados, aprobado por el Real Decreto 828/1995, de 29 de mayo... (BOE núm. 317, de 30 de diciembre de 2017), en vigor desde el 1 de enero de 2018.

quidando en un solo impreso, en el plazo de treinta días hábiles a contar desde el último día del mes que se liquide, e ingresando la suma de las cuotas correspondientes a todas las adquisiciones de dicho mes.

Artículo 103. *Reglas de competencia territorial.*

1[98]. La presentación de las declaraciones-liquidaciones, de los documentos y, en su caso, de las declaraciones sustitutivas de los documentos, se hará ateniéndose a las siguientes reglas de competencia territorial y por el orden de preferencia que resulta, siguiendo la propia enumeración de las mismas:

A) Siempre que el documento comprenda algún concepto sujeto a la cuota gradual del gravamen de Actos jurídicos Documentados, a que se refiere el artículo 72 de este Reglamento, será competente la oficina en cuya circunscripción radique el Registro en el que debería procederse a la inscripción o anotación de los bienes o actos de mayor valor según las reglas del Impuesto sobre el Patrimonio.

B) Si no fuese aplicable la regla anterior, cuando el acto o documento se refiera a operaciones societarias será oficina competente aquella en cuya circunscripción radique el domicilio fiscal de la entidad.

C) En defecto de aplicación de las reglas anteriores, como consecuencia de que el acto o documento no motive liquidación ni por la cuota gradual de Actos Jurídicos Documentados a que se refiere el artículo 72 de este Reglamento, ni tampoco por la modalidad de «operaciones societarias», la oficina competente se determinará aplicando las reglas que figuran a continuación en función de la naturaleza del acto o contrato documentado y de los bienes a que se refiera:

1.ª Cuando el acto o documento comprenda exclusivamente transmisiones y arrendamientos de bienes inmuebles, constitución y cesión de derechos reales, incluso de garantía, sobre los mismos, será oficina competente la correspondiente al territorio en el que radiquen los inmuebles. En el caso de referirse a varios inmuebles, sitos en diferentes lugares, será competente la oficina en cuya circunscripción radiquen los inmuebles de mayor valor según las normas del Impuesto sobre el Patrimonio.

2.ª Cuando comprenda exclusivamente la constitución de hipoteca mobiliaria o prenda sin desplazamiento o se refiera a buques o aeronaves, será competente la oficina en cuya circunscripción radique el Registro Mercantil o de Hipoteca Mobiliaria y Prenda sin Desplazamiento en que tales actos hayan de ser inscritos. En caso de referirse a varios bienes y derechos inscribibles en Registros diferentes se presentará donde deban inscribirse los de mayor valor, aplicando las reglas del Impuesto sobre el Patrimonio.

3.ª Cuando comprenda exclusivamente transmisiones de bienes muebles, semovientes o créditos, así como la constitución y cesión de derechos reales sobre los mismos, en la corres-

---

[98]   Art. 56 del TRLITPyAJD.

pondiente al territorio donde el adquirente tenga su residencia habitual si es persona física o su domicilio fiscal si es persona jurídica y si existiesen diversos adquirentes con distinta residencia o domicilio, donde tenga el adquirente de bienes y derechos de mayor valor, según las reglas del Impuesto sobre el Patrimonio.

4.ª Cuando el acto o documento se refiera exclusivamente a transmisiones de valores, se presentará en la oficina correspondiente al territorio donde se formalice la operación.

5.ª Cuando se refiera exclusivamente a la constitución de préstamos simples, fianzas, arrendamientos no inmobiliarios y pensiones, en la correspondiente al territorio en la que el sujeto pasivo tenga su residencia habitual o domicilio fiscal, según se trate de persona física o jurídica.

6.ª Cuando se trate de documentos relativos exclusivamente a concesiones administrativas de bienes, en la correspondiente al territorio donde éstos radiquen, y en la de explotación de servicios en el territorio donde el concesionario tenga su residencia habitual o domicilio fiscal, según se trate de persona física o jurídica. Estas mismas reglas serán aplicables cuando se trate de actos y negocios administrativos que tributen por equiparación a las concesiones administrativas.

7.ª Cuando se trate de anotaciones preventivas de embargo, en la correspondiente al lugar de expedición.

8.ª Cuando por la diversa naturaleza de los bienes o de los actos o contratos, resultase aplicable más de una regla de las siete enumeradas anteriormente, prevalecerá la competencia de la oficina correspondiente al acto o contrato de mayor valor, considerando como valor del acto o contrato a estos efectos el que, respectivamente, corresponda, aplicando las reglas del Impuesto sobre el Patrimonio, según los diversos casos, a los bienes inmuebles, a las garantías o bienes inscribibles en los Registros a que se refiere la regla 2.ª, a los bienes transmitidos y derechos constituidos, o a los valores adquiridos.

D) Cuando la competencia no pueda resolverse conforme a las reglas de los párrafos *A)*, *B)* y *C)* anteriores, se determinará por el lugar del otorgamiento del correspondiente documento.

2. Cuando la regla establecida para fijar la competencia territorial remita a la oficina correspondiente a la residencia habitual, para la determinación de ésta se estará a lo dispuesto en el artículo 7 de este Reglamento.

Artículo 104[99].

---

[99]   Art. 104 suprimido por la Disp. Derogatoria única del Real Decreto 1075/2017, de 29 de diciembre, por el que se modifican ... el Reglamento del Impuesto sobre Transmisiones Patrimoniales y Actos Jurídicos Documentados, aprobado por el Real Decreto 828/1995, de 29 de mayo... (BOE núm. 317, de 30 de diciembre de 2017), en vigor desde el 1 de enero de 2018.

Artículo 105[100].

Artículo 106. *Cuestiones de competencia.*

1[101].

2[102].

3. Si se suscitaren cuestiones de competencia, positivas o negativas, serán resueltas:

a) Si se planteasen entre oficinas de una misma Comunidad Autónoma que tenga cedida la gestión del tributo, por el órgano competente de aquélla.

b)[103]

c) Si se planteasen entre las Delegaciones de la Agencia Estatal de Administración Tributaria de Madrid, Ceuta y Melilla, por la Dependencia de Gestión Tributaria de la Agencia Estatal de Administración Tributaria.

---

[100] Art. 105 suprimido por la Disp. Derogatoria única del Real Decreto 1075/2017, de 29 de diciembre, por el que se modifican ... el Reglamento del Impuesto sobre Transmisiones Patrimoniales y Actos Jurídicos Documentados, aprobado por el Real Decreto 828/1995, de 29 de mayo... (BOE núm. 317, de 30 de diciembre de 2017), en vigor desde el 1 de enero de 2018.

[101] Art. 106.1 suprimido por la Disp. Derogatoria única del Real Decreto 1075/2017, de 29 de diciembre, por el que se modifican ... el Reglamento del Impuesto sobre Transmisiones Patrimoniales y Actos Jurídicos Documentados, aprobado por el Real Decreto 828/1995, de 29 de mayo... (BOE núm. 317, de 30 de diciembre de 2017), en vigor desde el 1 de enero de 2018.

[102] Art. 106.2 suprimido por la Disp. Derogatoria única del Real Decreto 1075/2017, de 29 de diciembre, por el que se modifican ... el Reglamento del Impuesto sobre Transmisiones Patrimoniales y Actos Jurídicos Documentados, aprobado por el Real Decreto 828/1995, de 29 de mayo... (BOE núm. 317, de 30 de diciembre de 2017), en vigor desde el 1 de enero de 2018.

[103] El art. 106.3.b) derogado por Disp. Derog. única.b) del Real Decreto 2451/1998, de 13 de noviembre, por el que se aprueba el Reglamento de la Junta Arbitral de resolución de conflictos en materia de tributos del Estado cedidos a las Comunidades Autónomas (BOE núm. 282, de 25 de noviembre de 1998 y Corrección de errores, BOE núm. 37, de 12 de febrero de 1999). En dicha norma se dispone: **Artículo 3.** *Competencias de la Junta Arbitral.* «Es competencia de la Junta Arbitral:

a) La resolución de los conflictos que se susciten entre la Administración tributaria del Estado y la de una o varias Comunidades Autónomas, o entre éstas entre sí, con motivo de la aplicación de los puntos de conexión de los tributos cedidos.

b) La resolución de los conflictos que se suscriben entre la Administración tributaria del Estado y la de una o varias Comunidades Autónomas, o entre éstas entre sí, con motivo de la competencia en relación a los procedimientos de gestión, liquidación, recaudación e inspección de los tributos cedidos, de acuerdo con los puntos de conexión aplicables».

CAPÍTULO III. TRAMITACIÓN

Artículo 107. *Ingreso de autoliquidaciones.*

1[104]**.** El sujeto pasivo, dentro del plazo establecido en el artículo 102.1 anterior, practicará la autoliquidación e ingresará su importe en la entidad de depósito que presta el servicio de caja en la Administración tributaria competente o en alguna de sus entidades colaboradoras.

2. Ingresado el importe de las autoliquidaciones, los sujetos pasivos deberán presentar en la oficina gestora el original y copia simple del documento en que conste o se relacione el acto o contrato que origine el tributo, con un ejemplar de cada autoliquidación practicada.

3. La oficina devolverá al presentador el documento original, con nota estampada en el mismo acreditativa del ingreso efectuado y de la presentación de la copia. La misma nota de ingreso se hará constar también en la copia, que se conservará en la oficina para el examen, calificación del hecho imponible y, si procede, para la práctica de la liquidación o liquidaciones complementarias.

4. En los supuestos en los que de la autoliquidación no resulte cuota tributaria a ingresar, su presentación, junto con los documentos, se realizará directamente en la oficina competente, que sellará la autoliquidación y extenderá nota en el documento original haciendo constar la calificación que proceda, según los interesados, devolviéndolo al presentador y conservando la copia simple en la oficina a los efectos señalados en el apartado anterior.

Artículo 107 bis[105]**.** *Regulación de los medios de acreditación de la presentación y pago, en su caso, del impuesto, ante la oficina gestora competente, para los contribuyentes que deban tributar a la Administración Tributaria del Estado.*

A los efectos de lo dispuesto en la normativa reguladora de este impuesto, la presentación ante la oficina gestora competente de la autoliquidación junto con los documentos que contengan actos o contratos sujetos al Impuesto sobre Transmisiones Patrimoniales y Actos Jurídicos Documentados, así como, en su caso, el pago de dicho impuesto, o la no sujeción

---

[104] Nueva redacción del art. 107.1 dada por el art. único del Real Decreto 207/2002, de 22 de febrero, por el que se modifica el Reglamento del Impuesto sobre Transmisiones Patrimoniales y Actos Jurídicos Documentados, aprobado mediante Real Decreto 828/1995, de 29 de mayo (BOE núm. 61 de 12 de marzo de 2002), en vigor desde el 13/3/2002.

[105] Nuevo artículo 107 bis incorporado por el art. segundo Dos del Real Decreto 1075/2017, de 29 de diciembre, por el que se modifican ... el Reglamento del Impuesto sobre Transmisiones Patrimoniales y Actos Jurídicos Documentados, aprobado por el Real Decreto 828/1995, de 29 de mayo... (BOE núm. 317, de 30 de diciembre de 2017), en vigor desde el 1 de enero de 2018.

o los beneficios fiscales aplicables, se podrán acreditar, además de por los medios previstos en su normativa reguladora, por cualquiera de los siguientes:

a) Certificación expedida a tal efecto por la oficina gestora competente de la Agencia Estatal de Administración Tributaria que contenga todas las menciones y requisitos necesarios para identificar el documento notarial, judicial, administrativo o privado que contenga o en el que se relacione el acto o contrato que origine el impuesto, acompañada, en su caso, de la carta de pago o del correspondiente ejemplar de la autoliquidación.

b) Cualquier otro medio determinado reglamentariamente por el Ministro de Hacienda y Función Pública.

Artículo 108. *Actuaciones posteriores.*

1. Ingresada la autoliquidación practicada por el sujeto pasivo o presentada la declaración-liquidación sin autoliquidación de la que resulte cuota tributaria a ingresar, procederá la práctica de liquidaciones complementarias cuando la comprobación arroje aumento de valor para la base imponible o se estime improcedente la exención o no sujeción invocada, o cuando se compruebe la existencia de errores materiales que hubiesen dado lugar a una minoración en la cuota ingresada.

2. Si presentadas las declaraciones y documentos resultasen todos los datos y antecedentes necesarios para la calificación de los hechos imponibles, siempre que no tenga que practicarse comprobación de valores, la oficina procederá a la calificación del acto o contrato declarado para elevar a definitiva la autoliquidación practicada o girar la liquidación o liquidaciones complementarias que procedan.

3. Cuando para efectos de practicar las liquidaciones complementarias sea necesaria la aportación de nuevos datos o antecedentes por los interesados, se les concederá un plazo de quince días para que puedan acompañarlos. Cuando lo hicieren, y si no fuera necesaria la comprobación de valores, se procederá como se indica en el apartado anterior. Si no se aportasen, y sin perjuicio de las sanciones que procedan, se podrán practicar liquidaciones complementarias provisionales en base a los datos ya aportados y a los que posea la Administración.

4. Cuando disponiendo de todos los datos y antecedentes necesarios se tuvieran que practicar comprobaciones de valores, sobre los obtenidos se practicarán las liquidaciones definitivas que procedan, que serán debidamente notificadas al presentador o al sujeto pasivo.

5. Cuando para la comprobación de valores se recurriere al dictamen de peritos de la Administración, la oficina remitirá a los servicios técnicos correspondientes una relación de los bienes y derechos a valorar para que, por personal con título adecuado a la naturaleza de los mismos, se emita, en el plazo de quince días, el dictamen solicitado que deberá estar suficientemente motivado.

6. Cualquiera que sea la naturaleza de la adquisición, las liquidaciones que se giren sin haber practicado la comprobación definitiva del hecho imponible y de su valoración tendrán carácter provisional.

Artículo 109. *Carácter de las liquidaciones.*

Las liquidaciones complementarias incluirán intereses de demora y se extenderán a nombre de cada contribuyente, haciendo constar en ellas su carácter de provisionales o definitivas.

Artículo 110. *Notificación de liquidaciones.*

Practicadas las liquidaciones complementarias que procedan, se notificarán al sujeto pasivo o al presentador del documento o declaración con indicación de su carácter y motivación, del lugar, plazos y forma de efectuar el ingreso, así como de los recursos que puedan ser interpuestos, con indicación de los plazos y órganos ante los que habrán de interponerse.

Artículo 111. *Pago del impuesto.*

1. El pago de los impuestos regulados en este Reglamento, excepción hecha de los supuestos de autoliquidación que se regirán por sus normas específicas, queda sometido al régimen general sobre plazos de ingreso establecido para las deudas tributarias.

2. No podrá efectuarse, sin que se justifique previamente el pago del impuesto correspondiente o su exención, el cambio de sujeto pasivo de cualquier tributo estatal, autonómico o local cuando tal cambio suponga, directa o indirectamente, una transmisión de bienes, derechos o acciones gravada por este Reglamento.

Artículo 112. *Aplazamiento y fraccionamiento.*

A efectos del pago de las autoliquidaciones o de las liquidaciones complementarias giradas por la Administración serán aplicables las normas sobre aplazamiento y fraccionamiento de pago del Reglamento General de Recaudación[106].

Artículo 113. *Supuesto especial de fraccionamiento.*

Sin perjuicio de lo dispuesto en el artículo anterior, las oficinas liquidadoras podrán acordar el fraccionamiento de pago del Impuesto de Transmisiones Patrimoniales en tres anualidades como máximo, de las autoliquidaciones o liquidaciones complementarias practicadas como consecuencia de la adquisición de viviendas destinadas a domicilio habitual y permanente del sujeto pasivo y cuya superficie útil no exceda de 120 metros cuadrados.

---

[106]   Art. 65 (Aplazamiento y fraccionamiento del pago) de la Ley 58/2003, de 17 de diciembre, General Tributaria y arts. 44 a 54 (Aplacamiento y fraccionamiento) del Real Decreto 939/2005, de 29 de julio, por el que se aprueba el Reglamento General de Recaudación (BOE núm. 210, de 2 de septiembre de 2005)

Estos fraccionamientos habrán de ser solicitados antes de que expire el plazo reglamentario de pago o, en su caso, de la presentación de la autoliquidación y devengarán el correspondiente interés de demora.

Con relación a las viviendas transmitidas, la Administración tendrá preferencia sobre cualquier acreedor e incluso sobre el tercer adquirente, aunque haya inscrito su derecho en el Registro de la Propiedad, para el cobro del importe de la deuda tributaria fraccionada, de los intereses de demora y, en su caso, del recargo de apremio.

Los fraccionamientos concedidos quedarán sin efecto, sin necesidad de previo requerimiento, cuando se enajene, total o parcialmente, la vivienda a que la transmisión se refiera, o cuando el contribuyente deje de satisfacer el importe de una anualidad en el plazo máximo de quince días siguientes a su vencimiento.

CAPÍTULO IV. OBLIGACIONES FORMALES

Artículo 114. *Remisión de fallos e índices.*

1. Los órganos judiciales remitirán a las oficinas liquidadoras de su respectiva jurisdicción relación mensual de los fallos ejecutoriados o que tengan el carácter de sentencia firme por los que se transmitan o adjudiquen bienes o derechos de cualquier clase, excepto cantidades en metálico que constituyan precio de bienes, de servicios personales, de créditos o indemnizaciones.

2. Los notarios están obligados a remitir a las oficinas liquidadoras del impuesto, dentro de la primera quincena de cada trimestre, relación o índice comprensivo de todos los documentos por ellos autorizados en el trimestre anterior, con excepción de los actos de última voluntad, reconocimiento de hijos y demás exceptuados de la presentación conforme a este Reglamento. También están obligados a remitir, dentro del mismo plazo, relación de los documentos privados comprensivos de contratos sujetos al pago del impuesto que les hayan sido presentados para conocimiento o legitimación de firmas. Asimismo, consignarán en los documentos sujetos entre las advertencias legales y de forma expresa, el plazo dentro del cual están obligados los interesados a presentarlos a la liquidación, así como la afección de los bienes al pago del impuesto correspondiente a transmisiones que de ellos se hubiera realizado, y las responsabilidades en que incurran en el caso de no efectuar la presentación.

3. Lo prevenido en este artículo se entiende sin perjuicio del deber general de colaboración establecido en la Ley General Tributaria.

Artículo 115. *Otras obligaciones.*

Los órganos judiciales, bancos, cajas de ahorro, asociaciones, sociedades, funcionarios, particulares y cualesquiera otras entidades públicas o privadas, no acordarán las entregas de bienes a personas distintas de su titular sin que se acredite previamente el pago del impuesto, su exención o no sujeción, salvo que la Administración lo autorice.

TÍTULO VI. PROCEDIMIENTOS ESPECIALES

CAPÍTULO I. EFECTOS TIMBRADOS

Artículo 116[107]. *Elaboración.*

1. La creación y modificación de efectos timbrados se tramitará a través de un expediente, que concluirá con Orden del Ministerio de Economía y Hacienda que se publicará en el *BOE*[108].

2. El simple cambio en el formato y características técnicas de los distintos efectos podrá acordarse por la Agencia Estatal de Administración Tributaria, ajustándose, en cada caso, a las necesidades que han de satisfacer, procurando la utilización de formatos normalizados UNE, o los peculiares que las exigencias de mecanización impongan. Los efectos timbrados llevarán numeración correlativa para sus diferentes clases, excepto los timbres móviles de cuantía inferior a 0,60 euros *(100 pesetas)*, y en su confección se emplearán papeles especiales con marca de agua u otros atributos de seguridad e impresiones de fondo u orlas que eviten la falsificación de los mismos.

3. El grabado, estampación y elaboración de los efectos timbrados de toda clase y de los troqueles matrices para las máquinas de timbrar se realizarán ordinariamente por la Fábrica Nacional de Moneda y Timbre.

4. Cuando por modificaciones de tarifas o cambios legislativos sea preciso la utilización de nuevos efectos timbrados, la Fábrica Nacional de Moneda y Timbre procederá a retirar de la circulación los antiguos en forma que se garantice su destrucción.

5. El timbrado directo por la Fábrica Nacional de Moneda y Timbre y la utilización de máquinas de timbrar podrá autorizarse, excepcionalmente, por la Agencia Estatal de Administración Tributaria, que fijará las condiciones en que deba efectuarse.

6. Cuando en una localidad no existan las especies o clases de efectos timbrados que deban emplearse por imperativo legal o reglamentario para satisfacer el impuesto correspondiente a determinados documentos o a otros hechos imponibles, podrá solicitarse por los interesados la habilitación de papel común o efectos timbrados distintos a los que preceptivamente debieran emplearse.

7. Satisfecho el reintegro mediante timbres móviles, éstos se inutilizarán haciendo constar sobre los mismos la fecha del devengo, bien manuscrita o por medio de cajetín o fechador en tinta, cuidando siempre que en los timbres móviles utilizados queden estampados con claridad el día, mes y año de dicho devengo. La falta de inutilización se considerará como omisión de reintegro a todos los efectos.

---

[107] Art. 38 del TRLITPyAJD.
[108] Orden de 11 de octubre de 2001 por la que se aprueban modelos y especificaciones técnicas de timbres del Estado para su adaptación al euro y normas de canje (BOE núm. 254 de 23 de octubre de 2001).

Artículo 117. *Canje*

1. Los adquirentes de efectos timbrados no tendrán derecho a que la entidad expendedora les devuelva su importe, cualquiera que sea el motivo en que se funden para solicitarlo.

2. El canje de unos efectos por otros será admitido por las entidades encargadas de su custodia y por las expendedurías en los casos siguientes:

1.º Respecto de toda clase de efectos timbrados, cuando sean retirados de la circulación por exigencias o conveniencias del servicio, siempre que aparezcan intactos y sin señal alguna de haber sido utilizados, ajustándose a las normas que sobre el particular se contengan en la disposición oficial que en cada caso se dicte.

2.º Respecto del papel timbrado común, del de uso exclusivo para documentos notariales y los documentos timbrados especiales, cuando se inutilicen al escribir o por cualquier otra causa, siempre que no contengan rúbricas ni firmas de ninguna clase ni otros indicios de haber surtido efecto.

3. El exceso satisfecho a metálico, en las letras de cambio que hubieran sido objeto de canje, se podrá instar de la Delegación de la Agencia Estatal de Administración Tributaria correspondiente.

CAPÍTULO II. PROCEDIMIENTO PARA EL EJERCICIO DEL DERECHO DE ADQUISICIÓN POR LA ADMINISTRACIÓN

Artículo 118[109].

Artículo 119[110].

TÍTULO VII. TASACIÓN PERICIAL CONTRADICTORIA

Artículo 120[111]. *Normas generales.*

En corrección del resultado obtenido en la comprobación de valores, los interesados podrán promover la práctica de la tasación pericial contradictoria mediante solicitud presentada dentro del plazo de la primera reclamación que proceda contra la liquidación efectuada sobre la base de los valores comprobados administrativamente.

---

[109]　Art. 118 suprimido por la Disp. Derogatoria única del Real Decreto 1075/2017, de 29 de diciembre, por el que se modifican ... el Reglamento del Impuesto sobre Transmisiones Patrimoniales y Actos Jurídicos Documentados, aprobado por el Real Decreto 828/1995, de 29 de mayo... (BOE núm. 317, de 30 de diciembre de 2017), en vigor desde el 1 de enero de 2018.

[110]　Art. 119 suprimido por la Disp. Derogatoria única del Real Decreto 1075/2017, de 29 de diciembre, por el que se modifican ... el Reglamento del Impuesto sobre Transmisiones Patrimoniales y Actos Jurídicos Documentados, aprobado por el Real Decreto 828/1995, de 29 de mayo... (BOE núm. 317, de 30 de diciembre de 2017), en vigor desde el 1 de enero de 2018.

[111]　Art. 47 del TRLITPyAJD.

Si el interesado estimase que la notificación no contiene expresión suficiente de los datos y motivos tenidos en cuenta para elevar los valores declarados y denunciare la omisión en recurso de reposición o en reclamación económico-administrativa reservándose el derecho a promover tasación pericial contradictoria, el plazo a que se refiere el párrafo anterior se contará desde la fecha de firmeza en vía administrativa del acuerdo que resuelva el recurso o la reclamación interpuesta.

2. En el supuesto de que la tasación pericial fuese promovida por los transmitentes, el escrito de solicitud deberá presentarse dentro de los quince días siguientes a la notificación separada de los valores resultantes de la comprobación.

3. La presentación de la solicitud de tasación pericial contradictoria, o la reserva del derecho a promoverla a que se refiere el apartado 1, en caso de notificación conjunta de los valores y de las liquidaciones que los hayan tenido en cuenta, determinará la suspensión del ingreso de las liquidaciones practicadas y de los plazos de reclamación contra las mismas.

Artículo 121[112]. *Procedimiento.*

La tramitación de la tasación pericial contradictoria se ajustará a las siguientes reglas:

1.ª En el caso de que no figurase ya en el expediente la valoración motivada de un perito de la Administración, por haberse utilizado para la comprobación del valor un medio distinto al «dictamen de peritos de la Administración» previsto en el artículo 52.1. *d)* de la Ley General Tributaria[113], la oficina gestora remitirá a los servicios técnicos correspondientes una relación de los bienes y derechos a valorar para que, por personal con título adecuado a la naturaleza de los mismos, se proceda a la formulación, en el plazo de quince días, de la correspondiente hoja de aprecio por duplicado en la que deberá constar no sólo el resultado de la valoración realizada sino también los fundamentos tenidos en cuenta para el avalúo.

2.ª Recibida por la oficina competente la valoración del perito de la Administración, o la que ya figure en el expediente por haber utilizado la oficina gestora como medio de comprobación el de «dictamen de peritos de la Administración», se trasladará a los interesados, concediéndoles un plazo de quince días para que puedan proceder al nombramiento de un perito, que deberá tener título adecuado a la naturaleza de los bienes y derechos a valorar. Designado el perito por el contribuyente se le entregará la relación de bienes y derechos para que en un nuevo plazo de quince días formule la hoja de aprecio, que deberá estar fundamentada.

3.ª Transcurrido el plazo de quince días sin hacer la designación de perito se entenderá la conformidad del interesado con el valor comprobado, dándose por terminado el expedien-

---

[112] Art. 48 del TRLITPyAJD.
[113] En la actualidad el artículo 57.1.e) (Comprobación de valores) de la Ley 58/2003, de 17 de diciembre, General Tributaria.

te y procediéndose, en consecuencia, a girar liquidación complementaria de la provisionalmente girada por el valor declarado, con los correspondientes intereses de demora.

4.ª Si la tasación del perito de la Administración no excede en más del 10 por 100 y no es superior en 120.202,42 euros *(20.000.000 de pesetas)* a la realizada por el del interesado, servirá de base el valor resultante de ésta, si fuese mayor que el valor declarado, o este valor en caso contrario. En el primer supuesto se girará la liquidación complementaria que proceda con intereses de demora, procediéndose a su ingreso por el sujeto pasivo en los plazos establecidos en el Reglamento General de Recaudación.

5.ª Si la tasación del perito de la Administración excede de los límites indicados en la regla anterior, se procederá por el Delegado de la Agencia Estatal de Administración Tributaria o por el órgano correspondiente de la Comunidad Autónoma, a designar por sorteo público un perito tercero de entre los colegiados o asociados que figuren en las listas remitidas por los colegios, asociaciones o corporaciones profesionales en cumplimiento de lo dispuesto en el artículo 52.2 de la Ley General Tributaria[114] o, en su caso, se interesará del Banco de España la designación de una sociedad de tasación inscrita en el correspondiente registro oficial. Realizada la designación, se remitirá a la persona o entidad designada la relación de bienes y derechos a valorar y copia de las hojas de aprecio de los peritos anteriores, para que en plazo de quince días proceda a confirmar alguna de ellas o realice una nueva valoración, que será definitiva.

6.ª En ningún caso podrá servir de base para la liquidación el resultado de la tasación pericial si fuese menor que el valor declarado por los interesados.

7.ª A la vista del resultado obtenido de la tasación pericial contradictoria, la oficina confirmará la liquidación inicial o girará la complementaria que proceda con intereses de demora, sin perjuicio de su posible impugnación en reposición o en vía económico-administrativa.

8.ª Los honorarios del perito del sujeto pasivo serán satisfechos por éste. Cuando la tasación practicada por el tercer perito fuese superior en un 20 por 100 al valor declarado, todos los gastos de la pericia serán abonados por el sujeto pasivo, y, por el contrario, caso de ser inferior, serán de cuenta de la Administración y, en este caso, el sujeto pasivo tendrá derecho a ser reintegrado de los gastos ocasionados por el depósito a que se refiere el párrafo siguiente.

El perito tercero podrá exigir que, previamente al desempeño de su cometido, se haga provisión del importe de sus honorarios, lo que se realizará mediante depósito en el Banco de España, en el plazo de diez días. La falta de depósito por cualquiera de las partes supondrá la aceptación de la valoración realizada por el perito de la otra, cualquiera que fuera la diferencia entre ambas valoraciones.

---

[114]   Actualmente, el artículo 135 (Tasación pericial contradictoria) de la Ley 58/2003, de 17 de diciembre, General Tributaria.

Entregada en la Delegación de la Agencia Estatal de Administración Tributaria u órgano equivalente de la Comunidad Autónoma la valoración por el tercer perito, se comunicará al interesado y, al mismo tiempo, se le concederá un plazo de quince días para justificar el pago de los honorarios a su cargo. En su caso, se autorizará la disposición de la provisión de honorarios depositados en el Banco de España.

TÍTULO VIII. CIERRE REGISTRAL

Artículo 122. *Cierre registral*

1. Los Registros de la Propiedad, Mercantiles y de la Propiedad Industrial no admitirán, para su inscripción o anotación, ningún documento que contenga acto o contrato sujeto al impuesto, sin que se justifique el pago de la liquidación correspondiente, su exención o no sujeción.

2. A los efectos previstos en el número anterior, se considerará acreditado el pago del impuesto, siempre que el documento lleve puesta la nota justificativa del mismo y se presente acompañado de la correspondiente autoliquidación, debidamente sellada por la oficina que la haya recibido y constando en ella el pago del tributo o la alegación de no sujeción o de la exención correspondiente.

3. En estos casos, se archivará en el Registro una copia de dicha autoliquidación y el registrador hará constar, mediante nota al margen de la inscripción, que el bien o derecho transmitido queda afecto al pago de la liquidación complementaria que, en su caso, proceda practicar. En dicha nota se expresará necesariamente el importe de lo satisfecho por la autoliquidación, salvo que se haya alegado la exención o no sujeción.

4. La nota se extenderá de oficio, quedando sin efecto y debiendo ser cancelada cuando se presente la carta de pago de la indicada liquidación complementaria, y, en todo caso, transcurridos cinco años desde la fecha en que se hubiese extendido.

Artículo 123. *Admisión de documentos.*

Ningún documento que contenga actos o contratos sujetos a este impuesto se admitirá ni surtirá efecto en oficina o registro público sin que se justifique el pago, exención o no sujeción a aquél, salvo lo previsto en la legislación hipotecaria. Los Juzgados y Tribunales remitirán a los órganos competentes para la liquidación del impuesto copia autorizada de los documentos que admitan en los que no conste la nota de haber sido presentados a liquidación.

DISPOSICIONES ADICIONALES

Disposición adicional primera. *Empleo obligatorio de efectos timbrados.*

El Ministro de Economía y Hacienda podrá acordar el empleo obligatorio de efectos timbrados como forma de exacción del Impuesto sobre Transmisiones Patrimoniales y Actos Jurídicos Documentados, exigible a los actos y contratos sujetos al mismo, excepto en aquellos casos en que la Ley imponga el pago a metálico.

Disposición adicional segunda. *Delegación de funciones por las Comunidades Autónomas.*

Las Comunidades Autónomas que se hayan hecho cargo por delegación del Estado de la gestión y liquidación del Impuesto sobre Transmisiones Patrimoniales y Actos Jurídicos Documentados podrán, dentro del marco de sus atribuciones, encomendar a las oficinas liquidadoras de partido a cargo de registradores de la propiedad funciones de gestión y liquidación del impuesto.

Disposición adicional tercera. *Referencia normativa.*

Las referencias que contiene la normativa del Impuesto sobre Transmisiones Patrimoniales y Actos Jurídicos Documentados al Impuesto sobre el Valor Añadido se entenderán hechas al Impuesto General Indirecto Canario, en el ámbito de su aplicación.

DISPOSICIONES TRANSITORIAS

Disposición transitoria primera. *Pérdida de efecto de exenciones y bonificaciones.*

Quedan sin efecto cuantas exenciones y bonificaciones no figuren mencionadas en el Texto refundido aprobado por Real Decreto legislativo 1/1993, de 24 de septiembre, y en este Reglamento, sin perjuicio de los derechos adquiridos al amparo de las disposiciones anteriormente en vigor, sin que la mera expectativa pueda reputarse derecho adquirido.

Lo señalado anteriormente no afectará a las sociedades o entidades que tengan reconocidos beneficios fiscales por pactos solemnes con el Estado, mientras que no se alteren las condiciones de los mismos.

Disposición transitoria segunda. *Mantenimiento de beneficios fiscales.*

La «Sociedad Estatal para la Exposición Universal de Sevilla 92, Sociedad Anónima», mantendrá los beneficios fiscales previstos en las Leyes 12/1988, de 25 de mayo; 5/1990, de 29 de junio, y en el Real Decreto 219/1989, de 3 de marzo, referidos, exclusivamente, a las actividades derivadas de la liquidación de bienes, derechos y obligaciones relacionados directamente con la Exposición Universal de Sevilla.

Disposición transitoria tercera. *Actuación de las Administraciones de la Agencia Estatal de Administración Tributaria.*

En tanto no se disponga otra cosa por el Ministro de Economía y Hacienda, las Administraciones de la Agencia Estatal de Administración Tributaria limitarán su actuación en la gestión y liquidación del impuesto a la admisión de documentos y declaraciones tributarias, que deberán remitir a la Delegación de la que dependan a efectos de su ulterior tramitación.

Disposición transitoria cuarta. *Actuación de las Oficinas Liquidadoras de Distrito Hipotecario.*

Las Oficinas Liquidadoras de Distrito Hipotecario, a cargo de registradores de la propiedad, liquidarán en el ámbito de sus competencias, los documentos o declaraciones del Impuesto sobre Transmisiones Patrimoniales y Actos Jurídicos Documentados presentados en las mismas hasta 31 de diciembre de 1991.

Disposición transitoria quinta. *Normativa aplicable a Ceuta y Melilla.*

En Ceuta y Melilla, en tanto continúe en vigor el Impuesto General sobre el Tráfico de las Empresas, seguirán aplicándose las normas del Texto refundido del Impuesto sobre Transmisiones Patrimoniales y Actos Jurídicos Documentados, aprobado por Real Decreto legislativo 3050/1980, de 30 de diciembre, que, con relación a aquel impuesto, establecía en sus respectivos ámbitos de aplicación o fijaba reglas especiales sobre delimitación del hecho imponible, de la base imponible o, en general, sobre relaciones entre ambos impuestos. En este sentido, seguirán siendo aplicables:

a) El artículo 7.1.*B)*, en cuanto incluía en el hecho imponible el otorgamiento de concesiones administrativas que tuviesen por objeto la cesión del derecho a utilizar inmuebles e instalaciones en puertos y aeropuertos.

b) El artículo 7.3, en cuanto declaraba la no sujeción en el Impuesto General sobre el Tráfico de las Empresas y en el de Transmisiones Patrimoniales de las condiciones resolutorias explícitas de las compraventas que garantizasen el precio aplazado en las transmisiones empresariales de bienes inmuebles.

c) El artículo 7.5, en cuanto declaraba la no sujeción de las entregas de bienes, prestaciones de servicios y operaciones en general que constituyesen actos habituales del tráfico de las empresas o explotaciones que las realizasen.

d) El artículo 10.2 *h)*, en cuanto fijaba la base imponible en la transmisión a título oneroso de los derechos que a favor del adjudicatario de un contrato de obras, servicios o suministros deriven del mismo.

e) El artículo 10.2 *j)*, en cuanto fijaba la base imponible de las aparcerías referentes a establecimientos fabriles o industriales.

f) Cualesquiera otros que respondan a la finalidad expresada, aunque ya no sean aplicables en el resto del territorio como consecuencia de la entrada en vigor en el mismo del Impuesto sobre el Valor Añadido.

3. Ley Orgánica 8/1980, de 22 de septiembre, de FINANCIACIÓN DE LAS COMUNIDADES AUTÓNOMAS[1]

(BOE núm. 236, de 1 de octubre de 1980)

CAPÍTULO PRIMERO. PRINCIPIOS GENERALES

Artículo 1

Uno. Las Comunidades Autónomas gozarán de autonomía financiera para el desarrollo y ejecución de las competencias que, de acuerdo con la Constitución, les atribuyan las Leyes y sus respectivos Estatutos.

Dos. La financiación de las Comunidades Autónomas se regirá por la presente Ley Orgánica y por el Estatuto de cada una de dichas comunidades[2]. En lo que a esta materia afecte

---

[1] Modificada por:

Ley Orgánica 9/2022, de 28 de julio, por la que se establecen normas que faciliten el uso de información financiera y de otro tipo para la prevención, detección, investigación o enjuiciamiento de infracciones penales, de modificación de la Ley Orgánica 8/1980, de 22 de septiembre, de Financiación de las Comunidades Autónomas y otras disposiciones conexas y de modificación de la Ley Orgánica 10/1995, de 23 de noviembre, del Código Penal (BOE núm. 181, de 29 de julio de 2022).

Ley Orgánica 6/2015, de 12 de junio, de modificación de la Ley Orgánica 8/1980, de 22 de septiembre, de financiación de las Comunidades Autónomas y de la Ley Orgánica 2/2012, de 27 de abril, de Estabilidad Presupuestaria y Sostenibilidad Financiera (BOE núm. 141, de 13 de junio de 2015).

Ley Orgánica 9/2013, de 20 de diciembre, de control de la deuda comercial en el sector público (BOE núm. 305, de 21 de diciembre de 2013).

Ley Orgánica 8/2013, de 9 de diciembre, de mejora de la calidad educativa (BOE núm. 295, de 10 de diciembre de 2013)

Ley Orgánica 2/2012, de 27 de abril, de Estabilidad Presupuestaria y Sostenibilidad Financiera (BOE núm. 103, 30/4/2012).

Ley Orgánica 3/2009, de 18 de diciembre, de modificación de la Ley Orgánica 8/1980, de 22 de septiembre, de Financiación de las Comunidades Autónomas (BOE núm. 305, 19/12/2009).

Ley Orgánica 7/2001, de 27 de diciembre, de modificación de la Ley Orgánica 8/1980, de 22 de septiembre, de Financiación de las Comunidades Autónomas (LOFCA) (BOE núm. 313, 31/12/2001).

Ley Orgánica 5/2001, de 13 de diciembre, complementaria a la Ley General de Estabilidad Presupuestaria (BOE núm. 299, 14/12/2001).

Ley Orgánica 10/1998, de 17 de diciembre, complementaria de la Ley sobre introducción del euro (BOE núm. 302, 18/12/1998).

Ley Orgánica 3/1996, de 27 de diciembre, de modificación parcial de la Ley Orgánica 8/1980, de 22 de septiembre, de financiación de las Comunidades Autónomas. (BOE núm. 313, 28/12/1996).

Ley Orgánica 1/1989, de 13 de abril, por la que se da nueva redacción a los artículos 4.1 y 7.1 y 2, de la Ley Orgánica 8/1980, de 22 de septiembre, de Financiación de las Comunidades Autónomas. (BOE núm. 90, 15/4/1989).

[2] Se citan a continuación las disposiciones que aprueban los Estatutos de Autonomía, con mención expresa a los preceptos que contienen la regulación sobre «Economía y Hacienda» y a las normas que posteriormente han modificado el articulado referido a estas materias:

Andalucía: Ley Orgánica 2/2007, de 19 de marzo, de reforma del Estatuto de Autonomía para Andalucía (BOE núm. 68, de 20 de marzo de 2007), artículos 175 al 193, disposiciones adicionales, transitorias, derogatorias y finales. Modificada por el artículo 1 de la Ley 18/2010, de 16 de julio, del régimen de cesión de tributos del Estado a la Comunidad Autónoma de Andalucía y de fijación del alcance y condiciones de dicha cesión (BOE núm. 173, de 17 de julio de 2010);

Aragón: Ley Orgánica 5/2007, de 20 de abril, de reforma del Estatuto de Autonomía de Aragón (BOE núm. 97, de 23 de abril de 2007), artículos 99 al 114, disposiciones adicionales 2.ª y 4.ª, transitoria 1.ª, derogatoria y final. Modificada por el artículo 1 de la Ley 24/2010, de 16 de julio, del régimen de cesión de tributos del Estado a la Comunidad Autónoma de Aragón y de fijación del alcance y condiciones de dicha cesión (BOE núm. 173, de 17 de julio de 2010);

Principado de Asturias: Ley Orgánica 7/1981, de 30 de diciembre, de Estatuto de Autonomía para Asturias (BOE núm. 9, de 11 de enero de 1982). Modificada por Ley 26/1997, de 4 de agosto (BOE núm. 186, de 5 de agosto de 1997), y por Ley Orgánica 1/1999, de 5 de enero (BOE núm. 7, de 8 de enero de 1999), artículos 42 al 51 bis, disposición adicional y disposición transitoria 5.ª. Modificada por el artículo 1 de la Ley 19/2010, de 16 de julio, del régimen de cesión de tributos del Estado a la Comunidad Autónoma del Principado de Asturias y de fijación del alcance y condiciones de dicha cesión (BOE núm. 173, de 17 de julio de 2010);

Illes Balears: Ley Orgánica 2/1983, de 25 de febrero, de Estatuto de Autonomía para las islas Baleares (BOE núm. 51, de 1 de marzo de 1983), texto modificado y redactado por Ley Orgánica 1/2007, de 28 de febrero, de reforma del Estatuto de Autonomía de las Illes Balears (BOE núm. 52, de 1 de marzo de 2007 y núm. 77, de 30 de marzo y núm. 173, de 20 de julio de 2007), artículos 120 al 138, disposiciones adicionales 4.ª y 5.ª y transitorias 3.ª, 10.ª y 11.ª. Modificada por el artículo 1 de la Ley 28/2010, de 16 de julio, del régimen de cesión de tributos del Estado a la Comunidad Autónoma de las Illes Balears y de fijación del alcance y condiciones de dicha cesión (BOE núm. 173, de 17 de julio de 2010);

Canarias: Ley Orgánica 10/1982, de 10 de agosto, de Estatuto de Autonomía de Canarias (BOE núm. 195, de 16 de agosto de 1982). Modificada por Ley Orgánica 4/1996, de 30 de diciembre (BOE núm. 315, de 31 de diciembre de 1996 y 12 de marzo de 1997), por Ley 28/1997, de 4 de agosto (BOE núm. 186, de 5 de agosto de 1997), y por el artículo 1 de la Ley 26/2010, de 16 de julio, del régimen de cesión de tributos del Estado a la Comunidad Autónoma de Canarias y de fijación del alcance y condiciones de dicha cesión,(BOE núm. 173, de 17 de julio de 2010). Artículos 45 al 63 y disposiciones adicionales 2.ª y 3.ª;

Cantabria: Ley Orgánica 8/1981, de 30 de diciembre, de Estatuto de Autonomía para Cantabria (BOE núm. 9, de 11 de enero de 1982). Modificada por Ley 29/1997, de 4 de agosto (BOE núm. 186, de 5 de agosto de 1997), por Ley Orgánica 11/1998, de 30 de diciembre, de reforma de la Ley Orgánica 8/1981, de 30 de diciembre, del Estatuto de Autonomía para Cantabria (BOE núm. 313, de 31 de diciembre de 1998) y por el artículo 1 de la Ley 20/2010, de 16 de julio, del régimen de cesión de tributos del Estado a la Comunidad Autónoma de Cantabria y de fijación del alcance y condiciones de dicha cesión (BOE núm. 173, de 17 de julio de 2010), artículos 45 al 57, disposiciones adicionales 1.ª y 2.ª y disposición transitoria 10.ª;

Castilla-León: Ley Orgánica 4/1983, de 25 de febrero, de Estatuto de Autonomía de Castilla-León (BOE núm. 52, de 2 de marzo de 1983), redactado de nuevo por Ley Orgánica 14/2007, de 30 de noviembre, de reforma del Estatuto de Autonomía de Castilla y León (BOE núm. 299, de 1 de diciembre de 2007), artículos 82 al 90, disposiciones adicional 1.ª, derogatoria y final. Modificada por el artículo 1 de la Ley 30/2010, de 16 de julio, del régimen de cesión de tributos del Estado a la Comunidad de Castilla y León y de fijación del alcance y condiciones de dicha cesión (BOE núm. 173, de 17 de julio de 2010);

Castilla-La Mancha: Ley Orgánica 9/1982, de 10 de agosto, de Estatuto de Autonomía de Castilla-La Mancha (BOE núm. 195, de 16 de agosto de 1982), artículos 41 al 53, disposiciones adicionales 1.ª y 2.ª y disposición transitoria 6.ª. Modificada por el artículo 1 de la Ley 25/2010, de 16 de julio, del régimen de cesión de tributos del Estado a la Comunidad Autónoma de Castilla-La Mancha y de fijación del alcance y condiciones de dicha cesión (BOE núm. 173, de 17 de julio de 2010);

Cataluña: Ley Orgánica 6/2006, de 19 de julio, de reforma del Estatuto de Autonomía de Cataluña (BOE núm. 172, de 20 de julio de 2006), modificada por el artículo 1 de la Ley 16/2010, de 16 de julio, del régimen de cesión de tributos del Estado a la Comunidad Autónoma de Cataluña y de fijación del alcance y condiciones de dicha cesión,(BOE núm. 173, de 17 de julio de 2010); STC núm. 31/2010, de 28 de junio de 2010,(BOE núm. 172, de 16 de julio de 2010), recurso de inconstitucionalidad de diversos preceptos de dicha Ley Orgánica.

Extremadura: Ley Orgánica 1/1983, de 25 de febrero, de Estatuto de Autonomía de Extremadura (BOE núm. 49, de 26 de febrero de 1983). Modificada por Ley Orgánica 12/1999, de 6 de mayo (BOE núm. 109, de 7 de mayo de 1999), artículos 54 al 61 y disposición adicional 1.ª. Modificada por el artículo 1 de la Ley 27/2010, de 16 de julio, del régimen de cesión de tributos del Estado a la Comunidad Autónoma de Extremadura y de fijación del alcance y condiciones de dicha cesión (BOE núm. 173, de 17 de julio de 2010); derogada por la Ley Orgánica 1/2011, de 28 de enero, de reforma del Estatuto de Autonomía de la Comunidad Autónoma de Extremadura (BOE núm. 25, de 29 de enero de 2011), arts. 82 y 86 a 90;

Galicia: Ley Orgánica 1/1981, de 6 de abril, de Estatuto de Autonomía para Galicia (BOE núm. 101, de 28 de abril de 1981), Modificada por Ley 32/1997, de 4 de agosto (BOE núm. 186, de 5 de agosto de 1997), artículos 42 al 55, disposición adicional 1.ª y disposición transitoria 5.ª. Modificada por el artículo 1 de la Ley 17/2010, de 16 de julio, del régimen de cesión de tributos del Estado a la Comunidad Autónoma de Galicia y de fijación del alcance y condiciones de dicha cesión (BOE núm. 173, de 17 de julio de 2010);

Madrid: Ley Orgánica 3/1983, de 25 de febrero, de Estatuto de Autonomía de la Comunidad de Madrid,(BOE núm. 51, de 1 de marzo de 1983). Modificada por Ley Orgánica 5/1998, de 7 de julio (BOE núm. 162, de 8 de julio de 1998), artículos 51 al 63, disposición adicional 1.ª y disposición transitoria 6.ª. Modificada por el artículo 1 de la Ley 29/2010, de 16 de julio, del régimen de cesión de tributos del Estado a la Comunidad de Madrid y de fijación del alcance y condiciones de dicha cesión (BOE núm. 173, de 17 de julio de 2010);

Región de Murcia: Ley Orgánica 4/1982, de 9 de junio, de Estatuto de Autonomía para la Región de Murcia (BOE núm. 146, de 19 de junio de 1982). Modificada por Ley 34/1997, de 4 de agosto (BOE núm. 186, de 5 de agosto de 1997), artículos 40 al 50 y 54, disposición adicional 1.ª y disposición transitoria 6.ª y Ley Orgánica 1/1998, de 15 de junio (BOE núm. 143, de 16 de junio de 1998). Modificada por el artículo 1 de la Ley 22/2010, de 16 de julio, del régimen de cesión de tributos del Estado a la Comunidad Autónoma de la Región de Murcia y de fijación del alcance y condiciones de dicha cesión,(BOE núm. 173, de 17 de julio de 2010);

La Rioja: Ley Orgánica 3/1982, de 9 de junio, de Estatuto de Autonomía de La Rioja (BOE núm. 146, de 19 de junio de 1982). Modificada por Ley 35/1997, de 4 de agosto (BOE núm. 186, de 5 de agosto de 1997), y por Ley Orgánica 2/1999, de 7 de enero (BOE núm. 7, de 8 de enero de 1999), artículos 43 al 57, disposición adicional 1.ª y disposiciones transitorias 10.ª y 11.ª. Modificada por el artículo 1 de la Ley 21/2010, de 16 de julio, del régimen de cesión de tributos del Estado a la Comunidad Autónoma de La Rioja y de fijación del alcance y condiciones de dicha cesión,(BOE núm. 173, de 17 de julio de 2010);

Comunidad Valenciana: Ley Orgánica 5/1982, de 1 de julio, de Estatuto de Autonomía de la Comunidad Valenciana (BOE núm. 164, de 10 de julio de 1982), actualizada por Ley Orgánica 1/2006, de 10 de abril (BOE núm. 86, de 11 de abril de 2006), artículos 67 al 80. Modificada por el artículo 1 de la Ley 23/2010,

se aplicarán las Leyes ordinarias, Reglamentos y demás normas jurídicas emanadas de las instituciones del Estado y de las Comunidades Autónomas.

Tres. Lo dispuesto en esta Ley se entiende sin perjuicio de lo establecido en los Tratados o Convenios suscritos o que se suscriban en el futuro por España.

Artículo 2

Uno[3]. La actividad financiera de las Comunidades Autónomas se ejercerá en coordinación con la Hacienda del Estado, con arreglo a los siguientes principios:

a) El sistema de ingresos de las Comunidades Autónomas, regulado en las normas básicas a que se refiere el artículo anterior, deberá establecerse de forma que no pueda implicar, en ningún caso, privilegios económicos o sociales ni suponer la existencia de barreras fiscales en el territorio español, de conformidad con el apartado 2 del artículo 157 de la Constitución.

b)[4] La garantía del equilibrio económico, a través de la política económica general, de acuerdo con lo establecido en los artículos 40.1, 131 y 138 de la Constitución, corresponde al Estado, que es el encargado de adoptar las medidas oportunas tendentes a conseguir la estabilidad económica interna y externa, la estabilidad presupuestaria y la sostenibilidad financiera, así como el desarrollo armónico entre las diversas partes del territorio español. A estos efectos, se aplicarán los principios de estabilidad presupuestaria y sostenibilidad financiera definidos en la Ley Orgánica 2/2012, de 27 de abril, de Estabilidad Presupuestaria y Sostenibilidad Financiera.

c) La garantía de un nivel base equivalente de financiación de los servicios públicos fundamentales, independientemente de la Comunidad Autónoma de residencia.

---

de 16 de julio, del régimen de cesión de tributos del Estado a la Comunitat Valenciana y de fijación del alcance y condiciones de dicha cesión,(BOE núm. 173, de 17 de julio de 2010)).

En **Navarra** rige la Ley Orgánica 13/1982, de 10 de agosto, de Reintegración y Amejoramiento del Régimen Foral de Navarra (BOE núm. 195, de 6 de agosto de 1982), artículos 18 y 45.

En el **País Vasco** el Estatuto de Autonomía fue aprobado por la Ley Orgánica 3/1979, de 18 de diciembre (BOE núm. 306, de 22 de diciembre de 1979), artículos 40 al 45 y disposición transitoria 8.ª.

[3] Nueva redacción del art. 2.Uno dada por el art. único.Uno de la Ley Orgánica 3/2009, de 18 de diciembre, de modificación de la Ley Orgánica 8/1980, de 22 de septiembre, de Financiación de las Comunidades Autónomas (BOE núm. 305 de 19/12/2009), con efectos desde 1 de enero de 2009. Redacción anterior dada por el art.7 de la Ley Orgánica 7/2001 y por la disp. adic. Única de la Ley Orgánica 5/2001.

[4] Nueva redacción de la letra b) dada por el art. primero Uno de la Ley Orgánica 6/2015, de 12 de junio, de modificación de la Ley Orgánica 8/1980, de 22 de septiembre, de financiación de las Comunidades Autónomas y de la Ley Orgánica 2/2012, de 27 de abril, de Estabilidad Presupuestaria y Sostenibilidad Financiera (BOE núm. 141, de 13 de junio de 2015), en vigor desde el 14 de junio de 2015.

Redacción anterior dada por el art. único.Uno de la Ley Orgánica 3/2009, de 18 de diciembre, de modificación de la Ley Orgánica 8/1980, de 22 de septiembre, de Financiación de las Comunidades Autónomas (BOE núm. 305 de 19/12/2009), con efectos desde 1 de enero de 2009.

d) La corresponsabilidad de las Comunidades Autónomas y el Estado en consonancia con sus competencias en materia de ingresos y gastos públicos.

e) La solidaridad entre las diversas nacionalidades y regiones que consagran los artículos segundo y los apartados uno y dos del ciento treinta y ocho de la Constitución.

f) La suficiencia de recursos para el ejercicio de las competencias propias de las Comunidades Autónomas.

g) La lealtad institucional, que determinará el impacto, positivo o negativo, que puedan suponer las actuaciones legislativas del Estado y de las Comunidades Autónomas en materia tributaria o la adopción de medidas que eventualmente puedan hacer recaer sobre las Comunidades Autónomas o sobre el Estado obligaciones de gasto no previstas a la fecha de aprobación del sistema de financiación vigente, y que deberán ser objeto de valoración quinquenal en cuanto a su impacto, tanto en materia de ingresos como de gastos, por el Consejo de Política Fiscal y Financiera de las Comunidades Autónomas, y en su caso compensación, mediante modificación del Sistema de Financiación para el siguiente quinquenio.

Dos. Cada Comunidad Autónoma está obligada a velar por su propio equilibrio territorial y por la realización interna del principio de solidaridad.

Tres. Las Comunidades Autónomas gozarán del tratamiento fiscal que la Ley establezca para el Estado.

(...)

CAPÍTULO II. RECURSOS DE LAS COMUNIDADES AUTÓNOMAS

Artículo 4

Uno[5]. De conformidad con el apartado 1 del artículo 157 de la Constitución, y sin perjuicio de lo establecido en el resto del articulado, los recursos de las Comunidades Autónomas estarán constituidos por:

a) Los ingresos procedentes de su patrimonio y demás de derecho privado.

b) Sus propios impuestos, tasas y contribuciones especiales.

c) Los tributos cedidos, total o parcialmente, por el Estado.

d) La participación en el Fondo de Garantía de Servicios Públicos Fundamentales.

e) Los recargos que pudieran establecerse sobre los tributos del Estado.

f) Las participaciones en los ingresos del Estado a través de los fondos y mecanismos que establezcan las leyes.

g) El producto de las operaciones de crédito.

---

[5] Nueva redacción del art. 4.Uno dada por el artículo único.Dos de la Ley Orgánica 3/2009, de 18 de diciembre, de modificación de la Ley Orgánica 8/1980, de 22 de septiembre, de Financiación de las Comunidades Autónomas (BOE núm. 305 de 19/12/2009), con efectos desde 1 de enero de 2009.
Redacción anterior dada por el art. 1 de la Ley Orgánica 1/1989 y Ley Orgánica 3/1996 y por el art. único.2 de la Ley Orgánica 3/1996, de 27 de diciembre, que modifico el apartado uno.d).

h) El producto de las multas y sanciones en el ámbito de su competencia.

i) Sus propios precios públicos.

Dos[6]. En su caso, las Comunidades Autónomas podrán obtener igualmente ingresos procedentes de:

a) Las asignaciones que se establezcan en los Presupuestos Generales del Estado, de acuerdo con lo dispuesto en la presente Ley.

b) Las transferencias de los Fondos de Compensación Interterritorial, cuyos recursos tienen el carácter de carga general del Estado a los efectos previstos en los artículos 2, 138 y 158 de la Constitución.

(…)

Artículo 10[7]

Uno. Son tributos cedidos los establecidos y regulados por el Estado, cuyo producto corresponda a la Comunidad Autónoma[8].

Dos. Se entenderá efectuada la cesión cuando haya tenido lugar en virtud de precepto expreso del Estatuto correspondiente, sin perjuicio de que el alcance y condiciones de la misma se establezcan en una Ley específica[9].

---

[6]   Nueva redacción del apartado Dos dada por el art. 4 de la Ley Orgánica 7/2001, de 27 de diciembre, de modificación de la Ley Orgánica 8/1980, de 22 de septiembre, de Financiación de las Comunidades Autónomas (BOE núm. 313, de 31 e diciembre de 2001), con efectos desde 1 de enero de 2002.

[7]   Nueva redacción del art. 10 dada por el art. primero.1 de la Ley Orgánica 7/2001, de 27 de diciembre, de modificación de la Ley Orgánica 8/1980, de 22 de septiembre, de Financiación de las Comunidades Autónomas (BOE núm. 313, de 31 de diciembre de 2001), con efectos desde 1 de enero de 2002.

[8]   Ley 22/2009, de 11 de diciembre, por la que se regula el sistema de financiación de las Comunidades Autónomas de régimen común y Ciudades con Estatuto de Autonomía y se modifican determinadas normas tributarias (BOE. núm. 305, de 19 de diciembre de 2009), y la Ley 21/2001, de 27 de diciembre, por la que se regulan las Medidas Fiscales y Administrativas del Nuevo Sistema de Financiación de las Comunidades Autónomas de Régimen Común y Ciudades con Estatuto de Autonomía, vigente solo para las Comunidades Autónomas que no hayan aceptado el sistema regulado en la Ley 22/2009, aunque todas las Comunidades Autónomas de régimen común han aceptado el nuevo sistema.

[9]   Leyes 17/2002 a 31/2002, todas ellas de 1 de julio, de cesión de tributos del Estado a la Comunidades Autónomas de Castilla y León, de Madrid, de Illes Balears, de Extremadura, de Canarias, de Castilla La Mancha, de Aragón, de la Comunidad Valenciana, de la Región de Murcia, de La Rioja, de Cantabria, del Principado de Asturias, de Andalucía, de Galicia, de Cataluña, y de fijación del alcance y condiciones de dicha cesión, dictadas al amparo de la Ley 21/2001, de 27 de diciembre, por la que se regulan las medidas fiscales y administrativas del nuevo sistema de financiación de las Comunidades Autónomas de régimen común y Ciudades con Estatuto de Autonomía (BOE núm. 313, de 31 de diciembre de 2001), en vigor desde el 1 de enero de 2002.

Actualmente, en virtud de la Ley 22/2009, de 18 de diciembre, por la que se regula el sistema de financiación de las Comunidades Autónomas de régimen común y Ciudades con Estatuto de Autonomía y se modifican determinadas normas tributarias (BOE. núm. 305, de 19 de diciembre de 2009), las Leyes de

Tres. La cesión de tributos por el Estado a que se refiere el apartado anterior podrá hacerse total o parcialmente. La cesión será total si se hubiese cedido la recaudación correspondiente a la totalidad de los hechos imponibles contemplados en el tributo de que se trate. La cesión será parcial si se hubiese cedido la de alguno o algunos de los mencionados hechos imponibles, o parte de la recaudación correspondiente a un tributo. En ambos casos, la cesión podrá comprender competencias normativas en los términos que determine la Ley que regule la cesión de tributos.

Cuatro. Sin perjuicio de los requisitos específicos que establezca la Ley de cesión:

a) Cuando los tributos cedidos sean de naturaleza personal, su atribución a una Comunidad Autónoma se realizará en función del domicilio fiscal de los sujetos pasivos, salvo en el gravamen de adquisiciones por causa de muerte, en el que se atenderá al del causante.

Cesión a Comunidades Autónomas, todas ellas de 16 de julio de 2010, publicadas en el BOE núm. 173, de 17 de julio de 2010, en vigor desde el 18/07/2010:

Ley 16/2010, de 16 de julio, del régimen de cesión de tributos del estado a la Comunidad Autónoma de Cataluña y de fijación del alcance y condiciones de dicha cesión.

Ley 17/2010, de 16 de julio, del régimen de cesión de tributos del Estado a la Comunidad Autónoma de Galicia y de fijación del alcance y condiciones de dicha cesión.

Ley 18/2010, de 16 de julio, del régimen de cesión de tributos del Estado a la Comunidad Autónoma de Andalucía y de fijación del alcance y condiciones de dicha cesión.

Ley 19/2010, de 16 de julio, del régimen de cesión de tributos del Estado a la Comunidad Autónoma del Principado de Asturias y de fijación del alcance y condiciones de dicha cesión.

Ley 20/2010, de 16 de julio, del régimen de cesión de tributos del Estado a la Comunidad Autónoma de Cantabria y de fijación del alcance y condiciones de dicha cesión.

Ley 21/2010, de 16 de julio, del régimen de cesión de tributos del Estado a la Comunidad Autónoma de La Rioja y de fijación del alcance y condiciones de dicha cesión.

Ley 22/2010, de 16 de julio, del régimen de cesión de tributos del Estado a la Comunidad Autónoma de la Región de Murcia y de fijación del alcance y condiciones de dicha cesión.

Ley 23/2010, de 16 de julio, del régimen de cesión de tributos del Estado a la Comunitat Valenciana y de fijación del alcance y condiciones de dicha cesión.

Ley 24/2010, de 16 de julio, del régimen de cesión de tributos del Estado a la Comunidad Autónoma de Aragón y de fijación del alcance y condiciones de dicha cesión.

Ley 25/2010, de 16 de julio, del régimen de cesión de tributos del Estado a la Comunidad Autónoma de Castilla-La Mancha y de fijación del alcance y condiciones de dicha cesión.

Ley 26/2010, de 16 de julio, del régimen de cesión de tributos del Estado a la Comunidad Autónoma de Canarias y de fijación del alcance y condiciones de dicha cesión.

Ley 27/2010, de 16 de julio, del régimen de cesión de tributos del Estado a la Comunidad Autónoma de Extremadura y de fijación del alcance y condiciones de dicha cesión.

Ley 28/2010, de 16 de julio, del régimen de cesión de tributos del Estado a la Comunidad Autónoma de la Illes Balears y de fijación del alcance y condiciones de dicha cesión.

Ley 29/2010, de 16 de julio, del régimen de cesión de tributos del Estado a la Comunidad de Madrid y de fijación del alcance y condiciones de dicha cesión.

Ley 30/2010, de 16 de julio, del régimen de cesión de tributos del Estado a la Comunidad de Castilla y León y de fijación del alcance y condiciones de dicha cesión.

b) Cuando los tributos cedidos graven el consumo, su atribución a las Comunidades Autónomas se llevará a cabo bien en función del lugar de consumo, bien en función del lugar en el que el vendedor realice la operación a través de establecimientos, locales o agencias, bien en función de los consumos calculados sobre una base estadística.

c) Cuando los tributos cedidos graven operaciones inmobiliarias, su atribución a las Comunidades Autónomas se realizará en función del lugar donde radique el inmueble.

Artículo 11[10]

Solo pueden ser cedidos a las Comunidades Autónomas, en las condiciones que establece la presente ley, los siguientes tributos:

a) Impuesto sobre la Renta de las Personas Físicas, con carácter parcial con el límite máximo del 50 por ciento.

b) Impuesto sobre el Patrimonio.

c) Impuesto sobre Transmisiones Patrimoniales y Actos Jurídicos Documentados.

d) Impuesto sobre Sucesiones y Donaciones.

e) Impuesto sobre el Valor Añadido, con carácter parcial con el límite máximo del 50 por ciento.

f) Los Impuestos Especiales de Fabricación, con carácter parcial con el límite máximo del 58 por ciento de cada uno de ellos, excepto el Impuesto sobre la Electricidad y el Impuesto sobre Hidrocarburos.

g) El Impuesto sobre la Electricidad.

h) El Impuesto Especial sobre Determinados Medios de Transporte.

i) Los Tributos sobre el Juego.

j) El Impuesto sobre Hidrocarburos, con carácter parcial con el límite máximo del 58 por ciento para el tipo estatal general y en su totalidad para el tipo estatal especial y para el tipo autonómico.

---

[10] Artículo 11 redactado por la Disp. Final cuarta Uno de la Ley Orgánica 9/2022, de 28 de julio, por la que se establecen normas que faciliten el uso de información financiera y de otro tipo para la prevención, detección, investigación o enjuiciamiento de infracciones penales, de modificación de la Ley Orgánica 8/1980, de 22 de septiembre, de Financiación de las Comunidades Autónomas y otras disposiciones conexas y de modificación de la Ley Orgánica 10/1995, de 23 de noviembre, del Código Penal (BOE núm. 181, de 29 de julio de 2022), en vigor desde el 29 de agosto de 2022.
Redacción anterior dada por el artículo único.Cuatro de la Ley Orgánica 3/2009, de 18 de diciembre, de modificación de la presente (BOE núm. 305, de 19 de diciembre de 2009), con efectos desde 1 de enero de 2009.
Anterior redacción dada por el art. primero.2 de la Ley Orgánica 7/2001, de 27 de diciembre, de modificación de la Ley Orgánica 8/1980, de 22 de septiembre, de Financiación de las Comunidades Autónomas (BOE núm. 313, de 31 de diciembre de 2001), con efectos desde 1 de enero de 2002, previamente había sido modificado por Ley Orgánica 3/1996.

k) El Impuesto sobre el Depósito de Residuos en vertederos, la incineración y la coincineración de residuos.

Artículo 12[11]

Uno[12]**.** Las Comunidades Autónomas podrán establecer recargos sobre los tributos del Estado susceptibles de cesión, excepto en el Impuesto sobre Hidrocarburos. En el resto de Impuestos Especiales y en el Impuesto sobre el Valor Añadido únicamente podrán establecer recargos cuando tengan competencias normativas en materia de tipos de gravamen.

Dos. Los recargos previstos en el apartado anterior no podrán configurarse de forma que puedan suponer una minoración en los ingresos del Estado por dichos impuestos, ni desvirtuar la naturaleza o estructura de los mismos.

(...)

CAPÍTULO III. COMPETENCIAS

(...)

Artículo 19[13]

Uno. La aplicación de los tributos y la potestad sancionadora respecto a sus propios tributos corresponderá a la Comunidad Autónoma, la cual dispondrá de plenas atribuciones para la ejecución y organización de dichas tareas, sin perjuicio de la colaboración que pueda establecerse con la Administración Tributaria del Estado, especialmente cuando así lo exija la naturaleza del tributo.

Dos[14]**.** En caso de tributos cedidos, cada Comunidad Autónoma podrá asumir, en los términos que establezca la ley que regule la cesión de tributos, las siguientes competencias normativas:

---

[11]   Nueva redacción del art. 12 dada por el art. primero.3 de la Ley Orgánica 7/2001, de 27 de diciembre, de modificación de la Ley Orgánica 8/1980, de 22 de septiembre, de Financiación de las Comunidades Autónomas (BOE núm. 313, de 31 e diciembre de 2001), con efectos desde 1 de enero de 2002.

[12]   Nueva redacción del apartado uno dada por Disp. Final cuarta.tres de la Ley Orgánica 2/2012, de 27 de abril, de Estabilidad Presupuestaria y Sostenibilidad Financiera (BOE núm. 103, de 30 de abril 2012), en vigor desde el 1 de enero de 2013.

[13]   Nueva redacción del art. 19 dada por el artículo único.Ocho de la Ley Orgánica 3/2009, de 18 de diciembre, de modificación de la Ley Orgánica 8/1980, de 22 de septiembre, de Financiación de las Comunidades Autónomas (BOE núm. 305 de 19/12/2009).

[14]   Nueva redacción del art.19.2 dada por la Disp. Final cuarta Dos de la Ley Orgánica 9/2022, de 28 de julio, por la que se establecen normas que faciliten el uso de información financiera y de otro tipo para la prevención, detección, investigación o enjuiciamiento de infracciones penales, de modificación de la Ley Orgánica 8/1980, de 22 de septiembre, de Financiación de las Comunidades Autónomas y otras disposiciones conexas y de modificación de la Ley Orgánica 10/1995, de 23 de noviembre, del Código Penal (BOE núm. 181, de 29 de julio de 2022), en vigor desde el 29 de agosto de 2022.

a) En el Impuesto sobre la Renta de las Personas Físicas, la fijación de la cuantía del mínimo personal y familiar y la regulación de la tarifa y deducciones de la cuota.

b) En el Impuesto sobre el Patrimonio, la determinación de mínimo exento y tarifa, deducciones y bonificaciones.

c) En el Impuesto sobre Sucesiones y Donaciones, reducciones de la base imponible, tarifa, la fijación de la cuantía y coeficientes del patrimonio preexistente, deducciones, bonificaciones, así como la regulación de la gestión.

d) En el Impuesto sobre Transmisiones Patrimoniales y Actos Jurídicos Documentados, en la modalidad "Transmisiones Patrimoniales Onerosas", la regulación del tipo de gravamen en arrendamientos, en las concesiones administrativas, en la transmisión de bienes muebles e inmuebles y en la constitución y cesión de derechos reales que recaigan sobre los mismos, excepto los derechos reales de garantía; y en la modalidad "Actos Jurídicos Documentados", el tipo de gravamen de los documentos notariales. Asimismo, podrán regular deducciones de la cuota, bonificaciones, así como la regulación de la gestión del tributo.

e) En los Tributos sobre el Juego, la determinación de exenciones, base imponible, tipos de gravamen, cuotas fijas, bonificaciones y devengo, así como la regulación de la aplicación de los tributos.

f) En el Impuesto Especial sobre Determinados Medios de Transporte, la regulación de los tipos impositivos.

g) En el Impuesto sobre Hidrocarburos, la regulación del tipo impositivo autonómico.

h) En el Impuesto sobre el Depósito de Residuos en vertederos, la incineración y la coincineración de residuos, la regulación de los tipos impositivos y de la gestión del tributo.

En el ejercicio de las competencias normativas a que se refiere el párrafo anterior, las Comunidades Autónomas observarán el principio de solidaridad entre todos los españoles, conforme a lo establecido al respecto en la Constitución; no adoptarán medidas que discriminen por razón del lugar de ubicación de los bienes, de procedencia de las rentas, de realización del gasto, de la prestación de los servicios o de celebración de los negocios, actos o hechos; y mantendrán una presión fiscal efectiva global equivalente a la del resto del territorio nacional.

Asimismo, en caso de tributos cedidos, cada Comunidad Autónoma podrá asumir por delegación del Estado la aplicación de los tributos, la potestad sancionadora y la revisión, en su caso, de los mismos, sin perjuicio de la colaboración que pueda establecerse entre ambas Administraciones, todo ello de acuerdo con lo especificado en la ley que fije el alcance y condiciones de la cesión.

Lo previsto en el párrafo anterior no será de aplicación en el Impuesto sobre la Renta de las Personas Físicas, en el Impuesto sobre el Valor Añadido ni en los Impuestos Especiales

---

Redacción anterior dada por el artículo único.Ocho de la Ley Orgánica 3/2009, de 18 de diciembre (BOE núm. 305 de 19/12/2009).

de Fabricación. La aplicación de los tributos, potestad sancionadora y revisión de estos impuestos tendrá lugar según lo establecido en el apartado siguiente.

Las competencias que se atribuyan a las Comunidades Autónomas en relación con los tributos cedidos pasarán a ser ejercidas por el Estado cuando resulte necesario para dar cumplimiento a la normativa sobre armonización fiscal de la Unión Europea.

Tres. La aplicación de los tributos, potestad sancionadora y revisión, en su caso, de los demás tributos del Estado recaudados en cada Comunidad Autónoma corresponderá a la Administración Tributaria del Estado, sin perjuicio de la delegación que aquélla pueda recibir de ésta y de la colaboración que pueda establecerse, especialmente cuando así lo exija la naturaleza del tributo.

Artículo 20[15]

Uno. El conocimiento de las reclamaciones interpuestas contra los actos dictados por las Comunidades Autónomas y por las Ciudades con Estatuto de Autonomía en relación con sus tributos propios corresponderá a sus propios órganos económico-administrativos.

Dos. Cuando así se establezca en la correspondiente ley del Estado, y en relación con los tributos estatales, la competencia para el ejercicio de la función revisora en vía administrativa de los actos dictados por las Comunidades Autónomas y por las Ciudades con Estatuto de Autonomía podrá corresponder a las mismas, sin perjuicio de la colaboración que pueda establecerse con la Administración Tributaria del Estado.

Tres. Dicha competencia podrá efectuarse en los términos establecidos por la ley en la que se fije el alcance y condiciones de la cesión de tributos por parte del Estado.

Sin perjuicio del ejercicio de esta competencia, entre el Estado y las Comunidades Autónomas y Ciudades con Estatuto de Autonomía podrán establecerse fórmulas de colaboración específica en orden al ejercicio de la citada función revisora, cuando la naturaleza del tributo así lo aconseje, acordando los mecanismos de cooperación que sean precisos para su adecuado ejercicio.

Cuatro. Lo dispuesto en los apartados anteriores se entiende sin perjuicio de las competencias atribuidas en exclusiva al Estado en el artículo 149.1. 1.ª, 8.ª, 14.ª y 18.ª de la Constitución Española en relación con el establecimiento de los principios y normas jurídicas generales, sustantivas y de procedimiento, del sistema tributario español, contenidas en las disposiciones tributarias de Estado y, específicamente, en la Ley 58/2003, de 17 de diciembre, General Tributaria y su normativa de desarrollo, aplicables a y por todas las Administraciones tributarias.

---

[15]   Nueva redacción del art. 20 dada por el art. único.Nueve de la Ley Orgánica 3/2009, de 18 de diciembre, de modificación de la Ley Orgánica 8/1980, de 22 de septiembre, de Financiación de las Comunidades Autónomas (BOE núm. 305 de 19/12/2009), con efectos desde 1 de enero de 2009.

Cinco. La función unificadora de criterio en los tributos estatales corresponde a la Administración Tributaria del Estado que la ejercerá conforme a lo dispuesto en la Ley 58/2003, de 17 de diciembre, General Tributaria[16].

(...)

DISPOSICIONES ADICIONALES

Disposición adicional primera

El sistema foral tradicional de concierto económico se aplicará en la Comunidad Autónoma del País Vasco de acuerdo con lo establecido en el correspondiente Estatuto de Autonomía[17].

Disposición adicional segunda[18]

Al amparo de lo que establece la disposición adicional primera de la Constitución, la actividad financiera y tributaria de Navarra, en virtud de su régimen foral, se regulará por el sistema tradicional del Convenio Económico, y, en particular, de acuerdo con lo previsto en la Ley Orgánica 13/1982, de 10 de agosto, de reintegración y amejoramiento del régimen foral de Navarra.

En el mismo se determinarán las aportaciones de Navarra a las cargas generales del Estado, así como los criterios de armonización de su régimen tributario con el régimen general del Estado[19].

Disposición adicional tercera

Uno. El Instituto Nacional de Estadística, en coordinación con los órganos competentes de las Comunidades Autónomas, anualmente elaborará y publicará las informaciones básicas que permitan cuantificar a nivel provincial la renta por habitante, la dotación de los servicios públicos fundamentales, el grado de equipamiento colectivo y otros indicadores de riqueza

---

[16] Disposiciones adicionales 12.ª (Composición de los tribunales económico-administrativos) y 13.ª (Participación de las comunidades autónomas en los tribunales económico-administrativos) de la Ley 58/2003, de 17 de diciembre, General Tributaria.

[17] Ley Orgánica 3/1979, de 18 de diciembre, Estatuto de Autonomía del País Vasco (BOE núm. 306, de 22 de diciembre de 1979) y Ley 12/2002, de 23 de mayo, por la que se aprueba el Concierto Económico con la Comunidad Autónoma del País Vasco (BOE núm. 124, de 24 de mayo de 2002).

[18] Nueva redacción dada por el art. primero. Seis de la Ley Orgánica 6/2015, de 12 de junio, de modificación de la Ley Orgánica 8/1980, de 22 de septiembre, de financiación de las Comunidades Autónomas y de la Ley Orgánica 2/2012, de 27 de abril, de Estabilidad Presupuestaria y Sostenibilidad Financiera (BOE núm. 141, de 13 de junio de 2015), en vigor desde el 14 de junio de 2015.

[19] Artículo 45 de la Ley Orgánica 13/1982, de 10 de agosto, de Reintegración y Amejoramiento del Régimen Foral de Navarra (BOE núm. 195 de 16 de agosto de 1982), y Ley 28/1990, de 26 de diciembre, que aprueba el Convenio Económico con Navarra (BOE, núm. 310, de 27 de diciembre de 1990).

y bienestar social. Asimismo elaborará estudios alternativos sobre la ponderación de los distintos criterios de distribución del Fondo de Compensación Interterritorial.

Dos. El Ministerio de Hacienda anualmente publicará:

– La recaudación provincial obtenida por el Impuesto sobre la Renta de las Personas Físicas.

– La recaudación provincial obtenida por los impuestos que esta Ley Orgánica cede a las Comunidades Autónomas. En la presentación de la misma también se tomarán en cuenta los criterios de imputación establecidos.

– La distribución provincial que presente el gasto público divisible.

Disposición adicional cuarta[20]

La actividad financiera y tributaria del Archipiélago Canario se regulará teniendo en cuenta su peculiar régimen económico-fiscal.

La Comunidad Autónoma de Canarias, como consecuencia del peculiar régimen económico y fiscal en este territorio, es titular de los rendimientos derivados de este régimen, en los términos establecidos en la Ley 20/1991, de 7 de junio, de modificación de los aspectos fiscales del Régimen Económico Fiscal de Canarias, en la Ley 19/1994, de 6 de julio, de modificación del Régimen Económico y Fiscal de Canarias y demás legislación actualmente en vigor[21].

Disposición adicional quinta[22]

La actividad financiera y tributaria de las Ciudades Autónomas de Ceuta y Melilla se regulará teniendo en cuenta su peculiar régimen económico y fiscal.

(...)

---

[20] Nueva redacción de la Disp. Adic. 4.ª dada por el art. único.Diez de la Ley Orgánica 3/2009, de 18 de diciembre, de modificación de la Ley Orgánica 8/1980, de 22 de septiembre, de Financiación de las Comunidades Autónomas (BOE núm. 305 de 19/12/2009), con efectos desde 1 de enero de 2009

[21] BOE núm. 161, de 7 de julio de 1994. Real Decreto-ley 2/2000, de 23 de junio, por el que se modifica la Ley 19/1994, de 6 de julio, de modificación del Régimen Económico y Fiscal de Canarias y otras Normas Tributarias (BOE de 24 de junio de 2000). Real Decreto 2538/1994, de 29 de diciembre, por el que se dictan Normas de Desarrollo relativas al Impuesto General Indirecto Canario y al Arbitrio sobre la Producción e Importación en las Islas Canarias (BOE de 31 de diciembre de 2000).

[22] Nueva Disp. Adic. 5.ª dada por la Disp. Adic. Segunda de la Ley Orgánica 3/1996, de 27 de diciembre, de modificación parcial de la Ley Orgánica 8/1980, de 22 de Septiembre, de Financiación de las Comunidades autónomas (BOE número 313 de 28/12/1996), con efectos desde 1 de enero de 1997.
Arts. 34 al 40, Disp. Adic. 2.ª y 3.ª y Dips. Trans. 2.ª, 3.ª y 4.ª de la Ley Orgánica 1/1995, de 13 de marzo, de Estatuto de Autonomía de Ceuta (BOE núm. 62, de 14 de marzo de 1995) y Ley Orgánica 2/1995, de 13 de marzo, de Estatuto de Autonomía de Melilla (BOE núm. 62, de 14 de marzo de 1995) y art. 159 Real Decreto Legislativo 2/2004, de 5 de marzo, por el que se aprueba el texto refundido de la Ley Reguladora de las Haciendas Locales (BOE núm. 59, 9 marzo 2004; rectificación errores, BOE núm. 63, 13 marzo 2004).

Disposición adicional sexta[23].

Se atribuye a los órganos económico-administrativos de la Comunidad Autónoma de Canarias la competencia para conocer de las reclamaciones económico-administrativas que se susciten en materia de aplicación de los tributos y potestad sancionadora respecto del Impuesto General Indirecto Canario y del Arbitrio sobre Importación y Entrada de Mercancías en las Islas Canarias, integrantes del Régimen Económico y Fiscal de Canarias.

Disposición adicional séptima[24]. *Integración del Impuesto sobre las Ventas Minoristas de Determinados Hidrocarburos en el Impuesto sobre Hidrocarburos.*

Como consecuencia de la integración del Impuesto sobre las Ventas Minoristas de Determinados Hidrocarburos en el Impuesto sobre Hidrocarburos, según el Acuerdo del Consejo de Política Fiscal y Financiera 3/2012, de 17 de enero, el tramo estatal de aquel impuesto queda sustituido por el tipo estatal especial del Impuesto sobre Hidrocarburos y el tramo autonómico del Impuesto sobre las Ventas Minoristas de Determinados Hidrocarburos queda sustituido por el tipo autonómico del Impuesto sobre Hidrocarburos.

Todas las referencias normativas al Impuesto sobre las Ventas Minoristas de Determinados Hidrocarburos se entenderán realizadas al tipo estatal especial y al tipo autonómico del Impuesto sobre Hidrocarburos.

Disposición adicional octava[25]. *Deducción o retención de recursos del sistema de financiación de las Comunidades Autónomas de régimen común y Ciudades con Estatuto de Autonomía.*

1. El Estado podrá deducir o retener de los importes satisfechos por todos los recursos del sistema de financiación de las Comunidades Autónomas de régimen común y Ciudades con Estatuto de Autonomía, las cantidades necesarias para hacer efectivas las garantías acordadas en el marco de las operaciones de crédito que se concierten por las Comunidades Autónomas y ciudades con estatuto de autonomía con el Instituto de Crédito Oficial o en aplicación de los mecanismos adicionales de financiación previstos en la Ley Orgánica de Estabilidad Presupuestaria y Sostenibilidad Financiera, siempre y cuando el mecanismo financiero aprobado por el Estado lo prevea.

---

[23] Incorporada por el art. único.Once de la Ley Orgánica 3/2009, de 18 de diciembre de modificación de la Ley Orgánica 8/1980, de 22 de septiembre, de Financiación de las Comunidades Autónomas (BOE núm. 305, de 19 de diciembre de 2009), con efectos desde el 1 de enero de 2009.

[24] Nueva disposición incorporada por el apartado Cinco de la Disposición Final cuarta de la Ley Orgánica 2/2012, de 27 de abril, de Estabilidad Presupuestaria y Sostenibilidad Financiera (BOE núm. 103, de 30 de abril de 2012), con efectos desde el 1 de enero de 2013.

[25] Nueva disposición incorporada por la Disp. Final cuarta.seis de la Ley Orgánica 2/2012, de 27 de abril, de Estabilidad Presupuestaria y Sostenibilidad Financiera (BOE núm. 103, de 30 de abril de 2012), en vigor desde el 1 de mayo de 2012.

En el supuesto anterior el importe máximo deducido o retenido mensualmente no podrá exceder del 25 % del líquido satisfecho por la entrega a cuenta o liquidación a favor de la Comunidad Autónoma o Ciudad con Estatuto de Autonomía.

2. Las deudas líquidas, vencidas y exigibles contraídas con la Hacienda Pública del Estado por las Comunidades Autónomas así como por las entidades de derecho público de ellas dependientes, por razón de los tributos cuya aplicación corresponde al Estado y por razón de las cotizaciones a la Seguridad Social, igualmente podrán ser objeto de deducción o retención sobre los importes satisfechos por todos los recursos del sistema de financiación, conforme al procedimiento actualmente previsto en la disposición adicional primera de la Ley 53/2002, de 30 de diciembre, de medidas fiscales, administrativas y del orden social, o en la norma estatal con rango de ley que lo regule.

3[26].

4[27]. La deducción o retención que haga el Estado de los importes satisfechos por todos los recursos de los regímenes de financiación para satisfacer las obligaciones de pago que las Comunidades Autónomas tengan con sus proveedores, en los supuestos previstos en el artículo 20 de la Ley Orgánica 2/2012, de 27 de abril, de Estabilidad Presupuestaria y Sostenibilidad Financiera, y que comprenderá los costes asociados a su gestión, no podrá exceder de la diferencia entre el importe previsto en el artículo 18.4 de la mencionada Ley Orgánica y el importe que la Comunidad Autónoma haya dedicado al pago a proveedores para poder reducir su periodo medio de pago.

5[28]. El Estado podrá deducir o retener de los importes satisfechos por todos los recursos de los regímenes de financiación de las Comunidades Autónomas no adheridas al compartimento Fondo Social del Fondo de Financiación a Comunidades Autónomas, las cantidades

---

[26]   Se declara inconstitucional y nulo el apartado 3, añadido por la Disp. Final Tercera Uno de la Ley Orgánica 8/2013, de 9 de diciembre, de mejora de la calidad educativa (BOE núm. 295, de 10 de diciembre de 2013), en vigor a los veinte días de su publicación en el BOE, por Sentencia del TC 14/2018, de 20 de febrero:

«3. Para llevar a cabo la repercusión a las Comunidades Autónomas correspondientes de los gastos de escolarización de alumnos y alumnas en centros privados en los que exista oferta de enseñanza en la que el castellano sea utilizado como lengua vehicular, como indica la disposición adicional trigésima octava de la Ley Orgánica 2/2006, de 3 de mayo, de Educación, el Estado podrá deducir o retener, de los importes satisfechos por todos los recursos de los regímenes de financiación de las Comunidades Autónomas, el importe de los gastos de escolarización en centros privados asumidos por el Ministerio de Educación, Cultura y Deporte por cuenta de las Comunidades Autónomas»

[27]   Apartado incorporado por el art. 2 de la Ley Orgánica 9/2013, de 20 de diciembre, de control de la deuda comercial en el sector público (BOE núm. 305, de 21 de diciembre de 2013), en vigor desde el 22 de diciembre de 2013.

[28]   Nuevo apartado incorporado por el art. primero. Cinco de la Ley Orgánica 6/2015, de 12 de junio, de modificación de la Ley Orgánica 8/1980, de 22 de septiembre, de financiación de las Comunidades Autónomas y de la Ley Orgánica 2/2012, de 27 de abril, de Estabilidad Presupuestaria y Sostenibilidad Financiera (BOE núm. 141, de 13 de junio de 2015), en vigor desde el 14 de junio de 2015.

necesarias para abonar las obligación es pendientes de pago por parte de las Comunidades Autónomas con las Entidades Locales derivadas de transferencias y convenios suscritos en materia de gasto social que sean vencidas, líquidas y exigibles a 31 de diciembre de 2014.

(...)

DISPOSICIÓN FINAL

Disposición final única

Las normas de esta Ley serán aplicables a todas las Comunidades Autónomas, debiendo interpretarse armónicamente con las normas contenidas en los respectivos Estatutos.

4. Ley 22/2009, de 18 de diciembre, por la que se regula el SISTEMA DE FINANCIACIÓN DE LAS COMUNIDADES AUTÓNOMAS DE RÉGIMEN COMÚN Y CIUDADES CON ESTATUTO DE AUTONOMÍA y se modifican determinadas normas tributarias

(BOE núm. 305, de 19 de diciembre de 2009)

(...)

IV

El título III se dedica a regular la cesión de tributos del Estado a las Comunidades Autónomas, desarrollando la modificación de la Ley Orgánica 8/1980, de Financiación de las Comunidades Autónomas en este punto, como consecuencia del Acuerdo 6/2009 del Consejo de Política Fiscal y Financiera, por la que se incrementan los porcentajes de cesión en los principales impuestos cedidos (Impuesto sobre la Renta de las Personas Físicas, Impuesto sobre el Valor Añadido e Impuestos Especiales de Fabricación) y se aumentan las competencias de las Comunidades Autónomas respecto del Impuesto sobre la Renta de las Personas Físicas, lo que supone un claro avance en su autonomía y corresponsabilidad tributarias.

La sección 1.ª mantiene el listado de tributos cedidos que ya recogía la Ley 21/2001, de 27 de diciembre, y que se contiene en algunos de los Estatutos de Autonomía recientemente reformados.

La sección 2.ª regula el alcance y condiciones generales de la cesión de estos tributos. Las modificaciones que se introducen en esta Sección obedecen al incremento en los porcentajes de cesión de los tributos parcialmente cedidos. Así, se redefinen los componentes de la deuda tributaria cedida en el Impuesto sobre la Renta de las Personas Físicas de acuerdo con la nueva cesión acordada del 50%, además de mejorarse ciertos aspectos técnicos de dicha cesión para ajustar los componentes que se ceden al 50% del rendimiento. Por otra parte, se incrementa al 50% el porcentaje cedido a las Comunidades Autónomas del Impuesto sobre el Valor Añadido y al 58% el porcentaje de cesión de los Impuestos Especiales de Fabricación sobre la Cerveza, el Vino y Bebidas Fermentadas, los Productos Intermedios, el Alcohol y Bebidas Derivadas, los Hidrocarburos y las Labores del Tabaco.

También en esta Sección se modifica el concepto de residencia habitual a efectos del Impuesto sobre Sucesiones y Donaciones, ampliando el periodo a considerar para su determinación de uno a cinco años y haciendo coincidir el punto de conexión para la atribución del rendimiento con el que determina la normativa aplicable.

La sección 3.ª, dedicada a regular el alcance y condiciones específicas de la cesión de los tributos, es objeto de puntuales modificaciones respecto a la Ley 21/2001, de 27 de diciembre, que obedecen a distintas causas.

Así, en relación con el Impuesto sobre Transmisiones Patrimoniales y Actos Jurídicos Documentados se articulan dos modificaciones. Por un lado, se adapta la definición del hecho imponible que es objeto de cesión a la nueva redacción del artículo 19 del Texto Refundido del Impuesto sobre Transmisiones Patrimoniales y Actos Jurídicos Documentados prevista en la Ley 4/2008, de 23 de diciembre, por la que se suprime el gravamen del Impuesto sobre el Patrimonio, se generaliza el sistema de devolución mensual en el Impuesto sobre el Valor Añadido, y se introducen otras modificaciones en la normativa tributaria, para adaptarlo a la Directiva 2008/7/CE. Por otra parte, se clarifica el punto de conexión para la atribución del rendimiento entre Comunidades Autónomas en el caso de anotaciones preventivas de embargo, cuando el valor real de los bienes embargados en diferentes Comunidades Autónomas sea superior a la base imponible gravada con arreglo a las normas del impuesto, en línea con la doctrina administrativa.

(...)

Las novedades que se recogen en la sección 4.ª, reguladora de las competencias normativas de las Comunidades Autónomas, se refieren al Impuesto sobre la Renta de las Personas Físicas. En concreto, se amplían las facultades de las Comunidades Autónomas para regular la escala autonómica aplicable a la base liquidable y también el tramo autonómico de la deducción por inversión en vivienda habitual, se permite que las Comunidades Autónomas puedan establecer deducciones autonómicas por subvención o ayudas públicas en determinadas condiciones y, novedosamente, se posibilita que aprueben incrementos o disminuciones en las cuantías del mínimo personal y familiar.

Por otra parte, y con la finalidad de que la Comunidades Autónomas hagan un ejercicio más explícito de corresponsabilidad, se excepciona la aplicación supletoria de la normativa estatal en materia de tarifa autonómica para el supuesto en que las Comunidades Autónomas no hicieran uso de sus competencias normativas, salvo, transitoriamente, para el año 2010.

Finalmente, la sección 5.ª, bajo el rótulo «otras materias», introduce la posibilidad de que las Comunidades Autónomas asuman, por delegación del Estado, la competencia para la revisión de los actos por ellas dictados en relación con los tributos totalmente cedidos tradicionales, el Impuesto sobre Ventas Minoristas de Determinados Hidrocarburos y el Impuesto Especial sobre Determinados Medios de Transporte. Todo ello sin perjuicio de la labor unificadora del Estado, que será ejercida por el Tribunal Económico-Administrativo Central y por la Sala Especial para la Unificación de Doctrina establecida en la Ley General Tributaria.

V

El título IV se ocupa de regular los órganos de coordinación de la gestión tributaria entre las Administraciones tributarias del Estado y de las Comunidades Autónomas y Ciudades con Estatuto de Autonomía. Por un lado, se crea el Consejo Superior para la Dirección y Coordinación de la Gestión Tributaria, un órgano que refunde los vigentes Consejo Superior de Dirección y Comisión Mixta de Coordinación de la Gestión Tributaria, a partir de la experiencia acumulada en estos años, regulándose su composición, organización y funciones. Por otro, se mantienen los Consejos Territoriales para la Dirección y Coordinación de la Gestión Tributaria, con su composición, organización y funciones.

VI

(...)

La disposición derogatoria deroga la Ley 21/2001, de 27 de diciembre, para todas las Comunidades Autónomas y Ciudades con Estatuto de Autonomía que acepten el nuevo sistema en Comisión Mixta y también deroga el artículo primero del Real Decreto-ley 12/2005, de 16 de septiembre, por el que se aprueban determinadas medidas urgentes en materia de financiación sanitaria.

(...)

TÍTULO PRELIMINAR. OBJETO DE LA LEY

Artículo 1. *Objeto de la Ley*

La presente Ley regula el sistema de financiación de las Comunidades Autónomas de régimen común y Ciudades con Estatuto de Autonomía desde el 1 de enero de 2009, incluyendo la garantía de financiación de servicios públicos fundamentales, los fondos de convergencia autonómica, el establecimiento del régimen general de la cesión de tributos del Estado a las Comunidades Autónomas y los órganos de coordinación de la gestión tributaria.

Asimismo, se adaptan al sistema de financiación la normativa de los tributos cedidos y demás disposiciones tributarias afectadas.

(...)

TÍTULO III. CESIÓN DE TRIBUTOS DEL ESTADO A LAS COMUNIDADES AUTÓNOMAS

SECCIÓN 1.ª *Tributos cedidos*

Artículo 25[1]. *Tributos cedidos*

1[2]. Con el alcance y condiciones establecidos en este título, se cede a las Comunidades Autónomas, según los casos, el rendimiento total o parcial en su territorio de los siguientes tributos:

---

[1]　　Leyes de Cesión a Comunidades Autónomas, todas ellas de 16 de julio de 2010, publicadas en el BOE núm. 173, de 17 de julio de 2010, en vigor desde el 18/07/2010:

a) Impuesto sobre la Renta de las Personas Físicas.

b) Impuesto sobre el Patrimonio.

c) Impuesto sobre Sucesiones y Donaciones.

d) Impuesto sobre Transmisiones Patrimoniales y Actos Jurídicos Documentados.

e) Tributos sobre el Juego.

f) Impuesto sobre el Valor Añadido.

g) Impuesto sobre la Cerveza.

Ley 16/2010, de 16 de julio, del régimen de cesión de tributos del estado a la Comunidad Autónoma de Cataluña y de fijación del alcance y condiciones de dicha cesión.

Ley 17/2010, de 16 de julio, del régimen de cesión de tributos del Estado a la Comunidad Autónoma de Galicia y de fijación del alcance y condiciones de dicha cesión.

Ley 18/2010, de 16 de julio, del régimen de cesión de tributos del Estado a la Comunidad Autónoma de Andalucía y de fijación del alcance y condiciones de dicha cesión.

Ley 19/2010, de 16 de julio, del régimen de cesión de tributos del Estado a la Comunidad Autónoma del Principado de Asturias y de fijación del alcance y condiciones de dicha cesión.

Ley 20/2010, de 16 de julio, del régimen de cesión de tributos del Estado a la Comunidad Autónoma de Cantabria y de fijación del alcance y condiciones de dicha cesión.

Ley 21/2010, de 16 de julio, del régimen de cesión de tributos del Estado a la Comunidad Autónoma de La Rioja y de fijación del alcance y condiciones de dicha cesión.

Ley 22/2010, de 16 de julio, del régimen de cesión de tributos del Estado a la Comunidad Autónoma de la Región de Murcia y de fijación del alcance y condiciones de dicha cesión.

Ley 23/2010, de 16 de julio, del régimen de cesión de tributos del Estado a la Comunitat Valenciana y de fijación del alcance y condiciones de dicha cesión.

Ley 24/2010, de 16 de julio, del régimen de cesión de tributos del Estado a la Comunidad Autónoma de Aragón y de fijación del alcance y condiciones de dicha cesión.

Ley 25/2010, de 16 de julio, del régimen de cesión de tributos del Estado a la Comunidad Autónoma de Castilla-La Mancha y de fijación del alcance y condiciones de dicha cesión.

Ley 26/2010, de 16 de julio, del régimen de cesión de tributos del Estado a la Comunidad Autónoma de Canarias y de fijación del alcance y condiciones de dicha cesión.

Ley 27/2010, de 16 de julio, del régimen de cesión de tributos del Estado a la Comunidad Autónoma de Extremadura y de fijación del alcance y condiciones de dicha cesión.

Ley 28/2010, de 16 de julio, del régimen de cesión de tributos del Estado a la Comunidad Autónoma de la Illes Balears y de fijación del alcance y condiciones de dicha cesión.

Ley 29/2010, de 16 de julio, del régimen de cesión de tributos del Estado a la Comunidad de Madrid y de fijación del alcance y condiciones de dicha cesión.

Ley 30/2010, de 16 de julio, del régimen de cesión de tributos del Estado a la Comunidad de Castilla y León y de fijación del alcance y condiciones de dicha cesión.

[2] Nueva redacción del art. 25.1 dada por la Disp. Final Quinta Uno de la Ley Orgánica 9/2022, de 28 de julio, por la que se establecen normas que faciliten el uso de información financiera y de otro tipo para la prevención, detección, investigación o enjuiciamiento de infracciones penales, de modificación de la Ley Orgánica 8/1980, de 22 de septiembre, de Financiación de las Comunidades Autónomas y otras disposiciones conexas y de modificación de la Ley Orgánica 10/1995, de 23 de noviembre, del Código Penal (BOE núm. 181, de 29 de julio de 2022), en vigor desde el 29 de agosto de 2022.

h) Impuesto sobre el Vino y Bebidas Fermentadas.

i) Impuesto sobre Productos Intermedios.

j) Impuesto sobre el Alcohol y Bebidas Derivadas.

k) Impuesto sobre Hidrocarburos.

l) Impuesto sobre las Labores del Tabaco.

m) Impuesto sobre la Electricidad.

n) Impuesto Especial sobre Determinados Medios de Transporte.

o) Impuesto sobre las Ventas Minoristas de Determinados Hidrocarburos.

p) Impuesto sobre el Depósito de Residuos en vertederos, la incineración y la coincineración de residuos.

2. La eventual supresión o modificación por el Estado de alguno de los tributos antes señalados implicará la extinción o modificación de la cesión.

SECCIÓN 2.ª *Alcance y condiciones generales de la cesión*

Artículo 26. *Rendimiento que se cede*

1[3]. Se entiende por rendimiento cedido de los tributos que se señalan en el artículo anterior:

A) El importe de la recaudación líquida derivada de las deudas tributarias correspondientes a los distintos hechos imponibles cedidos, en el caso de:

a) El Impuesto sobre el Patrimonio.

b) El Impuesto sobre Sucesiones y Donaciones.

c) El Impuesto sobre Transmisiones Patrimoniales y Actos Jurídicos Documentados.

d) Los Tributos sobre el Juego.

e) El Impuesto Especial sobre Determinados Medios de Transporte.

f) El Impuesto sobre las Ventas Minoristas de Determinados Hidrocarburos.

g) El Impuesto sobre el Depósito de Residuos en vertederos, la incineración y la coincineración de residuos.

B) El importe de la recaudación líquida efectivamente ingresada derivada de la parte de la deuda tributaria cedida, en el caso de:

a) El Impuesto sobre la Renta de las Personas Físicas.

b) El Impuesto sobre el Valor Añadido.

c) El Impuesto sobre la Cerveza.

---

[3]   Nueva redacción del art. 26.1 dada por la Disp. Final Quinta Dos de la Ley Orgánica 9/2022, de 28 de julio, por la que se establecen normas que faciliten el uso de información financiera y de otro tipo para la prevención, detección, investigación o enjuiciamiento de infracciones penales, de modificación de la Ley Orgánica 8/1980, de 22 de septiembre, de Financiación de las Comunidades Autónomas y otras disposiciones conexas y de modificación de la Ley Orgánica 10/1995, de 23 de noviembre, del Código Penal (BOE núm. 181, de 29 de julio de 2022), en vigor desde el 29 de agosto de 2022.

d) El Impuesto sobre el Vino y Bebidas Fermentadas.

e) El Impuesto sobre Productos Intermedios.

f) El Impuesto sobre el Alcohol y Bebidas Derivadas.

g) El Impuesto sobre Hidrocarburos.

h) El Impuesto sobre las Labores del Tabaco.

i) El Impuesto sobre la Electricidad.

2. A efectos de lo dispuesto en la letra B) del apartado anterior, se entenderá que componen la parte de la deuda tributaria cedida:

a)[4] En el Impuesto sobre la Renta de las Personas Físicas:

1.º Las cuotas líquidas autonómicas que los residentes en el territorio de la Comunidad Autónoma hayan consignado en la declaración del Impuesto sobre la Renta de las Personas Físicas presentada dentro de los plazos establecidos por la normativa reguladora del Impuesto, minorada en:

El 50 por ciento de las deducciones por doble imposición.

El 50 por ciento de las compensaciones fiscales a que se refiere la Disposición transitoria decimotercera de la Ley 35/2006, de 28 de noviembre, del Impuesto sobre la Renta de las Personas Físicas y de modificación parcial de las Leyes de los Impuestos sobre Sociedades, sobre la Renta de No residentes y sobre el Patrimonio.

2.º El resultado de aplicar el 50 por ciento a las cuotas líquidas de los contribuyentes que hayan optado por tributar por el Impuesto sobre la Renta de No Residentes, conforme al régimen fiscal especial aplicable a los trabajadores desplazados a territorio español regulado en el artículo 93 de la Ley 35/2006, de 28 de noviembre, del Impuesto sobre la Renta de las Personas Físicas y de modificación parcial de las Leyes de los Impuestos sobre Sociedades, sobre la Renta de No residentes y sobre el Patrimonio.

3.º El resultado de aplicar el 50 por ciento sobre los pagos a cuenta realizados o soportados por los contribuyentes residentes en el territorio de la Comunidad Autónoma que no estén obligados a declarar y que no hayan presentado declaración.

4.º El resultado de aplicar el 50 por ciento sobre los pagos a cuenta realizados o soportados por los contribuyentes residentes en el territorio de la Comunidad Autónoma que

---

[4]   La disposición adicional 12.ª del Real Decreto-ley 20/2011, de 30 de diciembre, de medidas urgentes en materia presupuestaria, tributaria y financiera para la corrección del déficit público, dice: «A efectos de lo dispuesto en los artículos 12 y 26.2.a) de la Ley 22/2009, de 18 de diciembre, por la que se regula el sistema de financiación de las Comunidades Autónomas de régimen común y Ciudades con Estatuto de Autonomía y se modifican determinadas normas tributarias, y 113.1 del Texto Refundido de la Ley Reguladora de las Haciendas Locales, aprobado por el Real Decreto Legislativo 2/2004, de 5 de marzo, la recaudación líquida derivada de la aplicación del gravamen complementario a la cuota íntegra estatal para la reducción del déficit público establecido en la disposición final segunda de este Real Decreto-Ley no se tendrá en cuenta para la determinación del rendimiento cedido y de su entrega a cuenta». Dicho gravamen complementario es el regulado en la disposición adicional 35.ª de la Ley 35/2006, de 28 de noviembre.

no estando incluidos en el apartado anterior no hayan presentado declaración dentro de los plazos establecidos por la normativa reguladora del Impuesto.

5.º La parte de la deuda tributaria que, correspondiente a la Comunidad Autónoma, sea cuantificada o, en su caso consignada, por actas de inspección, liquidaciones practicadas por la Administración y declaraciones presentadas fuera de los plazos establecidos por la normativa reguladora del impuesto. A estos efectos, se entenderá por deuda tributaria la constituida por la cuota líquida más los conceptos a que se refiere el apartado 2 del artículo 58 de la Ley 58/2003, de 17 de diciembre, General Tributaria, con excepción de los recargos previstos en sus letras c) y d), y en su caso, por los pagos a cuenta del impuesto. Esta partida se minorará en el importe de las devoluciones por ingresos indebidos que deban imputarse a la Comunidad Autónoma, incluidos los intereses legales.

No se considerará parte de la deuda tributaria cedida los importes señalados en el párrafo anterior cuando formen parte de la deuda tributaria cedida por alguno de los conceptos previstos en los apartados 1.º a 4.º anteriores.

Si a lo largo de la vigencia del sistema se produjeran reformas normativas que modificasen sustancialmente determinados componentes de la parte de la deuda tributaria cedida, se entenderá que la cesión se hace extensiva a los nuevos o reformados componentes que, en su caso, sustituyan a los anteriores, cumpliendo su finalidad.

b) En el Impuesto sobre el Valor Añadido, en los Impuestos sobre la Cerveza, sobre el Vino y Bebidas Fermentadas, sobre Productos Intermedios, sobre el Alcohol y Bebidas Derivadas, sobre Hidrocarburos, sobre las Labores del Tabaco y sobre la Electricidad, el porcentaje cedido del conjunto de ingresos líquidos de la Hacienda Estatal por los conceptos que integran cada uno de dichos impuestos, con criterio de caja, obtenidos una vez deducidas de la recaudación bruta las devoluciones reguladas en la normativa tributaria y, en su caso, las transferencias o ajustes (positivos o negativos) establecidos en el Concierto con la Comunidad Autónoma del País Vasco y en el Convenio con la Comunidad Foral de Navarra.

Artículo 27. *Normativa aplicable a los tributos cedidos*

1. Los tributos cuyo rendimiento se cede a las Comunidades Autónomas se regirán por los Convenios o Tratados internacionales, la Ley 58/2003, de 17 de diciembre, General Tributaria, la Ley propia de cada tributo, los Reglamentos generales dictados en desarrollo de la Ley 58/2003, de 17 de diciembre, General Tributaria y de las Leyes propias de cada tributo, las demás disposiciones de carácter general, reglamentarias o interpretativas, dictadas por la Administración del Estado y, en los términos previstos en este Título, por las normas emanadas de la Comunidad Autónoma competente según el alcance y los puntos de conexión establecidos en el mismo.

La terminología y conceptos de las normas que dicten las Comunidades Autónomas se adecuarán a la Ley 58/2003, de 17 de diciembre, General Tributaria.

2. La normativa que dicten las Comunidades Autónomas en relación con las materias cuya competencia les corresponda de acuerdo con su Estatuto de Autonomía y que sea susceptible de tener, por vía indirecta, efectos fiscales no producirá tales efectos en cuanto el régimen tributario que configure no se ajuste al establecido por las normas estatales.

Artículo 28. *Residencia habitual de las personas físicas*

1. A efectos de lo dispuesto en este Título, se considerará que las personas físicas residentes en territorio español lo son en el territorio de una Comunidad Autónoma:

1.º Cuando permanezcan en su territorio un mayor número de días:

a) Del período impositivo, en el Impuesto sobre la Renta de las Personas Físicas.

b) Del período de los cinco años inmediatos anteriores, contados de fecha a fecha, que finalice el día anterior al de devengo, en el Impuesto sobre Sucesiones y Donaciones[5].

c) Del año inmediato anterior, contado de fecha a fecha, que finalice el día anterior al de devengo, en el Impuesto sobre Transmisiones Patrimoniales y Actos Jurídicos Documentados y en el Impuesto Especial sobre Determinados Medios de Transporte.

Para determinar el período de permanencia se computarán las ausencias temporales.

Salvo prueba en contrario, se considerará que una persona física permanece en el territorio de una Comunidad Autónoma cuando en dicho territorio radique su vivienda habitual, definiéndose ésta conforme a lo dispuesto en la normativa reguladora del Impuesto sobre la Renta de las Personas Físicas.

2.º Cuando no fuese posible determinar la permanencia a que se refiere el punto 1.º anterior, se considerarán residentes en el territorio de la Comunidad Autónoma donde tengan su principal centro de intereses, considerándose como tal el territorio donde obtengan la mayor parte de la base imponible del Impuesto sobre la Renta de las Personas Físicas, determinada por los siguientes componentes de renta:

a) Rendimientos de trabajo, que se entenderán obtenidos donde radique el centro de trabajo respectivo, si existe.

b) Rendimientos del capital inmobiliario y ganancias patrimoniales derivados de bienes inmuebles, que se entenderán obtenidos en el lugar en que radiquen éstos.

c) Rendimientos derivados de actividades económicas, ya sean empresariales o profesionales, que se entenderán obtenidos donde radique el centro de gestión de cada una de ellas.

3.º Cuando no pueda determinarse la residencia conforme a los criterios establecidos en los puntos 1.º y 2.º anteriores, se considerarán residentes en el lugar de su última residencia declarada a efectos del Impuesto sobre la Renta de las Personas Físicas.

2. En el Impuesto sobre el Patrimonio, la residencia de las personas físicas será la misma que corresponda para el Impuesto sobre la Renta de las Personas Físicas a la fecha de devengarse aquél.

---

[5]   Con efectos desde 1 de enero de 2010 (disposición final 5.ª de la presente Ley).

3. Las personas físicas residentes en el territorio de una Comunidad Autónoma que pasasen a tener su residencia habitual en el de otra, cumplirán sus obligaciones tributarias de acuerdo con la nueva residencia, cuando ésta actúe como punto de conexión.

Además, cuando en virtud de lo previsto en el apartado 4 siguiente deba considerarse que no ha existido cambio de residencia, las personas físicas deberán presentar las autoliquidaciones complementarias que correspondan, con inclusión de los intereses de demora.

El plazo de presentación de las autoliquidaciones complementarias finalizará el mismo día que concluya el plazo de presentación de las declaraciones por el Impuesto sobre la Renta de las Personas Físicas correspondientes al año en que concurran las circunstancias que, según lo previsto en el apartado 4 siguiente, determinen que deba considerarse que no ha existido cambio de residencia.

4. No producirán efecto los cambios de residencia que tengan por objeto principal lograr una menor tributación efectiva en los tributos total o parcialmente cedidos.

Se presumirá, salvo que la nueva residencia se prolongue de manera continuada durante, al menos, tres años, que no ha existido cambio, en relación con el rendimiento cedido de los Impuestos sobre la Renta de las Personas Físicas y sobre el Patrimonio, cuando concurran las siguientes circunstancias:

a) Que en el año en el cual se produce el cambio de residencia o en el siguiente, su base imponible del Impuesto sobre la Renta de las Personas Físicas sea superior en, al menos, un 50 por ciento, a la del año anterior al cambio.

En caso de tributación conjunta se determinará de acuerdo con las normas de individualización.

b) Que en el año en el cual se produce la situación a que se refiere la letra anterior, su tributación efectiva por el Impuesto sobre la Renta de las Personas Físicas sea inferior a la que hubiese correspondido de acuerdo con la normativa aplicable en la Comunidad Autónoma en la que residía con anterioridad al cambio.

c) Que en el año siguiente a aquel en el cual se produce la situación a que se refiere la letra a) anterior, o en el siguiente, vuelva a tener su residencia habitual en el territorio de la Comunidad Autónoma en la que residió con anterioridad al cambio.

5. Las personas físicas residentes en territorio español, que no permanezcan en dicho territorio más de ciento ochenta y tres días durante el año natural, se considerarán residentes en el territorio de la Comunidad Autónoma en que radique el núcleo principal o la base de sus actividades o de sus intereses económicos.

6. Las personas físicas residentes en territorio español por aplicación de la presunción prevista en el último párrafo del apartado 1 del artículo 9 de la Ley 35/2006, de 28 de noviembre, del Impuesto sobre la Renta de las Personas Físicas, se considerarán residentes en el territorio de la Comunidad Autónoma en que residan habitualmente el cónyuge no separado legalmente y los hijos menores de edad que dependan de ellas.

Artículo 29. *Domicilio fiscal de las personas jurídicas.*

Se entiende que las personas jurídicas tienen su domicilio fiscal en la Comunidad Autónoma que resulte de acuerdo con lo dispuesto en la Ley 58/2003, de 17 de diciembre, General Tributaria.

(…)

SECCIÓN 3.ª *Alcance y condiciones específicas de la cesión*

(…)

Artículo 33. *Alcance de la cesión y puntos de conexión en el Impuesto sobre Transmisiones Patrimoniales y Actos Jurídicos Documentados.*

1. Se cede a las Comunidades Autónomas el rendimiento del Impuesto sobre Transmisiones Patrimoniales y Actos Jurídicos Documentados producido en su territorio en cuanto a los siguientes hechos imponibles:

1.º Transmisiones onerosas por actos «ínter vivos» de toda clase de bienes y derechos que integren el patrimonio de las personas físicas o jurídicas.

2.º Constitución de derechos reales, préstamos, fianzas, arrendamientos, pensiones y concesiones administrativas.

3.º La constitución de sociedades, el aumento y disminución de su capital social y la disolución de sociedades, las aportaciones que efectúen los socios que no supongan un aumento de capital social y el traslado a España de la sede de dirección efectiva o del domicilio social de una sociedad cuando ni una ni otro estuviesen previamente situados en un Estado miembro de la Unión Europea.

4.º Escrituras, actas y testimonios notariales, en los términos que establece el artículo 31 del texto refundido aprobado por Real Decreto Legislativo 1/1993, de 24 de septiembre.

5.º Letras de cambio y los documentos que realicen función de giro o suplan a aquellas, así como los resguardos o certificados de depósito transmisibles, así como los pagarés, bonos, obligaciones y demás títulos análogos emitidos en serie a que se refiere el artículo 33 del texto refundido aprobado por Real Decreto Legislativo 1/1993, de 24 de septiembre.

6.º Anotaciones preventivas que se practiquen en los registros públicos cuando tengan por objeto un derecho o interés valuable y no vengan ordenadas de oficio por autoridad judicial.

2. Se considerará producido en el territorio de una Comunidad Autónoma el rendimiento del Impuesto sobre Transmisiones Patrimoniales y Actos Jurídicos Documentados de acuerdo con los puntos de conexión que a continuación se enumeran:

1.º En las escrituras, actas y testimonios gravados por la cuota fija de actos jurídicos documentados, documentos notariales, el rendimiento de dicha cuota fija corresponderá a la Comunidad Autónoma en la que se autoricen u otorguen.

2.º Sin perjuicio de lo dispuesto en el punto 1.º anterior, en los restantes supuestos actuarán como puntos de conexión los que a continuación se enumeran por el siguiente orden de aplicación:

A) Siempre que el documento comprenda algún concepto sujeto a cuota gradual del gravamen de actos jurídicos documentados, documentos notariales, el rendimiento corresponderá a la Comunidad Autónoma en cuya circunscripción radique el Registro en el que debería procederse a la inscripción o anotación de los bienes o actos.

B) Cuando el acto o documento se refiera a operaciones societarias, el rendimiento corresponderá a la Comunidad Autónoma cuando concurra cualquiera de las siguientes reglas por el orden de su aplicación preferente:

a) Que la entidad tenga en dicha Comunidad Autónoma su domicilio fiscal.

b) Que la entidad tenga en dicha Comunidad Autónoma su domicilio social, siempre que la sede de dirección efectiva no se encuentre situada en el ámbito territorial de otra Administración tributaria de un Estado miembro de la Unión Europea.

c) Que la entidad realice en dicha Comunidad Autónoma operaciones de su tráfico, cuando su sede de dirección efectiva y su domicilio social no se encuentren situadas en el ámbito territorial de otra Administración tributaria de un Estado miembro de la Unión Europea.

C) Cuando el acto o documento no motive liquidación ni por la cuota gradual de actos jurídicos documentados, documentos notariales, ni tampoco por la modalidad de operaciones societarias, el rendimiento se atribuirá aplicando las reglas que figuran a continuación en función de la naturaleza del acto o contrato documentado y de los bienes a que se refiera:

1.ª Cuando el acto o documento comprenda transmisiones y arrendamientos de bienes inmuebles, constitución y cesión de derechos reales, incluso de garantía, sobre los mismos, a la Comunidad Autónoma en la que radiquen los inmuebles.

En los supuestos previstos en el artículo 108 de la Ley 24/1988, de 28 de julio, del Mercado de Valores, a la Comunidad Autónoma en la que radiquen los bienes inmuebles integrantes del activo de la entidad cuyos valores se transmiten.

2.ª Cuando comprenda la constitución de hipoteca mobiliaria o prenda sin desplazamiento o se refiera a buques o aeronaves, a la Comunidad Autónoma en cuya circunscripción radique el Registro Mercantil o de Hipoteca Mobiliaria y Prenda sin Desplazamiento en que tales actos hayan de ser inscritos.

3.ª Cuando comprenda transmisión de bienes muebles, semovientes o créditos, así como la constitución y cesión de derechos reales sobre los mismos, a la Comunidad Autónoma donde el adquirente tenga su residencia habitual si es persona física o su domicilio fiscal si es persona jurídica.

4.ª Cuando el acto o documento se refiera a transmisión de valores, a la Comunidad Autónoma donde se formalice la operación.

5.ª Cuando se refiera exclusivamente a la constitución de préstamos simples, fianzas, arrendamientos no inmobiliarios y pensiones, a la Comunidad Autónoma en la que el sujeto pasivo tenga su residencia habitual o domicilio fiscal, según se trate de personas físicas o jurídicas.

6.ª Cuando se trate de documentos relativos a concesiones administrativas de bienes, ejecuciones de obras o explotaciones de servicios, a la Comunidad Autónoma del territorio donde radiquen, se ejecuten o se presten los mismos. Estas mismas reglas serán aplicables cuando se trate de actos y negocios administrativos que tributen por equiparación a las concesiones administrativas.

Cuando las concesiones de explotación de bienes superen el ámbito territorial de una Comunidad Autónoma, el rendimiento corresponderá a todas aquellas a cuyo ámbito se extienda la concesión, calculándose el correspondiente a cada una en proporción a la extensión que ocupe en cada una de las Comunidades implicadas.

Cuando las concesiones de ejecución de obras superen el ámbito territorial de una Comunidad Autónoma, el rendimiento corresponderá a todas aquellas a cuyo ámbito se extienda la concesión, calculándose el correspondiente a cada una en proporción al importe estimado de las obras a realizar en cada una de las Comunidades implicadas.

Cuando las concesiones de explotación de servicios superen el ámbito territorial de una Comunidad Autónoma, el rendimiento corresponderá a todas aquellas a cuyo ámbito se extienda la concesión, calculándose el correspondiente a cada una en función de la media aritmética de los porcentajes que representen su población y su superficie sobre el total de las Comunidades implicadas.

Cuando se trate de concesiones mixtas que superen el ámbito territorial de una Comunidad Autónoma, el rendimiento corresponderá a todas aquellas a cuyo ámbito se extienda la concesión, calculándose el correspondiente a cada una mediante la aplicación de los criterios recogidos en los tres párrafos anteriores a la parte correspondiente de la concesión.

7.ª En las anotaciones preventivas cuando el órgano registral ante el que se produzcan tenga su sede en el territorio de dicha Comunidad Autónoma. Si conforme a las normas del impuesto, la base imponible resulta inferior al valor real de los bienes embargados en todas las Comunidades Autónomas en que se hayan inscrito anotaciones preventivas, se considerará producido en el territorio de cada una de ellas únicamente la parte del rendimiento resultante de repartir a partes iguales el rendimiento total entre todas aquellas. No obstante, si en alguna de las Comunidades Autónomas el valor real de los bienes objeto de la anotación preventiva fuese inferior al importe de la cuota que le corresponda conforme a la regla de reparto expuesta, el rendimiento cedido a dicha Comunidad Autónoma se limitará a la cuota correspondiente a dicho valor, y el rendimiento excedente acrecerá a las restantes Comunidades Autónomas.

8.ª En las letras de cambio y documentos que suplan a las mismas o realicen función de giro, así como en los pagarés, bonos, obligaciones y títulos análogos a que se refiere el artículo 33 del texto refundido aprobado por Real Decreto Legislativo 1/1993, de 24 de septiembre, cuando su libramiento o emisión tenga lugar en el territorio de la Comunidad

Autónoma; si el libramiento o emisión hubiere tenido lugar en el extranjero, cuando el primer tenedor o titular tenga su residencia habitual o domicilio fiscal en el territorio de la Comunidad Autónoma.

(...)

SECCIÓN 4.ª *Competencias normativas*

Artículo 45. *Titularidad de competencias*

1. La titularidad de las competencias normativas y de aplicación de los tributos cuyo rendimiento se cede a las Comunidades Autónomas, de la potestad sancionadora, así como la revisión de los actos dictados en ejercicio de las competencias citadas, corresponde al Estado.

2. La Inspección General del Ministerio de Economía y Hacienda realizará anualmente una inspección de los servicios y rendirá informe sobre el modo y la eficacia en el desarrollo de las diversas competencias asumidas por la Comunidad Autónoma de que se trate respecto a los tributos cuyo rendimiento se cede. Dicho informe se unirá a la documentación de los Presupuestos Generales del Estado.

(...)

Artículo 49. *Alcance de las competencias normativas en el Impuesto sobre Transmisiones Patrimoniales y Actos Jurídicos Documentados.*

1. En el Impuesto sobre Transmisiones Patrimoniales y Actos Jurídicos Documentados, las Comunidades Autónomas podrán asumir competencias normativas sobre:

a) Tipos de gravamen: En relación con la modalidad «Transmisiones Patrimoniales Onerosas», las Comunidades Autónomas podrán regular el tipo de gravamen en:

Concesiones administrativas.

Transmisión de bienes muebles e inmuebles.

Constitución y cesión de derechos reales que recaigan sobre muebles e inmuebles, excepto los derechos reales de garantía.

Arrendamiento de bienes muebles e inmuebles. Los modelos de contrato para el arrendamiento de inmuebles podrán ser elaborados por la propia Comunidad Autónoma.

En relación con la modalidad «Actos Jurídicos Documentados», las Comunidades Autónomas podrán regular el tipo de gravamen de los documentos notariales.

b) Deducciones y bonificaciones de la cuota: Las deducciones y bonificaciones aprobadas por las Comunidades Autónomas sólo podrán afectar a los actos y documentos sobre los que las Comunidades Autónomas pueden ejercer capacidad normativa en materia de tipos de gravamen con arreglo a lo dispuesto en la letra anterior.

En todo caso, resultarán compatibles con las deducciones y bonificaciones establecidas en la normativa estatal reguladora del impuesto sin que puedan suponer una modificación de las mismas. Estas deducciones y bonificaciones autonómicas se aplicarán con posterioridad a las reguladas por la normativa del Estado.

2. Las Comunidades Autónomas también podrán regular los aspectos de gestión y liquidación.

(...)

Artículo 53[6]. *Supuesto de no uso de las competencias normativas*

Si una Comunidad Autónoma no hiciera uso de las competencias normativas que le confieren los artículos 46, excepto la letra b) del punto 1, a 52 bis, se aplicará, en su defecto, la normativa del Estado.

SECCIÓN 5.ª *Otras materias*

Artículo 54. *Delegación de competencias*

1[7]. La Comunidad Autónoma se hará cargo, por delegación del Estado y en los términos previstos en esta Sección, de la aplicación de los tributos así como de la revisión de los actos dictados en ejercicio de la misma en los siguientes tributos:

a) Impuesto sobre el Patrimonio.

b) Impuesto sobre Sucesiones y Donaciones.

c) Impuesto sobre Transmisiones Patrimoniales y Actos Jurídicos Documentados.

d) Tributos sobre el Juego.

e) Impuesto Especial sobre Determinados Medios de Transporte.

f) Impuesto sobre las Ventas Minoristas de Determinados Hidrocarburos.

g) Impuesto sobre el Depósito de Residuos en vertederos, la incineración y la coincineración de residuos.

2. La aplicación de los tributos, así como la revisión de los actos dictados en ejercicio de la misma se llevará a cabo, en todo caso, por los órganos estatales que tengan atribuidas las funciones respectivas en los siguientes tributos:

---

[6]   Nueva redacción del art. 53 dada la Disp. Final Quinta Cinco de la Ley Orgánica 9/2022, de 28 de julio, por la que se establecen normas que faciliten el uso de información financiera y de otro tipo para la prevención, detección, investigación o enjuiciamiento de infracciones penales, de modificación de la Ley Orgánica 8/1980, de 22 de septiembre, de Financiación de las Comunidades Autónomas y otras disposiciones conexas y de modificación de la Ley Orgánica 10/1995, de 23 de noviembre, del Código Penal (BOE núm. 181, de 29 de julio de 2022), en vigor desde el 29 de agosto de 2022.

[7]   Nueva redacción del art. 54.1 dada la Disp. Final Quinta Seis de la Ley Orgánica 9/2022, de 28 de julio, por la que se establecen normas que faciliten el uso de información financiera y de otro tipo para la prevención, detección, investigación o enjuiciamiento de infracciones penales, de modificación de la Ley Orgánica 8/1980, de 22 de septiembre, de Financiación de las Comunidades Autónomas y otras disposiciones conexas y de modificación de la Ley Orgánica 10/1995, de 23 de noviembre, del Código Penal (BOE núm. 181, de 29 de julio de 2022), en vigor desde el 29 de agosto de 2022.

a) Impuesto sobre la Renta de las Personas Físicas.

b) Impuesto sobre el Valor Añadido.

c) Impuesto sobre la Cerveza.

d) Impuesto sobre el Vino y Bebidas Fermentadas.

e) Impuesto sobre Productos Intermedios.

f) Impuesto sobre el Alcohol y Bebidas Derivadas.

g) Impuesto sobre Hidrocarburos.

h) Impuesto sobre las Labores del Tabaco.

i) Impuesto sobre la Electricidad.

3. Las declaraciones relativas al Impuesto sobre el Patrimonio se presentarán, en su caso, conjuntamente con las del Impuesto sobre la Renta de las Personas Físicas. La Administración del Estado y las Comunidades Autónomas acordarán lo que proceda en orden a la más eficaz tramitación de los expedientes en el ámbito de sus respectivas competencias.

Sin perjuicio de lo que dispone el apartado 1 anterior, los Servicios de Inspección de Tributos del Estado podrán incoar las oportunas actas de investigación y comprobación por el Impuesto sobre el Patrimonio con ocasión de las actuaciones inspectoras que lleven a cabo en relación con el Impuesto sobre la Renta de las Personas Físicas.

La instrucción y resolución de los expedientes administrativos, consecuencia de las actas anteriores, corresponderán a las oficinas competentes de la Comunidad Autónoma. En relación con el Impuesto sobre el Patrimonio, la Administración Tributaria del Estado y la de la Comunidad Autónoma colaborarán facilitándose medios personales, coadyuvando en la inspección e intercambiando toda la información que se derive de las declaraciones, censo y actuaciones efectuadas por la Inspección.

Artículo 55[8]. *Alcance de la delegación de competencias en relación con la gestión tributaria*

1. En la gestión tributaria de los Impuestos sobre el Patrimonio, sobre Sucesiones y Donaciones, sobre Transmisiones Patrimoniales y Actos Jurídicos Documentados, de los Tributos sobre el Juego, del Impuesto Especial sobre Determinados Medios de Transporte y del Impuesto sobre las Ventas Minoristas de Determinados Hidrocarburos y del Impuesto sobre el Depósito de Residuos en vertederos, la incineración y la coincineración de residuos corresponderá a las Comunidades Autónomas:

---

[8]   Nueva redacción del art. 55 dada por la Disp. Final Quinta Siete de la Ley Orgánica 9/2022, de 28 de julio, por la que se establecen normas que faciliten el uso de información financiera y de otro tipo para la prevención, detección, investigación o enjuiciamiento de infracciones penales, de modificación de la Ley Orgánica 8/1980, de 22 de septiembre, de Financiación de las Comunidades Autónomas y otras disposiciones conexas y de modificación de la Ley Orgánica 10/1995, de 23 de noviembre, del Código Penal (BOE núm. 181, de 29 de julio de 2022), en vigor desde el 29 de agosto de 2022.

a) La incoación de los expedientes de comprobación de valores, utilizando los mismos criterios que el Estado.

En el caso de concesiones administrativas que superen el ámbito territorial de una Comunidad Autónoma, la comprobación de valores corresponderá a la Comunidad Autónoma en cuyo territorio se encuentre el domicilio fiscal de la entidad concesionaria.

b) La realización de los actos de trámite y la práctica de liquidaciones tributarias.

c) La calificación de las infracciones y la imposición de sanciones tributarias.

d) La publicidad e información al público de obligaciones tributarias y su forma de cumplimiento.

e) La aprobación de modelos de declaración.

f) En general, las demás competencias necesarias para la gestión de los tributos.

2. No son objeto de delegación las siguientes competencias:

a) La contestación de las consultas reguladas en los artículos 88 y 89 de la Ley 58/2003, de 17 de diciembre, General Tributaria, salvo en lo que se refiera a la aplicación de las disposiciones dictadas por la Comunidad Autónoma en el ejercicio de sus competencias.

b) La confección de los efectos estancados que se utilicen para la gestión de los tributos cedidos.

c) Las que a continuación se citan, en relación con el Impuesto Especial sobre Determinados Medios de Transporte:

a') La homologación por parte de la Administración tributaria de los vehículos automóviles, en los supuestos contemplados en el artículo 65, apartado 1, letra a), número 3.º de la Ley 38/1992, de 28 de diciembre, de Impuestos Especiales.

b') La aplicación del supuesto de no sujeción regulado en el número 9.º del precepto citado en la letra a') anterior, cuando se trate de vehículos destinados a ser utilizados por las Fuerzas Armadas, por los Cuerpos y Fuerzas de Seguridad del Estado y por el Resguardo Aduanero.

c') La aplicación de las exenciones a que se refieren las letras e) y h) del apartado 1 del artículo 66 de la Ley 38/1992, de 28 de diciembre, de Impuestos Especiales, siempre que, en el caso de esta última letra, se trate de aeronaves matriculadas por el Estado o por empresas u organismos públicos o estatales.

d) Los acuerdos de concesión de las exenciones previstas en las letras a), b), y c) del apartado 1 de la Disposición Seis del Impuesto sobre las Ventas Minoristas de Determinados Hidrocarburos, regulado en el artículo 9 de la Ley 24/2001, de 27 de diciembre, de Medidas Fiscales, Administrativas y del Orden Social.

3. Los documentos y autoliquidaciones de los Impuestos sobre Sucesiones y Donaciones, sobre Transmisiones Patrimoniales y Actos Jurídicos Documentados, sobre Determinados Medios de Transporte, sobre las Ventas Minoristas de Determinados Hidrocarburos y sobre el Depósito de Residuos en vertederos, la incineración y la coincineración de residuos se presentarán y surtirán efectos liberatorios exclusivamente ante la oficina competente de la Comunidad Autónoma a la que corresponda el rendimiento de acuerdo con los puntos de conexión aplicables. Cuando el rendimiento correspondiente a los actos o contratos contenidos en el mismo documento se considere producido en distintas Comunidades Autónomas, procederá su presentación en la oficina competente de cada una de ellas, si bien la autoliquidación que en su caso se formule solo se referirá al rendimiento producido en su respectivo territorio.

4. Las competencias en materia de gestión previstas en este artículo se podrán realizar mediante diligencias de colaboración entre las distintas Administraciones tributarias competentes.

5. En el Impuesto sobre el Depósito de Residuos en vertederos, la incineración y la coincineración de residuos los modelos de autoliquidación que aprueben las Comunidades Autónomas deberán contener los mismos datos que los aprobados por la persona titular del Ministerio de Hacienda y Función Pública. Asimismo, las Órdenes reguladoras de la creación del Censo de obligados tributarios sujetos a este impuesto, así como del procedimiento para la inscripción de estos en el Registro territorial deberán ser sustancialmente iguales a las establecidas por la persona titular del Ministerio de Hacienda y Función Pública.

Artículo 56. *Alcance de la delegación de competencias en relación con la recaudación de los tributos cedidos*

1[9]. Corresponderá a las Comunidades Autónomas la recaudación:

a) En período voluntario de pago y en período ejecutivo, de los Impuestos sobre Sucesiones y Donaciones, Transmisiones Patrimoniales y Actos Jurídicos Documentados, Determinados Medios de Transporte, Ventas Minoristas de Determinados Hidrocarburos, sobre el Depósito de Residuos en vertederos, la incineración y la coincineración de residuos y los Tributos sobre el Juego.

b) En periodo voluntario de pago, las liquidaciones del Impuesto sobre el Patrimonio practicadas por la Comunidad Autónoma, y en período ejecutivo todos los débitos por este Impuesto.

2. No obstante, la anterior delegación no se extenderá al Impuesto sobre Transmisiones Patrimoniales y Actos Jurídicos Documentados cuando el mismo se recaude mediante efectos timbrados, sin perjuicio de la atribución a cada Comunidad Autónoma del rendimiento que le corresponda.

---

[9]   Nueva redacción del art. 56.1 dada por la Disp. Final Quinta Ocho de la Ley Orgánica 9/2022, de 28 de julio, por la que se establecen normas que faciliten el uso de información financiera y de otro tipo para la prevención, detección, investigación o enjuiciamiento de infracciones penales, de modificación de la Ley Orgánica 8/1980, de 22 de septiembre, de Financiación de las Comunidades Autónomas y otras disposiciones conexas y de modificación de la Ley Orgánica 10/1995, de 23 de noviembre, del Código Penal (BOE núm. 181, de 29 de julio de 2022), en vigor desde el 29 de agosto de 2022.

3. En lo que se refiere al aplazamiento y fraccionamiento de pago de los tributos cedidos a que se refiere este artículo, corresponderá a cada Comunidad Autónoma la competencia para resolver de acuerdo con la normativa del Estado, incluso en el caso de autoliquidaciones que deban presentarse ante la Administración tributaria del Estado.

Artículo 57. *De la recaudación tributaria de las Comunidades Autónomas*

1. Las Comunidades Autónomas podrán organizar libremente sus servicios para la recaudación de los tributos cedidos a que se refiere el artículo anterior.

2. La recaudación tributaria que realicen los servicios a que se refiere el apartado anterior, se ajustará a lo dispuesto en la normativa del Estado, asumiendo los órganos correspondientes de las Comunidades Autónomas las potestades atribuidas en la citada normativa del Estado.

3. La recaudación de las deudas tributarias correspondientes a los tributos cedidos a que se refiere el artículo anterior podrá realizarse directamente por las Comunidades Autónomas o bien mediante concierto con cualquier otra Administración pública.

De la misma manera, cualquier otra Administración Pública podrá concertar con la Comunidad Autónoma competente por razón del territorio, la recaudación del rendimiento de sus tributos en dicho territorio, a través de los servicios que establezca al amparo del apartado 1 de este artículo.

Artículo 58. *Alcance de la delegación de competencias en relación con la inspección tributaria*

1. Respecto de los Impuestos sobre el Patrimonio, sobre Sucesiones y Donaciones, sobre Transmisiones Patrimoniales y Actos Jurídicos Documentados, Tributos sobre el Juego, Impuesto Especial sobre Determinados Medios de Transporte e Impuesto sobre las Ventas Minoristas de Determinados Hidrocarburos corresponden a las Comunidades Autónomas las funciones previstas en el artículo 141 de la Ley 58/2003, de 17 de diciembre, General Tributaria, aplicando las normas legales y reglamentarias que regulen las actuaciones inspectoras del Estado en materia tributaria y siguiendo los planes de actuación inspectora, que habrán de ser elaborados conjuntamente por ambas Administraciones, y de cuya ejecución darán cuenta anualmente las Comunidades Autónomas al Ministerio de Economía y Hacienda, al Congreso de los Diputados y al Senado.

2. Cuando la Inspección de los Tributos del Estado o de las Comunidades Autónomas conocieren, con ocasión de sus actuaciones comprobadoras e investigadoras, hechos con trascendencia tributaria para otras administraciones, lo comunicarán a éstas en la forma que reglamentariamente se determine.

3. Las actuaciones comprobadoras e investigadoras en materia tributaria de las Comunidades Autónomas, fuera de su territorio, serán realizadas por la Inspección de los Tributos del Estado o la de las Comunidades Autónomas competentes por razón del territorio, a requerimiento de las Comunidades Autónomas, de conformidad con los planes de colaboración que al efecto se establezcan.

En el caso de concesiones administrativas que superen el ámbito territorial de una Comunidad Autónoma, la inspección del impuesto corresponderá a la Comunidad Autónoma en cuyo territorio se encuentre el domicilio fiscal de la entidad concesionaria.

Artículo 59[10]. *Alcance de la delegación de competencias en relación con la revisión en vía administrativa*

1. Las Comunidades Autónomas y las Ciudades con Estatuto de Autonomía podrán asumir la competencia para la revisión de los actos por ellas dictados en relación con los Tributos e Impuestos a los que se refiere el artículo 54.1 de esta Ley.

Esta competencia se extiende a los siguientes procedimientos, recursos y reclamaciones:

a) Procedimientos regulados en el Capítulo II del Título V de la Ley 58/2003, de 17 de diciembre, General Tributaria y normas de desarrollo.

b) Recurso de reposición regulado en el Capítulo III del Título V de la Ley 58/2003, de 17 de diciembre, General Tributaria y normas de desarrollo.

c) Reclamaciones económico-administrativas: procedimiento regulado en la Subsección 1.ª, de la Sección 2.ª y procedimiento regulado en la Sección 3.ª del Capítulo IV del Título V de la Ley 58/2003, de 17 de diciembre, General Tributaria y normas de desarrollo.

No obstante, lo dispuesto en el párrafo anterior, las Comunidades Autónomas y Ciudades con Estatuto de Autonomía podrán optar por asumir la competencia para la resolución de las reclamaciones económico-administrativas en única instancia, a cuyo efecto serán de aplicación los procedimientos citados en el párrafo anterior.

En los supuestos en los que se asuma la competencia en los términos expuestos en el párrafo anterior, el órgano competente de las Comunidades Autónomas y Ciudades con Estatuto de Autonomía, conocerá el recurso extraordinario de revisión contra actos firmes de su Administración tributaria y contra resoluciones firmes de sus propios órganos económico-administrativos.

2. El ejercicio de la función revisora en vía administrativa delegada deberá ajustarse a lo dispuesto en el Título V de la Ley 58/2003, de 17 de diciembre, General Tributaria.

3. Las Comunidades Autónomas y Ciudades con Estatuto de Autonomía que no asuman la competencia para la revisión de los actos por ellas dictados en relación con los Tributos e Impuestos a los que se refiere el artículo 54.1 de esta Ley, o que la asuman conforme a lo dispuesto en el primer párrafo de la letra c) del apartado 1, gozarán, en su caso, de legitimación para recurrir en alzada ordinaria las resoluciones de los Tribunales Económico-

---

[10]   La redacción del presente artículo tiene efectos desde 1 de enero de 2009, excepto en cuanto a la delegación de la revisión en vía económico-administrativa, que tiene efectos desde 1 de enero de 2010 (disposición final 5.ª de la presente Ley).

Administrativos Regionales o locales o de sus órganos Económico-Administrativos, según corresponda, que tengan por objeto actos dictados por ellas.

Artículo 60. *Intervención, contabilidad y fiscalización*

1[11]**.** Todos los actos, documentos y expedientes relativos a los Impuestos sobre Sucesiones y Donaciones, sobre Transmisiones Patrimoniales y Actos Jurídicos Documentados, los Tributos sobre el Juego, Impuesto Especial sobre Determinados Medios de Transporte, Impuesto sobre las Ventas Minoristas de Determinados Hidrocarburos e Impuesto sobre el Depósito de Residuos en vertederos, la incineración y la coincineración de residuos de los que se deriven derechos y obligaciones de contenido económico, serán intervenidos y contabilizados por las Comunidades Autónomas con arreglo a los principios generales de la Ley General Presupuestaria.

2. De los resultados obtenidos en la aplicación de tales tributos se rendirá anualmente a la Intervención General de la Administración del Estado una «Cuenta de gestión de tributos cedidos», adaptada a las disposiciones que sobre la liquidación de los presupuestos contienen la Ley General Presupuestaria y, en su caso, las modificaciones que puedan introducirse en la misma.

La estructura de esta cuenta será determinada por el Ministerio de Economía y Hacienda, a propuesta de la Intervención General de la Administración del Estado, y deberá contener, respecto a cada uno de los conceptos tributarios cedidos, el importe de las liquidaciones contraídas, la recaudación obtenida, el pendiente de cobro al finalizar cada período y el importe de los beneficios fiscales que les afecten.

La Intervención General de la Administración del Estado unirá la citada «Cuenta de gestión de tributos cedidos» a la Cuenta General del Estado de cada ejercicio, sin perjuicio de las actuaciones de control financiero que se estime oportuno llevar a cabo.

Artículo 61. *Colaboración entre Administraciones*

1. Las Administraciones del Estado y de la Comunidad Autónoma de que se trate, entre sí y con las demás Comunidades Autónomas, colaborarán en todos los órdenes de aplicación de los tributos, así como en la revisión de actos dictados en vía de gestión tributaria.

2. En particular, dichas Administraciones:

a) Se facilitarán toda la información que mutuamente se soliciten, estableciéndose los procedimientos de intercomunicación técnica precisos.

---

[11]   Nueva redacción del art.60.1 dada por la Disp. Final Quinta Diez de la Ley Orgánica 9/2022, de 28 de julio, por la que se establecen normas que faciliten el uso de información financiera y de otro tipo para la prevención, detección, investigación o enjuiciamiento de infracciones penales, de modificación de la Ley Orgánica 8/1980, de 22 de septiembre, de Financiación de las Comunidades Autónomas y otras disposiciones conexas y de modificación de la Ley Orgánica 10/1995, de 23 de noviembre, del Código Penal (BOE núm. 181, de 29 de julio de 2022), en vigor desde el 29 de agosto de 2022.

b) Los Servicios de Inspección prepararán planes de inspección coordinados en relación con los tributos cedidos, sobre objetivos y sectores determinados, así como sobre contribuyentes que hayan cambiado su residencia o domicilio fiscal.

c) Arbitrarán modalidades específicas de cooperación y asistencia con el fin de garantizar el control y la correcta aplicación de las exenciones, devoluciones y reducciones del Impuesto Especial sobre Determinados Medios de Transporte y del Impuesto sobre las Ventas Minoristas de Determinados Hidrocarburos.

3. Las autoridades, funcionarios, oficinas o dependencias de la Administración del Estado o de las Comunidades Autónomas no admitirán ningún tipo de documento que le sea presentado a fin distinto de su liquidación y que contenga hechos imponibles sujetos a tributos que otra Administración deba exigir, sin que se acredite el pago de la deuda tributaria liquidada, conste declarada la exención por la oficina competente, o cuando menos, la presentación en ella del referido documento. De las incidencias que se produzcan se dará cuenta inmediata a la Administración interesada.

4. La Agencia Estatal de Administración Tributaria podrá convenir con las Comunidades Autónomas la aportación por éstas de medios financieros y materiales para la mejora de la gestión del Impuesto sobre la Renta de las Personas Físicas, del Impuesto sobre el Patrimonio, del Impuesto sobre el Valor Añadido, de los Impuestos Especiales de fabricación y del Impuesto Especial sobre Determinados Medios de Transporte.

5. El Estado arbitrará los mecanismos que permitan la colaboración de las Comunidades Autónomas en los Acuerdos internacionales que incidan en la aplicación de la presente Ley en cuanto afecten a las competencias tributarias de ellas.

6[12]**.** Las Comunidades Autónomas facilitarán trimestralmente a la Agencia Estatal de Administración Tributaria, en las condiciones concretas y por los medios que se determinen, información detallada sobre la recaudación del Impuesto sobre el Depósito de Residuos en vertederos, la incineración y la coincineración de residuos que incluirá de manera específica todos los datos incluidos en los modelos de autoliquidación del impuesto presentados por los contribuyentes y las liquidaciones practicadas por la administración.

---

[12]   Nuevo apartado 6 incorporado por la Disp. Final Quinta Once de la Ley Orgánica 9/2022, de 28 de julio, por la que se establecen normas que faciliten el uso de información financiera y de otro tipo para la prevención, detección, investigación o enjuiciamiento de infracciones penales, de modificación de la Ley Orgánica 8/1980, de 22 de septiembre, de Financiación de las Comunidades Autónomas y otras disposiciones conexas y de modificación de la Ley Orgánica 10/1995, de 23 de noviembre, del Código Penal (BOE núm. 181, de 29 de julio de 2022), en vigor desde el 29 de agosto de 2022.

Artículo 62. *Delitos contra la Hacienda Pública*

1[13]. Corresponderá a la autoridad competente de la Comunidad Autónoma respectiva poner en conocimiento del Ministerio Fiscal los hechos que estime constitutivos de delitos contra la Hacienda Pública con arreglo al Código Penal respecto de los siguientes tributos:

a) Impuesto sobre el Patrimonio.

b) Impuesto sobre Sucesiones y Donaciones.

c) Impuesto sobre Transmisiones Patrimoniales y Actos Jurídicos Documentados.

d) Tributos sobre el Juego.

e) Impuesto especial sobre Determinados Medios de Transporte.

f) Impuesto sobre las Ventas Minoristas de Determinados Hidrocarburos.

g) Impuesto sobre el Depósito de Residuos en vertederos, la incineración y la coincineración de residuos.

2. La Administración del Estado y las de las Comunidades Autónomas se comunicarán a los efectos oportunos los hechos con trascendencia para su tipificación como posible delito contra la Hacienda Pública, y de los que tengan conocimiento como consecuencia del ejercicio de sus respectivas competencias en materia tributaria.

Artículo 63. *Información sobre cuentas y operaciones activas y pasivas*

1[14]. La investigación tributaria de las cuentas y operaciones activas y pasivas de los Bancos, Cajas de Ahorro, Cooperativas de Crédito y cuantas personas físicas o jurídicas se dediquen al tráfico bancario o crediticio, se realizarán en orden a la aplicación de los Impuestos sobre el Patrimonio, sobre Sucesiones y Donaciones y sobre Transmisiones Patrimoniales y Actos Jurídicos Documentados, Tributos sobre el Juego, Impuesto Especial sobre Determinados Medios de Transporte, Impuesto sobre las Ventas Minoristas de Determinados Hidrocarburos e Impuesto sobre el Depósito de Residuos en vertederos, la incineración y la coincineración de residuos, previa autorización de la autoridad competente de la Comunidad Autónoma respectiva.

---

[13] Nueva redacción del art. 62.1 dada por la Disp. Final Quinta Doce de la Ley Orgánica 9/2022, de 28 de julio, por la que se establecen normas que faciliten el uso de información financiera y de otro tipo para la prevención, detección, investigación o enjuiciamiento de infracciones penales, de modificación de la Ley Orgánica 8/1980, de 22 de septiembre, de Financiación de las Comunidades Autónomas y otras disposiciones conexas y de modificación de la Ley Orgánica 10/1995, de 23 de noviembre, del Código Penal (BOE núm. 181, de 29 de julio de 2022), en vigor desde el 29 de agosto de 2022.

[14] Nueva redacción del art. 63.1 dada por la Disp. Final Quinta Trece de la Ley Orgánica 9/2022, de 28 de julio, por la que se establecen normas que faciliten el uso de información financiera y de otro tipo para la prevención, detección, investigación o enjuiciamiento de infracciones penales, de modificación de la Ley Orgánica 8/1980, de 22 de septiembre, de Financiación de las Comunidades Autónomas y otras disposiciones conexas y de modificación de la Ley Orgánica 10/1995, de 23 de noviembre, del Código Penal (BOE núm. 181, de 29 de julio de 2022), en vigor desde el 29 de agosto de 2022.

2. Las actuaciones pertinentes se llevarán a cabo conforme a las normas legales y reglamentarias vigentes en el ámbito estatal y sin perjuicio del estricto cumplimiento del deber de colaboración establecido en el artículo 61 de esta Ley.

3. En relación con las actuaciones que en este sentido haya de practicar la Inspección Tributaria de las Comunidades Autónomas fuera de su territorio, habrá de procederse de acuerdo con lo prevenido en el apartado tres del artículo 58 anterior.

Artículo 64. *Servicios y anticipos de tesorería*

1. El Banco de España realizará gratuitamente el servicio de tesorería de las Comunidades Autónomas. Los demás servicios financieros que el Banco de España pueda prestar a las Comunidades Autónomas se regularán por convenios especiales celebrados al efecto.

2. El Tesoro podrá efectuar anticipos a las Comunidades Autónomas a cuenta de los recursos que hayan de percibir a través de los Presupuestos Generales del Estado correspondientes a la cobertura financiera de los servicios transferidos, para que aquéllas puedan hacer frente a desfases transitorios de tesorería, como consecuencia de las diferencias de vencimiento de los pagos e ingresos derivados de la ejecución de sus presupuestos.

Estos anticipos deberán quedar reembolsados antes de finalizar el ejercicio económico en que se satisfagan, salvo si se concedieron a cuenta de la liquidación definitiva de la participación en los ingresos del Estado, en cuyo caso se reembolsarán simultáneamente a la práctica de dicha liquidación.

TÍTULO IV. ÓRGANOS DE COORDINACIÓN DE LA GESTIÓN TRIBUTARIA[15]

Artículo 65. *Consejo Superior para la Dirección y Coordinación de la Gestión Tributaria*

1. El Consejo Superior para la Dirección y Coordinación de la Gestión Tributaria es el órgano colegiado, integrado por representantes de la Administración Tributaria del Estado y de las Comunidades Autónomas y Ciudades con Estatuto de Autonomía, encargado de coordinar la gestión de los tributos cedidos.

2. El Consejo Superior para la Dirección y Coordinación de la Gestión Tributaria estará presidido por el Presidente de la Agencia Estatal de Administración Tributaria e integrado por el Director General de la Agencia Estatal de Administración Tributaria, que ostentará la Vicepresidencia primera, cinco representantes de la Agencia Estatal de Administración Tributaria, los titulares de la Secretaría General de Hacienda, de la Secretaría General de Financiación Territorial y de la Inspección General del Ministerio de Economía y Hacienda y por un representante de cada una de las Comunidades Autónomas de régimen común y de las Ciudades con Estatuto de Autonomía, uno de los cuales será designado por éstas cada año para ostentar la Vicepresidencia segunda. Aquellas Comunidades y Ciudades Autónomas

---

[15]   La redacción del presente título tiene efectos desde 1 de enero de 2010 (disposición final 5.ª de la presente Ley).

que tengan encomendadas a dos órganos o entes distintos las funciones de aplicación de los tributos y las de diseño o interpretación de la normativa autonómica, podrán designar dos representantes, si bien dispondrán de un solo voto.

3. Son funciones del Consejo Superior para la Dirección y Coordinación de la Gestión Tributaria:

a) Informar, antes de su aprobación, el Plan de Objetivos de la Agencia Estatal de Administración Tributaria de cada año; recibir y analizar periódicamente, el seguimiento del Plan Anual de Objetivos y, en el primer cuatrimestre de cada año, los resultados del Plan de Objetivos del año anterior. El Plan de Objetivos de cada año incluirá el Plan General Autonómico de la Agencia Estatal de Administración Tributaria, resultado de la agregación de los planes correspondientes de cada una de las Comunidades Autónomas y Ciudades con Estatuto de Autonomía.

b) Establecer líneas estratégicas de actuación y prioridades funcionales de los Consejos Territoriales para la Dirección y Coordinación de la Gestión Tributaria.

c) Proponer criterios generales de armonización de las políticas normativas del Estado y de las Comunidades Autónomas y Ciudades con Estatuto de Autonomía en materia de tributos cedidos, así como de las relativas a su gestión.

d) Analizar e informar los anteproyectos normativos de rango legal que deban ser sometidos a la aprobación del Gobierno o Consejo de Gobierno respectivo y que modifiquen la regulación de los tributos cedidos. A estos efectos, la Administración General del Estado y las autonómicas se comunicarán mutuamente, por intermedio de la Secretaría Técnica Permanente del Consejo, y con la suficiente antelación, los referidos anteproyectos.

No obstante lo dispuesto en el párrafo anterior, se someterán inmediatamente después de su aprobación a informe del Consejo Superior los Reales Decretos-leyes, los Decretos Leyes de las Comunidades Autónomas y los proyectos de Ley, sin perjuicio de su remisión a las Cortes Generales o a las Asambleas Legislativas de las Comunidades Autónomas para su tramitación, en los siguientes casos:

1.º Cuando las modificaciones legislativas se realicen por Real Decreto-ley o por Decretos Leyes de las Comunidades Autónomas.

2.º Cuando el proyecto normativo modifique en todo o en parte el anteproyecto sometido a análisis o informe del Consejo Superior, y

3.º En general, cuando, por cualquier razón, el anteproyecto se someta a la aprobación del Gobierno estatal o del Consejo de Gobierno autonómico sin tiempo suficiente para cumplir con lo preceptuado en el párrafo anterior.

e) Asesorar a los órganos o entidades estatales y autonómicos competentes sobre las cuestiones relativas a las necesidades y problemas que suscite la aplicación del sistema tributario.

f) Diseñar la política general de gestión de los tributos cedidos, establecer directrices para su aplicación y para la coordinación de la gestión de dichos tributos.

g) Diseñar las líneas básicas de determinados programas a incluir en los planes de control tributario en relación con los tributos cedidos y acordar las directrices para la ejecución de actuaciones coordinadas en determinados programas incluidos en los planes de control, sin perjuicio de las competencias propias de las distintas Administraciones tributarias.

h) Concretar criterios uniformes sobre el contenido de los intercambios de información de carácter tributario entre las Administraciones autonómicas y entre éstas y la Hacienda del Estado y procedimientos comunes para la realización de los mismos, así como coordinar estos intercambios, especialmente en lo que respecta a la comunicación de datos censales.

i) Proponer la implantación de sistemas específicos de intercambio telemático de información en asuntos que sean de interés mutuo para la Agencia Estatal de Administración Tributaria y las Comunidades Autónomas y Ciudades con Estatuto de Autonomía.

j) Realizar estudios, análisis e informes en materia de regulación o aplicación de los tributos cedidos por iniciativa propia o a solicitud del Consejo de Política Fiscal y Financiera de las Comunidades Autónomas, del Ministerio de Economía y Hacienda, de la Agencia Estatal de Administración Tributaria, de las Consejerías competentes en materia de Hacienda o de los órganos o entidades competentes para la aplicación de los tributos cedidos de las Comunidades Autónomas y Ciudades con Estatuto de Autonomía.

k) Evacuar los informes que le sean solicitados por la Junta Arbitral de resolución de conflictos en materia de tributos del Estado cedidos a las Comunidades Autónomas.

l) Aprobar propuestas de actuación, coordinar las actividades y ser informada de las acciones realizadas por los Consejos Territoriales para la Dirección y Coordinación de la Gestión Tributaria, evaluando los resultados de su actuación. En especial, le corresponderá coordinar los criterios aplicados por los Consejos Territoriales en la adopción de los dictámenes sobre la tributación aplicable en el caso de conflicto entre la Administración General del Estado y las Comunidades Autónomas o Ciudades con Estatuto de Autonomía en relación con tributos o deudas tributarias incompatibles.

m) Proponer, recibir para su estudio y analizar los proyectos de convenios entre la Agencia Estatal de Administración Tributaria y las Administraciones Autonómicas.

n) Proponer actos susceptibles de encomienda de gestión entre la Agencia Estatal de Administración Tributaria y las Comunidades Autónomas y Ciudades con Estatuto de Autonomía, conforme a lo previsto en esta Ley.

4. Su funcionamiento podrá ser en Pleno o a través de una o varias Comisiones o grupos de trabajo, temporales o permanentes, que, en todo caso, deberán tener una composición paritaria entre las representaciones de la Hacienda del Estado y de las Comunidades Autónomas y Ciudades con Estatuto de Autonomía. Los representantes de la Administración tributaria del Estado en estas Comisiones serán designados por el Presidente de la Agencia Estatal de Administración Tributaria y los de las Comunidades Autónomas y Ciudades con Estatuto de Autonomía por los representantes de éstas en el Consejo Superior. La creación o supresión de las Comisiones de trabajo, la determinación de sus cometidos, competencias y régimen de funcionamiento se acordará por el Consejo Superior, de acuerdo con sus normas de régimen interior.

5. El Consejo Superior contará con una Secretaría Técnica Permanente, desempeñada por un funcionario de la Agencia Estatal de Administración Tributaria con rango mínimo de Subdirector General, que desarrollará las siguientes funciones:

a) Asistir, con voz y sin voto, a todas las reuniones del Consejo Superior y de las Comisiones o grupos de trabajo, realizando respecto a las mismas las funciones de Secretario.

b) Realizar los estudios, informes o trabajos que le encomiende el Consejo Superior o su Presidente.

c) Impulsar y apoyar los trabajos del Consejo Superior y elaborar una memoria anual de los trabajos de la misma.

d) Actuar de órgano permanente de relación entre la Administración Tributaria del Estado, las Comunidades Autónomas y Ciudades con Estatuto de Autonomía y los Consejos Territoriales para la Dirección y Coordinación de la Gestión Tributaria, que informarán a la Secretaría de las reuniones celebradas y de los acuerdos adoptados en su seno.

e) Elaborar una memoria anual sobre los dictámenes adoptados por los Consejos Territoriales para la Dirección y Coordinación de la Gestión Tributaria relativos a la tributación aplicable en el caso de conflicto entre la Administración General del Estado y las Comunidades Autónomas o Ciudades con Estatuto de Autonomía en relación con tributos o deudas tributarias incompatibles.

6. El Pleno del Consejo Superior se reunirá, al menos, una vez al semestre, así como cuando lo convoque su Presidente o lo soliciten, al menos, tres representantes de las Comunidades Autónomas.

7. Para la adopción de los acuerdos, la representación del Estado en el Consejo Superior contará con igual número de votos que el conjunto de las Comunidades Autónomas y Ciudades con Estatuto de Autonomía. La aprobación de directrices y criterios de actuación en materias de regulación o gestión de los tributos cedidos requerirá para su aprobación mayoría absoluta de los componentes del Consejo Superior. La aprobación de directrices y criterios de actuación en materias de regulación o gestión de los tributos cedidos cuya competencia esté atribuida a las Comunidades Autónomas y Ciudades con Estatuto de Autonomía, requerirá adicionalmente la aprobación mayoritaria de los representantes de las Comunidades y Ciudades afectadas por las mismas.

Artículo 66. *Consejos Territoriales para la Dirección y Coordinación de la Gestión Tributaria*

1. Los Consejos Territoriales para la Dirección y Coordinación de la Gestión Tributaria son órganos colegiados integrados por representantes de la Administración Tributaria del Estado y de la Comunidad Autónoma o de la Ciudad con Estatuto de Autonomía de que se trate a los que corresponde coordinar la gestión de los tributos cedidos en su respectivo ámbito territorial.

2. Los Consejos Territoriales para la Dirección y Coordinación de la Gestión Tributaria desarrollarán las siguientes funciones en lo que respecta a la gestión de los tributos cedidos en su respectivo ámbito territorial, de acuerdo con las directrices del Consejo Superior para la Dirección y Coordinación de la Gestión Tributaria:

a) Coordinar la gestión de los citados tributos.

b) Analizar y valorar los resultados de su aplicación.

c) Estudiar las propuestas y adoptar las decisiones que contribuyan a la mejora de su gestión.

d) Formular a la dirección de la Agencia Estatal de Administración Tributaria y al órgano o entidad de la Comunidad Autónoma o Ciudad con Estatuto de Autonomía competente en la gestión de los tributos cedidos propuestas orientadas a la mejora de la adecuación a la gestión de los medios disponibles.

e) Desarrollar y concretar los programas incluidos en los planes de control tributario previstos en la letra g) del apartado 3 del artículo 65, así como diseñar y planificar la ejecución de actuaciones coordinadas en determinados programas.

No obstante, los Consejos Territoriales para la Dirección y Coordinación de la Gestión Tributaria de las Ciudades de Ceuta y Melilla no ejercerán estas funciones en tanto no se produzca la cesión de tributos en los términos previstos en el título III de esta Ley.

f) Colaborar en la gestión de estos tributos, especialmente en la de aquellos cuya aplicación afecte a los recursos o actividad de la otra Administración, y en la gestión recaudatoria de derechos de la Hacienda Pública Autonómica realizada por encomienda o convenio.

g) Analizar los resultados de los planes de objetivos así como ser informado periódicamente de los planes anuales de objetivos.

h) Adoptar acuerdos en materia de intercambio de información entre las Administraciones estatal y autonómica y analizar su grado de cumplimiento.

i) Decidir la aplicación de los actos susceptibles de encomienda de gestión entre la Agencia Estatal de Administración Tributaria y las Comunidades Autónomas y Ciudades con Estatuto de Autonomía.

j) Proponer, recibir para su estudio y analizar los proyectos de convenios entre la Agencia Estatal de Administración Tributaria y la Administración Tributaria Autonómica.

k) Aprobar los dictámenes que procedan sobre la tributación aplicable en el caso de conflicto entre la Administración General del Estado y las Comunidades Autónomas o Ciudades con Estatuto de Autonomía en relación con tributos o deudas tributarias incompatibles.

l) Adoptar acuerdos encaminados a incentivar el uso de los servicios telemáticos puestos a disposición de los contribuyentes por ambas administraciones.

m) Establecer planes conjuntos de formación sobre materias relacionadas con la gestión de los tributos.

3. Los Consejos Territoriales estarán compuestos por cuatro representantes de la Agencia Estatal de Administración Tributaria y cuatro de la respectiva Comunidad Autónoma o Ciudad con Estatuto de Autonomía. Existirán tantos suplentes como titulares, que actuarán en caso de ausencia o vacante de alguno de estos últimos.

Uno de los representantes de la Agencia Estatal de Administración Tributaria será el Delegado Especial de la misma, quien presidirá el Consejo Territorial, y otro será el Jefe de la Dependencia Regional de Relaciones Institucionales con las Administraciones Tributarias, que será el que desempeñe las funciones de Secretario del Consejo. En defecto de éste, otro de los representantes de la Agencia Estatal de Administración Tributaria será el que desempeñe las funciones de Secretario. Los dos representantes restantes y los sustitutos de los cuatro titulares serán designados por el Presidente de la Agencia Estatal de Administración Tributaria de entre los funcionarios destinados en el ámbito de la correspondiente Delegación Especial. Los representantes de las Comunidades Autónomas y Ciudades con Estatuto de Autonomía y sus sustitutos serán designados por las mismas, siendo uno de sus miembros el titular del Centro Directivo competente para la aplicación de los tributos cedidos.

Los Consejos Territoriales de las Ciudades de Ceuta y Melilla serán presididos por el Delegado de la Agencia Estatal de Administración Tributaria en tales Ciudades. Las funciones de Secretario del Consejo serán desempeñadas por el funcionario que designe el Presidente del respectivo Consejo Territorial.

Por razón de los asuntos a tratar podrán ser convocadas a las reuniones otras personas con voz, pero sin voto.

4. El funcionamiento de los Consejos se ajustará a las siguientes normas:

a) Se reunirán, al menos, una vez cada trimestre, a solicitud de cualquiera de las dos partes representadas.

b) Los acuerdos se adoptarán por mayoría. Por lo que respecta a la adopción de los dictámenes a los que hace referencia la letra k) del apartado 2 anterior, se precisará acuerdo entre ambas Administraciones. En caso de desacuerdo, se planteará el supuesto conflictivo ante la Dirección General de Tributos del Ministerio de Economía y Hacienda, que lo resolverá con carácter vinculante.

(...)

DISPOSICIONES TRANSITORIAS

Disposición transitoria primera. *Régimen transitorio*

1. El sistema contenido en esta Ley rige desde el 1 de enero de 2009, surtiendo con carácter general todos los efectos desde esa fecha, sin perjuicio de lo previsto en los apartados siguientes.

2. No obstante lo previsto en la Sección 3.ª del Título I, en relación a las entregas a cuenta de todos los recursos del Sistema de Financiación, en los años 2009 y 2010 las Comunidades Autónomas y Ciudades con Estatuto de Autonomía percibirán las entregas a cuenta de los recursos del sistema reguladas en la Ley 21/2001, de 27 de diciembre, por la que se regulan las medidas fiscales y administrativas del nuevo sistema de financiación de las Comunidades Autónomas de régimen común y Ciudades con Estatuto de Autonomía, calculadas conforme se establece en los artículos 8 a 15 de la citada Ley.

También las Comunidades Autónomas percibirán en los citados años la Dotación Complementaria para la Financiación de la Asistencia Sanitaria y la Dotación de Compensación de Insularidad, ambas medidas financieras derivadas de la II Conferencia de Presidentes, según lo previsto en las Leyes de Presupuestos Generales del Estado correspondientes.

3. El valor definitivo, correspondiente al año 2009 y 2010, de los recursos del Sistema de Financiación regulado en esta Ley, será el resultante de aplicar las normas contenidas en la misma.

4. Para el cálculo del rendimiento definitivo de la tarifa autonómica del IRPF en el año 2009, se estimará para cada Comunidad Autónoma su importe para el supuesto de que hubiese estado en vigor en dicho año la cesión de este recurso en los términos de la letra d) del artículo 8 de esta Ley.

En los supuestos previstos en el artículo 26.2 a) de esta Ley y a los exclusivos efectos de determinar el rendimiento de la tarifa autonómica del IRPF que se cede en el ejercicio 2009, se entiende que la cuota líquida autonómica a que se refiere el citado precepto es el 50% de la suma de las cuotas íntegras estatal y autonómica previstas en los artículos 62 y 73, respectivamente, de la Ley del IRPF vigente en dicho ejercicio minorado en los siguientes importes:

a) El tramo autonómico de la deducción por inversión en vivienda habitual considerando una cesión del 50% así como el ejercicio de competencias normativas realizado por la Comunidad Autónoma.

b) El 50% del importe total de las deducciones previstas en los apartados 2, 3, 4, 5, 6 y 7 del artículo 68 de la Ley del IRPF.

c) El importe de las deducciones establecidas por la Comunidad Autónoma.

Esto se hace extensible a la parte de la deuda tributaria cedida, correspondiente a la Comunidad Autónoma, prevista en el artículo 26.2 a) 5.º de esta Ley.

5. El importe de las liquidaciones definitivas de los recursos del sistema correspondientes a los años 2009 y 2010 se determinará deduciendo del valor definitivo de cada uno de los recursos, los pagos efectuados en cada uno de los años conforme lo indicado en el apartado 2 anterior y los anticipos pagados en cada uno de esos años a cuenta de los nuevos recursos del modelo. También se deducirán los pagos de la compensación por la supresión del Impuesto sobre el Patrimonio, realizados en 2009 y 2010 a las Comunidades Autónomas, así como las transferencias realizadas con cargo a los Presupuestos Generales del Estado de esos años para la financiación de los servicios transferidos indicados en la letra f) del artículo 3 de esta Ley.

Para las Comunidades Autónomas de Cataluña, Galicia, Comunitat Valenciana y Canarias, serán igualmente deducibles de las liquidaciones definitivas del 2009 y del 2010, los importes de los pagos realizados por el Instituto Social de la Marina correspondientes a dichos años por la financiación de los servicios traspasados a estas Comunidades Autónomas con anterioridad al año 2002.

6[16].

7. Los fraccionamientos de las liquidaciones negativas de los recursos del sistema, a que se refiere la disposición adicional cuarta de esta Ley se tendrán en cuenta a efectos del cálculo del Fondo de Competitividad y de la variación del ITE.

En este caso, en el cálculo de la financiación homogénea de la Comunidad Autónoma en el año 2009, a que se refiere el apartado 3 del artículo 23 de esta Ley, se sustituirá el valor de los recursos definitivos sujetos a liquidación, por las entregas a cuenta, pagos realizados y anticipos satisfechos a cuenta de los mismos, de conformidad con el apartado 5 anterior.

Posteriormente, los reintegros realizados de las liquidaciones negativas aplazadas o fraccionadas correspondientes al año 2009 se descontarán de la financiación homogénea de la Comunidad Autónoma en el año en que se hagan efectivos.

El importe de las liquidaciones negativas aplazadas se computarán en el ITE, tal y como se prevé en el artículo 20 de esta Ley, en el ejercicio en el que se produzca su reintegro.

8. El límite señalado en los apartados 4 y 5 del artículo 23 de esta Ley, para el índice de capacidad fiscal por habitante ajustado, se establece en 1,05 para los años 2009 y 2010 y en 1,06 para el año 2011 y siguientes.

(…)

DISPOSICIÓN DEROGATORIA

Salvo lo dispuesto en las disposiciones transitorias de esta Ley, desde el 1 de enero de 2009 queda derogada la Ley 21/2001, de 27 de diciembre, por la que se regulan las medidas fiscales y administrativas del nuevo Sistema de Financiación de las Comunidades Autónomas de régimen común y Ciudades con Estatuto de Autonomía, para aquellas Comunidades Autónomas y Ciudades con Estatuto de Autonomía que hayan aceptado en Comisión Mixta el sistema regulado en la presente Ley.

Desde el 1 de enero de 2010 queda derogado el artículo primero del Real Decreto-Ley 12/2005, de 16 de septiembre, por el que se aprueban determinadas medidas urgentes en materia de financiación sanitaria.

---

[16]   Apartado suprimido por la Disp. Final cuatro del Real Decreto-Ley 4/2014, de 7 de marzo, por el que se adoptan medidas urgentes en materia de refinanciación y reestructuración de deuda empresarial (BOE núm. 58, de 8 de marzo de 2014), en vigor desde el 9 de marzo y, posteriormente por la Disp. Final cuatro de la Ley 17/2014, de 30 de septiembre, por la que se adoptan medidas urgentes en materia de refinanciación y reestructuración de deuda empresarial, (BOE núm. 238, de 1 de octubre de 2014).

(...)

Disposición final quinta. *Entrada en vigor*

La presente Ley entrará en vigor el día siguiente al de su publicación en el «Boletín Oficial del Estado», si bien surtirá efectos desde el 1 de enero de 2009, excepto los siguientes preceptos y disposiciones que entrarán en vigor y surtirán efectos a partir del 1 de enero de 2010:

El artículo 46 y la disposición final segunda.

El artículo 28, en cuanto al período de residencia en el Impuesto sobre Sucesiones y Donaciones.

El artículo 59, en cuanto a la delegación de la revisión en vía económico-administrativa.

El Título IV relativo a los órganos de coordinación de la gestión tributaria.

La disposición final tercera.

La disposición final cuarta.

IMPUESTO SOBRE TRANSMISIONES PATRIMONIALES Y ACTOS JURÍDICOS DOCUMENTADOS

NORMATIVA DE LAS COMUNIDADES AUTÓNOMAS DE RÉGIMEN COMÚN
2025

COMUNIDAD AUTÓNOMA DE ANDALUCÍA

Impuesto Sobre Transmisiones Patrimoniales y Actos Jurídicos Documentados

5. Ley 5/2021, de 20 de octubre, de tributos cedidos de la Comunidad Autónoma de Andalucía[1]
(BOJA núm. 206, de 26 de octubre de 2021; BOE núm. 263, de 3 de noviembre de 2021)

EXPOSICIÓN DE MOTIVOS

I

Hasta el año 2019, Andalucía se encontraba situada entre las comunidades autónomas con mayor presión fiscal para sus contribuyentes. Por ello, el nuevo Gobierno consideró necesario acometer, dentro de las limitaciones normativas que tiene el sistema tributario español para las comunidades autónomas, una reforma fiscal estructural que estimulase nuestra demanda interna, impulsando, sobre la base de una mayor disponibilidad de rentas, nuestro ciclo económico en el contexto nacional, a la par que atrajese fuentes de riqueza deslocalizadas de nuestro ámbito. Una reforma fiscal, en todo caso, guiada por un compromiso de rigor presupuestario que dotase de credibilidad al sistema y que se fundamentase en la confianza del inversor potencial, en la seguridad jurídica, la certidumbre, la simplicidad y la modernización del sistema. Todo ello con el propósito de situar a la economía andaluza en el lugar que le corresponde en España y en Europa.

Dicha reforma fiscal se inició rebajando la tarifa del impuesto sobre la renta de las personas físicas, estableciendo tipos de gravamen reducidos en el impuesto sobre transmisiones patrimoniales y actos jurídicos documentados, y bonificando el impuesto sobre sucesiones y donaciones, y se siguió adoptando otras medidas como la reducción de la tarifa del impuesto sobre el patrimonio. De este modo, se ha minorado de manera considerable la citada presión fiscal sobre los contribuyentes andaluces.

---

[1] Deroga al Decreto Legislativo 1/2018, de 19 de junio, por el que se aprueba el Texto Refundido de las disposiciones dictadas por la Comunidad Autónoma de Andalucía en materia de tributos cedidos (BOJA núm. 123 de 27 de junio de 2018). Este Decreto Legislativo derogó al anterior Decreto Legislativo 1/2009, de 1 de septiembre, por el que se aprueba el Texto Refundido de las disposiciones dictadas por la Comunidad Autónoma de Andalucía en materia de tributos cedidos (BOJA núm. 177, de 9 de septiembre de 2009), en vigor desde el día 10 de septiembre de 2009.

Mediante esta Ley se continúa con el ambicioso cambio en el sistema tributario andaluz, basándose para ello en ocho pilares básicos: continuar con la bajada de impuestos iniciada en 2019; favorecer el acceso a la vivienda; desarrollar políticas sociales y de apoyo a las familias, especialmente a jóvenes, e incluyendo como colectivo de especial protección a las familias numerosas y a las personas que han sufrido violencia doméstica y de terrorismo; apoyar decididamente a las personas más vulnerables, como son las personas discapacitadas y, por tanto, implantando unas políticas de apoyo a las mismas; desarrollar políticas de empresa, dirigidas a atraer inversión, a garantizar la continuidad de nuestras empresas y con un decidido apoyo al empleo; incluir políticas medioambientales, complementando la fiscalidad medioambiental; implementar políticas destinadas a hacer frente al reto demográfico, con el fin de luchar contra la despoblación de determinados municipios, y, como colofón final, desarrollar políticas de simplificación, eficiencia administrativa y transformación digital que faciliten la reducción de costes indirectos en el cumplimiento de obligaciones fiscales de ciudadanos y empresas.

II

La presente Ley recoge las medidas en materia de tributos cedidos que son directamente aplicables por los contribuyentes andaluces. Hasta la fecha de su aprobación, estas normas estaban recogidas en el Texto Refundido de las disposiciones dictadas por la Comunidad Autónoma de Andalucía en materia de tributos cedidos, aprobado mediante Decreto Legislativo 1/2018, de 19 de junio, que se ha visto modificado recientemente por el Decreto Ley 1/2019, de 9 de abril, así como por las tres Leyes del Presupuesto de la Comunidad Autónoma de Andalucía para los años 2019, 2020 y 2021, en las cuales también se introducen cambios en el citado Texto Refundido.

Con ello, esta Ley, además de incorporar la normativa antes citada y ya vigente en nuestra Comunidad Autónoma, recoge modificaciones de importante calado en los diferentes tributos cedidos, respecto de los que la Comunidad Autónoma de Andalucía tiene competencias normativas limitadas, con el objetivo primordial de dar cumplimiento a los pilares y fundamentos señalados en el expositivo primero.

De acuerdo con lo anterior, se aprueban medidas que afectan al impuesto sobre la renta de las personas físicas, al impuesto sobre el patrimonio, al impuesto sobre sucesiones y donaciones, al impuesto sobre transmisiones patrimoniales y actos jurídicos documentados, a la tasa fiscal sobre el juego y al impuesto especial sobre determinados medios de transporte, que suponen la reducción del gravamen de estos tributos cedidos, situando a Andalucía entre las comunidades autónomas con una fiscalidad más baja.

(...)

VI

Por lo que se refiere al impuesto sobre transmisiones patrimoniales y actos jurídicos documentados, en la modalidad de transmisiones patrimoniales onerosas, se reduce el tipo de gravamen general aplicable a la transmisión de inmuebles y a la constitución y cesión de derechos reales sobre los mismos, excepto los de garantía, pasando desde los tipos del 8%, 9% y 10% a un único tipo general del 7%. De igual modo, se reduce el tipo de gravamen general, en la modalidad de actos jurídicos documentados, para los documentos notariales, pasando desde el tipo del 1,5% al 1,2%. Para los arrendamientos, se establece un único tipo de gravamen del 0,3%, en lugar de la escala estatal.

Asimismo, en ambas modalidades se mejora el beneficio fiscal para promover una política social de vivienda, ya que, por una parte, para la modalidad de transmisiones patrimoniales onerosas se establece un tipo reducido del 6% para toda adquisición de vivienda habitual en inmuebles de valor no superior a 150.000 euros y, por otra, se amplía el ámbito subjetivo del tipo reducido del 3,5% a víctimas de violencia doméstica, víctimas del terrorismo y personas afectadas. De igual forma, se incrementa el valor de la vivienda, que sirve como límite para aplicar el beneficio fiscal, que pasa con carácter general de 130.000 euros a 150.000 euros, y de 180.000 euros a 250.000 euros para el supuesto en el que el adquirente tenga la consideración de persona con discapacidad o forme parte de familia numerosa.

De otra parte, para la modalidad de actos jurídicos documentados se establece un tipo reducido del 1% para toda adquisición de vivienda habitual en inmuebles de valor no superior a 150.000 euros y, por otra, se amplía el ámbito subjetivo del tipo reducido del 0,3% a víctimas de violencia doméstica, víctimas del terrorismo y personas afectadas. De igual forma, se incrementa el valor de la vivienda, que sirve como límite para aplicar el beneficio fiscal, que pasa con carácter general de 130.000 euros a 150.000 euros, y de 180.000 euros a 250.000 euros para el supuesto en el que el adquirente tenga la consideración de persona con discapacidad o forme parte de familia numerosa.

Además, se crean nuevos tipos reducidos en ambas modalidades del impuesto para la adquisición de vivienda habitual en determinados municipios con problemas de despoblación, con la finalidad de promover el asentamiento con carácter permanente, con los consiguientes beneficios económicos y sociales que ello supone para el entorno. Este es el motivo por el que este beneficio fiscal se aplica a las viviendas que van a tener la condición de habitual para el adquirente.

De otro lado, el tipo reducido para adquisición de los vehículos de turismo, ciclomotores y motocicletas «0 emisiones» se amplía a otros vehículos propulsados de forma ecológica, tales como bicicletas, bicicletas de pedales con pedaleo asistido y vehículos de movilidad personal regulados en el Anexo II (apartado A) del Real Decreto 2822/1998, de 23 de diciembre, por el que se aprueba el Reglamento General de Vehículos, así como a embarcaciones impulsadas por energía eléctrica, solar o eólica.

(…)

IX

Por lo que respecta a las normas de aplicación de los tributos, se ha realizado una revisión integral de las mismas, estableciendo medidas dirigidas a la simplificación administrativa.

Cabe destacar, por su carácter novedoso, el ingreso de los tributos a los que se refiere esta Ley, mediante domiciliación bancaria, en los supuestos, términos y condiciones que se establezcan mediante resolución conjunta de la Agencia Tributaria de Andalucía y del órgano directivo con competencias en materia de Tesorería.

Asimismo, en el impuesto sobre sucesiones y donaciones, para el concepto donaciones se establece un plazo de presentación de la autoliquidación e ingreso de la deuda tributaria de dos meses a contar desde el día siguiente a la fecha del devengo.

En la misma línea, en el impuesto sobre transmisiones patrimoniales y actos jurídicos documentados se establece un plazo de presentación de la autoliquidación e ingreso de la deuda tributaria de dos meses a contar desde el día siguiente a la fecha del devengo.

Por último, se establece que, en el caso de los empresarios que adquieren objetos fabricados con metales preciosos y que están obligados a llevar los libros de registro, deben declarar conjuntamente todas las operaciones sujetas a la modalidad de transmisiones patrimoniales onerosas devengadas en el mes natural. El plazo de presentación de la autoliquidación e ingreso de la deuda tributaria, junto con la declaración informativa de las adquisiciones de bienes realizadas en el período, es el mes natural inmediatamente posterior al mes al que se refieren las operaciones declaradas.

X

La Ley se estructura en un título preliminar, que contiene las disposiciones de carácter general; los títulos I y II, relativos a impuestos directos e indirectos, respectivamente; el título III, que contiene las normas de aplicación de los tributos cedidos; dos disposiciones adicionales; dos disposiciones transitorias; una disposición derogatoria, y dos finales.

Asimismo, incluye al comienzo un índice de su contenido, cuyo objeto es facilitar la utilización de la norma por las personas destinatarias, mediante una rápida localización y ubicación sistemática de sus preceptos.

Debe indicarse que la Comunidad Autónoma de Andalucía tiene competencias normativas para aprobar una Ley en materia de tributos cedidos, de conformidad con el artículo 108 y 180.2 del Estatuto de Autonomía para Andalucía, en los términos que vienen concretados en la Ley 18/2010, de 16 de julio, del régimen de cesión de tributos del Estado a la Comunidad Autónoma de Andalucía y de fijación del alcance y condiciones de dicha cesión. Esta Ley dispone que el alcance y condiciones de la cesión son los establecidos en la Ley 22/2009, de 18 de diciembre, por la que se regula el sistema de financiación de las comunidades autónomas de régimen común y ciudades con estatuto de autonomía y se modifican determinadas normas tributarias.

Según lo expuesto, la presente Ley se ajusta a los principios de buena regulación actualmente previstos en el artículo 129 de la Ley 39/2015, de 1 de octubre, del Procedimiento Administrativo Común de las Administraciones Públicas. Así, la norma es respetuosa con los principios de necesidad, eficacia y proporcionalidad, en tanto que con ella se consigue el fin perseguido, que consiste en establecer un marco normativo estable, sencillo y claro, que facilite el conocimiento y la comprensión de las medidas fiscales aprobadas por la Comunidad Autónoma de Andalucía en materia de tributos cedidos. Asimismo, es coherente con el resto del ordenamiento jurídico y sus objetivos se encuentran claramente definidos, cumpliendo así los principios de seguridad jurídica, transparencia y eficiencia.

TÍTULO PRELIMINAR. DISPOSICIONES GENERALES

Artículo 1. *Objeto de la Ley.*

La presente Ley tiene por objeto establecer normas en materia de tributos cedidos, en ejercicio de las competencias normativas que atribuye a la Comunidad Autónoma de Andalucía la Ley 18/2010, de 16 de julio, del régimen de cesión de tributos del Estado a la Comunidad Autónoma de Andalucía y de fijación del alcance y condiciones de dicha cesión, en los casos y condiciones previstos en la Ley 22/2009, de 18 de diciembre, por la que se regula el sistema de financiación de las comunidades autónomas de régimen común y ciudades con estatuto de autonomía y se modifican determinadas normas tributarias.

Artículo 2. *Concepto de vivienda habitual.*

A efectos de esta Ley, el concepto de vivienda habitual es el fijado por la normativa estatal del impuesto sobre la renta de las personas físicas vigente a 31 de diciembre de 2012, según lo siguiente:

1. Con carácter general, se considera vivienda habitual del contribuyente la edificación que constituya su residencia durante un plazo continuado de, al menos, tres años.

No obstante, se entenderá que la vivienda tuvo el carácter de habitual cuando, a pesar de no haber transcurrido dicho plazo, se produzca el fallecimiento del contribuyente o concurran otras circunstancias que necesariamente exijan el cambio de domicilio, tales como celebración de matrimonio, separación matrimonial, traslado laboral, obtención de primer empleo o cambio de empleo, u otras análogas justificadas.

2. Para que la vivienda constituya la residencia habitual del contribuyente debe ser habitada de manera efectiva y con carácter permanente, en un plazo no superior a doce meses, contados a partir de la fecha de adquisición o de terminación de las obras.

No obstante, se entenderá que la vivienda no pierde el carácter de habitual cuando se produzcan las siguientes circunstancias:

a) Cuando se produzca el fallecimiento del contribuyente o concurran otras circunstancias que necesariamente impidan la ocupación de la vivienda, en los términos previstos en el apartado 1 de este artículo.

b) Cuando el contribuyente disfrute de vivienda habitual por razón de cargo o empleo y la vivienda adquirida no sea objeto de utilización, en cuyo caso el plazo antes indicado comenzará a contarse a partir de la fecha del cese.

3. Se asimilan a la vivienda habitual los siguientes conceptos:

a) Los anexos o cualquier otro elemento que no constituya la vivienda propiamente dicha, tales como jardines, parques, piscinas e instalaciones deportivas, siempre que se adquieran conjuntamente con la vivienda.

b) Las plazas de garaje adquiridas conjuntamente con ésta, con el máximo de dos.

Artículo 3. *Consideración de persona con discapacidad.*

A los efectos de esta Ley, la consideración de persona con discapacidad es la fijada por la normativa estatal del impuesto sobre la renta de las personas físicas, según lo siguiente:

1. Tendrán la consideración de personas con discapacidad los contribuyentes que tengan reconocido un grado igual o superior al 33 por ciento, de acuerdo con el baremo a que se refiere el artículo 367 del texto refundido de la Ley General de la Seguridad Social, aprobado por Real Decreto Legislativo 8/2015, de 30 de octubre, o norma que lo sustituya.

2. En particular, se considerará acreditado un grado de discapacidad igual o superior al 33 por ciento en el caso de los pensionistas de la Seguridad Social que tengan reconocida una pensión de incapacidad permanente total, absoluta o gran invalidez y en el caso de los pensionistas de clases pasivas que tengan reconocida una pensión de jubilación o retiro por incapacidad permanente para el servicio o inutilidad.

Artículo 4. *Concepto de familia monoparental.*

A los efectos de esta Ley, en los casos de separación legal o cuando no existiera vínculo matrimonial, tendrá la consideración de familia monoparental la formada por la madre o el padre y los hijos que convivan con una u otro y que reúnan alguno de los siguientes requisitos:

a) Hijos menores de edad, con excepción de los que, con el consentimiento de los padres, vivan independientes de éstos.

b) Hijos mayores de edad con discapacidad a quienes, por resolución judicial, asista un curador.

Artículo 5. *Concepto de familia numerosa.*

1. A los efectos de esta Ley, el concepto de familia numerosa es el fijado en el artículo 2 de la Ley 40/2003, de 18 de noviembre, de Protección a las Familias Numerosas, o norma que la sustituya.

2. La aplicación de los beneficios fiscales previstos en esta Ley para los miembros de familias numerosas queda condicionada a que los contribuyentes ostenten, a la fecha del devengo del impuesto, el título de familia numerosa que acredita dicha condición y categoría.

Artículo 6. *Consideración de víctima de violencia doméstica.*

A los efectos de esta Ley, tendrán la consideración de víctima de violencia doméstica las personas a que se refiere el artículo 173.2 de la Ley Orgánica 10/1995, de 23 de noviembre, del Código Penal, que cuenten con orden de protección en vigor e inscrita en el Registro

Central para la Protección de las Víctimas de la Violencia Doméstica, o con sentencia judicial firme por tal motivo en los últimos diez años.

Artículo 7. *Consideración de víctima del terrorismo y personas afectadas.*

1. A los efectos de esta Ley, la consideración de víctima del terrorismo y personas afectadas es la fijada en el artículo 3.a) de la Ley 10/2010, de 15 de noviembre, relativa a medidas para la asistencia y atención a las víctimas del terrorismo de la Comunidad Autónoma de Andalucía, o norma que la sustituya.

2. La acreditación de la situación de violencia de terrorismo se realizará conforme lo previsto en el artículo 4.a) de la citada Ley 10/2010, de 15 de noviembre, o norma que la sustituya.

Artículo 8. *Consideración de municipios con problemas de despoblación.*

1. A los efectos de esta Ley, tendrán la consideración de municipios con problemas de despoblación aquellos cuya cifra de población sea de menos de 3.000 habitantes.

2. El concepto de cifra de población a que se refiere el apartado anterior es el fijado en el artículo 10.4 b)[2] de la Ley 6/2010, de 11 de junio, reguladora de la participación de las entidades locales en los tributos de la Comunidad Autónoma de Andalucía, o norma que la sustituya.

(...)

TÍTULO II. IMPUESTOS INDIRECTOS

CAPÍTULO I. IMPUESTO SOBRE TRANSMISIONES PATRIMONIALES Y ACTOS JURÍDICOS DOCUMENTADOS

SECCIÓN 1ª *Modalidad de transmisiones patrimoniales onerosas*

Artículo 41. *Tipo general de gravamen aplicable a bienes inmuebles.*

Con carácter general, en la modalidad de transmisiones patrimoniales onerosas del impuesto sobre transmisiones patrimoniales y actos jurídicos documentados, en las transmi-

---

[2] «b) Población: Cifras de población de cada municipio resultantes de la revisión del Padrón municipal referidas al 1 de enero y con efectos del 31 de diciembre de cada año, y declaradas oficiales mediante real decreto a propuesta del Instituto Nacional de Estadística».
Resolución de 16 de diciembre de 2024, de la Dirección General de Tributos, Financiación, Relaciones Financieras con las Corporaciones Locales y Juego, por la que se publican los municipios andaluces con problemas de despoblación en el año 2025, a los efectos de la aplicación de la deducción por nacimiento, adopción de hijos o acogimiento familiar de menores en el Impuesto sobre la Renta de las Personas Físicas y de los tipos reducidos para promover una política social de vivienda del Impuesto sobre Transmisiones Patrimoniales y Actos Jurídicos Documentados (BOJA núm. 247 de 23 de diciembre de 2024).
Para el año 2024: Resolución de 26 de diciembre de 2023 (BOJA núm.248, de 29 de diciembre de 2023).

siones de bienes inmuebles, así como en la constitución y cesión de derechos reales que recaigan sobre los mismos, excepto en los derechos reales de garantía, la cuota tributaria se obtendrá aplicando sobre la base liquidable el tipo de gravamen del 7%.

Artículo 42. *Tipo aplicable en los arrendamientos.*

En la modalidad de transmisiones patrimoniales onerosas del impuesto sobre transmisiones patrimoniales y actos jurídicos documentados se aplicará el tipo de gravamen del 0,3% en los arrendamientos.

En el caso de arrendamientos de inmuebles no será necesario presentar, junto con la autoliquidación del impuesto, copia del contrato del alquiler, siempre que el mismo se haya presentado en la Administración con ocasión del depósito de la fianza establecida en el artículo 36 de la Ley 29/1994, de 24 de noviembre, de Arrendamientos Urbanos, o norma que la sustituya.

Artículo 43. *Tipo de gravamen reducido para promover una política social de vivienda.*

1. En la modalidad de transmisiones patrimoniales onerosas del impuesto sobre transmisiones patrimoniales y actos jurídicos documentados, los tipos de gravamen reducidos aplicables a las transmisiones de inmuebles, siempre que concurra alguna de las siguientes condiciones, serán los que se indican a continuación:

a) Se aplicará el tipo del 6% siempre que el inmueble se destine a vivienda habitual del adquirente y que el valor de la misma no sea superior a 150.000 euros.

b) Se aplicará el tipo del 3,5% siempre que el adquirente sea menor de 35 años, que el inmueble se destine a su vivienda habitual y que el valor de la misma no sea superior a 150.000 euros.

c) Se aplicará el tipo del 3,5% siempre que el adquirente tenga la consideración de persona con discapacidad, que el inmueble se destine a su vivienda habitual y que el valor de la misma no sea superior a 250.000 euros.

d)[3] Se aplicará el tipo del 3,5% siempre que el adquirente tenga la consideración de miembro de familia numerosa, que el inmueble se destine a vivienda habitual de dicha familia numerosa y el valor de la misma no sea superior a 250.000 euros.

e) Se aplicará el tipo del 3,5% siempre que el adquirente tenga la consideración de víctima de violencia doméstica, que el inmueble se destine a su vivienda habitual y que el valor de la misma no sea superior a 150.000 euros.

f) Se aplicará el tipo del 3,5% siempre que el adquirente tenga la consideración de víctima del terrorismo o persona afectada, que destine el inmueble a su vivienda habitual y que el valor de la misma no sea superior a 150.000 euros.

---

[3]   Nueva redacción de la letra d) dada por la Disp. Final Undécima Cuatro de la Ley 1/2022, de 27 de diciembre, del Presupuesto de la Comunidad Autónoma de Andalucía para el año 2023 (BOJA núm. 249 de 30 de diciembre de 2022), en vigor desde el 1 de enero de 2023.

g) Se aplicará el tipo del 3,5% siempre que el inmueble que se adquiere radique en un municipio con problemas de despoblación, que destine el inmueble a su vivienda habitual y que el valor de la misma no sea superior a 150.000 euros.

2. En los supuestos del apartado anterior, el valor será el establecido en el artículo 10 del texto refundido de la Ley del Impuesto sobre Transmisiones Patrimoniales y Actos Jurídicos Documentados, aprobado por el Real Decreto Legislativo 1/1993, de 24 de septiembre, correspondiente al 100% del pleno dominio de la vivienda y, en su caso, del resto de inmuebles que se adquieran conjuntamente con ella.

En caso de que el inmueble fuese adquirido por varias personas, el tipo de gravamen reducido se aplicará a la parte proporcional de la base liquidable correspondiente al porcentaje de participación en la adquisición del adquirente que cumpla alguna de las condiciones previstas en el apartado 1.

No obstante, en los supuestos de adquisición de vivienda habitual por matrimonios o parejas de hecho, el requisito que origine el derecho a aplicar el tipo reducido deberá cumplirlo, al menos, uno de los cónyuges o uno de los miembros de la pareja inscrita en el Registro de Parejas de Hecho de la Comunidad Autónoma de Andalucía o en registros análogos de otras administraciones públicas, no aplicándose lo establecido en el párrafo anterior.

3. En aquellos casos en los que se adquiera una vivienda conjuntamente con una o dos plazas de garaje u otros anejos, y siempre que concurra el resto de los requisitos, serán de aplicación los tipos de gravamen reducidos siempre que la suma del valor de la vivienda y los otros elementos adquiridos conjuntamente con aquella no supere el límite a que se refiere el apartado 1 de este artículo.

Artículo 44[4]. *Tipo de gravamen reducido para la adquisición de viviendas para su reventa por profesionales inmobiliarios.*

1. En la modalidad de transmisiones patrimoniales onerosas del impuesto sobre transmisiones patrimoniales y actos jurídicos documentados se aplicará el tipo de gravamen del 2% a la adquisición de vivienda por una persona física o jurídica que ejerza una actividad empresarial a la que sean aplicables las Normas de Adaptación del Plan General de Contabilidad a las Empresas Inmobiliarias, siempre que concurran los siguientes requisitos:

a) Que la persona física o jurídica adquirente incorpore esta vivienda a su activo circulante. Será necesario que dicha adquisición se formalice en documento público notarial, administrativo o judicial.

---

[4]   Nueva redacción del art. 44 dada por la Disp. Final Undécima Cinco de la Ley 1/2022, de 27 de diciembre, del Presupuesto de la Comunidad Autónoma de Andalucía para el año 2023 (BOJA núm. 249 de 30 de diciembre de 2022), en vigor desde el 1 de enero de 2023.

b) Que la vivienda adquirida sea objeto de transmisión mediante compraventa formalizada en escritura pública dentro de los cinco años siguientes a su adquisición con entrega de posesión de la misma, y siempre que esta transmisión esté sujeta y no exenta a la modalidad de transmisiones patrimoniales onerosas del impuesto sobre transmisiones patrimoniales y actos jurídicos documentados.

2. Se practicará liquidación caucional por la parte de cuota resultante de la diferencia entre la aplicación del tipo de gravamen general y el reducido previsto en el apartado anterior en los términos establecidos en el artículo 5 del Texto Refundido de la Ley del Impuesto sobre Transmisiones Patrimoniales y Actos Jurídicos Documentados, aprobado por Real Decreto Legislativo 1/1993, de 24 de septiembre.

3. La acreditación del cumplimiento de los requisitos necesarios para la aplicación del tipo de gravamen reducido previsto en el apartado 1 del presente artículo se efectuará de acuerdo con las siguientes normas:

a) La circunstancia de ser un contribuyente al que resultan aplicables las Normas de Adaptación del Plan General de Contabilidad a las Empresas Inmobiliarias se acreditará mediante certificación de encontrarse en situación de alta en cualquiera de los siguientes grupos y epígrafes del impuesto sobre actividades económicas:

– Grupo 833, subgrupo 833.2 (Promoción de edificaciones).

– Grupo 861, subgrupo 861.1 (Alquiler de vivienda).

b) La circunstancia prevista en el párrafo a) del apartado 1 de este artículo requerirá que el contribuyente haga constar en el documento que formalice la adquisición su intención de incorporar el inmueble a su activo circulante. Dicha manifestación debe constar expresamente en el documento público notarial y, en caso de documento público administrativo o judicial, mediante comunicación responsable que deberá presentarse junto con la autoliquidación.

c) El cumplimiento del requisito previsto en el párrafo b) del apartado 1 de este artículo se acreditará con el otorgamiento de la escritura pública de compraventa dentro del plazo establecido.

Artículo 45. *Tipo de gravamen reducido para determinadas operaciones en las que participen las sociedades de garantía recíproca o las sociedades mercantiles del sector público estatal o andaluz cuyo objeto sea la prestación de garantías.*

1. En la modalidad de transmisiones patrimoniales onerosas del impuesto sobre transmisiones patrimoniales y actos jurídicos documentados se aplicará el tipo de gravamen reducido del 1% en las siguientes operaciones, cuando en las mismas participen sociedades mercantiles del sector público estatal o andaluz cuyo fin sea la prestación de garantías destinadas a la financiación de actividades de creación, conservación o mejora de la riqueza forestal, agrícola, ganadera o pesquera de la Comunidad Autónoma de Andalucía, o sociedades de garantía recíproca[5]:

a) Las adquisiciones de inmuebles por las citadas sociedades como consecuencia de operaciones de dación en pago que deriven de obligaciones garantizadas por las mismas o como consecuencia de adjudicaciones judiciales o notariales.

b) Las adquisiciones de inmuebles que se realicen por pequeñas y medianas empresas con financiación ajena y con el otorgamiento de garantía por las citadas sociedades. Para la aplicación de este tipo reducido se deben cumplir los siguientes requisitos:

1º Que la pequeña o mediana empresa adquirente constituya una unidad económica con no más de doscientos cincuenta trabajadores, de conformidad con lo dispuesto en el artículo 1 de la Ley 1/1994, de 11 de marzo, de Sociedades de Garantía Recíproca.

2º La garantía ofrecida deberá ser de, al menos, el 50% del precio de adquisición.

3º El inmueble deberá quedar afecto a la actividad empresarial o profesional del adquirente. El destino del inmueble deberá mantenerse durante los cinco años siguientes a la fecha del documento público de adquisición, salvo que, en el caso de que el adquirente sea persona física, este fallezca dentro de dicho plazo.

4º La operación deberá formalizarse en documento público, debiendo constar expresamente en el mismo tal afección.

5º Cuando se trate de entidades, su actividad principal en ningún caso podrá consistir en la gestión de un patrimonio mobiliario o inmobiliario, de acuerdo con lo establecido en el artículo 4. Ocho.Dos.a) de la Ley 19/1991, de 6 de junio, del Impuesto sobre el Patrimonio.

6º No se aplicará este tipo si las menciones exigidas no constan en el documento público, ni cuando se produzcan rectificaciones del mismo que subsanen dicha omisión, salvo que se realicen dentro del plazo de declaración del impuesto.

2. En los supuestos de adquisiciones de inmuebles previstos en el párrafo a) del apartado 1, el inmueble adquirido deberá ser objeto de transmisión dentro de los cinco años siguientes a su adquisición con entrega de posesión de la misma, y siempre que esta transmisión esté sujeta y no exenta a la modalidad de transmisiones patrimoniales onerosas del impuesto sobre transmisiones patrimoniales y actos jurídicos documentados.

---

[5]   Nueva redacción del párrafo primero del art. 45 dada por la Disp. Final Quinta Uno de la Ley 12/2023, de 26 de diciembre, del Presupuesto de la Comunidad Autónoma de Andalucía para el año 2024 (BOJA núm. 248, de 29 de diciembre de 2023), en vigor desde el 1 de enero de 2024.
Redacción original: «*1. En la modalidad de transmisiones patrimoniales onerosas del impuesto sobre transmisiones patrimoniales y actos jurídicos documentados se aplicará el tipo de gravamen reducido del 2% en las siguientes operaciones, cuando en las mismas participen sociedades de garantía recíproca o sociedades mercantiles del sector público estatal o andaluz cuyo fin sea la prestación de garantías destinadas a la financiación de actividades de creación, conservación o mejora de la riqueza forestal, agrícola, ganadera o pesquera de la Comunidad Autónoma de Andalucía*».

Artículo 46. *Tipo de gravamen reducido para la adquisición de determinados vehículos impulsados de manera eficiente y sostenible.*

En la modalidad de transmisiones patrimoniales onerosas del impuesto sobre transmisiones patrimoniales y actos jurídicos documentados se aplicará el tipo de gravamen reducido del 1% a las adquisiciones de los siguientes bienes muebles:

a) Vehículos de turismo, ciclomotores y motocicletas clasificados en el Registro de Vehículos con la categoría ambiental «0 emisiones», de conformidad con la clasificación establecida en el apartado E.2.a) del Anexo II del Real Decreto 2822/1998, de 23 de diciembre, por el que se aprueba el Reglamento General de Vehículos, o norma que lo sustituya.

Dicha condición será acreditada mediante el correspondiente distintivo ambiental aprobado por la Dirección General de Tráfico.

b) Bicicletas, bicicletas de pedales con pedaleo asistido y vehículos de movilidad personal, de acuerdo con las definiciones reguladas en el apartado A) del Anexo II del Real Decreto 2822/1998, de 23 de diciembre, por el que se aprueba el Reglamento General de Vehículos, o norma que lo sustituya.

c) Embarcaciones propulsadas de forma ecológica. Dentro de esta categoría quedan encuadradas tanto las impulsadas de forma exclusiva por motores eléctricos como las que usan la energía solar y eólica.

A los bienes muebles que se puedan acoger a este tipo reducido no les será de aplicación lo establecido en el artículo 47.

Artículo 47. *Tipo de gravamen incrementado para las transmisiones patrimoniales onerosas de determinados bienes muebles.*

El tipo aplicable a las transmisiones de vehículos de turismo y vehículos todoterreno que, según las características técnicas, superen los 15 caballos de potencia fiscal, así como a las embarcaciones de recreo con más de ocho metros de eslora y aquellos otros bienes muebles que se puedan considerar como objetos de arte y antigüedades, según la definición que de los mismos se realiza en la Ley 19/1991, de 6 de junio, del Impuesto sobre el Patrimonio, será del 8%.

Artículo 48. *Bonificaciones de la cuota tributaria en la constitución y en el ejercicio de opción de compra en contratos de arrendamiento vinculados a determinadas operaciones de dación en pago.*

En el caso de adjudicación de la vivienda habitual en pago de la totalidad de la deuda pendiente del préstamo o crédito garantizados mediante hipoteca de la citada vivienda y siempre que, además, se formalice entre las partes un contrato de arrendamiento con opción de compra de la misma vivienda, los beneficios fiscales serán:

a) La constitución de la opción de compra tendrá una bonificación del 100% de la cuota tributaria por el concepto de transmisiones patrimoniales onerosas.

b) El ejercicio de la opción de compra tendrá una bonificación del 100% de la cuota tributaria por el concepto de transmisiones patrimoniales onerosas.

SECCIÓN 2ª *Modalidad de actos jurídicos documentados*

Artículo 49. *Tipo de gravamen general para los documentos notariales.*

En la modalidad de actos jurídicos documentados del impuesto sobre transmisiones patrimoniales y actos jurídicos documentados, las primeras copias de escrituras y actas notariales, cuando tengan por objeto cantidad o cosa valuable, contengan actos o contratos inscribibles en los Registros de la Propiedad, Mercantil, de la Propiedad Industrial y de Bienes Muebles y no sujetos al impuesto sobre sucesiones y donaciones o a los conceptos comprendidos en los números 1º y 2º del apartado 1 del artículo 1 del Texto Refundido de la Ley del Impuesto sobre Transmisiones Patrimoniales y Actos Jurídicos Documentados, aprobado por Real Decreto Legislativo 1/1993, de 24 de septiembre, tributarán, además de por la cuota fija prevista en el artículo 31.1 de dicha norma, al tipo de gravamen del 1,2%, en cuanto a tales actos o contratos.

Artículo 50. *Tipo de gravamen reducido para promover una política social de vivienda.*

1. En la modalidad de actos jurídicos documentados del impuesto sobre transmisiones patrimoniales y actos jurídicos documentados, los tipos de gravamen reducidos aplicables a las primeras copias de escrituras y actas notariales que documenten transmisiones de inmuebles, siempre que concurra alguna de las siguientes condiciones, serán los que se indican a continuación:

a) Se aplicará el tipo del 1% siempre que el inmueble se destine a vivienda habitual del adquirente y que el valor de la misma no sea superior a 150.000 euros.

b) Se aplicará el tipo del 0,3% siempre que el adquirente sea menor de 35 años, que el inmueble se destine a su vivienda habitual y que el valor de la misma no sea superior a 150.000 euros.

c) Se aplicará el tipo del 0,1% siempre que el adquirente tenga la consideración de persona con discapacidad, que el inmueble se destine a su vivienda habitual y que el valor de la misma no sea superior a 250.000 euros.

d)[6] Se aplicará el tipo del 0,1% siempre que el adquirente tenga la consideración de miembro de familia numerosa, que el inmueble se destine a vivienda habitual de dicha familia numerosa y que el valor de la misma no sea superior a 250.000 euros.

---

[6]   Nueva redacción de la letra d) dada por la Disp. Final Undécima Seis de la Ley 1/2022, de 27 de diciembre, del Presupuesto de la Comunidad Autónoma de Andalucía para el año 2023 (BOJA núm. 249 de 30 de diciembre de 2022), en vigor desde el 1 de enero de 2023.

e) Se aplicará el tipo del 0,3% siempre que el adquirente tenga la consideración de víctima de violencia doméstica, que el inmueble se destine a su vivienda habitual y que el valor de la misma no sea superior a 150.000 euros.

f) Se aplicará el tipo del 0,3% siempre que el adquirente tenga la consideración de víctima de terrorismo o persona afectada, que el inmueble se destine a su vivienda habitual y que el valor de la misma no sea superior a 150.000 euros.

g) Se aplicará el tipo del 0,3% siempre que el inmueble que se adquiere radique en un municipio con problemas de despoblación, que destine el inmueble a su vivienda habitual y que el valor de la misma no sea superior a 150.000 euros.

2. En los supuestos del apartado anterior, el valor será el establecido en el artículo 30 del texto refundido de la Ley del Impuesto sobre Transmisiones Patrimoniales y Actos Jurídicos Documentados, aprobado por el Real Decreto Legislativo 1/1993, de 24 de septiembre, correspondiente al 100% del pleno dominio de la vivienda y, en su caso, del resto de inmuebles que se adquieran conjuntamente con ella.

En caso de que el inmueble fuese adquirido por varias personas, el tipo de gravamen reducido se aplicará a la parte proporcional de la base liquidable correspondiente al porcentaje de participación en la adquisición del adquirente que cumpla alguna de las condiciones previstas en el apartado 1.

No obstante, en los supuestos de adquisición de vivienda habitual por matrimonios o parejas de hecho, el requisito que origine el derecho a aplicar el tipo reducido deberá cumplirlo, al menos, uno de los cónyuges o uno de los miembros de la pareja inscrita en el Registro de Parejas de Hecho de la Comunidad Autónoma de Andalucía o en registros análogos de otras administraciones públicas, no aplicándose lo establecido en el párrafo anterior.

3. En aquellos casos en los que se adquiera una vivienda conjuntamente con una o dos plazas de garaje u otros anejos, y siempre que concurra el resto de los requisitos, serán de aplicación los tipos de gravamen reducidos siempre que la suma del valor de la vivienda y los otros elementos adquiridos conjuntamente con aquella, no supere el límite a que se refiere el apartado 1 de este artículo.

Artículo 51. *Tipo de gravamen reducido para determinadas operaciones en las que participen las sociedades de garantía recíproca o las sociedades mercantiles del sector público estatal o andaluz cuyo objeto sea la prestación de garantías.*

En la modalidad de actos jurídicos documentados del impuesto sobre transmisiones patrimoniales y actos jurídicos documentados se aplicará el tipo de gravamen reducido del 0,1% en las siguientes operaciones cuando en las mismas participen sociedades de garantía recíproca o sociedades mercantiles del sector público estatal o andaluz cuyo fin sea la prestación de garantías destinadas a la financiación de actividades de creación, conservación o mejora de la riqueza forestal, agrícola, ganadera o pesquera de la Comunidad Autónoma de Andalucía:

a) Los documentos notariales que formalicen la constitución y cancelación de derechos reales de garantía cuyo sujeto pasivo resulten ser las citadas sociedades.

b) Los documentos notariales que formalicen la novación del préstamo, así como el mantenimiento del rango registral o su alteración mediante posposición, igualación, permuta o reserva del mismo, cuando en dichas operaciones participen las citadas sociedades.

(...)

TÍTULO III. NORMAS DE APLICACIÓN DE LOS TRIBUTOS CEDIDOS

CAPÍTULO I. DISPOSICIONES GENERALES

Artículo 58. *Aplicación de los tributos cedidos.*

A los efectos de este título, la aplicación de los tributos cedidos comprende las funciones a las que se refiere el artículo 83.1 de la Ley 58/2003, de 17 de diciembre, General Tributaria, o norma que la sustituya.

Artículo 59. *Ingreso de los tributos cedidos.*

El ingreso de los tributos cedidos de gestión autonómica se realizará necesariamente mediante domiciliación bancaria, en los supuestos, términos y condiciones que se establezcan mediante Resolución conjunta de la Agencia Tributaria de Andalucía y del órgano directivo con competencias en materia de Tesorería.

(...)

CAPÍTULO III. IMPUESTOS SOBRE SUCESIONES Y DONACIONES Y SOBRE TRANSMISIONES PATRIMONIALES Y ACTOS JURÍDICOS DOCUMENTADOS

SECCIÓN 1ª *Normas comunes*

Artículo 61. *Comprobación de valores.*

1[7]. Para efectuar la comprobación de valores a efectos de los impuestos sobre sucesiones y donaciones y sobre transmisiones patrimoniales y actos jurídicos documentados, la Agencia Tributaria de Andalucía podrá utilizar, indistintamente, cualquiera de los medios previstos en el artículo 57 de la Ley 58/2003, de 17 de diciembre, General Tributaria, conforme a lo dispuesto en los siguientes apartados, salvo que, en el caso de bienes inmuebles, la base imponible sea el valor de referencia previsto en la normativa reguladora del catastro inmobiliario o el valor declarado, precio o contraprestación pactada por ser superior, de acuerdo con lo dispuesto en los artículos 9.3 y 18 de la Ley 29/1987, de 18 de diciembre,

---

[7]   Nueva redacción del art. 61.1 dada por la Disp. Final Undécima Ocho de la Ley 1/2022, de 27 de diciembre, del Presupuesto de la Comunidad Autónoma de Andalucía para el año 2023 (BOJA núm. 249 de 30 de diciembre de 2022), en vigor desde el 1 de enero de 2023.

del Impuesto sobre Sucesiones y Donaciones, para el caso del impuesto sobre sucesiones y donaciones, y en los artículos 10.2 y 46 del texto refundido de la Ley del Impuesto sobre Transmisiones Patrimoniales y Actos Jurídicos Documentados, aprobado por Real Decreto Legislativo 1/1993, de 24 de septiembre, para el caso del impuesto sobre transmisiones patrimoniales y actos jurídicos documentados.

2. La Consejería competente en materia de Hacienda podrá desarrollar reglamentaria-mente los procedimientos para la obtención de los precios medios de mercado de los bienes inmuebles de naturaleza rústica y urbana a que se refiere el artículo 57.1.c) de la Ley 58/2003, de 17 de diciembre, General Tributaria, mediante el establecimiento de una metodología a seguir para la determinación del valor unitario por metro cuadrado. Asimismo, determinará los datos y parámetros objetivos que se tendrán en cuenta para la obtención del valor.

3. El dictamen de peritos de la Administración previsto en el artículo 57.1.e) de la Ley 58/2003, de 17 de diciembre, General Tributaria, habrá de contener los datos objetivos utilizados para la identificación del bien o derecho cuyo valor se comprueba, obtenidos de documentación suficiente que permita su individualización.

Se entenderá que la documentación empleada permite la individualización del bien:

a) Tratándose de bienes inmuebles de naturaleza urbana, cuando aquella documentación posibilite la descripción de las características físicas, económicas y jurídicas del bien que, según la normativa técnica vigente, haya que considerar para la obtención del valor catastral del bien.

b) Tratándose de bienes inmuebles de naturaleza rústica, cuando la documentación proceda de sistemas de información geográfica gestionados por entidades dependientes de las administraciones públicas, siempre que posibiliten la ubicación en el territorio del inmueble y se disponga de los datos catastrales de cultivos del mismo.

Artículo 62. *Información sobre valores.*

1. De acuerdo con lo establecido en el artículo 90 de la Ley 58/2003, de 17 de diciembre, General Tributaria, la Agencia Tributaria de Andalucía informará, a solicitud de la persona interesada, sobre el valor de los bienes inmuebles radicados en el territorio de la Comunidad Autónoma de Andalucía.

2. La información referida en el apartado anterior habrá de ser solicitada por escrito por el titular del inmueble o por cualquier persona, siempre que cuente con su autorización. En este último caso, la autorización se acompañará a la solicitud.

3. La valoración realizada por la Agencia Tributaria de Andalucía se emitirá por escrito dentro del plazo de tres meses, con indicación de su carácter vinculante, del supuesto de hecho a que se refiere y del impuesto al que se aplica. No quedará vinculada la Administración por su valoración cuando el interesado declare un valor superior de acuerdo con lo previsto en el artículo 46.3 del Texto Refundido de la Ley del Impuesto sobre Transmisiones Patrimoniales y Actos Jurídicos Documentados, aprobado por Real Decreto Legislativo 1/1993, de 24 de septiembre, y en el artículo 18.2 de la Ley 29/1987, de 18 de diciembre, del Impuesto sobre Sucesiones y Donaciones.

A los efectos previstos en el párrafo anterior, el contribuyente unirá a la autoliquidación por el correspondiente impuesto el escrito de valoración notificado por la Administración.

4. Los solicitantes no podrán interponer recurso alguno contra los informes previos de valoración, sin perjuicio de que puedan hacerlo contra las liquidaciones administrativas que pudieran dictarse ulteriormente.

Artículo 63. *Suministro de información a efectos tributarios.*

1. El cumplimiento de las obligaciones formales de los notarios y las notarias que contemplan los artículos 32.3 de la Ley 29/1987, de 18 de diciembre, del Impuesto sobre Sucesiones y Donaciones, y 52 del Texto Refundido de la Ley del Impuesto sobre Transmisiones Patrimoniales y Actos Jurídicos Documentados, aprobado por Real Decreto Legislativo 1/1993, de 24 de septiembre, se realizará en el formato, condiciones y diseño que apruebe la Consejería competente en materia de Hacienda.

2. Sin perjuicio de lo dispuesto en el apartado 1, los notarios y notarias remitirán por vía telemática a la Agencia Tributaria de Andalucía, con la colaboración del Consejo General del Notariado, cualquiera que sea el hecho imponible, una ficha con todos los elementos y datos de las escrituras por ellos autorizadas con trascendencia en el ámbito de la Comunidad Autónoma de Andalucía en los impuestos sobre sucesiones y donaciones y sobre transmisiones patrimoniales y actos jurídicos documentados, en el plazo máximo de 15 días desde su otorgamiento. Mediante Resolución de la Dirección de la Agencia Tributaria de Andalucía se determinará la forma de remisión y estructura en las que debe ser suministrada la ficha.

Artículo 64. *Simplificación de obligaciones formales.*

1. En el caso de hechos, actos o contratos sujetos al impuesto sobre sucesiones y donaciones o al impuesto sobre transmisiones patrimoniales y actos jurídicos documentados que se documenten o formalicen en escritura pública, no será obligatoria para el contribuyente la presentación junto a la autoliquidación de dicha escritura, a los efectos de lo dispuesto en la normativa reguladora de estos tributos.

2. La justificación de la presentación a los efectos de lo dispuesto en el artículo 33 de la Ley 29/1987, de 18 de diciembre, y en el artículo 54 del Texto Refundido de la Ley del Impuesto sobre Transmisiones Patrimoniales y Actos Jurídicos Documentados, en relación con su admisión en las oficinas o registros públicos, se realizará mediante diligencia emitida al efecto a partir del momento en el que conste en el sistema la información suministrada por el notario correspondiente a la autoliquidación presentada.

3. La diligencia a la que se refiere el apartado anterior se obtendrá necesariamente en formato electrónico por los registros públicos en los que deba surtir efecto. Mediante resolución de la Dirección de la Agencia Tributaria de Andalucía se determinará la forma de obtención y descarga de la diligencia.

Artículo 65. *Suministro de información por los registradores de la propiedad y mercantiles.*

1. Los registradores de la propiedad y mercantiles con destino en el ámbito territorial de la Comunidad Autónoma de Andalucía deberán remitir a la Agencia Tributaria de Andalucía, en la primera quincena de cada trimestre, una declaración comprensiva de la relación de los documentos relativos a actos o contratos sujetos al impuesto sobre sucesiones y donaciones o al impuesto sobre transmisiones patrimoniales y actos jurídicos documentados que se presenten a inscripción en los citados registros. Dicha declaración irá referida al trimestre anterior.

2. Mediante orden de la Consejería competente en materia de Hacienda podrá establecerse el formato, condiciones, diseño y demás extremos necesarios para el cumplimiento de las obligaciones formales a que se refiere el apartado anterior, que podrá consistir en soporte directamente legible por ordenador o mediante transmisión por vía telemática.

Artículo 66. *Presentación de autoliquidación complementaria en caso de pérdida del derecho a aplicar un beneficio fiscal.*

1. El incumplimiento de los requisitos exigidos en la regulación de los beneficios fiscales aprobados por la Comunidad Autónoma en relación con los impuestos a los que se refiere el presente Capítulo determinará la obligación de regularizar la situación tributaria mediante la presentación de una declaración donde se exprese tal circunstancia, dentro del plazo de un mes desde que se produzca el hecho determinante del incumplimiento.

2. A dicha declaración se acompañará el ingreso mediante autoliquidación complementaria de la parte del impuesto que se hubiera dejado de ingresar como consecuencia de la aplicación del beneficio fiscal, más los intereses de demora correspondientes.

3. La obligación de declarar se extenderá a cualquier beneficio fiscal cuya efectividad dependa de condiciones futuras.

4. En particular, cuando se hayan aplicado beneficios fiscales de la Comunidad Autónoma en la adquisición de la vivienda habitual, el incumplimiento de los requisitos regulados en el artículo 2 relativos a que se habite de forma efectiva y permanente y por plazo continuado determinará la obligación de presentar la declaración y autoliquidación en la forma establecida en los apartados anteriores.

5. A los efectos del presente artículo se considerará beneficio fiscal aquel que establezca exenciones, reducciones a la base imponible, deducciones en cuota y cualquier otro incentivo fiscal.

Sección 3ª *Impuesto sobre transmisiones patrimoniales y actos jurídicos documentados*

Artículo 69. *Plazo de presentación de la autoliquidación.*

Con carácter general, para los hechos imponibles sujetos al impuesto sobre transmisiones patrimoniales y actos jurídicos documentados, el plazo de presentación de la autoliquidación e ingreso, en su caso, de la deuda tributaria, junto con la documentación exigida en la normativa aplicable, será de dos meses a contar desde el día siguiente a la fecha del devengo.

Artículo 70. *Obligaciones formales de las personas empresarias dedicadas a la compraventa de objetos fabricados con metales preciosos y otros bienes muebles usados.*

1. Quienes adquieran a particulares objetos fabricados con metales preciosos y estén obligados a la llevanza de los libros-registro a los que hace referencia el artículo 91 del Reglamento de la Ley de objetos fabricados con metales preciosos, aprobado por el Real Decreto 197/1988, de 22 de febrero, declararán conjuntamente todas las operaciones sujetas a la modalidad de transmisiones patrimoniales onerosas del impuesto sobre transmisiones patrimoniales y actos jurídicos documentados devengadas en el mes natural. Para ello, presentarán una única autoliquidación, acompañando copias de aquellas hojas del libro-registro que comprendan las operaciones realizadas en el mes natural anterior.

2. La presentación e ingreso de esta única autoliquidación se realizará durante el mes siguiente al último día del mes natural al que se refieran.

3. El régimen establecido en los dos apartados anteriores también será de aplicación a las personas empresarias dedicadas a la compraventa a particulares de otros bienes muebles usados que no sean vehículos u otros medios de transporte.

4[8]. El régimen establecido en los apartados anteriores no será de aplicación a aquellas operaciones a las que les sea aplicable el tipo incrementado dispuesto en el artículo 47.

Artículo 71. *Suministro de información por las entidades que realicen subastas de bienes muebles.*

1. Las entidades que realicen subastas de bienes muebles deberán remitir a la Agencia Tributaria de Andalucía, en la primera quincena de cada semestre, una declaración comprensiva de la relación de las transmisiones de bienes en que hayan intervenido y que hayan sido efectuadas durante el semestre anterior. Esta relación deberá comprender los datos de identificación del transmitente y el adquirente, la fecha de la transmisión, una descripción del bien subastado y el precio final de adjudicación.

---

[8]   Nuevo apartado 4 incorporado por la Disp. Final Undécima Once de la Ley 1/2022, de 27 de diciembre, del Presupuesto de la Comunidad Autónoma de Andalucía para el año 2023 (BOJA núm. 249 de 30 de diciembre de 2022), en vigor desde el 1 de enero de 2023.

2. Mediante orden de la Consejería competente en materia de Hacienda podrán establecerse el formato, condiciones, diseño y demás extremos necesarios para el cumplimiento de las obligaciones formales a que se refiere el apartado anterior, que podrá consistir en soporte directamente legible por ordenador o mediante transmisión por vía telemática.

Artículo 72. *Escrituras de cancelación hipotecaria.*

1. A los efectos de lo dispuesto en los artículos 51 y 54 del Texto Refundido de la Ley del Impuesto sobre Transmisiones Patrimoniales y Actos Jurídicos Documentados, no será obligatoria la presentación por parte de los contribuyentes ante la Agencia Tributaria de Andalucía de las escrituras públicas que formalicen, exclusivamente, la cancelación de hipotecas sobre bienes inmuebles, cuando tal cancelación obedezca al pago de la obligación garantizada y resulten exentas del impuesto sobre transmisiones patrimoniales y actos jurídicos documentados, de acuerdo con lo previsto el artículo 45.1.b).18 de la citada Ley, entendiéndose cumplido lo previsto en el citado artículo 51.1 mediante su presentación ante el Registro de la Propiedad.

2. Lo previsto en el apartado anterior se entiende sin perjuicio de los deberes notariales de remisión de información relativa a tales escrituras, conforme al artículo 52 del referenciado texto legal.

Artículo 73. *Justificación de la exención prevista de las transmisiones de vehículos usados con motor mecánico para circular por carretera.*

Para la justificación de la exención provisional de la transmisión de vehículos usados con motor mecánico para circular por carretera, cuando el adquirente sea un empresario dedicado habitualmente a la compraventa de los mismos y los adquiera para su reventa, regulada en el artículo 45 I. B. 17 del Texto Refundido de la Ley del Impuesto sobre Transmisiones Patrimoniales y Actos Jurídicos Documentados, aprobado por el Real Decreto Legislativo 1/1993, de 24 de septiembre, será suficiente el cambio de titularidad del vehículo ante la Dirección General de Tráfico en el plazo previsto en el citado artículo.

(...)

Disposición adicional segunda. *Cita de la normativa estatal reguladora de la consideración de persona con discapacidad y de la forma de acreditación del grado de discapacidad.*

1. La consideración de persona con discapacidad del artículo 3 es la fijada en el artículo 60.3 de la Ley 35/2006, de 28 de noviembre, del Impuesto sobre la Renta de las Personas Físicas.

2[9]. La forma de acreditación del grado de discapacidad es la fijada en el artículo 72 del Reglamento del Impuesto sobre la Renta de las Personas Físicas, aprobado por el Real

---

[9]   Nueva redacción del apartado 2 dada por la Disp. Final Undécima Once de la Ley 1/2022, de 27 de diciembre, del Presupuesto de la Comunidad Autónoma de Andalucía para el año 2023 (BOJA núm. 249 de 30 de diciembre de 2022), en vigor desde el 1 de enero de 2023.

Decreto 439/2007, de 30 de marzo y, en su caso, en el apartado 3 del artículo 2 de la Ley 41/2003, de 18 de noviembre, de protección patrimonial de las personas con discapacidad y de modificación del Código Civil, de la Ley de Enjuiciamiento Civil y de la Normativa Tributaria con esta finalidad.

Disposición transitoria primera. *Personas con incapacidad declarada judicialmente.*

En relación con lo establecido en el artículo 3, en el caso de personas cuya incapacidad hubiera sido declarada judicialmente con anterioridad a la entrada en vigor de esta ley, se considerará acreditado un grado de discapacidad igual o superior al 65% aunque no alcance dicho grado.

Disposición transitoria segunda. *Hijos mayores de edad incapacitados judicialmente sujetos a patria potestad prorrogada o rehabilitada.*

Los hijos mayores de edad que a la entrada en vigor de esta Ley hubieran sido declarados judicialmente incapacitados, sujetos a patria potestad prorrogada o rehabilitada, formarán parte de familia monoparental a los efectos del artículo 4, cuando convivan con el padre o con la madre en los casos de separación legal o cuando no existiera vínculo matrimonial.

Disposición transitoria tercera[10]. *Modificación de la deducción autonómica por ayuda doméstica.*

La modificación de la regulación de la deducción autonómica por ayuda doméstica realizada por la disposición final undécima de la Ley del Presupuesto de la Comunidad Autónoma de Andalucía para el año 2023, que modifica el apartado 1 y añade un nuevo apartado 4 al artículo 19 de la presente Ley, producirá efecto desde el día 1 de enero de 2022.

(...)

Disposición derogatoria única. *Derogación normativa.*

1. Con efectos desde el día 1 de enero de 2022 quedan derogadas cuantas disposiciones de igual o inferior rango se opongan a esta ley y, expresamente, el Decreto Legislativo 1/2018, de 19 de junio, por el que se aprueba el Texto Refundido de las disposiciones dictadas por la Comunidad Autónoma de Andalucía en materia de tributos cedidos, excepto sus artículos 34, 35, 39 y 40, que quedarán derogados desde el día siguiente al de su publicación en el Boletín Oficial de la Junta de Andalucía.

2. Con efectos desde el día siguiente al de la publicación de esta Ley en el Boletín Oficial de la Junta de Andalucía queda derogado el Decreto Ley 7/2021, de 27 de abril, sobre reducción del gravamen del impuesto sobre transmisiones patrimoniales y actos jurídicos do-

---

[10]   Nueva disp. transitoria incorporada dada por la Disp. Final Undécima Doce de la Ley 1/2022, de 27 de diciembre, del Presupuesto de la Comunidad Autónoma de Andalucía para el año 2023 (BOJA núm.249 de 30 de diciembre de 2022), en vigor desde el 1 de enero de 2023.

cumentados para el impulso y la reactivación de la economía de la Comunidad Autónoma de Andalucía ante la situación de crisis generada por la pandemia del coronavirus (COVID-19).

Disposición final primera. *Desarrollo y ejecución.*

1. El desarrollo reglamentario de la presente Ley se llevará a efecto de acuerdo con lo dispuesto en los artículos 112 y 119.3 del Estatuto de Autonomía para Andalucía y 44 de la Ley 6/2006, de 24 de octubre, del Gobierno de la Comunidad Autónoma de Andalucía.

2. Se autoriza a la persona titular de la Consejería con competencias en materia de Hacienda para dictar las disposiciones que sean necesarias en desarrollo y ejecución de la presente Ley.

3. Se autoriza a la persona titular de la Dirección de la Agencia Tributaria de Andalucía para adaptar los modelos normalizados en materia tributaria con el fin de adecuarlos a lo establecido en la presente Ley.

Disposición final segunda. *Entrada en vigor.*

La presente Ley entrará en vigor el día 1 de enero de 2022, excepto los artículos 41, 43, 49 y 50 relativos al impuesto sobre transmisiones patrimoniales y actos jurídicos documentados, que entrarán en vigor el día siguiente al de su publicación en «Boletín Oficial de la Junta de Andalucía».

COMUNIDAD AUTÓNOMA DE ARAGÓN

IMPUESTO SOBRE TRANSMISIONES PATRIMONIALES Y ACTOS JURÍDICOS DOCUMENTADOS

6. Decreto Legislativo 1/2005, de 26 de septiembre, del Gobierno de Aragón, por el que se aprueba el texto refundido de las disposiciones dictadas por la Comunidad Autónoma de Aragón en materia de tributos cedidos

(BOA núm. 128, de 28 de octubre de 2005)

(...)

Artículo único. *Aprobación del Texto Refundido de las disposiciones dictadas por la Comunidad Autónoma de Aragón en materia de tributos cedidos.*

De conformidad con la delegación legislativa contenida en la disposición final cuarta de la Ley 12/2004, de 29 de diciembre, de medidas tributarias y administrativas, se aprueba el Texto Refundido de las disposiciones dictadas por la Comunidad Autónoma de Aragón en materia de tributos cedidos, que se incorpora como Anexo.

Disposición derogatoria única. *Derogación expresa y por incompatibilidad.*

1. Quedan derogadas las siguientes disposiciones:

a) El artículo 2 de la Ley 4/1998, de 8 de abril, de medidas fiscales, financieras, de patrimonio y administrativas.

b) El artículo 1, los apartados 1, 2 y 3 del artículo 3 y los artículos 4, 6 y 7 de la Ley 13/2000, de 27 de diciembre, de medidas tributarias y administrativas.

c) Los artículos 2 y 3 de la Ley 26/2001, de 28 de diciembre, de medidas tributarias y administrativas.

d) Los artículos 2, 3, 4, 5, 6, 7, 8, 9, 10, 11, 12, 13, 14 y 15 de la Ley 26/2003, de 30 de diciembre, de medidas tributarias y administrativas.

e) Los artículos 1, 2, 3 y 4 de la Ley 12/2004, de 29 de diciembre, de medidas tributarias y administrativas.

2. Asimismo, quedan derogadas cualesquiera otras disposiciones de igual o inferior rango a la presente Ley en cuanto se opongan o contradigan a lo establecido en la misma.

(...)

Disposición final única. *Entrada en vigor.*

El presente Decreto Legislativo y el Texto Refundido que aprueba entrarán en vigor el día siguiente al de su publicación en el *BOA*.

ANEXO

Texto refundido de las disposiciones dictadas por la Comunidad Autónoma de Aragón en materia de tributos cedidos

TÍTULO PRELIMINAR[1]. DISPOSICIONES GENERALES

Artículo 000-1[2]. *Régimen jurídico aplicable a los tributos cedidos.*

Los tributos cedidos a la Comunidad Autónoma de Aragón se regirán por lo dispuesto en los Convenios y Tratados internacionales, la Ley General Tributaria y sus disposiciones reglamentarias, la Ley propia de cada tributo y sus reglamentos generales, las demás disposiciones de carácter general, reglamentarias o interpretativas, dictadas por el Estado, así como por las normas emanadas de la Comunidad Autónoma de Aragón en el marco establecido por las leyes que regulan la cesión de tributos del Estado a las Comunidades Autónomas de régimen común.

Artículo 000-2[3]. *Tributos cedidos con facultades normativas.*

1. La Comunidad Autónoma de Aragón tiene atribuidas facultades normativas, con el alcance y condiciones establecidos en las leyes reguladoras de la cesión de tributos del Estado a las Comunidades Autónomas de régimen común, sobre los siguientes tributos cedidos:

a) Impuesto sobre la Renta de las Personas Físicas.

b) Impuesto sobre el Patrimonio.

c) Impuesto sobre Sucesiones y Donaciones.

d) Impuesto sobre Transmisiones Patrimoniales y Actos Jurídicos Documentados.

e) Tributos sobre el Juego.

f) Impuesto especial sobre determinados medios de transporte.

---

[1] Titulo preliminar incorporado por el art. 1 de la Ley 13/2005, de 30 diciembre, Medidas Fiscales y Administrativas en materia de Tributos Cedidos y Tributos Propios de la Comunidad Autónoma de Aragón (BOA núm. 154, de 31 diciembre de 2005; corrección errores, BOA núm. 28, de 8 marzo de 2006), en vigor desde el 1-1-2006.

[2] Artículo incorporado por el art. 1 de la Ley 13/2005, de 30 diciembre, Medidas Fiscales y Administrativas en materia de Tributos Cedidos y Tributos Propios de la Comunidad Autónoma de Aragón (BOA núm. 154, de 31 diciembre de 2005; corrección errores, BOA núm. 28, de 8 marzo de 2006), en vigor desde el 1-1-2006.

[3] Artículo incorporado por el art. 1 de la Ley 13/2005, de 30 diciembre, Medidas Fiscales y Administrativas en materia de Tributos Cedidos y Tributos Propios de la Comunidad Autónoma de Aragón (BOA núm. 154, de 31 diciembre de 2005; corrección errores, BOA núm. 28, de 8 marzo de 2006), en vigor desde el 1-1-2006.

g)[4] Impuesto especial sobre hidrocarburos.

2. El ejercicio de las facultades normativas de la Comunidad Autónoma de Aragón en materia de tributos cedidos se efectuará, en cada caso, de acuerdo con los puntos de conexión establecidos en las leyes reguladoras de la cesión de tributos del Estado a las Comunidades Autónomas de régimen común.

TÍTULO I. DISPOSICIONES ESPECÍFICAS APLICABLES A LOS TRIBUTOS CEDIDOS
(...)

CAPÍTULO II. IMPUESTO SOBRE TRANSMISIONES PATRIMONIALES Y ACTOS JURÍDICOS DOCUMENTADOS[5]

SECCIÓN 1.ª *Concepto «Transmisiones Patrimoniales»*

Artículo 121-1[6]. *Tipo impositivo de las operaciones inmobiliarias con carácter general.*
Los tipos impositivos aplicables sobre la base liquidable de la transmisión onerosa de bienes inmuebles, así como en la constitución y en la cesión de derechos reales que recaigan sobre los mismos, excepto los derechos reales de garantía, serán los que, en función del valor del bien objeto del negocio jurídico, se indican en la siguiente escala:

Valor bien hasta euros	Cuota íntegra	Resto valor bien	Tipo
0	0	400.000,00	8,00%
400.000,00	32.000,00	50.000,00	8,50%
450.000,00	36.250,00	50.000,00	9,00%
500.000,00	40.750,00	250.000,00	9,50%
750.000,00	64.500,00	en adelante	10,00%

Determinados así los tipos procedentes, se aplicarán sobre la base liquidable en la misma proporción que sobre el valor del bien.

---

[4] Nueva redacción de la letra g) dada por el art. 5.1 de la Ley 10/2012, de 27 de diciembre, de Medidas Fiscales y Administrativas de la Comunidad Autónoma de Aragón (BOA núm. 253, de 31 de diciembre de 2012), en vigor desde el 1 de enero de 2013.

[5] Orden HAP/620/2020, de 16 de julio, por la que se amplían los plazos para la presentación y el pago de determinados tributos cedidos en la Comunidad Autónoma de Aragón (BOA núm. 144 de 22 de Julio de 2020): Artículo único. *Ampliación de los plazos para la presentación y pago de determinados impuestos durante el ejercicio 2020.*

[6] Nueva redacción dada por el art. 2.1 de la Ley 10/2015, de 28 diciembre, Medidas para el mantenimiento de los servicios públicos en la Comunidad Autónoma de Aragón (BOA núm. 250, de 30 diciembre de 2015), con efectos desde el 1 de enero de 2016.

Artículo 121-2[7]. *Tipo impositivo de las concesiones administrativas y actos administrativos asimilados.*

1. El tipo de gravamen aplicable a las concesiones administrativas y a los actos y negocios administrativos fiscalmente equiparados a aquellas, como constitución de derechos, será el previsto para las operaciones inmobiliarias con carácter general en este texto refundido, siempre que dichos actos lleven aparejada una concesión demanial, derechos de uso o facultades de utilización sobre bienes de titularidad de entidades públicas calificables como inmuebles conforme al artículo 334 del Código Civil.

2. La ulterior transmisión onerosa por acto inter vivos de las concesiones y actos asimilados del apartado anterior tributará, asimismo, al tipo impositivo previsto para las operaciones inmobiliarias con carácter general en este texto refundido.

Artículo 121-3[8]. *Tipo impositivo de determinadas operaciones inmobiliarias en función del cumplimiento de ciertos requisitos.*

La cuota tributaria se obtendrá aplicando sobre la base liquidable el tipo reducido del 3 por 100 a las transmisiones de inmuebles que cumplan, simultáneamente, los siguientes requisitos:

a) Que sea aplicable alguna de las exenciones a que se refieren los números 20.º y 22.º del artículo 20, apartado uno, de la Ley 37/1992, de 28 de diciembre, del Impuesto sobre el Valor Añadido.

b) Que el adquirente sea un sujeto pasivo que actúe en el ejercicio de sus actividades empresariales o profesionales y se le atribuya el derecho a efectuar la deducción total o parcial del impuesto soportado al realizar la adquisición o, cuando no cumpliéndose lo anterior, en función de su destino previsible, los bienes adquiridos vayan a ser utilizados, total o parcialmente, en la realización de operaciones, que originen el derecho a la deducción, en el sentido en que se define tal derecho por el artículo 20, apartado dos, de la ley de dicho impuesto.

c) Que no se haya producido la renuncia a la exención por el Impuesto sobre el Valor Añadido prevista en el artículo 20, apartado dos, de la ley de dicho impuesto.

---

[7]   Nueva redacción dada por el art. 2.2 de la Ley 10/2015, de 28 diciembre, Medidas para el mantenimiento de los servicios públicos en la Comunidad Autónoma de Aragón (BOA núm. 250, de 30 diciembre de 2015), con efectos desde el 1 de enero de 2016.

[8]   Nueva redacción dada por el art. 2.3 de la Ley 10/2015, de 28 diciembre, Medidas para el mantenimiento de los servicios públicos en la Comunidad Autónoma de Aragón (BOA núm. 250, de 30 diciembre de 2015), con efectos desde el 1 de enero de 2016.

Artículo 121-4[9]. *Bonificación en cuota aplicable a la adquisición de su vivienda habitual por parte de personas físicas incluidas en determinados colectivos.*

1. En las transmisiones de aquellos inmuebles que vayan a constituir la vivienda habitual del adquirente, este podrá aplicarse, en el concepto «Transmisiones patrimoniales onerosas», una bonificación sobre la cuota tributaria íntegra, según los requisitos y porcentajes siguientes:

a) Para las personas físicas menores de 35 años, siempre que el valor real del bien inmueble no supere los 100.000 euros: una bonificación del 12,5 por 100 de la cuota íntegra.

b) Para las personas con discapacidad igual o superior al 65 por 100, siempre que el valor real del bien inmueble no supere los 100.000 euros: una bonificación del 12,5 por 100 de la cuota íntegra.

c) Para mujeres víctimas de violencia de género, considerando tales aquellas que cuenten con orden de protección en vigor o sentencia judicial firme por tal motivo en los últimos 10 años, siempre que el valor real del bien inmueble no supere los 100.000 euros: una bonificación del 12,5 por 100 de la cuota íntegra.

Las bonificaciones en cuota previstas en este artículo serán compatibles entre sí.

2. A los efectos de lo dispuesto en este artículo, el concepto de vivienda habitual es el establecido en la Ley 35/2006, de 28 de noviembre, del Impuesto sobre la Renta de las Personas Físicas, en su redacción vigente a 31 de diciembre de 2012.

3. El grado de discapacidad igual o superior al 65 por 100 será el reconocido de conformidad con el Real Decreto 1971/1999, de 23 de diciembre, de procedimiento para el reconocimiento, declaración y calificación del grado de discapacidad, o en la normativa aplicable en esta materia vigente en cada momento.

4. En los supuestos de adquisición de pro indiviso, en la que no todos los propietarios cumpliesen los requisitos para poder aplicar las bonificaciones por edad, discapacidad o violencia de género, previstas en el apartado 1 de este artículo, se aplicará la deducción correspondiente en proporción a su participación en la adquisición.

Artículo 121-5[10]. *Bonificación en cuota aplicable a la adquisición de vivienda habitual por familias numerosas.*

1. En las transmisiones de aquellos inmuebles que vayan a constituir la vivienda habitual de una familia numerosa, el adquirente podrá aplicarse, en el concepto «Transmisiones

---

[9] Nueva redacción dada por el art. 2.4 de la Ley 10/2015, de 28 diciembre, Medidas para el mantenimiento de los servicios públicos en la Comunidad Autónoma de Aragón (BOA núm. 250, de 30 diciembre de 2015), con efectos desde el 1 de enero de 2016.

[10] Nueva redacción dada por el art. 2.5 de la Ley 10/2015, de 28 diciembre, Medidas para el mantenimiento de los servicios públicos en la Comunidad Autónoma de Aragón (BOA núm. 250, de 30 diciembre de 2015), con efectos desde el 1 de enero de 2016.

patrimoniales onerosas», una bonificación del 50 por 100 sobre la cuota tributaria íntegra, siempre que se cumplan, simultáneamente, los siguientes requisitos:.

a) Que en el momento de la adquisición del inmueble el sujeto pasivo tenga la consideración legal de miembro de una familia numerosa y destine el inmueble adquirido a constituir la vivienda habitual de su familia.

b) Que dentro del plazo comprendido entre los dos años anteriores y los cuatro años posteriores a la fecha de adquisición se proceda a la venta en firme de la anterior vivienda habitual de la familia, salvo que el inmueble adquirido sea contiguo a la vivienda habitual y dentro del plazo indicado se una físicamente a esta para formar una única vivienda de mayor superficie, aun cuando se mantengan registralmente como fincas distintas.

c) Que la superficie útil de la vivienda adquirida sea superior en más de un 10 por 100 a la superficie útil de la anterior vivienda habitual de la familia. En el caso de que el inmueble adquirido sea contiguo a la vivienda habitual y se una físicamente a esta, para el cómputo del aumento de superficie se considerará la superficie total resultante de dicha unión.

d) Que la cantidad resultante de la suma de la base imponible general y la parte de la base imponible del ahorro constituida por los rendimientos del capital mobiliario previstos en los apartados 1, 2 y 3 del artículo 25 de la Ley 35/2006, de 28 de noviembre, del Impuesto sobre la Renta de las Personas Físicas, menos el mínimo del contribuyente y el mínimo por descendientes del Impuesto sobre la Renta de las Personas Físicas de todas las personas que vayan a habitar la vivienda, no exceda de 35.000 euros. Esta cantidad se incrementará en 6.000 euros por cada hijo que exceda del número de hijos que la legislación vigente exige como mínimo para alcanzar la condición legal de familia numerosa.

El mínimo del contribuyente y el mínimo por descendientes a que se refiere el párrafo anterior será el que haya resultado de aplicación en la última declaración presentada del Impuesto sobre la Renta de las Personas Físicas, o hubiera resultado aplicable, en el caso de no tener obligación legal de presentar declaración, según lo dispuesto en los artículos 57 y 58, respectivamente, de la Ley 35/2006, de 28 de noviembre, del Impuesto sobre la Renta de las Personas Físicas.

2. Cuando se incumpla el requisito establecido en la letra b) del apartado anterior, el sujeto pasivo vendrá obligado a pagar el impuesto dejado de ingresar y los correspondientes intereses de demora, a cuyos efectos deberá presentar la correspondiente autoliquidación en el plazo de un mes desde el día siguiente al que venza el plazo de cuatro años a que se refiere tal apartado.

3. Los requisitos establecidos en las letras b) y c) del apartado 1 de este artículo se reputarán cumplidos cuando la vivienda adquirida sea la primera vivienda habitual del sujeto pasivo.

Redacción anterior del art. 121-5 dada por el art. 4 de la Ley 13/2005, de 30 de diciembre, de Medidas Fiscales y Administrativas en materia de tributos cedidos y tributos propios de la Comunidad Autónoma de Aragón (BOA de 31 de diciembre de 2005), en vigor desde 1/1/2006.

4. A los efectos de aplicación de la bonificación a que se refiere el apartado 1 de este artículo, se entenderá que la vivienda que habitaba la familia, en su caso, no pierde la condición de habitual por el hecho de transmitirse antes del plazo de tres años.

5. A los efectos de lo dispuesto en este artículo, el concepto de familia numerosa es el establecido por la Ley 40/2003, de 18 de noviembre, de protección a las familias numerosas, y el concepto de vivienda habitual es el establecido en la Ley 35/2006, de 28 de noviembre, del Impuesto sobre la Renta de las Personas Físicas, en su redacción vigente a 31 de diciembre de 2012.

6. La bonificación en cuota prevista en este artículo será incompatible con cualquier otra prevista para este concepto en la normativa autonómica.

Artículo 121-6. *Modificación de los tipos de gravamen para determinados bienes muebles.*

1. En la adquisición de automóviles turismo, todoterrenos, motocicletas y demás vehículos que, por sus características, estén sujetos al impuesto, la cuota tributaria será la siguiente:

a) Con más de 10 años de uso y cilindrada igual o inferior a 1.000 centímetros cúbicos: cuota de cero euros.

b) Con más de 10 años de uso y cilindrada superior a 1.000 centímetros cúbicos e inferior o igual a 1.500 centímetros cúbicos: cuota fija de 20 euros.

c) Con más de 10 años de uso y cilindrada superior a 1.500 centímetros cúbicos e inferior o igual a 2.000 centímetros cúbicos: cuota fija de 30 euros.

2. Al resto de vehículos sujetos al impuesto les será de aplicación el tipo de gravamen establecido para los bienes muebles en el segundo párrafo del artículo 11.1.*a)* del texto refundido de la Ley del Impuesto sobre Transmisiones Patrimoniales y Actos Jurídicos Documentados, aprobado por Real Decreto Legislativo 1/1993, de 24 de septiembre.

Artículo 121-7[11]. *Bonificación de la cuota tributaria en los arrendamientos de determinadas fincas urbanas y rústicas.*

1[12]. En los arrendamientos de inmuebles destinados exclusivamente a vivienda del sujeto pasivo, siempre que la renta anual satisfecha no sea superior a 9.000 euros, se aplicará

---

[11]   Nueva redacción del título del art. 121-7 dada por el art. 2.1 de la Ley 12/2010, de 29 de diciembre, de Medidas Tributarias de la Comunidad Autónoma de Aragón (BOA núm. 255, de 31 de diciembre de 2010, corrección de errores BOA núm. 26 de 7 de febrero de 2011), con entrada en vigor el día 1/1/2011.
       Artículo 121-7 redactado por el artículo 1 de la Ley 13/2009, de 30 de diciembre, de Medidas Tributarias de la Comunidad Autónoma de Aragón (BOA de 31 de diciembre de 2009), en vigor desde 1/1/2010.

[12]   El contenido del único párrafo del artículo 121-7 pasa a numerarse como apartado 1 en virtud del art. 2.1 de la Ley 12/2010, de 29 de diciembre, de Medidas Tributarias de la Comunidad Autónoma de Aragón (BOA núm. 255, de 31 de diciembre de 2010, corrección de errores BOA núm. 26 de 7 de febrero de 2011), con entrada en vigor el día 1/1/2011.

una bonificación del 100 por 100 sobre la cuota tributaria obtenida aplicando la tarifa fijada en el artículo 12.1 del Texto Refundido de la Ley del Impuesto sobre Transmisiones Patrimoniales y Actos Jurídicos Documentados, aprobado por Real Decreto Legislativo 1/1993, de 24 de septiembre.

2[13]. Esta medida será también de aplicación, con el mismo límite de 9.000 euros, a los arrendamientos de fincas rústicas, con independencia del destino al que se afecte la finca.

Artículo 121-8[14]. *Bonificación de la cuota tributaria en la cesión de derechos sobre viviendas de protección oficial.*

La cesión total o parcial a un tercero de los derechos sobre una vivienda de protección oficial en construcción, antes de la calificación definitiva, tendrá una bonificación del 100 por 100 por el concepto «transmisiones patrimoniales onerosas».

Artículo 121-9[15]. *(Sin contenido)*

Artículo 121-10[16]. *Bonificaciones de la cuota tributaria en la dación en pago de la vivienda habitual.*

En el caso de la adjudicación de la vivienda habitual en pago de la totalidad de la deuda pendiente del préstamo o crédito garantizados mediante hipoteca de la citada vivienda y

---

[13]   Nuevo apartado 2 incorporado por el art. 2.1 de la Ley 12/2010, de 29 de diciembre, de Medidas Tributarias de la Comunidad Autónoma de Aragón (BOA núm. 255, de 31 de diciembre de 2010, corrección de errores BOA núm. 26 de 7 de febrero de 2011), con entrada en vigor el día 1/1/2011.

[14]   Artículo 121-8 añadido por el artículo 1 de la Ley 13/2009, de 30 de diciembre, de Medidas Tributarias de la Comunidad Autónoma de Aragón (BOA de 31 de diciembre de 2009), en vigor desde 1/1/2010.

[15]   Artículo que queda sin contenido en virtud del art. 2.6 de la Ley 10/2015, de 28 diciembre, Medidas para el mantenimiento de los servicios públicos en la Comunidad Autónoma de Aragón (BOA núm. 250, de 30 diciembre de 2015), con efectos desde el 1 de enero de 2016.
       Redacción anterior, incorporado por el art. 1 de la Ley 3/2012, de 8 de marzo, de Medidas Fiscales y Administrativas de la Comunidad Autónoma de Aragón (BOA núm. 54, de 19 de marzo de 2012), en vigor desde el día 20 de marzo de 2012, modificada por el art. 2.1 de la Ley 2/2014, de 23 de enero, de Medidas Fiscales y Administrativas de la Comunidad Autónoma de Aragón (BOA núm. 17, de 25 de enero de 2014), con efectos desde 1 de enero de 2014 y por el art. 2.1 de la Ley 10/2012, de 27 de diciembre, de Medidas Fiscales y Administrativas de la Comunidad Autónoma de Aragón (BOA núm. 253, de 31 de diciembre de 2012), en vigor desde el 1 de enero de 2013.

[16]   Nueva redacción del art. 121.10 dada por el art. 2.4 de la Ley 14/2014, de 30 de diciembre, de Medidas Fiscales y Administrativas de la Comunidad Autónoma de Aragón (BOA núm. 256, de 31 de diciembre de 2014), en vigor desde el 1 de enero de 2015.
       Redacción anterior dada por el art. 2.2 de la Ley 2/2014, de 23 de enero, de Medidas Fiscales y Administrativas de la Comunidad Autónoma de Aragón (BOA núm. 17, de 25 de enero de 2014), con efectos desde 1 de enero de 2014. Redacción anterior dada por el art. 2.2 y 3 de la Ley 10/2012, de 27 de diciembre, de Medidas Fiscales y Administrativas de la Comunidad Autónoma de Aragón (BOA núm. 253, de 31 de diciembre de 2012), en vigor desde el 1 de enero de 2013. El original art. 121.10 fue incorporado por el art. 11 de la Ley 3/2012, de 8 de marzo, de Medidas Fiscales y Administrativas de la Comunidad Autónoma

siempre que, además, se formalice entre las partes un contrato de arrendamiento con opción de compra de la misma vivienda, los beneficios fiscales serán:

a) La dación en pago de la vivienda habitual tendrá una bonificación del 100 por 100 de la cuota tributaria por el concepto de «transmisiones patrimoniales onerosas».

b) La constitución de la opción de compra documentada en los contratos de arrendamiento a que se refiere el apartado anterior tendrá, asimismo, una bonificación del 100 por 100 de la cuota tributaria por el concepto de «transmisiones patrimoniales onerosas».

c) La ejecución de la opción de compra a que se refieren los apartados anteriores tendrá, asimismo, una bonificación del 100 por 100 de la cuota tributaria por el concepto de «transmisiones patrimoniales onerosas.

Artículo 121-11[17]. *Tipo reducido aplicable a la adquisición de inmuebles para iniciar una actividad económica.*

El tipo de gravamen aplicable a las adquisiciones onerosas de inmuebles que se afecten como inmovilizado material al inicio de una actividad económica en Aragón será del 1 por 100 cuando concurran las siguientes circunstancias:

a) El inmueble deberá afectarse en el plazo de seis meses al desarrollo de una actividad económica, sin que se considere como tal la gestión de un patrimonio mobiliario o inmobiliario en los términos del artículo 4. Octavo. Dos a) de la Ley del Impuesto sobre el Patrimonio.

a) bis[18] El inmueble destinado a inicio de actividad deberá tener un valor catastral inferior a 150.000 euros.

b) Se entenderá que la actividad económica se desarrolla en Aragón cuando el adquirente tenga en esta Comunidad Autónoma su residencia habitual o su domicilio social y fiscal.

c) En la ordenación de la actividad deberá contarse, al menos, con un trabajador empleado con contrato laboral y a jornada completa.

d) Se entenderá que se inicia una actividad económica cuando el adquirente, directamente o mediante otra titularidad, no hubiera ejercido en los últimos tres años esa actividad en el territorio de la Comunidad Autónoma de Aragón.

---

de Aragón (BOA núm. 54, de 19 de marzo de 2012), en vigor desde el día 20 de marzo de 2012 hasta el 31 de diciembre de 2012, tras su supresión por el art. 2.2 de la Ley 10/2012, de 27 de diciembre.

[17] Nueva redacción del art. 121.11 por el art. 2.3 de la Ley 2/2014, de 23 de enero, de Medidas Fiscales y Administrativas de la Comunidad Autónoma de Aragón (BOA núm. 17, de 25 de enero de 2014), con efectos desde 1 de enero de 2014.
Redacción anterior, por su incorporación en virtud del art. 2.4 de la Ley 10/2012, de 27 de diciembre, de Medidas Fiscales y Administrativas de la Comunidad Autónoma de Aragón (BOA núm. 253, de 31 de diciembre de 2012), en vigor desde el 1 de enero de 2013.

[18] Nueva letra incorporada por el art. 2.7 de la Ley 10/2015, de 28 diciembre, Medidas para el mantenimiento de los servicios públicos en la Comunidad Autónoma de Aragón (BOA núm. 250, de 30 diciembre de 2015), con efectos desde el 1 de enero de 2016.

e) Los requisitos de las letras a, b y c anteriores deberán cumplirse durante cinco años a partir del inicio de la actividad económica. En caso de incumplimiento de este requisito, el contribuyente deberá presentar la autoliquidación en el plazo de un mes, ingresando, junto a la cuota que hubiera resultado de no mediar este beneficio, los intereses de demora correspondientes.

Artículo 121.12[19]. Derogado

Artículo 121.13[20]. Derogado

---

[19] Art. 110-12 derogado por la Disp. Derogatoria única de la Ley 17/2023, de 22 de diciembre, de Presupuestos de la Comunidad Autónoma de Aragón para el ejercicio 2024 (BOA núm. 249, de 29 de diciembre de 2023), con efectos desde el 1 de enero 2024.
Art. 121.12 incorporado por el art. 2.1 de la Ley 2/2015, de 25 de marzo, de medidas tributarias urgentes dirigidas a compensar los efectos de las inundaciones en la cuenca del río Ebro (BOA núm. 65, de 7 de abril de 2015), en vigor desde el 8 de abril de 2015: «*Beneficios fiscales en la modalidad de «Transmisiones Patrimoniales Onerosas» aplicables a las transmisiones de inmuebles en las localidades afectadas por determinadas inundaciones.*
Durante el ejercicio 2015, tributarán al tipo de gravamen del 1 por 100 las transmisiones patrimoniales onerosas de bienes inmuebles que radiquen en las localidades afectadas por las inundaciones acaecidas en la cuenca del río Ebro durante los meses de febrero y marzo de 2015 en el territorio de la Comunidad Autónoma de Aragón, con las siguientes condiciones:
a) Que el inmueble adquirido se destine a reemplazar a otro que, como consecuencia de las citadas inundaciones, se hubiera destruido total o parcialmente, fuera declarado en ruinas o bien, debido a su mal estado residual, requiera su demolición.
b) Que el valor real del inmueble adquirido no supere los 200.000 euros».

[20] Art. 110-13 derogado por la Disp. Derogatoria única de la Ley 17/2023, de 22 de diciembre, de Presupuestos de la Comunidad Autónoma de Aragón para el ejercicio 2024 (BOA núm. 249, de 29 de diciembre de 2023), con efectos desde el 1 de enero 2024.
Art. 121.13 incorporado por el art. 2.1 de la Ley 2/2015, de 25 de marzo, de medidas tributarias urgentes dirigidas a compensar los efectos de las inundaciones en la cuenca del río Ebro (BOA núm. 65, de 7 de abril de 2015), en vigor desde el 8 de abril de 2015: «*Beneficios fiscales en la modalidad de «Transmisiones Patrimoniales Onerosas» aplicables a las transmisiones de vehículos en las localidades afectadas por determinadas inundaciones.*
Durante el ejercicio 2015, tributarán al tipo de gravamen del 0,4 por 100 las transmisiones patrimoniales onerosas de vehículos destinados a reemplazar a otro que, como consecuencia de los daños producidos por las citadas inundaciones, se hubiera dado de baja definitiva en el Registro General de Vehículos de la correspondiente Jefatura Provincial de Tráfico».

SECCIÓN 2.ª *Concepto «Actos Jurídicos Documentados»*

Artículo 122-1[21]. ***Tipo impositivo general aplicable a los Documentos Notariales.***

1. La cuota tributaria se obtendrá aplicando sobre la base liquidable el tipo general del 1,5 por 100 en las primeras copias de escrituras y actas notariales sujetas como «Documentos notariales».

2. Lo dispuesto en el apartado anterior se entenderá sin perjuicio de los tipos impositivos que para determinadas operaciones puedan existir en el ordenamiento aragonés.

Artículo 122-2[22]. ***Tipo impositivo de determinadas operaciones inmobiliarias en función del cumplimiento de ciertos requisitos.***

La cuota tributaria se obtendrá aplicando sobre la base imponible el tipo del 2 por 100 en las primeras copias de escrituras que documenten transmisiones de bienes inmuebles en las que se haya procedido a renunciar a la exención en el Impuesto sobre el Valor Añadido conforme a lo dispuesto en el artículo 20, apartado dos, de la Ley 37/1992, de 28 de diciembre, del Impuesto sobre el Valor Añadido.

Artículo 122-3[23]. ***Bonificación en cuota aplicable a la adquisición de vivienda habitual por familias numerosas.***

1. La cuota tributaria del concepto «Actos jurídicos documentados» se obtendrá aplicando una bonificación del 60 por 100 de la cuota íntegra en las primeras copias de escrituras que documenten las transmisiones de bienes inmuebles que vayan a constituir la vivienda habitual de una familia numerosa, siempre que se cumplan, simultáneamente, los siguientes requisitos:

a) Que en el momento de la adquisición del inmueble el sujeto pasivo tenga la consideración legal de miembro de una familia numerosa y destine el inmueble adquirido a constituir la vivienda habitual de su familia.

---

[21]   Nueva redacción dada por el art. 2.9 de la Ley 10/2015, de 28 diciembre, Medidas para el mantenimiento de los servicios públicos en la Comunidad Autónoma de Aragón (BOA núm. 250, de 30 diciembre de 2015), con efectos desde el 1 de enero de 2016.

[22]   Nueva redacción dada por el art. 2.8 de la Ley 10/2015, de 28 diciembre, Medidas para el mantenimiento de los servicios públicos en la Comunidad Autónoma de Aragón (BOA núm. 250, de 30 diciembre de 2015), con efectos desde el 1 de enero de 2016.

[23]   Nueva redacción dada por el art. 2.10 de la Ley 10/2015, de 28 diciembre, Medidas para el mantenimiento de los servicios públicos en la Comunidad Autónoma de Aragón (BOA núm. 250, de 30 diciembre de 2015), con efectos desde el 1 de enero de 2016.
Redacción anterior del art. 122-3 dada por el art. 5 de la Ley 13/2005, de 30 de diciembre, de Medidas Fiscales y Administrativas en materia de tributos cedidos y tributos propios de la Comunidad Autónoma de Aragón (BOA de 31 de diciembre de 2005), en vigor desde 1/1/2006.

b) Que dentro del plazo comprendido entre los dos años anteriores y los cuatro años posteriores a la fecha de adquisición se proceda a la venta en firme de la anterior vivienda habitual de la familia, salvo que el inmueble adquirido sea contiguo a la vivienda habitual y dentro del plazo indicado se una físicamente a esta para formar una única vivienda de mayor superficie, aun cuando se mantengan registralmente como fincas distintas.

c) Que la superficie útil de la vivienda adquirida sea superior en más de un 10 por 100 a la superficie útil de la anterior vivienda habitual de la familia. En el caso de que el inmueble adquirido sea contiguo a la vivienda habitual y se una físicamente a esta, para el cómputo del aumento de superficie se considerará la superficie total resultante de dicha unión.

d) Que la cantidad resultante de la suma de la base imponible general y la parte de la base imponible del ahorro constituida por los rendimientos del capital mobiliario previstos en los apartados 1, 2 y 3 del artículo 25 de la Ley 35/2006, de 28 de noviembre, del Impuesto sobre la Renta de las Personas Físicas, menos el mínimo del contribuyente y el mínimo por descendientes del Impuesto sobre la Renta de las Personas Físicas de todas las personas que vayan a habitar la vivienda, no exceda de 35.000 euros. Esta cantidad se incrementará en 6.000 euros por cada hijo que exceda del número de hijos que la legislación vigente exige como mínimo para alcanzar la condición legal de familia numerosa.

El mínimo del contribuyente y el mínimo por descendientes a que se refiere la letra anterior será el que haya resultado de aplicación en la última declaración presentada del Impuesto sobre la Renta de las Personas Físicas, o hubiera resultado aplicable, en el caso de no tener obligación legal de presentar declaración, según lo dispuesto en los artículos 57 y 58, respectivamente, de la Ley 35/2006, de 28 de noviembre, del Impuesto sobre la Renta de las Personas Físicas.

2. Cuando se incumpla el requisito establecido en la letra b) del apartado anterior, el sujeto pasivo vendrá obligado a pagar el impuesto dejado de ingresar y los correspondientes intereses de demora, a cuyos efectos deberá presentar la correspondiente autoliquidación en el plazo de un mes desde el día siguiente al que venza el plazo de cuatro años a que se refiere tal apartado.

3. Los requisitos establecidos en las letras b) y c) del apartado 1 de este artículo se reputarán cumplidos cuando la vivienda adquirida sea la primera vivienda habitual del sujeto pasivo.

4. A los efectos de aplicación de la bonificación a que se refiere el apartado 1 de este artículo, se entenderá que la vivienda que habitaba la familia, en su caso, no pierde la condición de habitual por el hecho de transmitirse antes del plazo de tres años.

5. A los efectos de lo dispuesto en este artículo, el concepto de familia numerosa es el establecido por la Ley 40/2003, de 18 de noviembre, de protección a las familias numerosas, y el concepto de vivienda habitual es el establecido en la Ley 35/2006, de 28 de noviembre, del Impuesto sobre la Renta de las Personas Físicas, en su redacción vigente a 31 de diciembre de 2012.

6. La bonificación en cuota prevista en este artículo será incompatible con cualquier otra prevista para este concepto en la normativa autonómica.

Artículo 122-4[24]. *Tipo impositivo para las sociedades de garantía recíproca.*

La cuota tributaria del subconcepto «Documentos Notariales» se obtendrá aplicando sobre la base liquidable el tipo reducido del 0,1 por 100 en las primeras copias de escrituras que documenten la constitución y modificación de derechos reales de garantía a favor de una sociedad de garantía recíproca con domicilio social en el territorio de la Comunidad Autónoma de Aragón.

Artículo 122-5[25]. *Tipo impositivo para operaciones relacionadas con actuaciones protegidas de rehabilitación.*

La cuota tributaria del concepto «actos jurídicos documentados» en las primeras copias de escrituras otorgadas para formalizar la constitución de préstamos hipotecarios cuyo objeto sea la financiación de actuaciones protegidas de rehabilitación se obtendrá aplicando sobre la base imponible el tipo reducido del 0,5 por 100. A estos efectos, el concepto de «actuaciones protegidas de rehabilitación» es el establecido en el Decreto 60/2009, de 14 de abril, del Gobierno de Aragón, regulador del plan aragonés para facilitar el acceso a la vivienda y fomentar la rehabilitación, o en la normativa aplicable en esta materia vigente en cada momento[26].

Para el reconocimiento de este beneficio fiscal bastará que se consigne en el documento que el contrato se otorga con la finalidad de financiar actuaciones protegidas de rehabilitación y quedará sin efecto si transcurriesen dos años a partir de su formalización sin haber obtenido la calificación de actuación protegida.

Este beneficio se entenderá concedido con carácter provisional y condicionado a la obtención de la calificación de la actuación protegida.

Artículo 122-6[27]. *Bonificación de la cuota tributaria en determinadas operaciones de modificación de préstamos y créditos hipotecarios.*

Las primeras copias de escrituras de novación modificativa no exentas de los préstamos y créditos hipotecarios a que se refieren los apartados II), III) y IV) del punto 2 del

---

[24]   Nuevo artículo 122-4 incorporado por el art. 2 de la Ley 8/2007, de 29 de diciembre, de Medidas Tributarias de la Comunidad Autónoma de Aragón (BOA núm. 154, de 31 de diciembre de 2007 y BOE de 22 de febrero de 2008), en vigor desde 1/1/2008.

[25]   Art. 122-5 incorporado por el art. 2 de la Ley 11/2008, de 29 de diciembre, de Medidas Tributarias de la Comunidad Autónoma de Aragón (BOA de 31 de diciembre de 2008).

[26]   Nueva redacción del párrafo primero del art. 122-5 dada por el art. 2.4 de la Ley 2/2014, de 23 de enero, de Medidas Fiscales y Administrativas de la Comunidad Autónoma de Aragón (BOA núm. 17, de 25 de enero de 2014), con efectos desde 1 de enero de 2014.

[27]   Nueva redacción del art. 122-6 dada por el art. 2.2 de la Ley 12/2010, de 29 de diciembre, de Medidas Tributarias de la Comunidad Autónoma de Aragón (BOA núm. 255, de 31 de diciembre de 2010, corrección

COMUNIDAD AUTÓNOMA DE ARAGÓN

artículo 4 de la Ley 2/1994, de 30 de marzo, de subrogación y modificación de préstamos hipotecarios, tendrán una bonificación del 100 por 100 de la cuota tributaria del subconcepto «Documentos Notariales» prevista en el artículo 31.2 del Texto Refundido de la Ley del Impuesto sobre Transmisiones Patrimoniales y Actos Jurídicos Documentados, aprobado por Real Decreto Legislativo 1/1993, de 24 de septiembre.

Artículo 122-7[28]. *Bonificación de la cuota tributaria en operaciones de préstamo a microempresas.*

1. Las primeras copias de escrituras públicas que documenten contratos de préstamo concedidos a microempresas autónomas, según la definición dada por la «Recomendación de la Comisión de las Comunidades Europeas de 6 de mayo de 2003, sobre la definición de microempresas, pequeñas y medianas empresas», tendrán una bonificación del 50 por 100 de la cuota tributaria del subconcepto «Documentos Notariales» previsto en el artículo 31.2 del Texto Refundido de la Ley del Impuesto sobre Transmisiones Patrimoniales y Actos Jurídicos Documentados, aprobado por Real Decreto Legislativo 1/1993, de 24 de septiembre.

2. La bonificación estará condicionada al cumplimiento de los siguientes requisitos:

a) La microempresa deberá tener la residencia fiscal en la Comunidad Autónoma de Aragón.

b) Al menos el 50 por 100 del préstamo debe destinarse a la adquisición o construcción de elementos de inmovilizado material ubicados en la Comunidad Autónoma de Aragón afectos a una actividad económica. La puesta en funcionamiento de la inversión ha de producirse antes del transcurso de dos años desde la obtención del préstamo.

c) El inmovilizado material deberá mantenerse durante el plazo mínimo de cinco años, excepto que su vida útil fuera inferior.

d) Deberá constar en la escritura pública de formalización del préstamo el destino de los fondos obtenidos.

Artículo 122.8[29]. *Tipo impositivo para actuaciones de eliminación de barreras arquitectónicas y adaptación funcional de la vivienda habitual de las personas con discapacidad igual o superior al 65%.*

1. La cuota tributaria del concepto «actos jurídicos documentados» en las primeras copias de escrituras otorgadas para formalizar la constitución de préstamos hipotecarios

---

de errores BOA núm. 26 de 7 de febrero de 2011), con entrada en vigor el día 1/1/2011. Redacción anterior dada por art. 1 de la Ley 13/2009, de 30 de diciembre, de Medidas Tributarias de la Comunidad Autónoma de Aragón (BOA de 31 de diciembre de 2009), en vigor desde 1 de enero de 2010.

[28]   Nuevo artículo incorporado por el art. 2.3 de la Ley 12/2010, de 29 de diciembre, de Medidas Tributarias de la Comunidad Autónoma de Aragón (BOA núm. 255, de 31 de diciembre de 2010, corrección de errores BOA núm. 26 de 7 de febrero de 2011), con entrada en vigor el día 1/1/2011.

[29]   Nueva redacción del art. 122-8 dada por el art. 2.5 de la Ley 2/2014, de 23 de enero, de Medidas Fiscales y Administrativas de la Comunidad Autónoma de Aragón (BOA núm. 17, de 25 de enero de 2014), con efectos desde 1 de enero de 2014.

cuyo objeto sea la financiación de actuaciones de eliminación de barreras arquitectónicas y adaptación funcional de la vivienda habitual de personas con un grado de discapacidad reconocido igual o superior al 65% se obtendrá aplicando sobre la base imponible el tipo reducido del 0,1 por 100.

2. A los efectos de lo dispuesto en este artículo, tendrán la consideración de actuaciones de eliminación de barreras arquitectónicas y adaptación funcional del hogar las recogidas en la normativa de desarrollo de la Ley 3/1997, de 7 de abril, de Promoción de la Accesibilidad y Supresión de Barreras Arquitectónicas, Urbanísticas, de Transportes y de la Comunicación, o en la normativa aplicable en esta materia vigente en cada momento.

3. El grado de discapacidad igual o superior al 65% será el reconocido de conformidad con el Real Decreto 1971/1999, de 23 de diciembre, o en la normativa aplicable en esta materia vigente en cada momento.

4. El concepto de «vivienda habitual» será el establecido por el artículo 68.1, apartado 3 de la Ley 35/2006, de 28 de noviembre, del Impuesto sobre la Renta de las Personas Físicas, en su redacción vigente a 31 de diciembre de 2012.

Artículo 122.9[30]. Derogado

---

[30] Redacción anterior por su incorporación en virtud del art. 2.5 de la Ley 10/2012, de 27 de diciembre, de Medidas Fiscales y Administrativas de la Comunidad Autónoma de Aragón (BOA núm. 253, de 31 de diciembre de 2012), en vigor desde el 1 de enero de 2013.

Art. 122-9 derogado por la Disp. Derogatoria única de la Ley 17/2023, de 22 de diciembre, de Presupuestos de la Comunidad Autónoma de Aragón para el ejercicio 2024 (BOA núm. 249, de 29 de diciembre de 2023), con efectos desde el 1 de enero 2024.

Art. 122-9 incorporado por el art. 2.3 de la Ley 2/2015, de 25 de marzo, de medidas tributarias urgentes dirigidas a compensar los efectos de las inundaciones en la cuenca del río Ebro (BOA núm. 65, de 7 de abril de 2015), en vigor desde el 8 de abril de 2015: «*Beneficios fiscales en la modalidad de «Actos Jurídicos Documentados» aplicables en las localidades afectadas por determinadas inundaciones.*

1. Durante el ejercicio 2015, tributarán al tipo de gravamen del 0,1 por 100 los documentos notariales a que se refiere el artículo 31.2 del texto refundido de la Ley del Impuesto sobre Transmisiones Patrimoniales y Actos Jurídicos Documentados, aprobado por Real Decreto Legislativo 1/1993, de 24 de septiembre, en el caso de primeras copias de escrituras públicas otorgadas para formalizar la transmisión de inmuebles radicados en las localidades afectadas por las inundaciones acaecidas en la cuenca del río Ebro durante los meses de febrero y marzo de 2015 en el territorio de la Comunidad Autónoma de Aragón, con las siguientes condiciones:

a) Que el inmueble adquirido se destine a reemplazar a otro que, como consecuencia de las citadas inundaciones, se hubiera destruido total o parcialmente, fuera declarado en ruinas o bien, debido a su mal estado residual, requiera su demolición.

b) Que el valor real del inmueble adquirido no supere los 200.000 euros.

2. Durante el ejercicio 2015, tributarán al tipo del 0,1 por 100 los documentos notariales a que se refiere el artículo 31.2 del texto refundido de la Ley del Impuesto sobre Transmisiones Patrimoniales y Actos Jurídicos Documentados, aprobado por Real Decreto Legislativo 1/1993, de 24 de septiembre, que documenten préstamos o créditos hipotecarios, tanto de nueva constitución como subrogación con ampliación, destinados

Artículo 122-10[31]. *Bonificación en cuota aplicable a la adquisición de su vivienda habitual por parte de personas físicas incluidas en determinados colectivos.*

1. En las transmisiones de aquellos inmuebles que vayan a constituir la vivienda habitual del adquirente, este podrá aplicarse, en el concepto «Actos jurídicos documentados», una bonificación sobre la cuota tributaria íntegra, según los requisitos y porcentajes siguientes:

a) Para las personas físicas menores de 35 años, siempre que el valor real del bien inmueble no supere los 100.000 euros: una bonificación del 30 por 100 de la cuota íntegra.

b) Para las personas con discapacidad igual o superior al 65 por 100, siempre que el valor real del bien inmueble no supere los 100.000 euros: una bonificación del 30 por 100 de la cuota íntegra.

c) Para mujeres víctimas de violencia de género, considerando tales aquellas que cuenten con orden de protección en vigor o sentencia judicial firme por tal motivo en los últimos 10 años, siempre que el valor real del bien inmueble no supere los 100.000 euros: una bonificación del 30 por 100 de la cuota íntegra.

Las bonificaciones en cuota previstas en este artículo serán compatibles entre sí.

2. A los efectos de lo dispuesto en este artículo, el concepto de vivienda habitual es el establecido en la Ley 35/2006, de 28 de noviembre, del Impuesto sobre la Renta de las Personas Físicas, en su redacción vigente a 31 de diciembre de 2012.

3. El grado de discapacidad igual o superior al 65 por 100 será el reconocido de conformidad con el Real Decreto 1971/1999, de 23 de diciembre, de procedimiento para el reconocimiento, declaración y calificación del grado de discapacidad, o en la normativa aplicable en esta materia vigente en cada momento.

4. En los supuestos de adquisición de pro indiviso, en la que no todos los propietarios cumpliesen los requisitos para poder aplicar las bonificaciones por edad, discapacidad o violencia de género, previstas en el apartado 1 de este artículo, se aplicará la deducción correspondiente en proporción a su participación en la adquisición.

---

a cualquiera de los siguientes fines, siempre que el capital o importe del préstamo o crédito hipotecario no supere los 200.000 euros:

2.1. La adquisición o construcción de inmuebles, en los términos y condiciones del apartado 1 anterior.

2.2. Las reparaciones de los daños en las viviendas, establecimientos industriales, mercantiles y profesionales, explotaciones agrarias, ganaderas y forestales, locales de trabajo y similares, dañados como consecuencia directa de las inundaciones acaecidas en la cuenca del río Ebro durante los meses de febrero y marzo de 2015 en el territorio de la Comunidad Autónoma de Aragón, así como para la construcción de nuevas edificaciones que sustituyan a las dañadas.

2.3. La adquisición de bienes muebles o semovientes necesarios para el desarrollo de cualquier explotación económica».

[31] Nuevo artículo incorporado por el art. 2.11 de la Ley 10/2015, de 28 diciembre, Medidas para el mantenimiento de los servicios públicos en la Comunidad Autónoma de Aragón (BOA núm. 250, de 30 diciembre de 2015), con efectos desde el 1 de enero de 2016.

Artículo 122-11[32]. *Bonificación en la cuota aplicable a los pactos sucesorios para después de los días.*

Las primeras copias de escrituras de pacto sucesorio para después de los días tendrán una bonificación del 75% de la cuota tributaria del subconcepto «Documentos Notariales» prevista en el artículo 31.2 del Texto refundido de la Ley del Impuesto sobre Transmisiones Patrimoniales y Actos Jurídicos Documentados, aprobado por Real Decreto Legislativo 1/1993, de 24 de septiembre.

SECCIÓN 3.ª *Procedimientos tributarios*

Artículo 123-1. *Presentación de las declaraciones o declaraciones-liquidaciones.*

1. Sin perjuicio de que el Consejero competente en materia de Hacienda autorice su ingreso en entidades colaboradoras, las declaraciones o autoliquidaciones del Impuesto sobre Transmisiones Patrimoniales y Actos Jurídicos Documentados deberán presentarse directamente en las correspondientes Direcciones de los Servicios Provinciales del Departamento competente en materia de Hacienda o en las Oficinas Liquidadoras de Distrito Hipotecario que sean competentes por razón del territorio.

No obstante, el citado Consejero podrá autorizar la presentación de las citadas declaraciones o declaraciones-liquidaciones por medios telemáticos y llegar a acuerdos con otras Administraciones públicas o formalizar convenios con las entidades, instituciones y organismos a que se refiere el artículo 92 de la Ley 58/2003, de 17 de diciembre, General Tributaria, para hacer efectiva la colaboración social en la presentación e ingreso de las citadas declaraciones o declaraciones-liquidaciones mediante la utilización de técnicas y medios electrónicos, informáticos o telemáticos.

2. Al objeto de facilitar el cumplimiento de las obligaciones tributarias de los contribuyentes, el Departamento competente en materia de Hacienda, en el ámbito de las competencias que tiene atribuidas, facilitará e impulsará la presentación telemática de las escrituras públicas que deban presentarse a liquidación, desarrollando los instrumentos jurídicos, técnicas y medios electrónicos, informáticos o telemáticos que sean necesarios para la consecución de este fin.

3[33]. Para los hechos imponibles sujetos al Impuesto sobre Transmisiones Patrimoniales y Actos Jurídicos Documentados, el plazo de presentación de la autoliquidación y de los

---

[32]   Nuevo art. 122.11 incorporado por el art. Único. Uno de la Ley 3/2025, 27 de junio, de apoyo fiscal a la empresa familiar por la que se modifica el texto refundido de las disposiciones dictadas por la Comunidad Autónoma de Aragón en materia de tributos cedidos, aprobado por Decreto Legislativo 1/2005, de 26 de septiembre, del Gobierno de Aragón (DOA núm. 128, de 7 de julio de 2025), con efectos desde el día 8 de julio de 2025.

[33]   Nueva redacción del apartado 3 dada por el art. 1 de la Ley 2/2016, de 28 de enero, de Medidas Fiscales y Administrativas de la Comunidad Autónoma de Aragón (BOA núm. 22, de 3 de febrero de 2016), en vigor desde el 4 de febrero de 2016.

documentos que contengan los actos o contratos sujetos será de un mes contado a partir del día siguiente al de la fecha del devengo del impuesto.

No obstante, en las adquisiciones por el nudo propietario de usufructos pendientes del fallecimiento del usufructuario en que el dominio haya sido objeto de desmembración a título oneroso, el plazo de presentación será de seis meses contados desde el día siguiente al del fallecimiento.

A estos efectos, cuando el último día del plazo coincidiese con sábado, domingo o festivo, se entenderá prorrogado al primer día hábil siguiente.

Artículo 123-2[34]**.** *Simplificación de las obligaciones formales en los arrendamientos de determinadas fincas urbanas y para determinados bienes muebles.*

1. En los supuestos de adquisiciones de vehículos a las que sea de aplicación la cuota impositiva de cero euros, los contribuyentes no tendrán obligación de formalizar y presentar la autoliquidación del Impuesto sobre Transmisiones Patrimoniales y Actos Jurídicos Documentados.

2. En los supuestos contemplados en las letras *b)* y *c)* del apartado 1 del artículo 121-6, los contribuyentes, una vez formalizada la autoliquidación, no tendrán obligación de presentarla en las correspondientes Subdirecciones Provinciales de Economía y Hacienda ni en las Oficinas Liquidadoras de Distrito Hipotecario de la Comunidad Autónoma de Aragón. En estos casos, bastará con obtener la validación mecánica del pago de la cuota correspondiente por la Caja de las Subdirecciones Provinciales de Economía y Hacienda del Departamento competente en materia de Hacienda o por cualquiera de las Entidades Colaboradoras, al objeto de tramitar posteriormente el cambio de titularidad del permiso de circulación del vehículo ante la Jefatura Provincial de Tráfico competente.

3. En los supuestos contemplados en el artículo 121-7, los contribuyentes no tendrán obligación de formalizar ni de presentar la correspondiente autoliquidación.

Artículo 123-3. *Acreditación del importe acumulado de las bases imponibles.*

Para acreditar el importe acumulado de las bases imponibles a que se refieren los artículos 121-5 y 122-3, y hasta que el marco de colaboración previsto en la disposición adicional cuarta de la Ley 40/1998, de 9 de diciembre, del Impuesto sobre la Renta de las Personas Físicas y otras Normas Tributarias, permita disponer a la Administración Tributaria de la Comunidad Autónoma de Aragón de dicha información, el sujeto pasivo deberá aportar las correspondientes declaraciones presentadas por el Impuesto sobre la Renta de las Personas

---

Redacción anterior por la incorporación del apartado 3 por el artículo 5 de la Ley 8/2007, de 29 de diciembre, de Medidas Tributarias de la Comunidad Autónoma de Aragón (BOA núm. 154, de 31 de diciembre de 2007 y BOE de 22 de febrero de 2008), en vigor desde 1/1/2008.

[34]   Rúbrica del artículo 123-2 redactado por el art. 1 de la Ley 13/2009, de 30 de diciembre, de Medidas Tributarias de la Comunidad Autónoma de Aragón (BOA de 31 de diciembre de 2009), en vigor desde 1/1/2010.

Físicas, las notificaciones administrativas de los cálculos relativos a la devolución en el caso de contribuyentes no obligados a declarar o, finalmente, la certificación expedida por la Agencia Estatal de Administración Tributaria conforme a lo dispuesto en el artículo 34.l.*g)* de la Ley 58/2003, de 17 de diciembre, General Tributaria.

Artículo 123-4[35]. *Obligación de información en la autoliquidación de determinadas operaciones societarias.*

Junto con la autoliquidación del impuesto correspondiente a operaciones societarias de ampliación de capital, en la que los suscriptores quieran aplicar la deducción prevista en el artículo 110-8 de esta norma, deberán comunicarse los datos identificativos de los suscriptores y el importe del capital suscrito por cada uno de ellos.

Artículo 123-5[36]. *Autoliquidación mensual de los empresarios dedicados a la compraventa de bienes muebles y objetos fabricados con metales preciosos*

1. Los empresarios dedicados a la compraventa de bienes muebles declararán conjuntamente todas sus adquisiciones sujetas a la modalidad de Transmisiones Patrimoniales Onerosas del Impuesto sobre Transmisiones Patrimoniales y Actos Jurídicos Documentados devengadas en cada mes natural.

Para ello presentarán una única autoliquidación comprensiva de la totalidad de las operaciones realizadas en cada mes natural, adjuntando a la misma la documentación complementaria y, en su caso, la relación de las citadas operaciones que deban acompañarse, en la forma y con las especialidades que se determinen reglamentariamente.

El plazo de ingreso y presentación de la autoliquidación será el mes natural inmediato posterior al que se refieran las operaciones declaradas.

2. Al mismo régimen de presentación y plazo estarán obligados los adquirentes de objetos fabricados con metales preciosos y que estén obligados a la llevanza de los libros-registro a los que hace referencia el artículo 91 del Real Decreto 197/1988, de 22 de febrero, por el que se aprueba el Reglamento de la Ley de objetos fabricados con metales preciosos.

(...)

---

[35]   Nuevo artículo incorporado por el art. 2.4 de la Ley 12/2010, de 29 de diciembre, de Medidas Tributarias de la Comunidad Autónoma de Aragón (BOA núm. 255, de 31 de diciembre de 2010, corrección de errores BOA núm. 26 de 7 de febrero de 2011), con entrada en vigor el día 1/1/2011.

[36]   Nueva redacción dada por el art. 2.7 de la Ley 14/2014, de 30 de diciembre, de Medidas Fiscales y Administrativas de la Comunidad Autónoma de Aragón (BOA núm. 256, de 31 de diciembre de 2014), en vigor desde el 1 de enero de 2015.
       Redacción anterior por su incorporación por el art. 123-5 por el art. 2.6 de la Ley 2/2014, de 23 de enero, de Medidas Fiscales y Administrativas de la Comunidad Autónoma de Aragón (BOA núm. 17, de 25 de enero de 2014), con efectos desde 1 de enero de 2014.

CAPÍTULO VI[37]. RÉGIMEN ESPECIAL DE FISCALIDAD DIFERENCIADA DEL MEDIO RURAL DE ARAGÓN

Artículo 160-1. *Régimen especial de fiscalidad diferenciada.*

1. Se establece un régimen de fiscalidad diferenciada en los impuestos sobre la Renta de las Personas Físicas, sobre Transmisiones Patrimoniales y Actos Jurídicos Documentados y sobre Sucesiones y Donaciones en consideración del sistema de asentamientos de Aragón y el índice sintético de desarrollo territorial, al objeto de contribuir a la dinamización de la economía rural y a la fijación de la población en el medio rural de la Comunidad Autónoma de Aragón.

2. Con carácter general, los beneficios del régimen especial de fiscalidad diferenciada establecidos en los artículos siguientes se aplicarán a personas y bienes que residan o se hallen radicados en alguna de las dos categorías siguientes y siempre que les corresponda un valor inferior a 100 en el Índice Sintético de Desarrollo Territorial elaborado conforme a la Estrategia de Ordenación Territorial de Aragón:

– Asentamientos rurales con alto riesgo de despoblación, que incluyen a los asentamientos que pertenecen a los Rangos VIII y IX de la estructura del sistema de asentamientos de Aragón.

– Asentamientos rurales con riesgo extremo de despoblación, que incluyen a los asentamientos que pertenecen al Rango X de la estructura del sistema de asentamientos de Aragón.

No obstante, el beneficio establecido en el apartado 8 del artículo 160-2[38] se aplicará a quienes, durante el tiempo establecido en el apartado 3 de este artículo, residan en asentamientos rurales con riesgo extremo de despoblación, que incluyen a los asentamientos que pertenecen al Rango X de la estructura del sistema de asentamientos de Aragón.

3. Podrá acogerse a este régimen especial quien tenga su residencia habitual, durante el año natural en que se devengue la correspondiente obligación tributaria y en los cuatro siguientes, en alguno de los asentamientos rurales contemplados en el apartado 2 de este artículo. En el supuesto de un matrimonio que opte por la tributación conjunta, este requisito se entenderá cumplido cuando esta circunstancia concurra en cualquiera de los cónyuges.

Además de lo previsto en el párrafo anterior, deberán cumplirse las condiciones que se establecen a continuación en los siguientes supuestos:

1.º Cuando el beneficio fiscal se reconozca en función de la adquisición o mantenimiento de un determinado bien, si se trata de un inmueble, el mismo deberá radicar asimismo en alguno de los citados asentamientos rurales. Si la adquisición o mantenimiento se refiriese

---

[37]   Nueva redacción del Capítulo VI dada por la Disp. Final Segunda de la Ley 13/2023, de 30 de marzo, de dinamización del medio rural de Aragón. (BOA núm. 72, de 17 de abril de 2023), en vigor desde el día 18 de abril de 2023.

[38]   Artículo 160-2. Beneficios fiscales en el Impuesto sobre la Renta de las Personas Físicas.

a bienes afectos a una actividad empresarial o profesional, la mayor parte del inmovilizado material de la misma deberá radicar en dichos asentamientos.

2.º Cuando el beneficio fiscal se reconozca en función de su destino al inicio de una actividad empresarial o profesional, la mayor parte del inmovilizado material de dicha actividad deberá radicar en uno de los asentamientos rurales contemplados en este artículo.

4. Con carácter exclusivo respecto de los beneficios que se reconozcan en función de la adquisición de inmuebles o que atiendan a que los bienes adquiridos se destinen al inicio de una actividad empresarial o profesional, podrán igualmente acogerse a este régimen especial quienes, además de las condiciones del apartado anterior referidas a la ubicación de los inmuebles o del inmovilizado material, trasladen su residencia habitual a alguno de los asentamientos rurales contemplados en el apartado 2 de este artículo y la mantengan durante un plazo de cuatro años, contados a partir del momento de la adquisición del inmueble o de aquel en que se destine lo obtenido a la adquisición de activos afectos a la actividad económica respectivamente.

(...)

Artículo 160-3. *Beneficios fiscales en el Impuesto sobre Transmisiones Patrimoniales y Actos Jurídicos Documentados.*

1. Bonificación en cuota aplicable a la adquisición de vivienda habitual por familias numerosas.

Cuando, concurriendo las circunstancias y requisitos señalados en el artículo 121-5 de este texto refundido, resulte aplicable el régimen especial de fiscalidad diferenciada, el importe de la bonificación en las transmisiones de aquellos inmuebles que vayan a constituir la vivienda habitual de una familia numerosa será del 60 por 100.

2. Tipo reducido aplicable a la adquisición de inmuebles para iniciar una actividad económica.

Cuando, concurriendo las circunstancias y requisitos señalados en el artículo 121-11 de este texto refundido, resulte aplicable el régimen especial de fiscalidad diferenciada, el tipo de gravamen aplicable a las adquisiciones onerosas de inmuebles que se afecten como inmovilizado material al inicio de una actividad económica será del 0,75 por 100.

3. Bonificación en cuota aplicable a la adquisición de vivienda habitual por familias numerosas.

Cuando, cumpliéndose las circunstancias y requisitos señalados en el artículo 122-3 de este texto refundido, resulte aplicable el régimen especial de fiscalidad diferenciada, la cuota tributaria del concepto "Actos jurídicos documentados" en las primeras copias de escrituras que documenten las transmisiones de bienes inmuebles que vayan a constituir la vivienda habitual de una familia numerosa, se obtendrá aplicando una bonificación del 70 por 100.

TÍTULO II. DISPOSICIONES COMUNES APLICABLES A LOS TRIBUTOS CEDIDOS

CAPÍTULO I. NORMAS PROCEDIMENTALES

SECCIÓN 1.ª *Tasación Pericial Contradictoria*

Artículo 211-1. *Concepto.*

1. Los interesados podrán promover la tasación pericial contradictoria, en corrección de los medios de comprobación fiscal de valores, dentro del plazo del primer recurso o reclamación que proceda contra la liquidación efectuada de acuerdo con los valores comprobados administrativamente o cuando la normativa tributaria así lo prevea, contra el acto de comprobación de valores debidamente notificado.

No obstante lo anterior, el interesado podrá reservarse el derecho a promover la tasación pericial contradictoria cuando estime que la notificación no contiene expresión suficiente de los datos y motivos tenidos en cuenta para elevar los valores declarados y denuncie dicha omisión en un recurso de reposición o en una reclamación económico-administrativa. En este caso, el plazo a que se refiere el párrafo anterior se contará desde la fecha de firmeza en vía administrativa del acuerdo que resuelva el recurso o reclamación interpuesta.

2. La presentación de la solicitud de tasación pericial contradictoria o la reserva a promoverla a que se refiere el párrafo anterior determinará la suspensión de la ejecución de la liquidación y del plazo para interponer recurso o reclamación contra la misma.

Artículo 211-2[39]. *Procedimiento.*

1. El procedimiento de tasación pericial contradictoria se regirá por lo dispuesto en esta Sección y, en lo no previsto por la misma, se aplicarán subsidiariamente las disposiciones, relativas a dicho procedimiento, de la Ley General Tributaria y de su Reglamento General de las actuaciones y los procedimientos de gestión e inspección tributaria.

2. El procedimiento de tasación pericial contradictoria, iniciado a instancia de parte, continuará mediante comunicación a los interesados en la que se incluirá la valoración motivada que figure en el expediente, cualquiera que haya sido el medio de comprobación de valores utilizado de entre los previstos en el artículo 57 de la Ley 58/2003, General Tributaria, y se les concederá un plazo de quince días, contados a partir del siguiente al de la notificación, para que procedan al nombramiento de un perito, que deberá tener título adecuado a la naturaleza de los bienes y derechos a valorar.

3. Transcurrido el plazo de quince días sin hacer la designación de perito, se entenderá que el interesado desiste de la tasación pericial contradictoria, se dará por finalizado el pro-

---

[39] Nueva redacción del art. 211-2 dada por el art. 6 de la Ley 8/2007, de 29 de diciembre, de Medidas Tributarias de la Comunidad Autónoma de Aragón (BOA núm. 154, de 31 de diciembre de 2007 y BOE de 22 de febrero de 2008), en vigor desde 1/1/2008.

cedimiento de tasación pericial contradictoria y se procederá, en consecuencia, a comunicar el cese de la suspensión de la ejecución de la liquidación, concediendo un nuevo plazo de ingreso y girando liquidación por los intereses de demora devengados por el tiempo transcurrido durante la suspensión.

4. Una vez designado el perito por el obligado tributario, se le entregará la relación de bienes y derechos para que en el plazo de un mes, contado a partir del siguiente al de la recepción de la relación, emita dictamen debidamente motivado.

Transcurrido el plazo de un mes sin haber presentado el dictamen pericial, se entenderá que desiste de la tasación pericial contradictoria, por lo que se dará por terminado el procedimiento, y se procederá, en consecuencia, a comunicar el cese de la suspensión de la ejecución de la liquidación, concediendo un nuevo plazo de ingreso y girando liquidación por los intereses de demora devengados por el tiempo transcurrido durante la suspensión.

5. Si la diferencia entre el valor comprobado por la Administración y la tasación practicada por el perito designado por el obligado tributario, considerada en valores absolutos, es igual o inferior a 120.000 euros y al 10 por 100 de dicha tasación, esta última servirá de base para la liquidación. En tal supuesto, se girará la liquidación que proceda con los correspondientes intereses de demora.

6[40]. Si la diferencia señalada en el apartado anterior es superior, deberá designarse un perito tercero conforme al siguiente procedimiento:

a)[41] La Administración Tributaria solicitará en el mes de enero de cada año a los distintos Colegios Profesionales creados conforme a la ley, el envío de una lista de colegiados dispuestos a actuar como peritos terceros, que se agruparán por orden alfabético en diferentes listas teniendo en cuenta la naturaleza de los bienes o derechos a valorar.

b) Elegido por sorteo público uno de cada lista, las designaciones se efectuarán por orden correlativo y según la naturaleza de los bienes o derechos a valorar.

c) Realizada la designación, se entregará al perito o entidad de tasación designados la relación de los bienes o derechos a valorar y copia tanto de la valoración realizada por la Administración como de la efectuada por el perito designado por el obligado tributario, para que en el plazo de un mes, contado a partir del día siguiente al de la entrega, realice su dictamen debidamente motivado.

---

[40]   Orden HAP/386/2019, de 2 de abril, por la que se establecen los requisitos mínimos de los informes de los peritos terceros y se aprueban los honorarios estandarizados de los mismos en las tasaciones periciales contradictorias relativas a los tributos gestionados por la Administración Tributaria de la Comunidad Autónoma de Aragón (BOA núm.79 de 25 de abril de 2019), que deroga la anterior Orden de 12 de noviembre de 2012 (BOA núm.239, de 10 de diciembre de 2012).

[41]   Nueva redacción de la letra a) dada por el art. 6de la Ley 10/2012, de 27 de diciembre, de Medidas Fiscales y Administrativas de la Comunidad Autónoma de Aragón (BOA núm. 253, de 31 de diciembre de 2012), en vigor desde el 1 de enero de 2013.

7. La valoración del perito tercero servirá de base a la liquidación administrativa que proceda, con los límites del valor declarado y el valor comprobado inicialmente por la Administración.

8. Recibido el dictamen del perito tercero, el órgano competente comunicará dicha valoración al interesado, con cuya notificación se dará por finalizado el procedimiento. A la vista del resultado obtenido de la tasación pericial contradictoria se confirmará la liquidación inicial, comunicando el cese de la suspensión de la ejecución de la liquidación y concediendo un nuevo plazo de ingreso, o bien se girará nueva liquidación, según proceda, con los correspondientes intereses de demora en ambos casos.

Artículo 211-3. *Honorarios de los peritos y obligación de depósito.*

1. Los honorarios del perito del obligado tributario serán satisfechos por éste. Cuando la diferencia entre la tasación practicada por el perito tercero y el valor declarado, considerada en valores absolutos, supere el 20 por 100 del valor declarado, los gastos del perito tercero serán abonados por el obligado tributario, y, en caso contrario, correrán a cargo de la Administración. En este supuesto, aquél tendrá derecho a ser reintegrado de los gastos ocasionados por el depósito al que se refiere el párrafo siguiente.

2[42]. El perito tercero deberá exigir, previamente al desempeño de su cometido, que se haga provisión del importe de sus honorarios. A tal efecto, el perito tercero deberá comunicar a la Administración, de forma fehaciente y en el plazo de 15 días desde la notificación de su designación, el importe previsto de sus honorarios.

Los depósitos que deban efectuar la Administración y los interesados se realizarán, en el plazo de 15 días contados a partir de la recepción de la notificación por los interesados, en la Caja de Depósitos de la Comunidad Autónoma de Aragón.

El depósito previo vinculará al perito tercero, de tal forma que la posterior facturación de los honorarios no podrá ser superior a la provisión de fondos efectuada para el pago de los mismos, salvo que se hubiera producido una modificación en los tipos impositivos del Impuesto sobre el Valor Añadido aplicable en el momento del devengo de los honorarios.

No obstante lo dispuesto en los párrafos anteriores, la Administración tributaria podrá, mediante resolución motivada, desestimar la fijación de los honorarios por el perito tercero, cuando considere que los mismos resultan, desde criterios técnicos o financieros, abusivos o desproporcionados para el interés económico del contribuyente o para el interés público general.

---

[42]   Nueva redacción del apartado 2 del art. 211.-3 dada por el art. 5.1 de la Ley 14/2014, de 30 de diciembre, de Medidas Fiscales y Administrativas de la Comunidad Autónoma de Aragón (BOA núm. 256, de 31 de diciembre de 2014), en vigor desde el 1 de enero de 2015.
Redacción anterior dada por el art. 5 de la Ley 12/2010, de 29 de diciembre, de Medidas Tributarias de la Comunidad Autónoma de Aragón (BOA núm. 255, de 31 de diciembre de 2010, corrección de errores BOA núm. 26 de 7 de febrero de 2011), con entrada en vigor el día 1/1/2011.

3[43]. La falta de depósito por cualquiera de las partes, exigido conforme al apartado anterior, producirá la terminación del procedimiento de tasación pericial contradictoria y supondrá la aceptación de la valoración realizada por la Administración o la efectuada por el perito nombrado por el obligado tributario, según sea este último o la Administración quien no haya consignado el depósito, y cualquiera que sea la diferencia entre ambas valoraciones.

4. Entregada en la oficina gestora la valoración por el perito tercero, se comunicará al obligado tributario y se le concederá un plazo de quince días para justificar el pago de los honorarios a su cargo. En su caso, se autorizará la disposición de la provisión de los honorarios depositados.

Artículo 211-4. *Inactividad, renuncia y efectos.*

1[44]. Cuando el perito designado por el obligado tributario o el perito tercero no pudieran presentar el resultado de la tasación en el plazo de un mes, la Administración Tributaria, previa solicitud de los mismos, podrá conceder una ampliación de dicho plazo que no exceda de la mitad del mismo. El acuerdo de ampliación deberá ser notificado al solicitante.

2. La falta de presentación del resultado de la tasación del perito designado por el obligado tributario en el plazo indicado o, en su caso, en el de la prórroga del mismo, producirá además de los efectos previstos en el apartado 3 del artículo 211-2, la pérdida del derecho al trámite de la tasación pericial contradictoria.

3[45]. La renuncia del perito tercero, la falta de comunicación en plazo del importe previsto de los honorarios o la falta de presentación en plazo del resultado de su tasación dejarán sin efecto su nombramiento e impedirán su designación en el ejercicio corriente y en los dos posteriores al mismo.

En los citados casos, se procederá a la designación de un nuevo perito tercero conforme al orden correlativo que proceda en la lista de profesionales a que se refiere el apartado 5 del artículo 211-2.

4[46]. Las dilaciones imputables al perito tercero no se incluirán en el cómputo del plazo máximo de resolución del procedimiento.

---

[43] Nueva redacción del apartado 3 dada por el art. 6.2 de la Ley 8/2007, de 29 de diciembre, de Medidas Tributarias de la Comunidad Autónoma de Aragón (BOA núm. 154, de 31 de diciembre de 2007 y BOE de 22 de febrero de 2008), en vigor desde 1/1/2008.

[44] Nueva redacción del apartado 1 dada por el art. 6.3 de la Ley 8/2007, de 29 de diciembre, de Medidas Tributarias de la Comunidad Autónoma de Aragón (BOA núm. 154, de 31 de diciembre de 2007 y BOE de 22 de febrero de 2008), en vigor desde 1/1/2008.

[45] Nueva redacción dada por el art. 5.2 de la Ley 14/2014, de 30 de diciembre, de Medidas Fiscales y Administrativas de la Comunidad Autónoma de Aragón (BOA núm. 256, de 31 de diciembre de 2014), en vigor desde el 1 de enero de 2015.

[46] Apartado 4 incorporado por el art. 6.4 de la Ley 8/2007, de 29 de diciembre, de Medidas Tributarias de la Comunidad Autónoma de Aragón (BOA núm. 154, de 31 de diciembre de 2007 y BOE de 22 de febrero de 2008), en vigor desde 1/172008.

SECCIÓN 2.ª *Aplicación de beneficios fiscales*

Artículo 212-1. *Opción por la aplicación de beneficios fiscales.*

Cuando la definitiva efectividad de un beneficio fiscal dependa del cumplimiento por el contribuyente de cualquier requisito en un momento posterior al de devengo del impuesto, la opción por la aplicación de tal beneficio deberá ejercerse expresamente en el período voluntario de declaración o autoliquidación por este impuesto. De no hacerse así, y salvo lo dispuesto en la normativa propia de cada beneficio fiscal, se entenderá como una renuncia a la aplicación del beneficio por no cumplir la totalidad de requisitos establecidos o no asumir los compromisos a cargo del obligado tributario.

SECCIÓN 3.ª *Acreditación de la presentación y el pago de determinados tributos cedidos*[47]

Artículo 213-1. *Requisitos para la acreditación de la presentación y el pago.*

De conformidad con lo dispuesto en el artículo 61.3 de la Ley 22/2009, de 18 de diciembre, por la que se regula el sistema de financiación de las Comunidades Autónomas de régimen común y ciudades con Estatuto de Autonomía, así como en los artículos 254 y 256 de la Ley Hipotecaria, la acreditación, en el ámbito territorial de la Comunidad Autónoma de Aragón, del pago de las deudas tributarias y de la presentación de las declaraciones tributarias y de los documentos que contengan actos o contratos sujetos al Impuesto sobre Transmisiones Patrimoniales y Actos Jurídicos Documentados o al Impuesto sobre Sucesiones y Donaciones cuyos rendimientos estén atribuidos a esta Comunidad autónoma, se ajustará a los siguientes requisitos[48]:

1.º El pago de las deudas tributarias correspondientes a los citados tributos cedidos cuya recaudación esté atribuida a la Comunidad Autónoma de Aragón, se considerará válido y tendrá efectos liberatorios únicamente en los supuestos en que dichos pagos se hayan efectuado a su favor, en cuentas autorizadas o restringidas de titularidad de la Hacienda Pública de la Comunidad Autónoma de Aragón y utilizando a tal efecto los modelos de declaración aprobados por Orden del Consejero titular del Departamento con competencias en materia tributaria.

2.º Los pagos realizados a órganos de recaudación ajenos a la Comunidad Autónoma de Aragón sin concierto al respecto con ésta, y por tanto incompetentes, o a personas no autorizadas para ello, no liberarán al deudor de su obligación de pago, ni liberarán a las autoridades y funcionarios de las responsabilidades que se deriven de la admisión de

---

[47]   Sección 3.ª incorporada por el art. 7 de la Ley 8/2007, de 29 de diciembre, de Medidas Tributarias de la Comunidad Autónoma de Aragón (BOA núm. 154, de 31 de diciembre de 2007 y BOE de 22 de febrero de 2008), en vigor desde 1/1/2008.

[48]   Nueva redacción del primer párrafo dada por el art. 7.5 de la Ley 12/2010, de 29 de diciembre, de Medidas Tributarias de la Comunidad Autónoma de Aragón (BOA núm. 255, de 31 de diciembre de 2010, corrección de errores BOA núm. 26 de 7 de febrero de 2011), con entrada en vigor el día 1/1/2011.

documentos presentados a fin distinto de su liquidación sin la acreditación del pago de la deuda tributaria o la presentación de la declaración tributaria en oficinas de la Comunidad Autónoma de Aragón.

3[o49] A efectos de acreditación de la presentación ante la Administración Tributaria del documento que contenga actos o contratos sujetos a los citados impuestos, así como de la autoliquidación o el pago de los mismos o, en su caso, de la exención o no sujeción del acto o contrato correspondiente, será válida la correspondiente diligencia de presentación, extendida por la oficina tributaria competente, que contenga, al menos, las siguientes indicaciones:

a) La descripción del documento presentado que, en caso de ser notarial, identificará al Notario otorgante, número de protocolo y fecha de otorgamiento.

b) La descripción de la autoliquidación o autoliquidaciones, que se identificarán mediante su número de justificante, con mención del hecho imponible o el concepto del mismo, fecha de devengo, obligado tributario y el importe ingresado en su caso.

La diligencia de presentación, que irá referida a la documentación presentada ante la Administración Tributaria competente, podrá ser incorporada en el propio documento o en soporte independiente, en formato papel o electrónico, según corresponda a su forma de presentación.

La diligencia de presentación permitirá acreditar el cumplimiento de las obligaciones tributarias a los efectos de la inscripción en los correspondientes registros públicos y ante los correspondientes órganos judiciales, intermediarios financieros, entidades bancarias, aseguradoras, asociaciones, fundaciones, sociedades, funcionarios, particulares y cualesquiera otras entidades públicas o compañías privadas.

4[o50]

SECCIÓN 4.ª *Valoración de bienes inmuebles por otra Administración Tributaria*[51]

Artículo 214-1[52]. *Utilización de valores determinados por otra comunidad autónoma.*

1. Los valores comprobados y determinados por la Administración Tributaria de otra Comunidad Autónoma, mediante alguno de los medios previstos en el artículo 57.1 de la Ley

---

49   Nueva redacción dada por el art. único.13 de la Ley 10/2018, de 6 de septiembre, de medidas relativas al Impuesto sobre Sucesiones y Donaciones (BOA núm. 183, de 20 de septiembre de 2018).

50   Suprimido por el art. único.13 de la Ley 10/2018, de 6 de septiembre, de medidas relativas al Impuesto sobre Sucesiones y Donaciones (BOA núm. 183, de 20 de septiembre de 2018).

51   Nueva sección incorporada por el art. 6 de la Ley 12/2010, de 29 de diciembre, de Medidas Tributarias de la Comunidad Autónoma de Aragón (BOA núm. 255, de 31 de diciembre de 2010, corrección de errores BOA núm. 26 de 7 de febrero de 2011), con entrada en vigor el día 1/1/2011.

52   Nuevo artículo incorporado por el art. 6 de la Ley 12/2010, de 29 de diciembre, de Medidas Tributarias de la Comunidad Autónoma de Aragón (BOA núm. 255, de 31 de diciembre de 2010, corrección de errores BOA núm. 26 de 7 de febrero de 2011), con entrada en vigor el día 1/1/2011.

General Tributaria, podrán ser aplicados a los procedimientos de aplicación de los tributos cedidos gestionados por la Administración Tributaria de la Comunidad Autónoma de Aragón.

2. En tales supuestos, la aplicación de un valor determinado por otra Comunidad Autónoma implicará también la asunción de la motivación que la misma haya efectuado para justificar la comprobación, debiendo notificar al obligado tributario tanto el resultado de la valoración como su motivación.

SECCIÓN 5.ª Propuestas de liquidación con acuerdo[53]

Artículo 215-1. *Formalización de las propuestas de liquidación con acuerdo.*

1. En los procedimientos de comprobación limitada, cuando para la elaboración de la propuesta de regularización sea preciso realizar valoraciones relevantes para la obligación tributa-

---

[53] Nueva sección 5ª del capítulo I del título II incorporada por el artículo 13 de la Ley 3/2012, de 8 de marzo, de Medidas Fiscales y Administrativas de la Comunidad Autónoma de Aragón (BOA núm. 54, de 19 de marzo de 2012), en vigor desde el día 20 de marzo de 2012.

Orden HAP/1284/2019, de 9 de septiembre, por la que se modifica la Orden de 16 de mayo de 2013, del Consejero de Hacienda y Administración Pública, por la que se aprueba la metodología de obtención de precios medios en el mercado de determinados bienes inmuebles urbanos ubicados en la Comunidad Autónoma de Aragón y el medio de acceso por los ciudadanos a los valores resultantes, a efectos de liquidación y comprobación de valores de los hechos imponibles de los impuestos sobre Transmisiones Patrimoniales y Actos Jurídicos Documentados y sobre Sucesiones y Donaciones BOA núm. 197, de 9 de octubre de 2019).

Orden de 16 de mayo de 2013, del Consejero de Hacienda y Administración Pública, por la que se aprueba la metodología de obtención de precios medios en el mercado de determinados bienes inmuebles urbanos ubicados en la Comunidad Autónoma de Aragón y el medio de acceso por los ciudadanos a los valores resultantes, a efectos de liquidación y comprobación de valores de los hechos imponibles de los Impuestos sobre Transmisiones Patrimoniales y Actos Jurídicos Documentados y sobre Sucesiones y Donaciones (BOA núm. 105, de 31 de mayo de 2013).

Orden de 15 de junio de 2015, del Consejero de Hacienda y Administración Pública, por la que se aprueba la actualización para el ejercicio 2015 de los coeficientes aplicables al valor catastral para estimar el valor real de determinados bienes inmuebles urbanos ubicados en ciertos municipios de relevancia turística, a efectos de la liquidación de los hechos imponibles de los Impuestos sobre Transmisiones Patrimoniales y Actos Jurídicos Documentados y sobre Sucesiones y Donaciones (BOA núm. 138, de 20 de julio de 2015).

Orden de 24 de abril de 2015, del Consejero de Hacienda y Administración Pública, por la que se aprueba la actualización de los coeficientes aplicables al valor catastral para estimar el valor real de determinados bienes inmuebles urbanos, así como de la metodología utilizada en la obtención de precios medios en el mercado de determinados bienes inmuebles urbanos ubicados en la Comunidad Autónoma de Aragón, a efectos de la liquidación de los hechos imponibles de los Impuestos sobre Transmisiones Patrimoniales y Actos Jurídicos Documentados y sobre Sucesiones y Donaciones devengados durante el ejercicio 2015 (BOA núm. 94, de 20 de mayo de 2015, corrección de errores BOA núm. 114, de 17 de junio de 2015).

Orden de 30 de abril de 2013, del Consejero de Hacienda y Administración Pública, por la que se modifican los anexos II, III y IV de la Orden de 23 de agosto de 2012 y se actualizan los coeficientes a que se refiere la disposición transitoria única de la Orden de 13 de febrero de 2013 (BOA núm. 98, de 22 de mayo de 2013)

Orden de 13 de febrero de 2013, del Consejero de Hacienda y Administración Pública, por la que se aprueban los coeficientes multiplicadores del valor catastral para estimar el valor real de determinados bienes

ria que no puedan determinarse o cuantificarse de manera cierta, la Administración tributaria, con carácter previo a la liquidación de la deuda tributaria, podrá concretar dicha valoración mediante un acuerdo con el obligado tributario en los términos previstos en este artículo.

2. La propuesta de liquidación con acuerdo, además de los requisitos exigidos por el ordenamiento administrativo y tributario para las comunicaciones dirigidas a los obligados tributarios, deberá incluir necesariamente los siguientes contenidos:

a) El fundamento de la valoración realizada.

b) Los hechos, fundamentos jurídicos y cuantificación de la propuesta de regularización.

c) Manifestación expresa de la conformidad del obligado tributario con la totalidad de los contenidos anteriores.

3. Para la suscripción de la propuesta de liquidación con acuerdo, será necesaria la autorización expresa del órgano competente para liquidar, que podrá ser previa o simultánea a la suscripción de la propuesta de liquidación con acuerdo.

4. El acuerdo se perfeccionará mediante la suscripción de la propuesta de liquidación por el obligado tributario o su representante y el órgano competente para efectuar la valoración.

5. El contenido de la propuesta de liquidación con acuerdo se entenderá íntegramente aceptado por el obligado tributario y la Administración tributaria. La liquidación derivada del acuerdo solo podrá ser objeto de impugnación o revisión en vía administrativa por el procedimiento de declaración de nulidad de pleno derecho previsto en el artículo 217 de la Ley General Tributaria, sin perjuicio del recurso que pudiera proceder en vía contencioso-administrativa por la existencia de vicios en el consentimiento.

6. La falta de suscripción de una propuesta de liquidación con acuerdo no podrá ser motivo de recurso o reclamación contra las liquidaciones derivadas del procedimiento.

Artículo 215-2. *Tramitación de las propuestas de liquidación con acuerdo.*

1. Cuando de los datos y antecedentes obtenidos en las actuaciones de comprobación limitada, la unidad gestora entienda que pudiera proceder la conclusión de un acuerdo por concurrir el supuesto señalado en el artículo anterior, lo pondrá en conocimiento del obligado tributario. Tras esta comunicación, el obligado tributario podrá formular una propuesta con el fin de alcanzar un acuerdo.

---

inmuebles urbanos, a efectos de liquidación de los Impuestos sobre Transmisiones Patrimoniales y Actos Jurídicos Documentados y sobre Sucesiones y Donaciones, sobre los hechos imponibles devengados o que se devenguen durante el ejercicio 2013 (BOA núm. 52 de 14 de marzo de 2013).
Orden de 23 de agosto de 2012, del Consejero de Hacienda y Administración Pública, por la que se aprueban los coeficientes aplicables al valor catastral para estimar el valor real de determinados bienes inmuebles urbanos, a efectos de liquidación de los Impuestos sobre Transmisiones Patrimoniales y Actos Jurídicos Documentados y sobre Sucesiones y Donaciones, sobre los hechos imponibles devengados o que se devenguen durante los ejercicios 2010, 2011 y 2012, se establecen las reglas para la aplicación de los mismos y se publica la metodología seguida para su obtención (BOA núm. 172, de 4 de septiembre de 2012).

2. Una vez desarrolladas las oportunas actuaciones para fijar los posibles términos del acuerdo, la unidad gestora solicitará la correspondiente autorización para la suscripción de la propuesta de liquidación con acuerdo del órgano competente para liquidar.

3. Una vez firmado el acuerdo, se entenderá dictada y notificada la liquidación de acuerdo con la propuesta formulada en el mismo si, transcurrido el plazo de 10 días contados a partir del día siguiente al de la fecha del acuerdo, no se ha notificado al obligado tributario una liquidación del órgano competente para rectificar, en su caso, los errores materiales que pudiera contener el acuerdo.

CAPÍTULO II. OBLIGACIONES FORMALES

Artículo 220-1. *Obligaciones formales de los Notarios.*

Los Notarios, con la colaboración del Consejo General del Notariado, remitirán por vía telemática al órgano directivo competente en materia de Tributos una declaración informativa de los elementos básicos de las escrituras por ellos autorizadas, así como la copia electrónica de las mismas, en los supuestos, plazos, condiciones, forma y estructura que se determinen reglamentariamente.

Artículo 220-2[54]. *Obligaciones formales de los Registradores de la Propiedad y Mercantiles.*

1. Sin perjuicio de lo señalado en el artículo 213-1, los registradores de la propiedad y mercantiles con destino en la Comunidad Autónoma de Aragón en cuyo registro se hayan presentado documentos que contengan actos o contratos sujetos al Impuesto sobre Sucesiones y Donaciones por la adquisición de bienes y derechos por herencia, legado o cualquier otro título sucesorio, cuando el pago de dicho tributo o la presentación de la declaración tributaria se haya realizado en otra Comunidad Autónoma y existan dudas sobre la residencia habitual del causante y se haya realizado la calificación y la inscripción u operación solicitada, remitirán al órgano directivo competente en materia de tributos, en los primeros quince días de cada trimestre, una copia del documento y de la carta de pago de la declaración tributaria.

2. Asimismo, y de conformidad con lo establecido en la legislación hipotecaria, estarán obligados, respecto de los tributos cuyo punto de conexión corresponda a la Comunidad Autónoma de Aragón, a archivar y conservar el original de los justificantes de pago y/o presentación a que se refiere el punto 1º del artículo 213-1, relativos a los respectivos documentos objeto de inscripción, cualquiera que sea la forma o formato en el que hayan sido presentados.

---

[54]   Nueva redacción del art. 220-2 dada por el art. 7 de la Ley 8/2007, de 29 de diciembre, de Medidas Tributarias de la Comunidad Autónoma de Aragón (BOA núm. 154, de 31 de diciembre de 2007 y BOE de 22 de febrero de 2008), en vigor desde 1/1/2008.

Artículo 220-3. *Obligación de suministrar información tributaria en soporte informático o telemático.*

El cumplimiento de cualquier obligación legal de suministro regular de información con trascendencia tributaria relativa a cualquiera de los impuestos cedidos por el Estado a la Comunidad Autónoma de Aragón, ya venga establecida por norma estatal o autonómica, deberá realizarse utilizando los soportes magnéticos directamente legibles por ordenador o por vía telemática que, en su caso, se determinen reglamentariamente.

CAPÍTULO III. NOTIFICACIONES ELECTRÓNICAS[55]

Artículo 230-1. *Notificaciones tributarias en el régimen del sistema de dirección electrónica.*

1. La Administración tributaria de la Comunidad Autónoma de Aragón podrá acordar la asignación de una dirección electrónica a los obligados tributarios que no sean personas físicas.

Asimismo, se podrá acordar la asignación de una dirección electrónica a las personas físicas que pertenezcan a los colectivos que, por razón de su capacidad económica o técnica, dedicación profesional u otros motivos acreditados, tengan garantizado el acceso y disponibilidad de los medios tecnológicos precisos.

2. La dirección electrónica asignada deberá reunir los requisitos establecidos en el ordenamiento jurídico para la práctica de notificaciones administrativas electrónicas con plena validez y eficacia, resultando de aplicación lo dispuesto en los apartados segundo y tercero del artículo 28 de la Ley 11/2007, de 22 de junio, de acceso electrónico de los ciudadanos a los Servicios Públicos.

3. La práctica de notificaciones en la dirección electrónica no impedirá que la Administración tributaria de la Comunidad Autónoma de Aragón posibilite que los interesados puedan acceder electrónicamente al contenido de las actuaciones administrativas en la sede electrónica correspondiente con los efectos propios de la notificación por comparecencia.

4. Transcurrido un mes desde la publicación oficial del acuerdo de asignación, y previa comunicación del mismo al obligado tributario, la Administración tributaria de la Comunidad Autónoma de Aragón practicará, con carácter general, las notificaciones en la dirección electrónica asignada.

5. La Administración tributaria de la Comunidad Autónoma de Aragón podrá utilizar la dirección electrónica previamente asignada por otra Administración tributaria, previo el correspondiente convenio de colaboración, que será objeto de publicidad oficial y comunicación previa al interesado en los términos del apartado anterior.

---

[55]   Nuevo Capítulo III, así como un nuevo artículo 230-1, incorporada por el artículo 14 de la Ley 3/2012, de 8 de marzo, de Medidas Fiscales y Administrativas de la Comunidad Autónoma de Aragón (BOA núm. 54, de 19 de marzo de 2012), en vigor desde el día 20 de marzo de 2012.

Asimismo, los obligados a recibir las notificaciones electrónicas podrán comunicar que también se considere como dirección electrónica cualquier otra que haya sido habilitada por otra Administración tributaria para recibir notificaciones administrativas electrónicas con plena validez y eficacia.

6. Fuera de los supuestos contemplados en este artículo, para que la notificación se practique utilizando algún medio electrónico, se requerirá que el interesado haya señalado dicho medio como preferente o haya consentido su utilización.

7. El régimen de asignación de la dirección electrónica en el ámbito de la Administración tributaria de la Comunidad Autónoma de Aragón se regulará mediante Orden del titular del departamento competente en materia de hacienda.

Disposición adicional única[56]. *Equiparación de las uniones de parejas estables no casadas a la conyugalidad.*

Las referencias que, en el Capítulo III del Título I de este texto refundido, se efectúan a los cónyuges, se entenderán también realizadas a los miembros de las parejas estables no casadas, en los términos previstos en el Título VI del Libro II del «Código del Derecho Foral de Aragón», texto refundido de las leyes civiles aragonesas, aprobado por Decreto Legislativo 1/2011, de 22 de marzo, del Gobierno de Aragón, siempre que se cumplan las siguientes condiciones:

a) Que la pareja estable no casada se encuentre inscrita, al menos con cuatro años de antelación al devengo del impuesto correspondiente, y se mantengan en dicho momento los requisitos exigidos para su inscripción, en el Registro Administrativo de parejas estables no casadas, aprobado por Decreto 203/1999, de 2 de noviembre, del Gobierno de Aragón.

b) Que se encuentre anotada o mencionada en el Registro Civil competente cuando así lo exija la legislación estatal.

c) Que no exista entre los miembros de la pareja estable no casada relación de parentesco en línea recta por consanguinidad o adopción, ni como colaterales por consanguinidad o adopción hasta el segundo grado, en los términos establecidos en el artículo 306 del citado Código del Derecho Foral de Aragón.

(...)

---

[56]   Nueva disp. adic. Incorporada por el art. único Catorce de la Ley 10/2018, de 6 de septiembre, de medidas relativas al Impuesto sobre Sucesiones y Donaciones (BOA de 20 de septiembre de 2018), con efectos desde el 1 de noviembre de 2018.

Disposición transitoria cuarta[57]. *Plazo de aplicación de los tipos impositivos especiales para la adquisición de la vivienda habitual por familias numerosas.*

El plazo de los cuatro años posteriores a la adquisición de la vivienda habitual por familias numerosas, establecido en los artículos 121-5.1.b) y 122-3.1.b), podrá aplicarse también a aquellos contribuyentes que, con anterioridad al 1 de enero de 2015, hubieran optado por la aplicación del tipo reducido previsto en cada uno de dichos artículos.

En caso de incumplimiento de este requisito, deberá pagarse la parte de cuota dejada de ingresar a consecuencia de la aplicación del respectivo tipo especial y los correspondientes intereses de demora. A estos efectos, deberá presentarse la autoliquidación en el plazo de un mes desde el día siguiente al de la fecha en que tenga lugar el incumplimiento.

(...)

Disposición final primera[58]. *Habilitación al Gobierno de Aragón para que regule los requisitos de la deducción de la cuota íntegra autonómica por arrendamiento de vivienda social.*

Un Decreto del Gobierno de Aragón regulará los requisitos que deban cumplir las viviendas que puedan integrarse en la bolsa de viviendas sociales, los ciudadanos que puedan beneficiarse de los contratos de alquiler para vivienda habitual y las rentas máximas a percibir por los propietarios, así como las condiciones que regirán la puesta a disposición de las viviendas a favor del Gobierno de Aragón o sus entidades dependientes.

Disposición final segunda[59]. *Habilitaciones al Consejero competente en materia de Hacienda en relación con los tributos cedidos.*

Se autoriza al Consejero competente en materia de Hacienda para que, mediante Orden, regule las siguientes cuestiones relativas a la gestión de los tributos cedidos[60]:

---

[57] Nueva disposición incorporada por el art. 2.8 de la Ley 14/2014, de 30 de diciembre, de Medidas Fiscales y Administrativas de la Comunidad Autónoma de Aragón (BOA núm. 256, de 31 de diciembre de 2014), en vigor desde el 1 de enero de 2015.

[58] Nueva disposición renumerada como primera e incorporada por el art. 6.1 de la Ley 14/2014, de 30 de diciembre, de Medidas Fiscales y Administrativas de la Comunidad Autónoma de Aragón (BOA núm. 256, de 31 de diciembre de 2014), en vigor desde el 1 de enero de 2015.

[59] Renumeración de la disposición final única, pasando a ser la disposición final segunda por el art. 6.2 de la Ley 14/2014, de 30 de diciembre, de Medidas Fiscales y Administrativas de la Comunidad Autónoma de Aragón (BOA núm. 256, de 31 de diciembre de 2014), en vigor desde el 1 de enero de 2015.

[60] La disposición final 1.ª de la Ley 8/2007, de 29 de diciembre, de Medidas Tributarias de la Comunidad Autónoma de Aragón (BOA núm. 154, de 31 de diciembre de 2007 y BOE de 22 de febrero de 2008), añade: «1. Se autoriza al Consejero competente en materia de Hacienda para que, mediante Orden, regule la distribución de competencias en relación con los procedimientos de aplazamiento y fraccionamiento de deudas y de devolución de ingresos indebidos en materia de tributos cedidos.
2. Asimismo, el citado Consejero podrá, mediante Orden, regular y complementar los requisitos para la acreditación de la presentación y el pago de los tributos cedidos que se encuentran contemplados en el

1.º Las condiciones de lugar, tiempo y forma de presentación de las declaraciones relativas a los tributos cedidos.

2.º En relación con el procedimiento para liquidar las herencias ordenadas mediante fiducia, los aspectos formales y procedimentales de la opción regulada en el apartado 5 del artículo 133-2 del Texto Refundido.

3.º Un procedimiento de depósito, para el pago de los honorarios de los peritos, a través de entidades de crédito que presten el servicio de caja en las Subdirecciones Provinciales del Departamento competente en materia de Hacienda, de entidades colaboradoras en la recaudación de tributos o de cuentas restringidas de recaudación abiertas en entidades de crédito.

4.º El formato y plazos en que deban cumplirse las obligaciones formales de los Notarios, establecidas en el artículo 32.3 de la Ley 29/1987, de 18 de diciembre, del Impuesto sobre Sucesiones y Donaciones, y en el artículo 52, segundo párrafo, del Texto Refundido del Impuesto sobre Transmisiones Patrimoniales y Actos Jurídicos Documentados, aprobado por Real Decreto Legislativo 1/1993, de 24 de septiembre, así como la remisión, en su caso, de dicha información utilizando medios telemáticos, con arreglo a los diseños de formato, condiciones y plazos que se establezcan.

5.º La autorización del uso de efectos timbrados como medio de pago destinado a satisfacer las deudas tributarias derivadas de la transmisión de determinados vehículos, estableciendo sus condiciones y forma de utilización.

6.º[61] Los honorarios máximos estandarizados de los peritos terceros para intervenir en las tasaciones periciales contradictorias, así como los requisitos técnicos y jurídicos que deben reunir los dictámenes de los peritos terceros.

7.º Los supuestos, plazos, condiciones, forma y estructura para el cumplimiento de las obligaciones formales de los Notarios y Registradores de la Propiedad y Mercantiles previstas en los artículos 220-1 y 220-2 del Texto Refundido.

8.º Los diseños de formato, condiciones y plazos de los soportes magnéticos directamente legibles por ordenador o por vía telemática para el cumplimiento de cualquier obligación legal de suministro regular de información con trascendencia tributaria.

9.º La distribución de competencias en relación con los procedimientos de aplazamiento y fraccionamiento de deudas y de devolución de ingresos indebidos en materia de tributos cedidos.

---

artículo 213-1 del Texto Refundido de las disposiciones dictadas por la Comunidad Autónoma de Aragón en materia de tributos cedidos».

[61] Nueva redacción del punto 6º dada por la disp. Final segunda.2 de la Ley 10/2012, de 27 de diciembre, de Medidas Fiscales y Administrativas de la Comunidad Autónoma de Aragón (BOA núm. 253, de 31 de diciembre de 2012), en vigor desde el 1 de enero de 2013.

10.º Los requisitos para la acreditación de la presentación y el pago de los tributos cedidos, que se encuentran contemplados en el artículo 213-1 del Texto Refundido de las disposiciones dictadas por la Comunidad Autónoma de Aragón en materia de tributos cedidos.

11.º La forma de pago en metálico, mediante autoliquidación del Impuesto sobre Transmisiones Patrimoniales y Actos Jurídicos Documentados, por este último concepto, que grava los documentos mercantiles que realicen función de giro.

12.º[62] La aplicación y metodología de los medios de valoración y el procedimiento para la comprobación de valores de las rentas, productos, bienes y demás elementos determinantes de la obligación tributaria contemplados en los artículos 158 y 160 del Reglamento General de las actuaciones y los procedimientos de gestión e inspección tributaria y de desarrollo de las normas comunes de los procedimientos de aplicación de los tributos, aprobado por Real Decreto 1065/2007, de 27 de julio.

13.º[63] Las especialidades relativas a la autoliquidación mensual de los empresarios dedicados a la compraventa de bienes muebles y objetos fabricados con metales preciosos a que se refiere el artículo 123-5 del presente texto refundido, y a la documentación complemen-

---

[62]   Nuevo punto 12, incorporado por el art.6 de la Ley 2/2014, de 23 de enero (BOA núm.17, de 25 de enero de 2014), con efectos desde 1 de enero de 2014.
Resolución de 21 de diciembre de 2021, del Director General de Tributos, por la que se dictan Instrucciones sobre el suministro de información de valores de bienes inmuebles que vayan a ser objeto de adquisición o transmisión en el ámbito de la Comunidad Autónoma de Aragón, a los efectos de liquidación de los impuestos de Transmisiones Patrimoniales y Actos Jurídicos Documentados y de Sucesiones y Donaciones (BOA núm.4 de 7 de enero de 2022).
Resolución de 3 de febrero de 2021, del Director General de Tributos, por la que se actualizan, para el ejercicio 2021, los coeficientes aplicables al valor catastral para estimar el valor real de determinados bienes inmuebles urbanos ubicados en la Comunidad Autónoma de Aragón, a efectos de la liquidación de los hechos imponibles de los Impuestos sobre Transmisiones Patrimoniales y Actos Jurídicos Documentados y sobre Sucesiones y Donaciones (BOA núm.33, de 16 de febrero de 2021).
Con anterioridad: Resolución de 8 de enero de 2019, del Director General de Tributos, por la que se actualizan, para el ejercicio 2019 (BOA núm.9, de 15 de enero de 2019). Resolución de 6 de junio de 2018, del Director General de Tributos, por la que se actualizan, para el ejercicio 2018 (BOA núm.118, de 20 de junio de 2018). Resolución de 22 de mayo de 2017, del Director General de Tributos, por la que se actualizan, para el ejercicio 2017 (BOA núm.110, de 12 de junio de 2017). Orden HAP/742/2016, de 1 de julio, por la que se aprueba la actualización para el ejercicio 2016 (BOA núm.140, de 21 de julio de 2016). Orden HAP/345/2016, de 5 de abril (BOA núm.80, de 27 de abril de 2016). Orden de 15 de junio de 2015, del Consejero de Hacienda y Administración Pública, por la que se aprueba la actualización para el ejercicio 2015 (BOA núim.138, de 20 de julio de 2015). Orden de 24 de abril de 2015, del Consejero de Hacienda y Administración Pública (BOA núm.94, de 20 de mayo de 2015, corrección de errores BOA núm.114, de 17 de junio de 2015).

[63]   Nuevo núm. incorporado por el art. 6.2 de la Ley 14/2014, de 30 de diciembre, de Medidas Fiscales y Administrativas de la Comunidad Autónoma de Aragón (BOA núm. 256, de 31 de diciembre de 2014), en vigor desde el 1 de enero de 2015.

taria y la relación de operaciones que deban acompañarse a la presentación de la misma, así como, en su caso, la obligatoriedad de su presentación telemática.

14.º⁶⁴ La adopción de las medidas necesarias para la aplicación de las reducciones relativas a la liquidación de la fiducia sucesoria, regulada en el artículo 133-2 de este texto refundido, para garantizar los principios de justicia tributaria, igualdad, generalidad, proporcionalidad y equidad distributiva de la carga tributaria entre los obligados tributarios, en el supuesto de que una modificación normativa efectuada en el ámbito de las competencias estatales afectase a la condición del contribuyente y a la liquidación de la fiducia sucesora por el Impuesto sobre Sucesiones y Donaciones.

15.º⁶⁵ La regulación de las obligaciones formales de los Notarios en el ámbito de los impuestos sobre Transmisiones Patrimoniales y Actos Jurídicos Documentados y sobre Sucesiones y Donaciones, y en particular:

a) la remisión de la declaración informativa de los elementos básicos de los documentos notariales por ellos autorizados, referentes a actos o contratos que contengan hechos imponibles sujetos a los impuestos citados;

b) la remisión de la copia simple electrónica de los documentos notariales por ellos autorizados, referentes a actos o contratos que contengan hechos imponibles sujetos a los impuestos citados; y

c) la remisión de la copia simple electrónica de los documentos notariales por ellos autorizados, referentes a los impuestos citados, a requerimiento de los órganos tributarios del Departamento competente en materia de hacienda, en los siguientes supuestos:

1. Para dar cumplimiento a lo dispuesto en el artículo 93 de la Ley 58/2003, de 17 de diciembre, General Tributaria, y en el artículo 32.3 de la Ley 29/1987, de 18 de diciembre, del Impuesto sobre Sucesiones y Donaciones.

---

⁶⁴ Nueva redacción del punto 14º dada por el art. Único Nueve de la Ley 3/2025, 27 de junio, de apoyo fiscal a la empresa familiar por la que se modifica el texto refundido de las disposiciones dictadas por la Comunidad Autónoma de Aragón en materia de tributos cedidos, aprobado por Decreto Legislativo 1/2005, de 26 de septiembre, del Gobierno de Aragón (DOA núm. 128, de 7 de julio de 2025), con efectos desde el día 8 de julio de 2025.

Redacción anterior por su incorporación por el art. 6.2 de la Ley 14/2014, de 30 de diciembre, de Medidas Fiscales y Administrativas de la Comunidad Autónoma de Aragón (BOA núm. 256, de 31 de diciembre de 2014), en vigor desde el 1 de enero de 2015: «*La adopción de las medidas necesarias para la aplicación de las reducciones relativas a la liquidación de la fiducia sucesoria, regulada en los artículos 131-4 y 133-2 del presente texto refundido, para garantizar los principios de justicia tributaria, igualdad, generalidad, proporcionalidad y equidad distributiva de la carga tributaria entre los obligados tributarios, en el supuesto de que una modificación normativa efectuada en el ámbito de las competencias estatales afectase a la condición del contribuyente y a la liquidación de la fiducia sucesora por el Impuesto sobre Sucesiones y Donaciones*».

⁶⁵ Nuevo núm. incorporado por el art. 6.2 de la Ley 14/2014, de 30 de diciembre, de Medidas Fiscales y Administrativas de la Comunidad Autónoma de Aragón (BOA núm. 256, de 31 de diciembre de 2014), en vigor desde el 1 de enero de 2015.

2. Cuando los documentos se refieran a actos o contratos que se hayan causado con posterioridad a la entrada en vigor de la orden que haya sido dictada en ejecución de la presente autorización y no hayan sido suministrados.

COMUNIDAD AUTÓNOMA DE CANARIAS

Impuesto Sobre Transmisiones Patrimoniales y Actos Jurídicos Documentados

7. Ley 9/2006, de 11 de diciembre, tributaria de la Comunidad Autónoma de Canarias

(BOC núm. 243, de 18 de diciembre de 2006;
BOE núm. 46, de 22 de febrero de 2007)

TÍTULO I. DISPOSICIONES GENERALES

(...)

Artículo 8. *Encomienda de actividades administrativas.*

1. El Gobierno de Canarias podrá encomendar a oficinas liquidadoras a cargo de registradores de la propiedad la aplicación del Impuesto sobre Transmisiones Patrimoniales y Actos Jurídicos Documentados y del Impuesto sobre Sucesiones y Donaciones así como el ejercicio de la potestad sancionadora y la revisión administrativa correspondiente. Las oficinas liquidadoras se crearán por decreto del Gobierno de Canarias, determinándose en el mismo los términos y condiciones de la encomienda y su ámbito territorial.

2. El consejero competente en materia de Hacienda podrá encomendar a empresas cuyo capital sea íntegramente de titularidad pública la gestión de la recepción de declaraciones, autoliquidaciones y comunicaciones, así como la prestación del servicio de gestión de cobro en período voluntario y ejecutivo de los débitos a la Comunidad Autónoma de Canarias, y la información o asistencia tributaria. La encomienda de dichas actividades no podrá implicar, en ningún caso, la atribución a las sociedades públicas de potestades, funciones o facultades sujetas a Derecho Administrativo propias de la Administración.

3. El pago de los rendimientos que correspondan a los registradores de la propiedad a cargo de las oficinas liquidadoras, así como a las empresas públicas por la realización de las actividades a que se refiere el presente artículo, podrá realizarse mediante el procedimiento de retención en origen. El gasto derivado de dichos rendimientos estará excluido de fiscalización previa, sin perjuicio del sometimiento al resto de las actuaciones que procedan derivadas de la función interventora y de control interno.

TÍTULO II. PRINCIPIOS GENERALES DE LA APLICACIÓN DE LOS TRIBUTOS

CAPÍTULO I. INFORMACIÓN Y ASISTENCIA

(...)

Artículo 11. *Información con carácter previo a la adquisición o transmisión de bienes inmuebles.*

1. A los efectos de determinar la base imponible del Impuesto sobre Transmisiones Patrimoniales y Actos Jurídicos Documentados y del Impuesto sobre Sucesiones y Donaciones, la Administración Tributaria Canaria informará, a solicitud del interesado, sobre el valor a efectos fiscales de los bienes inmuebles que, situados en el territorio de la Comunidad Autónoma de Canarias, vayan a ser objeto de adquisición o transmisión.

Lo dispuesto en el presente artículo también resultará aplicable para determinar la base imponible en el Impuesto General Indirecto Canario, en el supuesto de que tal base sea la contraprestación que se hubiese acordado en condiciones normales de mercado entre partes que fuesen independientes.

2. La información a que se refiere el presente artículo ha de ser solicitada por escrito por el interesado, sin perjuicio de que se pueda acceder a tal información a través de técnicas y medios electrónicos, informáticos y telemáticos.

3. En el caso de solicitudes presentadas por escrito, la Administración Tributaria Canaria emitirá la información sobre el valor al que se refiere tal solicitud dentro de los tres meses siguientes a la fecha en que el documento haya tenido entrada en el órgano o unidad competente para su tramitación. La falta de contestación en ese plazo no implicará la aceptación del valor que, en su caso, se hubiera incluido en la solicitud del interesado.

En el caso de solicitudes presentadas por técnicas y medios electrónicos, informáticos y telemáticos, la información se obtendrá por el interesado directamente del sistema respecto de aquellos bienes de los que la Administración Tributaria Canaria disponga de elementos suficientes para fijar el valor.

4. La información sobre el valor a que se refiere el presente artículo que sea emitida por la Administración Tributaria Canaria tendrá efectos vinculantes para la misma durante un plazo de tres meses, contados desde la notificación al interesado, siempre que la solicitud se haya formulado con carácter previo a la finalización del plazo para presentar la correspondiente autoliquidación o declaración y se hayan proporcionado a la Administración datos verdaderos y suficientes.

La información sobre el valor no vinculará a la Administración cuando el obligado tributario declare un valor superior o, tratándose del Impuesto General Indirecto Canario, cuando la contraprestación sea superior.

5. La información sobre el valor a efectos fiscales de los bienes inmuebles no impedirá la posterior comprobación administrativa de los elementos de hecho y circunstancias manifestados por el obligado tributario.

6. El interesado no podrá interponer recurso alguno contra la información comunicada, sin perjuicio de que pueda hacerlo contra el acto o actos administrativos que se dicten posteriormente en relación con dicha información.

7. Sin perjuicio de lo anterior, la Administración Tributaria Canaria podrá hacer públicos los valores de referencia de los bienes inmuebles basados en registros oficiales de carácter fiscal a efectos del Impuesto sobre Transmisiones Patrimoniales y Actos Jurídicos Documentados y del Impuesto sobre Sucesiones y Donaciones. Estos valores podrán fijarse para todo o parte del territorio de la Comunidad Autónoma de Canarias.

CAPÍTULO II. COLABORACIÓN SOCIAL EN LA APLICACIÓN DE LOS TRIBUTOS

Artículo 12. *Colaboración social.*

1. Por orden del consejero competente en materia de Hacienda se regularán los supuestos, condiciones y procedimientos de colaboración social en la aplicación de los tributos, en desarrollo de lo dispuesto en el artículo 92 de la Ley 58/2003, de 17 de diciembre, General Tributaria, en especial los requisitos y condiciones para que la colaboración social se realice mediante la utilización de técnicas y medios electrónicos, informáticos y telemáticos.

2. En los supuestos en que la colaboración social se realice mediante la utilización de técnicas y medios electrónicos, informáticos y telemáticos, podrá establecerse que no constituya un requisito formal esencial la presentación y custodia de copia en soporte papel de los documentos que contienen el acto o actos sujetos ante la Administración Tributaria Canaria.

En este sentido y en relación con las obligaciones formales de presentación de los documentos comprensivos de los hechos imponibles establecidas a cargo de los obligados tributarios en el Impuesto sobre Transmisiones Patrimoniales y Actos Jurídicos Documentados y de la modalidad de donaciones sujetas al Impuesto sobre Sucesiones y Donaciones, éstas se entenderán cumplidas mediante el uso del sistema que se establezca por orden de la consejería competente en materia de Hacienda en los términos previstos en el presente artículo.

3. Por orden del consejero competente en materia de Hacienda se regularán los supuestos y condiciones por los que entes privados pueden ser entidades colaboradoras en la gestión de los tributos cuya aplicación corresponda a la Comunidad Autónoma de Canarias, en la recepción material de declaraciones, autoliquidaciones, comunicaciones de datos y demás documentos con trascendencia tributaria y en la recaudación de deudas y sanciones tributarias.

Artículo 13. *Obligaciones de información.*

1. El cumplimiento de las obligaciones formales de los notarios que contemplan los artículos 32.3 de la Ley 29/1987, de 18 de diciembre, del Impuesto sobre Sucesiones y Donaciones, y 52 del Texto Refundido de la Ley del Impuesto sobre Transmisiones Patrimoniales y Actos Jurídicos Documentados, aprobado por el Real Decreto Legislativo 1/1993, de 24 de septiembre, se realizará en el formato, condiciones y plazos que se aprueben por orden del consejero competente en materia de Hacienda, en la que se podrá establecer que la remisión de dicha información se pueda realizar o se realice de forma exclusiva en soporte directamente legible por ordenador o mediante transmisión por vía telemática[1].

2. En los términos previstos en el artículo 93.4 de la Ley 58/2003, de 17 de diciembre, General Tributaria, y a los efectos de una adecuada aplicación de los tributos gestionados por la Comunidad Autónoma de Canarias, los notarios con destino en la misma remitirán por vía telemática a la Administración Tributaria Canaria una declaración informativa de los elementos básicos de las escrituras con trascendencia tributaria por ellos autorizadas, así como la copia electrónica de éstas, de conformidad con lo dispuesto en la legislación notarial, respecto de los actos o negocios que determine el consejero competente en materia de Hacienda, la cual establecerá, además, los procedimientos, estructura y plazos en los que deba ser remitida esta información.

3. En los términos previstos en el artículo 93.4 de la Ley 58/2003, de 17 de diciembre, General Tributaria, y a los efectos de una adecuada aplicación de los tributos gestionados por la Comunidad Autónoma de Canarias, los registradores de la propiedad con destino en la Comunidad Autónoma de Canarias, vendrán obligados a presentar una declaración informativa de los documentos notariales de constitución de hipoteca que hayan generado una inscripción registral y que contengan la estipulación de la sujeción de los otorgantes al procedimiento de ejecución extrajudicial prevista en el artículo 129 del Decreto de 8 de febrero de 1946, por el que se aprueba el Texto Refundido de la Ley Hipotecaria. El consejero competente en materia de Hacienda determinará los procedimientos, contenido, estructura y plazos de presentación en los que deba ser remitida esta información.

4. En los términos previstos en el artículo 93.4 de la Ley 58/2003, de 17 de diciembre, General Tributaria, y a los efectos de una adecuada aplicación de los tributos gestionados por la Comunidad Autónoma de Canarias, los registradores de la propiedad, mercantiles y de bienes muebles con destino en la misma vendrán obligados a remitir trimestralmente a la consejería competente en materia de Hacienda la relación de los documentos que contengan actos o contratos sujetos al Impuesto sobre Sucesiones y Donaciones o al Impuesto sobre Transmisiones Patrimoniales y Actos Jurídicos Documentados que se presenten a inscripción o anotación en sus respectivos registros cuando el pago de tales tributos o la presentación de la correspondiente autoliquidación o declaración tributaria se haya realizado en otra Comunidad Autónoma. El consejero competente en materia de Hacienda determinará los

---

[1]   Orden de 11 de septiembre de 2014, por la que se regula la remisión por los Notarios a la Administración Tributaria Canaria de la ficha resumen de los documentos notariales y de la copia electrónica de las escrituras y demás documentos públicos, a efectos de los Impuestos sobre Sucesiones y Donaciones y sobre Transmisiones Patrimoniales y Actos Jurídicos Documentados (BOC núm. 183, de 22 de septiembre de 2014).

procedimientos, estructura y plazos de presentación en los que deba ser remitida esta información.

5. Las declaraciones previstas en este artículo tendrán la consideración de tributarias a todos los efectos regulados en la Ley 58/2003, de 17 de diciembre, General Tributaria.

CAPÍTULO III. DE LOS PROCEDIMIENTOS TRIBUTARIOS

(...)

Artículo 22. *Comprobación de valores.*

1. La comprobación de valores a efectos del Impuesto sobre Transmisiones Patrimoniales y Actos Jurídicos Documentados y del Impuesto sobre Sucesiones y Donaciones se realizará, cuando proceda, por la Administración Tributaria Canaria utilizando, indistintamente, cualquiera de los medios previstos en el artículo 57 de la Ley 58/2003, de 17 de diciembre, General Tributaria[2].

2. Conforme con lo dispuesto en el artículo 57.1 b) de la Ley 58/2003, de 17 de diciembre, General Tributaria, el valor de los bienes inmuebles determinante de la obligación tributaria podrá ser comprobado por la Administración Tributaria Canaria mediante la estimación por referencia a los valores que figuren en los registros oficiales de carácter fiscal. A tal efecto, al valor que figure en el citado registro actualizado a la fecha de realización del hecho imponible se le aplicará un coeficiente multiplicador que tendrá en cuenta el coeficiente de referencia al mercado del citado valor y la evolución del mercado inmobiliario. La consejería competente en materia de Hacienda publicará anualmente los coeficientes aplicables y la metodología seguida para su obtención[3].

---

[2]   Orden de 22 de abril de 2021, por la que se aprueban, conforme a lo previsto en el artículo 57.1.c) de la Ley 58/2003, de 17 de diciembre, General Tributaria, los precios medios en el mercado de determinados vehículos y embarcaciones (BOC núm. 92. Jueves 6 de mayo de 2021).

[3]   Orden de 29 de octubre de 2019, por la que se aprueban los coeficientes aplicables al valor catastral para estimar el valor real de determinados bienes inmuebles urbanos a efectos de la liquidación de los hechos imponibles del Impuesto sobre Transmisiones Patrimoniales y Actos Jurídicos Documentados y del Impuesto sobre Sucesiones y Donaciones que se devenguen a partir del 1 de enero de 2020, se establecen las reglas para la aplicación de los mismos y se publica la metodología seguida para su obtención (BOCI núm. 220, de 13 de noviembre de 2019).

Orden de 8 de febrero de 2019, por la que se aprueban los coeficientes aplicables al valor catastral para estimar el valor real de determinados bienes inmuebles urbanos a efectos de la liquidación de los hechos imponibles del Impuesto sobre Transmisiones Patrimoniales y Actos Jurídicos Documentados y del Impuesto sobre Sucesiones y Donaciones que se devenguen desde la entrada en vigor de la presente Orden hasta el día 31 de diciembre de 2019, se establecen las reglas para la aplicación de los mismos y se publica la metodología seguida para su obtención (BOIC núm. 31, de 14 de febrero de 2019).

Orden de 15 de mayo de 2018, por la que se aprueban los coeficientes aplicables al valor catastral para estimar el valor real de determinados bienes inmuebles urbanos a efectos de la liquidación de los hechos imponibles del Impuesto sobre Transmisiones Patrimoniales y Actos Jurídicos Documentados y del Impues-

3. El dictamen de peritos de la Administración previsto en el artículo 57.1 e) de la Ley 58/2003, de 17 de diciembre, General Tributaria, habrá de contener los datos objetivos utilizados para la identificación del bien o derecho cuyo valor se comprueba, obtenidos de documentación suficiente que permita su individualización.

En el caso de bienes inmuebles, se entenderá que la documentación empleada permite la individualización del mismo cuando posibilite la descripción de las características físicas del bien que, según la normativa técnica vigente, haya que considerar para la obtención del valor del bien, o proceda de sistemas de información geográfica gestionados por entidades dependientes de las administraciones públicas, siempre que posibiliten la ubicación del inmueble en el territorio.

4. Lo dispuesto en el presente artículo también resultará aplicable en el Impuesto General Indirecto Canario, en el supuesto que la base imponible sea la contraprestación que se hubiese acordado en condiciones normales de mercado entre partes que fuesen independientes.

Artículo 23[4]. *Registro de Valores Inmobiliarios de Canarias.*

1. Integrado en la Administración Tributaria Canaria existirá un Registro de Valores Inmobiliarios de Canarias como base de datos que recogerá los valores de transmisión y adquisición de los bienes inmuebles situados en la Comunidad Autónoma de Canarias, así como su descripción, expresión gráfica, valores resultantes de la comprobación y los datos relativos a la identificación del transmitente o adquirente de los mismos.

2. El Registro de Valores Inmobiliarios de Canarias tiene por objeto ser un instrumento de información permanente de los valores inmobiliarios que sirven de medio para la aplicación de los tributos gestionados por la Comunidad Autónoma de Canarias.

3[5]. Para la comprobación por la Administración Tributaria Canaria de los valores de transmisión y adquisición de los bienes inmuebles se podrán utilizar, de acuerdo con lo previsto en la Ley 58/2003, de 17 de diciembre, General Tributaria y en su normativa de desarrollo, sistemas automáticos a partir de los precios medios en el mercado utilizando de manera combinada la información de mercado y la información asociada al territorio de la Comunidad Autónoma de Canarias en los términos que reglamentariamente se establezcan.

---

to sobre Sucesiones y Donaciones que se devenguen desde la entrada en vigor de la presente Orden hasta el día 31 de diciembre de 2018, se establecen las reglas para la aplicación de los mismos y se publica la metodología seguida para su obtención (BOIC núm. 98, de 22 de mayo de 2018).

[4]   Artículo 23 redactado por el artículo único de la Ley 1/2008, 16 abril, de modificación de la Ley 9/2006, 11 diciembre, Tributaria de la Comunidad Autónoma de Canarias (BOIC de 22 abril) vigentes desde el 23 de abril de 2008.

[5]   Número 3 del artículo 23 redactado por el número cinco del artículo 62 de Ley 4/2012, 25 junio, de medidas administrativas y fiscales (BOIC de 26 junio), vigente desde el 1 de julio de 2012.

Por el consejero competente en materia tributaria se podrán desarrollar los procedimientos para la obtención de tales precios medios, estableciendo la metodología a seguir para la determinación del valor unitario por metro cuadrado y determinando los datos y parámetros objetivos que se tendrán en cuenta para la obtención del valor.

(...)

Disposición adicional sexta. *Oficinas liquidadoras.*

A la fecha de entrada en vigor de la presente ley continuarán en funcionamiento las oficinas liquidadoras existentes a dicha fecha.

(...)

Disposición derogatoria única.

A la entrada en vigor de la presente ley quedarán derogadas todas las disposiciones que se opongan a lo establecido en la misma y, entre otras, las siguientes normas:

Los artículos 22, 23, 24, 25, 26, 27, 28, 54-bis, 54-ter y la disposición transitoria decimotercera de la Ley 7/1984, de 11 de diciembre, de la Hacienda Pública de la Comunidad Autónoma de Canarias.

El artículo 54 de la Ley 14/1999, de 28 de diciembre, de Presupuestos Generales de la Comunidad Autónoma de Canarias para el año 2000.

El artículo 3.Primero.1 de la Ley 2/2000, de 17 de julio, de medidas económicas, en materia de organización administrativa y gestión relativas al personal de la Comunidad Autónoma de Canarias y de establecimiento de normas tributarias.

El artículo 17 de la Ley 2/2000, de 17 de julio, de medidas económicas, en materia de organización administrativa y gestión relativas al personal de la Comunidad Autónoma de Canarias y de establecimiento de normas tributarias.

Los artículos décimo, undécimo, decimotercero y la disposición transitoria de la Ley 2/2004, de 28 de mayo, de Medidas Fiscales y Tributarias.

El artículo 62 de la Ley 5/2004, de 29 de diciembre, de Presupuestos Generales de la Comunidad Autónoma de Canarias para 2005.

El Capítulo VII del Título III y el artículo 54-ter del Texto Refundido de las disposiciones legales vigentes en materia de tasas y precios públicos de la Comunidad Autónoma de Canarias, aprobado por Decreto Legislativo 1/1994, de 29 de julio.

El Decreto 200/2002, de 20 de diciembre, por el que se fija la cuantía de la tasa correspondiente al modelo 455 de declaración resumen anual, relativo al Arbitrio sobre Importaciones y Entregas de Mercancías en Canarias (AIEM).

El Decreto 64/2002, de 20 de mayo, por el que se establece la cuantía de las tasas correspondientes a la entrega de los modelos de declaración-liquidación tributaria 450 y 451, relativos al Arbitrio sobre Importaciones y Entregas de Mercancías en las Islas Canarias (AIEM).

El Decreto 65/2002, de 20 de mayo, por el que se establece la cuantía de la tasa por la entrega del impreso de declaración correspondiente al modelo 615, de declaración-liquidación del Impuesto sobre Transmisiones Patrimoniales y Actos Jurídicos Documentados para el pago en metálico del impuesto que grava la emisión de documentos que lleven aparejada acción cambiaria o sean endosables a la orden.

El Decreto 54/2004, de 12 de mayo, por el que se establece la cuantía de la tasa correspondiente al modelo de declaración tributaria 452 de declaración de entregas de combustibles exentas del Arbitrio sobre Importaciones y Entregas de Mercancías en las Islas Canarias.

El Decreto 55/2004, de 12 de mayo, por el que se establece la cuantía de la tasa correspondiente al modelo de declaración-liquidación tributaria 413 «Entidades Zona Especial Canaria-Declaración Mensual» del Impuesto General Indirecto Canario.

El Decreto 37/2005, de 16 de marzo, por el que se establece la cuantía de la tasa correspondiente al modelo de declaración tributaria 416 «Declaración anual de operaciones exentas del Impuesto General Indirecto Canario» por aplicación de lo dispuesto en el artículo 25 de la Ley 19/1994, de 6 de julio.

(...)

Disposición final cuarta. *Autoliquidaciones en el Impuesto sobre Sucesiones y Donaciones.*

La Administración Tributaria Canaria establecerá el adecuado servicio de asistencia al contribuyente para la implantación del régimen de autoliquidación obligatorio en el Impuesto sobre Sucesiones y Donaciones.

(...)

Disposición final sexta. *Referencias normativas.*

Todas las referencias que en la presente ley se hacen a la Ley 58/2003, de 17 de diciembre, General Tributaria, se entenderán igualmente hechas a la ley que en el futuro la sustituya en sus contenidos.

Disposición final séptima. *Entrada en vigor.*

La presente ley entrará en vigor a los tres meses de su publicación en el *BOC*, salvo las siguientes normas que entrarán en vigor al día siguiente de la publicación de esta ley en el *BOC*:

El Capítulo III del Título II.

La Disposición adicional tercera.

La Disposición final primera.

La Disposición final tercera.

8. Decreto Legislativo 1/2009, de 21 de abril, por el que se aprueba el Texto Refundido de las disposiciones legales vigentes dictadas por la Comunidad Autónoma de Canarias en materia de tributos cedidos

(BOC núm. 77, de 23 de abril de 2009;
BOE núm. 229, 22 de septiembre de 2009)

Artículo único. *Aprobación del Texto Refundido de las disposiciones legales vigentes dictadas por la Comunidad Autónoma de Canarias en materia de tributos cedidos.*

Se aprueba el Texto Refundido de las disposiciones legales vigentes dictadas por la Comunidad Autónoma de Canarias en materia de tributos cedidos, cuyo texto se incorpora como anexo.

Disposición derogatoria única. *Derogación normativa.*

1. A la entrada en vigor del presente Decreto Legislativo quedarán derogadas:

a) La Ley 10/2002, de 21 de noviembre, por la que se regula el tramo autonómico del Impuesto sobre la Renta de las Personas Físicas en la Comunidad Autónoma de Canarias.

b) Los artículos segundo, tercero, cuarto, quinto y séptimo de la Ley 2/2004, de 28 de mayo, de Medidas Fiscales y Tributarias.

c) Los artículos 55, 56, 57, 58, 59, 60, 61 y 62 de la Ley 5/2004, de 29 de diciembre, de Presupuestos Generales de la Comunidad Autónoma de Canarias para 2005.

d) La disposición adicional Tercera de la Ley 9/2006, de 11 de diciembre, Tributaria de la Comunidad Autónoma de Canarias.

e) Las disposiciones adicionales vigesimosegunda, vigesimotercera, vigesimocuarta, vigesimosexta, trigesimosegunda y trigesimotercera de la Ley 12/2006, de 28 de diciembre, de Presupuestos Generales de la Comunidad Autónoma de Canarias para 2007.

f) La disposición adicional decimonovena de la Ley 14/2007, de 27 de diciembre, de Presupuestos Generales de la Comunidad Autónoma de Canarias para 2008.

g) El artículo 2 de la Ley 3/2008, de 31 de julio, de devolución parcial de la cuota del Impuesto Especial de la Comunidad Autónoma de Canarias sobre Combustibles derivados del petróleo y de establecimiento de una deducción autonómica en el Impuesto sobre la Renta de las Personas Físicas por la variación del euribor.

h) El artículo cuarto, apartado uno, de la Ley 6/2008, de 23 de diciembre, de medidas tributarias incentivadoras de la actividad económica.

2. Quedan derogadas las disposiciones de igual o inferior rango que se opongan a lo previsto en este Decreto Legislativo.

3. Las referencias normativas efectuadas en otras disposiciones a los preceptos de naturaleza tributaria contenidos en las Leyes enumeradas en el apartado 1 de esta disposición Derogatoria, se entenderán realizadas a los preceptos correspondientes del Texto Refundido que se aprueba por este Decreto Legislativo.

Disposición final única. *Entrada en vigor.*

El presente Decreto Legislativo entrará en vigor el mismo día de su publicación en el Boletín Oficial de Canarias.

ANEXO. TEXTO REFUNDIDO DE LAS DISPOSICIONES LEGALES DICTADAS POR LA COMUNIDAD AUTÓNOMA DE CANARIAS EN MATERIA DE TRIBUTOS CEDIDOS

TÍTULO I. OBJETO Y CONTENIDO

Artículo 1. *Objeto y contenido del Texto Refundido.*

El presente Texto Refundido tiene por objeto aclarar, armonizar y sistematizar las medidas tributarias adoptadas en ejercicio de las competencias normativas atribuidas a la Comunidad Autónoma de Canarias por la Ley 27/2002, de 1 de julio, de régimen de cesión de tributos del Estado a la Comunidad Autónoma de Canarias y de fijación del alcance y condiciones de dicha cesión, dentro del marco fijado por la Ley 21/2001, de 27 de diciembre, por la que se regulan las medidas fiscales y administrativas del nuevo sistema de financiación de las Comunidades Autónomas de régimen común y Ciudades con Estatuto de Autonomía.

(...)

TÍTULO III. NORMAS SUSTANTIVAS SOBRE TRIBUTOS CEDIDOS DE NATURALEZA INDIRECTA

CAPÍTULO I. IMPUESTO SOBRE TRANSMISIONES PATRIMONIALES Y ACTOS JURÍDICOS DOCUMENTADOS

Artículo 30. *Tipos de gravamen autonómicos.*

Los tipos de gravamen regulados por la Comunidad Autónoma de Canarias serán de aplicación a las operaciones sujetas al Impuesto sobre Transmisiones Patrimoniales y Actos Jurídicos Documentados, cuyo rendimiento se entienda producido en dicho territorio, en los términos establecidos en el artículo 25 de la Ley 21/2001, de 27 de diciembre, por la que se regulan las medidas fiscales y administrativas del nuevo sistema de financiación de las Comunidades Autónomas de régimen común y Ciudades con Estatuto de Autonomía.

Artículo 31[6]. *Tipo de gravamen general aplicable en las transmisiones patrimoniales onerosas.*

1. El tipo de gravamen general por el concepto de transmisiones patrimoniales onerosas del impuesto sobre transmisiones patrimoniales y actos jurídicos documentados aplicable es:

a) Si se trata de la transmisión de bienes inmuebles, así como la constitución y cesión de derechos reales que recaigan sobre los mismos, excepto los derechos reales de garantía, con carácter general el tipo de 6,5%.

No obstante, el tipo será del 5% siempre y cuando se cumplan los siguientes requisitos:

– Que el bien inmueble vaya a constituir la vivienda habitual del contribuyente. En el supuesto de existencia de varios contribuyentes, todos deben ser personas físicas y que el bien inmueble vaya a constituir su vivienda habitual.

– Que la base imponible de la transmisión de la vivienda, incluidos los garajes y anexos situados en el mismo edificio que se transmitan conjuntamente, sea inferior o igual a 150.000 euros. En el caso de existencia de varios contribuyentes, la suma de las bases imponibles imputables a cada uno de ellos no podrá superar los 150.0000 euros.

– En el momento del devengo de la entrega de la nueva vivienda, el contribuyente no podrá ser propietario ni nudo propietario ni usufructuario de otra vivienda. En caso de que lo fuera, deberá proceder a la transmisión en escritura pública de dichos bienes o dichos derechos en un plazo de dos años desde el citado devengo.

En los casos de solidaridad tributaria a que se refiere el artículo 35.7 de la Ley 58/2003, de 17 de diciembre, General Tributaria, el tipo del 5% se aplicará, exclusivamente, a la parte proporcional de la base imponible que le corresponda al contribuyente que cumpla los requisitos establecidos anteriormente.

b) Si se trata del otorgamiento de concesiones administrativas, así como en las transmisiones y constituciones de derechos sobre las mismas, y en los actos y negocios administrativos equiparados a ellas, siempre que tengan por objeto bienes inmuebles radicados

---

[6]   Nueva redacción del art. 31 dada por la Disp. Final Séptima.Nueve de la Ley 19/2019, de 30 de diciembre, de Presupuestos Generales de la Comunidad Autónoma de Canarias para 2020 (BOC núm. 252, de 31 de diciembre de 2019), en vigor desde el 1 de enero de 2020.

     Redacción anterior dada por el art. primero 4 de la Ley 4/2018, de 30 de noviembre, de medidas fiscales para mejorar el acceso a la vivienda en Canarias (BOC núm. 235, de 4 de diciembre de 2018), en vigor desde 5 de diciembre de 2018.

     Redacción anterior dada por la Disposición Final Tercera.Uno de la Ley 10/2012, de 29 de diciembre, de Presupuestos Generales de la Comunidad Autónoma de Canarias para 2013 (BOC núm. 254, de 31 de diciembre de 2012), con efectos desde el 1 de enero de 2013.

     Redacción anterior dada por el art. 48.Uno de la Ley 4/2012, de 25 de junio, de medidas administrativas y fiscales (BOC núm. 124, de 26 de junio de 2012), en vigor desde el 1 de julio de 2012 y por la Disp. Adic. Quincuagesimosegunda de la Ley 11/2010, de 30 de diciembre, de Presupuestos Generales de la Comunidad Autónoma de Canarias para 2011 (BOC núm. 257, de 31 de diciembre de 2010), con efectos desde el 1-1-2011.

en la Comunidad Autónoma de Canarias, el tipo del 7%; cuando tengan por objeto bienes muebles, el tipo del 5,5%.

c) Si se trata de la constitución de una opción de compra sobre bienes inmuebles, con carácter general el tipo del 1%.

No obstante, el tipo será del 0% siempre y cuando se cumplan los siguientes requisitos:

– Que el inmueble vaya a constituir la vivienda habitual del contribuyente. En el supuesto de existencia de varios contribuyentes, todos deben ser personas físicas y el bien inmueble vaya a constituir su vivienda habitual.

– Que la base imponible de la transmisión de la vivienda objeto de la opción de compra, incluidos los garajes y anexos situados en el mismo edificio que se transmitan conjuntamente, sea inferior o igual a 150.000 euros. En el caso de existencia de varios contribuyentes, la suma de las bases imponibles imputables a cada uno de ellos no podrá superar los 150.0000 euros.

– En el momento del devengo de la entrega de la nueva vivienda, el contribuyente no podrá ser propietario ni nudo propietario ni usufructuario de otra vivienda. En caso de que lo fuera, deberá proceder a la transmisión en escritura pública de dichos bienes o dichos derechos en un plazo de dos años desde el citado devengo.

En los casos de solidaridad tributaria a que se refiere el artículo 35.7 de la Ley 58/2003, de 17 de diciembre, General Tributaria, el tipo del 0% se aplicará, exclusivamente, a la parte proporcional de la base imponible que le corresponda al contribuyente que cumpla los requisitos establecidos anteriormente.

d) Si se trata de la transmisión de bienes muebles y semovientes, así como la constitución y cesión de derechos reales sobre los mismos, excepto los derechos reales de garantía, con carácter general el tipo del 5,5%.

e) Si se trata de expedientes de dominio, actas de notoriedad o actas complementarias de documentos públicos a que se refiere el título VI de la Ley Hipotecaria y las certificaciones expedidas a los efectos del artículo 206 de la misma ley, el tipo del 7%.

f) Si se trata de la transmisión de bienes inmuebles realizada por subasta judicial, administrativa o notarial, el tipo del 7%.

No obstante, el tipo será del 5% siempre y cuando se cumplan los siguientes requisitos:

– Que el inmueble vaya a constituir la vivienda habitual del contribuyente. En el supuesto de existencia de varios contribuyentes, todos deben ser personas físicas y el bien inmueble vaya a constituir su vivienda habitual.

– Que la base imponible de la transmisión de la vivienda, incluidos los garajes y anexos situados en el mismo edificio que se transmitan conjuntamente, sea inferior o igual a 150.000 euros. En el caso de existencia de varios contribuyentes, la suma de las bases imponibles imputables a cada uno de ellos no podrá superar los 150.000 euros.

– En el momento del devengo de la entrega de la nueva vivienda, el contribuyente no podrá ser propietario ni nudo propietario ni usufructuario de otra vivienda. En caso de que lo fuera, deberá proceder a la transmisión en escritura pública de dichos bienes o dichos derechos en un plazo de dos años desde el citado devengo.

En los casos de solidaridad tributaria a que se refiere el artículo 35.7 de la Ley 58/2003, de 17 de diciembre, General Tributaria, el tipo del 5% se aplicará, exclusivamente, a la parte proporcional de la base imponible que le corresponda al contribuyente que cumpla los requisitos establecidos anteriormente.

2. Lo dispuesto en el presente artículo se entenderá sin perjuicio de la aplicación de los tipos de gravamen reducidos en los casos en que sea procedente.

3. La transmisión de valores tributará, en todo caso, conforme a lo dispuesto en el apartado 3 del artículo 12 del Texto Refundido de la Ley del Impuesto sobre Transmisiones Patrimoniales y Actos Jurídicos Documentados, aprobado por el Real Decreto Legislativo 1/1993, de 24 de septiembre.

Artículo 32[7]. *Tipo de gravamen reducido en la adquisición de vivienda habitual por familias numerosas.*

El tipo de gravamen aplicable a la transmisión de un inmueble que vaya a constituir la vivienda habitual de una familia numerosa es del 1%, siempre y cuando se cumplan simultáneamente todos y cada uno de los requisitos siguientes:

a) Que el contribuyente tenga la consideración de miembro de una familia numerosa. Tendrán la consideración de familia numerosa las que define como tales la Ley 40/2003, de 18 de noviembre, de Protección de las Familias Numerosas, o la normativa estatal que la sustituya, en su caso.

b) Que la suma de las bases imponibles en el impuesto sobre la renta de las personas físicas correspondientes a los miembros de la familia numerosa no exceda de 30.000 euros, cantidad que deberá incrementarse en 12.000 euros por cada hijo que exceda del número que la legislación vigente establezca como mínimo para que una familia tenga la consideración legal de numerosa.

c)[8] En el momento del devengo de la entrega de la nueva vivienda, el contribuyente no podrá ser propietario ni nudo propietario ni usufructuario de otra vivienda. En caso de que lo fuera, deberá proceder a la transmisión en escritura pública de dichos bienes o dichos derechos en un plazo de dos años desde el citado devengo.

---

[7]   Nueva redacción del art. 32 dada por el art. primero 5 de la Ley 4/2018, de 30 de noviembre, de medidas fiscales para mejorar el acceso a la vivienda en Canarias (BOC núm. 235, de 4 de diciembre de 2018), en vigor desde 5 de diciembre de 2018.

[8]   Nueva redacción de la letra c) dada por la Disp. Final Séptima.Diez de la Ley 19/2019, de 30 de diciembre, de Presupuestos Generales de la Comunidad Autónoma de Canarias para 2020 (BOC núm. 252, de 31 de diciembre de 2019), en vigor desde el 1 de enero de 2020.

Artículo 33[9]. *Tipo de gravamen reducido en la adquisición de vivienda habitual por personas con discapacidad.*

El tipo de gravamen aplicable en la transmisión de un inmueble que vaya a constituir la vivienda habitual del contribuyente que tenga la consideración legal de persona con discapacidad física, psíquica o sensorial es del 1%. Se aplicará el mismo tipo impositivo cuando la condición de una de estas minusvalías concurra en alguna de las personas por las que el contribuyente tenga derecho a aplicar el mínimo familiar. En todo caso, será necesario que se cumplan simultáneamente todos y cada uno de los requisitos siguientes:

a) Que el contribuyente o la persona por la que el contribuyente tenga derecho a aplicar el mínimo familiar tenga la consideración legal de persona con discapacidad y cuyo grado de minusvalía sea igual o superior al 65%, de acuerdo con su normativa específica.

b) Que la suma de las bases imponibles en el impuesto sobre la renta de las personas físicas correspondientes a los adquirentes no exceda de 40.000 euros, cantidad que deberá incrementarse en 6.000 euros por cada persona por la que el contribuyente tenga derecho a aplicar el mínimo familiar, excluido el contribuyente.

c)[10] En el momento del devengo de la entrega de la nueva vivienda, el contribuyente no podrá ser propietario ni nudo propietario ni usufructuario de otra vivienda. En caso de que lo fuera, deberá proceder a la transmisión en escritura pública de dichos bienes o dichos derechos en un plazo de dos años desde el citado devengo.

Artículo 33 bis[11]. *Tipo de gravamen reducido en la adquisición de vivienda habitual por familias monoparentales.*

El tipo de gravamen aplicable a la transmisión de un inmueble que vaya a constituir la vivienda habitual de una familia monoparental es del 1%, siempre y cuando se cumplan simultáneamente todos y cada uno de los requisitos siguientes:

a) Que el contribuyente y sus descendientes tengan la consideración de miembro de una familia monoparental de conformidad con los requisitos previstos en los apartados 1, 2 y 4 del artículo 11-ter del Decreto Legislativo 1/2009, de 21 de abril.

b) Que la suma de las bases imponibles en el impuesto sobre la renta de las personas físicas correspondientes a los miembros de la familia monoparental no exceda de 24.000

---

[9]   Nueva redacción del art. 33 dada por el art. primero 6 de la Ley 4/2018, de 30 de noviembre, de medidas fiscales para mejorar el acceso a la vivienda en Canarias (BOC núm. 235, de 4 de diciembre de 2018), en vigor desde 5 de diciembre de 2018.

[10]   Nueva redacción de la letra c) dada por la Disp. Final Séptima.Once de la Ley 19/2019, de 30 de diciembre, de Presupuestos Generales de la Comunidad Autónoma de Canarias para 2020 (BOC núm. 252, de 31 de diciembre de 2019), en vigor desde el 1 de enero de 2020.

[11]   Nuevo art. 33.bis incorporado por el art. primero 7 de la Ley 4/2018, de 30 de noviembre, de medidas fiscales para mejorar el acceso a la vivienda en Canarias (BOC núm. 235, de 4 de diciembre de 2018), en vigor desde 5 de diciembre de 2018.

euros, cantidad que deberá incrementarse en 6.000 euros por cada persona por la que el contribuyente tenga derecho a aplicar el mínimo familiar, excluido el contribuyente.

A los efectos de la aplicación de este tipo de gravamen, se entenderá por mínimo familiar el definido en el impuesto sobre la renta de las personas físicas[12].

c)[13] En el momento del devengo de la entrega de la nueva vivienda, el contribuyente no podrá ser propietario ni nudo propietario ni usufructuario de otra vivienda. En caso de que lo fuera, deberá proceder a la transmisión en escritura pública de dichos bienes o dichos derechos en un plazo de dos años desde el citado devengo.

Artículo 34[14]. *Tipo de gravamen reducido aplicable en la adquisición de vivienda protegida que tenga la consideración de vivienda habitual.*

El tipo de gravamen aplicable en la transmisión de una vivienda protegida, ya sea de promoción pública o privada, que vaya a constituir la primera vivienda habitual del contribuyente será del 0%.

Artículo 35[15]. *Bonificaciones de la cuota por transmisiones de la vivienda habitual para el adquirente.*

1.[16] Se aplicará una bonificación del 20% a la cuota resultante de aplicar el tipo impositivo del 5% a que se refieren las letras a) y f), del apartado 1, del artículo 31 del presente

---

[12]   Nuevo párrafo de la letra b) incorporado por la Disp. Final Décima.Seis de la Ley 7/2023, de 27 de diciembre, de Presupuestos Generales de la Comunidad Autónoma de Canarias para 2024 (BOC núm. 255, de 30 de diciembre de 2023), con efectos desde el 1 de enero de 2024.

[13]   Nueva redacción de la letra c) dada por la Disp. Final Séptima.Doce de la Ley 19/2019, de 30 de diciembre, de Presupuestos Generales de la Comunidad Autónoma de Canarias para 2020 (BOC núm. 252, de 31 de diciembre de 2019), en vigor desde el 1 de enero de 2020.
        Redacción anterior: «*c) Que antes de la compra o en los dos años siguientes a la adquisición de la vivienda se acredite por el contribuyente la trasmisión en escritura pública de la anterior vivienda habitual, si la hubiere*».

[14]   Nueva redacción del art. 34 dada por la Disp. Final Séptima.Trece de la Ley 19/2019, de 30 de diciembre, de Presupuestos Generales de la Comunidad Autónoma de Canarias para 2020 (BOC núm. 252, de 31 de diciembre de 2019), en vigor desde el 1 de enero de 2020.
        Redacción anterior dada por el art. primero 8 de la Ley 4/2018, de 30 de noviembre, de medidas fiscales para mejorar el acceso a la vivienda en Canarias (BOC núm. 235, de 4 de diciembre de 2018), en vigor desde 5 de diciembre de 2018.

[15]   Nueva redacción del art. 35 dada por la Disp. Final Séptima.Catorce de la Ley 19/2019, de 30 de diciembre, de Presupuestos Generales de la Comunidad Autónoma de Canarias para 2020 (BOC núm. 252, de 31 de diciembre de 2019), en vigor desde el 1 de enero de 2020.

[16]   Nuevo redacción del apartado uno y letra a) dada por la Disp. Final Décima.Siete de la Ley 7/2023, de 27 de diciembre, de Presupuestos Generales de la Comunidad Autónoma de Canarias para 2024 (BOC núm. 255, de 30 de diciembre de 2023), con efectos desde el 1 de enero de 2024.
        Redacción anterior: «*1. Se aplicará una bonificación del 20% a la cuota resultante de aplicar el tipo impositivo del 5% a que se refiere las letras a) y f) del apartado 1 del artículo 31 del presente texto refundido,*

texto refundido, siempre que se trate de la primera vivienda habitual y que el contribuyente no haya sido titular propietario, nudo propietario o usufructuario de otro bien inmueble y que, además, concurra alguna de las siguientes circunstancias:

a) Que el contribuyente tenga 35 años o menos en la fecha del devengo del impuesto correspondiente a la transmisión de la vivienda y que la suma de las bases imponibles de los adquirentes sea, en el período impositivo del año natural anterior al devengo de la entrega, como máximo de 24.000 euros, incrementado en 6.000 euros por cada persona por la que el contribuyente tenga derecho a aplicar el mínimo familiar, excluido el contribuyente.

A los efectos de la aplicación de esta bonificación, se entenderá por mínimo familiar el definido en el impuesto sobre la renta de las personas físicas.

b) Que el contribuyente sea una mujer víctima de violencia de género, considerando tales aquellas que cuenten con orden de protección en vigor o sentencia judicial firme.

2. En los casos de solidaridad tributaria a que se refiere el artículo 35.7 de la Ley 58/2003, de 17 de diciembre, General Tributaria, la bonificación se aplicará, exclusivamente, a la parte proporcional de la cuota tributaria que le corresponda con el contribuyente que cumpla los requisitos establecidos en el apartado 1 anterior.

Artículo 35 bis[17]. *Bonificaciones en la cuota en relación a determinadas operaciones sujetas al impuesto sobre transmisiones patrimoniales y actos jurídicos documentados.*

1. Se aplicará una bonificación del 100% a la cuota tributaria del impuesto sobre transmisiones patrimoniales y actos jurídicos documentados, en la modalidad de transmisiones patrimoniales onerosas, derivada de la transmisión de la vivienda habitual que efectúe su propietario en favor de la entidad financiera acreedora o de una filial inmobiliaria de su grupo, siempre y cuando se cumplan los siguientes requisitos:

---

siempre que se trate de la primera vivienda habitual y que el contribuyente no haya sido titular de otro bien inmueble y que, además, concurra alguna de las siguientes circunstancias:

a) Que el contribuyente tenga 35 años o menos en la fecha del devengo del impuesto correspondiente a la transmisión de la vivienda y que la renta de la unidad familiar en la que se integra el contribuyente sea, en el período impositivo del año natural anterior al devengo de la entrega, como máximo de 24.000 euros, incrementado en 6.000 euros por cada persona por la que el contribuyente tenga derecho a aplicar el mínimo familiar, excluido el contribuyente.

Se entenderá por renta la base imponible general y del ahorro definida en la Ley 35/2006, de 28 de noviembre, del Impuesto sobre la Renta de las Personas Físicas y de modificación parcial de las Leyes de los Impuestos sobre Sociedades, sobre la Renta de no Residentes y sobre el Patrimonio, o en el texto legal que lo sustituya».

[17] Nueva redacción del art. 35.bis dada por la Disp. Final Séptima.Quince de la Ley 19/2019, de 30 de diciembre, de Presupuestos Generales de la Comunidad Autónoma de Canarias para 2020 (BOC núm. 252, de 31 de diciembre de 2019), en vigor desde el 1 de enero de 2020.

Redacción anterior por su incorporación por el art. primero 8 de la Ley 4/2018, de 30 de noviembre, de medidas fiscales para mejorar el acceso a la vivienda en Canarias (BOC núm. 235, de 4 de diciembre de 2018), en vigor desde 5 de diciembre de 2018.

– Que la transmisión sea en ejecución de la garantía constituida sobre la vivienda.

– Que el transmitente continúe ocupando la vivienda objeto de transmisión mediante contrato de arrendamiento con opción de compra suscrito con la entidad financiera o de una filial inmobiliaria de su grupo. La duración del mencionado contrato de arrendamiento tendrá que ser como mínimo cinco años, sin perjuicio del derecho del arrendatario de volver a adquirir la vivienda antes de la finalización de este plazo.

El importe máximo de esta bonificación se fija en la cuantía equivalente a la cuota que resulte de la aplicación del tipo impositivo sobre los primeros 100.000 euros de base imponible.

2. Se aplicará una bonificación del 100% a la cuota tributaria del impuesto sobre transmisiones patrimoniales y actos jurídicos documentados, en la modalidad de transmisiones patrimoniales onerosas, derivada de las siguientes operaciones:

– El arrendamiento de la vivienda a que se refiere el apartado 1 anterior y la opción de compra. La edificación debe constituir la vivienda habitual del arrendatario.

– La transmisión, en el ejercicio de la opción de compra, de la vivienda por parte de entidad financiera o una filial inmobiliaria de su grupo a la misma persona que se lo transmitió en ejecución de la garantía constituida sobre la vivienda a que se refiere el apartado 1 anterior, siempre y cuando la transmisión se realice en un plazo de 10 años desde la adquisición de la vivienda por parte de la entidad financiera o una filial inmobiliaria de su grupo. La edificación debe constituir la vivienda habitual del contribuyente.

Artículo 36[18]. *Tipo de gravamen general aplicable a los documentos notariales.*

El tipo de gravamen aplicable en los documentos notariales a que se refiere el artículo 31.2 del Texto Refundido del Impuesto sobre Transmisiones Patrimoniales y Actos Jurídicos Documentados, por el concepto de actos jurídicos documentados, se fija en el 0,75 por 100. Sin perjuicio de ello, cuando se trate de documentos relativos a operaciones sujetas al Impuesto General Indirecto Canario o al Impuesto sobre el Valor Añadido, el tipo se fija en el 1 por 100.

---

[18]   Nueva redacción del art. 36 dada por la Disposición final Tercera.Cinco de la Ley 11/2015, de 29 diciembre, de Presupuestos Generales de la Comunidad Autónoma de Canarias para 2016 (BOC núm. 253, de 31 diciembre de 2015), en vigor desde el 1 de enero de 2016.
Redacción anterior dada por la Disposición Final Tercera.Dos de la Ley 10/2012, de 29 de diciembre, de Presupuestos Generales de la Comunidad Autónoma de Canarias para 2013 (BOC núm. 254, de 31 de diciembre de 2012), con efectos desde el 1 de enero de 2013.

Artículo 37[19]. *Tipo de gravamen reducido aplicable a los documentos notariales.*

1[20]. En los supuestos previstos en el artículo anterior, se aplicará el tipo de gravamen reducido del 0,40 por 100 cuando se trate de primeras copias de escrituras que documenten la adquisición de un inmueble, siempre que se trate de inmuebles que vayan a constituir la vivienda habitual y en los que concurran los requisitos para la aplicación del tipo reducido y las bonificaciones a que refieren los artículos 32, 33, 33 bis, 34, 35 y 35 bis del presente texto refundido.

2. El tipo de gravamen aplicable a las primeras copias de escrituras notariales que documenten la constitución y cancelación de derechos reales de garantía a favor de una sociedad de garantía recíproca con domicilio social en el territorio de la Comunidad Autónoma de Canarias será del 0,1 por 100.

Artículo 38. *Requisitos formales para la aplicación del tipo impositivo reducido y de las bonificaciones.*

1[21]. Los adquirentes de viviendas habituales que soliciten la aplicación de los tipos de gravamen reducidos y de las bonificaciones, en las modalidades de transmisiones patrimoniales onerosas y actos jurídicos documentados reconocidos en los artículos anteriores del presente texto refundido, deberán presentar certificación acreditativa del cumplimiento de los requisitos referidos en los mismos.

2. A los efectos de la determinación de los límites establecidos en función de las bases imponibles del Impuesto sobre la Renta de las Personas Físicas a los que se refieren los artículos del presente capítulo, se tomará la parte general de las bases correspondientes al último período impositivo respecto del que haya vencido el plazo de presentación de la correspondiente declaración.

3[22]. A los efectos de lo previsto en los artículos 31, 32, 33, 33 bis, 34, 35, 35 bis y 37 del presente texto refundido, se entiende por vivienda habitual el concepto regulado en el artículo 41 bis del Reglamento del Impuesto sobre la Renta de las Personas Físicas, aprobado por el Real Decreto 439/2007, de 30 de marzo.

---

[19]   Nueva redacción del art. 37 dada por la Disp. final. Tercera Uno de la Ley 1/2011, de 21 de enero, del Impuesto sobre las Labores del Tabaco y otras Medidas Tributarias (BOC núm. 17, de 25 de enero de 2011), con efectos desde el 1 de febrero de 2011.

[20]   Nueva redacción del art. 37.1 dada por el art. primero 9 de la Ley 4/2018, de 30 de noviembre, de medidas fiscales para mejorar el acceso a la vivienda en Canarias (BOC núm. 235, de 4 de diciembre de 2018), en vigor desde 5 de diciembre de 2018.

[21]   Nueva redacción del art. 38.1 dada por el art. primero 9 de la Ley 4/2018, de 30 de noviembre, de medidas fiscales para mejorar el acceso a la vivienda en Canarias (BOC núm. 235, de 4 de diciembre de 2018), en vigor desde 5 de diciembre de 2018.

[22]   Nueva redacción del art. 38.3 dada por la Disp. Final Séptima.Dieciséis de la Ley 19/2019, de 30 de diciembre, de Presupuestos Generales de la Comunidad Autónoma de Canarias para 2020 (BOC núm. 252, de 31 de diciembre de 2019), en vigor desde el 1 de enero de 2020.

Artículo 38 bis[23]. *Tipo de gravamen reducido aplicable a la novación de créditos hipotecarios.*

En la modalidad gradual de actos jurídicos documentados será de aplicación el tipo del 0% a las escrituras públicas de novación modificativa de créditos hipotecarios pactados de común acuerdo entre acreedor y deudor, siempre que el acreedor sea una de las entidades a que se refiere el artículo 1 de la Ley 2/1994, de 30 de marzo, sobre Subrogación y Modificación de Préstamos Hipotecarios, y la modificación se refiera a las condiciones del tipo de interés inicialmente pactado o vigente, a la alteración del plazo, o a ambas.

Artículo 38 ter[24]. *Tipo de gravamen aplicable en la adquisición de vehículos de turismo a motor.*

1. El tipo de gravamen aplicable a la adquisición de vehículos será el establecido para los bienes muebles, excepto de los siguientes vehículos de turismo a motor usados para los que se señala a continuación una cuota fija.

a) Vehículos de turismo a motor con más de diez años de uso y cilindrada igual o inferior a 1.000 centímetros cúbicos: Cuota tributaria fija de cuarenta euros.

b) Vehículos de turismo a motor con más de diez años de matriculación y cilindrada superior a 1.000 centímetros cúbicos e inferior o igual a 1.500 centímetros cúbicos: Cuota tributaria fija de setenta euros.

c) Vehículos de turismo a motor con más de diez años de matriculación y cilindrada superior a 1.500 centímetros cúbicos e inferior o igual a 2.000 centímetros cúbicos: cuota tributaria fija de ciento quince euros.

2. No obstante, la adquisición de los vehículos que tengan la consideración de históricos queda sujeta al tipo de gravamen establecido para los bienes muebles, cualquiera que sea su período de matriculación y su cilindrada.

Redacción anterior dada por el art. primero 9 de la Ley 4/2018, de 30 de noviembre, de medidas fiscales para mejorar el acceso a la vivienda en Canarias (BOC núm. 235, de 4 de diciembre de 2018), en vigor desde 5 de diciembre de 2018.

[23] Nuevo art. 38 incorporado por la Disp. Final Séptima.Diecisiete de la Ley 19/2019, de 30 de diciembre, de Presupuestos Generales de la Comunidad Autónoma de Canarias para 2020 (BOC núm. 252, de 31 de diciembre de 2019), en vigor desde el 1 de enero de 2020.

Art. 38 bis suprimido por el art. primero 10 de la Ley 4/2018, de 30 de noviembre, de medidas fiscales para mejorar el acceso a la vivienda en Canarias (BOC núm. 235, de 4 de diciembre de 2018), en vigor desde 5 de diciembre de 2018.

Artículo incorporado por la Disp. final. Tercera Dos de la Ley 1/2011, de 21 de enero, del Impuesto sobre las Labores del Tabaco y otras Medidas Tributarias (BOC núm. 17, de 25 de enero de 2011), con efectos desde el 1 de febrero de 2011.

[24] Nuevo artículo incorporado por el art. 48.Dos de la Ley 4/2012, de 25 de junio, de medidas administrativas y fiscales (BOC núm. 124, de 26 de junio de 2012), en vigor desde el 1 de julio de 2012.

A estos efectos, tendrán la consideración de vehículos históricos los definidos como tales en el Real Decreto 1247/1995, de 14 de julio, por el que se aprueba el Reglamento de Vehículos Históricos.

Artículo 39[25]. *Plazo de presentación de las autoliquidaciones en el Impuesto sobre Transmisiones Patrimoniales Onerosas y Actos Jurídicos Documentados.*

1. De acuerdo con lo establecido en el artículo 49.2 de la Ley 22/2009, de 18 de diciembre, por la que se regula el sistema de financiación de las Comunidades Autónomas de régimen común y Ciudades con Estatuto de Autonomía y se modifican determinadas normas tributarias, el plazo para la presentación de las autoliquidaciones relativas a actos o contratos sujetos al Impuesto sobre Transmisiones Patrimoniales y Actos Jurídicos Documentados será de un mes a contar desde el momento en que se cause el acto o contrato.

2. En caso de incumplimiento de los requisitos exigidos para la aplicación de los beneficios fiscales establecidos por la Comunidad Autónoma de Canarias, el sujeto pasivo ha de regularizar su situación tributaria mediante la presentación de una declaración en la que exprese tal circunstancia, dentro del plazo de un mes desde el día siguiente al en que se produzca el hecho determinante del incumplimiento. A esa declaración se acompañará el ingreso mediante autoliquidación complementaria de la parte del impuesto que se hubiera dejado de ingresar como consecuencia de la aplicación del beneficio fiscal, más los intereses de demora correspondientes.

A estos efectos, se considerará beneficio fiscal aquel que establezca exenciones, reducciones a la base imponible, deducciones en cuota y cualquier otro incentivo fiscal.

Artículo 39 bis[26]. *Suministro de información por las entidades que realicen subastas de bienes muebles.*

1. Las entidades que realicen en la Comunidad Autónoma de Canarias subastas de bienes muebles deberán remitir a la Administración Tributaria Canaria una declaración comprensiva de la relación de las transmisiones de bienes en que hayan intervenido. Esta relación deberá comprender los datos de identificación del transmitente y el adquirente, la fecha de la transmisión, una descripción del bien subastado y el precio final de adjudicación.

2. El consejero competente en materia tributaria determinará los procedimientos, contenido, estructura y plazos de presentación en los que deba ser remitida esta información.

---

[25] Nueva redacción del art. 39 dada por el art. 48.Tres de la Ley 4/2012, de 25 de junio, de medidas administrativas y fiscales (BOC núm. 124, de 26 de junio de 2012), en vigor desde el 1 de julio de 2012.
Orden de 20 de marzo de 2020, por la que se disponen y aclaran los plazos en el ámbito tributario por la situación de la crisis sanitaria ocasionada por el COVID-19 (BOC núm. 57, de 23 de marzo de 2020): Artículo 1. *Ampliación del plazo de presentación de determinadas autoliquidaciones* (...)

[26] Nuevo artículo incorporado por el art. 48.Cuatro de la Ley 4/2012, de 25 de junio, de medidas administrativas y fiscales (BOC núm. 124, de 26 de junio de 2012), en vigor desde el 1 de julio de 2012.

Artículo 39 ter[27]. *Suministro de información sobre otorgamiento de concesiones.*

1. Las autoridades administrativas que otorguen concesiones de cualquier clase, aún cuando no se hagan constar en escritura pública, están obligadas a ponerlo en conocimiento de la Administración Tributaria Canaria, con expresión del valor de las concesiones otorgadas, naturaleza, fecha y objeto de la concesión y nombre y demás datos identificativos del concesionario.

2. El consejero competente en materia tributaria determinará los procedimientos, contenido, estructura y plazos de presentación en los que deba ser remitida esta información.

Artículo 39 quater[28]. *Escrituras de cancelación hipotecaria.*

A los efectos de lo dispuesto en los artículos 51 y 54 del Texto Refundido de la Ley del Impuesto sobre Transmisiones Patrimoniales y Actos Jurídicos Documentados, no será obligatoria la presentación por parte de los sujetos pasivos ante la Administración Tributaria Canaria de las escrituras públicas que formalicen, exclusivamente, la cancelación de hipotecas sobre bienes inmuebles, cuando tal cancelación obedezca al pago de la obligación garantizada y resulten exentas del Impuesto sobre Transmisiones Patrimoniales y Actos Jurídicos Documentados, de acuerdo con lo previsto en el artículo 45.I.B).18 del citado Texto Refundido, entendiéndose cumplido lo establecido en el artículo 51.1 del mismo mediante su presentación ante el Registro de la Propiedad.

No obstante lo anterior, los notarios han de cumplir con la obligación de remisión de información relativa a tales escrituras, conforme al artículo 52 del citado Texto Refundido.

Artículo 39 quinquies[29]. *Gestión telemática integral del Impuesto sobre Transmisiones Patrimoniales y Actos Jurídicos Documentados.*

1. El consejero competente en materia tributaria establecerá los supuestos, condiciones y requisitos técnicos y/o personales en los que se podrá efectuar la elaboración, pago y presentación de las declaraciones tributarias por el Impuesto sobre Transmisiones Patrimoniales y Actos Jurídicos Documentados mediante el uso exclusivo de sistemas telemáticos e informáticos, que sólo será aplicable a los hechos imponibles sujetos al impuesto y contenidos en documentos públicos notariales.

2. En los supuestos anteriores, la elaboración de la declaración tributaria, el pago de la deuda tributaria, en su caso, y la presentación en la Administración Tributaria Canaria, deberá llevarse a cabo íntegramente por medios telemáticos e informáticos, sin que constituya

---

[27]   Nuevo artículo incorporado por el art. 48.Cinco de la Ley 4/2012, de 25 de junio, de medidas administrativas y fiscales (BOC núm. 124, de 26 de junio de 2012), en vigor desde el 1 de julio de 2012.

[28]   Nuevo artículo incorporado por el art. 48.Seis de la Ley 4/2012, de 25 de junio, de medidas administrativas y fiscales (BOC núm. 124, de 26 de junio de 2012), en vigor desde el 1 de julio de 2012.

[29]   Nuevo artículo incorporado por el art. 48.Siete de la Ley 4/2012, de 25 de junio, de medidas administrativas y fiscales (BOC núm. 124, de 26 de junio de 2012), en vigor desde el 1 de julio de 2012.

un requisito formal esencial la presentación y custodia de copia en soporte papel, de los documentos que contienen el acto o actos sujetos ante dicha Administración.

3. En relación con las obligaciones formales de presentación de los documentos comprensivos de los hechos imponibles, impuestas a los sujetos pasivos en el artículo 51 del Texto Refundido del Impuesto sobre Transmisiones Patrimoniales y Actos Jurídicos Documentados, aprobado por Real Decreto Legislativo 1/1993 de 24 de septiembre, éstas se entenderán plenamente cumplidas mediante el uso del sistema que se autoriza en este artículo.

4. De igual modo y en relación con las garantías y cierre registral, establecidos en el artículo 54 del citado Texto Refundido del Impuesto y en el artículo 122 del Reglamento del Impuesto, aprobado por Real Decreto 828/1995 de 29 de mayo, el uso por los contribuyentes del sistema de gestión tributaria telemática integral a que se refiere este artículo y en los términos y condiciones que el consejero competente en materia tributaria fije reglamentariamente, surtirá idénticos efectos acreditativos del pago, exención o sujeción que los reseñados en tales disposiciones. La Administración Tributaria Canaria habilitará un sistema de confirmación permanente e inmediata de la veracidad de la declaración tributaria telemática a fin de que las Oficinas, Registros públicos, Juzgados o Tribunales puedan, en su caso, verificarla.

Artículo 39 sexies[30]. *Referencia normativa.*

Las referencias a «las oficinas liquidadoras de su respectiva jurisdicción», «oficinas liquidadoras», «oficinas liquidadoras del impuesto» que se contienen en el Real Decreto Legislativo 1/1993, de 24 de septiembre, por el que se aprueba el Texto Refundido de la Ley del Impuesto sobre Transmisiones Patrimoniales y Actos Jurídicos Documentados, han de entenderse hechas a la Administración Tributaria Canaria.

Artículo 39 septies[31]. *Autoliquidación de las operaciones continuadas de adquisición a particulares de cualquier tipo de bienes muebles, excepto medios de transporte usados, por empresarios y profesionales.*

Los sujetos pasivos, empresarios o profesionales que adquieran regularmente a particulares cualquier tipo de bienes muebles, excepto medios de transporte usados, para desarrollar

---

[30]   Nuevo artículo incorporado por el art. 48.0cho de la Ley 4/2012, de 25 de junio, de medidas administrativas y fiscales (BOC núm. 124, de 26 de junio de 2012), en vigor desde el 1 de julio de 2012.

[31]   Nuevo artículo incorporado por la Disp. Final Octava de la Ley 7/2020, de 29 de diciembre, de Presupuestos Generales de la Comunidad Autónoma de Canarias para 2021 (BOC núm. 270, de 31 de diciembre de 2020), en vigor desde el 1 de enero de 2021.
        Previamente fue incorporado por la disp. Final Segunda del Decreto-ley 18/2020, de 5 de noviembre, por el que se prorroga la vigencia del artículo único del Decreto ley 8/2020, de 23 de abril, de establecimiento del tipo cero en el Impuesto General Indirecto Canario aplicable a la importación o entrega de determinados bienes necesarios para combatir los efectos del COVID-19, y se establecen otras medidas tributarias (BOC núm. 228, de 6 de noviembre de 2020).

su actividad económica de reventa, deberán declarar conjuntamente todas las operaciones sujetas a la modalidad de transmisiones patrimoniales onerosas del impuesto sobre transmisiones patrimoniales y actos jurídicos documentados, realizadas en cada mes natural.

Para ello, presentarán una única autoliquidación comprensiva de la totalidad de las operaciones devengadas en cada mes natural, cuyo plazo de presentación será el mes natural inmediato posterior.

Se autoriza a la persona titular de la Dirección de la Agencia Tributaria Canaria a dictar las instrucciones relativas a la presentación de la autoliquidación en las que se establecerá la documentación complementaria que, en su caso, deba acompañarse.

(…)

TÍTULO IV. DISPOSICIÓN COMÚN

Artículo 41[32]. *Equiparación a cónyuges.*

1. Los miembros de las parejas de hecho tienen la asimilación a los cónyuges, con respecto al Impuesto sobre Sucesiones y Donaciones, el Impuesto sobre Transmisiones Patrimoniales y Actos Jurídicos Documentados y a las deducciones autonómicas del Impuesto sobre la Renta de las Personas Físicas. Lo anterior no será de aplicación a la tributación conjunta respecto al tramo autonómico del Impuesto sobre la Renta de las Personas Físicas. Los efectos de esta asimilación sólo se producirán con relación a las materias que, en el ejercicio de las competencias normativas delegadas por el Estado, hayan sido dictadas por la Comunidad Autónoma de Canarias.

2. La acreditación de la condición de pareja de hecho puede realizarse, a los efectos de lo dispuesto en el apartado 1 anterior, por cualquier medio de prueba admitido en Derecho.

---

[32]   Nueva redacción del art. 41 dada por el art. 3 del Decreto-ley 15/2022, de 29 de diciembre, por el que se prorroga la aplicación del tipo cero en el Impuesto General Indirecto Canario para combatir los efectos del COVID-19 y se modifican otras normas tributarias (BOE núm. 107, de 5 de mayo de 2023), con efectos desde el 1 de enero de 2023.
Redacción anterior dada por la Disp. final. Tercera Tres de la Ley 1/2011, de 21 de enero, del Impuesto sobre las Labores del Tabaco y otras Medidas Tributarias, (BOC núm. 17, de 25 de enero de 2011), con efectos desde el 1 de febrero de 2011: «*De conformidad con lo dispuesto en el artículo 12 de la Ley 5/2003, de 6 de marzo, para la regulación de las parejas de hecho en la Comunidad Autónoma de Canarias, los miembros de las parejas de hecho tienen la asimilación a los cónyuges, con respecto al Impuesto sobre Sucesiones y Donaciones, el Impuesto sobre Transmisiones Patrimoniales y Actos Jurídicos Documentados y a las deducciones autonómicas del Impuesto sobre la Renta de las Personas Físicas. Lo anterior no será de aplicación a la tributación conjunta respecto al tramo autonómico del Impuesto sobre la Renta de las Personas Físicas. Los efectos de esta asimilación sólo se producirán con relación a las materias, que en el ejercicio de las competencias normativas delegadas por el Estado, hayan sido dictadas por la Comunidad Autónoma de Canarias*».

9. Decreto ley 12/2021, de 30 de septiembre, por el que se adoptan medidas tributarias, organizativas y de gestión como consecuencia de la erupción volcánica en la isla de La Palma

(BOC núm. 202, 1 de octubre de 2021)

(…)

En sexto lugar, se crea un nuevo tipo de gravamen reducido cero en el Impuesto sobre Transmisiones Patrimoniales y Actos Jurídicos Documentados, aplicable hasta el 31 de diciembre de 2026, a las transmisiones de inmuebles y vehículos cuyos adquirentes sean titulares de bienes de esta naturaleza destruidos por la lava, ampliándose a los supuestos de constitución o ampliación de préstamos o créditos con garantía hipotecaria y a los actos necesarios para acreditar la titularidad jurídica de los inmuebles.

(…)

CAPÍTULO III. MEDIDAS FISCALES RELATIVAS A LOS TRIBUTOS CEDIDOS POR EL ESTADO

(…)

Artículo 6. *Tipo cero en el Impuesto sobre Transmisiones Patrimoniales y Actos Jurídicos Documentados.*

1. Se aplicará un tipo cero a las operaciones sujetas al Impuesto sobre Transmisiones Patrimoniales y Actos Jurídicos Documentados, cuyo devengo se produzca antes del día 31 de diciembre de 2026, por los siguientes conceptos:

a) Por el concepto Actos Jurídicos Documentados, las primeras copias de escrituras públicas que documenten:

– La transmisión de los bienes inmuebles que, conforme a lo establecido en el presente Decreto ley, tributen a tipo cero en el Impuesto General Indirecto Canario.

– La constitución o ampliación de préstamos y créditos con garantía hipotecaria concedidos a las personas, físicas o jurídicas, que hayan perdido bienes inmuebles como consecuencia de la erupción volcánica.

– Las operaciones de agrupación, agregación y segregación de fincas, las declaraciones de obra nueva, las declaraciones de división horizontal y las disoluciones de comunidades de bienes previstas en el artículo 61.2 del Reglamento del Impuesto sobre Transmisiones Patrimoniales y Actos Jurídicos Documentados, aprobado por el Real Decreto 828/1995, de 29 de mayo, realizadas desde el 1 de octubre de 2021 y referidas a inmuebles que hayan quedado destruidos, inhabitables o inaccesibles de forma definitiva como consecuencia de la erupción volcánica iniciada el 19 de septiembre de 2021 en la isla de La Palma[33].

b) Por el concepto Transmisiones Patrimoniales Onerosas, por las transmisiones de bienes inmuebles y vehículos en las que concurran los mismos requisitos exigidos en el presente Decreto ley, para la aplicación del tipo cero del Impuesto General Indirecto Canario a la entrega de bienes inmuebles y vehículos.

Se incluyen en esta letra b), las operaciones previstas en el artículo 7.2.C) del Texto Refundido del Impuesto sobre Transmisiones Patrimoniales y Actos Jurídicos Documentados aprobado por el Real Decreto Legislativo 1/1993, de 24 de septiembre, que tengan como finalidad suplir el título que acredite la propiedad de los inmuebles destruidos por la erupción volcánica.

2. El incumplimiento de los requisitos mencionados en el apartado 1 anterior determinará la improcedencia de la aplicación del tipo cero, con ingreso en dicho momento del gravamen que hubiera correspondido y sus correspondientes intereses de demora, comenzando a contarse el plazo de prescripción para determinar la deuda tributaria desde la fecha en que se produzca el incumplimiento de tales requisitos.

(...)

Disposición final única. *Entrada en vigor.*

El presente Decreto ley entrará en vigor el mismo día de su publicación en el Boletín Oficial de Canarias.

---

[33] Tercer guión de la letra a) del número 1 del art. 6 incorporado por el número cuatro de la de la disposición final octava de la Ley 6/2021, de 28 de diciembre, de Presupuestos Generales de la Comunidad Autónoma de Canarias para 2022 (BOIC núm. 369, de 31 diciembre 2021), en vigor desde el 1 de enero de 2022.

10. Decreto Ley 2/2022, de 10 de febrero, por el que se adaptan las medidas tributarias excepcionales en la isla de La Palma, al Decreto Ley 1/2022, de 20 de enero, por el que se adoptan medidas urgentes en materia urbanística y económica para la construcción o reconstrucción de viviendas habituales afectadas por la erupción volcánica en la isla de La Palma y por el que se modifica el citado Decreto ley

(BOC núm. 30, de 11 de febrero de 2022)

Artículo 1[34]. *Ámbito de aplicación.*

1. El presente decreto ley es aplicable a la transmisión onerosa o gratuita de las parcelas situadas en cualquier municipio de La Palma a que se refiere el artículo 4 del Decreto ley 1/2022, de 20 de enero, de medidas urgentes en materia urbanística y económica para la construcción o reconstrucción de edificaciones destinadas a uso residencial afectadas por la erupción volcánica en la isla de La Palma.

Cuando se realice una transmisión onerosa o gratuita de terrenos ubicados en estos municipios y calificados de solares conforme con la regulación del suelo y ordenación urbana, no resultará de aplicación el presente decreto ley, sin perjuicio de lo establecido en los artículos 4.Uno.3, 6.1.b) y 7.3 del Decreto ley 12/2021, de 30 de septiembre, por el que se adoptan medidas tributarias, organizativas y de gestión como consecuencia de la erupción volcánica en la isla de La Palma.

2. No obstante, lo dispuesto en el artículo 3 de este decreto ley será de aplicación a las ejecuciones de obras para la construcción de edificaciones destinadas a uso residencial a las

---

[34] Nueva redacción dada por la Disp. Final Tercera Uno de la Ley 2/2024, de 29 de mayo, de medidas en materia territorial y urbanística para la recuperación económica y social de la isla de La Palma tras la erupción volcánica de Cumbre Vieja (BOC núm. 114, de 12 de junio de 2024).

Redacción anterior: «*1. El presente Decreto ley es aplicable a la transmisión onerosa o gratuita de las parcelas situadas en los términos municipales de El Paso, Los Llanos de Aridane y Tazacorte, a que se refiere el artículo 4 del Decreto ley 1/2022, de 20 de enero, por el que se adoptan medidas urgentes en materia urbanística y económica para la construcción o reconstrucción de viviendas habituales afectadas por la erupción volcánica en la isla de La Palma.*

2. Cuando se realice una transmisión onerosa o gratuita de terrenos ubicados en estos municipios y calificados de solares conforme con la regulación del suelo y ordenación urbana, no resultará de aplicación el presente Decreto ley, sin perjuicio de lo establecido en los artículos 4.Uno.3, 6.1.b) y 7.3 del Decreto ley 12/2021, de 30 de septiembre, por el que se adoptan medidas tributarias, organizativas y de gestión como consecuencia de la erupción volcánica en la isla de La Palma».

que se refiere el artículo 4.2 del Decreto ley 1/2022, de 20 de enero, de medidas urgentes en materia urbanística y económica para la construcción o reconstrucción de edificaciones destinadas a uso residencial afectadas por la erupción volcánica en la isla de La Palma.

Artículo 2.[35] *Medidas tributarias en relación a la transmisión de parcelas.*

Uno. Impuesto sobre Transmisiones Patrimoniales y Actos Jurídicos Documentados.

Se aplicará el tipo cero a las transmisiones de parcelas sujetas a la modalidad de transmisiones patrimoniales onerosas del impuesto sobre transmisiones patrimoniales y actos jurídicos documentados, siempre que se cumplan los siguientes requisitos:

– Que el devengo del impuesto sea con posterioridad al día 23 de enero de 2022.

---

[35]   Nueva redacción dada por la Disp. Final Tercera de la Ley 2/2024, de 29 de mayo, de medidas en materia territorial y urbanística para la recuperación económica y social de la isla de La Palma tras la erupción volcánica de Cumbre Vieja (BOC núm. 114, de 12 de junio de 2024).
Redacción anterior: «*Uno. Impuesto sobre Transmisiones Patrimoniales y Actos Jurídicos Documentados.*
Se aplicará el tipo cero a las transmisiones de parcelas sujetas a la modalidad de transmisiones patrimoniales onerosas del Impuesto sobre Transmisiones Patrimoniales y Actos Jurídicos Documentados, siempre que se cumplan los siguientes requisitos:
– Que el devengo del Impuesto sea con posterioridad al día 23 de enero de 2022.
– Que las parcelas sean destinadas a la construcción de viviendas habituales en situación legal o asimilada a la misma en sustitución de las destruidas por la erupción del volcán, en los términos previstos en el Decreto ley 1/2022, de 20 de enero, por el que se adoptan medidas urgentes en materia urbanística y económica para la construcción o reconstrucción de viviendas habituales afectadas por la erupción volcánica en la isla de La Palma. A estos efectos, resultarán aplicables las definiciones contenidas en el artículo 3 del mismo.
– Que la solicitud a que se refiere el artículo 6 del citado Decreto ley 1/2022, se presente en un plazo máximo de dieciocho meses a contar desde el día 24 de enero de 2022.
– El adquirente de la parcela y el promotor de las obras de construcción deben ser la misma persona física.
– Las obras de construcción deben comenzar en el plazo de un año desde la fecha en la que el Pleno del Ayuntamiento en el que se ubique la parcela en que se pretende ejecutar la construcción, adopte el acuerdo de autorización, sin sufrir interrupción por causa imputable al adquirente hasta su terminación, la cual debe tener lugar en cualquier caso dentro del plazo de dos años desde el inicio de las obras.
Dos. Impuesto sobre Sucesiones y Donaciones.
Se bonificará en un 100 por cien la cuota tributaria del Impuesto sobre Sucesiones y Donaciones correspondiente a la donación de una parcela siempre y cuando concurran las condiciones contenidas en el apartado Uno anterior.
Tres. Incumplimientos de los requisitos.
El incumplimiento de los requisitos mencionados en el apartado Uno anterior determinará la improcedencia de la aplicación del tipo cero del Impuesto sobre Transmisiones Patrimoniales y Actos Jurídicos Documentados o de la bonificación del 100 por cien de la cuota tributaria del Impuesto sobre Sucesiones y Donaciones, con obligación por parte del sujeto pasivo de presentar una autoliquidación complementaria con ingreso en dicho momento del gravamen que hubiera correspondido y sus correspondientes intereses de demora, comenzando a contarse el plazo de prescripción para determinar la deuda tributaria desde la fecha en que se produzca el incumplimiento de tales requisitos.
Se asimila a incumplimiento de los requisitos, la denegación expresa o presunta de la solicitud de autorización o el desistimiento de la solicitud».

– Que las parcelas sean destinadas a la construcción de edificaciones destinadas a uso residencial en situación legal o asimilada a la misma en sustitución de las destruidas por la erupción del volcán, en los términos previstos en el Decreto ley 1/2022, de 20 de enero, de medidas urgentes en materia urbanística y económica para la construcción o reconstrucción de edificaciones destinadas a uso residencial afectadas por la erupción volcánica en la isla de La Palma. A estos efectos, resultarán aplicables las definiciones contenidas en el artículo 3 del mismo.

– Que la solicitud a que se refiere el artículo 6 del citado Decreto ley 1/2022 se presente hasta el 31 de diciembre de 2027.

– El adquirente de la parcela y el promotor de las obras de construcción deben ser la misma persona física.

– Las obras de construcción deben comenzar en el plazo de un año desde la fecha en que se notifique la resolución municipal autorizando la ejecución de la construcción, sin sufrir interrupción por causa imputable al adquirente hasta su terminación, la cual debe tener lugar en cualquier caso dentro del plazo de dos años desde el inicio de las obras.

Dos. Impuesto sobre sucesiones y donaciones.

Se bonificará en un 100 por cien la cuota tributaria del impuesto sobre sucesiones y donaciones correspondiente a la donación de una parcela siempre y cuando concurran las condiciones contenidas en el apartado Uno anterior.

Tres. Incumplimientos de los requisitos.

El incumplimiento de los requisitos mencionados en el apartado Uno anterior determinará la improcedencia de la aplicación del tipo cero del impuesto sobre transmisiones patrimoniales y actos jurídicos documentados o de la bonificación del 100 por cien de la cuota tributaria del impuesto sobre sucesiones y donaciones, con obligación por parte del sujeto pasivo de presentar una autoliquidación complementaria con ingreso en dicho momento del gravamen que hubiera correspondido y sus correspondientes intereses de demora, comenzando a contarse el plazo de prescripción para determinar la deuda tributaria desde la fecha en que se produzca el incumplimiento de tales requisitos.

Se asimila a incumplimiento de los requisitos, la denegación expresa o presunta de la solicitud de autorización o el desistimiento de la solicitud.

(...)

Disposición adicional Primera. *Equiparación de conceptos.*

Las expresiones contenidas en la disposición adicional segunda del texto refundido de las disposiciones legales vigentes dictadas por la Comunidad Autónoma de Canarias en materia de tributos cedidos, aprobado por el Decreto legislativo 1/2009, de 21 de abril, respecto de que haya perdido un inmueble, tras su desaparición en la erupción volcánica iniciada el 19 de septiembre de 2021, han de entenderse equiparadas a inmuebles que se hayan perdido por haber quedado destruidos, inhabitables o inaccesibles de forma definitiva, como consecuencia de la erupción volcánica iniciada el 19 de septiembre de 2021 en la isla de La Palma.

(...)

Disposición Final Tercera. *Entrada en vigor.*

El presente Decreto ley entrará en vigor el mismo día de su publicación en el Boletín Oficial de Canarias, surtiendo efectos las medidas tributarias recogidas en los artículos 1 a 3 desde el día 24 de enero de 2022.

COMUNIDAD AUTÓNOMA DE CANTABRIA

Impuesto Sobre Transmisiones Patrimoniales y Actos Jurídicos Documentados

11. Decreto Legislativo 62/2008, de 19 de junio, por el que se aprueba el texto refundido de la Ley de Medidas Fiscales en materia de Tributos cedidos por el Estado

(BOC núm. 128, de 2 de julio de 2008)

Artículo único. *Aprobación del texto refundido de la Ley de medidas fiscales en materia de tributos cedidos por el Estado.*

De conformidad con la delegación legislativa contenida en la disposición adicional primera de la Ley de Cantabria 7/2007, de 27 de diciembre, de medidas fiscales y de contenido financiero, se aprueba el texto refundido de la Ley de medidas fiscales en materia de tributos cedidos por el Estado, que se inserta a continuación.

Disposición adicional única. *Remisiones normativas.*

Las referencias normativas realizadas en otras disposiciones a la Ley de Cantabria 11/2002, de 23 de diciembre, de medidas fiscales en materia de tributos cedidos por el Estado, se entenderán realizadas a los preceptos correspondientes del texto refundido que se aprueba por este Decreto Legislativo.

Disposición derogatoria única. *Derogación normativa.*

A la entrada en vigor de este Decreto Legislativo quedará derogada, con motivo de su incorporación al texto refundido que se aprueba, la Ley de Cantabria 11/2002, de 23 de diciembre, de Medidas Fiscales en Materia de Tributos cedidos por el Estado.

Disposición final única. *Entrada en vigor.*

El presente Decreto Legislativo y el texto refundido que aprueba entrarán en vigor el día siguiente al de su publicación en el *Boletín Oficial de Cantabria*.

TEXTO REFUNDIDO

(...)

CAPÍTULO IV. IMPUESTO SOBRE TRANSMISIONES PATRIMONIALES Y ACTOS JURÍDICOS DOCUMENTADOS[1]

Artículo 9[2]. *Tipos de gravamen aplicables en las transmisiones patrimoniales onerosas o bienes inmuebles.*

1[3]. De acuerdo con lo previsto en el 49.1.a) de la Ley 22/2009, de 18 de diciembre, por la que se regula el sistema de financiación de las Comunidades Autónomas de régimen común y Ciudades con Estatuto de Autonomía y se modifican determinadas normas tributarias, y en

---

[1]   Orden HAC/13/2020, de 22 de abril de 2020, por la que se adoptan medidas sobre determinados aspectos relativos a la gestión, liquidación y recaudación de los tributos gestionados por la Comunidad Autónoma de Cantabria, y se modifica la Orden HAC/10/2008, de 28 de mayo, por la que se establece el procedimiento general para el pago y/o presentación telemática de recursos de la Administración del Gobierno de Cantabria, requisitos de los usuarios y de las entidades colaboradoras de la recaudación prestadoras del servicio de cobro telemático (BOC extraordinario núm. 30, de 22 de abril de 2020):
Cuarto. Ampliación de los plazos para la presentación de declaraciones y autoliquidaciones tributarias.
«1. Se amplían los plazos para la presentación de las declaraciones y autoliquidaciones de los tributos gestionados por la Comunidad Autónoma de Cantabria, cuyos plazos vencieran durante el tiempo de duración del Estado de Alarma declarado por el Real Decreto 463/2020, de 14 de marzo, por el que se declara el Estado de Alarma para la Gestión de la Situación de Crisis Sanitaria ocasionada por el COVID-19 y sus prórrogas, por un periodo adicional de dos meses posteriores al fin de la vigencia de dicho Estado de Alarma.
2. Las me das anteriores se entienden sin perjuicio del derecho que tienen los contribuyentes de efectuar la presentación y el pago de dichos tributos por medios telemáticos, en los plazos legal y/o reglamentariamente establecidos.
3. Estas medidas surtirán efectos retroactivos desde el 14 de marzo de 2020».

[2]   Nueva redacción del art. 9 dada por el art. 8.Ocho de la Ley 11/2018, de 21 de diciembre, Medidas Fiscales y Administrativas (BOC núm. 252, de 28 de diciembre de 2018), en vigor desde el 1 de enero de 2019.

[3]   Nueva redacción del apartado 1 del art. 9 dada por el art. 3.Quince de la Ley de Cantabria 3/2023, de 26 de diciembre, de Medidas Fiscales y Administrativas (BOC extraordinario núm. 87, de 29 de diciembre de 2023), en vigor desde el 1 de enero de 2024.
Redacción anterior: «1. *De acuerdo con lo previsto en el 49.1.a) de la Ley 22/2009, de 18 de diciembre, por la que se regula el sistema de financiación de las Comunidades Autónomas de régimen común y Ciudades con Estatuto de Autonomía y se modifican determinadas normas tributarias, y en orden a la aplicación de lo dispuesto en el artículo 11.1 del texto refundido de la Ley del Impuesto sobre Transmisiones Patrimoniales y Actos Jurídicos Documentados, aprobado por Real Decreto Legislativo 1/1993, de 24 de septiembre, la cuota tributaria en la modalidad de Transmisiones Patrimoniales Onerosas se obtendrá aplicando sobre la base liquidable los tipos de gravamen previstos en este artículo.*
A) TIPO GENERAL
Con carácter general, en la transmisión de bienes inmuebles, así como en la constitución y en la cesión de derechos reales que recaigan sobre los mismos, excepto en los derechos reales de garantía, se aplicará el tipo del 10 por ciento.
B) TIPOS REDUCIDOS».

orden a la aplicación de lo dispuesto en el artículo 11.1 del texto refundido de la Ley del Impuesto sobre Transmisiones Patrimoniales y Actos Jurídicos Documentados, aprobado por Real Decreto Legislativo 1/1993, de 24 de septiembre, la cuota tributaria en la modalidad de Transmisiones Patrimoniales Onerosas se obtendrá aplicando sobre la base liquidable los tipos de gravamen previstos en este artículo.

A) Tipo general.

Con carácter general, en la transmisión de bienes inmuebles, así como en la constitución y en la cesión de derechos reales que recaigan sobre los mismos, excepto en los derechos reales de garantía, se aplicará el tipo del 9 por ciento.

B) Tipos reducidos.

2.[4] En aquellas transmisiones de viviendas y promesas u opciones de compra sobre las mismas que vayan a constituir la vivienda habitual del sujeto pasivo se aplicarán los tipos impositivos siguientes:

Valor comprobado total de la vivienda	Tipo impositivo
Menor de 200.000 euros	7%
Igual o mayor de 200.000 euros	9%

3.[5] Se aplicará el tipo reducido del 4 por ciento en aquellas transmisiones de viviendas y promesas u opciones de compra sobre las mismas que vayan a constituir la vivienda

---

[4]   Nueva redacción del apartado 2 del art. 9 dada por el art. 3.Quince de la Ley de Cantabria 3/2023, de 26 de diciembre, de Medidas Fiscales y Administrativas (BOC extraordinario núm. 87, de 29 de diciembre de 2023), en vigor desde el 1 de enero de 2024.
   Redacción anterior: «*2. En aquellas transmisiones de viviendas y promesas u opciones de compra sobre las mismas que vayan a constituir la vivienda habitual del sujeto pasivo se aplicarán los tipos impositivos siguientes*

Valor comprobado total de la vivienda	Tipo impositivo
Menor de 120.000 euros	8%
Menor de 200.000 euros	9%
Igual o mayor de 200.000 euros.	10%»

[5]   Nueva redacción del apartado 3 del art. 9 dada por el art. 3.Quince de la Ley de Cantabria 3/2023, de 26 de diciembre, de Medidas Fiscales y Administrativas (BOC extraordinario núm. 87, de 29 de diciembre de 2023), en vigor desde el 1 de enero de 2024.
   Redacción anterior: «*3. Se aplicará el tipo reducido del 5 por ciento en aquellas transmisiones de viviendas y promesas u opciones de compra sobre las mismas que vayan a constituir la vivienda habitual del sujeto pasivo, siempre que éste reúna alguno de los siguientes requisitos o circunstancias:*
   a) Tener la consideración de titular de familia numerosa o cónyuge del mismo o de familia monoparental en virtud del Decreto 26/2019, de 14 de marzo, por el que se regula el reconocimiento de la condición de Familia Monoparental en la Comunidad Autónoma de Cantabria [redacción dada por el art. 2.Siete de Ley 12/2020,

habitual del sujeto pasivo, siempre que este reúna alguno de los siguientes requisitos o circunstancias:

a) Tener la consideración de titular de familia numerosa o cónyuge del mismo o de familia monoparental en virtud del Decreto 26/2019, de 14 de marzo, por el que se regula el reconocimiento de la condición de Familia Monoparental en la Comunidad Autónoma de Cantabria.

b) Persona con discapacidad física, psíquica o sensorial que tenga la consideración legal de persona con discapacidad con un grado de disminución igual o superior al 33 por ciento e inferior al 65 por ciento.

Cuando, como resultado de la adquisición de la propiedad de la vivienda, ésta pase a pertenecer pro indiviso a varias personas se aplicará el tipo reducido a cada uno de los sujetos pasivos en proporción a su porcentaje de participación en la adquisición siempre que al menos una de ellas reúna el requisito previsto en esta letra y adquiera, como mínimo, el porcentaje que represente el usufructo vitalicio calculado en virtud del artículo 26 de la Ley 29/1987, de 18 de diciembre, del Impuesto sobre Sucesiones y Donaciones, siendo suficiente con que adquiera el 50% para la aplicación del tipo reducido a todos los sujetos pasivos si el usufructo representase más de ese porcentaje.

c) Tener, en la fecha de adquisición del bien inmueble, menos de treinta y seis años cumplidos. Cuando como resultado de la adquisición de la propiedad la vivienda pase a per-

---

de 28 de diciembre (BOGC extraordinario núm. 122, de 30 de diciembre de 2020), en vigor desde el 31 de diciembre de 2020].

b) Persona con minusvalía física, psíquica o sensorial que tenga la consideración legal de minusválida con un grado de disminución igual o superior al 33 por ciento e inferior al 65 por ciento [redacción dada por el art. 3.Nueve de la Ley 5/2019, de 23 de diciembre (BOCA extraordinario núm. 76, de 30 de diciembre), en vigor desde el 1 de enero de 2020].

Cuando, como resultado de la adquisición de la propiedad de la vivienda, esta pase a pertenecer pro indiviso a varias personas se aplicará el tipo reducido a cada uno de los sujetos pasivos en proporción a su porcentaje de participación en la adquisición siempre que al menos una de ellas reúna el requisito previsto en esta letra y adquiera, como mínimo, el porcentaje que represente el usufructo vitalicio calculado en virtud del artículo 26 de la Ley 29/1987, de 18 de diciembre, del Impuesto sobre Sucesiones y Donaciones, siendo suficiente con que adquiera el 50% para la aplicación del tipo reducido a todos los sujetos pasivos si el usufructo representase más de ese porcentaje

c) Tener, en la fecha de adquisición del bien inmueble, menos de treinta años cumplidos. Cuando como resultado de la adquisición de la propiedad la vivienda pase a pertenecer pro indiviso a varias personas, reuniendo unas el requisito de edad previsto en esta letra y otras no, se aplicará el tipo reducido sólo a los sujetos pasivos que lo reúnan, y en proporción a su porcentaje de participación en la adquisición. Si la adquisición se realizara con cargo a la sociedad de gananciales, siendo uno de los cónyuges menor de treinta años y el otro no, se aplicará el tipo medio resultante.

d) En las transmisiones de viviendas de Protección Pública que no gocen de la exención prevista en el artículo 45 del Real Decreto Legislativo 1/1993, de 24 de septiembre, por la que se aprueba el texto refundido de la Ley del Impuesto de Transmisiones Patrimoniales y Actos Jurídicos Documentados».

tenecer pro indiviso a varias personas, reuniendo unas el requisito de edad previsto en esta letra y otras no, se aplicará el tipo reducido solo a los sujetos pasivos que lo reúnan y en proporción a su porcentaje de participación en la adquisición.

d) En las transmisiones de viviendas de Protección Pública que no gocen de la exención prevista en el artículo 45 del Real Decreto Legislativo 1/1993, de 24 de septiembre, por la que se aprueba el texto refundido de la Ley del Impuesto de Transmisiones Patrimoniales y Actos Jurídicos Documentados.

e) Cuando la vivienda se encuentre en alguno de los municipios o ayuntamientos afectados por riesgo de despoblamiento incluidos en la Orden por la que se aprueba la Delimitación de Municipios afectados por riesgo de despoblamiento en Cantabria[6].

4[7]. Se fija un tipo reducido del 5 por ciento para las adquisiciones de viviendas que vayan a ser objeto de inmediata rehabilitación, debiendo reunirse los siguientes requisitos para su aplicación:

---

[6]   Orden PRE/1/2025, de 2 de enero, por la que se aprueba la Delimitación de Municipios Afectados por Riesgo de Despoblamiento en Cantabria (BOC núm. 2, de 3 de enero de 2025).

[7]   Nueva redacción del apartado 4 del art. 9 dada por el art. 3.Quince de la Ley de Cantabria 3/2023, de 26 de diciembre, de Medidas Fiscales y Administrativas (BOC extraordinario núm. 87, de 29 de diciembre de 2023), en vigor desde el 1 de enero de 2024.
   Redacción anterior del art. 9.4 dada por el art. 4.Cuatro de la Ley de Cantabria 11/2022, de 28 de diciembre, de Medidas Fiscales y Administrativas (BOC núm. 62, de 29 de diciembre de 2022), en vigor el día 1 de enero de 2023: «4. Se fija un tipo reducido del 5 por ciento para las adquisiciones de viviendas que vayan a ser objeto de inmediata rehabilitación.
   Requisitos para su aplicación:
   a) En el documento público en el que se formalice la compraventa se hará constar que la vivienda va a ser objeto de inmediata rehabilitación.
   b) La edificación objeto de compraventa debe mantener el uso de vivienda al menos durante los tres años siguientes a la conclusión de las obras de rehabilitación.
   c) El coste total de las obras de rehabilitación será como mínimo del 25 por ciento del precio de adquisición de la vivienda que conste en escritura. La cuota soportada en las facturas por el Impuesto sobre el Valor Añadido (IVA) no se tendrá en cuenta para el cómputo del coste total de las obras de rehabilitación cuando el adquirente sea un sujeto pasivo del IVA.
   d) las obras de rehabilitación deberán finalizarse en un plazo inferior a dieciocho meses desde la fecha de devengo del impuesto.
   A los efectos de este artículo son obras de rehabilitación de viviendas las siguientes:
   a) Obras de reconstrucción de las viviendas, que comprendan la consolidación o tratamiento de elementos estructurales, fachadas o cubiertas.
   b) Obras de adecuación estructural que proporcionen a la edificación condiciones de seguridad constructiva, de forma que quede garantizada su estabilidad y resistencia mecánica.
   c) Obras de refuerzo o adecuación de la cimentación, así como las que afecten o consistan en el tratamiento de pilares o forjados.
   d) Obras de ampliación de la superficie construida, sobre y bajo rasante.
   e) Obras de reconstrucción de fachadas y patios interiores.

a) En la escritura pública en que se formalice la compraventa se hará constar que la vivienda va a ser objeto de inmediata rehabilitación. Si la adquisición se realiza en documento administrativo o judicial se deberá aportar, junto con el documento en que se formaliza la compra, y en el momento de la presentación de este Impuesto, escrito firmado por el obligado tributario en el que haga constar que se va a realizar la inmediata rehabilitación de la vivienda.

---

f) Obras de supresión de barreras arquitectónicas y/o instalación de elementos elevadores, incluidos los destinados a salvar barreras arquitectónicas para su uso por personas con discapacidad.

g) Obras de albañilería, fontanería y carpintería para la adecuación de habitabilidad de la vivienda que la proporcionen condiciones mínimas respecto a su superficie útil, distribución interior, aislamiento acústico, servicios higiénicos u otros servicios de carácter general.

h) Obras destinadas a la mejora y adecuación de la envolvente térmica de la vivienda, de instalación o mejora de los sistemas de calefacción, de las instalaciones eléctricas, de agua, climatización y protección contra incendios.

i) Obras de rehabilitación energética destinadas a la mejora del comportamiento energético de la vivienda reduciendo su demanda energética, al aumento del rendimiento de los sistemas e instalaciones térmicas o a la incorporación de equipos que utilicen fuentes de energía renovables.

Se excluye del concepto de obras de rehabilitación de vivienda las realizadas por el propio titular de la misma sin contar con la participación de profesionales de la construcción.

En el plazo máximo del mes siguiente a los dieciocho meses desde el devengo, el sujeto pasivo deberá presentar ante el Servicio de Tributos u oficina Liquidadora del Distrito Hipotecario competente la siguiente documentación:

a) La licencia municipal de obras de rehabilitación de la vivienda en la que conste el importe de las mismas, así como la acreditación del pago para la comprobación de la base sobre la que se solicitó. Dicha base, sumadas las partidas que se descuentan para su cálculo (entre otras, su correspondiente IVA), supondrá como mínimo el que da derecho a la aplicación del presente tipo reducido.

b) Una relación firmada de las facturas derivadas de la rehabilitación, con indicación para cada una del número y, en su caso, serie, la fecha de expedición, la fecha de realización de las operaciones, en caso de que sea distinta de la anterior, el nombre y apellidos, razón social o denominación completa y número de identificación fiscal de quién la expide, y el importe total de la factura desglosando, en su caso, el Impuesto sobre el Valor Añadido.

Asimismo, será requisito imprescindible para la aplicación del tipo reducido la conservación de dichas facturas por un plazo de 4 años desde que finalice el mes del periodo de presentación de la documentación.

El incumplimiento de la obligación de presentar la documentación reseñada en el plazo establecido o la falta de adecuación de las obras realizadas, determinarán la pérdida del derecho al tipo reducido.

La aplicación del tipo reducido estará condicionada a que los importes satisfechos por la rehabilitación sean justificados con factura y abonados mediante tarjeta de crédito o débito, transferencia bancaria, cheque nominativo o ingreso en cuenta en entidades de crédito, a las personas o entidades que realicen las obras o presten los servicios. En ningún caso, darán derecho a practicar esta deducción las cantidades satisfechas mediante entregas de dinero en efectivo».

Redacción anterior dada por el art. 3.Diez de la Ley de Cantabria 5/2019, de 23 de diciembre, Medidas Fiscales y Administrativas (BOCA extraordinario núm. 76, de 30 de diciembre), en vigor desde el 1 de enero de 2020.

b) La edificación objeto de compraventa debe mantener el uso de vivienda al menos durante los tres años siguientes a la conclusión de las obras de rehabilitación.

c) El coste total de las obras de rehabilitación será como mínimo del 25 por ciento del precio de adquisición de la vivienda que conste en escritura o en el documento administrativo o judicial correspondiente. La cuota soportada en las facturas por el Impuesto sobre el Valor Añadido (IVA) no se tendrá en cuenta para el cómputo del coste total de las obras de rehabilitación cuando el adquirente sea un sujeto pasivo del IVA y pueda deducírselo.

d) Las obras de rehabilitación deberán finalizarse en un plazo inferior a dieciocho meses desde la fecha de devengo del impuesto.

A los efectos de este artículo son obras de rehabilitación de viviendas las siguientes:

a) Obras de reconstrucción de las viviendas, que comprendan la consolidación o tratamiento de elementos estructurales, fachadas o cubiertas.

b) Obras de adecuación estructural que proporcionen a la edificación condiciones de seguridad constructiva, de forma que quede garantizada su estabilidad y resistencia mecánica.

c) Obras de refuerzo o adecuación de la cimentación, así como las que afecten o consistan en el tratamiento de pilares o forjados.

d) Obras de ampliación de la superficie construida, sobre y bajo rasante.

e) Obras de reconstrucción de fachadas y patios interiores.

f) Obras de supresión de barreras arquitectónicas y/o instalación de elementos elevadores, incluidos los destinados a salvar barreras arquitectónicas para su uso por personas con discapacidad.

g) Obras de albañilería, fontanería y carpintería para la adecuación de habitabilidad de la vivienda que la proporcionen condiciones mínimas respecto a su superficie útil, distribución interior, aislamiento acústico, servicios higiénicos u otros servicios de carácter general.

h) Obras destinadas a la mejora y adecuación de la envolvente térmica de la vivienda, de instalación o mejora de los sistemas de calefacción, de las instalaciones eléctricas, de agua, climatización y protección contra incendios.

i) Obras de rehabilitación energética destinadas a la mejora del comportamiento energético de la vivienda reduciendo su demanda energética, al aumento del rendimiento de los sistemas e instalaciones térmicas o a la incorporación de equipos que utilicen fuentes de energía renovables.

Se excluye del concepto de obras de rehabilitación de vivienda las realizadas por el propio titular de la misma sin contar con la participación de profesionales de la construcción.

En el plazo máximo del mes siguiente a los dieciocho meses desde el devengo, el sujeto pasivo deberá presentar ante el Servicio de Tributos u oficina Liquidadora del Distrito Hipotecario competente la siguiente documentación:

a) La licencia municipal de obras de rehabilitación de la vivienda en la que conste el importe de las mismas, así como la acreditación del pago para la comprobación de la base sobre la que se solicitó. Dicha base, sumadas las partidas que se descuentan para su cálculo (entre otras, su correspondiente IVA), supondrá como mínimo el importe que da derecho a la aplicación del presente tipo reducido.

b) Una relación firmada de las facturas derivadas de la rehabilitación, con indicación para cada una del número y, en su caso, serie, la fecha de expedición, la fecha de realización de las operaciones, en caso de que sea distinta de la anterior, el nombre y apellidos, razón social o denominación completa y número de identificación fiscal de quien la expide, y el importe total de la factura desglosando, en su caso, el Impuesto sobre el Valor Añadido.

Asimismo, será requisito imprescindible para la aplicación del tipo reducido la conservación de dichas facturas por un plazo de cuatro años desde que finalice el mes del periodo de presentación de la documentación.

El incumplimiento de la obligación de presentar la documentación reseñada en el plazo establecido o la falta de adecuación de las obras realizadas, determinarán la pérdida del derecho al tipo reducido.

La aplicación del tipo reducido estará condicionada a que los importes satisfechos por la rehabilitación sean justificados con factura y abonados mediante tarjeta de crédito o débito, transferencia bancaria, cheque nominativo o ingreso en cuenta en entidades de crédito, a las personas o entidades que realicen las obras o presten los servicios. En ningún caso, darán derecho a practicar esta deducción las cantidades satisfechas mediante entregas de dinero en efectivo.

5[8]. Se aplicará el tipo del 4 por ciento en aquellas transmisiones de bienes inmuebles en las que se cumplan los siguientes requisitos:

a) Que sea aplicable a la operación alguna de las exenciones contenidas en los apartados 20 y 22 del artículo 20.1 de la Ley 37/1992, de 28 de diciembre, del Impuesto sobre el Valor Añadido.

---

[8] Nueva redacción del apartado 5 del art. 9 dada por el art. 3.Quince de la Ley de Cantabria 3/2023, de 26 de diciembre, de Medidas Fiscales y Administrativas (BOC extraordinario núm. 87, de 29 de diciembre de 2023), en vigor desde el 1 de enero de 2024.

Redacción anterior: «5. *Se aplicará el tipo del 4 por ciento en aquellas transmisiones de bienes inmuebles en las que se cumplan los siguientes requisitos:*

a) Que sea aplicable a la operación alguna de las exenciones contenidas en los apartados 20 y 22 del artículo 20.1 de la Ley 37/1992, de 28 de diciembre, del Impuesto sobre el Valor Añadido.

b) Que el adquirente sea sujeto pasivo del Impuesto sobre el Valor Añadido, actúe en el ejercicio de sus actividades empresariales o profesionales, y se le atribuya el derecho a efectuar la deducción total o parcial del Impuesto soportado al realizar la adquisición o, cuando no cumpliéndose lo anterior, en función de su destino previsible, los bienes adquiridos vayan a ser utilizados, total o parcialmente, en la realización de operaciones, que originen el derecho a la deducción, tal y como se dispone en el artículo 20.2 de la Ley 37/1992, de 28 de diciembre, del Impuesto sobre el Valor Añadido.

c) Que no se haya producido la renuncia a la exención prevista en el artículo 20.2 de la Ley 37/1992, de 28 de diciembre, del Impuesto sobre el Valor Añadido».

b) Que el adquirente sea sujeto pasivo del Impuesto sobre el Valor Añadido, actúe en el ejercicio de sus actividades empresariales o profesionales, y se le atribuya el derecho a efectuar la deducción total o parcial del Impuesto soportado al realizar la adquisición o, cuando no cumpliéndose lo anterior, en función de su destino previsible, los bienes adquiridos vayan a ser utilizados, total o parcialmente, en la realización de operaciones que originen el derecho a la deducción, tal y como se dispone en el artículo 20.2 de la Ley 37/1992, de 28 de diciembre, del Impuesto sobre el Valor Añadido.

c) Que no se haya producido la renuncia a la exención prevista en el artículo 20.2 de la Ley 37/1992, de 28 de diciembre, del Impuesto sobre el Valor Añadido.

6[9]. Se aplicará el tipo reducido del 3 por ciento en aquellas transmisiones de viviendas que vayan a constituir la vivienda habitual del sujeto pasivo, cuando este sea una persona con discapacidad física, psíquica o sensorial que tenga la condición legal de persona con discapacidad con un grado de disminución igual o superior al 65 por ciento de acuerdo con el baremo a que se refiere el artículo 148 del Texto Refundido de la Ley General de la Seguridad Social, aprobado por Real Decreto Legislativo 1/1994, de 20 de junio.

Cuando, como resultado de la adquisición de la propiedad de la vivienda, esta pase a pertenecer pro indiviso a varias personas se aplicará el tipo reducido a cada uno de los sujetos pasivos en proporción a su porcentaje de participación en la adquisición siempre que al menos una de ellas reúna el requisito previsto en esta letra y adquiera, como mínimo, el porcentaje que represente el usufructo vitalicio calculado en virtud del artículo 26 de la Ley 29/1987, de 18 de diciembre, del Impuesto sobre Sucesiones y Donaciones, siendo suficiente con que adquiera el 50 por ciento para la aplicación del tipo reducido a todos los sujetos pasivos si el usufructo representase más de ese porcentaje.

---

[9]   Nueva redacción del apartado 6 del art. 9 dada por el art. 3.Quince de la Ley de Cantabria 3/2023, de 26 de diciembre, de Medidas Fiscales y Administrativas (BOC extraordinario núm. 87, de 29 de diciembre de 2023), en vigor desde el 1 de enero de 2024.

Redacción anterior: «*6. Se aplicará el tipo reducido del 4 por ciento en aquellas transmisiones de viviendas que vayan a constituir la vivienda habitual del sujeto pasivo, cuando éste sea una persona con minusvalía física, psíquica o sensorial que tenga la condición legal de minusválida con un grado de disminución igual o superior al 65 por ciento de acuerdo con el baremo a que se refiere el artículo 148 del Texto Refundido de la Ley General de la Seguridad Social, aprobado por Real Decreto Legislativo 1/1994, de 20 de junio.*

Cuando como resultado de la adquisición la propiedad de la vivienda pase a pertenecer pro indiviso a varias personas reuniendo una de ellas el requisito previsto en este apartado, se aplicará el tipo reducido a cada uno de los sujetos pasivos en proporción a su porcentaje de participación en la adquisición [redacción de segundo párrafo dada por el art. 2.Ocho de Ley de 12/2020, de 28 de diciembre (BOGC extraordinario núm. 122, de 30 de diciembre de 2020), en vigor desde el 31 de diciembre de 2020]».

7[10]. Los tipos reducidos establecidos en el presente artículo, exceptuando el recogido en el apartado 5, solo serán aplicables hasta 300.000 euros del valor de la vivienda. Para el tramo que exceda a dicho valor será de aplicación el tipo de gravamen general.

8[11]. Tipo impositivo aplicable a las transmisiones onerosas de inmuebles adquiridos por sociedades constituidas por jóvenes empresarios.

Las transmisiones onerosas de inmuebles en las que el adquirente sea una sociedad mercantil participada en su integridad por jóvenes menores de 36 años en el momento de su adquisición con domicilio fiscal en la Comunidad Autónoma de Cantabria tributarán al tipo reducido del 3 por ciento. Deberán cumplir alguno de los requisitos siguientes:

---

[10]   Nueva redacción del apartado 7 del art. 9 dada por el art. 3.Quince de la Ley de Cantabria 3/2023, de 26 de diciembre, de Medidas Fiscales y Administrativas (BOC extraordinario núm. 87, de 29 de diciembre de 2023), en vigor desde el 1 de enero de 2024.

Redacción anterior: «*7. A los efectos de aplicación de los tipos reducidos regulados en este artículo, se asimilan a los cónyuges, las parejas de hecho inscritas conforme a lo establecido en la Ley 1/2005, de 16 de mayo, de parejas de hecho, de la Comunidad Autónoma de Cantabria.*

Por su parte, los tipos reducidos establecidos en el presente artículo, exceptuando el establecido en el apartado 5, sólo serán aplicables para la adquisición de viviendas que no superen un valor comprobado de 300.000 euros. En las adquisiciones de viviendas con valor comprobado por encima de dicha cifra, el tramo que excediese de 300.000 euros tributará al tipo de gravamen general».

[11]   Nueva redacción del apartado 8 del art. 9 dada por el art. 3.Quince de la Ley de Cantabria 3/2023, de 26 de diciembre, de Medidas Fiscales y Administrativas (BOC extraordinario núm. 87, de 29 de diciembre de 2023), en vigor desde el 1 de enero de 2024.

Redacción anterior: «*8. Tipo impositivo aplicable a las transmisiones onerosas de inmuebles adquiridos por sociedades constituidas por jóvenes empresarios: Las transmisiones onerosas de inmuebles en las que el adquirente sea una sociedad mercantil participada en su integridad por jóvenes menores de 36 años con domicilio fiscal en la Comunidad de Cantabria tributarán al tipo reducido del 4%. Deberán cumplir alguno de los requisitos siguientes:*

1. Que el inmueble se destine a ser la sede de su domicilio fiscal durante al menos los cinco años siguientes a la adquisición y que se mantenga durante el mismo periodo la forma societaria de la entidad adquirente. Los socios en el momento de la adquisición y durante dicho periodo de cinco años deberán mantener una participación mayoritaria en el capital de la sociedad y su domicilio fiscal en Cantabria.

2. Que el inmueble se destine a ser un centro de trabajo y que mantenga su actividad como tal durante al menos los cinco años siguientes a la adquisición. También durante el mismo periodo la entidad adquirente deberá mantener tanto la forma societaria en la que se constituyó, así como el domicilio fiscal en Cantabria. Los socios en el momento de la adquisición y durante dicho periodo, deberán mantener una participación mayoritaria en el capital de la sociedad y su domicilio fiscal en Cantabria.

La aplicación del tipo reducido regulado se encuentra condicionada a que se haga constar en el documento público en el que se formalice la compraventa la finalidad de destinarla a ser la sede del domicilio fiscal o centro de trabajo de la mercantil adquirente, así como la identidad de los socios de la sociedad y la edad y la participación de cada uno de ellos en el capital social. No se aplicarán estos tipos si no consta dicha declaración en el documento ni tampoco se aplicarán cuando se produzcan rectificaciones del documento que subsanen su omisión, salvo que las mismas se realicen dentro del plazo voluntario de presentación de la declaración del impuesto. No podrán aplicarse estos tipos reducidos sin el cumplimiento estricto de esta obligación formal en el momento preciso señalado en este apartado».

1) Que el inmueble se destine a ser la sede de su domicilio fiscal durante al menos los cinco años siguientes a la adquisición y que se mantenga durante el mismo periodo la forma societaria de la entidad adquirente. Los socios en el momento de la adquisición y durante dicho periodo de cinco años deberán mantener una participación mayoritaria en el capital de la sociedad y su domicilio fiscal en Cantabria.

2) Que el inmueble se destine a ser un centro de trabajo y que mantenga su actividad como tal durante al menos los cinco años siguientes a la adquisición. También durante el mismo periodo la entidad adquirente deberá mantener tanto la forma societaria en la que se constituyó, así como el domicilio fiscal en Cantabria. Los socios en el momento de la adquisición y durante dicho periodo, deberán mantener una participación mayoritaria en el capital de la sociedad y su domicilio fiscal en Cantabria.

La aplicación del tipo reducido regulado se encuentra condicionada a que se haga constar, en el documento público en el que se formalice la compraventa, la finalidad de destinarla a ser la sede del domicilio fiscal o centro de trabajo de la mercantil adquirente, así como la identidad de los socios de la sociedad y la edad y la participación de cada uno de ellos en el capital social.

9[12]. Para que sean aplicables los anteriores tipos reducidos, con las salvedades indicadas en el apartado 4, deberán solicitarse expresamente en el documento en que se formalice la transmisión, promesa u opción de compra, o bien en la rectificación o subsanación que se presente en un plazo máximo de tres meses desde que finaliza el plazo de autoliquidación del impuesto.

10[13]. En las operaciones sujetas al Impuesto sobre Transmisiones Patrimoniales y Actos Jurídicos Documentados que sean realizadas entre entidades perteneciente al sector público

---

[12]   Nueva redacción del apartado 9 del art. 9 dada por el art. 3.Quince de la Ley de Cantabria 3/2023, de 26 de diciembre, de Medidas Fiscales y Administrativas (BOC extraordinario núm. 87, de 29 de diciembre de 2023), en vigor desde el 1 de enero de 2024.
      Redacción anterior: «*9. A los efectos de aplicación de los tipos reducidos regulados en este artículo, se asimilan a los cónyuges, las parejas de hecho inscritas conforme a lo establecido en la Ley 1/2005, de 16 de mayo, de parejas de hecho, de la Comunidad Autónoma de Cantabria*».

[13]   Se renumera en 10 el apartado 11 del art. 9 por el art. 3.Quince de la Ley de Cantabria 3/2023, de 26 de diciembre, de Medidas Fiscales y Administrativas (BOC extraordinario núm. 87, de 29 de diciembre de 2023), en vigor desde el 1 de enero de 2024.
      La redacción anterior del apartado 10 del art. 9 dada por el art. 4.Cuatro de la Ley de Cantabria 11/2022, de 28 de diciembre, de Medidas Fiscales y Administrativas (BOC núm. 62, de 29 de diciembre de 2022), en vigor el día 1 de enero 2023: «*10. Para que sean aplicables los anteriores tipos reducidos, deberán solicitarse expresamente en el documento en que se formalice la transmisión, promesa u opción de compra, o bien en la rectificación o subsanación que se presente en un plazo máximo de tres meses desde dicha formalización*».
      Redacción anterior: «*10. No se aplicarán los tipos reducidos si no constan su solicitud en el documento en que se efectúe la transmisión, promesa u opción de compra, ni tampoco se aplicarán cuando se produzcan rectificaciones en el documento transcurridos tres meses desde su formalización*».

institucional íntegramente participadas por la Administración de la Comunidad Autónoma de Cantabria, se aplicará una bonificación del 99 por 100 sobre la cuota tributaria obtenida aplicando la tarifa del impuesto siempre que el sujeto pasivo sea una de las precitadas entidades.

11[14]. El sujeto pasivo gravado por la modalidad de Transmisiones Patrimoniales Onerosas tendrá derecho deducirse la tasa por Valoración previa de inmuebles objeto de adquisición o transmisión en los casos en que adquiera, mediante actos o negocios jurídicos «inter vivos», bienes valorados por el perito de la Administración.

Las condiciones para poder deducirse la tasa son las siguientes:

a) Que la tasa haya sido efectivamente ingresada y no proceda la devolución de ingreso indebido, de acuerdo con lo regulado en el artículo 12 de la Ley de Cantabria 9/1992, de 18 de diciembre.

b) Que coincida el sujeto pasivo de la tasa y del Impuesto objeto de declaración-liquidación.

c) Que, en relación con la tributación por el impuesto que proceda, el valor declarado respecto del bien o bienes objeto de valoración, sea igual o superior al atribuido por el perito de la Administración en la actuación sujeta a la tasa.

d) Que el Impuesto a que se sujete la operación realizada con el bien valorado sea gestionado por la Administración de la Comunidad Autónoma de Cantabria y le corresponda su rendimiento.

---

[14] Nueva redacción del apartado 12 que pasa a enumerarse como el 11 del art. 9 dada por el art. 3.Quince de la Ley de Cantabria 3/2023, de 26 de diciembre, de Medidas Fiscales y Administrativas (BOC extraordinario núm. 87, de 29 de diciembre de 2023), en vigor desde el 1 de enero de 2024.

Redacción anterior: «*12. El sujeto pasivo gravado por la modalidad de Transmisiones Patrimoniales Onerosas tendrá derecho deducirse la tasa por Valoración previa de inmuebles objeto de adquisición o transmisión en los casos en que adquiera, mediante actos o negocios jurídicos intervivos, bienes valorados por el perito de la Administración.*

Las condiciones para poder deducirse la tasa son las siguientes:

a) Que la tasa haya sido efectivamente ingresada y no proceda la devolución de ingreso indebido, de acuerdo con lo regulado en el artículo 12 de la Ley de Cantabria 9/1992, de 18 de diciembre.

b) Que coincida el sujeto pasivo de la tasa y del Impuesto objeto de declaración-liquidación.

c) Que, en relación con la tributación por el impuesto que proceda, el valor declarado respecto del bien o bienes objeto de valoración, sea igual o superior al atribuido por el perito de la Administración en la actuación sujeta a la tasa.

d) Que el Impuesto a que se sujete la operación realizada con el bien valorado sea gestionado por la Administración de la Comunidad Autónoma de Cantabria y le corresponda su rendimiento.

e) Que la operación sujeta al impuesto haya sido efectivamente objeto de declaración-liquidación e ingreso de la deuda correspondiente, dentro del periodo de vigencia de la valoración sujeta a la tasa.

f) Que la deuda de la operación sujeta al impuesto sea igual o superior a la tasa pagada».

e) Que la operación sujeta al impuesto haya sido efectivamente objeto de declaración-liquidación e ingreso de la deuda correspondiente, dentro del periodo de vigencia de la valoración sujeta a la tasa.

f) Que la deuda de la operación sujeta al impuesto sea igual o superior a la tasa pagada.

Artículo 10[15]. *Tipos de gravamen aplicables a las concesiones administrativas.*

El otorgamiento de concesiones administrativas, así como la constitución o cesión de derechos reales que recaigan sobre las mismas, excepto en el caso de constitución de derechos reales de garantía, y los actos o negocios administrativos equiparados a ellas, tributarán al tipo del 9 por ciento.

Artículo 11[16]. *Tipos de gravamen aplicables a la transmisión onerosa de bienes muebles.*

De acuerdo con lo previsto en el artículo 49.1.a) de la Ley 22/2009, de 18 de diciembre, por la que se regula el sistema de financiación de las Comunidades Autónomas de régimen

---

[15]   Nueva redacción del art. 10 dada por el art. 3.Dieciséis de la Ley de Cantabria 3/2023, de 26 de diciembre, de Medidas Fiscales y Administrativas (BOC extraordinario núm. 87, de 29 de diciembre de 2023), en vigor desde el 1 de enero de 2024.
  Redacción anterior del art. 10 dada por el art. tercero Siete de la Ley de Cantabria 9/2017, de 26 de diciembre, de Medidas Fiscales y Administrativas (BOC núm. 50, de 29 de diciembre de 2017), en vigor desde el 1 de enero de 2018: «*El otorgamiento de concesiones administrativas, así como la constitución o cesión de derechos reales que recaigan sobre las mismas, excepto en el caso de constitución de derechos reales de garantía, y en los actos o negocios administrativos equiparados a ellas, tributará al tipo del 10 por ciento*». Los artículos 3 al 19 pasan a renumerarse del 2 al 18, dada por el art. 11.Tres de la Ley 7/2014, de 26 de diciembre, de Medidas Fiscales y Administrativas (BOC núm. 68, de 30 de diciembre de 2014), en vigor desde el 1 de enero de 2015.
  Renumeración anterior de los artículos dada por el art. 10.Dos de la Ley de Cantabria 10/2013, de 27 de diciembre, de Medidas Fiscales y Administrativas (BOC extraordinario núm. 62 de 30 de diciembre de 2013), en vigor desde el 1 de enero de 2014, los arts. 2 a 25 pasan a renumerarse del 3 al 26.
  Redacción original por su incorporación por el art. 28.tres de la Ley de Cantabria 5/2011, de 29 de diciembre, de Medidas Fiscales y Administrativas (BOC núm. 71, de 31 de diciembre de 2011), en vigor desde el 1 de enero de 2012: «*El otorgamiento de concesiones administrativas, así como la constitución o cesión de derechos reales que recaigan sobre las mismas, excepto en el caso de constitución de derechos reales de garantía, y en los actos o negocios administrativos equiparados a ellas, tributará al tipo del 7 por ciento*».

[16]   Nueva redacción del art. 11 dada por el art. 3 Seis de la Ley de Cantabria 3/2024, de 23 de diciembre, de Medidas Fiscales y Administrativas (BOC núm. 46, de 30 diciembre de 2024), con efectos desde el desde el 1 de enero de 2025.
  Redacción anterior dada por el art. 3.Diecisiete de la Ley de Cantabria 3/2023, de 26 de diciembre, de Medidas Fiscales y Administrativas (BOC extraordinario núm. 87, de 29 de diciembre de 2023), en vigor desde el 1 de enero de 2024: «*De acuerdo con lo previsto en el artículo 49.1.a) de la Ley 22/2009, de 18 de diciembre, por la que se regula el sistema de financiación de las Comunidades Autónomas de régimen común y Ciudades con Estatuto de Autonomía y se modifican determinadas normas tributarias, y en orden a la aplicación de lo dispuesto en el artículo 11.1 del texto refundido de la Ley del Impuesto sobre Transmisiones Patrimoniales y Actos Jurídicos Documentados, aprobado por Real Decreto Legislativo 1/1993, de 24 de sep-*

tiembre, la cuota tributaria en la modalidad de Transmisiones Patrimoniales Onerosas se obtendrá aplicando sobre la base liquidable los tipos de gravamen previstos en este artículo.

Con carácter general, se aplicará el tipo del 6 por ciento en la transmisión de bienes muebles y semovientes, así como la constitución y cesión de derechos reales sobre los mismos, excepto los derechos reales de garantía.

En particular, en la transmisión de vehículos usados se establecen las siguientes cuotas mínimas:
– Turismos y todoterrenos con excepción de los vehículos catalogados como históricos:

Antigüedad	Cilindrada	Cuota fija
Más de 10 años	Hasta 999 c.c.	45 euros
Más de 10 años	Desde 1000 c.c. hasta 1499 c.c.	60 euros
Más de 10 años	Desde 1.500 c.c. hasta 1.999 c.c.	90 euros

– Vehículos comerciales e industriales, excepto camiones:

Antigüedad	Cilindrada	Cuota fija
Más de 20 años	Hasta 1.499 c.c.	50 euros
Más de 12 años	Desde 1.500 c.c. hasta 1.999 c.c.	60 euros
Más de 12 años	Mayor de 1.999 c.c.	100 euros
Más de 8 años hasta 12	Hasta 1.499 c.c.	95 euros
Más de 8 años hasta 12	Desde 1.500 c.c. hasta 1.999 c.c.	115 euros
Más de 8 años hasta 12	Mayor de 1.999 c.c.	265 euros
Más de 5 años hasta 8	Hasta 1.499 c.c.	190 euros
Más de 5 años hasta 8	Desde 1.500 c.c. hasta 1.999 c.c.	265 euros
Más de 5 años hasta 8	Mayor de 1.999 c.c.	340 euros

– El resto de los vehículos tributarán al 6%».

Redacción anterior del art. 11 dada por el art. 4.Cinco de la Ley de Cantabria 11/2022, de 28 de diciembre, de Medidas Fiscales y Administrativas (BOC núm. 62, de 29 de diciembre de 2022), en vigor el día 1 de enero 2023: *«De acuerdo con lo previsto en el artículo 49.1.a) de la Ley 22/2009, de 18 de diciembre, por la que se regula el sistema de financiación de las Comunidades Autónomas de régimen común y Ciudades con Estatuto de Autonomía y se modifican determinadas normas tributarias, y en orden a la aplicación de lo dispuesto en el artículo 11.1 del texto refundido de la Ley del Impuesto sobre Transmisiones Patrimoniales y Actos Jurídicos Documentados, aprobado por Real Decreto Legislativo 1/1993, de 24 de septiembre, la cuota tributaria en la modalidad de Transmisiones Patrimoniales Onerosas se obtendrá aplicando sobre la base liquidable los tipos de gravamen previstos en este artículo.*

Con carácter general, se aplicará el tipo del 8 por ciento en la transmisión de bienes muebles y semovientes, así como la constitución y cesión de derechos reales sobre los mismos, excepto los derechos reales de garantía.

No obstante, en la transmisión de vehículos usados se tributará de acuerdo con la siguiente escala:
– Turismos y todoterrenos con excepción de los vehículos catalogados como históricos:

Antigüedad	Cilindrada	Cuota fija
Más de 10 años	Hasta 999 c.c.	55 euros
Más de 10 años	Desde 1000 c.c. hasta 1499 c.c.	75 euros
Más de 10 años	Desde 1.500 c.c. hasta 1.999 c.c.	115 euros

– Vehículos comerciales e industriales, excepto camiones

Antigüedad	Cilindrada	Cuota fija
Más de 20 años	Hasta 1.499 c.c.	60 euros
Más de 12 años	Desde 1.500 c.c. hasta 1.999 c.c.	75 euros
Más de 12 años	Mayor de 1.999 c.c.	130 euros
Más de 8 años hasta 12	Hasta 1.499 c.c.	120 euros
Más de 8 años hasta 12	Desde 1.500 c.c. hasta 1.999 c.c.	150 euros
Más de 8 años hasta 12	Mayor de 1.999 c.c.	350 euros
Más de 5 años hasta 8	Hasta 1.499 c.c.	250 euros
Más de 5 años hasta 8	Desde 1.500 c.c. hasta 1.999 c.c.	350 euros
Más de 5 años hasta 8	Mayor de 1.999 c.c.	450 euros

– Embarcaciones a Vela

Antigüedad	Eslora (m)	Cuota fija
Más de 14 años	Inferior a 4 m.	15 €
Más de 14 años	Entre 4 m. y menos de 5 m.	30 €
Más de 14 años	Entre 5 m. y menos de 6 m.	50 €
Más de 14 años	Entre 6 m. y menos de 7 m.	95 €
Más de 11 años hasta 14	Inferior a 4 m.	30 €
Más de 11 años hasta 14	Entre 4 m. y menos de 5 m.	55 €
Más de 11 años hasta 14	Entre 5 m. y menos de 6 m.	95 €
Más de 11 años hasta 14	Entre 6 m. y menos de 7 m.	175 €
Más de 8 años hasta 11	Inferior a 4 m.	50 €
Más de 8 años hasta 11	Entre 4 m. y menos de 5 m.	100 €
Más de 8 años hasta 11	Entre 5 m. y menos de 6 m.	170 €
Más de 8 años hasta 11	Entre 6 m. y menos de 7 m.	300 €

– Embarcaciones a Motor (valor del casco):

Antigüedad	Eslora (m)	Cuota fija
Más de 14 años	Inferior a 4 m.	30 €
Más de 14 años	Entre 4 m. y menos de 5 m.	40 €

común y Ciudades con Estatuto de Autonomía y se modifican determinadas normas tributarias, y en orden a la aplicación de lo dispuesto en el artículo 11.1 del texto refundido de la Ley del Impuesto sobre Transmisiones Patrimoniales y Actos Jurídicos Documentados, aprobado por Real Decreto Legislativo 1/1993, de 24 de septiembre, la cuota tributaria en la modalidad de Transmisiones Patrimoniales Onerosas se obtendrá aplicando sobre la base liquidable los tipos de gravamen previstos en este artículo.

Con carácter general, se aplicará el tipo del 6 por ciento en la transmisión de bienes muebles y semovientes, así como la constitución y cesión de derechos reales sobre los mismos, excepto los derechos reales de garantía.

En particular en la transmisión de vehículos usados se establecen las siguientes cuotas mínimas:

– Turismos y todoterrenos con excepción de los vehículos catalogados como históricos:

Antigüedad	Cilindrada	Cuota fija
Más de 10 años	Hasta 999 c.c.	45 euros
Más de 10 años	Desde 1.000 c.c. hasta 1.499 c.c.	60 euros
Más de 10 años	Desde 1.500 c.c. hasta 1.999 c.c.	90 euros

– Vehículos comerciales e industriales, excepto camiones:

Antigüedad	Eslora (m)	Cuota fija
Más de 14 años	Entre 5 m. y menos de 6 m.	65 €
Más de 14 años	Entre 6 m. y menos de 7 m.	115 €
Más de 11 años hasta 14	Inferior a 4 m.	50 €
Más de 11 años hasta 14	Entre 4 m. y menos de 5 m.	70 €
Más de 11 años hasta 14	Entre 5 m. y menos de 6 m.	125 €
Más de 11 años hasta 14	Entre 6 m. y menos de 7 m.	220 €
Más de 8 años hasta 11	Inferior a 4 m.	85 €
Más de 8 años hasta 11	Entre 4 m. y menos de 5 m.	120 €
Más de 8 años hasta 11	Entre 5 m. y menos de 6 m.	220 €
Más de 8 años hasta 11	Entre 6 m. y menos de 7 m.	375 €

– El resto de los vehículos tributarán al 8%

A esta cuota se sumará la correspondiente a la cuota resultante al valor de los motores que tuviera incorporados la embarcación, de acuerdo con lo regulado en la Orden correspondiente del Ministerio Hacienda por la que se aprueban los precios medios de venta».

Redacción anterior dada por el art. 8.Nueve de la Ley 11/2018, de 21 de diciembre, Medidas Fiscales y Administrativas (BOC núm. 252, de 28 de diciembre de 2018), en vigor desde el 1 de enero de 2019.

Redacción anterior del art. 11 dada por el art. tercero Ocho de la Ley de Cantabria 9/2017, de 26 de diciembre, de Medidas Fiscales y Administrativas (BOC núm. 50, de 29 de diciembre de 2017), en vigor desde el 1 de enero de 2018.

Antigüedad	Cilindrada	Cuota fija
Más de 12 años.	Hasta 1.499 c.c.	50 euros
Más de 12 años.	Desde 1.500 c.c. hasta 1.999 c.c.	60 euros
Más de 12 años.	Mayor de 1.999 c.c.	100 euros
De 8 a 12 años.	Hasta 1.499 c.c.	95 euros
De 8 a 12 años.	Desde 1.500 c.c. hasta 1.999 c.c.	115 euros
De 8 a 12 años.	Mayor de 1.999 c.c.	265 euros
De 5 a 8 años.	Hasta 1.499 c.c.	190 euros
De 5 a 8 años.	Desde 1.500 c.c. hasta 1.999 c.c.	265 euros
De 5 a 8 años.	Mayor de 1.999 c.c.	340 euros

– Ciclomotores y motocicletas, durante el primer año posterior a su matriculación:
Gasolina

Cilindrada	Cuota fija (euros)
Hasta 50 c.c.	48
De 50,01 a 75 c.c.	60
De 75,01 a 125 c.c.	84
De 125,01 a 150 c.c.	90
De 150,01 a 200 c.c.	102
De 200,01 a 250 c.c.	120
De 250,01 a 350 c.c.	168
De 350,01 a 450 c.c.	210
De 450,01 a 550 c.c.	234
De 550,01 a 750 c.c.	384
De 750,01 a 1.000 c.c.	576
De 1.000,01 a 1.200 c.c.	726
De 1.200,01 y superior cilindrada.	918

Eléctricos:

Cilindrada	Cuota fija (euros)
Hasta 2 KW 2,71 CV	66
De 2,01 KW 2,71 CV a 4 KW 5,4 CV	90
De 4,01 KW 5,41 CV a 6 KW 8,2 CV	120
De 6,01 KW 8,20 CV a 9 KW 12 CV	150
De 9,01 KW 12,01 CV a 12 KW 16 CV	180

Cilindrada	Cuota fija (euros)
De 12,01 KW 16,01 CV a 15 KW 20 CV	210
De 15,01 KW 20,01 CV a 20 KW 27 CV	240
De 20,01 KW 27,01 CV a 25 KW 34 CV	270
De 25,01 KW 34,01 CV a 30 KW 41 CV	342
De 30,01 KW 41,01 CV a 40 KW 54 CV	510
De 40,01 KW 54,01 CV a 55 KW 75 CV	720
De 55,01 KW 75,01 CV a 75 KW 102 CV	870
De 75,01 KW 102,01 CV a 90 KW 122 CV	1107
De 90,01 KW 122,01 CV y superior potencia	1200

– El resto de los vehículos tributarán al 6%.

Artículo 12[17]. *Tipo impositivo aplicable a las transmisiones onerosas de determinadas explotaciones agrarias a las que sea aplicable el régimen de incentivos fiscales previsto en la Ley 19/1995, de 4 de julio, de Modernización de las Explotaciones Agrarias.*

Las transmisiones onerosas de una explotación agraria prioritaria familiar, individual, asociativa o asociativa cooperativa especialmente protegida en su integridad tributarán, por la parte de la base imponible no sujeta a reducción, de conformidad con lo dispuesto en la Ley 19/1995, de 4 de julio, de Modernización de las Explotaciones Agrarias, al tipo reducido del 4%.

Artículo 13[18]. *Actos jurídicos documentados. Tipos de gravamen.*

1. De acuerdo con lo previsto en el 49.1.a) de la Ley 22/2009, de 18 de diciembre, por la que se regula el sistema de financiación de las Comunidades Autónomas de régimen común y Ciudades con Estatuto de Autonomía y se modifican determinadas normas tributarias, y en orden a la aplicación de lo dispuesto en el artículo 31 del texto refundido de la Ley del Impuesto sobre Transmisiones Patrimoniales y Actos Jurídicos Documentados, aprobado por

---

[17] Los artículos 3 al 19 pasan a renumerarse del 2 al 18, dada por el art. 11.Tres de la Ley 7/2014, de 26 de diciembre, de Medidas Fiscales y Administrativas (BOC núm. 68, de 30 de diciembre de 2014), en vigor desde el 1 de enero de 2015.
Renumeración anterior de los artículos dada por el art. 10.Dos de la Ley de Cantabria 10/2013, de 27 de diciembre, de Medidas Fiscales y Administrativas (BOC extraordinario núm. 62 de 30 de diciembre de 2013), en vigor desde el 1 de enero de 2014, los arts. 2 a 25 pasan a renumerarse del 3 al 26.
Nuevo artículo incorporado por el art. 7.cinco de la Ley de Cantabria 5/2011, de 29 de diciembre, de Medidas Fiscales y Administrativas, BOC núm. 71, de 31 de diciembre de 2011), en vigor desde el 1 de enero de 2012.

[18] Nueva redacción del art. 13 dada por el art. 8.Diez de la Ley 11/2018, de 21 de diciembre, Medidas Fiscales y Administrativas (BOC núm. 252, de 28 de diciembre de 2018), en vigor desde el 1 de enero de 2019.

Real Decreto Legislativo 1/1993, de 24 de septiembre, la cuota tributaria en la modalidad de Actos Jurídicos Documentados se obtendrá aplicando sobre la base liquidable los siguientes tipos de gravamen dispuestos en este artículo.

2[19]**.**

3[20]**.** Las primeras copias de escrituras y actas notariales, cuando tengan por objeto la cantidad o cosa evaluable, contengan actos o contratos inscribibles en los Registros de la Propiedad, Mercantil y de la Propiedad Industrial y no sujetos al Impuesto sobre Sucesiones y Donaciones o a los conceptos comprendidos en los apartados 1 y 2 del artículo 1 de la Ley de Transmisiones Patrimoniales y Actos Jurídicos Documentados, tributarán, además, al tipo de gravamen del 1,5 por ciento, en cuanto a tales actos o contratos. Por el mismo tipo y mediante la utilización de efectos timbrados tributarán las copias de las actas de protesto.

Cuando se trate de documentos notariales que protocolicen la adquisición de vivienda habitual, el tipo de gravamen será el 1 por ciento.

Cuando se trate de documentos que formalicen préstamos con garantía hipotecaria el tipo de gravamen será en todo caso del 2 por ciento.

---

[19] Se suprime el apartado 2 del art. 13 por el art. 3.Once de la Ley de Cantabria 5/2019, de 23 de diciembre, Medidas Fiscales y Administrativas (BOCA extraordinario núm. 76, de 30 de diciembre), en vigor desde el 1 de enero de 2020.
    Redacción anterior: *«2. Las matrices y las copias de escrituras y actas notariales, así como los testimonios, se extenderán, en todo caso, en papel timbrado de 0,30 euros por pliego, o 0,15 euros por folio, a elección del fedatario. Las copias simples no estarán sometidas al impuesto».*

[20] Nueva redacción del art. 13.3 dada por el art. 3.Dieciocho de la Ley de Cantabria 3/2023, de 26 de diciembre, de Medidas Fiscales y Administrativas (BOC extraordinario núm. 87, de 29 de diciembre de 2023), en vigor desde el 1 de enero de 2024.
    Redacción anterior dada por el art. 3.Doce de la Ley de Cantabria 5/2019, de 23 de diciembre, Medidas Fiscales y Administrativas (BOCA extraordinario núm. 76, de 30 de diciembre), en vigor desde el 1 de enero de 2020: *«3. Las primeras copias de escrituras y actas notariales, cuando tengan por objeto la cantidad o cosa evaluable, contengan actos o contratos inscribibles en los Registros de la Propiedad, Mercantil y de la Propiedad Industrial y no sujetos al Impuesto sobre Sucesiones y Donaciones o a los conceptos comprendidos en los apartados 1 y 2 del artículo 1 de la Ley de Transmisiones Patrimoniales y Actos Jurídicos Documentados, tributarán, además, al tipo de gravamen del 1,5%, en cuanto a tales actos o contratos. Por el mismo tipo y mediante la utilización de efectos timbrados tributarán las copias de las actas de protesto.*
    Cuando se trate de documentos que formalicen préstamos con garantía hipotecaria el tipo de gravamen será en todo caso del 2%».
    Redacción anterior: *«3. Las primeras copias de escrituras y actas notariales, cuando tengan por objeto cantidad o cosa evaluable, contengan actos o contratos inscribibles en los Registros de la Propiedad, Mercantil y de la Propiedad Industrial y no sujetos al Impuesto sobre Sucesiones y Donaciones o a los conceptos comprendidos en los apartados 1 y 2 del artículo 1 de la Ley de Transmisiones Patrimoniales y Actos Jurídicos Documentados, tributarán, además, al tipo de gravamen del 1,5%, en cuanto a tales actos o contratos. Por el mismo tipo y mediante la utilización de efectos timbrados tributarán las copias de las actas de protesto».*

4[21]. En los documentos notariales en los que se protocolice la adquisición de viviendas o las promesas u opciones de compra sobre las mismas, que vayan a constituir la vivienda habitual del contribuyente, se aplicará el tipo reducido del 0,1 por ciento, siempre que el sujeto pasivo reúna alguno de los siguientes requisitos o circunstancias:

a) Tener la consideración de titular de familia numerosa o cónyuge del mismo o de familia monoparental en virtud del Decreto 26/2019, de 14 de marzo, por el que se regula el reconocimiento de la condición de Familia Monoparental en la Comunidad Autónoma de Cantabria.

b) Persona con discapacidad física, psíquica o sensorial que tenga la consideración legal de discapacitado/a con un grado de disminución igual o superior al 33 por ciento e inferior al 65 por ciento.

---

[21] Nueva redacción del art. 13.4 dada por el art. 3.Dieciocho de la Ley de Cantabria 3/2023, de 26 de diciembre, de Medidas Fiscales y Administrativas (BOC extraordinario núm. 87, de 29 de diciembre de 2023), en vigor desde el 1 de enero de 2024.

Redacción anterior: «4. *En los documentos notariales en los que se protocolice la adquisición de viviendas o las promesas u opciones de compra sobre las mismas, que vayan a constituir la vivienda habitual del contribuyente, se aplicará el tipo reducido del 0,3 por ciento, siempre que el sujeto pasivo reúna alguno de los siguientes requisitos o circunstancias:*

a) Tener la consideración de titular de familia numerosa o cónyuge del mismo o de familia monoparental en virtud del Decreto 26/2019, de 14 de marzo, por el que se regula el reconocimiento de la condición de Familia Monoparental en la Comunidad Autónoma de Cantabria [redacción letra a) dada art. 2.Nueve de Ley 12/2020, de 28 de diciembre (BOGC extraordinario núm. 122, de 30 de diciembre de 2020), en vigor desde el 31 de diciembre de 2020].

b) Persona con minusvalía física, psíquica o sensorial que tenga la consideración legal de minusválida con un grado de disminución igual o superior al 33 por ciento e inferior al 65 por ciento [redacción de la letra b) dada por el art. 3.Trece de la Ley 5/2019, de 23 de diciembre (BOCA extraordinario núm. 76, de 30 de diciembre), en vigor desde el 1 de enero de 2020].

Cuando, como resultado de la adquisición de la propiedad de la vivienda, esta pase a pertenecer pro indiviso a varias personas se aplicará el tipo reducido a cada uno de los sujetos pasivos en proporción a su porcentaje de participación en la adquisición siempre que al menos una de ellas reúna el requisito previsto en esta letra y adquiera, como mínimo, el porcentaje que represente el usufructo vitalicio calculado en virtud del artículo 26 de la Ley 29/1987, de 18 de diciembre, del Impuesto sobre Sucesiones y Donaciones, siendo suficiente con que adquiera el 50% para la aplicación del tipo reducido a todos los sujetos pasivos si el usufructo representase más de ese porcentaje.

c) Tener, en la fecha de adquisición del inmueble, menos de treinta años cumplidos.

Cuando como resultado de la adquisición, la propiedad de la vivienda pase a pertenecer pro indiviso a varias personas, reuniendo unas el requisito de la edad previsto en esta letra y otras no, se aplicará el tipo reducido sólo a los sujetos pasivos que lo reúnan, y en proporción a su porcentaje de participación en la adquisición. Si la adquisición se realizara a cargo de la sociedad de gananciales, siendo uno de los cónyuges menor de treinta años y el otro no, se aplicará el tipo medio resultante.

En ningún caso los tipos de gravamen reducidos establecidos en este apartado 4, serán aplicables a los documentos notariales que protocolicen actos distintos a la adquisición de vivienda, aun cuando se otorguen en el mismo documento y tengan relación con la adquisición de la vivienda habitual».

Cuando, como resultado de la adquisición de la propiedad de la vivienda, esta pase a pertenecer pro indiviso a varias personas se aplicará el tipo reducido a cada uno de los sujetos pasivos en proporción a su porcentaje de participación en la adquisición siempre que al menos una de ellas reúna el requisito previsto en esta letra y adquiera, como mínimo, el porcentaje que represente el usufructo vitalicio calculado en virtud del artículo 26 de la Ley 29/1987, de 18 de diciembre, del Impuesto sobre Sucesiones y Donaciones, siendo suficiente con que adquiera el 50 por ciento para la aplicación del tipo reducido a todos los sujetos pasivos si el usufructo representase más de ese porcentaje.

c) Tener, en la fecha de adquisición del inmueble, menos de treinta y seis años cumplidos. Cuando como resultado de la adquisición, la propiedad de la vivienda pase a pertenecer pro indiviso a varias personas, reuniendo unas el requisito de la edad previsto en esta letra y otras no, se aplicará el tipo reducido solo a los sujetos pasivos que lo reúnan, y en proporción a su porcentaje de participación en la adquisición.

d) Cuando la vivienda se encuentre en alguno de los municipios afectados por riesgo de despoblamiento incluidos en la Orden por la que se aprueba la Delimitación de Municipios afectados por riesgo de despoblamiento en Cantabria.

En ningún caso los tipos de gravamen reducidos establecidos en este apartado 4, serán aplicables a los documentos notariales que protocolicen actos distintos a la adquisición de vivienda, aun cuando se otorguen en el mismo documento y tengan relación con la adquisición de la vivienda habitual.

5.[22] En los actos y contratos relacionados con las transmisiones de viviendas de Protección Pública que no gocen de la exención prevista en el artículo 45 del Real Decreto Legislativo 1/1993, de 24 de septiembre, por la que se aprueba el texto refundido de la Ley del Impuesto de Transmisiones Patrimoniales y Actos Jurídicos Documentados, se aplicará también el tipo reducido del 0,1 por ciento.

6[23]. Se aplicará el tipo del 0,05 por ciento en aquellas transmisiones de viviendas que vayan a constituir la vivienda habitual del sujeto pasivo, cuando este sea una persona con

---

[22]   Nueva redacción del art. 13.5 dada por el art. 3.Dieciocho de la Ley de Cantabria 3/2023, de 26 de diciembre, de Medidas Fiscales y Administrativas (BOC extraordinario núm. 87, de 29 de diciembre de 2023), en vigor desde el 1 de enero de 2024.
       Redacción anterior: «*5. En los actos y contratos relacionados con las transmisiones de viviendas de Protección Pública que no gocen de la exención prevista en el artículo 45 del Real Decreto Legislativo 1/1993, de 24 de septiembre, por la que se aprueba el texto refundido de la Ley del Impuesto de Transmisiones Patrimoniales y Actos Jurídicos Documentados, se aplicará también el tipo reducido del 0,3 por ciento*».

[23]   Nueva redacción del art. 13.6 dada por el art. 3.Dieciocho de la Ley de Cantabria 3/2023, de 26 de diciembre, de Medidas Fiscales y Administrativas (BOC extraordinario núm. 87, de 29 de diciembre de 2023), en vigor desde el 1 de enero de 2024.
       Redacción anterior: «*6. Se aplicará el tipo del 0,15 por ciento en aquellas transmisiones de viviendas que vayan a constituir la vivienda habitual del sujeto pasivo, cuando éste sea una persona con minusvalía física,*

discapacidad física, psíquica o sensorial que tenga la consideración legal de discapacitado/a con un grado de disminución igual o superior al 65 por ciento.

Cuando, como resultado de la adquisición de la propiedad de la vivienda, esta pase a pertenecer pro indiviso a varias personas se aplicará el tipo reducido a cada uno de los sujetos pasivos en proporción a su porcentaje de participación en la adquisición siempre que al menos una de ellas reúna el requisito previsto en esta letra y adquiera, como mínimo, el porcentaje que represente el usufructo vitalicio calculado en virtud del artículo 26 de la Ley 29/1987, de 18 de diciembre, del Impuesto sobre Sucesiones y Donaciones, siendo suficiente con que adquiera el 50 por ciento para la aplicación del tipo reducido a todos los sujetos pasivos si el usufructo representase más de ese porcentaje.

7[24]. En las primeras copias de escrituras donde se recoja de manera expresa la renuncia a la exención contenida en el artículo 20.dos, de la Ley 37/1992, de 28 de diciembre, del Impuesto sobre el Valor Añadido, se aplicará el tipo de gravamen del 2 por ciento.

8.[25] Tipo impositivo reducido y deducción para los documentos notariales que formalicen la adquisición de inmuebles que vayan a constituir el domicilio fiscal o centro de trabajo de sociedades mercantiles de jóvenes empresarios:

---

psíquica o sensorial que tenga la consideración legal de minusválida con un grado de disminución igual o superior al 65 por ciento.

Cuando como resultado de la adquisición la propiedad de la vivienda pase a pertenecer pro indiviso a varias personas, reuniendo una de ellas el requisito previsto en este apartado, se aplicará el tipo reducido a cada uno de los sujetos pasivos en proporción a su porcentaje de participación en la adquisición».

[24] Nueva redacción del art. 13.7 dada por el art. 3.Dieciocho de la Ley de Cantabria 3/2023, de 26 de diciembre, de Medidas Fiscales y Administrativas (BOC extraordinario núm. 87, de 29 de diciembre de 2023), en vigor desde el 1 de enero de 2024.

Redacción anterior: «*7. En las primeras copias de escrituras donde se recoja de manera expresa la renuncia a la exención contenida en el artículo 20. Dos, de la Ley 37/1992, de 28 de diciembre, del Impuesto sobre el Valor Añadido, se aplicará el tipo de gravamen del 2%».*

[25] Nueva redacción del art. 13.8 dada por el art. 3.Dieciocho de la Ley de Cantabria 3/2023, de 26 de diciembre, de Medidas Fiscales y Administrativas (BOC extraordinario núm. 87, de 29 de diciembre de 2023), en vigor desde el 1 de enero de 2024.

Redacción anterior: «*8. Tipo impositivo reducido y deducción para los documentos notariales que formalicen la adquisición de inmuebles que vayan a constituir el domicilio fiscal o centro de trabajo de sociedades mercantiles de jóvenes empresarios:*

a) Cuando el adquirente sea una sociedad mercantil participada en su integridad por jóvenes menores de 36 años con domicilio fiscal en Cantabria, tributarán al tipo reducido del 0,3%, siempre que el inmueble se destine a ser la sede de su domicilio fiscal o centro de trabajo durante al menos los cinco años siguientes a la adquisición y que se mantenga durante el mismo periodo la forma societaria de la entidad adquirente y su actividad económica.

Los socios en el momento de la adquisición deberán mantener también durante dicho periodo una participación mayoritaria en el capital de la sociedad y su domicilio fiscal en Cantabria.

b) La aplicación de este tipo reducido se encuentra condicionada a que se haga constar en el documento público en el que se formalice la compraventa la finalidad de destinarla a ser la sede del domicilio fiscal o

a) Cuando el adquirente sea una sociedad mercantil participada en su integridad por jóvenes menores de 36 años en el momento de la adquisición, con domicilio fiscal en Cantabria, tributarán al tipo reducido del 0,1 por ciento siempre que el inmueble se destine a ser la sede de su domicilio fiscal o centro de trabajo durante al menos los cinco años siguientes a la adquisición y que se mantenga durante el mismo periodo la forma societaria de la entidad adquirente y su actividad económica.

Los socios en el momento de la adquisición deberán mantener también durante dicho periodo una participación mayoritaria en el capital de la sociedad y su domicilio fiscal en Cantabria.

b) La aplicación de este tipo reducido se encuentra condicionada a que se haga constar en el documento público en el que se formalice la compraventa la finalidad de destinarla a ser la sede del domicilio fiscal o centro de trabajo de la mercantil adquirente, así como la identidad de los socios de la sociedad y la edad y la participación de cada uno de ellos en el capital social. No se aplicará el tipo del 0,1 por ciento si no consta dicha declaración en el documento, ni tampoco cuando se produzcan rectificaciones del documento que subsanen su omisión, salvo que las mismas se realicen dentro del plazo voluntario de presentación de la declaración del impuesto. No podrá aplicarse el tipo reducido sin el cumplimiento estricto de esta obligación formal en el momento preciso señalado en este apartado.

9²⁶. Los tipos reducidos establecidos en el presente artículo solo serán aplicables hasta 300.000 euros del valor de la vivienda. Para el tramo que exceda de dicho valor será de aplicación el tipo de gravamen general.

---

centro de trabajo de la mercantil adquirente, así como la identidad de los socios de la sociedad y la edad y la participación de cada uno de ellos en el capital social. No se aplicará el tipo del 0,3% si no consta dicha declaración en el documento, ni tampoco cuando se produzcan rectificaciones del documento que subsanen su omisión, salvo que las mismas se realicen dentro del plazo voluntario de presentación de la declaración del impuesto. No podrá aplicarse el tipo reducido sin el cumplimiento estricto de esta obligación formal en el momento preciso señalado en este apartado».

[26]   Nueva redacción del art. 13.9 dada por el art. 3 Siete Ley de Cantabria 3/2024, de 23 de diciembre, de Medidas Fiscales y Administrativas (BOC núm. 46, de 30 diciembre de 2024), con efectos desde el desde el 1 de enero de 2025.

Redacción anterior dada por el art. 3.Dieciocho de la Ley de Cantabria 3/2023, de 26 de diciembre, de Medidas Fiscales y Administrativas (BOC extraordinario núm. 87, de 29 de diciembre de 2023), en vigor desde el 1 de enero de 2024; «*9. Los tipos reducidos establecidos en el presente artículo, exceptuando el establecido en el apartado 7, solo serán aplicables hasta 300.000 euros del valor de la vivienda. Para el tramo que exceda a dicho valor será de aplicación el tipo de gravamen general*».

Redacción anterior: «*9. Los tipos reducidos de los apartados anteriores del presente artículo, exceptuando el establecido en el apartado 7, sólo serán aplicables para la adquisición de viviendas que no superen un valor real de 300.000 euros. En las adquisiciones por encima de dicha cifra, el tramo de valor real que supere los 300.000 euros tributará al tipo de gravamen del 1,5 por ciento*».

10[27]. Tipo impositivo reducido para los documentos notariales que formalicen la adquisición o constitución de derechos reales sobre inmuebles destinados a usos productivos situados en polígonos industriales o parques empresariales desarrollados mediante actuaciones integradas o sistemáticas dentro de la Comunidad Autónoma de Cantabria que vayan a constituir el domicilio fiscal o centro de trabajo de una empresa:

a) Los documentos notariales que formalicen la adquisición o constitución de derechos reales sobre inmuebles destinados a usos productivos situados en polígonos industriales o parques empresariales desarrollados mediante actuaciones integradas o sistemáticas dentro de la Comunidad Autónoma de Cantabria, que vayan a constituir el domicilio fiscal o centro de trabajo de una empresa, así como las declaraciones de obra nueva sobre dichos inmuebles, tributarán al tipo reducido del 0,5 por ciento siempre que el obligado tributario sea la empresa que se establezca en el polígono y experimente, durante el año de establecimiento, que ha de ser el inmediatamente siguiente a la adquisición del inmueble o el segundo como máximo si se constituyó un derecho real sobre el mismo, un incremento de empleo de, al menos un 10 por ciento de su plantilla media del año anterior. En el caso de ser una empresa de nueva creación bastará con que se produzca un aumento neto de empleo.

---

[27]   Nueva redacción del art. 13.10 dada por el art. 3.Dieciocho de la Ley de Cantabria 3/2023, de 26 de diciembre, de Medidas Fiscales y Administrativas (BOC extraordinario núm. 87, de 29 de diciembre de 2023), en vigor desde el 1 de enero de 2024.

Redacción anterior: «*10. Tipo impositivo reducido para los documentos notariales que formalicen la adquisición o constitución de derechos reales sobre inmuebles destinados a usos productivos situados en polígonos industriales o parques empresariales desarrollados mediante actuaciones integradas o sistemáticas dentro de la Comunidad Autónoma de Cantabria que vayan a constituir el domicilio fiscal o centro de trabajo de una empresa:*

a) Los documentos notariales que formalicen la adquisición o constitución de derechos reales sobre inmuebles destinados a usos productivos situados en polígonos industriales o parques empresariales desarrollados mediante actuaciones integradas o sistemáticas dentro de la Comunidad Autónoma de Cantabria, que vayan a constituir el domicilio fiscal o centro de trabajo de una empresa, así como las declaraciones de obra nueva sobre dichos inmuebles, tributarán al tipo reducido del 0,5 por ciento siempre que el obligado tributario sea la empresa que se establezca en el polígono y experimente, durante el año de establecimiento, que ha de ser el inmediatamente siguiente a la adquisición del inmueble o el segundo como máximo si se constituyó un derecho real sobre el mismo, un incremento de empleo de, al menos un 10 por ciento, de su plantilla media del año anterior. En el caso de ser una empresa de nueva creación bastará con que se produzca un aumento neto de empleo.

b) Si la empresa anterior genera más de 100 empleos directos durante los dos primeros años de desarrollo de su actividad el tipo de gravamen será del 0,1 por ciento. Para ello la empresa podrá autoliquidarse al tipo reducido previa presentación de declaración jurada señalando que se va a cumplir tal requisito. En caso de incumplimiento, la Administración Tributaria, en el ejercicio de sus competencias, podrá girar nueva liquidación, con el tipo de gravamen correspondiente y con los recargos, intereses y, en su caso, sanciones, que procedan.

c) No será de aplicación el precitado tipo reducido en los casos establecidos en el apartado 7 de este artículo».

b) Si la empresa anterior genera más de 100 empleos directos durante los dos primeros años de desarrollo de su actividad el tipo de gravamen será del 0,1 por ciento. Para ello, la empresa podrá autoliquidarse al tipo reducido previa presentación de declaración jurada señalando que se va a cumplir tal requisito. En caso de incumplimiento, la Administración Tributaria, en el ejercicio de sus competencias, podrá girar nueva liquidación, con el tipo de gravamen correspondiente y con los recargos, intereses y, en su caso, sanciones, que procedan.

c) No será de aplicación el precitado tipo reducido en los casos establecidos en el apartado 7 de este artículo.

10 bis[28]. Para que sean aplicables los anteriores tipos reducidos, deberá solicitarse expresamente en el documento notarial en que se formalice la transmisión, promesa u opción de compra, o bien en la rectificación o subsanación que se presente en un plazo máximo de tres meses desde que finaliza el plazo de autoliquidación del impuesto.

11[29]. El tipo de gravamen aplicable a los documentos notariales que formalicen la constitución y cancelación de derechos reales de garantía, cuando el sujeto pasivo sea una sociedad de garantía recíproca o una entidad del sector público empresarial participada por la Administración de la Comunidad Autónoma de Cantabria en un porcentaje de al menos el 95 por ciento, será del 0,3 por ciento.

12. El sujeto pasivo gravado por la modalidad de Actos Jurídicos Documentados tendrá derecho deducirse la tasa por Valoración previa de inmuebles objeto de adquisición o trans-

---

[28]   Nueva redacción del art. 13.10 bis dada por el art. 3.Dieciocho de la Ley de Cantabria 3/2023, de 26 de diciembre, de Medidas Fiscales y Administrativas (BOC extraordinario núm. 87, de 29 de diciembre de 2023), en vigor desde el 1 de enero de 2024.
   Redacción anterior por la incorporación del apartado 10.bis incorporado por el art. 4.Seis de la Ley de Cantabria 11/2022, de 28 de diciembre, de Medidas Fiscales y Administrativas (BOC núm. 62, de 29 de diciembre de 2022), en vigor el día 1 de enero 2023: «*10.bis. Para que sean aplicables los anteriores tipos reducidos, deberán solicitarse expresamente en el documento notarial en que se formalice la transmisión, promesa u opción de compra, o bien en la rectificación o subsanación que se presente en un plazo máximo de tres meses desde dicha formalización*».

[29]   Nueva redacción del art. 13.11 dada por el art. 3.Dieciocho de la Ley de Cantabria 3/2023, de 26 de diciembre, de Medidas Fiscales y Administrativas (BOC extraordinario núm. 87, de 29 de diciembre de 2023), en vigor desde el 1 de enero de 2024.
   Redacción anterior art. 13.11 dada por el art. 3.Catorce de la Ley de Cantabria 5/2019, de 23 de diciembre, Medidas Fiscales y Administrativas (BOCA extraordinario núm. 76, de 30 de diciembre), en vigor desde el 1 de enero de 2020: «*El tipo de gravamen aplicable a los documentos notariales que formalicen la constitución y cancelación de derechos reales de garantía, cuando el sujeto pasivo sea una sociedad de garantía recíproca o una entidad del sector público empresarial participada por la Administración de la Comunidad Autónoma de Cantabria en un porcentaje de al menos el 95%, será del 0,3%*».
   Redacción anterior: «*11. El tipo de gravamen aplicable a los documentos notariales que formalicen la constitución y cancelación de derechos reales de garantía, cuando el sujeto pasivo sea una sociedad de garantía recíproca, será del 0,3%*».

misión en los casos en que adquiera, mediante actos o negocios jurídicos, intervivos bienes valorados por el perito de la Administración.

Las condiciones para poder deducirse la tasa son las siguientes:

a) Que la tasa haya sido efectivamente ingresada y no proceda la devolución de ingreso indebido, de acuerdo con lo regulado en el artículo 12 de la Ley de Cantabria 9/1992, de 18 de diciembre.

b) Que coincida el sujeto pasivo de la tasa y del Impuesto objeto de declaración-liquidación.

c) Que, en relación con la tributación por el impuesto que proceda, el valor declarado respecto del bien o bienes objeto de valoración, sea igual o superior al atribuido por el perito de la Administración en la actuación sujeta a la tasa.

d) Que el Impuesto a que se sujete la operación realizada con el bien valorado sea gestionado por la Administración de la Comunidad Autónoma de Cantabria y le corresponda su rendimiento.

e) Que la operación sujeta al impuesto haya sido efectivamente objeto de declaración-liquidación e ingreso de la deuda correspondiente, dentro del periodo de vigencia de la valoración sujeta a la tasa.

f) Que la deuda de la operación sujeta al impuesto sea igual o superior a la tasa pagada.

Artículo 14[30]. *Requisitos.*

1. Los adquirentes que soliciten la aplicación de los tipos reducidos deberán presentar certificación acreditativa de estar en la situación requerida por los mismos.

2. El incumplimiento de los requisitos determinará la obligación de regularizar la situación tributaria mediante la presentación de una declaración donde se exprese tal circunstancia, dentro del plazo de un mes desde que se produzca el hecho determinante del incumplimiento. A dicha declaración se acompañará el ingreso mediante autoliquidación complementaria de la parte del impuesto que se hubiera dejado de ingresar como consecuencia de la aplicación del beneficio fiscal, más los intereses de demora correspondientes.

3. La obligación de declarar se extenderá a cualquier beneficio fiscal cuya efectividad dependa de condiciones futuras.

---

[30] Nueva redacción del art. 14 dada por el art. 8.Once de la Ley 11/2018, de 21 de diciembre, Medidas Fiscales y Administrativas (BOC núm. 252, de 28 de diciembre de 2018), en vigor desde el 1 de enero de 2019. Redacción anterior última vigente: «*Artículo 14. Requisitos.*
1. Los adquirentes que soliciten la aplicación de los tipos reducidos deberán presentar certificación acreditativa de estar en la situación requerida por los mismos.
2. A los efectos de la aplicación de los artículos anteriores se estará al concepto de vivienda habitual contenido en la normativa reguladora del Impuesto sobre la Renta de las Personas Físicas».

Artículo 15[31]. *Bonificación de la cuota en caso de arrendamientos destinados a vivienda.*

De acuerdo con lo previsto en el 49.1.c) de la Ley 22/2009, de 18 de diciembre, por la que se regula el sistema de financiación de las Comunidades Autónomas de régimen común y Ciudades con Estatuto de Autonomía y se modifican determinadas normas tributarias, y en orden a la aplicación de lo dispuesto en el artículo 58 del texto refundido de la Ley del Impuesto sobre Transmisiones Patrimoniales y Actos Jurídicos Documentados, aprobado por Real Decreto Legislativo 1/1993, de 24 de septiembre, se crea la siguiente bonificación autonómica de la cuota tributaria:

1. En los arrendamientos de viviendas que constituyan la vivienda habitual del arrendatario cuando este pertenezca a alguno de los colectivos a que se refieren los apartados 3 y 6 del artículo 9 de la presente norma legal y siempre que la renta anual satisfecha no sea superior a 8.000 euros, se aplicará una bonificación del 99 por 100 sobre la cuota tributaria obtenida aplicando la tarifa del impuesto.

2. De la misma bonificación se beneficiarán los arrendatarios que pertenezcan a los colectivos señalados en el apartado 3 del artículos 25 de la Ley de Cantabria 2/2014, de 26 de noviembre, de abastecimiento y saneamiento de aguas de la Comunidad Autónoma de Cantabria.

(...)

---

[31]   Nueva redacción del art. 15 dada por el art. 9.Tres.4º de la Ley de Cantabria 6/2015, de 28 de diciembre, de Medidas Fiscales y Administrativas (BOC extraordinario núm. 99, de 30 de diciembre de 2015), en vigor desde el 1 de enero de 2016.
   Los artículos 3 al 19 pasan a renumerarse del 2 al 18, dada por el art. 11.Tres de la Ley 7/2014, de 26 de diciembre, de Medidas Fiscales y Administrativas (BOC núm. 68, de 30 de diciembre de 2014), en vigor desde el 1 de enero de 2015.
   Renumeración anterior de los artículos dada por el art. 10.Dos de la Ley de Cantabria 10/2013, de 27 de diciembre, de Medidas Fiscales y Administrativas (BOC extraordinario núm. 62 de 30 de diciembre de 2013), en vigor desde el 1 de enero de 2014, los arts. 2 a 25 pasan a renumerarse del 3 al 26.
   Remuneración anterior dada por art. 7.cuatro de la Ley de Cantabria 5/2011, de 29 de diciembre, de Medidas Fiscales y Administrativas, BOC núm. 71, de 31 de diciembre de 2011), en vigor desde el 1 de enero de 2012. El original artículo 13 pasa a ser el artículo 15.
   Nueva enumeración del art. 12 que pasa a ser el art. 13 dada por el art. 11.Seis de la Ley de Cantabria 11/2010, de 23 de diciembre, de Medidas fiscales y de Contenido Financiero (BOC núm. 247, de 27 de diciembre de 2010), con efectos desde el 1/1/2011. Original artículo 12 añadido por el artículo 10 de la Ley 6/2009, de 28 de diciembre, de Medidas Fiscales y de Contenido Financiero (BOC de 30 de diciembre de 2009), en vigor desde 1/1/2010.

TÍTULO II. DISPOSICIONES COMUNES PARA LA APLICACIÓN DE LOS TRIBUTOS CEDIDOS

CAPÍTULO I. NORMAS DE GESTIÓN

Artículo 19[32]. *Justificación de venta de vehículo.*

En aras al debido control del cumplimiento de los requisitos establecidos en el artículo 45.I.B.17 del Real Decreto Legislativo 1/1993, de 24 de septiembre, por el que se aprueba el Texto Refundido de la Ley sobre el Impuesto de Transmisiones Patrimoniales y Actos Jurídicos Documentados, para el disfrute de la correspondiente exención, deberá presentarse factura de la venta del vehículo en el plazo de un mes desde que ésta se produzca. El incumplimiento de la presente obligación formal podrá conllevar la apertura del correspondiente expediente sancionador de acuerdo con la normativa vigente.

Artículo 20[33]. *Normas de gestión para Notarios y Registradores de la Propiedad.*

1. La Consejería competente en materia de tributos, a través de la correspondiente Orden, podrá regular:

---

[32] Los artículos 22 al 26 pasan a renumerarse del 19 al 23, dada por el art. 11.Once de la Ley 7/2014, de 26 de diciembre, de Medidas Fiscales y Administrativas (BOC núm. 68, de 30 de diciembre de 2014), en vigor desde el 1 de enero de 2015.

Renumeración de artículos dada por el art. 10.Dos de la Ley de Cantabria 10/2013, de 27 de diciembre, de Medidas Fiscales y Administrativas (BOC extraordinario núm. 62 de 30 de diciembre de 2013), en vigor desde el 1 de enero de 2014, los arts. 2 a 25 pasan a renumerarse del 3 al 26.

Nuevo artículo incorporado por el art. 9.Ocho de la Ley de Cantabria 10/2012, de 26 de diciembre, de Medidas Fiscales y Administrativas (BOC extraordinario núm. 54, de 29 de diciembre de 2012), en vigor desde el 1 de enero de 2013.

[33] Los artículos 22 al 26 pasan a renumerarse del 19 al 23, dada por el art. 11.Once de la Ley 7/2014, de 26 de diciembre, de Medidas Fiscales y Administrativas (BOC núm. 68, de 30 de diciembre de 2014), en vigor desde el 1 de enero de 2015.

Renumeración de artículos dada por el art. 10.Dos de la Ley de Cantabria 10/2013, de 27 de diciembre, de Medidas Fiscales y Administrativas (BOC extraordinario núm. 62 de 30 de diciembre de 2013), en vigor desde el 1 de enero de 2014, los arts. 2 a 25 pasan a renumerarse del 3 al 26.

Enumeración anterior de los artículos 19, 20, 21 y 22 que pasan a numerarse como artículos 22, 23, 24 y 25, según el art. 9.Seis de la Ley de Cantabria 10/2012, de 26 de diciembre, de Medidas Fiscales y Administrativas (BOC extraordinario núm. 54, de 29 de diciembre de 2012), en vigor desde el 1 de enero de 2013. Nueva remuneración del artículo 17 que pasa a ser el art. 19 dada por el art. 7.diez de la Ley de Cantabria 5/2011, de 29 de diciembre, de Medidas Fiscales y Administrativas, BOC núm. 71, de 31 de diciembre de 2011), en vigor desde 1 de enero de 2012. Anteriormente se da nueva enumeración del art. 15 que pasa a ser el art. 17 dada por el art. 11.Seis de la Ley de Cantabria 11/2010, de 23 de diciembre, de Medidas fiscales y de Contenido Financiero (BOC núm. 247, de 27 de diciembre de 2010), con efectos desde el 1/1/2011. Renumerado anteriormente por el artículo 10 de la Ley 6/2009, de 28 de diciembre, de Medidas Fiscales y de Contenido Financiero (BOC de 30 de diciembre de 2009), en vigor desde 1/1/2010.

a) El lugar, forma y plazos a que deberán ajustarse los Notarios en el cumplimiento de las obligaciones formales establecidas en los artículos 32.3 de la Ley 29/1987, de 18 de diciembre, del Impuesto sobre Sucesiones y Donaciones, y 52 del texto refundido de la Ley del Impuesto sobre Transmisiones Patrimoniales y Actos Jurídicos Documentados, aprobado por Real Decreto Legislativo 1/1993, de 24 de septiembre. En la citada Orden se podrá disponer la remisión de la información en soporte legible por ordenador o mediante transmisión por vía telemática.

b) La presentación telemática de declaraciones o declaraciones-liquidaciones de aquellos tributos o modalidades de los mismos que resulten susceptibles de tal modo de presentación, directamente por los sujetos pasivos o a través de entidades, instituciones y organismos representativos de sectores o intereses sociales, laborales, empresariales o profesionales.

2. Los Notarios con destino en la Comunidad Autónoma de Cantabria, con el fin de facilitar el cumplimiento de las obligaciones tributarias de los contribuyentes y facilitar el acceso telemático de los documentos de los registros públicos, remitirán con la colaboración del Consejo General del Notariado por vía telemática, a la Dirección General competente en materia de una declaración informativa notarial de los elementos básicos de las escrituras por ellos autorizadas, así como una copia electrónica de las mismas de conformidad con lo dispuesto en la legislación notarial, de los hechos imponibles que determine la Consejería competente en materia de tributos, la cual, además, establecerá los procedimientos, estructura y plazos en los que debe ser remitida esta información.

3. Los Registradores de la Propiedad y Mercantiles con destino en el ámbito territorial de la Comunidad Autónoma de Cantabria deberán remitir a la Consejería competente en materia de tributos, en la primera quincena de cada trimestre, una declaración con la relación de los documentos relativos a actos o contratos sujetos al Impuesto sobre Sucesiones y Donaciones o al Impuesto sobre Transmisiones Patrimoniales y Actos Jurídicos Documentados que se presenten a inscripción, cuando el pago o la presentación de la declaración se haya realizado en otra Comunidad Autónoma a la que no corresponda el rendimiento de los impuestos. Dicha declaración irá referida al trimestre anterior. Mediante convenio entre la Comunidad Autónoma de Cantabria y el Colegio de Registradores de la Propiedad y Mercantiles de Cantabria o, en su defecto, por Orden de la Consejería competente en materia de tributos, podrá establecerse el formato, condiciones, diseño y demás extremos necesarios para el cumplimiento de las obligaciones formales a que se refiere el párrafo anterior, que podrá consistir en soporte legible por ordenador o mediante transmisión por vía telemática.

Artículo 21[34]. *Acuerdos de valoración previa vinculante.*

1. Los obligados tributarios podrán solicitar de la Administración Tributaria de la Comunidad Autónoma de Cantabria que establezca con carácter previo y vinculante la valoración a efectos fiscales de rentas, productos, bienes, gastos y demás elementos determinantes de la deuda tributaria, a efectos del Impuesto sobre Sucesiones y Donaciones y el Impuesto sobre Transmisiones Patrimoniales y Actos Jurídicos Documentados, de acuerdo con lo establecido en el artículo 91 de la Ley General Tributaria y en este artículo.

2. Las solicitudes de los acuerdos de valoración previa vinculante deberán presentarse por escrito, acompañadas de todos los datos que sean necesarios y suficientes para la valoración. El solicitante podrá presentar además la documentación que estime procedente.

3. La Administración podrá comprobar los elementos de hecho y las circunstancias declaradas por el obligado tributario y requerir a los contribuyentes que soliciten los acuerdos de valoración previa, los documentos y los datos que consideren pertinentes a los efectos de la identificación y la valoración correcta de los bienes.

4. La Administración deberá dictar por escrito el acuerdo de valoración en el plazo máximo de seis meses desde su solicitud.

5. El acuerdo de valoración tiene un plazo máximo de vigencia de doce meses desde la fecha en que se dicta.

6. En el supuesto de realización del hecho imponible con anterioridad a la finalización del plazo de seis meses mencionado en el apartado 4 sin que la Administración tributaria haya dictado el acuerdo de valoración, se considerará que se ha producido el desistimiento de la solicitud de valoración previa.

7. La Consejería competente en materia de tributos dictará las normas de procedimiento necesarias para cumplir lo establecido en este artículo.

---

[34] Los artículos 22 al 26 pasan a renumerarse del 19 al 23, dada por el art. 11.Once de la Ley 7/2014, de 26 de diciembre, de Medidas Fiscales y Administrativas (BOC núm. 68, de 30 de diciembre de 2014), en vigor desde el 1 de enero de 2015.
Renumeración de artículos dada por el art. 10.Dos de la Ley de Cantabria 10/2013, de 27 de diciembre, de Medidas Fiscales y Administrativas (BOC extraordinario núm. 62 de 30 de diciembre de 2013), en vigor desde el 1 de enero de 2014, los arts. 2 a 25 pasan a renumerarse del 3 al 26.
Enumeración anterior del los artículos 19, 20, 21 y 22 que pasan a numerarse como artículos 22, 23, 24 y 25, según el art. 9.Seis de la Ley de Cantabria 10/2012, de 26 de diciembre, de Medidas Fiscales y Administrativas (BOC extraordinario núm. 54, de 29 de diciembre de 2012), en vigor desde el 1 de enero de 2013.
Nueva remuneración del artículo 18 que pasa a ser el art. 20 dada por el art. 7.diez de la Ley de Cantabria 5/2011, de 29 de diciembre, de Medidas Fiscales y Administrativas, BOC núm. 71, de 31 de diciembre de 2011), en vigor desde 1 de enero de 2012. Anteriormente se da nueva enumeración del art. 16 que pasa a ser el art. 18 dada por el art. 11.Seis de la Ley de Cantabria 11/2010, de 23 de diciembre, de Medidas fiscales y de Contenido Financiero (BOC núm. 247, de 27 de diciembre de 2010), con efectos desde el 1/1/2011. Renumerado anteriormente por el artículo 10 de la Ley 6/2009, de 28 de diciembre, de Medidas Fiscales y de Contenido Financiero (BOC de 30 de diciembre de 2009), en vigor desde 1 de enero de 2010.

CAPÍTULO II. TASACIÓN PERICIAL CONTRADICTORIA

Artículo 22[35]. *Tramitación.*

1. El procedimiento de tasación pericial contradictoria se regirá por lo dispuesto en este Capítulo y, en lo no previsto por el mismo, por las disposiciones, relativas a dicho procedimiento, de la Ley General Tributaria, su Reglamento General de las actuaciones y los procedimientos de gestión e inspección tributaria y demás disposiciones reguladoras de los impuestos que procedan.

2. Cuando proceda la intervención de un tercer perito, previos los tramites legalmente establecidos para su designación, la Administración le entregará la relación de bienes y derechos a valorar y las copias de las hojas de aprecio, tanto de la valoración realizada por la Administración, como de la efectuada por el perito designado por el obligado tributario, para que, en el plazo de un mes, contado a partir del día siguiente a la entrega, realice su dictamen debidamente motivado, referido a la fecha de devengo del hecho imponible, garantizándose la realización por el perito designado por cualquier medio de prueba admitido en derecho. En el caso de que el órgano competente de la Administración observe que el informe adolece de algún defecto o vicio, deberá remitírselo de nuevo para que, en un plazo de quince días, lo subsane. Si el perito tercero no realiza la valoración en el plazo establecido o, en su caso, la subsanación de la misma, la Administración dejará sin efecto su designación.

El incumplimiento de lo indicado dará lugar a la exclusión como perito tercero en el ejercicio corriente y en los dos posteriores.

3[36]. El perito tercero deberá abstenerse de intervenir en aquellos procedimientos donde se produzca alguno de los motivos regulados en el artículo 23 de la Ley 40/2015, de 1 de octubre, de Régimen Jurídico del Sector Público, procediéndose a la designación de un nue-

---

[35]   Los artículos 22 al 26 pasan a renumerarse del 19 al 23, dada por el art. 11.Once de la Ley 7/2014, de 26 de diciembre, de Medidas Fiscales y Administrativas (BOC núm. 68, de 30 de diciembre de 2014), en vigor desde el 1 de enero de 2015.
Renumeración de artículos dada por el art. 10.Dos de la Ley de Cantabria 10/2013, de 27 de diciembre, de Medidas Fiscales y Administrativas (BOC extraordinario núm. 62 de 30 de diciembre de 2013), en vigor desde el 1 de enero de 2014, los arts. 2 a 25 pasan a renumerarse del 3 al 26.
Enumeración anterior del los artículos 19, 20, 21 y 22 que pasan a numerarse como artículos 22, 23, 24 y 25, según el art. 9.Seis de la Ley de Cantabria 10/2012, de 26 de diciembre, de Medidas Fiscales y Administrativas (BOC extraordinario núm. 54, de 29 de diciembre de 2012), en vigor desde el 1 de enero de 2013.
Por el art. 28.uno de la Ley de Cantabria 5/2011, de 29 de diciembre, de Medidas Fiscales y Administrativas, BOC núm. 71, de 31 de diciembre de 2011), en vigor desde el 1 de enero de 2012, los artículos 17 y 18 pasa a renumerarse como artículos 21 y 22. Original art. 17 añadido por el artículo 10 de la Ley 6/2009, de 28 de diciembre, de Medidas Fiscales y de Contenido Financiero (BOC de 30 de diciembre de 2009), en vigor desde 1/1/2010.

[36]   Nueva redacción del art. 22.3 dada por el art. 8.Doce de la Ley 11/2018, de 21 de diciembre, Medidas Fiscales y Administrativas (BOC núm. 252, de 28 de diciembre de 2018), en vigor desde el 1 de enero de 2019.

vo perito tercero conforme al orden correlativo que proceda en la lista de profesionales. El incumplimiento de este precepto implicará la nulidad absoluta de la actuación y la exclusión como perito tercero en el ejercicio corriente y en los dos posteriores.

4. La valoración realizada por el perito tercero, que deberá reunir los requisitos indicados, servirá de base a la liquidación administrativa que proceda, con los límites del valor declarado y el valor comprobado inicialmente por la Administración.

5. El órgano competente comunicará dicha valoración al interesado, con cuya notificación se dará por finalizado el procedimiento. En el caso en que se confirme la liquidación de la Administración, se levantará la suspensión y se dará un nuevo plazo de ingreso, girándose los intereses de demora correspondientes al periodo de la suspensión. Cuando deba efectuarse una nueva liquidación, se girará la misma con los intereses de demora que correspondan.

6[37]. La suspensión del ingreso de las liquidaciones practicadas y de los plazos de reclamación contra las mismas, derivada de la presentación de la solicitud de tasación pericial contradictoria, o la reserva del derecho a promoverla, mantendrá sus efectos únicamente en vía administrativa.

Artículo 23[38]**.** *Efectos de la inactividad y renuncia.*

1. La falta de presentación de la tasación del perito designado por el obligado tributario en el plazo indicado producirá la finalización por desistimiento del procedimiento de tasación pericial contradictoria y se procederá, en consecuencia, a comunicar el cese de

---

Redacción anterior: «*3. El perito tercero deberá abstenerse de intervenir en aquellos procedimientos donde se produzca alguno de los motivos regulados en el artículo 28 de la Ley 30/1992, de 26 de noviembre, de Régimen Jurídico de las Administraciones Públicas y del Procedimiento Administrativo Común, procediéndose a la designación de un nuevo perito tercero conforme al orden correlativo que proceda en la lista de profesionales. El incumplimiento de este precepto implicará la nulidad absoluta de la actuación y la exclusión como perito tercero en el ejercicio corriente y en los dos posteriores*».

[37]   Nuevo apartado incorporado por el art. 11.Doce de la Ley 7/2014, de 26 de diciembre, de Medidas Fiscales y Administrativas (BOC núm. 68, de 30 de diciembre de 2014), en vigor desde el 1 de enero de 2015.

[38]   Los artículos 22 al 26 pasan a renumerarse del 19 al 23, dada por el art. 11.Once de la Ley 7/2014, de 26 de diciembre, de Medidas Fiscales y Administrativas (BOC núm. 68, de 30 de diciembre de 2014), en vigor desde el 1 de enero de 2015.

Renumeración de artículos dada por el art. 10.Dos de la Ley de Cantabria 10/2013, de 27 de diciembre, de Medidas Fiscales y Administrativas (BOC extraordinario núm. 62 de 30 de diciembre de 2013), en vigor desde el 1 de enero de 2014, los arts. 2 a 25 pasan a renumerarse del 3 al 26.

Enumeración anterior del los artículos 19, 20, 21 y 22 que pasan a numerarse como artículos 22, 23, 24 y 25, según el art. 9.Seis de la Ley de Cantabria 10/2012, de 26 de diciembre, de Medidas Fiscales y Administrativas (BOC extraordinario núm. 54, de 29 de diciembre de 2012), en vigor desde el 1 de enero de 2013.

Por el art. 28.uno de la Ley de Cantabria 5/2011, de 29 de diciembre, de Medidas Fiscales y Administrativas, BOC núm. 71, de 31 de diciembre de 2011), en vigor desde el 1 de enero de 2012, los artículos 17 y 18 pasa a numerarse como artículos 21 y 22. El original art. 18 añadido por el artículo 10 de la Ley 6/2009, de 28 de diciembre, de Medidas Fiscales y de Contenido Financiero (BOC de 30 de diciembre de 2009), en vigor desde 1/1/2010.

la suspensión de la ejecución de la liquidación, concediendo un nuevo plazo de ingreso y girando liquidación por los intereses de demora devengados por el tiempo transcurrido durante la suspensión.

2. La renuncia del perito tercero o la falta de presentación en el plazo indicado del resultado de su tasación dejarán sin efecto su nombramiento e impedirá su designación en el ejercicio corriente y en los dos posteriores al mismo. En ambos casos, se procederá a la designación de un nuevo perito tercero conforme al orden correlativo que proceda en la lista de profesionales.

Disposición Adicional Primera[39]. *Conceptos generales y acreditación.*

Uno. Vivienda habitual. A los efectos previstos en este texto refundido, los conceptos de vivienda habitual, adquisición de vivienda habitual y reinversión en vivienda habitual

---

[39]   Nueva redacción y pasará a denominarse Disposición adicional primera por el art. 3.Veinte de la Ley de Cantabria 3/2023, de 26 de diciembre, de Medidas Fiscales y Administrativas (BOC extraordinario núm. 87, de 29 de diciembre de 2023), en vigor desde el 1 de enero de 2024.

Redacción anterior dada por el art. 8.Trece de la Ley 11/2018, de 21 de diciembre, Medidas Fiscales y Administrativas (BOC núm. 252, de 28 de diciembre de 2018), en vigor desde el 1 de enero de 2019: «*Disposición Adicional Única. Conceptos generales y acreditación.*

Artículo 1 Conceptos generales

Uno. Vivienda habitual.

A los efectos previstos en este texto refundido, los conceptos de vivienda habitual, adquisición de vivienda habitual y reinversión en vivienda habitual serán los contemplados en la normativa reguladora del Impuesto sobre la Renta de las Personas Físicas. Se entenderá por vivienda la edificación destinada a la residencia de las personas físicas.

Dos. Unidad familiar.

El concepto de unidad familiar será el contemplado en la normativa reguladora del Impuesto sobre la Renta de las Personas Físicas.

Tres. Consideración de persona con discapacidad y acreditación del grado.

A los efectos de esta Ley, la consideración de persona con discapacidad es la fijada por la normativa estatal del Impuesto sobre la Renta de las Personas Físicas, según lo siguiente:

a) Tendrán la consideración de personas con discapacidad las que acrediten un grado igual o superior al 33 por ciento, de acuerdo con el baremo a que se refiere el artículo 367 del texto refundido de la Ley General de la Seguridad Social, aprobado por Real Decreto Legislativo 8/2015, de 30 de octubre, o norma que lo sustituya.

b) En particular, se considerará acreditado un grado de discapacidad igual o superior al 33 por ciento en el caso de los pensionistas de la Seguridad Social que tengan reconocida una pensión de incapacidad permanente total, absoluta o gran invalidez y en el caso de los pensionistas de clases pasivas que tengan reconocida una pensión de jubilación o retiro por incapacidad permanente para el servicio o inutilidad.

c) Igualmente, se considerará acreditado un grado de discapacidad igual o superior al 65 por ciento, cuando se trate de personas cuya incapacidad sea declarada judicialmente, aunque no alcance dicho grado, así como en los casos de dependencia severa y gran dependencia, siempre que estas últimas situaciones fuesen reconocidas por el órgano competente, de acuerdo con lo establecido en el artículo 28 de la Ley 39/2006, de 14 de diciembre, de Promoción de la Autonomía Personal y Atención a las personas en situación de dependencia serán los contemplados en la normativa reguladora del Impuesto sobre la Renta de las Personas Físicas. Se entenderá por vivienda la edificación destinada a la residencia de las personas físicas.

Dos. Unidad familiar. El concepto de unidad familiar será el contemplado en la normativa reguladora del Impuesto sobre la Renta de las Personas Físicas.

Tres. Consideración de persona con discapacidad y acreditación del grado. A los efectos de esta Ley, la consideración de persona con discapacidad es la fijada por la normativa estatal del Impuesto sobre la Renta de las Personas Físicas.

Cuatro. Acreditación de la condición de familia numerosa. La condición de familia numerosa se acreditará mediante el título oficial en vigor establecido al efecto en el momento de la presentación de la declaración del impuesto, conforme a lo establecido en la Ley 40/2003, de 18 de noviembre, de Protección a las Familias Numerosas o norma que la sustituya.

Disposición adicional segunda[40]. *Equiparación fiscal y tributaria.*

Se asimilan a la condición de cónyuges los miembros de parejas de hecho cuya unión cumpla los requisitos establecidos en la Ley 1/2005, de 16 de mayo, de parejas de hecho de la Comunidad Autónoma de Cantabria, y se encuentren inscritas en el Registro de Parejas de Hecho de la Comunidad Autónoma de Cantabria o registros análogos establecidos por otras Administraciones Públicas del Estado Español, de países pertenecientes a la Unión Europea o el Espacio Económico Europeo, o de terceros países.

Cuatro. Acreditación de la condición de familia numerosa
La condición de familia numerosa se acreditará mediante el título oficial en vigor establecido para el efecto en el momento de la presentación de la declaración del impuesto, conforme a lo establecido en la Ley 40/2003, de 18 de noviembre, de Protección a las Familias Numerosas».
Redacción anterior dada por el art. 9.siete de la Ley de Cantabria 6/2015, de 28 de diciembre, de Medidas Fiscales y Administrativas (BOC extraordinario núm. 99, de 30 de diciembre de 2015), con entrada en vigor el día 1 de enero de 2016: «*Acreditación*
El grado de discapacidad deberá acreditarse mediante certificado o resolución expedido por el Instituto de Migraciones y Servicios Sociales (IMSERSO) o por el órgano competente de las Comunidades Autónomas.
Se considerará acreditado un grado de discapacidad:
1. Igual o superior al 33%, a los pensionistas de la Seguridad Social que tengan reconocida una pensión de incapacidad permanente total, absoluta o gran invalidez y a los pensionistas de Clases Pasivas que tengan reconocida una pensión de jubilación o retiro por incapacidad permanente para el servicio o inutilidad.
2. Igual o superior al 65%, cuando se trate de discapacitados cuya incapacidad haya sido declarada judicialmente en el orden civil, aunque no alcancen dicho grado».

[40] Nueva disposición adicional segunda incorporada por el art. 3.Veintiuno de la Ley de Cantabria 3/2023, de 26 de diciembre, de Medidas Fiscales y Administrativas (BOC extraordinario núm. 87, de 29 de diciembre de 2023), en vigor desde el 1 de enero de 2024.

Disposición adicional tercera[41]. *Bonificación en el Impuesto sobre el Patrimonio.*

La bonificación prevista en el artículo 4 bis no será de aplicación cuando el patrimonio neto del sujeto pasivo sea superior a 3.000.000 euros una vez descontado el mínimo exento de 700.000 euros y su mera tenencia constituya el hecho imponible de un impuesto estatal.

Disposición transitoria única.

En todo lo no regulado por la presente Ley y hasta tanto no se desarrollen en su totalidad por el Parlamento de Cantabria las competencias normativas cedidas por la Ley 21/2002 de 1 de julio, de régimen de cesión de tributos del Estado a la Comunidad Autónoma de Cantabria, serán de aplicación las normas estatales propias de cada tributo.

Disposición final única.

Se faculta al Gobierno de Cantabria para dictar cuantas disposiciones sean necesarias para el desarrollo y ejecución de la presente Ley[42].

---

[41] Nueva disposición adicional tercer incorporada por el art. 3.Veintidós de la Ley de Cantabria 3/2023, de 26 de diciembre, de Medidas Fiscales y Administrativas (BOC extraordinario núm. 87, de 29 de diciembre de 2023), en vigor desde el 1 de enero de 2024.

[42] Resolución de 2 de enero de 2018, por la que se aprueban los coeficientes aplicables al valor catastral para estimar el valor real de determinados bienes inmuebles urbanos a efectos de los Impuestos sobre Transmisiones Patrimoniales y Actos Jurídicos Documentados y sobre Sucesiones y Donaciones para el año 2018 (BOC núm. 5, de 8 de enero de 2018).

Resolución de 23 de diciembre de 2016 por la que se aprueban los coeficientes aplicables al valor catastral para estimar el valor real de determinados bienes inmuebles urbanos a efectos de los Impuestos sobre Transmisiones Patrimoniales y Actos Jurídicos Documentados y sobre Sucesiones y Donaciones para el año 2017 (BOC núm. 49, de 31 de diciembre de 2016).

COMUNIDAD AUTÓNOMA DE CASTILLA-LA MANCHA

IMPUESTO SOBRE TRANSMISIONES PATRIMONIALES Y ACTOS JURÍDICOS DOCUMENTADOS

12. Ley 8/2013, de 21 de noviembre, de Medidas Tributarias de Castilla-La Mancha

(DOCM núm. 232, de 29 de noviembre de 2013;
BOE núm. 35, de 10 de febrero de 2014)

EXPOSICIÓN DE MOTIVOS

I

El artículo 156.1 de la Constitución Española establece que «las Comunidades Autónomas gozarán de autonomía financiera para el desarrollo y ejecución de sus competencias con arreglo a los principios de coordinación con la Hacienda estatal y de solidaridad entre todos los españoles». Asimismo, el artículo 157 diseña el sistema de financiación de las Comunidades Autónomas, que en virtud de lo previsto en su apartado 3, se desarrolla por la Ley Orgánica 8/1980, de 22 de septiembre, de Financiación de las Comunidades Autónomas (en adelante, LOFCA).

Uno de los mecanismos integrantes de dicho sistema de financiación es el constituido por el régimen de cesión de tributos del Estado a los entes autonómicos. Dicho régimen se ha visto modificado por la Ley Orgánica 3/2009, de 18 de diciembre, de modificación de la LOFCA y complementado y desarrollado por la Ley 22/2009, de 18 de diciembre, por la que se regula el sistema de financiación de las Comunidades Autónomas de régimen común y Ciudades con Estatuto de Autonomía y se modifican determinadas normas tributarias. Esta última reforma se estructura en torno a varios ejes, destacando la ampliación de los porcentajes de cesión y de las competencias normativas de las Comunidades Autónomas en los tributos que son objeto de cesión parcial.

En relación con el ejercicio de las competencias atribuidas en estas disposiciones, el Estatuto de Autonomía, en su artículo 31.1.12.ª recoge, entre las competencias exclusivas otorgadas a Castilla-La Mancha, la referida a la planificación de la actividad económica y fomento del desarrollo económico regional; el artículo 41.1 dispone que la Junta de Comunidades de Castilla-La Mancha orientará su actuación económica al aumento de la calidad de vida de los castellano-manchegos y la solidaridad regional; el artículo 42.1 señala que la Comunidad Autónoma, con sujeción a los principios de coordinación con las Haciendas estatal y local y de solidaridad entre todos los españoles, tiene autonomía financiera de acuerdo con la Constitución, con este Estatuto y con la Ley Orgánica de Financiación de las Comunidades Autónomas;

y el artículo 44 especifica que la Hacienda de la Comunidad Autónoma se constituye, entre otros, con los rendimientos de los tributos cedidos por el Estado a que se refiere la disposición adicional primera y de todos aquellos cuya cesión sea aprobada por las Cortes Generales.

A su vez, el artículo 2.2 de la Ley 25/2010, de 16 de julio, del régimen de cesión de tributos del Estado a esta Comunidad Autónoma establece que «de acuerdo con lo dispuesto en el artículo 150.1 de la Constitución y conforme a lo previsto en el artículo 19.2 de la Ley Orgánica 8/1980, de 22 de septiembre, de Financiación de las Comunidades Autónomas, se atribuye a la Comunidad Autónoma de Castilla-La Mancha la facultad de dictar para sí misma normas legislativas, en los casos y condiciones previstos en la Ley 22/2009, de 18 de diciembre, por la que se regula el sistema de financiación de las Comunidades Autónomas de régimen común y Ciudades con Estatuto de Autonomía y se modifican determinadas normas tributarias.

Por tanto, la presente ley regula y sistematiza las medidas en materia de tributos cedidos por el Estado que son directamente aplicables por los contribuyentes en las declaraciones o autoliquidaciones que deben presentar ante la Administración Tributaria, adoptadas en ejercicio de la capacidad normativa reconocida por las disposiciones anteriormente reseñadas.

En el texto legal se establecen importantes medidas tributarias que favorecen a la familia, a las personas con discapacidad y al sector empresarial de la región, sin olvidar aquellas que constituyen un estímulo a la cooperación para el desarrollo. Se aprueban nuevas medidas en materia de tributos cedidos y se recogen todas las disposiciones sobre la materia, vigentes a su fecha, en particular las contenidas en la Ley 9/2008, de 4 de diciembre, de Medidas en Materia de Tributos Cedidos, que expresamente se deroga.

(…)

En la sección 3.ª del capítulo I, se recogen las medidas aplicables al Impuesto sobre Transmisiones Patrimoniales y Actos Jurídicos Documentados, de acuerdo con las competencias definidas en el artículo 49 de la Ley 22/2009, de 18 de diciembre. En los artículos 19 y 21 se fijan los tipos aplicables en las modalidades de Transmisiones Patrimoniales Onerosas y Actos Jurídicos Documentados, conforme lo establecido en la anterior ley de medidas tributarias.

En el artículo 23 se regulan, del mismo modo, las bonificaciones tributarias aplicables a las transmisiones onerosas de explotaciones agrarias prioritarias, singulares y preferentes en cumplimiento de lo prevenido en las Leyes 19/1995, de 4 de julio, de Modernización de las Explotaciones Agrarias y 4/2004, de 18 de mayo, de la Explotación Agraria y del Desarrollo Rural en Castilla-La Mancha.

Se incorpora una bonificación del 100 por ciento de la cuota del impuesto, modalidad de trasmisiones patrimoniales onerosas, para la constitución y ejecución de opción de compra en contratos de arrendamiento vinculados a determinadas operaciones de dación en pago.

Se introducen nuevas deducciones en la modalidad de Actos Jurídicos Documentados para las primeras copias de escrituras notariales que documenten la adquisición de locales de negocio, la constitución o modificación de préstamos o créditos hipotecarios destinadas a la financiación de la adquisición de locales de negocio y las que documenten la novación modificativa de los créditos hipotecarios pactada de común acuerdo entre el deudor y determinados acreedores, siempre que la modificación se refiera al tipo de interés inicialmente pactado o vigente o a la alteración del plazo del crédito o a ambas modificaciones.

Se establece, con carácter temporal, la bonificación del 50 por ciento en la cuota tributaria del impuesto, modalidad Actos Jurídicos Documentados, para las primeras copias de las escrituras que formalicen la declaración de la obra nueva de construcciones afectas a actividades económicas y que no estén destinadas a vivienda.

(…)

CAPÍTULO I. NORMAS SUSTANTIVAS SOBRE TRIBUTOS CEDIDOS[1]

(…)

---

[1]   Orden 196/2020, de 14 de diciembre, de la Consejería de Hacienda y Administraciones Públicas, por la que se complementan las tablas de precios medios de venta de vehículos, aprobadas por el Ministerio de Hacienda, para utilizar en la aplicación del Impuesto sobre Sucesiones y Donaciones y del Impuesto sobre Transmisiones Patrimoniales y Actos Jurídicos Documentados (DOCLM núm. 260, de 29 de diciembre de 2020).
Orden 192/2020, de 14 de diciembre, de la Consejería de Hacienda y Administraciones Públicas, por la que se aprueban las normas y criterios a aplicar en el procedimiento de comprobación de valores para bienes rústicos en el ámbito de los Impuestos sobre Sucesiones y Donaciones y sobre Transmisiones Patrimoniales y Actos Jurídicos Documentados (DOCLM núm. 256, de 22 de diciembre de 2020).
Orden 179/2019, de 4 de diciembre, de la Consejería de Hacienda y Administraciones Públicas, por la que se aprueban los precios medios en el mercado para bienes rústicos y las normas sobre el procedimiento de comprobación de valores en el ámbito de los Impuestos sobre Sucesiones y Donaciones y sobre Transmisiones Patrimoniales y Actos Jurídicos Documentados, para el año 2020 (DOCLM núm. 246, de 16 de diciembre de 2019).
Orden 176/2019, de 4 de diciembre, de la Consejería de Hacienda y Administraciones Públicas, por la que se complementan las tablas de precios medios de venta de vehículos, aprobadas por el Ministerio de Hacienda, para utilizar en la aplicación del Impuesto sobre Sucesiones y Donaciones y del Impuesto sobre Transmisiones Patrimoniales y Actos Jurídicos Documentados para el año 2020 (DOCLM núm. 245, de 13 de diciembre de 2019).
Orden de 23/12/2016, de la Consejería de Hacienda y Administraciones Públicas, por la que se aprueban los precios medios en el mercado para bienes rústicos y las normas sobre el procedimiento de comprobación de valores en el ámbito de los Impuestos sobre Sucesiones y Donaciones y sobre Transmisiones Patrimoniales y Actos Jurídicos Documentados, para el año 2017 (DOCLM núm. 252, de 30 de diciembre de 2016).
Orden de 22/12/2016, de la Consejería de Hacienda y Administraciones Públicas, por la que se complementan las tablas de precios medios de venta de vehículos, aprobadas por el Ministerio de Hacienda y Administraciones Públicas, para utilizar en la aplicación del Impuesto sobre Sucesiones y Donaciones y del Impuesto sobre Transmisiones Patrimoniales y Actos Jurídicos Documentados para el año 2017 (DOCLM núm. 252, de 30 de diciembre de 2016).
Orden 25/2020, de 13 de febrero, de la Consejería de Hacienda y Administraciones Públicas, por la que se aprueban las normas para la aplicación de los medios de valoración previstos en el artículo 57 de la Ley 58/2003, de 17 de diciembre, General Tributaria, a los bienes inmuebles de naturaleza urbana en el ámbito

SECCIÓN 3.ª *Impuesto sobre Transmisiones Patrimoniales y Actos Jurídicos Documentados*[2]

Artículo 19[3]. ***Tipos aplicables a la modalidad de transmisiones patrimoniales onerosas.***

1. A las transmisiones de inmuebles y a la constitución y cesión de derechos reales que recaigan sobre los mismos, con excepción de los derechos reales de garantía, a que se refiere el artículo 11.1.a) del texto refundido de la Ley del Impuesto sobre Transmisiones Patrimoniales y Actos Jurídicos Documentados, aprobado por Real Decreto Legislativo 1/1993, de 24 de septiembre, se les aplicará, con carácter general, el tipo de gravamen del 9 por ciento.

Se aplicará el tipo de gravamen del 9 por ciento a las concesiones administrativas y a los actos administrativos asimilados de constitución de derechos, siempre que los actos lleven aparejada una concesión demanial o derechos de uso sobre bienes inmuebles de titularidad de entidades públicas. La posterior transmisión onerosa por actos «inter vivos» tributará, asimismo, al tipo del 9 por ciento.

2[4]. Se aplicará el tipo reducido del 6 por ciento a las transmisiones de inmuebles que tengan por objeto la adquisición de la primera vivienda habitual del sujeto pasivo, siempre

---

de los Impuestos sobre Sucesiones y Donaciones y sobre Transmisiones Patrimoniales y Actos Jurídicos Documentados, para el año 2020 (BOCLM núm. 36 de 21/02/2020).

Orden 25/2019, de 5 de febrero, de la Consejería de Hacienda y Administraciones Públicas, por la que se aprueban las normas para la aplicación de los medios de valoración previstos en el artículo 57 de la Ley 58/2003, de 17 de diciembre, General Tributaria, a los bienes inmuebles de naturaleza urbana en el ámbito de los Impuestos sobre Sucesiones y Donaciones y sobre Transmisiones Patrimoniales y Actos Jurídicos Documentados, para el año 2019 (BOCyM núm. 32 de 14/02/2019).

Orden 10/2018, de 24 de enero, de la Consejería de Hacienda y Administraciones Públicas, por la que se aprueban las normas para la aplicación de los medios de valoración previstos en el artículo 57 de la Ley 58/2003, de 17 de diciembre, General Tributaria, a los bienes inmuebles de naturaleza urbana en el ámbito de los Impuestos sobre Sucesiones y Donaciones y sobre Transmisiones Patrimoniales y Actos Jurídicos Documentados, para el año 2018 (BOCLM núm. 25, de 5 de febrero de 2018).

Orden 24/2017, de 13 de febrero, de la Consejería de Hacienda y Administraciones Públicas, por la que se aprueban las normas para la aplicación de los medios de valoración previstos en el artículo 57 de la Ley 58/2003, de 17 de diciembre, General Tributaria, a los bienes inmuebles de naturaleza urbana en el ámbito de los Impuestos sobre Sucesiones y Donaciones y sobre Transmisiones Patrimoniales y Actos Jurídicos Documentados, para el año 2017 (DOCLM núm. 34, de 17 de febrero de 2017).

Orden de 21/06/2016, de la Consejería de Hacienda y Administraciones Públicas, por la que se aprueban los modelos 650, 651 y 655 de autoliquidación del Impuesto sobre Sucesiones y Donaciones (DOCLM núm. 125, de 28 de junio de 2016).

[2] Con anterioridad se regulaba en los arts. 10 a 14, art. 17, art. 19, art. 20 y Disposición transitoria tercera de Ley 9/2008, de 4 de diciembre, de medidas en materia de tributos cedidos (DOCM núm. 259, de 17 de diciembre de 2008; BOE núm. 127, 26 de mayo de 2009).

[3] Nueva redacción del art. 19 dada por el art. 11.Seis de la Ley 3/2016, de 5 de mayo, de Medidas Administrativas y Tributarias de Castilla-La Mancha (DOCM núm. 91 de 11 de Mayo de 2016), en vigor desde el 1 de junio de 2016.

[4] Nueva redacción del art. 19.2 dada por la art. 2.Nueve de la Ley 1/2022, de 14 de enero, de Medidas Tributarias y Administrativas de Castilla-La Mancha (DOCM núm. 12, de 19/01/2022) con efectos desde el

que el valor de la vivienda no exceda de 180.000 euros y se cumplan las siguientes condiciones:

a) Que la adquisición se financie en más del 50 por ciento mediante préstamo hipotecario sobre el inmueble adquirido concertado con alguna de las entidades financieras a las que se refiere el artículo segundo de la Ley 2/1981, de 25 de marzo, de Regulación del Mercado Hipotecario, cuyo importe no exceda del valor declarado de la vivienda adquirida.

b) Que el valor de la vivienda sea igual o superior al valor asignado a la misma en la tasación realizada a efectos de la mencionada hipoteca.

c) Que el valor declarado por el contribuyente sea igual o superior al valor de referencia, en caso de existir este, previsto en el artículo 10.2 del Texto refundido de la Ley del Impuesto sobre Transmisiones Patrimoniales y Actos Jurídicos Documentados, aprobado por Real Decreto Legislativo 1/1993, de 24 de septiembre.

No obstante, cuando las transmisiones de inmuebles tengan por objeto la adquisición de la primera vivienda habitual radicada en alguno de los municipios incluidos en las zonas a que se refieren los artículos 12 y 13 de la Ley 2/2021, de 7 de mayo, de Medidas Económicas, Sociales y Tributarias frente a la Despoblación y para el Desarrollo del Medio Rural en Castilla-La Mancha[5], el tipo reducido a aplicar será el siguiente:

---

8 de febrero de 2022.

Redacción anterior dada por la Disp. Final novena.Tres de la Ley 2/2021, de 7 de mayo, de Medidas Económicas, Sociales y Tributarias frente a la Despoblación y para el Desarrollo del Medio Rural en Castilla-La Mancha (DOCM núm. 90, de 12 de mayo de 2021), en vigor desde el 1 de junio de 2021 y por el art. Decimotercero Cuatro de la Ley 11/2019, de 20 de diciembre, de Medidas Administrativas y Tributarias de Castilla-La Mancha (DOCLM núm. 254, de 27 de diciembre de 2019), en vigor desde el 28 de diciembre de 2019.

[5]   Artículo 12. Zonas escasamente pobladas.

«1. Como zonas escasamente pobladas se clasificarán aquellas agrupaciones de municipios o núcleos de población integradas mayoritariamente por municipios de pequeño tamaño, con una densidad conjunta de población de menos de 12,5 habitantes por km2, altas tasas de envejecimiento y pérdidas intensas de población, con un importante aislamiento geográfico con respecto a municipios de más de 30.000 habitantes, un alto porcentaje de suelo de uso forestal, y una elevada significación de la actividad agraria.

2. En consideración al grado de despoblación, se establecen las siguientes categorías de zonas escasamente pobladas:

a) Zonas de intensa despoblación: Aquellas agrupaciones de municipios con densidad superior a 8 habitantes por km2.

b) Zonas de extrema despoblación: Aquellas agrupaciones de municipios con densidad de población menor de 8 habitantes por km2».

Artículo 13. Zonas en riesgo de despoblación.

«Se clasificarán como zonas en riesgo de despoblación aquellas agrupaciones de municipios o núcleos de población con densidad de población menor de 20 habitantes por km2, pero mayor de 12,5 habitantes por km2, altas tasas de envejecimiento y una evolución negativa de su población, con una accesibilidad media o baja con respecto a municipios de más de 30.000 habitantes, con elevada significación del empleo

1º) Inmuebles ubicados en municipios incluidos en zonas en riesgo de despoblación: 5 por ciento.

2º) Inmuebles ubicados en municipios incluidos en zonas de intensa despoblación: 4 por ciento.

3º) Inmuebles ubicados en municipios incluidos en zonas de extrema despoblación: 3 por ciento.

3. Se aplicará el tipo reducido del 6 por ciento a la promesa u opción de compra, incluida en el contrato de arrendamiento de la vivienda que constituya la residencia habitual del sujeto pasivo, siempre que se cumplan los siguientes requisitos:

a) Que el sujeto pasivo tenga menos de 36 años y conste su fecha de nacimiento en el correspondiente contrato.

b) Que el contrato de promesa u opción de compra reúna los requisitos necesarios para su inscripción en el Registro de la Propiedad Inmobiliaria.

c) Que la vivienda se encuentre calificada dentro de alguna de las clases y tipos de viviendas con protección pública según la normativa de Castilla-La Mancha, y su ocupación se haga efectiva por el sujeto pasivo en un plazo no superior a un mes desde la fecha de celebración del contrato.

4. Se aplicará el tipo del 4 por ciento a las transmisiones de bienes inmuebles en las que se cumplan los siguientes requisitos:

a) Que sea aplicable a la operación alguna de las exenciones contenidas en los apartados 20, 21 y 22 del artículo 20.Uno de la Ley 37/1992, de 28 de diciembre, del Impuesto sobre el Valor Añadido.

b) Que el adquirente sea sujeto pasivo del Impuesto sobre el Valor Añadido, actúe en el ejercicio de sus actividades empresariales o profesionales, y tenga derecho a la deducción total o parcial del Impuesto sobre el Valor Añadido soportado por tales adquisiciones, tal y como se dispone el artículo 20.Dos de la Ley 37/1992, de 28 de diciembre.

c) Que no se haya producido la renuncia a la exención prevista en el artículo 20.Dos de la Ley 37/1992, de 28 de diciembre.

5[6]**.** En las transmisiones de inmuebles destinados a sede social o centro de trabajo de empresas o a locales de negocios, y estén ubicados en alguno de los municipios incluidos en las zonas a que se refieren los artículos 12 y 13 de la Ley 2/2021, de 7 de mayo, de Medidas Económicas, Sociales y Tributarias frente a la Despoblación y para el Desarrollo del Medio Rural en Castilla-La Mancha, se aplicarán los siguientes tipos impositivos:

---

agrario, con más del 75 % de su población residiendo en municipios menores de 2.000 habitantes, con usos del suelo tanto agrícolas como forestales».

[6]   Nuevo apartado núm. 5 incorporado por la Disp. Final novena.Cuatro de la Ley 2/2021, de 7 de mayo, de Medidas Económicas, Sociales y Tributarias frente a la Despoblación y para el Desarrollo del Medio Rural en Castilla-La Mancha (DOCM núm. 90, de 12 de mayo de 2021), en vigor desde el 1 de junio de 2021.

a) Inmuebles ubicados en municipios incluidos en zonas de riesgo de despoblación: 3 por ciento.

b) Inmuebles ubicados en municipios incluidos en zonas de intensa despoblación: 2 por ciento.

c) Inmuebles ubicados en municipios incluidos en zonas de extrema despoblación: 1 por ciento.

6[7]. Se aplicará el tipo reducido del 5 por ciento a las transmisiones de inmuebles que tengan por objeto la adquisición de la primera vivienda habitual del sujeto pasivo cuando el contribuyente sea menor de 36 años, o tenga un grado de discapacidad acreditado igual o superior al 65 por ciento, o esté integrado en una familia numerosa o en una familia mono-parental, siempre que el valor de la vivienda no exceda de 180.000 euros y se cumplan las siguientes condiciones:

a) Que la adquisición se financie en más del 50 por ciento mediante préstamo hipoteca-rio sobre el inmueble adquirido concertado con alguna de las entidades financieras a las que se refiere el artículo segundo de la Ley 2/1981, de 25 de marzo, cuyo importe no exceda del valor declarado de la vivienda adquirida.

b) Que el valor de la vivienda sea igual o superior al valor asignado a la misma en la tasación realizada a efectos de la mencionada hipoteca.

c) Que el valor declarado por el contribuyente sea igual o superior al valor de referencia, en caso de existir este, previsto en el artículo 10.2 del Texto refundido de la Ley del Impues-to sobre Transmisiones Patrimoniales y Actos Jurídicos Documentados.

Se entenderá por familia numerosa aquella reconocida conforme a lo dispuesto en la Ley 40/2003, de 18 de noviembre.

Se entenderá por familia monoparental aquella definida en el artículo 2 bis.

7.[8] Se aplicará el tipo reducido del 5 por 100 a la transmisión de la totalidad o de parte de una o más viviendas y sus anexos a una empresa a la que sea de aplicación las Normas de Adaptación del Plan General de Contabilidad a las Empresas Inmobiliarias, siempre que cumpla los siguientes requisitos:

a) Que la empresa adquirente incorpore esta vivienda a su activo circulante con la finalidad de venderla.

b) Que la actividad principal de la empresa adquirente sea la construcción de edificios, la promoción inmobiliaria o la compraventa de bienes inmuebles por cuenta propia.

---

[7]   Nuevo apartado incorporado por el art. 2.Nueve de la Ley 1/2022, de 14 de enero, de Medidas Tributarias y Administrativas de Castilla-La Mancha (DOCM núm. 12, de 19 de enero de 2022), en vigor desde el 8 de febrero de 2022.

[8]   Nuevo apartado incorporado por el art. 2.Nueve de la Ley 1/2022, de 14 de enero, de Medidas Tributarias y Administrativas de Castilla-La Mancha (DOCM núm. 12, de 19 de enero de 2022), en vigor desde el 8 de febrero de 2022.

c) Que la transmisión se formalice en documento público en el que se haga constar que la adquisición del inmueble se efectúa con la finalidad de venderlo.

d) Que la totalidad de la vivienda y sus anexos se venda posteriormente por la empresa que la adquirió dentro del plazo de tres años desde su adquisición.

e) Que la venta posterior esté sujeta a la modalidad de Transmisiones Patrimoniales Onerosas.

En el caso de incumplimiento de alguno de los requisitos regulados en las letras d) y e), el adquirente que hubiese aplicado el tipo impositivo reducido vendrá obligado a presentar, en el plazo de un mes desde el incumplimiento, una declaración complementaria aplicando el tipo impositivo general e incluyendo los correspondientes intereses de demora.

Quedan expresamente excluidas de la aplicación de este tipo impositivo reducido:

a) Las adjudicaciones de inmuebles en subasta judicial.

b) Las transmisiones de valores que incurran en los supuestos a que se refiere el artículo 17.2 del Texto Refundido de la Ley del Impuesto sobre Transmisiones Patrimoniales y Actos Jurídicos Documentados.

8.[9] Se aplicará el tipo reducido del 5 por ciento a las transmisiones onerosas de bienes inmuebles incluidos en la transmisión de un conjunto de elementos corporales y, en su caso, incorporales que, formando parte del patrimonio empresarial o profesional del sujeto pasivo, constituyan o sean susceptibles de constituir una unidad económica autónoma en el transmitente capaz de desarrollar una actividad empresarial o profesional por sus propios medios, a que se refiere el artículo 7.1º de la Ley 37/1992, de 28 de diciembre, del Impuesto sobre el Valor Añadido, cuando concurran las siguientes circunstancias:

a) Que, con anterioridad a la transmisión, el transmitente ejerciese la actividad empresarial o profesional en el territorio de la Comunidad Autónoma de Castilla-La Mancha de forma habitual, personal y directa.

b) Que el adquirente mantenga la plantilla media de trabajadores respecto al año anterior a la transmisión, en términos de personas/año regulados en la normativa laboral, durante un período de cinco años.

A estos efectos, se computarán en la plantilla media a los trabajadores sujetos a la normativa laboral, cualquiera que sea su relación contractual, considerando la jornada contratada en relación con la jornada completa y, cuando aquella fuera inferior a esta, se calculará la equivalencia en horas.

c) Que el adquirente mantenga el ejercicio de la actividad empresarial o profesional en el territorio de la Comunidad Autónoma de Castilla-La Mancha, de forma habitual, personal y directa, durante un período mínimo de cinco años.

---

[9]   Nuevo apartado incorporado por el art. 2.Nueve de la Ley 1/2022, de 14 de enero, de Medidas Tributarias y Administrativas de Castilla-La Mancha (DOCM núm. 12, de 19 de enero de 2022), en vigor desde el 8 de febrero de 2022.

En el supuesto de incumplimiento de los requisitos establecidos en las letras b) y c) de este apartado, deberá pagarse la parte de la cuota del impuesto que se haya dejado de ingresar como consecuencia de haber aplicado el tipo reducido en lugar del tipo general que hubiera correspondido.

A estos efectos, el obligado tributario deberá presentar una autoliquidación complementaria en el plazo de un mes contado desde la fecha en que se produzca el incumplimiento y deberá ingresar, junto con la cuota resultante, los intereses de demora correspondientes.

Artículo 20. *Tipo de gravamen en la transmisión de bienes muebles y semovientes.*

El tipo impositivo aplicable en la transmisión onerosa de bienes muebles y semovientes, así como en la constitución y cesión de derechos reales que recaigan sobre los mismos, excepto los derechos reales de garantía, será el 6 por ciento.

Artículo 21[10]. *Tipos aplicables a la modalidad de actos jurídicos documentados.*

1. A los documentos notariales a que se refiere el artículo 31.2 del texto refundido de la Ley del Impuesto sobre Transmisiones Patrimoniales y Actos Jurídicos Documentados, aprobado por el Real Decreto Legislativo 1/1993, de 24 de septiembre, se les aplicará, con carácter general, el tipo de gravamen del 1,50 por ciento.

2[11]**.** Se aplicará el tipo reducido del 0,75 por ciento a las primeras copias de escrituras y actas notariales que documenten las transmisiones de inmuebles que tengan por objeto la adquisición de la primera vivienda habitual del sujeto pasivo, siempre que el valor de la vivienda no exceda de 180.000 euros y se cumplan las siguientes condiciones:

a) Que la adquisición se financie en más del 50 por ciento mediante préstamo hipotecario sobre el inmueble adquirido concertado con alguna de las entidades financieras a las que se refiere el artículo segundo de la Ley 2/1981, de 25 de marzo, cuyo importe no exceda del valor declarado de la vivienda adquirida.

b) Que el valor de la vivienda sea igual o superior al valor asignado a la misma en la tasación realizada a efectos de la mencionada hipoteca.

---

[10]   Nueva redacción del art. 21 dada por el art. Decimotercero Cinco de la Ley 11/2019, de 20 de diciembre, de Medidas Administrativas y Tributarias de Castilla-La Mancha (DOCLM núm. 254, de 27 de diciembre de 2019), en vigor desde el 28 de diciembre de 2019.
    Redacción del art. 21.1 dada por el art. 11.Siete de la Ley 3/2016, de 5 de mayo, de Medidas Administrativas y Tributarias de Castilla-La Mancha (DOCM núm. 91 de 11 de mayo de 2016), en vigor desde el 1 de junio de 2016.
[11]   Nueva redacción del art. 21.2 dada por el art. 2.Diez de la Ley 1/2022, de 14 de enero, de Medidas Tributarias y Administrativas de Castilla-La Mancha (DOCM núm. 12, de 19 de enero de 2022), en vigor desde el 8 de febrero de 2022.
    Redacción anterior dada por la Disp. Final novena.Cinco de la Ley 2/2021, de 7 de mayo, de Medidas Económicas, Sociales y Tributarias frente a la Despoblación y para el Desarrollo del Medio Rural en Castilla-La Mancha (DOCM núm. 90, de 12 de mayo de 2021), en vigor desde el 1 de junio de 2021.

c) Que el valor declarado por el contribuyente sea igual o superior al valor de referencia, en caso de existir este, previsto en el artículo 10.2 del Texto refundido de la Ley del Impuesto sobre Transmisiones Patrimoniales y Actos Jurídicos Documentados.

Cuando el sujeto pasivo del impuesto, cumpliendo las anteriores condiciones, sea una persona menor de 36 años, o tenga un grado de discapacidad acreditado igual o superior al 65 por ciento, o esté integrada en una familia numerosa o en una familia monoparental, se aplicará el tipo reducido del 0,50 por ciento.

No obstante, cuando la vivienda cuya adquisición se documenta radique en alguno de los municipios incluidos en las zonas a que se refieren los artículos 12 y 13 de la Ley 2/2021, de 7 de mayo, el tipo reducido a aplicar será el siguiente:

1º Inmuebles ubicados en municipios incluidos en zonas en riesgo de despoblación: 0,50 por ciento.

2º Inmuebles ubicados en municipios incluidos en zonas de intensa despoblación: 0,25 por ciento.

3º Inmuebles ubicados en municipios incluidos en zonas de extrema despoblación: 0,15 por ciento.

3. Se aplicará el tipo reducido del 0,75 por ciento a las primeras copias de escrituras y actas notariales que documenten la promesa u opción de compra, incluida en el contrato de arrendamiento de la vivienda que constituya la residencia habitual del sujeto pasivo, siempre que se cumplan los siguientes requisitos:

a) Que el sujeto pasivo tenga menos de 36 años y conste su fecha de nacimiento en el correspondiente contrato.

b) Que la vivienda se encuentre calificada dentro de alguna de las clases y tipos de viviendas con protección pública según la normativa de Castilla-La Mancha, y su ocupación se haga efectiva por el sujeto pasivo en un plazo no superior a un mes desde la fecha de celebración del contrato.

4. En las primeras copias de escrituras y actas notariales que documenten transmisiones de bienes inmuebles respecto de las cuales se haya renunciado a la exención contenida en el artículo 20.dos de la Ley 37/1992, de 28 de diciembre, se aplicará el tipo de gravamen del 2,50 por ciento.

5.[12] En las primeras copias de escrituras y actas notariales que documenten transmisiones de bienes inmuebles destinados a sede social o centro de trabajo de empresas o a locales de negocios, y estén ubicados en alguno de los municipios incluidos en las zonas a que se refieren los artículos 12 y 13 de la Ley 2/2021, de 7 de mayo, de Medidas Económicas, Socia-

---

[12]   Nuevo apartado núm. 5 incorporado por la Disp. Final novena.Seis de la Ley 2/2021, de 7 de mayo, de Medidas Económicas, Sociales y Tributarias frente a la Despoblación y para el Desarrollo del Medio Rural en Castilla-La Mancha (DOCM núm. 90, de 12 de mayo de 2021), en vigor desde el 1 de junio de 2021.

les y Tributarias frente a la Despoblación y para el Desarrollo del Medio Rural en Castilla-La Mancha, se aplicarán los siguientes tipos impositivos:

a) Inmuebles ubicados en municipios incluidos en zonas de riesgo de despoblación: 0,25 por ciento.

b) Inmuebles ubicados en municipios incluidos en zonas de intensa despoblación: 0,15 por ciento.

c) Inmuebles ubicados en municipios incluidos en zonas de extrema despoblación: 0,10 por ciento.

Artículo 22. *Definición de vivienda habitual y supuestos de cotitularidad.*

1. En la aplicación de lo dispuesto en los artículos 19 y 21 se atenderá al concepto de vivienda habitual establecido en la normativa reguladora del Impuesto sobre la Renta de las Personas Físicas.

2. En el caso de que sean varias las personas físicas que de forma conjunta adquieran o suscriban la promesa u opción de compra del inmueble, para que pueda hacerse efectiva la aplicación de los tipos reducidos definidos en los artículos 19 y 21 de esta ley, los requisitos establecidos habrán de cumplirse para todas y cada una de ellas.

Estos requisitos se entenderán cumplidos con la simple declaración responsable de los sujetos pasivos, sin perjuicio de la posterior comprobación administrativa.

3. En el caso de que no se cumplieran las condiciones establecidas en esta ley, los sujetos pasivos deberán pagar la parte del impuesto que hubieran dejado de ingresar como consecuencia de la aplicación del tipo reducido, más los intereses de demora correspondientes, sin perjuicio de las responsabilidades en las que pudieran incurrir con arreglo a lo previsto en el título IV de la Ley 58/2003, de 17 de diciembre, General Tributaria.

Artículo 23. *Deducciones en transmisiones onerosas de explotaciones agrarias.*

1. Se establece una deducción del 100 por ciento, con un límite de 5.000 euros en la cuota del Impuesto sobre Transmisiones Patrimoniales y Actos Jurídicos Documentados, para las operaciones a las que se refieren los artículos 9, 10, 11 y 13 de la Ley 19/1995, de 4 de julio, de Modernización de las Explotaciones Agrarias, siempre que se cumplan los requisitos exigidos en la mencionada ley.

2. Tendrán una deducción del 50 por ciento de la cuota los hechos imponibles del impuesto, señalados en el artículo 19.1 de esta ley, relacionados con las explotaciones agrarias de carácter singular definidas en el artículo 4 de la Ley 4/2004, de 18 de mayo, de la Explotación Agraria y del Desarrollo Rural en Castilla-La Mancha.

3. En los hechos imponibles del impuesto, señalados en el artículo 19.1 de esta ley, relacionados con las explotaciones agrarias preferentes, definidas por el artículo 5 de la Ley 4/2004, de 18 de mayo, el porcentaje de deducción de la cuota tributaria será de un 10 por ciento.

4. Para que los sujetos pasivos tengan derecho a las deducciones reguladas en los apartados anteriores, deberán cumplirse los siguientes requisitos:

a) Los establecidos en la legislación sectorial que define y regula los diferentes tipos de explotaciones agrarias y mantener su calificación durante los cinco años siguientes a la fecha del devengo del impuesto. La calificación de los distintos tipos de explotaciones agrarias se acreditará mediante certificado de la Administración de la Junta de Comunidades de Castilla-La Mancha.

b) En el documento acreditativo de la transmisión constará necesariamente el número de referencia catastral de la finca o fincas objeto de la bonificación.

c) Los sujetos pasivos deberán tener su domicilio fiscal en Castilla-La Mancha con anterioridad a la fecha de la operación, acto o contrato y mantenerlo al menos durante los cinco años posteriores a la fecha de devengo del impuesto.

5[13]. Las deducciones establecidas en el presente artículo no podrán ser aplicadas al valor de las viviendas que se encuentren dentro de las explotaciones agrarias objeto del impuesto si el mencionado valor supone más de un 30 por ciento del valor total de la explotación agraria transmitida o si su valor comprobado excede de 100.000 euros.

Artículo 24. *Deducción en las adquisiciones de local de negocios para la constitución de una empresa o puesta en marcha de un negocio profesional.*

1. Se establece una deducción del 100 por ciento, con un límite de 3.000 euros, en la cuota gradual de la modalidad de actos jurídicos documentados en el Impuesto sobre Transmisiones Patrimoniales y Actos Jurídicos Documentados, para el supuesto de primeras copias de escrituras notariales que documenten la adquisición de locales de negocio, siempre y cuando el adquirente destine el local a la constitución de una empresa o negocio profesional[14].

Se entenderá por la puesta en marcha de un negocio profesional o la constitución de una empresa el inicio del ejercicio de una actividad económica por una persona física o por medio de una de las entidades a las que se refiere el artículo 35.4 de la Ley 58/2003, de 17 de diciembre, o la constitución de cualquier forma societaria que tenga como objeto la realización de una actividad económica, siempre que el número de socios o partícipes no sea superior a cinco.

A los efectos de la aplicación de la deducción, se entenderá producida la constitución cuando se cause alta por primera vez en el censo de empresarios, profesionales y retenedores

---

[13]   Nueva redacción del art. 23.5 dada por el art. 2.Once de la Ley 1/2022, de 14 de enero, de Medidas Tributarias y Administrativas de Castilla-La Mancha (DOCM núm. 12, de 19 de enero de 2022), en vigor desde el 8 de febrero de 2022.

[14]   Nueva redacción del primer párrafo del art. 24.1 dada por el art. 2.Doce de la Ley 1/2022, de 14 de enero, de Medidas Tributarias y Administrativas de Castilla-La Mancha (DOCM núm. 12, de 19 de enero de 2022), en vigor desde el 8 de febrero de 2022.

como consecuencia de lo establecido en el artículo 3.2.a) del Real Decreto 1065/2007, de 27 de julio, por el que se aprueba el Reglamento General de las actuaciones y de los procedimientos de gestión e inspección tributaria y de desarrollo de las normas comunes de los procedimientos de aplicación de los tributos. En el caso de personas jurídicas societarias o entidades a las que se refiere el artículo 35.4 de la Ley 58/2003, de 17 de diciembre, los socios o partícipes deben ser personas físicas que no estuvieran con anterioridad dados de alta en el citado censo.

Para determinar si existe actividad económica y si el local está afecto a una actividad económica se estará a lo dispuesto en la Ley 35/2006, de 28 de noviembre, sin que la deducción establecida en este artículo sea aplicable en ningún caso a la actividad de arrendamiento de inmuebles ni cuando la actividad principal sea la gestión de un patrimonio mobiliario o inmobiliario, de acuerdo con lo dispuesto en el artículo 4.0cho.Dos.a) de la Ley 19/1991, del 6 de junio.

2. Para la aplicación de la deducción deben cumplirse los siguientes requisitos:

a) La adquisición del inmueble ha de formalizarse en escritura pública en la que se exprese la voluntad de que se destine a la realización de una actividad económica. No se podrá aplicar la deducción si esta declaración no consta en el documento público, ni tampoco en caso de que se hagan rectificaciones del documento con el fin de enmendar su omisión, excepto que se hagan dentro del período voluntario de autoliquidación del impuesto.

b) La constitución de la empresa o la puesta en marcha del negocio profesional debe producirse en el plazo de seis meses anteriores o posteriores a la fecha de la escritura de adquisición del inmueble.

c) El centro principal de gestión de la empresa o del negocio profesional, o el domicilio fiscal de la entidad, ha de encontrarse situado en Castilla-La Mancha y mantenerse durante los tres años siguientes a la fecha de devengo del impuesto.

d) Durante el mismo plazo deberá mantenerse la actividad económica.

3. Cuando más de un contribuyente tenga derecho a la aplicación de esta deducción respecto al mismo local de negocios, la deducción se aplicará de forma conjunta, sin perjuicio de la imputación a cada contribuyente de la parte proporcional correspondiente a su porcentaje de participación en la adquisición.

4. El incumplimiento de los requisitos y de las condiciones establecidas llevará consigo la pérdida del beneficio fiscal, y el contribuyente deberá ingresarlo junto con los intereses de demora, sin perjuicio de las responsabilidades en las que pudieran incurrir con arreglo a lo previsto en el título IV de la Ley 58/2003, de 17 de diciembre. A estos efectos, el sujeto pasivo deberá practicar la correspondiente autoliquidación y presentarla en el plazo de un mes desde la fecha en la que se produzca el incumplimiento.

Artículo 25[15]. *Bonificaciones de la cuota tributaria por actuaciones en suelo industrial y terciario.*

1. Se establece una bonificación del 50 por ciento de la cuota tributaria del Impuesto sobre Transmisiones Patrimoniales y Actos Jurídicos Documentados, en la modalidad de Actos Jurídicos Documentados, para las primeras copias de escrituras y actas notariales que documenten los actos de agrupación, agregación, segregación y división que se efectúen sobre suelos destinados a uso industrial o terciario.

2. Si los actos expresados en el párrafo anterior se producen en alguno de los municipios incluidos en las zonas a que se refieren los artículos 12 y 13 de la Ley 2/2021, de 7 de mayo, el importe de la bonificación será:

a) Suelos ubicados en municipios incluidos en zonas de riesgo de despoblación: bonificación del 75 por ciento.

b) Suelos ubicados en municipios incluidos en zonas de intensa despoblación: bonificación del 85 por ciento.

c) Suelos ubicados en municipios incluidos en zonas de extrema despoblación: bonificación del 95 por ciento.

3. La aplicación de la bonificación prevista requerirá que en la escritura o acta notarial que documenta el acto de agrupación, agregación, segregación y división quede expresamente recogido que el suelo sobre el que se actúa está destinado a uso industrial o terciario.

Artículo 26. *Bonificaciones de la cuota tributaria para comunidades de regantes y sociedades de garantía recíproca.*

1[16]. Se establece una bonificación del 99 por ciento de la cuota del impuesto, aplicable a los hechos imponibles, señalados en los artículos 19.1 y 21.1 de esta ley, realizados por las comunidades de regantes que tengan su domicilio fiscal en Castilla-La Mancha y que estén relacionados con obras que hayan sido declaradas de interés general.

---

[15] Nueva redacción del art. 25 dada por el art. 2.Trece de la Ley 1/2022, de 14 de enero, de Medidas Tributarias y Administrativas de Castilla-La Mancha (DOCM núm. 12, de 19 de enero de 2022), en vigor desde el 8 de febrero de 2022.

Redacción anterior dada por la Disp. Final novena.Siete de la Ley 2/2021, de 7 de mayo, de Medidas Económicas, Sociales y Tributarias frente a la Despoblación y para el Desarrollo del Medio Rural en Castilla-La Mancha (DOCM núm. 90, de 12 de mayo de 2021), en vigor desde el 1 de junio de 2021.

Con anterioridad el art. 25 fue suprimido por el art. Decimotercero Seis de la Ley 11/2019, de 20 de diciembre, de Medidas Administrativas y Tributarias de Castilla-La Mancha (DOCLM núm. 254, de 27 de diciembre de 2019), en vigor desde el 28 de diciembre de 2019.

[16] Nueva redacción del art. 26.1 dada por el art. Decimotercero Siete de la Ley 11/2019, de 20 de diciembre, de Medidas Administrativas y Tributarias de Castilla-La Mancha (DOCLM núm. 254, de 27 de diciembre de 2019), en vigor desde el 28 de diciembre de 2019.

La bonificación establecida en este apartado no resultará de aplicación, respecto de la cuota variable de documentos notariales, en las operaciones relativas a escrituras de préstamos o créditos con garantía hipotecaria en las que el sujeto pasivo sea el prestamista.

2. Se establece una bonificación del 99 por ciento de la cuota del impuesto, aplicable a las primeras copias de escrituras y actas notariales que documenten la constitución y modificación de derechos reales de garantía a favor de una sociedad de garantía recíproca que tenga su domicilio social en Castilla-La Mancha.

Artículo 27. *Bonificaciones de la cuota tributaria en la constitución y ejecución de opción de compra en contratos de arrendamiento vinculados a determinadas operaciones de dación en pago.*

En el caso de la adjudicación de la vivienda habitual en pago de la totalidad de la deuda pendiente del préstamo o crédito garantizados mediante hipoteca de la citada vivienda y siempre que, además, se formalice entre las partes un contrato de arrendamiento con opción de compra de la misma vivienda, los beneficios fiscales serán:

a) La constitución de la opción de compra documentada en los contratos de arrendamiento a que se refiere el apartado anterior tendrá una bonificación del 100 por ciento de la cuota tributaria por el concepto de transmisiones patrimoniales onerosas.

b) La ejecución de la opción de compra a que se refieren los apartados anteriores tendrá una bonificación del 100 por ciento de la cuota tributaria por el concepto de transmisiones patrimoniales onerosas.

Artículo 28[17].

Artículo 29. *Bonificación temporal en la cuota tributaria Impuesto sobre Transmisiones Patrimoniales y Actos Jurídicos Documentados.*

1. Las primeras copias de las escrituras públicas que formalicen la declaración de la obra nueva de construcciones afectas a actividades económicas, y que no estén destinadas a vivienda, tendrán una bonificación del 50 por ciento en la cuota tributaria del Impuesto sobre Transmisiones Patrimoniales y Actos Jurídicos Documentados en la modalidad de actos jurídicos documentados, con un límite de 1.500 euros. En las escrituras se hará constar la voluntad expresa de que la construcción se destina a la realización de una actividad económica.

2. La aplicación de esta bonificación tiene carácter temporal desde la entrada en vigor de esta ley hasta el 31 de diciembre de 2014.

(...)

---

[17] Art. 28 suprimido por el art. Decimotercero Ocho de la Ley 11/2019, de 20 de diciembre, de Medidas Administrativas y Tributarias de Castilla-La Mancha (DOCLM núm. 254, de 27 de diciembre de 2019), en vigor desde el 28 de diciembre de 2019.

CAPÍTULO II. NORMAS PARA LA APLICACIÓN DE LOS TRIBUTOS CEDIDOS

Artículo 39[18]. *Plazo de presentación de autoliquidaciones y documentos en adquisiciones por título de donación y en el Impuesto sobre Transmisiones Patrimoniales y Actos Jurídicos Documentados.*

1. Para los hechos imponibles sujetos al Impuesto sobre Sucesiones y Donaciones, por las adquisiciones a título de donación o equiparables, y al Impuesto sobre Transmisiones Patrimoniales y Actos Jurídicos Documentados realizados a partir de la entrada en vigor de esta ley, el plazo de presentación de las declaraciones y de las autoliquidaciones será de un mes, contado a partir de la fecha de devengo del correspondiente impuesto. A estos efectos, cuando el último día del citado plazo coincidiese con sábado, domingo o festivo, se entenderá prorrogado al primer día hábil siguiente.

2. No obstante lo dispuesto en el apartado anterior, los empresarios o profesionales que en el ejercicio de su actividad empresarial o profesional, adquieran objetos fabricados con metales preciosos y que estén obligados a la llevanza de los libros-registro a los que hace referencia el artículo 91 del Reglamento de la Ley de objetos fabricados con metales preciosos, aprobado por el Real Decreto 197/1988, de 22 de febrero, declararán conjuntamente todas las operaciones sujetas al Impuesto sobre Transmisiones Patrimoniales y Actos Jurídicos Documentados, en su modalidad de Transmisiones Patrimoniales Onerosas, devengadas en el mes natural. Para ello, presentarán una única autoliquidación acompañando fotocopia de aquellas hojas del libro-registro que comprendan las operaciones realizadas en el mes natural.

El plazo de ingreso y presentación de la autoliquidación será el mes natural inmediato posterior al que se refieran las operaciones declaradas.

Artículo 40. *Colaboración social de los registradores de la propiedad, mercantiles y de bienes muebles y de los notarios en la aplicación de los tributos.*

1. En la forma y condiciones que determine la Consejería competente en materia de hacienda, los registradores de la propiedad, mercantiles y de bienes muebles, con destino en la Comunidad Autónoma de Castilla-La Mancha, vendrán obligados a remitir trimestralmente a los órganos de la Administración tributaria regional una relación de los documentos que contengan actos o contratos sujetos al Impuesto sobre Sucesiones y Donaciones o al Impuesto sobre Transmisiones Patrimoniales y Actos Jurídicos Documentados que se presenten

---

[18]   Orden 43/2020, de 31 de marzo, de la Consejería de Hacienda y Administraciones Públicas, por la que se adoptan medidas excepcionales en el ámbito de la gestión tributaria de la Administración de la Junta de Comunidades de Castilla-La Mancha (DOCLM núm. 67, de 1 de abril de 2020): Artículo 1. *Plazo de presentación en ingreso de las autoliquidaciones de los tributos gestionados por la Junta de Comunidades de Castilla-La Mancha.*

a inscripción en sus registros, cuando el pago de dichos tributos o la presentación de las declaraciones tributarias se hayan realizado en otra Comunidad Autónoma.

2. El cumplimiento de las obligaciones formales de los notarios establecidas en los artículos 32.3 de la Ley 29/1987, de 18 de diciembre, y 52 del texto refundido de la Ley del Impuesto sobre Transmisiones Patrimoniales y Actos Jurídicos Documentados, aprobado por Real Decreto Legislativo 1/1993, de 24 de septiembre, se realizará en la forma y condiciones que establezca la Consejería competente en materia de hacienda, pudiendo disponer la remisión de la información en soporte legible por ordenador o mediante transmisión por vía telemática.

3[19]. Los notarios y notarias remitirán por vía telemática a la consejería competente en materia de hacienda, una copia electrónica de las escrituras o documentos notariales referentes a hechos, actos o negocios jurídicos que contengan hechos imponibles sujetos a los impuestos sobre sucesiones y donaciones y sobre transmisiones patrimoniales y actos jurídicos documentados, que deban ser liquidados ante la Administración tributaria regional, adjuntando una declaración informativa notarial de los elementos básicos de las escrituras o documentos remitidos.

Los procedimientos, estructura y plazos de remisión de esta información serán determinados por la mencionada consejería.

Artículo 41. *Promoción y utilización de medios telemáticos.*

La Consejería competente en materia de hacienda desarrollará los instrumentos jurídicos y tecnológicos necesarios para facilitar la presentación telemática de autoliquidaciones, declaraciones, escrituras públicas, comunicaciones u otros documentos tributarios directamente por los sujetos pasivos o a través de profesionales, entidades, instituciones y organismos representativos de sectores o intereses sociales, laborales, empresariales o profesionales[20].

(...)

---

[19]   Nueva redacción del art. 40.3 dada por la Disp. final décima de la Ley 4/2021, de 25 de junio, de Medidas Urgentes de Agilización y Simplificación de Procedimientos para la Gestión y Ejecución de los Fondos Europeos de Recuperación (BOCLM núm. 123, de 30 de junio de 2021), en vigor desde el 1 de julio de 2021.

[20]   Orden de 16/04/2015, de la Consejería de Hacienda, por la que se aprueban los modelos 600, 610, 620 y 630 de autoliquidación del Impuesto sobre Transmisiones Patrimoniales y Actos Jurídicos Documentados y Orden de 16/04/2015, de la Consejería de Hacienda, por la que se regula el procedimiento para la presentación telemática de autoliquidaciones tributarias y la remisión de copias electrónicas de documentos notariales, así como determinadas obligaciones de suministro de información tributaria (DOCLM núm. 78, de 23 de abril de 2015).

Disposición adicional segunda[21]. *Actualización de núcleos de población en los que se aplican los artículos 12 bis, 12 ter y 12 quater.*

A efectos de aplicación de las deducciones previstas en los artículos 12 bis, 12 ter y 12 quater se tomará como población de los municipios la que, conforme a su respectivo padrón municipal, tuvieran a 1 de enero de cada año.

No obstante, a los efectos indicados en el párrafo anterior no se tomarán en consideración las variaciones de población respecto al padrón municipal de 2021 que supongan una minoración o inaplicación de las deducciones que conforme al mismo resultasen procedentes. En tales casos, dichas deducciones podrán seguir aplicándose en las condiciones y cuantías que resultasen procedentes conforme a la población del expresado padrón municipal.

Disposición derogatoria única. *Derogación normativa.*

1. A la entrada en vigor de esta ley quedará derogada la Ley 9/2008, de 4 de diciembre, de Medidas en Materia de Tributos Cedidos.

2. La derogación de la disposición a que se refiere el apartado 1 no perjudicará los derechos de la Hacienda pública de Castilla-La Mancha respecto a las obligaciones devengadas durante su vigencia.

(…)

Disposición final sexta. *Entrada en vigor.*

La presente ley entrará en vigor el 1 de enero de 2014, a excepción de las disposiciones relativas al Impuesto sobre la Renta de las Personas Físicas reguladas en los artículos 1 a 13, que entrarán en vigor el día siguiente al de su publicación en el Diario Oficial de Castilla-La Mancha.

---

[21]   Nueva disp. Adicional segunda incorporada por la Disp. Final novena.Nueve de la Ley 2/2021, de 7 de mayo, de Medidas Económicas, Sociales y Tributarias frente a la Despoblación y para el Desarrollo del Medio Rural en Castilla-La Mancha (DOCM núm. 90, de 12 de mayo de 2021), en vigor desde el 1 de junio de 2021.

COMUNIDAD AUTÓNOMA DE CASTILLA Y LEÓN

IMPUESTO SOBRE TRANSMISIONES PATRIMONIALES Y ACTOS JURÍDICOS DOCUMENTADOS

13. Decreto Legislativo 1/2013, de 12 de septiembre, por el que se aprueba el texto refundido de las disposiciones legales de la Comunidad de Castilla y León en materia de tributos propios y cedidos

(BOCyL núm. 180, de 18 de septiembre de 2013;
Corrección de errores BOCYL núm. 194,
de 08 de octubre de 2013)

La disposición final decimoquinta de la Ley 9/2012, de 21 de diciembre, de Medidas Tributarias y Administrativas autoriza a la Junta de Castilla y León para elaborar y aprobar, dentro del plazo de un año desde la entrada en vigor de esta ley, un texto refundido de las normas vigentes relativas a tributos propios y cedidos por el Estado a la Comunidad de Castilla y León, establecidas por las leyes de la Comunidad. Esta autorización incluye la posibilidad de regularizar, aclarar y armonizar textos legales que sean objeto del texto refundido.

Las normas legales que actualmente regulan los tributos propios y cedidos de la Comunidad son las siguientes:

– El texto refundido de las disposiciones legales de la Comunidad de Castilla y León en materia de tributos cedidos, aprobado por el Decreto legislativo 1/2008, de 25 de septiembre.

– El capítulo II (artículos 19 a 37) del título I de la Ley 1/2012, de 28 de febrero, de Medidas Tributarias, Administrativas y Financieras, en el que se regulan los impuestos propios de la Comunidad.

Desde su aprobación, el texto refundido ha sido objeto de diversas modificaciones a través de las sucesivas leyes de medidas y la regulación de los impuestos propios fue objeto de modificación por la Ley 4/2012, de 16 de julio, de Medidas Financieras y Administrativas y por la Ley 9/2012, de 21 de diciembre, de Medidas Tributarias y Administrativas.

Como consecuencia, resulta conveniente hacer uso de la autorización otorgada por la disposición final decimoquinta de la Ley 9/2012 y aprobar un texto refundido de las normas vigentes relativas a tributos propios y cedidos por el Estado a la Comunidad de Castilla y León.

Dentro de los límites permitidos por la habilitación legal y con el objetivo de armonizar los textos legales vigentes en materia de tributos propios y de tributos cedidos por el Estado a la Comunidad de Castilla y León, se reorganizan y unifican determinados artículos de los textos legales vigentes.

El texto refundido se estructura en dos títulos, el título I dedicado a los tributos cedidos y el título II a los impuestos propios.

El título I sigue la estructura del actual texto refundido y está dividido en siete capítulos dedicados los seis primeros a cada uno de los tributos sobre los que la Comunidad ha ejercido sus competencias normativas y el último dedicado a la normativa dictada para la aplicación de los tributos cedidos.

El título II se divide en tres capítulos, el capítulo I incorpora la normativa reguladora del impuesto sobre la afección medioambiental causada por determinados aprovechamientos del agua embalsada, por los parques eólicos y por las instalaciones de transporte de energía eléctrica de alta tensión, el capítulo II incluye la normativa del impuesto sobre la eliminación de residuos en vertederos y en el capítulo III se recogen las normas comunes a los impuestos propios.

El texto refundido contiene, además, una disposición adicional y una disposición transitoria y siete disposiciones finales.

En su virtud, la Junta de Castilla y León, a propuesta de la Consejera de Hacienda, de acuerdo con el dictamen del Consejo Consultivo de Castilla y León y previa deliberación del Consejo de Gobierno en su reunión de 12 de septiembre de 2013

DISPONE:

Artículo único. *Aprobación del texto refundido de las disposiciones legales de la Comunidad de Castilla y León en materia de tributos propios y cedidos.*

Se aprueba el texto refundido de las disposiciones legales de la Comunidad de Castilla y León en materia de tributos propios y cedidos, que se inserta a continuación.

Disposición adicional única. *Remisiones normativas.*

Las referencias normativas efectuadas en otras disposiciones a los preceptos incluidos en la Ley 1/2012, de 28 de febrero, de Medidas Tributarias, Administrativas y Financieras, en lo que se refiere a los impuestos propios de la Comunidad, y en el texto refundido de las disposiciones legales de la Comunidad de Castilla y León en materia de tributos cedidos, aprobado por el Decreto Legislativo 1/2008, de 25 de septiembre, se entenderán realizadas a los preceptos correspondientes del texto refundido que se aprueba por este decreto legislativo.

Disposición derogatoria única. *Derogación normativa.*

1. Sin perjuicio de lo previsto en los apartados siguientes de este artículo, a la entrada en vigor de este decreto legislativo quedarán derogadas las siguientes normas:

– El texto refundido de las disposiciones legales de la Comunidad de Castilla y León en materia de tributos cedidos, aprobado por el Decreto Legislativo 1/2008, de 25 de septiembre.

– El capítulo II (artículos 19 a 37) del Título I de la Ley 1/2012, de 28 de febrero, de Medidas Tributarias, Administrativas y Financieras.

2. Mantendrán su vigencia, respecto de los hechos imponibles producidos con anterioridad al día 1 de enero de 2013, las disposiciones transitorias primera, segunda, sexta y undécima del texto refundido de las disposiciones legales de la Comunidad de Castilla y León en materia de tributos cedidos, aprobado por el Decreto Legislativo 1/2008, de 25 de septiembre.

3. Mantendrá su vigencia la disposición transitoria quinta del texto refundido de las disposiciones legales de la Comunidad de Castilla y León en materia de tributos cedidos, aprobado por el Decreto Legislativo 1/2008, de 25 de septiembre.

Disposición final. *Entrada en vigor.*

El presente decreto legislativo y el texto refundido que aprueba entrarán en vigor el día siguiente al de su publicación en el «Boletín Oficial de Castilla y León».

(…)

TÍTULO I. TRIBUTOS CEDIDOS POR EL ESTADO

(…)

CAPÍTULO IV. IMPUESTO SOBRE TRANSMISIONES PATRIMONIALES Y ACTOS JURÍDICOS DOCUMENTADOS[1]

Artículo 23. *Cuota tributaria.*

En las modalidades de Transmisiones Patrimoniales Onerosas y de Actos Jurídicos Documentados, salvo el gravamen sobre documentos mercantiles, la cuota tributaria del impuesto

---

[1]   Orden EYH/328/2020, de 19 de marzo, por la que se adoptan, a consecuencia de la situación ocasionada por el COVID-19, medidas excepcionales relativas a la presentación y pago de los Impuestos sobre Sucesiones y Donaciones y Transmisiones Patrimoniales y Actos Jurídicos Documentados (BOCyL núm. 58, de 20 de marzo de 2020): Artículo 1. *Ampliación de los plazos para la presentación y pago de autoliquidaciones de determinados impuestos.*
Se amplía en un mes el plazo anterior, respectivamente, por la Resolución de 14 de abril de 2020, de la Dirección General de Tributos y Financiación Autonómica, por la que se prorroga la ampliación de plazo establecida por la Orden EYH/328/2020, de 19 de marzo, por la que se adoptan, a consecuencia de la situación ocasionada por el COVID-19, medidas excepcionales relativas a la presentación y pago de los Impuestos sobre Sucesiones y Donaciones y Transmisiones Patrimoniales y Actos Jurídicos Documentados (BOCyL núm. 77, de 17 de abril de 2020), la *Resolución de 14 de mayo de 2020*, de la Dirección General de Tributos y Financiación Autonómica, por la que se prorroga la ampliación de plazo establecida por la Orden EYH/328/2020, de 19 de marzo, por la que se adoptan, a consecuencia de la situación ocasionada por el

cuyo rendimiento corresponda a la Comunidad de Castilla y León se obtendrá aplicando sobre la base imponible los tipos regulados en este capítulo.

Artículo 24. *Tipos generales.*

1. En la modalidad de Transmisiones Patrimoniales Onerosas se aplicarán los siguientes tipos generales, salvo que corresponda la aplicación de un tipo incrementado o reducido conforme al artículo 25:

a) En la transmisión de inmuebles, así como en la constitución y en la cesión de derechos reales que recaigan sobre los mismos, excepto en los derechos reales de garantía: el 8 por 100.

b) En la transmisión de bienes muebles y semovientes, así como en la constitución y en la cesión de derechos reales que recaigan sobre los mismos, excepto de los derechos reales de garantía: el 5 por 100.

c) En las concesiones administrativas y demás actos y negocios administrativos equiparados a ellas, así como en la constitución o cesión de derechos reales que recaigan sobre las mismas, excepto de los derechos reales de garantía: el tipo general del 7 por 100.

2. En las primeras copias de escrituras y actas notariales sujetas como documentos notariales a la modalidad de Actos Jurídicos Documentados se aplicará el tipo general del 1,5 por 100, salvo que corresponda la aplicación de un tipo incrementado o reducido conforme al artículo 26.

Artículo 25. *Tipos incrementados y reducidos en la modalidad de Transmisiones Patrimoniales Onerosas.*

1. En la transmisión de inmuebles, así como en la constitución y en la cesión de derechos reales que recaigan sobre los mismos, excepto en los derechos reales de garantía, cuya base imponible supere los 250.000 euros, se aplicará el tipo general a esta cantidad y un tipo incrementado del 10 por 100 a la parte de la base que exceda esta cantidad.

2. En las transmisiones de vehículos de turismo y vehículos todo terreno que superen los 15 caballos de potencia fiscal y de aquellos otros bienes muebles que tengan la consideración de objetos de arte y antigüedades según la definición que de los mismos se realiza en la Ley 19/1991, de 6 de junio, del Impuesto sobre el Patrimonio, se aplicará el tipo incrementado del 8 por 100.

COVID-19, medidas excepcionales relativas a la presentación y pago de los Impuestos sobre Sucesiones y Donaciones y Transmisiones Patrimoniales y Actos Jurídicos Documentados (BOCyL núm. 99 de 20 de Mayo de 2020) y la Orden EYH/502/2020, de 17 de junio, por la que se adoptan nuevas medidas excepcionales relativas a la presentación y pago de los Impuestos sobre Sucesiones y Donaciones y Transmisiones Patrimoniales y Actos Jurídicos Documentados, con el fin de dotar de flexibilidad el cumplimiento de obligaciones fiscales tras el levantamiento del estado de alarma (BOCyL núm. 122, de 19 de junio de 2020).

3[2]. En las transmisiones de inmuebles que vayan a constituir la vivienda habitual se aplicará un tipo reducido del 4 por 100 en los siguientes supuestos:

a) Cuando el adquirente sea titular de una familia numerosa.

b) Cuando el adquirente, o cualquiera de los miembros de su unidad familiar, tengan la consideración legal de persona con discapacidad en grado igual o superior al 65 por 100.

c) Cuando todos los adquirentes tengan menos de 36 años a la fecha de devengo del impuesto.

d) En las transmisiones de viviendas protegidas según la normativa de la Comunidad o calificadas por cualquier otra normativa como vivienda de protección pública.

4[3]. En las transmisiones de inmuebles que vayan a constituir la vivienda habitual se aplicará un tipo reducido del 0,01 por 100, siempre que se cumplan, simultáneamente, los siguientes requisitos:

a) Que todos los adquirentes tengan menos de 36 años a la fecha de devengo del impuesto.

b) Que la vivienda que vaya a constituir la residencia habitual cumpla los requisitos establecidos en el apartado 1.c) del artículo 7 de este texto refundido.

5[4]. En las transmisiones de inmuebles que vayan a constituir la sede social o centro de trabajo de empresas o negocios profesionales se aplicará un tipo reducido del 4% en los siguientes supuestos:

a) Que la empresa o el negocio profesional tengan su domicilio fiscal y social en el territorio de la Comunidad de Castilla y León.

b) Que la empresa o negocio profesional no tengan por actividad principal la gestión de un patrimonio mobiliario o inmobiliario, de acuerdo con lo establecido en el artículo 4.º Ocho. Dos. a) de la Ley 19/1991, de 6 de junio, del Impuesto sobre el Patrimonio.

c) Que la empresa o negocio profesional se mantenga durante los cinco años siguientes a la fecha de la escritura pública que documente la adquisición.

d) Que la empresa o negocio profesional incremente su plantilla global de trabajadores en el ejercicio en que se adquiera el inmueble respecto al año anterior, en términos de personas/año regulados en la normativa laboral y mantenga esta plantilla al menos tres años.

---

[2]   Nueva redacción del art. 25.3 dada por el art. 1.9 de la Ley 7/2017, de 28 de diciembre, de Medidas Tributarias (BOCYL núm. 248, de 29 de diciembre de 2017), en vigor desde el 1 de enero de 2018.

[3]   Nueva redacción del art. 25.4 dada por el art. 1.5 de la Ley 2/2017, de 4 de julio, de Medidas Tributarias y Administrativas (BOCYL núm. 128, de 6 de julio de 2017), en vigor desde el 7 de julio de 2017.

[4]   Nueva redacción del apartado cinco dada por el art. 1.Tres de la Ley 10/2014, de 22 de diciembre, de Medidas Tributarias y de Financiación de las Entidades Locales vinculada a ingresos impositivos de la Comunidad de Castilla y León (BOCyL núm. 249, de 29 de diciembre de 2014) en vigor desde el 1 de enero de 2015.

6[5]. En las transmisiones de inmuebles que vayan a constituir la sede social o centro de trabajo de empresas o negocios profesionales se aplicará un tipo reducido del 2% en los siguientes supuestos:

a) Que la empresa o el negocio profesional tengan su domicilio fiscal y social en alguno de los municipios o entidades locales menores previstos en el artículo 7, apartado 1, c) de este texto refundido.

b) Que la empresa o negocio profesional cumpla los requisitos establecidos en las letras b), c) y d) del apartado 5 anterior.

7[6]. En las transmisiones patrimoniales onerosas a que se refieren los artículos 9, 10 y 11 de la Ley 19/1995, de 4 de julio, de Modernización de las Explotaciones Agrarias, y siempre que resulten aplicables las reducciones que en los mismos se recogen, se aplicará sobre la base liquidable resultante un tipo reducido del 4 %, siempre que se mantenga la adquisición durante los cinco años siguientes a la fecha de escritura pública que documente la adquisición, salvo fallecimiento.

Artículo 26[7]. *Tipos incrementado y reducidos en la modalidad de Actos Jurídicos Documentados.*

1. En las primeras copias de escrituras y actas notariales que documenten transmisiones de bienes inmuebles respecto de las cuales se haya renunciado a la exención contenida en el artículo 20. Dos de la Ley 37/1992, de 28 de diciembre, del Impuesto sobre el Valor Añadido, se aplicará un tipo incrementado del 2 por 100.

2. En las primeras copias de escrituras y actas notariales que documenten la adquisición de viviendas que vayan a constituir la vivienda habitual se aplicará un tipo reducido del 0,50 por 100 en los siguientes supuestos:

a) Cuando el adquirente sea titular de una familia numerosa.

---

[5] Nueva redacción del art. 25.6 dada por el art. 1.4 de la Ley 2/2022, de 1 de diciembre, de rebajas tributarias en la Comunidad de Castilla y León (BOCyL núm. 237, de 12 de diciembre de 2022), con efectos desde el 13 de diciembre de 2022.

Redacción anterior del o apartado seis incorporado por el art. 1.4 de la Ley 1/2021, de 22 de febrero, de Medidas Tributarias, Financieras y Administrativas (BOCyL núm. 39/2021, de 25 de febrero de 2021), con efectos desde el 26 de febrero de 2021.

[6] Nuevo apartado 7 del art. 25, incorporado por el art. 1.5 de la Ley 2/2022, de 1 de diciembre, de rebajas tributarias en la Comunidad de Castilla y León (BOCyL núm. 237, de 12 de diciembre de 2022), con efectos desde el 13 de diciembre de 2022.

[7] Nueva redacción dada por el art. 2.Uno de la Ley 1/2019, de 14 de febrero, de modificación del Decreto Legislativo 1/2013, de 12 de septiembre, por el que se aprueba el texto refundido de las disposiciones legales de la Comunidad de Castilla y León en materia de tributos propios y cedidos (BOCYL núm. 35, de 20 de febrero de 2019), en vigor desde el 21 de febrero de 2019.

Redacción dada por el art. 1.6 de la Ley 2/2017, de 4 de julio, de Medidas Tributarias y Administrativas (BOCYL núm. 128, de 6 de julio de 2017), en vigor desde el 7 de julio de 2017.

b) Cuando el adquirente, o cualquiera de los miembros de su unidad familiar, tengan la consideración legal de persona con discapacidad en grado igual o superior al 65 por 100.

c) En las transmisiones de viviendas protegidas según la normativa de la Comunidad de Castilla y León o calificadas por cualquier otra normativa como vivienda de protección pública, cuando no gocen de la exención prevista en el artículo 45 del Real Decreto Legislativo 1/1993, de 24 de septiembre, por el que se aprueba el texto refundido de la Ley del Impuesto sobre Transmisiones Patrimoniales y Actos Jurídicos Documentados.

d) Cuando todos los adquirentes tengan menos de 36 años a la fecha de devengo del impuesto.

3. En las primeras copias de escrituras y actas notariales que documenten la adquisición de viviendas que vayan a constituir la vivienda habitual se aplicará un tipo reducido del 0,01 por 100, siempre que se cumplan, simultáneamente, los siguientes requisitos:

a) Que todos los adquirentes tengan menos de 36 años a la fecha de devengo del impuesto.

b) Que la vivienda que vaya a constituir la residencia habitual cumpla los requisitos establecidos en el apartado 1. c) del artículo 7 de este texto refundido.

4. En los documentos notariales que formalicen la constitución de derechos reales de garantía cuyo sujeto pasivo sea una Sociedad de Garantía Recíproca que tenga su domicilio social en el ámbito de la Comunidad de Castilla y León se aplicará un tipo reducido del 0,5 por 100.

5. En las primeras copias de escrituras y actas notariales que documenten la adquisición de inmuebles que vayan a constituir la sede social o centro de trabajo de empresas o negocios profesionales se aplicará un tipo reducido del 0,50 por 100 en los siguientes supuestos, salvo cuando sea de aplicación el apartado 1 de este artículo:

a) Que la empresa o el negocio profesional tengan su domicilio fiscal y social en el territorio de la Comunidad de Castilla y León.

b) Que la empresa o negocio profesional no tengan por actividad principal la gestión de un patrimonio mobiliario o inmobiliario, de acuerdo con lo establecido en el artículo 4. Ocho. Dos a) de la Ley 19/1991, de 6 de junio, del Impuesto sobre el Patrimonio.

c) Que la empresa o negocio profesional se mantenga durante los cinco años siguientes a la fecha de la escritura pública que documente la adquisición.

d) Que la empresa o negocio profesional incremente su plantilla global de trabajadores en el ejercicio en que se adquiera el inmueble respecto al año anterior, en términos de personas/año regulados en la normativa laboral y mantenga esta plantilla al menos tres años.

Artículo 27[8]. *Bonificaciones de la cuota.*

Se establece una bonificación en la cuota del impuesto del 100 por 100 aplicable en aquellos actos y negocios jurídicos realizados por las comunidades de regantes de la Comunidad de Castilla y León relacionados con obras que hayan sido declaradas de interés general.

Artículo 27 bis[9]. *Bonificación en la cuota por arrendamiento de fincas rústicas.*

Se establece una bonificación en la cuota del impuesto del 100 por 100 aplicable en la modalidad de transmisiones patrimoniales onerosas a los arrendamientos de fincas rústicas, siempre que el arrendatario tenga la condición de agricultor, en situación de alta en la Seguridad Social por su actividad agraria, en el Régimen Especial de Trabajadores Autónomos (RETA) o en el Sistema Especial para Trabajadores por Cuenta Propia Agraria (SETA), y sea titular de una explotación agraria a la que queden afectos los elementos arrendados.

Artículo 27 ter[10]. *Bonificación en la cuota por actuaciones en suelo industrial y terciario.*

1. Se establece una bonificación en la cuota del impuesto del 50 por ciento aplicable en la modalidad de Actos Jurídicos Documentados para las primeras copias de escrituras y actas notariales que documenten los actos de agrupación, agregación, segregación y división que se efectúen sobre suelos destinados a uso industrial o terciario.

2. La aplicación de la bonificación prevista requerirá que en la escritura o acta notarial que documenta el acto de agrupación, agregación, segregación o división quede expresamente recogido que el suelo sobre el que se actúa está destinado a uso industrial o terciario.

Artículo 28. *Aplicación de los tipos impositivos reducidos.*

1. A los efectos de la aplicación de los tipos impositivos reducidos regulados en este capítulo:

---

[8] Nueva redacción dada por el art. 2.Dos de la Ley 1/2019, de 14 de febrero, de modificación del Decreto Legislativo 1/2013, de 12 de septiembre, por el que se aprueba el texto refundido de las disposiciones legales de la Comunidad de Castilla y León en materia de tributos propios y cedidos (BOCYL núm. 35, de 20 de febrero de 2019), en vigor desde el 21 de febrero de 2019.

[9] Nueva redacción del art. 27.bis dada por el art. 1.6 de la Ley 4/2024, de 9 de mayo, de medidas tributarias, financieras y administrativas (BOCL núm. 92, de 14 de mayo de 2024), con efectos desde el 15 de mayo de 2024.

Redacción anterior tras su incorporación por el art. 1.6 de la Ley 2/2022, de 1 de diciembre, de rebajas tributarias en la Comunidad de Castilla y León (BOCyL núm. 237, de 12 de diciembre de 2022), con efectos desde el 13 de diciembre de 2022: «*Se establece una bonificación en la cuota del impuesto del 100 por 100 aplicable en la modalidad de transmisiones patrimoniales onerosas a los arrendamientos de fincas rústicas, siempre que el arrendatario tenga la condición de agricultor profesional y sea titular de una explotación agraria prioritaria a la que queden afectos los elementos arrendados*».

[10] Nuevo art. 27.ter incorporado por el art. 1.7 de la Ley 4/2024, de 9 de mayo, de medidas tributarias, financieras y administrativas (BOCL núm. 92, de 14 de mayo de 2024), con efectos desde el 15 de mayo de 2024.

a) Los conceptos de vivienda habitual, primera vivienda, grado de discapacidad y familia numerosa y el concepto de base imponible total del Impuesto sobre la Renta de las Personas Físicas, son los contenidos en el artículo 10 de este texto refundido.

b) Los conceptos de unidad familiar y mínimo personal y familiar son los que define la normativa aplicable al Impuesto sobre la Renta de las Personas Físicas.

c) Las limitaciones cuantitativas de la base imponible o de la renta del período impositivo se referirán a la declaración del Impuesto sobre la Renta de las Personas Físicas relativa al último período impositivo cuyo plazo reglamentario de declaración estuviera concluido a la fecha del devengo del impuesto.

2. La aplicación de los tipos impositivos reducidos contemplados en este capítulo está sujeta al cumplimiento simultáneo de las siguientes reglas:

a) La suma de las bases imponibles totales, menos el mínimo personal y familiar, del Impuesto sobre la Renta de las Personas Físicas de todos los adquirentes o miembros de la unidad familiar que vayan a ocupar la vivienda, no podrá superar:

– 31.500 euros, con carácter general.

– Cuando el adquirente sea el titular de una familia numerosa, la cantidad anterior se elevará a 37.800 euros, más 6.000 euros adicionales por cada miembro superior al mínimo para obtener la condición de familia numerosa.

b) Cuando el adquirente sea titular de una familia numerosa o él o cualquiera de los miembros de su unidad familiar tengan la consideración legal de persona con discapacidad y sea titular de alguna vivienda, se proceda a su venta en el plazo máximo de un año desde la fecha de adquisición de la nueva.

c) Cuando el adquirente tenga menos de 36 años o se trate de transmisiones de viviendas protegidas, la vivienda adquirida sea la primera vivienda de cada uno de los adquirentes.

3. Cuando se produzca el incumplimiento de aquellos requisitos que hayan de cumplirse con posterioridad al devengo del impuesto, y, en particular, el relativo al mantenimiento de la vivienda habitual en los términos regulados en la normativa del Impuesto sobre la Renta de las Personas Físicas, deberá pagarse la parte del impuesto que se hubiera dejado de ingresar como consecuencia de la reducción practicada y los intereses de demora a que se refiere el artículo 26.6 de la Ley 58/2003, de 17 de diciembre, General Tributaria.

En estos casos, el obligado tributario deberá presentar autoliquidación complementaria ante la oficina gestora competente y dentro del plazo de un mes desde la fecha en que se produzca el incumplimiento.

(...)

CAPÍTULO VII. NORMAS DE APLICACIÓN DE LOS TRIBUTOS CEDIDOS

SECCIÓN 1.ª *Valoración de bienes*

Artículo 42. *Tasación pericial contradictoria.*

1. En caso de disconformidad con el resultado obtenido en la comprobación de valores del Impuesto sobre Sucesiones y Donaciones, los interesados podrán promover la práctica de la tasación pericial contradictoria mediante solicitud presentada dentro del plazo de la primera reclamación que proceda contra la liquidación efectuada sobre la base de los valores comprobados administrativamente.

Si el interesado estimase que la notificación no contiene expresión suficiente de los datos o motivos tenidos en cuenta para elevar los valores declarados y pusiere de manifiesto la omisión a través de un recurso de reposición o de una reclamación económico-administrativa, reservándose el derecho a promover tasación pericial contradictoria, el plazo a que se refiere el párrafo anterior se contará desde la fecha de firmeza en vía administrativa de la resolución del recurso o de la reclamación interpuesta.

En el supuesto de que la tasación pericial fuese promovida por los transmitentes, el escrito de solicitud deberá presentarse dentro de los quince días siguientes a la notificación de los valores resultantes de la comprobación.

En caso de notificación conjunta de los valores y de las liquidaciones que los hayan tenido en cuenta, la presentación de la solicitud de tasación pericial contradictoria, o la reserva del derecho a promoverla determinará la suspensión del ingreso de las liquidaciones practicadas y de los plazos de reclamación contra las mismas.

2. Cuando se practique la tasación pericial contradictoria en un expediente relativo al Impuesto sobre Sucesiones y Donaciones o al Impuesto sobre Transmisiones Patrimoniales y Actos Jurídicos Documentados y el perito tercero exija que con anterioridad al desempeño de su cometido se haga provisión de fondos por el importe de sus honorarios, los depósitos que corresponden a la Administración y al interesado se realizarán en el plazo de diez días en la Caja General de Depósitos de la Comunidad.

Artículo 43. *Acuerdos de valoración previa vinculante.*

1. El contribuyente podrá solicitar a la administración tributaria que determine, con carácter previo y vinculante, la valoración de rentas, productos, bienes y gastos determinantes de la deuda tributaria, a efectos del Impuesto sobre Sucesiones y Donaciones y del Impuesto sobre Transmisiones Patrimoniales y Actos Jurídicos Documentados, de acuerdo con lo establecido en el artículo 91 de la Ley 58/2003, de 17 de diciembre, General Tributaria y en este artículo.

2. La solicitud de acuerdo de valoración previa vinculante deberá presentarse acompañada de una propuesta de valoración motivada, en la cual deberán describirse de manera detallada el bien y sus características. En el caso de bienes inmuebles, esta propuesta de valoración deberá estar firmada por un técnico con la titulación adecuada para realizar dicha valoración.

3. La administración tributaria podrá requerir al contribuyente que solicite los acuerdos de valoración previa los documentos y los datos que considere pertinentes a los efectos de la identificación y la valoración correcta de los bienes.

4. La administración tributaria deberá dictar el acuerdo de valoración en el plazo máximo de cuatro meses desde su solicitud.

5. El acuerdo de valoración tiene un plazo máximo de vigencia de doce meses desde la fecha en que se dicta.

6. En el supuesto de realización del hecho imponible con anterioridad a la finalización del plazo de cuatro meses mencionado en el apartado 4 de este artículo sin que la administración tributaria haya dictado el acuerdo de valoración, se considerará que se ha producido el desistimiento de la solicitud de valoración previa.

Artículo 44. *Información sobre valores.*

1. A efectos de determinar las bases imponibles de los impuestos sobre Sucesiones y Donaciones y sobre Transmisiones Patrimoniales y Actos Jurídicos Documentados, la consejería competente en materia de hacienda informará a los interesados sobre el valor a efectos fiscales de los bienes inmuebles radicados en el territorio de la Comunidad de Castilla y León, de acuerdo con lo establecido en el artículo 90 de la Ley 58/2003, de 17 de diciembre, General Tributaria y en este artículo.

2. La solicitud de información deberá formularse por escrito en el que deben describirse de manera detallada el bien y sus características así como la estimación de valor del mismo.

3. La información solicitada la suministrará la consejería competente en materia de hacienda dentro del plazo de un mes. Esta información tendrá efectos vinculantes durante un plazo de tres meses desde que se suministre, siempre que la solicitud se haya formulado con carácter previo a la finalización del plazo para presentar la correspondiente autoliquidación o declaración y se hayan proporcionado datos verdaderos y suficientes. En ningún caso, la administración tributaria quedará vinculada cuando el interesado declare un valor superior.

4. El interesado no podrá entablar recurso alguno contra la información suministrada, sin perjuicio de que pueda hacerlo contra el acto o actos administrativos que se dicten posteriormente en relación con dicha información.

5. La falta de contestación no implicará la aceptación del valor que, en su caso, se hubiera incluido en la solicitud del interesado.

6. Sin perjuicio de lo establecido en los apartados anteriores, el órgano directivo central competente en materia de tributos podrá hacer públicos los valores mínimos a declarar a efectos fiscales para bienes inmuebles basados en los precios medios de mercado.

SECCIÓN 2.ª *Obligaciones formales*

Artículo 45. *Obligaciones formales del sujeto pasivo en el Impuesto sobre Sucesiones y Donaciones.*

En el supuesto de adquisiciones «mortis causa», los sujetos pasivos están obligados a presentar, junto con la autoliquidación, un certificado emitido por la entidad financiera correspondiente por cada cuenta bancaria de que fuera titular el causante, en el cual deben constar los movimientos efectuados en el período del año natural anterior al fallecimiento.

Artículo 46.[11] *Obligaciones formales de las personas titulares de notarías.*

1[12]. Para facilitar el cumplimiento de las obligaciones tributarias de los contribuyentes y el acceso telemático de los documentos a los registros públicos, las personas titulares de notarías con destino en la Comunidad de Castilla y León remitirán, por vía telemática, al órgano directivo central competente en materia de tributos un documento informativo de los elementos básicos de las escrituras por ellas autorizadas, así como la copia electrónica de las mismas.

2. El justificante de la recepción por parte de la Administración de la copia electrónica de la escritura, junto con el ejemplar para el interesado de la autoliquidación en la que conste el pago del tributo o la no sujeción o exención, debidamente validada, serán requisitos suficientes para justificar el pago de la liquidación correspondiente, su exención o no sujeción, a efectos de lo dispuesto en el artículo 122 del Real Decreto 828/1995, de 29 de mayo, por el que se aprueba el Reglamento del Impuesto de Transmisiones Patrimoniales y Actos Jurídicos Documentados y en el artículo 99 del Real Decreto 1629/1991, de 8 de noviembre, por el que se aprueba el Reglamento del Impuesto sobre Sucesiones y Donaciones.

En todo caso, el justificante de presentación o pago telemático servirá, a todos los efectos, de justificante de presentación y pago de la autoliquidación.

3. La consejería competente en materia de hacienda determinará, mediante Orden:

---

[11]   Nueva redacción del título del art. 46 dada por el art. 1.7 de la Ley 4/2024, de 9 de mayo, de medidas tributarias, financieras y administrativas (BOCL núm. 92, de 14 de mayo de 2024), con efectos desde el 15 de mayo de 2024.

Redacción original: «*Obligaciones formales de los notarios*».

[12]   Nueva redacción del art. 46.1 dada por el art. 1.7 de la Ley 4/2024, de 9 de mayo, de medidas tributarias, financieras y administrativas (BOCL núm. 92, de 14 de mayo de 2024), con efectos desde el 15 de mayo de 2024.

Redacción original: «*1. Para facilitar el cumplimiento de las obligaciones tributarias de los contribuyentes y el acceso telemático de los documentos a los registros públicos, los notarios con destino en la Comunidad de Castilla y León remitirán, por vía telemática, al órgano directivo central competente en materia de tributos un documento informativo de los elementos básicos de las escrituras por ellos autorizadas, así como la copia electrónica de las mismas de conformidad con lo dispuesto en la legislación notarial*».

a) Respecto al documento informativo al que se refiere el apartado 1, los hechos imponibles respecto de los cuales debe remitirse, los procedimientos, plazos en los que debe ser remitida esta información y estructura del documento, dentro de los límites establecidos en el apartado 4 del artículo 93 de la Ley 58/2003, de 17 de diciembre, General Tributaria.

b)[13] Respecto al cumplimiento de las obligaciones de las personas titulares de notarías de proporcionar la información prevista en el artículo 32.3 de la Ley 29/1987, de 18 de diciembre, del Impuesto sobre Sucesiones y Donaciones y en el artículo 52 del texto refundido de la Ley del Impuesto sobre Transmisiones Patrimoniales y Actos Jurídicos Documentados, aprobado por el Real Decreto Legislativo 1/1993, de 24 de septiembre, cuya remisión podrá efectuarse en soporte directamente legible por el ordenador o mediante transmisión por vía telemática, las condiciones y diseño, circunstancias y plazos en que esta forma de presentación sea obligatoria.

Artículo 47. *Requisitos para la acreditación de la presentación y el pago de determinados tributos cedidos.*

A los efectos de lo dispuesto en el artículo 61.3 de la Ley 22/2009, de 18 de diciembre, por la que se regula el sistema de financiación de las Comunidades Autónomas de régimen común y Ciudades con Estatuto de Autonomía y se modifican determinadas normas tributarias, así como a efectos de lo previsto en los artículos 254 y 256 de la Ley Hipotecaria, la acreditación del pago de las deudas tributarias y de la presentación de las declaraciones tributarias y de los documentos que contengan actos o contratos sujetos al Impuesto sobre Sucesiones y Donaciones o al Impuesto sobre Transmisiones Patrimoniales y Actos Jurídicos Documentados, cuyos rendimientos estén atribuidos a la Comunidad de Castilla y León, se ajustará a los siguientes requisitos:

1.º El pago de las deudas tributarias se considerará válido y tendrá efectos liberatorios únicamente en los supuestos en que dichos pagos se hayan efectuado en cuentas de titularidad de la Comunidad de Castilla y León, a favor de esta y utilizando a tal efecto los modelos de declaración aprobados por la consejería competente en materia de hacienda.

---

[13]   Nueva redacción de la letra b) del art. 46.3 dada por el art. 1.7 de la Ley 4/2024, de 9 de mayo, de medidas tributarias, financieras y administrativas (BOCL núm. 92, de 14 de mayo de 2024), con efectos desde el 15 de mayo de 2024.
Redacción original: «*b) Respecto al cumplimiento de las obligaciones de los notarios de proporcionar la información prevista en el artículo 32.3 de la Ley 29/1987, de 18 de diciembre, del Impuesto sobre Sucesiones y Donaciones y en el artículo 52 del texto refundido de la Ley del Impuesto sobre Transmisiones Patrimoniales y Actos Jurídicos Documentados, aprobado por el Real Decreto Legislativo 1/1993, de 24 de septiembre, cuya remisión podrá efectuarse en soporte directamente legible por el ordenador o mediante transmisión por vía telemática, las condiciones y diseño, circunstancias y plazos en que esta forma de presentación sea obligatoria*».

2.º Los pagos que se realicen en órganos de recaudación incompetentes, es decir, aquellos ajenos a la Comunidad de Castilla y León sin convenio al respecto con ésta, o a personas no autorizadas para ello, no liberarán en ningún caso al deudor de su obligación de pago, ni a las autoridades y funcionarios de las responsabilidades que se deriven de la admisión de documentos presentados a fin distinto de su liquidación sin la acreditación del pago de la deuda tributaria o la presentación de la declaración tributaria en oficinas de la Comunidad de Castilla y León.

3.º La presentación y/o el pago del impuesto solo se entenderán acreditados cuando el documento presentado lleve incorporada la nota justificativa de la presentación junto con el correspondiente ejemplar de la autoliquidación y ambos debidamente sellados por los órganos tributarios de la Administración de la Comunidad de Castilla y León, y conste en ellos el pago del tributo o la declaración de no sujeción o del beneficio fiscal aplicable.

4.º En el supuesto de declaraciones tributarias cuyo pago y/o presentación se haya efectuado por los medios telemáticos habilitados por la Administración de la Comunidad de Castilla y León, la acreditación de la presentación y pago se ajustará a la normativa dictada al efecto por la consejería competente en materia de hacienda, sin perjuicio de lo dispuesto en el apartado 2 del artículo 46 de este texto refundido.

Artículo 48. *Suministro de información por los registradores de la propiedad y mercantiles.*

1. Los registradores de la propiedad y mercantiles con destino en el territorio de la Comunidad de Castilla y León en cuyo registro se hayan presentado a inscripción documentos que contengan actos o contratos sujetos al Impuesto sobre Sucesiones y Donaciones por la adquisición de bienes y derechos por herencia, legado o cualquier otro título sucesorio, cuando el pago de dicho tributo o la presentación de la declaración tributaria se haya realizado en otra Comunidad Autónoma y existan dudas sobre la residencia habitual del causante y se haya realizado la calificación y la inscripción u operación solicitada, remitirán al órgano directivo central competente en materia de tributos, dentro de los veinte días siguientes a la finalización de cada trimestre natural y referida al mismo, una copia del documento y de la carta de pago de la declaración tributaria.

2. Asimismo estarán obligados, respecto de los tributos cuya competencia corresponda a la Comunidad de Castilla y León, a archivar y conservar el original de los justificantes de pago y/o presentación que acompañen a los documentos objeto de inscripción, cualquiera que sea la forma o formato en el que hayan sido presentados.

Artículo 49. *Suministro de información por las entidades que realicen subastas de bienes muebles.*

Las entidades que realicen subastas de bienes muebles en Castilla y León, deberán remitir al órgano directivo central competente en materia de tributos, en los veinte días siguientes a la finalización de cada semestre natural, una declaración comprensiva de la relación de las transmisiones de bienes en las que haya intervenido y que hayan sido realizadas en el semestre anterior. Esta relación deberá comprender los datos de identificación del transmitente y del adquirente, la fecha de la transmisión, una descripción del bien subastado y el precio final de adjudicación.

(...)

Disposición final Primera. *Habilitación a las leyes de presupuestos.*

Las leyes anuales de presupuestos generales de la Comunidad de Castilla y León podrán modificar las tarifas, tipos impositivos y los importes de las cuotas mínimas y máximas de los impuestos propios de la Comunidad.

Disposición final Segunda. *Habilitaciones a la Junta de Castilla y León.*

Se autoriza a la Junta de Castilla y León para desarrollar reglamentariamente las disposiciones legales en materia de impuestos propios.

Disposición final Tercera. *Habilitaciones al titular de la consejería competente en materia de hacienda.*

Se autoriza al titular de la consejería competente en materia de hacienda para que, mediante orden, regule las siguientes cuestiones:

1. La aprobación de los modelos de declaración y autoliquidación de los impuestos sobre Sucesiones y Donaciones y sobre Transmisiones Patrimoniales y Actos Jurídicos Documentados, así como las normas precisas para la gestión y liquidación.

2. La autorización para la presentación telemática de las declaraciones o autoliquidaciones de aquellos tributos cedidos o modalidades de los mismos que resulten susceptibles de tal forma de presentación, así como para la determinación de los supuestos y condiciones en que los obligados tributarios están obligados a presentar por medios telemáticos sus declaraciones, autoliquidaciones y cualquier documento con transcendencia tributaria y las características de los justificantes de presentación y pago.

3. Los supuestos, características y condiciones que permitan la presentación telemática de las escrituras públicas así como para regular las características de los justificantes de recepción por la administración de las copias electrónicas de las escrituras públicas.

4. La determinación de la remuneración máxima a percibir por los peritos terceros que intervengan en procedimientos de tasación pericial contradictoria.

5. Las normas de procedimiento necesarias para el suministro de información del valor de los bienes a que se refieren los artículos 43 y 44 de este texto refundido.

6. Las características, formato, condiciones y demás extremos a que debe ajustarse la información que deben remitir los registradores de la propiedad y mercantiles de acuerdo con el artículo 48 de este texto refundido, así como las características de los soportes informáticos que recojan esta información o de la transmisión por vía telemática.

7. Las características, formato, condiciones y demás extremos a que debe ajustarse la información que deben remitir las entidades que realicen subastas de bienes muebles en

Castilla y León de acuerdo con el artículo 49 de este texto refundido, así como las características de los soportes informáticos que recojan esta información o de la transmisión por vía telemática.

8[14]. El procedimiento de solicitud por los interesados y de abono de las cantidades debidas a que se refiere la disposición transitoria de este texto refundido.

9. Las cuestiones relativas a la gestión de los impuestos propios y en particular:

a) La aprobación de los modelos de autoliquidación, así como las normas precisas para la gestión y liquidación del impuesto.

b) La determinación de los supuestos y condiciones en que los obligados tributarios deberán presentar por medios telemáticos sus autoliquidaciones y cualquier otro documento con trascendencia en la gestión del impuesto.

10. En relación al Impuesto sobre la eliminación de residuos en vertederos, la forma y plazos para efectuar la repercusión del impuesto sobre la eliminación de residuos en vertederos.

Disposición final Cuarta. *Habilitaciones al titular de la consejería competente en materia de medio ambiente.*

Se autoriza al titular de la consejería competente en materia de medio ambiente para que, mediante orden, determine las siguientes cuestiones relativas al impuesto sobre la eliminación de residuos en vertederos:

– La relación de residuos susceptibles de valorización. Esta orden se publicará en el «Boletín Oficial de Castilla y León».

– La regulación del procedimiento para la determinación de los datos a que se refiere el artículo 63, apartado 3.

Disposición final Quinta. *Habilitaciones conjuntas a los titulares de las consejerías competentes en materia de hacienda y en materia de medio ambiente.*

Se habilita conjuntamente a las consejerías competentes en materia de hacienda y de medio ambiente para que, mediante orden conjunta:

a) Regulen la organización y funcionamiento del Censo de instalaciones y contribuyentes del Impuesto sobre la afección medioambiental causada por determinados aprovechamientos del agua embalsada, por los parques eólicos y por las instalaciones de transporte de energía eléctrica de alta tensión.

b) Regulen la organización y funcionamiento del Censo de entidades explotadoras de vertederos del Impuesto sobre la eliminación de residuos en vertederos y regulen su organización y funcionamiento.

---

[14]   Nueva redacción del apartado 8 dada por art. 1.8 de la Ley 2/2022, de 1 de diciembre, de rebajas tributarias en la Comunidad de Castilla de León (BOCyL núm. 237, de 12 de diciembre de 2022), con efectos desde el 13 de diciembre de 2022.

Disposición final Sexta. *Sistema de confirmación de datos.*

La consejería competente en materia de hacienda habilitará un sistema de confirmación permanente e inmediata que posibilite a las oficinas y registros públicos, juzgados y tribunales verificar la concordancia del justificante de presentación o pago temático con los datos que constan en la administración tributaria.

Disposición final Séptima[15]. *Relación de municipios y entidades locales menores*

La consejería competente en materia de hacienda dará publicidad y mantendrá actualizada la relación de municipios y entidades locales menores a que se refiere el artículo 7, apartado 1.c), de este texto refundido. Para determinar el número de habitantes se tomará el establecido en el padrón de habitantes en vigor a 1 de enero de cada año publicado por el Instituto Nacional de Estadística.

---

[15] Nueva redacción dada por el art. 1.11 de la Ley 1/2021, de 22 de febrero, de Medidas Tributarias, Financieras y Administrativas (BOCyL núm. 39/2021, de 25 de febrero de 2021), con efectos desde el 26 de febrero de 2021.

COMUNIDAD AUTÓNOMA DE CATALUÑA

Impuesto Sobre Transmisiones Patrimoniales y Actos Jurídicos Documentados

14. Decreto Legislativo 1/2024, de 12 de marzo, por el que se aprueba el libro sexto del Código tributario de Catalunya, que integra el texto refundido de los preceptos legales vigentes en Catalunya en materia de tributos cedidos

(DOGC núm. 9122, de 14 de marzo de 2024.
BOE núm. 87, de 09 de abril 2024).

PREÁMBULO

El artículo 156 de la Constitución establece la autonomía financiera de las comunidades autónomas para el desarrollo y ejecución de sus competencias. A su vez, el artículo 203 del Estatuto de autonomía de Cataluña regula las competencias financieras de la Generalitat entre las que se debe destacar la relativa a los tributos totalmente o parcialmente cedidos por el Estado a las comunidades autónomas.

El sistema de financiación de las comunidades autónomas de régimen común iniciado con la Ley orgánica 8/1980, de 22 de septiembre, de financiación de las comunidades autónomas, constituye el marco orgánico general por el que se rige este régimen común.

Este marco se ha ido desarrollando a lo largo de los años, y ha supuesto, juntamente con la cesión del rendimiento de los llamados tributos cedidos, la delegación de competencias normativas a las comunidades autónomas de régimen común, para regular determinados elementos de los diferentes impuestos. Actualmente, este marco normativo se recoge en la Ley 22/2009, de 18 de diciembre, por la que se regula el sistema de financiación de las comunidades autónomas de régimen común y ciudades con estatuto de autonomía y se modifican determinadas normas tributarias y, en el caso de Cataluña, en la Ley 16/2010, de 16 de julio, de régimen de cesión de tributos del Estado a la Comunidad Autónoma de Catalunya, que fija el alcance y las condiciones de dicha cesión.

En ejercicio de esta capacidad normativa, la Generalitat de Catalunya ha aprobado medidas en relación con el impuesto sobre la renta de las personas físicas; el impuesto sobre el patrimonio; el impuesto sobre sucesiones y donaciones; el impuesto sobre transmisiones patrimoniales y actos jurídicos documentados; la tributación sobre el juego; el impuesto especial sobre determinados medios de transporte, y, más recientemente, el impuesto sobre el depósito de residuos en vertederos, la incineración y la coincineración de residuos.

Llegados a este punto, es necesario señalar que esta regulación se ha materializado de forma recurrente, mediante las sucesivas leyes de medidas tributarias que acompañan a las leyes de presupuestos anuales, así como también con decretos ley, circunstancias que han generado, de manera inevitable, una dispersión normativa que dificulta el cumplimiento del principio de seguridad jurídica que ha de inspirar todo ordenamiento.

El legislador, consciente de esta situación, autoriza al Gobierno de la Generalitat de Catalunya, en la disposición final tercera de la Ley 3/2023, de 16 de marzo, de medidas fiscales, financieras, administrativas y del sector público para el 2023, que apruebe un texto refundido de los preceptos que tengan por objeto los tributos cedidos, dentro del plazo de doce meses, a contar desde la entrada en vigor, el 18 de marzo del 2023. Las leyes y normas con rango de ley que integran el texto refundido son las siguientes:

a) Ley 25/1998, de 31 de diciembre, de medidas administrativas, fiscales y de adaptación al euro.

b) Ley 21/2001, de 28 de diciembre, de medidas fiscales y administrativas.

c) Ley 31/2002, de 30 de diciembre, de medidas fiscales y administrativas.

d) Ley 7/2004, de 16 de julio, de medidas fiscales y administrativas.

e) Ley 12/2004, de 27 de diciembre, de medidas financieras.

f) Ley 21/2005, de 29 de diciembre, de medidas financieras.

g) Ley 5/2007, de 4 de julio, de medidas fiscales y financieras.

h) Decreto ley 1/2008, de 1 de julio, de medidas urgentes en materia fiscal y financiera.

i) Ley 16/2008, de 23 de diciembre, de medidas fiscales y financieras.

j) Ley 26/2009, de 23 de diciembre, de medidas fiscales, financieras y administrativas.

k) Decreto ley 3/2010, de 29 de mayo, de medidas urgentes de contención del gasto y en materia fiscal para la reducción del déficit público.

l) Ley 19/2010, de 7 de junio, de regulación del impuesto sobre sucesiones y donaciones.

m) Ley 24/2010, de 22 de julio, de aprobación de la escala autonómica del impuesto sobre la renta de las personas físicas.

n) Ley 5/2012, de 20 de marzo, de medidas fiscales, financieras y administrativas y de creación del impuesto sobre las estancias en establecimientos turísticos.

o) Decreto ley 7/2012, de 27 de diciembre, de medidas urgentes en materia fiscal que afectan el impuesto sobre el patrimonio.

p) Ley 2/2014, de 27 de enero, de medidas fiscales, administrativas, financieras y del sector público.

q) Ley 3/2015, de 11 de marzo, de medidas fiscales, financieras y administrativas.

r) Ley 2/2016, de 2 de noviembre, de modificaciones urgentes en materia tributaria.

s) Ley 5/2017, de 28 de marzo, de medidas fiscales, administrativas, financieras y del sector público y de creación y regulación de los impuestos sobre grandes establecimientos comerciales, sobre estancias en establecimientos turísticos, sobre elementos radiotóxicos, sobre bebidas azucaradas envasadas y sobre emisiones de dióxido de carbono.

t) Ley 5/2020, de 29 de abril, de medidas fiscales, financieras, administrativas y del sector público y de creación del impuesto sobre las instalaciones que inciden en el medio ambiente.

u) Decreto ley 36/2020, de 3 de noviembre, de medidas urgentes en el ámbito del impuesto sobre las estancias en establecimientos turísticos y del impuesto sobre la renta de las personas físicas.

v) Decreto ley 46/2020, de 24 de noviembre, de medidas urgentes de carácter administrativo, tributario y de control financiero.

w) Ley 2/2021, de 29 de diciembre, de medidas fiscales, financieras, administrativas y del sector público.

x) Decreto ley 16/2022, de 20 de diciembre, de medidas urgentes en el ámbito del impuesto sobre el patrimonio.

y) Decreto ley 17/2022, de 20 de diciembre, por el que se establecen medidas de adaptación al impuesto sobre el depósito de residuos en depósitos controlados, la incineración y la coincineración, y para la subrogación del Ente de Abastecimiento de Agua Ter-Llobregat en el convenio regulador de la financiación y explotación de la red de abastecimiento de la Llosa del Cavall.

z) Las disposiciones con rango de ley que modifican las disposiciones citadas en las letras de la *a* a la *y* que tengan por objeto los tributos cedidos, incluidas las que se aprueban antes que el Gobierno apruebe el texto refundido objeto de autorización.

En cuanto a la autorización para la elaboración del texto refundido, es preciso señalar que incluye expresamente la regularización, la aclaración y la armonización del contenido.

Por otra parte, se debe destacar que, de acuerdo con la autorización prevista en la Ley 3/2023, de 16 de marzo, el texto refundido se integra en el libro sexto del Código tributario.

La Ley 17/2017, de 1 de agosto, del Código tributario de Catalunya y de aprobación de los libros primero, segundo y tercero, relativos a la Administración tributaria de la Generalitat, estableció la estructura del Código tributario de Catalunya y los libros que lo componen.

El libro sexto del Código tributario de Catalunya que ahora se aprueba forma parte de la codificación del derecho tributario de Catalunya. Ordena y sistematiza las principales normas tributarias de rango legal relativas a los tributos cedidos. Tiene carácter abierto, determinado por la necesidad de poder incorporar progresivamente los diferentes contenidos normativos relativos a los tributos cedidos con rango de ley, que han de formar parte del derecho tributario de Catalunya.

Respecto a su estructura, el artículo 2 de la Ley 17/2017, establece que los libros se dividen en títulos, y los títulos en capítulos. De manera opcional, los artículos se pueden agrupar dentro de cada capítulo en secciones y subsecciones. Los artículos llevan dos números separados por un guion, el primero está formado por tres cifras que indican el libro, título y capítulo; el segundo número corresponde a la numeración continua de cada artículo dentro de cada capítulo.

Este Decreto legislativo consta de un artículo único que aprueba el libro sexto del Código tributario, una disposición derogatoria y una disposición final.

A su vez, el libro sexto se estructura en ocho títulos. Los tres primeros recogen la regulación en el ámbito de la tributación directa: el primero se dedica al impuesto sobre la renta de las personas físicas; el título segundo, al impuesto sobre el patrimonio, y el título tercero contiene las disposiciones referidas al impuesto sobre sucesiones y donaciones. A continuación, y en cuanto a la tributación indirecta, el título cuarto está dedicado al impuesto sobre transmisiones patrimoniales y actos jurídicos documentados, el título quinto regula la tributación sobre el juego, el título sexto, el impuesto especial sobre determinados medios de transporte, y el título séptimo regula el impuesto sobre el depósito de residuos en vertederos, la incineración y la coincineración de residuos. El título octavo recoge las obligaciones formales y normas de aplicación. Finalmente, se completa con cinco disposiciones transitorias.

En cuanto al cumplimiento de los principios de buena regulación, recogidos en el artículo 129 de la Ley 39/2015, de 1 de octubre, del procedimiento administrativo común de las administraciones públicas y también en el artículo 62 de la Ley 19/2014, del 29 de diciembre, de transparencia, acceso a la información pública i buen gobierno, se considera que la aprobación de este nuevo texto refundido le da plena satisfacción.

Respecto al principio de necesidad, es preciso decir que la actual regulación aprobada por la Generalitat de Catalunya en el ámbito de los tributos cedidos resulta actualmente muy compleja por la dispersión normativa de los textos que la recogen, aparte de que muchas de las normas han sufrido sucesivas modificaciones; es por eso que esta nueva regulación obedece a una razón de interés general que es la de facilitar el mejor conocimiento jurídico de la normativa tributaria a los obligados tributarios en esta materia.

El cumplimiento del principio de eficacia viene dado por la utilización de la figura del decreto legislativo, norma con rango de ley aprobada por el Gobierno con la habilitación previa del Parlamento de Cataluña, que permite recoger, sin modificaciones y en un único cuerpo normativo, la normativa vigente aprobada por el Gobierno de la Generalitat en el ámbito de los tributos cedidos.

Respecto al principio de proporcionalidad, se debe señalar el contenido del libro sexto del Código tributario, aprobado por este decreto legislativo, responde a los términos de la autorización del Parlamento dirigida al Gobierno y, por lo tanto, integra los preceptos vigentes que tienen por objeto los tributos cedidos, procediendo, cuando ha resultado necesario, a su regularización, aclaración y armonización de contenidos.

Por lo tanto, la aprobación del libro sexto del Código tributario da cumplimiento al principio de seguridad jurídica, siendo su objetivo disponer de un marco normativo estable, integrado y claro que dé certeza a la ciudadanía de dónde encontrar esta regulación.

En cuanto al principio de transparencia, se entiende cumplido mediante la información pública y trámite de audiencia a los que el texto ha sido sometido con carácter previo a su aprobación y, finalmente, respecto al principio de eficiencia, debe decirse que no supone nuevas cargas administrativas ni costes indirectos, ya que, en tanto que decreto legislativo, no innova el ordenamiento jurídico respecto a los preceptos objeto de refundición.

En ejercicio de la delegación otorgada por la Ley 3/2023, de 16 de marzo, de medidas fiscales, financieras, administrativas y del sector público para el 2023, a propuesta de la consejera de Economía y Hacienda, de acuerdo con el dictamen de la Comisión Jurídica Asesora, y de acuerdo con el Gobierno,

Decreto:

Artículo único

Se aprueba el libro sexto del Código tributario de Catalunya, que se publica a continuación.

Disposición derogatoria

Quedan derogados:

1. Los artículos 32, 33, 34 y 35 de la Ley 25/1998, de 31 de diciembre, de medidas administrativas, fiscales y de adaptación al euro.

2. Los artículos 1, 5, 6, 7 y 8 de la Ley 21/2001, de 28 de diciembre, de medidas fiscales y administrativas.

3. Los apartados 1 y 3 del artículo 1 y los artículos 2, 10, 13, 29, 30 y 33 de la Ley 31/2002, de 30 de diciembre, de medidas fiscales y administrativas.

4. Los artículos 1, 2 y 15 de la Ley 7/2004, de 16 de julio, de medidas fiscales y administrativas.

5. El artículo 12 y la disposición adicional segunda de la Ley 12/2004, de 27 de diciembre, de medidas financieras.

6. Los artículos 13, 13 *bis*, 13 *ter*, 13 *quater* y 14 de la Ley 21/2005, de 29 de diciembre, de medidas financieras.

7. El artículo 21 de la Ley 5/2007, de 4 de julio, de medidas fiscales y financieras.

8. El artículo 3 del Decreto-ley 1/2008, del 1 de julio, de medidas urgentes en materia fiscal y financiera.

9. El artículo 34 de la Ley 16/2008, de 23 de diciembre, de medidas fiscales y financieras.

10. Los artículos 20 y 33 de la Ley 26/2009, de 23 de diciembre, de medidas fiscales, financieras y administrativas.

11. El artículo 6 del Decreto ley 3/2010, de 29 de mayo, de medidas urgentes de contención del gasto y en materia fiscal para la reducción del déficit público.

12. La Ley 19/2010, de 7 de junio, de regulación del impuesto sobre sucesiones y donaciones, salvo la disposición adicional cuarta.

13. El artículo único de la Ley 24/2010, de 22 de julio, de aprobación de la escala autonómica del impuesto sobre la renta de las personas físicas.

14. Los artículos 60 y 63 de la Ley 5/2012, de 20 de marzo, de medidas fiscales, financieras y administrativas y de creación del impuesto sobre las estancias en establecimientos turísticos.

15. El apartado dos del artículo único del Decreto ley 7/2012, de 27 de diciembre, de medidas urgentes en materia fiscal que afectan al impuesto sobre el patrimonio.

16. Los artículos 123, 125 y 129 de la Ley 2/2014, de 27 de enero, de medidas fiscales, administrativas, financieras y del sector público.

17. El artículo 59 de la Ley 3/2015, del 11 de marzo, de medidas fiscales, financieras y administrativas.

18. El artículo 5 de la Ley 2/2016, de 2 de noviembre, de modificaciones urgentes en materia tributaria.

19. Los artículos 147, 148 y 151 de la Ley 5/2017, de 28 de marzo, de medidas fiscales, administrativas, financieras y del sector público y de creación y regulación de los impuestos sobre grandes establecimientos comerciales, sobre estancias en establecimientos turísticos, sobre elementos radiotóxicos, sobre bebidas azucaradas envasadas y sobre emisiones de dióxido de carbono.

20. Los artículos 88, 90, 91, 93, 94 y 96 de la Ley 5/2020, de 29 de abril, de medidas fiscales, financieras, administrativas y del sector público y de creación del impuesto sobre las instalaciones que inciden en el medio ambiente.

21. El artículo 2 del Decreto ley 36/2020, de 3 de noviembre, de medidas urgentes en el ámbito del impuesto sobre las estancias en establecimientos turísticos y del impuesto sobre la renta de las personas físicas.

22. El artículo 4 del Decreto ley 46/2020, de 24 de noviembre, de medidas urgentes de carácter administrativo, tributario y de control financiero.

23. Los artículos 36 y 38 de la Ley 2/2021, de 29 de diciembre, de medidas fiscales, financieras, administrativas y del sector público.

24. El Decreto ley 16/2022, de 20 de diciembre, de medidas urgentes en el ámbito del impuesto sobre el patrimonio.

25. El artículo 1 y el anexo del Decreto ley 17/2022, de 20 de diciembre, por el que se establecen medidas de adaptación al impuesto sobre el depósito de residuos en depósitos controlados, la incineración y la coincineración, y para la subrogación del Ente de Abastecimiento de Agua Ter-Llobregat en el convenio regulador de la financiación y la explotación de la red de abastecimiento de la Llosa del Cavall.

26. Los artículos 25 y 27, y la disposición final primera de la Ley 3/2023, de 16 de marzo, de medidas fiscales, financieras, administrativas y del sector público para el 2023.

27. Las disposiciones con rango de Ley que modifican las disposiciones citadas en los números 1 a 26 que tengan por objeto los tributos cedidos, incluidas las que se aprueben antes que el Gobierno apruebe el texto refundido objeto de autorización.

Disposición final

Este Decreto legislativo entrará en vigor al día siguiente de su publicación en el *Diari Oficial de la Generalitat de Catalunya*.

LIBRO SEXTO. RELATIVO A LOS TRIBUTOS CEDIDOS

(...)

TÍTULO IV. IMPUESTO SOBRE TRANSMISIONES PATRIMONIALES Y ACTOS JURÍDICOS DOCUMENTADOS (ARTÍCULO 641-1 - ARTÍCULO 642-5)

CAPÍTULO I. TRANSMISIONES PATRIMONIALES ONEROSAS

Artículo 641-1[1]. *Tipo de gravamen en negocios sobre bienes y derechos*

Los tipos de gravamen del impuesto sobre transmisiones patrimoniales onerosas son los siguientes:

1. La transmisión de inmuebles y la constitución y la cesión de derechos reales que recaigan sobre bienes inmuebles, salvo los derechos reales de garantía, tributa al tipo medio que resulta de aplicar la tarifa siguiente establecida en función del valor del inmueble:

---

[1] Nueva redacción dada por el art. 5.1 del Decreto ley 5/2025, de 25 de marzo, por el que se adoptan medidas urgentes en materia fiscal, de gastos de personal y otras administrativas (DOGC núm. 9379, de 26 de marzo de 2025), con efectos desde el 27 de junio de 2025.
Redacción original: «Los tipos de gravamen del impuesto sobre transmisiones patrimoniales onerosas son los siguientes:
a) La transmisión de inmuebles y la constitución y la cesión de derechos reales que recaigan sobre bienes inmuebles, a excepción de los derechos reales de garantía, tributa al tipo medio que resulta de aplicar la siguiente tarifa establecida en función del valor del inmueble:

Valor total del inmueble Desde (euros)	Cuota íntegra (euros)	Resto valor Hasta (euros)	Tipo aplicable (%)
0,00	0,00	1.000.000,00	10
1.000.000,00	100.000,00	En adelante	11

b) La transmisión de viviendas con protección oficial, así como la constitución y la cesión de derechos reales que recaigan sobre ellas, salvo los derechos reales de garantía, tributa al tipo del 7%.
c) La transmisión de bienes muebles, así como la constitución y la cesión de derechos reales que recaigan sobre ellos, salvo los derechos reales de garantía, tributa al tipo del 5%».

Valor total del inmueble desde (euros)	Cuota integra (euros)	Resto valor Hasta (euros)	Tipo aplicable (%)
0,00	0,00	600.000,00	10
600.000,00	60.000,00	300.000,00	11
900.000,00	93.000,00	6000.000,00	12
1.500.000,00	165.000,00	En adelante	13

2. La transmisión de viviendas con protección oficial, así como la constitución y la cesión de derechos reales que recaigan sobre ellas, salvo los derechos reales de garantía, tributa al tipo del 7%.

3. La transmisión de bienes muebles, así como la constitución y la cesión de derechos reales que recaigan sobre ellos, salvo los derechos reales de garantía, tributa al tipo del 5%.

4. En el caso de transmisión de vehículos clasificados en Reglamento general de vehículos con el distintivo ambiental de 0 emisiones, el tipo del gravamen es del 0%.

La aplicación de este tipo de gravamen no excluye de la obligación de presentación de la correspondiente autoliquidación.

5. La transmisión de viviendas tributa al 20% cuando el adquirente sea una persona física o jurídica que tenga la consideración de gran tenedor.

Tiene la consideración de vivienda tanto la vivienda como un trastero y hasta dos plazas de aparcamiento que hayan sido adquiridos simultáneamente en unidad de acto o estén situados en el mismo edificio o complejo urbanístico, y siempre que, en ambos casos, en el momento de la adquisición se encuentren a disposición del transmitente, sin haber sido cedidos a terceras personas.

Este tipo de gravamen también se aplica a las transmisiones de edificios enteros de viviendas con división horizontal o sin división horizontal.

Al efecto de la aplicación de este tipo de gravamen:

a) Se considera gran tenedor la persona física o jurídica que sea propietaria de más de 10 inmuebles de uso residencial o con una superficie construida de más de 1.500 m2 de uso residencial situados en Cataluña. También tiene esta consideración la persona física o jurídica que sea titular de cinco o más inmuebles urbanos de uso residencial ubicados dentro de la zona de mercado residencial tensionado declarada por la Generalitat de Cataluña. En el cómputo no se incluyen ni los garajes ni los trasteros.

b) Se excluyen de este tipo de gravamen las transmisiones siguientes:

– Cuando el adquirente sea un promotor social de acuerdo con el artículo 51.2 de la Ley 18/2007, del 28 de diciembre, del derecho a la vivienda, o una entidad privada sin ánimo de lucro que provea de vivienda a personas y familias en situación de vulnerabilidad residencial.

– Las adquisiciones de inmuebles destinadas a la sede social o centro de trabajo del gran tenedor definido en la letra a).

6. Sin perjuicio de lo dispuesto en el punto 5 de este artículo, en el resto de casos en los que se efectúe la transmisión de un edificio entero de viviendas a favor de una persona física o jurídica el tipo aplicable es el 20%.

En caso de que la transmisión total del edificio se realice de manera progresiva en el tiempo, las autoliquidaciones que habrá presentado el contribuyente en cada una de las transmisiones parciales, aplicando la tarifa del punto 1 de este artículo, se entenderán provisionales, de manera que tendrá que regularizar la situación en la última autoliquidación, aplicando el tipo del 20% sobre el valor total del edificio con deducción de los importes satisfechos en cada una de las autoliquidaciones previas mencionadas y con la aplicación de los intereses de demora que corresponda.

Se excluyen de la aplicación de este tipo de gravamen los supuestos siguientes:

a) Los previstos en el apartado b del punto 5 de este artículo.

b) Cuando en la transmisión del edificio concurran conjuntamente las circunstancias siguientes:

– que el adquirente sea una persona física

– que el edificio tenga un máximo de 4 viviendas

– que todas las viviendas mencionadas tengan que constituir la vivienda habitual de la persona adquirente y de familiares de esta hasta el 2º grado de parentesco.

A tal efecto, para considerar que las viviendas constituyen la vivienda habitual del contribuyente y familiares, respectivamente, hace falta que entren a residir allí de manera efectiva y permanente en el plazo de doce meses, a contar a partir de la fecha de la transmisión, y que residan en ella durante un periodo continuado de tres años. Se entiende que la vivienda tuvo también este carácter cuando, a pesar de no haber transcurrido el plazo de tres años, concurran circunstancias que necesariamente exijan el cambio de vivienda, como la celebración de matrimonio, separación matrimonial, constitución de pareja estable, extinción de pareja estable, traslado laboral, obtención de primer empleo o de empleo más ventajoso u otras de análogas.

Artículo 641-2. *Tipo de gravamen en la adquisición de la vivienda habitual por familias numerosas*

1. El tipo aplicable a la transmisión de un inmueble que deba constituir la vivienda habitual de una familia numerosa es del 5%, siempre y cuando se cumplan simultáneamente los siguientes requisitos:

a) El sujeto pasivo debe ser miembro de la familia numerosa.

b) La suma de las bases general y del ahorro, menos los mínimos personales y familiares, correspondientes a los miembros de la familia numerosa en la última declaración del impuesto sobre la renta de las personas físicas no debe exceder de 36.000 euros. Esta cantidad debe incrementarse en 14.000 euros por cada hijo e hija que exceda del número de hijos que la legislación vigente exige como mínimo para que una familia tenga la condición legal de numerosa.

2. A los efectos de la aplicación de este tipo:

a) Son familias numerosas las que define la Ley 40/2003, de 18 de noviembre, de protección a las familias numerosas.

b) Se considera vivienda habitual tanto la vivienda como un trastero y hasta dos plazas de aparcamiento que hayan sido adquiridos simultáneamente en unidad de acto o estén situados en el mismo edificio o complejo urbanístico, y siempre que, en ambos casos, en el momento de la adquisición se encuentren a disposición del transmitente, sin haber sido cedidos a terceras personas.

c) Se incluye en el concepto de inmueble el terreno que sea objeto de adquisición para la construcción posterior de la vivienda habitual.

d) Para considerar que la vivienda constituye la vivienda habitual del contribuyente debe haber sido habitada de forma efectiva y permanente por el contribuyente en el plazo de doce meses contados a partir de la fecha de adquisición de la vivienda o de finalización de las obras de construcción. En este último caso, las obras deben finalizar dentro de un plazo de tres años a contar desde la adquisición.

e) Se considera vivienda habitual la vivienda en la que el contribuyente resida durante un plazo continuado de tres años. Se entiende que la vivienda tuvo también este carácter cuando, a pesar de no haber transcurrido el plazo de tres años, concurran circunstancias que necesariamente exijan el cambio de vivienda, tales como celebración de matrimonio, separación matrimonial, constitución de pareja estable, extinción de pareja estable, traslado laboral, obtención de primer empleo o de empleo más ventajoso u otras análogas.

f) Si la vivienda ha sido habitada de forma efectiva y permanente por el contribuyente en el plazo de doce meses, contados a partir de la fecha de adquisición o de finalización de las obras, el plazo de tres años al que se refiere la letra *e)* se computa desde esta última fecha.

3. Este tipo de gravamen tiene carácter provisional y está condicionado al cumplimiento de los requisitos temporales establecidos en las letras *c)*, *d)*, *e)* y *f)* del apartado 2.

Artículo 641-3. *Tipo de gravamen en la adquisición de la vivienda habitual por familias monoparentales*

1. El tipo aplicable a la transmisión de un inmueble que deba constituir la vivienda habitual de una familia monoparental es del 5%, siempre que se cumplan simultáneamente los siguientes requisitos:

a) El sujeto pasivo debe ser miembro de la familia monoparental.

b) La suma de las bases imponibles general y del ahorro, menos los mínimos personales y familiares, correspondientes a los miembros de la familia monoparental en la última declaración del impuesto sobre la renta de las personas físicas no debe exceder de 36.000 euros.

Esta cantidad se incrementa en 14.000 euros por cada hijo e hija que exceda del número de hijos que la legislación vigente exige como mínimo para que una familia tenga la condición legal de familia monoparental de categoría especial.

2. A efectos de la aplicación de este tipo:

a) Se entiende que son familias monoparentales las que se ajustan a las determinaciones de la normativa de desarrollo de la Ley 18/2003, de 4 de julio, de apoyo a las familias.

b) Se considera vivienda habitual tanto la vivienda como un trastero y hasta dos plazas de aparcamiento que hayan sido adquiridos simultáneamente en unidad de acto o estén situados en el mismo edificio o complejo urbanístico, y siempre que, en ambos casos, en el momento de la adquisición se encuentren a disposición del transmitente, sin haber estado cedidos a terceras personas.

c) Se incluye en el concepto de inmueble el terreno que sea objeto de adquisición para la construcción posterior de la vivienda habitual.

d) Para considerar que la vivienda constituye la vivienda habitual del contribuyente debe haber sido habitada de manera efectiva y permanente por el contribuyente en el plazo de doce meses, contados a partir de la fecha de adquisición de la vivienda o de finalización de las obras de construcción. En este último caso, las obras deben finalizar dentro de un plazo de tres años, a contar desde la adquisición.

e) Se considera vivienda habitual la vivienda en la que el contribuyente resida durante un plazo continuado de tres años. Se entiende que la vivienda tuvo también este carácter cuando, a pesar de no haber transcurrido el plazo de tres años, concurran circunstancias que necesariamente exijan el cambio de vivienda, tales como celebración de matrimonio, separación matrimonial, constitución de pareja estable, extinción de pareja estable, traslado laboral, obtención de primer empleo o de empleo más ventajoso u otras análogas.

f) Si la vivienda ha sido habitada de forma efectiva y permanente por el contribuyente en el plazo de doce meses, contados a partir de la fecha de adquisición o de finalización de las obras, el plazo de tres años al que se refiere la letra *e)* se computa desde esta última fecha.

3. Este tipo de gravamen tiene carácter provisional y está condicionado al cumplimiento de los requisitos temporales establecidos en las letras *c)*, *d)*, *e)* y *f)* del apartado 2.

Artículo 641-4. *Tipo de gravamen en la adquisición de la vivienda habitual para personas con discapacidad física, psíquica o sensorial*

1. El tipo aplicable a la transmisión de un inmueble que deba constituir la vivienda habitual del contribuyente que tenga la consideración legal de persona con discapacidad física, psíquica o sensorial es del 5%. También se aplica este tipo cuando dicha circunstancia de discapacidad concurra en alguno de los miembros de la unidad familiar del contribuyente.

2. Es un requisito para la aplicación de este tipo que la suma de las bases general y del ahorro, menos los mínimos personales y familiares, correspondientes a los miembros de la unidad familiar en la última declaración del impuesto sobre la renta de las personas físicas no exceda los 36.000 euros.

3. A efectos de la aplicación de este tipo:

a) Se consideran personas con discapacidad las que tengan la consideración legal de persona con discapacidad en grado igual o superior al 65%, de acuerdo con el baremo al que se refiere la normativa estatal que establece el procedimiento para el reconocimiento, declaración y calificación del grado de discapacidad.

b) Se considera vivienda habitual tanto la vivienda como un trastero y hasta dos plazas de aparcamiento que hayan sido adquiridas simultáneamente en unidad de acto o estén situados en el mismo edificio o complejo urbanístico, y siempre que, en ambos casos, en el momento de la adquisición se encuentren a disposición del transmitente, sin haber sido cedidos a terceras personas.

c) Se incluye en el concepto de inmueble el terreno que sea objeto de adquisición para la construcción posterior de la vivienda habitual.

d) Para considerar que la vivienda constituye la vivienda habitual del contribuyente debe de haber sido habitada de forma efectiva y permanente por el contribuyente en el plazo de doce meses contados a partir de la fecha de adquisición de la vivienda o de finalización de las obras de construcción. En este último caso, las obras deben finalizar dentro de un plazo de tres años, a contar desde la adquisición.

e) Se considera vivienda habitual la vivienda en la que el contribuyente resida durante un plazo continuado de tres años. Se entiende que la vivienda tuvo también este carácter cuando, a pesar de no haber transcurrido el plazo de tres años, concurran circunstancias que necesariamente exijan el cambio de vivienda, tales como celebración de matrimonio, separación matrimonial, constitución de pareja estable, extinción de pareja estable, traslado laboral, obtención de primer empleo o de empleo más ventajoso u otras análogas.

f) Si la vivienda ha sido habitada de forma efectiva y permanente por el contribuyente en el plazo de doce meses, contados a partir de la fecha de adquisición o de finalización de las obras, el plazo de tres años al que se refiere la letra *e* se computa desde esta última fecha.

g) Asimismo, el concepto de unidad familiar es el que define la normativa aplicable al impuesto sobre la renta de las personas físicas.

4. En el momento de presentar el documento de liquidación del impuesto, el contribuyente debe aportar la justificación documental adecuada y suficiente de la condición y el grado de discapacidad y también del cumplimiento del requisito establecido por el apartado 2.

5. Este tipo de gravamen tiene carácter provisional y está condicionado al cumplimiento de los requisitos temporales establecidos en las letras *c)*, *d)*, *e)* y *f)* del apartado 3.

Artículo 641-5. *Tipo de gravamen en la adquisición de la vivienda habitual por jóvenes*

1[2]. El tipo aplicable a la transmisión de un inmueble que deba constituir la vivienda habitual del sujeto pasivo es del 5%, si en la fecha de devengo del impuesto este tiene treinta y cinco años o menos, siempre que la suma de las bases imponibles general y del ahorro, menos el mínimo personal y familiar, en su última declaración del impuesto sobre la renta de las personas físicas no exceda los 36.000 euros.

2. A efectos de la aplicación de este tipo:

a) Se considera vivienda habitual tanto la vivienda como un trastero y hasta dos plazas de aparcamiento que hayan sido adquiridos simultáneamente en unidad de acto o estén situados en el mismo edificio o complejo urbanístico, y siempre que, en ambos casos, en el momento de la adquisición se encuentren a disposición del transmitente, sin haber sido cedidos a terceras personas.

b) Se incluye en el concepto de inmueble el terreno que sea objeto de adquisición para la posterior construcción de la vivienda habitual.

c) Para considerar que la vivienda constituye la vivienda habitual del contribuyente debe haber sido habitada de forma efectiva y permanente por el contribuyente en el plazo de doce meses, contados a partir de la fecha de adquisición de la vivienda o de finalización de las obras de construcción. En este último caso, las obras deben finalizar dentro de un plazo de tres años a contar desde la adquisición.

d) Se considera vivienda habitual la vivienda en la que el contribuyente resida durante un plazo continuado de tres años. Se entiende que la vivienda tuvo también este carácter cuando, a pesar de no haber transcurrido el plazo de tres años, concurran circunstancias que necesariamente exijan el cambio de vivienda, tales como celebración de matrimonio, separación matrimonial, constitución de pareja estable, extinción de pareja estable, traslado laboral, obtención de primer empleo o de empleo más ventajoso u otras análogas.

e) Si la vivienda ha sido habitada de forma efectiva y permanente por el contribuyente en el plazo de doce meses, contados a partir de la fecha de adquisición o de finalización de las obras, el plazo de tres años a que hace referencia la letra *d* se computa desde esta última fecha.

3. Este tipo de gravamen tiene carácter provisional y está condicionado al cumplimiento de los requisitos temporales establecidos en las letras *b)*, *c)*, *d)* y *e)* del apartado 2.

---

[2]   Nueva redacción dada por el art. 5.2 del Decreto ley 5/2025, de 25 de marzo, por el que se adoptan medidas urgentes en materia fiscal, de gastos de personal y otras administrativas (DOGC núm. 9379, de 26 de marzo de 2025), con efectos desde el 27 de junio de 2025.

Redacción original: «*1. El tipo aplicable a la transmisión de un inmueble que deba constituir la vivienda habitual del sujeto pasivo es del 5%, si en la fecha de devengo del impuesto este tiene treinta y dos años o menos, siempre que la suma de las bases imponibles general y del ahorro, menos el mínimo personal y familiar, en su última declaración del impuesto sobre la renta de las personas físicas no exceda de los 36.000 euros*».

Artículo 641-5 bis[3] *Tipo de gravamen reducido en la adquisición de la vivienda habitual para las víctimas de violencia machista*

1. El tipo impositivo aplicable a la transmisión de un inmueble que deba constituir la vivienda habitual de una persona que tenga la condición de víctima de violencia machista de acuerdo con la Ley 5/2008, de 24 de abril, del derecho de las mujeres a erradicar la violencia machista, es del 5%, siempre que la suma de las bases imponibles general y del ahorro, menos los mínimos personal y familiar, de la contribuyente en la última declaración del impuesto sobre la renta de las personas físicas no exceda los 36.000 euros.

2. Al efecto de la aplicación de este tipo impositivo:

a) La condición de víctima de violencia machista se acredita por alguno de los medios de prueba establecidos en la Ley 5/2008, de 24 de abril, del derecho de las mujeres a erradicar la violencia machista.

b) La adquisición de la vivienda debe obedecer a la necesidad de cambio de domicilio de la persona víctima de violencia machista y producirse como consecuencia de esta circunstancia.

c) Se considera vivienda habitual tanto la vivienda, como un trastero, y hasta dos plazas de aparcamiento, que hayan sido adquiridos simultáneamente en unidad de acto o estén situados en el mismo edificio o complejo urbanístico, y siempre que, en ambos casos, en el momento de la adquisición se encuentren a disposición del transmitente, sin haber sido cedidos a terceras personas.

d) Se incluye en el concepto de inmueble el terreno que sea objeto de adquisición para la posterior construcción de la vivienda habitual.

e) Para considerar que la vivienda constituye la vivienda habitual de la contribuyente debe haber sido habitada de manera efectiva y permanente por la contribuyente durante un periodo de doce meses, a contar a partir de la fecha de adquisición de la vivienda o de finalización de las obras de construcción. En este último caso, las obras tienen que finalizar dentro de un plazo de tres años a contar desde la adquisición.

f) Se considera vivienda habitual la vivienda en la que la contribuyente resida durante un plazo continuado de tres años. Se entiende que la vivienda tuvo también este carácter cuando, a pesar de no haber transcurrido el plazo de tres años, concurran circunstancias que necesariamente exijan el cambio de vivienda, como la celebración de matrimonio, separación matrimonial, constitución de pareja estable, extinción de pareja estable, traslado laboral, obtención de primer empleo o de empleo más ventajoso u otras de análogas.

---

[3]   Nuevo artículo incorporado por el art. 5.3 del Decreto ley 5/2025, de 25 de marzo, por el que se adoptan medidas urgentes en materia fiscal, de gastos de personal y otras administrativas (DOGC núm. 9379, de 26 de marzo de 2025), con efectos desde el 27 de junio de 2025.

g) Si la vivienda ha sido habitada de manera efectiva y permanente por la contribuyente en el plazo de doce meses, a contar a partir de la fecha de adquisición o de finalización de las obras, el plazo de tres años al que se refiere la letra e se computa desde esta última fecha.

3. Este tipo de gravamen tiene carácter provisional y queda condicionado al cumplimiento de los requisitos temporales establecidos en las letras c, d, e y f del apartado 2.

Artículo 641-6. *Tipo de gravamen de los arrendamientos de inmuebles*

El tipo de gravamen aplicable a los arrendamientos es del 0,5%. El pago del impuesto se debe efectuar mediante autoliquidación, en el modelo aprobado por orden del consejero o consejera del departamento competente en materia tributaria.

Artículo 641-7. *Bonificación de la cuota por la transmisión de viviendas a promotores públicos y sociales*

1. Pueden disfrutar de una bonificación del 100% de la cuota del impuesto en la modalidad de transmisiones patrimoniales onerosas las transmisiones de viviendas que se efectúen a los promotores públicos como beneficiarios de los derechos de tanteo y retracto que ejerce la Agencia de la Vivienda de Cataluña de acuerdo con el Decreto ley 1/2015, de 24 de marzo, de medidas extraordinarias y urgentes para la movilización de las viviendas provenientes de procesos de ejecución hipotecaria.

2. Pueden disfrutar de una bonificación del 100% de la cuota del impuesto en la modalidad de transmisiones patrimoniales onerosas las transmisiones de viviendas que se efectúen a los promotores sociales sin ánimo de lucro homologados por la Agencia de la Vivienda de Cataluña, para destinarlos a vivienda de protección oficial de alquiler o cesión de uso.

Artículo 641-8[4].

---

[4]   Artículo derogado por la Disp. Derogatoria 2 del Decreto ley 5/2025, de 25 de marzo, por el que se adoptan medidas urgentes en materia fiscal, de gastos de personal y otras administrativas (DOGC núm. 9379, de 26 de marzo de 2025), con efectos desde el 27 de junio de 2025.
Redacción original: «*Bonificación de la cuota para la transmisión de viviendas a empresas inmobiliarias*
1. La transmisión de la totalidad o de parte de una o más viviendas y sus anexos a una empresa a la que sean de aplicación las normas de adaptación del Plan general de contabilidad del sector inmobiliario puede disfrutar de una bonificación del 70% de la cuota del impuesto en la modalidad de transmisión patrimonial onerosa, siempre que esta empresa cumpla los siguientes requisitos:
a) Que incorpore esta vivienda a su activo circulante con la finalidad de venderla.
b) Que su actividad principal sea la construcción de edificios, la promoción inmobiliaria o la compraventa de bienes inmuebles por cuenta propia.
2. La aplicación de esta bonificación es provisional, por lo que solo hace falta que se haga constar en la escritura pública que la adquisición de la finca se efectúa con la finalidad de venderla a un particular para su uso como vivienda. Para la elevación a definitiva, el sujeto pasivo deberá justificar la venta posterior de la totalidad de la vivienda y sus anexos bien a una empresa que cumpla los mismos requisitos del apartado

Artículo 641-9. *Bonificación de los arrendamientos de viviendas del parque público destinado a alquiler social*

1. Pueden disfrutar de una bonificación del 99% de la cuota del impuesto en la modalidad de transmisiones patrimoniales onerosas los contratos de arrendamiento de viviendas del parque público destinado a alquiler social.

2. A los efectos de lo establecido en el apartado 1, son viviendas del parque público destinados a alquiler social las que están adscritas al Fondo de Vivienda en Alquiler destinado a políticas sociales que coordina la Agencia de la Vivienda de Cataluña.

Artículo 641-10. *Bonificación por la transmisión de viviendas a entidades financieras*

1. Puede disfrutar de una bonificación del 100% en la cuota del impuesto en la modalidad de transmisiones patrimoniales onerosas la transmisión de la vivienda habitual que efectúe su propietario a favor de la entidad financiera acreedora, o de una filial inmobiliaria de su grupo, porque no puede hacer frente al pago de los préstamos o créditos hipotecarios concedidos para su adquisición, siempre que el transmitente continúe ocupando la vivienda mediante un contrato de arrendamiento con opción de compra firmado con la entidad financiera.

Para poder acceder a esta bonificación, la duración del mencionado contrato de arrendamiento tiene que ser pactado, como mínimo, por diez años, sin perjuicio del derecho del arrendatario de volver a adquirir la vivienda antes de la finalización de este plazo.

---

1 o bien a una persona física para cubrir sus necesidades de alojamiento, en el plazo de tres años desde su adquisición.

3. Si no se produce la transmisión a que se refiere el apartado 2 dentro del período señalado o si se produce pero no se ha efectuado a favor de los adquirentes concretos que se señalan, el sujeto pasivo debe presentar, dentro del plazo reglamentario de presentación, contado desde el día siguiente al de la fecha final del plazo fijado por el apartado 2 o desde el día siguiente al de la fecha de la venta, respectivamente, una autoliquidación complementaria sin bonificación y con deducción de la cuota ingresada, con aplicación de los correspondientes intereses de demora.

4. A efectos de la aplicación de la bonificación, es preciso tener en cuenta las siguientes reglas especiales:

a) Cuando se transmitan viviendas que formen parte de una edificación entera en régimen de propiedad vertical, la bonificación solo es aplicable en relación con la superficie que se asigne como vivienda en la división en propiedad horizontal posterior, quedando excluida la superficie dedicada a locales comerciales.

b) La bonificación es aplicable a la vivienda y al terreno en que se encuentra enclavado siempre que formen una misma finca registral y la venta posterior dentro del plazo fijado comprenda la totalidad de la finca.

c) En el caso de adquisición de partes indivisas, el día inicial del plazo a que hace referencia el apartado 2 es la fecha de adquisición de la primera parte indivisa.

d) Quedan expresamente excluidas de la aplicación de esta bonificación:

– Las adjudicaciones de inmuebles en subasta judicial.

– Las transmisiones de valores que incurran en los supuestos a que se refiere el artículo 17.2 del texto refundido de la Ley del impuesto, aprobado por el Real decreto legislativo 1/1993, de 24 de septiembre.

5. El Gobierno debe aprobar por reglamento las disposiciones necesarias para ejecutar y desarrollar este precepto».

El importe máximo de esta bonificación se fija en la cuantía equivalente a la aplicación del tipo de gravamen sobre los primeros 100.000 euros de base imponible.

2. Se puede disfrutar de una bonificación del 100% en la cuota del impuesto sobre transmisiones patrimoniales y actos jurídicos documentados en los siguientes casos y condiciones:

a) Contratos de arrendamiento con opción de compra firmados entre las entidades financieras acreedoras, o una filial inmobiliaria de su grupo, y los propietarios que transmiten la propiedad de su vivienda habitual a estas entidades. Los contratos de arrendamiento deben ser sobre las viviendas habituales que se transmiten. Esta bonificación se hace extensiva a la opción de compra.

b) Adquisición de las viviendas por parte de las personas físicas que, al no hacer frente a los pagos, habían transmitido la vivienda a la entidad financiera acreedora o a una filial inmobiliaria de su grupo y que, posteriormente y en el plazo de diez años desde dicha transmisión, lo vuelven a adquirir.

3. Las bonificaciones a que hace referencia este artículo se aplican si los titulares de la vivienda son personas físicas y se trata de su vivienda habitual.

A los efectos de estas bonificaciones, se considera vivienda habitual la que se ajusta a la definición y los requisitos establecidos por la normativa del impuesto sobre la renta de las personas físicas.

Artículo 641.11[5]. *Bonificación en la transmisión de obras de arte y antigüedades para revenderlas*

1. Puede disfrutar de una bonificación del 100% en la cuota del impuesto en la modalidad de transmisiones patrimoniales onerosas, la transmisión de objetos de arte y antigüedades cuando el adquirente sea un empresario dedicado habitualmente a su compraventa y las adquiera para su reventa, incluido en los epígrafes 615.5 y 615.6 del impuesto sobre actividades económicas.

2. La aplicación de esta bonificación tiene carácter provisional. Para la elevación a definitiva, el sujeto pasivo debe justificar la venta posterior del bien en el plazo de un año desde su adquisición, mediante la presentación de una declaración en los términos y condiciones que se establezcan por resolución del director o directora de la Agencia Tributaria de Cataluña.

3. Los empresarios a que se refiere el apartado 1 deben declarar conjuntamente en una única autoliquidación todas las operaciones devengadas en el mes natural que disfruten de

---

[5]   Nuevo artículo incorporado por el art. 5.4 del Decreto ley 5/2025, de 25 de marzo, por el que se adoptan medidas urgentes en materia fiscal, de gastos de personal y otras administrativas (DOGC núm. 9379, de 26 de marzo de 2025), con efectos desde el 27 de junio de 2025.

la bonificación. El plazo de presentación es el previsto en el apartado 2 del artículo 683-5 de este Código.

4. Si no se produce la transmisión a que se refiere el apartado 2 dentro del periodo señalado, el sujeto pasivo debe presentar una autoliquidación complementaria sin bonificación y con aplicación de los intereses de demora. El plazo para presentar e ingresar esta autoliquidación es de un mes transcurrido el año y el mes en que se autoliquidó inicialmente la operación.

5. Al efecto de esta bonificación, se consideran obras de arte y antigüedades las definidas en el régimen especial de los bienes usados, objetos de arte, antigüedades y objetos de colección regulado en la Ley del impuesto sobre el valor añadido.

Artículo 641-12.[6] *Régimen de bonificación de las cooperativas de vivienda sin ánimo de lucro*

Se establece una bonificación del 100% en la cuota del impuesto en la modalidad de transmisiones patrimoniales onerosas para las cooperativas de vivienda que cumplan los requisitos del artículo 144 de la Ley 12/2015, del 9 de julio, de cooperativas, para ser consideradas entidades sin ánimo de lucro.

Artículo 641-13.[7] *Bonificación para la transmisión de edificios de oficinas o de edificios de estructura no finalizada para su transformación en viviendas en régimen de protección oficial*

1. La transmisión de un edificio de oficinas para su transformación en edificio de viviendas en régimen de protección oficial puede disfrutar de una bonificación del 50% de la cuota del impuesto en la modalidad de transmisiones patrimoniales onerosas. También puede disfrutar de esta misma bonificación la transmisión de una estructura no finalizada de un edificio con la misma finalidad de transformación.

2. Para el reconocimiento de esta bonificación es suficiente que se consigne en el documento que el contrato se otorga con la finalidad de construir viviendas de protección oficial y queda sin efecto si transcurren tres años sin obtener la calificación o declaración provisional. La bonificación se entiende concedida con carácter provisional y condicionada al cumplimiento que en cada caso exijan las disposiciones vigentes para este tipo de viviendas.

El incumplimiento de los requisitos anteriores comporta que el sujeto pasivo debe presentar, dentro del plazo reglamentario de presentación, a contar desde la fecha del incumpli-

---

[6]   Nuevo artículo incorporado por el art. 5.5 del Decreto ley 5/2025, de 25 de marzo, por el que se adoptan medidas urgentes en materia fiscal, de gastos de personal y otras administrativas (DOGC núm. 9379, de 26 de marzo de 2025), con efectos desde el 27 de junio de 2025.

[7]   Nuevo artículo incorporado por el art. 5.6 del Decreto ley 5/2025, de 25 de marzo, por el que se adoptan medidas urgentes en materia fiscal, de gastos de personal y otras administrativas (DOGC núm. 9379, de 26 de marzo de 2025), con efectos desde el 27 de junio de 2025.

miento, una autoliquidación complementaria sin la aplicación de esta bonificación y con deducción de la cuota ingresada, con aplicación de los intereses de demora correspondientes.

3. El cómputo del plazo de prescripción empieza a contar una vez transcurrido el plazo de tres años de bonificación provisional.

Artículo 641-14[8]. *Bonificación para la transmisión de inmuebles que tengan que constituir la sede social o centro de trabajo de empresas o negocios profesionales*

1. En las transmisiones de inmuebles, sean viviendas, locales o naves industriales, que tengan que constituir su sede social o uno de sus centros de trabajo de empresas o negocios profesionales se puede aplicar, una bonificación del 50%.

Para la aplicación de esta bonificación hay que cumplir los siguientes requisitos:

– Que la empresa o el negocio profesional tenga su domicilio fiscal y social en el territorio de Cataluña o que suceda con la adquisición del inmueble.

– Que el inmueble se afecte en el plazo máximo de seis meses desde su adquisición al desarrollo de una actividad económica diferente de la gestión de un patrimonio mobiliario o inmobiliario. Para determinar que la empresa o negocio realiza una actividad de gestión de un patrimonio mobiliario o inmobiliario se aplicará lo que establece el artículo 631-12.

– Que la empresa o negocio profesional se mantenga durante los cinco años siguiente a la fecha de la escritura pública que documente la adquisición.

– Que la empresa o negocio profesional incremente su plantilla global de trabajadores en el ejercicio en que adquiere el inmueble respecto al año anterior y mantenga esta plantilla al menos tres años.

2. El incumplimiento de los requisitos anteriores comporta que el sujeto pasivo deba presentar, dentro del plazo reglamentario de presentación, a contar desde la fecha del incumplimiento, una autoliquidación complementaria sin la aplicación de esta bonificación y con deducción de la cuota ingresada, con aplicación de los intereses de demora correspondientes.

CAPÍTULO II. ACTOS JURÍDICOS DOCUMENTADOS

Artículo 642-1. *Tipo de gravamen de los documentos notariales*

Los documentos notariales a que se refiere el artículo 31.2 del texto refundido de la Ley del impuesto sobre transmisiones patrimoniales y actos jurídicos documentados, aprobado por el Real decreto legislativo 1/1993, de 24 de septiembre, tributan según los tipos de gravamen siguientes:

---

[8]   Nuevo artículo incorporado por el art. 5.7 del Decreto ley 5/2025, de 25 de marzo, por el que se adoptan medidas urgentes en materia fiscal, de gastos de personal y otras administrativas (DOGC núm. 9379, de 26 de marzo de 2025), con efectos desde el 27 de junio de 2025.

a)[9] El 3,5%, en el caso de documentos en que se haya renunciado a la exención en el IVA, de acuerdo con lo que dispone el artículo 20.2 de la Ley 37/1992, del 28 de diciembre, del impuesto sobre el valor añadido.

b) El 2%, en el caso de documentos que formalicen préstamos o créditos hipotecarios en que resulta sujeto pasivo el prestador.

c) El 0,1%, en el caso de documentos que formalicen la constitución y la modificación de derechos reales a favor de una sociedad de garantía recíproca con domicilio social en Cataluña.

d) El 1,5%, en el caso de otros documentos.

Artículo 642-2. *Bonificación de la cuota tributaria en la novación de los créditos hipotecarios*

1. Pueden disfrutar de una bonificación del 100% de la cuota del impuesto en la modalidad de actos jurídicos documentados, establecida por el artículo 31.2 del texto refundido de la Ley del impuesto sobre transmisiones patrimoniales y actos jurídicos documentados, aprobado por el Real decreto legislativo 1/1993, de 24 de septiembre, las primeras copias de escrituras públicas que documenten la novación modificativa de los créditos hipotecarios otorgados para la adquisición de la vivienda habitual de las personas físicas, pactada de común acuerdo entre el deudor y el acreedor, en las siguientes condiciones:

a) El acreedor debe ser una de las entidades a que se refiere el artículo 1 de la Ley 2/1994, de 30 de marzo, sobre subrogación y modificación de préstamos hipotecarios.

b) La modificación debe referirse al tipo de interés inicialmente pactado o vigente, a la alteración del plazo del crédito o a ambos conceptos.

2. Esta bonificación se establece con un límite de 500.000 euros de base imponible.

3. A los efectos de esta bonificación, se considera vivienda habitual la que se ajusta a la definición y los requisitos establecidos por la normativa del impuesto sobre la renta de las personas físicas.

Artículo 642-3. *Bonificación por la escritura pública de separación y divorcio y de extinción de pareja estable*

1. Puede disfrutar de una bonificación del 100% de la cuota gradual de la modalidad de actos jurídicos documentados la escritura pública otorgada por los cónyuges en la que acuerdan, en los términos que regula la ley, su separación o divorcio de mutuo acuerdo.

---

[9]   Nueva redacción letra a) dada por el art. 5.8 del Decreto ley 5/2025, de 25 de marzo, por el que se adoptan medidas urgentes en materia fiscal, de gastos de personal y otras administrativas (DOGC núm. 9379, de 26 de marzo de 2025), con efectos desde el 27 de junio de 2025.
       Redacción original: «*a) El 2,5%, en el caso de documentos en que se haya renunciado a la exención en el IVA de acuerdo con lo que dispone el artículo 20.2 de la Ley 37/1992, de 28 de diciembre, del impuesto sobre el valor añadido*».

2. La misma bonificación se aplica a las escrituras públicas que documentan la extinción de común acuerdo de la pareja estable formalizada por los convivientes, de acuerdo con el artículo 234-4 del libro segundo del Código civil de Cataluña, relativo a la persona y la familia, aprobado por la Ley 25/2010, de 29 de julio.

Artículo 642-4. *Bonificación de las escrituras de subrogación de préstamo o crédito hipotecarios otorgado por la sección de crédito de una cooperativa*

1. Puede disfrutar de una bonificación del 99% de la cuota gradual de la modalidad de actos jurídicos documentados la escritura pública por la que una entidad financiera se subroga en la posición acreedora de un préstamo o crédito hipotecario otorgado por la sección de crédito de una cooperativa. En esta escritura solo puede pactarse la modificación de las condiciones del tipo de interés, tanto el ordinario como el de demora, pactado inicialmente o vigente, así como la modificación del plazo del préstamo o crédito, o ambas.

2. A los efectos de la aplicación de la bonificación, son entidades financieras las entidades a las que se refiere el artículo 1 de la Ley 10/2014, de 26 de junio, de ordenación, supervisión y solvencia de entidades de crédito.

3. También se aplica la bonificación si la que se subroga en la posición acreedora es la cooperativa de segundo grado administradora del Fondo Cooperativo de Apoyo a las Secciones de Crédito.

Artículo 642-5. *Bonificación de los actos notariales en que se formalizan los depósitos de arras penitenciales y demás documentos notariales que se puedan otorgar para su cancelación registral*

Pueden disfrutar de una bonificación del 100% de la cuota gradual del impuesto en la modalidad de actos jurídicos documentados los instrumentos públicos notariales en los que se formalicen los depósitos de arras penitenciales a que se refiere el artículo 621-8 del Código civil de Cataluña, así como el resto de documentos notariales que puedan otorgarse para su cancelación registral.

Artículo 642-6[10]. *Bonificación por adquisición de la vivienda habitual para jóvenes*

Puede disfrutar de una bonificación del 100% de la cuota gradual de la modalidad de actos jurídicos documentados la escritura pública que documente la transmisión de un inmueble que deba constituir la vivienda habitual del sujeto pasivo, si en la fecha de devengo del impuesto este tiene treinta y cinco años o menos, siempre que la suma de las bases imponibles general y del ahorro, menos el mínimo personal y familiar, en su última declaración del impuesto sobre la renta de las personas físicas no exceda los 36.000 euros.

---

[10]   Nuevo artículo incorporado por el art. 5.9 del Decreto ley 5/2025, de 25 de marzo, por el que se adoptan medidas urgentes en materia fiscal, de gastos de personal y otras administrativas (DOGC núm. 9379, de 26 de marzo de 2025), con efectos desde el 27 de junio de 2025.

Para la aplicación de esta bonificación se debe estar a lo que establecen los apartados 2 y 3 del artículo 641-5.

Artículo 642-7[11]. *Bonificación para las escrituras públicas relacionadas con la transmisión de edificios de oficinas o de edificios de estructura no finalizada para su transformación en viviendas en régimen de protección oficial*

1. Pueden disfrutar de una bonificación del 50% de la cuota gradual, documento notarial, de la modalidad de actos jurídicos documentados las escrituras públicas otorgadas para formalizar actos o contratos relacionados con la transformación de los inmuebles a que se refiere el artículo 641-13.

El incumplimiento de los requisitos previstos en el artículo 641-13 comporta que el sujeto pasivo deba presentar, dentro del plazo reglamentario de presentación desde la fecha del incumplimiento, una autoliquidación complementaria sin la aplicación de esta bonificación y con deducción de la cuota ingresada, con aplicación de los intereses de demora correspondientes.

2. También puede disfrutar de la bonificación mencionada la escritura pública de formalización del préstamo hipotecario concedido para la adquisición de los inmuebles mencionados.

Artículo 642-8[12]. *Bonificación para la escritura pública que documenta la transmisión de inmuebles que vayan a constituir la sede social o centro de trabajo de empresas o negocios profesionales*

1. Puede disfrutar de una bonificación del 50% de la cuota gradual, documento notarial, de la modalidad de actos jurídicos documentados la escritura pública que documenta la transmisión de inmuebles, sean viviendas, locales o naves industriales, que tengan que constituir su sede social o uno de sus centros de trabajo de empresas o negocios, siempre que se cumplan los requisitos establecidos en el apartado 1 del artículo 641-14 y la transmisión no haya sido objeto de renuncia a la exención en el IVA.

2. El incumplimiento de los requisitos previstos en el apartado 1 del artículo 641-14 comporta que el sujeto pasivo deba presentar, dentro del plazo reglamentario de presentación desde la fecha del incumplimiento, una autoliquidación complementaria sin la aplicación de esta bonificación y con deducción de la cuota ingresada, con aplicación de los intereses de demora correspondientes.

---

[11] Nuevo artículo incorporado por el art. 5.10 del Decreto ley 5/2025, de 25 de marzo, por el que se adoptan medidas urgentes en materia fiscal, de gastos de personal y otras administrativas (DOGC núm. 9379, de 26 de marzo de 2025), con efectos desde el 27 de junio de 2025.

[12] Nuevo artículo incorporado por el art. 5.11 del Decreto ley 5/2025, de 25 de marzo, por el que se adoptan medidas urgentes en materia fiscal, de gastos de personal y otras administrativas (DOGC núm. 9379, de 26 de marzo de 2025), con efectos desde el 27 de junio de 2025.

(...)

TÍTULO VIII. OBLIGACIONES FORMALES Y NORMAS DE APLICACIÓN (ARTÍCULO 681-1 - ARTÍCULO 684-2)

CAPÍTULO I. NORMAS COMUNES AL IMPUESTO SOBRE TRANSMISIONES PATRIMONIALES Y ACTOS JURÍDICOS DOCUMENTADOS Y AL IMPUESTO SOBRE SUCESIONES Y DONACIONES

Artículo 681-1. *Obligación de envío telemático de los documentos autorizados por los notarios*

En los plazos y las condiciones que se establezcan por reglamento, los notarios están obligados a enviar por vía telemática a la Agencia Tributaria de Cataluña los documentos a que se refieren los artículos 32.3 de la Ley 29/1987, de 18 de diciembre, del impuesto sobre sucesiones y donaciones, y 52 del texto refundido de la Ley del impuesto sobre transmisiones patrimoniales y actos jurídicos documentados, aprobado por el Real decreto legislativo 1/1993, de 24 de septiembre.

Artículo 681-2. *Envío telemático de los documentos autorizados por los notarios*

1. En relación con lo establecido por el artículo anterior, y con la finalidad de cumplir las obligaciones tributarias de los contribuyentes y facilitar el acceso telemático de los documentos en los registros públicos, los notarios con destino en Cataluña deben enviar por vía telemática, con la colaboración del Consejo General del Notariado, juntamente con la copia de las escrituras que autoricen, una declaración informativa notarial de los elementos básicos de las citadas escrituras, de conformidad con lo que dispone la legislación notarial. El Departamento competente en materia de hacienda ha de determinar los hechos imponibles a que se refiere la declaración informativa y debe establecer los procedimientos, la estructura y los plazos en que debe enviarse esta información.

2. La presentación de los documentos de los hechos imponibles del impuesto sobre transmisiones patrimoniales y actos jurídicos documentados y del impuesto sobre sucesiones y donaciones no es necesaria, si el notario autorizante ha enviado previamente la declaración informativa de la escritura correspondiente.

Artículo 681-3. *Acuerdos de valoración previa vinculante*

1. De acuerdo con lo establecido por el artículo 91 de la Ley 58/2003, de 17 de diciembre, general tributaria, los contribuyentes por el impuesto sobre sucesiones y donaciones y por el impuesto sobre transmisiones patrimoniales y actos jurídicos documentados pueden solicitar a la Administración tributaria que determine, con carácter previo y vinculante, la valoración de rentas, productos, bienes, gastos y otros elementos del hecho imponible, a los efectos de dichos impuestos.

2. Los contribuyentes deben presentar la solicitud por escrito antes de que se produzca el hecho imponible y deben adjuntar una propuesta de valoración motivada, firmada por un técnico o técnica con la titulación adecuada según la naturaleza del bien valorado, en la que deben describirse de manera detallada el bien y sus características.

3. La Administración puede comprobar los elementos de hecho y las circunstancias declaradas por los contribuyentes, a quienes puede requerir los documentos y los datos que considere pertinentes a los efectos de la identificación y la valoración correcta de los bienes.

4. La Administración debe dictar el acuerdo de valoración por escrito indicando su carácter vinculante, el bien valorado y el impuesto en el que tiene efectos, en el plazo máximo de tres meses desde su solicitud. La falta de contestación de la Administración en el plazo indicado implica la aceptación de los valores propuestos por el contribuyente.

5. El acuerdo de valoración tiene un plazo máximo de vigencia de dieciocho meses desde la fecha en que se dicta. La Administración tributaria debe aplicar al contribuyente los valores establecidos en este acuerdo, a menos que se modifique la legislación o que cambien de forma significativa las circunstancias económicas que lo fundamentan.

6. En el supuesto de realización del hecho imponible con anterioridad a la finalización del plazo de tres meses mencionado en el apartado 4 sin que la Administración tributaria haya dictado el acuerdo de valoración, debe considerarse desistida la solicitud de valoración previa.

7. Contra el acuerdo de valoración no puede interponerse ningún recurso, sin perjuicio de que los contribuyentes puedan hacerlo contra las liquidaciones que, si procede, se emitan con posterioridad.

8. El Gobierno debe regular por reglamento las normas de procedimiento, las condiciones y los requisitos necesarios para cumplir lo establecido por este artículo.

(...)

CAPÍTULO III. OBLIGACIONES FORMALES Y NORMAS DE APLICACIÓN EN EL IMPUESTO SOBRE TRANSMISIONES PATRIMONIALES Y ACTOS JURÍDICOS DOCUMENTADOS

Sección I. *Obligaciones formales*

Artículo 683-1. *Autoliquidación del impuesto en los arrendamientos de inmuebles*

No es necesario presentar, junto con la autoliquidación del impuesto sobre transmisiones patrimoniales y actos jurídicos documentados, copia del contrato de alquiler de la finca urbana cuando se presente al Instituto Catalán del Suelo en ocasión del depósito de la fianza establecida por la Ley 13/1996, de 29 de julio, del Registro y el depósito de fianzas de los contratos de alquiler de fincas urbanas y de modificación de la Ley 24/1991, de la vivienda.

Artículo 683-2. *Obligaciones formales de las personas físicas o jurídicas que hacen subastas de bienes*

Las personas físicas o jurídicas que hacen subastas de bienes deben enviar a la Agencia Tributaria de Cataluña, con carácter general y en la forma y los plazos que determine la orden de la persona titular del departamento competente en materia de hacienda, información sobre las transmisiones de bienes en que han intervenido en calidad de intermediarias por cuenta ajena, cuando el transmitente no actúe en el ejercicio de una actividad económica. Debe informarse tanto de las operaciones en que los bienes se han adjudicado mediante una subasta como por cualquier otro tipo de operación, incluidos los casos de adjudicación directa.

Artículo 683-3. *Identificación de suscriptores de acciones o participaciones en la autoliquidación de operaciones societarias*

En la autoliquidación del impuesto correspondiente a operaciones societarias de constitución y ampliación de capital en que los suscriptores quieran aplicar la deducción en el impuesto sobre la renta de las personas físicas por inversión en acciones o participaciones de empresas nuevas o de creación reciente regulada en el artículo 612-9, deben hacerse constar los datos identificativos de los suscriptores y el importe del capital suscrito por cada uno de ellos.

Artículo 683-4. Suministro de información por las empresas dedicadas a la reventa de bienes muebles

Las personas físicas o jurídicas dedicadas profesionalmente a la reventa de bienes muebles deben enviar a la Agencia Tributaria de Cataluña, con carácter general y en la forma y los plazos que determine la orden de la persona titular del departamento competente en materia de hacienda, información sobre las adquisiciones de bienes previas que sean susceptibles de tributar por el impuesto sobre transmisiones patrimoniales y actos jurídicos en que han intervenido, tanto por cuenta propia como en calidad de intermediarios por cuenta ajena.

Sección II. *Normas de aplicación del tributo*

Artículo 683-5. *Plazo de presentación de la autoliquidación para los hechos imponibles sujetos al impuesto sobre transmisiones patrimoniales y actos jurídicos documentados*

1. Con carácter general, para los hechos imponibles sujetos al impuesto sobre transmisiones patrimoniales y actos jurídicos documentados, el plazo de presentación de la autoliquidación e ingreso de la deuda tributaria, junto con el documento o la declaración escrita que lo sustituya, es de un mes, a contar desde la fecha del acto o del contrato.

2. En los siguientes casos, en que los sujetos pasivos deben declarar conjuntamente todas las operaciones sujetas a la modalidad de transmisiones patrimoniales onerosas devengadas en el mes natural, el plazo de presentación de la autoliquidación e ingreso de la deuda tributaria, junto con la declaración informativa de las adquisiciones de bienes realizadas en el período, es el mes natural inmediatamente posterior al mes al que se refieren las operaciones declaradas:

a) En el caso de los empresarios que adquieren objetos fabricados con metales preciosos y que están obligados a llevar los libros de registro a los que se refiere el artículo 91 del Real decreto 197/1988, de 22 de febrero, por el que se aprueba el reglamento de la Ley de objetos fabricados con metales preciosos.

b) En el caso de los empresarios dedicados a la reventa, con transformación o sin ella, de bienes muebles usados, que deben declarar conjuntamente todas las operaciones sujetas a la modalidad de transmisiones patrimoniales onerosas devengadas en el mes natural.

3. La Agencia Tributaria de Cataluña debe determinar, con relación a lo dispuesto en el apartado 2, el contenido de la información que se le debe remitir, así como las condiciones en las que es obligatorio presentar la autoliquidación mediante un soporte directamente legible por ordenador o mediante transmisión por vía telemática, que en ambos casos tienen la consideración de declaraciones tributarias a todos los efectos.

4. El Gobierno puede modificar mediante un decreto el plazo de presentación establecido en los apartados anteriores.

Artículo 683-6. *No obligación de presentación*

1. Los sujetos pasivos del impuesto no están obligados a presentar la autoliquidación en concepto de transmisiones patrimoniales onerosas en los siguientes casos:

a) Ciclomotores.

b) Vehículos de diez años de antigüedad o más.

2. Quedan excluidos de lo que dispone el apartado 1 los siguientes vehículos:

a) Los vehículos que, de conformidad con la normativa vigente, han sido calificados de históricos.

b) Los vehículos cuyo valor, sin aplicación de los coeficientes de depreciación por antigüedad, sea igual o superior a 40.000 euros. Para los vehículos incluidos en la orden por la que se aprueban los precios medios de venta aplicables a la gestión del impuesto, este valor equivale al precio medio de venta correspondiente al primer año.

Artículo 683-7. *Plazo de presentación de las autoliquidaciones complementarias en caso de pérdida del derecho a aplicar un beneficio fiscal*

En el supuesto de pérdida del beneficio fiscal por incumplimiento de los requisitos a que está condicionado, salvo que específicamente se establezca otra cosa, cuando posteriormente a la aplicación de una exención, deducción o cualquier otro beneficio fiscal se produzca la pérdida del derecho a su aplicación por incumplimiento de los requisitos a que esté condicionado su disfrute definitivo, el obligado tributario debe presentar e ingresar, dentro del plazo de un mes, a contar desde el día siguiente al de la fecha en que se produjo el incumplimiento, una autoliquidación complementaria sin la aplicación del beneficio, y con los intereses de demora correspondientes.

(…)

Disposición transitoria segunda. *Bonificación de las concesiones administrativas o actos administrativos equiparables que otorguen el aprovechamiento privativo del dominio público*

1. Pueden disfrutar de una bonificación del 100% en la cuota del impuesto sobre transmisiones patrimoniales y actos jurídicos documentados, en la modalidad de transmisiones patrimoniales onerosas, las concesiones administrativas o actos administrativos equiparables que otorguen el aprovechamiento privativo del dominio público para su uso como terraza por parte de establecimientos de hostelería y restauración. La misma bonificación resulta aplicable en las concesiones administrativas o actos administrativos equiparables sujetos al impuesto que autoricen la venta de mercancías y prestación de servicios mediante estructuras o puestos desmontables o vehículos tienda en el territorio de Cataluña.

2. Dicha bonificación se aplica a las concesiones o actos administrativos equiparables mencionados en el apartado anterior devengados entre el 1 de enero del 2020 y el 31 de diciembre de 2021.

Disposición transitoria tercera. *Bonificación de la cuota del impuesto de actos jurídicos documentados por la promoción y explotación de viviendas en régimen de cesión de uso*

1. Pueden disfrutar de una bonificación del 100% en la cuota del impuesto sobre transmisiones patrimoniales y actos jurídicos documentados, en la modalidad de actos jurídicos documentados, las escrituras públicas que documenten actos y contratos en los que intervengan cooperativas de vivienda sin ánimo de lucro y de iniciativa social relacionados con la promoción y explotación de viviendas en régimen de cesión de uso, bien para uso habitual y permanente o destinados a residencias para personas mayores o con discapacidad.

2. Esta bonificación se aplica a las escrituras públicas que se otorguen hasta el 31 de diciembre de 2025.

(...)

Disposición transitoria sexta[13]. *Bonificación de las escrituras públicas de constitución en régimen de propiedad horizontal por parcelas*

1. Disfruta de una bonificación del 75% de la cuota gradual de actos jurídicos documentados la escritura pública de constitución del régimen de propiedad horizontal por parcelas, regulado por el artículo 553-53 del libro quinto del Código civil de Cataluña, en el supuesto de los polígonos industriales y logísticos.

2. Esta bonificación se aplica a las escrituras públicas a las que hace referencia el apartado 1 que se otorguen hasta el 31 de diciembre de 2027.

---

[13] Nueva disposición incorporada por el art. 5.12 del Decreto ley 5/2025, de 25 de marzo, por el que se adoptan medidas urgentes en materia fiscal, de gastos de personal y otras administrativas (DOGC núm. 9379, de 26 de marzo de 2025), con efectos desde el 27 de junio de 2025.

COMUNIDAD AUTÓNOMA DE MADRID

IMPUESTO SOBRE TRANSMISIONES PATRIMONIALES Y ACTOS JURÍDICOS DOCUMENTADOS

15. Decreto Legislativo 1/2010, de 21 de octubre, del Consejo de Gobierno, por el que se aprueba el Texto Refundido de las Disposiciones Legales de la Comunidad de Madrid en materia de tributos cedidos por el Estado

(BOCM núm. 255, de 25 de octubre de 2010)

PROMULGO

I

La Ley 10/2009, de 23 de diciembre, de Medidas Fiscales y Administrativas, en su disposición final primera, autoriza al Gobierno de la Comunidad de Madrid para que, en el plazo de diez meses desde la entrada en vigor de la misma, elabore un texto refundido que contenga la normativa que, con rango de Ley, haya aprobado la Comunidad de Madrid en materia de tributos cedidos por el Estado y que se halle vigente a 1 de enero de 2010. La delegación legislativa autoriza la formulación de un texto único que recopile, ordene y transcriba las disposiciones vigentes a la fecha indicada.

La autorización ha sido ampliada, por la disposición final tercera de la Ley 5/2010, de 12 de julio, de Medidas Fiscales para el Fomento de la Actividad Económica, a las disposiciones relativas a tributos cedidos por el Estado contenidas en la mencionada Ley.

La aprobación de un texto único tiene como finalidad principal dotar de mayor claridad a la normativa autonómica en materia de tributos cedidos por el Estado mediante la integración en un único cuerpo normativo de las disposiciones que afectan a dicha materia, contribuyendo con ello a aumentar la seguridad jurídica de los contribuyentes y de la Administración Tributaria de la Comunidad de Madrid.

II

En el ejercicio de la citada autorización se aprueba este Decreto Legislativo por el que se aprueba el Texto Refundido de la Ley que contiene las disposiciones legales dictadas por la Comunidad en materia de tributos cedidos por el Estado, y que se encontraban incluidas en las siguientes Leyes:

– Ley 7/2002, de 25 de julio, por la que se regula el tipo de gravamen autonómico del Impuesto sobre Ventas Minoristas de Determinados Hidrocarburos.

– Ley 13/2002, de 20 de diciembre, de Medidas Fiscales y Administrativas.

– Ley 5/2004, de 28 de diciembre, de Medidas Fiscales y Administrativas.

– Ley 7/2005, de 23 de diciembre, de Medidas Fiscales y Administrativas.

– Ley 7/2007, de 21 de diciembre, de Medidas Fiscales y Administrativas.

– Ley 4/2009, de 20 de julio, de Medidas Fiscales contra la Crisis Económica.

– Ley 10/2009, de 23 de diciembre, de Medidas Fiscales y Administrativas.

– Ley 5/2010, de 12 de julio, de Medidas Fiscales para el Fomento de la Actividad Económica.

III

El Texto Refundido se estructura en: un título I dedicado a los impuestos en particular sobre los que la Comunidad de Madrid ha ejercido sus competencias normativas; un título II que contiene diversas obligaciones formales establecidas en la aplicación de los tributos cedidos por el Estado; una disposición adicional relativa al Impuesto sobre las Ventas Minoristas de determinados Hidrocarburos; cuatro disposiciones transitorias dedicadas al Impuesto sobre Sucesiones y Donaciones; al Impuesto sobre Transmisiones Patrimoniales y Actos Jurídicos documentados, en la modalidad de Transmisiones Patrimoniales Onerosas; y a la Tasa Fiscal sobre los Juegos de Suerte, Envite o Azar aplicable, por un lado, al juego del bingo, y, por otro, a los casinos de juego en caso de nuevas autorizaciones; y cuatro disposiciones finales que recogen la entrada en vigor de diversas deducciones y de los mínimos por descendientes en el Impuesto sobre la Renta de las Personas Físicas.

El título I se compone de seis capítulos dedicados a los seis tributos sobre los que la Comunidad de Madrid ha ejercido competencias normativas: el Impuesto sobre la Renta de las Personas Físicas, el Impuesto sobre el Patrimonio, el Impuesto sobre Sucesiones y Donaciones, el Impuesto sobre Transmisiones Patrimoniales y Actos Jurídicos Documentados, los Tributos sobre el Juego y el Impuesto sobre las Ventas Minoristas de Determinados Hidrocarburos.

El título II se compone de tres capítulos dedicados a las obligaciones formales en relación con los Impuestos sobre Sucesiones y Donaciones y sobre Transmisiones Patrimoniales y Actos Jurídicos Documentados, el Impuesto sobre las Ventas Minoristas de Determinados Hidrocarburos y uno final sobre habilitaciones y presentaciones telemáticas de declaraciones.

Se incluye un índice del contenido, cuyo objeto es facilitar la utilización de la norma por sus destinatarios mediante una rápida localización y ubicación sistemática de sus preceptos.

En su virtud, a propuesta del Consejero de Economía y Hacienda, de acuerdo con el dictamen del Consejo Consultivo de la Comunidad de Madrid y previa deliberación del Consejo de Gobierno en su reunión de 21 de octubre de 2010,

DISPONE:

Artículo único. *Aprobación del Texto Refundido de las disposiciones legales de la Comunidad de Madrid en materia de tributos cedidos por el Estado.*

Se aprueba el Texto Refundido de las disposiciones legales de la Comunidad de Madrid en materia de tributos cedidos por el Estado, que se incluye a continuación.

DISPOSICIONES DEROGATORIAS

Disposición derogatoria única. *Derogación normativa.*

Quedan derogadas las siguientes disposiciones:

1. La Ley 7/2002, de 25 de julio, por la que se regula el tipo de gravamen autonómico del Impuesto sobre Ventas Minoristas de Determinados Hidrocarburos en la Comunidad de Madrid.

2. Los artículos 6 y 7 de la Ley 13/2002, de 20 de diciembre, de Medidas Fiscales y Administrativas.

3. El artículo 5, apartado uno.2, y los artículos 7 y 8 de la Ley 5/2004, de 28 de diciembre, de Medidas Fiscales y Administrativas.

4. La disposición transitoria segunda de la Ley 7/2005, de 23 de diciembre, de Medidas Fiscales y Administrativas.

5. La disposición transitoria segunda de la Ley 7/2007, de 21 de diciembre, de Medidas Fiscales y Administrativas.

6. Los artículos 1 y 2 y la disposición final segunda, apartado dos, de la Ley 4/2009, 20 de julio, de Medidas Fiscales contra la Crisis Económica.

7. Los artículos 1, 2, 3, 4 y 5 la disposición adicional primera, las disposiciones transitorias primera y segunda, la disposición final segunda, apartado 2, y la disposición final tercera de la Ley 10/2009, de 23 de diciembre, de Medidas Fiscales y Administrativas.

8. Los artículos 1 y 2, la disposición adicional única y la disposición final cuarta, apartados 2, 3 y 4, de la Ley 5/2010, de 12 de julio, de Medidas Fiscales para el Fomento de la Actividad Económica.

DISPOSICIONES FINALES

Disposición final única. *Entrada en vigor.*

Este Decreto Legislativo entrará en vigor el día siguiente al de su publicación en el Boletín Oficial de la Comunidad de Madrid.

Dado en Madrid, a 21 de octubre de 2010.

TEXTO REFUNDIDO DE LAS DISPOSICIONES LEGALES DE LA COMUNIDAD DE MADRID EN MATERIA DE TRIBUTOS CEDIDOS POR EL ESTADO

TÍTULO I. DISPOSICIONES SUSTANTIVAS APLICABLES A LOS TRIBUTOS CEDIDOS
(...)

CAPÍTULO IV. IMPUESTO SOBRE TRANSMISIONES PATRIMONIALES Y ACTOS JURÍDICOS DOCUMENTADOS[1]

SECCIÓN PRIMERA. *Modalidad Transmisiones Patrimoniales Onerosas*

SUBSECCIÓN PRIMERA. *Tipos de Gravamen*[2]

Artículo 27. *Tipos de gravamen.*

De acuerdo con lo dispuesto en el artículo 11.1.a) del Texto Refundido de la Ley del Impuesto sobre Transmisiones Patrimoniales y Actos Jurídicos Documentados, aprobado por el Real Decreto Legislativo 1/1993, de 24 de septiembre, la cuota tributaria se obtendrá aplicando sobre la base imponible los tipos de gravamen establecidos en los artículos siguientes.

---

[1] Orden de 26 de marzo de 2020, de la Consejería de Hacienda y Función Pública, por la que se amplían los plazos para la presentación de declaraciones y autoliquidaciones de los tributos gestionados por la Comunidad de Madrid (BOCM núm. 75. de 27 de marzo de 2020): Artículo único. Ampliación de los plazos para la presentación de declaraciones y de autoliquidaciones de los tributos
Plazo ampliado por la Resolución de 21 de abril de 2020, del Director General de Tributos, por la que se prorroga la ampliación de plazo establecida por la Orden de 26 de marzo de 2020, de la Consejería de Hacienda y Función Pública, por la que se amplían los plazos para la presentación de declaraciones y autoliquidaciones de los tributos gestionados por la Comunidad de Madrid (BOCM de 24 de abril de 2020) y Resolución de 20 de mayo de 2020, del Director General de Tributos, se establece una segunda prórroga de la ampliación de plazo establecida por la Orden de 26 de marzo de 2020, de la Consejería de Hacienda y Función Pública, por la que se amplían los plazos para la presentación de declaraciones y autoliquidaciones de los tributos gestionados por la Comunidad de Madrid (BOCM de 25 de mayo de 2020).
Orden de 24 de junio de 2020, de la Consejería de Hacienda y Función Pública, por la que se deja sin efectos la Orden de 26 de marzo de 2020, de la Consejería de Hacienda y Función Pública, por la que se amplían los plazos para la presentación de declaraciones y autoliquidaciones de los tributos gestionados por la Comunidad de Madrid (BOCM núm. 158, de 1 de julio de 2020): Artículo único. Pérdida de efectos de la ampliación de los plazos para la presentación de declaraciones y de autoliquidaciones de los tributos gestionados por la Comunidad de Madrid.

[2] Subsección creada por el art. único. Doce de la Ley 6/2018, de 19 de diciembre, de Medidas Fiscales de la Comunidad de Madrid, por la que se modifica el Texto Refundido de las Disposiciones Legales de la Comunidad de Madrid en materia de tributos cedidos por el Estado, aprobado por Decreto Legislativo 1/2010, de 21 de octubre (BOCM núm. 309, de 28 de diciembre de 2018), con efectos desde el 1 de enero de 2019.

Artículo 28[3]. *Tipo de gravamen aplicable a inmuebles.*

Con carácter general, en la transmisión de inmuebles, así como en la constitución y en la cesión de derechos reales que recaigan sobre los mismos, excepto en los derechos reales de garantía, se aplicará el tipo del 6 por 100.

Artículo 29. *Tipo de gravamen aplicable a la adquisición de vivienda habitual por familias numerosas.*

1. Se aplicará el tipo impositivo reducido del 4 por 100 a la transmisión de un inmueble que vaya a constituir la vivienda habitual de una familia numerosa, siempre que se cumplan simultáneamente los siguientes requisitos:

a) Que el sujeto pasivo sea titular de una familia numerosa.

b)[4] Que el inmueble constituya la vivienda habitual de la familia numerosa de la que sea titular el sujeto pasivo. Se considerará vivienda habitual la que se ajusta a la definición y requisitos establecidos en la disposición adicional vigésima tercera de la Ley 35/2006, de 28 de noviembre, del Impuesto sobre la Renta de las Personas, y en su normativa de desarrollo, en su redacción vigente desde el 1 de enero de 2013.

c) Que, en el supuesto de que la anterior vivienda habitual fuera propiedad de alguno de los titulares de la familia numerosa, la misma se venda en el plazo de dos años anteriores o posteriores a la adquisición de la nueva vivienda habitual. No será exigible este requisito cuando se adquiera un inmueble contiguo a la vivienda habitual para unirlo a esta, formando una única vivienda de mayor superficie.

2. A los efectos de lo dispuesto en este artículo, el concepto de familia numerosa es el establecido por la Ley 40/2003, de 18 de noviembre, de Protección a las Familias Numerosas. La acreditación de la condición legal de familia numerosa se realizará mediante la presentación del título de familia numerosa, libro de familia u otro documento que pruebe que dicha condición ya concurría en la fecha del devengo.

3[5]. En el caso de que la vivienda adquirida no llegue a habitarse efectivamente en el plazo de 12 meses desde su adquisición o construcción o no se habite efectivamente durante

---

[3]   Nueva redacción dada por el art. 1.dos de la Ley 6/2013, de 23 de diciembre, de Medidas Fiscales y Administrativas (BOCM núm. 309, de 30 de diciembre de 2013), en vigor desde el 1 de enero de 2014.

[4]   Nueva redacción dada por el art. único. Trece.1 de la Ley 6/2018, de 19 de diciembre, de Medidas Fiscales de la Comunidad de Madrid, por la que se modifica el Texto Refundido de las Disposiciones Legales de la Comunidad de Madrid en materia de tributos cedidos por el Estado, aprobado por Decreto Legislativo 1/2010, de 21 de octubre (BOCM núm. 309, de 28 de diciembre de 2018), con efectos desde el 1 de enero de 2019.

[5]   Nuevo apartado incorporado por el art. único. Trece.2 de la Ley 6/2018, de 19 de diciembre, de Medidas Fiscales de la Comunidad de Madrid, por la que se modifica el Texto Refundido de las Disposiciones Legales de la Comunidad de Madrid en materia de tributos cedidos por el Estado, aprobado por Decreto Legislativo 1/2010, de 21 de octubre (BOCM núm. 309, de 28 de diciembre de 2018), con efectos desde el 1 de enero de 2019.

un plazo mínimo continuado de tres años, salvo que concurran las circunstancias indicadas en la disposición adicional vigésima tercera de la Ley 35/2006, de 28 de noviembre, del Impuesto sobre la Renta de las Personas, y en su normativa de desarrollo, en su redacción vigente desde el 1 de enero de 2013, el adquirente deberá presentar, en el plazo de un mes desde que se produzca el incumplimiento, una autoliquidación complementaria aplicando el tipo impositivo general en la Comunidad de Madrid e incluyendo los correspondientes intereses de demora.

Artículo 30. *Tipo de gravamen aplicable a la adquisición de viviendas por empresas inmobiliarias.*

1. Se aplicará el tipo impositivo reducido del 2 por 100 a la transmisión de la totalidad o de parte de una o más viviendas y sus anexos a una empresa a la que sean de aplicación las normas de adaptación del Plan General de Contabilidad del sector Inmobiliario, siempre que cumpla los siguientes requisitos:

a) Que incorpore esta vivienda a su activo circulante con la finalidad de venderla.

b) Que su actividad principal sea la construcción de edificios, la promoción inmobiliaria o la compraventa de bienes inmuebles por cuenta propia.

c) Que la transmisión se formalice en documento público en el que se haga constar que la adquisición del inmueble se efectúa con la finalidad de venderlo.

d) Que la venta posterior esté sujeta a la modalidad de Transmisiones Patrimoniales Onerosas.

e) Que la totalidad de la vivienda y sus anexos se venda posteriormente dentro del plazo de tres años desde su adquisición.

2. En el caso de incumplimiento de alguno de los requisitos regulados en las letras d) y e) del apartado anterior, el adquirente que hubiese aplicado el tipo impositivo reducido vendrá obligado a presentar, en el plazo de un mes desde el incumplimiento, una declaración liquidación complementaria aplicando el tipo impositivo general en la Comunidad de Madrid e incluyendo los correspondientes intereses de demora.

3. Quedan expresamente excluidas de la aplicación de este tipo impositivo reducido:

a) Las adjudicaciones de inmuebles en subasta judicial.

b) Las transmisiones de valores que incurran en los supuestos a que se refiere el artículo 17.2 del Texto Refundido de la Ley del Impuesto sobre Transmisiones Patrimoniales y Actos Jurídicos Documentados, aprobado por el Real Decreto Legislativo 1/1993, de 24 de septiembre.

SUBSECCIÓN SEGUNDA. *Bonificaciones*[6]

Artículo 30 bis[7]. *Bonificación de la cuota tributaria por adquisición de vivienda habitual*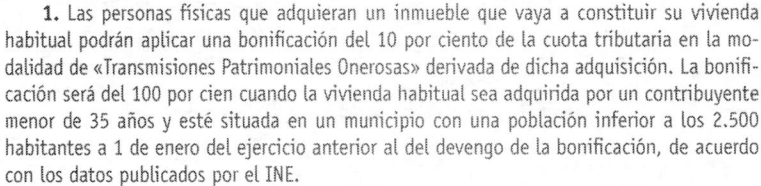
por personas físicas.

1. Las personas físicas que adquieran un inmueble que vaya a constituir su vivienda
habitual podrán aplicar una bonificación del 10 por ciento de la cuota tributaria en la modalidad de «Transmisiones Patrimoniales Onerosas» derivada de dicha adquisición. La bonificación será del 100 por cien cuando la vivienda habitual sea adquirida por un contribuyente
menor de 35 años y esté situada en un municipio con una población inferior a los 2.500
habitantes a 1 de enero del ejercicio anterior al del devengo de la bonificación, de acuerdo
con los datos publicados por el INE.

---

[6]   Subsección creada por el art. único. Doce de la Ley 6/2018, de 19 de diciembre, de Medidas Fiscales de la
Comunidad de Madrid, por la que se modifica el Texto Refundido de las Disposiciones Legales de la Comunidad de Madrid en materia de tributos cedidos por el Estado, aprobado por Decreto Legislativo 1/2010, de
21 de octubre (BOCM núm. 309, de 28 de diciembre de 2018), con efectos desde el 1 de enero de 2019.

[7]   Nueva redacción del art. 30 bis dada por el art. único Nueve de la Ley 5/2024, de 20 de noviembre, por la
que se modifica el texto refundido de las disposiciones legales de la Comunidad de Madrid en materia de
tributos cedidos por el Estado, por la que se modifica el Texto Refundido de las Disposiciones Legales de la
Comunidad de Madrid, aprobado por Decreto Legislativo 1/2010, de 21 de octubre, del Consejo
de Gobierno, para establecer una deducción por inversiones de nuevos contribuyentes procedentes del
extranjero en el ámbito del Impuesto sobre la Renta de las Personas Físicas (BOCM núm. 284, de 28 de
noviembre de 2024), con efectos desde el 29 de noviembre de 2024.

Redacción anterior por su incorporación por el art. único. Catorce de la Ley 6/2018, de 19 de diciembre, de
Medidas Fiscales de la Comunidad de Madrid, por la que se modifica el Texto Refundido de las Disposiciones
Legales de la Comunidad de Madrid en materia de tributos cedidos por el Estado, aprobado por Decreto
Legislativo 1/2010, de 21 de octubre (BOCM núm. 309, de 28 de diciembre de 2018), con efectos desde el
1 de enero de 2019: «*1. Las personas físicas que adquieran un inmueble que vaya a constituir su vivienda
habitual podrán aplicar una bonificación del 10 por ciento de la cuota tributaria en la modalidad de «Transmisiones Patrimoniales Onerosas» derivada de dicha adquisición.*
*A tal efecto, se considerará vivienda habitual la que se ajusta a la definición y requisitos establecidos en la
disposición adicional vigésima tercera de la Ley 35/2006, de 28 de noviembre, del Impuesto sobre la Renta
de las Personas, y en su normativa de desarrollo, en su redacción vigente desde el 1 de enero de 2013.*
*2. La bonificación será aplicable, exclusivamente, cuando el valor real del inmueble adquirido sea igual o
inferior a 250.000 euros.*
*En la determinación del valor real de la vivienda adquirida se incluirán los anejos y plazas de garaje que se
transmitan conjuntamente con aquella, aun cuando constituyan fincas registrales independientes.*
*3. En el caso de que la vivienda adquirida no llegue a habitarse efectivamente en el plazo de 12 meses desde
su adquisición o construcción o no se habite efectivamente durante un plazo mínimo continuado de tres
años, salvo que concurran las circunstancias indicadas en la disposición adicional vigésima tercera de la Ley
35/2006, de 28 de noviembre, del Impuesto sobre la Renta de las Personas Físicas, y en su normativa de
desarrollo, en su redacción vigente desde el 1 de enero de 2013, el adquirente deberá presentar, en el plazo
de un mes desde que se produzca el incumplimiento, una autoliquidación complementaria aplicando el tipo
impositivo general en la Comunidad de Madrid e incluyendo los correspondientes intereses de demora.*
*4. La bonificación contenida en este artículo será incompatible con la aplicación del tipo impositivo a que se
refiere el artículo 29 de esta ley*».

A tal efecto, se considerará vivienda habitual la que se ajusta a la definición y requisitos establecidos en la disposición adicional vigésima tercera de la Ley 35/2006, de 28 de noviembre, y en su normativa de desarrollo.

2. La bonificación será aplicable, exclusivamente, cuando el valor del inmueble adquirido sea igual o inferior a 250.000 euros.

En la determinación del valor de la vivienda adquirida se incluirán los anejos y plazas de garaje que se transmitan conjuntamente con aquella, aun cuando constituyan fincas registrales independientes.

3. En el caso de que la vivienda adquirida no llegue a habitarse efectivamente en el plazo de doce meses desde su adquisición o construcción o no se habite efectivamente durante un plazo mínimo continuado de tres años, salvo que concurran las circunstancias indicadas en la disposición adicional vigésimo tercera de la Ley 35/2006, de 28 de noviembre, y en su normativa de desarrollo, el adquiriente deberá presentar, en el plazo de un mes desde que se produzca el incumplimiento, una autoliquidación complementaria aplicando el tipo impositivo general en la Comunidad de Madrid e incluyendo los correspondientes intereses de demora.

4. La bonificación contenida en este artículo será incompatible con la aplicación del tipo impositivo a que se refiere el artículo 29.

Artículo 30 ter[8]. *Bonificación de la cuota tributaria por adquisición de bienes muebles y semovientes de escaso valor.*

Los sujetos pasivos que sean personas físicas que adquieran bienes muebles y semovientes cuyo valor real sea inferior a 500 euros aplicarán una bonificación del 100 por 100 de la cuota tributaria en la modalidad de «Transmisiones Patrimoniales Onerosas» derivada de dicha adquisición.

La bonificación no resultará de aplicación a las siguientes adquisiciones:

1.º Las realizadas por empresarios o profesionales a efectos del Impuesto sobre el Valor Añadido si el bien adquirido se destina o afecta a la actividad empresarial o profesional.

2.º Las de bienes fabricados con metales preciosos efectuadas por personas que estén obligadas a la llevanza del libro-registro a que hace referencia el artículo 91 del Real Decreto 197/1988, de 22 de febrero, por el que se aprueba el Reglamento de la Ley de objetos fabricados con metales preciosos.

---

[8]   Nuevo art. 30.ter incorporado por el art. único. Catorce de la Ley 6/2018, de 19 de diciembre, de Medidas Fiscales de la Comunidad de Madrid, por la que se modifica el Texto Refundido de las Disposiciones Legales de la Comunidad de Madrid en materia de tributos cedidos por el Estado, aprobado por Decreto Legislativo 1/2010, de 21 de octubre (BOCM núm. 309, de 28 de diciembre de 2018), con efectos desde el 1 de enero de 2019.

3.º Las de vehículos que deban constar inscritos en el registro general o en cualquiera de los especiales o auxiliares a que se refiere el artículo 2 del Reglamento General de Vehículos aprobado por Real Decreto 2822/1998, de 23 de diciembre.

Artículo 30 quáter[9]. *Autoliquidación de los arrendamientos de vivienda.*

Los contribuyentes no estarán obligados a presentar autoliquidación por el impuesto en los supuestos en los que el arrendamiento esté exento en virtud de lo establecido en el artículo 45.I.B.26) del Texto Refundido de la Ley del Impuesto sobre Transmisiones Patrimoniales y Actos Jurídicos Documentados.

SECCIÓN SEGUNDA. *Modalidad Actos Jurídicos Documentados*[10]

SUBSECCIÓN PRIMERA. *Tipos de gravamen*

Artículo 31. *Tipos de gravamen.*

De acuerdo con lo dispuesto en el artículo 31.2 del Texto Refundido de la Ley del Impuesto sobre Transmisiones Patrimoniales y Actos Jurídicos Documentados, aprobado por el

---

[9]   Nueva redacción del art. 30 quáter dada por el art. único Diez de la Ley 5/2024, de 20 de noviembre, por la que se modifica el texto refundido de las disposiciones legales de la Comunidad de Madrid en materia de tributos cedidos por el Estado, aprobado por Decreto Legislativo 1/2010, de 21 de octubre, del Consejo de Gobierno, para establecer una deducción por inversiones de nuevos contribuyentes procedentes del extranjero en el ámbito del Impuesto sobre la Renta de las Personas Físicas (BOCM núm. 284, de 28 de noviembre de 2024), con efectos desde el 29 de noviembre de 2024.
    Redacción anterior por su incorporación por el art. único. Diecisiete de la Ley 6/2018, de 19 de diciembre, de Medidas Fiscales de la Comunidad de Madrid, por la que se modifica el Texto Refundido de las Disposiciones Legales de la Comunidad de Madrid en materia de tributos cedidos por el Estado, aprobado por Decreto Legislativo 1/2010, de 21 de octubre (BOCM núm. 309, de 28 de diciembre de 2018), con efectos desde el 1 de enero de 2019: «*Bonificaciones en la cuota íntegra aplicable a los arrendamientos de vivienda.*
    1. Los sujetos pasivos podrán aplicar una bonificación del 100 por ciento de la cuota derivada del arrendamiento de viviendas que no se destinen al ejercicio de una actividad empresarial o profesional, siempre que estén en posesión de una copia del resguardo del depósito de la fianza en la Agencia de Vivienda Social de la Comunidad de Madrid formalizado por el arrendador, de acuerdo con lo dispuesto en el artículo 36 de la Ley 29/1994, de 24 de noviembre, de Arrendamientos Urbanos, y en el Decreto 181/1996, de 5 de diciembre, por el que se regula el régimen de depósito de fianzas de arrendamientos en la Comunidad de Madrid, o bien posean copia de la denuncia presentada ante dicho organismo por no haberles entregado dicho justificante el arrendador.
    La bonificación contenida en este artículo sólo resultará aplicable en relación con los contratos de arrendamiento en los que la renta anual pactada sea inferior a 15.000 euros.
    2. Los sujetos pasivos que apliquen la bonificación contenida en el presente artículo no estarán obligados a presentar autoliquidación por el impuesto».

[10] Anteriormente recogido en el art. 4 de la Ley 10/2009, de 23 de diciembre, de Medidas Fiscales y Administrativas (BOCM de 29 de diciembre de 2009), en vigor desde el 1/1/2010.

Real Decreto Legislativo 1/1993, de 24 de septiembre, la cuota tributaria se obtendrá aplicando sobre la base imponible los tipos de gravamen establecidos en los artículos siguientes.

Artículo 32. *Tipos de gravamen aplicables a documentos notariales en los que se formalicen adquisiciones de viviendas.*

1[11]. Los tipos aplicables a las primeras copias de escrituras y actas notariales que documenten transmisiones de viviendas cuando el adquirente sea persona física serán los siguientes:

a) Se aplicará el tipo del 0,2 por 100 cuando se transmitan viviendas de protección pública reguladas en la Ley 6/1997, de 8 de enero, de Protección Pública a la Vivienda de la Comunidad de Madrid, con una superficie útil máxima de 90 metros cuadrados, que no cumplan los requisitos para gozar de la exención en esta modalidad del Impuesto.

Cuando el adquirente de la vivienda de protección pública sea un titular de familia numerosa, se aplicará el límite máximo incrementado de superficie construida que resulte de lo dispuesto en la Ley 40/2003, de 18 de noviembre, de Protección a las Familias Numerosas, y en sus normas de desarrollo.

b) Se aplicará el tipo del 0,4 por 100 cuando se transmitan viviendas cuyo valor real sea igual o inferior a 120.000 euros.

c) Se aplicará el tipo del 0,5 por 100 cuando se transmitan viviendas cuyo valor real sea igual o inferior a 180.000 euros y superior a 120.000 euros.

d) Se aplicará el tipo del 0,75 por 100 cuando se transmitan viviendas cuyo valor real sea superior a 180.000 euros.

2. En la determinación del valor real de la vivienda transmitida se incluirán los anejos y plazas de garaje que se transmitan conjuntamente con aquella, aun cuando constituyan fincas registrales independientes.

Artículo 33. *Tipos de gravamen aplicables a documentos notariales en los que se constituyan hipotecas en garantía de préstamos para la adquisición de viviendas.*

1[12]. Los tipos aplicables a las primeras copias de escrituras y actas notariales que documenten la constitución de hipoteca en garantía de préstamos para la adquisición de vivienda cuando el prestatario sea persona física serán los siguientes:

a) Se aplicará el tipo 0,4 por 100 cuando el valor real del derecho que se constituya sea igual o inferior a 120.000 euros.

b) Se aplicará el tipo 0,5 por 100 cuando el valor real del derecho que se constituya sea igual o inferior a 180.000 euros y superior a 120.000 euros.

---

[11] Nueva redacción dada por el art. 1.Tres de la Ley 6/2013, de 23 de diciembre, de Medidas Fiscales y Administrativas (BOCM núm. 309, de 30 de diciembre de 2013), en vigor desde el 1 de enero de 2014.

[12] Nueva redacción dada por el art. 1.Cuatro de la Ley 6/2013, de 23 de diciembre, de Medidas Fiscales y Administrativas (BOCM núm. 309, de 30 de diciembre de 2013), en vigor desde el 1 de enero de 2014.

c) Se aplicará el tipo 0,75 por 100 cuando el valor real del derecho que se constituya sea superior a 180.000 euros.

2. A los efectos de las letras a), b) y c) del apartado anterior se determinará el valor real del derecho que se constituya de acuerdo con lo previsto en el artículo 10.2.c) del Texto Refundido de la Ley del Impuesto sobre Transmisiones Patrimoniales y Actos Jurídicos Documentados, aprobado por el Real Decreto Legislativo 1/1993, de 24 de septiembre.

Artículo 34. *Tipo de gravamen aplicable a documentos notariales que formalicen derechos reales de garantía a favor de Sociedades de Garantía Recíproca.*

1. En las primeras copias de escrituras y actas notariales que documenten la constitución y modificación de derechos reales de garantía a favor de sociedades de garantía recíproca con domicilio fiscal en el territorio de la Comunidad de Madrid se aplicará el tipo 0,1 por 100.

2. Este tipo de gravamen será también aplicable a la alteración registral mediante posposición, igualación, permuta o reserva de rango hipotecarios cuando participen estas Sociedades de Garantía Recíproca.

Artículo 35. *Tipo de gravamen aplicable a los documentos notariales que formalicen transmisiones de inmuebles con renuncia a la exención del Impuesto sobre el Valor Añadido.*

En las primeras copias de escrituras y actas notariales que documenten transmisiones de bienes inmuebles respecto de las cuales se haya renunciado a la exención contenida en el artículo 20.Dos de la Ley 37/1992, de 28 de diciembre, del Impuesto sobre el Valor Añadido, se aplicará el tipo de gravamen del 1,5 por 100.

Artículo 36[13]**.** *Tipo de gravamen aplicable a otros documentos notariales.*

Se aplicará el tipo del 0,75 por 100 en las primeras copias de escrituras y actas notariales que documenten actos o contratos distintos de los recogidos en los artículos anteriores de esta Subsección.

Artículo 37. *Aplicación de los tipos de gravamen.*

Cuando de la aplicación de los tipos de gravamen regulados en los artículos 32 y 33 anteriores resulte que a un incremento de la base imponible corresponde una porción de cuota superior a dicho incremento, se reducirá la cuota resultante en la cuantía del exceso.

---

[13] Nueva redacción dada por el art. 1.Cinco de la Ley 6/2013, de 23 de diciembre, de Medidas Fiscales y Administrativas (BOCM núm. 309, de 30 de diciembre de 2013), en vigor desde el 1 de enero de 2014.

SUBSECCIÓN SEGUNDA. Bonificaciones

Artículo 38. *Bonificación de la cuota tributaria en determinadas operaciones de modificación y subrogación de préstamos y créditos hipotecarios.*

1. Se aplicará una bonificación del 100 por 100 de la cuota tributaria gradual en la modalidad de Actos Jurídicos Documentados prevista en el artículo 31.2 del Texto Refundido de la Ley del Impuesto sobre Transmisiones Patrimoniales y Actos Jurídicos Documentados, aprobado por Real Decreto Legislativo 1/1993, de 24 de septiembre a:

a) Las primeras copias de escrituras que documenten la modificación del método o sistema de amortización y cualesquiera otras condiciones financieras de los préstamos hipotecarios a que se refiere el artículo 4.2, apartado IV, de la Ley 2/1994, de 30 de marzo, de Subrogación y Modificación de Préstamos Hipotecarios, siempre que se trate de préstamos concedidos para la inversión en vivienda habitual.

b) Las primeras copias de escrituras que documenten la alteración del plazo, o la modificación de las condiciones del tipo de interés inicialmente pactado o vigente, el método o sistema de amortización y de cualesquiera otras condiciones financieras de los créditos hipotecarios, siempre que se trate de créditos concedidos u obtenidos para la inversión en vivienda habitual.

c) Las primeras copias de escrituras que documenten las operaciones de subrogación de créditos hipotecarios, siempre que la subrogación no suponga alteración de las condiciones pactadas o que se alteren únicamente las condiciones financieras a que se refiere el punto anterior, y que se trate de créditos concedidos u obtenidos para la inversión en vivienda habitual.

En ningún caso, se aplicará esta bonificación a la ampliación o reducción del capital del préstamo o crédito.

2. A efectos de lo dispuesto en este artículo, se considerará vivienda habitual e inversión en la misma a las así definidas por la normativa del Impuesto sobre la Renta de las Personas Físicas.

Artículo 38 bis.[14] ***Bonificación de la cuota tributaria por adquisición de vivienda habitual por personas físicas.***

1. Las personas físicas que adquieran un inmueble que vaya a constituir su vivienda habitual podrán aplicar una bonificación del 10 por cien de la cuota tributaria gradual en

---

[14]   Nueva redacción del art. 38 bis dada por el art. único Once de la Ley 5/2024, de 20 de noviembre, por la que se modifica el texto refundido de las disposiciones legales de la Comunidad de Madrid en materia de tributos cedidos por el Estado, aprobado por Decreto Legislativo 1/2010, de 21 de octubre, del Consejo de Gobierno, para establecer una deducción por inversiones de nuevos contribuyentes procedentes del extranjero en el ámbito del Impuesto sobre la Renta de las Personas Físicas (BOCM núm. 284, de 28 de noviembre de 2024), en con efectos desde el 29 de noviembre de 2024.
Redacción anterior por su incorporación dada por el art. único. Quince.1 de la Ley 6/2018, de 19 de diciembre, de Medidas Fiscales de la Comunidad de Madrid, por la que se modifica el Texto Refundido de las

la modalidad de «Actos Jurídicos Documentados» derivada de las primeras copias de escrituras que documenten tales adquisiciones. La bonificación será del 100 por cien cuando la vivienda habitual sea adquirida por un contribuyente menor de 35 años y esté situada en un municipio con una población inferior a los 2.500 habitantes a 1 de enero del ejercicio anterior al del devengo de la bonificación, de acuerdo con los datos publicados por el INE.

A tal efecto, se considerará vivienda habitual la que se ajusta a la definición y requisitos establecidos en la disposición adicional vigésima tercera de la Ley 35/2006, de 28 de noviembre, y en su normativa de desarrollo.

2. La bonificación será aplicable, exclusivamente, cuando el valor del inmueble adquirido sea igual o inferior a 250.000 euros.

En la determinación del valor de la vivienda adquirida se incluirán los anejos y plazas de garaje que se transmitan conjuntamente con aquella, aun cuando constituyan fiscas registrales independientes.

3. En el caso de que la vivienda adquirida no llegue a habitarse efectivamente en el plazo de doce meses desde su adquisición o construcción o no se habite efectivamente durante un plazo mínimo continuado de tres años, salvo que concurran las circunstancias indicadas en la disposición adicional vigésimo tercera de la Ley 35/2006, de 28 de noviembre, y en su normativa de desarrollo, el adquirente deberá presentar, en el plazo de un mes desde que se produzca el incumplimiento, una autoliquidación complementaria aplicando el tipo

---

Disposiciones Legales de la Comunidad de Madrid en materia de tributos cedidos por el Estado, aprobado por Decreto Legislativo 1/2010, de 21 de octubre (BOCM núm. 309, de 28 de diciembre de 2018), con efectos desde el 1 de enero de 2019: «*1. Las personas físicas que adquieran inmuebles que vayan a constituir su vivienda habitual podrán aplicar una bonificación del 10 por 100 de la cuota tributaria gradual en la modalidad de «Actos Jurídicos Documentados» derivada de las primeras copias de escrituras que documenten tales adquisiciones.*
A tal efecto, se considerará vivienda habitual la que se ajusta a la definición y requisitos establecidos en la disposición adicional vigésima tercera de la Ley 35/2006, de 28 de noviembre, del Impuesto sobre la Renta de las Personas Físicas, y en su normativa de desarrollo, en su redacción vigente desde el 1 de enero de 2013.
2. La bonificación será aplicable, exclusivamente, cuando el valor real del inmueble adquirido sea igual o inferior a 250.000 euros.
En la determinación del valor real de la vivienda adquirida se incluirán los anejos y plazas de garaje que se transmitan conjuntamente con aquella, aun cuando constituyan fincas registrales independientes.
3. En el caso de que la vivienda adquirida no llegue a habitarse efectivamente en el plazo de 12 meses desde su adquisición o construcción o no se habite efectivamente durante un plazo mínimo continuado de tres años, salvo que concurran las circunstancias indicadas en la disposición adicional vigésima tercera de la Ley 35/2006, de 28 de noviembre, del Impuesto sobre la Renta de las Personas, y en su normativa de desarrollo, en su redacción vigente desde el 1 de enero de 2013, el adquirente deberá presentar, en el plazo de un mes desde que se produzca el incumplimiento, una autoliquidación complementaria aplicando el tipo impositivo general en la Comunidad de Madrid e incluyendo los correspondientes intereses de demora.
4. La bonificación contenida en este artículo será incompatible con la aplicación de la bonificación establecida en el artículo 38 ter de esta ley».

impositivo general en la Comunidad de Madrid e incluyendo los correspondientes intereses de demora.

4. La bonificación contenida en este artículo será incompatible con la aplicación de la bonificación establecida en el artículo 38 ter.

Artículo 38 ter[15]. *Bonificación de la cuota tributaria por adquisición de vivienda habitual por familias numerosas.*

1. Los sujetos pasivos que sean titulares de una familia numerosa y que adquieran inmuebles que vayan a constituir su vivienda habitual aplicarán una bonificación del 95 por 100 de la cuota tributaria gradual en la modalidad de "Actos Jurídicos Documentados" derivada de la primera copia de escrituras que documenten tales adquisiciones.

Para la aplicación de la presente bonificación será necesario cumplir los siguientes requisitos:

a) Que el sujeto pasivo sea titular de una familia numerosa.

b) Que el inmueble constituya la vivienda habitual de la familia numerosa de la que sea titular el sujeto pasivo. Se considerará vivienda habitual la que se ajusta a la definición y requisitos establecidos en la disposición adicional vigésima tercera de la Ley 35/2006, de 28 de noviembre, del Impuesto sobre la Renta de las Personas Físicas, y en su normativa de desarrollo, en su redacción vigente desde el 1 de enero de 2013.

c) Que, en el supuesto de que la anterior vivienda habitual fuera propiedad de alguno de los titulares de la familia numerosa, la misma se venda en el plazo de dos años anteriores o posteriores a la adquisición de la nueva vivienda habitual. No será exigible este requisito cuando se adquiera un inmueble contiguo a la vivienda habitual para unirlo a esta, formando una única vivienda de mayor superficie.

2. A los efectos de lo dispuesto en este artículo, el concepto de familia numerosa es el establecido por la Ley 40/2003, de 18 de noviembre, de Protección a las Familias Numerosas. La acreditación de la condición legal de familia numerosa se realizará mediante la presentación del título de familia numerosa, libro de familia u otro documento que pruebe que dicha condición ya concurría en la fecha del devengo.

3. En el caso de que la vivienda adquirida no llegue a habitarse efectivamente en el plazo de 12 meses desde su adquisición o construcción o no se habite efectivamente durante un plazo mínimo continuado de tres años, salvo que concurran las circunstancias indicadas en la disposición adicional vigésima tercera de la Ley 35/2006, de 28 de noviembre, del Impuesto sobre la Renta de las Personas Físicas, y en su normativa de desarrollo, en su

---

[15]   Nuevo art. 38.ter incorporado por el art. único. Quince.2 de la Ley 6/2018, de 19 de diciembre, de Medidas Fiscales de la Comunidad de Madrid, por la que se modifica el Texto Refundido de las Disposiciones Legales de la Comunidad de Madrid en materia de tributos cedidos por el Estado, aprobado por Decreto Legislativo 1/2010, de 21 de octubre (BOCM núm. 309, de 28 de diciembre de 2018), con efectos desde el 1 de enero de 2019.

redacción vigente desde el 1 de enero de 2013, el adquirente deberá presentar, en el plazo de un mes desde que se produzca el incumplimiento, una autoliquidación complementaria aplicando el tipo impositivo general en la Comunidad de Madrid e incluyendo los correspondientes intereses de demora.

4. La bonificación contenida en este artículo será incompatible con la aplicación de la bonificación establecida en el artículo 38 bis de esta ley.

(...)

TÍTULO II. OBLIGACIONES FORMALES

CAPÍTULO I. IMPUESTOS SOBRE SUCESIONES Y DONACIONES Y SOBRE TRANSMISIONES PATRIMONIALES Y ACTOS JURÍDICOS DOCUMENTADOS.

Artículo 48[16]. *Obligaciones formales de Notarios.*

1. El cumplimiento de las obligaciones formales de los Notarios, recogidas en los artículos 32.3 de la Ley 29/1987, de 18 de diciembre, del Impuesto sobre Sucesiones y Donaciones, y en el artículo 52 del Texto Refundido del Impuesto sobre Transmisiones Patrimoniales y Actos Jurídicos Documentados, aprobado por Real Decreto Legislativo 1/1993, de 24 de septiembre, se realizará en la forma, condiciones y plazos que se determinen por la Consejería competente en materia de Hacienda. La remisión de dicha información podrá exigirse en soporte directamente legible por ordenador y por vía telemática.

2. 1.º Los Notarios con destino en la Comunidad de Madrid remitirán por vía telemática a la Dirección General de Tributos de la Consejería competente en materia de Hacienda un documento informativo de los elementos básicos de las escrituras por ellos autorizadas, así como la copia electrónica de las mismas de conformidad con lo dispuesto en la legislación notarial.

Este documento informativo deberá remitirse respecto de los hechos imponibles que determine la Consejería competente en materia de Hacienda, quien, además, establecerá los procedimientos, estructura y plazos en los que debe ser remitida esta información, dentro de los límites establecidos en el apartado 4 del artículo 93 de la Ley 58/2003, de 17 de diciembre, General Tributaria.

2.º El justificante de la recepción por parte de la Administración de la copia electrónica de la escritura, en los términos que determine la Consejería competente en materia de Hacienda, junto con el ejemplar para el interesado de la autoliquidación en la que conste el pago del tributo o la no sujeción o exención, debidamente validada, en la forma determinada por la Consejería competente en materia de Hacienda, serán requisitos suficientes para justificar el pago de la liquidación correspondiente, su exención o no sujeción, a efectos de

---

[16]   Anteriormente recogido en el art. 8 de la Ley 5/2004, de 28 de diciembre, de Medidas Fiscales y Administrativas (BOCM núm. 310, de 30 de diciembre de 2004 y BOE núm. 42, de 18 de febrero de 2003) con efectos desde el 1/1/2005.

los dispuesto en el artículo 122 del Real Decreto 828/1995, de 29 de mayo, por el que se aprueba el Reglamento del Impuesto sobre Transmisiones Patrimoniales y Actos Jurídicos Documentados y en el artículo 100 del Real Decreto 1629/1991, de 8 de noviembre, por el que se aprueba el Reglamento del Impuesto sobre Sucesiones y Donaciones.

En todo caso, el justificante de presentación o pago telemático regulado por la Consejería competente en materia de Hacienda servirá, a todos los efectos, de justificante de presentación y pago de la autoliquidación.

3.º La Consejería competente en materia de Hacienda habilitará un sistema de confirmación permanente e inmediata que posibilite a las oficinas y registros públicos, juzgados y tribunales verificar la concordancia del justificante de presentación o pago telemático con los datos que constan en la Administración Tributaria.

Artículo 49[17]. *Obligaciones formales de los Registradores de la Propiedad y Mercantiles.*

1. Los Registradores de la Propiedad y Mercantiles con destino en el ámbito territorial de la Comunidad de Madrid deberán remitir a la Consejería competente en materia de Hacienda, en la primera quincena de cada trimestre, una declaración con la relación de los documentos relativos a actos o contratos sujetos al Impuesto sobre Sucesiones y Donaciones o al Impuesto sobre Transmisiones Patrimoniales y Actos Jurídicos Documentados que se presenten a inscripción, cuando el pago o la presentación de la declaración se haya realizado en otra Comunidad Autónoma a la que no corresponda el rendimiento de los impuestos. Dicha declaración irá referida al trimestre anterior.

2. Mediante convenio entre la Comunidad de Madrid y el Colegio de Registradores de la Propiedad y Mercantiles de Madrid o, en su defecto, por Orden de la Consejería competente en materia de Hacienda, podrá establecerse el formato, condiciones, diseño y demás extremos necesarios para el cumplimiento de las obligaciones formales a que se refiere el apartado anterior, que podrá consistir en soporte legible por ordenador o mediante transmisión por vía telemática.

Artículo 50[18]. *Autoliquidación mensual del Impuesto sobre Transmisiones Patrimoniales y Actos Jurídicos Documentados, de los empresarios dedicados a la compraventa de objetos fabricados con metales preciosos.*

1. Los adquirentes de objetos fabricados con metales preciosos que estén obligados a la llevanza del libro-registro a que hace referencia el artículo 91 del Real Decreto 197/1988, de 22 de febrero, por el que se aprueba el Reglamento de la Ley de objetos fabricados con

---

[17]   Anteriormente recogido en el art. 7 de la Ley 5/2004, de 28 de diciembre, de Medidas Fiscales y Administrativas (BOCM núm. 310, de 30 de diciembre de 2004 y BOE núm. 42, de 18 de febrero de 2003) con efectos desde el 1/1/2005.

[18]   Nuevo art. Incorporado por el art. 1.Seis de la Ley 4/2014, de 22 de diciembre, de Medidas Fiscales y Administrativas (BOCM núm. 309, de 29 de diciembre de 2014), en vigor desde 1 de enero de 2015.

metales preciosos, declararán conjuntamente todas las operaciones sujetas a la modalidad de «Transmisiones Patrimoniales Onerosas» del Impuesto sobre Transmisiones Patrimoniales y Actos Jurídicos Documentados devengadas en cada mes natural. A tal efecto, presentarán una única autoliquidación comprensiva de la totalidad de las operaciones realizadas en cada mes natural.

2. El plazo de presentación e ingreso de la autoliquidación será treinta días hábiles a contar desde el último día del mes al que se refieran las operaciones declaradas.

3. La autoliquidación se presentará sin documentación adicional, sin perjuicio de que pueda requerirse por la Administración el detalle de las operaciones objeto de declaración, en cuyo caso deberá ponerse a su disposición copia de las páginas del libro-registro indicado en el apartado 1 anterior, en caso de cumplimentarse éste en papel, o una relación, firmada por el declarante, de las operaciones incluidas en dicho libro-registro, en caso de cumplimentarse por otros medios, que contengan la información relativa a tales operaciones.

Por orden del Consejero competente en materia de Hacienda podrá regularse la documentación complementaria que debe acompañarse a la autoliquidación y, en su caso, la obligatoriedad de su presentación telemática.

Artículo 50 bis[19]. *Exclusión de la obligación de presentación de autoliquidación del Impuesto sobre Transmisiones Patrimoniales y Actos Jurídicos Documentados por adquisición de bienes muebles y semovientes de escaso valor.*

Los sujetos pasivos que realicen las adquisiciones de bienes a las que resulte de aplicación la bonificación contenida en el artículo 30 ter de esta ley no estarán obligados a presentar autoliquidación por el impuesto.

No obstante lo anterior, mantendrán la obligación de presentar la autoliquidación los adquirentes de bienes que deban ser objeto de inscripción en cualquier registro público.

(…)

CAPÍTULO III. HABILITACIONES Y PRESENTACIÓN TELEMÁTICA DE DECLARACIONES

Artículo 51. *Habilitaciones.*

1. Se habilita al Consejero competente en materia de Hacienda para dictar cuantas disposiciones sean necesarias para desarrollar lo dispuesto en el capítulo V del título I y, en particular, para establecer los modelos de declaración-liquidación, así como el tiempo y la forma en los que el pago debe realizarse en cada caso.

---

[19]   Nuevo art. 50 bis incorporado por el art. único. Dieciséis de la Ley 6/2018, de 19 de diciembre, de Medidas Fiscales de la Comunidad de Madrid, por la que se modifica el Texto Refundido de las Disposiciones Legales de la Comunidad de Madrid en materia de tributos cedidos por el Estado, aprobado por Decreto Legislativo 1/2010, de 21 de octubre (BOCM núm. 309, de 28 de diciembre de 2018), con efectos desde el 1 de enero de 2019.

2²⁰.

Artículo 52. *Presentación telemática de declaraciones y autoliquidaciones.*

1. La Consejería competente en materia de Hacienda podrá autorizar la presentación telemática de las declaraciones o autoliquidaciones de aquellos tributos cuya gestión tenga encomendada.

2. Mediante Orden del Consejero competente en materia de Hacienda se podrán establecer los plazos, supuestos y condiciones para esta forma de presentación.

(...)

Disposición transitoria segunda. *Tipo impositivo aplicable a las adquisiciones de vehículos usados por empresarios para su reventa.*

Se aplicará un tipo impositivo del 0,5 por 100 en la modalidad de Transmisiones Patrimoniales Onerosas a las transmisiones de vehículos usados con motor mecánico para circular por carretera cuando dichos vehículos hubieran sido adquiridos en 2008 y 2009 con derecho a la exención provisional regulada en el artículo 45.I.B.17º del Texto Refundido de la Ley del Impuesto sobre Transmisiones Patrimoniales y Actos Jurídicos Documentados, aprobado por Real Decreto Legislativo 1/1993, de 24 de septiembre, y no pueda elevarse a definitiva dicha exención.

(...)

Disposición adicional primera²¹. *Bonificación de la cuota tributaria por adquisición durante el ejercicio 2015 de inmuebles para el desarrollo de actividades industriales en el Corredor del Henares, Sureste y Sur Metropolitano.*

Uno. Bonificación de la cuota tributaria en la modalidad «Transmisiones Patrimoniales Onerosas» por adquisición de inmuebles para el desarrollo de actividades industriales en el Corredor del Henares, Sureste y Sur Metropolitano.

1. Se aplicará una bonificación del 95 por 100 de la cuota en la modalidad de «Transmisiones Patrimoniales Onerosas» por la adquisición durante el ejercicio 2015 de edificaciones vinculadas al desarrollo de una actividad industrial así como de terrenos en los que se construyan edificaciones o instalaciones en las que se vaya a ejercer una actividad industrial, siempre que tales inmuebles se ubiquen dentro del término municipal de los siguientes municipios:

---

[20] Número 2 del artículo 51 suprimido por el número 5 del artículo 1 de la Ley 8/2012, 28 diciembre, de Medidas Fiscales y Administrativas (BOCM núm. 310 de 29 de diciembre de 2012), con efectos desde el 1 enero 2013.

[21] Nueva Disposición adicional primera incorporada por el art. 1.Siete de la Ley 4/2014, de 22 de diciembre, de Medidas Fiscales y Administrativas (BOCM núm. 309, de 29 de diciembre de 2014), en vigor desde el 1 de enero de 2015.

Ajalvir.	Estremera.	Pozuelo del Rey.
Alcalá de Henares.	Fuenlabrada.	Rivas Vaciamadrid.
Alcorcón.	Fuentidueña.	San Fernando de Henares.
Ambite.	Getafe.	San Martín de la Vega.
Aranjuez.	Griñón.	Santos de la Humosa (Los).
Arganda del Rey.	Humanes de Madrid.	Serranillos del Valle.
Arroyomolinos.	Leganés.	Tielmes.
Batres.	Loeches.	Torrejón de Ardoz.
Belmonte del Tajo.	Meco.	Torrejón de la Calzada.
Brea de Tajo.	Mejorada del Campo.	Torrejón de Velasco.
Camarma de Esteruelas.	Moraleja de Enmedio.	Torres de la Alameda.
Campo Real.	Morata de Tajuña.	Valdaracete.
Carabaña.	Móstoles.	Valdemoro.
Casarrubuelos.	Navalcarnero.	Valdilecha.
Ciempozuelos.	Nuevo Baztán.	Velilla de San Antonio.
Loeches.	Orusco de Tajuña.	Villalbilla.
Coslada.	Paracuellos de Jarama.	Villamanrique.
Cubas de la Sagra.	Parla.	Villar del Olmo.
Daganzo de Arriba.	Perales de Tajuña.	Villarejo de Salvanés
El Álamo.	Pinto.	

2. En todo caso, en aplicación de lo dispuesto en el Reglamento 1407/2013 de la Comisión, de 18 de diciembre, relativo a la aplicación de los artículos 107 y 108 del Tratado de Funcionamiento de la Unión Europea a las ayudas de minimis, el importe de la bonificación no podrá superar el límite de los 200.000 euros en tres ejercicios fiscales o, en su caso, el importe que en dicho Reglamento se fije para determinados sectores. Los referidos límites serán aplicables a todas las ayudas de minimis que perciba el beneficiario cualquiera que sea su forma y Administración que las conceda.

Dos. Bonificación de la cuota tributaria en la modalidad «Actos Jurídicos Documentados» por adquisición de inmuebles para el desarrollo de actividades industriales en el Corredor del Henares, Sureste y Sur Metropolitano.

1. Se aplicará una bonificación del 95 por 100 de la cuota tributaria gradual en la modalidad de «Actos Jurídicos Documentados» prevista en el artículo 31.2 del Texto Refundido de la Ley del Impuesto sobre Transmisiones Patrimoniales y Actos Jurídicos Documentados, aprobado por Real Decreto Legislativo 1/1993, de 24 de septiembre, a los documentos notariales que formalicen la adquisición durante el ejercicio 2015 de los inmuebles a que se refiere el apartado Uno anterior, así como a los que documenten las siguientes operaciones

registrales vinculadas con la construcción de dichos inmuebles: la agrupación, división y segregación de fincas, la declaración de obra nueva y la de división horizontal.

2. En todo caso, en aplicación de lo dispuesto en el Reglamento 1407/2013 de la Comisión, de 18 de diciembre, relativo a la aplicación de los artículos 107 y 108 del Tratado de Funcionamiento de la Unión Europea a las ayudas de minimis, el importe de la bonificación no podrá superar el límite de los 200.000 euros en tres ejercicios fiscales o, en su caso, el importe que en dicho Reglamento se fije para determinados sectores. Los referidos límites serán aplicables a todas las ayudas de minimis que perciba el beneficiario cualquiera que sea su forma y Administración que las conceda.

(…)

Disposición transitoria segunda. *Tipo impositivo aplicable a las adquisiciones de vehículos usados por empresarios para su reventa.*

Se aplicará un tipo impositivo del 0,5 por 100 en la modalidad de «Transmisiones Patrimoniales Onerosas» a las transmisiones de vehículos usados con motor mecánico para circular por carretera cuando dichos vehículos hubieran sido adquiridos en 2008 y 2009 con derecho a la exención provisional regulada en el artículo 45.I.B.17.º del Texto Refundido de la Ley del Impuesto sobre Transmisiones Patrimoniales y Actos Jurídicos Documentados, aprobado por Real Decreto Legislativo 1/1993, de 24 de septiembre, y no pueda elevarse a definitiva dicha exención.

Disposición transitoria sexta[22].

Se mantiene vigente para los ejercicios 2016, 2017, 2018 y 2019 la bonificación de la cuota tributaria por adquisición de inmuebles para el desarrollo de actividades industriales en el Corredor del Henares, Sureste y Sur Metropolitano en las modalidades Transmisiones Patrimoniales Onerosas y Actos Jurídicos Documentados prevista en la disposición adicional primera de este Texto Refundido.

---

[22] Nueva redacción dada por la Disp. Final primera de la Ley 9/2018, de 26 de diciembre, de Presupuestos Generales de la Comunidad de Madrid para el año 2019 (BOCM núm. 309, de 28 de diciembre de 2018), con efectos desde el 1 de enero de 2019.
Redacción anterior dada por la Disp. Final primera seis de la Ley 12/2017, de 26 de diciembre, de Presupuestos Generales de la Comunidad de Madrid para el año 2018 (BOCM núm. 308, de 28 de diciembre de 2017).
Redacción anterior dada por la Disp. Final Segunda de la Ley 6/2017, de 11 de mayo, de Presupuestos Generales de la Comunidad de Madrid para el año 2017 (BOCM núm. 118, de 19 de mayo de 2017).
Redacción anterior, por su incorporación efectuada por el art.1 de la Ley 9/2015, de 28 diciembre, Medidas Fiscales y Administrativas (BOCM núm. 311, de 31 de diciembre de 2015), con efectos desde 1 de enero de 2016.

Disposición transitoria octava[23].

Uno. Bonificación de la cuota tributaria en la modalidad «Transmisiones Patrimoniales Onerosas» por la adquisición de inmuebles en sustitución de los afectados por la línea 7B de Metro de Madrid.

1. Las personas físicas y jurídicas propietarias o usufructuarias de un inmueble que se haya visto afectado por los daños derivados de las obras del tramo del túnel de la Línea 7B de Metro de Madrid que adquieran, en sustitución del inmueble afectado, otro de análogas características, podrán aplicar una bonificación del 100 por ciento de la cuota tributaria en la modalidad de «Transmisiones Patrimoniales Onerosas» derivada de dicha adquisición.

2. La bonificación contenida en este apartado Uno será incompatible con la aplicación de la bonificación a que se refiere el artículo 30 bis de esta ley.

Dos. Bonificación de la cuota tributaria en la modalidad «Actos Jurídicos Documentados» por adquisición de inmuebles en sustitución de los afectados por la línea 7B de Metro de Madrid

1. Se aplicará una bonificación del 100 por ciento de la cuota tributaria gradual en la modalidad de «Actos Jurídicos Documentados» prevista en el artículo 31.2 del Texto Refundido de la Ley del Impuesto sobre Transmisiones Patrimoniales y Actos Jurídicos Documentados, aprobado por Real Decreto Legislativo 1/1993, de 24 de septiembre, a los documentos notariales que formalicen la adquisición de inmuebles a que se refiere el apartado Uno anterior, así como a los que documenten las siguientes operaciones registrales vinculadas con la construcción de dichos inmuebles: la agrupación, división y segregación de fincas, la declaración de obra nueva y la de división horizontal.

2. La bonificación contenida en este apartado Dos será incompatible con la aplicación de las bonificaciones establecidas en los artículos 38 bis y 38 ter de esta ley.

Tres. Acreditación de la condición de inmuebles afectados por la línea 7B de Metro de Madrid.

A efectos de la aplicación de las bonificaciones indicadas en los apartados Uno y Dos tendrán la condición de inmuebles afectados por la línea 7B de Metro de Madrid aquellos determinados en el fundamento de derecho quinto de la Orden de 21 de febrero de 2022, de la Consejería de Transportes e Infraestructuras, por la que se dispone iniciar de oficio los procedimientos de responsabilidad patrimonial por los daños ocasionados en diversos inmuebles en el municipio de San Fernando de Henares derivados de las obras del tramo del túnel de la línea 7B de Metro, comprendido entre las estaciones de Barrio del Puerto y Hospital del Henares, o por aquella que la complemente o desarrolle.

---

[23] Nueva Disp. Transitoria octava incorporada por la Disp. Final Tercera de la Ley 9/2024, de 26 de diciembre, de Presupuestos Generales de la Comunidad de Madrid para el año 2025 BOCM núm. 310, de 31 de diciembre), en vigor desde el 1 de enero de 2025.

Cuatro. Aplicación retroactiva y vigencia temporal de la bonificación de la cuota tributaria por adquisición de inmuebles por afectados por la línea 7B de Metro de Madrid

Las bonificaciones indicadas en los apartados Uno y Dos resultarán aplicables desde la fecha de entrada en vigor de la Orden de 21 de febrero de 2022, de la Consejería de Transportes e Infraestructuras, por la que se dispone iniciar de oficio los procedimientos de responsabilidad patrimonial por los daños ocasionados en diversos inmuebles en el municipio de San Fernando de Henares derivados de las obras del tramo del túnel de la línea 7B de Metro, comprendido entre las estaciones de Barrio del Puerto y Hospital del Henares, o por aquella que la complemente o desarrolle, y hasta los cuatro años naturales siguientes a la notificación del Acuerdo u Orden que ponga fin a cada uno de los procedimientos de responsabilidad patrimonial.

En caso de haber satisfecho el impuesto correspondiente a las adquisiciones a que hacen referencia los apartados Uno y Dos con anterioridad a la entrada en vigor de esta disposición, podrá instarse la rectificación de la autoliquidación conforme a lo previsto en el artículo 120.3 de la Ley 58/2003, de 17 de diciembre, General Tributaria.

(...)

COMUNIDAD AUTÓNOMA VALENCIANA

Impuesto Sobre Transmisiones Patrimoniales y Actos Jurídicos Documentados

16. Ley 13/1997, de 23 de diciembre, por la que se regula el tramo autonómico del Impuesto sobre la Renta de las Personas Físicas y restantes Tributos Cedidos

(DOGV núm. 3.153, de 31 de diciembre de 1997; BOE núm. 83, de 7 de abril de 1998)

PREÁMBULO

(…)

V

En relación con el resto de la tributación cedida, en el Impuesto sobre Sucesiones y Donaciones, de conformidad con la política autonómica en esta materia, se eleva en un 50 por ciento la cuantía de la reducción a favor de causahabientes con discapacidad. Se crea, por otra parte, una reducción nueva, de carácter, pues, netamente autonómico, cuyo objeto es favorecer la sucesión en el núcleo familiar de parcelas agrícolas de reducida dimensión, tan típicas de algunas zonas de nuestra geografía agraria[1].

En relación con la modalidad Actos Jurídicos Documentados del Impuesto sobre Transmisiones Patrimoniales y Actos Jurídicos Documentados, y como complemento de las medidas previstas en este ámbito en el tramo autonómico del Impuesto sobre la Renta de las Personas Físicas, se reduce el tipo de gravamen gradual que grava la expedición de las primeras copias de escrituras, cuando éstas documenten la adquisición de vivienda habitual.

---

[1] Nueva redacción de párrafo dada por el art. 17 de la Ley 8/2022, de 29 de diciembre, de medidas fiscales, de gestión administrativa y financiera, y de organización de la Generalitat (DOGV núm. 9501 de 30 de diciembre de 2022), en vigor el día 1 de enero de 2023.
Redacción original: *«En relación con el resto de la tributación cedida, en el Impuesto sobre Sucesiones y Donaciones, de conformidad con la política autonómica en esta materia, se eleva en un 50% la cuantía de la reducción a favor de causahabientes minusválidos. Se crea, por otra parte, una reducción nueva, de carácter, pues, netamente autonómico, cuyo objeto es favorecer la sucesión en el núcleo familiar de parcelas agrícolas de reducida dimensión, tan típicas de algunas zonas de nuestra geografía agraria».*

(...)

TÍTULO II. OTROS TRIBUTOS CEDIDOS

(...)

CAPÍTULO III. IMPUESTO SOBRE TRANSMISIONES PATRIMONIALES Y ACTOS JURÍDICOS DOCUMENTADOS

Artículo 13[2]. *Transmisiones patrimoniales onerosas.*

De conformidad con lo dispuesto en el artículo 49.1.a) de la Ley 22/2009, de 18 de diciembre, por la que se regula el sistema de financiación de las Comunidades Autónomas de régimen común y Ciudades con Estatuto de Autonomía y se modifican determinadas normas tributarias, los tipos de gravamen de la modalidad de Transmisiones Patrimoniales Onerosas del Impuesto sobre Transmisiones Patrimoniales y Actos Jurídicos Documentados serán los siguientes:

Uno[3]. El 9% en las adquisiciones de inmuebles, así como en la constitución o cesión de derechos reales que recaigan sobre los mismos, salvo los derechos reales de garantía, excepto que sea aplicable alguno de los tipos previstos en los apartados siguientes.

---

[2]   Nueva redacción del art. 13 dada por el art. 6 del Decreto Ley 4/2013, de 2 de agosto, del Consell, por el que se establecen medidas urgentes para la reducción del déficit público y la lucha contra el fraude fiscal en la Comunitat Valenciana, así como otras medidas en materia de ordenación del juego (DOCV núm. 7083 de 06 de agosto de 2013), en vigor desde el 06-07-2013.
    Redacción anterior del art. 13 dada por el art. 16 de la Ley 11/2000, de 28 de diciembre, de Medidas Fiscales, de Gestión Administrativa y Financiera, y de Organización de la Generalitat Valenciana (DOGV núm. 3.907, de 29 de diciembre de 2000 y BOE núm. 32, de 6 de febrero de 2001) y art. 36 de la Ley 11/2002, de 23 de diciembre, de Medidas Fiscales (DOGV núm. 4.409, de 31 de diciembre de 2002 y BOE de 4 de febrero de 2003), art. 34 de la Ley 16/2008, de 22 de diciembre, de medidas fiscales, de gestión administrativa y financiera, y de organización de la Generalitat (DOCV núm. 5.922, de 29 de diciembre de 2008), en vigor desde 1/1/2009, art. 33 de la Ley 14/2007, de 26 de diciembre, de medidas fiscales, de gestión administrativa y financiera, y de organización de la Generalitat (DOCV núm. 5669, de 28 de diciembre de 2007 y BOE de 25 de enero de 2008), en vigor desde 1 de enero de 2008, art. 36 de la Ley 11/2002, de 23 de diciembre, de Medidas Fiscales (DOGV núm. 4.409, de 31 de diciembre de 2002 y BOE de 4 de febrero de 2003) y art. 36 de la Ley 11/2002, de 23 de diciembre, de Medidas Fiscales (DOGV núm. 4.409, de 31 de diciembre de 2002 y BOE de 4 de febrero de 2003).

[3]   Nueva redacción del apartado Uno dada por el 33 de la Ley 5/2025, de 30 de mayo, de medidas fiscales, de gestión administrativa y financiera, y de organización de la Generalitat (DOGV núm. 10120, de 31 de mayo de 2025), con efectos para los hechos imponibles devengados desde el 1 de junio de 2026 inclusive.
    Redacción anterior dada por el art. 23 la Ley 8/2022, de 29 de diciembre, de medidas fiscales, de gestión administrativa y financiera, y de organización de la Generalitat (DOGV núm. 9501 de 30 de diciembre de 2022), en vigor el día 1 de enero de 2023: «*Uno. El 10 por ciento en las adquisiciones de inmuebles, así como en la constitución o cesión de derechos reales que recaigan sobre los mismos, salvo los derechos reales de garantía, excepto que sea aplicable alguno de los tipos previstos en los apartados siguientes.*

No obstante, cuando el valor de los bienes inmuebles transmitidos o del derecho que se constituya o ceda sobre los mismos sea superior a un millón de euros, el tipo aplicable será el 11%.

Dos[4]. El 8% en los siguientes casos:

No obstante, cuando el valor de los bienes inmuebles transmitidos o del derecho que se constituya o ceda sobre los mismos sea superior a un millón de euros, el tipo aplicable será el 11 por ciento».

[4]   Nueva redacción del art. 13.Dos dada por el art. 19 de la Ley 7/2023, de 26 de diciembre, de medidas fiscales, de gestión administrativa y financiera, y de organización de la Generalitat (DOGV núm. 9756 de 30 de diciembre de 2023), en vigor desde el 1 de enero de 2024.

Redacción anterior: *«Dos. El 8 por 100 en los siguientes casos:*

1) En la adquisición de viviendas de protección pública de régimen general, así como en la constitución o cesión de derechos reales que recaigan sobre las referidas viviendas, salvo los derechos reales de garantía, siempre que tales viviendas constituyan o vayan a constituir la primera vivienda habitual del adquirente o cesionario.

2) En la adquisición de viviendas que vayan a constituir la primera vivienda habitual de jóvenes menores de 35 años, por la parte que estos adquieran, siempre que la suma de la base liquidable general y de la base liquidable del ahorro del Impuesto sobre la Renta de las Personas Físicas del sujeto pasivo correspondiente al período impositivo inmediatamente anterior, con plazo de presentación vencido a la fecha del devengo no exceda de los límites a los que se refiere el párrafo primero del apartado cuatro del artículo cuarto de la presente ley.

3) En la adquisición de bienes inmuebles incluidos en la transmisión de la totalidad de un patrimonio empresarial o profesional o de un conjunto de elementos corporales y, en su caso, incorporales que, formando parte del patrimonio empresarial o profesional del transmitente, constituyan una unidad económica autónoma capaz de desarrollar una actividad empresarial o profesional por sus propios medios, en los términos a los que se refiere el artículo 7, apartado 1, de la Ley 37/1992, de 28 de diciembre, del Impuesto sobre el Valor Añadido y el artículo 7, apartado 5, del Texto Refundido de la Ley del Impuesto sobre Transmisiones Patrimoniales y Actos Jurídicos Documentados, aprobado por Real Decreto Legislativo 1/1993, de 24 de septiembre, siempre que concurran las siguientes circunstancias:

Que el transmitente ejerciera la actividad empresarial o profesional en la Comunitat Valenciana.

Que los inmuebles se afecten a la actividad empresarial o profesional del adquirente, como sede del domicilio fiscal o centro de trabajo de la empresa o negocio.

Que el adquirente mantenga el ejercicio de la actividad empresarial o profesional y su domicilio fiscal en la Comunitat Valenciana durante un período de, al menos, 3 años, salvo que, en el caso de adquirente persona física, este fallezca dentro de dicho plazo.

Que el adquirente mantenga la plantilla media de trabajadores respecto del año anterior a la transmisión, en los términos de personas por año que regula la normativa laboral, durante un período de, al menos, 3 años. A estos efectos, se computarán en la plantilla media a las personas empleadas, en los términos que disponga la legislación laboral, teniendo en cuenta la jornada contratada en relación a la jornada completa.

Que durante el mismo periodo de 3 años el adquirente no realice cualquiera de las siguientes operaciones:

e.1) Efectuar actos de disposición u operaciones societarias que, directa o indirectamente, puedan dar lugar a una minoración sustancial del valor de adquisición.

e.2) Transmitir los inmuebles.

e.3) Desafectar los inmuebles de la actividad empresarial o profesional o destinarlos a fines distintos de sede del domicilio fiscal o centro de trabajo.

1) En la adquisición de viviendas de protección oficial de régimen general, así como en la constitución o cesión de derechos reales que recaigan sobre las referidas viviendas, salvo los derechos reales de garantía, cuyo valor exceda de los 180.000 euros, siempre que tales viviendas constituyan o vayan a constituir la primera vivienda habitual del adquirente o cesionario.

2) En la adquisición de viviendas que vayan a constituir la primera vivienda habitual de jóvenes menores de 35 años cuyo valor exceda de los 180.000 euros, por la parte que estos adquieran, siempre que la suma de la base liquidable general y de la base liquidable del ahorro del Impuesto sobre la Renta de las Personas Físicas del sujeto pasivo no supere los límites a los que se refiere el párrafo primero del apartado cuatro del artículo cuarto de la presente ley.

3) En la adquisición de bienes inmuebles incluidos en la transmisión de la totalidad de un patrimonio empresarial o profesional o de un conjunto de elementos corporales y, en su caso, incorporales que, formando parte del patrimonio empresarial o profesional del transmitente, constituyan una unidad económica autónoma capaz de desarrollar una actividad em-

---

Que el importe neto de la cifra de negocios de la actividad del adquirente, en los términos de la Ley del Impuesto sobre Sociedades, no supere los 10 millones de euros durante los 3 años a que se refiere la letra c) anterior.

Que en el documento público al que se refiere el apartado cinco de este artículo se determine expresamente el destino del inmueble al que se refiere la letra b).

4) En la adquisición de bienes inmuebles por jóvenes menores de 35 años que sean empresarios o profesionales o por sociedades mercantiles participadas directamente en su integridad por jóvenes menores de 35 años, siempre que concurran las siguientes circunstancias:

Que los inmuebles se afecten a la actividad empresarial o profesional del adquirente, como sede del domicilio fiscal o centro de trabajo de la empresa o negocio.

Que el adquirente, o la sociedad participada, mantenga el ejercicio de la actividad empresarial o profesional y su domicilio fiscal en la Comunitat Valenciana durante un período de, al menos, 3 años, salvo que, en el caso de adquirente persona física, este fallezca dentro de dicho plazo, y que, en el caso de adquisición por sociedades mercantiles, además, se mantenga durante dicho plazo una participación mayoritaria en el capital social de los socios existentes en el momento de la adquisición.

Que durante el mismo periodo de 3 años el adquirente no realice cualquiera de las siguientes operaciones:

c.1) Efectuar actos de disposición u operaciones societarias que, directa o indirectamente, puedan dar lugar a una minoración sustancial del valor de adquisición.

c.2) Transmitir los inmuebles.

c.3) Desafectar los inmuebles de la actividad empresarial o profesional o destinarlos a fines distintos de sede del domicilio fiscal o centro de trabajo.

Que el importe neto de la cifra de negocios de la actividad del adquirente, en los términos de la Ley del Impuesto sobre Sociedades, no supere los 10 millones de euros durante los 3 años a que se refiere la letra b) anterior.

Que en el documento público al que se refiere el apartado Cinco de este artículo se determine expresamente el destino del inmueble al que se refiere la letra a), así como la identidad de los socios, su edad y su participación en el capital».

presarial o profesional por sus propios medios, en los términos a los que se refiere el artículo 7, apartado 1, de la Ley 37/1992, de 28 de diciembre, del Impuesto sobre el Valor Añadido y el artículo 7, apartado 5, del texto refundido de la Ley del Impuesto sobre Transmisiones Patrimoniales y Actos Jurídicos Documentados, aprobado por Real decreto legislativo 1/1993, de 24 de septiembre, siempre que concurran las siguientes circunstancias:

a) Que el transmitente ejerciera la actividad empresarial o profesional en la Comunitat Valenciana.

b) Que los inmuebles se afecten a la actividad empresarial o profesional del adquirente, como sede del domicilio fiscal o centro de trabajo de la empresa o negocio.

c) Que el adquirente mantenga el ejercicio de la actividad empresarial o profesional y su domicilio fiscal en la Comunitat Valenciana durante un período de, al menos, 3 años, salvo que, en el caso de adquirente persona física, este fallezca dentro de dicho plazo.

d) Que el adquirente mantenga la plantilla media de trabajadores respecto del año anterior a la transmisión, en los términos de personas por año que regula la normativa laboral, durante un periodo de, al menos, 3 años. A estos efectos, se computarán en la plantilla media a las personas empleadas, en los términos que disponga la legislación laboral, teniendo en cuenta la jornada contratada en relación a la jornada completa.

e) Que durante el mismo periodo de 3 años el adquirente no realice cualquiera de las siguientes operaciones:

e.1) Efectuar actos de disposición u operaciones societarias que, directa o indirectamente, puedan dar lugar a una minoración sustancial del valor de adquisición.

e.2) Transmitir los inmuebles.

e.3) Desafectar los inmuebles de la actividad empresarial o profesional o destinarlos a fines distintos de sede del domicilio fiscal o centro de trabajo.

f) Que el importe neto de la cifra de negocios de la actividad del adquirente, en los términos de la Ley del Impuesto sobre Sociedades, no supere los 10 millones de euros durante los 3 años a que se refiere la letra c) anterior.

g) Que en el documento público al que se refiere el apartado cinco de este artículo se determine expresamente el destino del inmueble al que se refiere la letra b).

4) En la adquisición de bienes inmuebles por jóvenes menores de 35 años que sean empresarios o profesionales o por sociedades mercantiles participadas directamente en su integridad por jóvenes menores de 35 años, siempre que concurran las siguientes circunstancias:

a) Que los inmuebles se afecten a la actividad empresarial o profesional del adquirente, como sede del domicilio fiscal o centro de trabajo de la empresa o negocio.

b) Que el adquirente, o la sociedad participada, mantenga el ejercicio de la actividad empresarial o profesional y su domicilio fiscal en la Comunitat Valenciana durante un período de, al menos, 3 años, salvo que, en el caso de adquirente persona física, este fallezca dentro de dicho plazo, y que, en el caso de adquisición por sociedades mercantiles, además, se mantenga durante dicho plazo una participación mayoritaria en el capital social de los socios existentes en el momento de la adquisición.

c) Que durante el mismo periodo de 3 años el adquirente no realice cualquiera de las siguientes operaciones:

c.1) Efectuar actos de disposición u operaciones societarias que, directa o indirectamente, puedan dar lugar a una minoración sustancial del valor de adquisición.

c.2) Transmitir los inmuebles.

c.3) Desafectar los inmuebles de la actividad empresarial o profesional o destinarlos a fines distintos de sede del domicilio fiscal o centro de trabajo.

d) Que el importe neto de la cifra de negocios de la actividad del adquirente, en los términos de la Ley del Impuesto sobre Sociedades, no supere los 10 millones de euros durante los 3 años a que se refiere la letra b) anterior.

e) Que en el documento público al que se refiere el apartado cinco de este artículo se determine expresamente el destino del inmueble al que se refiere la letra a), así como la identidad de los socios, su edad y su participación en el capital.

Tres[5]. El 6%:

---

[5]   Nueva redacción del art. 13.Tres dada por el art. 19 de la Ley 7/2023, de 26 de diciembre, de medidas fiscales, de gestión administrativa y financiera, y de organización de la Generalitat (DOGV núm. 9756 de 30 de diciembre de 2023), en vigor desde el 1 de enero de 2024.

Redacción anterior dada por el art. 27 de la Ley 7/2021, de 29 de diciembre, de medidas fiscales, de gestión administrativa y financiera y de organización de la Generalitat 2022 (DOGV núm. 9.246, de 30 de diciembre de 2021), con efectos desde el 1 de enero de 2022: «*Tres. El 6 por 100 en la adquisición de bienes muebles y semovientes, en la constitución y cesión de derechos reales sobre aquéllos, excepto los derechos reales de garantía, y en la constitución de concesiones administrativas. En particular, se sujetará a este tipo de gravamen la adquisición de automóviles tipo turismo, vehículos mixtos adaptables, vehículos todo-terreno, motocicletas y ciclomotores, de propulsión eléctrica o de pila de combustible y los híbridos de menos de 2.000 centímetros cúbicos, cualquiera que sea su valor.*

Se exceptúa de lo anterior:

1. La adquisición de automóviles tipo turismo, vehículos mixtos adaptables, vehículos todoterreno, motocicletas y ciclomotores, cuyo valor sea inferior a 20.000 euros y que tengan una antigüedad superior a 12 años, excluidos los que hayan sido calificados como vehículos históricos. En estos casos, resultarán aplicables las siguientes cuotas fijas:

a) Motocicletas y ciclomotores con cilindrada inferior o igual a 250 centímetros cúbicos: 10 euros.

b) Motocicletas con cilindrada superior a 250 centímetros cúbicos e inferior o igual a 550 centímetros cúbicos: 20 euros.

c) Motocicletas con cilindrada superior a 550 centímetros cúbicos e inferior o igual a 750 centímetros cúbicos: 35 euros.

d) Motocicletas con cilindrada superior a 750 centímetros cúbicos: 55 euros.

e) Automóviles tipo turismo, vehículos mixtos adaptables y vehículos todoterreno con cilindrada inferior o igual a 1.500 centímetros cúbicos: 40 euros.

f) Automóviles tipo turismo, vehículos mixtos adaptables y vehículos todoterreno, con cilindrada superior a 1.500 centímetros cúbicos e inferior o igual a 2.000 centímetros cúbicos: 60 euros.

g) Automóviles tipo turismo, vehículos mixtos adaptables y vehículos todoterreno, con cilindrada superior a 2.000 centímetros cúbicos: 140 euros.

2. La adquisición de automóviles tipo turismo, vehículos mixtos adaptables, vehículos todoterreno, motocicletas y ciclomotores, cuyo valor sea inferior a 20.000 euros y que tengan una antigüedad superior a 5 años e inferior o igual a 12 años, excluidos los que hayan sido calificados como vehículos históricos. En estos casos, resultarán aplicables las siguientes cuotas fijas:

a) Motocicletas y ciclomotores con cilindrada inferior o igual a 250 centímetros cúbicos: 30 euros.

b) Motocicletas con cilindrada superior a 250 centímetros cúbicos e inferior o igual a 550 centímetros cúbicos: 60 euros.

c) Motocicletas con cilindrada superior a 550 centímetros cúbicos e inferior o igual a 750 centímetros cúbicos: 90 euros.

d) Motocicletas con cilindrada superior a 750 centímetros cúbicos: 140 euros.

e) Automóviles tipo turismo, vehículos mixtos adaptables y vehículos todoterreno con cilindrada inferior o igual a 1.500 centímetros cúbicos: 120 euros.

f) Automóviles tipo turismo, vehículos mixtos adaptables y vehículos todoterreno, con cilindrada superior a 1.500 centímetros cúbicos e inferior o igual a 2.000 centímetros cúbicos: 180 euros.

g) Automóviles tipo turismo, vehículos mixtos adaptables y vehículos todoterreno, con cilindrada superior a 2.000 centímetros cúbicos: 280 euros.

3. Los automóviles tipo turismo, vehículos mixtos adaptables, vehículos todoterreno, motocicletas y ciclomotores con antigüedad inferior o igual a 5 años y cilindrada superior a 2.000 centímetros cúbicos, incluidos los de tecnología híbrida, o con valor igual o superior a 20.000 euros, las embarcaciones de recreo con más de 8 metros de eslora o con valor igual o superior a 20.000 euros, y los objetos de arte y las antigüedades según la definición que de los mismos se realiza en la Ley 19/1991, de 6 de junio, del impuesto sobre el patrimonio, que tributarán al tipo de gravamen del 8 por 100.

4. Los vehículos y embarcaciones de cualquier clase adquiridos al final de su vida útil para su valorización y eliminación, en aplicación de la normativa en materia de residuos, que tributarán al tipo de gravamen del 2 por 100.

5. La adquisición de valores, que tributará, en todo caso, conforme a lo dispuesto en el apartado 3 del artículo 12 del Texto refundido de la Ley del impuesto sobre transmisiones patrimoniales y actos jurídicos documentados, aprobado por el Real decreto legislativo 1/1993, de 24 de septiembre».

Redacción anterior dada el art. 32 de la Ley 27/2018, de 27 de diciembre, de medidas fiscales, de gestión administrativa y financiera y de organización de la Generalitat (DOGV núm. 8453, de 28 de diciembre de 2018), en vigor desde el 1 de enero de 2019: «*Tres. El 6 por 100 en la adquisición de bienes muebles y semovientes, en la constitución y cesión de derechos reales sobre aquéllos, excepto los derechos reales de garantía, y en la constitución de concesiones administrativas, con las siguientes excepciones:*

1. La adquisición de automóviles tipo turismo, vehículos mixtos adaptables, vehículos todoterreno, motocicletas y ciclomotores, cuyo valor sea inferior a 20.000 euros y que tengan una antigüedad superior a 12 años, excluidos los que hayan sido calificados como vehículos históricos.

En estos casos, resultarán aplicables las siguientes cuotas fijas:

a) Motocicletas y ciclomotores con cilindrada inferior o igual a 250 centímetros cúbicos: 10 euros.

b) Motocicletas con cilindrada superior a 250 centímetros cúbicos e inferior o igual a 550 centímetros cúbicos: 20 euros.

c) Motocicletas con cilindrada superior a 550 centímetros cúbicos e inferior o igual a 750 centímetros cúbicos: 35 euros.

d) Motocicletas con cilindrada superior a 750 centímetros cúbicos: 55 euros.

1) En la adquisición de viviendas que vayan a constituir la primera vivienda habitual de jóvenes menores de 35 años cuyo valor no exceda de los 180.000 euros, por la parte que estos adquieran, siempre que la suma de la base liquidable general y de la base liquidable del ahorro del Impuesto sobre la Renta de las Personas Físicas del sujeto pasivo no supere los límites a los que se refiere el párrafo primero del apartado cuatro del artículo cuarto de la presente ley.

---

e) Automóviles tipo turismo, vehículos mixtos adaptables y vehículos todoterreno con cilindrada inferior o igual a 1.500 centímetros cúbicos: 40 euros.

f) Automóviles tipo turismo, vehículos mixtos adaptables y vehículos todoterreno, con cilindrada superior a 1.500 centímetros cúbicos e inferior o igual a 2.000 centímetros cúbicos: 60 euros.

g) Automóviles tipo turismo, vehículos mixtos adaptables y vehículos todoterreno, con cilindrada superior a 2.000 centímetros cúbicos: 140 euros.

2. La adquisición de automóviles tipo turismo, vehículos mixtos adaptables, vehículos todoterreno, motocicletas y ciclomotores, cuyo valor sea inferior a 20.000 euros y que tengan una antigüedad superior a 5 años e inferior o igual a 12 años, excluidos los que hayan sido calificados como vehículos históricos. En estos casos, resultarán aplicables las siguientes cuotas fijas:

a) Motocicletas y ciclomotores con cilindrada inferior o igual a 250 centímetros cúbicos: 30 euros.

b) Motocicletas con cilindrada superior a 250 centímetros cúbicos e inferior o igual a 550 centímetros cúbicos: 60 euros.

c) Motocicletas con cilindrada superior a 550 centímetros cúbicos e inferior o igual a 750 centímetros cúbicos: 90 euros.

d) Motocicletas con cilindrada superior a 750 centímetros cúbicos: 140 euros.

e) Automóviles tipo turismo, vehículos mixtos adaptables y vehículos todoterreno con cilindrada inferior o igual a 1.500 centímetros cúbicos: 120 euros.

f) Automóviles tipo turismo, vehículos mixtos adaptables y vehículos todoterreno, con cilindrada superior a 1.500 centímetros cúbicos e inferior o igual a 2.000 centímetros cúbicos: 180 euros.

g) Automóviles tipo turismo, vehículos mixtos adaptables y vehículos todoterreno, con cilindrada superior a 2.000 centímetros cúbicos: 280 euros.

3. Los automóviles tipo turismo, vehículos mixtos adaptables, vehículos todoterreno, motocicletas y ciclomotores con antigüedad inferior o igual a 5 años y cilindrada superior a 2.000 centímetros cúbicos, o con valor igual o superior a 20.000 euros, las embarcaciones de recreo con más de 8 metros de eslora o con valor igual o superior a 20.000 euros, y los objetos de arte y las antigüedades según la definición que de los mismos se realiza en la Ley 19/1991, de 6 de junio, del impuesto sobre el patrimonio, que tributarán al tipo de gravamen del 8 por 100.

4. Los vehículos y embarcaciones de cualquier clase adquiridos al final de su vida útil para su valorización y eliminación, en aplicación de la normativa en materia de residuos, que tributarán al tipo de gravamen del 2 por 100.

5. La adquisición de valores, que tributará, en todo caso, conforme a lo dispuesto en el apartado 3 del artículo 12 del Texto refundido de la Ley del impuesto sobre transmisiones patrimoniales y actos jurídicos documentados, aprobado por el Real decreto legislativo 1/1993, de 24 de septiembre».

Redacción anterior dada por el art. 62 de la Ley 5/2013, de 23 de diciembre, de Medidas Fiscales, de Gestión Administrativa y Financiera, y de Organización de la Generalitat (DOCV núm. 7181, de 27 de diciembre de 2013), en vigor desde el 1 de enero de 2014.

2)[6] En las adquisiciones de viviendas de protección oficial de régimen general cuyo valor ⟩ no exceda de los 180.000 euros, así como en la constitución o cesión de derechos reales que recaigan sobre las referidas viviendas, salvo los derechos reales de garantía, siempre que las mismas constituyan o vayan a constituir la primera vivienda habitual del adquirente o cesionario.

3) En la adquisición de bienes muebles y semovientes, en la constitución y cesión de derechos reales sobre aquéllos, excepto los derechos reales de garantía, y en la constitución de concesiones administrativas. En particular, se sujetará a este tipo de gravamen la adquisición de automóviles tipo turismo, vehículos mixtos adaptables, vehículos todoterreno, motocicletas y ciclomotores, de propulsión eléctrica o de pila de combustible y los híbridos de menos de 2.000 centímetros cúbicos, cualquiera que sea su valor.

Se exceptúa de lo anterior:

1. La adquisición de automóviles tipo turismo, vehículos mixtos adaptables, vehículos todoterreno, motocicletas y ciclomotores, cuyo valor sea inferior a 20.000 euros y que tengan una antigüedad superior a 12 años, excluidos los que hayan sido calificados como vehículos históricos. En estos casos, resultarán aplicables las siguientes cuotas fijas:

a) Motocicletas y ciclomotores con cilindrada inferior o igual a 250 centímetros cúbicos: 10 euros.

b) Motocicletas con cilindrada superior a 250 centímetros cúbicos e inferior o igual a 550 centímetros cúbicos: 20 euros.

c) Motocicletas con cilindrada superior a 550 centímetros cúbicos e inferior o igual a 750 centímetros cúbicos: 35 euros.

d) Motocicletas con cilindrada superior a 750 centímetros cúbicos: 55 euros.

e) Automóviles tipo turismo, vehículos mixtos adaptables y vehículos todoterreno con cilindrada inferior o igual a 1.500 centímetros cúbicos: 40 euros.

f) Automóviles tipo turismo, vehículos mixtos adaptables y vehículos todoterreno, con cilindrada superior a 1.500 centímetros cúbicos e inferior o igual a 2.000 centímetros cúbicos: 60 euros.

g) Automóviles tipo turismo, vehículos mixtos adaptables y vehículos todoterreno, con cilindrada superior a 2.000 centímetros cúbicos: 140 euros.

2. La adquisición de automóviles tipo turismo, vehículos mixtos adaptables, vehículos todoterreno, motocicletas y ciclomotores, cuyo valor sea inferior a 20.000 euros y que

---

[6]   Nueva redacción dada por el art. 26 de la Ley 5/2025, de 30 de mayo, de medidas fiscales, de gestión administrativa y financiera, y de organización de la Generalitat (DOGV núm. 10120, de 31 de mayo de 2025), con efectos desde 1 de junio de 2025.
Redacción anterior: «2. En las adquisiciones de viviendas de protección oficial de régimen general cuyo valor no exceda de los 180.000 euros, así como en la constitución o cesión de derechos reales que recaigan sobre las referidas viviendas, salvo los derechos reales de garantía, siempre que las mismas constituyan o vayan a constituir la vivienda habitual del adquirente o cesionario».

tengan una antigüedad superior a 5 años e inferior o igual a 12 años, excluidos los que hayan sido calificados como vehículos históricos. En estos casos, resultarán aplicables las siguientes cuotas fijas:

a) Motocicletas y ciclomotores con cilindrada inferior o igual a 250 centímetros cúbicos: 30 euros.

b) Motocicletas con cilindrada superior a 250 centímetros cúbicos e inferior o igual a 550 centímetros cúbicos: 60 euros.

c) Motocicletas con cilindrada superior a 550 centímetros cúbicos e inferior o igual a 750 centímetros cúbicos: 90 euros.

d) Motocicletas con cilindrada superior a 750 centímetros cúbicos: 140 euros.

e) Automóviles tipo turismo, vehículos mixtos adaptables y vehículos todoterreno con cilindrada inferior o igual a 1.500 centímetros cúbicos: 120 euros.

f) Automóviles tipo turismo, vehículos mixtos adaptables y vehículos todoterreno, con cilindrada superior a 1.500 centímetros cúbicos e inferior o igual a 2.000 centímetros cúbicos: 180 euros.

g) Automóviles tipo turismo, vehículos mixtos adaptables y vehículos todoterreno, con cilindrada superior a 2.000 centímetros cúbicos: 280 euros.

3. Los automóviles tipo turismo, vehículos mixtos adaptables, vehículos todoterreno, motocicletas y ciclomotores con antigüedad inferior o igual a 5 años y cilindrada superior a 2.000 centímetros cúbicos, incluidos los de tecnología híbrida, o con valor igual o superior a 20.000 euros, las embarcaciones de recreo con más de 8 metros de eslora o con valor igual o superior a 20.000 euros, y los objetos de arte y las antigüedades según la definición que de los mismos se realiza en la Ley 19/1991, de 6 de junio, del impuesto sobre el patrimonio, que tributarán al tipo de gravamen del 8%.

4. Los vehículos y embarcaciones de cualquier clase adquiridos al final de su vida útil para su valorización y eliminación, en aplicación de la normativa en materia de residuos, que tributarán al tipo de gravamen del 2%.

5. La adquisición de valores, que tributará, en todo caso, conforme a lo dispuesto en el apartado 3 del artículo 12 del texto refundido de la Ley del Impuesto sobre Transmisiones Patrimoniales y Actos Jurídicos Documentados, aprobado por el Real decreto legislativo 1/1993, de 24 de septiembre.

Cuatro[7]. El 4%:

---

2) En las adquisiciones de viviendas que tengan que constituir la vivienda habitual de una familia numerosa o monoparental, siempre que la suma de la base liquidable general y de la base liquidable del ahorro del Impuesto sobre la Renta de las Personas Físicas del sujeto pasivo no exceda de los límites establecidos en el apartado cuatro de artículo cuatro de esta Ley en función de la calificación de familia numerosa y del régimen de declaración empleado [redacción dada por el art. 9 del Decreto Ley 14/2022, de 24 de octubre (DOGV núm. 9.458, de 27 de octubre de 2022), en vigor desde el 28 de octubre de 2022.Redacción anterior dada incorporado por el art. 47 de la Ley 3/2020, de 30 de diciembre (DOGV núm. 8987 de 31 de diciembre de 2020), con efectos desde el 1 de enero de 2021].

3) En las adquisiciones de viviendas que vayan a constituir la vivienda habitual de una persona con discapacidad física o sensorial, con un grado de discapacidad igual o superior al 65 por ciento, o psíquica, con un grado de discapacidad igual o superior al 33 por ciento, por la parte del bien que aquel adquiera [redacción del núm. 3 dada por el art. 25 la Ley 8/2022, de 29 de diciembre (DOGV núm. 9501 de 30 de diciembre de 2022), en vigor el día 1 de enero de 2023.].

4) En las adquisiciones de bienes inmuebles situados en una zona declarada como área industrial avanzada, siempre que concurran las siguientes circunstancias concurrentes:

a) Que los inmuebles se afecten a la actividad empresarial o profesional del adquirente, como sede del domicilio fiscal o centro de trabajo de la empresa o negocio.

b) Que el adquirente mantenga el ejercicio de la actividad empresarial o profesional y su domicilio fiscal en la Comunitat Valenciana durante un período de, al menos, tres años, salvo que, en el caso de adquirente persona física, esta fallezca dentro de dicho plazo.

c) Que durante el mismo periodo de tres años el adquirente no realice cualquiera de las siguientes operaciones:

1. Efectuar actos de disposición u operaciones societarias que, directa o indirectamente, puedan dar lugar a una minoración sustancial del valor de adquisición.

2. Transmitir los inmuebles.

3. Desafectar los inmuebles de la actividad empresarial o profesional o destinarlos a fines distintos de sede del domicilio fiscal o centro de trabajo.

d) Que el importe neto de la cifra de negocios de la actividad del adquirente, en los términos de la Ley del impuesto sobre sociedades, no supere los 10 millones de euros durante los tres años a que se refiere la letra c anterior.

e) Que en el documento público por el que se formalice la adquisición, se determine expresamente el destino del inmueble al que se refiere la letra a [redacción del art. 13.Cuatro dada por el art. 19 de la Ley 7/2023, de 26 de diciembre (DOGV núm. 9756 de 30 de diciembre de 2023), en vigor desde el 1 de enero de 2024].

5) En la adquisición de viviendas que vayan a constituir la vivienda habitual de mujeres víctimas de violencia de género, por la parte que estas adquieran, siempre que la suma de la base liquidable general y de la base liquidable del ahorro del Impuesto sobre la Renta de las Personas Físicas del sujeto pasivo no exceda de los límites establecidos en el párrafo primero del apartado cuatro del artículo cuatro de esta ley. La acreditación de la situación de violencia de género se hará según lo dispuesto en Ley 7/2012, de 23 de noviembre, de la Generalitat, integral contra la violencia sobre la mujer en el ámbito de la Comunitat Valenciana [redacción dada por el art. 9 del Decreto Ley 14/2022, de 24 de octubre, del Consell (DOGV núm. 9.458, de 27 de octubre de 2022), en vigor desde el 28 de octubre de 2022. Redacción anterior incorporada por el art. 48 de la Ley 3/2020, de 30 de diciembre (DOGV núm. 8987 de 31 de diciembre de 2020), con efectos desde el 1 de enero de 2021].

6. En las transmisiones de inmuebles que vayan a constituir la sede social o centro de trabajo de empresas o negocios profesionales que tengan su domicilio fiscal y social en alguno de los municipios en riesgo de despoblamiento.

1) Siempre que el valor de los inmuebles transmitidos exceda de los 180.000 euros:

1[8]. En las adquisiciones de viviendas de protección oficial de régimen especial, así como en la constitución o cesión de derechos reales que recaigan sobre las referidas viviendas, salvo los derechos reales de garantía, siempre que las mismas constituyan o vayan a constituir la primera vivienda habitual del adquirente o cesionario.

2. En las adquisiciones de viviendas que tengan que constituir la vivienda habitual de una familia numerosa o monoparental, siempre que la suma de la base liquidable general y de la base liquidable del ahorro del Impuesto sobre la Renta de las Personas Físicas del sujeto pasivo no supere los límites establecidos en el apartado cuatro de artículo cuatro de esta ley en función de la calificación de familia numerosa y del régimen de declaración empleado.

3. En las adquisiciones de viviendas que vayan a constituir la vivienda habitual de una persona con discapacidad física o sensorial, con un grado de discapacidad igual o superior al 65%, o intelectual o mental[9], con un grado de discapacidad igual o superior al 33%, por la parte del bien que aquel adquiera.

4. En la adquisición de viviendas que vayan a constituir la vivienda habitual de mujeres víctimas de violencia de género, por la parte que estas adquieran, siempre que la suma de la base liquidable general y de la base liquidable del ahorro del Impuesto sobre la Renta de las Personas Físicas del sujeto pasivo no supere los límites establecidos en el párrafo primero del apartado cuatro del artículo cuatro de esta ley. La acreditación de la situación de violencia de género se hará según lo dispuesto en Ley 7/2012, de 23 de noviembre, de la Generalitat, integral contra la violencia sobre la mujer en el ámbito de la Comunitat Valenciana.

Las empresas o negocios profesionales deben cumplir los siguientes requisitos:
1. Tener el domicilio social y fiscal en alguno de los municipios en riesgo de despoblamiento y mantenerlo durante los tres años siguientes a la adquisición.
2. Ejercer una actividad económica durante los tres años siguientes a la adquisición. A tal efecto, no debe tener por actividad principal la gestión de un patrimonio mobiliario o inmobiliario, de acuerdo con lo dispuesto en el artículo 4.8°.Dos.a) de la Ley 19/1991, de 6 de junio, del Impuesto sobre el Patrimonio.
3. Contar, como mínimo, con una persona ocupada con contrato laboral y a jornada completa, dada de alta en el régimen general de la Seguridad Social durante los tres años siguientes a la adquisición [apartado seis incorporado por el art. 4 del Decreto-ley 19/2022, de 30 de diciembre (DOGV núm. 9502, de 31 de diciembre de 2022), con efectos desde el 1 de enero de 2023]».

[8] Nueva redacción dada por el art. 26 de la Ley 5/2025, de 30 de mayo, de medidas fiscales, de gestión administrativa y financiera, y de organización de la Generalitat (DOGV núm. 10120, de 31 de mayo de 2025), con efectos desde 1 de junio de 2025.
Redacción anterior: «*1. En las adquisiciones de viviendas de protección oficial de régimen especial, así como en la constitución o cesión de derechos reales que recaigan sobre las referidas viviendas, salvo los derechos reales de garantía, siempre que las mismas constituyan o vayan a constituir la vivienda habitual del adquirente o cesionario*».

[9] La expresión «discapacidad psíquica» se sustituye por la de «discapacidad intelectual o mental» realizada por el art. 29 de la Ley 5/2025, de 30 de mayo, de medidas fiscales, de gestión administrativa y financiera, y de organización de la Generalitat (DOGV núm. 10120, de 31 de mayo de 2025), con efectos desde el 1 de enero de 2026.

2) En las adquisiciones de bienes inmuebles situados en una zona declarada como área industrial avanzada, siempre que concurran las siguientes circunstancias:

a) Que los inmuebles se afecten a la actividad empresarial o profesional del adquirente, como sede del domicilio fiscal o centro de trabajo de la empresa o negocio.

b) Que el adquirente mantenga el ejercicio de la actividad empresarial o profesional y su domicilio fiscal en la Comunitat Valenciana durante un período de, al menos, tres años, salvo que, en el caso de adquirente persona física, esta fallezca dentro de dicho plazo.

c) Que durante el mismo periodo de tres años el adquirente no realice cualquiera de las siguientes operaciones:

1. Efectuar actos de disposición u operaciones societarias que, directa o indirectamente, puedan dar lugar a una minoración sustancial del valor de adquisición.

2. Transmitir los inmuebles.

3. Desafectar los inmuebles de la actividad empresarial o profesional o destinarlos a fines distintos de sede del domicilio fiscal o centro de trabajo.

d) Que el importe neto de la cifra de negocios de la actividad del adquirente, en los términos de la Ley del Impuesto sobre Sociedades, no supere los 10 millones de euros durante los tres años a que se refiere la letra c anterior.

e) Que en el documento público por el que se formalice la adquisición, se determine expresamente el destino del inmueble al que se refiere la letra d.

3) En las transmisiones de inmuebles que vayan a constituir la sede social o centro de trabajo de empresas o negocios profesionales que tengan su domicilio fiscal y social en alguno de los municipios en riesgo de despoblamiento.

Las empresas o negocios profesionales deben cumplir los siguientes requisitos:

1. Tener el domicilio social y fiscal en alguno de los municipios en riesgo de despoblamiento y mantenerlo durante los tres años siguientes a la adquisición.

2. Ejercer una actividad económica durante los tres años siguientes a la adquisición. A tal efecto, no debe tener por actividad principal la gestión de un patrimonio mobiliario o inmobiliario, de acuerdo con lo dispuesto en el artículo 4.8°. Dos. a) de la Ley 19/1991, de 6 de junio, del Impuesto sobre el Patrimonio.

3. Contar, como mínimo, con una persona ocupada con contrato laboral y a jornada completa, dada de alta en el régimen general de la Seguridad Social durante los tres años siguientes a la adquisición.

4)[10] En la adquisición por personas físicas de terrenos que cumplan los requisitos legales para ser consideradas parcelas con vocación agraria.

---

[10]   Nuevo núm. 4 incorporado por el art. 27 de la Ley 5/2025, de 30 de mayo, de medidas fiscales, de gestión administrativa y financiera, y de organización de la Generalitat (DOGV núm. 10120, de 31 de mayo de 2025), con efectos desde 1 de junio de 2025.

La aplicación de este tipo de gravamen resultará incompatible con cualquier otro beneficio fiscal de este impuesto que recaiga sobre la operación y quedará condicionada al mantenimiento de la afectación del terreno adquirido a la actividad agraria o actividad complementaria durante los cinco años siguientes a su adquisición, salvo fallecimiento del adquirente dentro del citado plazo, o salvo supuestos de expropiación forzosa o concurrencia de otras causas de fuerza mayor debidamente acreditadas que imposibiliten su ejercicio.

Las fincas deberán inscribirse en el Registro de Explotaciones Agrícolas de la Comunitat Valenciana u otro análogo establecido por otras administraciones públicas del Estado español, de países pertenecientes a la Unión Europea o el Espacio Económico Europeo, o de terceros países.

Para que procedan dichos beneficios se hará constar en la escritura pública de adquisición el incentivo aplicado, y en el Registro de la Propiedad, si las fincas transmitidas estuviesen inscritas en el mismo, la nota marginal de afección a que hace referencia el apartado 2 del artículo 9 de la Ley 19/1995, de 4 de julio, de modernización de explotaciones agrarias o normativa que la sustituya.

Cinco[11]. El 3% en los siguientes casos, siempre que el valor de los bienes inmuebles transmitidos no exceda de los 180.000 euros:

1) En la adquisición de viviendas de protección pública de régimen especial, así como en la constitución o cesión de derechos reales que recaigan sobre las referidas viviendas, salvo los derechos reales de garantía, siempre que tales viviendas constituyan o vayan a constituir la primera vivienda habitual del adquirente o cesionario.

2) En las adquisiciones de viviendas que tengan que constituir la vivienda habitual de una familia numerosa o monoparental, siempre que la suma de la base liquidable general y de la base liquidable del ahorro del Impuesto sobre la Renta de las Personas Físicas del sujeto pasivo no supere los límites establecidos en el apartado cuatro de artículo cuatro de esta ley en función de la calificación de familia numerosa y del régimen de declaración empleado.

3) En las adquisiciones de viviendas que vayan a constituir la vivienda habitual de una persona con discapacidad física o sensorial, con un grado de discapacidad igual o superior al 65%, o intelectual o mental[12], con un grado de discapacidad igual o superior al 33%, por la parte del bien que aquel adquiera.

---

[11]   Nueva redacción del art. 13.Cinco dada por el art. 19 de la Ley 7/2023, de 26 de diciembre, de medidas fiscales, de gestión administrativa y financiera, y de organización de la Generalitat (DOGV núm. 9756 de 30 de diciembre de 2023), en vigor desde el 1 de enero de 2024.
Redacción anterior: «*Cinco. A los efectos de la aplicación de los tipos de gravamen a los que se refieren los números 1) y 2) del apartado Dos y el apartado Cuatro de este artículo se estará al concepto de vivienda habitual de la normativa reguladora del Impuesto sobre la Renta de las Personas Físicas*».

[12]   La expresión «discapacidad psíquica» se sustituye por la de «discapacidad intelectual o mental» realizada por el art. 29 de la Ley 5/2025, de 30 de mayo, de medidas fiscales, de gestión administrativa y financiera,

4) En la adquisición de viviendas que vayan a constituir la vivienda habitual de mujeres víctimas de violencia de género, por la parte que estas adquieran, siempre que la suma de la base liquidable general y de la base liquidable del ahorro del Impuesto sobre la Renta de las Personas Físicas del sujeto pasivo no supere los límites establecidos en el párrafo primero del apartado cuatro del artículo cuatro de esta ley. La acreditación de la situación de violencia de género se hará según lo dispuesto en Ley 7/2012, de 23 de noviembre, de la Generalitat, integral contra la violencia sobre la mujer en el ámbito de la Comunitat Valenciana.

Seis.[13] A los efectos de la aplicación de los tipos de gravamen a los que se refieren los números 1) y 2) del apartado dos y el apartado cuatro de este artículo se estará al concepto de vivienda habitual de la normativa reguladora del Impuesto sobre la Renta de las Personas Físicas.

Siete[14]. A los efectos de la aplicación de los tipos de gravamen a los que se refieren los apartados dos, tres, cuatro y cinco de este artículo, será requisito imprescindible que la adquisición se efectúe en documento público o que se formalice de este modo dentro del plazo de declaración del impuesto.

Ocho[15]. A los efectos de la aplicación del tipo de gravamen del apartado uno, las adquisiciones relacionadas con una finca registral realizadas al mismo transmitente en el plazo de tres años, a contar desde la fecha de cada una, se considerarán como una sola transmisión a fin de liquidar el impuesto.

---

y de organización de la Generalitat (DOGV núm. 10120, de 31 de mayo de 2025), con efectos desde el 1 de enero de 2026.

[13] Nueva redacción del art. 13.Seis dada por el art. 19 de la Ley 7/2023, de 26 de diciembre, de medidas fiscales, de gestión administrativa y financiera, y de organización de la Generalitat (DOGV núm. 9756 de 30 de diciembre de 2023), en vigor desde el 1 de enero de 2024.
Redacción anterior: «*Seis. A los efectos de la aplicación de los tipos de gravamen a los que se refieren los apartados Dos y Cuatro de este artículo, será requisito imprescindible que la adquisición se efectúe en documento público o que se formalice de este modo dentro del plazo de declaración del impuesto*».

[14] Nueva redacción del art. 13.Siete dada por el art. 19 de la Ley 7/2023, de 26 de diciembre, de medidas fiscales, de gestión administrativa y financiera, y de organización de la Generalitat (DOGV núm. 9756 de 30 de diciembre de 2023), en vigor desde el 1 de enero de 2024.
Apartado Siete incorporado por el art. 24 la Ley 8/2022, de 29 de diciembre, de medidas fiscales, de gestión administrativa y financiera, y de organización de la Generalitat (DOGV núm. 9501 de 30 de diciembre de 2022), en vigor el día 1 de enero de 2023: «*Siete. A los efectos de la aplicación del tipo de gravamen del apartado uno, las adquisiciones relacionadas con una finca registral realizadas al mismo transmitente en el plazo de tres años, a contar desde la fecha de cada una, se considerarán como una sola transmisión a los efectos de la liquidación del impuesto*».

[15] Apartado Ocho del art. 13. incorporado por el art. 19 de la Ley 7/2023, de 26 de diciembre, de medidas fiscales, de gestión administrativa y financiera, y de organización de la Generalitat (DOGV núm. 9756 de 30 de diciembre de 2023), en vigor desde el 1 de enero de 2024.

Artículo 14[16]. *Actos jurídicos documentados.*

De conformidad con lo dispuesto en el artículo 49.1.a) de la Ley 22/2009, de 18 de diciembre, por la que se regula el sistema de financiación de las Comunidades Autónomas de régimen común y Ciudades con Estatuto de Autonomía y se modifican determinadas normas tributarias, los tipos de gravamen de la modalidad de Actos Jurídicos Documentados del Impuesto sobre Transmisiones Patrimoniales y Actos Jurídicos Documentados serán los siguientes:

Uno[17]. El 0,1 por 100 en los siguientes casos:

a) Las primeras copias de las escrituras públicas que documenten adquisiciones de vivienda habitual.

b) Los documentos que formalicen la constitución y la modificación de derechos reales de garantía a favor de una sociedad de garantía recíproca con domicilio social en el territorio de la Comunitat Valenciana, del Institut Valencià de Finances y de los fondos sin personalidad jurídica a los que hace referencia el artículo 2.4 de la Ley 1/2015, de 6 de febrero, de la Generalitat, de hacienda pública, del sector público instrumental y de subvenciones.

A estos efectos, se estará al concepto de vivienda habitual contemplado en la normativa estatal reguladora del impuesto sobre la renta de las personas físicas.

Dos. El 2 por 100 en las primeras copias de escrituras y actas notariales que documenten transmisiones de bienes inmuebles respecto de las cuales se haya renunciado a la exención en el Impuesto sobre el Valor Añadido, de conformidad con lo dispuesto en el artículo 20.dos, de la Ley 37/1992, de 28 de diciembre, del Impuesto sobre el Valor Añadido.

---

[16]   Nueva redacción del art. 14 dada por el art. 7 del Decreto Ley 4/2013, de 2 de agosto, del Consell, por el que se establecen medidas urgentes para la reducción del déficit público y la lucha contra el fraude fiscal en la Comunitat Valenciana, así como otras medidas en materia de ordenación del juego (DOCV núm. 7083 de 06 de agosto de 2013), en vigor desde el 06-07-2013.
Redacción anterior del art. 14 dada por el art. 37 de la Ley 11/2002, de 23 de diciembre, de Medidas Fiscales, de Gestión Administrativa y Financiera, y de Organización de la Generalitat Valenciana (DOGV núm. 4.409, de 31 de diciembre de 2002 y BOE de 4 de febrero de 2003), con efectos desde 1/1/2003 y por el art. 35 de la Ley 16/2008, de 22 de diciembre, de medidas fiscales, de gestión administrativa y financiera, y de organización de la Generalitat (DOCV núm. 5.922, de 29 de diciembre de 2008), en vigor desde 1 de enero de 2009, art. 34 de la Ley 14/2007, de 26 de diciembre, de medidas fiscales, de gestión administrativa y financiera, y de organización de la Generalitat (DOCV núm. 5669, de 28 de diciembre de 2007 y BOE de 25 de enero de 2008), en vigor desde 1/1/2008, art. 35 de la Ley 14/2007, de 26 de diciembre, de medidas fiscales, de gestión administrativa y financiera, y de organización de la Generalitat (DOCV], art. 35.2 de la Ley 14/2005, de 23 de diciembre, de Medidas Fiscales, de Gestión Financiera y Administrativa, y de Organización de la Generalidad (DOGV de 30 de diciembre de 2005 y BOE de 21 de febrero de 2006), en vigor desde 1/1/2006.

[17]   Nueva redacción del punto uno dada por la disposición adicional Trigésima octava de la Ley 28/2018, de 28 de diciembre, de Presupuestos de la Generalitat para el ejercicio 2019 (DOGV núm. 8.454, de 31 de diciembre de 2018), con efectos desde el 1 de enero de 2019.

Tres[18]. El 2 por 100 en las primeras copias de escrituras y actas notariales que formalicen préstamos o créditos hipotecarios, siempre que el sujeto pasivo sea el prestamista.

Cuatro[19]. En los demás casos, el 1,4 por 100.

Artículo 14 bis[20]. *Bonificaciones.*

Uno. Se aplicará una bonificación del 100 por 100 de la cuota tributaria de la modalidad gradual de Actos Jurídicos Documentados del Impuesto sobre Transmisiones Patrimoniales y Actos Jurídicos Documentados en las escrituras públicas de novación modificativa de préstamos y créditos con garantía hipotecaria pactados de común acuerdo entre acreedor y deudor, siempre que el acreedor sea una de las entidades a las que se refiere el artículo 1 de la Ley 2/1994, de 30 de marzo, sobre Subrogación y Modificación de Préstamos Hipotecarios y la modificación se refiera a las condiciones del tipo de interés inicialmente pactado o vigente, a la alteración del plazo o a ambas.

Dos. Se aplicará una bonificación del 100 por 100 de la cuota tributaria de la modalidad gradual de Actos Jurídicos Documentados respecto a aquellas escrituras públicas de novación modificativa, pactadas de común acuerdo entre acreedor y deudor, que cambien el método de amortización y cualesquiera otras condiciones financieras de aquellos préstamos y créditos con garantía hipotecaria que cumplan los siguientes requisitos:

– Que el préstamo se haya concertado con la finalidad de la adquisición de una vivienda.

---

[18] Se modifica el artículo 14.Tres, y se renombra el apartado tres, que pasa a ser el apartado cuatro efectuada por el art. 68 de la Ley 9/2019, de 23 de diciembre, de la Generalitat, de medidas fiscales, de gestión administrativa y financiera y de organización de la Generalitat (DOGV núm. 8707 de 30 de diciembre de 2019), en vigor desde el 1 de enero de 2020.

[19] Nueva redacción del apartado cuatro dada por el 34 de la Ley 5/2025, de 30 de mayo, de medidas fiscales, de gestión administrativa y financiera, y de organización de la Generalitat (DOGV núm. 10120, de 31 de mayo de 2025), con efectos para los hechos imponibles devengados desde el 1 de junio de 2026 inclusive. Original apartado Tres que pasa a ser el apartado Cuatro efectuada por el art. 68 de la Ley 9/2019, de 23 de diciembre, de la Generalitat, de medidas fiscales, de gestión administrativa y financiera y de organización de la Generalitat (DOGV núm. 8707 de 30 de diciembre de 2019), en vigor desde el 1 de enero de 2020: «*Cuatro. En los demás casos, el 1,5 por 100*».

[20] Nueva redacción del art. 14 bis dada por el art. 17 de la Ley 13/2016, de 29 de diciembre, de medidas fiscales, de gestión administrativa y financiera, y de organización de la Generalitat (DOCV de 31 de diciembre de 2016), en vigor desde 1 de enero de 2017.

Redacción anterior dada por el art. 63.1 de la Ley 5/2013, de 23 de diciembre, de Medidas Fiscales, de Gestión Administrativa y Financiera, y de Organización de la Generalitat (DOCV núm. 7181, de 27 de diciembre de 2013), en vigor desde el 1 de enero de 2014.

Art. 14 bis incorporado por el art. 8 del Decreto Ley 4/2013, de 2 de agosto, del Consell, por el que se establecen medidas urgentes para la reducción del déficit público y la lucha contra el fraude fiscal en la Comunitat Valenciana, así como otras medidas en materia de ordenación del juego (DOCV núm. 7083 de 06 de agosto de 2013), en vigor desde el 06-07-2013, aunque su apartado tercero resultará aplicable a los hechos imponibles producidos a partir del 1 de julio de 2013, inclusive, según los dispuesto en la Disp. Final segunda «entrada en vigor» de dicho Decreto Ley.

– Que dicha vivienda constituya la vivienda habitual del deudor y/o hipotecante en el momento de la novación.

– Que el acreedor sea una de las entidades contempladas en el artículo 1 de la Ley 2/1994, de 30 de marzo, sobre Subrogación y Modificación de Préstamos Hipotecarios.

Dentro del concepto de modificación del método o sistema de amortización y de cualesquiera otras condiciones financieras del préstamo no se entenderán comprendidas la ampliación o reducción de capital; la alteración del plazo o de las condiciones del tipo de interés inicialmente pactado o vigente, ni la prestación o modificación de las garantías personales.

Tres[21]. 1. La transmisión de la totalidad o parte de una o más viviendas y sus anexos a una persona física o jurídica a cuya actividad le sea de aplicación las normas de adaptación

---

[21] Nueva redacción del art. 14.bis.Tres dada por el art. 28 de la Ley 7/2021, de 29 de diciembre, de medidas fiscales, de gestión administrativa y financiera y de organización de la Generalitat 2022 (DOGV núm. 9.246, de 30 de diciembre de 2021), con efectos desde el 1 de enero de 2022.
Redacción anterior tras ser incorporado por el art. 4 de la Ley 21/2017, de 28 de diciembre, de medidas fiscales, de gestión administrativa y financiera, y de organización de la Generalitat. (DOGV núm. 8202 de 30 de diciembre de 2017), con efectos desde el 1 de enero de 2018: «*1. La transmisión de la totalidad o parte de una o más viviendas y sus anexos a una persona física o jurídica a cuya actividad le sea de aplicación las normas de adaptación del Plan general de contabilidad del sector inmobiliario disfrutará de una bonificación de la cuota del impuesto en la modalidad de transmisiones patrimoniales onerosas, siempre que cumpla los siguientes requisitos:*
a) Que la adquisición se realice como pago total o parcial por la entrega de una vivienda al transmitente.
b) Que la vivienda entregada al transmitente vaya a constituir su vivienda habitual.
c) Que la entrega de la vivienda al transmitente esté sujeta y no exenta del impuesto sobre el valor añadido.
d) Que la actividad principal del adquirente sea la construcción de edificios, la promoción inmobiliaria o la compraventa o arrendamiento de bienes inmuebles por su cuenta.
e) Que los bienes adquiridos se incorporen al activo circulante del adquirente con la finalidad de venderlos o alquilarlos.
f) Que en el plazo de tres años, los bienes adquiridos se transmitan a una persona física para su uso como vivienda o se destinen al arrendamiento de vivienda, de acuerdo con lo dispuesto en la Ley 29/1994, de 24 de noviembre, de arrendamientos urbanos.
Tanto la transmisión como la formalización del arrendamiento deberán formalizarse en documento público.
g) Que la empresa adquirente esté al corriente con las obligaciones tributarias con la Generalitat.
2. La bonificación sobre la cuota del impuesto tendrá las siguientes modalidades:

Concepto	Porcentaje de bonificación
Si en la vivienda adquirida se realizan obras tendentes a conservar o mejorar el rendimiento energético, la salubridad o la accesibilidad en la vivienda, así como a suprimir barreras arquitectónicas.	50%
Si la vivienda adquirida se destina al arrendamiento de vivienda, de conformidad con lo dispuesto en la Ley 29/1994, de 24 de noviembre, de arrendamientos Urbanos, siempre y cuando reúna condiciones de habitabilidad.	50%

del Plan general de contabilidad del sector inmobiliario disfrutará de una bonificación de la cuota del impuesto en la modalidad de transmisiones patrimoniales onerosas, siempre que cumpla los siguientes requisitos:

a) Que la adquisición se realice como pago total o parcial por la entrega de una vivienda al transmitente.

b) Que la vivienda entregada al transmitente vaya a constituir su vivienda habitual.

c) Que la entrega de la vivienda al transmitente esté sujeta y no exenta del impuesto sobre el valor añadido.

d) Que la actividad principal del adquirente sea la construcción de edificios, la promoción inmobiliaria o la compraventa o arrendamiento de bienes inmuebles por su cuenta.

Concepto	Porcentaje de bonificación
Si la vivienda adquirida se destina al arrendamiento de vivienda, de conformidad con lo dispuesto en la Ley 29/1994, de 24 de noviembre, de arrendamientos urbanos, tras la realización de obras tendentes a conservar o mejorar el rendimiento energético, la salubridad o la accesibilidad en la vivienda, así como a suprimir barreras arquitectónicas.	70%

3. La aplicación de esta bonificación es provisional, por lo que solamente hay que hacer constar en la escritura pública que la adquisición de la vivienda y, en su caso, anexos se efectúa con el fin de venderlos o arrendarlos a un particular para su uso como vivienda. Para la elevación a definitiva, el sujeto pasivo debe acreditar la transmisión o arrendamiento posterior de la totalidad de los bienes adquiridos.

4. Ante el incumplimiento de cualquiera de los requisitos, condicionantes o plazos para la aplicación de la bonificación prevista en este artículo, el sujeto pasivo deberá presentar, dentro del plazo reglamentario de presentación, contado desde el día después del incumplimiento, una autoliquidación complementaria sin bonificación y con deducción de la cuota ingresada, con aplicación de los correspondientes intereses de demora.

5. A efectos de la aplicación de la bonificación, es preciso tener en cuenta las siguientes reglas especiales:

a) Cuando se transmitan viviendas que formen parte de una edificación entera en régimen de propiedad vertical, la bonificación solo será aplicable en relación con la superficie que se asigne como vivienda en la división en propiedad horizontal posterior, quedando excluida la superficie dedicada a locales comerciales.

b) La bonificación será aplicable a la vivienda y el terreno en el que se encuentra enclavada siempre y cuando formen una misma finca registral y la venta posterior del plazo de los tres años comprenda la totalidad de la misma.

c) En el caso de adquisición de partes indivisas, el día inicial del plazo de tres años al que se refiere la letra f del apartado 1 será la fecha de adquisición de la primera parte indivisa.

d) Quedan expresamente excluidas de la aplicación de esta bonificación:

– Las adjudicaciones de inmuebles en subasta pública.

– Las transmisiones de valores que incurran en los supuestos a que se refiere el artículo 17.2 del texto refundido de la Ley del impuesto sobre transmisiones patrimoniales y actos jurídicos documentados, aprobado por el Real decreto legislativo 1/1993, de 24 de septiembre.

6. Mediante orden de la persona titular de la Consellería competente en materia de hacienda, se establecerán los supuestos, condiciones y medios de justificación de las obras tendentes a conservar o mejorar el rendimiento energético de la vivienda que dan lugar a la aplicación de la bonificación regulada en este artículo».

e) Que los bienes adquiridos se incorporen al activo circulante del adquirente con la finalidad de venderlos o alquilarlos.

f) Que en el plazo de tres años, los bienes adquiridos se transmitan a una persona física para su uso como vivienda o se destinen al arrendamiento de vivienda, de acuerdo con lo dispuesto en la Ley 29/1994, de 24 de noviembre, de arrendamientos urbanos.

Tanto la transmisión como la formalización del arrendamiento deberán formalizarse en documento público.

g) Que la empresa adquirente esté al corriente con las obligaciones tributarias con la Generalitat.

2. La bonificación sobre la cuota del impuesto tendrá las siguientes modalidades:

Concepto	Porcentaje de bonificación
Si en la vivienda adquirida se realizan obras tendentes a conservar o mejorar el rendimiento energético, la salubridad o la accesibilidad en la vivienda, así como a suprimir barreras arquitectónicas.	50%
Si la vivienda adquirida se destina al arrendamiento de vivienda, de conformidad con lo dispuesto en la Ley 29/1994, de 24 de noviembre, de arrendamientos Urbanos, siempre y cuando reúna condiciones de habitabilidad.	50%
Si la vivienda adquirida se destina al arrendamiento de vivienda, de conformidad con lo dispuesto en la Ley 29/1994, de 24 de noviembre, de arrendamientos urbanos, siempre y cuando reúna condiciones de habilitabilidad.	70%

3. La aplicación de esta bonificación es provisional, por lo que solamente hay que hacer constar en la escritura pública que la adquisición de la vivienda y, en su caso, anexos se efectúa con el fin de venderlos o arrendarlos a un particular para su uso como vivienda. Para la elevación a definitiva, el sujeto pasivo debe acreditar la transmisión o arrendamiento posterior de la totalidad de los bienes adquiridos.

4. Ante el incumplimiento de cualquiera de los requisitos, condicionantes o plazos para la aplicación de la bonificación prevista en este artículo, el sujeto pasivo deberá presentar, dentro del plazo reglamentario de presentación, contado desde el día después del incumplimiento, una autoliquidación complementaria sin bonificación y con deducción de la cuota ingresada, con aplicación de los correspondientes intereses de demora.

5. A efectos de la aplicación de la bonificación, es preciso tener en cuenta las siguientes reglas especiales:

a) Cuando se transmitan viviendas que formen parte de una edificación entera en régimen de propiedad vertical, la bonificación solo será aplicable en relación con la superficie que se asigne como vivienda en la división en propiedad horizontal posterior, quedando excluida la superficie dedicada a locales comerciales.

b) La bonificación será aplicable a la vivienda y el terreno en el que se encuentra enclavada siempre y cuando formen una misma finca registral y la venta posterior del plazo de los tres años comprenda la totalidad de la misma.

c) En el caso de adquisición de partes indivisas, el día inicial del plazo de tres años al que se refiere la letra f del apartado 1 será la fecha de adquisición de la primera parte indivisa.

d) Quedan expresamente excluidas de la aplicación de esta bonificación:

– Las adjudicaciones de inmuebles en subasta pública.

– Las transmisiones de valores que incurran en los supuestos a que se refiere el artículo 17.2 del texto refundido de la Ley del impuesto sobre transmisiones patrimoniales y actos jurídicos documentados, aprobado por el Real decreto legislativo 1/1993, de 24 de septiembre.

6. A los efectos de esta norma, se considerarán obras tendentes a mejorar el rendimiento energético de la vivienda las actuaciones que se consideren subvencionables para la mejora de la eficiencia energética de acuerdo con los criterios y medios de justificación contenidos en las bases reguladoras de las ayudas de rehabilitación de edificios de los programas de fomento de la mejora de la eficiencia energética y sostenibilidad en viviendas del plan de ayudas estatal o europeo vigente en el momento del devengo del impuesto.

Cuarto[22]. Se aplicará una bonificación del 30% de la cuota gradual de documentos notariales de la modalidad actos jurídicos documentados del impuesto sobre transmisiones patrimoniales y actos jurídicos documentados, en las escrituras públicas por las que se formalicen las adquisiciones de bienes inmuebles situados en una zona declarada como área industrial avanzada.

Cinco[23]. Se aplicará una bonificación del 50 por 100 en la cuota de la modalidad transmisiones patrimoniales onerosas en las adquisiciones de inmuebles situados en el término municipal de un municipio en riesgo de despoblamiento que vayan a ser objeto de inmediata rehabilitación y destinados a su uso como viviendas. Se entenderá cumplido este requisito

---

[22] Nuevo apartado incorporado por la Disp. Adic. Cuarta dos de la Ley 14/2018, de 5 de junio, de gestión, modernización y promoción de las áreas industriales de la Comunitat Valenciana (DOGV Diario núm. 8.312, de 7 de junio de 2018), en vigor desde el 8 de junio de 2018.

[23] Apartado incorporado por el art. 5 del Decreto-ley 19/2022, de 30 de diciembre, del Consell, por el que se reduce temporalmente el importe de las tasas propias y precios públicos de la Generalitat, se adoptan medidas extraordinarias para el apoyo económico a los contribuyentes del canon de saneamiento para hacer frente al impacto de la inflación y se modifica la Ley 13/1997, de 23 de diciembre, de la Generalitat, por la que se regula el tramo autonómico del Impuesto sobre la Renta de las Personas Físicas y restantes tributos cedidos, con la finalidad de colaborar en la lucha contra el despoblamiento de los municipios de la Comunitat Valenciana (DOGV núm. 9502, de 31 de diciembre de 2022), en vigor desde el 1 de enero de 2023.

si, en el plazo de tres años desde la adquisición, se acredita la finalización de las obras de rehabilitación.

En el documento público en el que se formalice la compraventa se hará constar este destino.

A los efectos de este beneficio se estará al concepto de rehabilitación contenido en la normativa del Impuesto sobre el Valor Añadido.

Seis[24]**.** Será aplicable una bonificación del 30 % de la cuota gradual de documentos notariales de la modalidad actos jurídicos documentados del impuesto sobre transmisiones patrimoniales y actos jurídicos documentados en las escrituras públicas por las que se formalizan las adquisiciones de inmuebles que vayan a constituir la sede social o centro de trabajo de empresas o negocios profesionales que tengan su domicilio fiscal y social en alguno de los municipios en riesgo de despoblamiento.

Las empresas o negocios profesionales deben cumplir los siguientes requisitos:

1. Tener el domicilio social y fiscal en alguno de los municipios en riesgo de despoblamiento y mantenerlo durante los tres años siguientes a la adquisición.

2. Ejercer una actividad económica durante los tres años siguientes a la adquisición. A tal efecto, no debe tener por actividad principal la gestión de un patrimonio mobiliario o inmobiliario, de acuerdo con lo dispuesto en el artículo 4.8.° Dos.a) de la Ley 19/1991, de 6 de junio, del impuesto sobre el patrimonio.

3. Contar, como mínimo, con una persona ocupada con contrato laboral y a jornada completa, dada de alta en el régimen general de la Seguridad Social durante los tres años siguientes a la adquisición.

Séptimo[25]**.** Se establece una bonificación del 99% del impuesto sobre transmisiones patrimoniales y actos jurídicos documentados, en lo sucesivo ITPAJD, sobre los siguientes hechos imponibles:

a) La adquisición, construcción, adecuación o rehabilitación del suelo, edificio o instalaciones que constituyan una vivienda colaborativa de interés social.

---

[24] Apartado incorporado por el art. 6 del Decreto-ley 19/2022, de 30 de diciembre, del Consell, por el que se reduce temporalmente el importe de las tasas propias y precios públicos de la Generalitat, se adoptan medidas extraordinarias para el apoyo económico a los contribuyentes del canon de saneamiento para hacer frente al impacto de la inflación y se modifica la Ley 13/1997, de 23 de diciembre, de la Generalitat, por la que se regula el tramo autonómico del Impuesto sobre la Renta de las Personas Físicas y restantes tributos cedidos, con la finalidad de colaborar en la lucha contra el despoblamiento de los municipios de la Comunitat Valenciana (DOGV núm. 9502, de 31 de diciembre de 2022), en vigor desde el 1 de enero de 2023.

[25] Nuevo apartado incorporado por la Disp. final Tercera.1 de la Ley 3/2023, de 13 de abril, de la Generalitat, de Viviendas Colaborativas de la Comunitat Valenciana (DOGV núm. 9578, de 19 de abril de 2023, corrección de erratas, núm. 9594 de 12 de mayo de 2023), con entrada en vigor a los veinte días de su publicación en el DOGV.

b) La declaración de obra nueva del edificio o el conjunto residencial de viviendas colaborativas de interés social.

c) Los préstamos con garantía hipotecaria destinados a la financiación de la adquisición o construcción o rehabilitación del edificio por vivienda colaborativa de interés social.

d) Los arrendamientos exentos del impuesto sobre el valor añadido derivados de la cesión de uso a los socios de viviendas colaborativas de interés social.

Ocho[26]. Siempre que así sea reconocido en el acuerdo del Consell que declare una iniciativa de inversión como Proyecto de interés autonómico o figura análoga que haga mención al carácter territorial estratégico de la misma, se aplicará una bonificación del 50% de la cuota gradual de documentos notariales de la modalidad actos jurídicos documentados del Impuesto sobre transmisiones patrimoniales y actos jurídicos documentados a las primeras copias de escrituras y actas notariales que documenten los actos de adquisición, agrupación, agregación, segregación y división que se efectúen sobre inmuebles destinados a su ejecución.

Artículo 14 ter[27]. *Plazos de presentación.*

1. El plazo para la presentación de la autoliquidación, junto con el documento o la declaración escrita sustitutiva del documento, será de un mes, contado desde el día en que se cause el acto o contrato.

No obstante, cuando se trate de consolidaciones del dominio en el nudo propietario por fallecimiento del usufructuario, el plazo será de seis meses, contados desde el día del fallecimiento del usufructuario o desde aquel en que adquiera firmeza la declaración de fallecimiento.

2. Salvo que específicamente se establezca otra cosa, cuando con posterioridad a la aplicación de un beneficio fiscal se produzca la pérdida del derecho a su aplicación por incumplimiento de los requisitos a que estuviese condicionado, se deberá presentar la autoliquidación correspondiente en el plazo de un mes contado desde el día en que se hubiera producido el incumplimiento. La regularización que se practique incluirá la parte del impuesto que se hubiere dejado de ingresar como consecuencia de la aplicación del beneficio fiscal, así como los intereses de demora.

---

[26]   Nuevo apartado ocho incorporado por el art. 28 de la Ley 5/2025, de 30 de mayo, de medidas fiscales, de gestión administrativa y financiera, y de organización de la Generalitat (DOGV núm. 10120, de 31 de mayo de 2025), con efectos desde 1 de junio de 2025.

[27]   Nuevo art. 14 ter incorporado por el art. 63.2 de la Ley 5/2013, de 23 de diciembre, de Medidas Fiscales, de Gestión Administrativa y Financiera, y de Organización de la Generalitat (DOCV núm. 7181, de 27 de diciembre de 2013), en vigor desde el 1 de enero de 2014, con el mismo contenido del artículo Catorce bis en su redacción anterior.
   Decreto-ley 1/2020, de 27 de marzo, del Consell, de medidas urgentes de apoyo económico y financiero a las personas trabajadoras autónomas, de carácter tributario y de simplificación administrativa, para hacer frente al impacto de la Covid-19 (DOGV núm. 8774, de 30 de marzo de 2020). **Artículo 9.** *Ampliación de los plazos para la presentación de autoliquidaciones y pago de determinados impuestos.*

3[28]. Las transmisiones patrimoniales onerosas en las que el contribuyente sea un empresario o profesional y que tengan por objeto bienes muebles adquiridos a particulares para su reventa, excepto valores mobiliarios y medios de transporte usados no destinados a su achatarramiento, deberán ser objeto de autoliquidación en la forma y plazo siguientes:

a) La autoliquidación comprenderá de forma agregada todas las adquisiciones realizadas dentro del periodo de liquidación, que coincidirá con el trimestre natural, y deberá ajustarse al modelo que determine el conseller competente en materia de Hacienda.

b) El conseller competente en materia de Hacienda podrá determinar, mediante orden, que la autoliquidación se deba acompañar de una declaración en la que se contenga una relación de los bienes adquiridos, incluyendo, por cada bien, su descripción, la fecha de adquisición, la identificación del transmitente y la contraprestación satisfecha por la adquisición. Dicha orden podrá determinar, igualmente, que la citada declaración se deba sustituir o complementar mediante la copia de las hojas correspondientes de los libros o registros oficiales en los que se incluyan las citadas operaciones[29].

c) La presentación de dicha autoliquidación se realizará en los veinte primeros días naturales del mes siguiente al periodo de liquidación que corresponda. Sin embargo, la autoliquidación correspondiente al último período del año se presentará durante los treinta primeros días naturales del mes de enero del año siguiente.

(...)

Disposición adicional primera[30]. *Obligaciones formales de los Notarios.*

Uno. El cumplimiento de las obligaciones formales de los Notarios, recogidas en los artículos 32.3 de la Ley 29/1987, de 18 de diciembre, del Impuesto sobre Sucesiones y

---

[28]   Decreto 2/2014, de 3 de enero, del Consell, por el que se establece el órgano competente para la gestión y liquidación del Impuesto sobre Transmisiones Patrimoniales y Actos Jurídicos Documentados en los supuestos de transmisiones patrimoniales onerosas en las que el contribuyente sea un empresario o profesional y que tengan por objeto bienes muebles adquiridos a particulares para su reventa, excepto valores mobiliarios y medios de transporte usados no destinados a su achatarramiento (DOCV núm. 7186, de 7 de enero de 2014, corrección de errores DOCV núm. 7199, de 24 de enero de 2014).

Orden 21/2013, de 13 de diciembre de 2013, de la Consellería de Hacienda y Administración Pública, por la que se regula el modelo de autoliquidación del Impuesto sobre Transmisiones Patrimoniales y Actos Jurídicos Documentados en los supuestos de transmisiones patrimoniales onerosas en las que el contribuyente sea un empresario o profesional y que tengan por objeto bienes muebles adquiridos a particulares para su reventa, excepto valores mobiliarios y medios de transporte usados no destinados a su achatarramiento (DOCV núm. 7180, de 26 de diciembre de 2013).

[29]   Orden 10/2015, de 27 de mayo, de la Consellería de Hacienda y Administración Pública, por la que se suprime la obligación de aportar determinada documentación complementaria junto con la presentación de la autoliquidación por los impuestos sobre transmisiones y actos jurídicos documentados y sobre sucesiones y donaciones (DOCV núm. 7543, de 9 de junio de 2015).

[30]   Disp. adic. Incorporada por el art. 39 de la Ley 11/2002, 23 diciembre, de Medidas Fiscales, de Gestión Administrativa y Financiera, y de Organización de la Generalitat Valenciana (DOGV núm. 4.409, de 31 de

Donaciones y en el artículo 52 del Texto Refundido de la Ley del Impuesto sobre Transmisiones Patrimoniales y Actos Jurídicos Documentados, aprobado por Real Decreto Legislativo 1/1993, de 24 de septiembre, se realizará en el formato que se determine por Orden del Conseller de Economía, Hacienda y Empleo.

La remisión de la información podrá realizarse en soporte directamente legible por ordenador o mediante transmisión por vía telemática en las condiciones y diseño que se aprueben mediante Orden del Conseller de Economía, Hacienda y Empleo, quien, además, podrá establecer los supuestos y plazos en que dichas formas de remisión sean obligatorias.

Dos[31]. Los Notarios con destino en el ámbito territorial de la Comunidad Valenciana deberán remitir a la Conselleria competente en materia de Hacienda una ficha resumen de los documentos por ellos autorizados referentes a actos o contratos sujetos al Impuesto sobre Sucesiones y Donaciones o al Impuesto sobre Transmisiones Patrimoniales y Actos Jurídicos Documentados, así como la copia electrónica de aquellos documentos.

La determinación de los actos o contratos a los que se referirá la obligación, así como el formato, contenido, plazos y demás condiciones de cumplimiento de aquélla, se establecerán mediante Orden del Conseller competente en materia de Hacienda, debiéndose llevar a cabo en soporte directamente legible por ordenador o mediante transmisión por vía telemática.

Disposición adicional segunda[32]. *Obligaciones formales de suministro de información por parte de los Registradores de la Propiedad y Mercantiles.*

Los Registradores de la Propiedad y Mercantiles con destino en el ámbito territorial de la Comunidad Valenciana deberán remitir a la Conselleria competente en materia de Hacienda una declaración con la relación de los documentos referentes a actos o contratos sujetos al Impuesto sobre Sucesiones y Donaciones o al Impuesto sobre Transmisiones Patrimoniales y Actos Jurídicos Documentados que se presenten a inscripción, cuando el pago o la pre-

---

diciembre de 2002 y BOE de 4 de febrero de 2003). Nuevo título y renumerada (pasa de Única a Primera) por el art. 45.1 de la Ley 12/2004, 27 diciembre, de Medidas Fiscales, de Gestión Administrativa y Financiera, y de Organización de la Generalitat Valenciana (DOGV núm. 4913, de 29 de diciembre de 2004 y BOE núm. 38, de 14 de febrero de 2005), con efectos desde 1/1/2005.

[31] Apartado Dos incorporado por el art. 45.2 de la Ley 12/2004, 27 diciembre, de Medidas Fiscales, de Gestión Administrativa y Financiera, y de Organización de la Generalitat Valenciana (DOGV núm. 4913, de 29 de diciembre de 2004 y BOE núm. 38, de 14 de febrero de 2005), con efectos desde 1/1/2005.
Orden 22/2013, de 13 de diciembre, de la Conselleria de Hacienda y Administración Pública, por la que se regulan las obligaciones formales de los notarios en el ámbito de los Impuestos sobre Transmisiones Patrimoniales y Actos Jurídicos Documentados y sobre Sucesiones y Donaciones (BOCV núm. 7180, de 26 de diciembre de 2013).

[32] Nueva Disp. adic. 2.ª incorporada por el art. 46 de la Ley 12/2004, 27 diciembre, de Medidas Fiscales, de Gestión Administrativa y Financiera, y de Organización de la Generalitat Valenciana (DOGV núm. 4913, de 29 de diciembre de 2004 y BOE núm. 38, de 14 de febrero de 2005), en vigor desde 1/1/2005.

sentación de la declaración se haya realizado en otra Comunidad Autónoma distinta de la Valenciana a la que no corresponda el rendimiento de los impuestos.

La remisión de la información se efectuará en el formato, plazos y demás condiciones y con el contenido que se establezca mediante Orden del Conseller competente en materia de Hacienda, debiéndose llevar a cabo en soporte directamente legible por ordenador o mediante transmisión por vía telemática en los supuestos en los que la citada Orden así lo establezca.

Disposición adicional tercera[33]. *Obligaciones formales de suministro de información en relación con el Impuesto sobre Transmisiones. Patrimoniales y Actos Jurídicos Documentados por parte de las personas físicas y jurídicas que organicen subastas de bienes muebles.*

Las personas físicas y jurídicas que organicen subastas de bienes muebles deberán remitir a la Conselleria competente en materia de Hacienda una declaración en la que se incluirán todas las transmisiones de bienes muebles en que hayan participado.

La remisión de la información se efectuará en el formato, plazos y demás condiciones y con el contenido que se establezca mediante Orden del Conseller competente en materia de Hacienda, debiéndose llevar a cabo en soporte directamente legible por ordenador o mediante transmisión por vía telemática en los supuestos en los que la citada Orden así lo establezca.

Disposición adicional cuarta[34]. *Obligación formal de información del sujeto pasivo en el ámbito del Impuesto sobre Sucesiones y Donaciones.*

1. En el caso de adquisiciones mortis causa, los sujetos pasivos estarán obligados a presentar junto con la autoliquidación a que se refiere el artículo 31 de la Ley 29/1987, de 18 de diciembre, del Impuesto sobre Sucesiones y Donaciones, y su normativa de desarrollo, documentación acreditativa con el contenido al que se refiere el apartado 2 por cada uno de

---

[33]   Nueva Disp. adic. 3.ª incorporada por el art. 47 de la Ley 12/2004, 27 diciembre, de Medidas Fiscales, de Gestión Administrativa y Financiera, y de Organización de la Generalitat Valenciana (DOGV núm. 4913, de 29 de diciembre de 2004 y BOE núm. 38, de 14 de febrero de 2005), en vigor desde 1/1/2005.

[34]   Nueva redacción dada por el art. 9 del Decreto Ley 4/2013, de 2 de agosto, del Consell, por el que se establecen medidas urgentes para la reducción del déficit público y la lucha contra el fraude fiscal en la Comunitat Valenciana, así como otras medidas en materia de ordenación del juego (DOCV núm. 7083 de 06 de agosto de 2013), en vigor desde el 06-07-2013.

Redacción anterior de la Disp. adicional 4.ª dada por el art. 38 de la Ley 14/2007, de 26 de diciembre, de medidas fiscales, de gestión administrativa y financiera, y de organización de la Generalitat (DOCV núm. 5669, de 28 de diciembre de 2007 y BOE de 25 de enero de 2008), en vigor desde 1/1/2008. Esta Disp. adicional 4.ª fue incorporada por el art. 48 de la Ley 12/2004, 27 diciembre, de Medidas Fiscales, de Gestión Administrativa y Financiera, y de Organización de la Generalitat Valenciana (DOGV núm. 4913, de 29 de diciembre de 2004 y BOE núm. 38, de 14 de febrero de 2005).

los bienes de los que fuera titular el causante en el año natural anterior a su fallecimiento que se indican a continuación:

a) Depósitos en cuenta corriente o de ahorro, a la vista o a plazo, cuentas financieras y otros tipos de imposiciones en cuenta.

b) Deuda pública, obligaciones, bonos y demás valores equivalentes, negociados en mercados organizados.

c) Acciones y participaciones en el capital social o en el fondo patrimonial de Instituciones de Inversión Colectiva (Sociedades y Fondos de Inversión), negociadas en mercados organizados.

d) Acciones y participaciones en el capital social o en los fondos propios de cualesquiera otras entidades jurídicas, negociadas en mercados organizados.

2. En la documentación acreditativa deberán constar los movimientos efectuados hasta un año antes del fallecimiento del causante.

3. Se excluyen de la presente obligación los sujetos pasivos incluidos en los Grupos I y II de parentesco cuando su base imponible sea igual o inferior a 100.000 euros.

(...)

Disposición adicional sexta[35]. *Reglas relativas a los discapacitados.*

El grado de discapacidad a los efectos de esta Ley deberá acreditarse mediante el correspondiente certificado expedido por los órganos competentes de la Generalitat o por los órganos correspondientes del Estado o de otras Comunidades Autónomas.

Las disposiciones específicas previstas en esta Ley a favor de las personas discapacitadas físicas o sensoriales, con grado de minusvalía igual o superior al 65 por 100, o discapacitadas intelectuales o mentales[36], con un grado de minusvalía igual o superior al 33 por 100, serán de aplicación a los discapacitados cuya incapacidad se declare judicialmente, aunque no alcance dicho grado.

Asimismo, las disposiciones específicas previstas en esta Ley a favor de las personas con discapacidad física o sensorial, con grado de minusvalía igual o superior al 33 por 100, serán de aplicación a los pensionistas de la Seguridad Social que tengan reconocida una pensión de incapacidad permanente total, absoluta o gran invalidez, y en el caso de los pensionistas de clases pasivas que tengan reconocida una pensión de jubilación o de retiro por incapacidad permanente para el servicio o inutilidad.

---

[35] Nueva Disp. adic. 6.ª incorporada por el art. 39 de la Ley 14/2007, de 26 de diciembre, de medidas fiscales, de gestión administrativa y financiera, y de organización de la Generalitat (DOCV núm. 5669, de 28 de diciembre de 2007 y BOE de 25 de enero de 2008), en vigor desde 1/1/2008

[36] La expresión «discapacidad psíquica» se sustituye por la de «discapacidad intelectual o mental» realizada por el art. 29 de la Ley 5/2025, de 30 de mayo, de medidas fiscales, de gestión administrativa y financiera, y de organización de la Generalitat (DOGV núm. 10120, de 31 de mayo de 2025), con efectos desde el 1 de enero de 2026.

Disposición adicional séptima[37]. *Medidas fiscales relacionadas con la celebración de la Vuelta al Mundo a Vela. Alicante 2008.*

Uno. Bonificación en la cuota del Impuesto sobre el Patrimonio.

1. Los sujetos pasivos del Impuesto sobre el Patrimonio, no residentes en España con anterioridad al 1 de enero de 2008, que hubieran adquirido su residencia habitual en la Comunidad Valenciana con motivo de la celebración de la «Vuelta al Mundo a Vela. Alicante 2008», y que tengan la condición de miembros de las entidades que ostenten los derechos de explotación, organización y dirección del citado evento o de las entidades que constituyan los equipos participantes, se podrán aplicar una bonificación del 99,99 por 100 de la cuota, excluida la parte de la misma que proporcionalmente corresponda a los bienes y derechos que estén situados, pudieran ejercitarse o hubieran de cumplirse en territorio español y que formaran parte del patrimonio del sujeto pasivo a 31 de diciembre de 2007.

La condición de miembro de las entidades señaladas en el párrafo anterior deberá acreditarse mediante la certificación que, a tal efecto, expida el Consorcio Alicante 2008.

2. La bonificación será de aplicación a los hechos imponibles producidos desde el 1 de enero de 2008 hasta el 31 de diciembre de 2009.

Dos. Bonificación en la cuota del Impuesto sobre Transmisiones Patrimoniales y Actos Jurídicos Documentados.

1. En los supuestos de adquisición de la vivienda habitual por no residentes en España con anterioridad al 1 de enero de 2008, que hubieran adquirido su residencia habitual en la Comunidad Valenciana con motivo de la celebración de la «Vuelta al Mundo a Vela. Alicante 2008.», y que tengan la condición de miembros de las entidades que ostenten los derechos de explotación, organización y dirección del citado evento o de las entidades que constituyan los equipos participantes, se podrá aplicar una bonificación del 99,99 por 100 de la cuota derivada de la aplicación de las modalidades de transmisiones patrimoniales onerosas y actos jurídicos documentados del Impuesto sobre Transmisiones Patrimoniales y Actos Jurídicos Documentados.

2. En los supuestos de arrendamiento de la vivienda habitual que se concierte por no residentes en España con anterioridad al 1 de enero del 2008, que hubieran adquirido su residencia habitual en la Comunidad Valenciana con motivo de la celebración de la «Vuelta al Mundo a Vela. Alicante 2008», y que tengan la condición de miembros de las entidades que ostenten los derechos de explotación, organización y dirección del citado evento o de las entidades que constituyan los equipos participantes, se podrá aplicar una bonificación del 99,99 por 100 de la parte de la cuota tributaria del Impuesto sobre Transmisiones Pa-

---

[37] Nueva Disp. adic. 7.ª incorporada por el art. 40 de la Ley 14/2007, de 26 de diciembre, de medidas fiscales, de gestión administrativa y financiera, y de organización de la Generalitat (DOCV núm. 5669, de 28 de diciembre de 2007 y BOE de 25 de enero de 2008), en vigor desde 1/1/2008.

trimoniales y Actos Jurídicos Documentados correspondiente a las rentas del arrendamiento del periodo de aplicación del beneficio fiscal, con el límite del resultado de aplicar a dichas rentas el tipo medio efectivo de gravamen correspondiente a la totalidad de las rentas que constituyen la base imponible.

3. La condición de miembro de las entidades señaladas en los puntos 1 y 2 de este apartado deberá acreditarse mediante la certificación que, a tal efecto, expida el Consorcio Alicante 2008. Igualmente, a los efectos de lo dispuesto en dichos puntos, se estará al concepto de vivienda habitual previsto en la normativa estatal reguladora del Impuesto sobre la Renta de las Personas Físicas.

4. Las bonificaciones a que se refiere este apartado serán de aplicación en relación con los hechos imponibles producidos desde el 1 de enero de 2008 hasta el 31 de diciembre de 2009.

Disposición adicional octava[38]. *Tasación pericial contradictoria.*

1. En corrección del resultado obtenido en la comprobación de valores por cualquiera de los medios previstos en el artículo 57 de la Ley 58/2003, de 17 de diciembre, General Tributaria, en el ámbito del Impuesto sobre Sucesiones y Donaciones, los interesados podrán promover la tasación pericial contradictoria mediante solicitud presentada dentro del plazo del primer recurso o reclamación que proceda contra la liquidación efectuada de acuerdo con los valores comprobados administrativamente o, cuando la normativa tributaria así lo prevea, contra el acto de comprobación de valores debidamente notificado.

Cuando el interesado estime que la notificación no contiene expresión suficiente de los datos y motivos tenidos en cuenta para elevar los valores declarados y denuncie la omisión en un recurso de reposición o en una reclamación económico-administrativa reservándose el derecho a promover tasación pericial contradictoria, el plazo a que se refiere el párrafo anterior se contará desde la fecha de firmeza en vía administrativa del acuerdo que resuelva el recurso o la reclamación interpuesta.

2. La presentación de la solicitud de tasación pericial contradictoria, o la reserva del derecho a promoverla a que se refiere el apartado 1, determinará la suspensión de la ejecución de la liquidación y del plazo para interponer recurso o reclamación contra la misma.

---

[38] Nueva Disp. adic. 8.ª añadida por el art. 37 de la Ley 16/2008, de 22 de diciembre, de medidas fiscales, de gestión administrativa y financiera, y de organización de la Generalitat (DOCV núm. 5922, de 29 de diciembre de 2008), en vigor desde 1/1/2009.

Disposición adicional novena[39]. *Requisitos para la acreditación de la presentación y el pago del Impuesto sobre Transmisiones Patrimoniales y Actos Jurídicos Documentados y del Impuesto sobre Sucesiones y Donaciones ante la Generalitat.*

1. Sin perjuicio de lo establecido en el apartado 3, la acreditación de la presentación de documentos y autoliquidaciones, así como del pago de deudas tributarias, que resulten procedentes por los Impuestos sobre Transmisiones Patrimoniales y Actos Jurídicos Documentados y sobre Sucesiones y Donaciones, cuando deban llevarse a cabo ante la Generalitat, para permitir la admisión de documentos sujetos a los citados impuestos por autoridades, funcionarios, oficinas o dependencias administrativas y la producción de efectos de los mismos en Juzgados, Tribunales, oficinas o registros públicos, o a cualquier otro efecto previsto en las disposiciones vigentes, se efectuará mediante justificante expedido por la Administración tributaria de la Generalitat, en el que conste la presentación del documento y el pago del tributo, o la declaración de no sujeción o del beneficio fiscal aplicable.

A los efectos de la expedición del justificante al que se refiere el párrafo anterior, el pago del tributo deberá constar efectuado mediante ingreso a favor de la Generalitat, en cuentas de titularidad de la misma, y a través de los modelos de declaración e ingreso habilitados, a tal fin, por la Conselleria competente en materia de Hacienda.

2. En el supuesto de declaraciones tributarias cuya presentación, y, en su caso, pago, se hayan llevado a cabo por medios telemáticos habilitados por la Generalitat, la acreditación de tales circunstancias se considerará efectuada conforme a lo establecido en el apartado 1 o por los procedimientos específicamente previstos, a tal efecto, mediante Orden del conseller competente en materia de Hacienda.

3[40]. En los supuestos de adquisición de los vehículos a los que se refieren los números 1 y 2 del apartado tres del artículo trece, cuando aquella no esté exenta de pago del impuesto sobre transmisiones patrimoniales y actos jurídicos documentados, los contribuyentes, una vez formalizada la autoliquidación del impuesto, no tendrán la obligación de presentarla ante la administración tributaria de la Generalitat, bastando con la acreditación del pago en la forma establecida por el párrafo segundo del apartado 1 o por el apartado 2 de la presente

---

[39]　Nueva redacción dada por el art. 10 del Decreto Ley 4/2013, de 2 de agosto, del Consell, por el que se establecen medidas urgentes para la reducción del déficit público y la lucha contra el fraude fiscal en la Comunitat Valenciana, así como otras medidas en materia de ordenación del juego (DOCV núm. 7083 de 06 de agosto de 2013), en vigor desde el 06-07-2013.

Disp. adic. 9.ª incorporada por el art. 28 de la Ley 12/2009, de 23 de diciembre, de medidas fiscales, de gestión administrativa y financiera, y de organización de la Generalitat (DOCV núm. 6175, de 30 de diciembre de 2009), en vigor desde 1/1/2010.

[40]　Nueva redacción dada por el art. 35 de la Ley 27/2018, de 27 de diciembre, de medidas fiscales, de gestión administrativa y financiera y de organización de la Generalitat (DOGV núm. 8453, de 28 de diciembre de 2018), en vigor desde el 1 de enero de 2019.

disposición, a los efectos de la tramitación del cambio de titularidad del vehículo ante el órgano competente en materia de tráfico.

4[41]**.** En los casos previstos en el apartado c del artículo 6 de la Ley Hipotecaria, a los efectos de acreditar la presentación de documentos será suficiente certificación acreditativa de tal extremo emitida por la Administración tributaria de la Generalitat.

(…)

Disposición adicional decimoquinta[42]. *Bonificación en la cuota de la modalidad gradual de Actos Jurídicos Documentados del Impuesto sobre Transmisiones Patrimoniales y Actos Jurídicos Documentados, aplicable, en 2014 y 2015, en los supuestos de préstamos y créditos hipotecarios para la financiación de la adquisición de inmuebles por jóvenes menores de 35 años que sean empresarios o profesionales o por sociedades mercantiles participadas directamente en su integridad por jóvenes.*

En 2014 y 2015, se aplicará una bonificación del 100 por 100 de la cuota tributaria de la modalidad gradual de Actos Jurídicos Documentados del Impuesto sobre Transmisiones Patrimoniales y Actos Jurídicos Documentados en el supuesto de constitución de préstamos y créditos hipotecarios concedidos para la financiación de la adquisición de inmuebles por jóvenes menores de 35 años que sean empresarios o profesionales o por sociedades mercantiles participadas directamente en su integridad por jóvenes, siempre que concurran las siguientes circunstancias:

a) Que los inmuebles se afecten a la actividad empresarial o profesional del adquirente, como sede del domicilio fiscal o centro de trabajo de la empresa o negocio.

b) Que el adquirente, o la sociedad participada, mantenga el ejercicio de la actividad empresarial o profesional y su domicilio fiscal en la Comunitat Valenciana durante un período de, al menos, 3 años, salvo que, en el caso de adquirente persona física, éste fallezca dentro de dicho plazo, y que, en el caso de adquisición por sociedades mercantiles, además, se mantenga durante dicho plazo una participación mayoritaria en el capital social de los socios existentes en el momento de la adquisición.

c) Que durante el mismo periodo de 3 años el adquirente no realice cualquiera de las siguientes operaciones:

Uno. Efectuar actos de disposición u operaciones societarias que, directa o indirectamente, puedan dar lugar a una minoración sustancial del valor de adquisición.

Dos. Transmitir los inmuebles.

---

[41]   Nuevo apartado 4. Incorporado por el art. 49 de la Ley 3/2020, de 30 de diciembre, de la Generalitat, de medidas fiscales, de gestión administrativa y financiera y de organización de la Generalitat 2021 (DOGV núm. 8987 de 31 de diciembre de 2020), con efectos desde el 1 de enero de 2021.

[42]   Nueva redacción de la Disp. Adic. Decimoquinta dada por el art. 69 de la Ley 5/2013, de 23 de diciembre, de Medidas Fiscales, de Gestión Administrativa y Financiera, y de Organización de la Generalitat (DOCV núm. 7181, de 27 de diciembre de 2013), en vigor desde el 1 de enero de 2014.

Tres. Desafectar los inmuebles de la actividad empresarial o profesional o destinarlos a fines distintos de sede del domicilio fiscal o centro de trabajo.

d) Que el importe neto de la cifra de negocios de la actividad del adquirente, en los términos de la Ley del Impuesto sobre Sociedades, no supere los 10 millones de euros durante los 3 años a que se refiere la letra b anterior.

e) Que en el documento público en el que se constituya el préstamo o crédito hipotecario se determine expresamente el destino del inmueble al que se refiere la letra a, así como la identidad de los socios, su edad y su participación en el capital.

El importe acumulado de bonificación para todos los sujetos pasivos que cumplan los requisitos a los que se refiere el párrafo anterior por un mismo préstamo o crédito hipotecario no podrá exceder de 1.000 euros.

Disposición adicional decimosexta[43]. *Requisitos de las entregas de importes dinerarios para la aplicación de determinados beneficios fiscales.*

La aplicación de las deducciones en la cuota y de las reducciones en la base imponible a las que se refieren las letras e, k, l, m, n, ñ, o, p, q, r, s, v, w, x, y y z del apartado uno del artículo cuarto; los números 1.º, 2.º, 6.º y 7.º del artículo diez bis y las letras c y d de la disposición adicional 17 de la presente ley queda condicionada a que la entrega de los importes dinerarios derivada del acto o negocio jurídico que de derecho a la aplicación de aquellas se realice mediante tarjeta de crédito o débito, transferencia bancaria, cheque nominativo o ingreso en cuentas en entidades de crédito.

(...)

Con anterioridad dicha Disposición fue derogada por art. 6.dos del Decreto Ley 4/2013, de 2 de agosto, del Consell, por el que se establecen medidas urgentes para la reducción del déficit público y la lucha contra el fraude fiscal en la Comunitat Valenciana, así como otras medidas en materia de ordenación del juego (DOCV núm. 7083 de 06 de agosto de 2013), en vigor desde el 06-07-2013.

Disp. Adic. Decimoquinta incorporada por el art. 67 de la Ley 10/2012, de 21 de diciembre, de Medidas Fiscales, de Gestión Administrativa y Financiera, y de Organización de la Generalitat, (DOCV núm. 6931, de 27 de diciembre de 2012), con entrada en vigor el día 1 de enero de 2013.

[43] Nueva redacción dada por el art. 51 de la Ley 3/2020, de 30 de diciembre, de la Generalitat, de medidas fiscales, de gestión administrativa y financiera y de organización de la Generalitat 2021 (DOGV núm. 8987 de 31 de diciembre de 2020), con efectos desde el 1 de enero de 2021.

Redacción anterior dada por el art. 20 de la Ley 13/2016, de 29 de diciembre, de medidas fiscales, gestión administrativa y financiera, y de organización de la Generalitat (DOCV de 31 de diciembre de 2016), en vigor desde 1 de enero de 2017.

Disp. Adic. Decimosexta incorporada por el art. 70 de la Ley 5/2013, de 23 de diciembre, de Medidas Fiscales, de Gestión Administrativa y Financiera, y de Organización de la Generalitat (DOCV núm. 7181, de 27 de diciembre de 2013), en vigor desde el 1 de enero de 2014.

Disposición adicional decimoctava[44]. *Bonificación temporal del Impuesto sobre Transmisiones Patrimoniales y Actos Jurídicos Documentados*

Durante los años 2024 y 2025 se aplicará una bonificación del 100% en la cuota tributaria de la modalidad gradual de actos jurídicos documentados y de la de transmisiones patrimoniales onerosas del Impuesto sobre Transmisiones Patrimoniales y Actos Jurídicos Documentados en las adquisiciones de viviendas efectuadas por los propietarios de inmuebles destinadas a uso residencial y por los arrendatarios que las destinan al uso como vivienda habitual afectados por el incendio producido el 22 de febrero de 2024 en los edificios con acceso a la calle Poeta Rafael Alberti, número 2, de la ciudad de Valencia.

A efectos de este artículo, se incluirán dentro del concepto de vivienda hasta dos plazas de garaje y un trastero que estén en el mismo edificio o complejo inmobiliario de la vivienda y se adquieran en el mismo acto, aunque sea en documento diferente, y se entregan todos en el mismo momento.

En el documento público que se otorgue en el momento de la compraventa se identificará la vivienda afectada por el siniestro, sin que el sujeto pasivo pueda indicar el mismo inmueble para la adquisición de más de una vivienda. En caso de que el inmueble damnificado perteneciera a más de una persona propietaria, la base de la bonificación será igual al resultado de aplicar sobre la cuota tributaria el porcentaje de titularidad en el inmueble sustituido.

Este beneficio fiscal no se aplicará a las personas físicas, jurídicas y entidades sin personalidad jurídica que sean titulares de un número de inmuebles urbanos de uso residencial o de una superficie construida que les haga ser calificados como grandes tenedores conforme a la definición que hace el artículo 3 de la Ley 12/2023, de 24 de mayo, por el derecho a la vivienda.

(…)

Disposición final primera. *Habilitación a la Ley de Presupuestos.*

Mediante Ley de Presupuestos de la Generalitat Valenciana podrán modificarse los tipos de gravamen, escalas, cuantías fijas, porcentajes y, en general, demás elementos cuantitativos regulados en la presente Ley.

Disposición final segunda[45]. *Habilitación Normativa.*

Uno. Corresponde al conseller competente en materia de Hacienda, mediante Orden:

---

[44]   Nueva Disposición incorporada por el art. 2 del Decreto Ley 5/2024, de 28 de junio, del Consell, por el que se aprueban las medidas tributarias urgentes destinadas a compensar determinados efectos negativos producidos a las personas afectadas por el incendio declarado en Valencia el 22 de febrero de 2024 (DOGV núm. 9881 de 29.06.2024), con efectos desde el desde el 23 de febrero de 2024.

[45]   Nueva redacción dada por el art. 1 del Decreto Ley 4/2013, de 2 de agosto, del Consell, por el que se establecen medidas urgentes para la reducción del déficit público y lucha contra el fraude fiscal en la

1. La determinación de los supuestos y condiciones en que los obligados tributarios y las entidades a las que se refiere el artículo 92 de la Ley 58/2003, de 17 de diciembre, General Tributaria podrán presentar por medios telemáticos declaraciones, autoliquidaciones, comunicaciones, solicitudes y cualquier otro documento con trascendencia tributaria, así como los supuestos y condiciones en que dicha presentación deberá realizarse mediante medios telemáticos.

2[46]. La aprobación y publicación, en relación con la comprobación de valores en el ámbito de los impuestos sobre Transmisiones Patrimoniales y Actos Jurídicos Documentados y sobre Sucesiones y Donaciones, de los coeficientes multiplicadores a los que se refiere la letra b) del apartado 1 del artículo 57 de la Ley General Tributaria.

Comunitat Valenciana, así como otras medidas en materia de ordenación del juego (DOCV núm. 7083 de 06 de agosto de 2013), en vigor desde el 06-07-2013.

Redacción anterior de la Disp. final 2.ª dada por el art. 41 de la Ley 14/2007, de 26 de diciembre, de medidas fiscales, de gestión administrativa y financiera, y de organización de la Generalitat (DOCV núm. 5669, de 28 de diciembre de 2007 y BOE de 25 de enero de 2008), en vigor desde 1/1/2008.

[46] ORDEN 5/2021, de 20 de mayo, de la Conselleria de Hacienda y Modelo Económico, por la que se establecen los coeficientes aplicables en 2021 al valor catastral a los efectos de los impuestos sobre transmisiones patrimoniales y actos jurídicos documentados y sobre sucesiones y donaciones, así como la metodología empleada para su elaboración y determinadas reglas para su aplicación (DOGV núm. 9094, de 27 de mayo de 2021).

Orden 1/2020, de 17 de febrero, de la Conselleria de Hacienda y Modelo Económico, por la que se establecen los coeficientes aplicables en 2020 al valor catastral a los efectos de los impuestos sobre transmisiones patrimoniales y actos jurídicos documentados y sobre sucesiones y donaciones, así como la metodología empleada para su elaboración y determinadas reglas para su aplicación (DOGV núm. 8747, de 4 de febrero de 2020).

Orden 15/2018, de 28 de diciembre, de la Conselleria de Hacienda y Modelo Económico, por la que se establecen los coeficientes aplicables en 2019 al valor catastral a los efectos de los impuestos sobre transmisiones patrimoniales y actos jurídicos documentados y sobre sucesiones y donaciones, así como la metodología empleada para su elaboración y determinadas reglas para su aplicación (DOGV núm. 8455, de 2 de enero de 2019).

Orden 6/2017, de 19 de julio, de la Conselleria de Hacienda y Modelo Económico, por la que se establecen los coeficientes aplicables en 2017 al valor catastral a los efectos de los impuestos sobre transmisiones patrimoniales y actos jurídicos documentados y sobre sucesiones y donaciones, así como la metodología empleada para su elaboración y determinadas reglas para su aplicación (DOGV núm. 8091, de 25 de julio de 2017).

Orden 1/2015, de 27 de enero de la Conselleria de Hacienda y Administración pública, por la que se establecen los coeficientes aplicables en 2015 al valor catastral a los efectos de los impuestos sobre transmisiones patrimoniales y actos jurídicos documentados y sobre sucesiones y donaciones, así como la metodología empleada para su elaboración y determinadas reglas para su aplicación (DOCV núm. 7454, de 30 de enero de 2015). Orden 4/2014, de 28 de febrero, de la Consellería de Hacienda y Administración Pública, por la que se establecen los coeficientes aplicables en 2014 al valor catastral a los efectos de los impuestos sobre transmisiones patrimoniales y actos jurídicos documentados y sobre sucesiones y donaciones, así como la metodología empleada para su elaboración y determinadas reglas para su aplicación (DOCV núm. 7229, de 7 de marzo de 2014).

En la comprobación de valores de bienes distintos de los inmuebles, corresponde igualmente al conseller competente en materia de Hacienda la determinación del registro oficial de carácter fiscal en el que se contengan los valores a los que resulten de aplicación los coeficientes a los que se refiere el párrafo anterior de este apartado 2.

3[47]. El establecimiento de honorarios estandarizados de los peritos terceros en las tasaciones periciales contradictorias a los efectos de los impuestos sobre Transmisiones Patrimoniales y Actos Jurídicos Documentados y sobre Sucesiones y Donaciones. La aceptación de la designación como perito tercero determinará, asimismo, la aceptación de tales honorarios aprobados por la Generalitat.

4[48]. La determinación de los supuestos y condiciones en los que se debe aportar documentación complementaria junto con la presentación de la autoliquidación por los impuestos sobre transmisiones patrimoniales y actos jurídicos documentados y sobre sucesiones y donaciones, así como el alcance de dicha documentación.

Dos. Sin perjuicio de lo dispuesto en el apartado Uno, se habilita al Consell para que, a propuesta del conseller competente en materia de Hacienda y mediante Decreto, dicte cuantas normas resulten necesarias en desarrollo de esta Ley.

Disposición final tercera. *Entrada en vigor.*
La presente Ley entrará en vigor el día 1 de enero de 1998.

---

[47]   Orden 14/2014, de 30 de julio, de la Conselleria de Hacienda y Administración Pública, por la que se establecen los honorarios estandarizados de los peritos terceros en las tasaciones periciales contradictorias relativas a bienes inmuebles a los efectos de los impuestos sobre transmisiones patrimoniales y actos jurídicos documentados, y sobre sucesiones y donaciones (DOCV núm. 7349, de 29 de agosto de 2014).

[48]   Nuevo apartado incorporado por el art. 53 de la Ley 7/2014, de 22 de diciembre, de Medidas Fiscales, de Gestión Administrativa y Financiera, y de Organización de la Generalitat (DOCV núm. 7.432, de 29 de diciembre de 2014), en vigor desde el 1 de enero de 2015.

17. Ley 5/2019, de 28 de febrero, de estructuras agrarias de la Comunitat Valenciana

(DOGV núm. 8500, de 6 de marzo de 2019;
BOE» núm. 69, de 21/03/20199

(...)

En cuarto lugar, el mercado de tierras no es suficientemente dinámico por la carencia de una política que, en el marco de las competencias de la Generalitat, favorezca las transmisiones, cesiones y los arrendamientos. La normativa existente en nuestro entorno ofrece soluciones que dotan al mercado de tierras de transparencia y respalden experiencias locales. Esta ley no solo crea la Red de Tierras como herramienta de intermediación, sino que establece mecanismos para promover la movilidad de la tierra, ampliando considerablemente los incentivos con respecto a los previstos en la normativa estatal del impuesto de sucesiones y donaciones y del impuesto sobre transmisiones patrimoniales y actos jurídicos documentados (en lo que sigue, ITP-AJD), siempre en beneficio de profesionales de la agricultura y de las iniciativas de gestión en común. En cuanto a la exención del ITP-AJD en procesos de reestructuración parcelaria y permutas voluntarias, ya estaba prevista en el artículo 45.I.B.6 del Real decreto legislativo 1/1993, de 24 de septiembre, por el que se aprueba el texto refundido de la Ley del impuesto sobre transmisiones patrimoniales y actos jurídicos documentados. En dicha norma se establece la exención en las transmisiones y demás actos y contratos a que dé lugar la concentración parcelaria, las permutas forzosas de parcelas rústicas, las permutas voluntarias autorizadas por el Instituto de Reforma y Desarrollo Agrario, así como las de acceso a la propiedad derivadas de la legislación de arrendamientos rústicos y las adjudicaciones del Instituto de Reforma y Desarrollo Agrario a favor de personas agricultoras en régimen de cultivo personal y directo, conforme a su legislación específica. El efecto de estas exenciones ha sido limitado, probablemente por la necesidad de clarificar el procedimiento de autorización por parte del órgano competente al que puedan acogerse las personas titulares de parcelas rústicas, que no es otro que la conselleria competente en materia de agricultura.

(...)

El título V introduce diversos incentivos fiscales que pretenden promover la movilidad de la tierra. La presente ley amplía los supuestos de bonificación que ya estaban previstos en la normativa estatal del impuesto de sucesiones y donaciones y del impuesto sobre transmisiones patrimoniales y actos jurídicos documentados (en lo que sigue, ITP-AJD), en particular en el título I de la Ley 19/1995, de modernización de explotaciones, y en el artículo 45.1.A.6 del Real decreto legislativo 1/1993, por el que se aprueba el texto refundido de la ley del impuesto sobre transmisiones patrimoniales y actos jurídicos documentados, con especial referencia a las transmisiones y cesiones de fincas rústicas a personas agricultoras profesionales, o de fincas incorporadas a iniciativas de gestión en común (IGC) y a la Red de Tierras, se realicen sin coste fiscal, lo que favorece su puesta en valor, con los consiguientes beneficios económicos y medioambientales que eso conlleva. Por ello, se establecen deducciones de los impuestos de sucesiones y donaciones y del ITP-AJD. En el capítulo I se introducen beneficios fiscales del impuesto de sucesiones y donaciones en el supuesto de transmisión de la propiedad de parcelas rústicas, si se dan determinadas condiciones de la persona adquirente. También se contempla un supuesto que permite beneficios fiscales cuando las tierras sean transmitidas en el plazo de un año por el adquirente mortis causa en determinados supuestos y determinadas condiciones del adquiriente. La transmisión podrá realizarse también directamente a la IGC o a la Red de Tierras. En el capítulo II se introduce una deducción de cuota del ITP-AJD en el supuesto de arrendamiento y de transmisión de la propiedad de parcelas rústicas, si se dan determinadas condiciones en la persona arrendataria o en la adquirente. También se benefician las transacciones que se realicen a través de la Red de Tierras. Los beneficios fiscales se amplían a los supuestos de reestructuración parcelaria y a las permutas voluntarias autorizadas por la autoridad competente en materia de reforma y desarrollo agrarios, como se establece en los artículos 73, 74 y 75 de la presente ley. Ello incluye conceptos como la reestructuración parcelaria pública, la reestructuración parcelaria privada y la reestructuración parcelaria a través de permutas voluntarias.

(...)

Artículo 32[49]. *Bonificaciones fiscales de las transmisiones y arrendamientos.*

1. Disfrutarán de una bonificación de la cuota tributaria del 99% en el impuesto de transmisiones patrimoniales y actos jurídicos documentados:

a) Las transmisiones de parcelas con vocación agraria.

b) Los contratos por los que se ceda temporalmente la explotación o uso de una o varias parcelas con vocación agraria, o parte de ellas, para su aprovechamiento agrícola, ganadero o forestal a cambio de un precio, renta o porcentaje de los resultados.

2. La aplicación de los anteriores beneficios fiscales quedará condicionada al cumplimiento de los siguientes requisitos:

a) Que las transmisiones o cesiones se realicen por mediación de oficinas gestoras de la Red de Tierras y, a través de los mecanismos previstos en esta ley.

b) Que se mantenga la actividad agraria o actividad complementaria durante los cinco años siguientes, salvo fallecimiento del adquirente o arrendatario dentro del citado plazo, o

---

[49]   Nueva redacción dada por el art. 55 de la Ley 3/2020, de 30 de diciembre, de la Generalitat, de medidas fiscales, de gestión administrativa y financiera y de organización de la Generalitat 2021 (DOGV núm. 8987 de 31 de diciembre de 2020), con efectos desde el 1 de enero de 2021.

salvo supuestos de expropiación forzosa o concurran otras causas de fuerza mayor debidamente acreditadas que imposibiliten el ejercicio de una actividad agraria o complementaria.

c) Que la transmisión se documente en escritura pública, donde se hará mención al incentivo aplicado.

d) Que si las fincas transmitidas estuviesen inscritas en el Registro de la Propiedad se haga constar en el mismo la nota marginal de afección a que hace referencia el apartado 2 del artículo 9 de la Ley 19/1995, de 4 de julio, de Modernización de Explotaciones Agrarias o normativa que la sustituya.

3. En caso de incumplimiento de las condiciones relativas al destino de la parcela, el sujeto pasivo habrá de ingresar el importe del beneficio disfrutado y los intereses de demora.

(...)

Artículo 71. *Procedimiento especial de reestructuración parcelaria a través de permutas voluntarias.*

1. La dirección general competente en materia de reestructuración parcelaria será el órgano competente para la autorización de las permutas de fincas rústicas reguladas en el artículo 12 de la Ley 19/1995.

2. La conselleria competente en materia de agricultura podrá incentivar las permutas voluntarias de parcelas entre titulares de explotaciones agrarias, en los siguientes supuestos:

a) Cuando al menos una de las parcelas que se pretende permutar linde con otra parcela propiedad de una de las personas titulares participantes en la permuta voluntaria, de manera que la permuta mejore objetivamente la estructura de su explotación.

b) En caso de permutas voluntarias con modificación de la geometría de las parcelas resultantes, cuando las personas solicitantes adjunten a su solicitud de permuta voluntaria un anteproyecto de reestructuración de las parcelas aportadas. La dirección general competente en materia de reestructuración parcelaria emitirá un informe motivado de la adecuación del anteproyecto a los objetivos de la presente ley.

3. Para poder beneficiarse de los incentivos establecidos en el apartado 5 de este artículo, las personas interesadas que cumplan con alguna de las condiciones establecidas en el apartado 2 de este artículo presentarán la solicitud de permuta junto con la documentación exigida por la dirección general competente en materia de reestructuración parcelaria. En caso de necesitar anteproyecto de reestructuración tal como exige la letra b del apartado 2 de este artículo, las personas solicitantes elaborarán el preceptivo proyecto técnico de reordenación, para su tramitación por la conselleria competente en materia de agricultura. Si la solicitud de permuta y, en su caso, el proyecto técnico de reordenación reúne las condiciones necesarias establecidas en el apartado 2, en el plazo de 3 meses la dirección general competente en materia de reestructuración parcelaria dictará y notificará resolución aprobatoria.

4. Si la solicitud y, en su caso, el anteproyecto no resultara conforme a las condiciones expuestas en el apartado 2, será devuelto a las personas solicitantes, que, por una sola vez, podrán introducir los cambios necesarios para que resulte adecuado. Si a pesar de las modificaciones introducidas persiste su falta de adaptación, la dirección general competente en materia de reestructuración parcelaria emitirá resolución denegatoria y la notificará a las personas interesadas. Contra esta resolución cabrá interponer recurso de alzada ante la persona titular de la conselleria competente en materia de agricultura, en el plazo de un mes, contado a partir del día siguiente al de la recepción de su notificación. El plazo máximo para dictar y notificar la resolución será de tres meses. Transcurrido este plazo sin que recaiga resolución, se podrá entender desestimado el recurso.

5[50]. Las permutas autorizadas por este procedimiento no precisarán de permisos ni licencias de segregación o agregación y, cuando no se encuentren exentas por aplicación de la legislación sectorial del Estado, se beneficiarán de una bonificación del 99% en la modalidad de transmisiones patrimoniales onerosas del impuesto de transmisiones patrimoniales y actos jurídicos documentados.

(...)

Artículo 75. *Incentivos fiscales durante los procesos de reestructuración pública y privada.*

1. Todas las transmisiones, demás actos y contratos y permutas voluntarias que se desarrollen durante los procesos de reestructuración parcelaria pública y privada previstos en la presente ley se beneficiarán de una bonificación del 99% de la cuota del impuesto sobre transmisiones patrimoniales y actos jurídicos documentados, siempre y cuando no se produzca una bonificación o exención más favorable por la legislación sectorial.

2. Todas las adquisiciones por sucesión o donación de fincas rústicas autorizadas en los procesos de reestructuración parcelaria pública y privada previstos en la presente ley se beneficiarán de una bonificación del 99% de la cuota del impuesto sobre sucesiones y donaciones, siempre y cuando no se produzca una bonificación o exención más favorable por la legislación sectorial.

3. En el caso de reestructuraciones parcelarias públicas, las transmisiones de fincas estipuladas en los apartados 1 y 2 del presente artículo deberán ser autorizadas previamente por el órgano competente en materia de reestructuración parcelaria y deberán solicitarse una vez aprobadas las bases provisionales y previamente a la firmeza administrativa del acuerdo de reordenación.

4. En el caso de reestructuraciones parcelarias privadas, las transmisiones de fincas estipuladas en los apartados 1 y 2 del presente artículo deberán ser autorizadas previamente por el órgano competente en materia de reestructuración parcelaria y deberán solicitarse

---

[50] Nueva redacción dada por el art. 55 de la Ley 3/2020, de 30 de diciembre, de la Generalitat, de medidas fiscales, de gestión administrativa y financiera y de organización de la Generalitat 2021 (DOGV núm. 8987 de 31 de diciembre de 2020), con efectos desde el 1 de enero de 2021.

una vez aprobada la resolución de autorización de ejecución del proceso de reestructuración privada y previamente a la aprobación del acuerdo de reordenación.

(...)

TÍTULO V. BENEFICIOS FISCALES[51]

Artículo 79[52]. *Disposiciones generales.*

1. En el marco de la normativa estatal sobre cesión de tributos a las comunidades autónomas, se establecen los incentivos fiscales aplicables a las transmisiones de dominio y demás actos relativos a las parcelas con vocación agraria definidas en los términos del artículo 4 de la presente Ley.

2. Para que procedan dichos beneficios se hará constar en la escritura pública de adquisición el incentivo aplicado, y en el Registro de la Propiedad, si las fincas transmitidas estuviesen inscritas en el mismo, la nota marginal de afección a que hace referencia el apartado 2 del artículo 9 de la Ley 19/1995, de 4 de julio, de Modernización de Explotaciones Agrarias o normativa que la sustituya.

3. En caso de incumplimiento del requisito del destino agrario de la parcela transmitida o si esta fuera transmitida por causas distintas a los supuestos amparados por la Ley, la persona beneficiaria habrá de ingresar el importe del beneficio disfrutado y los intereses de demora.

CAPÍTULO I. IMPUESTOS SOBRE SUCESIONES Y DONACIONES

(...)

CAPÍTULO II. IMPUESTO SOBRE TRANSMISIONES PATRIMONIALES Y ACTOS JURÍDICOS DOCUMENTADOS

Artículo 82[53]. *Transmisiones y arrendamientos de terrenos con vocación agraria.*

1. Se establece una bonificación en la cuota del 99% en las modalidades de transmisiones patrimoniales onerosas y actos jurídicos documentados del Impuesto sobre transmisiones patrimoniales y actos jurídicos documentados para las transmisiones y arrendamientos de parcelas con vocación agraria ubicadas en la Comunitat Valenciana, cuando los adqui-

---

[51]   Nueva redacción dada por el art. 55 de la Ley 3/2020, de 30 de diciembre, de la Generalitat, de medidas fiscales, de gestión administrativa y financiera y de organización de la Generalitat 2021 (DOGV núm. 8987 de 31 de diciembre de 2020), con efectos desde el 1 de enero de 2021.

[52]   Nueva redacción dada por el art. 55 de la Ley 3/2020, de 30 de diciembre, de la Generalitat, de medidas fiscales, de gestión administrativa y financiera y de organización de la Generalitat 2021 (DOGV núm. 8987 de 31 de diciembre de 2020), con efectos desde el 1 de enero de 2021.

[53]   Nueva redacción dada por el art. 55 de la Ley 3/2020, de 30 de diciembre, de la Generalitat, de medidas fiscales, de gestión administrativa y financiera y de organización de la Generalitat 2021 (DOGV núm. 8987 de 31 de diciembre de 2020), con efectos desde el 1 de enero de 2021.

rientes o arrendatarios sean personas agricultoras profesionales, según la definición de esta ley, y sean:

– bien titulares de una explotación agraria a la cual queden afectos los elementos que se adquieren o alquilan.

– o bien, socias de una sociedad agraria de transformación, cooperativa, sociedad civil o de una agrupación registrada como IGC, y que la entidad sea titular de una explotación agraria a la que queden afectos los elementos que se adquieren o alquilan.

También se establece esa misma bonificación en la cuota del 99%, para las transmisiones y arrendamientos de parcelas con vocación agraria ubicadas en la Comunitat Valenciana, cuando el adquiriente o arrendatario sea una agrupación registrada como IGC.

2. La aplicación de la bonificación quedará condicionada al mantenimiento de la actividad agraria o actividad complementaria durante los cinco años siguientes, salvo fallecimiento del adquiriente o arrendatario dentro del citado plazo, o salvo supuestos de expropiación forzosa o concurran otras causas de fuerza mayor debidamente acreditadas que imposibiliten el ejercicio de una actividad agraria o complementaria.

Artículo 83[54]. *Agrupaciones de parcelas con vocación agraria.*

A las agrupaciones de parcelas con vocación agraria se les aplicará una bonificación del 99% en la cuota gradual de la modalidad actos jurídicos documentados del impuesto sobre transmisiones patrimoniales y actos jurídicos documentados.

(...)

Disposición adicional segunda[55]. *Beneficios fiscales.*

Adicionalmente a los beneficios fiscales contemplados en esta ley, cuando en la transmisión a título oneroso de una parcela con vocación agraria le sea de aplicación alguna de las reducciones previstas en la Ley 19/1995, de 4 de julio, de modernización de las explotaciones agrarias, será de aplicación una deducción en la cuota por el importe necesario para que el conjunto de beneficios fiscales aplicables alcance el 99 % de la cuota derivada del valor del bien objeto de reducción.

(...)

---

[54]   Nueva redacción dada por el art. 55 de la Ley 3/2020, de 30 de diciembre, de la Generalitat, de medidas fiscales, de gestión administrativa y financiera y de organización de la Generalitat 2021 (DOGV núm. 8987 de 31 de diciembre de 2020), con efectos desde el 1 de enero de 2021.

[55]   Nueva redacción dada por el art. 30 de la Ley 7/2021, de 29 de diciembre, de medidas fiscales, de gestión administrativa y financiera y de organización de la Generalitat 2022 (DOGV núm. 9.246, de 30 de diciembre de 2021), con efectos desde el 1 de enero de 2022.
Redacción anterior dada por el art. 55 de la Ley 3/2020, de 30 de diciembre, de la Generalitat, de medidas fiscales, de gestión administrativa y financiera y de organización de la Generalitat 2021 (DOGV núm. 8987 de 31 de diciembre de 2020), con efectos desde el 1 de enero de 2021.

Disposición derogatoria única. *Derogaciones normativas.*

1. A la entrada en vigor de esta ley quedan derogadas:

1.1 La Ley 7/1986 de 22 de diciembre, de la Generalitat, de utilización de agua para riego.

1.2 La Ley 8/2002, de 5 de diciembre, de ordenación y modernización de las estructuras agrarias de la Comunidad Valenciana.

1.3 Cuantas disposiciones de igual o inferior rango se opongan a lo dispuesto en esta ley.

2. Tras la entrada en vigor de esta ley continuará vigente el Decreto 217/1999, de 9 de noviembre, del Gobierno Valenciano, por el que se determinan la extensión de las unidades mínimas de cultivo en la Comunitat Valenciana.

Disposición final primera. *De la normativa de aplicación.*

De manera supletoria, y para aquellas materias no reguladas expresamente en esta ley y en sus normas complementarias, se aplicará la normativa estatal vigente correspondiente.

Disposición final segunda. *Habilitación normativa.*

Se faculta al Consell para dictar las disposiciones necesarias para el desarrollo y ejecución de esta ley, debiendo aprobarse los reglamentos y crearse los inventarios y registros que se prevén en la misma en el plazo máximo de dos años desde su entrada en vigor.

Disposición final tercera. *Entrada en vigor de la ley.*

Esta ley entrará en vigor el día siguiente al de su publicación en el «Diari Oficial de la Generalitat Valenciana».

18. Decreto Ley 12/2024, de 12 de noviembre, del Consell, de medidas fiscales de apoyo a las personas afectadas por las inundaciones producidas por la DANA de octubre de 2024

(DOCV núm. 9981 bis de 12 de noviembre de 2024)

PREÁMBULO

I

En el mes de octubre de 2024, la Comunitat Valenciana ha sido nuevamente escenario de una depresión aislada en niveles altos (DANA) que ha ocasionado graves daños tanto personales como materiales en la región. Las intensas precipitaciones e inundaciones han afectado profundamente a las zonas urbanas y rurales, dando lugar al fallecimiento y desaparición de un elevado número de personas, la pérdida de bienes públicos y privados, el desplazamiento de numerosas familias, así como interrupciones significativas en la actividad económica. Ante este escenario de emergencia, se hace imperativo que las autoridades públicas actúen de manera rápida y decidida, estableciendo medidas fiscales excepcionales que permitan aliviar la carga de las personas damnificadas y facilitar la pronta recuperación de la región.

Por todo lo anterior, es urgente que el Consell adopte medidas fiscales extraordinarias que brinden soporte inmediato a los damnificados y contribuyan al restablecimiento de la normalidad. La solidaridad institucional debe materializarse en políticas fiscales justas, que permitan a la ciudadanía afectada superar este difícil trance con dignidad y que, al mismo tiempo, favorezcan la reactivación económica. De esta forma, no solo se mitigarán los efectos devastadores de esta catástrofe, sino que también se enviará un mensaje claro sobre el compromiso de las instituciones públicas con el bienestar de sus ciudadanos.

II

Las medidas pueden englobarse en tres grupos: las dirigidas a facilitar el cumplimiento espontáneo de las obligaciones tributarias, los beneficios fiscales destinados a paliar los daños personales y materiales derivados del temporal y aquellos incentivos que están dirigidos a recuperar la actividad económica de las áreas afectadas. Su previsible impacto presupuestario y la singularidad de la situación que las provoca aconseja la creación de un cuerpo normativo separado del resto de disposiciones que regulan, de manera ordinaria, los tributos afectados, esto es, la Ley 13/1997, de 23 de diciembre, por la que se regula el tramo autonómico del Impuesto sobre la Renta de las Personas Físicas y restantes tributos cedidos, la Ley 1/2020, de 11 de junio, de regulación del juego y de prevención de la ludopatía en la Comunitat Valenciana y la Ley 2/1992, de 26 de marzo, de saneamiento de las aguas residuales de la Comunitat Valenciana.

La presente norma se compone de 15 artículos y dos disposiciones finales.

En el articulado, la primera y segunda sección regulan las normas generales y la suspensión de plazos.

En su primer artículo, se establece el objeto y finalidad del presente decreto ley, que es el establecimiento de un régimen extraordinario y temporal de medidas fiscales destinado a ayudar a los contribuyentes afectados por el temporal de lluvia y viento iniciado el 29 de octubre de 2024 en la Comunitat Valenciana, en relación con aquellos tributos sobre los que la Comunitat ostenta competencias normativas que pueden incidir significativamente en su capacidad de recuperación.

En el artículo 2 se regula el ámbito territorial de aplicación de la presente norma, de conformidad con el anexo del Acuerdo de 4 de noviembre de 2024, del Consell, por el que se adoptan medidas urgentes para paliar los daños producidos por el temporal iniciado el 29 de octubre de 2024 en la Comunitat Valenciana, si bien se prevé la posibilidad de su modificación por resolución de la Conselleria de Justicia e Interior.

En el artículo 3 se establece una prórroga en los plazos para la presentación y pago de las autoliquidaciones de los impuestos sobre sucesiones y donaciones, sobre transmisiones patrimoniales y actos jurídicos documentados, tributos sobre el juego y el Impuesto sobre actividades que inciden en el medio ambiente, cuyo plazo de presentación e ingreso terminara a finales del año 2024. Esta medida es aplicable a personas o entidades con domicilio fiscal en los municipios afectados, así como a las titulares de bienes inmuebles ubicados en dichas áreas o quienes acrediten que el temporal les ha dificultado gravemente cumplir con sus obligaciones fiscales.

La sección tercera contempla dos incentivos fiscales en el tramo autonómico del Impuesto sobre la Renta de las Personas Físicas cuya vigencia se extenderá a los periodos impositivos concluidos en los años 2024 y 2025.

En primer lugar, en el artículo 4 se establece una deducción del 100% de los gastos acometidos para hacer frente a los daños causados por el temporal en la vivienda habitual de los afectados, con un límite de 2.000 euros. Los límites de renta que se establecen con carácter general en las deducciones autonómicas se aumentan en esta ocasión hasta los 45.000 euros de base liquidable, en tributación individual, y los 60.000 euros en tributación conjunta.

En segundo lugar, con la finalidad de contribuir a la obtención de recursos propios por las empresas cuya sede de dirección efectiva radique dentro del ámbito territorial damnificado, en el artículo 5 se establece una deducción del 45% sobre las cantidades invertidas en la constitución o ampliación de capital de entidades que puede alcanzar los 9.900 euros por contribuyente.

En la sección cuarta, en el ámbito del Impuesto sobre Sucesiones y Donaciones, en atención a los familiares para los que no resultan aplicables los beneficios fiscales ya previstos en la Ley 13/1997, de 23 de diciembre, se establece en el artículo 6 una bonificación del 50% en favor de las adquisiciones mortis causa efectuadas por los parientes colaterales de segundo y tercer grado, ascendientes y descendientes por afinidad, cuando el causante hubiese fallecido como consecuencia directa del temporal de lluvia y viento iniciado el 29 de octubre de 2024 en la Comunitat Valenciana.

En los artículos 7 y 8 se establecen reducciones en la base imponible del 100% en favor de las personas o entidades que reciban por donación efectivo u otro tipo de bienes y derechos para paliar los daños materiales sufridos por el temporal, estableciéndose un régimen distinto en función del destino de la donación. A diferencia de las reducciones y bonificaciones contempladas en la mencionada Ley 13/1997, de 23 de diciembre, la aplicación del beneficio no está condicionada al grado de parentesco o familiaridad con el donante. Sin embargo, la procedencia de dicho beneficio está supeditada a que lo donado se destine a paliar los daños materiales derivados de las inundaciones dentro de un plazo de 12 meses.

En la sección quinta, los artículos 9 a 11 recogen distintas bonificaciones en la cuota del Impuesto sobre Transmisiones Patrimoniales y Actos Jurídicos Documentados de las que resultará que las adquisiciones destinadas a la reposición de determinados elementos patrimoniales queden eximidas de tributación.

Los artículos 9 y 10 establecen una bonificación del 100% en la cuota del ITP y AJD aplicable a las operaciones relacionadas con la adquisición de inmuebles destinados a reemplazar a otros destruidos o gravemente dañados por el temporal y a los actos de declaración de obra nueva y/o división horizontal que se refieran estos últimos, en cuanto estos actos fueran precisos para la obtención de ayudas o su regularización registral.

La importante siniestralidad sufrida por los vehículos automóviles hace ineludible, con la finalidad de recuperar la movilidad de las personas afectadas, el establecimiento, en el artículo 11, de una bonificación del 100% de la cuota del ITP y AJD para la adquisición de vehículos que reemplacen a aquellos destruidos por las inundaciones.

Con relación a los tributos sobre el juego, previstos en la sección sexta, el artículo 12 establece una bonificación del 100% en la cuota íntegra del tributo sobre los juegos de suerte, envite o azar, en la modalidad de explotación de las máquinas y de azar, cuya explotación hubiera sido afectada por el temporal, en la parte que corresponda proporcionalmente a los días del periodo impositivo en que su autorización de explotación haya sido suspendida o dada de baja de manera definitiva.

El artículo 13 pretende paliar los estragos sufridos por las salas de bingo afectadas en cuanto hayan provocado daños en sus existencias de cartones de bingo que los hagan inservibles. Dado que estos contribuyentes habrán pagado el tributo relativo a los juegos de suerte, envite o azar y las tasas administrativas exigidos con ocasión de su adquisición, podrán, alternativamente, solicitar la devolución del importe de los tributos satisfechos, o bien el canje de los cartones por otros idénticos en número y valor facial.

Finalmente, en la sección séptima, bajo el título incentivos en el canon de saneamiento, el artículo 14 establece una exención del citado canon para los consumos de agua realizados en las áreas afectadas entre el 29 de octubre de 2024 y el 31 de marzo de 2025, aplicable a todos los usos del agua en el ámbito territorial de los municipios especificados en el ámbito territorial de la presente norma, y el artículo 15 suspende los procedimientos de recaudación de las cuotas del citado canon desde la fecha de entrada en vigor de la presente disposición hasta el día 28 de febrero de 2025.

III

La jurisprudencia del Tribunal Constitucional ha respaldado la aprobación de disposiciones de carácter socioeconómico mediante el instrumento normativo del real decreto ley en aquellos casos en los que se aprecie una motivación explícita y razonada de la necesidad y urgencia de la medida.

La necesidad de la norma se ha afirmado en los casos de coyunturas económicas problemáticas que exigen una rápida respuesta. Asimismo, la urgencia se ha aceptado cuando la dilación en el tiempo de la adopción de la medida de que se trate podría generar algún perjuicio.

La justificación de la utilización del instrumento del decreto ley se apoya igualmente en una dilatada jurisprudencia del Tribunal Constitucional que ha vinculado la utilización de esta norma a la solución de una situación concreta que, dentro de los objetivos del órgano emisor, y por razones difíciles de prever, requiere una acción normativa inmediata en un plazo más breve que el requerido por la vía normal o por el procedimiento de urgencia para la tramitación parlamentaria de las leyes.

La adopción de medidas fiscales urgentes está justificada por la necesidad de mitigar el impacto socioeconómico derivado de la catástrofe. Los ciudadanos que han sufrido pérdidas significativas, ya sea en forma de destrucción de propiedades, viviendas o negocios, no deben cargar de manera exclusiva con las consecuencias de un evento atmosférico de tales proporciones. En este contexto, las medidas fiscales que incluyan la prórroga en el cumplimiento de obligaciones tributarias y la concesión incentivos fiscales, se perfilan como herramientas esenciales para proporcionar un alivio inmediato.

Asimismo, es preciso contemplar que corresponde al Consell, en este tipo de normas, la realización de un juicio político o de oportunidad sobre la coyuntura y la motivación de la norma. En este sentido, se consideran debidamente acreditados los motivos de oportunidad para la adopción de esta norma.

Como es preceptivo, debe señalarse que este decreto ley no afecta al ordenamiento de las instituciones básicas del Estado, a los derechos y libertades de los ciudadanos regulados en el título I de la Constitución, al régimen de las comunidades autónomas ni al derecho electoral general y que a la vista de lo expuesto concurren las circunstancias de extraordinaria y urgente necesidad establecidas en el artículo 44.4 del Estatuto de Autonomía de la

Comunitat Valenciana como presupuesto habilitante para recurrir al instrumento jurídico del decreto ley.

Esta norma se articula sobre los principios de necesidad, eficacia, eficiencia, proporcionalidad, seguridad jurídica y transparencia prevista en el artículo 129 de la Ley 39/2015, de 1 de octubre, del procedimiento administrativo común de las administraciones públicas. En virtud de los principios de necesidad y eficacia, este decreto-ley se justifica por razones de interés general, ya que constituye una más de las medidas adoptadas por las administraciones para reducir el impacto económico sufrido por las víctimas y favorecer la pronta reconstrucción del tejido social y productivo de las zonas afectadas. En cuanto al principio de transparencia, y dado que se trata de un decreto-ley promovido por razones de extraordinaria urgencia de carácter económico y social, se ha prescindido en su elaboración del trámite de consulta, audiencia e información pública, de acuerdo con lo dispuesto en el artículo 133, apartado 4, de la Ley 39/2015, de 1 de octubre, del procedimiento administrativo común de las administraciones públicas.

Con la finalidad de garantizar el principio de seguridad jurídica, este decreto ley es coherente con el ordenamiento jurídico nacional y de la Unión Europea.

En la tramitación del decreto ley, se ha seguido el procedimiento establecido y se han emitido los informes preceptivos.

Por lo expuesto, en virtud de lo que disponen los artículos 18.d y 28.c de la Ley 5/1983, de 30 de diciembre, de la Generalitat, del Consell, a propuesta de la consellera de Hacienda, Economía y Administración Pública, de acuerdo con las competencias que le atribuye el Decreto 17/2024, de 12 de julio, del president de la Generalitat, por el que se determinan el número y la denominación de las consellerias, y sus atribuciones, previa deliberación del Consell, en la reunión de 12 de noviembre de 2024,

DECRETO

Sección Primera. Normas generales

Artículo 1. *Objeto y finalidad*

Este decreto ley tiene por objeto la aprobación, en el ejercicio de la capacidad normativa autonómica en materia tributaria, de diversas medidas dirigidas a las personas y entidades afectadas por el temporal de lluvia y viento iniciado el 29 de octubre de 2024 en la Comunitat Valenciana, en relación con la tributación por el Impuesto sobre la Renta de las Personas Físicas, el Impuesto sobre Sucesiones y Donaciones, el Impuesto sobre Transmisiones Patrimoniales y Actos Jurídicos Documentados, los tributos sobre el juego, el Impuesto sobre Actividades que inciden en el Medio Ambiente y el canon de saneamiento.

Artículo 2. Ámbito territorial

El ámbito territorial de este decreto ley estará constituido por la totalidad o, cuando así se especifique, la parte del término municipal de los municipios incluidos en el Acuerdo del Consell, de fecha 4 de noviembre de 2024, por el que se adoptan medidas urgentes para paliar los daños producidos por el temporal iniciado el 29 de octubre de 2024 en la Comunitat Valenciana. La relación de municipios afectados podrá ser modificada por resolución de la Conselleria de Justicia e Interior, a propuesta de la dirección de la AVSRE, y deberá publicarse en el Diari Oficial de la Generalitat Valenciana.

Sección Segunda. Suspensión de plazos

Artículo 3. *Suspensión de los plazos de presentación e ingreso de autoliquidaciones*

1. Se prorroga hasta el 31 de enero de 2025 el plazo para la presentación e ingreso de las autoliquidaciones del Impuesto sobre Sucesiones y Donaciones, del Impuesto sobre Transmisiones Patrimoniales y Actos Jurídicos Documentados, de los tributos sobre el juego y del Impuesto sobre Actividades que inciden en el Medio Ambiente cuyo plazo de presentación e ingreso termine entre el 28 de octubre y el 31 de diciembre de 2024.

2. Serán beneficiarias de esta medida las personas y entidades cuyo domicilio fiscal radique en el ámbito territorial de este decreto ley, las personas o entidades titulares de bienes o derechos sobre bienes inmuebles situados en dicho territorio, con relación a las obligaciones tributarias derivadas de la titularidad de dichos inmuebles, y las demás personas o entidades que acrediten que su obligación de presentación e ingreso en plazo de las autoliquidaciones ha resultado gravemente comprometida como consecuencia de los fenómenos meteorológicos acontecidos.

(...)

Sección Quinta. Incentivos en el Impuesto sobre Transmisiones
Patrimoniales y Actos Jurídicos Documentados

Artículo 9. *Bonificación del Impuesto sobre Transmisiones Patrimoniales y Actos Jurídicos Documentados exigible por actos dirigidos a la reposición de bienes inmuebles*

1. Durante el periodo comprendido entre el 29 de octubre de 2024 y el 31 de diciembre de 2026, ambos inclusive, será de aplicación de una bonificación del 100% de la cuota tributaria de la modalidad gradual de Actos jurídicos documentados y de la de Transmisiones patrimoniales onerosas del Impuesto sobre Transmisiones Patrimoniales y Actos Jurídicos Documentados exigible por los actos o contratos relacionados con la adquisición de bienes inmuebles, o derechos reales de uso y disfrute sobre estos, destinados a reemplazar a otros situados en el ámbito territorial de esta disposición que, como consecuencia directa y determinante del temporal, no pudieran ser utilizados por haberse derruido total o parcialmente, haber sido declarados en ruinas o bien requieran su demolición.

2. En el documento público que se otorgue se identificará el inmueble afectado por el siniestro, sin que el sujeto pasivo pueda aplicar el beneficio para más de una adquisición con base en un mismo inmueble siniestrado. No obstante, a estos efectos, en el supuesto de adquisición de inmuebles destinados a vivienda, o de derechos reales de uso y disfrute sobre estos, se incluirán dentro del concepto de vivienda hasta dos plazas de garaje y un trastero que se encuentren en el mismo edificio o complejo inmobiliario de la vivienda y se adquieran en el mismo acto, aunque sea en documento distinto, entregándose todos en el mismo momento.

3. En el supuesto de que el bien o derecho damnificado perteneciera a más de una persona, la base de la bonificación será igual al resultado de aplicar sobre la cuota tributaria el porcentaje de titularidad en el bien o derecho sustituido.

Artículo 10. *Bonificación a determinados documentos notariales*

Durante el periodo comprendido entre el 29 de octubre de 2024 y el 31 de diciembre de 2026, ambos inclusive, será de aplicación una bonificación del 100% de la cuota gradual de la modalidad de Actos Jurídicos Documentados del Impuesto sobre Transmisiones Patrimoniales y Actos Jurídicos Documentados exigible a las primeras copias de los documentos notariales otorgados para formalizar operaciones de declaración de obra nueva y/o división horizontal que se refieran a inmuebles situados en el ámbito territorial del presente decreto ley derruidos o demolidos como consecuencia del temporal.

Artículo 11. *Bonificación en la cuota del Impuesto sobre Transmisiones Patrimoniales y Actos Jurídicos Documentados aplicable a las adquisiciones de vehículos automóviles*

Será aplicable una bonificación del 100% de la cuota de la modalidad transmisiones patrimoniales onerosas del Impuesto sobre transmisiones patrimoniales y actos jurídicos documentados exigible a las adquisiciones de vehículos automóviles destinados a reemplazar a otros que, como consecuencia directa y determinante de los daños producidos por las inundaciones producidas en el ámbito territorial de este decreto ley, se hubieran dado de baja definitiva en el Registro General de Vehículos, siempre que dicha adquisición se realice desde el 29 de octubre de 2024 hasta el 31 de diciembre de 2025, ambos inclusive.

(...)

DISPOSICIONES FINALES

Primera. *Habilitación para el desarrollo reglamentario*

Se faculta al Consell para adoptar las disposiciones necesarias para el desarrollo y aplicación de este decreto ley.

Segunda. *Entrada en vigor*

Este decreto ley entrará en vigor el día siguiente al de su publicación en el Diari Oficial de la Generalitat Valenciana.

COMUNIDAD AUTÓNOMA DE EXTREMADURA

Impuesto Sobre Transmisiones Patrimoniales y Actos Jurídicos Documentados

19. Decreto Legislativo 1/2018, de 10 de abril, por el que se aprueba el texto refundido de las disposiciones legales de la Comunidad Autónoma de Extremadura en materia de tributos cedidos por el Estado[1]

(DOE núm. 99, de 23 de mayo de 2018; BOE núm. 148, de 19 de junio de 2018)

CONSEJERÍA DE HACIENDA Y ADMINISTRACIÓN PÚBLICA

De conformidad con lo dispuesto en el artículo 22.3 de la Ley Orgánica 1/2011, de 28 de enero, de reforma del Estatuto de Autonomía de la Comunidad Autónoma de Extremadura y en el artículo 45 de la Ley 1/2002, de 28 de febrero, del Gobierno y de la Administración de la Comunidad Autónoma de Extremadura, la disposición final tercera de la Ley 1/2018, de 23 de enero, de Presupuestos Generales de la Comunidad Autónoma de Extremadura para 2018, otorga la autorización para que el Consejo de Gobierno elabore, dentro del plazo de seis meses desde la aprobación de la ley, un texto refundido de las disposiciones legales vigentes en materia tributos cedidos por el Estado.

Al igual que su precedente, el texto refundido de las disposiciones legales dictadas por la Comunidad Autónoma de Extremadura en materia de tributos cedidos por el Estado, aprobado por el Decreto Legislativo 1/2013, de 21 de mayo, la aprobación de un texto único tiene como finalidad principal dotar de mayor claridad a la normativa autonómica en materia de tributos cedidos por el Estado mediante la integración en un único cuerpo normativo de las disposiciones que afectan a dicha materia, contribuyendo con ello a aumentar la

---

[1]   Con anterioridad se recogía en los arts. 14 a 34 y arts. 62 a 77 del Decreto Legislativo 1/2013, de 21 de mayo, por el que se aprueba el Texto Refundido de las disposiciones legales de la Comunidad Autónoma de Extremadura en materia de tributos cedidos por el Estado (DOE núm. 121, de 25 de junio de 2013); arts. 3 y 5 de la Ley 6/2013, de 13 de diciembre, de medidas tributarias de impulso a la actividad económica en Extremadura (DOE núm. 241, de 17 de diciembre de 2013) y arts. 6, 6 bis y 19 de la Ley 1/2015, de 10 de febrero, de medidas tributarias, administrativas y financieras de la Comunidad Autónoma de Extremadura (DCE núm.2 8, de 11 de febrero de 2015).

seguridad jurídica de los contribuyentes y de la administración tributaria de la Comunidad Autónoma de Extremadura.

En el ejercicio de la citada autorización se elabora este Decreto Legislativo por el que se aprueba el texto refundido de las disposiciones legales dictadas por la Comunidad Autónoma en materia de tributos cedidos por el Estado, incluidas en las siguientes normas:

Texto Refundido de las disposiciones legales dictadas por la Comunidad Autónoma de Extremadura en materia de tributos cedidos por el Estado, aprobado por el Decreto Legislativo 1/2013, de 21 de mayo.

Ley 6/2013, de 13 de diciembre, de medidas tributarias de impulso a la actividad económica de Extremadura.

Ley 2/2014, de 18 de febrero, de medidas financieras y administrativas de la Comunidad Autónoma de Extremadura.

Ley 1/2015, de 10 de febrero, de medidas tributarias, administrativas y financieras de la Comunidad Autónoma de Extremadura.

Ley 8/2016, de 12 de diciembre, de medidas tributarias, patrimoniales, financieras y administrativas de la Comunidad Autónoma de Extremadura.

Ley 2/2017, de 17 de febrero, de emergencia social de la vivienda de Extremadura.

Ley 1/2018, de 23 de enero, de Presupuestos Generales de la Comunidad Autónoma de Extremadura para 2018.

El texto refundido se estructura en ocho capítulos, los siete primeros dedicados a cada uno de los impuestos sobre los que la Comunidad ha ejercido sus competencias normativas: El Impuesto sobre la Renta de las Personas Físicas, el Impuesto sobre el Patrimonio, el Impuesto sobre Sucesiones y Donaciones, el Impuesto sobre Transmisiones Patrimoniales y Actos Jurídicos Documentados, los tributos sobre el Juego, el Impuesto sobre determinados medios de transporte y el Impuesto sobre Hidrocarburos. El último capítulo, el VIII, contiene las normas de gestión dictadas para la aplicación de los tributos cedidos por el Estado.

Asimismo, el texto refundido incluye una disposición adicional que establece el derecho de los acogedores para seguir aplicándose en IRPF la deducción en la cuota íntegra autonómica por acogimiento de menores, que tenían reconocida antes del cambio legislativo sobre protección a la infancia y a la adolescencia y seis disposiciones finales que recogen las habilitaciones y las obligaciones que las leyes que se refunden y otras normas han efectuado al Consejo de Gobierno y al titular de la Consejería competente en materia de hacienda para que puedan dictar normas de desarrollo o de aplicación de la normativa en materia de tributos cedidos por el Estado. Igualmente, se prevé que las leyes anuales de Presupuestos Generales de la Comunidad Autónoma puedan modificar los elementos esenciales de los tributos cedidos.

El texto refundido incluye, al comienzo, un índice de su contenido, cuyo objeto es facilitar la utilización de la norma por sus destinatarios mediante una rápida localización y ubicación sistemática de sus preceptos.

Este decreto legislativo contiene un artículo para la aprobación del texto refundido de las normas autonómicas en materia de tributos cedidos por el Estado, cuatro disposiciones adicionales, sobre las remisiones normativas que se efectúan a los preceptos objeto de refundición, sobre la competencia de los jefes de Servicio y de Sección en el área de aplicación de los tributos, sobre los órganos competentes en materia de aplazamiento y fraccionamiento de pago y sobre la normativa aplicable a las reclamaciones económico administrativas en materia de tributos cedidos, una disposición derogatoria de todos los preceptos refundidos y una disposición final sobre la entrada en vigor tanto del decreto legislativo como del texto refundido.

El presente decreto legislativo ha sido aprobado por la Asamblea de Extremadura en virtud de lo previsto en el artículo 22.3 del Estatuto de Autonomía una vez oído el Consejo de Estado,

DISPONGO:

Artículo único. *Aprobación del texto refundido de las disposiciones legales de la Comunidad Autónoma de Extremadura en materia de tributos cedidos por el Estado.*

Se aprueba el texto refundido de las disposiciones legales de la Comunidad Autónoma de Extremadura en materia de tributos cedidos por el Estado, que se inserta a continuación.

Disposición adicional primera. *Remisiones normativas.*

1. Las referencias normativas efectuadas en otras disposiciones a los preceptos de naturaleza tributaria contenidos en las normas que se refunden, se entenderán realizadas a los preceptos correspondientes del texto refundido que se aprueba por este decreto legislativo.

2. A la entrada en vigor de esta norma, mientras no se aprueben, en su caso, los desarrollos reglamentarios que correspondan, serán aplicables las normas reglamentarias vigentes en todo aquello que no se opongan a ella o la contradigan.

Disposición adicional segunda. *Competencias de los Jefes de Servicio y de Sección en la aplicación de los tributos.*

Los Jefes de Sección de la Dirección General competente en la aplicación de los tributos están habilitados, en el ámbito de sus funciones, para dictar actos y resoluciones administrativas, siempre que esta competencia no le esté reconocida a otro órgano por una norma específica, o que por la índole o trascendencia de su contenido deban ser dictados por los Jefes de Servicio, a juicio de estos o, en su caso, de la persona titular de dicho Centro Directivo.

Disposición adicional tercera. *Competencias en materia de aplazamiento y fraccionamiento de pago de deudas de naturaleza pública tributaria y no tributaria.*

Los órganos de la Administración Tributaria que tengan atribuida la gestión recaudatoria de cada recurso serán los competentes para la instrucción y resolución de las solicitudes de aplazamiento y fraccionamiento de pago presentadas en periodo voluntario y ejecutivo de recaudación de deudas tributarias así como de las derivadas de precios públicos, sanciones administrativas, reintegro de subvenciones y otros recursos de naturaleza pública no tributarios. Asimismo, serán competentes para la realización de todos los actos administrativos inherentes al procedimiento de aplazamiento y fraccionamiento.

Disposición adicional cuarta. *Resolución de las reclamaciones económico-administrativas sobre tributos cedidos.*

En el supuesto de que se llegue a materializar la asunción efectiva por parte de la Comunidad Autónoma de Extremadura de la competencia para la resolución de las reclamaciones económico-administrativas relacionadas con la aplicación de los tributos cedidos por el Estado, éstas se sustanciarán en única instancia ante la Junta Económico-Administrativa, que habrán de tramitarse, en cuanto resulten de aplicación, por las disposiciones contenidas en la Ley 58/2003, de 17 de diciembre, General tributaria y sus normas de desarrollo.

Disposición derogatoria única. *Derogación normativa.*

1. A la entrada en vigor de este decreto legislativo quedarán derogadas, las siguientes normas:

El Decreto Legislativo 1/2013, de 21 de mayo, por el que se aprueba el texto refundido de las disposiciones legales de la Comunidad Autónoma de Extremadura en materia de Tributos Cedidos por el Estado.

Los artículos 2, 3, 5, 10, 11, 12, 13, 14, 17, disposiciones adicionales primera, segunda, cuarta y quinta de la Ley 6/2013, de 13 de diciembre, de medidas tributarias de impulso a la actividad económica de Extremadura.

Los artículos 6 y 7 de la Ley 2/2014, de 18 de febrero, de medidas financieras y administrativas de la Comunidad Autónoma de Extremadura.

Los artículos 3, 6, 6 bis, 19, 20, 21, 22, 23, 24, 25, 26, 28, 29, 30, 31 y 33 de la Ley 1/2015, de 10 de febrero, de medidas tributarias, administrativas y financieras de la Comunidad Autónoma de Extremadura.

La disposición adicional única de la Ley 8/2016, de 12 de diciembre, de Medidas tributarias, patrimoniales, financieras y administrativas de la Comunidad Autónoma de Extremadura.

La disposición adicional quinta de la Ley 2/2017, de 17 de febrero, de emergencia social de la vivienda de Extremadura.

2. La derogación de las disposiciones a que se refiere el apartado 1 no perjudicará los derechos ni las obligaciones que se hubieran producido durante su vigencia.

Disposición final única. *Entrada en vigor.*

El presente decreto legislativo y el texto refundido que aprueba entrarán en vigor el día siguiente al de su publicación en el Diario Oficial de Extremadura.

(...)

TEXTO REFUNDIDO DE LAS DISPOSICIONES LEGALES DE LA COMUNIDAD AUTÓNOMA DE EXTREMADURA EN MATERIA DE TRIBUTOS CEDIDOS POR EL ESTADO

CAPÍTULO IV. Impuesto sobre Transmisiones Patrimoniales y Actos Jurídicos Documentados

SECCIÓN 1.ª *Transmisiones patrimoniales onerosas*

Artículo 36. *Tipos de gravámenes generales para operaciones inmobiliarias.*

1. Con carácter general, en la modalidad de Transmisiones Patrimoniales Onerosas del Impuesto sobre Transmisiones Patrimoniales y Actos Jurídicos Documentados, en las transmisiones de bienes inmuebles, así como en la constitución y cesión de derechos reales que recaigan sobre los mismos, excepto en los derechos reales de garantía, la cuota tributaria se obtendrá aplicando sobre la base liquidable la siguiente tarifa:

Porción de base liquidable comprendida entre	Tipo aplicable
Entre 0 y 360.000 euros	8%
Entre 360.000,01 y 600.000 euros	10%
Más de 600.000 euros	11%

2. La cuota íntegra será la suma de las cuotas correspondientes a las cantidades situadas dentro de cada escalón, a las que se aplica el tipo propio de cada uno de ellos.

Artículo 37. *Tipo de gravamen incrementado de las concesiones administrativas y actos administrativos asimilados.*

1. El tipo impositivo aplicable a las concesiones administrativas y a los actos y negocios administrativos fiscalmente equiparados a aquellas, como constitución de derechos, será el 8%, siempre que dichos actos lleven aparejada una concesión demanial, derechos de uso o facultades de utilización sobre bienes de titularidad de entidades públicas calificables como inmuebles conforme al artículo 334 del Código Civil.

2. La ulterior transmisión onerosa por actos «inter vivos» de las concesiones y actos asimilados del apartado anterior tributará, asimismo, al tipo impositivo del 8%.

Artículo 38. *Tipo de gravamen incrementado en la transmisión de bienes muebles y semovientes.*

El tipo impositivo aplicable en la transmisión onerosa de bienes muebles y semovientes, así como en la constitución y cesión de derechos reales que recaigan sobre los mismos, excepto los derechos reales de garantía, será el 6%.

Artículo 39. *Tipo de gravamen reducido en las adquisiciones de viviendas de protección oficial con precio máximo legal, y destinadas a vivienda habitual.*

Se aplicará el tipo reducido del 4% para aquellas transmisiones de viviendas calificadas de Protección Oficial con precio máximo legal que vayan a constituir la vivienda habitual del adquirente, en los términos del artículo 52.1.1.ª de esta Ley.

La condición de vivienda de protección oficial con precio máximo legal, a los efectos de la obtención de este beneficio fiscal, se acreditará mediante certificación expedida por el órgano correspondiente de esta Comunidad Autónoma.

Artículo 40[2]. *Tipo de gravamen reducido en las adquisiciones de viviendas habituales que no tengan la consideración de viviendas de protección oficial de precio máximo legal.*

1. Se aplicará el tipo reducido del 7% a las transmisiones de inmuebles que vayan a constituir la vivienda habitual del sujeto pasivo, siempre que se cumplan simultáneamente los siguientes requisitos:

---

[2]   Nueva redacción del art. 40 dada por el art. 1.Cuatro de la Ley 1/2025, de 3 de abril, de medidas fiscales urgentes en materia tributaria (DOE núm. 67, de 7 de abril de 2025), con efectos desde el 8 de abril de 2025.

Redacción anterior dada por el art. Único Cuatro del Decreto-Ley 1/2025, de 23 de enero, de medidas fiscales urgentes en materia tributaria (DOE núm. 18, de 28 de enero de 2025), con efectos desde el 29 de enero de 2025.

Redacción anterior dada por el art. 1.Dos del Decreto-Ley 2/2024, de 22 de octubre, de medidas fiscales urgentes para impulsar el acceso a la vivienda en Extremadura (DOE núm. 209, de 25 de octubre de 2024), en vigor desde el 26 de octubre de 2024, pero dejo de tener efectos por Resolución de 22 de noviembre de 2024, de la Presidencia de la Asamblea de Extremadura, por la que se ordena la publicación de la no convalidación del Decreto-ley 2/2024, de 22 de octubre, de medidas fiscales urgentes para impulsar el acceso a la vivienda en Extremadura (DOE núm. 230, de 26 de noviembre de 2024).

Redacción anterior: «*Se aplicará el tipo reducido del 7% a las transmisiones de inmuebles que vayan a constituir la vivienda habitual del sujeto pasivo, siempre que se cumplan simultáneamente los siguientes requisitos:*

a) Que el valor real de la vivienda no supere los 122.000 euros.

b) Que la suma de las bases imponibles general y del ahorro del impuesto sobre la Renta de las Personas Físicas del adquirente no sea superior a 19.000 euros en tributación individual o a 24.000 euros en caso de tributación conjunta y siempre que la renta total anual de todos los miembros de la familia que vayan a habitar la vivienda no exceda de 30.000 euros anuales, incrementados en 3.000 euros por cada hijo que conviva con el adquirente. A los efectos de computar los rendimientos correspondientes, debe tenerse en cuenta la equiparación que establece la regla 5ª del artículo 52.1 de esta ley.

a) Que el valor de la vivienda no supere los 200.000 euros.

b) Que la suma de las bases imponibles general y del ahorro del impuesto sobre la Renta de las Personas Físicas del adquirente no sea superior a 30.000 euros en tributación individual o a 55.000 euros en caso de tributación conjunta.

Se considerará que cumplen este requisito aquellas personas que, aunque no estén obligadas a presentar declaración del Impuesto sobre la Renta de la Personas Físicas, sus ingresos netos no superen los límites señalados en el párrafo anterior.

2. El valor de la vivienda será el que resulte de la aplicación de las reglas para la determinación de la base imponible establecidas en el artículo 10.2 del texto refundido de la Ley del Impuesto sobre Transmisiones Patrimoniales y Actos Jurídicos Documentados aprobado por el Real Decreto Legislativo 1/1993, de 24 de septiembre.

Artículo 40 bis[3]. *Tipo de gravamen reducido en las adquisiciones de viviendas habituales que no tengan la consideración de viviendas de protección oficial de precio máximo legal por contribuyentes que tengan menos de 36 años.*

Se aplicará un tipo reducido del 4% a las transmisiones de inmuebles que vayan a constituir la vivienda habitual del sujeto pasivo siempre que este tenga menos de 36 años en la fecha de devengo y se cumplan los mismos requisitos establecidos en el artículo anterior.

Artículo 41[4]. *Tipo de gravamen reducido en las adquisiciones de viviendas habituales que no tengan la consideración de viviendas de protección oficial de precio máximo legal por determinados colectivos.*

1. Se aplicará un tipo reducido del 4% a las transmisiones de inmuebles que vayan a constituir la vivienda habitual del sujeto pasivo siempre que se cumplan los mismos requisitos establecidos en el artículo anterior y, además, concurra alguna de las siguientes circunstancias:

Se considerarán que cumplen este requisito aquellas personas que, aunque no estén obligadas a presentar declaración del Impuesto sobre la Renta de la Personas Físicas, sus ingresos netos no superen los límites que se acaban de señalar».

[3]   Nuevo art. 40 bis. incorporado por el art. Único Cuatro del Decreto-Ley 1/2025, de 23 de enero, de medidas fiscales urgentes en materia tributaria (DOE núm. 18, de 28 de enero de 2025), con efectos desde el 29 de enero de 2025.
Redacción anterior dada por el art. 1.Dos del Decreto-Ley 2/2024, de 22 de octubre, de medidas fiscales urgentes para impulsar el acceso a la vivienda en Extremadura (DOE núm. 209, de 25 de octubre de 2024), en vigor desde el 26 de octubre de 2024, pero dejo de tener efectos por Resolución de 22 de noviembre de 2024, de la Presidencia de la Asamblea de Extremadura, por la que se ordena la publicación de la no convalidación del Decreto-ley 2/2024, de 22 de octubre, de medidas fiscales urgentes para impulsar el acceso a la vivienda en Extremadura (DOE núm. 230, de 26 de noviembre de 2024).

[4]   Nueva redacción del art. 41 dada por el art. 1.Cuatro de la Ley 1/2025, de 3 de abril, de medidas fiscales urgentes en materia tributaria (DOE núm. 67, de 7 de abril de 2025), con efectos desde el 8 de abril de 2025.

a) Que el contribuyente tenga en la fecha del devengo del impuesto menos de 36 años cumplidos.

b) Que el contribuyente forme parte de una familia que en el momento del devengo tenga la consideración legal de numerosa o sea ascendiente separado legalmente o de hecho, o sin vínculo matrimonial, con dos hijos sin derecho a percibir anualidades por alimentos y por los que tenga derecho a la totalidad del mínimo por descendientes, previsto en el artículo 58 de la Ley 35/2006, de 28 de noviembre, del Impuesto sobre la Renta de las Personas Físicas, y de modificación parcial de las leyes de los Impuestos sobre Sociedades, sobre la Renta de no Residentes y sobre el Patrimonio.

c) Que el contribuyente, en el momento del devengo, tenga reconocido un grado de discapacidad igual o superior al 65%, o acredite necesitar ayuda de terceros para desplazarse, o tenga reconocida movilidad reducida o se haya establecido la curatela representativa del contribuyente.

2. En los supuestos de las letras a) y c) del apartado anterior, si la adquisición se realiza por dos personas casadas o por una pareja de hecho inscrita en alguno de los registros específicos existentes en cualquier estado miembro de la Unión Europea, del Espacio Económico Europeo, de las Comunidades Autónomas o de los Ayuntamientos del lugar de residencia o constituida mediante documento público, el requisito de la edad o el de discapacidad deberá

Redacción anterior dada por el art. Único Cuatro del Decreto-Ley 1/2025, de 23 de enero, de medidas fiscales urgentes en materia tributaria (DOE núm. 18, de 28 de enero de 2025), con efectos desde el 29 de enero de 2025.

Redacción anterior dada por el art. 1.Dos del Decreto-Ley 2/2024, de 22 de octubre, de medidas fiscales urgentes para impulsar el acceso a la vivienda en Extremadura (DOE núm. 209, de 25 de octubre de 2024), en vigor desde el 26 de octubre de 2024, pero dejo de tener efectos por Resolución de 22 de noviembre de 2024, de la Presidencia de la Asamblea de Extremadura, por la que se ordena la publicación de la no convalidación del Decreto-ley 2/2024, de 22 de octubre, de medidas fiscales urgentes para impulsar el acceso a la vivienda en Extremadura (DOE núm. 230, de 26 de noviembre de 2024).

Redacción anterior: *«1. Se establece una bonificación del 20% de la cuota para la adquisición de vivienda habitual a la que, conforme al artículo anterior, le fuese aplicable el tipo del 7%, siempre que concurra alguna de las siguientes circunstancias:*

a) Que el contribuyente tenga en la fecha del devengo del impuesto menos de 35 años cumplidos.

b) Que vaya a constituir vivienda habitual de una familia que, de acuerdo con la legislación estatal en la materia, tenga la consideración legal de numerosa en la fecha de adquisición.

c) Que el contribuyente, en el momento del devengo, tenga reconocido un grado de discapacidad igual o superior al 65%, o acredite necesitar ayuda de terceros para desplazarse, o tenga reconocida movilidad reducida, o haya sido declarado judicialmente incapacitado.

2. En los supuestos de las letras a) y c) del apartado anterior, si la adquisición se realiza por dos personas casadas o por una pareja de hecho inscrita en el Registro a que se refiere el apartado 3 del artículo 4 de la Ley 5/2003, de 20 de marzo, de Parejas de Hecho de la Comunidad Autónoma de Extremadura, el requisito de la edad o el de discapacidad deberá cumplirlo, al menos, uno de los cónyuges, si no están separados legalmente o de hecho, o un miembro de la pareja de hecho».

cumplirlo, al menos, uno de los cónyuges, si no están separados legalmente o de hecho, o un miembro de la pareja de hecho.

Artículo 42. *Tipo de gravamen reducido en las adquisiciones de inmuebles destinados a desarrollar una actividad empresarial o un negocio profesional.*

1. Se aplicará el tipo reducido del 6% a las transmisiones de inmuebles, cualquiera que sea su valor real, destinados exclusivamente a constituir o continuar una actividad empresarial, excepto la de arrendamiento, o un negocio profesional.

2. La aplicación de esta reducción queda sometida al cumplimiento de los siguientes requisitos:

a) La transmisión debe efectuarse en escritura pública en la que se hará constar de forma expresa que el inmueble se destinará exclusivamente por parte del adquirente al desarrollo de una actividad empresarial o de un negocio profesional.

b) El adquirente debe ser una persona física y estar dado de alta en el censo de empresarios, profesionales y retenedores previsto en la normativa estatal.

c) La actividad o el negocio tiene que realizarse en el inmueble adquirido en el plazo máximo de seis meses desde la transmisión.

d) El inmueble debe conservarse en el patrimonio del adquirente durante los tres años siguientes a la fecha de la transmisión salvo que fallezca durante ese plazo.

3. Si se dejaran de cumplir cualquiera de los requisitos establecidos en el apartado anterior, se estará a lo dispuesto en el artículo 69.2 de la presente ley.

Artículo 43. *Tipo de gravamen reducido aplicable a la transmisión de inmuebles incluidos en la transmisión de la totalidad del patrimonio empresarial en empresas individuales o negocios profesionales.*

1[5]**.** El tipo de gravamen aplicable a las transmisiones onerosas de bienes inmuebles incluidos en la transmisión de un conjunto de elementos corporales y, en su caso, incorporales que, formando parte del patrimonio empresarial o profesional del transmitente, constituyan una unidad económica autónoma capaz de desarrollar una actividad empresarial o profesional por sus propios medios, a que se refiere el artículo 7.1.º de la Ley 37/1992, de 28 de diciembre, del Impuesto sobre el Valor Añadido, será del 5% cuando concurran las siguientes circunstancias:

a) Que, con anterioridad a la transmisión, el transmitente, empresario individual o profesional, ejerciese la actividad empresarial o profesional en el territorio de la Comunidad Autónoma de Extremadura, de forma habitual, personal y directa.

---

[5] Nueva redacción del art. 43.1 dada por el art. 45.9 de la Ley 5/2022, de 25 de noviembre, de medidas de mejora de los procesos de respuesta administrativa a la ciudadanía y para la prestación útil de los servicios públicos (DOE núm. 229, de 29 de noviembre de 2022), en vigor desde el 30 de noviembre de 2022.

b) Que el adquirente mantenga la plantilla media de trabajadores de la unidad económica adquirida respecto al año anterior a la transmisión, en términos de personas/años regulados en la normativa laboral, durante un período de cinco años.

A estos efectos, se computarán en la plantilla media a los trabajadores sujetos a la normativa laboral, cualquiera que sea su relación contractual, considerando la jornada contratada en relación con la jornada completa y, cuando aquella fuera inferior a esta, se calculará la equivalencia en horas.

c) Que el adquirente, empresario individual o profesional, mantenga el ejercicio de la actividad empresarial o profesional en el territorio de la Comunidad Autónoma de Extremadura, de forma habitual, personal y directa, durante un período mínimo de cinco años.

2. En el supuesto de incumplimiento de los requisitos establecidos en las letras b) y c) del apartado 1, deberá pagarse la parte de la cuota del impuesto que se haya dejado de ingresar como consecuencia de haber aplicado el tipo reducido en lugar del tipo general que hubiera correspondido.

A estos efectos, el obligado tributario deberá presentar una autoliquidación complementaria en el plazo de un mes contado desde la fecha en que se produzca el incumplimiento y deberá ingresar, junto con la cuota resultante, los intereses de demora correspondientes.

Artículo 44. *Tipo de gravamen reducido aplicable a la transmisión de inmuebles que tengan que constituir la sede del domicilio fiscal o un centro de trabajo de sociedades o empresas de nueva creación.*

1. El tipo de gravamen aplicable a las transmisiones onerosas de inmuebles en las que el adquirente sea una sociedad mercantil o una empresa de nueva creación y el inmueble tenga que constituir la sede del domicilio fiscal o un centro de trabajo de la sociedad o empresa, será del 5% siempre que concurran las siguientes circunstancias:

a) El empresario individual o social deberá darse de alta en el censo de empresarios, profesionales y retenedores al que se refiere el artículo 3 del Reglamento general de las actuaciones y los procedimientos de gestión e inspección tributaria y de desarrollo de las normas comunes de los procedimientos de aplicación de los tributos.

b) Al menos durante cuatro años desde la adquisición, deberá mantenerse el ejercicio de la actividad empresarial o profesional en el territorio de Extremadura.

c) La empresa tendrá el domicilio social y fiscal en Extremadura.

d) La adquisición deberá formalizarse en un documento público, en el que se hará constar expresamente la finalidad de destinar el inmueble a la sede del domicilio fiscal o a un centro de trabajo, así como la identidad de los socios y las participaciones de cada uno. No se podrá aplicar el tipo reducido si alguna de estas declaraciones no consta en el documento público, ni tampoco en el caso de que se hagan rectificaciones del documento con el fin de subsanar su omisión, excepto que se hagan dentro del período voluntario de autoliquidación del impuesto.

e) La adquisición del inmueble deberá tener lugar antes del transcurso de un año desde la creación de la empresa.

f) La empresa deberá desarrollar una actividad económica A tal efecto, no tendrá por actividad principal la gestión de un patrimonio mobiliario o inmobiliario, de acuerdo con lo previsto en el artículo 4. Ocho. Dos. a) de la Ley 19/1991, ni dedicarse a la actividad de arrendamiento de inmuebles.

g) Como mínimo, la empresa deberá emplear a una persona domiciliada fiscalmente en Extremadura con un contrato laboral a jornada completa y dada de alta en el régimen general de la Seguridad Social, durante los cuatro años a que se refiere la letra b) anterior.

2. El incumplimiento de los requisitos y las condiciones establecidos en el apartado anterior comportará la pérdida del beneficio fiscal, y el obligado tributario deberá presentar una autoliquidación complementaria en el plazo de un mes contado desde la fecha en que se produzca el incumplimiento y deberá ingresar, junto con la cuota resultante, los intereses de demora correspondientes.

Artículo 44 bis[6] *Tipo de gravamen reducido en las adquisiciones de viviendas habituales ubicadas en zonas rurales*

Se aplicará el tipo reducido del 4% a las transmisiones de inmuebles que vayan a constituir la vivienda habitual del sujeto pasivo, siempre que se cumplan simultáneamente los siguientes requisitos:

a)[7] Que la vivienda esté situada en alguno de los municipios y entidades locales menores de Extremadura en los que la población de derecho a 31 de diciembre sea inferior a 3.000 habitantes.

b) Que el valor de la vivienda no supere los 180.000 euros.

c) Que la suma de las bases imponibles general y del ahorro del impuesto sobre la Renta de las Personas Físicas del adquirente no sea superior a 19.000 euros en tributación individual o a 24.000 euros en caso de tributación conjunta y siempre que la renta total anual de todos los miembros de la familia que vayan a habitar la vivienda no exceda de 30.000 euros anuales, incrementados en 3.000 euros por cada hijo que conviva con el adquirente. A los efectos de computar los rendimientos correspondientes, debe tenerse en cuenta la equiparación que establece la regla 5ª del artículo 52.1 del Texto Refundido de las disposiciones legales de la Comunidad Autónoma de Extremadura en materia de tributos cedidos por el Estado, aprobado por Decreto Legislativo 1/2018, de 10 de abril.

---

[6]   Nuevo artículo 44.bis incorporado por la Disposición adicional Segunda.Cuatro de la Ley 3/2022, de 17 de marzo, de medidas ante el reto demográfico y territorial de Extremadura (DOE núm. 55, de 21 de marzo de 2022), en vigor desde 22 de marzo de 2022.

[7]   Nueva redacción del art. 44.bis.a) dada por el art. 45.10 de la Ley 5/2022, de 25 de noviembre, de medidas de mejora de los procesos de respuesta administrativa a la ciudadanía y para la prestación útil de los servicios públicos (DOE núm. 229, de 29 de noviembre de 2022), en vigor desde el 30 de noviembre de 2022.

Se considerarán que cumplen este requisito aquellas personas que, aunque no estén obligadas a presentar declaración del Impuesto sobre la Renta de la Personas Físicas, sus ingresos netos no superen los límites que se acaban de señalar.

Artículo 44 ter[8]. *Tipo de gravamen reducido en las adquisiciones de inmuebles ubicados en zonas rurales.*

1[9]. Se aplicará el tipo reducido del 4% a las transmisiones de inmuebles ubicados en municipios y entidades locales menores de Extremadura de menos de 3.000 habitantes, cualquiera que sea su valor real, destinados exclusivamente a constituir o continuar una actividad empresarial, excepto la de arrendamiento, o un negocio profesional.

2. La aplicación de este tipo reducido queda sometida al cumplimiento de los siguientes requisitos:

a)[10] Que el inmueble esté situado en alguno de los municipios y entidades locales menores de Extremadura en los que la población de derecho a 31 de diciembre sea inferior a 3.000 habitantes.

b) La transmisión debe efectuarse en escritura pública en la que se hará constar de forma expresa que el inmueble se destinará exclusivamente por parte del adquirente al desarrollo de una actividad empresarial o de un negocio profesional.

c) El adquirente, persona física o jurídica, debe estar dado de alta en el censo de empresarios, profesionales y retenedores previsto en la normativa estatal.

d) La actividad o el negocio tiene que realizarse en el inmueble adquirido en el plazo máximo de seis meses desde la transmisión.

e) El inmueble debe conservarse en el patrimonio del adquirente durante los tres años siguientes a la fecha de la transmisión salvo que en el caso de personas físicas se produzca el fallecimiento durante ese plazo.

3. Si se dejaran de cumplir cualquiera de los requisitos establecidos en el apartado anterior, se estará a lo dispuesto en el artículo 69.2 del Texto Refundido de las disposiciones legales de la Comunidad Autónoma de Extremadura en materia de tributos cedidos por el Estado, aprobado por Decreto Legislativo 1/2018, de 10 de abril.

---

[8]   Nuevo artículo 44.ter incorporado por la Disposición adicional Segunda.Cinco de la Ley 3/2022, de 17 de marzo, de medidas ante el reto demográfico y territorial de Extremadura (DOE núm. 55, de 21 de marzo de 2022), en vigor desde 22 de marzo de 2022.

[9]   Nueva redacción del art. 44.ter.1 dada por el art. 45.11 de la Ley 5/2022, de 25 de noviembre, de medidas de mejora de los procesos de respuesta administrativa a la ciudadanía y para la prestación útil de los servicios públicos (DOE núm. 229, de 29 de noviembre de 2022), en vigor desde el 30 de noviembre de 2022.

[10] Nueva redacción del art. 44.ter.2.a) dada por el art. 45.11 de la Ley 5/2022, de 25 de noviembre, de medidas de mejora de los procesos de respuesta administrativa a la ciudadanía y para la prestación útil de los servicios públicos (DOE núm. 229, de 29 de noviembre de 2022), en vigor desde el 30 de noviembre de 2022.

Artículo 45. *Tipo de gravamen reducido para las transmisiones patrimoniales onerosas de determinados bienes muebles.*

El tipo aplicable a las transmisiones de vehículos comerciales e industriales ligeros usados de hasta 3.500 Kg de masa máxima autorizada, será del 4%, siempre que la adquisición se efectúe por parte de contribuyentes que realicen actividades económicas sujetas al Impuesto sobre la Renta de las Personas Físicas o al Impuesto sobre Sociedades y que se afecten a la actividad.

SECCIÓN 2.ª *Actos jurídicos documentados*

Artículo 46. *Tipo de gravamen general para los documentos notariales.*

La cuota tributaria se obtendrá aplicando sobre la base liquidable el tipo general del 1,50% en las primeras copias de escrituras y actas notariales sujetas como Documentos Notariales, sin perjuicio de los tipos impositivos que para determinadas operaciones se establecen con carácter específico.

Artículo 47[11]. *Tipo de gravamen reducido para las escrituras públicas que documenten la adquisición de vivienda habitual.*

Se aplicará el tipo de gravamen del 0,75%[5] a las escrituras públicas que documenten la adquisición de inmuebles destinados a la vivienda habitual del sujeto pasivo, siempre que concurran los siguientes requisitos:

a) Que el valor real de la vivienda no supere los 122.000 euros.

b) Que la suma de las bases imponibles general y del ahorro del Impuesto sobre la Renta de las Personas Físicas del adquirente no sea superior a 19.000 euros en tributación individual o a 24.000 euros en caso de tributación conjunta y siempre que la renta total anual de todos los miembros de la familia que vayan a habitar la vivienda no exceda de 30.000 euros anuales, incrementados en 3.000 euros por cada hijo que conviva con el adquirente. A los efectos de computar los rendimientos correspondientes debe tenerse en cuenta la equiparación que establece la regla 5.ª del artículo 52.1 de esta ley.

Se considerarán que cumplen este requisito aquellas personas que, aunque no estén obligadas a presentar declaración del Impuesto sobre la Renta de la Personas Físicas, sus ingresos netos no superen los límites que se acaban de señalar[12].

---

[11]   Nueva redacción del art. 47 dada por la Disp. Final Primera.Uno de la Ley 1/2020, de 31 de enero, de presupuestos generales de la Comunidad Autónoma de Extremadura para el año 2020 (DOE núm. 22, de 3 de febrero de 2020), en vigor desde el 4 de febrero de 2020.

[12]   Ley 1/2025, de 3 de abril, de medidas fiscales urgentes en materia tributaria (DOE núm. 67, de 7 de abril de 2025), con efectos desde el 8 de abril de 2025.

   Disposición adicional segunda. Impuesto sobre Transmisiones Patrimoniales y Actos Jurídicos Documentados. Tipo de gravamen reducido en la modalidad de Actos Jurídicos Documentados para la adquisición de viviendas medias.

«Durante el año 2025 se aplicará el tipo de gravamen del 0,1% a las escrituras públicas que documenten las adquisiciones de inmuebles destinados a vivienda habitual del sujeto pasivo, siempre que concurran las siguientes circunstancias:

1. Que se cumplan los requisitos establecidos en el artículo 47 del Texto Refundido de las disposiciones legales de la Comunidad Autónoma de Extremadura en materia de tributos cedidos por el Estado, aprobado por Decreto Legislativo 1/2018, de 10 de abril.

2. Que el devengo del hecho imponible se produzca entre el 1 de enero y el 31 de diciembre de 2025.

3. Que se trate de viviendas con protección pública y calificadas como viviendas medias».

Con anterioridad, Decreto-Ley 1/2025, de 23 de enero, de medidas fiscales urgentes en materia tributaria (DOE núm. 18, de 28 de enero de 2025), con efectos desde el 1 de enero de 2025: **Disposición adicional segunda. Impuesto sobre Transmisiones Patrimoniales y Actos Jurídicos Documentados. Tipo de gravamen reducido en la modalidad de Actos Jurídicos Documentados para la adquisición de viviendas medias.**

«Durante el año 2025 se aplicará el tipo de gravamen del 0,1% a las escrituras públicas que documenten las adquisiciones de inmuebles destinados a vivienda habitual del sujeto pasivo, siempre que concurran las siguientes circunstancias:

1. Que se cumplan los requisitos establecidos en el artículo 47 del Texto Refundido de las disposiciones legales de la Comunidad Autónoma de Extremadura en materia de tributos cedidos por el Estado, aprobado por Decreto Legislativo 1/2018, de 10 de abril.

2. Que el devengo del hecho imponible se produzca entre el 1 de enero y el 31 de diciembre de 2025.

3. Que se trate de viviendas con protección pública y calificadas como viviendas medias».

Ley 1/2024, de 5 de febrero, de Presupuestos Generales de la Comunidad Autónoma de Extremadura para el año 2024 (DOE núm. 26, de 6 de febrero de 2024).

Disposición adicional segunda. *Impuesto sobre Transmisiones Patrimoniales y Actos Jurídicos Documentados. Tipo de gravamen reducido en la modalidad de Actos Jurídicos Documentados para la adquisición de viviendas medias.*

«Durante el año 2024 se aplicará el tipo de gravamen del 0,1% a las escrituras públicas que documenten las adquisiciones de inmuebles destinados a vivienda habitual del sujeto pasivo, siempre que concurran las siguientes circunstancias:

1. Que se cumplan los requisitos establecidos en el artículo 47 del Texto Refundido de las disposiciones legales de la Comunidad Autónoma de Extremadura en materia de tributos cedidos por el Estado, aprobado por Decreto Legislativo 1/2018, de 10 de abril.

2. Que el devengo del hecho imponible se produzca entre el 1 de enero y el 31 de diciembre de 2024.

3. Que se trate de viviendas con protección pública y calificadas como viviendas medias».

La Ley 1/2024, de 5 de febrero, deroga el **Decreto Ley 4/2023, de 12 de septiembre, por el que se aprueban medidas urgentes para reducir la carga tributaria soportada por los contribuyentes, se amplían las ayudas al acogimiento familiar, se incrementan las ayudas a los nuevos autónomos y se conceden ayudas directas a los productores de cerezas** (DOE núm. 178, e 15 de septiembre de 2023).

Disposición adicional tercera: «*Bonificaciones y tipos de gravamen para 2024*».

«Durante el ejercicio 2024 se aplicarán las mismas bonificaciones en materia de tasas y precios públicos, el mismo tipo de gravamen reducido en la modalidad de Actos Jurídicos Documentados para la adquisición de viviendas medias del Impuesto sobre Transmisiones Patrimoniales y Actos Jurídicos Documentados y la misma bonificación del canon de saneamiento que se prevén en las disposiciones adicionales primera, segunda y tercera de la Ley 6/2022, de 30 de diciembre, de Presupuestos Generales de la Comunidad Autónoma de Extremadura para el año 2023».

Artículo 48. *Tipo de gravamen reducido para las Sociedades de Garantía Recíproca.*

Se aplicará el tipo de gravamen del 0,1% a los documentos notariales que formalicen la constitución y cancelación de derechos reales de garantía cuyo sujeto pasivo sea una Sociedad de Garantía Recíproca, que desarrolle su actividad en el ámbito de la Comunidad Autónoma de Extremadura.

Artículo 49[13]**.** *Tipo de gravamen incrementado aplicable a las escrituras públicas que documenten la formalización de préstamos o créditos hipotecarios.*

Se aplicará el tipo de gravamen del 2% a las escrituras públicas que documenten la formalización de préstamos o créditos hipotecarios cuando el sujeto pasivo sea el prestamista.

Ley 6/2022, de 30 de diciembre, de Presupuestos Generales de la Comunidad Autónoma de Extremadura para el año 2023 (BOE núm. 30, de 4 de febrero de 2023): Disposición adicional segunda. *Impuesto sobre Transmisiones Patrimoniales y Actos Jurídicos Documentados. Tipo de gravamen reducido en la modalidad de Actos Jurídicos Documentados para la adquisición de viviendas medias.*

Ley 1/2021, de 3 de febrero, de Presupuestos Generales de la Comunidad Autónoma de Extremadura para el año 2021 (DOE núm. 24, de 5 de febrero de 2021), en vigor desde el 6 de febrero de 2021: Disposición adicional segunda.- *Impuesto sobre Transmisiones Patrimoniales y Actos Jurídicos Documentados. Tipo de gravamen reducido en la modalidad de Actos Jurídicos Documentados para la adquisición de viviendas medias.*

Ley 1/2020, de 31 de enero, de presupuestos generales de la Comunidad Autónoma de Extremadura para el año 2020 (DOE núm. 22, de 3 de febrero de 2020), en vigor desde el 4 de febrero de 2020.

«Disposición Adicional segunda. *Impuesto sobre Transmisiones Patrimoniales y Actos Jurídicos Documentados. Tipo de gravamen reducido en la modalidad de Actos Jurídicos Documentados para la adquisición de viviendas medias.*

Ley 2/2019, de 22 de enero, de presupuestos generales de la Comunidad Autónoma de Extremadura para el año 2019 (DOCE núm. 16, de 24 de enero de 2019): Disposición adicional segunda. *Impuesto sobre Transmisiones Patrimoniales y Actos Jurídicos Documentados. Tipo de gravamen reducido en la modalidad de Actos Jurídicos Documentados para la adquisición y financiación de viviendas medias.*

Ley 1/2018, de 23 de enero, de Presupuestos Generales de la Comunidad Autónoma de Extremadura para 2018 (DOE núm. 17, de 24 de enero de 2018), en vigor desde el 1 de enero de 2018: Disposición adicional tercera. *Impuesto sobre Transmisiones Patrimoniales y Actos Jurídicos Documentados. Tipo de gravamen reducido en la modalidad de Actos Jurídicos Documentados para la adquisición y financiación de viviendas medias*

Ley 1/2017, de 27 de enero, de presupuestos generales de la Comunidad Autónoma de Extremadura para 2017 (DOCE núm. 1, de 28 de enero de 2017): Disposición adicional primera. *Impuesto sobre Transmisión es Patrimoniales y Actos Jurídicos Documentados. Tipo de gravamen reducido en la modalidad de Actos Jurídicos Documentados para la adquisición y financiación de viviendas medias.*

Disposición Adicional Primera de la Ley 3/2016, de 7 de abril, de Presupuestos Generales de la Comunidad Autónoma de Extremadura para 2016 (DOE núm. 67, de 8 de abril de 2016) y disposición Adicional Segunda de la Ley 13/2014, de 30 de diciembre, de Presupuestos Generales de la Comunidad Autónoma de Extremadura para 2015 (DOE núm. 251, de 31 de diciembre de 2014).

[13] Nueva redacción del art. 49 dada por la Disp. Final Primera.Dos de la Ley 1/2020, de 31 de enero, de presupuestos generales de la Comunidad Autónoma de Extremadura para el año 2020 (DOE núm. 22, de 3 de febrero de 2020), en vigor desde el 4 de febrero de 2020.

Artículo 50. *Tipo de gravamen reducido aplicable a las escrituras notariales que documenten la adquisición de inmuebles que vayan a constituir el domicilio fiscal o un centro de trabajo de sociedades o empresas de nueva creación.*

1. Se aplicará el tipo de gravamen del 0,75% a las escrituras públicas que documenten la adquisición de inmuebles por parte de contribuyentes que realicen actividades económicas sujetas al Impuesto sobre la Renta de las Personas Físicas o al Impuesto sobre Sociedades y que se destinen a ser su domicilio fiscal o centro de trabajo.

2. La aplicación del tipo reducido estará condicionada al cumplimiento de los siguientes requisitos:

a) La adquisición deberá realizarse mediante financiación ajena.

b) No resultará aplicable a operaciones que hayan sido objeto de renuncia a la exención en IVA.

c) En el caso de personas jurídicas, no será aplicable a aquellas en las que más de la mitad de su activo esté constituido por valores o no esté afecto a actividades empresariales o profesionales.

3. La aplicación del tipo reducido regulado en este artículo se encuentra condicionada a que se haga constar en el documento público en el que se formalice la compraventa la finalidad de destinarla a ser la sede del domicilio fiscal o centro de trabajo del adquirente. No se aplicarán estos tipos si no consta dicha declaración en el documento, ni tampoco se aplicarán cuando se produzcan rectificaciones del documento que subsanen su omisión, salvo que las mismas se realicen dentro del plazo de presentación de la declaración del impuesto. No podrá aplicarse el tipo reducido sin el cumplimiento estricto de esta obligación formal en el momento preciso señalado en este apartado.

Artículo 50 bis[14]. *Tipo de gravamen reducido para las escrituras públicas que documenten la adquisición de viviendas habituales ubicadas en zonas rurales.*

Se aplicará el tipo de gravamen del 0,50% a las escrituras públicas que documenten la adquisición de inmuebles destinados a la vivienda habitual del sujeto pasivo, siempre que concurran los siguientes requisitos:

a)[15] Que la vivienda esté situada en alguno de los municipios de Extremadura en los que la población de derecho a 31 de diciembre sea inferior a 3.000 habitantes.

b) Que el valor de la vivienda no supere los 180.000 euros.

---

[14]   Nuevo artículo 50.bis incorporado por la Disposición adicional Segunda.Seis de la Ley 3/2022, de 17 de marzo, de medidas ante el reto demográfico y territorial de Extremadura (DOE núm. 55, de 21 de marzo de 2022), en vigor desde 22 de marzo de 2022.

[15]   Nueva redacción del art. 50.bis.a) dada por el art. 45.12 de la Ley 5/2022, de 25 de noviembre, de medidas de mejora de los procesos de respuesta administrativa a la ciudadanía y para la prestación útil de los servicios públicos (DOE núm. 229, de 29 de noviembre de 2022), en vigor desde el 30 de noviembre de 2022.

c) Que la suma de las bases imponibles general y del ahorro del impuesto sobre la Renta de las Personas Físicas del adquirente no sea superior a 19.000 euros en tributación individual o a 24.000 euros en caso de tributación conjunta y siempre que la renta total anual de todos los miembros de la familia que vayan a habitar la vivienda no exceda de 30.000 euros anuales, incrementados en 3.000 euros por cada hijo que conviva con el adquirente. A los efectos de computar los rendimientos correspondientes, debe tenerse en cuenta la equiparación que establece la regla 5ª del artículo 52.1 del Texto Refundido de las disposiciones legales de la Comunidad Autónoma de Extremadura en materia de tributos cedidos por el Estado, aprobado por Decreto Legislativo 1/2018, de 10 de abril.

Se considerarán que cumplen este requisito aquellas personas que, aunque no estén obligadas a presentar declaración del Impuesto sobre la Renta de la Personas Físicas, sus ingresos netos no superen los límites que se acaban de señalar.

Artículo 50 ter[16]. *Tipo de gravamen reducido aplicable a las escrituras notariales que documenten la adquisición de inmuebles que vayan a constituir el domicilio fiscal o un centro de trabajo de sociedades o empresas en zonas rurales.*

1[17]. Se aplicará el tipo de gravamen del 0,50% a las escrituras públicas que documenten la adquisición de inmuebles ubicados en municipios y entidades locales menores de Extremadura de menos de 3.000 habitantes, cualquiera que sea su valor real, destinados exclusivamente a constituir o continuar una actividad empresarial, excepto la de arrendamiento, o un negocio profesional.

2. La aplicación de este tipo de gravamen reducido queda sometida al cumplimiento de los siguientes requisitos:

a)[18] Que el inmueble esté situado en alguno de los municipios y entidades locales menores de Extremadura en los que la población de derecho a 31 de diciembre sea inferior a 3.000 habitantes.

b) En la escritura pública se hará constar de forma expresa que el inmueble se destinará exclusivamente por parte del adquirente al desarrollo de una actividad empresarial o de un negocio profesional.

---

[16] Nuevo artículo 50.ter incorporado por la Disposición adicional Segunda.Siete de la Ley 3/2022, de 17 de marzo, de medidas ante el reto demográfico y territorial de Extremadura (DOE núm. 55, de 21 de marzo de 2022), en vigor desde 22 de marzo de 2022.

[17] Nueva redacción del art. 50.ter.1 dada por el art. 45.13 de la Ley 5/2022, de 25 de noviembre, de medidas de mejora de los procesos de respuesta administrativa a la ciudadanía y para la prestación útil de los servicios públicos (DOE núm. 229, de 29 de noviembre de 2022), en vigor desde el 30 de noviembre de 2022.

[18] Nueva redacción del art. 50.ter.2.a) dada por el art.45.13 de la Ley 5/2022, de 25 de noviembre, de medidas de mejora de los procesos de respuesta administrativa a la ciudadanía y para la prestación útil de los servicios públicos (DOE núm. 229, de 29 de noviembre de 2022), en vigor desde el 30 de noviembre de 2022.

c) El adquirente, persona física o jurídica, debe estar dado de alta en el censo de empresarios, profesionales y retenedores previsto en la normativa estatal.

d) La actividad o el negocio tiene que realizarse en el inmueble adquirido en el plazo máximo de seis meses desde la transmisión.

e) El inmueble debe conservarse en el patrimonio del adquirente durante los tres años siguientes a la fecha de la transmisión salvo que en el caso de personas físicas se produzca el fallecimiento durante ese plazo.

3. Si se dejaran de cumplir cualquiera de los requisitos establecidos en el apartado anterior, se estará a lo dispuesto en el artículo 69.2 del Texto Refundido de las disposiciones legales de la Comunidad Autónoma de Extremadura en materia de tributos cedidos por el Estado, aprobado por Decreto Legislativo 1/2018, de 10 de abril.

Artículo 51. *Tipo de gravamen incrementado aplicable a las escrituras públicas que formalicen transmisiones de inmuebles en que se realiza la renuncia a la exención del Impuesto sobre el Valor Añadido.*

Se aplicará el tipo de gravamen del 3% en las primeras copias de escrituras que documenten transmisiones de bienes inmuebles en las que se haya procedido a renunciar a la exención del Impuesto sobre el Valor Añadido, tal y como se prevé en el artículo 20. Dos de la Ley 37/1992, de 28 de diciembre, del Impuesto sobre el Valor Añadido.

SECCIÓN 3.ª *Normas comunes*

Artículo 52. *Determinación de los conceptos en la aplicación de los Impuestos sobre Sucesiones y Donaciones y Transmisiones Patrimoniales y Actos Jurídicos Documentados.*

1. Para la aplicación de lo dispuesto en los preceptos anteriores, relativos al Impuesto sobre Sucesiones y Donaciones y al Impuesto sobre Transmisiones Patrimoniales y Actos Jurídicos Documentados, se tendrán en cuenta las siguientes reglas:

1ª. Se considera vivienda habitual aquella que se ajusta a la definición y a los requisitos establecidos por la normativa del Impuesto sobre la Renta de las Personas Físicas.

2ª. El grado de discapacidad o la incapacidad permanente se acreditará mediante certificación expedida por el órgano competente en la materia.

3ª. Las limitaciones cuantitativas de la base imponible de la renta se referirán a la que conste en la declaración del Impuesto sobre la Renta de las Personas Físicas relativa al último período impositivo cuyo plazo reglamentario de presentación estuviera concluido a la fecha de devengo.

4ª. La referencia al cónyuge o cónyuges, comprende sólo aquellos que no estén separados legalmente o de hecho.

5ª. Se equiparan a los cónyuges las parejas de hecho que, en el momento del devengo del impuesto, estén inscritas en el registro que regule la normativa autonómica sobre parejas de hecho.

6ª. Salvo que demuestren un grado de minusvalía o discapacidad mayor, quienes en el momento de la adquisición tengan reconocido el derecho a percibir una pensión de incapacidad permanente total, absoluta o gran invalidez y en el caso de los pensionistas de clases pasivas que tengan reconocida una pensión de jubilación o retiro por incapacidad permanente para el servicio o inutilidad, tendrán derecho a la reducción que, según la normativa autonómica, corresponda al tramo inferior establecido para las personas discapacitadas, es decir, cuando el grado de discapacidad fuera igual o superior al 33% e inferior al 50%.

7ª. Quienes con anterioridad al momento de la adquisición hubieran sido declarados judicialmente incapacitados, de acuerdo con lo dispuesto en el artículo 200 del Código civil, tendrán derecho a la reducción que, según la normativa autonómica, corresponda al tramo superior establecido para las personas discapacitadas, es decir, cuando el grado de discapacidad fuera igual o superior al 65%.

2. En el supuesto de no cumplirse los requisitos relativos al mantenimiento de la vivienda habitual en los términos regulados en la Ley 35/2006, de 28 de diciembre, del Impuesto sobre la Renta de las Personas Físicas o del inmueble destinado a desarrollar una actividad económica se aplicará lo dispuesto en el artículo 69.2, de esta ley.

3. La aplicación de los beneficios fiscales establecidos por la Comunidad Autónoma de Extremadura en el marco de su competencia normativa, relativos a tributos cedidos, queda condicionada a que el abono de las cantidades satisfechas por el negocio jurídico que origine el derecho a su aplicación, se realice mediante tarjeta de crédito o débito, transferencia bancaria, cheque nominativo o ingreso en cuentas en entidades de crédito.

4. Mediante Orden de la Consejería competente en materia de Hacienda, se podrá establecer de manera obligatoria para los colaboradores sociales en la gestión tributaria el pago y presentación por medios telemáticos de los modelos propios de los Impuestos sobre Transmisiones Patrimoniales y Actos Jurídicos Documentados y de Sucesiones y Donaciones, en los términos regulados por la Ley 58/2003, de 17 de diciembre, General Tributaria, el Real Decreto 1065/2007, de 27 de julio, por el que se aprueba el Reglamento General de las actuaciones y los procedimientos de gestión e inspección tributaria y legislación concordante en la materia.

Asimismo, será obligatorio para los sujetos pasivos de los documentos negociados por entidades colaboradoras la presentación telemática de las autoliquidaciones correspondientes.

(…)

CAPÍTULO VIII. Disposiciones comunes aplicables a los tributos cedidos

SECCIÓN 1.ª *Normas comunes*

Artículo 68. *Requisitos para la acreditación de la presentación y el pago.*

A los efectos señalados en los artículos 55.3 y 61.3 de la Ley 22/2009, de 18 de diciembre, por la que se regula el sistema de financiación de las Comunidades Autónomas de régimen común y Ciudades con Estatuto de Autonomía así como en los artículos 254 y 256 de la Ley Hipotecaria, la acreditación, en el ámbito territorial de la Comunidad Autónoma de Extremadura, del pago de las deudas tributarias y de la presentación de las declaraciones tributarias y de los documentos que contengan actos o contratos sujetos al Impuesto sobre Transmisiones Patrimoniales y Actos Jurídicos Documentados o al Impuesto sobre Sucesiones y Donaciones cuyos rendimientos estén atribuidos a esta Comunidad Autónoma conforme a lo dispuesto en los artículos 32 y 33 de la citada Ley 22/2009, por la que se regula el sistema de financiación de las Comunidades Autónomas de régimen común y Ciudades con Estatuto de Autonomía, se ajustará a los siguientes requisitos:

1º. El pago de las deudas tributarias correspondientes a los citados tributos cedidos cuya recaudación esté atribuida a la Comunidad Autónoma de Extremadura se considerará válido y tendrá efectos liberatorios únicamente en los supuestos en que dichos pagos se hayan efectuado a su favor en cuentas autorizadas o restringidas de titularidad de la Hacienda Pública de la Comunidad Autónoma de Extremadura, y utilizando a tal efecto los modelos de declaración aprobados por Orden del Consejero competente en materia de Hacienda.

2º. Los pagos realizados a órganos de recaudación ajenos a la Comunidad Autónoma de Extremadura sin concierto o convenio al efecto con ésta, y por tanto incompetentes, o a personas no autorizadas para ello, no liberarán al deudor de su obligación de pago, ni liberarán a las autoridades y funcionarios de las responsabilidades que se deriven de la admisión de documentos presentados a fin distinto de su liquidación sin la acreditación del pago de la deuda tributaria o la presentación de la declaración tributaria en oficinas de la Comunidad Autónoma de Extremadura.

3º. Sin perjuicio de lo dispuesto en el artículo 91.4 del Reglamento del Impuesto sobre Sucesiones y Donaciones, la presentación y, en su caso, el pago del impuesto se entenderán acreditados cuando el documento presentado lleve incorporada la nota justificativa del mismo y se presente acompañado, como carta de pago, del correspondiente ejemplar de la autoliquidación, y ambos debidamente sellados por oficina tributaria de la Comunidad Autónoma de Extremadura, con los requisitos señalados en el punto 1.º) anterior, y conste en ellos el pago del tributo o la declaración de no sujeción o del beneficio fiscal aplicable.

4º[19]. En el supuesto de declaraciones tributarias cuyo pago y, en su caso, presentación se haya efectuado por medios telemáticos habilitados por la Comunidad Autónoma de Extremadura, la acreditación de la presentación y pago se considerará efectuada por la mera aportación del correspondiente modelo de pago telemático aprobado por Orden del Consejero competente en materia de hacienda.

---

[19]   Orden de 2 de diciembre de 2010 por la que se regula el procedimiento general para la presentación y el pago telemático de declaraciones y autoliquidaciones de impuestos gestionados por la Administración de la Comunidad Autónoma de Extremadura (DOE núm. 235, de 90 de diciembre de 2010).

Artículo 69. *Normas procedimentales relativas a la aplicación de beneficios fiscales en los impuestos cedidos.*

1. Cuando la definitiva efectividad de un beneficio fiscal dependa del cumplimiento por el contribuyente de cualquier requisito en un momento posterior al de devengo del impuesto, la opción por la aplicación de tal beneficio deberá hacerse expresamente en el periodo reglamentario de presentación de la autoliquidación o declaración. La omisión de esa opción solo podrá subsanarse si el documento que la recoge se presenta antes de que finalice el citado periodo.

La falta de la opción se entenderá como una renuncia a la aplicación del beneficio por no cumplir el obligado tributario la totalidad de requisitos establecidos o no asumir los compromisos a su cargo. También se considerará renuncia la no aplicación del beneficio en la autoliquidación cuando se ha solicitado en el documento que la acompaña.

Se podrá gozar de los beneficios fiscales a que se refiere al párrafo primero de este apartado, cuando se soliciten en período de prórroga del plazo de presentación, si aquella se solicitó y fue concedida expresa o tácitamente.

2. Si tras aplicarse o serle aplicado el correspondiente beneficio fiscal sobreviene el incumplimiento del requisito a que se refiere el apartado anterior, el interesado deberá pagar la parte del impuesto que, en su caso, se hubiera dejado de ingresar y los intereses de demora a los que se refiere el artículo 26.6 de la Ley 58/2003, de 17 de diciembre, General Tributaria.

A estos efectos, por lo que se refiere a los Impuestos sobre Sucesiones y Donaciones y sobre Transmisiones Patrimoniales y Actos Jurídicos Documentados, el obligado tributario deberá presentar autoliquidación o declaración, tal y como procedió inicialmente, y ante la misma oficina gestora, dentro del plazo de un mes desde la fecha en que se produzca el incumplimiento.

Artículo 70[20]. *Plazo de presentación de las declaraciones o autoliquidaciones en el Impuesto sobre Sucesiones y Donaciones y en el Impuesto sobre transmisiones Patrimoniales y Actos Jurídicos Documentados.*

1. El plazo de presentación de las declaraciones o autoliquidaciones derivadas de los hechos imponibles sujetos al Impuesto sobre Sucesiones y Donaciones en las adquisiciones mortis causa, será de seis meses, y en las adquisiciones por donación o título equiparable, de un mes. En ambos casos, el plazo se contará desde la fecha de la sucesión o del contrato.

2. El plazo de presentación de las autoliquidaciones derivadas de los hechos imponibles sujetos al Impuesto sobre Transmisiones Patrimoniales y Actos Jurídicos Documentados,

---

[20]   Decreto Ley 11/2020, de 29 de mayo, de medidas urgentes complementarias en materia tributaria para responder al impacto económico del COVID-19 en la Comunidad Autónoma de Extremadura y otras medidas adicionales (DOE núm. 105, de 2 de junio de 2020): *Artículo 1. Ampliación de los plazos para la presentación y pago de determinados impuestos. Artículo 2. Ampliación del plazo para solicitar la prórroga de la presentación de declaraciones y autoliquidaciones en las adquisiciones por causa de muerte.*

junto con el documento o la declaración escrita sustitutiva del documento, será de un mes contado desde la fecha en que se cause el acto o contrato.

3. El cómputo de los plazos a que se refieren los dos apartados anteriores, se hará de acuerdo con lo dispuesto en el artículo 30 de la Ley 39/2015, de 1 de octubre, del Procedimiento Administrativo Común de las Administraciones Públicas

4. El Consejo de Gobierno, mediante decreto, podrá modificar los plazos de presentación establecidos en los apartados 1 y 2.

Artículo 71. *Notificaciones tributarias en el régimen del sistema de dirección electrónica.*

1. La Administración tributaria de la Comunidad Autónoma de Extremadura podrá acordar la asignación de una dirección electrónica a los obligados tributarios que no sean personas físicas.

Asimismo, se podrá acordar la asignación de una dirección electrónica a las personas físicas que pertenezcan a los colectivos que, por razón de su capacidad económica o técnica, dedicación profesional u otros motivos acreditados, tengan garantizado el acceso y disponibilidad de los medios tecnológicos precisos.

2. La dirección electrónica asignada deberá reunir los requisitos establecidos en el ordenamiento jurídico para la práctica de notificaciones administrativas electrónicas con plena validez y eficacia, resultando de aplicación lo dispuesto en el artículo 43 de la Ley 39/2015, de 1 de octubre, del Procedimiento Administrativo Común de las Administraciones Públicas.

3. La práctica de notificaciones en la dirección electrónica no impedirá que la Administración tributaria de la Comunidad Autónoma de Extremadura posibilite que los interesados puedan acceder electrónicamente al contenido de las actuaciones administrativas en la sede electrónica correspondiente con los efectos propios de la notificación por comparecencia.

4. Transcurrido un mes desde la publicación oficial del acuerdo de asignación, y previa comunicación de este al obligado tributario, la Administración tributaria de la Comunidad Autónoma de Extremadura practicará, con carácter general, las notificaciones en la dirección electrónica asignada.

5. La Administración tributaria de la Comunidad Autónoma de Extremadura podrá utilizar la dirección electrónica previamente asignada por otra Administración tributaria, siempre que medie el correspondiente convenio de colaboración, que será objeto de publicidad oficial y comunicación previa al interesado en los términos del apartado anterior.

Asimismo, los obligados a recibir las notificaciones electrónicas podrán comunicar que también se considere como dirección electrónica cualquier otra que haya sido habilitada por otra Administración tributaria para recibir notificaciones administrativas electrónicas con plena validez y eficacia.

6. Fuera de los supuestos contemplados en este artículo, para que la notificación se practique utilizando algún medio electrónico, se requerirá que el interesado haya señalado dicho medio como preferente o haya consentido su utilización.

7. El régimen de asignación de la dirección electrónica en el ámbito de la Administración tributaria de la Comunidad Autónoma de Extremadura se regulará mediante Orden del Consejero competente en materia de hacienda.

SECCIÓN 2.ª *Obligaciones formales*

Artículo 72. *Obligaciones formales de los Notarios y de los Registradores de la Propiedad y Mercantiles.*

1. Los Notarios con destino en la Comunidad Autónoma de Extremadura y con el fin de facilitar el cumplimiento de las obligaciones tributarias de los contribuyentes y facilitar el acceso telemático de los documentos a los registros públicos, remitirán con la colaboración del Consejo General del Notariado por vía telemática a la Dirección General competente en la aplicación de los tributos de la Consejería competente en materia de Hacienda, una declaración informativa notarial de los elementos básicos de las escrituras por ellos autorizadas así como la copia electrónica de las mismas de conformidad con lo dispuesto en la legislación notarial, de los hechos imponibles que determine la citada Consejería, la cual, además, establecerá los procedimientos, estructura y plazos en los que deben remitir la información.

2. Los Registradores de la Propiedad y Mercantiles con destino en la Comunidad Autónoma de Extremadura remitirán trimestralmente a la Dirección General competente en la aplicación de los tributos la relación de los documentos que contengan actos o contratos sujetos al Impuesto sobre Sucesiones y Donaciones o al Impuesto sobre Transmisiones Patrimoniales y Actos Jurídicos Documentados que se presenten a inscripción en sus Registros cuando el pago de dichos tributos o la presentación de la declaración tributaria se haya realizado en otra Comunidad Autónoma, en la forma y condiciones que determine la Consejería competente en materia de Hacienda.

Artículo 73. *Suministro de información con trascendencia tributaria a la Administración Tributaria de la Comunidad Autónoma de Extremadura.*

1. Al amparo del artículo 29 de la Ley 58/2003, de 17 de diciembre, General Tributaria, la Administración Tributaria de la Comunidad Autónoma de Extremadura podrá exigir la aportación de información con trascendencia tributaria cuando el cumplimiento de la concreta obligación formal esté relacionado con el desarrollo de actuaciones o procedimientos tributarios que afecten a tributos estatales cedidos gestionados por la Comunidad Autónoma o a la gestión recaudatoria de los ingresos públicos de la Comunidad Autónoma.

2. Mediante Orden de la Consejería con competencias en materia de hacienda se aprobarán los modelos de las declaraciones que, a los efectos determinados por el apartado 1, sean de presentación obligatoria, y se establecerán los plazos, la forma y las condiciones en los que deberán cumplirse las obligaciones de información.

Artículo 74. *Obligaciones formales en el Impuesto sobre la Renta de las Personas Físicas.*

1. Los contribuyentes del impuesto sobre la renta de las personas físicas cuyo rendimiento se encuentre cedido parcialmente a la Comunidad Autónoma de Extremadura estarán obligados a conservar, durante el plazo de prescripción, los justificantes y documentos que acrediten el derecho a disfrutar de las deducciones reguladas por la Comunidad Autónoma y que hayan aplicado en sus declaraciones por dicho impuesto.

2. Mediante Orden de la Consejería con competencias en materia de hacienda podrán establecerse obligaciones específicas de justificación destinadas al control de las deducciones a que se refiere el apartado anterior.

Artículo 75. *Obligaciones formales de empresarios dedicados a la compraventa de vehículos.*

Los empresarios que se dediquen habitualmente a la compraventa de vehículos usados con motor mecánico para circular por carretera cuyas adquisiciones estén exentas por aplicación del artículo 45.I.B.17 del Real Decreto Legislativo 1/1993, de 24 de septiembre, por el que se aprueba el texto refundido de la Ley sobre el Impuesto de Transmisiones Patrimoniales y Actos Jurídicos Documentados, deberán presentar la factura de la venta del vehículo en el plazo de un mes desde que ésta se produzca.

Artículo 76. *Obligaciones formales de empresarios dedicados a la compraventa de objetos fabricados con metales preciosos.*

1. Los adquirentes de objetos fabricados con metales preciosos y que estén obligados a la llevanza de los libros-registro a los que hace referencia el artículo 91 del Real Decreto 197/1988, de 22 de febrero, por el que se aprueba el Reglamento de la Ley de objetos fabricados con metales preciosos, declararán conjuntamente todas las operaciones sujetas a la modalidad de Transmisiones Patrimoniales Onerosas del Impuesto sobre Transmisiones Patrimoniales y Actos Jurídicos Documentados devengadas en cada mes natural. Para ello, presentarán una única autoliquidación comprensiva de la totalidad de las operaciones realizadas en cada mes natural, adjuntando a la misma la documentación complementaria que, en su caso, deba acompañarse.

2. El plazo de ingreso y presentación de la autoliquidación será el mes natural inmediato posterior al que se refieran las operaciones declaradas.

3. Mediante Orden de la Consejería con competencias en materia de hacienda se establecerá la documentación complementaria que debe acompañarse a la autoliquidación y, en su caso, la obligatoriedad de su presentación telemática.

Artículo 77. *Suministro de información por las entidades que realicen subastas de bienes muebles.*

1. Las entidades que realicen subastas de bienes muebles deberán remitir a la Dirección General competente en la aplicación de los tributos, en la primera quincena de cada semestre, una declaración comprensiva de la relación de las transmisiones de bienes en que hayan intervenido y que hayan sido efectuadas durante el semestre anterior. Esta relación deberá comprender los datos de identificación del transmitente y el adquirente, la fecha de la transmisión, una descripción del bien subastado y el precio final de adjudicación.

2. Mediante Orden de la Consejería competente en materia de hacienda podrá establecerse el formato, condiciones, diseño y demás extremos necesarios para el cumplimiento de las obligaciones formales a que se refiere el apartado anterior, que podrá consistir en soporte directamente legible por ordenador o mediante transmisión por vía telemática.

Artículo 78. *Obligaciones formales de empresarios dedicados a la reventa de bienes muebles usados.*

1. Los empresarios dedicados a la reventa de bienes muebles usados, cuyas adquisiciones hayan de tributar por el Impuesto sobre Transmisiones Patrimoniales y Actos Jurídicos Documentados deberán presentar una declaración informativa de las adquisiciones de bienes realizadas.

2. Mediante Orden de la Consejería con competencias en materia de hacienda se determinarán los modelos de declaración y plazos de presentación, el contenido de la información que ha de remitirse, así como las condiciones en que ha de ser remitida.

Artículo 79. *Obligaciones formales de las entidades de crédito colaboradoras que negocien documentos gravados por el Impuesto sobre Transmisiones Patrimoniales y Actos Jurídicos Documentados.*

1. Con el fin de facilitar el debido control del cumplimiento de la obligación tributaria de pago en metálico del impuesto que grava los documentos negociados por entidades colaboradoras, los sujetos pasivos deberán presentar una declaración informativa que detalle para cada tipo de documento las operaciones realizadas y el importe negociado en cada una de ellas.

2. Mediante Orden de la Consejería con competencias en materia de hacienda se establecerán los procedimientos, estructura, formato, plazos y condiciones en que debe ser remitida la declaración informativa.

Artículo 80. *Obligaciones formales de los operadores que presten servicios de tarificación adicional y de los operadores de red de servicios de tarificación adicional.*

1. Con el fin de facilitar el debido control del cumplimiento de las obligaciones tributarias de los sujetos pasivos de los tributos sobre el juego, los operadores de servicios de tarificación adicional y los operadores de red de servicios de tarificación adicional que presten estos servicios en el ámbito territorial de la Comunidad Autónoma de Extremadura deberán remitir a la Consejería competente en materia de hacienda una declaración informativa comprensiva de los elementos que tengan relevancia a efectos tributarios de cada uno de los contratos realizados con titulares de números destinados a prestar servicios de ocio y entretenimiento que promuevan juegos, concursos o sorteos que tengan como ámbito territorial máximo la Comunidad Autónoma de Extremadura.

2. Mediante Orden de la Consejería con competencias en materia de hacienda se establecerán los procedimientos, estructura, formato, plazos y condiciones en que debe ser remitida la declaración informativa.

Artículo 81. *Obligación de suministro de información sobre otorgamiento de concesiones.*

1. Las administraciones públicas o los entes u organismos integrantes del sector público institucional que otorguen concesiones o actos y negocios administrativos, cualquiera que sea su modalidad o denominación, por los que, como consecuencia del otorgamiento de facultades de gestión de servicios públicos o de la atribución del uso privativo o de aprovechamiento especial de bienes de dominio o uso público, se origine un desplazamiento patrimonial en favor de particulares, están obligadas a poner en conocimiento de la Consejería competente en materia de hacienda las citadas concesiones, actos o negocios otorgados, indicando su naturaleza, fecha y objeto de la concesión, así como los datos identificativos del concesionario o autorizado.

2. Mediante Orden de la Consejería con competencias en materia de hacienda se establecerán los procedimientos, estructura, formato, plazos y condiciones la declaración informativa.

(…)

Artículo 83. *Obligaciones formales de los operadores que presten servicios de comunicaciones electrónicas.*

1. Con el fin de facilitar el debido control del cumplimiento de las obligaciones tributarias de los sujetos pasivos de los tributos sobre el juego, los operadores que presten servicios de comunicaciones electrónicas deberán remitir por vía telemática a la Dirección General competente en la aplicación de los tributos una declaración informativa comprensiva de los elementos que tengan relevancia a efectos tributarios de cada uno de los contratos suscritos con titulares de espacios web destinados a prestar servicios de ocio y entretenimiento que promuevan juegos, concursos o sorteos que tengan como ámbito territorial exclusivo la Comunidad Autónoma de Extremadura.

2. La Consejería competente en materia de hacienda, mediante orden, establecerá los procedimientos, la estructura, el formato, los plazos y las condiciones en que se remitirá la declaración informativa.

Sección 3ª *Censos Tributarios* (...)

Artículo 84. *Censo de empresarios y entidades dedicados a la realización de subastas de bienes muebles e inmuebles que sean contribuyentes del Impuesto sobre Transmisiones Patrimoniales y Actos Jurídicos Documentados.*

1. A los efectos del Impuesto sobre Transmisiones Patrimoniales y Actos Jurídicos Documentados, y con independencia de las obligaciones formales y de autoliquidación establecidas, se crea un censo de empresarios dedicados a la realización de subastas de bienes muebles e inmuebles que sean contribuyentes del impuesto.

2. Mediante Orden de la Consejería con competencias en materia de hacienda se establecerá su organización y funcionamiento, el modelo de declaración censal y la regulación de la obligación de los contribuyentes del impuesto de realizar declaraciones de alta, modificación de datos y baja en este censo.

Artículo 85. *Censo de empresarios dedicados a la compraventa de vehículos que sean contribuyentes del Impuesto sobre Transmisiones Patrimoniales y Actos Jurídicos Documentados.*

1. A los efectos del Impuesto sobre Transmisiones Patrimoniales y Actos Jurídicos Documentados, y con independencia de las obligaciones formales y de autoliquidación establecidas, se crea un censo de empresarios dedicados a la compraventa de vehículos que sean contribuyentes del impuesto.

2. Mediante Orden de la Consejería con competencias en materia de hacienda se establecerá su organización y funcionamiento, el modelo de declaración censal y la regulación de la obligación de los contribuyentes del impuesto de realizar declaraciones de alta, modificación de datos y baja en este censo.

Artículo 86. *Censo de empresarios dedicados a la compraventa de objetos fabricados con metales preciosos que sean contribuyentes del Impuesto sobre Transmisiones Patrimoniales y Actos Jurídicos Documentados.*

1. A los efectos del Impuesto sobre Transmisiones Patrimoniales y Actos Jurídicos Documentados, y con independencia de las obligaciones formales y de autoliquidación establecidas, se crea un censo de empresarios dedicados a la compraventa de objetos fabricados con metales preciosos que sean contribuyentes del impuesto.

2. Mediante Orden de la Consejería con competencias en materia de hacienda se establecerá su organización y funcionamiento, el modelo de declaración censal y la regulación de la obligación de los contribuyentes del impuesto de realizar declaraciones de alta, modificación de datos y baja en este censo.

Artículo 87. *Censo de empresarios dedicados a la compraventa de bienes muebles usados que sean contribuyentes del Impuesto sobre Transmisiones Patrimoniales y Actos Jurídicos Documentados.*

1. A los efectos del Impuesto sobre Transmisiones Patrimoniales y Actos Jurídicos Documentados, y con independencia de las obligaciones formales y de autoliquidación establecidas, se crea un censo de empresarios dedicados a la compraventa de bienes muebles usados que sean contribuyentes del impuesto.

2. Mediante Orden de la Consejería con competencias en materia de hacienda se establecerá su organización y funcionamiento, el modelo de declaración censal y la regulación de la obligación de los contribuyentes del impuesto de realizar declaraciones de alta, modificación de datos y baja en este censo.

SECCIÓN 4.ª *Comprobación de valores*

Artículo 88. *Comprobación de Valores. Norma general.*

Para efectuar la comprobación de valores a efectos de los Impuestos sobre Sucesiones y Donaciones y sobre Transmisiones Patrimoniales y Actos Jurídicos Documentados, la Administración autonómica podrá utilizar, indistintamente, cualquiera de los medios previstos en el artículo 57 de la Ley 58/2003, de 17 de diciembre, General Tributaria, o los específicos que puedan establecerse en la normativa propia de dichos tributos.

Artículo 89. *Valores publicados por la Administración Autonómica en aplicación del medio de comprobación regulado en el artículo 57.1.b) de la Ley 58/2003, de 17 de diciembre, General Tributaria.*

1. A los efectos de los Impuestos sobre Sucesiones y Donaciones y sobre Transmisiones Patrimoniales y Actos Jurídicos Documentados, y de acuerdo con lo establecido en el apartado 1 del artículo 134 de la Ley 58/2003, de 17 de diciembre, General Tributaria, la Consejería competente en materia de Hacienda podrá publicar los coeficientes multiplicadores en aplicación del medio de comprobación regulado en el artículo 57.1.b) de la Ley 58/2003, de 17 de diciembre, General Tributaria, así como proceder a su actualización y modificación. Cuando el obligado tributario hubiere declarado utilizando los valores publicados estará excluida la actividad de comprobación[21].

---

[21]   Orden de 12 de enero de 2021, por la que se aprueban los precios medios en el mercado para estimar el valor real de determinados bienes inmuebles de naturaleza rústica, radicados en la Comunidad Autónoma de Extremadura, a efectos de la liquidación de los hechos imponibles de los impuestos sobre Transmisiones Patrimoniales y Actos Jurídicos Documentados y sobre Sucesiones y Donaciones, que se devenguen desde la entrada en vigor de esta Orden hasta el 31 de diciembre de 2021, se establecen las reglas para su aplicación y se publica la metodología para su obtención (DOE núm. 11, de 19 de enero de 2021).
   Orden de 12 de enero de 2021 por la que se aprueba y publica la metodología técnica utilizada para el cálculo de los coeficientes multiplicadores, los coeficientes resultantes de dicha metodología y el periodo

2. De conformidad con el citado artículo 134.1 de la Ley 58/2003, de 17 de diciembre, General Tributaria, a los efectos de los Impuestos sobre Sucesiones y Donaciones y sobre Transmisiones Patrimoniales y Actos Jurídicos Documentados, cuando la Administración Tributaria utilice el medio referido en el artículo 57.1.b) de la Ley 58/2003, de 17 de diciembre, General Tributaria, podrá comprobar, conforme a los valores publicados a que se refiere el punto 1 anterior, los valores declarados por los contribuyentes.

3. En lo que respecta a los inmuebles de naturaleza urbana, con exclusión de los solares, su valor real se estimará aplicando sobre el valor catastral correspondiente al ejercicio en que se produzca el hecho imponible el coeficiente multiplicador que se determine en la normativa publicada por la Consejería competente en materia de Hacienda.

La aplicación de los coeficientes multiplicadores sobre el valor catastral se realizará de forma automática por las Oficinas Gestoras cuando realicen actuaciones de comprobación en los Impuestos sobre Sucesiones y Donaciones y sobre Transmisiones Patrimoniales y Actos Jurídicos Documentados.

Artículo 90. *Valores publicados por la Administración Autonómica en aplicación del medio de comprobación regulado en el artículo 57.1.c) de la Ley 58/2003, de 17 de diciembre, General Tributaria.*

1. A los efectos de los Impuestos sobre Sucesiones y Donaciones y sobre Transmisiones Patrimoniales y Actos Jurídicos Documentados, y de acuerdo con lo establecido en el apartado 1 del artículo 134 de la Ley 58/2003, de 17 de diciembre, General Tributaria, la Consejería competente en materia de Hacienda podrá publicar los precios medios en el mercado de todas o algunas clases de bienes y demás elementos determinantes de la obligación tributaria,

---

de tiempo de validez para estimar el valor de determinados bienes urbanos situados en Extremadura, a efectos de lo establecido en el artículo 57.1.b) de la Ley 58/2003, de 17 de diciembre, General Tributaria (DOE núm. 11, de 19 de enero de 2021).

Orden de 26 de diciembre de 2018 por la que se aprueba y publica la metodología técnica utilizada para el cálculo de los coeficientes multiplicadores, los coeficientes resultantes de dicha metodología y el periodo de tiempo de validez para estimar el valor de determinados bienes urbanos situados en Extremadura, a efectos de lo establecido en el artículo 57.1.b) de la Ley 58/2003, de 17 de diciembre, General Tributaria (DOE núm. 252, de 13 de diciembre de 2018).

Orden de 12 de diciembre de 2017 por la que se aprueban los coeficientes aplicables al valor catastral para estimar el valor real de determinados bienes inmuebles urbanos, radicados en la Comunidad Autónoma de Extremadura, a efectos de la liquidación de los hechos imponibles de los impuestos sobre Transmisiones Patrimoniales y Actos Jurídicos Documentados y sobre Sucesiones y Donaciones, que se devenguen en el año 2018, se establecen las reglas para su aplicación y se publica la metodología para su obtención (DOE núm. 240, de 18 de diciembre de 2017).

Orden de 12 de diciembre de 2017 por la que se prorroga al ejercicio 2018 la aplicación de los precios medios en el mercado para estimar el valor real de determinados bienes rústicos radicados en la Comunidad Autónoma de Extremadura, a efectos de la liquidación de los hechos imponibles de los impuestos sobre Transmisiones Patrimoniales y Actos Jurídicos Documentados y sobre Sucesiones y Donaciones.

así como proceder a su actualización y modificación. La publicación de los precios medios en el mercado contendrá la metodología seguida para su obtención[22].

2. Cuando la Administración Autonómica utilice el medio de comprobación previsto en el artículo 57.1.c) de la Ley 58/2003, de 17 de diciembre, General Tributaria, a los efectos de los Impuestos sobre Sucesiones y Donaciones y sobre Transmisiones Patrimoniales y Actos Jurídicos Documentados, el valor real de los bienes inmuebles se obtendrá multiplicando el valor unitario a que se refiere el número 1 anterior por la superficie del inmueble. La aplicación de los precios medios en el mercado se realizará de forma automática por las Oficinas gestoras cuando realicen actuaciones de comprobación.

3. A los efectos de los Impuestos sobre Sucesiones y Donaciones y sobre Transmisiones Patrimoniales y Actos Jurídicos Documentados, y de conformidad con lo dispuesto en el apartado 1 del artículo 134 de la Ley 58/2003, de 17 de diciembre, General Tributaria, si los contribuyentes declarasen ajustándose a los precios medios en el mercado publicados por la Administración Autonómica, se excluirá la actividad de comprobación de los valores declarados.

Artículo 91. *Valoración de inmuebles situados en otras Comunidades Autónomas.*

La Comunidad Autónoma de Extremadura reconoce eficacia jurídica a los valores establecidos por otra Comunidad Autónoma para los bienes inmuebles situados en su territorio, en virtud de alguno de los medios de valoración incluidos en el artículo 57.1 de la Ley 58/2003, de 17 de diciembre, General Tributaria, y podrá aplicar dichos valores a los efectos de los Impuestos sobre Sucesiones y Donaciones y sobre Transmisiones Patrimoniales y Actos Jurídicos Documentados.

---

[22]   Orden de 1 de diciembre de 2021 por la que se aprueban los precios medios en el mercado para estimar el valor de determinados vehículos usados, a efectos de la liquidación de los hechos imponibles de los Impuestos sobre Transmisiones Patrimoniales y Actos Jurídicos Documentados y sobre Sucesiones y Donaciones, que se devenguen en el año 2022 y que no figuren en las tablas de precios medios de venta aprobados por el Ministerio de Hacienda y Función Pública (DOE núm. 237, de 13 de diciembre de 2021).
Orden de 7 de febrero de 2019 por la que se aprueban los precios medios en el mercado para estimar el valor real de los vehículos comerciales e industriales ligeros usados, a efectos de la liquidación de los hechos imponibles de los Impuestos sobre Transmisiones Patrimoniales y Actos Jurídicos Documentados y sobre Sucesiones y Donaciones, que se devenguen desde la entrada en vigor de la presente orden hasta el 31 de diciembre de 2019 y que no figuren en las tablas de precios medios de venta aprobados por el Ministerio de Hacienda (DOE núm. 30 de 13 de febrero de 2019).
Orden de 12 de diciembre de 2017 por la que se aprueban los precios medios en el mercado para estimar el valor real de los vehículos comerciales e industriales ligeros usados, a efectos de la liquidación de los hechos imponibles de los impuestos sobre Transmisiones Patrimoniales y Actos Jurídicos Documentados y sobre Sucesiones y Donaciones, que se devenguen en el año 2018 y que no figuren en las tablas de precios medios de venta aprobados por el Ministerio de Hacienda y Administraciones Públicas (DOE núm. 240, de 18 de diciembre de 2017).

Artículo 92. *Dictamen de peritos.*

En las comprobaciones de valor de empresas, negocios, participaciones en entidades y en general cualquier otra forma de actividad económica, por el medio establecido en el artículo 57.1.e) de la Ley 58/2003, de 17 de diciembre, General Tributaria, en las que el perito utilice sistemas de capitalización, podrá aplicarse el interés de demora a que se refiere el artículo 26.6 de la misma norma.

Artículo 93. *Tramitación de la tasación pericial contradictoria.*

1. El procedimiento de tasación pericial contradictoria se regirá por lo aquí establecido y, en lo no previsto, por las disposiciones relativas a dicho procedimiento contenidas en el artículo 135 de la Ley 58/2003, de 17 de diciembre, General Tributaria, en los artículos 161 y 162 del Real Decreto 1065/2007, de 27 de julio, por el que se aprueba el Reglamento general de las actuaciones y los procedimientos de gestión e inspección tributaria y de desarrollo de las normas comunes de los procedimientos de aplicación de los tributos y demás disposiciones reguladoras de los impuestos que resulten de aplicación.

Si la solicitud en cuya virtud se inicia el procedimiento de tasación pericial contradictoria no señala expresamente alguno de los motivos de oposición indicados en el párrafo anterior, se requerirá a los obligados tributarios para que en el plazo de diez días, contados a partir del siguiente al de la notificación, señalen alguno de los motivos de oposición indicados, advirtiéndoles que su incumplimiento originará la inadmisión de la solicitud de tasación pericial. La inadmisión implicará que la solicitud de tasación pericial contradictoria se tenga por no presentada a todos los efectos.

2. Cuando proceda la intervención de un tercer perito, previos los tramites legalmente establecidos para su designación, la Administración le entregará la relación de bienes y derechos que se han de valorar y las copias de las hojas de aprecio, tanto de la valoración realizada por la Administración, como de la efectuada por el perito designado por el obligado tributario, para que, en el plazo de un mes, contado a partir del día siguiente a la entrega, realice su dictamen debidamente motivado, referido a la fecha de devengo del hecho imponible.

En el caso de que el órgano competente de la Administración observe que el informe adolece de algún defecto o vicio, deberá remitirlo de nuevo al perito tercero para que, en un plazo de quince días, lo subsane. Si este no realiza la valoración en el plazo establecido o, en su caso, no procede a su subsanación, la Administración dejará sin efecto su designación, sin devengo de honorario alguno.

El incumplimiento de lo indicado dará lugar a la exclusión como perito tercero en el ejercicio corriente y en los dos posteriores.

Asimismo, si por resolución administrativa o judicial se obligara al perito tercero a subsanar, corregir, modificar o motivar su dictamen o informe, el órgano competente en la tramitación del procedimiento de tasación pericial contradictoria deberá remitir requerimiento al perito tercero para que en el plazo de quince días, contados a partir del siguiente al de la notificación, cumpla con la Resolución indicada, advirtiéndole que si no realiza lo indicado en la resolución administrativa o judicial deberá devolver en el plazo de un mes los honorarios que se devengaron como consecuencia de su designación como perito tercero.

3. El perito tercero deberá abstenerse de intervenir en aquellos procedimientos donde se produzca alguno de los motivos regulados en el artículo 23 de la Ley 40/2015, de 1 de octubre, de Régimen Jurídico del Sector Público, procediéndose a la designación de un nuevo perito tercero conforme al orden correlativo que proceda en la lista de profesionales. El incumplimiento de este precepto implicará la nulidad absoluta de la actuación y la exclusión como perito tercero en el ejercicio corriente y en los dos posteriores.

4. La valoración realizada por el perito tercero, que deberá reunir los requisitos indicados, servirá de base a la liquidación administrativa que proceda, con los límites del valor declarado y el valor comprobado inicialmente por la Administración. En estos casos, cuando el Perito de la Administración emita el dictamen al que se refiere el artículo 135.2 de la Ley 58/2003, de 17 de diciembre, General Tributaria y la valoración realizada sea inferior al valor inicialmente determinado por la Administración, a todos los efectos, se tendrá en cuenta el valor resultante del dictamen del perito de la Administración.

5. El órgano competente comunicará dicha valoración al interesado, con cuya notificación se dará por finalizado el procedimiento. En el caso en que se confirme la liquidación de la Administración, se levantará la suspensión y se dará un nuevo plazo de ingreso, girándose los intereses de demora correspondientes al periodo de la suspensión.

Cuando deba efectuarse una nueva liquidación, se girará ésta con los intereses de demora que correspondan, de acuerdo con lo dispuesto en el artículo 26.5 de la Ley 58/2003, de 17 de diciembre, General Tributaria. En estos casos, la fecha de inicio del cómputo de interés de demora será la misma que hubiera correspondido a la liquidación que es sustituida y el interés se devengará hasta el momento en que se haya dictado la nueva liquidación. El final de este periodo no puede exceder de un mes desde la fecha de notificación de la resolución por la que se da por terminado el procedimiento de Tasación Pericial Contradictoria.

Artículo 94. *Efectos de la inactividad y renuncia en la tasación pericial contradictoria.*

1. La falta de presentación de la tasación del perito designado por el obligado tributario en el plazo de un mes producirá la finalización por desistimiento del procedimiento de tasación pericial contradictoria y se procederá, en consecuencia, a comunicar el cese de la suspensión de la ejecución de la liquidación, concediendo un nuevo plazo de ingreso. Se dictará una liquidación por el concepto de intereses de demora suspensivos por el período comprendido entre la fecha en la que se dictó la liquidación que originó el procedimiento de Tasación Pericial Contradictoria y el día en el que se dicta la nueva liquidación. El final de este periodo no puede exceder de un mes desde la fecha de notificación de la resolución por la que se da por terminado el procedimiento de Tasación Pericial Contradictoria.

2. La renuncia del perito tercero o la falta de presentación en el plazo de un mes del resultado de su tasación dejarán sin efecto su nombramiento e impedirá su designación en el ejercicio corriente y en los dos posteriores. En ambos casos, se procederá a la designación de un nuevo perito tercero conforme al orden correlativo que proceda en la lista de profesionales.

Artículo 95. *Información sobre valores.*

La Consejería competente en materia de hacienda, a efectos de determinar las bases imponibles de los Impuestos sobre Sucesiones y Donaciones y sobre Transmisiones Patrimoniales y Actos Jurídicos Documentados, informará, a solicitud del interesado, sobre el valor fiscal de los bienes inmuebles radicados en el territorio de la Comunidad de Extremadura, de acuerdo con lo establecido en el artículo 90 de la Ley 58/2003, de 17 de diciembre, General Tributaria.

La solicitud de información deberá formularse por escrito en el que deberán describirse de manera detallada el bien y sus características, así como la estimación de su valor.

(...)

Disposición final primera. *Habilitación ul Consejo de Gobierno.*

Se faculta al Consejo de Gobierno para dictar cuantas disposiciones sean necesarias para el desarrollo y ejecución de la presente ley.

Disposición final segunda. *Habilitaciones al titular de la Consejería competente en materia de hacienda en relación con los tributos cedidos.*

Se autoriza al titular de la Consejería competente en materia de hacienda para que, mediante orden, regule las siguientes cuestiones relativas a la gestión de los tributos cedidos:

1º. La autorización para la presentación telemática de las declaraciones o autoliquidaciones de aquellos tributos que resulten susceptibles de tales formas de presentación.

2º. Las características de los justificantes de recepción por la administración de las copias electrónicas de las escrituras públicas y de los justificantes de pago de las autoliquidaciones.

3º. El desarrollo de los instrumentos jurídicos y tecnológicos necesarios en el ámbito de su competencia para facilitar el cumplimiento de las obligaciones tributarias de los contribuyentes mediante la presentación telemática de las escrituras públicas.

4º. Las normas de procedimiento necesarias para el suministro de información del valor de los bienes a que se refiere el artículo 95 de esta ley.

5º. Las características, formato, condiciones y demás extremos a que debe ajustarse la información que deben remitir los registradores de la propiedad y mercantiles de acuerdo con el artículo 72.2 de esta ley, así como las características de los soportes informáticos que recojan esta información o de la transmisión por vía telemática.

6º. Las características, formato, condiciones y demás extremos a que debe ajustarse la información que deben remitir las entidades que realicen subastas de bienes muebles en Extremadura de acuerdo con el artículo 77 de esta ley, así como las características de los soportes informáticos que recojan esta información o de la transmisión por vía telemática.

7º. La aprobación de los modelos de declaración y autoliquidación de los impuestos sobre Sucesiones y Donaciones, Transmisiones Patrimoniales y Actos Jurídicos Documentados y de la Tasa Fiscal sobre el Juego, así como las normas precisas para la gestión y liquidación.

8º. La determinación de la remuneración máxima que han de percibir los peritos terceros que intervengan en procedimientos de tasación pericial contradictoria.

9º. La determinación de los supuestos y condiciones en que los obligados tributarios deberán presentar por medios telemáticos sus declaraciones, autoliquidaciones, comunicaciones, solicitudes y cualquier otro documento con trascendencia tributaria.

10º. La distribución de las competencias y funciones entre los órganos de la Administración Tributaria de Extremadura en lo que respecta a los tributos cedidos.

Disposición final tercera. *Justificantes de presentación y pago telemático.*

La Consejería competente en materia de hacienda habilitará un sistema de confirmación permanente e inmediata que posibilite a las oficinas y registros públicos, juzgados y tribunales verificar la concordancia del justificante de presentación o pago telemático con los datos que constan en la administración tributaria.

Disposición final cuarta. *Remisión telemática de datos de escrituras públicas.*

La Consejería competente en materia de hacienda determinará, respecto al documento informativo que deben remitir los notarios, de acuerdo con lo previsto en el artículo 72, los hechos imponibles respecto de los cuales debe remitirse, los procedimientos, plazos en los que debe ser remitida esta información y estructura del documento, dentro de los límites establecidos en el apartado 4 del artículo 93 de la Ley 58/2003, de 17 de diciembre, General Tributaria.

Disposición final quinta. *Remisión de información por los notarios.*

Corresponde a la Consejería competente en materia de Hacienda establecer mediante orden las condiciones y diseño de la remisión de la información a la que están obligados los Notarios, que podrá presentarse en soporte directamente legible por el ordenador o mediante transmisión por vía telemática. Además, podrá establecer las circunstancias y plazos en que dicha presentación sea obligatoria.

Las obligaciones de los notarios de proporcionar la información está prevista en el artículo 32.3 de la Ley 29/1987, de 18 de diciembre, del Impuesto sobre Sucesiones y Donaciones y en el artículo 52 del texto refundido de la Ley del Impuesto sobre Transmisiones Patrimoniales y Actos Jurídicos Documentados, aprobado por el Real Decreto Legislativo 1/1993, de 24 de septiembre.

Disposición final sexta. *Habilitación de las Leyes de Presupuestos.*

Las leyes anuales de Presupuestos Generales de la Comunidad Autónoma podrán modificar los elementos esenciales de los tributos cedidos con el alcance y las limitaciones que establezca la Ley Orgánica 8/1980, de 22 de septiembre, de Financiación de las Comunidades Autónomas y las Leyes de Cesión de Tributos que afecten a Extremadura.

ANEXO[23]
CENSO DE NÚCLEOS DE POBLACIÓN QUE NO SON MUNICIPIOS NI ENTIDADES LOCALES MENORES Y QUE PERTENECEN A MUNICIPIOS DE MÁS DE 3.000 HABITANTES Y SUS DISEMINADOS

Provincia	Municipio	Unidad Poblacional	CodINE	Municipio
10	037	000200 ESTACIÓN DE ARROYO-MALPARTIDA	10037	CÁCERES
10	037	000300 RINCÓN DE BALLESTEROS	10037	CÁCERES
10	067	000200 PUEBLA DE ARGEME	10067	CORIA
10	067	000300 RINCÓN DEL OBISPO	10067	CORIA
10	116	000100 BAZAGONA (LA)	10116	MALPARTIDA DE PLASENCIA
10	116	000400 PALAZUELO-EMPALME	10116	MALPARTIDA DE PLASENCIA
10	121	000100 ALONSO DE OJEDA	10121	MIAJADAS
10	121	000200 CASAR DE MIAJADAS	10121	MIAJADAS
10	180	000100 BARQUILLA (LA)	10180	TALAYUELA
10	180	000200 BARQUILLA DE PINARES	10180	TALAYUELA
10	180	000900 SANTA MARÍA DE LAS LOMAS	10180	TALAYUELA
10	195	000100 BELÉN	10195	TRUJILLO
10	195	000200 HUERTAS DE LA MAGDALENA	10195	TRUJILLO
10	195	000300 PAGO DE SAN CLEMENTE	10195	TRUJILLO
10	203	000100 ALCORNEO	10203	VALENCIA DE ALCÁNTARA
10	203	000200 ACEÑA DE LA BORREGA (LA)	10203	VALENCIA DE ALCÁNTARA
10	203	000300 CASIÑAS (LAS)	10203	VALENCIA DE ALCÁNTARA

---

[23] Nueva redacción del Anexo por el artículo 1. Seis de la Ley 1/2025, de 3 de abril, de medidas fiscales urgentes en materia tributaria (DOE núm. 67, de 7 de abril de 2025), con efectos desde el 8 de abril de 2025.
Anexo incorporado por el art. Único Seis del Decreto-Ley 1/2025, de 23 de enero, de medidas fiscales urgentes en materia tributaria (DOE núm. 18, de 28 de enero de 2025), con efectos desde el 1 de enero de 2025.

Provincia	Municipio	Unidad Poblacional	CodINE	Municipio
10	203	000301 CASIÑAS ALTAS (LAS)	10203	VALENCIA DE ALCÁNTARA
10	203	000302 CASIÑAS BAJAS (LAS)	10203	VALENCIA DE ALCÁNTARA
10	203	000303 MOLINOS (LOS)	10203	VALENCIA DE ALCÁNTARA
10	203	000400 ESTACIÓN FERROCARRIL	10203	VALENCIA DE ALCÁNTARA
10	203	000500 FONTAÑERA (LA)	10203	VALENCIA DE ALCÁNTARA
10	203	000600 HUERTAS DE CANSA (LAS)	10203	VALENCIA DE ALCÁNTARA
10	203	000602 ARROYOS DE ABAJO	10203	VALENCIA DE ALCÁNTARA
10	203	000700 JOLA	10203	VALENCIA DE ALCÁNTARA
10	203	000800 LANCHUELAS (LAS)	10203	VALENCIA DE ALCÁNTARA
10	203	000900 PINO (EL)	10203	VALENCIA DE ALCÁNTARA
10	203	001000 SAN PEDRO DE LOS MAJARRETES	10203	VALENCIA DE ALCÁNTARA
06	014	000200 CARDENCHOSA (LA)	06014	AZUAGA
06	015	000200 ALCAZABA	06015	BADAJOZ
06	015	000300 ALVARADO	06015	BADAJOZ
06	015	000500 BALBOA	06015	BADAJOZ
06	015	001000 GÉVORA	06015	BADAJOZ
06	015	001200 NOVELDA DEL GUADIANA	06015	BADAJOZ
06	015	001400 SAGRAJAS	06015	BADAJOZ
06	015	001600 VALDEBÓTOA	06015	BADAJOZ
06	015	001800 VILLAFRANCO DEL GUADIANA	06015	BADAJOZ
06	023	000100 ALMORCHÓN	06023	CABEZA DEL BUEY
06	028	000200 GUARDA (LA)	06028	CAMPANARIO
06	044	000100 CONQUISTA DEL GUADIANA	06044	DON BENITO
06	063	000200 PELOCHE	06063	HERRERA DEL DUQUE
06	070	000200 BAZANA (LA)	06070	JEREZ DE LOS CABALLEROS
06	070	000300 BROVALES	06070	JEREZ DE LOS CABALLEROS
06	070	000500 VALUENGO	06070	JEREZ DE LOS CABALLEROS
06	088	000200 LÁCARA	06088	MONTIJO

Provincia	Municipio	Unidad Poblacional	CodINE	Municipio
06	091	000200 OBANDO	06091	NAVALVILLAR DE PELA
06	091	000300 VEGAS ALTAS	06091	NAVALVILLAR DE PELA
06	095	000200 SAN BENITO DE LA CONTIENDA	06095	OLIVENZA
06	095	000300 SAN FRANCISCO DE OLIVENZA	06095	OLIVENZA
06	095	000400 SAN JORGE DE ALOR	06095	OLIVENZA
06	095	000500 SAN RAFAEL DE OLIVENZA	06095	OLIVENZA
06	095	000600 SANTO DOMINGO	06095	OLIVENZA
06	095	000700 VILLARREAL	06095	OLIVENZA
06	153	000100 CASAS DEL CASTILLO DE LA ENCOMIENDA	06153	VILLANUEVA DE LA SERENA
06	160	000100 SAN CRISTÓBAL DE ZALAMEA/DOCENARIO	06160	ZALAMEA DE LA SERENA

COMUNIDAD AUTÓNOMA DE GALICIA

IMPUESTO SOBRE TRANSMISIONES PATRIMONIALES Y ACTOS JURÍDICOS DOCUMENTADOS

20. Decreto Legislativo 1/2011, de 28 de julio, por el que se aprueba el texto refundido de las disposiciones legales de la Comunidad Autónoma de Galicia en materia de tributos cedidos por el Estado

(D.O. Galicia, núm. 201, de 20 octubre de 2011;
BOE núm. 279, de 19 de noviembre de 2011)

PREÁMBULO

Los tributos del Estado cedidos a la Comunidad Autónoma de Galicia se rigen por los convenios o tratados internacionales, la Ley general tributaria, la ley propia de cada tributo, los reglamentos generales dictados en desarrollo de la Ley general tributaria y de las leyes propias de cada tributo, las demás disposiciones de carácter general, reglamentarias o interpretativas, dictadas por la Administración del Estado y por las normas emanadas de la comunidad autónoma competente en los términos establecidos por las leyes que regulan la cesión de tributos del Estado a las comunidades autónomas de régimen común.

La Ley orgánica 8/1980, de 22 de septiembre, de financiación de las comunidades autónomas, constituye el marco orgánico general por el que se rige el citado régimen de cesión.

Ese marco orgánico es desarrollado, con carácter general, por la Ley 22/2009, de 18 de diciembre, por la que se regula el sistema de financiación de las comunidades autónomas de régimen común y ciudades con estatuto de autonomía y se modifican determinadas normas tributarias, y para el caso de la Comunidad Autónoma de Galicia, por Ley 17/2010, de 16 de julio, del régimen de cesión de tributos del Estado a la Comunidad Autónoma de Galicia y de fijación del alcance y condiciones de dicha cesión.

Mediante esta Ley 17/2010, de 16 de julio, se procedió a la adecuación del contenido del apartado uno de la disposición adicional primera del Estatuto de Autonomía de Galicia al nuevo régimen de cesión de tributos que se contempla en la Ley 22/2009, de 18 de diciembre, y, asimismo, a regular el régimen específico de dicha cesión a la Comunidad Autónoma Galicia, de modo que se determina el alcance y condiciones de la cesión a esta comunidad autónoma y se le atribuye la facultad de dictar para sí misma normas legislativas en los casos y condiciones previstos en la Ley 22/2009, de 18 de diciembre.

La atribución de determinadas competencias normativas en materia de tributos estatales cedidos ya estaba presente en la Ley 18/2002, de 1 de julio, del régimen de cesión de tributos del Estado a la Comunidad Autónoma de Galicia y de fijación del alcance y condiciones de dicha cesión, en los términos establecidos en la Ley 21/2001, de 27 de diciembre, por la que se regulan las medidas fiscales y administrativas del nuevo sistema de financiación de las comunidades autónomas de régimen común y ciudades con estatuto de autonomía, así como en la Ley 32/1997, de 4 de, de modificación del régimen de cesión de tributos del Estado a la Comunidad Autónoma de Galicia y de fijación del alcance y condiciones de dicha cesión respecto a lo dispuesto en la Ley 14/1996, de 30 de diciembre, de cesión de tributos del Estado a las comunidades autónomas y de medidas fiscales complementarias.

La necesaria garantía del principio de seguridad jurídica que debe presidir todo ordenamiento exige acabar con la dispersión legislativa que la multiplicidad de normas ha provocado. Consciente de ello, el legislador incluyó en la disposición final tercera de la Ley 8/2010, de 29 de octubre, de medidas tributarias en el impuesto sobre transmisiones patrimoniales y actos jurídicos documentados para la reactivación del mercado de viviendas, su rehabilitación y financiación, y otras medidas tributarias, una autorización a la Xunta de Galicia para elaborar y aprobar, en el plazo máximo de un año desde la entrada en vigor de dicha ley, un texto refundido que recoja la normativa autonómica vigente sobre los tributos estatales cedidos a la Comunidad Autónoma de Galicia. Además, esta delegación legislativa incluye la posibilidad de regularizar, aclarar y armonizar los textos legales que sean objeto del texto refundido.

El presente decreto legislativo consta de un artículo que aprueba el texto refundido, una disposición adicional, una derogatoria y una final. El texto refundido se estructura en tres títulos, dedicados el primero de ellos a disposiciones generales y de carácter aclaratorio del régimen jurídico aplicable a los tributos cedidos, el título segundo a disposiciones específicas de cada tributo en particular, clasificadas por capítulos, y el título tercero, a normas procedimentales y obligaciones formales relativas a los tributos cedidos.

En consecuencia, de acuerdo con lo previsto en el artículo 10.1.º a) del Estatuto de autonomía para Galicia, aprobado por la Ley orgánica 1/1981, de 6 de abril, y en el artículo 4.4.º de la Ley 1/1983, de 22 de febrero, reguladora de la Xunta y de su presidente, a propuesta de la conselleira de Hacienda, de acuerdo con el dictamen del Consello Consultivo de Galicia, y previa deliberación del Consello de la Xunta de Galicia en su reunión del día veintiocho de julio de dos mil once, dispongo:

Artículo único.

Conforme a lo dispuesto en la disposición final tercera de la Ley 8/2010, de 29 de octubre, de medidas tributarias en el impuesto sobre transmisiones patrimoniales y actos jurídicos documentados para la reactivación del mercado de viviendas, su rehabilitación y financiación, y otras medidas tributarias, se aprueba el texto refundido de las disposiciones legales de la Comunidad Autónoma de Galicia en materia de tributos cedidos por el Estado.

Disposición Adicional única. *Remisiones normativas*

Las remisiones y referencias normativas a las disposiciones derogadas por este decreto legislativo se entenderán realizadas, en lo sucesivo, a las correspondientes disposiciones del texto refundido.

Disposición Derogatoria única. *Derogación normativa*

1. Quedan derogadas las siguientes disposiciones:

a) El artículo 2 de la Ley 2/1998, de 8 de abril, de medidas tributarias, de régimen presupuestario, función pública, patrimonio, organización y gestión.

b) Los artículos 3, 4 y 5 de la Ley 3/2002, de 29 abril, de medidas de régimen fiscal y administrativo.

c) Los artículos 2, 3 y 5 de la Ley 7/2002, de 27 de diciembre, de medidas fiscales y de régimen administrativo.

d) Los artículos 3, 4 y 5 de la Ley 9/2003, de 23 diciembre, de medidas tributarias y administrativas.

e) Los artículos 1, 2, 4, 7 y 8 de la Ley 14/2004, de 29 de diciembre, de medidas tributarias y de régimen administrativo.

f) Los artículos 52 y 54 de la Ley 14/2006, de 28 de diciembre, de presupuestos generales de la Comunidad Autónoma de Galicia para el año 2007.

g) El artículo 25 de la Ley 7/2007, de 21 de mayo, de medidas administrativas y tributarias para la conservación de la superficie agraria útil y del Banco de Tierras de Galicia.

h) Los artículos 57 a 64 y la disposición transitoria segunda de la Ley 16/2007, de 26 de diciembre, de presupuestos generales de la Comunidad Autónoma de Galicia para el año 2008.

i) La Ley 9/2008, de 28 de julio, gallega de medidas tributarias en relación con el impuesto sobre sucesiones y donaciones.

j) El artículo 60 de la Ley 16/2008, de 23 de diciembre, de presupuestos generales de la Comunidad Autónoma de Galicia para el año 2009.

k) La Ley 4/2009, de 20 de octubre, de medidas tributarias relativas al impuesto sobre transmisiones patrimoniales y actos jurídicos documentados para el fomento del acceso a la vivienda y a la sucesión empresarial.

l) La disposición adicional primera de la Ley 1/2010, de 11 de febrero, de modificación de diversas leyes de Galicia para su adaptación a la Directiva 2006/123/CE del Parlamento Europeo y del Consejo, de 12 de diciembre de 2006, relativa a los servicios en el mercado interior.

m) La Ley 8/2010, de 29 de octubre, de medidas tributarias en el impuesto sobre transmisiones patrimoniales y actos jurídicos documentados para la reactivación del mercado de viviendas, su rehabilitación y financiación, y otras medidas tributarias.

n) Los artículos 1, 2, 3, 4, 6, 7, 8, 9 de la Ley 15/2010, de 28 de, de medidas fiscales y administrativas.

2. Asimismo, quedan derogadas cualesquiera otras disposiciones de igual o inferior rango a la presente ley en cuanto se opongan o contradigan lo establecido en la misma.

Disposición Final única. *Entrada en vigor*

El presente decreto legislativo y el texto refundido que aprueba entrarán en vigor al día siguiente de su publicación en el Diario Oficial de Galicia.

TEXTO REFUNDIDO DE LAS DISPOSICIONES LEGALES DE LA COMUNIDAD AUTÓNOMA DE GALICIA EN MATERIA DE TRIBUTOS CEDIDOS POR EL ESTADO

TÍTULO I. DISPOSICIONES GENERALES

Artículo 1. *Objeto*

La presente ley tiene por objeto establecer en un único texto las normas dictadas por la Comunidad Autónoma de Galicia en ejercicio de las competencias que tiene atribuidas en el marco establecido por las leyes que regulan la cesión de tributos del Estado a las comunidades autónomas de régimen común.

Artículo 2. *Ámbito de aplicación*

Uno. Este texto refundido será de aplicación a los tributos sobre los que la comunidad autónoma de Galicia tiene, de acuerdo con lo establecido en las leyes reguladoras de la cesión de tributos del Estado a las comunidades autónomas de régimen común, competencias normativas tanto en la regulación de aspectos sustantivos que determinan la cuota tributaria como en las cuestiones de aplicación de los tributos.

Dos. La Comunidad Autónoma de Galicia tiene atribuida la facultad de dictar para sí misma normas legislativas, con el alcance y condiciones establecidos en las leyes reguladoras de la cesión de tributos del Estado a las comunidades autónomas de régimen común, sobre los siguientes tributos:

a) Impuesto sobre la renta de las personas físicas.

b) Impuesto sobre el patrimonio.

c) Impuesto sobre sucesiones y donaciones.

d) Impuesto sobre transmisiones patrimoniales y actos jurídicos documentados.

e) Tributos sobre el juego.

f) Impuesto especial sobre determinados medios de transporte.

g) Impuesto sobre las ventas minoristas de determinados hidrocarburos.

Tres. El ejercicio de las facultades normativas de la Comunidad Autónoma de Galicia en materia de tributos cedidos se efectúa, en cada caso, según el alcance y los puntos de conexión establecidos en las leyes reguladoras de la cesión de tributos del Estado a las Comunidades Autónomas de régimen común.

Artículo 3. *Conceptos generales*

Uno. Vivienda habitual.

A los efectos previstos en este texto refundido, los conceptos de vivienda habitual, adquisición de vivienda habitual y reinversión en vivienda habitual serán los contemplados en la normativa reguladora del impuesto sobre la renta de las personas físicas. Se entenderá por vivienda la edificación destinada a la residencia de las personas físicas.

Dos. Unidad familiar.

El concepto de unidad familiar será el contemplado en la normativa reguladora del impuesto sobre la renta de las personas físicas.

Tres. Acreditación del grado y la condición de persona con discapacidad.

El grado de minusvalía habrá de acreditarse mediante certificado o resolución expedida por el órgano competente. En particular, se considerará acreditado un grado de minusvalía igual o superior al 33% en el caso de los pensionistas de la Seguridad Social que tengan reconocida una pensión de incapacidad permanente total, absoluta o gran invalidez y en el caso de los pensionistas de clases pasivas que tengan reconocida una pensión de jubilación o retiro por incapacidad permanente para el servicio o inutilidad.

Igualmente, se considerará acreditado un grado de minusvalía igual o superior al 65% cuando se trate de personas cuya incapacidad sea declarada judicialmente, aunque no alcance dicho grado, así como en los casos de dependencia severa y gran dependencia, siempre que estas últimas situaciones fuesen reconocidas por el órgano competente, de acuerdo con lo establecido en el artículo 28 de la Ley 39/2006, de 14 de diciembre, de promoción de la autonomía personal y atención a las personas en situación de dependencia.

Cuatro[1]. Acreditación de la condición de familia numerosa

La condición de familia numerosa se acreditará mediante el título oficial en vigor establecido para el efecto en el momento de la presentación de la declaración del impuesto, conforme a lo establecido en la Ley 40/2003, de 18 de noviembre, de protección a las familias numerosas.

La asimilación al descendiente de hijo o hija concebido o concebida y no nacido o nacida prevista en la Ley 3/2011, de 30 de junio, de apoyo a la familia y convivencia de Galicia, se acreditará mediante el carnet familiar gallego o certificado expedido para el efecto, y tendrá efectos únicamente dentro de la Comunidad Autónoma de Galicia.

Cinco[2]. Actividad agraria, explotación agraria, elementos de la explotación, agricultor profesional, silvicultor activo y titular de la explotación.

---

[1]   Apartado incorporado por el art. 1 de la Ley 12/2014, de 22 de diciembre, de medidas fiscales y administrativas (DOG núm. 249, de 30 de diciembre de 2014), con efectos desde 1 de enero de 2015.

[2]   Nuevo apartado Siete incorporado por el art. 3.Tres de la Ley 13/2015 Disp. Final primera Uno de la Ley 11/2021, de 24 diciembre, de Medidas fiscales y administrativas, de recuperación de la tierra agraria de Galicia (DOG núm. 249,94 de 31 de diciembre de 2021), con efectos desde el 1 de enero de 2016. Renumeración, pasando a ser el apartado Cinco, por el art. 1.Uno de la Ley 2/2017, de 8 de febrero, de medidas

A los efectos previstos en este texto refundido, los conceptos de «actividad agraria», «explotación agraria», «elementos de la explotación», «agricultor profesional», «silvicultor activo» y «titular de la explotación» serán los recogidos en la Ley 19/1995, de 4 de julio, de modernización de las explotaciones agrarias.

Seis.[3] Obras de rehabilitación.

A los efectos previstos en este texto refundido, para determinar el concepto de obras de rehabilitación, en todo aquello que no venga expresamente regulado en él, será de aplicación lo previsto en la normativa reguladora del impuesto sobre el valor añadido.

Artículo 3 bis.[4] *Tratamiento fiscal de las uniones estables de pareja.*

A los efectos de la aplicación de lo establecido en los capítulos II y IV del título II, se equiparan al matrimonio las uniones de dos personas mayores de edad, capaces, que convivan con la intención o vocación de permanencia en una relación de afectividad análoga a la conyugal, inscritas en el Registro de Parejas de Hecho de Galicia, y que expresen su voluntad de equiparar sus efectos a los del matrimonio, o que estén inscritas en cualquier otro registro público análogo de otras administraciones públicas de estados miembros de la Unión Europea, de estados integrantes del Espacio Económico Europeo o de países terceros.

TÍTULO II. DISPOSICIONES SOBRE TRIBUTOS CEDIDOS

(...)

CAPÍTULO IV. IMPUESTO SOBRE TRANSMISIONES PATRIMONIALES Y ACTOS JURÍDICOS DOCUMENTADOS

SECCIÓN 1ª. *Tipos de gravamen*

Artículo 14[5] *Tipo de gravamen en la modalidad de transmisiones patrimoniales onerosas*
Uno[6]. *Tipo de gravamen general.*

---

fiscales, administrativas y de ordenación (DOG núm. 28, de 9 de febrero de 2017), con efectos desde el 10 de febrero de 2017.

[3] Apartado incorporado por la Disp. Final primera Uno de la Ley 11/2021, de 14 de mayo, de recuperación de la tierra agraria de Galicia (DOG núm. 94 de 21 de mayo de 2021), con efectos desde 1 de enero de 2021.

[4] Nuevo art. 3.bis incorporado por el art. 1 de la Ley 10/2023, de 28 de diciembre, de medidas fiscales y administrativas (DOG núm. 246, de 29 de diciembre de 2023), con efectos desde el 1 de enero de 2024.

[5] Nueva redacción del art. 14 dada por el art. 74.Uno de la Ley 2/2013, de 27 de febrero, de presupuestos generales de la Comunidad Autónoma de Galicia para el año 2013, (DOG núm. 42, de 28 de febrero de 2013), en vigor desde el 1 de marzo de 2013.

[6] Nueva redacción del art. 14.Uno dada por el art. 4.Uno de la Ley 10/2023, de 28 de diciembre, de medidas fiscales y administrativas (DOG núm. 246, de 29 de diciembre de 2023), con efectos desde el 1 de enero de 2024.

1. Con carácter general, en la modalidad de transmisiones patrimoniales onerosas del impuesto sobre transmisiones patrimoniales y actos jurídicos documentados, el tipo de gravamen aplicable a la transmisión de bienes inmuebles, así como en la constitución y cesión de derechos reales que recaigan sobre ellos, excepto los derechos reales de garantía, será del 8%.

2. Con carácter general, en la modalidad de transmisiones patrimoniales onerosas del impuesto sobre transmisiones patrimoniales y actos jurídicos documentados, el tipo aplicable a la transmisión de bienes muebles y semovientes, así como en la constitución y cesión de derechos reales que recaigan sobre estos, excepto los derechos reales de garantía, será del 8%.

Dos[7]. *Tipo de gravamen aplicable en la adquisición de vivienda habitual.*

En la modalidad de transmisiones patrimoniales onerosas del impuesto sobre transmisiones patrimoniales y actos jurídicos documentados, el tipo de gravamen aplicable a las transmisiones de inmuebles que vayan a constituir la vivienda habitual del contribuyente será del 7%, siempre que se cumplan los siguientes requisitos:

Redacción anterior dada por el art. 74.Uno de la Ley 2/2013, de 27 de febrero, de presupuestos generales de la Comunidad Autónoma de Galicia para el año 2013: «*1. Con carácter general, en la modalidad de transmisiones patrimoniales onerosas del impuesto sobre transmisiones patrimoniales y actos jurídicos documentados, el tipo de gravamen aplicable a la transmisión de bienes inmuebles, así como en la constitución y cesión de derechos reales que recaigan sobre estos, salvo los derechos reales de garantía, será del 9%.* [redacción del núm. 1 del art. 14.Uno dada por el art. 3 de la Ley 18/2021, de 27 de diciembre (DOG núm. 251, de 31 de diciembre de 2021), en vigor desde el 1 de enero de 2022]

2. Con carácter general, en la modalidad de transmisiones patrimoniales onerosas del impuesto sobre transmisiones patrimoniales y actos jurídicos documentados, el tipo aplicable a la transmisión de bienes muebles y semovientes, así como en la constitución y cesión de derechos reales que recaigan sobre los mismos, salvo los derechos reales de garantía, será del 8%.

3. En la modalidad de transmisiones patrimoniales onerosas del impuesto sobre transmisiones patrimoniales y actos jurídicos documentados, la cuota tributaria correspondiente a la transmisión de automóviles turismo y todoterrenos, con un uso igual o superior a quince años, será la siguiente:

Cilindrada del vehículo (centímetros cúbicos)	Cuota (euros)
Hasta 1.199	22
De 1.200 a 1.599	38»

[7] Nueva redacción del art. 14.Dos dada por el por el art. 4 de la Ley 3/2018, de 26 de diciembre, de medidas fiscales y administrativas (DOG núm. 247, de 28 de diciembre de 2018), en vigor desde el 1 de enero de 2019.
Redacción anterior se elimina el núm. 3 y 4 por el art. 3.Uno de la Ley 13/2015, de 24 diciembre, de Medidas fiscales y administrativas (DOG núm. 249, de 31 de diciembre de 2015), con efectos desde el 1 de enero de 2016.

1. Que la suma del patrimonio de los adquirentes para los cuales vaya a constituir su vivienda habitual y, en su caso, de los demás miembros de sus unidades familiares no exceda de la cifra de 200.000 euros, más 30.000 euros adicionales por cada miembro de la unidad familiar que exceda del primero. La valoración del patrimonio se realizará conforme a las reglas del impuesto sobre el patrimonio referidas a la fecha de la adquisición del inmueble, tomando este por su valor de adquisición y sin deducción de las deudas asumidas en los supuestos de adquisición con precio aplazado o financiación ajena.

A los efectos de la valoración anterior, cuando el adquirente sea titular de otra vivienda, no se tendrá en cuenta el valor de la misma ni de las deudas contraídas para su financiación, siempre que se procediese a su venta en el plazo máximo de dos años y se acredite que el importe obtenido se destina al pago del precio pendiente o a la cancelación total o parcial del crédito obtenido para la adquisición de cualquiera de las viviendas señaladas dentro del mismo plazo. El justificante documental que acredite este destino habrá de presentarse ante la oficina gestora competente en el plazo de un mes desde la venta de la vivienda.

2. La adquisición de la vivienda deberá documentarse en escritura pública, en la cual se hará constar expresamente la finalidad de destinarla a constituir su vivienda habitual.

3. En el supuesto de que el inmueble fuese adquirido por varias personas y no se cumplieran los requisitos señalados en los números anteriores en todos los adquirentes, el tipo reducido se aplicará a la parte proporcional de la base liquidable correspondiente al porcentaje de participación en la adquisición de los contribuyentes que sí los cumplan.

Tres[8]. *Tipo de gravamen para la adquisición de vivienda habitual por discapacitados.*

En la modalidad de transmisiones patrimoniales onerosas del impuesto sobre transmisiones patrimoniales y actos jurídicos documentados, el tipo de gravamen aplicable a las transmisiones de inmuebles que vayan a constituir la vivienda habitual del contribuyente será del 3%, siempre que este cumpla los requisitos siguientes:

1. Que en la fecha de devengo del impuesto el adquirente sea una persona discapacitada física, psíquica o sensorial con grado de minusvalía igual o superior al 65% y destine el inmueble adquirido a su vivienda habitual.

2. En el momento de presentación del impuesto, el contribuyente debe acompañar la justificación documental adecuada y suficiente de la condición de discapacidad y del grado de discapacidad, con arreglo a lo dispuesto en el artículo 3.Tres de este texto refundido.

3. La adquisición de la vivienda deberá documentarse en escritura pública, en la cual se hará constar expresamente la finalidad de destinarla a constituir su vivienda habitual.

---

[8]   Nueva redacción del art. 14.Tres dada por el por el art. 4 de la Ley 3/2018, de 26 de diciembre, de medidas fiscales y administrativas (DOG núm. 247, de 28 de diciembre de 2018), en vigor desde el 1 de enero de 2019.

4. En el supuesto de que el inmueble fuese adquirido por varias personas y no se cumplieran los requisitos señalados en los números anteriores en todos los adquirentes, el tipo reducido se aplicará a la parte proporcional de la base liquidable correspondiente al porcentaje de participación en la adquisición de los contribuyentes que sí los cumplan.

Cuatro[9]. *Tipo de gravamen para la adquisición de vivienda habitual por familias numerosas.*

En la modalidad de transmisiones patrimoniales onerosas del impuesto sobre transmisiones patrimoniales y actos jurídicos documentados, el tipo de gravamen aplicable a las transmisiones de inmuebles que vayan a constituir la vivienda habitual del contribuyente será del 3%, siempre que este cumpla los requisitos siguientes:

1. Que en la fecha de devengo del impuesto el adquirente sea miembro de una familia numerosa que tenga reconocida tal condición con título oficial en vigor y destine el inmueble adquirido a vivienda habitual de su familia.

2. Que la suma del patrimonio de todos los miembros de la familia numerosa no exceda de la cifra de 400.000 euros, más 50.000 euros adicionales por cada miembro superior al mínimo para obtener la condición de familia numerosa. La valoración del patrimonio se realizará conforme a las reglas del impuesto sobre el patrimonio referidas a la fecha de adquisición del inmueble, tomando este por su valor de adquisición y sin deducción de las deudas asumidas en los supuestos de adquisición con precio aplazado o financiación ajena.

A los efectos de la valoración anterior, cuando el adquirente sea titular de otra vivienda, no se tendrá en cuenta el valor de la misma ni de las deudas contraídas para su financiación, siempre que se procediese a su venta en el plazo máximo de dos años y se acredite que el importe obtenido se destina al pago del precio pendiente o a la cancelación total o parcial del crédito obtenido para la adquisición de cualquiera de las viviendas señaladas dentro del mismo plazo. El justificante documental que acredite este destino habrá de presentarse ante la oficina gestora competente en el plazo de un mes desde la venta de la vivienda.

4. La condición de familia numerosa se acreditará mediante el título oficial en vigor establecido al efecto en el momento de presentación de la declaración del impuesto, de acuerdo con lo establecido en la Ley 40/2003, de 18 de noviembre, de protección a las familias numerosas.

---

[9]   Nueva redacción del art. 14.Cuatro dada por el por el art. 4 de la Ley 3/2018, de 26 de diciembre, de medidas fiscales y administrativas (DOG núm. 247, de 28 de diciembre de 2018), en vigor desde el 1 de enero de 2019.
Redacción original afectada por la eliminación del núm. 3 y renumeración de resto de números por el art. 3.Uno de la Ley 13/2015, de 24 diciembre, de Medidas fiscales y administrativas (DOG núm. 249, de 31 de diciembre de 2015), con efectos desde el 1 de enero de 2016.

5. La adquisición de la vivienda deberá documentarse en escritura pública, en la cual se hará constar expresamente la finalidad de destinarla a constituir su vivienda habitual.

6. En caso de que el inmueble fuese adquirido por varias personas y no se cumplieran los requisitos señalados en los números anteriores en todos los adquirentes, el tipo reducido se aplicará a la parte proporcional de la base liquidable correspondiente al porcentaje de participación en la adquisición de los contribuyentes que sí los cumplan.

Cinco[10]. *Tipo de gravamen para la adquisición de vivienda habitual por menores de treinta y seis años.*

En la modalidad de transmisiones patrimoniales onerosas del impuesto sobre transmisiones patrimoniales y actos jurídicos documentados, el tipo de gravamen aplicable a las transmisiones de inmuebles que vayan a constituir la vivienda habitual del contribuyente será del 3%, siempre que este cumpla los requisitos siguientes:

1. Que en la fecha de devengo del impuesto el adquirente tenga una edad inferior a 36 años.

2. Que la suma del patrimonio de los adquirentes para los cuales vaya a constituir su vivienda habitual y, en su caso, de los demás miembros de sus unidades familiares no exceda de la cifra de 200.000 euros, más 30.000 euros adicionales por cada miembro de la unidad familiar que exceda del primero. La valoración del patrimonio se realizará conforme a las reglas del impuesto sobre el patrimonio referidas a la fecha de la adquisición del inmueble, tomando este por su valor de adquisición y sin deducción de las deudas asumidas en los supuestos de adquisición con precio aplazado o financiación ajena.

A los efectos de la valoración anterior, cuando el adquirente sea titular de otra vivienda, no se tendrá en cuenta el valor de la misma ni de las deudas contraídas para su financiación, siempre que se procediese a su venta en el plazo máximo de dos años y se acredite que el importe obtenido se destina al pago del precio pendiente o a la cancelación total o parcial del crédito obtenido para la adquisición de cualquiera de las viviendas señaladas dentro del mismo plazo. El justificante documental que acredite este destino habrá de presentarse ante la oficina gestora competente en el plazo de un mes desde la venta de la vivienda.

4. La adquisición de la vivienda deberá documentarse en escritura pública, en la cual se hará constar expresamente la fecha de nacimiento del adquirente y la finalidad de destinarla a constituir su vivienda habitual.

5. En caso de que el inmueble fuese adquirido por varias personas y no se cumplieran los requisitos señalados en los números anteriores en todos los adquirentes, el tipo reducido

---

[10] Nueva redacción del art. 14.Cinco dada por el por el art. 4 de la Ley 3/2018, de 26 de diciembre, de medidas fiscales y administrativas (DOG núm. 247, de 28 de diciembre de 2018), en vigor desde el 1 de enero de 2019.

Redacción original afectada por el art. 3.Uno de la Ley 13/2015, de 24 diciembre, de Medidas fiscales y administrativas (DOG núm. 249, de 31 de diciembre de 2015), con efectos desde el 1 de enero de 2016 que suprime el apartado 3 y renumera el resto.

se aplicará a la parte proporcional de la base liquidable correspondiente al porcentaje de participación en la adquisición de los contribuyentes que sí los cumplan.

Seis.[11] *Tipo de gravamen aplicable en la transmisión de determinados vehículos.*

1. En la modalidad de transmisiones patrimoniales onerosas del impuesto sobre transmisiones patrimoniales y actos jurídicos documentados se aplicará el tipo de gravamen del 3% a las transmisiones de medios de transporte terrestre usado, salvo que resulte de aplicación lo previsto en los apartados 2 y 3.

2. En la modalidad de transmisiones patrimoniales onerosas del impuesto sobre transmisiones patrimoniales y actos jurídicos documentados se aplicará el tipo de gravamen del 0% en los siguientes casos:

a) Vehículos clasificados en el Registro de Vehículos con la categoría ambiental «0 emisiones», de conformidad con la clasificación establecida en el apartado E.2.a) del anexo II del Real decreto 2822/1998, de 23 de diciembre, por el que se aprueba el Reglamento general de vehículos, o norma que lo sustituya.

Esta condición será acreditada mediante el correspondiente distintivo ambiental aprobado por la Dirección General de Tráfico.

b) Bicicletas, bicicletas de pedales con pedaleo asistido y vehículos de movilidad personal, de acuerdo con las definiciones reguladas en el apartado A) del anexo II del Real decreto 2822/1998, de 23 de diciembre, por el que se aprueba el Reglamento general de vehículos, o norma que lo sustituya.

3. En la modalidad de transmisiones patrimoniales onerosas del impuesto sobre transmisiones patrimoniales y actos jurídicos documentados, la cuota tributaria correspondiente a la transmisión de automóviles turismo y todoterreno, con un uso igual o superior a quince años, será la siguiente:

Cilindrada del vehículo (centímetros cúbicos)	Cuota (euros)
Hasta 1.199.	22
De 1.200 a 1.599.	38

4. En el impuesto sobre transmisiones patrimoniales onerosas, el tipo de gravamen aplicable a las transmisiones de embarcaciones de recreo y motores marinos será del 1%.

---

[11]   Nueva redacción del art. 14.Seis dada por el art. 4.Dos de la Ley 10/2023, de 28 de diciembre, de medidas fiscales y administrativas (DOG núm. 246, de 29 de diciembre de 2023), con efectos desde el 1 de enero de 2024.

Redacción anterior: «*Tipo de gravamen aplicable a la transmisión de embarcaciones de recreo y motores marinos.*

En el impuesto sobre transmisiones patrimoniales onerosas, el tipo de gravamen aplicable a las transmisiones de embarcaciones de recreo y motores marinos será del 1%».

Siete[12]. *Tipo de gravamen aplicable en la adquisición de viviendas en las parroquias que tengan la consideración de zonas poco pobladas o áreas rurales.*

En la modalidad de transmisiones patrimoniales onerosas del impuesto sobre transmisiones patrimoniales y actos jurídicos documentados, el tipo de gravamen aplicable a las transmisiones de inmuebles de uso vivienda que se encuentren en alguna de las parroquias que tengan la consideración de zonas poco pobladas o áreas rurales a las que se refiere el número siete del artículo 16 será del 6%. Si además se trata de la vivienda habitual del contribuyente y se cumplen los requisitos establecidos en el número Dos del presente artículo, el tipo de gravamen será del 5%.

Ocho[13]. *Tipo de gravamen aplicable en la adquisición de vivienda habitual por víctimas de violencia de género.*

En la modalidad de transmisiones patrimoniales onerosas del impuesto sobre transmisiones patrimoniales y actos jurídicos documentados, el tipo de gravamen aplicable a las transmisiones de inmuebles que vayan a constituir la vivienda habitual del contribuyente será del 3%, siempre que este cumpla los requisitos siguientes:

1. Que en la fecha de devengo del impuesto el adquirente se encuentre en alguna de las situaciones de violencia de género descritas en la Ley 11/2007, de 27 de julio, gallega para la prevención y el tratamiento integral de la violencia de género.

2. La acreditación de la situación de violencia de género se hará según lo dispuesto en la ley señalada en el apartado anterior.

3. Que el precio de la vivienda no exceda los 150.000 euros.

4. La adquisición de la vivienda deberá documentarse en escritura pública, en la cual se hará constar expresamente la finalidad de destinarla a constituir su vivienda habitual.

5. En caso de que el inmueble haya sido adquirido por varias personas y no se hayan cumplido los requisitos señalados en los números anteriores en todos los adquirentes, el tipo reducido se aplicará a la parte proporcional de la base liquidable correspondiente al porcentaje de participación en la adquisición de los contribuyentes que sí los cumplan.

Nueve[14]. *Tipo de gravamen aplicable a la adquisición de un inmueble que vaya a ser objeto de inmediata rehabilitación.*

1. En el impuesto sobre transmisiones patrimoniales onerosas, el tipo de gravamen aplicable a la adquisición de inmuebles que vayan a ser objeto de inmediata rehabilitación será del 6%. Cuando se encuentren en alguna de las parroquias que tengan la consideración

---

[12]   Nuevo número 7 incorporado por el art. 3 de la Ley 7/2019, de 23 de diciembre, de medidas fiscales y administrativas (DOG núm. 246, de 27 de diciembre de 2019), en vigor desde el 1 de enero de 2020.

[13]   Nuevo apartado incorporado por el art. 2.Uno de la Ley 4/2021, de 28 de enero, de medidas fiscales y administrativas (DOG núm. 19, de 29 de enero de 2021), en vigor 30 de enero de 2021.

[14]   Nuevo apartado Nueve incorporado por el art. 4.Tres de la Ley 10/2023, de 28 de diciembre, de medidas fiscales y administrativas (DOG núm. 246, de 29 de diciembre de 2023), con efectos desde el 1 de enero de 2024.

de zonas poco pobladas o áreas rurales a las que se refiere el apartado siete del artículo 16, el tipo de gravamen aplicable será del 4%. El inmueble deberá tener el uso de vivienda al finalizar las obras de rehabilitación.

2. A los efectos del presente texto refundido, se consideran obras de rehabilitación las que reúnan los requisitos establecidos en el artículo 20.Uno.22.ºB) de la Ley 37/1992, de 28 de diciembre, del impuesto sobre el valor añadido.

3. En la escritura pública que documente la adquisición se indicará que el inmueble va a ser objeto de inmediata rehabilitación. Las obras de rehabilitación deberán estar finalizadas en un plazo inferior a treinta y seis meses desde la fecha de pago del impuesto. A estos efectos, en el plazo de los treinta días posteriores a la finalización de los treinta y seis meses, el sujeto pasivo tendrá que presentar ante la Administración tributaria la licencia de obras y las facturas derivadas de la rehabilitación con desglose por partidas, así como la documentación justificativa del uso de vivienda. El incumplimiento de esta obligación determinará la pérdida del derecho al tipo reducido.

Artículo 15[15]. *Tipo de gravamen en la modalidad de actos jurídicos documentados*

Uno. *Tipo de gravamen general en los documentos notariales.*

Con carácter general, en las primeras copias de escrituras o actas notariales sujetas a la modalidad de actos jurídicos documentados, cuota variable de los documentos notariales, del impuesto sobre transmisiones patrimoniales y actos jurídicos documentados, el tipo de gravamen aplicable será del 1,5%.

Dos. *Tipo de gravamen aplicable en la adquisición de vivienda habitual y en la constitución de préstamos hipotecarios destinados a su financiación.*

En la modalidad de actos jurídicos documentados, cuota variable de los documentos notariales, del impuesto sobre transmisiones patrimoniales y actos jurídicos documentados, el tipo de gravamen aplicable en las primeras copias de escrituras que documenten la adquisición de la vivienda habitual del contribuyente o la constitución de préstamos o créditos hipotecarios destinados a su financiación será del 1%, siempre que se cumplan los requisitos siguientes:

1. Que la suma del patrimonio de los adquirentes para los cuales vaya a constituir su vivienda habitual y, en su caso, de los demás miembros de sus unidades familiares no sobrepase la cifra de 200.000 euros, más 30.000 euros adicionales por cada miembro de la unidad familiar que exceda al primero. La valoración del patrimonio se realizará conforme a las reglas del impuesto sobre el patrimonio referidas a la fecha de adquisición del inmueble,

---

[15]   Nueva redacción del art. 15 dada por el art. 74.dos de la Ley 2/2013, de 27 de febrero, de presupuestos generales de la Comunidad Autónoma de Galicia para el año 2013, (DOG núm. 42, de 28 de febrero de 2013), en vigor desde el 1 de marzo de 2013.

tomando este por su valor de adquisición y sin deducción de las deudas asumidas en los supuestos de adquisición con precio aplazado o financiación ajena.

A los efectos de la valoración anterior, cuando el adquirente sea titular de otra vivienda, no se tendrá en cuenta el valor de la misma ni de las deudas contraídas para su financiación, siempre que se proceda a su venta en el plazo máximo de dos años y se acredite que el importe obtenido se destina al abono del precio pendiente o a la cancelación total o parcial del crédito obtenido para la adquisición de cualquiera de las viviendas señaladas dentro del mismo plazo. El justificante documental que acredite este destino deberá presentarse ante la oficina gestora competente en el plazo de un mes desde la venta de la vivienda.

2. La adquisición de la vivienda o la constitución del préstamo o crédito hipotecario deberá documentarse en escritura pública, en la cual se hará constar expresamente la finalidad de destinarla a constituir su vivienda habitual.

3[16].

3[17]. En el supuesto de que el inmueble se adquiriese por varias personas y no se cumpliesen los requisitos señalados en los apartados anteriores en todos los adquirentes, el tipo reducido se aplicará a la parte proporcional de la base liquidable correspondiente al porcentaje de participación en la adquisición de los contribuyentes que sí los cumplan.

Tres. *Tipo de gravamen aplicable en la adquisición de vivienda habitual por discapacitados y en la constitución de préstamos hipotecarios destinados a su financiación.*

En la modalidad de actos jurídicos documentados, cuota variable de los documentos notariales, del impuesto sobre transmisiones patrimoniales y actos jurídicos documentados, el tipo de gravamen aplicable en las primeras copias de escrituras que documenten la adquisición de la vivienda habitual del contribuyente o la constitución de préstamos o créditos hipotecarios destinados a su financiación será del 0,5%, siempre que se cumplan los requisitos siguientes:

1. Que en la fecha de devengo del impuesto el adquirente sea una persona discapacitada física, psíquica o sensorial con un grado de minusvalía igual o superior al 65% y destine el inmueble adquirido a su vivienda habitual.

2. En el momento de presentación del impuesto, el contribuyente debe aportar la justificación documental adecuada y suficiente de la condición de discapacidad y del grado de minusvalía conforme a lo dispuesto en el artículo 3.Tres de este texto refundido.

3. La adquisición de la vivienda deberá documentarse en escritura pública, en la cual se hará constar expresamente la finalidad de destinarla a constituir su vivienda habitual.

---

[16]   Punto núm. 3 eliminado por el art. 3.Uno de la Ley 13/2015, de 24 diciembre, de Medidas fiscales y administrativas (DOG núm. 249, de 31 de diciembre de 2015), con efectos desde el 1 de enero de 2016.

[17]   Punto núm. 4 original renumerado al suprimirse el núm. 3 por el art. 3.Uno de la Ley 13/2015, de 24 diciembre, de Medidas fiscales y administrativas (DOG núm. 249, de 31 de diciembre de 2015), con efectos desde el 1 de enero de 2016.

4. En el supuesto de que el inmueble se adquiriese por varias personas y no se cumpliesen los requisitos señalados en los apartados anteriores en todos los adquirentes, el tipo reducido se aplicará a la parte proporcional de la base liquidable correspondiente al porcentaje de participación en la adquisición de los contribuyentes que sí los cumplan.

Cuatro. *Tipo de gravamen para la adquisición de vivienda habitual por familias numerosas y la constitución de préstamos hipotecarios destinados a su financiación.*

En la modalidad de actos jurídicos documentados, cuota variable de los documentos notariales, del impuesto sobre transmisiones patrimoniales y actos jurídicos documentados, el tipo de gravamen aplicable en las primeras copias de escrituras que documenten la adquisición de vivienda habitual del contribuyente o la constitución de préstamos o créditos hipotecarios destinados a su financiación será del 0,5%, siempre que se cumplan los requisitos siguientes:

1. Que en la fecha de devengo del impuesto el adquirente sea miembro de una familia numerosa que tenga reconocida tal condición con título oficial en vigor y destine el inmueble adquirido a vivienda habitual de su familia.

2. Que la suma del patrimonio de todos los miembros de la familia numerosa no sobrepase la cifra de 400.000 euros, más 50.000 euros adicionales por cada miembro superior al mínimo para obtener la condición de familia numerosa. La valoración del patrimonio se realizará conforme a las reglas del impuesto sobre el patrimonio referidas a la fecha de adquisición del inmueble, tomando este por su valor de adquisición y sin deducción de las deudas asumidas en los supuestos de adquisición con precio aplazado o financiación ajena.

A los efectos de la valoración anterior, cuando el adquirente sea titular de otra vivienda, no se tendrá en cuenta el valor de la misma ni de las deudas contraídas para su financiación, siempre que se proceda a su venta en el plazo máximo de dos años y se acredite que el importe obtenido se destina al abono del precio pendiente o a la cancelación total o parcial del crédito obtenido para la adquisición de cualquiera de las viviendas señaladas dentro del mismo plazo. El justificante documental que acredite este destino deberá presentarse ante la oficina gestora competente en el plazo de un mes desde la venta de la vivienda.

3[18].

3[19]. La condición de familia numerosa se acreditará mediante el título oficial en vigor establecido al efecto en el momento de presentación de la declaración del impuesto, con

---

[18]   Punto núm. 3 eliminado por el art. 3.Uno de la Ley 13/2015, de 24 diciembre, de Medidas fiscales y administrativas (DOG núm. 249, de 31 de diciembre de 2015), con efectos desde el 1 de enero de 2016.

[19]   Punto núm. 4 original renumerado al suprimirse el núm. 3 por el art. 3.Uno de la Ley 13/2015, de 24 diciembre, de Medidas fiscales y administrativas (DOG núm. 249, de 31 de diciembre de 2015), con efectos desde el 1 de enero de 2016.

arreglo a lo establecido en la Ley 40/2003, de 18 de noviembre, de protección a las familias numerosas.

4[20]. La adquisición de la vivienda deberá documentarse en escritura pública, en la cual se hará constar expresamente la finalidad de destinarla a constituir su vivienda habitual.

5[21]. En el supuesto de que el inmueble se adquiriese por varias personas y no se cumpliesen los requisitos señalados en los apartados anteriores en todos los adquirentes, el tipo reducido se aplicará a la parte proporcional de la base liquidable correspondiente al porcentaje de participación en la adquisición de los contribuyentes que sí los cumplan.

Cinco. *Tipo de gravamen aplicable en la adquisición de vivienda habitual por menores de treinta y seis años y la constitución de préstamos hipotecarios destinados a su financiación.*

En la modalidad de actos jurídicos documentados, cuota variable de los documentos notariales, del impuesto sobre transmisiones patrimoniales y actos jurídicos documentados, el tipo de gravamen aplicable en las primeras copias de escrituras que documenten la adquisición de la vivienda habitual del contribuyente o la constitución de préstamos o créditos hipotecarios destinados a su financiación será del 0,5%, siempre que se cumplan los requisitos siguientes:

1. Que en la fecha de devengo del impuesto el adquirente tenga una edad inferior a treinta y seis años.

2. Que la suma del patrimonio de los adquirentes para los cuales vaya a constituir su vivienda habitual y, en su caso, de los demás miembros de sus unidades familiares no sobrepase la cifra de 200.000 euros, más 30.000 euros adicionales por cada miembro de la unidad familiar que exceda al primero. La valoración del patrimonio se realizará conforme a las reglas del impuesto sobre el patrimonio referidas a la fecha de adquisición del inmueble, tomando este por su valor de adquisición y sin deducción de las deudas asumidas en los supuestos de adquisición con precio aplazado o financiación ajena.

A los efectos de la valoración anterior, cuando el adquirente sea titular de otra vivienda, no se tendrá en cuenta el valor de la misma ni de las deudas contraídas para su financiación, siempre que se proceda a su venta en el plazo máximo de dos años y se acredite que el importe obtenido se destina al abono del precio pendiente o a la cancelación total o parcial del crédito obtenido para la adquisición de cualquiera de las viviendas señaladas dentro del mismo plazo. El justificante documental que acredite este destino deberá presentarse ante la oficina gestora competente en el plazo de un mes desde la venta de la vivienda.

---

[20]   Punto núm. 5 original renumerado al suprimirse el núm. 3 por el art. 3.Uno de la Ley 13/2015, de 24 diciembre, de Medidas fiscales y administrativas (DOG núm. 249, de 31 de diciembre de 2015), con efectos desde el 1 de enero de 2016.

[21]   Punto núm. 6 original renumerado al suprimirse el núm. 3 por el art. 3.Uno de la Ley 13/2015, de 24 diciembre, de Medidas fiscales y administrativas (DOG núm. 249, de 31 de diciembre de 2015), con efectos desde el 1 de enero de 2016.

3[22].

3[23]. La adquisición de la vivienda deberá documentarse en escritura pública, en la cual se hará constar expresamente la fecha de nacimiento del adquirente y la finalidad de destinarla a constituir su vivienda habitual.

4[24]. En el supuesto de que el inmueble se adquiriese por varias personas y no se cumpliesen los requisitos señalados en los apartados anteriores en todos los adquirentes, el tipo reducido se aplicará a la parte proporcional de la base liquidable correspondiente al porcentaje de participación en la adquisición de los contribuyentes que sí los cumplan.

Seis. *Tipo de gravamen para las sociedades de garantía recíproca.*

En la modalidad de actos jurídicos documentados, cuota variable de los documentos notariales, del impuesto sobre transmisiones patrimoniales y actos jurídicos documentados, el tipo de gravamen aplicable en las primeras copias de escrituras o actas notariales que formalicen la constitución, modificación y cancelación de derechos reales de garantía, cuando el sujeto pasivo sea una sociedad de garantía recíproca con domicilio social en el territorio de la Comunidad Autónoma de Galicia, será del 0,1%.

Siete. *Tipo de gravamen en el caso de renuncia a exención en el impuesto sobre el valor añadido.*

En la modalidad de actos jurídicos documentados, cuota variable de los documentos notariales, del impuesto sobre transmisiones patrimoniales y actos jurídicos documentados, el tipo de gravamen aplicable en las primeras copias de escrituras que documenten transmisiones de bienes inmuebles en que se hubiese renunciado a la exención del impuesto sobre el valor añadido, tal como se contempla en el artículo 20.Dos de la Ley 37/1992, de 28 de diciembre, del impuesto sobre el valor añadido, será del 2%.

Ocho[25]. *Tipo de gravamen aplicable en la adquisición de vivienda habitual por víctimas de violencia de género.*

En la modalidad de actos jurídicos documentados, cuota variable de los documentos notariales, del impuesto sobre transmisiones patrimoniales y actos jurídicos documentados, el tipo aplicable en las primeras copias de escrituras que documenten la adquisición de la

---

[22]   Punto núm. 3 eliminado por el art. 3.Uno de la Ley 13/2015, de 24 diciembre, de Medidas fiscales y administrativas (DOG núm. 249, de 31 de diciembre de 2015), con efectos desde el 1 de enero de 2016 y se reenumeran los restantes requisitos.

[23]   Punto núm. 4 original renumerado al suprimirse el núm. 3 por el art. 3.Uno de la Ley 13/2015, de 24 diciembre, de Medidas fiscales y administrativas (DOG núm. 249, de 31 de diciembre de 2015), con efectos desde el 1 de enero de 2016.

[24]   Punto núm. 5 original renumerado al suprimirse el núm. 3 por el art. 3.Uno de la Ley 13/2015, de 24 diciembre, de Medidas fiscales y administrativas (DOG núm. 249, de 31 de diciembre de 2015), con efectos desde el 1 de enero de 2016.

[25]   Nuevo apartado incorporado por el art. 2.Dos de la Ley 4/2021, de 28 de enero, de medidas fiscales y administrativas (DOG núm. 19, de 29 de enero de 2021), en vigor 30 de enero de 2021.

vivienda habitual del contribuyente o la constitución de préstamos o créditos hipotecarios destinados a su financiación será del 0,5%, siempre que se cumplan los siguientes requisitos:

1. Que en la fecha de devengo del impuesto el adquirente se encuentre en alguna de las situaciones de violencia de género descritas en la Ley 11/2007, de 27 de julio, gallega para la prevención y el tratamiento integral de la violencia de género.

2. La acreditación de la situación de violencia de género se hará según lo dispuesto en la ley señalada en el apartado anterior.

3. Que el precio de la vivienda no exceda los 150.000 euros.

4. La adquisición de la vivienda deberá documentarse en escritura pública, en la cual se hará constar expresamente la finalidad de destinarla a constituir su vivienda habitual.

5. En caso de que el inmueble haya sido adquirido por varias personas y no se hayan cumplido los requisitos señalados en los números anteriores en todos los adquirentes, el tipo reducido se aplicará a la parte proporcional de la base liquidable correspondiente al porcentaje de participación en la adquisición de los contribuyentes que sí los cumplan.

SECCIÓN 2ª. Deducciones y bonificaciones en la cuota íntegra

Artículo 16. *Deducciones y bonificaciones en la cuota íntegra en la modalidad de transmisiones patrimoniales onerosas*

Uno. *Bonificación aplicable a los arrendamientos de vivienda.*

Se establece, en la modalidad de transmisiones patrimoniales onerosas, una bonificación en la cuota del 100% para aquellos arrendamientos de vivienda que se realicen entre particulares con intermediación del Instituto Gallego de la Vivienda y Suelo al amparo de programas de fomento del alquiler.

Dos[26]. *Deducción por arrendamiento de fincas rústicas.*

Se establece una deducción en la cuota del 100% en la modalidad de transmisiones patrimoniales onerosas, del impuesto sobre transmisiones patrimoniales y actos jurídicos documentados, en el supuesto de arrendamiento de fincas rústicas, siempre que las personas arrendatarias tengan la condición de agricultores profesionales en cuanto a la dedicación de trabajo y procedencia de rentas o de silvicultores activos y sean titulares de una explotación agraria a la cual queden afectos los elementos objeto del alquiler, o bien socios de una sociedad agraria de transformación, cooperativa de explotación comunitaria de la tierra o sociedad civil que sea titular de una explotación agraria a la que queden afectos los elementos arrendados.

También se establece una deducción en la cuota del 100%, en la modalidad de transmisiones patrimoniales onerosas, del impuesto sobre transmisiones patrimoniales y actos

---

[26] Nueva redacción del art. 16.2 dada por la Disp. Final primera Quince de la Ley 11/2021, de 14 de mayo, de recuperación de la tierra agraria de Galicia (DOG núm. 94 de 21 de mayo de 2021), con efectos desde el 22 de mayo de 2021.

jurídicos documentados, para los arrendamientos o cesiones temporales de fincas rústicas que se lleven a cabo para su incorporación a polígonos agroforestales, proyectos de aldeas modelo o agrupaciones de gestión conjunta previstos en la Ley 11/2021, de 14 de mayo, de recuperación de la tierra agraria de Galicia.

Tres[27]. *Deducción aplicable a la transmisión, al arrendamiento o a la cesión temporal de terrenos incorporados al Banco de Tierras de Galicia.*

1. Las transmisiones en propiedad, el arrendamiento o la cesión temporal de terrenos en que intervenga el Banco de Tierras de Galicia, conforme a lo previsto en la Ley 11/2021, de 14 de mayo, de recuperación de la tierra agraria de Galicia, disfrutarán de una deducción en la cuota tributaria del 100% en el impuesto de transmisiones patrimoniales y actos jurídicos documentados. Este beneficio fiscal será incompatible con cualquier otro que pueda ser aplicable a esas adjudicaciones o al encargo de mediación.

2. La aplicación de dicho beneficio fiscal quedará condicionada al mantenimiento, durante un período mínimo de cinco años, del destino agrario del terreno, salvo en los supuestos de expropiación para la construcción de infraestructuras públicas o para la edificación de instalaciones o construcciones asociadas a la explotación agraria.

3. En caso de incumplimiento de dicha condición, la persona beneficiaria deberá ingresar el importe del beneficio disfrutado y los intereses de demora, mediante la presentación de una autoliquidación complementaria, en el plazo de un mes desde el incumplimiento de la condición.

Cuatro. *Deducción por la adquisición de fincas forestales que formen parte de la superficie de gestión y comercialización conjunta de producciones que realicen agrupaciones de propietarios forestales dotadas de personalidad jurídica.*

Se establece una deducción en la cuota del 100% en el impuesto de transmisiones patrimoniales onerosas y actos jurídicos documentados para las transmisiones onerosas de parcelas forestales incluidas en la superficie de gestión y comercialización conjunta de producciones que realicen agrupaciones de propietarios forestales dotadas de personalidad jurídica siempre que esas transmisiones sean realizadas entre miembros de las mismas o bien con terceros que se integren en dichas agrupaciones y mantengan la propiedad por el plazo, contenido en los estatutos sociales, que reste para el cumplimiento del compromiso de la agrupación de permanencia obligatoria en la gestión conjunta de las parcelas.

---

[27]   Nueva redacción del art. 16.Tres dada por la Disp. Final primera Dieciséis de la Ley 11/2021, de 14 de mayo, de recuperación de la tierra agraria de Galicia (DOG núm. 94 de 21 de mayo de 2021), con efectos desde el 22 de mayo de 2021.

Redacción anterior dada por el art. 3.Cuatro de la Ley 12/2011, de 26 de diciembre, de medidas fiscales y administrativas (DOG núm. 249, de 30 de diciembre de 2011), en vigor desde el 1 de enero de 2012, afectada por la Disp. final segunda tres de la Ley 4/2015, de 17 de junio, de mejora de la estructura territorial agraria de Galicia (DOG núm. 131, de 14 de julio de 2015).

La deducción quedará condicionada a la presentación, en el plazo de declaración, de los justificantes expedidos por la consellería competente en materia de medio rural que acrediten la inclusión de dichas parcelas en la agrupación de propietarios forestales.

Cinco[28]. *Deducción aplicable a las transmisiones de suelo rústico.*

A las transmisiones inter vivos de suelo rústico se les aplicará una deducción del 100% de la cuota. A estos efectos, se entenderá como suelo rústico el definido como tal en el artículo 31 de la Ley 2/2016, de 10 de febrero, del suelo de Galicia.

En caso de que sobre el suelo rústico exista una construcción que no esté afecta a una explotación agraria en funcionamiento, la deducción no se extenderá a la parte de la cuota que se corresponda con el valor en la base liquidable de dicha construcción y del suelo sobre el que se asienta, salvo que se trate de transmisiones de fincas rústicas que en el plazo máximo de un año desde que tuvo lugar su adquisición se incorporen a polígonos agroforestales, proyectos de aldeas modelo o agrupaciones de gestión conjunta previstos en la Ley 11/2021, de 14 de mayo, de recuperación de la tierra agraria de Galicia, o que ya estén adheridas a alguno de estos instrumentos. En este caso, la deducción sí comprenderá el valor de las construcciones que existan sobre las fincas y del suelo sobre el que se asienten.

En caso de incumplimiento de dicha condición, la persona beneficiaria deberá ingresar el importe del beneficio disfrutado y los intereses de demora, mediante la presentación de una autoliquidación complementaria, en el plazo de un mes desde el incumplimiento de la condición.

Seis[29].

Seis[30]. *Deducción aplicable a las transmisiones de explotaciones agrarias de carácter prioritario.*

---

[28]   Nueva redacción del art. 16.Cinco dada por la Disp. Final primera Diecisiete de la Ley 11/2021, de 14 de mayo, de recuperación de la tierra agraria de Galicia (DOG núm. 94 de 21 de mayo de 2021), con efectos desde el 22 de mayo de 2021.
      Apartado Cinco del art. 16 fue eliminado por el art. 1.Uno de la Ley 2/2017, de 8 de febrero, de medidas fiscales, administrativas y de ordenación (DOG núm. 28, de 9 de febrero de 2017), con efectos desde el 10 de febrero de 2017. Se renumeran el resto de los apartados.

[29]   Apartado Seis del art. 16 eliminado por el art. 1.Uno de la Ley 2/2017, de 8 de febrero, de medidas fiscales, administrativas y de ordenación (DOG núm. 28, de 9 de febrero de 2017), con efectos desde el 10 de febrero de 2017. Se renumeran el resto de los apartados.
      Apartado Seis del art. 16 incorporado por el art. 69 de la Ley 11/2013, de 26 de diciembre, de presupuestos generales de la Comunidad Autónoma de Galicia para el año 2014 (DOG núm. 249, de 31 de diciembre de 2013), con efectos desde el 1 de enero de 2014 hasta el 9 de febrero de 2017.

[30]   Nuevo apartado Seis incorporado por el art. 3.Cuatro de la Ley 13/2015, de 24 diciembre, de Medidas fiscales y administrativas (DOG núm. 249, de 31 de diciembre de 2015), con efectos desde el 1 de enero de 2016. Renumeración, pasando a ser el apartado Seis, por el art. 1.Uno de la Ley 2/2017, de 8 de febrero, de medidas fiscales, administrativas y de ordenación (DOG núm. 28, de 9 de febrero de 2017), con efectos desde el 10 de febrero de 2017.

Cuando a la base imponible de una transmisión onerosa le sea de aplicación alguna de las reducciones previstas en la Ley 19/1995, de 4 de julio, de modernización de las explotaciones agrarias, se le aplicará una deducción en la cuota por el importe necesario para que dicho beneficio fiscal alcance el 100% del valor del bien objeto de reducción.

Siete[31]. *Deducción por adquisición de vivienda habitual por personas con discapacidad, familias numerosas, menores de 36 años y víctimas de violencia de género en áreas rurales.*

Los contribuyentes que tengan derecho a aplicar los tipos de gravamen reducidos regulados en los apartados Tres, Cuatro, Cinco y Ocho del artículo 14 tendrán derecho a una deducción en la cuota del 100% siempre que la vivienda se encuentre en alguna de las parroquias que tengan la consideración de zonas poco pobladas o áreas rurales. A estos efectos, una orden de la consejería competente en materia de hacienda determinará las parroquias que tengan esta consideración.

Ocho[32]. *Deducción para la promoción de suelo industrial.*

Tendrán derecho a una deducción del 100% en la cuota las compras de suelo para la promoción de suelo industrial realizadas por entidades instrumentales del sector público que tengan entre sus funciones u objeto social dicha finalidad.

Nueve.[33] *Beneficios fiscales en las transmisiones patrimoniales onerosas que afecten a la adquisición de inmuebles*

1. Se establece una deducción en la cuota del 100% en la modalidad de transmisiones patrimoniales onerosas, del impuesto sobre transmisiones patrimoniales y actos jurídicos documentados, respecto de las adquisiciones onerosas de inmuebles que se encuentren en alguna de las parroquias que tengan la consideración de zonas poco pobladas o áreas rurales a que se refiere el apartado siete de este artículo, y que se afecten como inmovilizado material a una actividad económica, cuando concurran las siguientes circunstancias:

a) El inmueble deberá ser afectado al desarrollo de una actividad económica en el plazo de un año desde su adquisición. Para determinar si existe actividad económica y si el inmueble está afecto a dicha actividad económica será de aplicación lo dispuesto en el impuesto sobre la renta de las personas físicas, sin que sea de aplicación en ningún caso a la actividad de arrendamiento de inmuebles ni cuando la actividad principal a que se afecte el inmueble

---

[31]   Nueva redacción dada por el art. 2.Tres de la Ley 4/2021, de 28 de enero, de medidas fiscales y administrativas (DOG núm. 19, de 29 de enero de 2021), en vigor 30 de enero de 2021.
      Redacción anterior del apartado Siete por su incorporación por el art. 1.Dos de la Ley 2/2017, de 8 de febrero, de medidas fiscales, administrativas y de ordenación (DOG núm. 28, de 9 de febrero de 2017), con efectos desde el 10 de febrero de 201.
[32]   Nuevo apartado incorporado por el art. 3.Uno de la Ley 9/2017, de 26 de diciembre, de medidas fiscales y administrativas (DOG núm. 245, de 28 de diciembre de 2017), en vigor desde el 1 de enero de 2018.
[33]   Nuevo apartado Nueve incorporado por la Disposición final primera Uno de la Ley 9/2021, de 25 de febrero, de simplificación administrativa y de apoyo a la reactivación económica de Galicia (DOG núm. 39, de 26 de febrero de 2021), en vigor desde el 18 de marzo de 2021.

sea la gestión de un patrimonio mobiliario o inmobiliario, de acuerdo con lo dispuesto en el artículo 4.Ocho.Dos.a) de la Ley 19/1991, de 6 de junio, del impuesto sobre el patrimonio.

b) La empresa deberá tener la consideración de empresa de reducida dimensión, de acuerdo con lo dispuesto en el artículo 101 de la Ley 27/2014, de 27 de noviembre, del impuesto sobre sociedades.

c) Durante los veinticuatro meses siguientes a la fecha de la adquisición deberá realizarse una ampliación del personal medio de la empresa de, al menos, una persona con respeto al personal medio de los doce meses anteriores, y dicho incremento se mantendrá durante un período adicional de otros veinticuatro meses. El incremento de personal requerido en esta letra deberá tener como centro de trabajo el inmueble adquirido objeto de esta deducción.

d) La adquisición deberá formalizarse en un documento público, en el cual se hará constar expresamente la finalidad de afectar el inmueble a la actividad económica. No podrá aplicarse esta deducción si esta declaración no consta en el documento público, ni tampoco en caso de que se hagan rectificaciones del documento con el fin de subsanar su omisión, salvo que se hagan dentro del período voluntario de autoliquidación del impuesto.

2. La deducción en la cuota será del 50% respecto de las adquisiciones onerosas de inmuebles que se encuentren en las parroquias que no tengan la consideración de zonas poco pobladas o áreas rurales a las que se refiere el apartado siete de este artículo, y que se afecten como inmovilizado material a una actividad económica, cuando concurran las circunstancias indicadas en el número anterior.

3. El incumplimiento de los requisitos y de las condiciones establecidas implica la pérdida del beneficio fiscal, y el contribuyente deberá ingresar la cantidad derivada del beneficio fiscal junto con los intereses de mora. A estos efectos, el sujeto pasivo deberá practicar la correspondiente autoliquidación y presentarla en el plazo de un mes, contado desde el momento en que se incumplan los requisitos.

Diez[34]. Deducción aplicable a las transmisiones de elementos afectos a explotaciones agrarias.

Se aplicará una deducción del 100% de la cuota del impuesto que pudiere devengarse como consecuencia de las transmisiones inter vivos del pleno dominio o del usufructo de elementos afectos a una explotación agraria, ya sea como consecuencia de su transmisión individualizada o con ocasión de la transmisión inter vivos del pleno dominio o del usufructo de una explotación agraria en su integridad.

La aplicación de esta deducción quedará condicionada a la concurrencia de los siguientes requisitos:

a) Que la adquisición se formalice en escritura pública.

---

[34]   Nuevo apartado diez del art. 16 incorporado por la Disp. Final primera Dieciocho de la Ley 11/2021, de 14 de mayo, de recuperación de la tierra agraria de Galicia (DOG núm. 94 de 21 de mayo de 2021), con efectos desde el 22 de mayo de 2021.

b) Que los elementos adquiridos se mantengan afectos a la explotación agraria durante un plazo de cinco años desde su adquisición, bien directamente por parte del adquirente, salvo que este fallezca dentro de este plazo, o bien por parte de aquellas personas a las que el adquirente les haya transmitido los elementos en virtud de un pacto sucesorio, antes de la finalización de ese plazo de cinco años. El titular de la explotación durante este plazo de mantenimiento debe tener la condición de persona agricultora profesional o silvicultora activa.

c) Que en el seno de la explotación agraria de la que proceden los elementos adquiridos se hayan venido realizando, efectivamente, actividades agrarias durante un período superior a los dos años anteriores al devengo del impuesto.

Esta deducción resultará incompatible, para un mismo negocio jurídico, con la prevista en los números cuatro y cinco.

Once[35]. Deducción para la promoción de suelo residencial con destino a vivienda protegida de promoción pública.

Tendrán derecho a una deducción del 100% en la cuota las adquisiciones de suelo residencial o de suelo para la promoción de suelo residencial con destino a vivienda protegida de promoción pública realizadas por las entidades participadas mayoritariamente por el sector público autonómico.

Artículo 17. *Deducciones y bonificaciones en la cuota íntegra en la modalidad de actos jurídicos documentados*

Uno[36]. *Bonificación aplicable a las adquisiciones, declaraciones de obra nueva, división horizontal y derechos reales de garantía de edificios destinados a viviendas de alquiler.*

1. Se establece una bonificación del 75% de la cuota resultante de aplicar el gravamen gradual de documentos notariales en las escrituras públicas otorgadas para formalizar

---

[35]   Nuevo apartado Once incorporada por el art. 5 de la Ley 5/2024, de 27 de diciembre, de medidas fiscales y administrativas (DOG núm. 251, de 31 de diciembre de 2024), con efectos desde el 1 de enero de 2025.

[36]   Nueva redacción del art. 17.1 dada por el art. 6 de la Ley 5/2024, de 27 de diciembre, de medidas fiscales y administrativas (DOG núm. 251, de 31 de diciembre de 2024), con efectos desde el 1 de enero de 2025. Apartado Uno del art. 17 eliminado por el art. 1.Uno de la Ley 2/2017, de 8 de febrero, de medidas fiscales, administrativas y de ordenación (DOG núm. 28, de 9 de febrero de 2017), con efectos desde el 10 de febrero de 2017. Renumeración de apartados, pasando el apartado Dos a ser el apartado Uno, por el art. 1.Uno de la Ley 2/2017, de 8 de febrero, de medidas fiscales, administrativas y de ordenación (DOG núm. 28, de 9 de febrero de 2017), con efectos desde el 10 de febrero de 2017: «*1. Bonificación aplicable a las declaraciones de obra nueva o división horizontal de edificios destinados a viviendas de alquiler.*
En cuanto al gravamen gradual sobre actos jurídicos documentados, se establece una bonificación del 75% de la cuota en las escrituras públicas otorgadas para formalizar la declaración de obra nueva o la división horizontal de edificios destinados a viviendas de alquiler.
Para el reconocimiento de esta bonificación deberá consignarse en el documento que el promotor de la edificación va a dedicarse directamente a su explotación en el régimen de arrendamiento y destinar a esta actividad la totalidad de las viviendas existentes en la misma.

la adquisición, declaración de obra nueva, división horizontal, así como la constitución, modificación y cancelación de derechos reales de garantía, en la promoción, construcción y rehabilitación de edificios destinados a alquiler.

2. Para el reconocimiento de esta bonificación deberá consignarse en el documento que la persona promotora de la edificación se va a dedicar directamente a su explotación en el régimen de arrendamiento y destinar a esta actividad la totalidad de las viviendas existentes en ella. La bonificación se entenderá concedida con carácter provisional y estará condicionada a que, dentro de los diez años siguientes a la finalización de la construcción, no se produzca cualquiera de las siguientes circunstancias:

a) Que exista alguna vivienda que no haya estado arrendada durante un período continuado de tres años. No se perderá el derecho a la bonificación en el caso de que el arrendamiento finalizara antes de los tres años, siempre que la vivienda pase a estar en situación de expectativa de alquiler y vuelva a ser objeto de un nuevo contrato de arrendamiento de vivienda dentro del plazo máximo de seis meses desde la finalización del anterior contrato, y que la suma de los períodos de duración de ambos contratos de arrendamiento sea igual o superior a tres años.

b) Que se realice la transmisión de alguna de las viviendas.

c) Que alguno de los contratos de arrendamiento se firme por un período inferior a cuatro meses.

La bonificación se entenderá concedida con carácter provisional y estará condicionada a que, dentro de los diez años siguientes a la finalización de la construcción, no se produzca cualquiera de las siguientes circunstancias:

a) Que exista alguna vivienda que no estuviera arrendada durante un período continuado de dos años.

b) Que se realizara la transmisión de alguna de las viviendas.

c) Que alguno de los contratos de arrendamiento se celebrara por un período inferior a cuatro meses.

d) Que alguno de los contratos de arrendamiento tenga por objeto una vivienda amueblada y el arrendador se obligue a la prestación de alguno de los servicios complementarios propios de la industria hostelera, como restaurante, limpieza, lavado de ropa u otros análogos.

e) Que alguno de los contratos de arrendamiento se celebrara a favor de personas que tengan la condición de parientes, hasta el tercer grado inclusive, con el promotor o promotores, si éstos fueran empresarios individuales, o con los socios, consejeros o administradores, si la promotora fuera persona jurídica.

En caso de producirse, dentro del indicado plazo, cualquiera de las circunstancias anteriores, deberá satisfacerse, en los treinta días hábiles siguientes a la fecha en que ocurra, el impuesto que se hubiera dejado de ingresar a consecuencia de la bonificación y los intereses de demora.

No se entenderá producida la circunstancia señalada en la letra b) cuando se transmita la totalidad de la construcción a uno o varios adquirentes que continúen con la explotación de las viviendas del edificio en régimen de arrendamiento. Los adquirentes se subrogarán en la posición del transmitente para la consolidación de la bonificación y para las consecuencias derivadas de su incumplimiento.

Los servicios de inspección tributaria de la consellería competente en materia de hacienda podrán, periódicamente, comprobar si se han producido las circunstancias que originan la pérdida de la bonificación».

d) Que alguno de los contratos de arrendamiento tenga por objeto una vivienda amueblada y la persona arrendadora se obligue a la prestación de alguno de los servicios complementarios propios de la industria hostelera, como restaurante, limpieza, lavado de ropa u otros análogos.

e) Que alguno de los contratos de arrendamiento se suscriba a favor de personas que tengan la condición de parientes, hasta el tercer grado inclusive, con la persona o personas promotoras, si estas fueran empresarios/as individuales, o con los/con las socios/as, consejeros/as o administradores/as, si la persona promotora fuera persona jurídica.

No se entenderá producida la circunstancia señalada en la letra b) cuando se transmita la totalidad de la construcción a una o varias personas adquirentes que continúen con la explotación de las viviendas del edificio en régimen de arrendamiento. Las personas adquirentes se subrogarán en la posición de la persona transmitente para la consolidación de la bonificación y para las consecuencias derivadas de su incumplimiento.

3. En el caso de producirse, dentro del indicado plazo, cualquiera de las circunstancias anteriores, deberá satisfacerse, en el plazo reglamentariamente establecido, el impuesto que se haya dejado de ingresar por consecuencia de la bonificación, junto con los intereses de demora.

Dos[37]. *Deducción por la adquisición de fincas forestales que formen parte de la superficie de gestión y comercialización conjunta de producciones que realicen agrupaciones de propietarios forestales dotadas de personalidad jurídica.*

Se establece una deducción en la cuota del 100% en el impuesto de transmisiones patrimoniales onerosas y actos jurídicos documentados para las transmisiones onerosas de parcelas forestales incluidas en la superficie de gestión y comercialización conjunta de producciones que realicen agrupaciones de propietarios forestales dotadas de personalidad jurídica siempre que esas transmisiones sean realizadas entre miembros de las mismas o bien con terceros que se integren en dichas agrupaciones y mantengan la propiedad por el plazo, contenido en los estatutos sociales, que reste para el cumplimiento del compromiso de la agrupación de permanencia obligatoria en la gestión conjunta de las parcelas.

La deducción quedará condicionada a la presentación, en el plazo de declaración, de los justificantes expedidos por la consellería competente en materia de medio rural que acrediten la inclusión de dichas parcelas en la agrupación de propietarios forestales.

Cuatro[38].

---

[37] Renumeración, pasando el apartado Tres a ser el apartado Dos, por el art. 1.Uno de la Ley 2/2017, de 8 de febrero, de medidas fiscales, administrativas y de ordenación (DOG núm. 28, de 9 de febrero de 2017), con efectos desde el 10 de febrero de 2017.

[38] Apartado Cuatro del art. 17 eliminado por el art. 1.Uno de la Ley 2/2017, de 8 de febrero, de medidas fiscales, administrativas y de ordenación (DOG núm. 28, de 9 de febrero de 2017), con efectos desde el 10 de febrero de 2017.

Tres[39]. *Deducción para la constitución de préstamos o créditos hipotecarios destinados a la cancelación de otros préstamos o créditos hipotecarios que fueron destinados a la adquisición de vivienda habitual.*

1. En el impuesto sobre actos jurídicos documentados, en su modalidad de documentos notariales, se aplicará una deducción del 100% de la cuota, siempre que se cumplan los requisitos siguientes:

a) Que la operación se refiera a la constitución de un préstamo o crédito hipotecario.

b) Que la finalidad del préstamo o crédito sea la cancelación de otro préstamo o crédito hipotecario destinado a la financiación de la adquisición de una vivienda habitual.

2. En el caso de que el nuevo préstamo o crédito hipotecario sea de una cuantía superior a la necesaria para la cancelación total del préstamo anterior, el porcentaje de deducción se aplicará exclusivamente sobre la porción de cuota que resulte de aplicarle a esta el resultado del cociente entre el principal pendiente de cancelación y el principal del nuevo préstamo o crédito.

Cuatro[40]. *Deducción en las operaciones de subrogación y modificación de préstamos y créditos hipotecarios concedidos para la inversión en vivienda habitual.*

1. Se aplicará una deducción del 100% en la cuota del impuesto sobre actos jurídicos documentados en la modalidad de documentos notariales a las escrituras de créditos hipotecarios que recojan las operaciones a que se refieren los artículos 7 y 9 de la Ley 2/1994, de 30 de marzo, sobre subrogación y modificación de préstamos hipotecarios y siempre que se trate de créditos concedidos para la inversión en vivienda habitual. Este beneficio fiscal se aplicará en los mismos términos y condiciones que los reconocidos para los préstamos hipotecarios en dichos artículos.

2. Se aplicará una deducción del 100% en la cuota del impuesto sobre actos jurídicos documentados en la modalidad gradual de actos jurídicos documentados a las escrituras públicas de novación modificativa de préstamos o créditos hipotecarios concedidos para la inversión en vivienda habitual, pactados de común acuerdo entre acreedor y deudor, siempre que el acreedor sea una de las entidades a que se refiere el artículo 1 de la Ley 2/1994, de 30 de marzo, sobre subrogación y modificación de préstamos hipotecarios, y la modificación

---

[39] Nueva redacción del art. 17.Cinco dada por el art. 3.Dos de la Ley 12/2011, de 26 de diciembre, de medidas fiscales y administrativas, (DOG núm. 249, de 30 de diciembre de 2011), en vigor desde el 1 de enero de 2012. Renumeración, pasando el apartado Cinco a ser el apartado Tres, por el art. 1.Uno de la Ley 2/2017, de 8 de febrero, de medidas fiscales, administrativas y de ordenación (DOG núm. 28, de 9 de febrero de 2017), con efectos desde el 10 de febrero de 2017.

[40] Nuevo apartado Seis incorporado por el art. 3.Tres de la Ley 12/2011, de 26 de diciembre, de medidas fiscales y administrativas, (DOG núm. 249, de 30 de diciembre de 2011), en vigor desde el 1 de enero de 2012. Renumeración, pasando el apartado Seis a ser el apartado Cuatro, por el art. 1.Uno de la Ley 2/2017, de 8 de febrero, de medidas fiscales, administrativas y de ordenación (DOG núm. 28, de 9 de febrero de 2017), con efectos desde el 10 de febrero de 2017.

se refiera al método o sistema de amortización y a cualesquiera otras condiciones financieras del préstamo o crédito.

Cinco[41]. *Deducción en las adquisiciones de local de negocios para la constitución de una empresa o negocio profesional.*

1. Se establece una deducción del 100%, con un límite de 1.500 euros, en la cuota gradual de la modalidad de actos jurídicos documentados en el impuesto sobre transmisiones patrimoniales y actos jurídicos documentados, para el supuesto de primeras copias de escrituras notariales que documenten la adquisición de locales de negocio, siempre que el adquirente destine el local a la constitución de una empresa o negocio profesional.

Por constitución de una empresa o negocio profesional se entenderá el inicio del ejercicio de una actividad económica por una persona física o por medio de una entidad a que se refiere el artículo 35.4 de la Ley 58/2003, general tributaria, o la constitución de cualquier forma de sociedad que tenga por objeto la realización de una actividad económica, siempre que el número de socios o partícipes no sea superior a cinco.

A los efectos de la aplicación de la deducción, se entenderá producida la constitución cuando se causase alta por primera vez en el censo de empresarios, profesionales y retenedores como consecuencia de lo establecido en el artículo 3.2.a) del Real decreto 1065/2007, de 27 de julio, por el que se aprueba el Reglamento general de las actuaciones y los procedimientos de gestión e inspección tributaria. En el caso de personas jurídicas societarias o entidades a que se refiere el artículo 35.4 de la Ley 58/2003, general tributaria, los socios o partícipes deben ser personas físicas que no estén o estuviesen con anterioridad de alta en el citado censo.

Para determinar si existe actividad económica y si el local está afecto a una actividad económica se estará a lo dispuesto en el impuesto sobre la renta de las personas físicas, sin que sea de aplicación en ningún caso a la actividad de arrendamiento de inmuebles ni cuando la actividad principal sea la gestión de un patrimonio mobiliario o inmobiliario, de acuerdo con lo dispuesto en el artículo 4.8.º.Dos.a) de la Ley 19/1991, de 6 de junio, del impuesto sobre el patrimonio.

2. Para la aplicación de la deducción han de cumplirse los siguientes requisitos:

a) La adquisición del inmueble ha de formalizarse en escritura pública, en la que se exprese la voluntad de que se destine a la realización de una actividad económica. No se podrá aplicar la deducción si esta declaración no consta en documento público, ni tampoco en caso

---

[41]   Nuevo apartado Siete incorporado por el art. 74.Tres de la Ley 2/2013, de 27 de febrero, de presupuestos generales de la Comunidad Autónoma de Galicia para el año 2013, (DOG núm. 42, de 28 de febrero de 2013), en vigor desde el 1 de marzo de 2013. Renumeración, pasando el apartado Siete a ser el apartado Cinco, por el art. 1.Uno de la Ley 2/2017, de 8 de febrero, de medidas fiscales, administrativas y de ordenación (DOG núm. 28, de 9 de febrero de 2017), con efectos desde el 10 de febrero de 2017.

de que se hagan rectificaciones del documento con el fin de subsanar su omisión, salvo que se hagan dentro del periodo voluntario de autoliquidación del impuesto.

b) La constitución de la empresa o negocio profesional debe producirse en el plazo de seis meses anteriores o posteriores a la fecha de la escritura de adquisición del inmueble.

c) El centro principal de gestión de la empresa o negocio profesional, o el domicilio fiscal de la entidad, debe encontrarse ubicado en Galicia y mantenerse durante los tres años siguientes a la fecha de devengo del impuesto.

d) Durante el mismo plazo deberán mantenerse la actividad económica y el nivel de inversión que se tome como base de la deducción.

3. En el supuesto de haberse acogido a las reducciones contempladas en los artículos 7.0cho u 8.0cho de este texto refundido, la deducción se aplicará a la cuota resultante de aminorar la base liquidable en la cuantía del importe de la base de las reducciones.

4. Cuando más de un contribuyente tenga derecho a la aplicación de esta deducción respecto al mismo local de negocios, la deducción se aplicará de forma conjunta, sin perjuicio de la imputación a cada contribuyente de la parte proporcional correspondiente a su porcentaje de participación en la adquisición.

5[42]. El incumplimiento de los requisitos y de las condiciones establecidas lleva aparejada la pérdida del beneficio fiscal, y el contribuyente deberá ingresar la cantidad derivada del beneficio fiscal junto con los intereses de demora. A estos efectos, el sujeto pasivo deberá practicar la correspondiente autoliquidación y presentarla en el plazo reglamentariamente establecido.

Seis[43]*. Deducción en la constitución y modificación de préstamos o créditos hipotecarios y operaciones de arrendamiento financiero, concedidos para la financiación de las adquisiciones de local de negocios para la constitución de una empresa o negocio profesional.*

---

[42] Nueva redacción del núm. 5 dada por el art. 6.Dos de la Ley 5/2024, de 27 de diciembre, de medidas fiscales y administrativas (DOG núm. 251, de 31 de diciembre de 2024), con efectos desde el 1 de enero de 2025.
Redacción anterior: «*5. El incumplimiento de los requisitos y de las condiciones establecidas conlleva la pérdida del beneficio fiscal, debiendo el contribuyente ingresar la cantidad derivada del beneficio fiscal junto con los intereses de demora. A estos efectos, el sujeto pasivo deberá practicar la correspondiente autoliquidación y presentarla en el plazo de treinta días hábiles, a contar desde el momento en que se incumplan los requisitos*».

[43] Nueva redacción del art. 17.Ocho dada por la Disp. Adic. Primera. Seis de la Ley 9/2013, de 19 de diciembre, del emprendimiento y de la competitividad económica de Galicia (DOG núm. 247, 27 de diciembre de 2013), con efectos desde 1 de enero de 2013. Redacción anterior del apartado Ocho por su incorporación por el art. 74.Cuatro de la Ley 2/2013, de 27 de febrero, de presupuestos generales de la Comunidad Autónoma de Galicia para el año 2013, (DOG núm. 42, de 28 de febrero de 2013), en vigor desde el 1 de marzo de 2013. Renumeración, pasando el apartado Ocho a ser el apartado Seis, por el art. 1.Uno de la Ley 2/2017, de 8 de febrero, de medidas fiscales, administrativas y de ordenación (DOG núm. 28, de 9 de febrero de 2017), con efectos desde el 10 de febrero de 2017.

Se establece una deducción del 100%, con un límite de 1.500 euros, en la cuota gradual de la modalidad de actos jurídicos documentados en el impuesto sobre transmisiones patrimoniales y actos jurídicos documentados, para el supuesto de primeras copias de escrituras notariales que documenten la constitución o modificación de préstamos o créditos hipotecarios destinados a financiar la adquisición de locales de negocio, beneficiada por la deducción señalada en el apartado Siete anterior.

Esta misma deducción, y con el mismo límite, se aplicará a la constitución o modificación de contratos de arrendamiento financiero a que se refiere el apartado 1 de la disposición adicional séptima de la Ley 26/1988, de 29 de julio, sobre disciplina e intervención de las entidades de crédito, destinados a financiar locales de negocio, siempre que se cumplan los requisitos señalados en el apartado Siete anterior referidos a la constitución de la empresa o negocio y su mantenimiento, ubicación, plazos y afectación del bien. A estos efectos, para el plazo a que se refiere el apartado 2.b), se tomará como referencia la fecha del contrato de arrendamiento financiero.

Siete[44]. *Deducción aplicable a las agregaciones, agrupaciones y segregaciones para posterior agregación o agrupación de fincas que contengan suelo rústico.*

1. A las agregaciones y agrupaciones de fincas que contengan suelo rústico se les aplicará una deducción del 100% en la cuota correspondiente al gravamen gradual sobre actos jurídicos documentados, documentos notariales, que recaiga sobre dicho suelo. A estos efectos se entenderá como suelo rústico el definido como tal en el artículo 31 de la Ley 2/2016, de 10 de febrero, del suelo de Galicia.

En caso de que sobre el suelo rústico exista una construcción que no esté afecta a una explotación agraria en funcionamiento, la deducción no se extenderá a la parte de la cuota que se corresponda con el valor en la base liquidable de dicha construcción y del suelo sobre el que se asienta, salvo que se trate de agrupaciones de fincas rústicas que se lleven a cabo, para su incorporación, en el plazo máximo de un año desde la fecha de devengo, a polígonos agroforestales, proyectos de aldeas modelo o agrupaciones de gestión conjunta previstos en la Ley 11/2021, de 14 de mayo, de recuperación de la tierra agraria de Galicia, o que ya estén adheridas a alguno de estos instrumentos, en cuyo caso la deducción sí comprenderá el valor de las construcciones que existan sobre las fincas y del suelo sobre el que se asienten.

---

[44] Nueva redacción del apartado Siete del art. 16 dada por la Disp. Final primera Diecinueve de la Ley 11/2021, de 14 de mayo, de recuperación de la tierra agraria de Galicia (DOG núm. 94 de 21 de mayo de 2021), con efectos desde el 22 de mayo de 2021.
Redacción anterior del nuevo apartado Nueve incorporado por el art. 3.Cinco de la Ley 13/2015, de 24 diciembre, de Medidas fiscales y administrativas (DOG núm. 249, de 31 de diciembre de 2015), con efectos desde el 1 de enero de 2016. Renumeración, pasando el apartado Nueve a ser el apartado Siete, por el art. 1.Uno de la Ley 2/2017, de 8 de febrero, de medidas fiscales, administrativas y de ordenación (DOG núm. 28, de 9 de febrero de 2017), con efectos desde el 10 de febrero de 2017.

2. La deducción regulada en el número 1 de este apartado será, asimismo, aplicable, con las mismas condiciones, a las segregaciones de fincas que contengan suelo rústico cuando dicha segregación tenga por finalidad una agregación o agrupación de fincas de suelo rústico posterior que se vaya a realizar en los mismos términos que se establecen en el número 1 de este apartado. Esta condición se entenderá cumplida solamente cuando en la misma escritura pública de segregación o en una escritura pública de la misma fecha se otorgue la agregación o agrupación de fincas que incluya alguna de las fincas segregadas.

3. En caso de incumplimiento de los requisitos exigidos en los números anteriores para la aplicación de esta deducción, la persona beneficiaria deberá ingresar el importe del beneficio disfrutado y los intereses de demora, mediante la presentación de una autoliquidación complementaria, en el plazo de un mes desde el incumplimiento de la condición.

Ocho[45]**.** *Deducción por adquisición de vivienda habitual y por constitución de préstamos hipotecarios destinados a su financiación, por personas con discapacidad, familias numerosas, menores de 36 años y víctimas de violencia de género en áreas rurales.*

Los contribuyentes que tengan derecho a aplicar los tipos de gravamen reducidos regulados en los apartados Tres, Cuatro, Cinco y Ocho del artículo 15 tendrán derecho a una deducción en la cuota del 100% siempre que la vivienda se encuentre en alguna de las parroquias que tengan la consideración de zonas poco pobladas o áreas rurales. A estos efectos, una orden de la consejería competente en materia de hacienda determinará las parroquias que tengan esta consideración.

Nueve[46]**.** *Deducción para la promoción de suelo industrial.*

Tendrán derecho a una deducción del 100% en la cuota:

a) Las ventas de suelo público empresarial realizadas por entidades instrumentales del sector público que tengan entre sus funciones u objeto social la promoción de dicho suelo. Asimismo, también gozarán de deducción la constitución de condiciones resolutorias, derechos de adquisición preferente u otras garantías pactadas en favor de dichas entidades transmitentes para garantizar las obligaciones de edificar, implantar actividad u otras que se impongan al adquirente, derivadas de las ventas.

b) Las compras de suelo para la promoción de suelo industrial realizadas por entidades instrumentales del sector público que tengan entre sus funciones u objeto social dicha finalidad.

---

[45] Nueva redacción dada por el art. 2.Cuatro de la Ley 4/2021, de 28 de enero, de medidas fiscales y administrativas (DOG núm. 19, de 29 de enero de 2021), en vigor 30 de enero de 2021.
Redacción anterior del apartado Ocho por su incorporación por el art. 1.Tres de la Ley 2/2017, de 8 de febrero, de medidas fiscales, administrativas y de ordenación (DOG núm. 28, de 9 de febrero de 2017), con efectos desde el 10 de febrero de 2017.

[46] Nuevo apartado incorporado por el art. 3.Dos de la Ley 9/2017, de 26 de diciembre, de medidas fiscales y administrativas (DOG núm. 245, de 28 de diciembre de 2017), en vigor desde el 1 de enero de 2018.

c) Los actos de agrupación, agregación, segregación y división que se efectúen sobre el suelo empresarial por parte de las entidades instrumentales del sector público que tengan entre sus funciones u objeto social la promoción de dicho suelo.

d) Los actos de agrupación, agregación, segregación y división efectuados sobre el suelo empresarial por los sujetos pasivos que tengan derecho al beneficio fiscal previsto en la letra a). Estas operaciones deberán realizarse en el plazo máximo de tres años desde la adquisición.

Diez[47]. *Beneficios fiscales en los documentos notariales en que se formalice la adquisición onerosa, agrupación, división, segregación, declaración de obra nueva y división horizontal de inmuebles*

1. Se establece una deducción en la cuota del 100% correspondiente al gravamen gradual sobre actos jurídicos documentados, documentos notariales, del impuesto sobre transmisiones patrimoniales y actos jurídicos documentados, a los documentos notariales en que se formalice la adquisición onerosa, agrupación, división, segregación, declaración de obra nueva y división horizontal de inmuebles que se encuentren en alguna de las parroquias que tengan la consideración de zonas poco pobladas o áreas rurales a que se refiere el apartado ocho de este artículo, y que se afecten como inmovilizado material a una actividad económica, cuando concurran las circunstancias previstas en el apartado nueve.1 del artículo 16 de esta norma.

2. La deducción en la cuota será del 50% cuando los documentos notariales formalizados a que se refiere el número anterior afecten a inmuebles que se encuentren en las parroquias que no tengan la consideración de zonas poco pobladas o áreas rurales a que se refiere el apartado ocho de este artículo, y que se afecten como inmovilizado material a una actividad económica cuando concurran las circunstancias previstas en el apartado nueve.1 del artículo 16 de esta norma.

3. A los efectos de la aplicación de las deducciones previstas en este apartado, los plazos para el cumplimiento de los requisitos del número nueve.1 del artículo 16 comenzarán a contar desde el devengo del tributo. En caso de que esta deducción pudiere afectar a varios hechos imponibles y entre el primero y el último año que le sea aplicable esta deducción medie un período inferior a dos años, los plazos comenzarán a contarse a partir del último hecho imponible realizado dentro de dicho período de dos años.

4. El incumplimiento de los requisitos y de las condiciones establecidas conlleva la pérdida del beneficio fiscal, y el contribuyente deberá ingresar la cantidad derivada del beneficio fiscal junto con los intereses de demora. A estos efectos, el sujeto pasivo deberá practicar la correspondiente autoliquidación y presentarla en el plazo de un mes, a contar desde el momento en que se incumplan los requisitos.

---

[47] Nuevo apartado Nueve incorporado por la Disposición final primera dos de la Ley 9/2021, de 25 de febrero, de simplificación administrativa y de apoyo a la reactivación económica de Galicia (DOG núm. 39, de 26 de febrero de 2021), en vigor desde el 18 de marzo de 2021.

Once[48]. *Deducción aplicable en supuestos de transmisión de elementos afectos a explotaciones agrarias.*

Se aplicará una deducción del 100% de la cuota del impuesto que pueda devengarse como consecuencia de las transmisiones inter vivos del pleno dominio o del usufructo de elementos afectos a una explotación agraria, ya sea como consecuencia de su transmisión individualizada o con ocasión de la transmisión inter vivos del pleno dominio o del usufructo de una explotación agraria en su integridad.

La aplicación de esta deducción quedará condicionada a la concurrencia de los siguientes requisitos:

a) Que los elementos adquiridos se mantengan afectos a la explotación agraria durante un plazo de cinco años desde su adquisición, bien directamente por parte del adquirente, salvo que este fallezca dentro de este plazo, o bien por parte de aquellas personas a las que el adquirente les haya transmitido los elementos en virtud de un pacto sucesorio, antes de la finalización de ese plazo de cinco años. El titular de la explotación durante este plazo de mantenimiento debe tener la condición de persona agricultora profesional o persona silvicultora activa.

b) Que en el seno de la explotación agraria de la que proceden los elementos adquiridos se hayan venido realizando, efectivamente, actividades agrarias durante un período superior a los dos años anteriores al devengo del impuesto.

Esta deducción resultará incompatible, para el mismo negocio jurídico, con la prevista en el número dos.

Doce[49]. *Deducción aplicable a la constitución o transmisión de derechos reales sobre inmuebles que sean necesarios para la implantación de instalaciones o infraestructuras para la producción de energías renovables en áreas empresariales.*

Se aplicará una deducción del 100% de la cuota del impuesto que pueda devengarse a consecuencia de la constitución o transmisión de derechos reales sobre inmuebles que sean necesarios para la implantación de instalaciones o infraestructuras para la producción de energías renovables, en régimen de autoconsumo individual, y que tengan por finalidad el suministro de energía a las empresas ubicadas dentro del ámbito de las áreas empresariales de la Comunidad Autónoma de Galicia, así como de estas en su conjunto.

Se entiende por energías renovables aquellas a las que se refiere la Directiva (UE) 2018/2001 del Parlamento Europeo y del Consejo, de 11 de diciembre de 2018, relativa al fomento del uso de energía procedente de fuentes renovables.

---

[48]   Nuevo apartado Once del art. 16 incorporado por la Disp. Final primera Veinte de la Ley 11/2021, de 14 de mayo, de recuperación de la tierra agraria de Galicia (DOG núm. 94 de 21 de mayo de 2021), con efectos desde el 22 de mayo de 2021.

[49]   Nuevo apartado doce incorporado por la Disp. Final Tercera Dos de la Ley 2/2024, de 7 de noviembre, de promoción de los beneficios sociales y económicos de los proyectos que utilizan los recursos naturales de Galicia (DOG núm. 217, 11 de noviembre de 2024), en vigor desde el 12 de noviembre de 2024.

Trece[50]. *Deducción aplicable en las operaciones de vivienda protegida de promoción pública.*

Tendrán derecho a una deducción del 100% en la cuota las siguientes operaciones, siempre que sean realizadas por el Instituto Gallego de la Vivienda y Suelo o por las entidades participadas mayoritariamente por el sector público autonómico:

a) Las adquisiciones de suelo residencial o de suelo para la promoción de suelo residencial con destino a vivienda protegida de promoción pública.

b) Los actos de agrupación, agregación, segregación y división que se efectúen sobre el suelo residencial.

c) La declaración de obra nueva o la división horizontal de edificios de viviendas protegidas de promoción pública.

d) Las ventas de suelo público residencial, así como la constitución y cancelación de condiciones resolutorias, derechos de adquisición preferente u otras garantías pactadas en favor de dichas entidades transmitentes para garantizar las obligaciones de promoción y cualificación y destino de las viviendas protegidas u otras que se impongan al adquirente, derivadas de las ventas.

e) La constitución de préstamos hipotecarios destinados a financiar la construcción y adquisición de viviendas protegidas de promoción pública promovidas por el Instituto Gallego de la Vivienda y Suelo o por las entidades participadas mayoritariamente por el sector público autonómico, así como para la subrogación de las personas adquirentes en el préstamo promotor suscrito por las citadas entidades, siempre que los préstamos tengan tipos de interés efectivos mejorados respecto al mercado.

(...)

TÍTULO III. DISPOSICIONES FORMALES Y PROCEDIMENTALES

CAPÍTULO I. OBLIGACIONES FORMALES Y NORMAS PROCEDIMENTALES

SECCIÓN 1ª. Normas relativas al impuesto sobre transmisiones patrimoniales y actos jurídicos documentados y al impuesto sobre sucesiones y donaciones

Artículo 21[51]. *Presentación de declaraciones*

1. Sin perjuicio de que la persona titular de la consejería competente en materia de hacienda autorice su ingreso en entidades colaboradoras, las declaraciones o declaraciones-liquidaciones deberán presentarse directamente en los servicios de gestión tributaria de las

---

[50] Nuevo apartado trece incorporado por el art. 6.Tres de la Ley 5/2024, de 27 de diciembre, de medidas fiscales y administrativas (DOG núm. 251, de 31 de diciembre de 2024), con efectos desde el 1 de enero de 2025.

[51] Nueva redacción del 21 dada por el art. 5.Uno de la Ley 12/2011, de 26 de diciembre, de medidas fiscales y administrativas, (DOG núm. 249, de 30 de diciembre de 2011), en vigor desde el 1 de enero de 2012.

jefaturas territoriales de la consejería competente en materia de hacienda o en las oficinas liquidadoras de distrito hipotecario que, a cargo de registradores de la propiedad, tienen encomendadas todas o algunas de las funciones relativas a la aplicación de estos impuestos.

2. La persona titular de la consejería competente en materia de hacienda podrá autorizar la presentación de las citadas declaraciones o declaraciones-liquidaciones por vía telemática, así como celebrar acuerdos con otras administraciones públicas o con entidades, instituciones y organismos a los que se refiere el artículo 92 de la Ley 58/2003, de 17 de diciembre, general tributaria, para hacer efectiva la colaboración social en la presentación e ingreso de las citadas declaraciones o declaraciones-liquidaciones mediante la utilización de las técnicas y medios electrónicos, informáticos y telemáticos. Mediante orden se determinarán los supuestos y condiciones en los que los obligados tributarios deberán presentar por medios telemáticos sus declaraciones, declaraciones-liquidaciones o cualquier otro documento con trascendencia tributaria.

3. Al objeto de facilitar el cumplimiento de las obligaciones tributarias de los contribuyentes, la consejería competente en materia de hacienda, en el ámbito de sus competencias, facilitará e impulsará la presentación telemática de las escrituras públicas, y desarrollará los instrumentos jurídicos, las técnicas y los medios electrónicos, informáticos y telemáticos necesarios para tal fin.

4[52]**.** Las declaraciones o declaraciones–liquidaciones se presentarán en la forma, lugar y plazos y con la documentación que se determine mediante orden de la consejería competente en materia de hacienda.

Artículo 22. *Acreditación de la presentación y pago*

A los efectos de lo dispuesto en el artículo 61.3 de la Ley 22/2009, de 18 de diciembre, por la que se regula el sistema de financiación de las comunidades autónomas de régimen común y ciudades con estatuto de autonomía y se modifican determinadas normas tributarias, así como en los artículos 254 y 256 de la Ley hipotecaria, 122 del Real decreto 828/1995, de 29 de mayo, por el que se aprueba el Reglamento del impuesto sobre transmisiones

---

Orden de 15 de junio de 2020 por la que se adoptan medidas excepcionales y temporales relativas a la presentación de declaraciones y autoliquidaciones y al pago de determinados impuestos gestionados por la Comunidad Autónoma de Galicia (DOG núm. 116-Bis, de 15 de junio de 2020): *Artículo único. Medidas excepcionales y temporales en relación con los plazos para la presentación de declaraciones y autoliquidaciones y para el pago de determinados impuestos.*

[52] Incorporado por el art. 5.Uno de la Ley 12/2014, de 22 de diciembre, de medidas fiscales y administrativas (DOG núm. 249, de 30 de diciembre de 2014), con efectos desde 1 de enero de 2015.
Orden de 9 de diciembre de 2020 por el que se aprueban los diferentes modelos de autoliquidación del Impuesto sobre Transmisiones Patrimoniales y actos jurídicos documentados en la Comunidad Autónoma de Galicia y se regula el procedimiento y condiciones para su pago y presentación, así como determinadas obligaciones formales y la prestación de Información sobre los impuestos (DOG núm. 249, de 11 de diciembre de 2020).

patrimoniales y actos jurídicos documentados, y 100 del Real decreto 1629/1991, de 8 de noviembre, por el que se aprueba el Reglamento del impuesto sobre sucesiones y donaciones, los justificantes que acreditan la presentación y pago de estos impuestos serán los que se determinen por orden de la consellería competente en materia de hacienda en desarrollo específico de esta norma.

Artículo 23[53]. *Beneficios fiscales no aplicables de oficio*

Uno. Los beneficios fiscales que dependan del cumplimiento por el contribuyente de cualquier requisito en un momento posterior al devengo no se aplicarán de oficio, habiendo de solicitarse expresamente por el contribuyente en el periodo reglamentario de presentación de la declaración del impuesto, practicándose dichos beneficios fiscales en la correspondiente autoliquidación.

En el caso de declaración extemporánea sin requerimiento previo, la solicitud deberá realizarse en la presentación de la declaración, practicándose dichos beneficios fiscales en la correspondiente autoliquidación.

En el supuesto de que en la autoliquidación presentada no se hubiesen aplicado los citados beneficios fiscales, no podrá rectificarse con posterioridad en cuanto a la aplicación del beneficio fiscal, salvo que la solicitud de rectificación se hubiese presentado en el periodo reglamentario de declaración.

La ausencia de solicitud del beneficio fiscal dentro del plazo reglamentario de declaración o su no aplicación en la autoliquidación se entenderá como una renuncia a la aplicación del mismo.

Dos. En caso de incumplimiento de los requisitos que hayan de cumplirse con posterioridad al devengo del impuesto, deberá ingresarse la cantidad derivada del beneficio fiscal junto con los intereses de demora. A estos efectos, el sujeto pasivo deberá practicar la correspondiente autoliquidación y presentarla en el plazo señalado en la norma que regula el beneficio fiscal, a computar desde el momento en que se incumplieran los requisitos. Cuando la norma que regula el beneficio fiscal no establezca un plazo, el ingreso y presentación de la autoliquidación se hará dentro del plazo reglamentario de declaración establecido en las normas reguladoras de cada tributo.

Artículo 24. *Aplazamientos y fraccionamientos*

Los órganos competentes para acordar los aplazamientos y fraccionamientos a que se refieren los artículos 38 de la Ley 29/1987, de 18 de diciembre, del impuesto sobre sucesiones y donaciones y 113 del Reglamento del impuesto sobre transmisiones patrimoniales y actos jurídicos documentados, aprobado por Real decreto 828/1995, de 29 mayo, serán aquellos

---

[53]   Nueva redacción del art. 23 dada por el art. 76.Uno de la Ley 2/2013, de 27 de febrero, de presupuestos generales de la Comunidad Autónoma de Galicia para el año 2013, (DOG núm. 42, de 28 de febrero de 2013), en vigor desde el 1 de marzo de 2013.

que tengan atribuida la competencia para acordar los aplazamientos y fraccionamientos previstos en el Reglamento general de recaudación. Estos aplazamientos y fraccionamientos deberán solicitarse en el plazo de presentación de la autoliquidación.

Artículo 25. *Procedimiento para la aplicación de presunciones en el impuesto sobre sucesiones y donaciones*

El procedimiento para la aplicación de las presunciones señaladas en el artículo 11 de la Ley 29/1987, de 18 de diciembre, del impuesto sobre sucesiones y donaciones, será el establecido en el apartado 3 del artículo 4 de la misma ley.

Artículo 26. *Valoración previa de bienes inmuebles*

1. Para el ejercicio del derecho reconocido en el artículo 90 de la Ley general tributaria, y siempre que no se solicitase la valoración a través de la página web de la consellería competente en materia de hacienda, deberá abonarse, en su caso, la tasa correspondiente y presentar el justificante del pago de la misma junto con la solicitud de valoración.

2. Los sujetos pasivos que hubiesen solicitado valoración previa al amparo del artículo 90 de la Ley general tributaria, pagada la tasa correspondiente y presentada la valoración junto con la declaración del impuesto, podrán deducir de la cuota tributaria el importe satisfecho por la tasa.

3. Las solicitudes de valoraciones previas de bienes inmuebles a que se refiere el artículo 90 de la Ley general tributaria que se soliciten empleando medios electrónicos, informáticos o telemáticos, incumpliendo el requisito de identificación previa de las personas o entidades solicitantes, podrán validar dicho requisito y, por lo tanto, se producirá el efecto vinculante, mediante la presentación de la valoración realizada en el plazo de presentación del impuesto.

Artículo 27[54]**.** *Comprobación de valores*

Uno. *Comprobación de valores. Norma general.*

Para efectuar la comprobación de valores, la Administración tributaria podrá utilizar, indistintamente, cualquier medio de los contemplados en el artículo 57 de la Ley 58/2003, de 17 de diciembre, general tributaria.

La Comunidad Autónoma de Galicia reconoce eficacia jurídica a los valores establecidos por otra Comunidad Autónoma para los bienes inmuebles situados en su territorio, en virtud de alguno de los medios de valoración incluidos en el artículo 57.1 de la Ley 58/2003, de

---

[54] Nueva redacción del art. 27 dada por el art. 5.Dos de la Ley 12/2014, de 22 de diciembre, de medidas fiscales y administrativas (DOG núm. 249, de 30 de diciembre de 2014), con efectos desde 1 de enero de 2015. Redacción anterior dada por el art. 76.Dos de la Ley 2/2013, de 27 de febrero, de presupuestos generales de la Comunidad Autónoma de Galicia para el año 2013, (DOG núm. 42, de 28 de febrero de 2013), en vigor desde el 1 de marzo de 2013.

17 de diciembre, general tributaria, y podrá aplicar estos valores a los efectos de los impuestos sobre sucesiones y donaciones, sobre transmisiones patrimoniales y actos jurídicos documentados[55].

Dos. *Estimación por referencia a los valores que figuren en los registros oficiales de carácter fiscal.*

En las comprobaciones de valor de inmuebles por el medio establecido en el artículo 57.1.b) de la Ley 58/2003, general tributaria, la Administración tributaria podrá aplicar coeficientes multiplicadores que se aprueben y publiquen mediante orden de la consejería competente en materia de hacienda a los valores contenidos en el catastro inmobiliario. Tratándose de otro tipo de bienes, la comprobación de valores podrá referirse directamente a los que figuren en los registros oficiales de carácter fiscal que determine la Administración tributaria gallega, que podrá declarar el reconocimiento como registro oficial de carácter fiscal de cualquier registro elaborado o asumido como oficial por la Xunta de Galicia que incluya valores de esos bienes, siempre que se aprueben y publiquen mediante orden de la consejería competente en materia de hacienda. En la aplicación de los valores procedentes de estos registros podrá procederse a su actualización mediante los índices de variación de precios publicados por las distintas administraciones públicas o por instituciones especializadas.

Tres. *Precios medios de mercado.*

1. En las comprobaciones de valor de inmuebles por el medio establecido en el artículo 57.1.c) de la Ley 58/2003, general tributaria, la Administración tributaria aprobará y publicará la metodología empleada en el cálculo, que incluirá las tablas de los propios precios medios resultantes o bien las tablas de los componentes o valores básicos (suelo, construcción y gastos/beneficios), así como de los coeficientes singularizadores. Estos últimos tienen como finalidad adaptar los precios medios a la realidad física del bien a valorar y recogen la variabilidad del valor en función de las características particulares del bien. Esta normativa técnica se aprobará mediante orden de la consejería competente en materia de hacienda.

Las tablas se actualizarán periódicamente conforme a las variaciones del mercado inmobiliario, y podrán adoptarse, para este caso, los índices de variación de precios inmobiliarios publicados por las distintas administraciones públicas o por instituciones especializadas en estadística inmobiliaria.

El proceso de singularización puede hacerse de oficio por la Administración, cuando tenga constancia de la existencia de la singularidad, o por requerimiento del administrado, mediante la indicación de la presencia de esta. En cualquier caso, el órgano liquidador podrá aplicar el correspondiente coeficiente que recoja el hecho singular puesto de manifiesto sin

---

[55] Orden de 29 de diciembre de 2014 por la que se desarrolla el medio de comprobación de valores de precios medios de mercado aplicable a determinados inmuebles rústicos y urbanos situados en la Comunidad Autónoma de Galicia, y se aprueban los precios medios en el mercado aplicables en el ejercicio 2015 (DOG núm. 250, de 31 de diciembre de 2014).

necesidad de intervención de un perito, siempre que el valor del coeficiente esté parametrizado según esta normativa. Será suficiente la motivación de la comprobación de valor que incluya una correcta identificación del bien, una aplicación del precio medio que corresponda y una adaptación de este al caso concreto a través de los coeficientes singularizadores que determine la normativa técnica señalada en el párrafo primero.

2. Las comprobaciones de valor de los inmuebles a través de precios medios de mercado podrán realizarse de forma automatizada a través de técnicas y medios electrónicos, informáticos y telemáticos, de acuerdo con lo establecido en el artículo 96 de la Ley 58/2003, general tributaria.

Cuatro. *Dictamen de peritos de la Administración.*

En las comprobaciones de valor de inmuebles por el medio establecido en el artículo 57.1.e) de la Ley 58/2003, de 17 de diciembre, general tributaria, el perito, a los efectos de expresar la procedencia y el modo de determinación del módulo unitario básico empleado, podrá tomar como referencia, si decide optar por métodos analíticos de valoración y para los efectos de motivación, los módulos unitarios básicos contenidos, en su caso, en los registros oficiales de carácter fiscal del artículo 27.Dos de este texto refundido, en las tablas de los componentes o valores básicos de precios medios de mercado a que alude la normativa técnica mencionada en el artículo 27.Tres de este texto refundido o bien los establecidos por otra comunidad autónoma para los bienes inmuebles situados en su territorio.

Cinco. *Capitalización o imputación de rendimientos al porcentaje que la ley de cada tributo señale.*

Podrá utilizarse en el impuesto sobre sucesiones y donaciones y en el impuesto sobre transmisiones patrimoniales y actos jurídicos documentados el medio de comprobación establecido en el artículo 57.1.a) de la Ley 58/2003, de 17 de diciembre, general tributaria. A estos efectos el porcentaje a utilizar será el interés de mora a que se refiere el artículo 26.6 de la misma norma[56].

SECCIÓN 2ª. *Tasación pericial contradictoria en el impuesto sobre transmisiones patrimoniales y actos jurídicos documentados y en el impuesto sobre sucesiones y donaciones*

Artículo 28. *Normas generales de la tasación pericial contradictoria*

1. En los tributos gestionados por la Administración tributaria de la Comunidad Autónoma de Galicia, y en corrección del resultado obtenido en la comprobación de valores, los interesados podrán promover la práctica de la tasación pericial contradictoria mediante solicitud presentada dentro del plazo de la primera reclamación que proceda contra la liquidación efectuada sobre la base de los valores comprobados administrativamente.

---

[56]   Se declara la inconstitucionalidad y nulidad del apartado 5 por Sentencia del TC 33/2016, de 18 de febrero (BOE núm. 71, de 23 de marzo de 2016).

Si el interesado estimara que la notificación no contiene expresión suficiente de los datos y motivos tenidos en cuenta para elevar los valores declarados y denunciara la omisión en recurso de reposición o en reclamación económico-administrativa reservándose el derecho a promover tasación pericial contradictoria, el plazo a que se refiere el párrafo anterior se contará desde la fecha de firmeza en vía administrativa del acuerdo que resuelva el recurso o la reclamación interpuesta.

2. En el supuesto de que la tasación pericial fuera promovida por los transmitentes, el escrito de solicitud deberá presentarse dentro de los quince días siguientes a la notificación separada de los valores resultantes de la comprobación.

3. La presentación de la solicitud de tasación pericial contradictoria, o la reserva del derecho a promoverla a que se refiere el apartado 1, en caso de notificación conjunta de los valores y las liquidaciones que los tuvieran en cuenta, determinará la suspensión del ingreso de las liquidaciones practicadas y de los plazos de reclamación contra las mismas.

4. En el transcurso de los procedimientos de tasación pericial contradictoria acordados por órganos u oficinas dependientes de la consellería competente en materia de hacienda y promovidos contra actos de comprobación de valor, cuando el perito tercero exija que con anterioridad al desempeño de su cometido se haga provisión de fondos por el importe de sus honorarios, los depósitos que corresponden a la Administración e interesado se realizarán en el plazo de diez días en la caja de depósitos de la jefatura territorial de la consellería competente en materia de hacienda en que se tramite la tasación pericial contradictoria.

Artículo 29. *Procedimiento de la tasación pericial contradictoria*

La tramitación de la tasación pericial contradictoria se ajustará a las siguientes reglas:

1.ª El órgano competente trasladará a los interesados la valoración motivada que figure en el expediente referida al bien objeto de la tasación, cualquiera que fuese el medio de comprobación utilizado de entre los señalados en el artículo 57 de la Ley 58/2003, de 17 de diciembre, general tributaria, y les concederá un plazo de un mes y diez días para que procedan tanto al nombramiento de un perito, que deberá tener título adecuado a la naturaleza de los bienes y derechos objeto de valoración, y aportar, en el momento del nombramiento, prueba suficiente del título que ostente, como a la emisión de un dictamen debidamente motivado, de acuerdo con lo establecido en el artículo 160 del Real decreto 1065/2007, de 27 de julio, por el que se aprueba el Reglamento general de las actuaciones y de los procedimientos de gestión e inspección tributaria y de desarrollo de las normas comunes de los procedimientos de aplicación de los tributos.

El perito designado por el contribuyente tendrá a su disposición, en la sede del órgano competente para la tramitación de este procedimiento y en el plazo anteriormente señalado, la relación de bienes y derechos objeto de la tasación pericial contradictoria.

Se entenderá acreditado el título adecuado a la naturaleza del bien objeto de la valoración, y la suficiente motivación, si el informe pericial se presenta visado por el colegio profesional correspondiente.

2.ª Transcurrido el plazo de un mes y diez días sin hacer la designación de perito, con la acreditación suficiente del título que ostenta, o sin emitir el dictamen pericial suficientemente motivado, se considerará que desiste de su derecho a promover la tasación pericial contradictoria, se dará por finalizado el procedimiento y se entenderá la conformidad del interesado con el valor comprobado. En este caso, se confirmará la liquidación inicial, con los correspondientes intereses de mora, y no podrá promover una nueva tasación pericial contradictoria.

3.ª Si la diferencia entre el valor comprobado por la Administración y la tasación practicada por el perito designado por el obligado tributario, considerada en valores absolutos, es igual o inferior a 120.000 euros y al 10 por 100 de dicha tasación, esta última servirá de base para la liquidación si fuera mayor que el valor declarado, o este valor en caso contrario. La liquidación que se gire llevará los correspondientes intereses de mora. En este supuesto se dará por finalizado el procedimiento, no pudiendo efectuar con respecto al mismo hecho imponible nueva comprobación de valores la Administración tributaria sobre los mismos bienes y derechos.

4.ª Si la diferencia señalada en el apartado anterior es superior, habrá de designarse a un perito tercero con arreglo al siguiente procedimiento:

a) Cada jefatura territorial de la consellería competente en materia de hacienda solicitará en el mes de enero de cada año a los distintos colegios, asociaciones o corporaciones profesionales legalmente reconocidos el envío de una lista de colegiados o asociados que tengan centralizada la gestión administrativa y la dirección de sus actividades en el ámbito territorial de la jefatura correspondiente, y que estén dispuestos a actuar como peritos terceros, que se agruparán por orden alfabético en diferentes listas teniendo en cuenta la naturaleza de los bienes y derechos a valorar. Elegido por sorteo público uno de cada lista, las designaciones se efectuarán por orden correlativo. Cuando no exista colegio, asociación o corporación profesional competente por la naturaleza de los bienes o derechos a valorar o profesionales dispuestos a actuar como peritos terceros, podrá solicitarse al Banco de España la designación de una sociedad de tasación inscrita en el correspondiente registro oficial.

Será necesaria la aceptación expresa por el perito elegido por sorteo, en un plazo de cinco días desde la comunicación de su propuesta de designación. La Administración tributaria competente podrá establecer honorarios estandarizados para los peritos terceros que hayan de ser designados. Dicha aceptación determinará, asimismo, la aceptación de los honorarios aprobados por la Administración.

b)[57] Realizada la designación, se remitirá a la persona o entidad designada la relación de bienes y derechos objeto de la valoración y la copia tanto de la valoración de la Administración como de la efectuada por el perito designado por el obligado tributario, para que en el plazo de un mes, a contar a partir del día siguiente de la entrega, proceda a confirmar alguna de ellas o realice una nueva valoración, que será definitiva. La nueva valoración que se realice deberá estar suficientemente motivada de acuerdo con lo establecido en el artículo 160 del Real decreto 1065/2007, de 27 de julio, por el que se aprueba el Reglamento general de las actuaciones y los procedimientos de gestión e inspección tributaria y de desarrollo de las normas comunes de los procedimientos de aplicación de los tributos. En el supuesto de que confirme alguna de las valoraciones, deberá motivar suficientemente las razones por las que confirma una y rechaza la otra.

En caso de que el perito tercero no emita la valoración o no confirme alguna de las propuestas, en el plazo establecido en el párrafo anterior, se podrá dejar sin efecto su designación, sin perjuicio de las responsabilidades que resulten exigibles por la falta de emisión del dictamen en plazo. En caso de que se deje sin efecto la designación, deberá notificarse esta circunstancia al perito tercero y al obligado tributario, y se procederá, en su caso, a la liberación de los depósitos de sus honorarios y al nombramiento de otro perito tercero por orden correlativo.

La renuncia del perito tercero o la falta de presentación en plazo impedirán su designación en el ejercicio corriente y en los dos posteriores a este.

En caso de que la valoración o la confirmación de una de las valoraciones, realizada por el perito tercero, presente defectos de motivación y que tal circunstancia sea apreciada por el órgano competente para la tramitación de este procedimiento, o en vía de recurso por un órgano administrativo o judicial, la Administración tributaria procederá o bien a la remisión de la documentación para la realización de una nueva valoración al mismo perito o bien al nombramiento de uno nuevo, de acuerdo con el procedimiento y los plazos señalados en este artículo. En el primer supuesto, no procederá la realización de un nuevo depósito ni de un nuevo pago de honorarios. En el segundo caso, procederá la devolución por el perito de los honorarios satisfechos, junto con el interés legal vigente, en el período que medie desde la fecha del pago de los honorarios hasta la fecha de su devolución.

Se entenderá suficientemente motivado el informe pericial si se presenta visado por el colegio profesional correspondiente.

c) Los honorarios del perito del obligado tributario serán satisfechos por éste. Cuando la diferencia entre la tasación practicada por el perito tercero y el valor declarado, considerada en valores absolutos, supere el 20 por 100 del valor declarado, los gastos del tercer perito serán abonados por el obligado tributario y, en caso contrario, correrán a cargo de la Administración. En este supuesto, aquél tendrá derecho a ser reintegrado de los gastos ocasionados por el depósito a que se refiere el párrafo siguiente.

---

[57]   Nueva redacción de la letra b) dada por el art. 4 de la Ley 13/2015, de 24 diciembre, de Medidas fiscales y administrativas (DOG núm. 249, de 31 de diciembre de 2015), con efectos desde el 1 de enero de 2016.

El perito tercero podrá exigir que, previamente al desempeño de su cometido, se haga provisión de importe de sus honorarios mediante depósito en la caja de depósitos de la jefatura territorial de la consellería competente en materia de hacienda en la que se tramite la tasación pericial contradictoria, en el plazo de diez días. La falta de depósito por cualquiera de las partes supondrá la aceptación de la valoración realizada por el perito de la otra, cualquiera que fuese la diferencia entre ambas valoraciones, dándose por finalizado el procedimiento. La liquidación que se dicte tomará la valoración que corresponda, no pudiendo promoverse nuevamente la tasación pericial contradictoria por parte del obligado tributario o, en su caso, no pudiendo efectuar una nueva comprobación de valor la Administración tributaria sobre los mismos bienes o derechos.

Entregada en la Administración tributaria competente la valoración por el perito tercero, se comunicará al obligado tributario, concediéndosele un plazo de quince días para justificar el pago de los honorarios a su cargo. En su caso, se autorizará la disposición de la provisión de los honorarios depositados.

5.ª La valoración del perito tercero servirá de base a la liquidación que proceda con los límites del valor declarado y el valor comprobado inicialmente por la Administración tributaria.

6.ª Una vez finalizado el procedimiento, la Administración tributaria competente notificará en el plazo de un mes la liquidación que corresponda a la valoración que haya de tomarse como base en cada caso, así como la de los intereses de demora que correspondan.

El incumplimiento del plazo a que se refiere el párrafo anterior determinará que no se exijan intereses de demora desde que se produzca dicho incumplimiento.

Con la notificación de la liquidación se iniciará el plazo previsto en el artículo 62.2.º de la Ley 58/2003, de 17 de diciembre, general tributaria, para que el ingreso sea efectuado, así como el cómputo del plazo para interponer el recurso o reclamación económico-administrativa contra la liquidación en caso de que dicho plazo fuera suspendido por la presentación de la solicitud de tasación pericial contradictoria.

(...)

CAPÍTULO II. OBLIGACIONES FORMALES[58]

Artículo 32[59]. *Obligaciones formales de los notarios*

Uno. El cumplimiento de las obligaciones formales de los notarios, recogidas en el artículo 32.2 de la Ley 29/1987, de 18 de diciembre, del impuesto sobre sucesiones y dona-

---

[58] Nueva redacción de la rúbrica del capítulo II dad art. 5.Cinco de la Ley 12/2011, de 26 de diciembre, de medidas fiscales y administrativas, (DOG núm. 249, de 30 de diciembre de 2011), en vigor desde el 1 de enero de 2012.

[59] Nueva redacción del 32 dada por el art. 5.Cinco de la Ley 12/2011, de 26 de diciembre, de medidas fiscales y administrativas, (DOG núm. 249, de 30 de diciembre de 2011), en vigor desde el 1 de enero de 2012.

ciones, y en el artículo 52 del Real decreto legislativo 1/1993, de 24 de septiembre, por el que se aprueba el texto refundido de la Ley del impuesto sobre transmisiones patrimoniales y actos jurídicos documentados, se realizará en el formato y plazos que determine la consejería competente en materia de hacienda. La remisión de esa información podrá realizarse también mediante transmisión por vía telemática en las condiciones y diseño que apruebe dicha consejería.

Dos. Con el fin de facilitar el cumplimiento de las obligaciones tributarias de los contribuyentes y el acceso telemático de los documentos a los registros públicos, los notarios destinados en la Comunidad Autónoma de Galicia, en colaboración con el Consejo General del Notariado, le remitirán por vía telemática a la consejería competente en materia de hacienda una declaración informativa notarial comprensiva de los elementos básicos de la escritura y confeccionada con los datos existentes en el índice único informatizado notarial al que se refiere el artículo 17 de la Ley del notariado, de 28 de mayo de 1862. La declaración informativa notarial o ficha notarial deberá reproducir fielmente los elementos básicos de la escritura, sobre todo aquellos que tengan relevancia a efectos tributarios, y el notario velará por la más estricta veracidad de la ficha, así como por su correspondencia con los documentos públicos autorizados e intervenidos, y será responsable de cualquier discrepancia que exista entre aquella y estos. También deberá remitir, a solicitud de la consejería competente en materia de hacienda, copia electrónica de estas fichas, de conformidad con lo dispuesto en la legislación notarial.

La ficha resumen notarial sustituirá al documento notarial en los supuestos que determine por orden la consejería competente en materia de hacienda, que, además, establecerá los procedimientos, estructura y plazos en los que debe ser remitida la información.

Tres. Con el fin de facilitar el debido control del cumplimiento de las obligaciones tributarias de los sujetos pasivos de los tributos sobre el juego, los notarios destinados en la Comunidad Autónoma de Galicia, en colaboración con el Consejo General del Notariado, deberán remitir por vía telemática a la consejería competente en materia de hacienda una declaración informativa notarial comprensiva de los elementos que tengan relevancia a efectos tributarios de las bases de todos los juegos, concursos o sorteos que sean depositadas ante ellos y que tengan como ámbito territorial máximo la Comunidad Autónoma de Galicia, así como la resolución de los mismos. El notario velará por la más estricta veracidad de la ficha, así como por su correspondencia con las bases, con la información o con los documentos públicos depositados ante ellos, y será responsable de cualquier discrepancia que exista entre aquella y estos. También deberán remitir, por solicitud de la consejería competente en materia de hacienda, copia electrónica de estas fichas, de conformidad con lo dispuesto en la legislación notarial.

La consejería competente en materia de hacienda establecerá los procedimientos, estructura, formato, plazos y condiciones en los que debe ser remitida la información.

Artículo 33. *Obligaciones formales de los registradores de la propiedad inmobiliaria y mercantil*

Los registradores de la propiedad inmobiliaria y mercantiles con destino en la Comunidad Autónoma de Galicia estarán obligados a remitir trimestralmente a la consellería competente en materia de hacienda una relación de los documentos conteniendo actos o contratos sujetos al impuesto sobre sucesiones y donaciones o al impuesto sobre transmisiones patrimoniales y actos jurídicos documentados que se presenten a inscripción en sus registros, cuando el pago de dichos tributos o la presentación de la declaración tributaria se realizara en una comunidad autónoma distinta a esta.

La consellería competente en materia de hacienda determinará el contenido de la información a remitir, los modelos de declaración y plazos de presentación, así como las condiciones en que la presentación mediante soporte legible por ordenador o mediante transmisión por vía telemática será obligatoria.

Artículo 34[60]**.** *Suministro de información por las entidades que realicen subastas de bienes muebles.*

Las empresas que realicen subastas de bienes muebles deberán remitir semestralmente una declaración con la relación de las transmisiones de bienes en las que hubiesen intervenido relativas al semestre anterior. Esta relación deberá comprender los datos de identificación del transmitente y del adquirente, la fecha de la transmisión, una descripción del bien subastado y el precio final de adjudicación.

La consejería competente en materia de hacienda determinará los modelos de declaración y plazos de presentación, el contenido de la información que se debe remitir, así como las condiciones en las que la presentación mediante soporte directamente legible por ordenador o mediante transmisión por vía telemática será obligatoria. En ambos casos, estas declaraciones tendrán la consideración de tributarias a todos los efectos regulados en la Ley general tributaria.

Artículo 35[61]**.** *Obligaciones formales de los operadores que presten servicios de tarificación adicional y de los operadores de red de servicios de tarificación adicional.*

Con el fin de facilitar el debido control del cumplimiento de las obligaciones tributarias de los sujetos pasivos de los tributos sobre el juego, los operadores de servicios de tarificación adicional y los operadores de red de servicios de tarificación adicional que presten estos servicios en el ámbito territorial de la Comunidad Autónoma de Galicia deberán remitir por vía telemática a la consejería competente en materia de hacienda una declaración in-

---

[60]	Nuevo artículo incorporado por el art. 5.seis de la Ley 12/2011, de 26 de diciembre, de medidas fiscales y administrativas, (DOG núm. 249, de 30 de diciembre de 2011), en vigor desde el 1 de enero de 2012.

[61]	Nuevo artículo incorporado por el art. 5.siete de la Ley 12/2011, de 26 de diciembre, de medidas fiscales y administrativas, (DOG núm. 249, de 30 de diciembre de 2011), en vigor desde el 1 de enero de 2012.

formativa comprensiva de los elementos que tengan relevancia a efectos tributarios de cada uno de los contratos realizados con titulares de números destinados a prestar servicios de ocio y entretenimiento que promuevan juegos, concursos o sorteos que tengan como ámbito territorial máximo la Comunidad Autónoma de Galicia.

La consejería competente en materia de hacienda establecerá los procedimientos, estructura, formato, plazos y condiciones en que debe ser remitida la declaración informativa.

Artículo 36[62]. *Obligaciones formales de los operadores que presten servicios de comunicaciones electrónicas.*

Con el fin de facilitar el debido control del cumplimiento de las obligaciones tributarias de los sujetos pasivos de los tributos sobre el juego, los operadores que presten servicios de comunicaciones electrónicas deberán remitir por vía telemática a la consejería competente en materia de hacienda una declaración informativa comprensiva de los elementos que tengan relevancia a efectos tributarios de cada uno de los contratos realizados con titulares de espacios web destinados a prestar servicios de ocio y entretenimiento que promuevan juegos, concursos o sorteos que tengan como ámbito territorial máximo la Comunidad Autónoma de Galicia.

La consejería competente en materia de hacienda establecerá los procedimientos, estructura, formato, plazos y condiciones en que debe ser remitida la declaración informativa.

Artículo 37[63]. *Suministro de información sobre otorgamiento de concesiones*

1. Las administraciones públicas que otorguen concesiones o actos y negocios administrativos, cualquiera que sea su modalidad o denominación, por los que, como consecuencia del otorgamiento de facultades de gestión de servicios públicos o de la atribución del uso privativo o de aprovechamiento especial de bienes de dominio o uso público, se origine un desplazamiento patrimonial en favor de particulares, están obligadas a poner en conocimiento de la Agencia Tributaria de Galicia las citadas concesiones, actos o negocios otorgados, indicando su naturaleza, fecha y objeto de la concesión, así como los datos identificativos del concesionario o autorizado.

2. La consejería competente en materia de hacienda establecerá los procedimientos, estructura, formato, plazos y condiciones en que ha de ser remitida la declaración informativa.

---

[62] Nuevo artículo incorporado por el art. 5.ocho de la Ley 12/2011, de 26 de diciembre, de medidas fiscales y administrativas, (DOG núm. 249, de 30 de diciembre de 2011), en vigor desde el 1 de enero de 2012.

[63] Nuevo artículo 37 incorporado por el art. 76.tres de la Ley 2/2013, de 27 de febrero, de presupuestos generales de la Comunidad Autónoma de Galicia para el año 2013, (DOG núm. 42, de 28 de febrero de 2013), en vigor desde el 1 de marzo de 2013.

Artículo 38[64]. *Suministro de información sobre bienes muebles usados*

Los empresarios dedicados a la reventa, con o sin transformación, de bienes muebles usados, cuyas adquisiciones hayan de tributar por el impuesto sobre transmisiones patrimoniales y actos jurídicos documentados, en la modalidad de transmisiones patrimoniales onerosas, deberán presentar una declaración informativa de las adquisiciones de bienes realizadas.

Esta declaración informativa sustituye a la presentación del documento comprensivo del hecho imponible a que se refieren los artículos 98 y 101 del Reglamento del impuesto sobre transmisiones patrimoniales y actos jurídicos documentados, aprobado por Real decreto 828/1995, de 29 de mayo.

La consejería competente en materia de hacienda determinará los modelos de declaración y plazos de presentación, el contenido de la información que ha de remitirse, así como las condiciones en las cuales la presentación mediante soporte directamente legible por ordenador o mediante transmisión por vía telemática será obligatoria. En ambos casos, estas declaraciones tendrán la consideración de tributarias para todos los efectos regulados en la Ley general tributaria.

(...)

Disposición adicional única.[65] *Terminología*

Las referencias que se realizan en este texto refundido a «persona discapacitada», «personas discapacitadas» y «sujetos pasivos discapacitados» se entenderán realizadas a «persona con discapacidad», «personas con discapacidad» y «sujetos pasivos con discapacidad».

Disposición Transitoria primera. *Plazo de mantenimiento de las adquisiciones mortis causa de la vivienda habitual del causante*

En aquellos casos en los que se estuviese disfrutando de la reducción por adquisición de vivienda habitual del causante en el impuesto sobre sucesiones el 1 de septiembre de 2008, y no se hubiese incumplido el requisito de permanencia de diez años, el plazo de mantenimiento de la adquisición será de cinco años desde el devengo del impuesto.

Disposición Transitoria segunda. *Aplicación de la normativa procedimental*

A la entrada en vigor del presente texto refundido, y en tanto no sean aprobados los desarrollos reglamentarios, serán de aplicación las normas reglamentarias vigentes en todo aquello que no se oponga o contradiga al mismo.

---

[64] Nuevo artículo 38 incorporado por el art. 76.cuatro de la Ley 2/2013, de 27 de febrero, de presupuestos generales de la Comunidad Autónoma de Galicia para el año 2013, (DOG núm. 42, de 28 de febrero de 2013), en vigor desde el 1 de marzo de 2013.

[65] Nueva disp. Adicional incorporada por el art. 7 de la Ley 5/2024, de 27 de diciembre, de medidas fiscales y administrativas (DOG núm. 251, de 31 de diciembre de 2024), con efectos desde el 1 de enero de 2025.

Disposición Final primera[66]. *Habilitación normativa*

La Xunta de Galicia dictará cuantas disposiciones sean necesarias para el desarrollo reglamentario del presente texto refundido, y autorizará a la consejería competente en materia de hacienda para aprobar las disposiciones que sean precisas para su aplicación.

Disposición Final segunda[67]. *Leyes de presupuestos*

Las leyes de presupuestos generales de la Comunidad Autónoma de Galicia podrán modificar las disposiciones contenidas en este texto refundido.

Disposición Final tercera[68]. *Vigencia temporal de determinados beneficios fiscales*

Los tipos de gravamen previstos en los apartados Tres, para el supuesto descrito en su epígrafe 1.b), Cinco y Seis del artículo 14, y en los apartados tres, para el supuesto descrito en su epígrafe 1.b), y Seis del artículo 15 serán de aplicación hasta el 31 de diciembre de 2011. Este plazo podrá ser prorrogado por las leyes de presupuestos generales de la Comunidad Autónoma.

---

[66] Nueva redacción dada por el art. 6.uno de la Ley 12/2011, de 26 de diciembre, de medidas fiscales y administrativas, (DOG núm. 249, de 30 de diciembre de 2011), en vigor desde el 1 de enero de 2012.

[67] Nueva redacción dada por el art. 6.dos de la Ley 12/2011, de 26 de diciembre, de medidas fiscales y administrativas, (DOG núm. 249, de 30 de diciembre de 2011), en vigor desde el 1 de enero de 2012.

[68] Nueva redacción dada por el art. 6.tres de la Ley 12/2011, de 26 de diciembre, de medidas fiscales y administrativas, (DOG núm. 249, de 30 de diciembre de 2011), en vigor desde el 1 de enero de 2012.

COMUNIDAD AUTÓNOMA DE ILLES BALEARS

Impuesto sobre Transmisiones Patrimoniales y Actos Jurídicos Documentados

21. Ley 11/2002, de 23 de diciembre, de medidas tributarias y administrativas

(BOCAIB núm. 156, de 28 de diciembre de 2002;
BOE núm. 18, de 21 enero de 2003)

(...)

CAPÍTULO III. NORMAS DE GESTIÓN TRIBUTARIA

Artículo 12[1].

Artículo 13. *Acuerdos de los precios de valoración a los efectos de determinar la base imponible del Impuesto sobre Sucesiones y Donaciones y del Impuesto sobre Transmisiones Patrimoniales y Actos Jurídicos Documentados.*

1. De acuerdo con lo previsto en el artículo 9 de la Ley 1/1998, de 26 de febrero, de Derechos y Garantías de los contribuyentes[2], los contribuyentes del Impuesto sobre Sucesiones y Donaciones y del Impuesto sobre Transmisiones Patrimoniales y Actos Jurídicos Documentados pueden solicitar a la Administración tributaria autonómica que determine, con carácter previo y vinculante, la valoración de las rentas, productos, bienes, gastos y otros elementos del hecho imponible de dichos impuestos.

2. La solicitud debe presentarse por escrito dos meses antes de la realización del hecho imponible, a excepción de las adquisiciones por causa de muerte sujetas al Impuesto sobre Sucesiones y Donaciones, que deberá presentarse tres meses antes de la finalización del plazo para la presentación de la declaración correspondiente. Deberá adjuntarse a la solicitud una propuesta de valoración que, en el caso de bienes inmuebles, tendrá que ser suscrita por un perito con Título suficiente para realizar la valoración.

---

[1]   Art. 12 derogado por la letra a) de la disposición derogatoria única del Decreto Legislativo 1/2014, 6 junio, por el que se aprueba el Texto Refundido de las Disposiciones Legales de la Comunidad Autónoma de las Illes Balears en Materia de Tributos Cedidos por el Estado (BOIO núm. 77, de 7 de junio de 2014).

[2]   Actualmente la referencia hay que entenderla al artículo 91 de la Ley 58/2003, General Tributaria, de 17 de diciembre.

3. La Administración tributaria autonómica puede comprobar los elementos de hecho y las circunstancias declaradas por el contribuyente. Para hacerlo, puede requerir los documentos que considere oportunos para una valoración correcta de los bienes.

4. La valoración de la Administración tributaria autonómica debe emitirse por escrito, con indicación de su carácter vinculante, del supuesto de hecho al cual se refiere y del Impuesto al cual se aplica, en el plazo máximo de dos meses desde que se presentó la solicitud. La falta de contestación de la Administración tributaria en los plazos indicados, por causas no imputables al contribuyente, implicará la aceptación de los valores por él propuestos. La Administración tributaria está obligada a aplicar al contribuyente los valores expresados en el acuerdo, sin perjuicio de lo establecido en el apartado quinto del artículo 9 de la Ley 1/1998, de 26 de febrero, de Derechos y Garantías de los contribuyentes[3].

5. El acuerdo tendrá un plazo máximo de vigencia de seis meses.

6. Los contribuyentes no pueden interponer recurso contra los acuerdos de valoración regulados en este artículo, sin perjuicio de que lo puedan hacer contra las liquidaciones que se puedan dictar ulteriormente.

(...)

Disposición final segunda.

La presente Ley entrará en vigor, una vez publicada en el *BOCAIB*, el día 1 de enero del año 2003.

---

[3]   Actualmente la referencia hay que entenderla al artículo 91 de la Ley 58/2003, General Tributaria, de 17 de diciembre.

22. Ley 8/2004, de 23 de diciembre, de medidas tributarias, administrativas y de función pública

(BOCAIB núm. 188, de 30 de diciembre de 2004; BOE núm. 16, de 19 de enero de 2005)

(…)

Artículo 28[4]. *(Derogado)*

Artículo 29. *Pago y presentación telemática preceptiva de determinados tributos.*
Por orden del consejero competente en materia de hacienda puede exigirse el pago y la presentación de la documentación necesaria para la liquidación del tributo por Internet de determinados tributos propios y cedidos gestionados por la Comunidad Autónoma de las Illes Balears, en lo que concierne a los contribuyentes o presentadores que superen la cifra de negocios, el número de presentaciones o el importe de tributos satisfechos que, a tal efecto, fijen dichas órdenes.

Artículo 30[5]. *(Derogado)*

Artículo 31[6]. *(Derogado)*
(…)

Disposición derogatoria única.
1. Se derogan expresamente las disposiciones siguientes:
(…)
c) Los artículos 1.2, 2, 3, 4.3, 5.1.2 y 5.2 de la Ley 11/2002, de 23 de diciembre, de medidas tributarias y administrativas.

---

[4]   Derogado por la letra c) de la disposición derogatoria única del Decreto Legislativo 1/2014, 6 junio, por el que se aprueba el Texto Refundido de las Disposiciones Legales de la Comunidad Autónoma de las Illes Balears en Materia de Tributos Cedidos por el Estado.
Redacción anterior del art. 28 dada por la disp. Final sexta de la Ley 15/2012, de 27 de diciembre, de presupuestos generales de la comunidad autónoma de las Illes Balears para el año 2013, (BOIB núm. 195, de 29 de diciembre de 2012), con efectos desde el 1 de enero de 2013.

[5]   Artículo 30 derogado por el número 1 de la Disposición Derogatoria Única de la Ley 22/2006, 19 diciembre, de reforma del impuesto sobre sucesiones y donaciones (BOIB núm. 184 de 23 de diciembre de 2006), en vigor desde el 2 de enero de 2007.

[6]   Derogado por la letra c) de la disposición derogatoria única del Decreto Legislativo 1/2014, 6 junio, por el que se aprueba el Texto Refundido de las Disposiciones Legales de la Comunidad Autónoma de las Illes Balears en Materia de Tributos Cedidos por el Estado.

(...)

2. Asimismo, se derogan todas las disposiciones de rango igual o inferior que se opongan a lo establecido en la presente ley.

(...)

Disposición final segunda.

La presente ley entrará en vigor, una vez publicada en el *BOCAIB*, el día 1 de enero del año 2005.

23. Decreto Legislativo 1/2014, de 6 de junio, por el que se aprueba el Texto Refundido de las Disposiciones Legales de la Comunidad Autónoma de las Illes Balears en Materia de Tributos Cedidos por el Estado

(BOIB núm. 77, de 7 de junio de 2014
BOE núm. 160, de 2 de julio de 2014)

EXPOSICIÓN DE MOTIVOS

La Ley Orgánica 8/1980, de 22 de septiembre, de Financiación de las Comunidades Autónomas, es la norma que fija el sistema de financiación de las comunidades autónomas de régimen común y establece el marco normativo de cesión de tributos. Este marco normativo ha evolucionado y se ha adaptado a los diferentes sistemas de financiación de las comunidades autónomas de régimen común, mediante las modificaciones sucesivas de esta ley orgánica operadas por las leyes orgánicas 3/1996, 7/2001 y 3/2009. Más en concreto, y por lo que a la aplicación de estos sucesivos sistemas de financiación a la Comunidad Autónoma de las Illes Balears se refiere, se han aprobado las leyes 27/1997, 29/2002 y 28/2010, del régimen de cesión de tributos del Estado a la Comunidad Autónoma de las Illes Balears y de fijación del alcance y competencias de la cesión. En virtud de estas leyes de cesión, esta Comunidad Autónoma ha ejercido desde 1999, mediante sucesivas leyes del Parlamento de las Illes Balears, buena parte de las competencias normativas atribuidas a la Comunidad Autónoma en todos los tributos cedidos.

El ejercicio reiterado, a lo largo de todos estos años, de estas competencias normativas ha producido una cierta dispersión normativa, que incide negativamente en el principio de seguridad jurídica que ha de presidir todo ordenamiento jurídico y, más aún, el ordenamiento tributario, del que se derivan múltiples obligaciones para los ciudadanos, tanto formales como materiales.

Cabe destacar al respecto que el Estatuto de Autonomía de las Illes Balears, en la redacción resultante de la Ley Orgánica 1/2007, de 28 de febrero, prevé expresamente, en su artículo 48, la posibilidad de que el Parlamento delegue en el Gobierno de las Illes Balears la potestad de dictar normas con rango de ley, en los mismos términos y supuestos de delegación previstos en la Constitución para el Estado, que prevé la posibilidad de que el Gobierno dicte textos refundidos. En idénticos términos lo establece el artículo 19.4 de la Ley 4/2001, de 14 de marzo, del Gobierno de las Illes Balears.

II

De acuerdo con este marco jurídico, la disposición final tercera de la Ley 3/2012, de 30 de abril, de Medidas Tributarias Urgentes, en la redacción dada por la Ley 15/2012, de 27 de diciembre, de Presupuestos Generales de la Comunidad Autónoma de las Illes Balears para el año 2013, faculta al Gobierno de las Illes Balears para que, antes del 31 de diciembre de 2013, apruebe un texto refundido de las normas tributarias dictadas en materia de tributos cedidos, con la posibilidad de regularizar, aclarar y armonizar las disposiciones legales vigentes.

La disposición final octava de la Ley 8/2013, de 23 de diciembre, de Presupuestos Generales de la Comunidad Autónoma de las Illes Balears para el año 2014, ha prorrogado hasta el 1 de julio de 2014 la autorización para la aprobación de este texto refundido, lo que ha hecho posible incluir las modificaciones que se han introducido en dicha Ley, como la derivada de la reforma de la Ley estatal 22/2009, de 18 de diciembre, por la que se regula el sistema de financiación de las comunidades autónomas de régimen común y ciudades con estatuto de autonomía y se modifican determinadas normas tributarias, en relación con el impuesto sobre hidrocarburos.

La aprobación de un único texto codificador, tal y como ya han hecho otras comunidades autónomas, tiene como finalidad principal dotar de mayor claridad a la normativa autonómica en materia de tributos cedidos por el Estado, mediante la integración en un único cuerpo normativo de las disposiciones que afectan a esta materia, contribuyendo así a aumentar la seguridad jurídica de los contribuyentes y de la Administración tributaria de la Comunidad Autónoma de las Illes Balears.

En el ejercicio de la citada autorización se aprueba este decreto legislativo por el que se aprueba el Texto Refundido que contiene las disposiciones legales vigentes dictadas por la Comunidad Autónoma en materia de tributos cedidos por el Estado que se encuentran incluidas en las siguientes leyes:

a) Ley 11/2002, de 23 de diciembre, de Medidas Tributarias y Administrativas de las Illes Balears.

b) Ley 10/2003, de 22 de diciembre, de Medidas Tributarias y Administrativas de las Illes Balears.

c) Ley 8/2004, de 23 de diciembre, de Medidas Tributarias, Administrativas y de Función Pública de las Illes Balears.

d) Ley 22/2006, de 19 de diciembre, de Reforma del Impuesto sobre Sucesiones y Donaciones.

e) Ley 25/2006, de 27 de diciembre, de Medidas Tributarias y Administrativas.

f) Ley 6/2007, de 27 de diciembre, de Medidas Tributarias y Económico Administrativas de las Illes Balears.

g) Ley 1/2009, de 25 de febrero, de Medidas Tributarias para Impulsar la Actividad Económica en las Illes Balears.

h) Ley 6/2010, de 17 de junio, por la que se Adoptan Medidas Urgentes para la Reducción del Déficit Público.

i) Ley 3/2012, de 30 de abril, de Medidas Tributarias Urgentes.

j) Ley 12/2012, de 26 de septiembre, de Medidas Tributarias para la Reducción del Déficit de la Comunidad Autónoma de las Illes Balears.

k) Ley 15/2012, de 27 de diciembre, de Presupuestos Generales de la Comunidad Autónoma de las Illes Balears para el año 2013.

l) La Ley 8/2013, de 23 de diciembre, de Presupuestos Generales de la Comunidad Autónoma de las Illes Balears para el año 2014.

En todo caso, el Texto Refundido que se aprueba, dada su naturaleza, no incorpora novedad normativa alguna y se limita a integrar todas las disposiciones legales vigentes en esta materia, eso sí, con las correspondientes adaptaciones derivadas de la reordenación sistemática de los preceptos.

III

Teniendo en cuenta que la normativa tributaria es objeto de frecuentes modificaciones, para responder a las necesidades de la política económica que se ejerza en cada momento, se ha dotado al Texto Refundido de una estructura que no se vaya a ver especialmente afectada por los cambios futuros que, previsiblemente, incidirán en la materia. Así, los preceptos en materia de tributos cedidos se han dividido en dos títulos: uno dedicado a las normas sustantivas de cada tributo y otro en el que se recogen las normas formales y de gestión que afectan a los diferentes tributos.

El título I consta de seis capítulos relativos, respectivamente, a las normas vigentes del impuesto sobre la renta de las personas físicas, del impuesto sobre el patrimonio, del impuesto sobre transmisiones patrimoniales y actos jurídicos documentados, del impuesto sobre sucesiones y donaciones, de la tasa fiscal sobre los juegos de suerte, envite o azar, de los impuestos sobre hidrocarburos y sobre determinados medios de transporte.

En el capítulo I se regula la escala autonómica y las deducciones autonómicas del impuesto sobre la renta de las personas físicas. El capítulo II establece el límite del impuesto sobre el patrimonio para los residentes en las Illes Balears en concepto de mínimo exento y el tipo de gravamen aplicable.

El capítulo III incluye la regulación autonómica vigente del impuesto sobre transmisiones patrimoniales y actos jurídicos documentados, especialmente prolija en lo que a tipos de gravamen se refiere, y se divide en dos secciones: la primera dedicada a los tipos aplicables en la modalidad del impuesto correspondiente a las transmisiones patrimoniales onerosas y la segunda, a los tipos correspondientes en la modalidad relativa a los actos jurídicos documentados.

(...)

DECRETO

Artículo único. *Aprobación del Texto Refundido de las disposiciones legales de la Comunidad Autónoma de las Illes Balears en materia de tributos cedidos por el Estado.*

De conformidad con la disposición final tercera de la Ley 3/2012, de 30 de abril, de Medidas Tributarias Urgentes, y la disposición final octava de la Ley 8/2013, de 23 de diciembre, de Presupuestos Generales de la Comunidad Autónoma de las Illes Balears para el año 2014, se aprueba el Texto Refundido de las disposiciones legales de la Comunidad Autónoma de las Illes Balears en materia de tributos cedidos por el Estado.

Disposición adicional única. *Remisiones normativas.*

Las remisiones y referencias normativas a las disposiciones derogadas por el presente decreto legislativo se entenderán realizadas, en lo sucesivo, a las correspondientes del Texto Refundido que se aprueba.

Disposición derogatoria única. *Disposiciones que se derogan.*

Quedan derogadas todas las disposiciones de igual o inferior rango que se opongan a lo dispuesto, contradigan o sean incompatibles con lo dispuesto en el presente decreto legislativo, y, en especial:

a) El artículo 12 de la Ley 11/2002, de 23 de diciembre, de Medidas Tributarias y Administrativas de las Illes Balears.

b) Los artículo 5 y 6 de la Ley 10/2003, de 22 de diciembre, de Medidas Tributarias y Administrativas de las Illes Balears.

c) Los artículos 28 y 31 de la Ley 8/2004, de 23 de diciembre, de Medidas Tributarias, Administrativas y de Función Pública de las Illes Balears.

d) La Ley 22/2006, de 19 de diciembre, del Impuesto sobre Sucesiones y Donaciones.

e) Los artículos 10 y 11 de la Ley 25/2006, de 27 de diciembre, de Medidas Tributarias y Administrativas

f) Los artículos 2, 3, 6, 7, 10, 13, 14, 27, 28 y 29 de la Ley 6/2007, de 27 de diciembre, de Medidas Tributarias y Económico-administrativas de las Illes Balears.

g) El artículo 12 de la Ley 1/2009, de 25 de febrero, de Medidas Tributarias para Impulsar la Actividad Económica en las Illes Balears.

h) El artículo 8 de la Ley 6/2010, de 17 de junio, por la que se Adoptan Medidas Urgentes para la Reducción del Déficit Público.

i) Los artículos 4, 5, 6, 7, 9, 11, 12, 13, 14, 15, 16, 17 y 20, y las disposiciones adicionales primera y segunda de la Ley 3/2012, de 30 de abril, de Medidas Tributarias Urgentes.

j) Los artículos 1 y del 3 al 7 y la disposición adicional primera de la Ley 12/2012, de 26 de septiembre, de Medidas Tributarias para la Reducción del Déficit de la Comunidad Autónoma de las Illes Balears.

k) La disposición adicional undécima de la Ley 15/2012, de 27 de diciembre, de Presupuestos Generales de la Comunidad Autónoma de las Illes Balears para el año 2013.

l) El artículo 28 de la Ley 8/2013, de 23 de diciembre, de Presupuestos Generales de la Comunidad Autónoma de las Illes Balears para el año 2014.

Disposición final primera. *Habilitación de la ley de presupuestos generales.*

1. Con carácter general, las leyes de presupuestos generales de la Comunidad Autónoma de las Illes Balears podrán actualizar y modificar los elementos cuantitativos de los tributos regulados en el Texto Refundido que se aprueba por el presente decreto legislativo, en los mismos términos que prevean las leyes respecto de las modificaciones que puedan realizarse, en el ámbito de las competencias normativas del Estado, por medio de las leyes de presupuestos generales del Estado, así como las normas de gestión.

2. En todo caso, las leyes de presupuestos generales de la Comunidad Autónoma de las Illes Balears podrán modificar:

a) En el impuesto sobre la renta de las personas físicas, la escala autonómica aplicable a la base liquidable general y las deducciones.

b) En el impuesto sobre el patrimonio, el mínimo exento y la escala de gravamen.

c) En el impuesto sobre transmisiones patrimoniales y actos jurídicos documentados, los tipos de gravamen y las normas de gestión.

d) En el impuesto sobre sucesiones y donaciones, las reducciones, la escala de gravamen, los tramos de patrimonio preexistente y los coeficientes multiplicadores que corrigen la cuota íntegra y las normas de gestión.

e) En la tasa fiscal sobre los juegos de suerte, envite o azar, la base imponible, los tipos de gravamen, las cuotas fijas y las normas de gestión.

f) En el impuesto especial sobre hidrocarburos, el tipo de gravamen autonómico y el tipo autonómico de devolución del gasoil de uso profesional.

g) En el impuesto especial sobre determinados medios de transporte, los tipos de gravamen.

Disposición final segunda. *Entrada en vigor.*

El presente decreto legislativo entrará en vigor al día siguiente de su publicación en el *Boletín Oficial de las Illes Balears*.

TEXTO REFUNDIDO DE LAS DISPOSICIONES LEGALES DE LA COMUNIDAD AUTÓNOMA DE LAS ILLES BALEARS EN MATERIA DE TRIBUTOS CEDIDOS POR EL ESTADO

TÍTULO I. DISPOSICIONES SUSTANTIVAS APLICABLES A LOS TRIBUTOS CEDIDOS
(...)

CAPÍTULO III. IMPUESTO SOBRE TRANSMISIONES PATRIMONIALES Y ACTOS JURÍDICOS DOCUMENTADOS

SECCIÓN 1.ª *Transmisiones patrimoniales onerosas*

Artículo 10. *Tipos de gravamen generales en operaciones inmobiliarias.*

En las transmisiones onerosas de bienes inmuebles y en la constitución y cesión de derechos reales a que se refiere el artículo 11.1 *a* del Texto Refundido de la Ley del Impuesto sobre Transmisiones Patrimoniales y Actos Jurídicos Documentados, aprobado por el Real Decreto Legislativo 1/1993, de 24 de septiembre, se aplicarán los siguientes tipos de gravamen:

a)[7] Como regla general, el tipo medio que resulte de aplicar la siguiente tarifa en función del valor real o declarado —si éste último es superior al real— del bien inmueble objeto de transmisión o de constitución o cesión del derecho real:

Valor total del inmueble desde (euros)	Cuota íntegra (euros)	Resto de valor hasta (euros)	Tipo aplicable (%)
400.000,01	32.000	200.000	9
600.000,01	50.000	400.00	10
1.000.000,01	90.000	2.000.000	12
2.000.000,01	210.000	En adelante	13

b) No obstante, si el bien inmueble es calificable urbanísticamente conforme a la normativa aplicable como plaza de garaje, excepto en el caso de garajes anexos a viviendas hasta un máximo de dos —en el que se aplica la regla general anterior—, el tipo medio aplicable es el que resulte de aplicar la siguiente tarifa en función del valor real o declarado

---

[7]   Nueva redacción del art. 10.a).dada por la Disp. Final cuarta 16 de la Ley 11/2022, de 28 de diciembre, de presupuestos generales de la Comunidad Autónoma de las Illes Balears para el año 2023 (BOIB núm. 171, 31 de diciembre de 2022), con efectos desde el 1 de enero de 2023.

   Redacción anterior dada por la Disp. Final Segunda.3 de la Ley 5/2021, de 28 de diciembre, de presupuestos generales de la comunidad autónoma de las Illes Balears para el año 2022 (BOIB, núm. 180, de 30 de diciembre de 2021), en vigor desde el 1 de enero de 2022.

   Redacción anterior dada Disposición Final segunda.10 de la Ley 12/2015, de 29 de diciembre, de presupuestos generales de la comunidad autónoma de las Illes Balears para el año 2016 (BOIB núm. 189, de 30 de diciembre de 2015), en vigor desde el 1 de enero de 2016.

—si este último es superior al real— del bien inmueble garaje objeto de transmisión o de constitución o cesión del derecho real:

Valor total del garaje desde (euros)	Cuota íntegra (euros)	Resto valor hasta (euros)	Tipo aplicable (%)
0	0	30.000	8
30.000	2.400	En adelante	9

A los efectos de lo dispuesto en los dos párrafos anteriores, la cuota íntegra ha de determinarse aplicando el tipo medio así obtenido a la base liquidable correspondiente al sujeto pasivo. El tipo medio es el derivado de multiplicar por cien el cociente resultante de dividir la cuota obtenida por la aplicación de las anteriores tarifas por el valor total del inmueble. El tipo medio ha de expresarse con dos decimales, y el segundo decimal ha de redondearse por exceso cuando el tercer decimal sea superior a 5, y por defecto cuando el tercer decimal sea igual o inferior a 5.

c)[8] No obstante lo dispuesto en la letra a) anterior, cuando el valor real o declarado —siempre que éste último sea superior al real— del inmueble sea igual o inferior a 270.151,20 euros, y siempre que el inmueble haya de constituir, en el momento de la adquisición, la

---

[8]   Nueva redacción del art. 10.c). dada por la Disp. Final Segunda.14 de la Ley 12/2023, de 29 de diciembre, de Presupuestos Generales de la Comunidad Autónoma de las Illes Balears para el año 2024 (BOIB núm. 176, de 30 de diciembre de 2023), con efectos desde el 1 de enero de 2024.

Redacción anterior dada por la Disp. Final cuarta 16 de la Ley 11/2022, de 28 de diciembre, de presupuestos generales de la Comunidad Autónoma de las Illes Balears para el año 2023 (BOIB núm. 171, 31 de diciembre de 2022), con efectos desde el 1 de enero de 2023: «*c) No obstante lo dispuesto en la letra a) anterior, cuando el valor real o declarado —siempre que éste último sea superior al real— del inmueble sea igual o inferior a 270.151,20 euros, y siempre que el inmueble haya de constituir, en el momento de la adquisición, la vivienda habitual del adquirente, en los términos establecidos por la normativa reguladora del impuesto sobre la renta de las personas físicas, y el adquirente no disponga de ningún otro derecho de propiedad o de uso o disfrute respecto a ninguna otra vivienda, el tipo de gravamen aplicable es el 4%.*

Asimismo, durante un plazo de cuatro años desde su adquisición, los adquirentes que hayan aplicado este tipo de gravamen en la autoliquidación correspondiente no podrán adquirir ningún otro derecho de propiedad o de uso o disfrute respecto de ninguna otra vivienda. En caso contrario, el contribuyente pagará la parte del impuesto que hubiera aplicado con arreglo a la tarifa a que se refiere la letra a) de este artículo, sin intereses de demora, mediante autoliquidación complementaria que debe presentarse en el plazo máximo de un mes a contar desde la fecha en que se produzca el incumplimiento de este requisito».

Redacción anterior dada por la Disp. Final Segunda.3 de la Ley 5/2021, de 28 de diciembre, de presupuestos generales de la comunidad autónoma de las Illes Balears para el año 2022 (BOIB, núm. 180, de 30 de diciembre de 2021), en vigor desde el 1 de enero de 2022: «*c) No obstante lo dispuesto en la letra a) anterior, cuando el valor real o declarado —siempre que este último sea superior al real— del inmueble sea igual o inferior a 200.000 euros, y siempre que el inmueble haya de constituir, en el momento de la adquisición, la vivienda habitual del adquirente, en los términos establecidos por la normativa reguladora del impuesto sobre la renta de las personas físicas, y el adquirente no disponga de ningún otro derecho de propiedad o de uso o disfrute respecto a ninguna otra vivienda, el tipo de gravamen aplicable será el 5%.*

vivienda habitual del adquirente, y este adquiera, en un porcentaje igual o superior al 50%, la plena propiedad o el derecho de uso o disfrute de la vivienda y, además, no sea titular o cotitular en un porcentaje igual o superior al 50% de ningún otro derecho de propiedad plena o de uso o disfrute respecto de ninguna otra vivienda, el tipo de gravamen aplicable es el 4%.

La definición y los requisitos del concepto de vivienda habitual son los establecidos en cada momento por la normativa reguladora del impuesto sobre la renta de las personas físicas. El incumplimiento de estos requisitos implica la pérdida sobrevenida del derecho a la aplicación de este tipo de gravamen reducido, y el contribuyente deberá presentar una autoliquidación complementaria en el período de un mes a contar desde la fecha en que se produzca el incumplimiento e ingresar, junto con la cuota correspondiente a la parte del impuesto que hubiese aplicado de acuerdo con la tarifa a que se refiere la letra a), los correspondientes intereses de demora.

d)[9] El tipo de gravamen aplicable es del 2%, siempre que se cumplan los requisitos de la letra c) anterior, incluido el valor máximo del inmueble de 270.151,20 euros, en los supuestos específicos siguientes:

Asimismo, durante un plazo de cuatro años desde su adquisición, los adquirentes que hayan aplicado este tipo de gravamen en la autoliquidación correspondiente no podrán adquirir ningún otro derecho de propiedad o de uso o disfrute respecto a ninguna otra vivienda. En caso contrario, el contribuyente pagará la parte del impuesto que hubiera aplicado con arreglo a la tarifa a que se refiere la letra a) de este artículo, sin intereses de demora, mediante autoliquidación complementaria que debe presentarse en el plazo máximo de un mes a contar desde la fecha en que se produzca el incumplimiento de este requisito».

Redacción anterior de la letra c) dada por la Disp. Final Segunda.2 de la Ley 19/2019, de 30 de diciembre, de presupuestos generales de la comunidad autónoma de las Illes Balears para el año 2020 (BOIB núm. 175, de 31 de diciembre de 2019), con efectos desde el 1 de enero de 2020: «*c) No obstante lo dispuesto en la letra a) anterior, cuando el valor real o declarado —siempre que este último sea superior al real— del inmueble sea igual o inferior a 200.000 euros, y siempre que el inmueble adquirido haya de constituir la primera vivienda, con el carácter de vivienda habitual, del adquirente, el tipo de gravamen aplicable es el 5%».*

Redacción anterior por su incorporación por la Disp. Final segunda.4 de la Ley 14/2018, de 28 de diciembre, de presupuestos generales de la comunidad autónoma de las Illes Balears para el año 2019 (BOIB núm. 163, de 29 de diciembre de 2018), en vigor desde el 1 de enero de 2019: «*c) No obstante lo dispuesto por la letra a) anterior, cuando el valor real o declarado —siempre que este último sea superior al real— del inmueble sea igual o inferior a 200.000 euros, y siempre que el inmueble adquirido haya de constituir la primera vivienda del adquirente, el tipo medio aplicable es el 5%».*

[9] Nueva redacción de la letra d) del art. 10 dada por el art. noveno de la Ley 11/2023, de 23 de noviembre, de modificación del Decreto legislativo 1/2014, de 6 de junio, por el que se aprueba el texto refundido de las disposiciones legales de la comunidad autónoma de las Illes Balears en materia de tributos cedidos por el Estado (BOIB núm. 161, 25 de noviembre de 2023), en vigor, desde el 26 de noviembre de 2023.

Redacción anterior por su incorporación por art. 1 del Decreto-ley 4/2023, de 18 de julio, de modificación del Decreto Legislativo 1/2014, de 6 de junio, por el que se aprueba el Texto Refundido de las disposiciones legales de la Comunidad Autónoma de las Illes Balears en materia de tributos cedidos por el Estado (BOIB

1.º[10] Cuando el adquirente sea menor de 36 años y además la vivienda constituya la primera vivienda respecto de la que adquiera, en un porcentaje igual o superior al 50%, la plena propiedad o el derecho de uso o disfrute de la vivienda.

2.º Cuando el adquiriente tenga derecho al mínimo por discapacidad de ascendientes o de descendientes en el impuesto sobre la renta de las personas físicas correspondiente al último periodo impositivo cuyo plazo de declaración haya finalizado.

3.º[11] Cuando el inmueble adquirido deba constituir, de acuerdo con la definición y los requisitos establecidos en cada momento por la normativa reguladora del impuesto sobre la renta de las personas físicas a que se refiere la letra c) anterior, la vivienda habitual del padre, la madre o los padres que convivan con el hijo, la hija o los hijos sometidos a la patria potestad y que integren una familia numerosa o una familia monoparental, siempre que el valor real o declarado —si este es superior— de la vivienda no sea superior a 350.000 euros. En este caso, el tipo de gravamen será del 2% para los primeros 270.151,20 euros

---

núm. 100, de 18 de julio de 2023), en vigor desde el 18 de julio de 2023 y derogada por la Disp. Derogatoria única de la Ley 11/2023, de 23 de noviembre: «d) El tipo de gravamen aplicable será del 2%, siempre que se cumplan los requisitos de la letra c) anterior, incluido el valor máximo del inmueble de 270.151,20 euros, en los siguientes supuestos específicos.

1.º Cuando el adquirente sea menor de 36 años y además la vivienda constituya la primera vivienda adquirida por este.

2.º Cuando el adquirente tenga derecho al mínimo por discapacidad de ascendientes o de descendientes en el impuesto sobre la renta de las personas físicas correspondiente al último período impositivo cuyo plazo de declaración haya finalizado.

3.º Cuando el inmueble adquirido haya de constituir la vivienda habitual del padre, la madre o los padres que convivan con el hijo, la hija o los hijos sometidos a la patria potestad y que integren una familia numerosa o una familia monoparental, siempre que el precio de adquisición de la vivienda no sea superior a 350.000 euros. En este caso, el tipo de gravamen será del 2% para los primeros 270.151,20 euros y del 8% para el exceso. En el caso de familias monoparentales de categoría general, el precio de adquisición de la vivienda no podrá superar los 270.151,20 euros».

10   Nueva redacción del punto 1º de la letra d) del art. 10 dada por la Disp. Final Segunda.15 de la Ley 12/2023, de 29 de diciembre, de Presupuestos Generales de la Comunidad Autónoma de las Illes Balears para el año 2024 (BOIB núm. 176, de 30 de diciembre de 2023), con efectos desde el 1 de enero de 2024. Redacción anterior: «1º. Cuando el adquirente sea menor de 36 años y además la vivienda constituya la primera vivienda que adquiere».

11   Nueva redacción del punto 3º de la letra d) del art. 10 dada por la Disp. Final Segunda.15 de la Ley 12/2023, de 29 de diciembre, de Presupuestos Generales de la Comunidad Autónoma de las Illes Balears para el año 2024 (BOIB núm. 176, de 30 de diciembre de 2023), con efectos desde el 1 de enero de 2024. Redacción anterior: «3º. Cuando el inmueble adquirido tenga que constituir la vivienda habitual del padre, la madre o los padres que convivan con el hijo, la hija o los hijos sometidos a la patria potestad y que integren una familia numerosa o una familia monoparental, siempre que el valor real o declarado —si este es superior— de la vivienda no sea superior a 350.000 euros. En este caso, el tipo de gravamen es del 2% para los primeros 270.151,20 euros y del 8% para el exceso. No obstante, en el caso de familias monoparentales de categoría general, el valor real o declarado —si este es superior— de la vivienda no puede superar los 270.151,20 euros».

y del 8% para el exceso. No obstante, en el caso de familias monoparentales de categoría general, el valor real o declarado —si este es superior— de la vivienda no podrá superar los 270.151.20 euros.

Artículo 11. *Tipo de gravamen reducido aplicable a la transmisión onerosa de inmuebles que hayan de constituir la sede del domicilio fiscal o un centro de trabajo de sociedades o empresas de nueva creación.*

1. El tipo de gravamen aplicable a las transmisiones onerosas de inmuebles en las que el adquirente sea una sociedad mercantil o una empresa de nueva creación y el inmueble tenga que constituir la sede del domicilio fiscal o un centro de trabajo de la sociedad o empresa, será del 3,5%, siempre que concurran las siguientes circunstancias:

a) El empresario individual o social deberá darse de alta por primera vez en el Censo de Empresarios, Profesionales y Retenedores, al que se refiere el artículo 3 del Reglamento general de las actuaciones y los procedimientos de gestión e inspección tributaria y de desarrollo de las normas comunes de los procedimientos de aplicación de los tributos, aprobado por el Real Decreto 1065/2007, de 27 de julio.

b) Al menos durante cuatro años desde la adquisición, deberá mantenerse el ejercicio de la actividad empresarial o profesional en el territorio de las Illes Balears.

c) La empresa tendrá el domicilio social y fiscal en las Illes Balears.

d) La adquisición deberá formalizarse en un documento público, en el que se hará constar expresamente la finalidad de destinar el inmueble a la sede del domicilio fiscal o a un centro de trabajo, así como la identidad de los socios y las participaciones de cada uno. No se podrá aplicar el tipo reducido si alguna de estas declaraciones no consta en el documento público, ni tampoco en caso de que se hagan rectificaciones del documento con el fin de subsanar su omisión, excepto que se hagan dentro del período voluntario de autoliquidación del impuesto.

e) La adquisición del inmueble deberá tener lugar antes del transcurso de un año desde la creación de la empresa.

f) La empresa deberá desarrollar una actividad económica. A tal efecto, no tendrá por actividad principal la gestión de un patrimonio mobiliario o inmobiliario, de acuerdo con lo previsto en el artículo 4, apartado ocho, número dos *a*, de la Ley 19/1991, ni dedicarse a la actividad de arrendamiento de inmuebles.

g) Como mínimo, la empresa deberá emplear a una persona domiciliada fiscalmente en las Illes Balears con un contrato laboral a jornada completa y dada de alta en el régimen general de la Seguridad Social, durante los cuatro años a que se refiere la letra *b* anterior.

h)[12] La cifra anual de negocio de la empresa no podrá superar el límite de 2.000.000 de euros durante los cuatro años a que se refiere la letra b) anterior, calculada así como prevé el artículo 101 de la Ley del impuesto sobre sociedades.

i) En el caso de personas jurídicas societarias, los socios, en el momento de la adquisición, serán personas físicas que no estén o hayan estado de alta en el Censo citado en la letra *a* anterior.

j)[13] No deberá haber ninguna vinculación entre el adquirente y el transmitente, en los términos establecidos en el artículo 18 de la Ley del impuesto sobre Sociedades.

2. El incumplimiento de los requisitos y condiciones establecidos en el apartado anterior comportará la pérdida del beneficio fiscal, y el contribuyente deberá presentar una autoliquidación complementaria en el plazo de un mes que se contará desde la fecha en que se produzca el incumplimiento e ingresará, junto con la cuota resultante, los intereses de demora correspondientes.

Artículo 12. *Tipo de gravamen reducido aplicable a la transmisión onerosa de inmuebles situados en el ámbito territorial del Parque Balear de Innovación Tecnológica.*

El tipo de gravamen aplicable a las transmisiones onerosas de inmuebles y a la constitución y cesión de derechos reales, excepto los derechos reales de garantía, sobre inmuebles situados en el ámbito territorial del Parque Balear de Innovación Tecnológica será del 0,5%.

Artículo 13. *Tipo de gravamen reducido aplicable a la transmisión onerosa de inmuebles en la que los sujetos pasivos se acojan a la exención prevista en los números 20.º, 21.º y 22.º del apartado uno del artículo 20 de la Ley del Impuesto sobre el Valor Añadido.*

El tipo de gravamen aplicable a las transmisiones onerosas de inmuebles será del 4% cuando concurran los siguientes requisitos:

a) Que sea aplicable a la operación alguna de las exenciones contenidas en los números 20.º, 21.º y 22.º del apartado uno del artículo 20 de la Ley 37/1992, de 28 de diciembre, del Impuesto sobre el Valor Añadido.

b) Que el adquirente sea sujeto pasivo del impuesto sobre el valor añadido, actúe en el ejercicio de una actividad empresarial o profesional y tenga derecho a la deducción del impuesto sobre el valor añadido soportado por estas adquisiciones de acuerdo con lo dispuesto en el apartado dos del artículo 20 de la Ley 37/1992.

---

[12]   Nueva redacción dada por la Disposición Final segunda.11 de la Ley 12/2015, de 29 de diciembre, de presupuestos generales de la comunidad autónoma de las Illes Balears para el año 2016 (BOIB núm. 189, de 30 de diciembre de 2015), en vigor desde el 1 de enero de 2016.

[13]   Nueva redacción dada por la Disposición Final segunda.11 de la Ley 12/2015, de 29 de diciembre, de presupuestos generales de la comunidad autónoma de las Illes Balears para el año 2016 (BOIB núm. 189, de 30 de diciembre de 2015), en vigor desde el 1 de enero de 2016.

c) Que, con carácter previo o simultáneo a la entrega, se haga constar expresamente por parte del transmitente que, a pesar de poder acogerse a la renuncia de la exención que prevé el apartado dos del artículo 20 de la Ley 37/1992, opta por no renunciar a ella.

Artículo 14[14]. *Tipo de gravamen aplicable a las transmisiones onerosas de vehículos a motor.*

1. Se establece un tipo de gravamen específico del 0% en el impuesto sobre transmisiones patrimoniales y actos jurídicos documentados aplicable a las transmisiones onerosas por actos entre vivos de ciclomotores.

Asimismo, los sujetos pasivos del impuesto no quedarán obligados a presentar la autoliquidación correspondiente respecto de las transmisiones objeto del tipo de gravamen específico a que se refiere el párrafo anterior de este apartado.

2. Se establece un tipo de gravamen específico del 8% en el impuesto sobre transmisiones patrimoniales y actos jurídicos documentados aplicable a las transmisiones onerosas por actos entre vivos de vehículos de turismo y de vehículos todoterreno que, según la clasificación de precios medios de venta que establece anualmente el ministerio competente en materia de hacienda mediante una orden, superen los 15 caballos de potencia fiscal.

3[15]. Se establece un tipo de gravamen específico del 0% en el impuesto sobre transmisiones patrimoniales y actos jurídicos documentados aplicable a las transmisiones onerosas por actos entre vivos de vehículos clasificados con el distintivo ambiental de la Dirección General de Tráfico de cero emisiones.

4[16]. Se establece un tipo de gravamen específico del 2% en el impuesto sobre transmisiones patrimoniales y actos jurídicos documentados aplicable a las transmisiones onerosas por actos entre vivos de vehículos clasificados con el distintivo ambiental de la Dirección General de Tráfico de vehículos ECO.

---

[14] Nueva redacción del art. 14 dada por la Disposición Final segunda.12 de la Ley 12/2015, de 29 de diciembre, de presupuestos generales de la comunidad autónoma de las Illes Balears para el año 2016 (BOIB núm. 189, de 30 de diciembre de 2015), en vigor desde el 1 de enero de 2016.

Redacción anterior dada por la Disposición Final segunda.13 de la Ley 13/2014, de 29 de diciembre, de presupuestos generales de la comunidad autónoma de las Illes Balears para el año 2015 (BOIB núm. 178, de 30 diciembre de 2014), en vigor desde el 1 de enero de 2015.

[15] Nuevo apartado incorporado por la Disp. final segunda.13 del Decreto ley 4/2022, de 30 de marzo, por el que se adoptan medidas extraordinarias y urgentes para paliar la crisis económica y social producida por los efectos de la guerra en Ucrania (BOIB núm. 44, de 31 de marzo 2022), con efectos desde el día 31 de marzo.

[16] Nuevo apartado incorporado por la Disp. final segunda.13 del Decreto ley 4/2022, de 30 de marzo, por el que se adoptan medidas extraordinarias y urgentes para paliar la crisis económica y social producida por los efectos de la guerra en Ucrania (BOIB núm. 44, de 31 de marzo 2022), con efectos desde el día 31 de marzo.

Artículo 14 bis[17]. *Tipo de gravamen aplicable a las transmisiones onerosas de determinados bienes muebles de carácter cultural.*

El tipo de gravamen aplicable a las transmisiones onerosas de bienes muebles inscritos en el Catálogo General del Patrimonio Histórico de las Illes Balears o en el Registro de Bienes de Interés Cultural de las Illes Balears es del 1% cuando el adquirente incorpore los bienes mencionados a una empresa, actividad o proyecto de carácter cultural, científico o de desarrollo tecnológico, en los términos que prevé la Ley 3/2015, de 23 de marzo, por la que se regula el consumo cultural y el mecenazgo cultural, científico y de desarrollo tecnológico, y se establecen medidas tributarias.

Artículo 14 ter[18]. *Tipo de gravamen reducido aplicable en caso de transmisiones de determinados bienes de carácter deportivo.*

El tipo aplicable a las transmisiones onerosas de bienes muebles imprescindibles para la práctica del deporte es del 1% cuando dichos bienes sean incorporados por la parte adquirente a una empresa, actividad o proyecto de carácter deportivo, siempre que la persona que adquiere el bien lo mantenga en su patrimonio, afecto a la empresa, la actividad o el proyecto deportivo, durante por lo menos cinco años desde su adquisición.

Artículo 14 quater[19]. *Bonificación autonómica para la adquisición de la primera vivienda habitual por jóvenes menores de 30 años y personas con discapacidad.*

1. En las transmisiones onerosas de inmuebles que vayan a constituir la primera vivienda habitual de jóvenes menores de 30 años, o de personas con un grado de discapacidad

---

[17]   Nuevo art. 14 bis incorporado dada la Disposición Final segunda.3 de la Ley 3/2015, de 23 de marzo, por la que se regula el consumo cultural y el mecenazgo cultural, científico y de desarrollo tecnológico, y se establecen medidas tributarias (BOIB núm. 44, de 28 de marzo de 2015), en vigor desde el 29 de marzo de 2015.

[18]   Nuevo artículo incorporado por la Disposición Final primera.2 de la Ley 6/2015, de 30 de marzo, por la que se regula el mecenazgo deportivo y se establecen medidas tributarias (BOIB núm. 50, de 9 de abril de 2015), en vigor desde el 10 de abril de 2015.

[19]   Nueva redacción del art. 14 quater dada por el art. décimo de la Ley 11/2023, de 23 de noviembre, de modificación del Decreto legislativo 1/2014, de 6 de junio, por el que se aprueba el texto refundido de las disposiciones legales de la comunidad autónoma de las Illes Balears en materia de tributos cedidos por el Estado (BOIB núm. 161, 25 de noviembre de 2023), en vigor, desde el 26 de noviembre de 2023.

     Redacción anterior por su incorporación por art. 2 del Decreto-ley 4/2023, de 18 de julio, de modificación del Decreto Legislativo 1/2014, de 6 de junio, por el que se aprueba el Texto Refundido de las disposiciones legales de la Comunidad Autónoma de las Illes Balears en materia de tributos cedidos por el Estado (BOIB núm. 100, de 18 de julio de 2023), en vigor desde el 18 de julio de 2023 y derogada por la Disp. Derogatoria única de la Ley 11/2023, de 23 de noviembre: *«Bonificación autonómica para la adquisición de la primera vivienda habitual por jóvenes menores de 30 años y personas con discapacidad.*

     1. En las transmisiones onerosas de inmuebles que vayan a constituir la primera vivienda habitual de jóvenes menores de 30 años, o de personas con un grado de discapacidad igual o superior al 33 %, se aplicará una bonificación del 100 % de la cuota tributaria, siempre que concurran los siguientes requisitos:

igual o superior al 33%, se aplicará una bonificación del 100% de la cuota tributaria, siempre que concurran los siguientes requisitos:

a) El adquirente debe tener su residencia habitual en las Illes Balears durante al menos los tres años inmediatamente anteriores a la fecha de la adquisición.

---

a) El adquirente debe tener su residencia habitual en las Illes Balears durante al menos los tres años inmediatamente anteriores a la fecha de la adquisición.

b) La vivienda adquirida será la primera vivienda en propiedad del contribuyente en territorio español.

c) El adquirente no puede disponer de ningún otro derecho de propiedad o de uso o disfrute respecto de ninguna otra vivienda.

d) La vivienda adquirida tendrá que alcanzar el carácter de habitual de acuerdo con la definición y los requisitos establecidos en cada momento por la normativa reguladora del impuesto sobre la renta de las personas físicas. Este carácter de habitual debe mantenerse durante un plazo de tres años, durante los cuales no se podrá transmitir la vivienda.

e) El precio de adquisición de la vivienda no podrá ser superior a 270.151,20 euros.

f) La base imponible total por el impuesto sobre la renta de las personas físicas del contribuyente correspondiente al último período impositivo cuyo plazo de declaración haya finalizado no podrá ser superior a 52.800 euros en el caso de tributación individual o a 84.480 euros en el caso de tributación conjunta.

g) El contribuyente y ningún familiar respecto del cual el contribuyente sea legitimario al tiempo del devengo del impuesto no deberán tener la obligación de declarar el impuesto sobre el patrimonio correspondiente al último período impositivo cuyo plazo de declaración haya finalizado.

2. El incumplimiento de los requisitos establecidos en la letra d) del apartado anterior comportará la pérdida sobrevenida del beneficio fiscal, y el contribuyente deberá presentar una autoliquidación complementaria en el periodo de un mes a contar desde la fecha en que se produzca el incumplimiento e ingresar, junto con la cuota, los correspondientes intereses de demora.

3. Esta bonificación no eximirá de la obligación de presentar la correspondiente autoliquidación del impuesto».

Nueva redacción de la letra b) del apartado primero dada por la Disp. Final Segunda.16 de la Ley 12/2023, de 29 de diciembre, de Presupuestos Generales de la Comunidad Autónoma de las Illes Balears para el año 2024 (BOIB núm. 176, de 30 de diciembre de 2023), con efectos desde el 1 de enero de 2024.

Redacción anterior: *«b) La vivienda adquirida será la primera vivienda en propiedad del contribuyente en territorio español».*

Nueva redacción de la letra c) del apartado primero dada por la Disp. Final Segunda.16 de la Ley 12/2023, de 29 de diciembre, de Presupuestos Generales de la Comunidad Autónoma de las Illes Balears para el año 2024 (BOIB núm. 176, de 30 de diciembre de 2023), con efectos desde el 1 de enero de 2024.

Redacción anterior: *«c) El adquirente no puede ser titular o cotitular en un porcentaje igual o superior al 50% de ningún otro derecho de propiedad o de uso o disfrute respecto de ninguna otra vivienda».*

Nueva redacción del apartado 2 dada por la Disp. Final Segunda.17 de la Ley 12/2023, de 29 de diciembre, de Presupuestos Generales de la Comunidad Autónoma de las Illes Balears para el año 2024 (BOIB núm. 176, de 30 de diciembre de 2023), con efectos desde el 1 de enero de 2024.

Redacción anterior: *«2. El incumplimiento de los requisitos establecidos en la letra d) del apartado anterior implica la pérdida sobrevenida del beneficio fiscal, y el contribuyente deberá presentar una autoliquidación complementaria en el periodo de un mes a contar desde la fecha en que se produzca el incumplimiento e ingresar, junto con la cuota, los correspondientes intereses de demora».*

Redacción anterior: *«c) El adquirente no puede ser titular o cotitular en un porcentaje igual o superior al 50% de ningún otro derecho de propiedad o de uso o disfrute respecto de ninguna otra vivienda».*

b)[20] La vivienda debe ser la primera vivienda respecto de la que adquiera, en un porcentaje igual o superior al 50%, la plena propiedad.

c)[21] El adquirente no puede ser titular o cotitular en un porcentaje igual o superior al 50% de ningún otro derecho de propiedad plena o de uso o disfrute respecto de ninguna otra vivienda.

d) La vivienda adquirida tendrá que alcanzar el carácter de habitual de acuerdo con la definición y los requisitos establecidos en cada momento por la normativa reguladora del impuesto sobre la renta de las personas físicas.

e) El valor real o declarado —si este es superior— de la vivienda no podrá ser superior a 270.151,20 euros.

f) La base imponible total por el impuesto sobre la renta de las personas físicas del contribuyente correspondiente al último período impositivo cuyo plazo de declaración haya finalizado, no podrá ser superior a 52.800 euros en el caso de tributación individual o a 84.480 euros en el caso de tributación conjunta.

g) El adquirente debe haber contratado con una entidad financiera un préstamo con garantía hipotecaria por un importe igual o superior al 60% del valor de tasación de la vivienda.

2.[22] El incumplimiento de los requisitos establecidos en la letra d) del apartado anterior implica la pérdida sobrevenida del beneficio fiscal, y el contribuyente deberá presentar una autoliquidación complementaria en el período de un mes a contar desde la fecha en que se produzca el incumplimiento e ingresar, junto con la cuota que resulte de aplicar la tarifa a que se refiere la letra a) del artículo 10 de esta ley, los correspondientes intereses de demora.

---

[20] Nueva redacción de la letra b) del apartado primero dada por la Disp. Final Segunda.16 de la Ley 12/2023, de 29 de diciembre, de Presupuestos Generales de la Comunidad Autónoma de las Illes Balears para el año 2024 (BOIB núm. 176, de 30 de diciembre de 2023), con efectos desde el 1 de enero de 2024.
Redacción anterior: «*b) La vivienda adquirida será la primera vivienda en propiedad del contribuyente en territorio español*».

[21] Nueva redacción de la letra c) del apartado primero dada por la Disp. Final Segunda.16 de la Ley 12/2023, de 29 de diciembre, de Presupuestos Generales de la Comunidad Autónoma de las Illes Balears para el año 2024 (BOIB núm. 176, de 30 de diciembre de 2023), con efectos desde el 1 de enero de 2024.
Redacción anterior: «*c) El adquirente no puede ser titular o cotitular en un porcentaje igual o superior al 50% de ningún otro derecho de propiedad o de uso o disfrute respecto de ninguna otra vivienda*».

[22] Nueva redacción del apartado 2 dada por la Disp. Final Segunda.17 de la Ley 12/2023, de 29 de diciembre, de Presupuestos Generales de la Comunidad Autónoma de las Illes Balears para el año 2024 (BOIB núm. 176, de 30 de diciembre de 2023), con efectos desde el 1 de enero de 2024.
Redacción anterior: «*2. El incumplimiento de los requisitos establecidos en la letra d) del apartado anterior implica la pérdida sobrevenida del beneficio fiscal, y el contribuyente deberá presentar una autoliquidación complementaria en el periodo de un mes a contar desde la fecha en que se produzca el incumplimiento e ingresar, junto con la cuota, los correspondientes intereses de demora*».
Redacción anterior: «*c) El adquirente no puede ser titular o cotitular en un porcentaje igual o superior al 50% de ningún otro derecho de propiedad o de uso o disfrute respecto de ninguna otra vivienda*».

3. Esta bonificación no exime de la obligación de presentar la correspondiente autoliquidación del impuesto.

Artículo 14 quinquies[23]. *Deducción aplicable a los excesos de adjudicación en adquisiciones por causa de muerte.*

Se establece una deducción del 100% de la cuota correspondiente a los excesos de adjudicación que, por razón de la compensación con otros bienes integrantes del caudal hereditario, se produzcan en adquisiciones inmobiliarias u otros bienes indivisibles por causa de muerte, incluidos los pactos sucesorios, de los sujetos pasivos de los grupos I, II y III, siempre que haya acuerdo de los sujetos pasivos en la partición de los bienes.

SECCIÓN 2.ª *Actos jurídicos documentados*

Artículo 15[24]. *Tipo de gravamen general para los documentos notariales.*

Con carácter general, las primeras copias de escrituras y actas notariales, cuando tengan por objeto una cantidad o cosa evaluable y contengan actos o contratos inscribibles en los registros de la propiedad, de bienes muebles, mercantil o de la propiedad industrial no sujetos al impuesto sobre sucesiones y donaciones o a los conceptos comprendidos en los números 1º y 2º del apartado 1 del artículo 1 del texto refundido de la Ley del impuesto sobre transmisiones patrimoniales y actos jurídicos documentados, tributarán, además de por la cuota fija prevista en el artículo 31.1 de dicha norma, al tipo de gravamen del 1,5%.

---

[23]   Nuevo art. 14 quinquies incorporado por el art. décimoprimero de la Ley 11/2023, de 23 de noviembre, de modificación del Decreto legislativo 1/2014, de 6 de junio, por el que se aprueba el texto refundido de las disposiciones legales de la comunidad autónoma de las Illes Balears en materia de tributos cedidos por el Estado (BOIB núm. 161, 25 de noviembre de 2023), en vigor, desde el 26 de noviembre de 2023.

[24]   Nueva redacción del art. 15 dada por la Disp. Final Segunda.3 de la Ley 19/2019, de 30 de diciembre, de presupuestos generales de la comunidad autónoma de las Illes Balears para el año 2020 (BOIB núm. 175, de 31 de diciembre de 2019), con efectos desde el 1 de enero de 2020.
Decreto Ley 1/2021, de 25 de enero, por el que se aprueban medidas excepcionales y urgentes en el ámbito del impuesto sobre estancias turísticas en las Illes Balears para el ejercicio fiscal de 2021, del impuesto sobre transmisiones patrimoniales y actos jurídicos documentados, en materia de renta social garantizada y en otros sectores de la actividad administrativa (BOIB núm. 11, de 26 de enero de 2021), en vigor desde su publicación en el BOIB: Artículo 4. *Reducción excepcional y temporal del tipo de gravamen aplicable a la formalización en documento notarial de determinadas operaciones de financiación empresariales sujetas y no exentas al impuesto sobre actos jurídicos documentados.*

Artículo 16[25]. *Tipo de gravamen reducido aplicable a las escrituras notariales que documenten la constitución de préstamos y créditos hipotecarios a favor de una sociedad de garantía recíproca con domicilio fiscal en el territorio de las Illes Balears.*

El tipo de gravamen aplicable a los documentos que formalicen la constitución y la cancelación de derechos reales de garantía a favor de una sociedad de garantía recíproca con domicilio social en el territorio de las Illes Balears será del 0,1%.

Artículo 17[26]. *Tipo de gravamen específico para determinadas operaciones inmobiliarias.*

Las primeras copias de escrituras y actas notariales, cuando tengan por objeto la transmisión onerosa o la constitución de derechos reales, excepto los derechos reales de garantía,

---

[25]   Decreto Ley 1/2021, de 25 de enero, por el que se aprueban medidas excepcionales y urgentes en el ámbito del impuesto sobre estancias turísticas en las Illes Balears para el ejercicio fiscal de 2021, del impuesto sobre transmisiones patrimoniales y actos jurídicos documentados, en materia de renta social garantizada y en otros sectores de la actividad administrativa (BOIB núm. 11, de 26 de enero de 2021), en vigor desde su publicación en el BOIB: Artículo 4. *Reducción excepcional y temporal del tipo de gravamen aplicable a la formalización en documento notarial de determinadas operaciones de financiación empresariales sujetas y no exentas al impuesto sobre actos jurídicos documentados.*

[26]   Nueva redacción del art. 17, dada por la Disp. Final Segunda.18 de la Ley 12/2023, de 29 de diciembre, de Presupuestos Generales de la Comunidad Autónoma de las Illes Balears para el año 2024 (BOIB núm. 176, de 30 de diciembre de 2023), con efectos desde el 1 de enero de 2024.
       Redacción anterior dada por la Disp. Final cuarta 17 de la Ley 11/2022, de 28 de diciembre, de presupuestos generales de la Comunidad Autónoma de las Illes Balears para el año 2023 (BOIB núm. 171, 31 de diciembre de 2022), con efectos desde el 1 de enero de 2023: «*Las primeras copias de escrituras y actas notariales, cuando tengan por objeto la transmisión onerosa o la constitución de derechos reales sobre bienes inmuebles que deban constituir la primera vivienda del adquirente, con el carácter de vivienda habitual, cuando el valor real o declarado —siempre que este último sea superior al real— del inmueble sea igual o inferior a 270.151,20 euros, y el adquirente no disponga de ningún otro derecho de propiedad o de uso o disfrute respecto de ninguna otra vivienda, tributan al tipo de gravamen del 1,2%*».
       Se dotó de contenido al art. 17 por la Disp. Final Segunda.4 de la Ley 19/2019, de 30 de diciembre, de presupuestos generales de la comunidad autónoma de las Illes Balears para el año 2020 (BOIB núm. 175, de 31 de diciembre de 2019), con efectos desde el 1 de enero de 2020: «*Las primeras copias de escrituras y actas notariales, cuando tengan por objeto la transmisión onerosa o la constitución de derechos reales sobre bienes inmuebles que hayan de constituir la primera vivienda del adquirente, con el carácter de vivienda habitual, cuando el valor real o declarado —siempre que este último sea superior al real— del inmueble sea igual o inferior a 200.000 euros, tributan al tipo de gravamen del 1,2%*».
       Se dejó sin contenido el art. 17 por la Disp. Final segunda.5 de la Ley 14/2018, de 28 de diciembre, de presupuestos generales de la comunidad autónoma de las Illes Balears para el año 2019 (BOIB núm. 163, de 29 de diciembre de 2018), en vigor desde el 1 de enero de 2019.
       Redacción anterior: «*Tipo de gravamen reducido aplicable a las escrituras notariales que documenten la constitución de préstamos y créditos hipotecarios para financiar la adquisición de inmuebles que tengan que constituir el domicilio fiscal o un centro de trabajo de sociedades o empresas de nueva creación.*
       1. Las primeras copias de escrituras notariales que documenten la constitución de préstamos y créditos hipotecarios sujetos a la cuota gradual de la modalidad de actos jurídicos documentados del artículo 31.2 del Texto Refundido de la Ley del Impuesto sobre Transmisiones Patrimoniales y Actos Jurídicos Documentados,

sobre bienes inmuebles que deban constituir la primera vivienda del adquirente, con el carácter de vivienda habitual, cuando el valor real o declarado —siempre que este último

---

en las que el prestatario sea una sociedad o empresa de nueva creación, tributarán al tipo de gravamen reducido del 0,5%, siempre que se cumplan los requisitos y las siguientes condiciones:

a) El empresario individual o social deberá darse de alta por primera vez en el Censo de Empresarios, Profesionales y Retenedores al que se refiere el artículo 3 del Reglamento general de las actuaciones y los procedimientos de gestión e inspección tributaria y de desarrollo de las normas comunes de los procedimientos de aplicación de los tributos.

b) La empresa deberá tener el domicilio social y fiscal en las Illes Balears.

c) La base sobre la que se podrá aplicar el beneficio fiscal será la parte financiada del precio del inmueble que tenga que constituir el domicilio fiscal o un centro de trabajo, excluidos los impuestos indirectos aplicables y el resto de gastos inherentes a la adquisición. Por lo tanto, este beneficio fiscal no será aplicable a la adquisición de inmuebles posteriores o sucesivos.

d) La empresa deberá desarrollar una actividad económica. A tal efecto, no tendrá por actividad principal la gestión de un patrimonio mobiliario o inmobiliario, de acuerdo con lo previsto en el artículo 4, apartado ocho, número dos a, de la Ley 19/1991, ni dedicarse a la actividad de arrendamiento de inmuebles.

e) La constitución del préstamo y la adquisición del inmueble deberán tener lugar antes del transcurso de un año desde la creación de la empresa.

f) Como mínimo, la empresa deberá emplear a una persona domiciliada fiscalmente en las Illes Balears con un contrato laboral a jornada completa y dada de alta en el régimen general de la Seguridad Social, durante los cuatro años a que se refiere la letra g siguiente.

g) Al menos durante cuatro años desde la adquisición, deberá mantenerse el ejercicio de la actividad empresarial o profesional en el territorio de las Illes Balears.

h) La cifra anual de negocio de la empresa no podrá superar el límite de 2.000.000 de euros durante los cuatro años a que se refiere la letra g) anterior, calculada así como prevé el artículo 101 de la Ley del impuesto sobre sociedades [redacción dada por la Disposición Final segunda.13 de la Ley 12/2015, de 29 de diciembre, de presupuestos generales de la comunidad autónoma de las Illes Balears para el año 2016 (BOIB núm. 189, de 30 de diciembre de 2015), en vigor desde el 1 de enero de 2016].

i) El préstamo o crédito deberá formalizarse en un documento público, en el que se hará constar expresamente la finalidad de destinar la totalidad o una parte de los fondos obtenidos a la adquisición de un inmueble en los términos previstos en este artículo. No se aplicará el tipo de gravamen reducido si esta declaración no consta en el documento público, ni tampoco en caso de que se hagan rectificaciones del documento con el fin de subsanar su omisión, excepto que se realicen dentro del período voluntario de autoliquidación del impuesto.

j) En el caso de personas jurídicas societarias, los socios, en el momento de la adquisición, serán personas físicas que no estén o hayan estado de alta en el Censo citado en la letra a anterior.

k) No podrá haber ninguna vinculación entre el adquirente y el transmitente, en los términos previstos en el artículo 18 de la Ley del impuesto sobre sociedades [redacción dada por la Disposición Final segunda.13 de la Ley 12/2015, de 29 de diciembre, de presupuestos generales de la comunidad autónoma de las Illes Balears para el año 2016 (BOIB núm. 189, de 30 de diciembre de 2015), en vigor desde el 1 de enero de 2016].

2. El incumplimiento de los requisitos y condiciones establecidos en el apartado anterior comportará la pérdida del beneficio fiscal, y el contribuyente deberá presentar una autoliquidación complementaria en el plazo de un mes que se contará desde la fecha en que se produzca el incumplimiento e ingresará, junto con la cuota resultante, los correspondientes intereses de demora».

sea superior al real— del inmueble sea igual o inferior a 270.151,20 euros, y el adquirente adquiera, en un porcentaje igual o superior al 50%, la plena propiedad o el derecho de uso o disfrute de la vivienda y, además, no sea titular o cotitular en un porcentaje igual o superior al 50% de ningún otro derecho de propiedad plena o de uso o disfrute respecto de ninguna otra vivienda, tributan al tipo de gravamen del 1,2%.

La definición y los requisitos del concepto de vivienda habitual son los establecidos en cada momento por la normativa reguladora del impuesto sobre la renta de las personas físicas. El incumplimiento de estos requisitos implica la pérdida sobrevenida del derecho a la aplicación de este tipo de gravamen reducido, y el contribuyente deberá presentar una autoliquidación complementaria en el período de un mes a contar desde la fecha en que se produzca el incumplimiento e ingresar, junto con la cuota correspondiente a la parte del impuesto que hubiese aplicado de acuerdo con el tipo de gravamen a que se refiere el artículo 15, los correspondientes intereses de demora.

Artículo 17 bis[27]. *Tipo de gravamen incrementado para determinadas operaciones inmobiliarias*

Las primeras copias de escrituras y actas notariales, cuando tengan por objeto la transmisión onerosa o la constitución de derechos reales sobre bienes inmuebles, excepto los derechos reales de garantía, cuando el valor real o declarado —siempre que este último sea superior al real— del inmueble sea igual o superior a 1.000.000 de euros, tributan al tipo de gravamen del 2%.

Artículo 18. *Tipo de gravamen reducido aplicable a las escrituras notariales que documenten la constitución de hipotecas unilaterales a favor de la Administración en garantía de aplazamientos o fraccionamientos de deudas.*

1. Las primeras copias de escrituras notariales que documenten la constitución de hipotecas unilaterales sujetas a la cuota gradual de la modalidad de actos jurídicos documentados del artículo 31.2 del Texto Refundido de la Ley del Impuesto sobre Transmisiones Patrimoniales y Actos Jurídicos Documentados, tributarán al tipo de gravamen reducido del 0,1%, siempre que concurran las siguientes circunstancias:

---

[27]   Nueva redacción del art. 17.bis dada por la Disp. Final Segunda.19 de la Ley 12/2023, de 29 de diciembre, de Presupuestos Generales de la Comunidad Autónoma de las Illes Balears para el año 2024 (BOIB núm. 176, de 30 de diciembre de 2023), con efectos desde el 1 de enero de 2024.
   Art. 17.bis incorporado por la Disp. Final cuarta 18 de la Ley 11/2022, de 28 de diciembre, de presupuestos generales de la Comunidad Autónoma de las Illes Balears para el año 2023 (BOIB núm. 171, 31 de diciembre de 2022), con efectos desde el 1 de enero de 2023: «*Las primeras copias de escrituras y actas notariales, cuando tengan por objeto la transmisión onerosa o la constitución de derechos reales sobre bienes inmuebles, cuando el valor real o declarado —siempre que este último sea superior al real— del inmueble sea igual o superior a 1.000.000 de euros, tributan al tipo de gravamen del 2%*».

a) El hipotecante y deudor deberá ser un sujeto pasivo del impuesto sobre el valor añadido, con domicilio fiscal en las Illes Balears.

b) El acreedor garantizado deberá ser una administración pública territorial o institucional.

c) En el documento público en el que se formalice el derecho real de garantía deberá hacerse constar expresamente que su finalidad es garantizar las obligaciones derivadas del incumplimiento del aplazamiento o fraccionamiento concedido, así como la resolución administrativa que fundamenta la concesión.

d) La Administración pública beneficiaria deberá aceptar la hipoteca en los términos previstos en la legislación tributaria y recaudatoria.

2. El incumplimiento de los requisitos y condiciones establecidos en el apartado anterior comportará la pérdida del beneficio fiscal, y el contribuyente deberá presentar una autoliquidación complementaria en el plazo de un mes que se contará desde la fecha en que se produzca el incumplimiento e ingresará, junto con la cuota resultante, los correspondientes intereses de demora.

Artículo 19[28]. *Tipo de gravamen incrementado aplicable a los documentos notariales en los que los sujetos pasivos se acojan a la exención prevista en los números 20.º, 21.º y 22.º del apartado uno del artículo 20 de la Ley del Impuesto sobre el Valor Añadido.*

El tipo de gravamen aplicable a los documentos notariales en los que se haya renunciado a la exención a que se refiere el apartado dos del artículo 20 de la Ley 37/1992, de 28 de diciembre, del impuesto sobre el valor añadido, es del 2,5%.

Artículo 19 bis[29]. *Tipo de gravamen reducido aplicable en caso de transmisiones de determinados bienes de carácter cultural.*

En las primeras copias de escrituras y actas notariales que documenten transmisiones de bienes de carácter cultural inscritos en el Catálogo General del Patrimonio Histórico de las Illes Balears o en el Registro de Bienes de Interés Cultural de las Illes Balears que el adquirente incorpore a empresas, actividades o proyectos de carácter cultural, científico o de desarrollo tecnológico, en los términos que prevé la Ley 3/2015, de 23 de marzo, por la que se regula el consumo cultural y el mecenazgo cultural, científico y de desarrollo tecnológico, y se establecen medidas tributarias, sujetas a la cuota gradual de la modalidad de actos jurídicos documentados del artículo 31.2 del texto refundido de la Ley del impuesto sobre

---

[28] Nueva redacción del art. 19 dada por la Disp. Final Segunda.5 de la Ley 19/2019, de 30 de diciembre, de presupuestos generales de la comunidad autónoma de las Illes Balears para el año 2020 (BOIB núm. 175, de 31 de diciembre de 2019), con efectos desde el 1 de enero de 2020.

[29] Nuevo art. 19 bis incorporado dada la Disposición Final segunda.4 de la Ley 3/2015, de 23 de marzo, por la que se regula el consumo cultural y el mecenazgo cultural, científico y de desarrollo tecnológico, y se establecen medidas tributarias (BOIB núm. 44, de 28 de marzo de 2015), en vigor desde el 29 de marzo de 2015.

transmisiones patrimoniales y actos jurídicos documentados, aprobado por el Real decreto legislativo 1/1993, de 24 de septiembre, el tipo de gravamen es del 0,6%.
(...)

TÍTULO II. OBLIGACIONES FORMALES Y NORMAS DE GESTIÓN

CAPÍTULO I. NORMAS COMUNES AL IMPUESTO SOBRE TRANSMISIONES PATRIMONIALES Y ACTOS JURÍDICOS DOCUMENTADOS Y AL IMPUESTO SOBRE SUCESIONES Y DONACIONES

Artículo 75. *Lugar y forma de presentación de las declaraciones.*
1. Las declaraciones-liquidaciones o autoliquidaciones del impuesto sobre sucesiones y donaciones y del impuesto sobre transmisiones patrimoniales y Actos Jurídicos Documentados deberán presentarse ante los órganos que se determinen por una orden del consejero de Hacienda y Presupuestos.

Cuando el órgano o la oficina liquidadora donde se presente la declaración o autoliquidación de los impuestos a que se refiere el párrafo anterior de este artículo se considere incompetente, dicho órgano u oficina deberá remitir la documentación correspondiente al órgano u oficina que considere competente. La remisión se hará de oficio y sin necesidad de notificación personal a la persona interesada.

2. El consejero de Hacienda y Presupuestos podrá autorizar la presentación de las declaraciones-liquidaciones o autoliquidaciones de los impuestos a que se refiere el apartado anterior del presente artículo ante las oficinas liquidadoras de distrito hipotecario a cargo de los registradores de la propiedad o ante las oficinas liquidadoras a cargo de los registradores mercantiles, a las cuales también se les podrá encomendar funciones de gestión y liquidación de los citados impuestos. Asimismo, el consejero de Hacienda y Presupuestos podrá suscribir acuerdos con otras administraciones públicas, y con las entidades, instituciones y organismos a que se refiere el artículo 92 de la Ley General Tributaria, para hacer efectiva la colaboración externa en la presentación y en la gestión tributaria de las mencionadas declaraciones-liquidaciones o autoliquidaciones.

3. Mediante una orden del consejero de Hacienda y Presupuestos se establecerán los supuestos en que pueda exigirse la presentación y pago de las autoliquidaciones por medios telemáticos en aquellos tributos o modalidades de estos tributos que se puedan presentar de dicha manera.

Artículo 76. *Acuerdos previos de valoración.*
1. Sin perjuicio de lo dispuesto en el artículo 90 de la Ley General Tributaria y de acuerdo con lo previsto en el artículo 91 de esta misma Ley, los contribuyentes del impuesto sobre sucesiones y donaciones y del impuesto sobre transmisiones patrimoniales y actos jurídicos documentados podrán solicitar a la Administración tributaria autonómica que determine, con

carácter previo y vinculante, la valoración de las rentas, productos, bienes, gastos y otros elementos del hecho imponible de dichos impuestos.

2. La solicitud deberá presentarse por escrito dos meses antes de la realización del hecho imponible, a excepción de la de las adquisiciones por causa de muerte sujetas al impuesto sobre sucesiones y donaciones, que deberá presentarse tres meses antes de la finalización del plazo para la presentación de la autoliquidación correspondiente. Deberá adjuntarse a la solicitud una propuesta de valoración que, en el caso de bienes inmuebles, tendrá que ser suscrita por un perito con título suficiente para realizar la valoración.

3. La Administración tributaria autonómica podrá comprobar los elementos de hecho y las circunstancias declaradas por el contribuyente. Para hacerlo, podrá requerir los documentos que considere oportunos para una correcta valoración de los bienes.

4. La valoración de la Administración tributaria autonómica deberá emitirse por escrito, con indicación de su carácter vinculante, del supuesto de hecho al cual se refiere y del impuesto al cual se aplica, en el plazo máximo de dos meses desde que se haya presentado la solicitud. La falta de contestación de la Administración tributaria en los plazos indicados, por causas no imputables al contribuyente, implicará la aceptación de los valores por él propuestos. La Administración tributaria estará obligada a aplicar al contribuyente los valores expresados en el acuerdo, sin perjuicio de lo establecido en el apartado 5 del artículo 91 de la Ley General Tributaria.

5. El acuerdo tendrá un plazo máximo de vigencia de seis meses.

6. Los contribuyentes no podrán interponer recurso alguno contra los acuerdos de valoración regulados en este artículo, sin perjuicio de que lo puedan hacer contra las liquidaciones que dicten ulteriormente.

Artículo 77. *Requisitos para la presentación y el pago de los impuestos.*

1. El pago de las deudas tributarias y la presentación de las declaraciones tributarias y de los documentos que contengan actos o contratos sujetos al impuesto sobre transmisiones patrimoniales y actos jurídicos documentados o al impuesto sobre sucesiones y donaciones, cuyos rendimientos correspondan a la Comunidad Autónoma de las Illes Balears, se ajustarán a los siguientes requisitos:

a) El pago de las deudas correspondientes a los citados tributos cedidos se considerará válido y tendrá efectos liberatorios únicamente en los supuestos en que dichos pagos se efectúen a favor de la Comunidad Autónoma de las Illes Balears, en cuentas autorizadas o restringidas titularidad de la Administración tributaria autonómica y utilizando los modelos de declaración aprobados por una orden del consejero de Hacienda y Presupuestos.

b) El pago de estos impuestos se entenderá acreditado cuando el documento presentado lleve incorporada la nota justificativa del pago y se presente acompañado de la carta de pago o del correspondiente ejemplar de la declaración tributaria debidamente diligenciada por el ente, órgano u oficina competente de la Administración tributaria autonómica, con los requisitos señalados en la letra *a* anterior, y conste en la diligencia el pago del tributo o la declaración de no sujeción o del beneficio fiscal aplicable. Dicha nota justificativa únicamente podrá ser expedida por el ente, órgano u oficina competente de la Administración tributaria autonómica.

En el supuesto de declaraciones tributarias cuya presentación o pago se hayan efectuado por medios telemáticos habilitados por la Comunidad Autónoma de las Illes Balears, la acreditación de la presentación y del pago se considerará efectuada con la simple aportación del correspondiente modelo de pago telemático aprobado por una orden del consejero de Hacienda y Presupuestos, en el que constará el justificante de la presentación de la declaración.

c) Los pagos de los citados impuestos que se realicen a órganos de recaudación ajenos a la organización de la Comunidad Autónoma de las Illes Balears, sin que exista convenio a estos efectos ni cualquier otro instrumento jurídico o título habilitante que justifique su competencia, o a personas no autorizadas para la recaudación de tributos, no liberarán al deudor de su obligación de pago ante la Administración tributaria autonómica.

2. La admisión por parte de autoridades o funcionarios de documentos presentados ante ellos para finalidades distintas a la liquidación de los impuestos citados sin que se acredite el pago de la deuda tributaria o la presentación de la declaración tributaria ante los órganos competentes de la Administración tributaria autonómica, en los términos indicados en el apartado 1 de este artículo, podrá dar lugar a la aplicación de las responsabilidades o de las sanciones que, en su caso, procedan de acuerdo con lo establecido en la Ley General Tributaria, en el artículo 9.2 del Texto Refundido de la Ley del Impuesto sobre Transmisiones Patrimoniales y Actos Jurídicos Documentados y en el artículo 8.2 de la Ley del Impuesto sobre Sucesiones y Donaciones.

En todo caso, el incumplimiento de los requisitos de pago y presentación previstos en el apartado 1 de este artículo dará lugar al cierre registral a que se refiere el artículo 122 del Reglamento del Impuesto sobre Transmisiones Patrimoniales y Actos Jurídicos Documentados, aprobado por el Real Decreto 828/1995, de 29 de mayo, y el artículo 100 del Reglamento del Impuesto sobre Sucesiones y Donaciones, aprobado por el Real Decreto 1629/1991, de 8 de noviembre.

Artículo 78. *Obligaciones de los registradores de la propiedad.*

1. A los efectos de mejorar el control de los hechos imponibles cuyo rendimiento deba corresponder a la Comunidad Autónoma de las Illes Balears de acuerdo con los puntos de conexión territoriales previstos en los artículos 32 y 33 de la Ley 22/2009, los registradores de la propiedad radicados en el ámbito territorial de las Illes Balears deberán poner en conocimiento de la Administración tributaria autonómica los actos y contratos que se presenten a inscripción en los correspondientes registros y que hayan dado lugar a la liquidación del impuesto sobre transmisiones patrimoniales y actos jurídicos documentados o del impuesto sobre sucesiones y donaciones en otras comunidades autónomas. por una orden del consejero de Hacienda y Presupuestos deberán regularse el procedimiento y, en particular, los plazos y los modelos para hacer efectiva dicha obligación de comunicación.

2. De acuerdo con lo previsto en el artículo 33 de la Ley del Impuesto sobre Sucesiones y Donaciones y en el artículo 54.1 del Texto Refundido de la Ley del Impuesto sobre Transmisiones Patrimoniales y Actos Jurídicos Documentados, y con la finalidad de comprobar que efectivamente se han llevado a cabo el pago y la presentación de los documentos a liquidar por cualquiera de estos impuestos ante los órganos competentes de la Comunidad Autónoma de las Illes Balears, el consejero de Hacienda y Presupuestos deberá establecer, mediante una orden, la forma de justificación del pago y de la presentación de dichos documentos ante los registros en los que tengan que inscribirse, así como el procedimiento para que los registradores de la propiedad radicados dentro del ámbito territorial de las Illes Balears puedan verificar por procedimientos telemáticos la realidad del ingreso y de la presentación de los documentos.

Artículo 79. *Obligaciones de los notarios.*

1. El cumplimiento de las obligaciones formales de los notarios a que se refieren el artículo 32.3 de la Ley del Impuesto sobre Sucesiones y Donaciones y el artículo 52 del Texto Refundido de la Ley del Impuesto sobre Transmisiones Patrimoniales y Actos Jurídicos Documentados, se realizará en la forma que se determine mediante una orden del consejero de Hacienda y Presupuestos. La información podrá presentarse en soporte directamente legible por ordenador o por vía telemática en las condiciones y el diseño que se aprueben mediante una orden del consejero de Hacienda y Presupuestos, el cual, además, podrá establecer las circunstancias en que esta presentación sea obligatoria y los correspondientes plazos.

2. En desarrollo de los servicios de la sociedad de la información y con la finalidad de facilitar el cumplimiento de las obligaciones tributarias de los contribuyentes, los notarios que ejerzan sus funciones dentro del ámbito territorial de las Illes Balears y en relación con los documentos notariales por ellos autorizados sometidos a tributación por algún concepto impositivo cuya competencia de gestión tributaria corresponda a la Comunidad Autónoma de las Illes Balears, de acuerdo con lo previsto en la Ley 22/2009, tendrán que remitir, a solicitud del contribuyente o de su representante, las copias autorizadas de las matrices a la Administración tributaria autonómica a efectos de la liquidación de los tributos correspondientes, en los términos previstos en el artículo 17 *bis* de la Ley Orgánica del Notariado de 28 de mayo de 1862.

Las condiciones y el diseño para la remisión de esta documentación por vía telemática, así como los plazos y el resto de requisitos exigibles, se establecerán por una orden del consejero de Hacienda y Presupuestos.

3. Con el fin de facilitar el cumplimiento de las obligaciones tributarias de los contribuyentes y el acceso telemático a los registros públicos de los documentos por ellos autorizados, los notarios que ejerzan sus funciones dentro del ámbito territorial de las Illes Balears deberán remitir al ente, órgano u oficina competente de la Administración tributaria autonómica una declaración informativa notarial en la que deberán constar todos los datos necesarios para la correcta liquidación de los actos y contratos contenidos en los documentos públicos por ellos autorizados y que estén sujetos al impuesto sobre transmisiones patrimoniales y actos jurídicos documentados o al impuesto sobre sucesiones y donaciones. Además, asumirán la responsabilidad de la veracidad y la correcta cumplimentación de los datos reflejados en dicha declaración informativa.

Mediante una orden del consejero de Hacienda y Presupuestos se aprobará el modelo de esta declaración informativa, así como los plazos y el procedimiento para su remisión a la Administración tributaria autonómica.

El cumplimiento de dicha obligación formal por parte de los notarios les eximirá de la obligación de remitir a la Administración tributaria autonómica, por vía telemática y a los efectos de la liquidación que corresponda, las copias autorizadas de las matrices a que se refiere el apartado 2 de este artículo.

4. Asimismo, cuando los documentos autorizados por los notarios contengan préstamos hipotecarios o de cualquier otro tipo sujetos al impuesto sobre transmisiones patrimoniales y actos jurídicos documentados, en la declaración informativa que han de remitir a la Administración tributaria autonómica en virtud del apartado 1 de este artículo, deberá hacerse constar el valor de tasación del inmueble objeto de adquisición y de financiación por medio de la operación de crédito documentada. No obstante, no será necesaria la remisión de dicha información en los casos en que el valor de tasación figure expresamente en el propio documento público autorizado.

Artículo 80. Tasación pericial contradictoria.

1. Por lo que respecta a la corrección del resultado obtenido en la comprobación de valores mediante cualquiera de los medios previstos en el artículo 57 de la Ley General Tributaria, las personas interesadas podrán promover la tasación pericial contradictoria mediante una solicitud presentada en el plazo del primer recurso o reclamación que proceda contra la liquidación efectuada de acuerdo con los valores comprobados administrativamente, o contra el acto de comprobación de valores debidamente notificado.

En caso de que la persona interesada estime que la notificación no contiene la expresión suficiente de los datos y los motivos tenidos en cuenta para elevar los valores declarados y denuncie su omisión en un recurso de reposición o en una reclamación económico-administrativa y se reserve el derecho a promover una tasación pericial contradictoria, el plazo a que hace referencia el párrafo anterior se contará desde la fecha en que sea firme en vía administrativa el acuerdo que resuelva el recurso o la reclamación interpuestos.

2. La presentación de la solicitud de tasación pericial contradictoria, o la reserva del derecho a promoverla, a la que se refiere el apartado 1, determinará la suspensión de la ejecutividad de la liquidación y del plazo para la interposición de un recurso o una reclamación.

Artículo 81. *Remuneración de los peritos en el procedimiento de tasación pericial contradictoria.*

Mediante una orden del consejero de Hacienda y Presupuestos se podrá determinar la remuneración máxima que se satisfará a los peritos terceros que intervengan en tasaciones periciales contradictorias, para que haya información pública suficiente sobre los costes de la tramitación de dicho procedimiento.

CAPÍTULO II. IMPUESTO SOBRE TRANSMISIONES PATRIMONIALES Y ACTOS JURÍDICOS DOCUMENTADOS

Artículo 82[30]. *Plazo de presentación de las declaraciones-liquidaciones*

Conforme a lo previsto en el artículo 49.2 de la Ley 22/2009, el plazo de presentación de las declaraciones-liquidaciones del impuesto sobre transmisiones patrimoniales y actos jurídicos documentados, junto con el documento o la declaración escrita sustitutiva del documento, será de un mes que se contará desde el momento en que se cause el acto o contrato.

Artículo 83. *Declaración conjunta.*

Los sujetos pasivos del impuesto sobre transmisiones patrimoniales y actos jurídicos documentados podrán optar por realizar una autoliquidación conjunta cuando de un mismo documento se desprenda la existencia de varios hechos imponibles o de varios sujetos pasivos. Mediante una orden del consejero de Hacienda y Presupuestos se aprobarán los modelos normalizados para la presentación de las autoliquidaciones conjuntas.

Artículo 84. *Escrituras de cancelación hipotecaria y anotaciones preventivas en registros públicos por razón de mandamientos administrativos.*

1. A los efectos de lo dispuesto en los artículos 51 y 54 del Texto Refundido de la Ley del Impuesto sobre Transmisiones Patrimoniales y Actos Jurídicos Documentados, no será obligatorio que los sujetos pasivos presenten ante la Administración tributaria autonómica las escrituras públicas mediante las que se formalice, exclusivamente, la cancelación de hipotecas sobre bienes inmuebles, cuando dicha cancelación obedezca al pago de la obligación garantizada y esté exenta del Impuesto sobre Transmisiones Patrimoniales y Actos

---

[30] Decreto ley 5/2020, de 27 de marzo, por el que se establecen medidas urgentes en materias tributaria y administrativa para hacer frente al impacto económico y social del COVID-19 (BOIB núm. 45, de 28 de marzo de 2020): «*Artículo 1. Ampliación del plazo para presentar las declaraciones liquidaciones del impuesto sobre transmisiones patrimoniales y actos jurídicos documentados y del impuesto sobre sucesiones y donaciones respecto de determinados obligados tributarios.*
Artículo 2. *Inexigibilidad de intereses moratorios en aplazamientos y fraccionamientos de deudas tributarias correspondientes al impuesto sobre sucesiones y donaciones y al impuesto sobre transmisiones patrimoniales y actos jurídicos documentados*».

Jurídicos Documentados, de acuerdo con el artículo 45, apartado 1, letra B, punto 18, del citado Texto Refundido.

El mismo régimen es aplicable a los mandamientos administrativos que hayan de dar lugar a las anotaciones preventivas en los registros públicos a que se refiere el artículo 40.2 del citado Texto Refundido, o a la cancelación de dichas anotaciones.

De acuerdo con ello, lo establecido en el artículo 51.1 de dicho Texto Refundido se entenderá cumplido mediante la presentación de la escritura pública o del mandamiento administrativo correspondiente ante el registro público competente.

2. Lo dispuesto en el apartado anterior se entenderá sin perjuicio de los deberes notariales de remisión de la información relativa a las escrituras, de acuerdo con el artículo 52 del Texto Refundido de la Ley del Impuesto sobre Transmisiones Patrimoniales y Actos Jurídicos Documentados.

Artículo 85. *Obligaciones formales de las empresas de subastas y demás entidades que organicen subastas de bienes*

Sin perjuicio del deber general de colaboración establecido en la Ley General Tributaria, las entidades que organicen subastas de bienes estarán obligadas a remitir a la Administración tributaria autonómica, la primera quincena de cada trimestre, una lista de las transmisiones de bienes en las que hayan intervenido, efectuadas durante el trimestre anterior. Esta lista deberá comprender los datos de identificación del transmitente y del adquirente, la fecha de la transmisión, una descripción del bien subastado y el precio final de adjudicación.

(...)

Disposición adicional primera[31]. *Grados de discapacidad.*

1. Todas las referencias del presente texto refundido a los grados de minusvalía deben entenderse efectuadas a los grados de discapacidad, de acuerdo con la Ley 39/2006, de 14 de diciembre, de promoción de la autonomía personal y atención a las persones en situación de dependencia.

2. A los efectos del presente texto refundido, los grados de discapacidad deben determinarse de acuerdo con el baremo a que hace referencia el artículo 367 del texto refundido de la Ley general de la Seguridad Social, aprobado por el Real decreto legislativo 8/2015, de 30 de octubre, sin perjuicio de lo que disponen el artículo 72 del Reglamento del impuesto sobre la renta de las persones físicas, aprobado por el Real decreto 439/2007, de 30 de marzo, y el artículo 42 del Reglamento del impuesto sobre sucesiones y donaciones, aprobado por el Real decreto 1629/1991, de 8 de noviembre.

---

[31]   Nueva redacción dada por Disp. Final segunda.10 de la Ley 13/2017, 29 de diciembre, de Presupuestos Generales de la Comunidad Autónoma de las Illes Balears para el año 2018 (BOIB núm. 160, de 29 de diciembre; BOE núm. 22, de 25 de enero de 2018), en vigor desde el 1 de enero de 2018.

Disposición adicional segunda. *Denominaciones.*

Todas las denominaciones de órganos, cargos, profesiones y funciones que en el presente texto refundido aparecen en género masculino se entenderán referidas al masculino o al femenino según el sexo del titular o de la persona de quien se trate.

Disposición Adicional Tercera[32]**.** *Referencias al valor real.*

Las referencias al valor real de los bienes inmuebles o de los derechos reales sobre inmuebles contenidas en los artículos 10, 14 quater, 17, 17 bis, 36, 36 bis, 48 y 50 de este texto refundido se entenderán efectuadas al valor de referencia previsto en la normativa reguladora del catastro inmobiliario y, en particular, en la disposición transitoria novena y en la disposición final tercera del texto refundido de la Ley del catastro inmobiliario, aprobado por el Real Decreto Legislativo 1/2004, de 5 de marzo; o, cuando no haya valor de referencia o este no pueda ser certificado por la Dirección General del Catastro, al valor de mercado, de acuerdo con lo que dispone el apartado 2 del artículo 10 del texto refundido de la Ley del impuesto sobre transmisiones patrimoniales y actos jurídicos documentados, aprobado por el Real decreto legislativo 1/1993, de 24 de septiembre, y el apartado 3 del artículo 9 de la Ley 29/1987, de 18 de diciembre, del impuesto sobre sucesiones y donaciones.

Disposición adicional cuarta[33]**.** *Adecuación de la normativa tributaria a lo que dispone la Sentencia del Tribunal de Justicia de la Unión Europea de 3 de septiembre de 2014 (asunto C-127/12).*

Todas las referencias de este texto refundido a la obligación personal de contribuir se entenderán sin perjuicio de lo que establecen la disposición adicional cuarta de la Ley 19/1991, de 6 de junio, del impuesto sobre el patrimonio, y la disposición adicional segunda de la Ley 29/1987, de 18 de diciembre, del impuesto sobre sucesiones y donaciones.

---

[32]   Nueva redacción dada por el art. Vigesimocuarto de la Ley 11/2023, de 23 de noviembre, de modificación del Decreto Legislativo 1/2014, de 6 de junio, por el que se aprueba el texto refundido de las disposiciones legales de la Comunidad Autónoma de las Illes Balears en materia de tributos cedidos por el Estado (BOE núm. 292, de 7 de diciembre de 2023), con efectos desde el 18 de julio de 2023.
Redacción anterior dada por el art. 6 del Decreto Ley 4/2023, de 18 de julio.
Disposición incorporada por la Disp. Final Segunda.5 de la Ley 5/2021, de 28 de diciembre, de presupuestos generales de la comunidad autónoma de las Illes Balears para el año 2022 (BOIB, núm. 180, de 30 de diciembre de 2021), en vigor desde el 1 de enero de 2022.

[33]   Incorporada por el art. Vigesimoquinto de la Ley 11/2023, de 23 de noviembre, de modificación del Decreto Legislativo 1/2014, de 6 de junio, por el que se aprueba el texto refundido de las disposiciones legales de la Comunidad Autónoma de las Illes Balears en materia de tributos cedidos por el Estado (BOE núm. 292, de 7 de diciembre de 2023).

Disposición adicional quinta[34]. *Habilitación reglamentaria para incrementar el valor máximo relativo a la vivienda habitual de determinados beneficios fiscales.*

1. Mediante una orden del consejero o la consejera competente en materia de hacienda se podrá incrementar la cuantía de 270.151,20 euros a que se refieren los artículos 10, 14 quater, 17, 23, 48 y 50 de este texto refundido, hasta un máximo del 40% de esta cuantía, aplicable a las viviendas ubicadas en determinadas islas, zonas geográficas o municipios en los que los precios de mercado de las viviendas, respecto de los precios medios del conjunto de las Illes Balears, sean significativamente más elevados que la citada cuantía.

2. En todo caso, se tendrán en cuenta las siguientes normas:

a) El tipo de gravamen del 4% o del 2% a que se refieren las letras c) y d) del artículo 10 de este texto refundido se aplicará a los primeros 270.151,20 euros y el resto de la base imponible se gravará a un tipo del 8%.

b) La bonificación del 100% a que se refiere el artículo 14 quater de este texto refundido se aplicará únicamente a los primeros 270.151,20 euros.

c) El tipo de gravamen del 1,2% a que se refiere el artículo 17 de este texto refundido se aplicará a los primeros 270.151,20 euros y el resto de la base imponible se gravará al tipo general que establece el artículo 15 de este texto refundido.

d) Las reducciones de la base imponible a que se refieren los artículos 23, 48 y 50 de este texto refundido se aplicarán únicamente a los primeros 270.151,20 euros.

3. La orden a que se refiere el apartado 1 de esta disposición se aprobará en el plazo máximo de seis meses desde la entrada en vigor de esta ley.

---

[34]   Incorporada por el art. Vigesimosexto de la Ley 11/2023, de 23 de noviembre, de modificación del Decreto Legislativo 1/2014, de 6 de junio, por el que se aprueba el texto refundido de las disposiciones legales de la Comunidad Autónoma de las Illes Balears en materia de tributos cedidos por el Estado (BOE núm. 292, de 7 de diciembre de 2023).

COMUNIDAD AUTÓNOMA DE LA RIOJA

IMPUESTO SOBRE TRANSMISIONES PATRIMONIALES Y ACTOS JURÍDICOS DOCUMENTADOS

24. Ley 10/2017, de 27 de octubre, por la que se consolidan las disposiciones legales de la Comunidad Autónoma de La Rioja en materia de impuestos propios y tributos cedidos[1]

(BOR núm. 126, de 30 de octubre de 2017)

EXPOSICIÓN DE MOTIVOS

Las normas legales que actualmente regulan los tributos propios y cedidos en la Comunidad Autónoma de La Rioja son, fundamentalmente, las que contienen las distintas leyes de medidas fiscales y administrativas que regulan anualmente los beneficios fiscales en materia de impuestos cedidos y que introducen algunas modificaciones en los tributos propios.

No obstante, estas leyes también han creado en algunas ocasiones impuestos propios y obligaciones formales comunes a los tributos cedidos, que no se han derogado, que tampoco se han vuelto a reproducir en leyes posteriores y que, pese a ello, mantienen su vigencia desde el año de su aprobación, como sucede con los impuestos sobre eliminación de residuos en vertederos y sobre impacto visual producido por los elementos de suministro de energía eléctrica y elementos fijos de redes de comunicaciones telefónicas

---

[1] Para ejercicios anteriores: Ley 3/2017, de 31 de marzo, de Medidas Fiscales y Administrativas para el año 2017 (BOLR núm. 39, de 1 de abril de 2017; BOE núm. 96, de 22 de abril de 2017), Ley 6/2015, de 29 de diciembre, de Medidas Fiscales y Administrativas para el año 2016 (BOLR núm. 162, de 31 de diciembre de 2015), Ley 7/2014, de 23 de diciembre, de Medidas Fiscales y Administrativas para el año 2015 (BOLR núm. 161, de 29 de diciembre de 2014); Ley 13/2013, de 23 de diciembre, de Medidas Fiscales y Administrativas para el año 2014 (BOLR núm. 160, de 30 de diciembre de 2013); Ley 7/2012, de 21 de diciembre, de Medidas Fiscales y Administrativas para el año 2013 (BOLR núm. 159, de 28 de diciembre de 2012;BOE núm. 15 de 17 de enero de 2013); Ley 7/2011, de 22 de diciembre, de Medidas Fiscales y Administrativas para el año 2012, (BOLR núm. 166, de 28 de diciembre de 2011); Ley 10/2010, de 16 de diciembre, de Medidas Fiscales y Administrativas para el año 2011, (BOLR núm. 154 de 20 de diciembre de 2010 y BOE núm. 8 de 10 de enero de 2011); Ley 6/2009, de 15 de diciembre, de Medidas Fiscales y Administrativas para el año 2010, (BOLR núm. 159 de 23 de diciembre de 2009 y BOE núm. 14 de 16 de enero de 2010); la Ley 5/2008, de 23 de diciembre, de Medidas Fiscales y Administrativas para el año 2009 (BOLR núm. 167 de 29 de diciembre de 2008 y BOE núm. 22 de 26 de enero de 2009), la Ley 2/2009, de 23 de junio, de medidas urgentes de impulso a la actividad económica, (BOLR núm. 81 de 1 de julio de 2009 y BOE núm. 168 de 13 de julio de 2009).

o telemáticas, creados por la Ley 7/2012, de 21 de diciembre, de Medidas Fiscales y Administrativas para el año 2013.

Esta situación, que se ha venido reproduciendo en el tiempo, ha dado lugar a algunas dudas razonables en relación con la aplicación de algunos preceptos, lo que recomienda la aprobación en un solo texto regulador de todas las normas vigentes con rango de ley en materia de impuestos en la Comunidad Autónoma de La Rioja.

Esta forma de proceder resulta acorde con los principios de buena regulación y de transparencia en relación con la actividad normativa, que pretenden 'generar un marco normativo estable, predecible, integrado, claro y de certidumbre, que facilite su conocimiento y comprensión y, en consecuencia, la actuación y toma de decisiones de las personas y las empresas'.

Adicionalmente, la elaboración de textos refundidos como medida tendente a reducir el número y dispersión de las disposiciones normativas es un mandato introducido en nuestro ordenamiento por la Ley 5/2014, de 20 de octubre, de administración electrónica y simplificación administrativa.

Así, se facilitará el conocimiento de las normas fiscales por los ciudadanos, al tenerlas recogidas en una sola ley que abordará la regulación sujeta a reserva de ley de los tributos en La Rioja en un único texto normativo. En lo sucesivo, cualquier modificación que se efectúe en su régimen no se tratará ya como una reforma autónoma, sino como una reforma de esta ley, que siempre contará con una versión consolidada a disposición de los ciudadanos en el Portal del Gobierno de La Rioja, en cumplimiento de lo dispuesto en el artículo 9.i) de nuestra Ley 3/2014, de 11 de septiembre, de Transparencia y Buen Gobierno de La Rioja. La finalidad de esta norma es terminar con la dispersión normativa en materia fiscal y avanzar en el compromiso de simplificación y racionalización normativa con el que comenzó la presente legislatura.

La racionalización debe comenzar por la adecuada caracterización conceptual del contenido de las normas. El artículo 2.2 de la Ley 58/2003, de 18 de diciembre, General Tributaria, clasifica todos los tributos, cualquiera que sea su denominación, en tres grandes categorías: impuestos, tasas y contribuciones especiales. Los impuestos son 'los tributos exigidos sin contraprestación cuyo hecho imponible está constituido por negocios, actos o hechos que ponen de manifiesto la capacidad económica del contribuyente'. Todos los tributos que se regulan en la presente ley, sin excepción, son impuestos.

Es necesario mencionar que quedarán fuera de esta ley dos clases de tributos que se han creado en dos leyes especiales, y que por sus particularidades conviene no retirar de las normas que los regulan. El primero de ellos es el canon de saneamiento, un impuesto creado mediante la Ley 5/2000, de 25 de octubre, de Saneamiento y Depuración de Aguas Residuales de La Rioja. El canon se mantiene en vigor, pero resulta más fácilmente comprensible dentro del contexto que aporta el resto de la norma, ya que esta regula conceptos medioambientales, que funcionan como definiciones legales necesarias para la correcta aplicación del impuesto. No hay que olvidar que el canon es solo uno de los instrumentos reguladores en materia de depuración y saneamiento de aguas, y que la desvinculación del resto de medidas no solo no aportaría claridad, sino que obstaculizaría la aplicación del impuesto. En segundo lugar, nos encontramos con las diversas tasas de la Comunidad Autónoma, que por las especiales características de este tipo de tributos en comparación con las que distinguen a los impuestos, se regularon en la Ley 6/2002, de 18 de octubre, de Tasas y Precios Públicos de La Rioja, y que encuentran mejor acomodo en dicha ley. Esta solución ha sido adoptada también en todas las demás administraciones públicas, que regulan separadamente las tasas y los impuestos en leyes diferentes.

El texto se estructura en cuatro títulos: el título Preliminar, el título I dedicado a los impuestos propios; el título II, a los tributos cedidos; y el título III, a disposiciones comunes a los tributos precedentes.

El título Preliminar incluye disposiciones generales comunes a todo el articulado.

El título I se divide en dos capítulos, destinados a los impuestos propios que se recogen en esta ley. El capítulo I recoge la normativa del impuesto sobre la eliminación de residuos en vertederos y el capítulo II hace lo propio con el impuesto sobre el impacto visual producido por los elementos de suministro de energía eléctrica y elementos fijos de redes de comunicaciones telefónicas o telemáticas.

El título II está dividido en seis capítulos dedicados a cada uno de los cinco tributos cedidos sobre los que la Comunidad ha ejercido sus competencias normativas en aplicación de la Ley 22/2009, de 18 de diciembre, por la que se regula el sistema de financiación de las Comunidades Autónomas de régimen común y Ciudades con Estatuto de Autonomía y se modifican determinadas normas tributarias. Esta ley fue particularizada mediante la Ley 21/2010, de 16 de julio, del régimen de cesión de tributos del Estado a la Comunidad Autónoma de La Rioja y de fijación del alcance y condiciones de dicha cesión, que confería capacidad normativa sobre los tributos incorporados en este título: impuesto sobre la renta de las personas físicas, impuesto sobre el patrimonio, impuesto sobre sucesiones y donaciones, impuesto sobre transmisiones patrimoniales y actos jurídicos documentados, y tributos sobre el juego 'que incluyen la tasa fiscal sobre juegos de suerte, envite o azar, y la tasa sobre rifas, tómbolas, apuestas y combinaciones aleatorias, que pese a su denominación tienen naturaleza de impuestos según la jurisprudencia del Tribunal Constitucional'. No obstante, por cuestiones estrictamente formales y competenciales, se ha mantenido la denominación de tributos sobre el juego que se utiliza en las últimas leyes de cesión de tributos del Estado a las comunidades autónomas. También se ha dedicado uno de los seis capítulos a algunas disposiciones comunes a los impuestos sobre sucesiones y donaciones y sobre transmisiones patrimoniales y actos jurídicos documentados.

El título III contiene los requisitos de presentación y pago comunes a todos ellos, así como las habilitaciones normativas dispersas hasta ahora en varias leyes.

TÍTULO PRELIMINAR. DISPOSICIONES GENERALES

Artículo 1. *Objeto de la ley.*

1. La presente ley tiene por objeto refundir las disposiciones legales vigentes tanto en materia de impuestos propios como en materia de impuestos cedidos en ejercicio de las competencias normativas que atribuye a la Comunidad Autónoma de La Rioja la Ley 21/2010, de 16 de julio, del régimen de cesión de tributos del Estado a la Comunidad Autónoma de La Rioja y de fijación del alcance y condiciones de dicha cesión, en los casos y condiciones previstos en la Ley 22/2009, de 18 de diciembre, por la que se regula el sistema de financiación de las Comunidades Autónomas de régimen común y Ciudades con Estatuto de Autonomía y se modifican determinadas normas tributarias.

2. El canon de saneamiento creado y regulado en la Ley 5/2000, de 25 de octubre, de Saneamiento y Depuración de Aguas Residuales de La Rioja, y las tasas, objeto de regulación en la Ley 6/2002, de 18 de octubre, de Tasas y Precios Públicos de La Rioja, quedan fuera del ámbito de esta ley y continúan rigiéndose por tales disposiciones.

Artículo 2. *Ámbito de aplicación.*

La presente norma será de aplicación en el ámbito territorial de la Comunidad Autónoma de La Rioja.

(...)

TÍTULO II. IMPUESTOS CEDIDOS POR EL ESTADO

(...)

CAPÍTULO IV. Impuesto sobre transmisiones patrimoniales y actos jurídicos documentados[2]

SECCIÓN 1.ª *Modalidad de transmisiones patrimoniales onerosas*

Artículo 44. *Tipo impositivo general en la modalidad de transmisiones patrimoniales onerosas.*

De acuerdo con lo que disponen los artículos 11 a 13 del Texto refundido de la Ley del Impuesto sobre Transmisiones Patrimoniales y Actos Jurídicos Documentados, aprobado

---

[2] Orden HAC/19/2020, de 28 de abril, por la que se adoptan medidas urgentes complementarias en materia de plazos de presentación y pago de los Impuestos sobre Sucesiones y Donaciones y sobre Transmisiones y Actos Jurídicos Documentados para responder a la prolongación del impacto económico del COVID-19 (BOLR núm. 50 de 29 de abril de 2020):

Artículo único. Plazos de presentación y pago de los Impuestos sobre Sucesiones y Donaciones y sobre Transmisiones Patrimoniales y Actos Jurídicos Documentados

«1. En los impuestos sobre Sucesiones y Donaciones y sobre Transmisiones Patrimoniales y Actos Jurídicos Documentados, para la presentación y pago de todas aquellas declaraciones, declaraciones-liquidaciones

mediante Real Decreto Legislativo 1/1993, de 24 de septiembre, con carácter general, la cuota tributaria se obtendrá aplicando sobre la base liquidable el tipo de gravamen que se indica a continuación:

1. Se aplicará el tipo de gravamen del 7% en las transmisiones de bienes inmuebles, así como en la constitución y la cesión de derechos reales que recaigan sobre los mismos, excepto los derechos reales de garantía. El mismo tipo se aplicará en el otorgamiento de concesiones administrativas, así como en las transmisiones y constituciones de derechos sobre las mismas, excepto los derechos reales de garantía, y en los actos y negocios administrativos equiparados a ellas, siempre que sean calificables como inmuebles y se generen en el ámbito territorial de la Comunidad Autónoma de La Rioja.

2. Se aplicará el tipo de gravamen del 4% en la transmisión de bienes muebles y semovientes, así como la constitución y cesión de derechos reales sobre los mismos, excepto los derechos reales de garantía.

3. La cuota tributaria de los arrendamientos se obtendrá aplicando sobre la base liquidable la siguiente escala:

Hasta 30,05 euros:	0,09 euros
De 30,06 a 60,10 euros:	0,18 euros
De 60,11 a 120,20 euros:	0,39 euros
De 120,21 a 240,40 euros:	0,78 euros
De 240,41 a 480,81 euros:	1,68 euros
De 480,82 a 961,62 euros:	3,37 euros
De 961,63 a 1.923,24 euros:	7,21 euros
De 1.923,25 a 3.846,48 euros:	14,42 euros
De 3.846,49 a 7.692,95 euros:	30,77 euros
De 7.692,96 euros, en adelante:	0,024040 euros por cada 6,01 euros o fracción

4. Los derechos reales de garantía tributarán al tipo de gravamen previsto en la normativa estatal.

---

y autoliquidaciones cuyo plazo finalice desde el día 30 de abril y hasta el 30 de mayo de 2020, ambos inclusive, el plazo se ampliará un mes.

2. Esta ampliación de plazo resultará aplicable a las declaraciones, declaraciones-liquidaciones y autoliquidaciones que por aplicación de la Orden HAC/13/2020, de 31 de marzo, debieran presentarse durante el periodo indicado en el párrafo anterior».

Artículo 45[3]. *Tipos impositivos reducidos en la adquisición de vivienda habitual.*

1. Sin perjuicio de lo dispuesto en el artículo anterior, el tipo de gravamen aplicable a las adquisiciones de bienes inmuebles que vayan a constituir la vivienda habitual de familias que tengan la consideración legal de numerosas según la normativa aplicable será del 5% con carácter general. No obstante, se aplicará el tipo del 3% siempre que se cumplan los siguientes requisitos:

a) Que la adquisición tenga lugar dentro de los cinco años siguientes a la fecha en que la familia del sujeto pasivo haya alcanzado la consideración legal de numerosa o, si ya lo fuere con anterioridad, en el plazo de los cinco años siguientes al nacimiento o adopción de cada hijo.

b) Que, dentro del mismo plazo a que se refiere el apartado anterior, se proceda a la venta de la anterior vivienda habitual, si la hubiere.

c) Que la superficie útil de la vivienda adquirida sea superior en más de un 10% a la superficie útil de la anterior vivienda habitual, si la hubiere.

d) Que la suma de las bases imponibles en el impuesto sobre la renta de las personas físicas de todas las personas que vayan a habitar la vivienda, tras la aplicación del mínimo personal y familiar, no exceda de 30.600 euros.

2[4]. El tipo de gravamen aplicable a las transmisiones de viviendas de protección oficial, siempre que constituyan o vayan a constituir la primera vivienda habitual del adquirente,

---

[3]   Nueva redacción del art. 45 dada por el art. 1.Siete de la Ley 2/2020, de 30 de enero, de Medidas Fiscales y Administrativas para el año 2020 (BOR núm. 12, de 31 de enero de 2020), en vigor desde el 1 de febrero de 2020.
    Redacción anterior dada por el art. 1.Nueve de la Ley 2/2018, de 30 de enero (BOLR núm. 31, de 31 de enero de 2018), en vigor desde el día 1 de febrero de 2018.

[4]   Nueva redacción del art. 45.2 dada por el art. 1.Dos de la Ley 13/2023, de 28 de diciembre, de Medidas Fiscales y Administrativas para el año 2024 (BOE núm. 27, de 31 de enero de 2024), con efetos desde el 1 de enero de 2024.
    Redacción anterior dada por el art. 1.Tres de la Ley 2/2021, de 29 de enero, de Medidas Fiscales y Administrativas para el año 2021 (BOLR núm. 22, de 1 de febrero de 2021), con efectos desde el 1 de enero de 2021: *«2. El tipo de gravamen aplicable a las transmisiones de viviendas de protección oficial, siempre que constituyan o vayan a constituir la primera vivienda habitual del adquirente, será del 5%. Solo podrán aplicarse este tipo reducido los contribuyentes cuya base liquidable general sometida a tributación, definida en el artículo 50 de la Ley 35/2006, de 28 de noviembre, del Impuesto sobre la Renta de las Personas Físicas y de modificación parcial de las leyes de los Impuestos sobre Sociedades, sobre la Renta de no Residentes y sobre el Patrimonio, no exceda de 18.030 euros en tributación individual o de 30.050 euros en tributación conjunta, siempre que la base liquidable del ahorro sometida a tributación, definida en el artículo 50 antes mencionado, no supere los 1.800 euros. En los casos de solidaridad tributaria, el tipo de gravamen reducido se aplicará, exclusivamente, a la parte proporcional de la base liquidable que se corresponda con la adquisición efectuada por el sujeto pasivo que cumpla los requisitos antes mencionados. Asimismo, y con independencia de lo previsto en la legislación civil, en las adquisiciones para la sociedad de gananciales por cónyuges casados en dicho régimen, el tipo de gravamen reducido se aplicará al 50% de la base liquidable cuando solo uno de los cónyuges cumpla los requisitos exigidos».*

será del 5%. Solo podrán aplicarse este tipo reducido los contribuyentes cuya base liquidable general sometida a tributación, definida en el artículo 50 de la Ley 35/2006, de 28 de noviembre, del Impuesto sobre la Renta de las Personas Físicas y de modificación parcial de las leyes de los Impuestos sobre Sociedades, sobre la Renta de no Residentes y sobre el Patrimonio, referida al periodo impositivo inmediato anterior a la adquisición de la vivienda no exceda de 18.030 euros en tributación individual o de 30.050 euros en tributación conjunta, siempre que la base liquidable del ahorro sometida a tributación, definida en el artículo 50 antes mencionado, no supere los 1.800 euros. En los casos de solidaridad tributaria, el tipo de gravamen reducido se aplicará, exclusivamente, a la parte proporcional de la base liquidable que se corresponda con la adquisición efectuada por el sujeto pasivo que cumpla los requisitos antes mencionados. Asimismo, y con independencia de lo previsto en la legislación civil, en las adquisiciones para la sociedad de gananciales por cónyuges casados en dicho régimen, el tipo de gravamen reducido se aplicará al 50% de la base liquidable cuando solo uno de los cónyuges cumpla los requisitos exigidos.

3[5]. El tipo de gravamen aplicable a las adquisiciones de viviendas que vayan a constituir la primera vivienda habitual de jóvenes menores de 40 años de edad en la fecha de dicha adquisición será del 4%.

Redacción anterior dada por el art. 1.Siete de la Ley 2/2020, de 30 de enero, de Medidas Fiscales y Administrativas para el año 2020 (BOR núm. 12, de 31 de enero de 2020), en vigor desde el 1 de febrero de 2020.

[5] Nueva redacción del art. 45.3 dada por el art. Primero de la Ley 1/2025, de 28 de febrero, de medidas urgentes para el acceso a la vivienda (BOR núm. 42, de 3 de marzo de 2025), en efetos desde el 3 de marzo de 2025.

Redacción anterior dada por el art. 1.Dos de la Ley 13/2023, de 28 de diciembre, de Medidas Fiscales y Administrativas para el año 2024 (BOE núm. 27, de 31 de enero de 2024), con efetos desde el 1 de enero de 2024: «3. El tipo de gravamen aplicable a las adquisiciones de viviendas que vayan a constituir la primera vivienda habitual de jóvenes menores de 36 años de edad en la fecha de dicha adquisición será del 5%. Solo podrán aplicarse este tipo reducido los contribuyentes cuya base liquidable general sometida a tributación, definida en el artículo 50 de la Ley 35/2006, de 28 de noviembre, del Impuesto sobre la Renta de las Personas Físicas y de modificación parcial de las leyes de los Impuestos sobre Sociedades, sobre la Renta de no Residentes y sobre el Patrimonio, referida al periodo impositivo inmediato anterior a la adquisición de la vivienda, no exceda de 18.030 euros en tributación individual o de 30.050 euros en tributación conjunta, siempre que la base liquidable del ahorro sometida a tributación, definida en el artículo 50 antes mencionado, no supere los 1.800 euros.

No obstante, cuando la adquisición de la primera vivienda habitual por los contribuyentes antes mencionados tenga lugar en alguno de los municipios relacionados en el anexo I de esta ley, el tipo de gravamen aplicable será del 3%.

En los casos de solidaridad tributaria, el tipo de gravamen reducido se aplicará, exclusivamente, a la parte proporcional de la base liquidable que se corresponda con la adquisición efectuada por el sujeto pasivo que cumpla los requisitos antes mencionados. Asimismo, y con independencia de lo previsto en la legislación civil, en las adquisiciones para la sociedad de gananciales por cónyuges casados en dicho régimen, el tipo

No obstante, cuando la adquisición de la primera vivienda habitual por los contribuyentes antes mencionados tenga lugar en alguno de los municipios relacionados en el anexo I de esta ley, el tipo de gravamen aplicable será del 3%.

En los casos de solidaridad tributaria, el tipo de gravamen reducido se aplicará, exclusivamente, a la parte proporcional de la base liquidable que se corresponda con la adquisición efectuada por el sujeto pasivo que cumpla los requisitos antes mencionados. Asimismo, y con independencia de lo previsto en la legislación civil, en las adquisiciones para la sociedad de gananciales por cónyuges casados en dicho régimen, el tipo de gravamen reducido se aplicará al 50% de la base liquidable cuando solo uno de los cónyuges cumpla los requisitos exigidos.

4. Se aplicará el tipo de gravamen del 5% a las adquisiciones de viviendas que vayan a constituir la vivienda habitual de quienes tengan la consideración legal de personas con discapacidad, con un grado igual o superior al 33%, de acuerdo con el baremo a que se refiere el artículo 367 del Texto refundido de la Ley General de la Seguridad Social, aprobado mediante Real Decreto Legislativo 8/2015, de 30 de octubre.

En los casos de solidaridad tributaria, el tipo de gravamen reducido se aplicará, exclusivamente, a la parte proporcional de la base liquidable que se corresponda con la adquisición efectuada por el sujeto pasivo que tenga la consideración legal de persona con discapacidad. Asimismo, y con independencia de lo previsto en la legislación civil, en las adquisiciones para la sociedad de gananciales por cónyuges casados en dicho régimen, el tipo de gravamen reducido se aplicará al 50% de la base liquidable cuando solo uno de los cónyuges tenga la consideración legal de persona con discapacidad.

5. Los adquirentes que soliciten la aplicación de los tipos reducidos reconocidos en este artículo deberán presentar acreditación documental de estar en la situación requerida por los mismos.

Artículo 46[6]. *Tipo reducido aplicable a la adquisición de bienes culturales.*

1. Sin perjuicio de lo dispuesto en el artículo 44 anterior, se aplicará un tipo de gravamen reducido del 5% en la adquisición onerosa de bienes inmuebles inscritos en el Registro General del Patrimonio Cultural, Histórico y Artístico de La Rioja, cuando sean incorporados por el adquirente a una empresa, actividad o proyecto de carácter cultural. La aplicación

---

de gravamen reducido se aplicará al 50% de la base liquidable cuando solo uno de los cónyuges cumpla los requisitos exigidos».

[6] Nueva redacción del art. 46 dada por la Disp. Final Primera.Diez de la Ley 3/2021, de 28 de abril, de Mecenazgo de la Comunidad Autónoma de La Rioja (BOLR núm. 82, de 29 de abril de 2021), con efectos desde el 30 de abril de 2021.
Antes el art. 46 estaba sin contenido por el art. 1.Diez de la Ley 2/2018, de 30 de enero, de Medidas Fiscales y Administrativas de La Rioja para el año 2018 (BOLR núm. 31, de 31 de enero de 2018), en vigor desde el día 1 de febrero de 2018.

de dicho tipo conllevará la obligación de la persona adquirente de mantener el bien en su patrimonio, afecto a la actividad o proyecto cultural, durante al menos cinco años desde su adquisición. El incumplimiento de esta obligación determinará que el adquirente pierda el derecho a aplicarse el tipo reducido. En consecuencia, deberá presentar autoliquidación dentro del plazo de treinta días hábiles desde la fecha en que se produzca el incumplimiento, pagando la parte del impuesto que se hubiese dejado de ingresar en aplicación de la reducción practicada, así como los correspondientes intereses de demora.

2. El tipo aplicable a la adquisición onerosa de bienes muebles inscritos en el Catálogo General del Patrimonio Histórico será del 3% cuando dichos bienes sean incorporados por el adquirente a una empresa, actividad o proyecto de carácter cultural.

3. La aplicación de estos tipos solo podrá realizarse cuando se acredite mediante certificación de la consejería competente en materia de Cultura el cumplimiento de las obligaciones establecidas en la normativa sobre patrimonio histórico, especialmente las referidas a las transacciones de dichos bienes.

Artículo 47[7]. *Tipo impositivo reducido aplicable a las transmisiones onerosas de determinadas explotaciones agrarias a las que sea aplicable el régimen de incentivos fiscales previsto en la Ley 19/1995, de 4 de julio, de Modernización de las Explotaciones Agrarias.*

Las transmisiones onerosas de una explotación agraria prioritaria familiar, individual, asociativa o asociativa cooperativa especialmente protegida en su integridad tributarán al tipo reducido del 4 %, por la parte de la base imponible no sujeta a reducción, de conformidad con lo dispuesto en el artículo 9 de la Ley 19/1995, de 4 de julio, de Modernización de las Explotaciones Agrarias.

SECCIÓN 2.ª Modalidad de actos jurídicos documentados

Artículo 48. *Tipo de gravamen general para documentos notariales.*

Las primeras copias de escrituras y actas notariales, cuando tengan por objeto cantidad o cosa valuable, contengan actos o contratos inscribibles en los Registros de la Propiedad, Mercantil, de la Propiedad Industrial y de Bienes Muebles, y no sujetos al impuesto sobre sucesiones y donaciones o a los conceptos comprendidos en los números 1 y 2 del artículo 1 del Texto refundido de la Ley del Impuesto sobre Transmisiones Patrimoniales y Actos Jurídicos Documentados, aprobado por Real Decreto Legislativo 1/1993, de 24 de septiembre, tributarán, además de por la cuota fija prevista en el artículo 31.1 de dicha norma, al tipo de gravamen del 1% en cuanto a tales actos o contratos.

---

[7]   Nueva redacción dada por el art. 1. Cinco de la Ley 7/2021, de 27 de diciembre, de medidas fiscales y administrativas para el año 2022 (BOLR núm. 253, de 28 de diciembre de 2021), en vigor desde 1 de enero de 2022.

Artículo 49. *Tipo impositivo reducido y deducción en la cuota para los documentos notariales de adquisición de vivienda para destinarla a vivienda habitual.*

1[8]. En los supuestos previstos en el artículo anterior, se aplicará el tipo de gravamen reducido del 0,1% en las adquisiciones de vivienda para destinarla a vivienda habitual por parte de los sujetos pasivos que, en el momento de producirse el hecho imponible, cumplan cualquiera de los siguientes requisitos:

a) Familias que tengan la consideración legal de numerosas según la normativa aplicable.

b) Sujetos pasivos que tengan la consideración legal de personas con discapacidad, con un grado igual o superior al 33%, de acuerdo con el baremo a que se refiere el artículo 367 del Texto refundido de la Ley General de la Seguridad Social, aprobado mediante Real Decreto Legislativo 8/2015, de 30 de octubre.

En los casos de solidaridad tributaria, el tipo de gravamen reducido se aplicará, exclusivamente, a la parte proporcional de la base liquidable que se corresponda con la adquisición efectuada por el sujeto pasivo que tenga la consideración legal de persona con discapacidad.

Asimismo y con independencia de lo previsto en la legislación civil, en las adquisiciones para la sociedad de gananciales por cónyuges casados en dicho régimen, el tipo de gravamen reducido se aplicará al 50% de la base liquidable cuando solo uno de los cónyuges tenga la consideración legal de persona con discapacidad.

2.[9]

---

[8] Nueva redacción art. 49.1 dada por el art. 1 Siete de la Ley 6/2024, de 27 de diciembre, de Medidas Fiscales y Administrativas para el año 2025 (BOLR núm. 255, de 30 de diciembre de 2024), en vigor desde el 1 de enero de 2025.

Redacción anterior dada por el art. 1.Once de la Ley 2/2018, de 30 de enero, de Medidas Fiscales y Administrativas de La Rioja para el año 2018 (BOLR núm. 31, de 31 de enero de 2018), en vigor desde el día 1 de febrero de 2018: «*1. En los supuestos previstos en el artículo anterior, se aplicará el tipo de gravamen reducido del 0,5% en las adquisiciones de vivienda para destinarla a vivienda habitual por parte de los sujetos pasivos que, en el momento de producirse el hecho imponible, cumplan cualquiera de los siguientes requisitos:*

a) Familias que tengan la consideración legal de numerosas según la normativa aplicable.

b) Sujetos pasivos que tengan la consideración legal de personas con discapacidad, con un grado igual o superior al 33%, de acuerdo con el baremo a que se refiere el artículo 367 del Texto refundido de la Ley General de la Seguridad Social, aprobado mediante Real Decreto Legislativo 8/2015, de 30 de octubre.

En los casos de solidaridad tributaria, el tipo de gravamen reducido se aplicará, exclusivamente, a la parte proporcional de la base liquidable que se corresponda con la adquisición efectuada por el sujeto pasivo que tenga la consideración legal de persona con discapacidad.

Asimismo y con independencia de lo previsto en la legislación civil, en las adquisiciones para la sociedad de gananciales por cónyuges casados en dicho régimen, el tipo de gravamen reducido se aplicará al 50% de la base liquidable cuando solo uno de los cónyuges tenga la consideración legal de persona con discapacidad».

[9] Apartado derogado por la Disp. Derogatoria única de la Ley 1/2025, de 28 de febrero, de medidas urgentes para el acceso a la vivienda (BOR núm. 42, de 3 de marzo de 2025), con efectos desde el 1 de enero

3[10].

Artículo 50[11]. *Deducción en determinadas operaciones de subrogación y modificación de préstamos y créditos hipotecarios.*

1. Se aplicará una deducción del 100% de la cuota resultante, después de aplicar los beneficios fiscales estatales y autonómicos que, en su caso, resulten procedentes, a:

---

de 2025. Redacción dada por el art. 1.Seis de la Ley 7/2021, de 27 de diciembre, de medidas fiscales y administrativas para el año 2022 (BOLR núm. 253, de 28 de diciembre de 2021), en vigor desde 1 de enero de 2022: «*2. En los supuestos previstos en el número anterior, el tipo será del 0,4 % cuando el valor de la vivienda, determinado de acuerdo con lo dispuesto en el artículo 10 del texto refundido de la Ley del Impuesto sobre Transmisiones Patrimoniales y Actos Jurídicos Documentados, aprobado por el Real Decreto Legislativo 1/1993, de 24 de septiembre, sea inferior a 150.253 euros*».

[10]   Apartado derogado por el art. 1.Doce de la Ley 2/2018, de 30 de enero, de Medidas Fiscales y Administrativas de La Rioja para el año 2018 (BOLR núm. 31, de 31 de enero de 2018), en vigor desde el día 1 de febrero de 2018.

Redacción anterior: «3. Los sujetos pasivos podrán aplicar a la cuota resultante la deducción que proceda en función del valor real de la vivienda adquirida con arreglo a la siguiente tabla:

Valor real	Deducción en la cuota
Hasta 150.253,00 euros	20%
De 150.253,01 euros a 180.304,00 euros	16%
De 180.304,01 euros a 210.354,00 euros	12%
De 210.354,01 euros a 240.405,00 euros	8%
De 240.405,01 euros a 270.455,00 euros	4%
De 270.455,01 euros a 300.506,00 euros	2%
Más de 300.506,00 euros	0%

Esta deducción se aplicará después de los beneficios fiscales estatales y autonómicos que, en su caso, resulten procedentes para la adquisición de vivienda que vaya a constituir su vivienda habitual».

[11]   Nuevo contenido del art. 50 dada por el art. único.Dos de la Ley 11/2023, de 7 de noviembre, de medidas fiscales urgentes por la que se modifica la Ley 10/2017, de 27 de octubre, por la que se consolidan las disposiciones legales de la Comunidad Autónoma de La Rioja en materia de impuestos propios y tributos cedidos (BOR núm. 225, de 9 de noviembre de 2023), en vigor desde el mismo día de su publicación.

Art. 50 suprimido por el art. 1.Trece de la Ley 2/2018, de 30 de enero, de Medidas Fiscales y Administrativas de La Rioja para el año 2018 (BOLR núm. 31, de 31 de enero de 2018), en vigor desde el día 1 de enero de 2018.

Redacción anterior: «*Deducción en determinadas operaciones de subrogación y modificación de préstamos y créditos hipotecarios.*

1. Se aplicará una deducción del 100% de la cuota resultante, después de aplicar los beneficios fiscales estatales y autonómicos que, en su caso, resulten procedentes, a:

a) Los documentos descritos en el artículo 48 de esta ley que documenten la modificación del método o sistema de amortización y cualesquiera otras condiciones financieras de los préstamos hipotecarios a que se

a) Los documentos descritos en el artículo 48 de esta ley que documenten la modificación del método o sistema de amortización y cualesquiera otras condiciones financieras de los préstamos hipotecarios a los que se refiere el artículo 4.2.iv) de la Ley 2/1994, de 30 de marzo, sobre subrogación y modificación de préstamos hipotecarios, siempre que se trate de préstamos obtenidos para la inversión en vivienda habitual.

b) Los documentos descritos en el artículo 48 de esta ley que documenten la subrogación, la alteración del plazo o la modificación de las condiciones del tipo de interés inicialmente pactado o vigente, el método de amortización y cualesquiera otras condiciones financieras de los créditos hipotecarios, siempre que se trate de créditos obtenidos para la inversión en vivienda habitual.

2. En ningún caso se aplicará esta deducción a la ampliación o reducción del capital del préstamo o crédito.

Artículo 51. *Tipo reducido aplicable a las sociedades de garantía recíproca.*

El tipo impositivo aplicable a los documentos notariales que formalicen la constitución de derechos reales de garantía cuyo sujeto pasivo sea una sociedad de garantía recíproca que tenga su domicilio fiscal en el ámbito de la Comunidad Autónoma de La Rioja será del 0,3%.

Artículo 52. *Tipo impositivo incrementado aplicable a las escrituras notariales que formalicen transmisiones de inmuebles en las que se realiza la renuncia a la exención en el impuesto sobre el valor añadido.*

La cuota tributaria se obtendrá aplicando sobre la base liquidable el tipo del 1,5% en las primeras copias de escrituras que documenten transmisiones de bienes inmuebles en las que se haya renunciado a la exención del impuesto sobre el valor añadido, tal y como se contiene en el artículo 20.Dos de la Ley 37/1992, de 28 de diciembre, del Impuesto sobre el Valor Añadido.

Artículo 53. *Documentos presentados a liquidación por actos jurídicos documentados a los que sea de aplicación el artículo 20.Uno.22.º A.c) de la Ley 37/1992, de 28 de diciembre, del Impuesto sobre el Valor Añadido.*

Cuando se presente a liquidación por actos jurídicos documentados cualquier documento al que sea de aplicación el artículo 20.Uno.22.º A.c) de la Ley 37/1992, de 28 de diciembre, del Impuesto sobre el Valor Añadido, la oficina liquidadora solicitará del Registro

---

refiere el artículo 4.2.IV de la Ley 2/1994, de 30 de marzo, sobre subrogación y modificación de préstamos hipotecarios, siempre que se trate de préstamos obtenidos para la inversión en vivienda habitual.

b) Los documentos descritos en el artículo 48 de esta ley que documenten la subrogación, la alteración del plazo o la modificación de las condiciones del tipo de interés inicialmente pactado o vigente, el método de amortización y cualesquiera otras condiciones financieras de los créditos hipotecarios, siempre que se trate de créditos obtenidos para la inversión en vivienda habitual.

2. En ningún caso se aplicará esta deducción a la ampliación o reducción del capital del préstamo o crédito».

de la Propiedad correspondiente una anotación preventiva que refleje que dicho inmueble estará afecto al pago por el impuesto sobre transmisiones patrimoniales y actos jurídicos documentados, en su modalidad de transmisiones patrimoniales onerosas, en el caso de que el adquirente no proceda a la demolición y promoción previstas en el indicado artículo 20.Uno.22.º A.c) antes de efectuar una nueva transmisión.

SECCIÓN 3.ª *Obligaciones formales*

Artículo 54[12]. *Obligación formal de los empresarios dedicados a la compraventa de objetos fabricados con metales preciosos y presentación telemática.*

Aquellos empresarios que adquieran objetos fabricados con metales preciosos y que estén obligados a la llevanza de los libros-registro a los que hace referencia el artículo 91 del Real Decreto 197/1988, de 22 de febrero, por el que se aprueba el Reglamento de la Ley de objetos fabricados con metales preciosos, declararán conjuntamente todas las operaciones sujetas a la modalidad de transmisiones patrimoniales onerosas del impuesto sobre transmisiones patrimoniales y actos jurídicos documentados devengadas en el mes natural. Para ello, presentarán una única autoliquidación, acompañando fotocopias de aquellas hojas del libro-registro selladas por la autoridad competente que comprendan las operaciones realizadas en el mes natural y un documento en el que se consignen las operaciones relevantes para la autoliquidación.

Dicha autoliquidación debe presentarse por medios telemáticos, en los términos regulados por la Ley 58/2003, de 17 de diciembre, General Tributaria, el Real Decreto 1065/2007, de 27 de julio, por el que se aprueba el Reglamento General de las actuaciones y los procedimientos de gestión e inspección tributaria y de desarrollo de las normas comunes de los procedimientos de aplicación de los tributos, y legislación concordante en la materia.

El plazo de ingreso y presentación de la autoliquidación será el mes natural inmediato posterior al que se refieran las operaciones declaradas.

Artículo 55. *Suministro de información por las entidades que realicen subastas de bienes muebles.*

Las empresas que realicen subastas de bienes muebles deberán remitir semestralmente a la dirección general con competencia en materia de tributos una declaración con la relación de las transmisiones de bienes en que hayan intervenido, relativas al semestre anterior, cuando los bienes se hayan transmitido por importe superior a 3.000 euros. Esta relación deberá comprender los datos de identificación del transmitente y el adquirente, la fecha de la transmisión, una descripción del bien subastado y el precio final de adjudicación.

---

[12]   Nueva redacción del art. 54 dada por el art. 1.Cuatro de la Ley 2/2021, de 29 de enero, de Medidas Fiscales y Administrativas para el año 2021 (BOLR núm. 22, de 1 de febrero de 2021), con efectos desde el 1 de enero de 2021.

La consejería con competencias en materia de hacienda determinará los modelos de declaración y plazos de presentación, el contenido de la información a remitir, así como las condiciones en las que la presentación mediante soporte directamente legible por ordenador o mediante transmisión por vía telemática será obligatoria. En ambos casos, estas declaraciones tendrán la consideración de tributarias a todos los efectos regulados en la Ley 58/2003, de 17 de diciembre, General Tributaria.

CAPÍTULO V. Disposiciones comunes a los impuestos sobre sucesiones y donaciones y sobre transmisiones patrimoniales y actos jurídicos documentados

Artículo 56[13]. *Presentación telemática obligatoria.*

Los colaboradores sociales en la gestión tributaria deberán pagar y presentar por medios telemáticos todas las autoliquidaciones propias del impuesto sobre transmisiones patrimoniales y actos jurídicos documentados, en los términos regulados por la Ley 58/2003, de 17 de diciembre, General Tributaria, el Real Decreto 1065/2007, de 27 de julio, por el que se aprueba el Reglamento General de las actuaciones y los procedimientos de gestión e inspección tributaria y de desarrollo de las normas comunes de los procedimientos de aplicación de los tributos, y legislación concordante en la materia.

Asimismo, los sujetos pasivos de los documentos negociados por entidades autorizadas para colaborar en la recaudación de los tributos, documentos de acción cambiaria o endosables a la orden y para exceso de letras de cambio estarán obligados a pagar y presentar por vía telemática las autoliquidaciones correspondientes.

Artículo 57. *Suspensión en el procedimiento de tasación pericial contradictoria.*

La presentación de la solicitud de tasación pericial contradictoria o la reserva del derecho a promoverla, en caso de notificación conjunta de los valores y de las liquidaciones que los hayan tenido en cuenta, determinará la suspensión del ingreso de las liquidaciones practicadas y de los plazos para interponer recurso o reclamación contra las mismas.

---

[13]   Se cambia la ubicación sistemática del art. 56, que pasa del final del CAPÍTULO IV «ITPyAD», a ser el primero del CAPÍTULO V. «Disposiciones comunes a los impuestos sobre sucesiones y donaciones y sobre transmisiones patrimoniales y actos jurídicos documentados» por el art. 1.Cinco de la Ley 2/2021, de 29 de enero, de Medidas Fiscales y Administrativas para el año 2021 (BOLR núm. 22, de 1 de febrero de 2021), con efectos desde el 1 de enero de 2021, estableciendo su Disp. Derogatoria «... Tres. La obligación de presentación telemática regulada en el artículo 56 de la Ley 10/2017, de 27 de octubre, por la que se consolidan las disposiciones legales de la Comunidad Autónoma de La Rioja en materia de impuestos propios y tributos cedidos, en lo referente a las autoliquidaciones del impuesto sobre sucesiones y donaciones, surtirá efecto a partir del momento en que se habilite el soporte informático correspondiente».

Artículo 58. *Concepto de vivienda habitual a efectos del impuesto sobre sucesiones y donaciones y del impuesto sobre transmisiones patrimoniales y actos jurídicos documentados.*

1. A los efectos del impuesto sobre sucesiones y donaciones y del impuesto sobre transmisiones patrimoniales y actos jurídicos documentados, con carácter general se considera vivienda habitual del contribuyente la edificación que constituya su residencia durante un plazo continuado de, al menos, tres años.

No obstante, se entenderá que la vivienda tuvo el carácter de habitual cuando, a pesar de no haber transcurrido dicho plazo, se produzca el fallecimiento del contribuyente o concurran otras circunstancias que necesariamente exijan el cambio de domicilio, tales como celebración de matrimonio, separación matrimonial, traslado laboral, obtención del primer empleo o cambio de empleo, u otras análogas justificadas.

Para que la vivienda constituya la residencia habitual del contribuyente debe ser habitada de manera efectiva y con carácter permanente por el propio contribuyente, en un plazo de doce meses, contados a partir de la fecha de adquisición o terminación de las obras[14].

No obstante, se entenderá que la vivienda no pierde el carácter de habitual cuando se produzca alguna de las siguientes circunstancias:

a) Cuando se produzca el fallecimiento del contribuyente o concurran otras circunstancias que necesariamente impidan la ocupación de la vivienda.

b) Cuando el contribuyente disfrute de vivienda habitual por razón de cargo o empleo y la vivienda adquirida no sea objeto de utilización, en cuyo caso el plazo antes indicado comenzará a contarse a partir de la fecha del cese.

2. En caso de incumplirse los requisitos regulados en el apartado precedente para la consideración del inmueble como vivienda habitual, el beneficiario de estas medidas deberá comunicar tal circunstancia a la dirección general con competencia en materia de tributos de la Comunidad Autónoma de La Rioja, dentro del plazo de treinta días hábiles desde la fecha en que se produzca el incumplimiento, y pagar la parte del impuesto que se hubiese dejado de ingresar como consecuencia del beneficio fiscal practicado, así como los correspondientes intereses de demora.

Artículo 58 bis[15]. *Adquisición de la vivienda habitual.*

1. Se asimila a la adquisición de vivienda la construcción o ampliación de la misma, en los siguientes términos:

---

[14] Nueva redacción del tercer párrafo dada por el art. 1.Catorce de la Ley 2/2018, de 30 de enero, de Medidas Fiscales y Administrativas de La Rioja para el año 2018 (BOLR núm. 31, de 31 de enero de 2018), en vigor desde el día 1 de enero de 2018.

[15] Nuevo art. 58.bis incorporado por el art. 1.Quince de la Ley 2/2018, de 30 de enero, de Medidas Fiscales y Administrativas de La Rioja para el año 2018 (BOLR núm. 31, de 31 de enero de 2018), en vigor desde el día 1 de febrero de 2018.

Ampliación de vivienda, cuando se produzca el aumento de su superficie habitable, mediante cerramiento de parte descubierta o por cualquier otro medio, de forma permanente y durante todas las épocas del año.

Construcción, cuando el contribuyente satisfaga directamente los gastos derivados de la ejecución de las obras, o entregue cantidades a cuenta al promotor de aquellas, siempre que finalicen en un plazo no superior a cuatro años desde el inicio de la inversión.

2. Por el contrario, no se considerarán adquisición de vivienda:

a) Los gastos de conservación o reparación. A estos efectos, tendrán la consideración de gastos de reparación y conservación:

Los efectuados regularmente con la finalidad de mantener el uso normal de los bienes materiales, como el pintado, revoco o arreglo de instalaciones.

Los de sustitución de elementos, como instalaciones de calefacción, ascensor, puertas de seguridad u otros.

b) Las mejoras.

c) La adquisición de plazas de garaje, jardines, parques, piscinas e instalaciones deportivas y, en general, los anexos o cualquier otro elemento que no constituya la vivienda propiamente dicha, siempre que se adquieran independientemente de esta. Se asimilarán a viviendas las plazas de garaje adquiridas con estas, con el máximo de dos.

3. Si, como consecuencia de hallarse en situación de concurso, el promotor no finalizase las obras de construcción antes de transcurrir el plazo de cuatro años a que se refiere el apartado 1 de este artículo o no pudiera efectuar la entrega de las viviendas en el mismo plazo, este quedará ampliado en otros cuatro años.

En estos casos, el plazo de doce meses a que se refiere el artículo anterior comenzará a contarse a partir de la entrega.

Para que la ampliación prevista en este apartado surta efecto, el contribuyente deberá presentar, durante los treinta días siguientes al incumplimiento del plazo, una comunicación a la que acompañarán tanto los justificantes que acrediten sus inversiones en vivienda como cualquier documento justificativo de haberse producido alguna de las referidas situaciones.

En los supuestos a que se refiere este apartado, el contribuyente no estará obligado a efectuar ingreso alguno por razón del incumplimiento del plazo general de cuatro años de finalización de las obras de construcción.

4. Cuando por otras circunstancias excepcionales no imputables al contribuyente y que supongan paralización de las obras no puedan estas finalizarse antes de transcurrir el plazo de cuatro años a que se refiere el apartado 1 de este artículo, el contribuyente podrá solicitar de la Administración la ampliación del plazo.

La solicitud deberá presentarse ante la dirección general con competencia en materia de tributos de la Comunidad Autónoma de La Rioja durante los treinta días siguientes al incumplimiento del plazo.

En la solicitud deberán figurar tanto los motivos que han provocado el incumplimiento del plazo como el periodo de tiempo que se considera necesario para finalizar las obras de construcción, el cual no podrá ser superior a cuatro años.

A efectos de lo señalado en el párrafo anterior, el contribuyente deberá aportar la justificación correspondiente.

A la vista de la documentación aportada, el titular de la dirección general con competencia en materia de tributos de la Comunidad Autónoma de La Rioja decidirá tanto sobre la procedencia de la ampliación solicitada como con respecto al plazo de ampliación, el cual no tendrá que ajustarse necesariamente al solicitado por el contribuyente.

Podrán entenderse desestimadas las solicitudes de ampliación que no fuesen resueltas expresamente en el plazo de tres meses.

La ampliación que se conceda comenzará a contarse a partir del día inmediato siguiente a aquel en que se produzca el incumplimiento.

Artículo 59. *Obligaciones formales de los notarios en los impuestos sobre sucesiones y donaciones y sobre transmisiones patrimoniales y actos jurídicos documentados.*

1. En cumplimiento de las obligaciones formales de los notarios, recogidas en el artículo 32.3 de la Ley 29/1987, de 18 de diciembre, del Impuesto sobre Sucesiones y Donaciones, y en el artículo 52 del Real Decreto Legislativo 1/1993, de 24 de septiembre, por el que se aprueba el Texto refundido de la Ley del Impuesto sobre Transmisiones Patrimoniales y Actos Jurídicos Documentados, la remisión de índices notariales se realizará en el formato que se determine por orden de la consejería competente en materia de hacienda, quien además podrá establecer las circunstancias y plazos en que dicha presentación sea obligatoria.

2. Asimismo, los notarios remitirán por vía telemática a la dirección general competente en materia de tributos de la Comunidad Autónoma de La Rioja, con la colaboración del Consejo General de Notariado y conforme a lo dispuesto en la legislación notarial, una ficha resumen de los elementos básicos de las escrituras que autoricen, así como la copia electrónica de las mismas, sobre los hechos imponibles que determine la consejería competente en materia de hacienda.

Mediante convenio con el Colegio Notarial de La Rioja y el Consejo General del Notariado o, en su defecto, por orden de la consejería competente en materia de hacienda, podrá establecerse el formato, condiciones, diseño y demás extremos necesarios para el cumplimiento de estas obligaciones formales.

Artículo 60. *Suministro de información por los registradores de la propiedad y mercantiles.*

1. Los registradores de la propiedad y mercantiles con destino en el ámbito territorial de la Comunidad Autónoma de La Rioja deberán remitir a la dirección general con competencias en materia de tributos, en la primera quincena de cada trimestre, una declaración con la relación de los documentos relativos a actos o contratos sujetos al impuesto sobre sucesiones y donaciones o al impuesto sobre transmisiones patrimoniales y actos jurídicos documentados que se presenten a inscripción, cuando el pago o la presentación de la declaración se haya realizado en otra comunidad autónoma a la que no corresponda el rendimiento de los impuestos. Dicha declaración irá referida al trimestre anterior.

2. Mediante convenio con los registradores de la propiedad y mercantiles de La Rioja o, en su defecto, por orden de la consejería competente en materia de hacienda, podrá establecerse el formato, condiciones, diseño y demás extremos necesarios para el cumplimiento de las obligaciones formales a que se refiere el apartado anterior, que podrá consistir en soporte legible por ordenador o mediante transmisión por vía telemática.

3. Los registradores de la propiedad y mercantiles con destino en el ámbito territorial de la Comunidad Autónoma de La Rioja deberán remitir a la dirección general con competencias en materia de tributos, en la primera quincena de cada trimestre, relación de los inmuebles presentados a inscripción en los que conste la anotación preventiva prevista en el artículo 53 de esta ley.

Artículo 61. *Información sobre valores.*

1. La consejería con competencias en materia de hacienda, a través de la dirección general con funciones en materia de tributos, podrá hacer públicos los valores mínimos de referencia basados en los precios medios de mercado, a declarar por bienes y derechos, a efectos de los impuestos sobre transmisiones patrimoniales y actos jurídicos documentados, y sobre sucesiones y donaciones.

2. La difusión de la citada información no impedirá la posterior comprobación administrativa del valor cuando el contribuyente no haya ajustado su declaración a los valores mínimos de referencia a los que se refiere el apartado 1 de este artículo.

(...)

TÍTULO III. DISPOSICIONES COMUNES A TODOS LOS TRIBUTOS REGULADOS EN LA PRESENTE LEY

Artículo 75. *Requisitos para la acreditación del pago y presentación de los tributos regulados en esta ley.*

La acreditación del pago de las deudas tributarias y la presentación de las autoliquidaciones y declaraciones tributarias se ajustarán a los siguientes requisitos:

1. El pago de las deudas tributarias se considerará válido y tendrá efectos liberatorios únicamente en los supuestos en que dichos pagos se efectúen a favor de la Comunidad Autónoma de La Rioja en cuentas de su titularidad y utilizando a tal efecto los modelos de declaración aprobados por la consejería competente en materia de hacienda.

2. Los pagos que se realicen en órganos de recaudación ajenos a la Comunidad Autónoma de La Rioja sin convenio al respecto con esta, o a personas o entidades no autorizadas para ello, no liberarán en ningún caso al deudor de su obligación de pago ni a las autoridades

y funcionarios de las responsabilidades que se deriven de la admisión de documentos presentados a fin distinto de su liquidación sin la acreditación del pago de la deuda tributaria o la presentación de la declaración tributaria en oficinas de la Comunidad Autónoma de La Rioja.

3. En el caso de documentos que contengan actos o contratos sujetos al impuesto sobre sucesiones y donaciones o al impuesto sobre transmisiones patrimoniales y actos jurídicos documentados, cuyos rendimientos estén atribuidos a la Comunidad Autónoma de La Rioja, la presentación y/o el pago del impuesto solo se entenderán acreditados cuando el documento presentado lleve incorporada la nota justificativa de la presentación junto con el correspondiente ejemplar de la autoliquidación y ambos estén debidamente sellados por los órganos tributarios de la Administración de la Comunidad Autónoma de La Rioja, y conste en ellos el pago del tributo o la declaración de no sujeción o del beneficio fiscal aplicable.

4. En el supuesto de declaraciones tributarias cuyo pago y presentación se haya efectuado por los medios telemáticos habilitados por la Administración de la Comunidad Autónoma de La Rioja, la acreditación del pago y presentación se ajustará a la normativa dictada al efecto por la consejería competente en materia de hacienda.

Artículo 76. *Habilitación para desarrollo reglamentario.*

Se habilita al titular de la consejería con competencias en materia de hacienda para regular mediante orden las siguientes materias:

1. Los modelos oficiales de actas de inspección tributaria de la Comunidad Autónoma de La Rioja.

2. La metodología o el sistema de cálculo utilizado para determinar los precios medios de mercado, así como los valores resultantes.

3. El procedimiento de tasación pericial contradictoria regulado en la Ley General Tributaria 58/2003, de 18 de diciembre, y en el Real Decreto 1065/2007, de 27 de julio, por el que se aprueba el Reglamento General de las actuaciones y procedimientos de gestión e inspección tributaria y de desarrollo de las normas comunes de los procedimientos de aplicación de los tributos.

4. Los supuestos, condiciones y requisitos técnicos y/o personales en los que se podrá efectuar la elaboración, pago y presentación de las declaraciones y autoliquidaciones de los tributos gestionados por la misma mediante el uso de sistemas telemáticos e informáticos.

5. Los supuestos y condiciones en los que determinados colectivos deberán presentar por medios telemáticos declaraciones, autoliquidaciones, comunicaciones, solicitudes y cualquier otro documento con trascendencia tributaria.

6. Concretar o establecer otros supuestos de obligatoriedad en el pago y presentación de los tributos gestionados por la misma.

7[16]. Las condiciones de lugar, tiempo y forma de presentación de las declaraciones relativas a los impuestos propios y tributos cedidos respecto de los cuales la Comunidad Autónoma de La Rioja tenga competencias en materia de gestión en los términos establecidos en la Ley 22/2009, de 18 de diciembre

8[17]. Los diseños de formato, condiciones y plazos de los soportes magnéticos directamente legibles por ordenador o por vía telemática para el cumplimiento de cualquier obligación legal de suministro regular de información con trascendencia tributaria.

(…)

Disposición derogatoria única. *Derogación normativa.*

Quedan derogadas todas las disposiciones de igual o inferior rango en cuanto se opongan a lo previsto en la presente ley, y en particular:

El artículo 19 de la Ley 10/2003, de 19 de diciembre, de Medidas Fiscales y Administrativas para el año 2004.

Los artículos 19 y 20 y la disposición adicional primera de la Ley 9/2004, de 22 de diciembre, de Medidas Fiscales y Administrativas para el año 2005.

Los artículos 21 y 22 de la Ley 13/2005, de 16 de diciembre, de Medidas Fiscales y Administrativas para el año 2006.

El artículo 28 de la Ley 5/2008, de 23 de diciembre, de Medidas Fiscales y Administrativas para el año 2009.

La Ley 2/2009, de 23 junio, de medidas urgentes de impulso a la actividad económica.

El artículo 31 de la Ley 6/2009, de 15 de diciembre, de Medidas Fiscales y Administrativas para el año 2010.

Los artículos 49 a 75 de la Ley 7/2012, de 21 de diciembre, de Medidas Fiscales y Administrativas para el año 2013.

La Ley 6/2013, de 21 de junio, por la que se introducen modificaciones en el impuesto para la eliminación de residuos en vertederos, creado por la Ley 7/2012 de 21 de diciembre, de Medidas Fiscales y Administrativas para el año 2013.

La disposición adicional segunda de la Ley 13/2013, de 23 de diciembre, de Medidas Fiscales y Administrativas para el año 2014.

La disposición adicional segunda de la Ley 7/2014, de 23 de diciembre, de Medidas Fiscales y Administrativas para el año 2015.

---

[16]   Nuevo apartado incorporado por el art. 1.Siete de la Ley 2/2021, de 29 de enero, de Medidas Fiscales y Administrativas para el año 2021 (BOLR núm. 22, de 1 de febrero de 2021), con efectos desde el 1 de enero de 2021.

[17]   Nuevo apartado incorporado por el art. 1.Siete de la Ley 2/2021, de 29 de enero, de Medidas Fiscales y Administrativas para el año 2021 (BOLR núm. 22, de 1 de febrero de 2021), con efectos desde el 1 de enero de 2021.

Los artículos 1 a 43 de la Ley 3/2017, de 31 de marzo, de Medidas Fiscales y Administrativas para el año 2017.

Disposición final única. *Entrada en vigor.*

La presente ley entrará en vigor el día siguiente al de su publicación en el Boletín Oficial de La Rioja.

Por tanto, ordeno a todos los ciudadanos cumplan y cooperen al cumplimiento de la presente Ley y a los Tribunales y Autoridades la hagan cumplir.

(...)

COMUNIDAD AUTÓNOMA DEL PRINCIPADO DE ASTURIAS

Impuesto Sobre Transmisiones Patrimoniales y Actos Jurídicos Documentados

25. Decreto Legislativo 2/2014, de 22 de octubre, por el que se aprueba el Texto Refundido de las disposiciones legales del Principado de Asturias en materia de tributos cedidos por el Estado[1]

(BOPA núm. 251, de 29 de octubre de 2014)

PREÁMBULO

El Principado de Asturias, conforme a lo establecido en los artículos 156.1 de la Constitución Española y 42 del Estatuto de Autonomía, goza de autonomía financiera para el desarrollo y ejecución de sus competencias, enumerando el artículo 157.1 de la Constitución los recursos que garantizan esta autonomía, encontrándose, entre otros, los impuestos cedidos total o parcialmente por el Estado. La disposición adicional del Estatuto de Autonomía, en su apartado primero, relaciona los impuestos estatales que se ceden al Principado de Asturias.

Este marco competencial en materia de impuestos cedidos se completa con la Ley Orgánica 8/1980, de 22 de septiembre de Financiación de las Comunidades Autónomas, que establece los principios básicos a los que ha de ajustarse esta cesión. A lo largo del tiempo, distintas leyes estatales han concretado el alcance y las condiciones de la cesión para garantizar la coherencia del conjunto del sistema tributario español, potenciando la corresponsabilidad fiscal de las Comunidades Autónomas. En este sentido, la Ley 22/2009, de 18 de diciembre, por la que se regula el sistema de financiación de las Comunidades Autónomas de régimen común y Ciudades con Estatuto de Autonomía y se modifican determinadas normas

---

[1] Con anterioridad se regulaba en la Ley 15/2002, de 27 de diciembre, de acompañamiento a los presupuestos generales de 2003 (BOPA núm. 301, de 31 de diciembre de 2002; BOE núm. 38 de 13 febrero 2003), Ley 6/2008, de 30 de diciembre, de Medidas Presupuestarias, Administrativas y Tributarias de acompañamiento a los presupuestos Generales para 2009 (BOPA núm. 302, de 31 de diciembre de 2008; BOE núm. 68, de 20 de marzo de 2009), Ley 5/2010, de 9 de julio, de medidas urgentes de contención del gasto y en materia tributaria para la reducción del déficit público (BOPA núm. 162, de 14 de Julio de 2010; BOE núm. 232, de 24 de septiembre de 2010) y Ley del Principado de Asturias 3/2012, de 28 de diciembre, de Presupuestos Generales para 2013 (BOPA núm. 300 de 29 de diciembre de 2012; BOE núm. 45 de 21 de febrero de 2013).

tributarias, atribuye a las Comunidades Autónomas competencias normativas en materia de tributos estatales cedidos, concretándose en el caso del Principado de Asturias en la Ley 19/2010, de 16 de julio, del régimen de cesión de tributos del Estado a la Comunidad Autónoma del Principado de Asturias y de fijación del alcance y condiciones de dicha cesión.

En consecuencia, el Principado de Asturias ha venido ejerciendo sus competencias legislativas en esta materia produciéndose cierta dispersión normativa no deseable, lo que aconseja aprobar un texto refundido para garantizar el principio de seguridad jurídica que debe presidir todo ordenamiento jurídico.

En este sentido, la disposición final primera de la Ley del Principado de Asturias 6/2014, de 13 de junio, de Juego y Apuestas, autoriza al Consejo de Gobierno para que, en el plazo de seis meses desde su entrada en vigor, apruebe un texto refundido de las disposiciones vigentes en materia tributos cedidos.

La autorización legislativa se extiende a la aclaración, regularización y armonización de la normativa en vigor, lo que ha permitido reorganizar su estructura y su contenido, así como introducir determinadas aclaraciones de carácter técnico que tienen como finalidad facilitar la comprensión de sus preceptos.

La aprobación del presente decreto legislativo y su texto refundido, no supone innovación alguna sobre el ordenamiento jurídico, por limitarse a refundir la normativa ya vigente con los fines anteriormente descritos (aclaración, regularización y armonización), lo que justifica la entrada en vigor, el día siguiente al de su publicación en el Boletín Oficial del Principado de Asturias.

II

La norma refunde la normativa del Principado de Asturias en materia de tributos cedidos por el Estado que se encontraba regulada en las siguientes leyes:

– Ley del Principado de Asturias 15/2002, de 27 de diciembre, de acompañamiento a los Presupuestos Generales para 2003.

– Ley del Principado de Asturias 6/2003, de 30 de diciembre, de acompañamiento a los Presupuestos Generales para 2004.

– Ley del Principado de Asturias 11/2006, de 27 de diciembre, de Medidas Presupuestarias, Administrativas y Tributarias de Acompañamiento a los Presupuestos Generales para 2007.

– Ley del Principado de Asturias 6/2008, de 30 de diciembre, de Medidas Presupuestarias, Administrativas y Tributarias de Acompañamiento a los Presupuestos Generales para 2009.

– Ley del Principado de Asturias 5/2010, de 9 de julio, de medidas urgentes de contención del gasto y en materia tributaria para la reducción del déficit público.

– Ley del Principado de Asturias 13/2010, de 28 de diciembre, de Medidas Presupuestarias y Tributarias de acompañamiento a los Presupuestos Generales para 2011.

– Ley del Principado de Asturias 3/2012, de 28 de diciembre, de Presupuestos Generales para 2013.

– Ley del Principado de Asturias 4/2012, de 28 de diciembre, de medidas urgentes en materia de personal, tributaria y presupuestaria.

– Ley del Principado de Asturias 6/2014, de 13 de junio, de Juego y Apuestas.

III

Se incluye al inicio de la norma un índice de contenido, cuyo objetivo es facilitar la utilización de aquélla por sus destinatarios mediante una rápida localización y ubicación sistemática de sus preceptos.

El texto refundido consta de tres títulos, una disposición transitoria y una disposición final. El Título preliminar define el objeto y contenido de la norma.

El Título I se refiere a las medidas concretas aprobadas por el Principado de Asturias en cada uno de los tributos sobre los que se ha hecho uso de las competencias normativas reguladas en la Sección 4.ª del Título III, de la Ley 22/2009, de 18 de diciembre, habiéndose realizado la ordenación de las figuras tributarias conforme a lo establecido en la disposición adicional del Estatuto de Autonomía. Este Título se estructura en seis Capítulos.

El Capítulo I se dedica al Impuesto sobre la Renta de las Personas Físicas y contiene tanto la tarifa autonómica del impuesto como las distintas deducciones autonómicas aprobadas.

El Capítulo II se refiere al Impuesto sobre el Patrimonio, y fija los tipos de la escala aplicable a la base liquidable del mismo y la bonificación de los patrimonios especialmente protegidos de contribuyentes con discapacidad.

El Capítulo III hace referencia al Impuesto sobre Sucesiones y Donaciones, y regula las reducciones en la base imponible, la tarifa del impuesto, los coeficientes del patrimonio preexistente, y las bonificaciones de la cuota.

El Capítulo IV se dedica al Impuesto sobre Transmisiones Patrimoniales y Actos Jurídicos Documentados, regulando los tipos de gravamen tanto en lo que respecta a la modalidad de «transmisiones patrimoniales onerosas» como a los «actos jurídicos documentados».

El Capítulo V establece los tipos y cuotas fijas vigentes de la tasa fiscal sobre los juegos de suerte, envite o azar, así como la regulación de su gestión.

El Capítulo VI establece los tipos vigentes del Impuesto sobre Hidrocarburos.

El Capítulo VII fija los tipos del Impuesto Especial sobre Determinados Medios de Transporte.

El Título II desarrolla las obligaciones formales impuestas al contribuyente en relación con los Impuestos sobre Sucesiones y Donaciones y sobre Transmisiones Patrimoniales y Actos Jurídicos Documentados, y regula la presentación telemática de declaraciones.

Por último, la disposición transitoria establece una tarifa reducida de la tasa fiscal sobre los juegos de suerte, envite o azar para determinados supuestos; en tanto que la disposición final habilita al Consejo de Gobierno para aprobar las disposiciones reglamentarias necesarias para el desarrollo y aplicación de la norma.

En su virtud, a propuesta de la Consejera de Hacienda y Sector Público, de acuerdo con el Consejo Consultivo del Principado de Asturias, y previo acuerdo del Consejo de Gobierno en su reunión de 22 de octubre de 2014, Dispongo:

Artículo único. *Objeto de la norma*

Se aprueba el Texto Refundido de las disposiciones legales del Principado de Asturias en materia de tributos cedidos por el Estado, cuyo texto se inserta a continuación.

Disposición derogatoria. *Derogación normativa*

Quedan derogadas cuantas disposiciones de igual o inferior rango emanadas de los órganos del Principado de Asturias se opongan al presente Decreto Legislativo y al Texto Refundido que se aprueba y, en particular, las siguientes:

– Los artículos 13 y 14 de la Ley del Principado de Asturias 15/2002, de 27 de diciembre, de acompañamiento a los Presupuestos Generales para 2003.

– Los artículos 15 y 16 de la Ley del Principado de Asturias 6/2003, de 30 de diciembre, de acompañamiento a los Presupuestos Generales para 2004.

– El artículo 8 de la Ley del Principado de Asturias 11/2006, de 27 de diciembre, de Medidas Presupuestarias, Administrativas y Tributarias de Acompañamiento a los Presupuestos Generales para 2007.

– Los artículos 4, 5, 6, 7, 8, 9 y 11 de la Ley del Principado de Asturias 6/2008, de 30 de diciembre, de Medidas Presupuestarias, Administrativas y Tributarias de Acompañamiento a los Presupuestos Generales para 2009.

– Los artículos 3, 4, 5, 6 y 7 de la Ley del Principado de Asturias 5/2010, de 9 de julio, de medidas urgentes de contención del gasto y en materia tributaria para la reducción del déficit público.

– Los artículos 2 y 3 de la Ley del Principado de Asturias 13/2010, de 28 de diciembre, de Medidas Presupuestarias y Tributarias de acompañamiento a los Presupuestos Generales para 2011.

– Los artículos 42, 43, 45, 46, 53, 54 y 55 de la Ley del Principado de Asturias 3/2012, de 28 de diciembre, de Presupuestos Generales para 2013.

– Los artículos 5 y 6 de la Ley del Principado de Asturias 4/2012, de 28 de diciembre, de medidas urgentes en materia de personal, tributaria y presupuestaria.

– El Título VI y la Disposición transitoria cuarta de la Ley del Principado de Asturias 6/2014, de 13 de junio, de Juego y Apuestas.

Disposición final. *Entrada en vigor*

El presente decreto legislativo y el texto refundido que aprueba entrarán en vigor el día siguiente al de su publicación en el Boletín Oficial del Principado de Asturias.

TEXTO REFUNDIDO DE LAS DISPOSICIONES LEGALES DEL PRINCIPADO DE ASTURIAS EN MATERIA DE TRIBUTOS CEDIDOS POR EL ESTADO

TÍTULO PRELIMINAR. OBJETO Y CONTENIDO

Artículo 1. *Objeto y contenido.*

El presente texto refundido tiene por objeto reunir en una única norma las disposiciones legales vigentes en materia de tributos cedidos por el Estado a la Comunidad Autónoma del Principado de Asturias, así como la aclaración, regularización y armonización de dichos textos legales.

(...)

CAPÍTULO IV. IMPUESTO SOBRE TRANSMISIONES PATRIMONIALES Y ACTOS JURÍDICOS DOCUMENTADOS[2]

SECCIÓN 1. *Modalidad de «transmisiones patrimoniales onerosas»*

Artículo 25. *Tipos de gravamen.*

De conformidad con lo dispuesto en el artículo 11.1.a del Texto Refundido de la Ley del Impuesto sobre Transmisiones Patrimoniales y Actos Jurídicos Documentados, aprobado por Real Decreto Legislativo 1/1993, de 24 de septiembre, la cuota tributaria en la modalidad de «Transmisiones patrimoniales onerosas» se obtendrá aplicando sobre la base liquidable los tipos de gravamen establecidos en los artículos siguientes.

Artículo 26. *Tipo de gravamen aplicable a inmuebles.*

Con carácter general, en la transmisión de inmuebles, así como en la constitución y en la cesión de derechos reales que recaigan sobre los mismos, excepto en los derechos reales de garantía, la cuota tributaria se obtendrá aplicando sobre la base liquidable el tipo de gravamen que resulte de la siguiente tarifa atendiendo al valor íntegro del bien o derecho, con independencia de que la transmisión, constitución o cesión objeto de gravamen no se realice sobre la totalidad del mismo:

---

[2] Decreto 11/2020, de 8 de abril, por el que se regulan aplazamientos y fraccionamientos excepcionales de deudas tributarias para paliar el impacto de la crisis sanitaria ocasionada por el COVID-19 sobre trabajadores autónomos, pymes y microempresas (BOPA suplemento al núm. 69, de 8 de abril de 2020).
Artículo 1. «Aplazamiento y fraccionamiento excepcional de deudas tributarias».
Artículo 2. «Definiciones».
Artículo 3. «Procedimiento para la tramitación de los aplazamientos y fraccionamientos excepcionales de deudas tributarias».
Ley del Principado de Asturias 3/2020, de 30 de diciembre, de Presupuestos Generales para 2021 (BOPA núm. 251, de 31 de diciembre de 2020), en vigor desde el 1 de enero de 2021:
Disposición adicional décima «Aplazamiento y fraccionamiento excepcional de deudas tributarias».

Valor del bien o derecho	Tipo aplicable
Entre 0 y 300.000 euros	8 por ciento
Entre 300.000,01 y 500.000 euros	9 por ciento
Más de 500.000 euros	10 por ciento

Artículo 27. *Tipo de gravamen aplicable a la adquisición de viviendas calificadas de protección pública por el Principado de Asturias, así como a la constitución y cesión de derechos reales sobre los mismos.*

1. El tipo de gravamen aplicable a las segundas o ulteriores transmisiones de viviendas calificadas de protección pública por el Principado de Asturias, así como a la constitución y cesión de derechos reales sobre las mismas, con exclusión de los de garantía, será del 3 por ciento siempre que las mismas constituyan o vayan a constituir la vivienda habitual del adquirente y a fecha del devengo del impuesto:

a) No hayan perdido la condición de viviendas protegidas, y se encuentren sujetas a precio máximo de venta.

b) El adquirente, como consecuencia de esta adquisición, no resulte propietario u ostente derechos reales sobre más de una vivienda.

2. Para la aplicación del presente tipo reducido, la vivienda debe ser habitada de manera efectiva y con carácter permanente por el adquirente, en un plazo de seis meses, contados a partir de la fecha de adquisición salvo que medie justa causa y ha de constituir su residencia permanente durante un plazo continuado de al menos tres años.

No obstante, se entenderá que la vivienda no pierde el carácter de habitual cuando se produzcan las siguientes circunstancias:

a) Cuando se produzca el fallecimiento del contribuyente o concurran otras circunstancias que necesariamente impidan la ocupación de la vivienda.

b) Cuando el contribuyente disfrute de vivienda habitual por razón de cargo o empleo y la vivienda adquirida no sea objeto de utilización, en cuyo caso el plazo antes indicado comenzará a contarse a partir de la fecha del cese.

c) Cuando se justifique la realización de obras previas a ser habitada por el adquirente. En este caso el plazo para su ocupación será de 3 meses desde la finalización de las obras, con el límite de un año desde la fecha de adquisición.

Artículo 28. *Tipo de gravamen aplicable a los inmuebles incluidos en la transmisión global de empresas individuales o negocios profesionales.*

1. Cuando se transmitan empresas individuales o negocios profesionales se aplicará el 3 por ciento a los inmuebles incluidos en la transmisión global, siempre que concurran las siguientes circunstancias:

a) Que la actividad se ejerza por el transmitente de forma habitual personal y directa en el Principado de Asturias.

b) Que la transmisión se produzca entre empleador y empleado o bien a favor de familiares hasta el tercer grado.

c) Que se adquiera el compromiso de ejercicio de la actividad por el adquirente de forma continuada durante un período de 10 años dentro del territorio de la Comunidad Autónoma.

2. En el caso de incumplimiento del requisito de permanencia, el adquirente deberá comunicar tal circunstancia a la oficina liquidadora competente, dentro del plazo de 30 días hábiles desde la fecha en que se produzca el incumplimiento, y pagar la parte del impuesto que se hubiese dejado de ingresar como consecuencia del tipo reducido, así como los correspondientes intereses de demora.

Artículo 29. *Tipo de gravamen aplicable a las transmisiones en que se haga uso del derecho a exención de IVA.*

Se aplicará el tipo de gravamen del 2 por ciento en la transmisión de inmuebles adquiridos por un sujeto pasivo del impuesto sobre el valor añadido siempre que resulte aplicable alguna de las exenciones previstas en el apartado Uno del artículo 20, números 20.º, 21.º y 22.º, de la Ley 37/1992, de 28 de diciembre, del Impuesto sobre el Valor Añadido y que no se haya renunciado a la misma.

Artículo 30. *Tipo de gravamen aplicable a las transmisiones onerosas de determinadas explotaciones agrarias.*

Se fija el tipo de gravamen del 3 por ciento en aquellas transmisiones onerosas de una explotación agraria prioritaria familiar o asociativa situada en el Principado de Asturias, por la parte de la base imponible no sujeta a reducción de conformidad con lo dispuesto en la Ley 19/1995, de 4 de julio, de modernización de las explotaciones agrarias, siempre y cuando se cumplan los requisitos formales exigidos en la mencionada ley.

Artículo 31. *Tipo de gravamen aplicable a la segunda o ulterior transmisión de viviendas cuyo destino sea el arrendamiento para vivienda habitual.*

1. El tipo de gravamen aplicable a la segunda o ulterior transmisión de una vivienda a una empresa a la que sean de aplicación las Normas de adaptación del Plan general de contabilidad al sector inmobiliario será del 3 por ciento, siempre que el destino del inmueble sea el arrendamiento para vivienda habitual y que, dentro de los diez años siguientes a la adquisición, no se produzca alguna de las siguientes circunstancias:

a) Que la vivienda no estuviera arrendada durante un período continuado de dos años.

b) Que se realizara la transmisión de la vivienda.

c) Que el contrato de arrendamiento se celebrara por menos de seis meses.

d) Que el contrato de arrendamiento tuviera por objeto una vivienda amueblada y el arrendador se obligara a la prestación de alguno de los servicios complementarios propios de la industria hostelera, como restaurante, limpieza, lavado de ropa, etc.

e) Que el contrato de arrendamiento se celebrara a favor de parientes, hasta el tercer grado inclusive, de los empresarios, si éstos fueran personas físicas, o de los socios, consejeros o administradores, si el arrendador fuera una persona jurídica.

2. No se entenderá producida la circunstancia señalada en la letra b) anterior cuando se transmita la vivienda a adquirentes que continúen con su explotación en régimen de arrendamiento para vivienda habitual. Los adquirentes se subrogarán en la posición del transmitente para la consolidación del tipo reducido y para las consecuencias derivadas de su incumplimiento.

3. En caso de producirse cualquiera de las circunstancias recogidas en el apartado 1 deberá abonarse mediante autoliquidación complementaria la parte del impuesto que se hubiese dejado de ingresar como consecuencia de la reducción practicada, así como los intereses de demora.

Artículo 32. *Tipos de gravamen aplicables a la transmisión onerosa de bienes muebles.*

La cuota tributaria en la modalidad de transmisiones patrimoniales onerosas de bienes muebles se obtendrá aplicando sobre la base liquidable los siguientes tipos de gravamen:

a) El tipo general aplicable a las transmisiones de bienes muebles y semovientes, así como la constitución y cesión de derechos reales sobre los mismos, excepto los derechos reales de garantía, será del 4 por ciento.

b) No obstante lo dispuesto en la letra anterior, el tipo aplicable a las transmisiones de vehículos de turismo y vehículos todo terreno que superen los 15 caballos de potencia fiscal, según la clasificación establecida en las órdenes de precios medios de venta establecidos anualmente en Orden Ministerial, así como de embarcaciones de recreo con más de ocho metros de eslora y de aquellos otros bienes muebles que se puedan considerar como objetos de arte y antigüedades según la definición que de los mismos se realiza en la Ley del Impuesto sobre el Patrimonio, será del 8 por ciento.

Artículo 32 bis[3]. *Tipo de gravamen aplicable a la adquisición de vivienda habitual en zonas rurales en riesgo de despoblación, así como a la adquisición de vivienda habitual*

---

[3]   Nueva redacción del art. 32 bis dada por el art. 39.Once de la Ley del Principado de Asturias 8/2024, de 27 de diciembre, de Presupuestos Generales para 2025 (BOPA, núm. 252, del 31 de diciembre de 2024), en vigor desde el 1 de enero de 2025.
Redacción anterior dada por el art. 39.trece de la Ley del Principado de Asturias 4/2023, de 29 de diciembre, de Presupuestos Generales para 2024 (BOPA núm. 248, de 29 de diciembre de 2023), en vigor desde el 1 de enero de 2024: «*Tipo de gravamen aplicable a la adquisición de vivienda habitual en zonas rurales en riesgo de despoblación, así como a la adquisición de vivienda habitual por jóvenes de hasta 35 años, familias numerosas y mujeres víctimas de violencia de género.*

por jóvenes de hasta 35 años, familias numerosas, familias monoparentales y mujeres víctimas de violencia de género.

---

1. El tipo de gravamen aplicable a las segundas o ulteriores transmisiones de viviendas situadas en zonas rurales en riesgo de despoblación, así como a las adquisiciones de vivienda por jóvenes de hasta 35 años, familias numerosas y mujeres víctimas de violencia de género, siempre que las mismas constituyan o vayan a constituir la vivienda habitual del adquirente, serán los siguientes:

Valor del inmueble (euros)	Tipo aplicable (porcentaje)
Hasta 150.000,00	4,00
Más de 150.000,00	6,00

2. Para la aplicación del presente tipo reducido, la vivienda debe ser habitada de manera efectiva y con carácter permanente por el adquirente, en un plazo de seis meses, contados a partir de la fecha de adquisición salvo que medie justa causa y ha de constituir su residencia permanente durante un plazo continuado de al menos tres años.
No obstante, se entenderá que la vivienda no pierde el carácter de habitual cuando se produzcan las siguientes circunstancias:
a) Cuando se produzca el fallecimiento del contribuyente o concurran otras circunstancias que necesariamente impidan la ocupación de la vivienda.
b) Cuando el contribuyente disfrute de vivienda habitual por razón de cargo o empleo y la vivienda adquirida no sea objeto de utilización, en cuyo caso el plazo antes indicado comenzará a contarse a partir de la fecha del cese.
c) Cuando se justifique la realización de obras previas a ser habitada por el adquirente. En este caso el plazo para su ocupación será de 3 meses desde la finalización de las obras, con el límite de un año desde la fecha de adquisición.
3. A los efectos de la aplicación del presente tipo de gravamen, tendrán la consideración de concejos en riesgo de despoblación aquellos con una población de hasta 20 000 habitantes, siempre que la población se haya reducido al menos un 10 por ciento desde el año 2000».
Artículo Incorporado por el art. 39.5 de la Ley 6/2021, de 30 de diciembre, de Presupuestos Generales para 2022 (BOPA núm. 251, de 31 de diciembre de 202) con efectos desde el 1 de enero de 2022: «*Tipo de gravamen aplicable a la adquisición de vivienda habitual en zonas rurales en riesgo de despoblación.*
1. El tipo de gravamen aplicable a las segundas o ulteriores transmisiones de viviendas situadas en zonas rurales en riesgo de despoblación será del 6 por ciento, siempre que las mismas constituyan o vayan a constituir la vivienda habitual del adquirente.
2. Para la aplicación del presente tipo reducido, la vivienda debe ser habitada de manera efectiva y con carácter permanente por el adquirente, en un plazo de seis meses, contados a partir de la fecha de adquisición salvo que medie justa causa y ha de constituir su residencia permanente durante un plazo continuado de al menos tres años.
No obstante, se entenderá que la vivienda no pierde el carácter de habitual cuando se produzcan las siguientes circunstancias:
a) Cuando se produzca el fallecimiento del contribuyente o concurran otras circunstancias que necesariamente impidan la ocupación de la vivienda.
b) Cuando el contribuyente disfrute de vivienda habitual por razón de cargo o empleo y la vivienda adquirida no sea objeto de utilización, en cuyo caso el plazo antes indicado comenzará a contarse a partir de la fecha del cese.

1. Los tipos de gravamen aplicables a las segundas o ulteriores transmisiones de viviendas situadas en zonas rurales en riesgo de despoblación, así como a las adquisiciones de vivienda por jóvenes de hasta 35 años, familias numerosas, familias monoparentales y mujeres víctimas de violencia de género, siempre que las mismas constituyan o vayan a constituir la vivienda habitual del adquirente, serán los siguientes:

Valor del inmueble (euros)	Tipo aplicable (porcentaje)
Hasta 150.000,00	4,00
Más de 150.000,00	6,00

2. Para la aplicación del presente tipo reducido, la vivienda debe ser habitada de manera efectiva y con carácter permanente por el adquirente, en un plazo de seis meses, contados a partir de la fecha de adquisición salvo que medie justa causa y ha de constituir su residencia permanente durante un plazo continuado de al menos tres años.

No obstante, se entenderá que la vivienda no pierde el carácter de habitual cuando se produzcan las siguientes circunstancias:

a) Cuando se produzca el fallecimiento del contribuyente o concurran otras circunstancias que necesariamente impidan la ocupación de la vivienda.

b) Cuando el contribuyente disfrute de vivienda habitual por razón de cargo o empleo y la vivienda adquirida no sea objeto de utilización, en cuyo caso el plazo antes indicado comenzará a contarse a partir de la fecha del cese.

c) Cuando se justifique la realización de obras previas a ser habitada por el adquirente. En este caso el plazo para su ocupación será de 3 meses desde la finalización de las obras, con el límite de un año desde la fecha de adquisición.

3. Los tipos previstos en el presente artículo resultarán igualmente aplicables a los anexos adquiridos conjuntamente con la vivienda con el límite máximo de un trastero y dos plazas de garaje por vivienda.

4. A los efectos de la aplicación del presente tipo de gravamen, tendrán la consideración de concejos en riesgo de despoblamiento, aquellos con una población de hasta 20.000 habitantes, siempre que la población se haya reducido al menos un 10 por ciento desde el año 2000.

---

c) Cuando se justifique la realización de obras previas a ser habitada por el adquirente. En este caso el plazo para su ocupación será de 3 meses desde la finalización de las obras, con el límite de un año desde la fecha de adquisición.

3. A los efectos de la aplicación del presente tipo de gravamen, tendrán la consideración de zonas rurales en riesgo de despoblación las que se determinen por la resolución de la Consejería de Hacienda a que se refiere el artículo 14 quater».

Artículo 32 ter[4] *Deducción aplicable a las transmisiones de suelo rústico.*

A las transmisiones inter vivos de suelo rústico se les aplicará una deducción del 100 por ciento de la cuota salvo en los supuestos en que sobre el suelo rústico exista una construcción que no esté afecta a una explotación agraria o ganadera en funcionamiento.

Artículo 32 quáter[5] *Deducción aplicable a las transmisiones de explotaciones agrarias de carácter prioritario.*

Cuando a la base imponible de una transmisión onerosa le sea de aplicación alguna de las reducciones previstas en la Ley 19/1995, de 4 de julio, de modernización de las explotaciones agrarias, se le aplicará una deducción en la cuota por el importe necesario para que dicho beneficio fiscal alcance el 100 por ciento del valor del bien objeto de reducción.

Artículo 32 quinquies[6] *Deducción aplicable a adquisiciones de maquinaria agraria por parte de titulares de explotaciones agrarias o ganaderas en funcionamiento.*

A las transmisiones inter vivos de tractores, remolques, semirremolques y maquinaria agraria se les aplicará una deducción del 100 por ciento de la cuota en los supuestos en que el adquirente sea titular de una explotación agraria o ganadera en funcionamiento y el bien adquirido se afecte al desarrollo de la citada actividad.

Para la aplicación de la deducción habrá de acreditarse el alta en el Censo de Empresarios, Profesionales y Retenedores en el epígrafe correspondiente a la actividad a desarrollar así como que la citada actividad constituye su principal fuente de renta.

Artículo 32 sexies[7] *Deducción aplicable a las transmisiones de inmuebles para construcción de vivienda protegida*

1. Se aplicará una deducción del 100 por ciento de la cuota a la transmisión de terrenos y solares y la cesión del derecho de superficie para la construcción de edificios en régimen de vivienda protegida conforme a la normativa estatal y autonómica en la materia.

---

[4]   Nuevo del art. 32.ter incorporado por el art. 39.Catorce de la Ley del Principado de Asturias 4/2023, de 29 de diciembre, de Presupuestos Generales para 2024 (BOPA núm. 248, de 29 de diciembre de 2023), en vigor desde el 1 de enero de 2024.

[5]   Nuevo del art. 32.quáter incorporado por el art. 39.Quince de la Ley del Principado de Asturias 4/2023, de 29 de diciembre, de Presupuestos Generales para 2024 (BOPA núm. 248, de 29 de diciembre de 2023), en vigor desde el 1 de enero de 2024.

[6]   Nuevo del art. 32. quinquies incorporado por el art. 39.Dieciséis de la Ley del Principado de Asturias 4/2023, de 29 de diciembre, de Presupuestos Generales para 2024 (BOPA núm. 248, de 29 de diciembre de 2023), en vigor desde el 1 de enero de 2024.

[7]   Nuevo del art. 32. sexies incorporado por el art. 39.Diecisiete de la Ley del Principado de Asturias 4/2023, de 29 de diciembre, de Presupuestos Generales para 2024 (BOPA núm. 248, de 29 de diciembre de 2023), en vigor desde el 1 de enero de 2024.

2. Para la aplicación de la deducción deberá consignarse en el documento que el contrato se otorga con la finalidad de construir viviendas de protección oficial. La calificación de las viviendas como de protección oficial, o la declaración provisional en el mismo sentido, deberá producirse en el plazo de tres años a partir de la fecha de la celebración del contrato. El plazo será de cuatro años si el objeto del contrato es la transmisión de terrenos.

3. La deducción se aplicará con carácter provisional y condicionada al cumplimiento que en cada caso exijan las disposiciones vigentes para esta clase de viviendas. En los supuestos de incumplimiento de los requisitos habrá de presentarse la correspondiente autoliquidación complementaria junto con los correspondientes intereses en el plazo de un mes desde la fecha de incumplimiento.

Artículo 32 septies[8]. *Deducción aplicable a las transmisiones patrimoniales onerosas en el desarrollo de políticas públicas.*

1. Se aplicará una deducción del 100 por ciento de la cuota en el supuesto de transmisiones patrimoniales onerosas cuando el obligado al pago del impuesto sea una empresa pública del Principado de Asturias y el hecho imponible tenga origen en el desarrollo de políticas públicas.

2. Se entenderán por transmisiones patrimoniales onerosas a estos efectos a cualesquiera hechos imponibles resulten sujetos en virtud de lo previsto en el Título II del texto refundido de la Ley del Impuesto sobre Transmisiones Patrimoniales y Actos Jurídicos Documentados aprobado por Real Decreto Legislativo 1/1993, de 24 de septiembre.

3. Para que la presente deducción resulte de aplicación deberá aportarse certificado emitido por la Consejería a la que esté adscrita la empresa pública acreditativo de que el hecho imponible se ha generado como consecuencia del desarrollo de una política pública.

SECCIÓN 2. *Modalidad de «Actos Jurídicos Documentados»*

Artículo 33. *Tipos de gravamen.*

De acuerdo con lo dispuesto en el apartado 2 del artículo 31 del Texto Refundido de la Ley del Impuesto sobre Transmisiones Patrimoniales y Actos Jurídicos Documentados, la cuota tributaria en la modalidad de «actos jurídicos documentados» se obtendrá aplicando sobre la base liquidable los tipos de gravamen establecidos en los artículos siguientes.

Artículo 34. *Tipo de gravamen general aplicable a los documentos notariales.*

Con carácter general se aplicará el tipo del 1,2 por ciento en las primeras copias de escrituras y actas notariales sujetas como documentos notariales.

---

[8]   Nuevo art. 32 septies incorporado por el art. 39.Doce de la Ley del Principado de Asturias 8/2024, de 27 de diciembre, de Presupuestos Generales para 2025 (BOPA, núm. 252, del 31 de diciembre de 2024), en vigor desde el 1 de enero de 2025.

Artículo 34 bis[9]. *Tipo de gravamen aplicable a las escrituras que documenten présta-mos con garantía hipotecaria.*

Se aplicará el tipo del 1,5 por ciento a las escrituras que documenten préstamos con garantía hipotecaria.

Artículo 35[10]. *Tipo de gravamen aplicable a las escrituras y actas notariales que conten-gan actos o contratos por los que se transmitan viviendas de protección pública.*

1. Se aplicará el tipo del 0,3 por ciento a la adquisición de viviendas por beneficiarios de ayudas económicas percibidas de la Administración del Estado y de la Administración del Principado de Asturias para la adquisición de vivienda habitual de protección pública que no goce de la exención prevista en la normativa del Impuesto sobre Transmisiones Patrimoniales y Actos Jurídicos Documentados.

2. A los efectos de este artículo, se entenderá por vivienda habitual la que cumpla los requisitos previstos en la Ley 35/2006, de 28 de noviembre, del Impuesto sobre la Renta de las Personas Físicas y de modificación parcial de las leyes de los Impuestos sobre Sociedades, sobre la Renta de no Residentes y sobre el Patrimonio.

Artículo 36. *Tipo de gravamen aplicable a las escrituras que documenten transmisiones en las que se produzca renuncia a la exención del IVA.*

Se aplicará el tipo del 1,5 por ciento a las escrituras que documenten transmisiones en las que se produzca la renuncia expresa de la exención del Impuesto sobre el Valor Añadido prevista en el apartado Dos del artículo 20 de la Ley 37/1992, de 28 de diciembre, del Im-puesto sobre el Valor Añadido.

Artículo 37. *Tipo de gravamen aplicable a las escrituras y actas notariales en las que se formalice la declaración de obra nueva o la división horizontal de edificios destinados a viviendas en alquiler para vivienda habitual.*

1. Se aplicará el tipo del 0,3 por ciento en las escrituras públicas para formalizar la declaración de obra nueva o la división horizontal de edificios destinados a viviendas en alquiler para vivienda habitual.

La aplicación del tipo reducido tendrá carácter provisional y estará condicionada a que, dentro de los diez años siguientes a la finalización de la construcción, no se produzca cual-quiera de las siguientes circunstancias:

---

[9]   Nuevo art. 34.bis incorporado por el art. 38.Uno de la Ley del Principado de Asturias 14/2018, de 28 de diciembre, de Presupuestos Generales para 2019 (BOPA núm. 301, de 31 de diciembre de 2018), en vigor desde el 1 de enero de 2019.

[10] Nueva redacción del art. 35 dada por el art. 38.Dos de la Ley del Principado de Asturias 14/2018, de 28 de diciembre, de Presupuestos Generales para 2019 (BOPA núm. 301, de 31 de diciembre de 2018), en vigor desde el 1 de enero de 2019.

a) Que alguna vivienda no estuviera arrendada durante un periodo continuado de dos años.

b) Que se realizara la transmisión de alguna de las viviendas.

c) Que alguno de los contratos de arrendamiento se celebrara por menos de seis meses.

d) Que alguno de los contratos de arrendamiento tuviera por objeto una vivienda amueblada y el arrendador se obligara a la prestación de alguno de los servicios complementarios propios de la industria hostelera, como restaurante, limpieza, lavado de ropa, etc.

e) Que alguno de los contratos de arrendamiento se celebrara a favor de parientes, hasta el tercer grado inclusive, de los promotores, si éstos fueran personas físicas, o de los socios, consejeros o administradores, si la promotora fuera persona jurídica.

2. No se entenderá producida la circunstancia señalada en la letra b) anterior cuando se transmita la totalidad de la construcción a uno o varios adquirentes que continúen con la explotación de las viviendas del edificio en régimen de arrendamiento.

Los adquirentes se subrogarán en la posición del transmitente para la consolidación del tipo reducido y para las consecuencias derivadas de su incumplimiento.

3. En caso de producirse cualesquiera de las circunstancias previstas en el apartado 1, deberá abonarse mediante autoliquidación complementaria la parte del impuesto que se hubiese dejado de ingresar como consecuencia de la reducción practicada, así como los intereses de demora.

Artículo 38. *Tipo de gravamen aplicable a las escrituras y actas notariales que contengan actos o contratos por los que se transmitan viviendas destinadas a arrendamiento para vivienda habitual.*

1. Se aplicará el tipo del 0,3 por ciento en las escrituras y actas notariales en las que se documente la segunda o ulterior transmisión de una vivienda a una empresa a la que sean de aplicación las Normas de adaptación del Plan general de contabilidad al sector inmobiliario, siempre que el destino del inmueble sea el arrendamiento y que, dentro de los diez años siguientes a la adquisición, no se produzca cualquiera de las siguientes circunstancias:

a) Que la vivienda no estuviera arrendada durante un periodo continuado de dos años.

b) Que se realizara la transmisión de la vivienda.

c) Que el contrato de arrendamiento se celebrara por menos de seis meses.

d) Que el contrato de arrendamiento tuviera por objeto una vivienda amueblada y el arrendador se obligara a la prestación de alguno de los servicios complementarios propios de la industria hostelera, como restaurante, limpieza, lavado de ropa, etc.

e) Que el contrato de arrendamiento se celebrara a favor de parientes, hasta el tercer grado inclusive, de los empresarios, si éstos fueran personas físicas, o de los socios, consejeros o administradores, si el arrendador fuera una persona jurídica.

2. No se entenderá producida la circunstancia señalada en la letra b) anterior cuando se transmita la vivienda a adquirentes que continúen con su explotación en régimen de arrendamiento para vivienda habitual. Los adquirentes se subrogarán en la posición del transmitente para la consolidación del tipo reducido y para las consecuencias derivadas de su incumplimiento.

3. En caso de producirse cualquiera de las circunstancias previstas en el apartado 1, deberá abonarse mediante autoliquidación complementaria la parte del impuesto que se hubiese dejado de ingresar como consecuencia de la reducción practicada, así como los intereses de demora.

Artículo 39 bis[11] *Deducción aplicable a las escrituras y actas notariales que contengan actos o contratos relacionados con la construcción de vivienda protegida.*

1. Se aplicará una deducción del 100 por ciento de la cuota en las escrituras y actas notariales cuando se formalicen actos o contratos relacionados con la construcción de edificios en régimen de vivienda protegida, conforme a la normativa estatal y autonómica en la materia, siempre que se hubiera solicitado dicho régimen a la administración competente en esa materia.

2. Para la aplicación de la deducción deberá consignarse en el documento que el contrato se otorga con la finalidad de construir vivienda protegida. La deducción no resultará de aplicación si transcurriesen tres años, a contar desde la fecha de la celebración del contrato, sin que obtenga la calificación o declaración provisional, o cuatro años si se trata de terrenos. En tal supuesto procederá presentar la correspondiente autoliquidación complementaria junto con los intereses de demora generados.

3. La deducción se aplicará con carácter provisional y condicionada al cumplimiento que en cada caso exijan las disposiciones vigentes para esta clase de viviendas. En los supuestos de incumplimiento de los requisitos habrá de presentarse la correspondiente autoliquidación complementaria junto con los correspondientes intereses en el plazo de un mes desde la fecha de incumplimiento.

Artículo 39 ter.[12] *Deducción aplicable a las escrituras y actas notariales que contengan actos o contratos relacionados con el desarrollo de políticas públicas.*

1. Se aplicará una deducción del 100 por ciento de la cuota en las escrituras y actas notariales cuando se formalicen actos o contratos relacionados con el desarrollo de políticas

---

[11]   Nuevo del art. 39. bis incorporado por el art. 39.Dieciocho de la Ley del Principado de Asturias 4/2023, de 29 de diciembre, de Presupuestos Generales para 2024 (BOPA núm. 248, de 29 de diciembre de 2023), en vigor desde el 1 de enero de 2024.

[12]   Nuevo art. 39 ter incorporado por el art. 39.Trece de la Ley del Principado de Asturias 8/2024, de 27 de diciembre, de Presupuestos Generales para 2025 (BOPA, núm. 252, del 31 de diciembre de 2024), en vigor desde el 1 de enero de 2025.

públicas cuando el obligado al pago del impuesto sea una empresa pública del Principado de Asturias.

2. Para que la presente deducción resulte de aplicación deberá aportarse certificado emitido por la Consejería a la que esté adscrita la empresa pública acreditativo de que el hecho imponible se ha generado como consecuencia del desarrollo de una política pública.

(...)

TÍTULO II. OBLIGACIONES FORMALES

Artículo 51. *Presentación telemática de declaraciones.*

1. Con la finalidad de facilitar el cumplimiento de las obligaciones tributarias de los obligados tributarios, el Ente Público de Servicios Tributarios del Principado de Asturias facilitará la presentación telemática de las escrituras públicas así como de declaraciones, autoliquidaciones, comunicaciones, solicitudes y cualquier otro documento con trascendencia tributaria que resulten susceptibles de tal forma de presentación, desarrollando los instrumentos tecnológicos necesarios en el ámbito de su competencia.

2. La Consejería competente en materia de hacienda podrá determinar los supuestos y condiciones en los que los obligados tributarios deberán presentar por medios telemáticos sus declaraciones, autoliquidaciones, comunicaciones, solicitudes y cualquier otro documento con trascendencia tributaria.

Artículo 52. *Obligaciones formales de los notarios y de los registradores de la propiedad y mercantiles.*

1. El cumplimiento de las obligaciones de los notarios de proporcionar información prevista en el artículo 32.3 de la Ley del Impuesto sobre Sucesiones y Donaciones y en el artículo 52 del Texto Refundido de la Ley del Impuesto sobre Transmisiones Patrimoniales y Actos Jurídicos Documentados, se realizará en la forma que se determine por el Ente Público de Servicios Tributarios del Principado de Asturias. La remisión de esa información podrá presentarse en soporte directamente legible por el ordenador o mediante transmisión por vía telemática en las condiciones y diseño que se aprueben a tal efecto.

2. Los notarios con destino en el Principado de Asturias, con el fin de facilitar el cumplimiento de las obligaciones tributarias de los obligados tributarios y el acceso telemático de documentos a los registros públicos, remitirán al Ente Público de Servicios Tributarios del Principado de Asturias, por vía telemática, en colaboración con el Consejo General del Notariado, una declaración informativa notarial de los elementos básicos de las escrituras por ellos autorizadas, así como la copia electrónica de las mismas de conformidad con lo dispuesto en la legislación notarial, relativa a los hechos imponibles que el organismo competente determine.

3. Las solicitudes de copias de escrituras o documentos notariales con trascendencia tributaria efectuadas al amparo de lo previsto en el artículo 94 de la Ley 58/2003, de 17 de diciembre, General Tributaria, podrán ser llevadas a cabo por medios telemáticos. En estos supuestos, la respuesta del obligado deberá efectuarse por la misma vía.

4. Los registradores de la propiedad y mercantiles con destino en el Principado de Asturias remitirán al Ente Público de Servicios Tributarios del Principado de Asturias, una declaración comprensiva de los documentos relativos a hechos imponibles que se presenten a inscripción en sus registros, cuando el pago de los tributos o la presentación de la declaración tributaria se haya realizado en otra Comunidad Autónoma. Dicha remisión se efectuará por vía telemática cuando así se determine.

5. La Consejería competente en materia de hacienda determinará el procedimiento, forma, estructura y plazos que deben observarse para el cumplimiento de las obligaciones formales establecidas en los apartados anteriores.

Artículo 53. *Obligaciones formales de las entidades que realicen subastas en relación con el Impuesto sobre Transmisiones Patrimoniales y Actos Jurídicos Documentados.*

1. Las entidades que realicen subastas de bienes muebles en el Principado de Asturias deberán remitir al Ente Público de Servicios Tributarios del Principado de Asturias, por vía telemática, cuando así se determine, una declaración con la relación de las transmisiones en que hayan intervenido.

2. La Consejería competente en materia de hacienda determinará el procedimiento, forma, estructura y plazos que deben observarse para el cumplimiento de la obligación formal establecida en el apartado anterior.

(...)

Disposición final. *Habilitación al Consejo de Gobierno.*

Se habilita al Consejo de Gobierno para aprobar por decreto las disposiciones reglamentarias necesarias para el desarrollo y aplicación de esta norma.

COMUNIDAD AUTÓNOMA DE LA REGIÓN DE MURCIA

Impuesto Sobre Transmisiones Patrimoniales y Actos Jurídicos Documentados

26. Decreto Legislativo 1/2010, de 5 de noviembre, por el que se aprueba el Texto Refundido de las Disposiciones Legales vigentes en la Región de Murcia en materia de Tributos Cedidos

(BORM núm. 24, de 31 de enero de 2011)

EXPOSICIÓN DE MOTIVOS

El ejercicio de la capacidad normativa atribuida a la Comunidad Autónoma de la Región de Murcia por las sucesivas leyes de Cesión de Tributos a las Comunidades Autónomas se ha manifestado en un número importante de leyes autonómicas que, en desarrollo de esas competencias, han regulado los aspectos sustantivos y procedimentales aplicables a los tributos objeto de cesión. Este ejercicio normativo tiene como consecuencia que la regulación de estos tributos haya sido objeto, desde que se dispone de capacidad normativa, de una constante adecuación a la realidad social y económica regional, en su condición de instrumentos de la política económica general y como medio de atención de la realización de los principios y fines contenidos en la Constitución, según lo establecido en el artículo 2.1 de la Ley 58/2003, de 17 de diciembre, General Tributaria. Este proceso normativo ha generado una notable dispersión en la regulación de estos tributos, lo que no contribuye a mejorar la aplicabilidad de los mismos, ni a reforzar la seguridad jurídica de los contribuyentes.

En base a las razones expuestas, la Ley 13/2009, de 23 de diciembre, de medidas en materia de tributos cedidos, tributos propios y medidas administrativas para el año 2010, en su disposición final primera, autoriza al Consejo de Gobierno para que en el plazo de un año desde la entrada en vigor de esta Ley, apruebe un Texto refundido que incluya todas las disposiciones legales vigentes aprobadas por la Comunidad Autónoma de la Región de Murcia en materia de tributos cedidos por el Estado a la Comunidad Autónoma de la Región de Murcia. La autorización de la refundición incluye la posibilidad de regularizar, aclarar y armonizar los textos legales que sean objeto del texto refundido.

En virtud de tal autorización se ha procedido a redactar el presente Texto Refundido, en el que se han incluido las modificaciones llevadas a cabo por las leyes de medidas en materia fiscal o tributaria promulgadas para los ejercicios 1997 a 2010, y otras normas con rango legal que han afectado a la regulación de estos tributos.

Asimismo, y dentro del ámbito de la autorización, se ha procurado en todo momento respetar, tanto el contenido material del texto de la Ley, como su estructura básica, acometiéndose solamente aquellas alteraciones de índole formal dirigidas a conseguir una mayor coherencia y armonización interna del texto así como una mejor sistematización del mismo que facilite su manejo y utilización. En este sentido cabe resaltar, entre otras actuaciones, la actualización de todas las remisiones normativas que aparecen en el articulado, adaptándolas a los cambios legislativos estatales producidos desde la promulgación de las sucesivas leyes, como la Ley General Tributaria o la Ley de Cesión de Tributos.

Por tanto, en virtud de la autorización concedida en la disposición final primera de la Ley 13/2009, de 23 de diciembre, de medidas en materia de tributos cedidos, tributos propios y medidas administrativas para el año 2010, a propuesta de la Consejera de Economía y Hacienda, de acuerdo con el Consejo Jurídico de la Región de Murcia, y previa deliberación y acuerdo del Consejo de Gobierno en su reunión de fecha 5 de noviembre de 2010,

Dispongo:

Artículo único. *Aprobación del Texto Refundido.*

Se aprueba el Texto Refundido de las disposiciones legales vigentes en la Región de Murcia en materia de Tributos Cedidos.

Disposición Transitoria Única. *Régimen aplicable a los hechos imponibles.*

Los hechos imponibles declarados a partir de la entrada en vigor del presente Texto Refundido se regularán por la legislación vigente en el momento del devengo.

Disposición Derogatoria Única. *Derogación normativa.*

En virtud de su incorporación al Texto Refundido que se aprueba por este Decreto Legislativo, quedan derogadas las siguientes disposiciones:

a) Ley 13/1997, de 23 de diciembre, de medidas fiscales, presupuestarias y administrativas: artículos 1 al 3; Disposición Adicional Segunda; Disposiciones Transitorias Primera y Segunda.

b) Ley 11/1998, de 28 de diciembre, de Medidas Financieras, Administrativas y de Función Pública Regional: artículos 1 al 3; Disposición Adicional Segunda; Disposición Transitoria Primera y Segunda.

c) Ley 9/1999, de 27 de diciembre, de Medidas Tributarias y de Modificación de diversas Leyes regionales en materia de Tasas, Puertos, Educación, Juego y Apuestas y Construcción y Explotación de Infraestructuras: artículos 1 al 3; Disposición Adicional Segunda.

d) Ley 7/2000, de 29 de diciembre, de Medidas Tributarias y en materia de Juego, Apuestas y Función Pública: artículos 1 y 2; Disposición Transitoria Primera.

e) Ley 7/2001, de 20 diciembre, de Medidas Fiscales en materia de Tributos Cedidos y Tasas Regionales: artículos 1 y 2; Disposición Adicional Primera; Disposición Transitoria.

f) Ley 15/2002, de 23 de diciembre, de Medidas Tributarias en Materia de Tributos Cedidos y Tasas Regionales (año 2003): artículos 1 al 6; Disposición Transitoria.

g) Ley 4/2003, de 10 de abril, de Regulación de los tipos aplicables en el Impuesto sobre Transmisiones Patrimoniales y Actos Jurídicos Documentados a las viviendas acogidas al Plan de Vivienda Joven de la Región de Murcia, excepto su Disposición Adicional Primera.

h) Ley 8/2003, de 21 de noviembre, de establecimiento de una deducción autonómica en el impuesto sobre sucesiones y donaciones para las adquisiciones «Mortis causa» por descendientes y adoptados menores de veintiún años.

i) Ley 8/2004, de 28 de diciembre, de medidas administrativas, tributarias, de tasas y de función pública: artículos 1 al 9, excepto el 6; Disposiciones Transitorias Primera y Segunda.

j) Ley 9/2005, de 29 de diciembre, de Medidas Tributarias en materia de Tributos Cedidos y Tributos Propios año 2006: artículos 1 al 4; Disposiciones Transitorias Primera y Segunda.

k) Ley 4/2006, de 26 de mayo, de establecimiento de una bonificación autonómica en el Impuesto sobre Transmisiones Patrimoniales y Actos Jurídicos Documentados para determinadas operaciones realizadas por las comunidades de usuarios de agua de la Región de Murcia.

l) Ley 12/2006, de 27 de diciembre, de Medidas Fiscales, Administrativas y de Orden Social para el año 2007: artículos 1 al 4; Disposición Transitoria Segunda.

m) Ley 11/2007, de 27 de diciembre, de Medidas Tributarias en materia de Tributos Cedidos y Tributos Propios, año 2008: artículos 1 al 5; Disposición Transitoria Primera.

n) Ley 7/2008, de 26 de diciembre, de Medidas Tributarias y Administrativas en materia de Tributos Cedidos, Tributos Propios y Tasas Regionales para el año 2009: artículos 1 y 2.

ñ) Ley 13/2009, de 23 de diciembre, de medidas en materia de tributos cedidos, tributos propios y medidas administrativas para el año 2010: artículos 1 al 5; Disposición Transitoria Única.

Disposición Final Única. *Entrada en vigor.*

El presente Decreto Legislativo y el Texto Refundido que aprueba entrarán en vigor el día siguiente a su publicación en el «Boletín Oficial de la Región de Murcia».

TEXTO REFUNDIDO DE LAS DISPOSICIONES LEGALES VIGENTES EN LA REGIÓN DE MURCIA EN MATERIA DE TRIBUTOS CEDIDOS

TÍTULO I. REGULACIÓN EN MATERIA DE TRIBUTOS CEDIDOS[1]

(...)

---

[1]   Decreto-Ley 2/2020, de 26 de marzo, de medidas urgentes en materia tributaria y de agilización de actuaciones administrativas debido a la crisis sanitaria ocasionada por el COVID-19 (BORM núm. 71, de 26 de marzo de 2020): Artículo 1. *Ampliación del plazo de presentación y pago de autoliquidaciones del Impuesto sobre Sucesiones y Donaciones y del Impuesto sobre Transmisiones Patrimoniales y Actos Jurídicos Documentados.*

CAPÍTULO III. IMPUESTO SOBRE TRANSMISIONES PATRIMONIALES Y ACTOS JURÍDICOS DOCUMENTADOS

Artículo 6.[2] *Tipos de gravamen en la modalidad de Transmisiones Patrimoniales Onerosas.*

De acuerdo con lo previsto en el artículo 49.1.a) de la Ley 22/2009, de 18 de diciembre, por la que se regula el sistema de financiación de las Comunidades Autónomas de régimen común y Ciudades con Estatuto de Autonomía y se modifican determinadas normas tributarias, y en el artículo 11 del Texto Refundido de la Ley del Impuesto sobre Transmisiones Patrimoniales y Actos Jurídicos Documentados, aprobado por Real Decreto Legislativo 1/1993, de 24 de septiembre, se establecen los siguientes tipos de gravamen en las operaciones sujetas al Impuesto sobre Transmisiones Patrimoniales y Actos Jurídicos Documentados, en su modalidad de Transmisiones Patrimoniales Onerosas:

1[3]. El tipo de gravamen aplicable a la transmisión de bienes inmuebles que radiquen en la Región de Murcia, con excepción de las viviendas de protección oficial a que se refiere el apartado siguiente, así como la constitución y cesión de derechos reales que recaigan sobre los mismos, salvo los de garantía, será del 8%.

2[4]. El tipo de gravamen aplicable a la transmisión, constitución y cesión de derechos reales, con exclusión de los de garantía, de las viviendas calificadas administrativamente de protección oficial de régimen especial, será del 4%.

3[5]. Tributarán al tipo de gravamen del 2% a la segunda o ulteriores transmisiones de una vivienda y sus anexos a una persona física o jurídica que ejerza una actividad empresarial

---

[2]　Renumeración del art. 5 que pasa a ser el 6 por la incorporación del nuevo art. 5 incorporado por el art. 1.Dos de la Ley 14/2012, de 27 de diciembre, de medidas tributarias, administrativas y de reordenación del sector público regional (BORM núm. 301, de 31 de diciembre de 2012), con efectos desde el 1 de enero de 2013.

[3]　Nueva redacción del art. 6.1 dada por el art. 1.cuatro de la Ley 6/2013, de 8 de julio, de medidas en materia tributaria del sector público, de política social y otras medidas administrativas (BORM núm. 158, de 10 de julio de 2013), en vigor desde el 11 de julio de 2013.
　　Antes de la entrada en vigor de este Decreto Legislativo se recogía en el art. 2 de la Ley 11/1998, de 28 de diciembre, de medidas Financieras (BORM núm. 301, de 31 de diciembre de 1998; BOE núm. 100, de 27 de abril de 1999), en vigor desde el 1/1/1999.

[4]　Antes de la entrada en vigor de este Decreto Legislativo se recogía en el art. 2 de la Ley 11/1998, de 28 de diciembre, de medidas Financieras (BORM núm. 301, de 31 de diciembre de 1998; BOE núm. 100, de 27 de abril de 1999), en vigor desde el 1/1/1999.

[5]　Antes de la entrada en vigor de este Real Decreto Legislativo se recogía en el art. 2.Uno de la Ley 9/1999, de 27 de diciembre, de medidas tributarias y de modificación de diversas leyes regionales en materia de tasas, puertos, educación, juego y apuestas y construcción y explotación de infraestructuras (BORM núm. 301, de 31 de diciembre de 1999 y correcciones de 28 de febrero de 2000; BOE núm. 97, de 11 de abril de 2000) junto el párrafo añadido por el art. 1 de la Ley 7/2001, de 20 de diciembre, de medidas fiscales en materia de tributos cedidos y tasas regionales (BORM núm. 301, de 31 de diciembre de 2001), en vigor desde 1/1/2002.

a la que sean aplicables las normas de adaptación del Plan General de Contabilidad del Sector Inmobiliario, siempre que concurran los siguientes requisitos:

a) Que esta adquisición constituya parte del pago de una vivienda de nueva construcción vendida por la persona física o jurídica que ejerza la actividad empresarial a la que sean aplicables las normas de adaptación del Plan General de Contabilidad del Sector Inmobiliario, y adquirida por el transmitente del inmueble objeto del tipo, impositivo reducido. Esta permuta deberá estar documentada en escritura pública.

b) Que la persona física o jurídica adquirente incorpore este inmueble a su activo circulante.

c) Que la persona física o jurídica adquiriente justifique la venta posterior del inmueble dentro del plazo de dos años después de su adquisición, con entrega de la posesión del mismo.

A efectos de este apartado, se entenderá por vivienda de nueva construcción aquella cuya adquisición represente la primera transmisión de la misma con posterioridad a la declaración de obra nueva, siempre que no hayan transcurrido más de tres años desde ésta.

El incumplimiento de los requisitos establecidos anteriormente obligará al sujeto pasivo a presentar una autoliquidación complementaria, al tipo de gravamen aplicable conforme a la clase de inmueble objeto de la reducción, y considerando el ingreso inicial como ingreso a cuenta, e incluyendo los correspondientes intereses de demora devengados desde la fecha de vencimiento del periodo voluntario de presentación de la primera autoliquidación. El plazo de presentación de la autoliquidación complementaria será el reglamentario de presentación, contado desde el día siguiente a la fecha final del periodo de dos años señalado, o desde que se incumpla alguno de los requisitos establecidos en el apartado anterior.

Reglamentariamente se establecerán los medios de justificación de los requisitos y condiciones a que se sujeta la aplicación del tipo impositivo establecido en el presente apartado.

4[6]. Tributarán al tipo de gravamen del 3% las transmisiones de bienes inmuebles que cumplan los siguientes requisitos:

a) Que sea aplicable a la operación alguna de las exenciones contenidas en el artículo 20.1, apartados 20, 21 y 22, de la Ley 37/1992, de 28 de diciembre, del Impuesto sobre el Valor Añadido.

b) Que el adquirente sea sujeto pasivo del Impuesto sobre el Valor Añadido, actúe en el ejercicio de una actividad empresarial o profesional y tenga derecho a la deducción del Impuesto sobre el Valor Añadido soportado por tales adquisiciones, tal y como se dispone en el artículo 20.2 de la Ley 37/1992, de 28 de diciembre, del Impuesto sobre el Valor Añadido.

---

[6]   Antes de la entrada en vigor de este Real Decreto Legislativo se recogía en el art. 4 de la Ley 15/2002, de 23 de diciembre, de medidas tributarias en materia de Tributos Cedidos y Tasas Regionales (BORM núm. 301, de 31 de diciembre de 2002).

c) Que no se haya producido la renuncia a la exención prevista en el artículo 20.2 de la Ley 37/1992, de 28 de diciembre, del Impuesto sobre el Valor Añadido.

5[7]. Tributarán al tipo de gravamen del 3% las transmisiones de bienes inmuebles que radiquen en la Región de Murcia por parte de sujetos pasivos que tengan la consideración legal de familia numerosa, con las siguientes condiciones:

a) Que el inmueble adquirido tenga o vaya a tener la condición de primera vivienda habitual de la familia.

No obstante, aun en el caso de no constituir la primera vivienda habitual de la familia, se entenderá cumplido este requisito siempre que se cumplan las siguientes condiciones:

1ª Que la anterior vivienda habitual sea objeto de venta en firme dentro del plazo comprendido entre los dos años anteriores y los dos años posteriores a la fecha de adquisición, así como en el supuesto de que el inmueble adquirido sea contiguo a la vivienda habitual y dentro del plazo indicado se una físicamente a esta para formar una única vivienda de mayor superficie, aunque se mantengan registralmente como fincas distintas.

2ª Que la superficie útil de la vivienda adquirida sea superior en más de un 10 por 100 a la superficie útil de la anterior vivienda habitual de la familia. En el caso de que el inmueble adquirido sea contiguo a la vivienda habitual y se una físicamente a esta, para el cómputo del aumento de superficie se considerará la superficie total resultante de dicha unión. A estos efectos se atenderá a la información que conste en el Catastro.

b)[8].

b) Que la suma de la base imponible general menos el mínimo personal y familiar de todas las personas que vayan a habitar la vivienda sea inferior a 44.000 euros, límite que se incrementará en 6.000 euros por cada hijo que exceda del mínimo para alcanzar la condición legal de familia numerosa.

---

[7]	Nueva redacción dada por el por el art. 57.Uno de la Ley 1/2021, de 23 de junio, de Presupuestos Generales de la Comunidad Autónoma de la Región de Murcia para el ejercicio 2021 (BORM núm. 144, de 25 de junio de 2021), en vigor desde 26 de junio de 2021.
Redacción anterior: letra d) incorporada por el art. 56.Cinco de la Ley 14/2018, de 26 de diciembre, de Presupuestos Generales de la Comunidad Autónoma de la Región de Murcia para el año 2019 (BORM núm. 298, de 28 de diciembre de 2018), en vigor desde el 1 de enero de 2019.
Antes de la entrada en vigor de este Real Decreto Legislativo se recogía en el art. 4.Uno.1 de la Ley 11/2007, de 27 de diciembre, de medidas tributarias en materia de Tributos Cedidos y Tributos Propios, año 2008 (Suplemento al BORM núm. 300, de 31 de diciembre de 2007; BOE núm. 177, de 23 de julio de 2008) en la redacción dada por el art. 3 de la Ley 13/2009, de 23 de diciembre, de medidas en materia de tributos cedidos, tributos propios y medidas administrativas para el año 2010 (BORM núm. 300, de 30 de diciembre de 2009), con entrada en vigor el 1/1/2010.

[8]	Letra b) suprimida por el art. 56.Tres de la Ley 12/2022, de 30 de diciembre, de Presupuestos Generales de la Comunidad Autónoma de la Región de Murcia para el ejercicio 2023 (BORM núm. 301 de 31 de diciembre de 2022), en vigor desde el 1 de enero de 2023, pasando el apartado c) original a ser el nuevo apartado b).

6[9]. Tributarán al tipo de gravamen del 3% las transmisiones de bienes inmuebles que radiquen en la Región de Murcia por parte de sujetos pasivos de edad inferior o igual a 40 años, con las siguientes condiciones:

a) Que el inmueble adquirido tenga o vaya a tener la condición de vivienda habitual del sujeto pasivo.

b) Que su base imponible general menos el mínimo personal y familiar sea inferior a 40.000 euros, siempre que la base imponible del ahorro no supere los 1.800 euros.

7[10]. Tributarán al tipo del 5% las adquisiciones de inmuebles por parte de jóvenes menores de 40 años que sean empresarios o profesionales o por sociedades mercantiles par-

---

9   Nueva redacción del apartado 6 del art. 6 dada por el art. 55.Trece de la Ley 4/2023, de 28 de diciembre, de Presupuestos Generales de la Comunidad Autónoma de la Región de Murcia para el ejercicio 2024.(BORM núm. 19, de 29 de diciembre de 2023), con efectos desde el 30 de diciembre de 2023.

     Redacción anterior dada por el por el art. 57.Uno de la Ley 1/2021, de 23 de junio, de Presupuestos Generales de la Comunidad Autónoma de la Región de Murcia para el ejercicio 2021 (BORM núm. 144, de 25 de junio de 2021), en vigor desde 26 de junio de 2021: «6. Tributarán al tipo de gravamen del 3% las transmisiones de bienes inmuebles que radiquen en la Región de Murcia por parte de sujetos pasivos de edad inferior o igual a 35 años, con las siguientes condiciones:

     a) Que el inmueble adquirido tenga o vaya a tener la condición de vivienda habitual del sujeto pasivo.[Letra a) redactada por el art. 56.Tres de la Ley 12/2022, de 30 de diciembre (BORM núm. 301 de 31 de diciembre de 2022), en vigor desde el 1 de enero de 2023]

     b) Que su base imponible general menos el mínimo personal y familiar sea inferior a 26.620 euros, siempre que la base imponible del ahorro no supere los 1.800 euros».

     Redacción anterior: «6. Tributarán al tipo de gravamen del 3% las transmisiones de bienes inmuebles que radiquen en la Región de Murcia por parte de sujetos pasivos de edad inferior o igual a 35 años, con las siguientes condiciones:

     a) Que el inmueble adquirido tenga o vaya a tener la condición de vivienda habitual del sujeto pasivo y que dicho destino se haga constar expresamente en el documento público que formalice la adquisición. Para determinar la condición de vivienda habitual y el mantenimiento de esa condición, se estará a lo dispuesto en la normativa reguladora del Impuesto sobre la Renta de las Personas Físicas [redacción dada por el art. 3.uno de la Ley 7/2011, de 26 de diciembre, de medidas fiscales y de fomento económico en la Región de Murcia (BORM núm. 301, de 31 de diciembre de 2011), con efectos desde el 1 de enero de 2012].

     b) Que su base imponible general menos el mínimo personal y familiar sea inferior a 26.620 euros, siempre que la base imponible del ahorro no supere los 1.800 euros.

     c) Que el valor real de la vivienda no supere los 150.000 euros».

     Antes de la entrada en vigor de este Real Decreto Legislativo se recogía en el art. 4.Uno.2 de la Ley 11/2007, de 27 de diciembre, de medidas tributarias en materia de Tributos Cedidos y Tributos Propios, año 2008 (Suplemento al BORM núm. 300, de 31 de diciembre de 2007; BOE núm. 177, de 23 de julio de 2008) en la redacción dada por el art. 3 de la Ley 13/2009, de 23 de diciembre, de medidas en materia de tributos cedidos, tributos propios y medidas administrativas para el año 2010 (BORM núm. 300, de 30 de diciembre de 2009), con entrada en vigor el 1/1/2010.

10   Nueva redacción del apartado 7 del art. 6 dada por el art. 55.Catorce de la Ley 4/2023, de 28 de diciembre, de Presupuestos Generales de la Comunidad Autónoma de la Región de Murcia para el ejercicio 2024.(BORM núm. 19, de 29 de diciembre de 2023), con efectos desde el 30 de diciembre de 2023.

ticipadas directamente en su integridad por jóvenes menores de 40 años y que se destinen a ser su domicilio fiscal o centro de trabajo. Para aplicarse este tipo deberán cumplirse los siguientes requisitos:

a) Que se haga constar en el documento público en el que se formalice la operación la finalidad de destinarla a ser la sede del domicilio fiscal o centro de trabajo del adquirente. No se aplicará este tipo si no consta dicha declaración en el documento, ni tampoco se aplicará cuando se produzcan rectificaciones del documento que subsanen su omisión, salvo que las mismas se realicen dentro del plazo de presentación de la declaración del impuesto. No podrá aplicarse este tipo reducido sin el cumplimiento estricto de esta obligación formal en el momento preciso señalado en este apartado.

b) El destino del inmueble deberá mantenerse durante los cinco años siguientes a la fecha de la escritura pública de adquisición, salvo que, en el caso de que el adquirente sea persona física, éste fallezca dentro de dicho plazo. Igualmente, deberá mantenerse durante el mismo periodo la forma societaria de la entidad adquirente, su actividad económica y la participación mayoritaria en el capital de la sociedad por parte de quienes eran socios en el momento de la adquisición.

Punto siete incorporado por el art. 1.Cuastro del Decreto-Ley 2/2014, de 1 de agosto, de medidas tributarias, de simplificación administrativa y en materia de función pública (BORM núm. 177, de 2 de agosto de 2014), en vigor desde el 3 de agosto. Medida posteriormente recogida en el art. 1 Sexta de la Ley 8/2014, de 21 de noviembre, de Medidas Tributarias, de Simplificación Administrativa y en materia de Función Pública (BORM núm. 275, de 28 de noviembre de 2014), con entrada en vigor el día 29 de noviembre de 2014: «7. *Tributarán al tipo del 5% las adquisiciones de inmuebles por parte de jóvenes menores de 35 años que sean empresarios o profesionales o por sociedades mercantiles participadas directamente en su integridad por jóvenes menores de 35 años y que se destinen a ser su domicilio fiscal o centro de trabajo. Para aplicarse este tipo deberán cumplirse los siguientes requisitos:*

a) Que se haga constar en el documento público en el que se formalice la operación la finalidad de destinarla a ser la sede del domicilio fiscal o centro de trabajo del adquirente. No se aplicará este tipo si no consta dicha declaración en el documento, ni tampoco se aplicará cuando se produzcan rectificaciones del documento que subsanen su omisión, salvo que las mismas se realicen dentro del plazo de presentación de la declaración del impuesto. No podrá aplicarse este tipo reducido sin el cumplimiento estricto de esta obligación formal en el momento preciso señalado en este apartado.

b) El destino del inmueble deberá mantenerse durante los cinco años siguientes a la fecha de la escritura pública de adquisición, salvo que, en el caso de que el adquirente sea persona física, éste fallezca dentro de dicho plazo. Igualmente, deberá mantenerse durante el mismo periodo la forma societaria de la entidad adquirente, su actividad económica y la participación mayoritaria en el capital de la sociedad por parte de quienes eran socios en el momento de la adquisición.

c) Que la entidad, sea o no societaria, no tenga por actividad principal la gestión de un patrimonio mobiliario o inmobiliario, de acuerdo con lo establecido en el artículo 4.Ocho.Dos.a) de la Ley 19/1991, de 6 de junio, del Impuesto sobre el Patrimonio.

d) No se aplicará este tipo de gravamen en caso de que sea susceptible de aplicación el tipo regulado en el apartado 4 del presente artículo».

c) Que la entidad, sea o no societaria, no tenga por actividad principal la gestión de un patrimonio mobiliario o inmobiliario, de acuerdo con lo establecido en el artículo 4.ocho.dos a) de la Ley 19/1991, de 6 de junio, del Impuesto sobre el Patrimonio.

d) No se aplicará este tipo de gravamen en caso de que sea susceptible de aplicación el tipo regulado en el apartado 4 del presente artículo.

8[11]. Tributarán al tipo del 1% las siguientes operaciones:

a) Las adquisiciones de inmuebles por Sociedades de Garantía Recíproca como consecuencia de operaciones de dación en pago, liquidaciones en procedimientos concursales o ejecuciones hipotecarias, que deriven de obligaciones garantizadas por las mismas.

b) Las adquisiciones de inmuebles que se realicen por empresarios o profesionales con financiación ajena y con el otorgamiento de garantía por Sociedades de Garantía Recíproca. Para la aplicación de este tipo reducido la garantía ofrecida deberá ser de, al menos, el 50% del precio de adquisición.

c) Las transmisiones de inmuebles realizadas por Sociedades de Garantía Recíproca empresarios o profesionales, siempre que hayan sido adquiridos previamente por aquellas en virtud de operaciones de dación en pago, liquidaciones en procedimientos concursales o ejecuciones hipotecarias.

En los supuestos previstos en las letras b) y c), el bien deberá quedar afecto a la actividad empresarial o profesional del adquirente. Asimismo, la operación deberá formalizarse en documento público, debiendo constar expresamente en el mismo tal afección. Cuando se trate de entidades, su actividad principal en ningún caso podrá consistir en la gestión de un patrimonio mobiliario o inmobiliario, de acuerdo con lo establecido en el artículo 4.Ocho. Dos.a) de la Ley 19/1991, de 6 de junio, del Impuesto sobre el Patrimonio. El destino del inmueble deberá mantenerse durante los cinco años siguientes a la fecha del documento público de adquisición, salvo que, en el caso de que el adquirente sea persona física, éste fallezca dentro de dicho plazo.

No se aplicará este tipo si las menciones exigidas no constan en el documento, ni cuando se produzcan rectificaciones del mismo que subsanen dicha omisión, salvo que se realicen dentro del plazo de declaración del impuesto.

La aplicación de este tipo reducido excluirá la aplicación de cualquiera de los tipos establecidos en el presente artículo, salvo que resulten más favorables al sujeto pasivo.

---

[11]   Nuevo apartado incorporado por el art. 57.Cuatro de la Ley 1/2017, de 9 de enero, de Presupuestos Generales de la Comunidad Autónoma de la Región de Murcia para el ejercicio 2017 (BORM núm. 7, de 11 de enero de 2017), con efectos desde el 12 de enero de 2017.

9.[12] Tributarán al tipo de gravamen del 3% las transmisiones de bienes inmuebles que radiquen en la Región de Murcia por parte de sujetos pasivos con un grado de discapacidad igual o superior al 65%, con las siguientes condiciones:

a)[13] Que el inmueble adquirido tenga o vaya a tener la condición de vivienda habitual del sujeto pasivo.

b) Que su base imponible general menos el mínimo personal y familiar sea inferior a 40.000 euros, siempre que la base imponible del ahorro no supere los 1.800 euros.

10[14]. A las transmisiones onerosas por actos inter vivos de automóviles tipo turismo, todoterrenos, motocicletas y demás vehículos con más de doce años de antigüedad les serán de aplicación las siguientes cuotas:

a) cilindrada igual o inferior a 1.000 centímetros cúbicos: cuota de cero euros.

Los sujetos pasivos del impuesto no quedarán obligados a presentar la autoliquidación correspondiente respecto de las transmisiones objeto de este tipo de gravamen específico.

b) cilindrada superior a 1.000 centímetros cúbicos e inferior o igual a 1.500 centímetros cúbicos: cuota fija de 30 euros.

c) cilindrada superior a 1.500 centímetros cúbicos e inferior o igual a 2.000 centímetros cúbicos: cuota fija de 50 euros.

d)[15] Cilindrada superior a 2.000 centímetros cúbicos: cuota fija de 75 euros.

---

[12] Nueva redacción dada por el por el art. 57.Uno de la Ley 1/2021, de 23 de junio, de Presupuestos Generales de la Comunidad Autónoma de la Región de Murcia para el ejercicio 2021 (BORM núm. 144, de 25 de junio de 2021), en vigor desde 26 de junio de 2021.
Redacción anterior por su incorporación por el art. 56.Cinco de la Ley 14/2018, de 26 de diciembre, de Presupuestos Generales de la Comunidad Autónoma de la Región de Murcia para el año 2019 (BORM núm. 298, de 28 de diciembre de 2018), en vigor desde el 1 de enero de 2019.

[13] Nueva redacción de la letra a) dada por el art. 56.Tres de la Ley 12/2022, de 30 de diciembre, de Presupuestos Generales de la Comunidad Autónoma de la Región de Murcia para el ejercicio 2023 (BORM núm. 301 de 31 de diciembre de 2022), en vigor desde el 1 de enero de 2023.
Redacción anterior: «*a) Que el inmueble adquirido tenga o vaya a tener la condición de vivienda habitual del sujeto pasivo y que dicho destino se haga constar expresamente en el documento público que formalice la adquisición*».

[14] Nuevo apartado incorporado por el art. 56.Uno de la Ley 1/2020, de 23 de abril, de Presupuestos Generales de la Comunidad Autónoma de la Región de Murcia para el ejercicio 2020 (BORM núm. 95, de 25 de abril de 2020), vigente desde el 26 de abril de 2020.

[15] Letra incorporada por el por el art. 57.Uno de la Ley 1/2021, de 23 de junio, de Presupuestos Generales de la Comunidad Autónoma de la Región de Murcia para el ejercicio 2021 (BORM núm. 144, de 25 de junio de 2021), en vigor desde 26 de junio de 2021.

Artículo 7[16]. *Tipos de gravamen en la modalidad de Actos Jurídicos Documentados.*

De acuerdo con lo previsto en el artículo 49.1.a) de la Ley 22/2009, de 18 de diciembre, por la que se regula el sistema de financiación de las comunidades autónomas de régimen común y ciudades con estatuto de autonomía y se modifican determinadas normas tributarias, y en el artículo 31 del Texto Refundido de la Ley del Impuesto sobre Transmisiones Patrimoniales y Actos Jurídicos Documentados, aprobado por Real Decreto Legislativo 1/1993, de 24 de septiembre, se establecen los siguientes tipos de gravamen en las operaciones sujetas al Impuesto sobre Transmisiones Patrimoniales y Actos Jurídicos Documentados, en su modalidad de Actos Jurídicos Documentados:

1. En la modalidad de Actos Jurídicos Documentados del Impuesto sobre Transmisiones Patrimoniales y Actos Jurídicos Documentados, las primeras copias de escrituras y actas notariales, cuando tengan por objeto cantidad o cosa valuable, contengan actos o contratos inscribibles en los registros de la Propiedad, Mercantil y de la Propiedad Industrial y en el Registro de Bienes Muebles, y no sujetos al Impuesto sobre Sucesiones y Donaciones o a los conceptos comprendidos en los números 1.º y 2.º del artículo 1.1 del Texto Refundido de la Ley del Impuesto sobre Transmisiones Patrimoniales y Actos Jurídicos Documentados, aprobado por Real Decreto Legislativo 1/1993, de 24 de septiembre, tributarán, además de

---

[16]   Nueva redacción del art. 7 dada por el art. 56.Seis de la Ley 14/2018, de 26 de diciembre, de Presupuestos Generales de la Comunidad Autónoma de la Región de Murcia para el año 2019 (BORM núm. 298, de 28 de diciembre de 2018), en vigor desde el 1 de enero de 2019.

Antes Renumeración del art. 6 que pasa a ser el 7 por la incorporación del nuevo art. 5 incorporado por el art. 1.Dos de la Ley 14/2012, de 27 de diciembre, de medidas tributarias, administrativas y de reordenación del sector público regional (BORM núm. 301, de 31 de diciembre de 2012), con efectos desde el 1 de enero de 2013. Artículo modificado por art. 7.1 dada por el art. 1.cinco de la Ley 6/2013, de 8 de julio, de medidas en materia tributaria del sector público, de política social y otras medidas administrativas (BORM núm. 158, de 10 de julio de 2013), en vigor desde el 11 de julio de 2013, por el art. 57.Cinco de la Ley 1/2017, de 9 de enero, de Presupuestos Generales de la Comunidad Autónoma de la Región de Murcia para el ejercicio 2017 (BORM núm. 7, de 11 de enero de 2017), con efectos desde el 12 de enero de 2017, por el del art. 2.Dos dada por el art. 3.Tres de la Ley 8/2004, de 28 de diciembre, de medidas administrativas, tributarias, de tasas y función pública (BORM núm. 310, de 30 de diciembre de 2004), en vigor desde 1/1/2005. Apartados tres y cuatro redacción dada por el art. 3.Dos de la Ley 8/2004, de 28 de diciembre, de medidas administrativas, tributarias, de tasas y de función pública (BORM núm. 310, de 30 de diciembre de 2004), en vigor desde 1/1/2005. Apartado 5, 6, 7 y 8 en la redacción dada por el art. 3 de la Ley 13/2009, de 23 de diciembre, de medidas en materia de tributos cedidos, tributos propios y medidas administrativas para el año 2010 (BORM núm. 300, de 30 de diciembre de 2009), con entrada en vigor el 1/1/2010. Apartado nueve incorporado por el art. 3.tres de la Ley 7/2011, de 26 de diciembre, de medidas fiscales y de fomento económico en la Región de Murcia (BORM núm. 301, de 31 de diciembre de 2011), con efectos desde el 1 de enero de 2012. Apartado 10 redacción dada por el art. 1.Tres de la Ley 14/2013, de 30 de diciembre, de medidas tributarias, administrativas y de función pública (BORM núm. 300, de 30 de diciembre de 2013), en vigor desde el 31 de diciembre de 2013. Apartado 11 incorporado por el art. 1.cinco de la Ley 6/2013, de 8 de julio, de medidas en materia tributaria del sector público, de política social y otras medidas administrativas (BORM núm. 158, de 10 de julio de 2013), en vigor desde el 11 de julio de 2013.

por la cuota fija prevista en el artículo 31.1 de dicha norma, al tipo de gravamen del 1,5% en cuanto a tales actos o contratos, salvo que sean de aplicación los tipos impositivos que para determinadas operaciones se establecen en los apartados siguientes.

2. Tributarán al tipo de gravamen del 0,1%, sin perjuicio de aquellos regímenes más beneficiosos que puedan ser de aplicación por la normativa estatal:

a) Los documentos notariales que formalicen la constitución y cancelación de derechos reales de garantía cuyo sujeto pasivo resulten ser Sociedades de Garantía Recíproca.

b) Los documentos notariales que formalicen la constitución y cancelación de derechos reales de garantía a favor de entidades financieras cuando concurran en igualdad de rango con garantías constituidas a favor de Sociedades de Garantía Recíproca, y siempre que dichas Sociedades garanticen al menos un 50% de las cantidades objeto de financiación ajena.

Lo previsto en este apartado no será de aplicación en el caso de escrituras de préstamos con garantía hipotecaria.

c) Los documentos notariales que formalicen la novación del préstamo, salvo que se trate de préstamos con garantía hipotecaria, así como el mantenimiento del rango registral o su alteración mediante posposición, igualación, permuta o reserva del mismo, cuando en dichas operaciones participen las Sociedades de Garantía Recíproca.

3.[17] Tributarán al tipo de gravamen del 0,1% los documentos notariales a que se refiere el artículo 31.2 del Texto Refundido de la Ley del Impuesto sobre Transmisiones Patrimoniales y Actos Jurídicos Documentados, aprobado por Real Decreto Legislativo 1/1993, de 24 de septiembre, en el caso de primeras copias de escrituras públicas otorgadas para formalizar la primera transmisión de viviendas acogidas al Plan de Vivienda Joven de la Región de Murcia para adquirentes de 40 años o menores, en cuanto al gravamen sobre actos jurídicos documentados.

4[18]. Tributarán al tipo del 0,1% los documentos notariales a que se refiere el artículo 31.2 del Texto Refundido de la Ley del Impuesto sobre Transmisiones Patrimoniales y Actos

---

[17] Nueva redacción del apartado 3 del art. 7 dada por el art. 55.Quince de la Ley 4/2023, de 28 de diciembre, de Presupuestos Generales de la Comunidad Autónoma de la Región de Murcia para el ejercicio 2024.(BORM núm. 19, de 29 de diciembre 2023), con efectos desde el 30 de diciembre de 2023.
Redacción anterior: «3. *Tributarán al tipo de gravamen del 0,1% los documentos notariales a que se refiere el artículo 31.2 del Texto Refundido de la Ley del Impuesto sobre Transmisiones Patrimoniales y Actos Jurídicos Documentados, aprobado por Real Decreto Legislativo 1/1993, de 24 de septiembre, en el caso de primeras copias de escrituras públicas otorgadas para formalizar la primera transmisión de viviendas acogidas al Plan de Vivienda Joven de la Región de Murcia para adquirentes de 35 años o menores, en cuanto al gravamen sobre actos jurídicos documentados*».

[18] Nueva redacción del apartado 4 del art. 7 dada por el art. 55.Dieciséis de la Ley 4/2023, de 28 de diciembre, de Presupuestos Generales de la Comunidad Autónoma de la Región de Murcia para el ejercicio 2024. (BORM núm. 19, de 29 de diciembre de 2023), con efectos desde el 30 de diciembre de 2023.
Redacción anterior dada por el art. 57.Dos de la Ley 1/2021, de 23 de junio, de Presupuestos Generales de la Comunidad Autónoma de la Región de Murcia para el ejercicio 2021 (BORM núm. 144, de 25 de junio de 2021), en vigor desde 26 de junio de 2021: «4. *Tributarán al tipo del 0,1% los documentos notariales a*

Jurídicos Documentados, aprobado por Real Decreto Legislativo 1/1993, de 24 de septiembre, en el caso de primeras copias de escrituras públicas que documenten la adquisición de viviendas por sujetos pasivos de 40 años o menores, en cuanto al gravamen sobre actos jurídicos documentados, siempre que se cumplan las siguientes condiciones:

a) Que el inmueble adquirido tenga o vaya a tener la condición de vivienda habitual del sujeto pasivo.

b) Que su base imponible general menos el mínimo personal y familiar sea inferior a 40.000 euros, siempre que la base imponible del ahorro no supere los 1.800 euros.

5.[19] Tributarán al tipo del 0,1% los documentos notariales a que se refiere el artículo 31.2 del Texto Refundido de la Ley del Impuesto sobre Transmisiones Patrimoniales y Actos Jurídicos Documentados, aprobado por Real Decreto Legislativo 1/1993, de 24 de septiembre, en el caso de primeras copias de escrituras públicas que documenten la adquisición de viviendas por parte de sujetos pasivos que tengan la consideración legal de familia numerosa, en cuanto al gravamen sobre actos jurídicos documentados, siempre que se cumplan las siguientes condiciones:

a) Que el inmueble adquirido tenga o vaya a tener la condición de primera vivienda habitual de la familia.

---

que se refiere el artículo 31.2 del Texto Refundido de la Ley del Impuesto sobre Transmisiones Patrimoniales y Actos Jurídicos Documentados, aprobado por Real Decreto Legislativo 1/1993, de 24 de septiembre, en el caso de primeras copias de escrituras públicas que documenten la adquisición de viviendas por sujetos pasivos de 35 años o menores, en cuanto al gravamen sobre actos jurídicos documentados, siempre que se cumplan las siguientes condiciones:

a) Que el inmueble adquirido tenga o vaya a tener la condición de vivienda habitual del sujeto pasivo [redacción de la letra a) dada por el art. 56.Cuatro de la Ley 12/2022, de 30 de diciembre (BORM núm. 301 de 31 de diciembre de 2022), en vigor desde el 1 de enero de 2023].

b) Que su base imponible general menos el mínimo personal y familiar sea inferior a 26.620 euros, siempre que la base imponible del ahorro no supere los 1.800 euros».

Redacción anterior: «4. Tributarán al tipo del 0,1% los documentos notariales a que se refiere el artículo 31.2 del Texto Refundido de la Ley del Impuesto sobre Transmisiones Patrimoniales y Actos Jurídicos Documentados, aprobado por Real Decreto Legislativo 1/1993, de 24 de septiembre, en el caso de primeras copias de escrituras públicas que documenten la adquisición de viviendas por sujetos pasivos de 35 años o menores, en cuanto al gravamen sobre actos jurídicos documentados, siempre que se cumplan las siguientes condiciones:

a) Que el inmueble adquirido tenga o vaya a tener la condición de vivienda habitual del sujeto pasivo y que dicho destino se haga constar expresamente en el documento público que formalice la adquisición. Para determinar la condición de vivienda habitual y el mantenimiento de esa condición, se estará a lo dispuesto en la normativa reguladora del Impuesto sobre la Renta de las Personas Físicas.

b) Que su base imponible general menos el mínimo personal y familiar sea inferior a 26.620 euros, siempre que la base imponible del ahorro no supere los 1.800 euros.

c) Que el valor real de la vivienda no supere los 150.000 euros».

[19] Nueva redacción dada por el art.57.Dos de la Ley 1/2021, de 23 de junio, de Presupuestos Generales de la Comunidad Autónoma de la Región de Murcia para el ejercicio 2021 (BORM núm. 144, de 25 de junio de 2021), en vigor desde 26 de junio de 2021.

No obstante, aun en el caso de no constituir la primera vivienda habitual de la familia, se entenderá cumplido este requisito siempre que se cumplan las siguientes condiciones:

1.ª Que la anterior vivienda habitual sea objeto de venta en firme dentro del plazo comprendido entre los dos años anteriores y los dos años posteriores a la fecha de adquisición, así como en el supuesto de que el inmueble adquirido sea contiguo a la vivienda habitual y dentro del plazo indicado se una físicamente a esta para formar una única vivienda de mayor superficie, aunque se mantengan registralmente como fincas distintas.

2.ª Que la superficie útil de la vivienda adquirida sea superior en más de un 10 por 100 a la superficie útil de la anterior vivienda habitual de la familia. En el caso de que el inmueble adquirido sea contiguo a la vivienda habitual y se una físicamente a esta, para el cómputo del aumento de superficie se considerará la superficie total resultante de dicha unión. A estos efectos se atenderá a la información que conste en el Catastro.

b)[20]

b) Que la suma de la base imponible general menos el mínimo personal y familiar de todas las personas que vayan a habitar la vivienda sea inferior a 44.000 euros, límite que se incrementará en 6.000 euros por cada hijo que exceda del mínimo para alcanzar la condición legal de familia numerosa.

6.[21] Tributarán al tipo del 0,1% los documentos notariales a que se refiere el artículo 31.2 del Texto Refundido de la Ley del Impuesto sobre Transmisiones Patrimoniales y Actos Jurídicos Documentados, aprobado por Real Decreto Legislativo 1/1993, de 24 de septiembre, en el caso de primeras copias de escrituras públicas que documenten la adquisición de viviendas por sujetos pasivos con un grado de discapacidad igual o superior al 65%, en cuanto al gravamen sobre actos jurídicos documentados, siempre que se cumplan las siguientes condiciones:

a)[22] Que el inmueble adquirido tenga o vaya a tener la condición de vivienda habitual del sujeto pasivo.

b) Que su base imponible general menos el mínimo personal y familiar sea inferior a 40.000 euros, siempre que la base imponible del ahorro no supere los 1.800 euros.

7. Tributarán al tipo del 0,5% los documentos notariales a que se refiere el artículo 31.2 del Texto Refundido de la Ley del Impuesto sobre Transmisiones Patrimoniales y Actos Jurí-

---

[20]   Letra b) suprimida por el art. 56.Cuatro de la Ley 12/2022, de 30 de diciembre, de Presupuestos Generales de la Comunidad Autónoma de la Región de Murcia para el ejercicio 2023 (BORM núm. 301 de 31 de diciembre de 2022), en vigor desde el 1 de enero de 2023 y el apartado c) pasa ser el nuevo apartado b).
        Redacción anterior: «*b) Que se consigne expresamente en el documento público que formalice la adquisición el destino de ese inmueble a vivienda habitual*».

[21]   Nueva redacción dada por el art. 57.Dos de la Ley 1/2021, de 23 de junio, de Presupuestos Generales de la Comunidad Autónoma de la Región de Murcia para el ejercicio 2021 (BORM núm. 144, de 25 de junio de 2021), en vigor desde 26 de junio de 2021.

[22]   Nueva redacción de la letra a) dada por el art. 56.Cuatro de la Ley 12/2022, de 30 de diciembre, de Presupuestos Generales de la Comunidad Autónoma de la Región de Murcia para el ejercicio 2023 (BORM núm. 301 de 31 de diciembre de 2022), en vigor desde el 1 de enero de 2023.

dicos Documentados, aprobado por Real Decreto Legislativo 1/1993, de 24 de septiembre, en el caso de primeras copias de escrituras públicas que documenten la adquisición de inmuebles por parte de contribuyentes que realicen actividades económicas sujetas al Impuesto sobre la Renta de las Personas Físicas o al Impuesto sobre Sociedades y que se destinen a ser su domicilio fiscal o centro de trabajo.

La aplicación del tipo reducido estará condicionada al cumplimiento de los siguientes requisitos:

a) La adquisición deberá realizarse mediante financiación ajena.

b) No resultará aplicable a operaciones que hayan sido objeto de renuncia a la exención en IVA.

c) En el caso de personas jurídicas, no será aplicable a aquellas en las que más de la mitad de su activo esté constituido por valores o no esté afecto a actividades empresariales o profesionales.

La aplicación de los tipos reducidos regulados en el presente apartado se encuentra condicionada a que se haga constar en el documento público en el que se formalice la compraventa la finalidad de destinarla a ser la sede del domicilio fiscal o centro de trabajo del adquirente. No se aplicarán estos tipos si no consta dicha declaración en el documento, ni tampoco se aplicarán cuando se produzcan rectificaciones del documento que subsanen su omisión, salvo que las mismas se realicen dentro del plazo de presentación de la declaración del impuesto. No podrán aplicarse estos tipos reducidos sin el cumplimiento estricto de esta obligación formal en el momento preciso señalado en este apartado.

8. Tributarán al tipo de gravamen del 2% los documentos notariales a que se refiere el artículo 31.2 del texto refundido de la Ley del Impuesto sobre Transmisiones Patrimoniales y Actos Jurídicos Documentados, aprobado por Real Decreto Legislativo 1/1993, de 24 de septiembre, en el caso de primeras copias de escrituras públicas otorgadas para formalizar la transmisión de bienes inmuebles sujetas y no exentas al Impuesto Sobre el Valor Añadido.

9. Tributarán al tipo de gravamen del 2,5% los documentos notariales a que se refiere el artículo 31.2 del Texto Refundido de la Ley del Impuesto sobre Transmisiones Patrimoniales y Actos Jurídicos Documentados, aprobado por Real Decreto Legislativo 1/1993, de 24 de septiembre, en el caso de primeras copias de escrituras y actas notariales que documenten transmisiones de bienes inmuebles respecto de las cuales se haya renunciado a la exención contenida en el artículo 20.Dos, de la Ley 37/1992, de 28 de diciembre, del Impuesto sobre el Valor Añadido.

Artículo 8[23]. *Bonificaciones en la cuota.*

De acuerdo con lo previsto en el artículo 49.1.b) de la Ley 22/2009, de 18 de diciembre, por la que se regula el sistema de financiación de las Comunidades Autónomas de régimen

---

[23] Nueva redacción del art. 8 dada por el art. 3.Tres del Decreto-ley 1/2022, de 12 de abril, por el que se adoptan medidas urgentes económicas y fiscales, como consecuencia de la guerra en Ucrania (BORM núm.

común y Ciudades con Estatuto de Autonomía y se modifican determinadas normas tributarias, se establecen las siguientes bonificaciones de la cuota del Impuesto sobre Transmisiones Patrimoniales y Actos Jurídicos Documentados:

Uno. *Bonificación por cesión temporal de derechos al uso privativo de aguas públicas para uso exclusivo agrícola.*

Se establece una bonificación en la cuota del impuesto del 100% aplicable en aquellos actos y negocios jurídicos realizados por las comunidades de usuarios cuyo domicilio fiscal radique en la Región de Murcia definidas en la legislación de aguas, relacionados con contratos de cesión temporal de derechos al uso privativo de aguas públicas para uso exclusivo agrícola.

Esta bonificación también será aplicable a las obras y adquisiciones realizadas por estas mismas comunidades de usuarios, cuyo fin sea la obtención, uso y distribución de agua de cualquier origen destinada a la agricultura.

Dos. *Bonificación por transmisión o cesión temporal de fincas rústicas.*

1. Disfrutarán de una bonificación de la cuota tributaria del 99% en el Impuesto sobre Transmisiones Patrimoniales y Actos Jurídicos Documentados:

a) Las transmisiones de fincas rústicas.

b) Los contratos por los que se ceda temporalmente la explotación o uso de una o varias fincas rústicas, o parte de ellas, para su aprovechamiento agrícola, ganadero o forestal a cambio de un precio, renta o porcentaje de los resultados.

2[24]. La aplicación de los anteriores beneficios fiscales quedará condicionada al cumplimiento de los siguientes requisitos:

---

86 de 13 de abril de 2022), en vigor desde el mismo día de su publicación en el BORM.

Renumeración del art. 7 que pasa a ser el 8 por la incorporación del nuevo art. 5 incorporado por el art. 1.Dos de la Ley 14/2012, de 27 de diciembre, de medidas tributarias, administrativas y de reordenación del sector público regional (BORM núm. 301, de 31 de diciembre de 2012), con efectos desde el 1 de enero de 2013.

Antes de la entrada en vigor de este Real Decreto Legislativo se recogía en el art. único de Ley 4/2006, de 26 de mayo, de establecimiento de una bonificación autonómica en el impuesto sobre transmisiones patrimoniales y actos jurídicos documentados para determinadas operaciones realizadas por las comunidades de usuarios de agua de la Región de Murcia (BORM núm. 119, de 12 de junio de 2006; BOE núm. 267, de 8 de noviembre de 2006).

[24] Nueva redacción del punto 2 del art. 8.Dos dada por el art. 55.Diecisiete de la Ley 4/2023, de 28 de diciembre, de Presupuestos Generales de la Comunidad Autónoma de la Región de Murcia para el ejercicio 2024.(BORM núm. 19, de 29 de diciembre de 2023), con efectos desde el 30 de diciembre de 2023.

Redacción anterior: «*2. La aplicación de los anteriores beneficios fiscales quedará condicionada al cumplimiento de los siguientes requisitos:*

a) Que los adquirentes o cesionarios sean personas agricultoras profesionales titulares de una explotación agraria, a la cual queden afectos los elementos que se adquieren o ceden, y que estén dados de alta en el régimen de seguridad social que les corresponda en función de su actividad agraria.

a) Que los adquirientes o cesionarios sean personas agricultoras profesionales titulares de una explotación agraria, a la cual queden afectos los elementos que se adquieren o cedan, y que estén dados de alta en el régimen de seguridad social que les corresponda en función de su actividad agraria.

En caso de transmisión, la base imponible será el valor total, ya sea la parcela adquirida de titularidad exclusiva de uno de los cónyuges o común a ambos en caso de régimen legal de gananciales.

b) Que se mantenga la actividad agraria o actividad complementaria durante los cinco años siguientes, salvo fallecimiento del adquirente o cesionario dentro del citado plazo, o salvo supuestos de expropiación forzosa o concurran otras causas de fuerza mayor debidamente acreditadas que imposibiliten el ejercicio de una actividad agraria o complementaria.

c) Que la transmisión o cesión se formalice en documento público. En el caso de que se formalice en escritura pública se hará mención del incentivo aplicado.

d) Que si las fincas transmitidas estuviesen inscritas en el Registro de la Propiedad se haga constar en el mismo la nota marginal de afección a que hace referencia el apartado 2 del artículo 9 de la Ley 19/1995, de 4 de julio, de Modernización de Explotaciones Agrarias o normativa que la sustituya.

3. En caso de incumplirse los requisitos establecidos en los apartados anteriores, los adquirentes o cesionarios beneficiarios de esta reducción deberán presentar autoliquidación ingresando la parte del impuesto que se hubiese dejado de ingresar como consecuencia de la reducción practicada, así como los correspondientes intereses de demora.

Tres. *Bonificación por permutas voluntarias de fincas rústicas.*

Se beneficiarán de una bonificación de la cuota tributaria del 99%, en la modalidad de Transmisiones Patrimoniales Onerosas del Impuesto sobre Transmisiones Patrimoniales y Actos Jurídicos Documentados, las permutas voluntarias de fincas rústicas autorizadas por la Consejería competente en materia de agricultura, que deberán realizarse en escritura pública, y siempre que tenga alguna de las siguientes finalidades:

a) Eliminar parcelas enclavadas, entendiéndose por tales las así consideradas en la legislación general de reforma y desarrollo agrario.

En caso de transmisión, la base imponible será el valor total, ya sea la parcela adquirida de titularidad exclusiva de uno de los cónyuges o común a ambos en caso de régimen legal de gananciales.

b) Que se mantenga la actividad agraria o actividad complementaria durante los cinco años siguientes, salvo fallecimiento del adquirente o cesionario dentro del citado plazo, o salvo supuestos de expropiación forzosa o concurran otras causas de fuerza mayor debidamente acreditadas que imposibiliten el ejercicio de una actividad agraria o complementaria.

b) Que la transmisión o cesión se documente en escritura pública, donde se hará mención al incentivo aplicado.

c) Que si las fincas transmitidas estuviesen inscritas en el Registro de la Propiedad se haga constar en el mismo la nota marginal de afección a que hace referencia el apartado 2 del artículo 9 de la Ley 19/1995, de 4 de julio, de Modernización de Explotaciones Agrarias o normativa que la sustituya».

b) Suprimir servidumbres de paso.

c) Reestructurar las explotaciones agrarias, incluyendo en este supuesto las permutas múltiples que se produzcan para realizar una concentración parcelaria de carácter privado.

2. En el supuesto contemplado en este apartado será de aplicación lo dispuesto en los puntos 2 y 3 del apartado Dos de este artículo.

Cuatro. *Bonificación por agrupaciones de fincas rústicas.*

1. A las agrupaciones de fincas rústicas se les aplicará una bonificación del 99% en la cuota gradual de la modalidad Actos Jurídicos Documentados del Impuesto sobre Transmisiones Patrimoniales y Actos Jurídicos Documentados.

2. Para la aplicación de la bonificación será necesario que el titular de las fincas objeto de la agrupación tenga la condición de agricultor profesional y sea titular de una explotación agraria, a la que queden afectas las fincas agrupadas, y que esté dada de alta en el régimen de Seguridad Social que le corresponda en función de su actividad agraria. Asimismo deberán cumplirse el resto de requisitos registrales, de mantenimiento de la actividad y, en su caso, de regularización voluntaria, contemplados en los puntos 2 y 3 del apartado Dos de este artículo.

Quinto. *Definiciones*

A efectos de aplicación de los beneficios fiscales contemplados en los apartados Dos a Cuatro del presente artículo se entiende por:

1. Finca rústica: todos aquellos terrenos que sean susceptibles de tener un aprovechamiento agrícola, forestal, ganadero o mixto por sus aptitudes agronómicas y que no tengan la calificación urbanística de urbanos, incluidas las construcciones de cualquier naturaleza en ellos enclavadas que sean necesarias para el desarrollo de una explotación agraria.

A efectos de lo previsto en la Ley se equiparará a la transmisión total o parcial del pleno dominio de las fincas rústicas, la de los derechos reales que recaigan sobre las mismas.

2. Actividad agraria, titular de la explotación, agricultor profesional, explotación agraria y unidad de trabajo agrario (UTA): los definidos en la Ley 19/1995, de 4 de julio, de Modernización de las Explotaciones Agrarias.

Artículo 9[25]. *Normas comunes para la aplicación de los tipos reducidos.*

1[26]. A los efectos de la aplicación de los tipos reducidos regulados en el presente capítulo, las limitaciones cuantitativas de la base imponible y demás elementos del Impuesto sobre la Renta de las Personas Físicas se entenderán referidos al último periodo impositivo

---

[25] Nueva redacción del art. 9 dada por el art. 56.Siete de la Ley 14/2018, de 26 de diciembre, de Presupuestos Generales de la Comunidad Autónoma de la Región de Murcia para el año 2019 (BORM núm. 298, de 28 de diciembre de 2018), en vigor desde el 1 de enero de 2019.

Renumeración del art. 8 que pasa a ser el 9 por la incorporación del nuevo art. 5 incorporado por el art. 1. Dos de la Ley 14/2012, de 27 de diciembre, de medidas tributarias, administrativas y de reordenación del sector público regional (BORM núm. 301, de 31 de diciembre de 2012), con efectos desde el 1 de enero de 2013.

anterior al devengo del Impuesto sobre Transmisiones Patrimoniales y Actos Jurídicos Documentados, respecto del que haya vencido el plazo de presentación de la correspondiente declaración.

Para determinar la condición de vivienda habitual y el mantenimiento de esa condición, se estará a lo dispuesto en la normativa reguladora del Impuesto sobre la Renta de las Personas Físicas en su redacción en vigor a 31 de diciembre de 2012.

Tendrán la consideración de familia numerosa las que define como tales la Ley 40/2003, de 18 de noviembre, de Protección de las Familias Numerosas, o la normativa estatal que la sustituya, en su caso.

2. En los casos de concurrencia de varios obligados tributarios en la adquisición de bienes a los que sea de aplicación los tipos de gravamen reducidos previstos en los artículos anteriores, la aplicación de los mismos se realizará exclusivamente a la parte proporcional de la base liquidable que se corresponda con la adquisición efectuada por el sujeto pasivo que reúna los requisitos subjetivos que sean exigibles. No obstante, y con independencia de lo previsto en la legislación civil, en las adquisiciones para la sociedad de gananciales por cónyuges casados en dicho régimen, el tipo de gravamen reducido se aplicará al 50% de la base liquidable cuando uno solo de los cónyuges reúna los indicados requisitos.

3. En aquellos tipos en que se exija que la adquisición se formalice en documento público, dicha formalización deberá realizarse durante el plazo de presentación del impuesto, de no haberse formalizado la operación originariamente en este tipo de documento.

No serán aplicables los tipos que requieran de alguna mención expresa necesaria para la aplicación de los mismos, si no consta dicha mención en el documento público. Tampoco se aplicarán cuando se produzcan rectificaciones del documento que subsanen su omisión, salvo que las mismas se realicen dentro del plazo de presentación de la declaración del impuesto.

4[27]**.** Cuando con posterioridad a la aplicación de cualquiera de los beneficios fiscales contemplados en los artículos anteriores se produjese el incumplimiento sobrevenido de los requisitos regulados en los mismos y, en particular, el relativo al mantenimiento de la vivienda habitual en los términos regulados en la normativa del Impuesto sobre la Renta de

---

Antes de la entrada en vigor de este Real Decreto Legislativo se recogía en el art. 4.Tres de la Ley 11/2007, de 27 de diciembre, de medidas tributarias en materia de Tributos Cedidos y Tributos Propios, año 2008 (Suplemento al BORM núm. 300, de 31 de diciembre de 2007; BOE núm. 177, de 23 de julio de 2008) en la redacción dada por el art. 3 de la Ley 13/2009, de 23 de diciembre, de medidas en materia de tributos cedidos, tributos propios y medidas administrativas para el año 2010 (BORM núm. 300, de 30 de diciembre de 2009), con entrada en vigor el 1/1/2010.

[26]   Nueva redacción dada por el art. 57. Tres de la Ley 1/2021, de 23 de junio, de Presupuestos Generales de la Comunidad Autónoma de la Región de Murcia para el ejercicio 2021 (BORM núm. 144, de 25 de junio de 2021), en vigor desde 26 de junio de 2021.

[27]   Apartado incorporado por el art. 57.Tres de la Ley 1/2021, de 23 de junio, de Presupuestos Generales de la Comunidad Autónoma de la Región de Murcia para el ejercicio 2021 (BORM núm. 144, de 25 de junio de 2021), en vigor desde 26 de junio de 2021.

las Personas Físicas, deberá pagarse la parte del impuesto que se hubiera dejado de ingresar como consecuencia de la reducción practicada y los intereses de demora a que se refiere el artículo 26.6 de la Ley 58/2003, de 17 de diciembre, General Tributaria.

(…)

TÍTULO II. NORMAS DE GESTIÓN

Artículo 15[28]. *Normas de gestión.*
Uno[29]. **Lugar de presentación de las declaraciones.**
1. Las declaraciones-liquidaciones o autoliquidaciones del Impuesto de Sucesiones y Donaciones y el Impuesto de Transmisiones Patrimoniales y Actos Jurídicos Documentados deberán presentarse en las oficinas de la Dirección General de Tributos.

2.[30] La Consejería competente en materia de Hacienda podrá autorizar su presentación en las Oficinas de Distrito Hipotecario, a cargo de Registradores de la Propiedad, a las que también podrá encomendar funciones de aplicación y revisión de estos impuestos, así como suscribir acuerdos con otras administraciones públicas, y con las entidades, instituciones y organismos a que se refiere el artículo 92 de la Ley 58/2003, de 17 de diciembre, General Tributaria, para hacer efectiva la colaboración externa de la presentación y gestión de dichas declaraciones-liquidaciones o autoliquidaciones.

---

[28] Renumeración del art. 14 que pasa a ser el 15 en virtud del art. 1.Cinco del Decreto-Ley 2/2014, de 1 de agosto, de medidas tributarias, de simplificación administrativa y en materia de función pública (BORM núm. 177, de 2 de agosto de 2014), en vigor desde el 3 de agosto. Medida posteriormente recogida en el art. 1 Séptima de la Ley 8/2014, de 21 de noviembre, de Medidas Tributarias, de Simplificación Administrativa y en materia de Función Pública (BORM núm. 275, de 28 de noviembre de 2014), con entrada en vigor el día 29 de noviembre de 2014.

Renumeración del art. 13 que pasa a ser el 14 en virtud del art. 1.seis de la Ley 6/2013, de 8 de julio, de medidas en materia tributaria del sector público, de política social y otras medidas administrativas (BORM núm. 158, de 10 de julio de 2013), en vigor desde el 11 de julio de 2013.

Renumeración del art. 10 que pasa a ser el 13 dada por el art. 1.7 de la Ley 14/2012, de 27 de diciembre, de medidas tributarias, administrativas y de reordenación del sector público regional (BORM núm. 301, de 31 de diciembre de 2012), con efectos desde el 1 de enero de 2013.

[29] Antes de la entrada en vigor de este Real Decreto Legislativo se recogía en el art. 6.Dos de la Ley 15/2002, de 23 de diciembre, de medidas tributarias en materia de Tributos Cedidos y Tasas Regionales (BORM núm. 301, de 31 de diciembre de 2002), en la nueva redacción dada por el artículo 4.2 de la Ley 12/2006, de 27 de diciembre, de Medidas fiscales, administrativas y del orden social para el año 2007 (Suplemento núm. 8 del BORM núm. 300 de 30 de diciembre de 2006), en vigor a partir de 1/1/2007.

[30] Ley 6/2013, de 8 de julio, de medidas en materia tributaria del sector público, de política social y otras medidas administrativas (BORM núm. 158, de 10 de julio de 2013), en vigor desde el 11 de julio de 2013: Disposición derogatoria primera. Se derogan cuantas delegaciones o encomiendas se hayan realizado a los Registradores de la Propiedad, en virtud de la habilitación establecida en el primer párrafo del artículo 13.Uno.2 del Texto Refundido de las Disposiciones Legales vigentes en la Región de Murcia en materia de Tributos Cedidos, aprobado por el Decreto Legislativo 1/2010, de 5 de noviembre.

Del mismo modo, podrá establecer la presentación obligatoria de las declaraciones y autoliquidaciones por medios telemáticos en aquellos tributos o modalidades de los mismos que resulten susceptibles de tal forma de presentación.

Dos[31]. **Gestión tributaria telemática integral del Impuesto sobre Sucesiones y Donaciones y del Impuesto sobre Transmisiones Patrimoniales y Actos Jurídicos Documentados.**

1. La Consejería competente en materia de Hacienda podrá fijar los supuestos, condiciones y requisitos técnicos y/o personales en los que se podrá efectuar la elaboración, pago y presentación de las declaraciones tributarias por el Impuesto sobre Sucesiones y Donaciones y por el Impuesto sobre Transmisiones Patrimoniales y Actos Jurídicos Documentados mediante el uso exclusivo e integral de sistemas telemáticos e informáticos.

2. En los supuestos anteriores, la elaboración de la declaración tributaria, el pago de la deuda tributaria, en su caso, y la presentación en la oficina gestora competente de la Agencia Tributaria de la Región de Murcia, deberá llevarse a cabo íntegramente por medios telemáticos, sin que constituya un requisito formal esencial la presentación y custodia de copia en soporte papel ante dicha oficina gestora de los documentos notariales a los que se hayan incorporado los actos o contratos sujetos, entendiéndose cumplidas las obligaciones formales de presentación de dichos documentos, sin perjuicio de la obligación de presentación de aquellos otros que vengan exigidos por la normativa del respectivo impuesto. En este último caso, se habilitarán los medios técnicos para su presentación por vía telemática.

3. De igual modo y en relación con las garantías y cierre registral, establecidos en el artículo 54 del Texto Refundido del Impuesto sobre Transmisiones Patrimoniales y Actos Jurídicos Documentados, aprobado por Real Decreto Legislativo 1/1993 de 24 de septiembre y en el artículo 33 de la Ley 29/1987, de 18 diciembre, del Impuesto sobre Sucesiones y Donaciones, el uso por los contribuyentes del sistema de gestión tributaria telemática integral a que se refiere este apartado Dos y en los términos y condiciones que la Consejería competente en materia de Hacienda fije reglamentariamente, surtirá idénticos efectos acreditativos del pago, exención o sujeción que los reseñados en tales disposiciones. La Consejería competente en materia de Hacienda habilitará un sistema de confirmación permanente e inmediata de la veracidad de la declaración tributaria telemática a fin de que las Oficinas, Registros públicos, Juzgados o Tribunales puedan, en su caso, verificarla u obtenerla en formato electrónico.

Tres[32]. **Justificante de pago y presentación.**

---

[31] Nueva redacción del art. 15.Dos dada por el art. 3.Uno del Decreto-Ley 2/2020, de 26 de marzo, de medidas urgentes en materia tributaria y de agilización de actuaciones administrativas debido a la crisis sanitaria ocasionada por el COVID-19, en vigor desde el 26 de marzo de 2020).

[32] Antes de la entrada en vigor de este Real Decreto Legislativo se recogía en el art. 5 de la Ley 11/2007, de 27 de diciembre, de medidas tributarias en materia de Tributos Cedidos y Tributos Propios, año 2008 (Suplemento al BORM núm. 300, de 31 de diciembre de 2007; BOE núm. 177, de 23 de julio de 2008).

La justificación del pago y presentación de las declaraciones autoliquidaciones correspondientes a los Impuestos de Transmisiones Patrimoniales y Actos Jurídicos Documentados, y de Sucesiones y Donaciones, a efectos del cumplimiento de lo establecido en el artículo 122 del Reglamento del Impuesto sobre Transmisiones Patrimoniales y Actos Jurídicos Documentados, aprobado por Real Decreto 828/1995, de 29 de mayo, y el artículo 100 del Reglamento del Impuesto sobre Sucesiones y Donaciones, aprobado por Real Decreto 1629/1991, de 8 de noviembre, se realizará, exclusivamente, mediante la diligencia de pago y presentación expedida por el Órgano u Oficina competente de la Comunidad en la forma que determine la correspondiente Orden de la Consejería competente en materia de Hacienda.

Cuatro[33]. **Comprobación de valores en el Impuesto de Sucesiones y Donaciones y el Impuesto de Transmisiones Patrimoniales y Actos Jurídicos Documentados.**

Reglamentariamente se podrán regular los aspectos procedimentales de los medios de comprobación establecidos en el artículo 57.1 de la Ley 58/2003, de 17 de diciembre, General Tributaria[34].

---

[33] Antes de la entrada en vigor de este Real Decreto Legislativo se recogía en el art. 6.Uno de la Ley 15/2002, de 23 de diciembre, de medidas tributarias en materia de Tributos Cedidos y Tasas Regionales (BORM núm. 301, de 31 de diciembre de 2002), en la redacción dada por el art. 4.1 de la Ley 12/2006, de 27 de diciembre, de Medidas fiscales, administrativas y del orden social para el año 2007 (Suplemento núm. 8 del BORM núm. 300 de 30 de diciembre de 2006), en vigor a partir de 1/1/2007.

[34] Orden de 19 de diciembre de 2024, de la Consejería de Economía, Hacienda, Fondos Europeos y Transformación Digital, por la que se aprueban los precios medios en el mercado de determinados inmuebles urbanos radicados en la Región de Murcia para 2025 (BORM núm. 301, de 30 de diciembre de 2024).
Orden de 22 de diciembre de 2023, de la Consejería de Economía, Hacienda y Empresa, por la que se aprueban los precios medios en el mercado de determinados inmuebles urbanos radicados en la Región de Murcia para 2024 (BORM núm. 300, de 30 de diciembre de 2023).
Orden de 25 de diciembre de 2022 de la Consejería de Economía, Hacienda y Administración Digital, por la que se prorroga al ejercicio 2023 la aplicación de los precios medios en el mercado de determinados inmuebles urbanos radicados en la Región de Murcia (BORM núm. 300, de 30 de diciembre de 2022).
Orden de 27 de diciembre de 2021 la Consejería de Economía, Hacienda y Administración Digital, por la que se aprueban los precios medios en el mercado de determinados inmuebles urbanos radicados en la Región de Murcia para 2022 (BORM núm. 301, de 31 de diciembre de 2021).
Orden de 23 de diciembre de 2020, de la Consejería de Presidencia y Hacienda, por la que se aprueban los precios medios en el mercado de determinados inmuebles urbanos y rústicos radicados en la Región de Murcia para 2021 (BORM núm. 300, de 29 de diciembre de 2020).
Orden de 23 de diciembre de 2019, de la Consejería de Presidencia y Hacienda, por la que se aprueban los precios medios en el mercado de determinados inmuebles urbanos y rústicos radicados en la Región de Murcia para 2020 (BORM núm. 299, de 29 de diciembre de 2019).
Orden de 20 de diciembre de 2018, de la Consejería de Hacienda, por la que se aprueban los precios medios en el mercado de determinados inmuebles urbanos y rústicos radicados en la Región de Murcia para 2019 (Suplemento núm. 5 del BORM núm. 299 del 29 de diciembre de 2018).
Orden de 28 de diciembre de 2016 de la Consejería de Hacienda y Administración Pública, por la que se aprueban los precios medios en el mercado de determinados inmuebles urbanos y rústicos radicados en la Región de Murcia para 2017 (BORM núm. 302, de 31 de diciembre de 2016).

Cinco[35]. Acuerdos previos de valoración.

1. De acuerdo con lo previsto en el artículo 91 de la Ley 58/2003, de 17 de diciembre, General Tributaria, los contribuyentes por el Impuesto de Sucesiones y Donaciones y el Impuesto de Transmisiones Patrimoniales y Actos Jurídicos Documentados podrán solicitar a la Administración Tributaria Regional que determine, con carácter previo y vinculante, cuál será la valoración a efectos exclusivamente de estos impuestos, de rentas, productos, bienes, gastos y demás elementos del hecho imponible.

2. La solicitud deberá presentarse por escrito un mes antes de la realización del hecho imponible, acompañada de una propuesta de valoración formulada por el contribuyente.

En el caso de bienes inmuebles, esta valoración deberá ser realizada por un perito con título suficiente para realizar tal valoración.

3. La Administración Tributaria podrá comprobar los elementos de hecho y las circunstancias declaradas por el contribuyente. Para ello, podrá requerir cuantos documentos considere oportuno para una correcta valoración de los bienes.

4. La valoración de la Administración Tributaria se emitirá por escrito, con indicación de su carácter vinculante, del supuesto de hecho al que se refiere y del impuesto al que se aplica, en el plazo máximo de dos meses desde que se presentó la solicitud. La falta de contestación de la Administración Tributaria en los plazos indicados, por causas no imputables al contribuyente, implicará la aceptación de los valores por él propuestos. La Administración Tributaria estará obligada a aplicar al contribuyente los valores expresados en el acuerdo, con las excepciones reguladas en el artículo 91 de la Ley 58/2003, de 17 de diciembre, General Tributaria.

5. El acuerdo tendrá un plazo máximo de vigencia de doce meses.

6. Los contribuyentes no podrán interponer recurso alguno contra los acuerdos regulados en este precepto, sin perjuicio de que puedan hacerlo contra las liquidaciones administrativas que pudieran dictarse ulteriormente.

Seis. Tasación pericial contradictoria.

1. En corrección del resultado obtenido en la comprobación de valores del Impuesto sobre Sucesiones y Donaciones, los interesados podrán promover la práctica de la tasación pericial contradictoria o reservarse el derecho a promoverla, en los términos previstos en el artículo 135.1 de la Ley 58/2003, de 17 de diciembre, General Tributaria.

2[36]. La Consejería competente en materia de Hacienda podrá determinar la remuneración máxima a satisfacer a los peritos terceros que intervengan en tasaciones periciales

---

[35]   Antes de la entrada en vigor de este Real Decreto Legislativo se recogía en el art. 6.Tres de la Ley 15/2002, de 23 de diciembre, de medidas tributarias en materia de Tributos Cedidos y Tasas Regionales (BORM núm. 301, de 31 de diciembre de 2002),

[36]   Orden de 25 de julio de 2013 de la Consejería de Economía y Hacienda, por la que se fijan los honorarios máximos a percibir por los peritos terceros que intervengan en los procedimientos de tasación pericial contradictoria (BORM núm. 184, de 9 de agosto de 2013).

contradictorias, a fin de que exista información pública suficiente sobre los costes en que puede incurrir el interesado en la tramitación de este procedimiento.

Este importe máximo se fijará previa audiencia a los colegios profesionales a que pertenezcan los peritos que realicen estas tasaciones.

Siete[37]. Obligaciones formales a efectos tributarios.

1. El cumplimiento de las obligaciones formales de los titulares de las notarías que contemplan los artículos 32.3 de la Ley 29/1987, de 18 de diciembre, del Impuesto sobre Sucesiones y Donaciones, y 52 del Texto Refundido de la Ley del Impuesto sobre Transmisiones Patrimoniales y Actos Jurídicos Documentados, aprobado por Real Decreto Legislativo 1/1993, de 24 de septiembre, se realizará en el formato, condiciones y diseño que se apruebe mediante Resolución de la Dirección de la Agencia Tributaria de la Región de Murcia.

2. Sin perjuicio de lo dispuesto en el apartado 1, los titulares de las notarías remitirán por vía telemática a la Agencia Tributaria de la Región de Murcia, con la colaboración del Consejo General del Notariado, una declaración informativa o ficha de los documentos por ellos autorizados referentes a actos o contratos sujetos al Impuesto sobre Sucesiones o Donaciones o al Impuesto sobre Transmisiones Patrimoniales y Actos Jurídicos Documentados con trascendencia en el ámbito de la Comunidad Autónoma de la Región de Murcia.

Mediante Resolución de la Dirección de la Agencia Tributaria de la Región de Murcia se determinarán los actos o contratos a los que se referirá la obligación, así como el formato, contenido, plazos y demás condiciones de cumplimiento de aquélla.

Asimismo, deberán remitir por vía telemática, a solicitud de la Agencia Tributaria de la Región de Murcia, copia electrónica de los documentos públicos autorizados.

Lo establecido en el presente apartado podrá extenderse a las notarías con destino fuera de la Comunidad Autónoma de la Región de Murcia, en los términos que se fijen mediante convenio entre la Comunidad Autónoma de la Región de Murcia y el Consejo General del Notariado.

Ocho[38]. Obligaciones formales de los Registradores de la Propiedad Inmobiliaria y Mercantiles.

1. Los Registradores de la Propiedad y Mercantiles que ejerzan sus funciones en la Comunidad Autónoma de la Región de Murcia vendrán obligados a remitir, trimestralmente, a la Consejería competente en materia de Hacienda relación de los documentos que con-

---

[37]   Nueva redacción del art. 15.Siete dada por el art. 3.Dos del Decreto-Ley 2/2020, de 26 de marzo, de medidas urgentes en materia tributaria y de agilización de actuaciones administrativas debido a la crisis sanitaria ocasionada por el COVID-19, en vigor desde el 26 de marzo de 2020. Apartado dos redactado por el art. 1.Cinco de la Ley 14/2013, de 30 de diciembre, de medidas tributarias, administrativas y de función pública (BORM núm. 300, de 30 de diciembre de 2013), en vigor desde el 31 de diciembre de 2013.

[38]   Antes de la entrada en vigor de este Real Decreto Legislativo se recogía en el art. 5 de la Ley 8/2004, de 28 de diciembre, de medidas administrativas, tributarias, de tasas y de función pública (BORM núm. 310, de 30 de diciembre de 2004; BOE núm. 202, 24 de agosto de 2005).

tengan actos o contratos sujetos al Impuesto sobre Sucesiones y Donaciones o al Impuesto sobre Transmisiones Patrimoniales y Actos Jurídicos Documentados que hayan sido objeto de inscripción o anotación en sus respectivos Registros, cuando el pago de dichos tributos o la presentación de la declaración tributaria se haya realizado en una Comunidad Autónoma distinta a aquella.

2. Mediante convenio suscrito por la Consejería competente en materia de Hacienda y el Colegio de Registradores de la Propiedad y Mercantiles de España, se determinará el contenido de la información a remitir, los modelos de declaración y plazos de presentación, así como los supuestos en los que la presentación se haya de hacer mediante soporte directamente legible por ordenador o transmisión por vía telemática.

3. En ambos casos, estas declaraciones tendrán la consideración de tributarias a todos los efectos regulados en la Ley General Tributaria. En el Convenio a que se refiere el párrafo anterior se podrá establecer el sistema para la confirmación y verificación, en su caso, por los Registros de la Propiedad y Mercantiles de España, de la gestión tributaria telemática integral a que se refiere el artículo 10.Dos de la presente Ley.

Nueve[39]. **Suministro de información por las entidades que realicen subastas de bienes muebles.**

1. Las empresas que realicen subastas de bienes muebles deberán remitir semestralmente una declaración con la relación de las transmisiones de bienes en que hayan intervenido, relativas al semestre anterior. Esta relación deberá comprender los datos de identificación del transmitente y el adquirente, la fecha de la transmisión, una descripción del bien subastado y el precio final de adjudicación.

2. La Consejería competente en materia de Hacienda determinará los modelos de declaración y plazos de presentación, el contenido de la información a remitir, así como las condiciones en las que la presentación mediante soporte directamente legible por ordenador o mediante transmisión por vía telemática será obligatoria. En ambos casos, estas declaraciones tendrán la consideración de tributarias a todos los efectos regulados en la Ley General Tributaria.

Diez[40]. *Obligaciones formales de empresarios dedicados a la compraventa de objetos fabricados con metales preciosos.*

Aquellos empresarios que adquieran objetos fabricados con metales preciosos y que estén obligados a la llevanza de los libros-registro a los que hace referencia el artículo 91 del Real Decreto 197/1988, de 22 de febrero, por el que se aprueba el Reglamento de la Ley de

---

[39]　Antes de la entrada en vigor de este Real Decreto Legislativo se recogía en el art. 7 de la Ley 8/2004, de 28 de diciembre, de medidas administrativas, tributarias, de tasas y de función pública (BORM núm. 310, de 30 de diciembre de 2004; BOE núm. 202, 24 de agosto de 2005).

[40]　Incorporado por el art. 1.siete de la Ley 14/2012, de 27 de diciembre, de medidas tributarias, administrativas y de reordenación del sector público regional, (BORM núm. 301, de 31 de diciembre de 2012), con efectos desde el 1 de enero de 2013.

objetos fabricados con metales preciosos, declararán conjuntamente todas las operaciones sujetas a la modalidad de Transmisiones Patrimoniales Onerosas del Impuesto sobre Transmisiones Patrimoniales y Actos Jurídicos Documentados devengadas en el mes natural. Para ello, presentarán una única autoliquidación acompañando fotocopias de aquellas hojas del libro-registro que comprendan las operaciones realizadas en el mes natural.

El plazo de ingreso y presentación de la autoliquidación será el mes natural inmediato posterior al que se refieran las operaciones declaradas.

Once[41]. *Escrituras de cancelación hipotecaria.*

1. A los efectos de lo dispuesto en los artículos 51 y 54 del Texto Refundido de la Ley del Impuesto sobre Transmisiones Patrimoniales y Actos Jurídicos Documentados, no será obligatoria la presentación por parte de los contribuyentes ante la Agencia Tributaria de la Región de Murcia de las escrituras públicas que formalicen, exclusivamente, la cancelación de hipotecas sobre bienes inmuebles, cuando tal cancelación obedezca al pago de la obligación garantizada y resulten exentas del impuesto sobre transmisiones patrimoniales y actos jurídicos documentados, de acuerdo con lo previsto el artículo 45.1.b).18 de la citada Ley, entendiéndose cumplido lo previsto en el citado artículo 51.1 mediante su presentación ante el Registro de la Propiedad.

2. Lo previsto en el apartado anterior se entiende sin perjuicio de los deberes notariales de remisión de información relativa a tales escrituras, conforme al artículo 52 del referenciado texto legal.

Disposición Adicional Primera. *Vigencia del Plan de Vivienda Joven.*

Lo dispuesto en el artículo 6, apartados 3 y 4, del presente Texto Refundido se entenderá referido al Plan de Vivienda Joven vigente en la Comunidad Autónoma de Murcia en el momento de su aplicación.

(...)

---

[41]   Nuevo apartado Once incorporado por la Disposición Final tercer del Decreto-Ley 5/2022, de 20 de octubre, de dinamización de inversiones empresariales, libertad de mercado y eficiencia pública (BORM núm. 244, de 21 de octubre de 2022), con efectos desde el día 22 de octubre de 2022.

27. Ley 5/2011, de 26 de diciembre, de medidas fiscales extraordinarias para el municipio de Lorca como consecuencia del terremoto del 11 de mayo de 2011

(BORM núm. 301, de 31 de diciembre de 2011)

PREÁMBULO

Los graves daños acaecidos en el municipio de Lorca (Murcia), como consecuencia de los terremotos del 11 de mayo de 2011, con fallecimiento de 9 personas, heridos de distinta consideración y daños materiales de toda índole, motivaron la adopción de medidas urgentes para la atención inmediata de los damnificados.

Los efectos de los seísmos han sido evaluados por el Ayuntamiento de Lorca y por la Administración de la Comunidad Autónoma de la Región de Murcia y la Administración del Estado, llegándose a la conclusión unánime de la necesidad de adopción de medidas extraordinarias de diversa naturaleza, entre ellas las de carácter fiscal, para contribuir a paliar el coste económico al que se enfrentan los ciudadanos y empresas del municipio lorquino.

Lo anterior constituye el fundamento principal de la presente Ley: dotar a los contribuyentes de este municipio de una normativa fiscal que favorezca la reactivación del mercado y de la vida social del mismo, a la vez que sirva para la recuperación de su dinamismo y normalidad económica y social.

Con estas medidas tributarias autonómicas se pretende ayudar a minorar la carga impositiva de los afectados a través del establecimiento, por esta Administración regional, de beneficios y bonificaciones fiscales aplicables a transacciones y operaciones sujetas a tributación en el marco de los tributos propios y cedidos sobre los que esta Comunidad Autónoma tiene capacidad normativa.

Así pues, en el ejercicio de la competencia normativa propia y en el de la que tiene atribuida la Comunidad Autónoma de la Región de Murcia por la Ley 22/2009, de 18 de diciembre, por la que se regula el sistema de financiación de las comunidades autónomas de régimen común y ciudades con Estatuto de Autonomía, en relación con el Impuesto sobre Transmisiones Patrimoniales y Actos Jurídicos Documentados, con el Impuesto sobre Sucesiones y Donaciones y Tributos sobre el Juego, se ha procedido a elaborar la presente Ley de medidas excepcionales de carácter fiscal con objeto de contribuir a facilitar la reconstrucción, rehabilitación y revitalización del municipio de Lorca.

En relación con su contenido, se estructura en un título preliminar y dos títulos divididos a su vez en capítulos, con un total de doce artículos y dos disposiciones finales.

En el título preliminar se establece el objeto y ámbito de aplicación de la Ley.

(...)

En relación con el Impuesto de Transmisiones Patrimoniales y Actos Jurídicos documentados se rebaja el tipo impositivo general del 7% al 3% en la modalidad de transmisiones patrimoniales para todas aquellas que tengan por objeto la adquisición de una vivienda que vaya a constituir la residencia habitual del contribuyente en el municipio de Lorca, con los requisitos que se establecen en la parte dispositiva.

En la modalidad de Actos Jurídicos Documentados, se rebaja el tipo general al 0,1% para las escrituras públicas que documenten, entre otros, adquisiciones de viviendas, concesión, subrogación y ampliación de préstamos hipotecarios, declaración de obra nueva y división horizontal.

En los Tributos sobre el Juego se establece una bonificación de cuotas para las máquinas recreativas tipo B, siempre que los establecimientos donde estuvieran instaladas hubieran sido cerrados temporal o definitivamente como consecuencia de los terremotos.

En el título II, relativo a los tributos propios, se establecen exenciones en una serie de tasas referidas a la realización de actuaciones y prestación de servicios administrativos directamente relacionados con bienes afectados por los movimientos sísmicos.

En atención a las circunstancias excepcionales que motivan la aprobación de esta Ley, en su disposición final primera se regula su vigencia temporal hasta el 31 de diciembre de 2013 y se determina que las medidas que en ella se establecen se aplicarán a los hechos imponibles devengados en el municipio de Lorca desde el día 11 de mayo de 2011, en lógica coherencia con la fecha en que se produjo el seísmo y cuya trascendencia justifica sobradamente esta medida. De otro lado, la disposición final segunda regula la entrada en vigor de la Ley.

TÍTULO PRELIMINAR

Artículo 1. *Objeto y ámbito de aplicación*.
Las medidas establecidas en esta Ley tienen por finalidad establecer y regular, en el ejercicio de la capacidad normativa autonómica en materia tributaria, beneficios fiscales para ayudar a los contribuyentes afectados en el municipio de Lorca por el terremoto del 11 de mayo de 2011, en relación con la tributación por el Impuesto sobre Transmisiones Patrimoniales y Actos Jurídicos Documentados, por el Impuesto sobre Sucesiones y Donaciones y Tributos sobre el Juego, así como por hechos imponibles sujetos a tasas reguladas en el Decreto Legislativo 1/2004, de 9 de octubre, por el que se aprueba el Texto refundido de las disposiciones legales vigentes en materia de tasas, precios públicos y contribuciones especiales de la Región de Murcia.

TÍTULO I. TRIBUTOS CEDIDOS

(...)

CAPÍTULO II. IMPUESTO DE TRANSMISIONES PATRIMONIALES Y ACTOS JURÍDICOS DOCUMENTADOS

Artículo 9. *Beneficios fiscales en la modalidad de Transmisiones Patrimoniales Onerosas.*

De acuerdo con lo previsto en el artículo 49.1.a) de la Ley 22/2009, de 18 de diciembre, por la que se regula el sistema de financiación de las comunidades autónomas de régimen común y ciudades con estatuto de autonomía y se modifican determinadas normas tributarias, y en el artículo 11 del Texto Refundido de la Ley del Impuesto sobre Transmisiones Patrimoniales y Actos Jurídicos Documentados, aprobado por Real Decreto Legislativo 1/1993, de 24 de septiembre, se establece el siguiente tipo de gravamen en las operaciones sujetas al Impuesto sobre Transmisiones Patrimoniales y Actos Jurídicos Documentados, en su modalidad de Transmisiones Patrimoniales Onerosas:

Tributarán al tipo de gravamen del 3% las transmisiones onerosas de bienes inmuebles que radiquen en el municipio de Lorca, siempre que los sujetos pasivos acrediten que a fecha 11 de mayo de 2011 residían habitualmente en el municipio de Lorca y se hubiera producido la destrucción total de la vivienda habitual, declarada en ruinas o bien, debido a su mal estado residual, sea precisa su demolición, con las siguientes condiciones:

a) Que el inmueble adquirido tenga o vaya a tener la condición de vivienda habitual del contribuyente en el municipio de Lorca. Para determinar la condición de vivienda habitual y el mantenimiento de esa condición, se estará a lo dispuesto en la normativa reguladora del Impuesto sobre la Renta de las Personas Físicas.

b) Que se consigne expresamente en el documento público que formalice la adquisición, el destino de ese inmueble a residencia habitual en el municipio de Lorca.

c) Que su base imponible general menos el mínimo personal y familiar sea inferior a 50.000 euros, siempre que la base imponible del ahorro no supere los 1.800 euros.

d) Que el valor real de la vivienda no supere los 200.000 euros.

Artículo 10. *Beneficios fiscales en la modalidad de Actos Jurídicos Documentados.*

De acuerdo con lo previsto en el artículo 49.1.a) de la Ley 22/2009, de 18 de diciembre, por la que se regula el sistema de financiación de las comunidades autónomas de régimen común y ciudades con Estatuto de Autonomía y se modifican determinadas normas tributarias, y en el artículo 31 del Texto Refundido de la Ley del Impuesto sobre Transmisiones Patrimoniales y Actos Jurídicos Documentados, aprobado por Real Decreto Legislativo 1/1993, de 24 de septiembre, se establecen los siguientes tipos de gravamen en las operaciones sujetas al Impuesto sobre Transmisiones Patrimoniales y Actos Jurídicos Documentados, en su modalidad de Actos Jurídicos Documentados:

1.- Tributarán al tipo de gravamen del 0,1% los documentos notariales a que se refiere el artículo 31.2 del Texto Refundido de la Ley del Impuesto sobre Transmisiones Patrimoniales y Actos Jurídicos Documentados, aprobado por Real Decreto Legislativo 1/1993, de 24 de septiembre, en el caso de primeras copias de escrituras públicas otorgadas para formalizar la primera transmisión de viviendas radicadas en el municipio de Lorca, por parte de sujetos pasivos que acrediten que, a fecha 11 de mayo de 2011, residían habitualmente en el municipio de Lorca y se hubiera producido la destrucción total de la vivienda habitual, declarada en ruinas o bien, debido a su mal estado residual, sea precisa su demolición, con las siguientes condiciones:

a) Que el inmueble adquirido tenga o vaya a tener la condición de vivienda habitual del sujeto pasivo. Para determinar la condición de vivienda habitual y el mantenimiento de esa condición, se estará a lo dispuesto en la normativa reguladora del Impuesto sobre la Renta de las Personas Físicas.

b) Que se consigne expresamente en el documento público que formalice la adquisición el destino de ese inmueble a vivienda habitual.

c) Que su base imponible general menos el mínimo personal y familiar sea inferior a 50.000 euros, siempre que la base imponible del ahorro no supere los 1.800 euros.

d) Que el valor real de la vivienda no supere los 200.000 euros.

2.-[42]

3.-[43]

4. Tributarán al tipo de gravamen del 0,1% los documentos notariales a que se refiere el artículo 31.2 del Texto Refundido de la Ley del Impuesto sobre Transmisiones Patrimoniales y Actos Jurídicos Documentados, aprobado por Real Decreto Legislativo 1/1993, de 24 de septiembre, otorgados para formalizar operaciones de declaración de obra nueva y/o división horizontal que se refieran a inmuebles derruidos o demolidos como consecuencia de los terremotos de Lorca y a los construidos en su sustitución.

5[44]. Tributarán al tipo de gravamen del 0,1% los documentos notariales a que se refiere el artículo 31.2 del Texto Refundido de la Ley del Impuesto sobre Transmisiones Patrimoniales y Actos Jurídicos Documentados, aprobado por Real Decreto Legislativo 1/1993, de 24 de septiembre, otorgados para formalizar operaciones de agrupación o agregación de fincas realizadas con carácter previo a la reconstrucción sobre las mismas de edificios derruidos o demolidos como consecuencia de los terremotos.

---

[42] Apartado suprimido por el art. 57.Uno de la Ley 14/2018, de 26 de diciembre, de Presupuestos Generales de la Comunidad Autónoma de la Región de Murcia para el año 2019 (BORM núm. 298, de 28 de diciembre de 2018), en vigor desde el 1 de enero de 2019.

[43] Apartado suprimido por el art. 57.Uno de la Ley 14/2018, de 26 de diciembre, de Presupuestos Generales de la Comunidad Autónoma de la Región de Murcia para el año 2019 (BORM núm. 298, de 28 de diciembre de 2018), en vigor desde el 1 de enero de 2019.

[44] Nuevo apartado incorporado por el art. 2.uno de la Ley 9/2014, de 27 de noviembre, por la que se modifican la Ley 2/2012, de 11 de mayo, para la regulación del régimen de presupuestación y control en la Región de Murcia de las ayudas concedidas para reparar los daños causados por los movimientos sísmicos en Lorca, y la Ley 5/2011, de 26 de diciembre, de Medidas Fiscales Extraordinarias para el municipio de Lorca como consecuencia del terremoto del 11 de mayo de 2011 (BORM núm. 278, de 2 de diciembre de 2014), en vigor desde el 3 de diciembre de 2014.

En la escritura pública en la que se formalicen dichas operaciones deberá constar el compromiso por parte de los otorgantes de que las citadas operaciones se realizan con el fin de proceder a la reconstrucción de los nuevos edificios.

(...)

Disposición Final Primera[45]. *Vigencia temporal.*

Las medidas establecidas en esta ley se aplicarán a los hechos imponibles cuyo devengo se produzca desde el día 11 de mayo de 2011 hasta el 31 de diciembre de 2024, salvo lo

---

[45]   Nueva redacción dada por el art. 56 de la Ley 4/2023, de 28 de diciembre, de Presupuestos Generales de la Comunidad Autónoma de la Región de Murcia para el ejercicio 2024.(BORM núm. 19, de 29 de diciembre de 2023), con efectos desde el 1 de enero de 2024.

Redacción anterior dada por el art. 57 de la Ley 12/2022, de 30 de diciembre, de Presupuestos Generales de la Comunidad Autónoma de la Región de Murcia para el ejercicio 2023 (BORM núm. 301 de 31 de diciembre de 2022), en vigor desde el 1 de enero de 2023: «*Vigencia temporal.*

Las medidas establecidas en esta ley se aplicarán a los hechos imponibles cuyo devengo se produzca desde el día 11 de mayo de 2011 hasta el 31 de diciembre de 2023, salvo lo establecido en el artículo 10.5, que será de aplicación a los hechos imponibles cuyo devengo se produzca desde el 4 de noviembre de 2014 hasta el 31 de diciembre de 2023».

Redacción anterior dada por el art. 58 de la Ley 1/2022, de 24 de enero, de Presupuestos Generales de la Comunidad Autónoma de la Región de Murcia para el ejercicio 2022 (BOE núm. 69, de 22 de marzo de 2022), con efectos desde el 1 de enero de 2022: «*Las medidas establecidas en esta ley se aplicarán a los hechos imponibles cuyo devengo se produzca desde el día 11 de mayo de 2011 hasta el 31 de diciembre de 2022, salvo lo establecido en el artículo 10.5, que será de aplicación a los hechos imponibles cuyo devengo se produzca desde el 4 de noviembre de 2014 hasta el 31 de diciembre de 2022*».

Redacción anterior dada el art. 58 de la Ley 1/2021, de 23 de junio, de Presupuestos Generales de la Comunidad Autónoma de la Región de Murcia para el ejercicio 2021 (BORM núm. 144, de 25 de junio de 2021), en vigor desde 26 de junio de 2021: «*Las medidas establecidas en esta ley se aplicarán a los hechos imponibles cuyo devengo se produzca desde el día 11 de mayo de 2011 hasta el 31 de diciembre de 2021, salvo lo establecido en el artículo 10.5, que será de aplicación a los hechos imponibles cuyo devengo se produzca desde el 4 de noviembre de 2014 hasta el 31 de diciembre de 2021*».

Redacción anterior dada art. 57 de la Ley 1/2020, de 23 de abril, de Presupuestos Generales de la Comunidad Autónoma de la Región de Murcia para el ejercicio 2020 (BORM núm. 95, de 25 de abril de 2020), con efectos desde el 1 de enero de 2020 y vigencia indefinida: «*Las medidas establecidas en esta ley se aplicarán a los hechos imponibles cuyo devengo se produzca desde el día 11 de mayo de 2011 hasta el 31 de diciembre de 2020, salvo lo establecido en el artículo 10.5 que será de aplicación a los hechos imponibles cuyo devengo se produzca desde el 4 de noviembre de 2014 hasta el 31 de diciembre de 2020*».

Redacción anterior dada por el art. 57.Dos de la Ley 14/2018, de 26 de diciembre, de Presupuestos Generales de la Comunidad Autónoma de la Región de Murcia para el año 2019 (BORM núm. 298, de 28 de diciembre de 2018), en vigor desde el 1 de enero de 2019: «*Las medidas establecidas en esta ley se aplicarán a los hechos imponibles cuyo devengo se produzca desde el día 11 de mayo de 2011 hasta el 31 de diciembre de 2019, salvo lo establecido en el artículo 10.5 que será de aplicación a los hechos imponibles cuyo devengo se produzca desde el 4 de noviembre de 2014 hasta el 31 de diciembre de 2019*».

Redacción anterior dada por el art. 57 de la Ley 1/2017, de 9 de enero, de Presupuestos Generales de la Comunidad Autónoma de la Región de Murcia para el ejercicio 2017 (BORM núm. 7, de 11 de enero de

establecido en el artículo 10.5, que será de aplicación a los hechos imponibles cuyo devengo se produzca desde el 4 de noviembre de 2014 hasta el 31 de diciembre de 2024.

Disposición Final Segunda. *Entrada en vigor.*

La presente Ley entrará en vigor el día siguiente al de su publicación en el Boletín Oficial de la Región de Murcia, sin perjuicio de lo dispuesto en la disposición final primera.

2017), con efectos desde el 1 de enero de 2017: «*Las medidas establecidas en esta ley se aplicarán a los hechos imponibles cuyo devengo se produzca desde el día 11 de mayo de 2011 hasta el 31 de diciembre de 2018, salvo lo establecido en el artículo 10.5 que será de aplicación a los hechos imponibles cuyo devengo se produzca desde el 4 de noviembre de 2014 hasta el 31 de diciembre de 2018*».

Redacción anterior dada por el art. 2.dos de la Ley 9/2014, de 27 de noviembre, por la que se modifican la Ley 2/2012, de 11 de mayo, para la regulación del régimen de presupuestación y control en la Región de Murcia de las ayudas concedidas para reparar los daños causados por los movimientos sísmicos en Lorca, y la Ley 5/2011, de 26 de diciembre, de Medidas Fiscales Extraordinarias para el municipio de Lorca como consecuencia del terremoto del 11 de mayo de 2011 (BORM núm. 278, de 2 de diciembre de 2014), en vigor desde el 3 de diciembre de 2014: «*Las medidas establecidas en esta ley se aplicarán a los hechos imponibles cuyo devengo se produzca desde el día 11 de mayo de 2011 hasta el 31 de diciembre de 2016, salvo lo establecido en el artículo 10.5 que será d aplicación a los hechos imponibles cuyo devengo se produzca desde el día 4 de noviembre de 2014 hasta el 31 de diciembre de 2016*».

Redacción anterior dada por la Disp. Final cuarta de la Ley 14/2013, de medidas tributarias, administrativas y de función pública (BORM núm. 300, de 30 de diciembre de 2013), en vigor desde el 31 de diciembre de 2013.